Hartmut Esser

Soziologie

Allgemeine Grundlagen

Campus Verlag
Frankfurt/New York

Die Deutsche Bibliothek – CIP-Einheitsaufnahme

Esser, Hartmut:
Soziologie: allgemeine Grundlagen / Hartmut Esser. –
3. Aufl. – Frankfurt/Main; New York: Campus Verlag, 1999
  ISBN 3-593-34960-4

3. Auflage 1999

Das Werk einschließlich aller seiner Teile ist urheberrechtlich geschützt. Jede Verwertung ist ohne Zustimmung des Verlags unzulässig. Das gilt insbesondere für Vervielfältigungen, Übersetzungen, Mikroverfilmungen und die Einspeicherung und Verarbeitung in elektronischen Systemen.
Copyright © 1993 Campus Verlag GmbH, Frankfurt/Main
Umschlaggestaltung: Atelier Warminski, Büdingen
Druck und Bindung: Druckhaus Beltz, Hemsbach
Gedruckt auf säurefreiem und chlorfrei gebleichtem Papier.
Printed in Germany

Inhalt

Vorwort	IX
A. Soziologie: Die Lehre von der Gesellschaft	1
1. Was ist Soziologie?	3
2. Der Gegenstand der Soziologie	19
B. Soziologische Analysen und Erklärungen	29
3. Soziologische Forschungsfragen: Fünf Beispiele	31
4. Die Logik der Erklärung	39
4.1 Das Grundschema der Erklärung	39
4.2 Erklärungen und Theorien	44
4.3 Was ist keine "Erklärung"?	56
5. Soziologische Analysen: Die fünf Beispiele noch einmal	65
6. Die Grundstruktur soziologischer Erklärungen	83
6.1 Erklärungsgegenstände der Soziologie	85
6.2 Das Grundmodell der soziologischen Erklärung	91
6.3 Soziale Prozesse und Mehr-Ebenen-Erklärungen	102
7. Die Modellierung sozialer Prozesse	119
7.1 Erklärende Modelle	119
7.2 Ein Beispiel	128
7.3 Das Problem der abnehmenden Abstraktion	133
7.4 Kriterien und Regeln der Modellierung sozialer Prozesse	137

C. Biologische und anthropologische Grundlagen 141

8. Biologische und soziologische Anthropologie 143
9. Besonderheiten des homo sapiens 149

    9.1 Physiologische Besonderheiten 150
    9.2 Die intellektuellen Fähigkeiten des Menschen 155
    9.3 Die Kulturfähigkeit des Menschen 159
    9.4 Soziabilität und Sozialität 161

10. Grundpositionen der soziologischen Anthropologie 165
11. Evolution 185

    11.1 Das Grundprinzip der Evolution 186
    11.2 Die Evolution der Evolutionstheorie 191
    11.3 "Fortschritte" bei der Evolution 201

12. Die Entwicklung zum Menschen 207

D. Modelle des Menschen 217

13. Die "Natur" des Menschen 219
14. Homo sociologicus, homo oeconomicus und
    das RREEMM-Modell 231

Exkurs zur Schottischen Moralphilosophie 239

15. Das RREEMM-Modell und die Modellierung sozialer Prozesse 245

E. Die Bevölkerung der Gesellschaft 251

16. Demographie und Soziologie 253
17. Demographische und soziale Grundstrukturen 257

    17.1 Die Bevölkerungsgesamtheit 257
    17.2 Soziale und demographische Differenzierungen 261

18. Die Entwicklung der Bevölkerung	275
18.1 Die Entwicklung des Bevölkerungsbestandes im Mittelalter	277
Exkurs zum Konzept der Bevölkerungsweise	281
18.2 Die demographische Revolution	282
18.3 Das "Gesetz" des demographischen Übergangs	287
19. Bevölkerung, Wirtschaft und Gesellschaft	291
19.1 Alles Malthus oder was?	291
19.2 Das Wachstum der Bevölkerung und des Wohlstandes	298
19.3 Eine Erklärung der "Fertility Revolution"	308
19.4 Das "System" von Bevölkerung, Wirtschaft und Gesellschaft	316

F. Gesellschaft 321

20. Der "Begriff" der Gesellschaft	323
21. Die Gesellschaft und das Problem der antagonistischen Kooperation	341
22. Die Gesellschaft als funktionale Einheit	359
23. Das System der Gesellschaft	375
24. Die Gesellschaft als "Wesen sui generis"	403
25. Die Strukturen der Gesellschaft	419
25.1 Strukturelle Effekte	421
25.2 Die strukturellen Ebenen der Gesellschaft	425
25.3 Das System der gesellschaftlichen Strukturen	459
26. "Sinn" und die symbolische Konstitution der Gesellschaft	469
26.1 Die Gesellschaft als nomische Ordnung	472
26.2 Die Gesellschaft als symbolische Interaktion	480
Exkurs über Sinn	485

27. Gesellschaft als Kommunikation 493

    27.1 "Sinn" und Sinn-Systeme 494
    27.2 Soziale und psychische Systeme 502
    27.3 Kommunikation und "Handlung" 506
    27.4 Die Erklärung der Kommunikation 518

Exkurs über Kommunikation und leibhaftige Menschen 529

    27.5 Autopoiesis 532
    27.6 Die Reichweite der Gesellschaft 535

Kurzer Exkurs zu Habermas und Luhmann 540

28. Die Gesellschaft als "Resultante" des "menschlichen Handelns" 543
29. Die Dialektik der Gesellschaft 567
30. Soziologische Theorien über die Gesellschaft 587

    30.1 Klassische Theorien der Soziologie 588
    30.2 Erklären und Verstehen 595
    30.3 Makro-Mikro-Makro-Ansätze 600

Epilog 615

Literatur 619
Register 631

Vorwort

Dieses Buch ist eine Einführung in die Soziologie. Es behandelt die allgemeinen Grundlagen des Fachs. Die Darstellung der vielen grundlegenden Einzelheiten der Soziologie aus einer möglichst *integrativen* Perspektive steht im Mittelpunkt der Bemühungen. Der dabei leitende Gesichtspunkt ist das Konzept einer korrekten soziologischen Erklärung unter systematischer Berücksichtigung der Besonderheiten des Gegenstandes und der Arbeitsweisen der Soziologie.

Nach einer kurzen Einführung in die Entstehungsumstände und in die Arbeitsbereiche der Soziologie (Teil A) folgt - ausgehend von fünf konkreten Beispielen - eine Darstellung der formalen und inhaltlichen Anforderungen an eine soziologische Erklärung (Teil B). Danach werden zwei eher vorsoziale Grundlagen aller gesellschaftlichen Prozesse behandelt: Die Evolution des homo sapiens und seiner grundlegenden anthropologischen Eigenschaften (Teil C) einerseits; und die wichtigsten demographischen Differenzierungen und Prozesse der Bevölkerungsentwicklung (Teil E) andererseits. In einem Zwischenabschnitt (Teil D) werden die Folgerungen aus den Erkenntnissen der biologischen und soziologischen Anthropologie für die Modelle des Menschen skizziert, von denen die Sozialwissenschaften auszugehen pflegen. Den Abschluß des Bandes bildet die ausführliche Behandlung des allgemeinsten Gegenstandes der Soziologie: Die Gesellschaft der Menschen (Teil F). Hier wird auch auf die wichtigsten Grundbegriffe und theoretischen Ansätze der Soziologie eingegangen, wie sie in den Einführungsveranstaltungen zur Soziologie gewöhnlich behandelt werden.

Der Band ist der allgemeine Ausgangspunkt für eine Darstellung der spezielleren mikro- und makro-soziologischen Grundlagen: soziales Handeln, Sozialisation, Interaktion, soziale Beziehungen einerseits; soziale Ordnung, soziale Ungleichheit, soziale Differenzierung, sozialer Wandel andererseits. Diesen speziellen Grundlagen der Soziologie wird sich der Verfasser im Anschluß an diese Arbeit zuwenden.

Das Verfassen von Büchern und andere Projekte finden immer in einem Umfeld statt, ohne das sie (so) nicht denkbar wären. Der wohl wichtigste Hintergrund waren die Bestrebungen um die Entwicklung einer empirisch-analytisch orientierten Soziologie, ausgehend von dem Kontext der von René König begründeten Kölner Schule der Soziologie auf der Grundlage der hierzulande insbesondere von Hans Albert für die Sozialwissenschaften vertretenen analytisch-erklärenden wissenschaftstheoretischen Position. Unschwer ist daran anknüpfend der Einfluß einer Diskussion zu erkennen, bei der es um die Klärung der Fragen um eine den *Besonderheiten* der Sozialwissenschaften Rechnung tragende, aber gleichzeitig methodisch *angemessene* Strategie der *Erklärung* sozialer Prozesse ging. Die Beiträge von Raymond Boudon, von James S. Coleman, von Siegwart Lindenberg und Reinhard Wippler zu diesem Problembereich haben für die Entwicklung des hier vertretenen Konzepts einen maßgeblichen Einfluß gehabt.

Im Mittelpunkt der Überlegungen zur Darstellung der allgemeinen Grundlagen der Soziologie steht die Annahme, daß alle sozialen Prozesse das indirekte, meist *unbeabsichtigte* Ergebnis des *problemlösenden*, situationsorientierten, mit guten subjektiven Gründen, mit *Sinn* also, versehenen, aber auch immer von *Knappheiten* begrenzten *Handelns* der menschlichen Akteure sind, die ihrerseits von den Folgen ihres Tuns geprägt und so in ihren Erwartungen und Bewertungen immer wieder neu konstituiert werden. Als Grundidee ist diese Vorstellung u.a. bereits bei Adam Smith *und* bei Karl Marx zu finden. In der Folge von nachhaltigen Eindrücken aus den Arbeiten von Norbert Elias, Anthony Giddens und Alfred Schütz wurden die Aspekte der grundlegenden *Interdependenzen* allen Handelns, des fundamental *interpretativen* Charakters jeder soziologischen Analyse und der großen Bedeutung *institutionell* abgesicherter *Routinen* und *Relevanzstrukturen* für das problemlösende Alltagshandeln als immer wichtiger eingeschätzt.

Dies führte u.a. zu einer deutlichen Hinwendung zur verstehend-erklärenden Soziologie von Max Weber, zu an der Empathie und der Raffinesse der Menschen anknüpfenden Ansätzen, etwa bei Erving Goffman, zur Aufmerksamkeit auf den erstaunlich klugen Umgang der Menschen mit den Begrenzungen ihrer Rationalität, etwa bei Alfred Schütz, und zur Beachtung der Folgen, die eintreten, wenn dies mißglückt, etwa bei Harold Garfinkel.

"Habermas und Luhmann" und einige andere Varianten der eher sozialphilosophisch orientierten Soziologie dienten anfänglich mehr als Kontrastfolie der Überlegungen und als Pflichtaufgabe im Zuge der möglichst lückenarmen Darstellung der verschiedenen Spielarten der Soziologie. Mit zunehmender Beschäftigung damit wurde aber auch deutlich, wieviel gerade eine erklärende Soziologie von den Anregungen solcher Nebenentwicklungen profitieren kann: bei Luhmann insbesondere in Hinsicht auf die grundlegende kommunikative Prozessualität aller sozialen Vorgänge; und bei Habermas - vor allem über die dort aufgegriffenen Ideen von George Herbert Mead - in Hinsicht auf die Wichtigkeit wie aber auch die Grenzen der symbolisch gesteuerten, insbesondere sprachlich vermittelten Kommunikation zur Erklärung des alltäglichen Handelns der Menschen und der dadurch bewirkten kollektiven Folgen.

Ausdrücklich erwähnt sei die große Bewunderung für das wohl beste Einführungsbuch in die auch hier bevorzugte Art des soziologischen Denkens: "Die gesellschaftliche Konstruktion der Wirklichkeit" von Peter L. Berger und Thomas Luckmann. Und es sei besonders hervorgehoben, daß der wohl nachhaltigste Eindruck auf die Überlegungen zur Integration der verschiedenen Gesichtspunkte von den theoretischen Arbeiten von Robert K. Merton ausgegangen ist.

Das Buch enthält keine ganz gewöhnliche Sichtweise der Grundlagen des Fachs. Ein maßgebender Gesichtspunkt beim Aufbau der Darstellung war die Auffassung, daß im Prinzip *alle* etwas dauerhafteren Ansätze und "Paradigmen" in der Soziologie einen *unhintergehbaren* Gesichtspunkt betonen und daß es daher nicht ratsam ist, den einen oder anderen schon von vorneherein nur deshalb zu ignorieren, weil man die jeweiligen Überlegungen nicht gleich verständlich findet. Andererseits erschien es ebensowenig einleuchtend, von der derzeit recht verbreiteten Vorstellung auszugehen, daß jeweils einer dieser Gesichtspunkte alleine beachtlich wäre und daß eine Überbrückung der verschiedenen Ansätze schon grundsätzlich ausgeschlossen sei.

Auch erschien die ebenfalls beliebte und gern als Zeichen der Offenheit vorgetragene Ansicht unbefriedigend, die davon ausgeht, daß man die verschiedenen Ansätze selektiv dann einsetzt, wenn es das inhaltliche Problem "verlangt": Normative Theorien für die institutionell geregelten Vorgänge - und solche der symbolischen Interaktion für offene Situationen; "rational choice" für die kapitalistischen Gesellschaften, für den Bereich des Wirtschaftens und für den Egoismus der Männer - und eine Theorie der Emotionen für vormoderne Gesellschaften, für die Familie und für den Altruismus der Frauen; eine Handlungstheorie für die Verständigung in den Lebenswelten - und eine Systemtheorie für die Invasion der Systeme in dieselben usw. Es gibt aber keine festliegende Zuordnung gewisser Theorien zu bestimmten Seinsbereichen, sonst müßte es so viele Theorien wie Phänomene geben. Erklärende Theorien sind keine Baukästen, in denen es Teile gibt, die nur auf bestimmte Probleme passen und dann der "Sache" entsprechend zugeordnet werden müßten. Theoretische Offenheit und Eklektizismus sind nicht dasselbe.

Eine Reihe von Kolleginnen und Kollegen waren das Opfer von ersten Tests dieser nicht immer gleich verständlichen Sichtweise. Dazu gehörten zuallererst die Studenten in den Lehrveranstaltungen und Prüfungen an den verschiedenen Orten meines Wirkens sowie einige - mehr oder weniger - interessierte und wohlwollende Beobachter aus der jeweiligen lokalen

Fachszene. Teile des Manuskriptes haben Günther Büschges, Ronald Hitzler, Uwe Schimank, Manfred Markefka, Lorenz Gräf, Bernhard Nauck, Werner Raub, Holger Pfaff u.a. - vorher gelesen; ihnen allen sei sehr für ihre Mühewaltung gedankt. Ihre Reaktionen waren ein wichtiges Motiv, das Projekt endgültig zu beginnen und fortzuführen. Selbstverständlich trägt der Verfasser für die folgenden Ausführungen die alleinige Verantwortung.

Eine Gruppe von eher interpretativ und systemtheoretisch gesonnenen Soziologen aus Bamberg, Bielefeld, München, St. Gallen, Konstanz und Köln, die sich für das Programm der verstehend-erklärenden Soziologie zu interessieren begann, war ein äußerst anregendes Forum zur Klärung einer Reihe wichtiger Problempunkte, die sich aus dem grenzüberschreitenden Charakter des Ansatzes ergeben hatten. Einige Studenten und Mitarbeiter von Manfred Markefka zwangen den Verfasser, eine Reihe von wohl allzu apodiktischen Urteilen noch einmal zu überdenken. Das bei diesen Gelegenheiten erlebte Engagement außerhalb der etablierten Zirkel des etwas angestaubten Sektionenbetriebs der Deutschen Gesellschaft für Soziologie war ein in vielerlei Hinsicht ermutigendes Zeichen.

Bei den Überlegungen zur Konzeption und zu vielen Einzelheiten des Manuskriptes waren die Diskussionen mit meinen Mitarbeitern Paul B. Hill, Frank Kalter, Johannes Kopp und Rainer Schnell außerordentlich wichtig und gewinnbringend. Die Beschäftigung mit einigen der jetzt aufgenommenen Themen wie beispielsweise mit Einzelheiten der biologischen Anthropologie geht auf ihre Anregungen und Vorhaltungen zurück. Besonders bedeutsam waren zahllose Gespräche über die Grundlagen der hier vertretenen Position einer erklärenden Soziologie mit Siegwart Lindenberg und Reinhard Wippler, die eine Reihe von Vorklärungen erarbeitet haben, an denen sich das Buch orientiert. Hilfreich und klärend waren daneben - jeweils auf eine eigene Weise - Gespräche insbesondere mit Hans Albert, Johannes Berger, Cornelia Bohn, Alfred Bohnen, Peter Flora, Jürgen Friedrichs, Peter A. Kraus und Elmar Rieger, wobei ein Austausch gelegentlich auch über ganz unterschiedliche Auffassungen hinweg stattfand.

Die überaus aufwendige technische Fertigstellung der Druckvorlage haben Frank Kalter und Johannes Kopp besorgt; besonders bei Johannes Kopp möchte ich mich wegen seines ungewöhnlichen Engagements sehr bedanken. Tobias Kauer erstellte die Graphiken, das Literaturverzeichnis und das Register. Angelika Eck, Erika Eck und Frauke Kreuter halfen beim Lesen der Druckvorlagen und bei zahllosen weiteren Einzelheiten. Dies waren auch Gelegenheiten zu oft sehr kritischen Rückfragen über offen gebliebene Fragen und über manche verbliebene Unübersichtlichkeit der Darlegungen. Ihnen allen sei ebenfalls sehr gedankt.

Hans Albert und Kurt Hammerich haben sich die Mühe gemacht, das ganze Manuskript durchzusehen. Ihnen verdanke ich eine erhebliche Zahl von wichtigen Änderungsvorschlägen. In Adalbert Hepp fand das Manuskript einen außergewöhnlich interessierten und kritischen Lektor - eine leider seltener gewordene Spezies. Für sein Engagement und seinen Mut möchte ich ihm sehr danken.

Besonders erwähnt sei Alphons Silbermann, der die Entstehung des Manuskriptes von Beginn an mit kritischem Interesse begleitet hat und - nicht ganz ohne Grund - immer wieder darum besorgt war, daß der Geist der alten Kölner Schule, jener unnachahmlichen Verbindung von soziologischer Phantasie und aufklärerischem Impetus, von analytischer Präzision und empirischer Kontrolle, nicht in Vergessenheit gerät.

Meine Frau Elke hat durch ihr Fachwissen, durch ihr immer auch etwas distanziertes und kritisches Urteil und manchen dadurch möglichen guten Rat sehr geholfen. Aber keineswegs nur dafür danke ich ihr an dieser Stelle.

Ich widme diesen Band des - so noch nicht fertigen - Projektes meinen Eltern, die sich und mich immer etwas ratlos gefragt haben, was die Soziologie eigentlich für ein Fach sei.

Hartmut Esser   Mannheim, im Juli 1993

Vorwort zur zweiten Auflage

Die zweite Auflage der "Soziologie. Allgemeine Grundlagen" wurde in Hinblick auf formale Korrekturen durchgesehen. Den Lesern, die auf solche Fehler im Text und in den Abbildungen hingewiesen haben, sei hiermit sehr gedankt. Die im Vorwort zur ersten Auflage angekündigte Fortsetzung zu den speziellen Grundlagen der Soziologie befindet sich im Stadium abschließender Arbeiten. Wir gehen davon aus, daß sie erscheinen kann, bevor die jetzt aufgelegte Ausgabe zu den allgemeinen Grundlagen der Soziologie vergriffen ist.

Hartmut Esser   Mannheim, im Juni 1996

Teil A
Soziologie:
Die Lehre von der Gesellschaft

Kapitel 1
Was ist Soziologie?

Die Soziologie ist ein schwieriges Fach, und Soziologen sind meist keine einfachen Zeitgenossen. Gewöhnlich sind sie nur in wenigen Dingen einer Meinung. Aber die in der Überschrift dieses Kapitels gestellte Frage dürften die meisten von ihnen einhellig beurteilen: Sie würden, wie Raymond Boudon unter Berufung auf Raymond Aron vermutet, "in einem Punkt untereinander übereinstimmen: in der Schwierigkeit, die Soziologie zu definieren."[1] Dabei gibt es eine Definition der Soziologie, die wahrscheinlich die meisten Soziologen akzeptieren könnten: die von Max Weber (1864-1920). Weber schreibt ganz zu Beginn seines großen Werkes *Wirtschaft und Gesellschaft*:

"Soziologie (im hier verstandenen Sinn dieses sehr vieldeutig gebrauchten Wortes) soll heißen: eine Wissenschaft, welche soziales Handeln deutend verstehen und dadurch in seinem Ablauf und in seinen Wirkungen ursächlich erklären will."[2]

Den bei dieser Definition zentralen Begriff des (sozialen) Handelns legt Max Weber gleich anschließend so fest:

"'Handeln' soll dabei ein menschliches Verhalten ... heißen, wenn und insofern als der oder die Handelnden mit ihm einen subjektiven *Sinn* verbinden." (Ebd.; Hervorhebung im Original)

Daß sich auf diese Definition und auf das vorgeschlagene Vorgehen auch tatsächlich viele Soziologen verständigen könnten, liegt wohl nicht (nur) daran, daß sie von Max Weber, einem der bedeutendsten Soziologen überhaupt, stammt: Sie enthält eine Reihe von Einzelheiten, die die Arbeit und Absichten von nicht wenigen Soziologen ganz gut zusammenfaßt.

Die Soziologie ist danach zuerst einmal eine Wissenschaft. Das heißt: Sie ist nur an der Wahrheit und am Informationsgehalt ihrer Aussagen, an interessanter Wahrheit also, orientiert - und damit nicht an moralischen Urteilen

---

[1] Raymond Boudon, Was ist Soziologie? in: Raymond Boudon, Die Logik des gesellschaftlichen Handelns. Eine Einführung in die soziologische Denk- und Arbeitsweise, Darmstadt und Neuwied 1980, S. 13.
[2] Max Weber, Wirtschaft und Gesellschaft. Grundriss der verstehenden Soziologie, 5. Aufl., Tübingen 1972, S. 1.

oder an leeren Wortspielen. Das ist eigentlich unstrittig und selbstverständlich.

Die Definition geht weiter davon aus, daß es die kollektiven Wirkungen - gesellschaftliche Institutionen, Strukturen, Kulturen und soziale Prozesse wie soziale Ordnung, soziale Ungleichheit, soziale Differenzierung oder sozialer Wandel u.a. - sind, die im Zentrum des Interesses der Untersuchungen und Analysen der Soziologie stehen - und *nicht* die individuellen Akteure und auch nicht deren individuelles Handeln. Kurz: Der *analytische* Primat, das *Ziel* der Erklärungen der Soziologie, liegt auf der *kollektiven* Ebene der soziologischen Phänomene.

Max Weber betont mit seiner Definition gleichzeitig, daß sich in der soziologischen Analyse alle diese kollektiven Phänomene - letztlich - auf das soziale Handeln von menschlichen Akteuren beziehen lassen müssen. Dieser Bezug auf die Mikro-Ebene der Akteure und auf den Ablauf des sozialen Handelns ist für Max Weber das entscheidende theoretische Werkzeug bei der Erklärung der kollektiven Wirkungen: Es sind *nicht* die "Gesellschaft", die sozialen Strukturen oder die sozialen Systeme, die die sozialen Prozesse erzeugen und vorantreiben, sondern das an Situationen orientierte, sinnhafte, problemlösende Handeln der Menschen. Es ist eben, wie Max Weber einmal bemerkte, *nicht* die Konventionalregel des Grußes, die den Hut vom Kopfe nimmt, sondern immer nur ein individueller Akteur, der diese Norm befolgt - und zwar oft aus ganz unterschiedlichen Motiven. Also: Der *theoretische* Primat der *Art* der Erklärung liegt auf der *individuellen* Ebene der Situationsdeutungen und des Handelns menschlicher Akteure.[3]

Das grundlegende Verfahren: Verstehendes Erklären

Soziologische Analysen beginnen demnach zunächst mit dem "deutenden Verstehen" des Handelns. Sie gehen von der Rekonstruktion des "subjektiven Sinns" des Handelns aus, der Motive, des Wissens, der Gründe also, die die Menschen mit ihrem Handeln verbinden. Dies ist - nach Weber - der erste Schritt. Dabei muß sich der Soziologe in die Situation des Akteurs hineinversetzen und herausfinden, wie der *Akteur* die *Situation* sieht und welche Absichten und Überzeugungen er mit seinem Handeln verbindet.

---

[3] Die Unterscheidung von analytischem und theoretischem Primat der Soziologie geht zurück auf eine Anregung von Reinhard Wippler und Siegwart Lindenberg, Collective Phenomena and Rational Choice, in: Jeffrey C. Alexander, Bernhard Giesen, Richard Münch und Neil J. Smelser (Hrsg.), The Micro-Macro-Link, Berkeley-Los Angeles-London 1987, S. 137ff.

Das Verstehen des Sinns des Handelns ist aber nur der Anfang. Die soziologische Analyse "erklärt" auf der Grundlage des Verstehens "dadurch" dann den "Ablauf" des subjektiv sinnhaften Handelns. Dies ist der zweite Schritt. Dazu wird eine allgemeine Regel darüber benötigt, welche der verschiedenen Alternativen ein Akteur in einer gegebenen Situation sinnvollerweise wählt. Handeln in einer Situation ist ja *immer* eine Entscheidung zwischen Alternativen. Und nicht jede der möglichen Alternativen ist in einer Situation ja gleichermaßen sinnvoll. Erst die Anwendung einer *Handlungstheorie* über die Regeln dieser Wahl erklärt daher den Ablauf des Handelns.

Komplettiert wird die soziologische Analyse erst mit einem dritten Schritt: über die Erklärung der aus dem Ablauf des sozialen Handelns folgenden "Wirkungen". Diese Wirkungen sind von den Absichten und auch von den Einzelhandlungen der Akteure oft ganz unabhängig. Meist haben die Menschen etwas ganz anderes gewollt oder sich bei ihrem Tun nichts Besonderes gedacht. Man spricht in diesem Zusammenhang auch von den *externen Effekten* des Handelns. Über die externen Effekte gewinnen die subjektiv motivierten und begründeten Handlungen der Menschen eine eigene objektive Gewalt - oft genug mit der Folge, daß die Menschen gar nicht bemerken, daß sie - und nur sie - die *objektiven* Strukturen und Prozesse der Gesellschaft tragen und über ihr kurzsichtiges, aber gleichwohl *subjektiv* sinnhaftes Tun vorantreiben.

Die Soziologie ist für Max Weber in ihrem Kern eine sowohl verstehende wie gleichzeitig "dadurch" erklärende Wissenschaft. Einerseits ist das Erklären für Max Weber immer ein *ursächliches* Erklären - so wie dies in allen Wissenschaften gilt. Dieses Erklären hat für die Soziologie aber eine wichtige Besonderheit, die die Gesellschaftswissenschaften allgemein mit keiner anderen (Natur-)Wissenschaft teilen: Das Verstehen des subjektiven Sinns als unabdingbare Voraussetzung für das ursächliche Erklären der sozialen Prozesse. Diese unhintergehbare *interpretative* Dimension jeder erklärenden Analyse in der Soziologie ist eine Besonderheit der Gesellschaftswissenschaften, speziell der Soziologie, die bei *jeder* soziologischen Erklärung beachtet werden muß.

Die drei Schritte der Weberschen Konzeption einer verstehend-erklärenden Soziologie verbinden offenkundig vier Elemente: *Situation*, *Akteur*, das *soziale Handeln* und dessen *Wirkungen*, die externen Effekte. Der erste Schritt ist das *deutende Verstehen*, das den *subjektiven Sinn* des Handelns in einer typischen Situation rekonstruiert. *Ursächlich erklärt* werden im zweiten Schritt der dadurch zu erwartende *Ablauf* des Handelns mit Hilfe einer Handlungstheorie; und darüber dann im dritten Schritt dessen *Wirkungen* durch die Ableitung der externen Effekte des Handelns. In einem Schema können die vier Elemente, die drei Schritte und die damit verbundenen beiden Phasen des deutenden Verstehens und des ursächlichen Erklärens so zusammengefaßt werden (Abbildung 1.1):

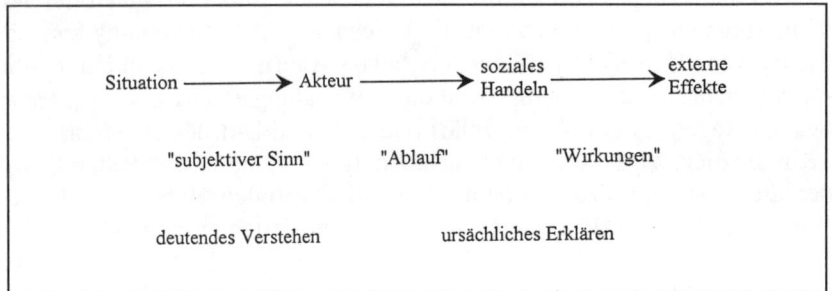

Abb. 1.1: Die drei Analyseschritte bei der verstehend-erklärenden Soziologie nach Max Weber

Letztlich müßte man in soziologischen Analysen - wollte man Weber folgen - immer so vorgehen: Man muß aufdecken, wie Akteure aufgrund bestimmter Deutungen ihrer Situation zu sinnhaften Handlungen veranlaßt werden und wie sie dadurch externe Effekte und Fernwirkungen für das Handeln anderer Akteure erzeugen, Wirkungen, die sie selbst oft nicht übersehen oder beabsichtigt haben. Zum Beispiel: die Entwicklung von Städten, die Evolution von Sprachen oder den Zusammenbruch des real existierenden Sozialismus.

Aber selbst diese Definition eines der ganz Großen des Faches ist nicht unumstritten. In grober Charakterisierung meinen zum Beispiel manche Soziologen, daß die Soziologie es im Grunde nur mit dem deutenden Verstehen zu tun haben könne und daß ein ursächliches Erklären sozialer Vorgänge überhaupt nicht möglich sei. Und andere nehmen an, daß die "Methode genannt Verstehen"[4] eine höchst subjektivistische Spekulation bleiben müsse. Vielmehr habe die Soziologie nach harten Gesetzen zu suchen. Und diese seien nur auf der Makroebene der "Gesellschaft", also: "oberhalb" der Ebene des sozialen Handelns aufzufinden. Wie etwa das von Robert Michels (1876-1936) so genannte "Eherne Gesetz der Oligarchie", wonach in allen Organisationen zwangsläufig eine deutliche Trennung zwischen Führung und Mitgliedern entsteht - auch dann, wenn dies der Ideologie der Organisation widerspricht, wie im Fall der von Michels untersuchten sozialistischen

---

[4] Vgl. Theodore Abel, The Operation Called "Verstehen", in: American Journal of Sociology, 54, 1949, S. 211-218.

Parteien.⁵ Nur in solchen Strukturgesetzen könne die Soziologie eine ausreichend stabile Grundlage finden. Max Weber selbst hatte - wie oben bereits deutlich wurde - diesen Gegensatz eigentlich bereits überwunden: In seinem Vorschlag geht die ursächliche Erklärung sozialer Prozesse notwendigerweise von dem deutenden Verstehen von Handlungsbeweggründen aus. Und umgekehrt: Eine deutende Rekonstruktion des Sinns, den die Akteure mit ihren Handlungen verbinden, ist für die Soziologie alleine nicht ausreichend, weil dies ja immer nur der erste, wenngleich notwendige Schritt ist. Kurz: Die Soziologie muß soziales Handeln verstehen *und* die kollektiven sozialen Prozesse dadurch dann ursächlich erklären. Wir wollen diese Streitigkeiten hier nur andeuten und es - vorläufig - dabei belassen (vgl. dazu näher Kapitel 4 und 6).

Wahrscheinlich ist aber schon die Frage nach einem einheitlichen Verständnis der Soziologie irreführend gestellt: Sie suggeriert eine vorgegebene, objektive Ordnung und Einteilung der Wissenschaften, die es nicht gibt - und die es auch nicht geben kann. Fachdisziplinen sind nicht um ihrer selbst willen vorhanden. Sie sollten sich weniger um ihre Identität (und um den Erhalt von Lehrstühlen einer bestimmten Widmung um jeden Preis), als um die Beantwortung der gestellten Fragen kümmern. Die Einteilung von Wissenschaften ist - wie alle Definitionen - niemals mehr als eine mehr oder weniger zweckmäßige Konvention, die selbstverständlich auch anders aussehen könnte. Außerdem ist - wie der Soziologe Theodor Geiger (1891-1952) einmal meinte - die Frage wahrscheinlich insofern überflüssig, als " ... sie die Ergiebigkeit der einzelwissenschaftlichen Forschung um nichts fördert."⁶ Einer Vermutung des Ökonomen, zeitweisen Finanzministers und Bankpräsidenten Joseph Schumpeter (1883-1950) zufolge sind zudem alle die Einteilungen der Wissenschaften meist nur für den befriedigend, der allen einzelnen Wissenschaften ferne genug steht. Daher wollen wir uns in dieses ebenso aussichtslose wie wenig ertragreiche Unterfangen einer abschließenden Definition der Soziologie auch nicht sehr vertiefen. Gleichwohl hat die Frage nach der Identität und nach den Aufgaben des Fachs die Soziologen (und auch Nicht-Soziologen) immer wieder beschäftigt.⁷ Und alleine dies ist einer Erörterung wert.

---

⁵ Robert Michels, Zur Soziologie des Parteiwesens in der modernen Demokratie. Untersuchungen über die oligarchischen Tendenzen des Gruppenlebens, Leipzig 1911.
⁶ Theodor Geiger, Was ist Soziologie? in: Theodor Geiger, Arbeiten zur Soziologie. Methode-Moderne Großgesellschaft-Rechtssoziologie-Ideologiekritik, Berlin 1962, S. 53.
⁷ Vgl. auch die Definitionen des Fachs bei Alex Inkeles, What is Sociology? An Introduction to the Discipline and Profession, Englewood Cliffs, N.J. 1964.

In diesem einleitenden Kapitel geht es - nach der Skizzierung des grundlegenden Verfahrens der Soziologie im Anschluß an das Konzept von Max Weber - um zwei Dinge: Um eine kurze Darstellung der Entstehung der Soziologie und um eine Benennung der Umstände, warum es nicht ohne Grund so schwierig ist, die Frage zu beantworten, "was" denn nun "Soziologie" eigentlich sei. Der wichtigste Grund für die nicht enden wollenden Fragen nach der unumstrittenen Besonderheit der Soziologie liegt vermutlich in der eigenartigen Grenzstellung des Fachs. Schon die Umstände ihrer Geburt als Wissenschaft weisen darauf hin.

Die Entstehung der Soziologie

Die Geschichte der Soziologie beginnt mit dem Verfall der selbstverständlichen Geltung von Traditionen, Institutionen und Werten. Ihre ursprüngliche Zielsetzung ist die Aufdeckung der verborgenen Kräfte und Zusammenhänge des gesellschaftlichen Lebens, das nun auch als prinzipiell anders denkbar erkannt wird. Erst mit dem Zerfall des Selbstverständlichen entsteht die Frage nach den Gesetzen des gesellschaftlichen Zusammenlebens, da dieses Zusammenleben offenkundig trotz seiner prinzipiellen Brüchigkeit erstaunliche Regelhaftigkeiten aufweist. Und es entsteht - wie es Norbert Elias (1897-1991) als Aufgabe der Soziologie vorgeschlagen hat - die Frage danach, wie sich die Zwänge und Widersprüche des gesellschaftlichen Lebens erklären lassen, *ohne* daß man diese Zwänge und Widersprüche als Folge des Waltens blinder Naturgesetze oder als Resultat etwa der Verschwörung dunkler Mächte deuten müßte.[8]

In einer (vertretbaren) Vereinfachung läßt sich das Entstehen der Soziologie mit drei wichtigen geschichtlichen Ereignissen und Entwicklungen in Verbindung bringen: die (französische und die englische bzw. schottische) Aufklärung, die Französische Revolution und die beginnende Industrialisierung und Modernisierung der Länder Europas gegen Ende des 18. Jahrhunderts. Alle drei Entwicklungen trugen, dokumentierten und beschleunigten den Verfall traditionaler Ordnungen und machten die Erkenntnis unausweichlich, daß die "Gesellschaft" nichts Festes, sondern etwas durch und durch Brüchiges, damit aber auch etwas im Prinzip *Konstruierbares* darstellt.

Für die Entstehung der Soziologie waren drei Aspekte besonders bedeutsam: Erstens die Abkehr von theologischen, metaphysischen, spekulativen und (nur) philosophischen

---

[8] Norbert Elias, Was ist Soziologie?, München 1970, S. 13f.

Deutungen gesellschaftlicher Vorgänge - also Aussagen über die Gesellschaft ohne jede systematische logische Struktur und ohne irgendeine Form der empirischen Kontrolle der aufgestellten theoretischen Vermutungen. Und dazu gehörte dann auch: die Vorstellung der prinzipiellen Erklärbarkeit von ansonsten "unverständlichen" gesellschaftlichen Vorgängen durch wissenschaftliche Methoden, die eng an das logisch durchsichtige und empirisch kontrollierte Vorgehen der Naturwissenschaften angelehnt sind. Dies war das Erbe der Aufklärung. Zweitens, und mit den aufklärerischen Ideen lange Zeit eng verbunden: die Hoffnung auf eine rationale Planbarkeit gesellschaftlicher Zustände. Gleichzeitig aber auch die tiefgreifende Erfahrung der Gefährdung bzw. der Veränderbarkeit auch der eingelebtesten traditionalen (Herrschafts-)Verhältnisse. Sowie auch: eine gewisse Besorgnis vor unkontrollierbaren Entwicklungen. Dies war das Erbe der Französischen Revolution. Die dritte Quelle eines Bedarfs an soziologischen Erkenntnissen war die wachsende Notwendigkeit einer ernsteren Beachtung des Alltagshandelns der "normalen" Bevölkerung durch die Eliten und die Zunahme einer grundlegenden "Komplexität" und "Unübersichtlichkeit" der Verhältnisse als Folge von Arbeitsteilung und dichter gewordenen Interdependenzen aller gesellschaftlichen Bereiche. Mehr und mehr machten sich auch die ersten Erscheinungen eines wildwüchsigen Kapitalismus bemerkbar. Und damit gewannen auch die immer schon vorhandenen Bestrebungen, über alternative Gesellschaftsmodelle - "Utopien" - nachzudenken bzw. die verschiedenen Entwicklungen empirisch zu dokumentieren, deutlich an Schubkraft. Dies war die Folge der Industrialisierung, des weiträumiger gewordenen Handelsverkehrs, der - damit zusammenhängenden - Demokratisierungsprozesse und der ersten Anzeichen von Entwicklungen, aus denen später die "soziale Frage" entstand.

Kurz: "Modern" gewordene Gesellschaften ließen sich über theologische Doktrinen und philosophische Lehren nicht mehr überzeugend genug erklären und über einfache Dekrete kaum mehr steuern. Es wurde - nicht zuletzt für staatliche Rahmenplanungen der neu entstandenen bürgerlichen bzw. kapitalistischen Gesellschaften - ein Wissen erforderlich, mit dem sich Entwicklungen absehen und dann durch *indirekte* Eingriffe beeinflussen ließen - oder wenigstens, wenn man schon nicht eingreifen konnte oder wollte, sie besser zu "verstehen". Die Soziologie entsteht nicht zufällig fast gleichzeitig mit der modernen Volkswirtschaftslehre und mit der Sozialstatistik genau in den Ländern, in denen diese Prozesse der Industrialisierung und Modernisierung zuerst stattgefunden haben.[9]

Das Anliegen der Soziologie entspricht damit einerseits durchaus dem, was Kant einmal mit dem "Ausgang der Menschheit aus ihrer selbstverschuldeten Unmündigkeit" bezeichnet hat. Viele Studenten der Soziologie fühlen sich nach wie vor gerade durch diese von Beginn an aufklärerische und kri-

---

[9] Eine vorzügliche und ausführliche Darstellung der Geschichte der Soziologie und auch der soziologischen Hintergründe ihrer Entstehung findet sich bei: Friedrich Jonas, Geschichte der Soziologie, Band I-IV, Reinbek 1968. Vgl. zu den Umständen der Entstehung von Soziographie und Sozialstatistik: Hans Zeisel, Zur Geschichte der Soziographie, in: Marie Jahoda, Paul F. Lazarsfeld und Hans Zeisel, Die Arbeitslosen von Marienthal. Ein soziographischer Versuch über die Wirkungen langandauernder Arbeitslosigkeit. Mit einem Anhang zur Geschichte der Soziographie, Leipzig 1933.

tische Grundhaltung zum Fach hingezogen. Die Soziologie war von Anbeginn immer auch "Oppositionswissenschaft". Jenes andere, mit der Entstehung der Soziologie eng verbundene Element schreckt viele dieser eher gesellschaftskritisch gesonnenen Sympathisanten aber oft wieder ab: die analytische, d.h. systematische, nüchterne und wertneutrale, an der Aufdeckung und leidenschaftslosen empirischen Prüfung von Zusammenhängen und Gesetzmäßigkeiten orientierte Vorgehensweise, die man auch "praktisch" für (staatliche und sonstige) Planungen und indirekte Steuerung benutzen kann. Entstanden ist die Soziologie aus der Überzeugung, daß sich analytische, praktische und kritische Orientierung miteinander verbinden lassen, ja gegenseitig aufeinander angewiesen sind. Dies (wurde und) wird nicht von allen Soziologen so gesehen. Verfallen oder unvorstellbar ist jene faszinierende und wichtige Kombination aber auch derzeit keineswegs. Sie hat die Identität des Faches eigentlich am nachhaltigsten geprägt.

Das Wort "Soziologie" enthält einen lateinischen und einen griechischen Bestandteil: *socius* (lat.) bedeutet soviel wie Gefährte oder Mitmensch; *logos* (griech.) meint Wort bzw. - allgemeiner - die (wissenschaftliche) Lehre von einem bestimmten Gegenstand. Von Auguste Comte (1798-1857) wird - in seinen Vorlesungen ab 1837 - Soziologie die Wissenschaft genannt, die sich " ... auf das *positive* Studium der sämtlichen, den sozialen Erscheinungen zugrunde liegenden *Gesetze* bezieht."[10]

Mit dieser Festlegung war u.a. beabsichtigt, die Lehre von der Gesellschaft auf *eine* Stufe mit den mittlerweile etablierten Naturwissenschaften zu stellen, die ihre Erfolge gerade durch die konsequente Anwendung der Arbeitshypothese erzielt hatten, daß die Dinge der Welt in kausalen Abhängigkeiten miteinander verbunden sind. Die Soziologie sollte nach Comte eine Art Oberwissenschaft sein, die als "positive", nur an Tatsachen orientierte Disziplin die theologischen und metaphysischen Deutungen gesellschaftlicher Prozesse ablöst. Die neue Bezeichnung ersetzt den von Comte zuvor benutzten Begriff der "Physique Social", den Adolphe Quetelet (1796-1874) erfunden hatte, um den gerade von ihm sehr vorangetriebenen Untersuchungen über die frappierend stabilen Regelmäßigkeiten bei - zuweilen den absonderlichsten - Merkmalen der Bevölkerung einen programmatischen Namen zu geben.

---

[10] Auguste Comte, Soziologie, hrsgg. von E. Waentig, Band I, Leipzig 1907, S. 185; Hervorhebungen nicht im Original.

Zur Identität der Soziologie

Mit dem Comteschen Konzept einer "positiven" Soziologie ist eine wichtige und nicht notwendigerweise abwertende Grenzziehung vollzogen: Die Abgrenzung der Soziologie von "Sozialphilosophie."[11] Es ist eigentlich eine ganz harmlos gemeinte Selbstbeschränkung: Die Soziologie interessiert sich nicht für die Ideen, Konzepte und Prinzipien von Institutionen oder Typen von Gesellschaften "an sich", sondern erst einmal für *konkrete* institutionelle Entwicklungen und für das *konkrete* Verhalten von Menschen. Sie fragt auch nur ausnahmsweise nach den vorgängigen Bedingungen der Möglichkeit von Gesellschaft - und wenn: dann immer orientiert an im Prinzip empirisch überprüfbaren und logisch gehaltvollen Hypothesen. Schließlich geht es ihr auch nicht um die Begründung einer Ethik oder um die Frage nach dem Sinn etwa des Lebens oder der Geschichte. Und gerade für diese Selbstbescheidung hat sie einen nicht ganz unwichtigen Grund: Es gibt *kein* wissenschaftliches Verfahren, das in der Lage wäre, irgendeine Ethik oder irgendeinen "objektiven" Sinn - des Lebens oder der Geschichte etwa - zu begründen. Den Sinn müssen sich die Menschen immer selbst geben.

In der berühmten 11. These über Feuerbach hat Karl Marx den Philosophen seiner Zeit einen schwerwiegenden und nicht gänzlich unberechtigten Vorwurf gemacht: "Die Philosophen haben die Welt nur verschieden *interpretiert*; es kömmt darauf an, sie zu *verändern*."[12] Man könnte diesen Vorwurf auch anders formulieren: Die (Sozial-)Philosophen haben die gesellschaftliche Welt immer nur verschieden als bloße kulturelle oder philosophische Idee *interpretiert*; es kömmt jedoch darauf an, ihre materiellen und damit zusammenhängenden institutionellen und kulturellen Strukturen und Prozesse ursächlich zu *erklären* und sie dann mit Hilfe des so gewonnenen Wissens - unter Umständen - im Interesse einer vielleicht besseren gesellschaftlichen Ordnung - schrittweise - zu *verändern*. Das wäre das Programm der Soziologie als einer erklärenden, theoretisch angeleiteten, empirisch kontrollierten und dadurch aufklärenden und praxisrelevanten "Wirklichkeitswissenschaft", wie es auch hier zugrunde gelegt wird.

Die 11. Feuerbach-These ist übrigens nach wie vor in großen Lettern im Eingangsportal der Humboldt-Universität in Berlin (Ost) zu lesen. Sie bleibt zu jeder Zeit aktuell. Nach der "Wende" hätten nicht wenige sie gerne - ebenso wie viele tatsächlich mißratene Hinterlassenschaften einiger Anregungen von Karl Marx - entfernt gesehen. An mancher Universität Ost-Deutschlands wurden die Büsten von Karl Marx, der doch nur auf die

---

[11] Vgl. zu dieser Abgrenzung auch Paul F. Lazarsfeld, What is Sociology?, Manuskript Oslo 1948, S. 6f.
[12] Karl Marx, Die Deutsche Ideologie, in: MEW 3, S. 7; Hervorhebungen im Original.

Grenzen des bloßen Nachdenkens und auf die Bedeutung auch der materiellen Bedingungen für die Analyse der gesellschaftlichen Prozesse hinweisen wollte, ohne viel Federlesens beseitigt. Der "Idealist" Georg Wilhelm Friedrich Hegel (1770-1831) konnte dagegen unbehelligt auf seinem Platze bleiben. Und Johann Gottlieb Fichte (1762-1814) gar, der in grandioser Selbstüberschätzung von der "Absolutheit des Ich" gesprochen hatte, das sich die empirische Welt nach seinem "absoluten Willen" konstruieren könne, wurde umgehend aus den Kellern einer tatsächlich sehr willens- und tatkräftigen, wenngleich noch katastrophaleren, Vergangenheit hervorgeholt und als eine Art von Leitfigur für wenigstens eine der neu eröffneten Universitäten herausgeputzt. Idealismus und Konstruktivismus haben in Zeiten des Umbruchs immer Konjunktur. Die Soziologie sollte - als erklärende Wissenschaft - solchen Moden nicht folgen. Das hat sie auch nicht nötig.

Ob eine derartige Abgrenzung zur Sozialphilosophie überhaupt statthaft (oder möglich) ist und ob die Soziologie eine solche Gesetzes- bzw. Wirklichkeitswissenschaft sein soll oder darf, bzw. ob sie nicht doch ganz andere Aufgaben hat (wie z.b. die Beantwortung moralischer und ethischer Fragen), ist ein bis heute nicht beigelegter Streitpunkt. Aber beileibe nicht der einzige. Von Anbeginn an war außerdem insbesondere umstritten, ob man die Kategorie des "Gesetzes" oder das Konzept der "Kausalität" auf soziale Prozesse überhaupt anwenden könne. Das wichtigste Gegenargument: Soziale Prozesse beruhten auf den intentionalen Handlungen von zur Reflexion fähigen Subjekten, die auch den stärksten gesellschaftlichen Einflüssen nicht blind oder passiv ausgeliefert sind. Außerdem seien alle sozialen Vorgänge historisch und kulturell einmalig und unwiederholbar, so daß die jeweiligen "Gesetze" immer nur einen einzigen Anwendungsfall hätten.

Vor allem von Historikern - aber auch anderen Konkurrenten der Soziologie - wurde (und wird) dieses Argument gegen eine *nomothetische* Soziologie vorgebracht - nicht zuletzt, um eine Art von Alleinvertretungsanspruch der lediglich beschreibenden, *idiographischen* Vorgehensweise für die Untersuchung sozialer Phänomene abzusichern.

Ein anderes Argument gegen eine ursächlich erklärend ausgerichtete Soziologie gewinnt derzeit wieder stärkeren Einfluß: Gesellschaften seien derart "komplexe" und "chaotische" Gebilde, daß man mit den - angeblich für solche Verhältnisse beschränkten - Mitteln kausaler Analyse nicht viel ausrichten könne und stattdessen eine nicht-kausale Theorie benötige. Eine solche nicht-kausale Theorie habe nicht ursächliches Erklären zum Ziel, sondern die Bereitstellung von "Leitdifferenzen" und flexiblen Begriffssystemen, mit deren Hilfe man der besonderen Komplexität des Geschehens Herr werden könne. Sämtliche dieser Argumente sind schwergewichtig und verdienen ernsthafte Aufmerksamkeit. Die Frage nach der Identität des Fachs wird durch diese Streitigkeiten nicht einfacher zu beantworten sein. Wir werden noch häufiger darauf zurückkommen.

Ein von diesen Streitigkeiten unabhängiger, wahrscheinlich erheblich wichtigerer Grund für die eigenartige (und unvermeidliche) Grenzstellung des Fachs liegt in der Vielfalt ihrer Untersuchungsfelder und der für soziologische Analysen vorauszusetzenden, sehr unterschiedlichen Kenntnisse und Fertigkeiten. Soziologen scheinen sich buchstäblich für alles zu interessieren oder - ärgerlicher - sich für alles kompetent zu halten. Und sie geraten damit unvermeidlich in die Reviere anderer Disziplinen und Experten, wozu dann immer auch die Alltagsmenschen zählen. Die von Soziologen untersuchten gesellschaftlichen Phänomene umfassen außerdem immer ganz verschiedene Aspekte, die bereits von anderen, darauf spezialisierten Wissenschaften intensiv behandelt werden. Die Bearbeitung der Fragen in den konkreten Forschungen setzt gleichzeitig immer die Beschäftigung mit theoretischen und formalen Modellen wie mit Forschungstechniken und Analyseverfahren voraus, für die es meist ebenfalls kompetente Spezialdisziplinen gibt, die nur jeweils diese Verfahren behandeln und die in dem Spezialgebiet notgedrungen dilettierenden Soziologen mit Argwohn und oft genug mit - keineswegs immer berechtigter - Überheblichkeit betrachten.

Die Frage nach der Identität des Faches ist eine unmittelbare Folge dieser Heterogenität ihrer Interessengebiete und der ungeklärten Zuständigkeiten: Wer gleichzeitig überall und nirgends zu Hause ist, dem erst stellt sich die Frage, wer er denn wirklich sei. Wer immer auf andere "Hilfs"-Wissenschaften angewiesen ist, ohne je eine vollständig zu beherrschen, dem kommen gelegentlich Zweifel. Wer seinen Gegenstand immer mit anderen teilen muß, macht sich manchmal schon Sorgen, ob er ihm wirklich gehört. Die meisten anderen Wissenschaften haben diese Probleme nicht - zumindest nicht derart ausgeprägt und chronisch wie die Soziologie.

Der Bereich der von Soziologen untersuchten Sachverhalte ist so bunt wie das Leben selbst: Diffusion von Personalcomputern in den USA, die Beurteilung von Homosexualität in der Öffentlichkeit, Mündlichkeit in Afrika und Schriftlichkeit in Europa, Okkultismus und New Age, das Ende der Glückseligkeitslehre, die Entwicklung zur Ein-Kind-Ehe, die Irrelevanz der Soziologie, der PC als Interaktionspartner, neue Technologien, die Berufspassage in das Unternehmertum, die Methodik der interpretativen Sozialforschung, das projektive Selbst, Zivilisationsformen von Affekten, die Eingliederung der zweiten Generation von Arbeitsmigranten, betriebliche Mitbestimmung als Interaktion, die Kriminalitätsfurcht der Bundesbürger im Wandel der Zeit usw. Die Themen entstammen dem 18. Jahrgang der Zeitschrift für Soziologie aus dem Jahre 1989. Würde man andere Zeitschriften und andere Jahrgänge zu Rate ziehen, würde sich an dem Eindruck der Vielfalt nichts Wesentliches ändern. Die Fachvereinigung der Soziologen, die "Deutsche Gesellschaft für Soziologie", umfaßt eine Reihe sehr verschiedener Sektionen und Arbeitsgruppen, die ebenfalls das breite Spektrum soziologischer Arbeitsfelder widerspiegeln. Es gibt z.B. Sektionen und Arbeitsgruppen für Familien-, Kultur-, Rechts-, Sprach-, Medizin-, Entwicklungs- und Wissenschaftssoziologie, für Theorien und Methoden, für soziale Ungleichheit, für soziale Probleme, für Frauenforschung, für Biographieforschung, für Migration und ethnische Minderheiten und selbst eine für die Modellierung sozialer Prozesse. Es wird leicht erkennbar, daß Soziologen - und besonders z.b. Herausgeber soziologischer Fachzeitschriften und Lehrende des Faches, die einigermaßen die Übersicht behalten wollen oder müssen - Mühe haben, die Konturen des Faches zu erhalten und einander zu verstehen, und daß in der Öffentlichkeit der Eindruck entstehen mag, als fühlte sich die Soziologie für alles zuständig.

Die Heterogenität und Grenzstellung des Fachs wird aber auch bereits bei enger definierten Einzelthemen sichtbar. Nehmen wir beispielsweise einmal an, es sei die Frage zu untersuchen, warum in modernen Gesellschaften die Scheidungsraten zunehmen - ein zweifelsfrei wichtiges und ebenso zweifelsfrei soziologisches Thema, da sowohl die moderne Gesellschaft als auch die Scheidungsrate kollektive Sachverhalte sind und der untersuchte Zusammenhang auch tatsächlich in einer stabilen Korrelation in unterschiedlichen Ländern über die Zeit zu beobachten ist. Ohne in die Details zu gehen, kann man rasch feststellen, daß zu einer Erklärung des Sachverhaltes juristische, ökonomische, psychologische, vielleicht sogar psychoanalytische Aspekte bedeutsam sein könnten. Diese werden aber von Disziplinen behandelt, die in der soziologischen Ausbildung zwar gelegentlich am Rande, häufig genug aber überhaupt nicht berührt werden. Soziologische Fragestellungen beziehen sich darüber hinaus oft auf historische, demographische, politische, normative, ethische, sozialpsychologische, kommunikationstheoretische und linguistische, biologische, anthropologische und ethnologische, sehr oft philosophische und gelegentlich sogar theologische Bereiche. Angesichts dessen wird die Frage schon verständlich, wo die Soziologie denn dann noch ihren eigenen Platz findet.

Dabei ist es durchaus möglich, die Soziologie in ihrem *Gegenstand* und in ihren Interessenfeldern von anderen, mit dem Phänomen Gesellschaft befaßten Disziplinen abzugrenzen: Nach den Konzepten und Prinzipien gesellschaftlicher Institutionen fragte einst die sog. *Staatslehre*, die heute einen Teil der *Politischen Wissenschaften* bildet. Für die Einmaligkeit geschichtlicher Ereignisse und Abläufe interessieren sich insbesondere *Historiker*. Die *Ökonomie* hat sich einen Spezialbereich des sozialen Handelns zum Gegenstand gemacht: das "wirtschaftliche" Handeln. *Psychologen* fragen kaum nach der Einbettung des Handelns in gesellschaftliche Institutionen, sondern suchen eher nach den Gesetzen, wie Situationen auf individuelle Akteure wirken und nach welchen Regeln die Akteure dann reagieren. Das Problem ist nur: Soziologen benötigen - wie wir oben sehen konnten - für ihre Analysen Kenntnisse aus fast allen diesen Gebieten, ohne selbst Spezialisten zu sein: Das Betreiben der Soziologie ist immer mehr eine Art von Zehnkampf als eine einseitige Übung in einer Spezialdisziplin.

Bezogen auf die zur Anwendung kommenden *Theorien* ist dies nicht anders. Eine eigene und unumstrittene soziologische Theorie gibt es derzeit nicht - mindestens nicht in der Weise wie Physiker, Chemiker, Biologen oder Ökonomen über einen relativ einheitlichen Kern einer allgemein anerkannten Theorie ihres Gebietes verfügen. Die wichtigsten theoretischen "Ansätze" in der Soziologie - kennzeichnenderweise eine der beliebtesten Redewendungen bei Soziologen - sind der *Struktur-Funktionalismus* und sein Nachfolger, der *Neo-Funktionalismus*, verschiedene Varianten der *Systemtheorie*, der interpretative bzw. phänomenologische Ansatz in seinen beiden wichtigsten Spielarten, dem *Symbolischen Interaktionismus* und der *Ethnomethodologie*, der *verhaltenstheoretische Ansatz*, der *dialektische Ansatz* und die *Konflikttheorie*, die *Kritische Theorie* und neuerdings u.a. aus der Ökonomie übernommene Überlegungen im *rational-choice-Ansatz* (vgl. dazu noch Teil F).

Gelegentlich werden statistische Kausalmodelle bereits als soziologische Theorie ausgegeben. Verbreitete Verwendung finden verschiedene Theoreme aus der (experimentellen) Sozialpsychologie. Theoriebezogene Anleihen werden u.a. bei der Biologie, bei der Kybernetik, auch bei der Physik gemacht. Dies geschieht meist aber nur in Form von Orientierungshypothesen. Diesen Ausdruck verwendet George C. Homans für sehr vage formulierte Vermutungen abstrakter Art, die zwar eine gewisse Orientierung über Zusammenhänge vermitteln, deren genaue Spezifikation aber offen lassen, wie zum Beispiel, daß das Sein das Bewußtsein bestimme, oder daß alles Handeln von den Normen und der Kultur abhänge.[13]

Oft beschränkt sich die "Theorie" bei Soziologen aber auf die bloße Übernahme von - beeindruckend klingenden - Worten: Evolution, Autopoiesis, Chaostheorie, Selbstregulation, Synergetik. Es gibt sogar Vertreter des Fachs, die aus der Not der theoretischen Verwirrnis des Fachs eine Tugend machen wollen und den theoretischen Eklektizismus als den Ansatz ihrer Wahl ansehen. Und es gibt andere, die meinen, daß eine (relativ) einheitliche theoretische Orientierung der Soziologie nur schaden könne, zumal - wie man glaubt - der Wissenschaftstheoretiker Paul K. Feyerabend ohnehin den theoretischen Anarchismus und die Empfehlung des "anything goes" als Voraussetzung für den wissenschaftlichen Fortschritt begründet habe. Die (wenigen) Stimmen, die für ein Ziel der theoretischen Integration des Faches plädieren, haben - derzeit und eigentlich schon immer - keinen leichten Stand.

Die *Methoden*, mit denen Soziologen ihre inhaltlichen Fragen in theoretische Modelle umsetzen, die zur Prüfung der Vermutungen erforderlichen Daten sammeln, die zur Analyse der Daten geeigneten statistischen Modelle

---

[13] George C. Homans, Was ist Sozialwissenschaft?, Opladen 1969, S. 26ff.

konzipieren und schließlich die Daten mit den theoretischen bzw. statistischen Modellen konfrontieren, berühren ebenfalls eine Vielzahl unterschiedlicher spezieller Disziplinen: angefangen von Philosophie und Erkenntnistheorie, über Wissenschaftstheorie, formale Logik, mathematische Modellierungen und Computersimulationen, über Experimentallogik, Stichprobentheorie und -praxis, Dokumentenanalyse, Beobachtung und Befragung, bis hin zu auch komplexeren Verfahren der schließenden und beschreibenden (multivariaten) Statistik und der Datenanalyse. Hinzu treten die - nicht sehr deutlich codifizierbaren - Techniken der qualitativen Sozialforschung und die - als Rezeptwissen nicht vermittelbare - Intuition einer intelligenten Dateninterpretation - jene *sociological imagination*, ohne die gute Soziologie nicht zu betreiben ist. Für diese Bereiche der Forschungsmethodologie und der Forschungstechniken läßt sich noch am ehesten eine Art einheitlicher Identität des Fachs ausmachen, was z.B. daran sichtbar wird, daß Soziologie in der Öffentlichkeit oft als Meinungsforschung à la Allensbach oder Emnid mißverstanden wird.

Soziologie ist aber bei weitem nicht nur Meinungs- und Umfrageforschung bzw. empirische Sozialforschung. Sie besteht aber auch keineswegs alleine aus Theorie, Klassikerexegesen, locker geschriebenen Essays oder gar nur einer bloßen Ansammlung großer Worte. Soziologie bearbeitet im Idealfall ein gestelltes Problem, d.h. ein bislang ungelöstes Rätsel, über den Weg einer von empirischen Daten ausgehenden theoretischen Modellierung zur Aufklärung des Rätsels und einer anschließenden systematischen empirischen Überprüfung der dabei aufgestellten theoretischen Vermutungen (siehe dazu noch ausführlich Teil B). In dieser Hinsicht unterscheidet sich die Soziologie in keiner Weise von anderen Wissenschaften - schon gar nicht von den Naturwissenschaften.

Was macht dann die Frage nach der Identität des Fachs so schwierig? Es ist die Vielzahl der unterschiedlichen, z.T. sogar widersprüchlichen, gleichzeitig auftretenden und von einer Person alleine kaum zu bewältigenden Anforderungen, obendrein in der Überschneidung, oft auch der Konkurrenz zu anderen, spezieller ausgelegten Disziplinen, die auf ihrem jeweiligen Feld immer einen Kompetenzvorsprung haben. Gerade die Soziologen, die ihre Aufgabe ernst nehmen, verspüren die Marginalität des Fachs und die Begrenztheit zumindest ihrer Zeit am deutlichsten. Selbstzufriedenheit bei Soziologen ist nicht unbedingt ein Hinweis darauf, daß sie die Probleme des Faches verstehen oder ernst genug nehmen.

Es kommt ein weiterer Sachverhalt hinzu, der die Einordnung des Fachs und die Arbeit im Einzelfall noch komplizierter machen kann: Soziologen sind selbst Teil des Gegenstandes, über den sie reden und Theorien fabrizieren. Dies erschwert die für jede erfolgreiche Wissenschaft notwendige

Distanz zum Gegenstand. Andererseits wird ein Minimum an Engagement schon deshalb vorauszusetzen sein, weil jede soziologische Analyse ein Mindestmaß an Binnensicht des Phänomens erfordert, wie es wahrscheinlich nur bei einem gesteigerten Interesse zu erlangen ist. Diese Balance von Engagement und Distanzierung scheint eines der Hauptprobleme soziologischen Forschens überhaupt zu sein.

Die Soziologie steht als Wissenschaft noch vor einem weiteren Problem, das es ansonsten (so) kaum für andere Disziplinen gibt: Nicht selten schaffen Soziologen durch ihre Äußerungen und Behauptungen die Wirklichkeit erst, von der sie sprechen. Manchmal verhindern sie durch ihre Aussagen geradezu, daß ihre Vorhersagen auch eintreffen. Und schließlich riskieren sie immer, daß ihre Analysen bei den davon Betroffenen Heiterkeit oder Verärgerung auslösen - z.B. weil die Alltagsmenschen, um die es geht, die Sachverhalte besser kennen, ganz anders sehen oder die Ergebnisse für platte Selbstverständlichkeiten halten, für die man so viel Geld nicht hätte ausgeben müssen.

Auf Anerkennung können Soziologen nur hoffen - anders als die meisten anderen Wissenschaftler -, wenn ihre Ergebnisse nicht nur richtig, sondern zuerst einmal kontraintuitiv, aber nicht absurd sind und damit auch wirklich aufklärend wirken können. Das heißt: Ihre Ergebnisse und Aussagen sollten erst einmal Erstaunen erregen, aber nach einigen Erläuterungen auch von Laien relativ rasch eingesehen werden können. Wie zum Beispiel die familiensoziologische Alltagshypothese "früh gefreit, hat nie gereut". Sie ist empirisch ganz und gar falsch. Und es ist soziologisch auch relativ leicht zu erklären, warum das so ist: In den Ehen ganz junger Paare häufen sich die Probleme - Geldnot, ungewollte Schwangerschaften, Unerfahrenheit - oft besonders. Und Scheidungen sind in erster Linie eine Folge des Stresses, den sich die Partner gegenseitig dann machen, wenn ihre Spielräume sehr eng sind.

Häufig unterliegen außerdem gerade die Besten der Resultate soziologischer Forschung oft der Selbstzerstörung ihres Überraschungseffekts: Sie gehen in das Repertoire des Alltagswissens und der Alltagssprache - mindestens bei Dr. Lieschen Müller - ein, wie z.B. der Begriff der "Rolle" oder der "schichtspezifischen Sozialisation", und führen somit rasch zur Trivialisierung dieser Ergebnisse - und zum Ruin des Ansehens des Faches. Die Soziologie hat es selbstverständlich nicht versäumt, diesem Sachverhalt beeindruckende Bezeichnungen zu verleihen: Selbstreferentialität, proto-soziologische Voraussetzungen der Soziologie und doppelte Hermeneutik. Gemeint ist damit, daß die Soziologie mit ihren Aussagen auch auf sich selbst zurückweist, daß sie selbst mit ihren Aussagen in soziologische Vorgänge eingelagert ist, über die sie ihre Aussagen macht, und daß der Erkenntnisprozeß eine doppelte "gesellschaftliche Konstruktion der Wirklichkeit"[14] beinhaltet: Die Herstellung von "Sinn" im Vollzug der soziologischen Forschung selbst und die Rekonstruktion des (subjektiven) Sinns, den die untersuchten Akteure ihrem Tun im Alltag unterlegen und den der Soziologe immer in einer besonderen Anstrengung zu Tage fördern muß.

An dieser Stelle muß auf die Bedeutsamkeit der geschilderten Komplikation nicht weiter eingegangen werden. Die Bedeutsamkeit der Soziologie für den Alltag der Menschen, über die sie Aussagen macht, wird meist sehr überschätzt. Viele Soziologen nehmen sich und die Wirksamkeit ihrer Aussagen wichtiger, als sie es sind. Und sehr viel ändern würde sich an der konkreten Arbeit der Soziologen ohnehin nicht - egal, ob die Soziologen immer an die Besonderheiten ihres Faches gerade denken oder nicht. Die beständige Reflexion der Grundlagen der Soziologie hält vermutlich eher von den eigentlichen Aufgaben ab. Von dem französischen Soziologen, Ethnologen und Neffen von Emile Durkheim, Marcel Mauss (1872-1950), wird der Satz " ... wer eine Wissenschaft nicht betreiben kann, schreibt ihre Geschichte, diskutiert ihre Methode oder kritisiert ihre Reichweite" kolportiert. Dem ist nicht viel hinzuzufügen.

Festzuhalten bleibt, daß manche Soziologen aus den speziellen Voraussetzungen, aus der Selbstreferentialität des Fachs und aus der doppelten Hermeneutik ihres Tuns eine Sonderstellung der Disziplin ableiten wollen, die es z.B. verbiete, die in anderen Wissenschaften üblichen Regeln etwa der logischen Formalisierung von Theorien oder der kausalen Analyse auch auf soziale Prozesse anzuwenden. Stattdessen sei etwa das postmoderne reflexive Denken der Schlüssel zur Bewältigung der Probleme nicht nur des Fachs, sondern sämtlicher Gesellschaftswissenschaften. Die Soziologie sei etwas Besonderes und sie sei eben mit den üblichen Maßstäben nicht zu messen. Oft ist es dann nur mit Mühe möglich, sich der süffisanten Fragen der Kollegen aus den (Nachbar-) Disziplinen zu erwehren, die solche Ansichten zwar für durchaus interessant, aber auch für recht bedeutungslos, meist sogar für unangemessen anmaßend halten. Jedenfalls: solange die Soziologen, die dies behaupten, außer den schönen Begriffen und den vieldeutigen Hinweisen auf die äußerst mächtige Komplexität, Dynamik und Vernetzung sozialer Gebilde nicht viel Konkretes zu sagen haben.

---

[14] Peter L. Berger und Thomas Luckmann, Die gesellschaftliche Konstruktion der Wirklichkeit. Eine Theorie der Wissenssoziologie, 5. Aufl., Frankfurt/M. 1977 (zuerst: 1966).

Kapitel 2
Der Gegenstand der Soziologie

Es hat selbstverständlich zahllose Versuche gegeben, der Soziologie, jenem recht heimatlosen Fach, doch einen festen Platz einzuräumen. Man kann sogar sagen, daß solche Versuche nach wie vor das Denken und Vorgehen vieler Soziologen bestimmen. Eine feste Identität ist eben vor allem für den ein Lebenswunsch, der letztlich weiß, auf welch schwankendem Boden er steht. Und gerade dann schlägt die Suche nach einem festen Grund ja oft unvermittelt in Größenwahn und Omnipotenzphantasie um. Der Soziologie ist dies nicht anders gegangen. Auguste Comte hielt sie für die Krone aller Wissenschaften, die alle anderen Disziplinen gleichzeitig belehren kann und als Hilfswissenschaften unter sich wähnt. Diese Überheblichkeit wird auch als *Soziologismus* bezeichnet. Auguste Comte war nicht der einzige, der diese Position vertrat. Ganz ausgestorben ist der Soziologismus auch heute noch nicht.

Die Versuche, die Soziologie als eine eigenständige Disziplin zu etablieren, als eine - wie dies René König (1906-1992) einmal ausdrückte - "Soziologie, die nichts als Soziologie ist" (vgl. Kapitel 24), knüpfen an zwei, aufeinander bezogenen Fragestellungen an: Gibt es einen spezifisch soziologischen *Gegenstand*, den keine andere Disziplin sonst angemessen behandeln kann? Und gibt es in ähnlicher Weise eine besondere soziologische *Methode*, mit der diese Gegenstände zu untersuchen sind? Wir wollen hier die Frage nach dem Gegenstand der Soziologie behandeln und in den nächsten Kapiteln einige grundlegende Bemerkungen zur soziologischen Methode und Theoriebildung machen.

Zwei Vorschläge waren es insbesondere, die für die Abgrenzung eines spezifisch soziologischen Gegenstandes auf Resonanz gestoßen sind: die von Emile Durkheim (1858-1917) so genannten "soziologischen Tatbestände" einerseits und die von Vilfredo Pareto (1848-1923) als "nicht-logische Handlungen" bezeichneten Typen des Handelns andererseits. Wir wollen einen dritten Aspekt mit einbeziehen, der die Soziologen (aber nicht nur diese) immer sehr beschäftigt hat: die - z.B. von Robert K. Merton - so genannten "unintendierten Folgen absichtsvoller Handlungen".

Soziologische Tatbestände

Ein *soziologischer Tatbestand* war für Durkheim jede "soziale Erscheinung", die sich von den individuellen Handlungen, Bestrebungen und Manifestationen verselbständigt habe:

"Sobald also der Soziologe die Erforschung irgendeiner Gattung soziologischer Tatbestände in Angriff nimmt, muß er sich bestreben, sie an einem Punkt zu betrachten, wo sie sich von ihren individuellen Manifestationen *losgelöst* zeigen."[1]

Beispiele wären die Sitten, die Bräuche und die Normen einer Gesellschaft, das Recht und die Moral, die Arbeitsteilung, die Strukturen sozialer Ungleichheit und Machtverteilung, die Kultur und die Sprache - kurz: alle Institutionen, die "unabhängig" von konkreten Individuen bestehen und auf die sie bildenden Personen eine "zwingende Macht" ausüben und so eine von den Individuen losgelöste Realität darstellen - eine Realität, "die einen eigenen Charakter hat." (Ebd; S. 187) Die Basis der Stabilität jener Realität "sui generis" könne - so Durkheim - nur in der "Gesellschaft" und in keiner Weise etwa in den einzelnen "Psychen" (wie Durkheim sagt), im Bewußtsein, den Überzeugungen, Vorlieben oder Gefühlen der Menschen verankert sein (vgl. dazu auch Kapitel 24). Ihre Grundlage fänden die soziologischen Tatbestände nur in der strukturellen Anordnung der Mitglieder einer Gesellschaft und in der Wirksamkeit sozialer Kontrollen:

"Der erste Ursprung eines jeden sozialen Vorgangs von einiger Bedeutung muß in der Konstitution des inneren sozialen Milieus gesucht werden." (Ebd.; S. 195)

Gegenstand der Soziologie und Schlüssel zur Erklärung der sozialen Erscheinungen sind also die Strukturen und die Milieus, die als - wie Durkheim sich ausdrückt - "Gußformen" für das Handeln der Individuen eine Realität eigener, nicht bloß konventioneller Art darstellen. Das Ziel der Abgrenzung soziologischer Tatbestände war bei Durkheim vor allem die Sicherung einer Sonderstellung der - zur Zeit Durkheims durchaus noch jungen - Soziologie gegen damalige Versuche, soziale Prozesse als einfache Aggregationen psychischer Merkmale von Personen zu erklären.

In der Soziologie ist der Grundgedanke, daß die Gesellschaft ein eigenes "Wesen" habe und grundsätzlich mehr sei als die Summe ihrer Teile, vor allem in der theoretischen Richtung des Struktur-Funktionalismus, und hier besonders in den Arbeiten von Talcott Parsons (1906-1979), aufgegriffen worden (vgl. dazu Kapitel 23). Die Grundidee lebt heute z.B. in der

---

[1] Emile Durkheim, Die Regeln der soziologischen Methode, 5. Aufl., Darmstadt und Neuwied 1976 (zuerst: 1895), S. 139; Hervorhebung nicht im Original.

soziologischen Systemtheorie von Niklas Luhmann weiter, wonach die "sozialen Systeme" von den "psychischen Systemen" grundsätzlich unabhängig, wenngleich darauf angewiesen, auf keinen Fall aber auf die Eigenschaften oder Handlungen von individuellen Personen "reduzierbar" seien (vgl. dazu Kapitel 27).

Es sei eine terminologische Bemerkung angefügt. Der ursprüngliche Ausdruck für das, was hier "soziologischer Tatbestand" heißt, lautet im Original bei Durkheim "fait social"; wörtlich übersetzt also: "*sozialer* Tatbestand" bzw. "*soziale* Tatsache". René König begründet in seiner Übersetzung die Verwendung des Begriffs "*soziologischer* Tatbestand" - u.a. unter Berufung auf die Interpretation von Talcott Parsons - damit, daß Durkheim mit "fait social" nicht die sozialen *Phänomene* oder "*Daten*", sondern bestimmte *Aussagen* darüber gemeint habe: "Unter 'fait social', also unter einem soziologischen Tatbestand, ist ... zu verstehen eine 'empirisch verifizierbare Aussage über Erscheinungen in Termini eines begrifflichen Schemas' oder Systems. Ein soziologischer Tatbestand ist also eine Aussage und kein Phänomen."[2] Wir halten uns hier an die von René König gewählte Bezeichnung.

Nicht-logische Handlungen

Für Vilfredo Pareto war die Gesellschaft keineswegs eine Realität eigener Art. Sie ist seiner Ansicht nach - für viele Soziologen: horribile dictu - lediglich ein Aggregat von Individuen, die ihrerseits in ihrem Verhalten zwar gewissen "Naturgesetzen" folgen (vgl. dazu noch Abschnitt 4.1), jedoch - ganz anders als das Durkheim und seine Nachfolger gemeint haben - keineswegs bloß passiv den Vorgaben der Institutionen, kulturellen Werte und sozialen Strukturen ausgeliefert sind. Das Handeln der Menschen sei sowohl von "logischen" (bzw. "rationalen") wie von "nicht-logischen" (bzw. "irrationalen") Beweggründen bestimmt.

Die *nicht-logischen Handlungen* nannte Pareto auch Residuen. Hierunter verstand er solche Motive von Handlungen, bei denen die Zwecke nicht mit den (objektiv bzw. logisch) erforderlichen oder anzuratenden Mitteln angestrebt werden (wie es z.B. die neo-klassische Ökonomie bis heute in ihren Grundannahmen unterstellt). Für Pareto sind weite Bereiche der Handlungen von dieser Art. Zu diesen Residuen gehören u.a. die Sexualität, die "Integrität", die "Soziabilität" und das "Bedürfnis, seine Gefühle durch äußere Akte darzustellen".[3]

Damit hat Pareto einen weiteren Aspekt thematisiert, der für viele Soziologen zum Selbstverständnis der Eigenständigkeit des Fachs gehört:

---

[2] René König, Einleitung, in: Durkheim 1976, S. 38.
[3] Vilfredo Pareto, Trattato di sociologia generale, Genf 1968 (zuerst: 1916), Paragraphen 1089-1396.

Soziologie als die Gesellschaftswissenschaft, die (mindestens: auch) die nicht-logischen, irrationalen, traditionalen und emotionalen Handlungen und Orientierungen berücksichtigt und zur Erklärung heranzieht bzw. ihrerseits erklären will. Diese Orientierung geht nicht zuletzt auch auf Max Weber zurück, der in seinen "Soziologischen Grundbegriffen" neben dem *zweckrationalen* noch drei weitere Typen des Handelns unterschieden hat: das *wertrationale*, das *affektuelle* und das *traditionale Handeln*;[4] sämtlich also Formen des Handelns, die als nicht-logisch zu bezeichnen wären.

Der Einschluß von nicht-logischen bzw. irrationalen Handlungen würde in der Tat eine Sonderstellung der Soziologie begründen können (wobei es eine andere Frage ist, ob man sich darüber freuen sollte): Alles, was z.B. die Ökonomie mit ihrem *homo oeconomicus* (vgl. dazu Kapitel 14) aus den rationalen Beweggründen der Akteure nicht erklären könnte, wäre damit der spezifische Gegenstand der Soziologie. Soziologen werden entsprechend heute vor allem dann von den Nachbardisziplinen um Rat gefragt, wenn diese ihre Mittel der "rationalen" Analyse eines Problems erschöpft zu haben glauben. Zum Beispiel, wenn Wachstumsunterschiede zwischen Regionen - etwa zwischen dem Ruhrgebiet und dem Rhein-Neckar-Raum - mit ökonomischen Variablen nicht ausreichend zu erklären sind und man dann in typisch "soziologischen" Faktoren wie etwa einem Wertewandel, einem Mangel an dynamischen Persönlichkeiten oder der Wirtschaftsmentalität der Bevölkerung die Ursachen sucht.

Und erscheint es nicht tatsächlich höchst plausibel, das rationale Handeln als einen empirisch durchaus seltenen, historisch recht neuen Typus des Handelns anzusehen, der vielleicht in zivilisierten Gesellschaften des marktwirtschaftlich-bürokratischen Typs anwendbar ist, nicht jedoch in Gesellschaften oder historischen Epochen anderer - etwa ständischer - Art oder bei den kleinen Solidar-Gemeinschaften der Jäger und der Sammler?[5] So gesehen wäre eher der *homo oeconomicus* ein "Residuum" - im ganz wörtlichen Sinne des Ausdrucks. Gibt es ferner nicht außerdem tatsächlich gerade auch in den am meisten "rationalisierten" Gesellschaften eine Reihe von Phänomenen, die man als rational absolut nicht bezeichnen kann: Leute gehen wählen, obwohl die einzelne Stimme objektiv so gut wie nichts zählt. Es werden weiter Berge von Abfall produziert, obwohl jedermann weiß, daß die Umweltbelastung an eine objektive Grenze angelangt ist. Okkultismus, Jugendsekten, romantisierenden Regionalismus und Erscheinungen des New

---

[4] Max Weber, Wirtschaft und Gesellschaft. Grundriss der verstehenden Soziologie, 5. Aufl., Tübingen 1972, S. 12f.
[5] Wie man dies z.B. aus den Untersuchungen von Norbert Elias herauslesen könnte; vgl. z.B. Norbert Elias, Über den Prozess der Zivilisation, 2 Bände, Frankfurt 1977.

Age gibt es gerade in den am stärksten modernisierten Gesellschaften. Im Deutschen Bundestag stehen am 9. November 1989 selbst die Grünen mit auf und singen spontan die Nationalhymne, als bekannt wird, daß die Bürger der DDR ihr Land unmittelbar verlassen können. Und so weiter.

Niemand wird bestreiten, daß Pareto mit der Betonung der nicht-logischen Handlungen als Gegenstand seiner "Sozialmechanik" (wie er die Disziplin nannte) einen wichtigen Aspekt sozialer Realität angesprochen hat. Er selbst gibt aber bereits einen Hinweis darauf, daß die Unterscheidung von logischen und nicht-logischen Handlungen so einfach nicht ist: Nicht-logisch sind die Handlungen nur von seiten des externen Beobachters, der um die "objektive" Rationalität der Mittel zu wissen glaubt. Von seiten des Handelnden können solche objektiv nicht-logischen Handlungen subjektiv überaus logisch und daher ganz und gar "rational" sein - wie z.B. für den nur scheinbar romantischen Regionalisten, der in Wirklichkeit Imagepflege und regionale Wirtschaftsförderung im Auge hat. Was ist eigentlich nicht-logisch daran, daß etwa beim Umweltschutz jeder erst einmal auf den anderen wartet, wo doch evident ist, daß seine tägliche Einwegflasche den ohnehin produzierten Müllberg kaum entscheidend vergrößert? Nicht-logisch erscheinen Handlungen oft auch dann, wenn man nicht weiß, welche anderen Umstände der Akteur noch zu berücksichtigen hatte - wie z.B. die Grünen im Bundestag, die es sich damals vielleicht mit der bereits singenden SPD angesichts evtl. kommender Koalitionsverhandlungen nicht vorzeitig verderben wollten.

Anders gesagt: Man muß sich um die Weltsichten, Wahrnehmungen, Überzeugungen, Vorlieben, Interpretationen, Interessen, Abhängigkeiten und Erwartungen aus der Sicht der jeweils untersuchten Akteure bemühen. Kurz: Man muß die handelnden Personen, ihre Situation, ihre Beweggründe und ihre Abhängigkeiten erst einmal in ihrem *subjektiven* Sinn verstehen, wenn man soziale Vorgänge erklären will - wie dies Max Weber gefordert hat (vgl. Kapitel 1). Wenn man diesen subjektiven Sinn kennt, dann wird manches, das zuvor irrational erschien, höchst plausibel und sogar berechenbar. Dies alles schließt nicht aus, auch Affekte und Emotionen als Bestandteile von soziologischen Erklärungen zu verwenden. Aber schon Pareto selbst hatte sich gefragt, ob die Grenze zwischen logischen bzw. rationalen und nicht-logischen bzw. irrationalen oder affektuellen Handlungen wirklich so leicht zu ziehen ist, wie es auf den ersten Blick möglich erscheint.

Die unintendierten Folgen des absichtsvollen Handelns

Die Denkfigur der *unintendierten Folgen absichtsvollen Handelns* - als dritter Aspekt des Gegenstandes der Soziologie - setzt an den Wirkungen, an den externen Effekten des sozialen Handelns also, an.⁶ Sie gibt es in zwei, gelegentlich als einander ausschließend betrachteten Varianten. Die eine - die freundlichere - ist am nachhaltigsten mit der von Adam Smith (1723-1790) formulierten Idee einer *invisible hand* eingeführt worden, die auf wundersame Weise die egoistisch-rationalen Handlungen der einzelnen so koordiniere, daß die Wohlfahrt aller gefördert, ja sogar garantiert werde:

"It is not from the benevolence of the butcher, the brewer, or the baker that we expect our dinner, but from their regard of their own interest. We adress ourselves not to their humanity, but to their self-love, and never talk to them of our necessities, but of their advantage."⁷

Die egoistischen Intentionen fügen sich - unbeabsichtigt - zum Wohlergehen aller und zur Harmonie, zur Integration und Stabilisierung der Gesellschaft.

Ein Spezialfall dieser Grundidee ist die von der ungeplanten Entstehung von Institutionen. Ausgangspunkt ist die durchaus häufige Beobachtung, daß sich die oft recht komplexen Institutionen auf eine - scheinbar wundersame - Weise harmonisch in das Gesamtgefüge einer Gesellschaft einordnen. Und so ist gelegentlich der Eindruck erweckt worden, als habe eine Art übermenschlicher Intelligenz für ihr Entstehen gesorgt. Ethnologen und Anthropologen sind noch am ehesten auf derartige Institutionen gestoßen: Verwandtschaftsregeln, religiöse Riten, scheinbar irrationale Tauschzeremonien aufwendigster Art usw., die sich auf den ersten Blick als sinnlos und irrational darboten, aber bei näherer Betrachtung sich als außerordentlich bedeutsame Elemente der jeweiligen Sozialorganisation herausstellten. Die *funktionale Analyse* dieser Regeln und Abläufe bestand dann darin, den umfassenden sozialen Gesamtzusammenhang aufzudecken, innerhalb dessen sie bestimmte Alltagsprobleme der Akteure lösen: Tauschriten beispielsweise helfen Verpflichtungen aufzubauen und die Verläßlichkeit von Handelspartnern auch über weite Entfernungen, über längere Zeiträume und bei wechselnden Personen abzusichern. Die (zuvor unerkannte) Funktion dieser Riten war damit die Lösung eines ansonsten kaum zu bewältigenden Kooperationsproblems, worüber dann wiederum Handel und Austausch möglich wurden, von dem alle profitierten (vgl. dazu noch Kapitel 22).

Man sollte noch hinzufügen, daß diese ungeplanten funktionalen gesamtgesellschaftlichen Wirkungen auch ohne das Wissen der Akteure hierüber eintreten. Manche glauben sogar, daß das Wissen um sie ihren funktionalen

---

[6] Robert K. Merton, The Unanticipated Consequences of Purposive Social Action, in: American Sociological Review, 1, 1936, S. 894-904.
[7] Adam Smith, An Inquiry into the Nature and Causes of the Wealth of Nations, Oxford 1976 (zuerst: 1776), S. 26f.

Zauber geradezu zerstöre[8] - was diesmal in der Tat ein Fall von bedauerlicher Selbstreferentialität wäre, sofern dieses Wissen von Soziologen stammt und die Menschen ihnen glauben. Und es sollte ergänzt werden, daß ein funktional eingespieltes "totales soziales Phänomen" durch die - vielleicht rational und gut gemeinte - Einwirkung von außen völlig zerstört werden kann, wie es z.b. die westliche Entwicklungssoziologie endlich einzusehen begonnen hat. Die Entdeckung, daß eine Vielzahl von sozialen Phänomenen und Institutionen - wie das Geld, das Recht, Städte und Gemeinden, die Arbeitsteilung und der Staat - ungeplant und in kleinen Schritten aus dem jeweils nur sehr kurzsichtig orientierten Handeln von Personen evolutionär entstanden ist und gerade deshalb, weil es nicht als Endergebnis bereits von irgend jemandem geplant war, seine wundersame Funktionalität aufweist, gehört zu einer der weitreichendsten Erkenntnisse - keineswegs der Soziologie alleine (vgl. dazu Kapitel 28).

Ungeplante Folgen müssen nicht immer erfreulicher Art sein. Die andere Variante erinnert eher an die antiken Tragödien, in denen die Helden unschuldig schuldig wurden: Die ihren persönlichen Interessen nach Wohlergehen folgenden Individuen finden sich in einem Krieg aller gegen alle wieder, wie der englische Sozialphilosoph Thomas Hobbes (1588-1679) meinte.

Ein Beispiel: Durch Seuchen und hohe Sterblichkeit bleiben die Rinderherden eines Stammes klein genug, so daß sie von der zur Verfügung stehenden Allmende gut ernährt werden können. Die Seuchen hören - Gott sei Dank - plötzlich auf. Die Sterblichkeit der Rinder sinkt. Für jeden der Stammesangehörigen wäre es möglich, weitere Rinder auf die Allmende zu treiben - oder es zu unterlassen. Jeder weiß, daß seine Rinder nur ihm nutzen. Jeder weiß aber auch, daß die Folgen einer drohenden Überweidung der Allmende von allen geteilt würden, sowie daß er bei Verzicht auf weitere eigene Rinder diesen Schaden mit Sicherheit ohnehin zu tragen hätte, ohne irgendeinen persönlichen Vorteil von seinem Verzicht zu haben. Die Folge: jeder treibt weitere Rinder auf die Allmende und zerstört somit die kollektive wie schließlich auch seine private Lebensgrundlage.[9]

Ein anderes Beispiel stammt von Karl Marx: Der immer mehr konstantes Kapital akkumulierende Kapitalist schaufelt gerade damit sein individuelles wie das Grab seiner eigenen sozialen Klasse, weil er durch die Ansammlung von konstantem Kapital die Rate des Mehrwertes notwendigerweise senkt, von der allein der Profit und seine individuelle Existenz abhängen.

Hier, wie in den anderen Fällen, hülfe das Wissen um die Selbstreferentialität der soziologischen Analysen wenig: Auch derjenige Kapitalist, der die Schriften von Karl Marx aufmerksam gelesen hätte, und vor allem: der seine Lehre für zutreffend gehalten hätte, müßte sich weiter an der Überwindung

---

[8] Vgl. Louis Schneider, The Role of the Category of Ignorance in Sociological Theory: An Exploratory Statement, in: American Sociological Review, 27, 1962, S. 492-508.
[9] Vgl. Garrett Hardin, The Tragedy of the Commons, in: Science, 162, 1968, S.1243-1248.

der bürgerlichen Gesellschaft beteiligen, da jeder, der konstantes Kapital nicht akkumuliert, als erster den Markt verlassen würde. Umso sicherer treiben alle durch ihre Versuche der individuellen Existenzsicherung das gesamte, sie tragende System kollektiv in den Untergang - falls die Theorie von Karl Marx über die fallende Profitrate des Kapitals bei Zunahme der Investititonen überhaupt stimmt, so müßte man noch ergänzen (vgl. dazu noch Kapitel 29).

Es mag aufgefallen sein, daß mit der Idee der unintendierten Folgen absichtsvollen Handelns die beiden anderen genannten Gegenstandsbereiche - Durkheims soziologischer Tatbestand und Paretos nicht-logische Handlungen - gleichzeitig mit erfaßt sind. Die Folgen treten durchaus auch gegen die Absichten der Beteiligten ein. Und sie haben somit genau die Eigenschaft, die Durkheim als wichtigstes Merkmal des Gegenstandes der Soziologie überhaupt reklamierte: Eigenständigkeit und Unabhängigkeit von den individuellen Absichten der Akteure. Und die Akteure handeln auf eine - manchmal scheinbar rührend naive, häufig anscheinend völlig ignorante, oft genug auch, auf den ersten Blick wenigstens, erschreckend dumme - Weise nicht-logisch und irrational. Aber sie produzieren - gerade dadurch, daß sie aus ihrer Sicht keineswegs naiv, ignorant oder dumm handeln, und oft genug, ohne daß sie anders könnten - äußerst stabile, eigendynamische kollektive Folgen, die manchmal ungeplant erfreulicher, gelegentlich aber auch unausweichlich zerstörerischer Art sind.

Formale Soziologie

Die Konzentration auf die soziologischen Tatbestände, auf die nicht-logischen Handlungen und auf die Analyse der unintendierten kollektiven Folgen des sozialen Handelns folgt eigentlich einer noch allgemeineren Abgrenzung des Gegenstandes der Soziologie: der von Georg Simmel (1858-1918). Danach solle sich die Soziologie mit den *formalen* Gemeinsamkeiten der sozialen Phänomene befassen. Da es eine Aufteilung nach inhaltlichen Gebieten bereits gebe - die Nationalökonomie für den Bereich des wirtschaftlichen Handelns, die Geschichte für die historischen Abläufe, die Religionswissenschaft für die Systematik der religiösen Glaubenssysteme oder der kirchlichen Organisationen usw. - , bedürfe

" ... es vielmehr einer Linie, die, alle bisher gezogenen durchquerend, die *reine Tatsache der Vergesellschaftung*, ihren mannigfaltigen Gestaltungen nach, von ihrer Verbindung mit den divergentesten Inhalten löst und als ein Sondergebiet konstituiert. Sie (die Soziologie; HE) wird *dadurch* eine *Spezialwissenschaft* ... ."[10]

Georg Simmel dachte bei dieser formalen Besonderheit vor allem an die "*Wechselwirkung* mit anderen Menschen". (Ebd.; S. 3) Die Betonung der Wechselwirkung der Menschen aufeinander als Ausgangspunkt für die Analyse sozialer Vorgänge war durchaus offensiv gedacht: Nun sei eine zu den "sogenannten Geisteswissenschaften" völlig neuartige, nämlich: spezifisch soziologische Betrachtungsweise möglich:

"Es ist jetzt nicht mehr möglich, die historischen Tatsachen im weitesten Sinne des Wortes, die Inhalte der Kultur, die Arten der Wirtschaft, die Normen der Sittlichkeit aus dem Einzelmenschen, seinem Verstande, seinen Interessen heraus zu erklären und, wo dies nicht gelingt, sogleich zu metaphysischen oder magischen Ursachen zu greifen. Man steht z.B. bezüglich der Sprache nicht mehr vor der Alternative, daß sie entweder von genialen Individuen erfunden oder von Gott den Menschen gegeben ist; in die Religionsgebilde braucht sich nicht mehr die Erfindung schlauer Priester und die unmittelbare Offenbarung zu teilen usw. Vielmehr glauben wir jetzt die historischen Erscheinungen aus dem *Wechselwirken* und dem *Zusammenwirken* der Einzelnen zu verstehen, aus der *Summierung* und Sublimierung unzähliger Einzelbeiträge, aus der *Verkörperung* der sozialen Energien in Gebilden, die *jenseits* des Individuums stehen und sich entwickeln." (Ebd.; S. 2f.; Hervorhebungen nicht im Original)

Die sozialen Erscheinungen werden also weder als Ergebnis rein individueller Interessen oder isolierter Akte, noch als Folge des Waltens einer überlegenen göttlichen oder staatlichen Vernunft, sondern als - meist unbeabsichtigtes - Ergebnis des vielfältigen "Wechselwirkens" und "Zusammenwirkens" der Menschen erklärt. Offenkundig sind zwei verschiedene Aspekte gemeint. Die "Summierung und Sublimierung unzähliger Einzelbeiträge" und die "Verkörperung" von "sozialen Energien in Gebilden, die jenseits des Individuums stehen und sich entwickeln". Dies entspricht den unintendierten Folgen absichtsvoller Handlungen und den als soziologischer Tatbestand den Individuen oft fremd erscheinenden Institutionen und Körperschaften einer Gesellschaft. Insofern folgt die o.a. Abgrenzung eines spezifisch soziologischen Gegenstandes genau der Forderung Simmels: die *formalen* Gesichtspunkte inhaltlich ganz unterschiedlicher sozialer Vorgänge zu einem eigenen Untersuchungsgegenstand zu machen.

Die Untersuchung derartiger Prozesse, die Aufdeckung der inneren Mechanik eigendynamischer Abläufe, der latenten gesellschaftlichen Funktionen des u.U. ganz anders motivierten Handelns von Personen, der Paradoxien,

---

[10] Georg Simmel, Das Problem der Soziologie, in: Georg Simmel, Soziologie. Untersuchungen über die Formen der Vergesellschaftung, 5. Aufl., Berlin 1968a (zuerst: 1908), S. 8; Hervorhebungen nicht im Original.

der Widersprüche und der "Dialektik" sozialer Interdependenzen, der verborgenen Rationalität scheinbar irrationaler Handlungen und Institutionen ist eine überaus wichtige, interessante und respektable Aufgabe. In der Definition der Soziologie bei Max Weber in Kapitel 1 klang dies ja bereits programmatisch an. Man ist - wenn man die Aufgabe ernst nimmt - auch vor der Besserwisserei der Alltags-Experten relativ sicher: Unintendierte Folgen und latente Funktionen sind aus der Akteurperspektive und der Kenntnis nur der subjektiven Lebenswelt alleine nicht aufzudecken. Hierfür bedarf es der Vogelperspektive einer zusammenfassenden Modellierung der gesamten Mechanismen und Prozesse, die die einzelnen Menschen in ihrem Alltag gar nicht überblicken können. Soziologie ist - in dieser Aufgabenstellung - immer mehr als das Studium lebensweltlicher Kleinwelten oder bloß eine andere Form der Interpretation dessen, was man ohnehin schon weiß.

Die genannte Aufgabenstellung hätte nur einen Nachteil: Sie wäre kein Privileg der Soziologie alleine, wie der Verweis auf den Ökonomen Adam Smith schon gezeigt hat. Aber vielleicht sind solche Fächerabgrenzungen angesichts der eigentlichen Aufgabe, der angemessenen Erklärung der kollektiven Phänomene, ja ohnehin unwichtig und unnütz - ähnlich wie die Unterscheidung der logischen von den nicht-logischen Handlungen, die manche der Soziologie nur zu gerne als Residuum und als Reservat überlassen möchten.

Teil B
Soziologische Analysen und Erklärungen

Teil B
Soziologische Analysen und Erläuterungen

Kapitel 3
Soziologische Forschungsfragen: Fünf Beispiele

Ist es schon nicht leicht gefallen, einen der Soziologie gänzlich eigenen Gegenstandsbereich ausfindig zu machen, so gilt dies erst recht für die Frage nach einer spezifisch soziologischen Art der Analyse und Herangehensweise. Die Geschichte des Fachs ist nicht aus purem Zufall von beständigem Streit um das richtige Verständnis von Theorie und Methode begleitet. Woran liegt das? Auch hierfür gibt es keine einfache Lösung.

Die *Methode* einer Wissenschaft ist die Antwort auf die Frage nach dem geeigneten bzw. zu empfehlenden *Weg*, ein gestecktes Ziel ohne unnötigen Aufwand und erfolgversprechend zu erreichen (vgl. dazu noch Kapitel 4 und 6). Aus unterschiedlichem Zielsetzungen folgen - selbstverständlich - auch unterschiedliche Methoden und Annahmen über die Grundelemente einer angemessenen Theorie des Fachs. Eine bestimmte Kombination von solchen Zielen und daran orientierten Methoden nennt man auch die *Methodologie* eines Fachs. Aus solchen Methodologien ergeben sich - wenngleich nicht unmittelbar und auch nicht ausschließlich - die sichtbaren Ergebnisse der Forschungen einer Wissenschaft.

Für (fast) alle anderen Wissenschaften als die Soziologie ist die Frage nach dem *Ziel* der wissenschaftlichen Analyse unumstritten und (relativ) leicht zu beantworten: Sie gehen von bislang ungelösten *Rätseln* aus und wollen dafür eine *Erklärung* liefern. Erklärungen beginnen immer mit einer "Warum?"-Frage. Die Erklärung selbst ist die Antwort darauf.

Beispiele für solche "Warum?"-Fragen sind: Warum bewegen sich die Planeten ellipsenförmig um die Sonne? Warum sind die Dinosaurier ausgestorben? Warum hat Hitler den Vereinigten Staaten im Dezember 1941 den Krieg erklärt, gerade nachdem auch ihm klar war, daß sein Rußlandfeldzug gescheitert war?

In den nun folgenden Kapiteln soll es um zwei Fragen gehen: Worin besteht eigentlich eine - angemessene und methodisch korrekte - Erklärung? Und welche besonderen Probleme treten bei Erklärungen in den Sozialwissenschaften auf, speziell: in der Soziologie, bzw. wie können diese besonderen Probleme im Rahmen der Standards gelöst werden, die für Wissenschaften ganz allgemein gelten?

Damit die zuweilen etwas technische Behandlung des Problems einer angemessenen soziologischen Erklärung etwas anschaulicher werden kann und - nicht zuletzt - damit der

Sinn der dabei vorgeschlagenen Regeln besser zu erkennen ist, werden im folgenden als Ausgangspunkt fünf Beispiele für soziologische Problemstellungen aufgeführt. Ihre Auswahl war zwar nicht ganz zufällig, hätte aber durchaus auch anders ausfallen können. Und vor allem: Mit den Beispielen ist in keiner Weise auch die Vielfalt der theoretischen und methodischen Problemfelder abgedeckt, die bei soziologischen Analysen auftreten können. Im einzelnen geht es um Trends bei Ehescheidungen, um umweltbewußtes Handeln, um Unterschiede zwischen Firmen in der Qualität ihrer Produkte, um die (Nicht-)Existenz sozialistischer Parteien in verschiedenen Ländern und um den Verlauf der Montagsdemonstrationen in Leipzig im Herbst 1989.

Beispiel 1:
Der Anstieg der Scheidungsraten

Zwischen 1950 und 1990 entwickelten sich in der Bundesrepublik Deutschland die Ziffern für die Ehescheidung in der in Abbildung 3.1 beschriebenen Weise:

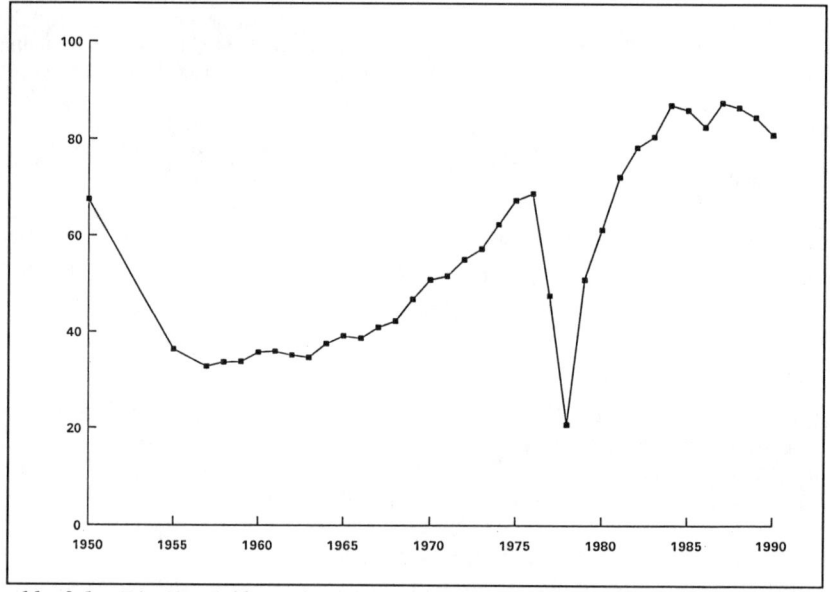

Abb. 3.1: *Die Entwicklung der Ehescheidungen je 10.000 Ehen in der Bundesrepublik Deutschland*

Neben der deutlichen Zunahme der Scheidungsziffern in der Zeit lassen sich (in der Abbildung nicht aufgeführt) ebenso klare und über die Zeit hinweg stabile regionale Unterschiede feststellen. Beispielsweise weist durchgehend

Berlin den höchsten, Bayern den niedrigsten Wert auf.[1] Die regionalen Unterschiede scheinen dabei im großen und ganzen dem Grad der Verstädterung der Regionen zu folgen.

Andererseits wird aber auch klar, daß man von einem einfachen linearen Trend oder einem Gesetz nicht sprechen kann: Nach dem Zweiten Weltkrieg war die Scheidungsrate deutlich angestiegen, und nach 1950 *sinkt* die Ehescheidungsrate erst einmal. Und der ansonsten danach ansteigende Trend wird 1977 scharf unterbrochen, um sich darauf aber wieder ganz normal weiter zu entwickeln.

Eine ganze Reihe von soziologischen Rätseln geben diese statistischen Zahlen auf: Warum steigen die Scheidungsziffern grosso modo über die Jahrzehnte hinweg an? Wodurch könnte man die über die Zeit hinweg stabilen Stadt-Land-Unterschiede erklären? Was waren die Hintergründe für die beiden Anomalien des globalen Trends Anfang der 50er Jahre und 1977 u.a.?

Beispiel 2:
Die Unwirksamkeit umweltmoralischer Appelle

In der Bundesrepublik wie in der gesamten Welt nehmen - darin sind sich alle Fachleute einig - die Belastungen der Umwelt drastisch zu: Ozonloch, Abschmelzen der Gletscher, Zunahme des Kohlendioxydgehaltes. Und so weiter. Es fehlt entsprechend auch keineswegs an Appellen zu umweltgerechterem Verhalten. Forderungen nach einer neuen globalen Ethik und nach einer Umkehr im Bewußtsein hört man nicht nur in den Medien nahezu täglich. Gleichwohl scheint das Verhalten der Menschen durch solche Einsichten oder moralische Appelle kaum zu beeinflussen zu sein. Steuerliche Anreize - seien sie positiver Art wie Subventionen für bleifreies Benzin oder Katalysatoren, seien sie negativer Art wie die Besteuerung des Kohlenmonoxydausstoßes - sind nach wie vor die wirksamsten, bislang anscheinend wohl sogar die einzigen wirklich wirksamen Mittel zu einer Änderung des Umweltverhaltens.[2]

Die - sicher nicht nur für Soziologen interessante - Frage lautet entsprechend: Warum haben Umweltappelle auch dann nur eine sehr begrenzte Wir-

---

[1] Vgl. zur regionalen Variation der Ehescheidungsziffern in der Bundesrepublik: Peter H. Hartmann, Warum dauern Ehen nicht ewig? Eine Untersuchung zum Scheidungsrisiko und seinen Ursachen, Opladen 1989, S. 172-184.

[2] Vgl. dazu Andreas Diekmann und Peter Preisendörfer, Persönliches Umweltverhalten: Diskrepanzen zwischen Anspruch und Wirklichkeit, in: Kölner Zeitschrift für Soziologie und Sozialpsychologie, 44, 1992, S. 234f., 243ff.

kung, wenn der Sinn solcher Appelle jedermann buchstäblich sichtbar ist und eigentlich jeder doch am Erhalt der ökologischen Grundlagen selbst sehr interessiert sein müßte? Oder anders gefragt: Warum ist offenbar ein moralisches Bewußtsein alleine nicht ausreichend, damit sich die Menschen kollektiv "vernünftig" verhalten?

Beispiel 3:
Produktqualität und "Nationalcharakter"

In den 70er Jahren begannen japanische Exportautos ihren bislang beispiellosen Siegeszug vor allem auf dem US-amerikanischen Markt. Der Grund war nicht zuletzt auch den amerikanischen Autoproduzenten wie General Motors bald klar: die hervorragende Qualitätskontrolle und die daher resultierende Zuverlässigkeit der Produkte bei den japanischen Firmen, obwohl dort für diese Kontrollen augenscheinlich eher weniger ökonomischer und organisatorischer Aufwand getrieben wurde als in den amerikanischen Firmen.[3]

Die Frage auch hier: Warum gab es die Qualitätsunterschiede bei etwa gleichem Aufwand? Lag es etwa - wie man vermuten könnte - an einer Besonderheit der japanischen Kultur - wie etwa Sorgfalt und Verantwortungsbewußtsein als Teil des japanischen Nationalcharakters? Oder gab es andere Faktoren wie etwa die organisatorische Struktur der Automobilfertigung, die den Unterschied erklären könnten?

Beispiel 4:
Warum gibt es in den Vereinigten Staaten keinen Sozialismus?

Eine ganz andere, aber auch besonders typisch soziologische Frage läßt sich sehr kurz mit dem Titel eines klassischen Werks der Soziologie stellen. Der Volkswirtschaftler, Soziologe und Kulturphilosoph Werner Sombart (1863-1941) fragte 1906 mit seinem berühmt gewordenen Buch: "Warum gibt es in den Vereinigten Staaten keinen Sozialismus?".[4] Diese Frage kann man heute immer noch stellen, da es bis in die Gegenwart im amerikanischen Parteiensystem keine Partei gibt, die den europäischen Arbeiter-Parteien entspricht. Auch wenn inzwischen der real existierende Sozialismus in Osteuro-

---

[3] Vgl. die Hinweise bei James S. Coleman, Foundations of Social Theory, Cambridge, Mass. und London 1990, S. 431f.

[4] Werner Sombart, Warum gibt es in den Vereinigten Staaten keinen Sozialismus?, Tübingen 1906.

pa zusammengebrochen ist: Der Sozialismus war und ist dagegen in Europa nach wie vor ein fester Bestandteil der nationalen politischen Systeme.

Beispiel 5:
Die Montagsdemonstrationen von Leipzig

Um schließlich ein Beispiel aus der jüngeren Geschichte unseres Landes zu wählen: Warum kam es zum Zusammenbruch der DDR ausgerechnet gleich nach den Feierlichkeiten zum 40. Jahrestag der Gründung der DDR? Oder etwas spezifischer gefragt: Warum nahmen im Spätherbst 1989 die Montagsdemonstrationen in Leipzig einen derart dramatisch ansteigenden Verlauf? Und noch spezieller: Warum fanden diese Demonstrationen ausgerechnet vor der Nikolaikirche statt? Und woran lag es, daß sich die Zusammensetzung der Demonstranten im Verlaufe der Serie an Demonstrationen deutlich änderte?

Einige Gemeinsamkeiten der fünf Beispiele

Mühelos könnte man die Liste interessanter soziologischer Rätsel verlängern. Wir wollen - bevor wir zur Frage nach der geeigneten Art der Lösung solcher Rätsel kommen - einmal kurz innehalten und uns die geschilderten Fälle vor dem Hintergrund der in Kapitel 2 geführten Diskussion über den Gegenstand der Soziologie ansehen.

In den Beispielen finden wir leicht einige Gemeinsamkeiten. Jedes Mal stoßen wir auf Aspekte, die an die Durkheimsche Idee des *soziologischen Tatbestandes* erinnern: Wer 1985 eine Ehe einging, unterlag - ob er das wollte oder nicht - einem strukturell vorgegebenen höheren Risiko einer Ehescheidung als jemand im Jahre 1960. Man müßte nicht zu staatlichem Zwang greifen, wenn freiwilliges umweltgerechtes Verhalten nicht gewissen "ehernen" Widerständen gegenüberstünde. Wenn die Sicherung der Qualitätskontrolle nur eine Frage des Aufwandes und des Qualitätsbewußtseins der einzelnen Arbeiter wäre, dann hätten in den 80er Jahren nicht Scharen von Managern nach Japan pilgern müssen, um die eventuellen kulturellen Hintergründe des Rätsels der Qualitätsunterschiede zwischen General Motors und Honda zu entschlüsseln. Wenn die Entstehung sozialistischer Parteien vor dem Hintergrund der Existenz sozialer Ungleichheiten und Ungerechtigkeiten lediglich eine Frage der Zeit wäre: Warum gibt es dann auch 1993 in den Vereinigten Staaten keine sozialistischen Parteien, wohl aber etwa in Schweden oder in der Bundesrepublik Deutschland mit jeweils deutlich weniger ausgeprägten sozialen Ungleichheiten als dort? Und dafür, wie die Revolution in der DDR über alle Beteiligten und Unbeteiligten hinweggerollt ist, wäre der Ausdruck "soziologischer Tatbestand" fast schon etwas untertrieben.

Überall finden wir auch Elemente von *nicht-logischen Handlungen* in den Beispielen: Ehescheidungen sind oft mit ganz und gar selbstzerstörerischen Konflikten und mit enormen Kosten für alle Beteiligten verbunden. Dies mit rationalem und "logischem" Handeln verbinden zu wollen, erscheint - zumindest auf den ersten Blick - mehr als gewagt. Auf die objektive Irrationalität der Umweltzerstörung hatten wir in Kapitel 2 schon hingewiesen: Sie ist eigentlich jedermann gleichermaßen offenkundig wie unverständlich. Wenn man den Qualitätsvorsprung der japanischen Autofirmen mit bestimmten Merkmalen der japanischen Kultur erklären könnte, wäre dies ein besonders typischer Fall nicht-logischer Handlungen, wie sie Pareto im Auge hatte: Was rational und ökonomisch nicht erklärt werden kann, findet seine Lösung vielleicht in den nicht-logischen Elementen einer nationalen Kultur. Ist es ferner nicht ganz und gar unverständlich, daß es angesichts der enormen sozialen Ungleichheiten und Spannungen in den USA nicht nur 1906, sondern auch noch 1993 in den Vereinigten Staaten keine kollektivistische Partei mit dem Ziel der Aufhebung dieser Ungleichheiten gibt? Und schließlich: Wie verrückt mußte man im Herbst 1989 in der DDR bei Massendemonstrationen eigentlich sein angesichts der Ereignisse auf dem Platz des Himmlischen Friedens in Peking noch im Juni des gleichen Jahres?

Und wir finden auch leicht Phänomene wieder, die an die Denkfigur der *unintendierten Folgen absichtsvoller Handlungen* erinnern. Dies ist in den ersten beiden Beispielen besonders leicht erkennbar: Mit der Zunahme von Scheidungen werden weitere Scheidungen sogar erleichtert, weil dann neue Partner eher zur Verfügung stehen. Diese "autokatalytische" Selbstverstärkung des Scheidungstrends hat aber wohl niemand im Auge, der sich gerade scheiden läßt. Umweltmoralisches Handeln unterbleibt aus individuell rationalen Gründen, obwohl damit die kollektive Rationalität des umweltgerechten Handelns verletzt wird. Und so weiter.

Wir wollen hier zu dem gesamten Problembereich noch nicht viel mehr sagen, da zuvor - ohne daß man das hier gleich sieht - eine ganze Fülle von Einzelheiten über die Bedingungen der angemessenen und methodisch korrekten Lösung soziologischer Rätsel noch erläutert werden muß. Aber soviel kann schon festgehalten werden: Immer geht es der Soziologie um die Analyse von *kollektiven* Folgen - ob geplant oder ungeplant. Es geht ihr eben *nicht* um individuelles Handeln oder um die "Psychen" der einzelnen Akteure. Es geht um *Raten* von Ehescheidungen - und nicht: um einzelne Ehetragödien. Es interessiert das Umweltverhalten ganzer *Populationen* oder

Branchen - und nicht: der Altruismus oder die Umweltverbrechen einzelner Personen oder Firmen. Nicht die Qualität einzelner Autos, sondern *systematische Differenzen* in einem *aggregierten* output (hier: Eigenschaften von Produkten) zwischen *Typen* von Organisationen - eingebettet eventuell in unterschiedliche nationale Kulturen - waren der Hintergrund der Frage nach dem Unterschied zwischen General Motors und Honda. Werner Sombart behandelte einen *andauernden* Unterschied in der *Struktur* der politischen *Institutionen* zwischen historisch *typisch* unterschiedlich gelagerten Gesellschafts*systemen* (USA versus Europa) - und nicht: bestimmte politische Einstellungen bei Einzelpersonen. Und schließlich geht es auch nicht um das historische Einzelereignis der Montagsdemonstration, sondern um die besondere *Struktur* und *Gestalt* ihres *Verlaufs* - also: um die *allgemeine* Struktur eines historisch *einmaligen* Vorgangs. Die Motive einzelner Teilnehmer dieser Demonstrationen sind in der soziologischen Sichtweise ganz und gar uninteressant.

Das wissen wir aber schon aus Kapitel 1: Die Soziologie hat den *analytischen* Primat auf der *kollektiven* Ebene - und eben *nicht* auf der Ebene des individuellen Akteure oder des individuellen Handelns.

Kapitel 4
Die Logik der Erklärung

Jede Erklärung beginnt mit der Frage, *warum* das interessierende Phänomen so existiert(e), so funktioniert(e) oder sich in der Weise ändert(e), wie es beschrieben worden ist.

Bezogen auf die fünf Beispiele aus Kapitel 3 lautet die Frage nach der Erklärung somit: Warum nehmen die Ehescheidungen zu? Warum sind sie in Bayern häufiger als in Berlin? Warum nutzen Umweltappelle kaum? Warum sind die japanischen Autos qualitativ besser als die amerikanischen? Warum gibt es in den Vereinigten Staaten keinen Sozialismus? Warum traf man sich in immer zunehmender Zahl im Herbst 1989 in Leipzig vor der Nikolaikirche? Und so weiter.

4.1 Das Grundschema der Erklärung

Es geht also *nicht* alleine darum, das Phänomen korrekt und detailliert zu beschreiben, etwa *wie* die Leipziger Montagsdemonstration verlaufen ist oder *inwieweit* dabei die örtliche SED-Führung beteiligt war. Auch reicht es *nicht* aus, bloß *mögliche* Bedingungen für das Auftreten des Phänomens zu benennen. Und erst recht ist es *nicht* genug damit, in mehr oder weniger essayistischer und sprachlich eleganter oder amüsanter Weise zu fragen, *was* denn wohl letztlich das innere Wesen des Phänomens - zum Beispiel von Ehescheidungen, japanischer Firmenkultur, Demonstrationen, der Gesellschaft überhaupt - sei und womit die aufgeworfene Problemstellung auch sonst noch zu tun haben könnte. Darin sind sich eigentlich (fast) alle Wissenschaften einig:

"Rechtfertigung ist kein Ziel; Brillanz und Scharfsinn an sich sind öde. Wir sollten versuchen, die dringendsten Probleme zu sehen oder zu entdecken und sie durch Aufstellung wahrer Theorien zu lösen."[1]

Und das meint nichts anderes als: zu erklären. Worin besteht aber eine solche "Erklärung"? Was muß beachtet werden, wenn man "erklären" will? Und schließlich auch: Welche Arten von Analysen sind keine Erklärungen,

---

[1] Karl R. Popper, Objektive Erkenntnis. Ein evolutionärer Entwurf, Hamburg 1973, S. 57.

obwohl mancher sie dafür hält und sich so oft mit Pseudo-Erklärungen selbst betrügt?

Wegen der Bedeutung des Konzepts der Erklärung - und der daraus sich ergebenden Folgen für die Arbeit von Soziologen - müssen in diesem Kapitel auch einige technische Erläuterungen vorgenommen werden. Die hier dargestellten Grundlagen orientieren sich an dem von Carl G. Hempel und Paul Oppenheim entwickelten Konzept der *analytisch-nomologischen Erklärung*.[2] Dieses Konzept wurde ursprünglich für die Erklärung naturwissenschaftlicher Phänomene entwickelt. Die Versuche, es auf die Gesellschaftswissenschaften zu übertragen, sind immer umstritten gewesen. Der Hauptgrund für die Kontroversen lag in der Annahme einer *interpretativen* Dimension aller sozialen Prozesse, vor deren Hintergrund jede *Kausal*-Erklärung in einer wichtigen Hinsicht unvollständig, gar irreführend sein müsse. Diese Einwände sind nicht leichtfertig abzutun. Das in den folgenden Kapiteln zu entwickelnde Grundschema der *soziologischen Erklärung* ist ein Versuch, die interpretative Dimension aller sozialen Prozesse nachhaltig anzuerkennen, sie aber dennoch in das Muster der ursächlichen Erklärung zu integrieren.

Das Explanandum

Die Erklärung eines Phänomens bedeutet im Prinzip, das zu erklärende Phänomen als die *Folge* bestimmter (kausaler) *Ursachen* zu erkennen. Ausgangspunkt einer jeden Erklärung ist eine Aussage, die das zu erklärende Phänomen korrekt *beschreibt*. Dies sind meist spezielle Sachverhalte mit Angaben über Raum und Zeit des Auftretens, oft sog. singuläre Ereignisse, also solche, die mit fixierten Angaben über Ort und Zeit des Auftretens versehen sind. Eine solche Aussage über ein Phänomen, dessen Auftreten erklärt werden soll, wird das *Explanandum*, das "zu Erklärende" genannt.

Das Explanans

Die *Erklärung* des Explanandums besteht in dem Nachweis, daß die Aussage über das Explanandum in bestimmter Weise in einer Klasse von anderen Aussagen *logisch* enthalten ist. Diese Klasse von erklärenden Aussagen wird als das *Explanans* bezeichnet. Es hat selbst wiederum zwei Bestandteile: Allgemeine Gesetze und Randbedingungen.

---

[2] Carl G. Hempel und Paul Oppenheim, Studies in the Logic of Explanation, in: Philosophy of Science, 15, 1948, S. 135-175. Eine ausführliche Zusammenfassung der Einzelheiten der Methodologie der Erklärung findet sich bei Wolfgang Stegmüller, Probleme und Resultate der Wissenschaftstheorie und Analytischen Philosophie, Band 1: Wissenschaftliche Erklärung und Begründung, Berlin-Heidelberg-New York 1974.

Allgemeine Gesetze

Erstens enthält das Explanans also Aussagen über (mindestens) ein allgemeines *Gesetz*. Dieses Gesetz besteht wiederum aus zwei Grundelementen: aus einem Teil, in dem bestimmte *Ursachen* aufgeführt sind; und aus einem Teil, in dem gewisse *Folgen* benannt werden, die - laut Gesetz - immer dann auftreten, wenn die Ursachen gegeben sind. Gesetze verbinden die Ursachen mit Folgen, indem sie die Folgen als *Funktion* der Ursachen benennen.

Formal können diese Funktionen sehr unterschiedliche Gestalt haben: Ein Satz von der Art "wenn ... , dann ... " oder "je ... , desto ... "; eine mathematische Funktion (mit y als "Folge" und x als "Ursache": etwa in der Funktion y = a + bx); oder ein Diagramm des Zusammenhangs der beiden Größen. Den Ursachenteil von Gesetzen nennen wir im folgenden auch die *wenn*-Komponente, den Folgenteil auch die *dann*-Komponente des Gesetzes.

Das Gesetz benennt eine (möglichst) *allgemein* geltende funktionale Beziehung zwischen Ursachen und Folgen. Die genaue Form der funktionalen Beziehung zwischen Ursache und Folge ist für das Verständnis des Prinzips nicht so wichtig. Bedeutsam ist vor allem, daß es sich um die *explizite* und möglichst *präzise* Angabe eines funktionalen *Zusammenhanges* handelt. Oft wird diese Funktion als *Kausal*beziehung interpretiert. Für viele Erklärungen sind aber auch andere funktionale Beziehungen ausreichend, wenngleich eine "wirkliche" Erklärung erst mit einer Kausalfunktion geleistet werden kann.

Die Randbedingungen

Zweitens sind im Explanans Aussagen über die sogenannten *Randbedingungen* (nach dem englischen Ausdruck "initial conditions") aufgeführt.

Dabei handelt es sich - wie beim Explanandum - um *Beschreibungen*, diesmal aber darüber, daß die in der *wenn*-Komponente des Gesetzes genannten Bedingungen auch *tatsächlich* vorliegen. Die Randbedingungen beziehen sich daher immer auf im Vergleich zur Geltung des Gesetzes *spezielle* Sachverhalte, oft ebenfalls - wie bei den Explananda - auf sog. singuläre Ereignisse.

Die Erklärung eines Explanandums ist dann erfolgt, wenn es ein Gesetz *gibt*, das das Explanandum allgemein als Folge der Randbedingungen aufführt, *und* wenn gezeigt werden kann, daß die im Gesetz für diese Folgen geforderten Randbedingungen im vorliegenden *speziellen* Fall auch *wirklich* erfüllt waren.

Ein Beispiel

Wir wollen die Überlegungen an einem einfachen Beispiel demonstrieren. Das zu lösende Rätsel, das Explanandum, sei die Fallgeschwindigkeit eines Gegenstandes i zu einem bestimmten Zeitpunkt nach dem Loslassen. Die Fallgeschwindigkeit v(i) betrage 2,43 m/sec. Die Frage also: Warum hatte der Gegenstand diese Eigenschaft? Gehen wir gemäß unserem Schema vor. Das Explanandum ist demnach die Fallgeschwindigkeit des Gegenstandes i (v(i) = 2,43 m/sec). Wir suchen nun nach einem Explanans für das Explanandum. Also: nach einem geeigneten Gesetz und nach den Randbedingungen, die es erlauben, das Gesetz auch anzuwenden. Als Gesetz könnte vermutlich das Gravitationsgesetz in Frage kommen. Es lautet bekanntlich: Die Fallgeschwindigkeit eines Gegenstandes v (in m/sec) ist abhängig von der Zeit t (in sec) des Falls, gewichtet mit einer Konstanten, der sog. Gravitationskonstanten g (mit 9,81 m/sec^2). Etwas formaler: v = g·t. In diesem Gesetz sind die beiden zentralen Bestandteile gut zu erkennen: Die wenn-Komponente des Gesetzes besteht aus den Variablen "g·t". Und die dann-Komponente des Gesetzes gibt genau an, welche Folgen (v in m/sec) bestimmte Ursachenkonstellationen (in sec als Zeiteinheiten von t) haben. Ob man das Gesetz zur Erklärung der gemessenen Fallgeschwindigkeit des konkreten Gegenstandes auch anwenden kann, muß freilich jetzt erst noch überprüft werden: Man muß Daten darüber haben, welchen Randbedingungen der Gegenstand i ausgesetzt gewesen ist. Dabei geht es nur um "relevante" Bedingungen, d.h. solche, die auf die wenn-Komponente des Gesetzes Bezug nehmen. In unserem Fall also: die Zeit t(i) des Falles des Gegenstandes i (und nicht etwa: seine Farbe). Wir wollen annehmen, daß man als Fallzeit t(i) den Wert 0.25 sec ermittelt habe. Setzt man diese (empirisch gegebene) Randbedingung in die wenn-Komponente des Gesetzes ein, dann erhält man als "theoretisch" zu erwartende Folge einen Wert von 2,4525 m/sec. Wenn man die kleine Ungenauigkeit zwischen theoretischem Wert und dem tatsächlichen Wert des Explanandums (v(i) = 2,43 m/sec z.B. wegen der Möglichkeit von Meßfehlern nicht weiter beachtet, dann hat man das Rätsel der Fallgeschwindigkeit von i gelöst: Aufgrund des Gravitationsgesetzes und der dort benannten Bedingungen war es "zu erwarten", daß diese Geschwindigkeit vorlag.

Anders gesagt: nach der Erklärung war das Phänomen keine Überraschung mehr. Erklärungen ordnen zuvor unbekannte Sachverhalte in ein im Prinzip bereits bekanntes Wissen ein.

Das Schema der Erklärung

Man kann das Prinzip einer Erklärung dann so zusammenfassen: Gegeben sei eine Aussage über den zu erklärenden Sachverhalt - das Explanandum E(i). Gesucht wird dann ein Satz von Aussagen über allgemeine Gesetze L1, L2, ... , Lr; sowie ein Satz über entsprechende relevante Randbedingungen C1, C2, ... , Ck. Die Erklärung von E(i) besteht dann in der logischen Deduktion von E(i) aus L1, L2, ... , Lr und C1, C2, ... , Ck. Gilt das Gesetz und liegen die Randbedingungen tatsächlich vor, dann *muß* das Explanandum auch vorliegen. Andernfalls ist der Erklärungsversuch gescheitert.[3]

Jede Erklärung ist ein deduktiver Schluß: Aus dem Gesetz und aus den Randbedingungen folgt das Explanandum logisch. Wenn das Explanandum mit den Raum-Zeit-Koordinaten i über die Beschreibung E(i), das Gesetz L mit der Aussage B ---> E und die Randbedingungen über die Beschreibung B(i) gekennzeichnet sind, dann sieht das logische Schema der Erklärung so aus (Abbildung 4.1):

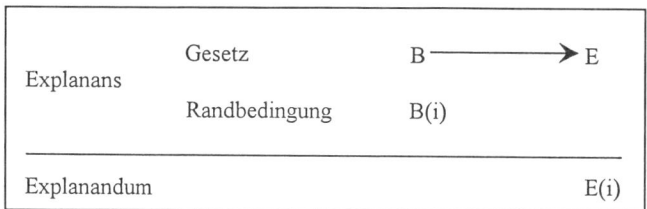

Abb. 4.1: *Das Grundschema der analytisch-nomologischen Erklärung*

Adäquatheitsbedingungen der Erklärung

Hempel und Oppenheim haben in ihrem Aufsatz zur Logik der Erklärung insgesamt vier *Adäquatheitsbedingungen* angegeben, die bei einer angemessenen Erklärung erfüllt sein müssen: Das Explanandum muß im Explanans tatsächlich logisch enthalten sein: E(i) muß aus den Aussagen (B ---> E) und B(i) gültig folgen. Das Explanans muß (mindestens) ein allgemeines Gesetz enthalten. Das Explanans muß empirischen Gehalt besitzen, d.h. Gesetz und Randbedingungen müssen empirisch prüfbar sein. Und schließlich: Die Aussagen im Explanans müssen wahr sein. Hinzuzufügen wäre noch eine (scheinbare) Selbstverständlichkeit: Auch das Explanandum muß empirisch wahr sein.

So könnte man bei jedem der oben aufgeführten Analyseprobleme fragen, ob die gestellten Rätsel eigentlich so stimmen: Steigen die Scheidungsraten wirklich? Gibt es in den Vereinigten Staaten tatsächlich keinen Sozialismus? Wer hat je die Teilnehmer der Montagsdemonstrationen genau gezählt? Und so weiter.

---

[3] Vgl. zu weiteren Einzelheiten auch der formalen logischen Struktur von Erklärungen etwa Hartmut Esser, Klaus Klenovits und Helmut Zehnpfennig, Wissenschaftstheorie 1: Grundlagen und Analytische Wissenschaftstheorie, Stuttgart 1977, Kap. 3.

Dies alles verweist auf die nicht zu unterschätzende Bedeutung valider *Beschreibungen* schon für den Ausgangspunkt von Erklärungen. Und damit: auf die Wichtigkeit aller dafür erfundenen Hilfsmittel wie Datenerhebungstechniken und statistische Analysen.

"Kausale" Erklärungen in der Soziologie?

Man könnte nun meinen, daß das Schema der Erklärung nur auf naturwissenschaftliche Explananda anwendbar sei, weil es für das sinnhafte Handeln keinerlei "kausale" oder "allgemeine" Gesetze gebe. Darauf wurde oben bereits hingewiesen. Bevor wir auf dieses - schwierige, aber lösbare - Problem ausführlicher eingehen, hier nur soviel: Zumindest bestimmte Arten von soziologischen Explananda scheinen recht problemlos mit dem o.a. Schema zu bearbeiten zu sein.

Beispielsweise sei zu erklären, warum es nach Wegfall der Grenzsperren in der ehemaligen DDR eine sehr stabile Rate an Wanderungen aus der ehemaligen DDR, aber kaum von der CSSR in die Bundesrepublik gab. Ein Gesetz zur Erklärung von Wanderungen könnte etwa behaupten, daß Wanderungen eine Funktion von Unterschieden im Bruttosozialprodukt zwischen Regionen sei. Ein solches Gesetz legt zum Beispiel die sog. Theorie der strukturellen Ungleichgewichte nahe: Wanderungsströme folgen den Unterschieden im Wohlstand der Regionen. Dies würde gut die Übersiedlerwelle aus der DDR erklären, aber nicht das Ausbleiben von Wanderungen aus der CSSR. Man könnte nun annehmen, daß das Migrationen erklärende Gesetz komplexer ist und vielleicht als weitere Variable so etwas wie politische Institutionen oder die kulturelle Affinität zwischen Ländern - als jeweils unterschiedlich hohe Barrieren für Wanderungen - enthalten müßte. Und in der Tat spricht einiges dafür, daß Wanderungen mit ökonomischen und objektiven Variablen allein nicht gut erklärt werden können, sondern daß man soziologische Variablen und gelegentlich auch bestimmte historische Besonderheiten einfügen muß.

Man sieht hier bereits: Ausgeschlossen scheint das Ziel von Erklärungen auch für die Soziologie nicht zu sein. Allerdings wird alles davon abhängen, ob man auch die erforderlichen Bedingungen für das Explanans finden kann. Das heißt vor allem: Gibt es "allgemeine" und "kausale" Gesetze für soziale Prozesse, die das jeweilige Explanandum auch angemessen erklären können?

4.2 Erklärungen und Theorien

Wir wollen - bevor wir auf die Besonderheiten *soziologischer* Erklärungen weiter eingehen können - über das einfache Grundschema der Erklärung hinausgehen und in Orientierung an den o.a. Adäquatheits-Bedingungen einige weitere Überlegungen anfügen.

Zunächst ist nachdrücklich festzuhalten: Der Kern *jeder* Erklärung ist immer (eine Aussage über) ein *allgemeines* Gesetz. Noch deutlicher gesagt: Ohne irgendein solches allgemeines Gesetz ist eine Erklärung prinzipiell *nicht* möglich. Ein Gesetz, das zur Erklärung geeignet sein soll, muß dann (unter anderem) zwei wichtige Eigenschaften haben: Es muß einen *Zusammenhang* von zwei Größen (Variablen, Ereignissen, Zuständen etc.) *explizit* in Form einer *präzisen* Funktion angeben. Darauf haben wir bereits hingewiesen. Und es muß zweitens eine über den jeweiligen Einzelfall hinausgehende, möglichst *allgemeine* Geltung haben - im Idealfall: universell anwendbar sein. Erklärungen mit Gesetzen, die nur für diesen einen Fall gelten, sind nicht möglich. Anders gesagt: Mit Hilfe bloßer Beschreibungen - und seien sie noch so genau - kann man nicht erklären. Beide Bedingungen waren im o.a. Beispiel erfüllt: Es gab - mit der Gleichung $v = g \cdot t$ - eine explizite und präzise funktionale Beziehung zwischen t und v. Und das Gesetz beansprucht Geltung für alle Gegenstände (unter den Gravitationsbedingungen der Erde).

Gleichzeitig wird aber bereits bei diesem einfachen Fall deutlich, daß der Ausdruck "allgemein" nur relativ zu verstehen ist: Die Gravitationskonstante schwankt auf der Erde je nach geographischer Position. Sie beträgt am Äquator zum Beispiel 9,78 m/sec^2 und an den Polen 9,83 m/sec^2. Und sie ist auf anderen Himmelskörpern noch ganz anders als auf der Erde insgesamt. Anders gesagt: Das auf der Erde (relativ) allgemeine Gesetz ist selbst ein *Spezialfall* eines sehr viel allgemeineren Gesetzes. Mit Hilfe dieses allgemeineren Gesetzes kann man aber nicht nur den Spezialfall des Gravitationsgesetzes für die Erde, sondern alle anderen speziellen Fallgesetze anderer Planeten erklären - wenn man über die entsprechenden Daten über die relevanten Randbedingungen - insbesondere über die Masse der Planeten - verfügt.

Tiefenerklärungen

Das Beispiel verweist darauf, daß das verwendete "allgemeine" Gesetz seinerseits einen Spezialfall eines noch allgemeineren Zusammenhangs darstellen kann. Und auch diesen Spezialfall eines Gesetzes kann man also erklären.

Eine solche *Erklärung von Gesetzen* als Spezialfälle noch allgemeinerer Zusammenhänge ist eines der wichtigsten Ziele von Wissenschaft überhaupt. Damit wird die Verwirklichung eines der zentralen Anliegen wissenschaftlicher Arbeit möglich: die *Integration* von zunächst disparat nebeneinander stehenden Einzelgesetzen und Einzeltheorien. Bei solchen integrierenden bzw. die Spezialfälle jeweils auch *korrigierenden* Erklärungen von Gesetzen durch noch allgemeinere Gesetze spricht man auch von der *Reduktion* des spezielleren auf das allgemeinere Gesetz bzw. von einer *Tiefenerklärung*.

Die Gravitationstheorie war ein besonders eindrucksvolles Beispiel dafür: Man war mit ihrer Hilfe in der Lage, so verschiedenartige Phänomene wie den freien Fall von Gegenständen, ballistische Kurven von Geschossen und die verschiedensten Planetenbahnen (Kreise oder Ellipsen aller Art) mit *einer* (sehr) allgemeinen Gesetzmäßigkeit (und den jeweils gegebenen Randbedingungen) zu erklären.

Logischer Gehalt

Tiefenerklärungen haben etwas mit dem *logischen Gehalt* eines erklärenden Gesetzes zu tun: Sie geben genau die Bedingungen an, wann eine besondere Variante des Gesetzes gilt und wann nicht.

Solche übergreifenden Gesetze sind besonders anfällig für Widerlegungen, weil sie jeweils genaue Folgen für gegebene Randbedingungen spezifizieren. Das ist aber auch ihre Stärke: Wenn sie empirisch zutreffen, sind sie besonders aussagekräftig: Sie *korrigieren* die von ihnen umschlossenen speziellen Gesetze, indem sie ihrerseits *erklären*, warum diese speziellen Gesetze manchmal gelten und manchmal eben nicht. Und daher lohnt es sich, danach auch unter Mühen und unter einem wachsenden Risiko ihres Scheiterns zu suchen.

Wird eine solche übergreifende, reduzierende Theorie gefunden, ist sofort ein Nobelpreis fällig. Albert Einstein ist es zum Beispiel so gegangen, als er mit der Relativitätstheorie zeigte, daß die - bereits sehr leistungsfähige - Theorie von Newton nur ein Spezialfall unter besonderen Geltungsbedingungen ist. Und der Ökonom Gary S. Becker hat ihn bekommen, weil er u.a. gezeigt hat, daß das (scheinbar) nicht-logische Handeln bei der Wahl von Ehepartnern den allgemeinen Regeln der rationalen Wahl folgt.

Das Gegenteil von logisch gehaltvollen Aussagen sind *tautologisch* formulierte Zusammenhänge. Diese sind zwar immer wahr. Sie sind aber auch trivial, weil sie in jeder denkbaren Welt zutreffen. Beispielsweise: "Wenn der Hahn kräht auf dem Mist, dann ändert sich das Wetter oder es bleibt wie es ist". Solche Aussagen sind für Erklärungen unbrauchbar - obwohl sie ohne jeden Zweifel immer wahr sind. Es ist aber eine eigentümlich leichte Wahrheit in solchen ohne Zweifel zutreffenden Aussagen, eine Wahrheit allerdings, mit der nicht viel anzufangen ist. Wie schrieb doch Wilhelm Busch so hübsch:

> "Zweimal zwei gleich vier ist Wahrheit,
> Schade, daß sie leicht und leer ist,
> Denn ich wollte lieber Klarheit,
> Über das, was voll und schwer ist."

Karl R. Popper nannte diesen Reim den erkenntnistheoretischen Kindergarten. Man sollte ihn sich schon hinter die Ohren schreiben. Keineswegs alle Soziologen kennen den Inhalt - sonst sähen manche Theorien der Soziologie anders aus. Aus dem Reim wird deutlich, daß es eben nicht die "Wahrheit" alleine ist, worum es in der Wissenschaft (und in der Soziologie) geht. Sondern: " ... wir suchen nicht einfach nach Wahrheit, sondern nach *interessanter* und *erhellender* Wahrheit, nach Theorien, die *Lösungen* für *interessante Probleme* bieten. Wenn überhaupt möglich, suchen wir *tiefgehende* (das heißt: "reduzierende"; HE) Theorien."[4]

Die Entwicklung von Theorien

Normalerweise ist zur Erklärung eines Phänomens ein einzelnes, noch so allgemeines Gesetz nicht ausreichend. Das gilt schon für einfachste physikalische Probleme. Üblicherweise gibt es für bestimmte Klassen von Problembereichen (mehr oder weniger) bewährte *Systeme* von aufeinander bezogenen Erklärungen. Solche Erklärungssysteme nennt man *Theorien*. Jede Theorie eines Problembereichs, z.B. eine Theorie der Planetenbewegungen, eine Theorie der Entstehung des Lebens, eine Theorie der Revolution, der sozialen Ungleichheit oder der Entstehung von Normen, enthält aber auf jeden Fall mindestens eines von derartigen allgemeinen Gesetzen.

Theorien bestehen neben den (mehr oder weniger) komplexen Kombinationen verschiedener Gesetze immer aus weiteren, nicht immer auch eigens überprüfbaren Annahmen insbesondere auch darüber, wie man die theoretischen Begriffe beobachtbar machen und die Theorie damit empirisch prüfen kann. Im Idealfall müßte man die Anwendbarkeit aller dieser Einzelheiten jeweils gesondert untersuchen. In der Praxis ist dies so gut wie unmöglich. Die Folge: Jede Erklärung muß einige Dinge ungeprüft lassen, was aber nicht daran hindert, daß man diese Annahmen an anderer Stelle speziell untersucht.

Gültige und erfolgreiche Theorien entstehen meist erst nach langen Entwicklungen des *Versuchs und Irrtums*. Sie müssen im Prinzip widerlegbar sein und sich *dann* unter unterschiedlichen Bedingungen *bewähren*. Nur einige lassen sich erfolgreich replizieren. Und nur die widerstandskräftigsten davon überleben alle Tests und Widerlegungsversuche auch bei solchen Wissenschaftlern, die die Wahrheit dieser Theorien am liebsten abstreiten würden.

---

[4] Karl R. Popper, Zwei Seiten des Alltagsverstands: ein Plädoyer für den Realismus des Alltagsverstands und gegen die Erkenntnistheorie des Alltagsverstands, in: Karl R. Popper 1973, S. 68; Hervorhebungen nicht im Original.

Theorieentwicklung kann so gesehen als eine Art von Evolution in einer unfreundlichen Umwelt (vgl. dazu noch Kapitel 11) angesehen werden:[5] Jede Theorie beginnt mit einem *Problem*, das es zu lösen gilt [P(1)]. Darauf erfolgen - über Versuch und Irrtum - *vorläufige Lösungen* dieses Problems in Form erster Erklärungen, die aber noch mit *Fehlern* und *Anomalien* behaftet sind (VL). Empirische Tests und daran anschließende Veränderungen der Theorie führen - nach und nach - zur *Beseitigung der Fehler* (FB). Gleichzeitig werden mit der Lösung des alten Problems ganz neue Fragen sichtbar. Gerade erst die Fehlerbeseitigung und die Lösung eines ersten Problems führt damit zur Formulierung eines *neuen Problems*, das vorher nicht gesehen werden *konnte* [P(2)]. Und der ganze Prozeß beginnt von Neuem. In einem Schema (Abbildung 4.2):

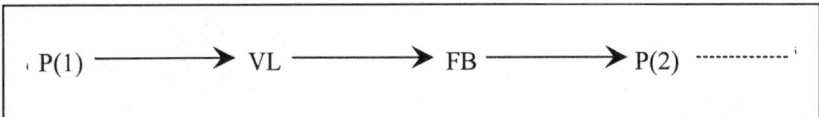

Abb. 4.2: Die Evolution von Theorien

Theorieentwicklung ist damit ein nie abzuschließender Prozeß der Lösung und der Neuformulierung von Problemen. Die wichtigste Rolle spielt dabei - neben der logischen Konsistenz, das heißt: der Widerspruchsfreiheit ihrer Aussagen und ihres Gehaltes - die empirische Bewährung von Theorien in experimentellen Tests. Die (immer nur: vorläufige!) Geltung von Theorien kann ja nicht einfach von Wissenschaftlern beschlossen oder abgelehnt werden. Die "Wirklichkeit" muß - über empirische Daten und kontrollierte Experimente - ein gewichtiges Wort mitreden können. Theorien, die dies nicht zulassen, sind nicht widerlegbar, immer wahr und daher unbrauchbar.

Erwähnt sei auch noch, daß die *Einfachheit* und die Unkompliziertheit einer - bewährten - Theorie ein wichtiger, nicht nur formaler Vorzug ist: Jede gute Theorie vereinfacht die Vielfalt der Erscheinungen. Theorien, die so komplex wie ihr Gegenstand sind, erfüllen nicht den Sinn einer Lösung von Rätseln. Erklärung heißt immer, daß man einen zuvor undurchschaubaren *Mechanismus* versteht und dies als black box abspeichern kann. Dies ist schlecht möglich mit Theorien, die kompliziert, rätselhaft oder so nichtssagend formuliert sind, daß sich jeder etwas anderes darunter vorstellen muß. Eine Theorie, die zur Erklärung des Problems mit wenigen und einfachen Grundaussagen auskommt, ist daher prinzipiell einer solchen vorzu-

---

[5] So Karl R. Popper, Über Wolken und Uhren. Zum Problem der Vernunft und der Freiheit des Menschen, in: Karl R. Popper 1973, S. 268f.

ziehen, die das gleiche mit größerem Aufwand - an Annahmen und verbalen Kraftakten - leistet.

Form und Inhalt von Theorien

Theorien über komplexe Sachverhalte müssen also keinesfalls selbst komplex - im Sinne von kompliziert, verworren, unverständlich oder vieldeutig - sein. Auch müssen Erklärungen von turbulenten, widersprüchlichen oder chaotischen Phänomenen in keiner Weise selbst mit turbulenten, widersprüchlichen oder chaotischen Theorien erfolgen. Gerade die sog. Chaostheorie ist ein Beipiel dafür, wie man mit Hilfe sehr präziser und letztlich sehr einfacher Annahmen Phänomene der Synergetik und der spontanen Ordnung erklären kann.[6] Es gibt - anders als dies manche Soziologen immer noch meinen - keinerlei ontologischen oder methodologischen Zwang zu einer Entsprechung der logischen *Form* der Theorie und des *Inhalts* des Explanandums: "The idea of complexity is no more complex than the idea of a circle is round."[7]

Die Vorstellung, daß sich die inhaltlichen Strukturen eines Gegenstandes in den formalen Strukturen der Theorie manifestieren müßten, geht auf Hegel zurück. Und dieser hatte sie von Aristoteles. Hegel war daher unter anderem der Ansicht, daß man die "Widersprüche" in der Welt nur mit einer Logik (bzw. Theorie) behandeln könne, die selbst Widersprüche - als "Formbestandteil" - enthält. Eine solche "dialektische" Logik ist aber schon deshalb nicht brauchbar, weil mit ihr buchstäblich alles als real existierend bewiesen werden kann. In der Sprache der Logiker: ex falso quodlibet.

Eine solche dialektische Logik ist wenigstens für den geschilderten Fall aber auch nicht nötig:[8] Ohne Zweifel gibt es *reale* Widersprüche wie Konflikte, Klassenkämpfe, latente Gegentendenzen bei einer Entwicklung. Diese können aber ohne jedes weitere Problem in widerspruchsfreien Sätzen formuliert werden.

Zum Beispiel: "In der Bundesrepublik Deutschland gibt es einen Konflikt (einen 'Widerspruch') in den Auffassungen über die Umverteilung von Finanzmitteln zwischen den alten und den neuen Ländern". Dieser Satz enthält keinerlei *logischen* Widerspruch. Er gibt formal korrekt, widerspruchsfrei und ganz nicht-dialektisch eine *Aussage* über einen bestehenden Sachverhalt wieder, den man durchaus als realen Widerspruch

---

[6] Vgl. dafür z.B. Anatol Rapaport, General Systems Theory. Essential Concepts and Applications, Tunbridge Wells und Cambridge, Mass. 1986.
[7] Raymond Boudon, Theories of Social Change, Cambridge 1986, S. 27.
[8] Karl R. Popper, What is Dialectic?, in: Karl R. Popper, Conjectures and Refutations. The Growth of Scientific Knowledge, London 1963, S. 312-335; vgl. auch noch Kapitel 29 dazu.

bezeichnen könnte. Der Satz ist wahr, wenn der darin geschilderte Sachverhalt zutrifft, er ist falsch, wenn dies nicht der Fall ist. Einen formalen Widerspruch dürfte er gar nicht enthalten, weil er sonst ja immer falsch wäre und weil die "Wirklichkeit" keine Chance hätte, den Wahrheitswert des Satzes zu bestimmen.

Kurz: Die Wirklichkeit braucht sich in *keiner* Weise in der *Form* der Theorien zu *manifestieren*, sondern sie sollte mit den *Aussagen*, die die Theorie macht, *korrespondieren*. Diese Konzeption wird auch als Korrespondenztheorie der Wahrheit bezeichnet; sie geht auf Alfred Tarski zurück.[9]

Theorie und Praxis

Die Erklärung eines Phänomens besteht somit aus der Anwendung von gültigen Theorien, die mindestens *ein* allgemeines Gesetz enthalten *müssen*. Und aus dem Nachweis, daß die jeweiligen, die Theorien zur Anwendung bringenden Randbedingungen auch tatsächlich gegeben sind. Die *erfolgreiche* Erklärung eines Problems mit Hilfe einer bestimmten Theorie ist selbst immer auch eine neue *Bestätigung* der Theorie.

Wenn man ein Phänomen erklären kann, dann hat man aber nicht nur einen zuvor unbekannten Mechanismus verstanden, sondern kann dieses Verständnis auch zu sehr *praktischen* Zwecken nutzen. Dies in mindestens zweierlei Hinsicht: zu *Prognosen* und zu informierten Veränderungen, der sog. technologischen *Praxis*. Insofern sind die angewandte Forschung der praktischen Umsetzung von Theorien und die experimentellen Untersuchungen der sog. Grundlagenforschung eng aufeinander bezogen und nicht zu trennen.

Die Begründung dafür ist leicht einsehbar: Verfügt man über eine bisher gut bestätigte Theorie zum Beispiel des Zusammenhangs von Unzufriedenheit und Protestbereitschaft und weiß, daß eine Bevölkerung unzufrieden ist (Randbedingungen liegen vor), dann kann man das Auftreten des betreffenden Explanandums (Proteste) vorhersagen. Verfügt man über eine Theorie, zum Beispiel der organisatorischen Bedingungen für produktive Arbeit, dann kann man, um das Ziel "hohe Arbeitsproduktivität" zu erreichen, die in der Theorie genannten Randbedingungen schaffen, damit das angestrebte Explanandum - wie nach der Theorie zu erwarten - auch eintritt. Treffen Vorhersage und die erstrebten praktischen Folgen ein, dann ist dies immer auch eine Bestätigung der Theorie. Treffen sie dagegen nicht ein, dann gerät die Annahme der Richtigkeit der Theorie auch für rein "theoretische" Erklärungen in Zweifel.

---

[9] Alfred Tarski, Logic, Semantics, Metamathematics: Papers from 1923 to 1938, Oxford 1956, S. 155f.

Wenn gültige Theorien bekannt sind, dann sind im Prinzip Erklärungen, Prognosen und gezielte Praxis gleichermaßen möglich (Hempel und Oppenheim 1948, S. 138f.). Prognosen und gezielte Veränderungen sind zwei zentrale Aspekte der praktischen Verwertung wissenschaftlichen Wissens. Sicher wäre es schon völlig legitim, bei einem erklärenden Verstehen eines Phänomens zu bleiben. Wer aber erklären kann, hat gleichzeitig auch die Mittel zu Prognose und zu informierter Veränderung. Ohne Erklärungen sind hingegen Prognosen und Änderungsversuche nicht anders möglich als im Alltag ohnehin: als Daumenregeln ohne weiteres Verständnis der Zusammenhänge. Und damit sollte sich die Soziologie nicht zufriedengeben. Die anderen Wissenschaften tun es auch nicht.

Theorie und Realität

Spätestens hier wird es erforderlich, etwas zum Verhältnis von erklärenden Theorien zur sogenannten "Realität" zu sagen. Oben waren wir von der Korrespondenztheorie der Wahrheit ausgegangen. Sie besagt, daß eine theoretische Aussage dann "wahr" ist, wenn sie enthält "was der Fall ist". Damit wird streng zwischen einer theoretischen Aussage, der "Wirklichkeit", auf die sie sich bezieht, und der "Korrespondenz" zwischen der Aussage und den realen Zuständen unterschieden. Das Konzept läßt es zu, eine "wirkliche" Wirklichkeit anzunehmen, gleichzeitig aber auch zuzugeben, daß niemand endgültig wissen kann, ob und wann eine solche Korrespondenz zu den Aussagen der Theorie besteht.

So weit, so einsichtig. Im naiven Alltagsverständnis wird oft angenommen, daß "Theorie und Realität"[10] sich immer erst einmal vollkommen entsprechen müßten. Dies ist aber keine sehr sinnvolle Forderung, weil ja keine Theorie je in ihrer Wahrheit bewiesen werden kann. Das hat die (analytische) Wissenschaftstheorie lange geklärt. Es kann durchaus gute und erklärungskräftige Theorien geben, von denen man *weiß*, daß sie in bestimmten Bestandteilen falsch sind. Die oben zitierte Gravitationstheorie gehört auch dazu: Sie gilt nur unter bestimmten, idealisierten Bedingungen, die es in der Wirklichkeit praktisch nicht gibt. Mehr noch: Theorien entsprechen nie der Realität – auch (oder gerade) wenn sie gut erklären, prognosekräftig und praktisch verwendbar sind. Theorien sind immer nur *Modelle* der Wirklichkeit und in diesem Sinne immer bewußt *konstruierte* Vereinfachungen *für bestimmte Zwecke*. Und wenn sie ihren Zweck,

---

[10] Vgl. dazu insbesondere Hans Albert, Theorien in den Sozialwissenschaften, in: Hans Albert (Hrsg.), Theorie und Realität, 2. Aufl., Tübingen 1972, S. 3-25.

Erklärung, Prognose, technische Verwendbarkeit, erfüllen, dann sind sie sogar umso besser geeignet, je mehr sie von der kunterbunten Wirklichkeit *abstrahieren* und entsprechend *einfach* sind (vgl. dazu noch Kapitel 6 ausführlicher). Theorien sind *keine* kleinen *Abbilder* der kompletten Wirklichkeit. Und daher sollte die Konstruktion einer erklärenden Theorie eben nicht dem Aufbau einer Modelleisenbahn ähneln, die ja (immer: vergeblich) versucht, ein ganz realistisches Modell der Welt der wirklichen Eisenbahn zu sein, in dem jede Schraube vorkommen soll.

Realismus, Instrumentalismus und (Radikaler) Konstruktivismus

Was aber dann? Man kann Theorien und Modelle mit Landkarten und deren Funktion vergleichen: Es interessieren immer nur *bestimmte* Aspekte - z.B. die Höhenlinien eines Gebirges zu den Zwecken einer Gebirgswanderung. Für diesen Zweck müssen die Höhenlinien *isomorph* mit der Wirklichkeit, *keineswegs* aber *identisch* mit ihr sein. Isomorphie bedeutet, daß die Operationen, die man mit Hilfe der Modelle vornimmt - z.B. bestimmte mathematische Umformungen - zu Ergebnissen führen, die mit den vorfindbaren Daten in Einklang stehen. Dazu müssen die einzelnen Bestandteile der Theorie in keiner Weise "wirklich" mit der "Realität" übereinstimmen. Die praktische Brauchbarkeit, ihre Bestätigung im Experiment, die richtige Vorhersage von Phänomenen und ihre Vereinbarkeit mit anderen bewährten Modellen sind dann die Kriterien dafür, daß sie akzeptiert werden können. Beispielsweise: daß es bei der Wanderung wirklich hinaufgeht, wenn die Höhenlinie dies in der Karte anzeigt. "Wirklich" heißt hier nur: gemessen an den Daten, die den Kartenbenutzern zugänglich sind und die sie für relevant in bezug auf die Geltung des Modells ansehen. Zum Beispiel, daß man ins Schnaufen kommt, wenn es bergauf geht, und daß dies immer auch eintritt, wenn man der Karte "bergauf" folgt. Ob es dann "wirklich" nach oben geht, ist im gegebenen Fall durchaus uninteressant und auch nicht weiter wichtig - bis es zu einer Abweichung kommt: Die Karte zeigt bergauf, und es geht ganz leicht. Dann wäre die Theorie - in dieser Hinsicht - als falsifiziert und das Modell insoweit als nicht brauchbar anzusehen.

Modelle und Theorien sind also in dem Sinne niemals wahr, daß sie die Realität in ihrer ganzen Fülle "abbilden". Theorien und Modelle korrespondieren allenfalls mit der Wirklichkeit, sie manifestieren sie nicht. Sie sind nichts als mehr oder weniger brauchbare *Instrumente* und Konstruktionen der Wirklichkeit, die erst dann bzw. solange akzeptiert werden, wenn bzw. wie sie ihren speziellen Zweck erfüllen. Und das ist hier nur einer: die Erklärung des interessierenden Phänomens - in Vereinbarkeit mit anderen, als bewährt akzeptierten Modellen und Theorien.

Diese sehr pragmatische Auffassung über die Rolle von Theorien als - mehr oder weniger brauchbare - Instrumente wird auch als *Instrumentalismus* bezeichnet. Der Hintergrund für den Instrumentalismus ist die - unabweisbare - Feststellung, daß *alle* Theorien *immer* nur unter der *Annahme* bestimmter Bedingungen empirisch geprüft werden können, die selbst im Test nicht empirisch untersucht werden *können*. Jede Regressionsrechnung macht zum Beispiel solche Annahmen - etwa über die Nicht-Korrelation der Fehlerterme. Ohne solche Annahmen wäre eine empirische Schätzung der Koeffizienten gar nicht möglich. Ohne Instrumentalismus sind Theorien praktisch nicht testbar. Einen gewissen Instrumentalismus wird sich daher jeder, der selbst empirisch forscht und nicht nur abstrakte Wissenschaftstheorie betreibt, angewöhnen *müssen*. Das ist deshalb auch nichts Bedenkliches.

Gelegentlich wird dieser - ganz harmlose - Instrumentalismus aber zu der Ansicht radikalisiert, daß Theorien ganz und gar nichts anderes als "Konstruktionen" der Wissenschaftler seien. In der Wissenschaftstheorie gibt es seit langem einen an instrumentalistischen Gedanken anknüpfenden Streit darüber, ob es für die Konstruktion guter Theorien und brauchbarer Erklärungen notwendig sei, auch die ontologische - das heißt: die seinsmäßige - Existenz einer vom erkennenden Subjekt unabhängigen Realität anzunehmen. Es stehen sich dabei zwei Positionen gegenüber: der *Realismus* einerseits und der *Idealismus* oder der *Konstruktivismus* andererseits. Der Realismus nimmt an: Es *gibt* eine, und zwar: nur *eine* Realität. Diese könne zwar nie endgültig erkannt werden, aber Theorien seien in unterschiedlichem Maße dieser Realität angenähert. Der Idealismus bzw. Konstruktivismus nimmt an, daß alles, was wir wissen können, ohnehin immer nur Konstruktionen - des erkennenden Geistes oder einer *scientific community* von Wissenschaftlern - seien, daß dabei die Realität (vielleicht) eine gewisse Rolle spiele, daß diese externen Einflüsse aber nie von den konstruktiven Bestandteilen zu trennen seien und daß daher die Frage nach der "objektiven" Realität mindestens überflüssig sei. Eine extreme Variante des Idealismus bzw. des Konstruktivismus ist die Position des *Solipsismus*: die - nicht zu widerlegende - Annahme, daß nur ich alleine existiere und daß alles, was als "real" erscheint, nichts als ein Produkt meiner Vorstellung ist. Das ist eine eigenartige, aber nicht auszuschließende Hypothese.

Weder der Realismus, noch der Idealismus bzw. der Konstruktivismus sind aber zu beweisen. Sie sind jedoch auch nicht zu widerlegen. Karl R. Popper meint, daß es daher nur praktische Gründe für die eine oder die andere Position geben könne. Für den Realismus spreche, daß er die einfachere Hypothese dafür sei, warum sich Wissenschaftler um empirische Belege bemühen oder aus fehlgeschlagenen Experimenten etwas lernen und ihre Theorien an die neu gewonnenen Erkenntnisse anpassen. Und Woody Allen bringt das Problem auf seine Weise auf den Punkt: "Ich hasse die Wirklichkeit, aber sie ist der einzige Ort, wo man ein anständiges Steak bekommt."

In neuerer Zeit sind die idealistischen Ideen vom sog. *Radikalen Konstruktivismus* aufgegriffen worden.[11] Er ist radikal insofern, als er wirklich und explizit davon ausgeht, daß alle Erkenntnisse und Wahrnehmungen nicht auf unmittelbaren Einflüssen aus einer Umgebung beruhen. Und daß Wahrnehmungen wie Theorien nichts als Konstruktionen des Gehirns bzw. der Gehirne der Wissenschaftler sind - erst einmal ganz unabhängig von einer irgendwie gearteten "objektiven" Wirklichkeit und nur entlang der inneren Prozesse und Reproduktionsbedingungen, der *Autopoiesis*, der Selbstkonstruktionen der Gehirne und der sie tragenden Organismen (siehe dazu noch Kapitel 27).

Wenn man genauer hinsieht, ist der Radikale Konstruktivismus so radikal überhaupt nicht. Er ist eigentlich eine Variante des Instrumentalismus: Solange ein Organismus bzw. eine scientific community mit ihren konstruierten Hypothesen über die Welt Erfolg hat - ohne zu wissen warum! - und überlebt, solange kann die Hypothese bzw. Theorie als Konstruktion beibehalten werden. Erst bei Mißerfolg müßte die Hypothese bzw. Theorie geändert werden - und sei es nur, um das weitere Überleben in der im Grunde unerkannten Welt zu ermöglichen. Ob die neue Hypothese oder Theorie dann wahr ist oder nicht, ist abermals nicht bedeutsam. Wichtig ist nur ihre Fähigkeit, in einer wie auch immer gearteten Umgebung zu überleben - und sei es nur, daß alle Wissenschaftler an ihre Wahrheit glauben, weil sie sich das immer wieder im Diskurs der Fabrikation der Erkenntnis gegenseitig einreden.

Der chilenische Biologe Humberto R. Maturana - neben seinem Kollegen Francisco Varela einer der Erfinder des Begriffs der Autopoiesis biologischer und neuronaler Systeme[12] - zieht daraus die folgenden Schlüsse für die Methode der Konstruktion von Theorien:

"Als Wissenschaftler machen wir wissenschaftliche Aussagen. Diese Aussagen werden durch das Verfahren validiert, das wir gebrauchen, um sie zu erzeugen: durch die

---

[11] Vgl. die Übersicht bei Siegfried J. Schmidt, Der Radikale Konstruktivismus. Ein neues Paradigma im interdisziplinären Diskurs, in: Siegfried J. Schmidt (Hrsg.), Der Diskurs des Radikalen Konstruktivismus, Frankfurt/M. 1987, S. 11-88.

[12] Humberto R. Maturana und Francisco Varela, Der Baum der Erkenntnis. Die biologischen Wurzeln des menschlichen Erkennens, Bern-München-Wien 1987.

wissenschaftliche Methode. Diese Methode kann durch die folgenden Operationen dargestellt werden:

(a) Beobachtung eines Phänomens, das als zu erklärendes Phänomen angesehen wird;
(b) Entwicklung einer erklärenden Hypothese in Form eines deterministischen Systems, das ein Phänomen erzeugen kann, welches mit dem beobachteten Phänomen isomorph ist;
(c) Generierung eines Zustandes oder Prozesses des Systems, der entsprechend der vorgelegten Hypothese als vorhergesagtes Phänomen beobachtet werden soll;
(d) Beobachtung des so vorhergesagten Phänomens."[13]

Es fehlt hier zwar eine präzise Angabe darüber, was zu geschehen hat, wenn die "Beobachtung des vorhergesagten Phänomens" nicht stattfindet; aber anscheinend kann eine Erfahrung auch einen Konstruktivisten dazu bringen, seine Hypothesen zu ändern. Ein anderer prominenter Vertreter des Radikalen Konstruktivismus - Ernst v. Glasersfeld - sagt das dann auch ganz deutlich: "Theorien und Modelle ... können in jedem Zeitpunkt durch Erfahrung *widerlegt* werden." Und er fügt gleich hinzu: "Aber auch wenn sie nicht widerlegt und als 'falsch' erwiesen werden, auch wenn sie Erfahrung überleben, darf hier Überleben nie als Beweis dafür angesehen werden, daß sie in dem Sinne 'richtig' sind, daß sie die 'wirkliche' Welt abbilden."[14]

Also: Widerlegungen sind im Prinzip möglich, aber es gibt keine endgültigen Beweise. Diese methodischen Regeln der Prüfung von Hypothesen und Annahmen über die grundsätzliche Unbeweisbarkeit von Theorien sind aber exakt die, die auch der Kritische Rationalismus und Karl R. Popper für die schrittweise Überprüfung von Theorien über Experimente und deren Modifikation angegeben haben.[15] In dieser instrumentalistischen Sicht stimmen der sog. Radikale Konstruktivismus *und* die Auffassungen der Analytischen Wissenschaftstheorie, wie sie hier zugrunde gelegt wird, offenkundig in bemerkenswerter Weise überein.

Allerdings gibt es doch einen weitreichenden Unterschied: Die Analytische Wissenschaftstheorie geht mit dem pragmatischen Argument von Popper weiter von der Realismusannahme aus. Wenn der Radikale Konstruktivismus die Realität leugnet und gleichzeitig fordert, Theorien so zu formulieren, daß sie empirischen Prüfungen und kritischen Argumenten standhalten müssen, dann unterscheidet er sich von der Auffassung des Kritischen

---

[13] Humberto R. Maturana, Erkennen. Die Organisation und Verkörperung von Wirklichkeit. Ausgewählte Arbeiten zur biologischen Epistemologie, Braunschweig und Wiesbaden 1982, S. 236f.
[14] Ernst v. Glasersfeld, Wissen, Sprache und Wirklichkeit, Braunschweig 1987, S. 185; Hervorhebung nicht im Original.
[15] Vgl. dazu allgemein Hans Albert, Traktat über kritische Vernunft, 5. Aufl., Tübingen 1991.

Rationalismus nur in der - ohnehin nicht beweisbaren und nicht widerlegbaren - Leugnung oder Annahme einer wirklich existierenden Wirklichkeit. Aber das ist auch nicht weiter tragisch: Ob es die Wirklichkeit wirklich gibt, das weiß sowieso niemand wirklich. Karl R. Popper hat diese Frage bewußt offen gelassen - und trotzdem an der Wahrheit von Theorien als regulativer Idee nachhaltig festhalten können. Zu empfehlen ist die Realismusannahme schon deshalb, weil sie am Konzept der empirischen Prüfung von Theorien und an den Bedingungen ihrer instrumentellen Brauchbarkeit nichts ändert, aber ansonsten viel plausibler ist und sehr viel einfacher verständlich machen kann, warum man bei der Konstruktion von Theorien auch strenge empirische Tests veranstaltet - und eben *nicht* nur endlose Diskurse mit dem Ziel der Vermittlung von bloßen *Überzeugungen* über die Geltung einer Theorie. Karl R. Popper bemerkt zu den Thesen des Idealismus, wie er den Konstruktivismus auch nennt:

"Nach meiner Auffassung ist der größte Skandal der Philosophie, daß, während um uns herum die Natur - und nicht nur sie - zugrundegeht, die Philosophen weiter darüber reden - manchmal gescheit, manchmal nicht -, ob diese Welt existiert." (Popper 1973, S. 44)

4.3 Was ist keine "Erklärung"?

Nun sollte geklärt sein, welche Anforderungen an eine Erklärung zu stellen sind. Aus dem Konzept der Erklärung wird nun auch leicht ersichtlich, was dann *keine* Erklärungen sind. Dies zu wissen ist deshalb wichtig, weil man kaum Soziologen antrifft, die nicht ebenfalls beanspruchen, Theorien zu entwickeln und Erklärungen zu liefern, die aber gleichzeitig vehement abstreiten, daß man zu solchen Erklärungen nach dem o.a. Schema vorgehen müsse (oder könne). Es ist eine lohnende Freizeitbeschäftigung, soziologische Texte darauf hin zu befragen, ob sie diesen Ansprüchen genügen. Also: Was sind *keine* Erklärungen?

Beispielsweise sind *Beschreibungen* keine Erklärungen, da sie nur empirische Feststellungen über raum-zeitlich fixierte, *singuläre* Sachverhalte machen, aber keine Gesetzesaussagen enthalten, die ja immer über bloße Feststellungen hinausgehen. Wir hatten oben bereits mehrfach darauf hingewiesen. Aus ähnlichen Gründen ist die *Narration*, die Erzählung eines Ablaufs, "wie es geschah", ebenfalls keine Erklärung. Es fehlt der Hinweis auf den (kausalen) Mechanismus, der die in der Geschichte aufgezählten Ereignisse verbindet.

Auch sind *Begriffe*, *Klassifikationen* oder *Typologien* keine Erklärungen. Zur Ordnung eines Gegenstandsbereichs und als notwendige Vorstufe jeder Theoriebildung sind sie sicher unentbehrlich. Letztlich benennen bzw.

klassifizieren sie ein Phänomen aber nur. Die Frage nach dem "Warum" kann man damit aber nicht beantworten. Mit der Etikettierung z.B. von Kälteeinbrüchen im Juni als Schafskälte erklärt man dieses Ereignis nicht. Die bloße Bezeichnung der spontanen Entstehung einer sozialen Bewegung als Selbstorganisation macht ebenso wenig verständlich, warum es diese Bewegung plötzlich gibt. Und es führt auch nicht sehr viel weiter, zu fragen, ob - beispielsweise - die Europäische Gemeinschaft ein korporativer Akteur oder aber ein Regime oder eine gewisse Mixtur aus beidem "ist". Dies alles ist eine Frage der validen Beschreibung und der zweckmäßigen Benennung der gefundenen Merkmale - aber keinerlei theoretisch oder explanativ bedeutsames Ergebnis. Die suggestive Verführungskraft zur Nutzung etablierter und gut klingender Konzepte und Begriffe bei der Etikettierung von Beschreibungen ist - so sei zugestanden - nicht unbeträchtlich. Die Gefahr einer bloßen Wortmagie ist bei derartigen Begriffs-"Analysen" entsprechend besonders groß.

Analogien sind auch keine Erklärungen. Daß Gesellschaften sich "wie" Organismen, "wie" nicht-triviale Maschinen oder "wie" autopoietische Systeme verhalten, erklärt keineswegs deren Funktionieren. Analogien sind nur dann erlaubt, wenn man den strukturgenerierenden Mechanismus auf *beiden* Seiten des Analogieschlusses genau kennt, wenn man also weiß, welchen Gesetzen lebende Organismen einerseits und Gesellschaften andererseits gehorchen. Wenn man dies aber weiß, dann braucht man die Analogie nicht mehr.

Ebenso sind *Orientierungshypothesen* keine Erklärungen. Darunter versteht man sehr vage formulierte Zusammenhänge, wie etwa, daß das Sein das Bewußtsein bestimme oder daß das Auftreten von Emotionen eine Frage der Definition der Situation sei. Mit der Kenntnis des Erklärungsschemas sieht man den Mangel unmittelbar: Es fehlt solchen Orientierungshypothesen die genaue Spezifikation der Zusammenhänge, die es erst erlauben würde, spezifische Randbedingungen anzuwenden. Dabei können solche Orientierungshypothesen durchaus eine wichtige Funktion erfüllen. So ist es sicher nicht grundsätzlich sinnlos zu sagen, daß soziale Prozesse auf Interdependenzen oder Machtbalancen beruhen. Man lenkt damit die Aufmerksamkeit eventuell auf neue und interessante Zusammenhänge. Und das ist nicht wenig in einer Wissenschaft. Es ist aber nicht genug; denn erklären kann man mit derartigen Andeutungen nämlich nicht.

Auf eine besondere Problematik müssen wir hier gesondert eingehen. Viele Soziologen halten eine spezielle Art der "Theoriearchitektur" für besonders geeignet bzw. alleine dem Gegenstand der Soziologie angemessen: Die Angabe von *Prinzipien*, den Hinweis auf eine gewisse, bislang noch unentdeckte *Bedeutung* eines Konzeptes, einer Idee oder eines Begriffs, auf das tiefere *Wesen* eines Gegenstandes. Manchmal wird dieser Gedanke auch so formuliert: Soziologische Theorie habe nicht vorrangig die Aufgabe zu erklären, sondern vielmehr zentral bedeutsame *Leitdifferenzen* zu benennen. Da sich diese Theorietechnik gerade in Teilen der deutschen Soziologie, speziell in der sog. soziologischen Systemtheorie so überaus großer Beliebtheit erfreut, müssen wir uns hier etwas ausführlicher mit ihr befassen (vgl. mehr dazu in Kapitel 27).

Die phantasiereiche und kunstvolle Architektur von solchen Leitdifferenzen begrifflicher Art ist zunächst ganz sicher keine Erklärung im oben gebrauchten Sinn. Alles, was oben über die mangelnde Eignung von bloßen Begriffen in bezug auf deren mögliche Erklärungsleistung gesagt wurde, trifft auch hier zu: Es werden keine Gesetzmäßigkeiten angegeben. Und es wird suggeriert, daß die sprachliche Etikettierung und typologische Sortierung von Phänomenen schon irgendeine erklärende Leistung erbringen könne. Die besondere Problematik dieses Vorgehens liegt in einem weiteren Sachverhalt bzw. (meist nicht explizit genannten) Anspruch: Es wird im Grunde versucht zu zeigen, daß das in Frage stehende Ereignis seiner grundlegenden "Bestimmung" zufolge zu einer Oberklasse von abstrakten Eigenschaften gehört, die ihrerseits bestimmten grundlegenden Verhaltensweisen folgen. Und damit sei das Phänomen dann doch über die begriffliche Leitdifferenz - ganz ohne erklärende Gesetze und Randbedingungen - erklärbar.

Das Erklärungsproblem sei etwa: Die sog. neuen sozialen Bewegungen - für Frieden, gegen Volkszählung, zum Erhalt der Hafenstraße - zerfallen sofort wieder, kaum daß sie entstanden sind. Warum tun sie das? Die Antwort: Die neuen sozialen Bewegungen gehören zur Klasse der autopoietischen Systeme. Und deren grundlegende Seinsbestimmung sei der unmittelbare Zerfall der Einzelelemente in dem Moment, in dem sie entstehen. Warum zerfallen also die neuen sozialen Bewegungen? Die Antwort: Weil sie autopoietische Systeme sind. Und diese zerfallen ja bekanntlich sofort wieder, kaum daß sie entstanden sind.

Eine Erklärung wird dabei also nicht über die Anwendung von Gesetzen über den Zusammenhang von Funktionsgrößen und die Prüfung von Randbedingungen, sondern über den Hinweis auf eine latente Wesenseigenschaft, ein Seinsprinzip, eine innere Zweckbestimmung, eine alles umfassende innere Entwicklungsdynamik gesucht, deren innewohnenden Bewegungsgesetzen das Explanandum qua Zugehörigkeit zu dieser Merkmalsklasse folge.

Derartige Vorgehensweisen hängen eng mit der Technik der begrifflichen Klassifikation und Benennung von abstrakten Gegenstandsklassen zusammen. Und die Vorstellung, daß dies Theorie bzw. daß hiermit auch eine Art von Erklärung des Verhaltens der jeweiligen Gegenstände möglich sei, leitet sich aus der Konzeption des - von Plato und Aristoteles in ähnlicher Weise vertretenen - *Essentialismus* ab. Der Essentialismus geht in Anlehnung an die Ideenlehre von Plato davon aus, daß es einen Kosmos *idealer* Wesenheiten *real* gebe, auf den Begriffe a priori bezogen seien, und daß es die Aufgabe der Wissenschaft sei, die irdischen Erscheinungen jenen idealen Gegenstandsklassen begrifflich zuzuordnen. Dabei wird angenommen, daß den idealen Wesenheiten bestimmte innere Zielsetzungen und Bewegungstendenzen innewohnten, denen dann auch die vom Wissenschaftler qua Definition zugeordneten empirischen Erscheinungen folgen. Das Verhalten von Gegenständen wird also dadurch "erklärt", daß man sie den abstrakten Wesenheiten definitorisch zuordnet, die dieses Verhalten als inneres Bewegungsgesetz, als inhärente teleologische Tendenz aufweisen.[16]

"Theorien" bestehen dieser Tradition zufolge vor allem aus Definitionen, Typologien und Klassifikationen. Manchmal wird schon das Aufstellen von Vierfeldertafeln etwa der gesellschaftlichen Teilbereiche - unter dem beeindruckenden Titel eines "gekreuzten binären Schematismus" - als Theorie bezeichnet. Und man glaubt, die Soziologie einen beträchtlichen Schritt vorangebracht zu haben, wenn man - nach längerem Ringen mit den Problemen seiner selbstkonstruierten Begriffsarchitektonik - definitorisch festgelegt hat, daß soziale Systeme in ihrem tiefsten Wesen aus Kommunikation bestehen - und sich z.B. nicht aus den aggregierten Folgen der Absichten, Erwartungen und Handlungen von Akteuren erklären lassen. Vor dem Hintergrund des Essentialismus wird auch verständlich, warum man dies für ausreichend halten kann: Mit der in langer Begriffsarbeit abgerungenen Zuordnung zur Wesenheit, deren Bewegungsgesetz man zu kennen glaubt, erklärt sich ja das Verhalten der jeweiligen empirischen Erscheinung.

George C. Homans hat solche immer vergeblichen Versuche von Erklärungen über Begriffe, Typologien oder Orientierungshypothesen als *nichtoperable Definitionen* bezeichnet. Ein in der Soziologie nach wie vor verbreitetes Beispiel dafür wäre, wenn ein bestimmtes Verhalten, sagen wir das eines Hochschullehrers, der (hoffentlich) forscht *und* lehrt, mit dem Hinweis darauf "erklärt" wird, daß es die Rolle des Hochschullehrers gebe, die ja dadurch definiert sei, daß es bestimmte Erwartungen an eine bestimmte Position gebe, nach denen sich der betreffende Hochschullehrer offensichtlich verhalten hätte. Nicht nur für George C. Homans ist der bloße Verweis darauf, daß ein bestimmtes Handeln über die Rolle zu erklären sei, die ein

---

[16] Eine ausführliche Darstellung der Grundannahmen des Essentialismus und eine ebenso ausführliche Kritik desselben findet sich bei Karl R. Popper, Die offene Gesellschaft und ihre Feinde, Band 2: Falsche Propheten. Hegel, Marx und die Folgen, 5. Aufl., München 1977 (zuerst: 1945), S. 10ff.

Akteur gerade spiele, keine Erklärung - und dies allein deshalb, weil, wenigstens explizit, keinerlei erklärendes allgemeines Gesetz genannt wird. Und ein allgemeines Gesetz, wonach sich die Menschen immer nach Rollenerwartungen richten, gibt es nicht. Sonst gäbe es kein abweichendes Verhalten und kein Verhalten, für das es keinerlei Rolle gibt - wie zum Beispiel das Kaufen eines Autos oder die Wanderung von einem Ort zum anderen. George C. Homans erläutert das Problem am Begriff der Kultur:

"Ich meine, mit 'Kultur' liegen die Dinge ebenso. Aber hier füge ich eine Erklärung hinzu, die meinen Gedanken ein wenig weiterführt. Als ein Anthropologe, mit dem ich befreundet bin, sich einmal über die Nützlichkeit dieses Begriffs ausließ, sagte er: 'Wenn mich beispielsweise jemand fragt, warum die Chinesen keine Milch mögen, kann ich nur sagen: wegen der Kultur'. Alles was ich erwidern konnte war: Wenn das alles gewesen sei, was *er* sagen konnte, dann habe er nicht viel gesagt. Das einzige, was die Verwendung des Wortes 'Kultur' impliziert habe, sei die Tatsache, daß die Aversion gegen Milch für das Verhalten einiger Chinesen seit einigen Generationen typisch ist. Aber das wußten wir bereits; 'Kultur' hat dem nichts hinzugefügt. Was wir gern gewußt hätten, ist, warum Milch, speziell Milch, mehr als - sagen wir - Tee abgelehnt wird. Von Kultur zu sprechen, das beantwortet die Frage gar nicht, wirklich ganz und gar nicht."

Und er faßt ebenso knapp wie zutreffend zusammen: "Allgemein gesagt: 'Erklärung durch einen Begriff' ist keine Erklärung." Das Problem dabei ist *nicht*, daß Begriffe grundsätzlich nutzlos oder unbrauchbar wären. Ganz im Gegenteil: Sie werden dringend zur Ordnung und zur Bezeichnung der Dinge benötigt, von denen die Rede sein soll. Aber:

"Mir liegt gar nichts daran zu behaupten, daß die Begriffe 'Rolle' oder 'Kultur' nutzlos sind. Aber ich möchte unbedingt, daß wir erkennen, welche Art von Nutzlosigkeit ihnen anhaftet. Sie deuten die Dinge an, von denen wir sprechen wollen ... Aber irgendwann müssen wir damit aufhören, 'über etwas sprechen zu wollen' und wirklich etwas sagen, und das heißt: Wir müssen *Lehrsätze* aufstellen.[17]

In seiner Kritik am Struktur-Funktionalismus - insbesondere in der Variante von Talcott Parsons (vgl. dazu Kapitel 23) - hat Homans das Problem noch einmal in einer der für ihn so typischen knappen und treffenden Formulierungen so umrissen: "Das Problem ihrer Theorie bestand nicht darin, daß sie falsch war, sondern darin, daß es überhaupt keine Theorie war."[18]

Für die neuere, am Konzept der Autopoiesis orientierte soziologische Systemtheorie muß man zu einem ähnlichen Urteil kommen (vgl. dazu Kapitel 27). Damit soll jedoch in keiner Weise abgestritten oder heruntergespielt

---

[17] Alle Zitate finden sich bei George C. Homans, Was ist Sozialwissenschaft?, Köln und Opladen 1969, S. 25; Hervorhebung nicht im Original.
[18] George C. Homans, Wider den Soziologismus, in: George C. Homans, Grundfragen soziologischer Theorie, Opladen 1972, S. 50.

werden, daß auch diese Art der Befassung mit soziologischen Problemen höchst interessante und wichtige Einsichten liefern kann. Ganz im Gegenteil: *Weil* diese Ansätze Erklärungen nicht liefern können (oder wollen), konzentrieren sie sich bei der Gewinnung ihrer begrifflichen Differenzierungen oft auf sehr genaue Beschreibungen. Die "Arbeit am Begriff" fördert oft ganz neuartige und fruchtbare Sichtweisen zu Tage. Und das ist für viele Erklärungsprobleme in der Soziologie von unschätzbarem Wert - wie etwa Luhmanns Beobachtung, daß moderne Gesellschaften kein Steuerungszentrum mehr haben und ihre Teilsysteme der Eigen-Sinnigkeit ihrer "Codes" folgen.

Illustrationen und essentialistisch formulierte gute Ideen sind aber keine Erklärungen. In den modernen und erfolgreichen Wissenschaften ist jenes "aristotelische Denken" des Essentialismus seit dem Mittelalter überwunden. Dort sind Begriffe nur Namen und werden über Konventionen eingeführt - und ggf. verändert. Die Bewegung der Gegenstände folgt nach dieser Konzeption nicht irgendwelchen inneren Bewegungsgesetzen ihrer abstrakten idealen Eigenschaften, sondern unterschiedlichen kausalen Kräften, die von der Umgebung (im weitesten Sinne), den jeweiligen Randbedingungen des Gegenstandes, ausgehen.

Das "galileische Denken"[19] in den modernen Wissenschaften erschöpft sich nicht in der abstrahierenden Klassifikation und Arbeit am Begriff, sondern versucht, das den Gegenstand bewegende Kräftefeld zu rekonstruieren bzw. ggf. experimentell zu manipulieren und dadurch die theoretischen Vermutungen über das kausale Feld zu testen. Erklärungen sind dann solche erfolgreichen Rekonstruktionen der verschiedenen (kausalen) Einflüsse. Begriffsanalysen und Typologien sind für diese Aufgabe unzureichend.

Und ebenso unzureichend ist es, die Triftigkeit der vorgeschlagenen Begriffssysteme und Unterscheidungen durch einige illustrierende Beispiele belegen zu wollen. Beispiele findet man für alles, " ... aber eine Illustration ist noch kein Beweis" - wie Emile Durkheim im Vorwort zum "Selbstmord"[20] schon der damaligen Soziologie vorhält. Damit sei ebenfalls in keiner Weise der Sinn von "dichten" Beschreibungen und "narrativen" Erzählungen bestritten. Im Gegenteil: Gerade soziologische Erklärungen benötigen ein dichtes Netz von beschreibendem Hintergrundwissen (vgl. dazu Kapitel 6 und 7).

---

[19] Dieser Begriff stammt von Kurt Lewin (1890-1947); vgl. dazu auch die Erläuterungen bei John W. Atkinson, Einführung in die Motivationsforschung, Stuttgart 1975, S. 119ff.
[20] Emile Durkheim, Der Selbstmord, Neuwied und Berlin 1973 (zuerst: 1897), S. 17.

Das skizzierte Modell einer Erklärung enthält eine Unzahl von Komplikationen, Varianten und weiteren Annahmen. Es wäre sicher auch falsch anzunehmen, daß Wissenschaftler sich immer daran halten (könnten). Die meisten Erklärungen - in den Sozialwissenschaften zumal - sind sog. unvollständige oder vorläufige Erklärungen: Die Gesetze bleiben oft nur angedeutet, das Explanandum folgt nicht streng logisch aus dem Explanans, die Randbedingungen müssen teilweise oft ungeprüft angenommen werden usw.. Außerdem gibt es auch in den Naturwissenschaften Diskussionen über die (kausale) Erklärbarkeit komplexer Abläufe und über das Verhältnis von Zufall und Determiniertheit - etwa im Sub-Mikrobereich und bei komplizierten Interaktionen zwischen einem Beobachtungsinstrument, dem Akt der Beobachtung und dem Zustand des Gegenstandes. Das Grundmodell der Erklärung wird aber trotz aller dieser Probleme und trotz aller seiner (oft fahrlässigen, meist jedoch unvermeidlichen) Ungenauigkeiten nirgendwo ernsthaft in Frage gestellt.

Dies ist in den Sozialwissenschaften, speziell in der Soziologie ganz anders. Hier ist eher die Kritik an diesem Modell der Normalfall. Hier herrschen Beschreibungen, Erzählungen, Begriffsbildung, Typisierung und Klassifikation, Analogien und Orientierungshypothesen, sowie Fragen nach den Bewegungsprinzipien und nach dem "Begriff" der Gesellschaft vor. Und vor allem: Dabei bleibt es dann auch meistens. Die Konzentration auf das Ziel der Erklärung wird häufig als verengt, verkürzt oder einseitig, manchmal sogar als dogmatisch abgelehnt. Oft meint man auch, daß der besondere Gegenstandsbereich der Soziologie und die damit zusammenhängenden Spezialfragen - Selbstreferenz und doppelte Hermeneutik beispielsweise - einen (kausal) erklärenden Ansatz ohnehin ausschließen (siehe dazu auch noch Kapitel 6, 26, 27 und 30). Unter Theorie versteht man entsprechend auch nicht das, was oben beschrieben wurde. Und den mit diesem Theorieverständnis verbundenen methodischen Regeln billigt man allenfalls einen begrenzten Nutzen zu. Theorie scheint hier eher ein weiter Sammelbegriff für abstrakte Abhandlungen aller Art in soziologischem Vokabular zu sein - ganz unabhängig von der Funktion, die Theorien normalerweise in den Wissenschaften haben.

Und es sei auch ein spätes Erbe der sog. Frankfurter Schule bzw. der Kritischen Theorie nicht vergessen, das immer wieder einer strikt erklärenden Soziologie vorgehalten wird: Daß alleine die Möglichkeit, mit guten Theorien auch gezielte Veränderungen vornehmen zu können, eine gefährliche, da einer seelenlosen Technokratie Vorschub leistende Angelegenheit sei. Die Soziologie dürfe sich nicht auf ein bloß "technisches Erkenntnisinteresse" beschränken. Wir haben bereits in Kapitel 1 darauf hingewiesen, daß von der Soziologie tatsächlich mehr verlangt wird, als nüchterne wissenschaftliche Analyse allein: Analyse *und* Kritik eben. Aber die Analyse gehört immer dazu, wenn man die Welt auch informiert verändern und nicht nur interpretieren will.

Die Frage ist dann also: Warum wird nach wie vor das Modell der Erklärung und der dazugehörige nomologische Theoriebegriff mit so viel Skepsis betrachtet? Auf diese Frage kann es keine leichte und auch keine sehr kurze Antwort geben. Die Hartnäckigkeit, mit der sich die Kritik an der Möglichkeit nomologischer Erklärungen in der Soziologie hält, müßte gerade Soziologen darauf hinweisen, daß das Problem nicht nur mit sachfremden Dingen und mit bloßer Unkenntnis wissenschaftstheoretischer Grundlagen zusammenhängt. Ein Grund für die Streitigkeiten ist auch der, daß viele Soziologen glauben, daß sich die historische und die interpretative Dimension aller sozialen Prozesse mit einem erklärenden Ansatz nicht verbinden lassen.

Und in der Tat: Mit einfachen Kausalerklärungen wird man den soziologischen Problemen ohne Zweifel nicht gerecht. Soziologische Erklärungen *müssen* berücksichtigen, daß die sozialen Prozesse aus oft komplizierten und rückbezogenen Interdependenzen entstehen und - insbesondere - die ursächliche Folge des *sinnhaften* Handelns menschlicher Akteure sind.

Kapitel 5
Soziologische Analysen: Die fünf Beispiele noch einmal

Das Explanandum soziologischer Analysen und Erklärungen sind kollektive Phänomene. In Kapitel 3 sind fünf Beispiele dafür genannt worden. In Kapitel 4 sind die Anforderungen an eine angemessene Erklärung aufgeführt worden. Eine der wichtigsten dabei war die Anwendung eines allgemeinen Kausalgesetzes, über das das jeweilige Explanandum erklärt werden kann.

Das Problem wird bei allen fünf Beispielen gleich offenkundig: Welches, noch dazu: welches *allgemeine* Gesetz sollte es denn wohl sein, das den Anstieg der Scheidungsraten, die Unwirksamkeit der Umweltmoral, die besseren japanischen Autos, das Fehlen des Sozialismus in den Vereinigten Staaten oder den Verlauf der Leipziger Montagsdemonstration erklären könnte? Sind einige Verläufe - wie der Anstieg der Scheidungsraten oder die Leipziger Montagsdemonstration - nicht viel zu unregelmäßig, als daß von einem "Gesetz" gesprochen werden könnte? Sind nicht bestimmte Vorgänge ganz einmalig - wie die Nicht-Existenz des Sozialismus in den Vereinigten Staaten oder die deutsche Wiedervereinigung? Aufgrund welchen *Kausalgesetzes* sollten denn die Scheidungsraten zunehmen, moralische Appelle eigentlich unwirksam oder japanische Autos besser als amerikanische sein? Und so weiter. Kurz: Eine nomologisch-erklärende Soziologie, konzipiert nach dem Beispiel der Naturwissenschaften, scheint ein äußerst begrenztes Unternehmen zu sein.

Und in der Tat: Gleich zu Beginn - in Kapitel 1 - war mit der Konzeption von Max Weber ja bereits deutlich geworden, daß das ursächliche Erklären in der Soziologie nicht aus einem einzelnen deduktiven Schritt (wie im einfachen Modell des Hempel-Oppenheim-Schemas), sondern aus (mindestens) drei Schritten besteht, von denen einer den Sinn des Handelns erfaßt, und bei dem erst die beiden folgenden Schritte etwas mit dem ursächlichen Erklären zu tun haben. Max Weber hatte damit bereits den Kern der Lösung des Problems der *Integration* von interpretativem und nomologischem Vorgehen, von historisch-beschreibender und universal-erklärender Analyse geliefert. Wir werden darauf im Zusammenhang der Systematisierung der Grundstruktur einer soziologischen Erklärung in Kapitel 6 noch ausführlich zurückkommen. Zuvor seien - gewissermaßen als Vorbereitung darauf - Erklärungsskizzen für die fünf Beispiele so gegeben, wie man sie in soziologischen Beiträgen zu finden pflegt.

Beispiel 1:
Der Anstieg der Scheidungsraten

Das Explanandum ist ohne Zweifel ein kollektiver Sachverhalt: Differenzen in der Ehescheidungsrate zwischen verschiedenen Zeitpunkten und nach bestimmten regionalen Merkmalen (Stadt-Land-Unterschiede) in einem Land. Wie sind diese *Unterschiede* in der Zeit und nach regionalen Variablen zu erklären?

Differenzen in Scheidungsraten sind zunächst Ergebnisse von einfachen statistischen Aggregationen einzelner Ehescheidungen. Es ist daher sinnvoll, zunächst allgemein die Bedingungen und Vorgänge zu benennen, unter denen einzelne Ehepaare sich zur Trennung entschließen. Eine einfache Hypothese darüber wäre etwa die, daß Trennungen dann stattfinden, wenn innerhalb der Ehe sich die Konflikte über einen bestimmten Schwellenwert hinaus entwickeln *und* wenn gleichzeitig mindestens einer der Partner eine Alternative zu der ehelichen Beziehung sieht, die ihm einigermaßen erträglich vorkommt. Solche Alternativen könnten sein: ein neuer Partner oder das Leben als Single.

Damit könnte man für die Bedingungen von Scheidungen ganz allgemein auf der Ebene der einzelnen Paare die Hypothese formulieren: Je höher das Konfliktpotential in einer Ehe und je eher und leichter Alternativen zu der ehelichen Beziehung verfügbar sind, umso höher ist die Wahrscheinlichkeit für eine Ehescheidung. Wir wollen diesen Teil der Analyse das *Mikro-Modell*, hier: das der Ehescheidung, nennen.

Die einzelne Scheidung ist aber - wie gesagt - nicht das Explanandum, sondern die *Differenzen* in den Raten der Ehescheidungen. Wenn man vorhersagen könnte, wieviele Ehen nach dem Mikro-Modell die Trennungsbedingung zu einem bestimmten Zeitpunkt (oder Ort) erfüllen, könnte man die Raten leicht gewinnen: Man müßte lediglich die Anzahl der über das Mikromodell erklärten Trennungen durch die Zahl der Einwohner bzw. durch die Zahl der bestehenden Ehen dividieren, um von den nach dem Mikro-Modell erklärten einzelnen Scheidungen zu der kollektiven Variable der Scheidungsrate zu gelangen.

Es interessieren aber auch nicht die Raten allein, sondern typische Differenzen in diesen Raten. Diese Differenzen lassen sich mit dem Mikromodell und der vorgeschlagenen statistischen Aggregation einzelner Scheidungen zu Scheidungsraten noch nicht erklären. Wie könnte man weiter vorgehen? Es erscheint nun notwendig, das Mikro-Modell mit den Bedingungen in Beziehung zu setzen, die mit den Vergleichsvariablen "Zeit" und "Region" gegeben sein könnten. Denn: Niemand würde wohl annehmen, daß die rein chronologische Zeit oder der bloße geographische Ort bereits die Differenzen in den Scheidungsraten hervorbringen. Anders gesagt: Man muß den Variablen "Zeit" und "Raum" eine *soziologische* Interpretation geben. Wie könnte das geschehen?

Hier wird nun erkennbar, wie wichtig es war, ein Mikro-Modell der Ehescheidung anzugeben: Die mit "Zeit" und "Raum" unterschiedlichen Bedingungen müßten systematische Auswirkungen auf die Variablen des Mikro-Modells, Konflikte und Alternativen, haben. So wäre es denkbar, daß mit der "Zeit" die innerehelichen Konflikte im Durchschnitt ansteigen und/oder die Alternativen attraktiver und eher verfügbar werden. Aber was heißt hier "Zeit"? Diese Variable ist in Wirklichkeit ja nur ein Indikator für gesellschaftliche Veränderungen in der weiteren Situation der Ehepaare, etwa für eine zunehmende Verstädterung der Bundesrepublik (auch auf dem Lande), so daß tatsächlich die Verstädterung und nicht die "Zeit" die Anlässe für Konflikte zunehmen läßt - und darüber Auswirkungen auf die Variablen des Mikro-Modells hat.

Warum sollte das aber so sein? Die mögliche Antwort: Unter städtischen Verhältnissen gibt es mehr Möglichkeiten, seine Interessen außerhalb einer ehelichen Beziehung zu verfolgen. Und dieses führt zum Anstieg der ehelichen Streitigkeiten. Gleichzeitig bieten städtische Verhältnisse einen leichteren Zugang zu Alternativen und lassen auch ein Single-Dasein erträglicher werden als auf dem Lande - zum Beispiel wegen der geringeren sozialen Kontrolle und wegen der besseren Erwerbsmöglichkeiten für Alleinlebende.

Damit wäre die Analyse (fast) komplett: Die Ehescheidungen nehmen in der Zeit deshalb zu, weil es eine stetige Zunahme der Verstädterung gibt, die sich auf die beiden zentralen Variablen des Mikromodells ehelicher Trennungen - Konflikte und/oder Alternativen - systematisch auswirkt. Und in der Aggregation zeigt sich entsprechend eine Zunahme der Scheidungsraten im Zeitverlauf. In einer Kausalkette von mehr oder weniger belegbaren oder bereits bekannten Annahmen über die Beziehung von Differenzen sähe die Erklärungssequenz dann so aus: Zeit-Verstädterung-Konflikte-Alternativen-Trennungswahrscheinlichkeiten-Scheidungen-Scheidungsraten. Für den Stadt-Land-Vergleich kann man analog vorgehen.

Hier wurden jeweils immer mehr oder weniger ungeprüfte Annahmen eingesetzt, um die Kausalkette zu schließen. In einer "richtigen" Analyse könnte man es bei Annahmen nicht belassen, sondern müßte jede dieser Annahmen gesondert überprüfen. Das versteht sich aber eigentlich von selbst. Ganz ohne Zweifel wären auch andere Deutungen denkbar: der in der Zeit zunehmende Wertewandel oder die immer stärker ausgeprägte Spezialisierung ehelicher Beziehungen auf die romantische Liebe und die damit einhergehende Zunahme einer Gefährdung der Beziehung durch emotionale Überforderungen.[1] Zu beachten ist dabei jeweils, ob sich die Änderungen der Annahmen auf das Mikro-Modell oder auf die soziologische Interpretation der Situationsvariablen bei dem gleichen Mikro-Modell beziehen. In jedem Fall müßten alle diese Annahmen gesondert validiert werden. Am Prinzip des Vorgehens, daß zunächst ein Mikro-Modell der Scheidungs-Entscheidung von Paaren zu formulieren ist, aus dem sich Unterschiede nach den Kontextvariablen (für "Raum" und "Zeit") vorhersagen und sich zu dem kollektiven Merkmal der Scheidungsrate aggregieren lassen, ändert sich dabei nichts.

Beispiel 2:
Die Grenzen der Umweltmoral

Das zweite Beispiel: Warum haben Appelle an die Umweltmoral eine derart geringe Wirkung, daß umweltgerechtes Verhalten fast ausnahmslos nur mit staatlichen Maßnahmen durchsetzbar erscheint? Erneut handelt es sich um ein kollektives Phänomen: Es geht um das Umweltverhalten ganzer Gruppen bzw. von Gesellschaften insgesamt. Damit können wir die Frage auch so stellen: Wie ist die Resistenz eines derartigen Gruppenverhaltens gegenüber den moralischen Appellen und dem ohne Zweifel auch sehr verbreiteten schlechten Gewissen bei den Individuen zu erklären, die durch ihr Handeln das "Gruppenverhalten" bestimmen?[2]

Es geht also erneut darum, zuerst ein Mikro-Modell des Umweltverhaltens der Akteure im sozialen Kontext der Gruppe zu entwickeln. Dazu sollen zwei Arten von Annahmen gemacht werden: Annahmen über Regelmäßigkeiten und Bedingungen des Handelns der individuellen Akteure und Annahmen darüber, wie sich die Anwesenheit und das Handeln der jeweils anderen Mitglieder der Gruppe auf das Handeln jedes einzelnen der individuellen Akteure auswirkt.

---

[1] Vgl. Rosemarie Nave-Herz u.a., Scheidungsursachen im Wandel. Eine zeitgeschichtliche Analyse des Anstiegs der Ehescheidungen in der Bundesrepublik Deutschland, Bielefeld 1990, Kap. IV.

[2] Die folgende Analyse stützt sich im wesentlichen auf einen Vorschlag von Bruno S. Frey zu dem Problem. Bruno S. Frey, Ökonomie ist Sozialwissenschaft. Die Anwendung der Ökonomie auf neue Gebiete, München 1990, S. 38ff.

Die Annahme, die wir dabei über das Handeln von Personen - realistischerweise - machen wollen, klingt nicht sehr moralisch. Sie lautet: Menschen wählen die Verhaltensweise, die die günstigste Differenz zwischen irgendeinem Nutzen einer Handlung und den damit verbundenen Kosten nach sich zieht (vgl. dazu noch Abschnitt 6.2 und Kapitel 13 bis 15). Eine Konsequenz daraus wäre: Wenn umweltmoralisches Verhalten bestimmte Kosten nach sich zöge, die über dem Nutzen aus dem umweltmoralischen Handeln lägen, dann würde eben nicht umweltmoralisch gehandelt.

Über die hier bedeutsamen Aspekte von Nutzen und Kosten seien ferner die folgenden Annahmen gemacht. Erstens, daß Menschen eine intakte Umwelt generell hoch bewerten: Gesunde Luft, sauberes Wasser, schonender Umgang mit den Ressourcen der Welt dürften von *jedermann* geschätzt werden. Zweitens, daß umweltmoralisches Verhalten den Akteur *immer* etwas kostet: die unmittelbaren Kosten z.B. eines Autokatalysators oder mittelbare Kosten wie der entgangene Gewinn eines Unternehmers, der seine Produkte verteuern müßte, wenn er den Umweltappellen folgte.

Betrachten wir nun die Situation einmal von möglichen Ergebnissen her. Dabei fällt auf, daß das Gut "intakte Umwelt" eine besondere Eigenschaft hat: Wenn es zur Verfügung steht, dann haben *alle* etwas davon - auch diejenigen, die nichts zu seiner Produktion beigetragen haben. Man spricht bei solchen Gütern auch von *Kollektivgütern* - im Unterschied zu den *privaten Gütern*, deren Konsum nur demjenigen möglich ist, der sie besitzt.

Mit diesen Annahmen können wir nun die Situation der Akteure analysieren. Wir können durchspielen, welche Alternativen des Handelns denkbar sind, welche Folgen die Akteure aufgrund bestimmter Verhaltensweisen erwarten können und welche Verhaltensweisen danach eintreten werden, wenn wir das o.a. allgemeine Handlungsgesetz anwenden, wonach Menschen die Handlung wählen, bei der das Nutzen-Kosten-Verhältnis am günstigsten ist.

Die Handlungsalternativen sind einfach zu benennen: Jeder Akteur kann sich umweltgerecht oder "egoistisch", d.h. umweltschädigend verhalten. Was er aber tun wird, hängt vom Saldo der jeweils zu erwartenden Vorteile und Nachteile für jede der beiden Handlungsalternativen ab. Wir müssen nun also die Situation daraufhin durchspielen, wie es um diesen Saldo jeweils bestellt ist. Dazu betrachten wir verschiedene Konstellationen des Verhaltens der gesamten Gruppe - immer vom subjektiven Sinn, das heißt: vom Standpunkt eines einzelnen Akteurs aus gesehen.

Eine (extreme) Konstellation wäre, daß *alle* anderen Akteure sich umweltgerecht verhalten. Diese Situation (wir bezeichnen sie mit I) würde sicher auch von dem Akteur hoch bewertet: Eine saubere Umwelt ist für jedermann ein hoher Vorteil. Wir wollen nun die beiden, in dieser Situation dem einzelnen Akteur möglichen Handlungsalternativen betrachten. Zunächst die Annahme, daß sich auch der Akteur umweltmoralisch verhält, indem er selbst etwa einen Katalysator benutzt. Diese Situation sei mit dem Bewertungsrang (2) versehen. Noch vorteilhafter wäre es aber für den Akteur, daß sich alle anderen Akteure umweltgerecht verhalten, nur er selbst nicht: Er würde ja die Kosten für den Katalysator sparen, ohne daß - bei einer großen Gruppe umweltmoralisch handelnder Menschen zumal - dadurch die Umwelt merklich beeinträchtigt würde. Diese Situation wird entsprechend höher bewertet und sei daher hier mit der Präferenz (1) bezeichnet.

Eine andere (extreme) Konstellation wäre, daß sich *niemand* aus der Gruppe umweltgerecht verhält. Diese Situation (III) würde von allen sehr gering geschätzt. Den Fall, daß sich der betrachtete Akteur als einziger umweltgerecht verhält, können wir mit der (sehr niedrigen) Präferenz (6) bezeichnen. Es ist für ihn die schlechteste aller ausdenkbaren Situationen: Er bestreitet die privaten Kosten eines Katalysators, aber die Umwelt ist genauso geschädigt wie in dem Fall, in dem der Akteur auch selbst auf einen Umweltbeitrag verzichten würde - und so wenigstens nutzlose private Kosten sparen würde. Also: Es ist auch in diesem Fall für ihn privat günstiger, den Umweltappellen nicht zu folgen (Präferenz (5) für eigennütziges Verhalten in der Situation III).

Zwischen diesen beiden Extremfällen kann man sich alle möglichen Abstufungen des Gruppenverhaltens denken. Nur einen Fall wollen wir herausgreifen: Die *Hälfte* der Gruppe handelt umweltmoralisch, die andere nicht. Was geschieht nun? Zunächst wird dieser Zustand (II) sicher allgemein höher bewertet als (III), aber geringer als (I). Aber auch hier gibt es eine Versuchung, sich der Umweltmoral zu entziehen: Wieder könnte man Kosten sparen, indem man selbst nichts für die Umwelt tut (Präferenz (3)) und davon ausgeht, daß das eigene Handeln an der Beteiligungsrate (hier: 50%) so gut wie nichts ändert. Jedenfalls würde dieses Handeln - aus der Sicht des einzelnen - vorteilhafter sein als die individuelle Befolgung eines Umweltappells, die kaum etwas insgesamt ändert, aber mit Sicherheit etwas kostet. Für diese Alternative gäbe es folglich die Präferenz (4).

Man kann diese Analyse auf alle denkbaren Konstellationen von Beteiligungsraten erweitern. Zur besseren Übersicht wollen wir das Ergebnis der Überlegungen und Annahmen in einem einfachen Schema für die drei geschilderten Fälle des Gruppenverhaltens zusammenfassen (Tabelle 5.1). Die Ziffern in der Tabelle entsprechen dabei der oben entwickelten Präferenzordnung: je höher die Ziffer, umso geringer die Präferenz für diesen Zustand. Das Ergebnis ist - aus der Sicht des einzelnen Akteurs - eindeutig: *Gleichgültig* wie sich die anderen Akteure in der Gruppe verhalten - es ist für den einzelnen in *jedem* Fall günstiger, sich *nicht* umweltgerecht zu verhalten.

Es fehlt nun noch ein letzter Schritt: die Aggregation dieser individuellen Handlungsbereitschaften zu dem kollektiven Explanandum. Diese Aggregation ist hier nicht schwer: Man kann davon ausgehen, daß *jeder* einzelne Akteur unabhängig von den anderen Akteuren zu dem *gleichen* Ergebnis kommt. Und dieses Ergebnis lautete ja: Egal wie sich die anderen verhalten - es wäre *immer* von Nachteil, dem Appell zu folgen. Und das kollektive Ergebnis infolgedessen: *Alle* individuellen Akteure ignorieren die Appelle in ihrem Verhalten. Und somit: Fortdauer der Umweltzerstörung - trotz zunehmender Appelle und sogar bei zunehmendem Wertewandel hin zu immer mehr Umwelt-"Bewußtsein" bei den individuellen Akteuren wie in der Gesellschaft allgemein.

Tabelle 5.1: Bewertung des umweltmoralischen Verhaltens unter verschiedenen Bedingungen

	(I)	(II)	(III)
	Beteiligung der Gruppe		
	100%	50%	0%
Handlung des Akteurs			
moralisch	(2)	(4)	(6)
eigennützig	(1)	(3)	(5)

Bei dieser Betrachtung bleibt - mit Absicht - einstweilen außer Acht, daß es eigenständige Motive für umweltmoralisches Handeln durchaus geben kann: der Eigenwert moralischer Handlungen (in Form eines guten Gewissens zum Beispiel), die soziale Anerkennung aus einer "alternativen" sozialen Umgebung, die Absicht, ein Vorbild zu sein u.a.. In jedem Fall gilt aber, daß bei hohen individuellen Kosten - nicht nur in Geld, sondern auch in Zeit und Unbequemlichkeiten - solche Sondermotive oft nicht stark oder nicht stabil genug sind, um gegen die dauernde Versuchung, sich dem geschilderten Dilemma zu entziehen, wirksam zu sein. Dies hat - insbesondere in großen Gruppen - einen weiteren wichtigen Hintergrund: Der eigene Beitrag ist so minimal, daß die eigene Moral oder Unmoral kaum auffällt und daher keine zusätzliche motivierende Bedeutung hat. Wahrscheinlich sind deshalb die Heiligen so selten und so unsichtbar.

Beispiel 3:
Produktqualität und Nationalcharakter

Das dritte Beispiel beinhaltet einerseits eine sehr typische soziologische Variable: den kulturellen Kontext von Autofirmen. Und andererseits - als Explanandum - ein eher ökonomisch bedeutsames kollektives Resultat: die im Durchschnitt deutlich bessere Produktqualität bei japanischen Autofirmen im Vergleich zu amerikanischen Firmen. Die Frage lautet hier: Wie ist diese

Differenz bzw. diese Korrelation zwischen "kulturellem Kontext" und der Produktqualität zu erklären? Gerade bei Forschungsfragen, die sowohl soziologische als auch ökonomische Aspekte berühren, liegt es nahe, zwei typisch unterschiedliche Erklärungsperspektiven zu vergleichen. Die eine geht davon aus, daß das Handeln von Menschen durch gewisse übergreifende kulturelle *Werte* und *Orientierungen* wie Nationalcharakter, religiöse und moralische Überzeugungen und Weltbilder gesteuert sei. Dies ist die klassische soziologische Perspektive, wie sie auf Emile Durkheim zurückgeht und von Talcott Parsons zu einem großen Theoriegebäude ausgearbeitet wurde (siehe dazu noch ausführlicher Kapitel 23 und 24). Die andere Perspektive geht von den *Restriktionen* und *Anreizen* für das Handeln der Menschen aus und versucht darüber Unterschiede im Handeln (und in bestimmten Handlungsfolgen) zu erklären. Dies ist die ökonomische Perspektive. Wir wollen bei dem Beispiel einen dritten Aspekt in den Mittelpunkt stellen, der für die soziologische wie für die ökonomische Perspektive gleichermaßen wichtig wäre: die Untersuchung der Bedeutung unterschiedlicher Formen der *Institutionalisierung* von Produktionsabläufen, der Auswirkung der "Verfassung" von Autofirmen auf die inneren Abläufe; und damit: auf die äußerlich sichtbaren Unterschiede in den Produkten von ansonsten sehr ähnlich strukturierten Organisationen.

Die folgende Analyse orientiert sich an dem Ergebnis einer Inspektion des Prozesses der Produktkontrolle bei Honda durch einen Generalmanager von General Motors.[3] Danach schien der entscheidende Unterschied zwischen General Motors und Honda darin zu bestehen, daß die Art der Organisation der Qualitätskontrolle typisch unterschiedlich gestaltet war: Bei General Motors das sog. *forward policing* (FP) und bei Honda das sog. *backward policing* (BP). Was ist darunter zu verstehen?

Der "klassische" Weg der Produktkontrolle ist das FP: Der Vorgesetzte kontrolliert die Leistungen der Untergebenen von oben nach unten durch die Ausübung von Autorität und Weisungsbefugnissen - fast wie auf dem Kasernenhof oder in einer preußischen Behörde. Nachlässigkeiten auf seiten der Untergebenen werden sanktioniert - sofern der Vorgesetzte davon erfährt. Dies ist aber oft genug nicht der Fall, da es zahllose Möglichkeiten gibt, die wirkliche Sorgfalt bei der Produktion dem Vorgesetzten zu verschleiern. Da außerdem - normalerweise - die Untergebenen von einer unkontrolliert weitergegebenen Qualitätseinbuße nicht tangiert sind, bzw. von einer hohen Produktqualität kaum selbst unmittelbar etwas haben, sind die Anreize schon recht hoch, den Spielraum für Schlampigkeiten so weit wie möglich auszunutzen. Dies ist umso leichter als eventuelle Rückmeldungen über Qualitätseinbußen einen sehr langen Weg zurücklegen müssen: vom unzufriedenen Kunden zum Händler, von dort zur Reklamationsabteilung und dann erst - und keineswegs in jedem Fall - auch zur Firmenleitung. Und erst dann

---

[3] Wir folgen hier der Darstellung des Falls bei James S. Coleman, Foundations of Social Theory, Cambridge, Mass. und London 1990, S. 431f.

an die Produktionsabteilung wieder zurück. Anders gesagt: Es gibt kaum unmittelbare Anreize zu sorgfältiger Arbeit und zu einer strengen Qualitätskontrolle. Die Rückmeldungen über schlechte Produkte sind bei FP entsprechend träge, ungenau und indirekt - und damit meist ohne Wirkung.

Demgegenüber das System des BP: Jede Abteilung, die während des Produktionsprozesses ein Zwischenprodukt übernehmen soll, hat das - in der Verfassung des Unternehmens festgelegte und damit einklagbare - Recht, ein Zwischenprodukt zurückzuweisen, das den erforderlichen Standards nicht genügt. Die Kosten, die durch eine solche Zurückweisung entstehen - etwa durch Produktionsausfälle -, müssen von der jeweiligen Vorabteilung voll getragen werden. Dadurch entsteht für jede Abteilung ein unmittelbares und sehr nachhaltiges Interesse, die Qualität jeweils übernommener Einzelprodukte genau und rasch zu überprüfen und gleichzeitig selbst dafür zu sorgen, die Rate der Rückweisung so gering wie möglich zu halten, um die eventuell entstehenden Kosten für Produktionsausfälle zu minimieren. Erwähnt sei noch, daß - wohl um die Risiken für unerkannte Mängel bei Übernahme deshalb auszuschalten, weil diese Mängel ja bei der Weitergabe von der nächsten Abteilung entdeckt und die Produkte entsprechend zurückgewiesen werden könnten - die Abteilungen ihre Kontrollinspektoren an den *Anfang* des jeweiligen Produktionszyklus einsetzten (und nicht - wie bei FP üblich - erst bei der "End"-Kontrolle).

Allein durch die Festlegung einer anderen Verfassung des Produktionsablaufs wird also ein hohes unmittelbares Interesse an einer tadelsfreien Qualität bei den einzelnen Akteuren "internalisiert": Sie sind *selbst* daran interessiert, weil sie *selbst* die Risiken eventueller Schlampereien unmittelbar tragen. Und die Folge daraus insgesamt: Eine deutlich bessere Produktqualität bei insgesamt *geringerem* organisatorischen Aufwand: Es waren nicht nur die Produkte besser, auch die Rate der Kontrolleure war geringer als im Vergleich zum FP.

Und die Erklärung dafür: Die unterschiedlichen *institutionellen* Bedingungen in japanischen und amerikanischen Autofirmen veranlassen die beteiligten Akteure zu einem typisch unterschiedlichen Verhalten, das - über die Aggregation von Qualitätseigenschaften der produzierten Autos - die Differenz in der Durchschnittsqualität erzeugt.

Auch in diesem Beispiel wurde - mehr implizit - zuerst wieder ein Mikro-Modell des Verhaltens von Produktionsarbeitern angenommen: Arbeiter sind dann sorgfältiger, wenn ihnen die Folgen von Fehlern unmittelbar zugerechnet werden und wenn es für sie von Nachteil ist, Schlampereien durchgehen zu lassen. Das Gesetz des Handelns ist also wieder das, das auch bei der Ehescheidung und bei der Umweltmoral anwendbar war: Menschen handeln so, daß sie mit der gewählten Alternative besser dastehen als mit der Wahl irgendeiner anderen Alternative. Ob aber Schlampereien für sie unmittelbare und zurechenbare Nachteile haben oder nicht, ob also die Nutzen-Kosten-Rechnung zugunsten der Schlamperei ausfällt oder nicht, ist aber eine Frage der betrieblichen Situation. Das hängt von der Institutionalisierung des jeweiligen Kontroll-Systems ab.

Mit der vorgelegten Skizze sind andere Erklärungen nicht ausgeschlossen. Zwar scheint die zuvor rätselhafte Differenz zwischen USA und Japan durch die Unterschiede in der Verfassung der Autofirmen hinreichend geklärt. Es wäre aber durchaus möglich, daß es - zusätzlich - einen eigenständigen, davon unabhängig wirksamen kulturellen Faktor gibt.

Man könnte dieser Frage etwa dadurch nachgehen, daß man Firmen in den USA untersucht, die ebenfalls das BP eingerichtet haben, sowie solche in Japan, die das FP pflegen - sofern man solche überhaupt finden kann! Wenn nur die Art der Kontrollorganisation den Ausschlag gibt, dann müßten nunmehr alle Unterschiede in der Produktqualität zwischen den amerikanischen und den japanischen Firmen verschwinden. Wenn es aber weiterhin deutliche Unterschiede geben sollte, dann könnte man dies als die Wirkung eines eigenständigen kulturellen Faktors werten - sofern es möglich ist, sämtliche anderen relevanten Variablen zu kontrollieren. Dies ist aber bei Kulturvergleichen oft nicht möglich, weil es meist mehr zu kontrollierende Variablen als zum Vergleich verfügbare kulturelle Kontexte gibt.

Wir wollen an dieser Stelle auch nicht weiter darauf eingehen, ob und inwieweit dies nun eine soziologische oder eine ökonomische Erklärung ist. Wenn das Problem zufriedenstellend gelöst ist, dann ist es gleichgültig, aus welcher Disziplin die Ideen kommen.

Beispiel 4:
Darum gibt es in den Vereinigten Staaten keinen Sozialismus!

In den bisherigen Beispielen ging es immer um kollektive Sachverhalte, die relativ leicht als Aggregationen individueller Handlungen dekomponierbar waren: Raten von individuellen Ehescheidungen, der allgemeine Verzicht auf umweltgerechtes Verhalten bei individuellen Akteuren in einer Gruppe, die Einhaltung von Qualitätsstandards durch an einem Produktionsprozeß beteiligte individuelle Personen. Diese kollektiven Sachverhalte waren dann zwar immer (auch) dadurch erklärt worden, daß bestimmte soziale, strukturelle oder institutionelle Bedingungen wie Verstädterung, ein Kollektivgutproblem oder eine Firmenorganisation das Handeln der Personen beeinflußten. Diese kollektiven (Rand-)Bedingungen selbst blieben jedoch unerklärt. Sie wurden immer nur angenommen.

Immer hat aber die Soziologie beansprucht, gerade das Entstehen und Funktionieren dieser strukturellen Bedingungen ihrerseits zu erklären. Nicht nur das: Sie meint - teilweise bis heute -, daß die Erklärung von Institutionen, Strukturen und Organisationen nur mit den Mitteln der Soziologie möglich sei. Vor diesem Hintergrund ist die Frage danach, warum es in den Vereinigten Staaten keinen Sozialismus gebe, nicht nur inhaltlich ausgesprochen interessant: Parteien und soziale Bewegungen sind besonders wichtige Bestandteile des politischen Systems von Ländern ganz allgemein.

Die Analyse der Bedingungen und Mechanismen ihrer Entstehung würde ein Beispiel dafür sein, wie man soziale Strukturen und Prozesse erklären kann, die zunächst nicht als einfache Aggregationen individueller Handlungen bzw. von Folgen von Handlungen dekomponierbar zu sein scheinen.

Um das Ausbleiben der Entstehung bestimmter politischer Parteien in bestimmten Ländern erklären zu können, muß man zunächst eine Erklärung dafür haben, wie Parteien überhaupt entstehen.[4] Wir haben also wiederum ein mehrstufiges Analyseproblem: die Erklärung der Entstehung von Parteien, speziell: die Erklärung der Entstehung "sozialistischer" Parteien. Und schließlich: die Erklärung, warum diese in Europa, nicht aber in den USA entstanden sind.

Dahinter steckt aber erneut die Frage nach dem Mikro-Modell: Wie kommt es, daß Akteure eine Partei gründen und auch Zulauf dafür finden? Einen Hinweis auf das hier bedeutsame Mikro-Modell findet man im o.a. Beispiel des Umweltverhaltens: Die Gründung von Parteien - bzw. allgemeiner: von kollektiven Vereinigungen mit bestimmten Zielsetzungen und einer darauf ausgerichteten internen Organisation - kann ebenfalls als Kollektivgutproblem angesehen werden: Sie lösen für alle ihre Mitglieder Probleme, wenn es sie denn gibt. Jeder würde auch davon profitieren, wenn er selbst sich an der Gründung nicht beteiligt hätte. Und die Gründungskosten sind nicht nur hoch, sondern würden auch mit Sicherheit anfallen, wobei es in jedem Fall ein hohes Risiko eines Mißerfolgs gibt. Am Beispiel der Schwierigkeiten einer Durchsetzung von umweltmoralischem Verhalten war bereits deutlich geworden, daß die Produktion von Kollektivgütern nicht alleine damit erklärt werden kann, daß die Individuen daran ein besonderes Interesse hätten. Dies trifft sicher auch für die Gründung von Parteien zu: Jeder wartet ab, ob nicht andere sich der Mühe unterziehen, eine politische Organisation aufzubauen, von der dann auch andere profitieren. Gleichwohl *gibt* es den Sozialismus, wenngleich nicht in den Vereinigten Staaten. Wie kann man sich das erklären?

Eine - stark vereinfachende - Hypothese wäre die, daß Personen dann - entgegen allen Argumenten aus der Analyse der Probleme zur Produktion des Kollektivgutes "Umwelt" - ein Kollektivgut auch gegen alle Risiken und sicheren Kosten schaffen, wenn das Kollektivgut selbst einen außerordentlich hohen unmittelbaren Nutzen verspricht, wenn die Kosten zu seiner Produktion nicht prohibitiv hoch sind und - vor allem - wenn es *keine* denkbaren Alternativen gibt, ein als äußerst gravierend empfundenes Problem auf eine

---

[4] Wir folgen in der nachstehenden, bewußt stark vereinfachenden Skizze in etwas freierer Interpretation den Ideen von Werner Sombart. Werner Sombart, Warum gibt es in den Vereinigten Staaten keinen Sozialismus?, Tübingen 1906.

andere Weise zu lösen. Weitere Möglichkeiten der Erleichterung der Überwindung des Kollektivgutproblems sind die Existenz von besonderen individuellen Anreizen, das Bestehen von Organisationskernen aus anderen Anlässen (wie etwa bei ethnischen Gruppen), Hierarchien und Netzwerke sozialer Kontrolle u.a.[5] Es kommt an dieser Stelle nur auf die Grundstruktur der Erklärung, nicht auf alle Einzelheiten von Möglichkeiten der Schaffung von Kollektivgütern an.

Die Hypothese kann in bezug auf *sozialistische* Parteien noch spezifischer formuliert werden: Das empfundene Problem ist die gravierende Benachteiligung aufgrund der jeweiligen Position auf dem Markt. Das Ziel (und Ergebnis) einer erfolgreichen sozialistischen Partei wäre *nicht* ein *individueller* Aufstieg, sondern die *kollektive* Verbesserung der Lage der gesamten Gruppierung bestimmter Personen der gleichen Klassenlage. Also: Bei Erfolg der Partei wäre man - subjektiv - verhältnismäßig sicher, auch davon profitieren zu können. Versuche zu einer solchen kollektiven Verbesserung der Lage wären ferner umso naheliegender, je weniger aussichtsreich andere Alternativen erscheinen; insbesondere: die Möglichkeiten zu individuellem Aufstieg. Kurz: die Wahrscheinlichkeit, daß es zur Gründung einer sozialistischen Partei kommt, ist eine Funktion von mindestens diesen beiden Variablen: Intensität der kollektiven Benachteiligung und Unwahrscheinlichkeit einer individuellen Lösung des Problems.

Damit ist freilich noch keineswegs gesichert, daß es zu einer solchen Parteigründung auch tatsächlich kommt. Eine Reihe weiterer Bedingungen wären noch zu nennen: die politische Verfassung des jeweiligen Landes, die Stabilität der Benachteiligungen, organisatorische und technische Voraussetzungen u.a. Wichtig ist hier einstweilen nur die Benennung der Bedingungen, die im *Prinzip* die Gründung von kollektivistisch orientierten Parteien erleichtern oder erschweren.

Es bleibt nun noch zu prüfen, ob bzw. inwieweit diese (Rand-)Bedingungen in den Vereinigten Staaten - im Vergleich zu Europa - erfüllt waren. Einer der für unsere Frage naheliegendsten Unterschiede wird auch bei Werner Sombart, deutlicher aber noch bei Albert O. Hirschman[6] genannt: die Unterschiede in Möglichkeiten eines *individuellen* "exits" aus erlebten Benachteiligungen zwischen Europa und den Vereinigten Staaten. Dies waren am Ende des 19. Jahrhunderts in den Vereinigten Staaten die Mög-

---

[5] Vgl. dazu insbesondere Mancur Olson, Jr., Die Logik des kollektiven Handelns, Tübingen 1968 (zuerst: 1965), Kapitel II.
[6] Albert O. Hirschman, Abwanderung und Widerspruch. Reaktionen auf Leistungsabfall bei Unternehmungen, Organisationen und Staaten, Tübingen 1974 (zuerst: 1972), Kapitel 8.

lichkeiten des going west. Und gleichzeitig bzw. auch später die insgesamt höhere Durchlässigkeit des Schichtungssystems der Vereinigten Staaten - jedenfalls im Vergleich zu den immer noch sehr ständisch geprägten Verhältnissen in Europa.

Wenn man - der Einfachheit halber - davon ausgeht, daß alle anderen Bedingungen gleich seien, dann wird die von Werner Sombart gestellte Frage letztlich dadurch beantwortet, daß es zur - besonders schwierigen - Gründung von kollektivistisch orientierten Parteien keine individualistischen Auswege geben darf. Und daß der kollektive Problemdruck in Gestalt gravierender sozialer Ungleichheiten sehr hoch sein muß. Der Problemdruck erzeugt die für die Produktion von Kollektivgütern immer erforderliche stabile und starke Motivation. Und die Verschlossenheit von individualistischen Alternativen steigert die Wahrscheinlichkeit, daß es trotz des Problems der Produktion von Kollektivgütern zu einer kollektiven Anstrengung kommt. Der Problemdruck aus starker sozialer Ungleichheit mag in den Vereinigten Staaten nicht kleiner gewesen sein als in Europa. Aber es gab in den USA deutlich mehr Ventile für individuelle Lösungen der erlebten Schwierigkeiten, so daß es dort nie zu der erforderlichen Kombination von Problemdruck *und* individueller Ausweglosigkeit gekommen ist, von der her erst eine sozialistische Bewegung hätte entstehen können.

Mit dieser - in vielerlei Hinsicht sicher nicht vollständigen - Skizze mag deutlich geworden sein, wie man - im Prinzip wenigstens - auch die Entstehung von *Strukturen* einer Gesellschaft erklären kann. Und es ist auch erkennbar geworden, daß das Muster des Vorgehens in vielem dem entsprochen hat, was bei den anderen drei Beispielen auch gemacht wurde: die Rekonstruktion des kollektiven Explanandums als - schon sehr indirekte und nur in recht komplizierter Weise aggregierbare - Folge von Handlungen von Akteuren, die ihre jeweiligen Alltagsprobleme lösen wollen.

Beispiel 5:
Die Leipziger Montagsdemonstrationen

Bei dem Explanandum des fünften Beispiels einer soziologischen Fragestellung handelt es sich um wieder ein anderes kollektives Phänomen. Es geht um die Erklärung eines besonderen Verlaufs-*Musters* der Entwicklung der Teilnehmerzahlen bei den Demonstrationen. Die Teilnehmerzahlen sind zuerst relativ gering, wachsen dann immer rascher an, erreichen schließlich ein Maximum (am 6. November 1989) und fallen dann auf etwa ein Drittel dieses Maximums zurück. Diese Zahl bleibt bis zum Jahresende 1989 ziemlich konstant. Den weiteren Verlauf der Montagsdemonstrationen bis zu ihrer schließlichen Beendigung wollen wir hier nicht mehr verfolgen. Eine Schätzung des Verlaufs der Teilnehmerzahlen kann Tabelle 5.2 entnommen werden.

Tabelle 5.2: *Der Verlauf der Teilnehmerzahlen bei den Leipziger Montagsdemonstrationen im Herbst 1989* [7]

Datum	Teilnehmerzahl
25 09	6.500
02 10	20.000
09 10	70.000
16 10	110.000
23 10	225.000
30 10	350.000
06 11	450.000
13 11	175.000
20 11	150.000
27 11	200.000
04 12	150.000
11 12	125.000
18 12	150.000

Die Analysefrage lautet also: "Warum" hatten die Leipziger Montagsdemonstrationen gerade diesen Verlauf? Es handelt sich um eine ganz besondere Frage. Die Besonderheit liegt darin, daß es diesmal um die Erklärung eines *Prozesses* des kollektiven Handelns geht. Und zwar überdies um eine besonders bemerkenswerte Art von Prozeß: Er scheint - ab einer bestimmten Stufe - eine Art von Eigenleben oder *Eigendynamik* gewonnen zu haben, der sich die Beteiligten kaum noch zu entziehen wußten, der aber dann ganz plötzlich in dieser Eigendynamik verfällt.

Die allgemeinere Frage bei der Analyse dieses Beispiels lautet also: Wie kann man derartige eigendynamische und in typischer Weise strukturierte Prozesse erklären? Zu erklären ist zunächst das Zustandekommen bestimmter Teilnehmerzahlen zu den verschiedenen Zeitpunkten der Montagsdemonstrationen. Dies verweist auf eine nunmehr bereits vertraute Vorgehensweise: Es muß zunächst wieder ein Mikro-Modell der Teilnahmeentscheidung für Demonstrationen entwickelt werden.

---

[7] Nach Karl-Dieter Opp, DDR '89. Zu den Ursachen einer spontanen Revolution, in: Kölner Zeitschrift für Soziologie und Sozialpsychologie, 43, 1991, S. 303.

Wir wollen - wiederum in bewußter Vereinfachung - annehmen, daß die individuelle Teilnahme an einer Demonstration von drei Faktoren abhängig sei: erstens von einem mit der Demonstration verbundenen inhaltlichen Interesse, zweitens von der Erfolgserwartung, die sich an die Demonstration in bezug auf *dieses* Interesse knüpft und drittens von den befürchteten negativen Folgen, die sich aus einer Teilnahme ergeben könnten. Mit diesen Annahmen alleine kann man faktisch abgelaufene Demonstrationen noch nicht erklären. Man kann aber Hypothesen darüber entwickeln, welche Umstände zu einer Beeinflussung der drei Faktoren führen und somit - indirekt - die Teilnehmerzahlen bedingen.

Der Einfachheit halber wollen wir annehmen, daß die einzelnen Mitglieder der gegebenen Population - hier: die Einwohner von Leipzig und Umgebung im Herbst 1989 - über die Zeit hinweg konstante Interessen hatten. Also: Daß sich die Interessen nicht wesentlich durch den Prozeßverlauf selbst änderten. Es wäre sicher möglich, die Analyse auch unter Änderung dieser Annahme vorzunehmen, wenn es dafür Gründe gibt. Sofern es für die kompliziertere Annahme nicht-konstanter Interessen dagegen keine weiteren Hinweise gibt, sollte man zunächst immer bei der einfacheren Annahme bleiben (vgl. dazu auch noch Kapitel 7).

Weiter sei angenommen, daß sich die Population in Teilgruppen mit unterschiedlichen inhaltlichen Interessen und Teilnahmemotiven differenzierte. Ganz grob wollen wir hierfür zwei Gruppen annehmen: potentielle Teilnehmer mit unmittelbaren Interessen an einer Veränderung der DDR ohne deren Auflösung als Staat; und potentielle Teilnehmer mit auch weitergehenden Interessen, nämlich: der Ablösung des Regimes mit gleichzeitiger Änderung der Wirtschaftsordnung und einer Vereinigung mit der Bundesrepublik Deutschland.

Für die Erfolgserwartungen und die Befürchtungen negativer Folgen wollen wir eine weitere Annahme machen, die bei den individuellen Akteuren anknüpft. Wir gehen davon aus, daß sich die potentiellen Teilnehmer systematisch in dem Grade unterscheiden, in dem sie bereit sind, an einer Demonstration teilzunehmen, auch wenn der Erfolg (noch) ungewiß und das Risiko (noch) hoch ist. Diese - bei jedem Akteur im Prinzip zunächst konstante - Bereitschaft zur Teilnahme kann man sich als eine Art von Schwellenwert bei jedem potentiellen Teilnehmer vorstellen, der die Mindestanzahl von *anderen* Demonstranten bezeichnet, ab der der betreffende potentielle Teilnehmer auch selbst zu demonstrieren beginnt. Es gibt danach Personen mit sehr niedrigem Schwellenwert, also solche, die auch bei geringer Erfolgserwartung und hohem Risiko demonstrieren - die "Pioniere" einer sozialen Bewegung. Es gibt weiterhin Personen mit mittleren Schwellenwerten, die erst dann "einsteigen", wenn die Demonstrationen schon an Kraft gewonnen haben - die "Mitläufer". Und es gibt die Vorsichtigen, die - wenn überhaupt - erst dann auch selbst demonstrieren, wenn dies bereits (fast) alle andern tun. Nicht zu vergessen ist schließlich das Heer all derer, die nie an Demonstrationen teilnehmen würden, bei denen also der Schwellenwert gleich unendlich wäre. Auch davon gab es in Leipzig viele.

Wir wollen zwei weitere Annahmen machen: daß die Personen mit den unmittelbaren moralischen Motiven insgesamt die geringeren Schwellenwerte aufgewiesen haben. Und daß die Personen mit den nationalen und ökonomischen Motiven die höheren, die "konservativeren" Schwellenwerte hatten. Innerhalb jeder Gruppe gebe es jedoch eine deutliche Varianz mit einer Überlappung der Schwellenwerte der beiden Teilpopulationen, so daß es bei Mobilisierung der ersten Gruppe der Pioniere, etwa aus den Bürgerrechtsbewegungen, eine Anschlußmöglichkeit für die Mobilisierung der zweiten, der konservativeren Gruppe der national und ökonomisch gesinnten Akteure gibt.

Nun können wir den Prozeß rekonstruieren. Der Beginn ist eine Demonstration mit nur wenigen Teilnehmern. Dem Modell nach müßten dies Personen mit unmittelbarer Motivation und geringen Schwellenwerten gewesen sein: Vor dem Hintergrund der gesamten Entwicklungen im Ostblock fanden sich einige wenige, eher mit den politischen Verhältnissen unzufriedene, wertrationale Personen zu den ersten Demonstrationen zusammen. Warum sie sich zu diesem Zeitpunkt und ausgerechnet vor der Nikolaikirche trafen, wollen wir hier nicht weiter verfolgen. Die Ereignisse in Ungarn und in der CSSR sowie die Tradition der Montagsgebete in der Nikolaikirche (seit den frühen 80er Jahren) werden hier eine Auslöser- und Koordinationsrolle gespielt haben. Wahrscheinlich waren es auch sehr moralisch gesonnene Menschen, die nicht so sehr auf den Erfolg und die Risiken ihres Tuns geachtet haben.

Für die weitere Analyse wird nun die Überlegung wichtig, daß *diese* ersten kleineren Demonstrationen die Situation für die bislang passiven Akteure veränderten: Wenn die Teilnehmerzahl - viele andere Umstände, wie die stete Gefahr des Eingreifens der Staatssicherheit, erneut nicht weiter problematisierend - einen Anschluß an eine weitere Teilpopulation mit dem nächst höheren Schwellenwert erreicht, dann hat dies die Folge, daß bei der nächsten Demonstration diese Gruppe ebenfalls teilnimmt. Diese erhöhte Demonstrantenzahl überschreitet dann - unter den angenommenen Umständen - den Schwellenwert einer weiteren Gruppe, deren Teilnahme den Schwellenwert der nächsten Gruppe erreicht. Und so weiter.

Damit wäre erklärbar, daß die Teilnehmerzahl zunächst nur recht gering war, dann aber progressiv größer wurde. Diese Zunahme hat - nach dem Modell - zwei Phasen: Zunächst schöpft die erste Gruppe ihr Teilnehmerpotential in der Reihenfolge der Schwellenwerte aus. Dies gibt dann den Anschluß an die - im Durchschnitt höheren - Schwellenwerte der zweiten Gruppe. Das würde bedeuten, daß nicht nur die Teilnehmerzahl sich erhöhte, sondern auch die Struktur der Teilnehmer sich nach ihren Interessen und Schwellenwerten systematisch veränderte. Diese Implikation des Modells könnte man noch jetzt an Hand von Fernsehaufzeichnungen empirisch überprüfen: Es müßte eine Zunahme von Nationalflaggen und entsprechend beschrifteten Transparenten gegeben haben. Insgesamt fütterte damit die Teilnehmerzahl einer bestimmten Demonstration progressiv die der anschließenden. Und genau dieses war der erste Bestandteil der Verlaufsstruktur des zu untersuchenden Prozesses (bis zum 6. November 1989).

Alle diese Annahmen und Implikationen des Modells könnte und müßte man - nachträglich - empirisch überprüfen. Damit würde man aber nicht nur die gemachten Annahmen untermauern, sondern die Triftigkeit der gesamten theoretischen Argumentation überprüfen: Sollten die Anfangsteilnehmer national gesinnte, amoralische und risikoscheue Personen gewesen sein, dann wäre dies ein Falsifikator für die vorgeschlagene Erklärung. Nicht die formale und inhaltliche Plausibilität entscheidet über die Haltbarkeit der Analysen, sondern insbesondere auch die Vereinbarkeit der Implikationen mit neuen empirischen Erkenntnissen.

Warum brach der Zuwachs der Teilnehmerzahlen aber so plötzlich zusammen? Und warum stagnierten anschließend die Teilnehmerzahlen auf einem niedrigen, aber stabilen Niveau? Die erste Teilfrage ist wohl sehr leicht zu beantworten: Am 9. November wurde die Mauer durch das Versehen des Günther Schabowski überrannt, der einen Text über die Ausreiseerlaubnis als Beschluß vor laufenden Fernsehkameras vorlas, den das Politbüro erst noch beraten sollte. Mit der Öffnung der Grenzen - so können wir gemäß unserem Modell annehmen - entfiel aber für die erste Gruppe, die unmittelbar Motivierten, der Teilnahmegrund. Dies erklärt den abrupten Abfall der Teilnehmerzahlen am Montag darauf (dem 13. November 1989).

Die anschließende Stabilität auf niedrigem Niveau läßt sich mit den Annahmen nun auch gut erklären: Die Demonstration war ja schließlich von zwei verschieden motivierten Gruppen getragen worden. Für die zweite, die eher national und ökonomisch gesinnte Gruppe, begann ja jetzt erst der Prozeß selbst richtig Gestalt anzunehmen, weswegen sie - vielleicht zuerst nur insgeheim - teilgenommen hatten. Und dieses Ziel war ja mit der Öffnung der Mauer noch lange nicht erreicht[8].

---

[8] Vgl. zu einer stärker modellierenden Analyse dieses Prozesses der Leipziger Montagsdemonstrationen den Beitrag von Bernhard Prosch und Martin Abraham, Die Revolution in der DDR: Eine strukturell-individualistische Erklärungsskizze, in: Kölner Zeitschrift für Soziologie und Sozialpsychologie, 43, 1991, S. 291-301.

Wir wollen damit die Analyse der fünf Beispiele abschließen. Sicher mußten eine Reihe von kaum mehr prüfbaren Annahmen gemacht und bestimmte Vereinfachungen eingeführt werden. Es wären ohne Zweifel auch andere Annahmen und Modellierungen möglich. In einer vollständigeren Analyse wären alle diese Annahmen gesondert zu untersuchen und gegebenenfalls zu modifizieren. Mit dem Modell wird aber gleichzeitig auch der Blick auf *relevante* Daten gelenkt. Und das ist mit die wichtigste Leistung solcher Analysen: Sie machen auf empirisch prüfbare Sachverhalte *aufmerksam* und *lenken* auf diese Weise sowohl die empirische wie die weitere theoretische Analyse.

Das Problem der ungeprüften, aber notwendig zu machenden Annahmen galt - mehr oder weniger - für alle fünf Beispiele. In einer zufriedenstellenden soziologischen Analyse könnte man es dabei sicher nicht belassen. Aber dies war hier auch nicht das primäre Problem. Es sollte vielmehr das *Prinzip* demonstriert werden, auf welche Weise man in der Soziologie nicht nur Differenzen und Raten, nicht nur kollektives Handeln und Institutionen, sondern auch die Eigendynamik von - historisch durchaus *einmaligen* - Prozeßverläufen und sozialen Bewegungen soziologisch analysieren kann: indem über ein Mikro-Modell versucht wird, die Situation der Akteure deutend zu verstehen, die daraus zu erwartenden Handlungen in ihrem Ablauf und darüber dann die kollektiven Phänomene als deren aggregierte Wirkungen ursächlich zu erklären.

Kapitel 6
Die Grundstruktur soziologischer Erklärungen

Wir wollen nun zur Logik der Erklärung zurückkehren. Ganz bewußt haben wir uns bei der Analyse der fünf Beispiele an das für die Soziologie übliche Vorgehen gehalten: In einer Mischung von empirischen Beschreibungen, teilweise belegten, oft genug nicht weiter begründeten, aber auch nicht weiter prüfbaren Annahmen und mehr oder weniger ausformulierten Hypothesen über Wirkungszusammenhänge wurde das Explanandum einigermaßen verständlich gemacht. Lieferten die Analysen aber auch Erklärungen nach den Voraussetzungen der in Kapitel 4 allgemein behandelten Logik? Wir werden in diesem Kapitel auf die besonderen Probleme und notwendigen Ergänzungen eingehen, die sich für *soziologische* Erklärungen ergeben.

Um es gleich vorweg zu sagen: Obwohl die grundlegende Logik der Erklärung in *allen* Wissenschaften die gleiche ist, treten bei soziologischen Fragestellungen ganz *besondere* Probleme (aber auch: Möglichkeiten) auf, die die Naturwissenschaften so nicht kennen. Es gilt aber gleichzeitig: Obwohl es diese Besonderheiten gibt, sind Erklärungen nach allen Regeln der (objektiven wissenschaftlichen) Kunst auch in den Gesellschaftswissenschaften möglich.

Die Besonderheit liegt vor allem darin, daß die "Objekte" des Sozialwissenschaftlers selbst handlungsfähige "Subjekte" sind, die mit ihrem Handeln einen subjektiven Sinn verbinden. Mit dieser Komplikation muß man bei Molekülen, bei Planeten und bei Pflanzenpollen in der Regel nicht rechnen. Dies hat - wie Raymond Boudon betont hat - zur Folge, daß " ... die Aufgabe des Soziologen immer eine *interpretative* Dimension (beinhaltet), für die es in den Naturwissenschaften kein Äquivalent gibt."[1] Die Erklärungsmodelle der Soziologie dürfen also nicht nur die Kategorien eines externen Beobachters enthalten, sondern *müssen* von den *subjektiven* Erwartungen und Bewertungen der Akteure ausgehen.

Diese Muster der subjektiven Vorstellungen der *Akteure* nannte Alfred Schütz "Konstruktionen *erster* Ordnung". Sie sind das Ausgangsmaterial für *jede* soziologische

---

[1] Raymond Boudon, Die Logik des gesellschaftlichen Handelns. Eine Einführung in die soziologische Denk- und Arbeitsweise, Darmstadt und Neuwied 1980, S. 183; Hervorhebung im Original.

Erklärung. Um ihr deutendes Verstehen geht es in dem ersten Schritt des Weberschen Modells, an dem wir uns orientieren (vgl. dazu bereits Kapitel 1). Die erklärenden Modelle der *Sozialwissenschaftler* über den Ablauf und über die Wirkungen des sozialen Handelns bezeichnete Alfred Schütz als "Konstruktionen *zweiter* Ordnung".[2] Diese Modelle *müssen* die Konstruktionen erster Ordnung als Beschreibungen der subjektiven Situation der Akteure enthalten.

Die Frage ist dann: Zwingt die interpretative Dimension des sozialen Handelns zu einer anderen Logik der Erklärung als sonst üblich? Erzwingt der Einbezug der subjektiven Konstruktionen erster Ordnung der Akteure auch nicht-objektive Konstruktionen zweiter Ordnung? Alfred Schütz und Raymond Boudon haben, ebenso wie Max Weber, betont, daß die Subjektivität des Sozialen mit den gleichen objektiven Methoden angegangen werden kann und muß, wie sie für *alle* Wissenschaften gelten: Die erklärenden Modelle, die Konstruktionen zweiter Ordnung, *müssen* selbst rational, logisch konsistent, widerspruchsfrei und erklärungskräftig sein - auch wenn die Konstruktionen erster Ordnung der Akteure, auf denen sie beruhen, ganz und gar nicht-logisch sind. Anders gesagt: Auch höchst subjektives Wissen und ganz und gar "irrationale" Motive können objektiv und mit den Mitteln der Logik dargestellt und erklärt werden. Und das alles kann und muß ganz leidenschaftslos und systematisch geschehen. Etwas anderes kommt - so Alfred Schütz zum Beispiel ganz deutlich - gar nicht in Frage. Es klingt wie eine frühe Warnung vor der ja nicht unverbreiteten Betroffenheits-Soziologie aller Art, die unter anderem meint, daß, wenn man über Gänse soziologisch forschen wolle, man selbst ein Ganter, nein: eine Gans, sein müsse, wenn er betont:

" ... daß jede Methode, die entweder verlangt, daß der individuelle wissenschaftliche Beobachter sich mit dem beobachteten sozial Handelnden identifizieren muß, um dessen Motive zu verstehen, oder aber daß die Auswahl der beobachteten Tatsachen und ihre Interpretation auf das private Wertsystem des Beobachters verweist, nur zu einem unkontrollierbaren, privaten und subjektiven Bild in der Vorstellung eines solchen Sozialforschers führen kann. Eine solche Methode führt niemals zu einer wissenschaftlichen Theorie." (Ebd.; S. 60)

Auf diesen Überlegungen über das Verhältnis der interpretativen Dimension und der objektiven Modellierbarkeit sozialer Vorgänge beruht die folgende Konzeption des Grundmodells einer soziologischen Erklärung. Das Ziel des Kapitels besteht darin, deutlich zu machen, warum das Modell der Erklärung für soziologische Fragestellungen im Vergleich zu einfachen Kausaler-

---

[2] Alfred Schütz, Begriffs- und Theoriebildung in den Sozialwissenschaften, in: Alfred Schütz, Gesammelte Aufsätze. Band 1: Das Problem der sozialen Wirklichkeit, Den Haag 1971a, S. 68ff.

klärungen in der Tat in einer besonderen Weise *erweitert* werden muß. Es soll dabei deutlich werden, daß mit dieser Erweiterung leistungsfähige, *analytisch-nomologische* Erklärungen in der Soziologie möglich sind - gerade auch unter Anerkennung und *systematischer* Berücksichtigung der *interpretativen* Besonderheiten der Sozialwissenschaften.

6.1 Erklärungsgegenstände der Soziologie

Jedes der fünf Beipiele in Kapitel 3 und 5 enthielt ein kollektives Phänomen als Explanandum, als Erklärungsgegenstand. Schon ein erster Blick auf die fünf Beispiele zeigt aber, daß es sehr unterschiedliche Arten von kollektiven Sachverhalten zu erklären galt. Lassen sich dabei bestimmte typische Fragestellungen unterscheiden? Hier seien die Explananda der Soziologie auf *vier* groben Dimensionen unterschieden: In bezug auf die sozialen Gebilde als Einheiten der Erklärung, in bezug auf den Typ der zu erklärenden sozialen Prozesse und in bezug auf die Allgemeinheit sowie auf die Einmaligkeit des Erklärungsgegenstandes.

Soziale Gebilde

Bei der *ersten* Dimension, beim Bezug auf die *sozialen Gebilde* als Einheiten der Untersuchung, können *drei* weitere Ebenen unterschieden werden: das Verhalten von Individuen im Aggregat, das Verhalten von Individuen als Mitglied eines sozialen Kontextes und das Verhalten von sozialen Gebilden. Im ersten Fall - beim Verhalten von *Individuen* im *Aggregat* - geht es um das Verhalten einzelner, *unverbundener* Akteure. Die Akteure bilden zwar auch ein Kollektiv, dieses ist jedoch unorganisiert und hat als solches keine unmittelbare Auswirkung auf das Verhalten der Einzelpersonen. Das Explanandum besteht damit auf (einfachen) Aggregationen individueller Handlungen: Die Scheidungs-Raten (und Unterschiede darin) errechnen sich - zum Beispiel - als Addition individueller Scheidungen, bezogen auf die Gesamtzahl von Ehen in einem bestimmten Zeitraum.

Beim Verhalten von Individuen als *Mitglied* eines *sozialen Kontextes* - etwa einer Organisation, eines Betriebs, eines Landes - orientiert man sich an beobachteten *Ähnlichkeiten* des Verhaltens der Personen *innerhalb* eines solchen Kontextes und an *Unterschieden* des Verhaltens der Personen *zwischen* den Kontexten. Ein typisches Explanandum ist dann die Frage: Warum unterscheidet sich das Verhalten von - ansonsten vielleicht "gleichen" - Personen nach ihrer Kontextzugehörigkeit? Die Unterschiede in den Scheidungsraten nach Stadt und Land, in der politischen Struktur von Ländern mit oder ohne Ausweichmöglichkeiten oder im output von Betrieben mit unterschiedlichen Kontrollsystemen sind Beispiele für solche Unterschiede des Verhaltens von Individuen je nach Kontext.

Das "Verhalten" eines sozialen Gebildes selbst ist ein besonders interessantes Explanandum. Nun "handelt" ein Kollektiv. Dieses *kollektive Handeln* gilt es zu erklären. Beispielsweise: Warum hatte sich General Motors für die Verfassung des forward policing "entschieden"? Und Honda für das backward policing? Warum "verhielt" sich die Leipziger Montagsdemonstration so eigenartig? Und warum entstanden sozialistische Parteien nicht in den Vereinigten Staaten, wohl aber in Europa? Die Beispiele verweisen auf unterschiedliche Arten von solchen "handelnden" sozialen Gebilden.

Einer groben Einteilung folgend können soziale Gebilde in Aggregate, Märkte, kollektive Akteure, soziale Beziehungen, einfache Sozialsysteme, Gruppen, Organisationen, korporative Akteure und Gesellschaften unterschieden werden.

Aggregate sind bloße Mengen von Individuen mit ähnlichen Eigenschaften (wie verheiratete und geschiedene Personen), die sonst nichts miteinander zu tun haben.

Märkte sind eine besondere Form von Aggregaten, bei denen Mengen unverbundener Akteure zweiseitige und kurzfristige Beziehungen aufnehmen und darüber unkoordiniert zu einem Gleichgewicht ihres Handelns im ganzen Aggregat finden - etwa von Angebot und Nachfrage nach Gebrauchtwagen oder Ehepartnern.

Kollektive Akteure sind Aggregate, die "handeln", so "als ob" sie ein gemeinsames Ziel hätten. Das "Handeln" solcher kollektiver Akteure ist nichts als die Folge des unkoordinierten, aber gleichgerichteten Handelns der Individuen mit ähnlichen Interessen - wie bei der "Klasse" der Autofahrer, die sich ganz unorganisiert jeder Benzinpreiserhöhung widersetzt und gemeinsam, aber unkoordiniert zu den Billigtankstätten fährt.

Soziale Beziehungen sind das wechselseitig aufeinander orientierte Handeln von Akteuren - wie bei Liebesbeziehungen, bei Streit oder bei strategischen Verhandlungen.

Einfache Sozialsysteme sind zeitlich und räumlich begrenzte, persönliche Begegnungen von Akteuren (etwa auf einer Party oder in einem Zugabteil), die für eine gewisse Zeit eine soziale Beziehung aufnehmen.

Gruppen sind Kollektive von Akteuren mit partiell gemeinsamen Interessen und Orientierungen, mit gelegentlichen Kontakten untereinander, ohne eine formelle Mitgliedschaft und ohne eine formelle Regelung des Handelns in der Gruppe.

Organisationen sind Kollektive mit formell geregelter Mitgliedschaft, einem vorgegebenen gemeinsamen Ziel und einer das Handeln der Mitglieder verbindlich regelnden Verfassung sowie mit einem eigenen "Erzwingungsstab" zur Durchsetzung dieser Regeln. Behörden, Betriebe und Vereine gehören dazu.

Korporative Akteure sind "juristische Personen" bzw. "Körperschaften". Es sind also Organisationen mit einem eigenen Steuerungszentrum und einem Sprecher, der die Interessen des korporativen Akteurs "vertritt". Diese Interessen sind letztlich aus den kollektiven Entscheidungen der Akteure abgeleitet, die den korporativen Akteur durch die Zusammenlegung von Ressourcen und durch die Festlegung einer Satzung ins Leben gerufen haben. Universitäten mit Rektor und Kanzler wären ein Beispiel dafür, ebenso wie die katholische Kirche mit ihrem Stellvertreter (auf Erden).

Eine *Gesellschaft* ist schließlich das alle diese sozialen Gebilde noch einmal umfassende, selbstgenügsame soziale System, das den weitesten wirksamen Kontext für das "Handeln" der von ihr umschlossenen sozialen Gebilde abgibt (vgl. dazu noch Teil F ausführlich).

Soziale Prozesse

Auf der *zweiten* Dimension geht es um den *Typus* eines *sozialen Prozesses*, der erklärt werden soll. Auch hier kann man *drei* Aspekte unterscheiden: Es geht um die Frage nach der *Entstehung*, nach der *Reproduktion* - der "Existenz" - und nach den Umständen des *Wandels* eines bestimmten Verhaltens - von individuellen Akteuren wie von sozialen Gebilden.

Die Frage nach der Entstehung kollektiver Phänomene wurde bei den genannten Beispielen am deutlichsten in bezug auf den Sozialismus in den Vereinigten Staaten. Die der Reproduktion sozialer Prozesse war das Thema der Analyse des von aller Moral unangefochtenen umweltschädlichen Handelns oder des Vergleichs von General Motors und Honda, der ja danach fragte, warum beide Firmen den geschilderten Unterschied im output dauerhaft aufwiesen. Und nach Wandel wurde bei dem Trend der Ehescheidungen und bei dem Verlauf der Montagsdemonstrationen gefragt.

Wenn man genauer hinsieht, fällt auf, daß jedesmal bei der Frage nach der Entstehung, der Reproduktion und des Wandels nach einem *Prozeß* gefragt wird. Prozesse sind *Sequenzen* des Ablaufs und der Wirkungen des sozialen Handelns. Bezogen auf die drei Fragen der Entstehung, der Reproduktion und des Wandels ergeben sich Sequenzen der *Genese* eines sozialen Gebildes als Kette aufeinanderfolgender Schritte der Entstehung, der *Existenz* des Gebildes als Sequenz der Reproduktion und Sequenzen von *Änderungen* als der Prozeß eines Wandels des Gebildes - sei es als eine Sequenz des Zerfalls, der Zuspitzung, der internen Umstrukturierung oder der Evolution. Anders gesagt: Soziologische Erklärungen sind - immer! - letztlich Prozeß-Erklärungen, auch dann, wenn die sozialen Gebilde ganz kompakt und unverrückbar erscheinen (vgl. dazu noch Abschnitt 6.3).

Allgemeine Regelmäßigkeiten

Ereignisse und Prozesse können sich wiederholen oder ganz einmalig vorkommen. Wiederholt vorkommende Ereignisse und Prozesse seien als *allgemeine Regelmäßigkeiten* bezeichnet. Bei solchen allgemeinen Regelmäßigkeiten sei einmal nach *inhaltlichen* Gleichförmigkeiten bei sozialen Erscheinungen und Prozessen gefragt.

Also: Warum sind allgemein die Scheidungsraten in Städten höher als auf dem Lande? Warum ist die Produktqualität bei backward policing allgemein höher als bei forward policing? Warum entwickeln sich soziale Bewegungen allgemein in einem exponentiellen Zuwachs und mit einem abrupten Zerfall?

Die zweite, soziologisch eher noch wichtigere, Gruppe allgemeiner Sachverhalte sind solche, die sich bei *formal* ähnlichen Konstellationen unter ganz verschiedenen inhaltlichen Verkleidungen und zu sehr unterschiedlichen historischen Situationen einstellen.

So tritt das Phänomen der Unwirksamkeit moralischer Appelle nicht nur beim Umweltverhalten, sondern auch bei Anti-Doping-Appellen beim Sport, bei der Einhaltung von Preiskartellen, bei Streikbrechern und - ganz allgemein - bei der Einhaltung von Normen überhaupt auf. Jedesmal ist es formal der gleiche Sachverhalt: Niemand außer einigen wenigen Heiligen oder Verrückten ist daran interessiert, ein Kollektivgut - saubere Umwelt, sauberen, aber wenig rekordverdächtigen Sport, ein Preiskartell, einen Streik - alleine und ausschließlich auf eigene Kosten zu schaffen. Und daher wird es, falls nicht ein Wunder geschieht, oft genug auch nicht produziert.

Solche Fälle einer formalen Gemeinsamkeit bei inhaltlich ganz unterschiedlichen sozialen Phänomenen hatte Georg Simmel im Auge, als er das Konzept der formalen Soziologie zu begründen versuchte. In diesem Punkt unterscheidet sich die Soziologie in erster Linie von der Geschichte, die ja die Spezialdisziplin der historisch einmaligen Ereignisse ist.

Eine besonders bedeutsame dritte Klasse von allgemeinen Regelmäßigkeiten sind schließlich bestimmte systematische *Zusammenhänge* bzw. *Differenzen*. Die Erklärung von systematischen Zusammenhängen bzw. Differenzen kann für alle oben beschriebenen Einzel-Explananda gesucht werden: für das Verhalten von Aggregaten einzelner Personen, für Unterschiede zwischen Kontexten, für das Verhalten von sozialen Gebilden sowie für Unterschiede in Prozessen der Entstehung, der Reproduktion und des Wandels. Sie bezieht sich auf temporale oder auf strukturelle Zusammenhänge bzw. Differenzen.

Bei den *temporalen* Zusammenhängen und Differenzen geht es um "diachrone" Unterschiede, etwa um die Erklärung von bestimmten Trends (z.B. die Zunahme der Scheidungsraten) oder von typischen Verlaufsmustern (z.B. der Leipziger Montagsdemonstrationen) in Ko-Variation mit der Zeit. Bei den *strukturellen* Zusammenhängen und Differenzen geht es um Unterschiede "synchroner" Art, wie z.B. die Stadt-Land-Unterschiede der Scheidungsraten, die Unterschiede in der Produktqualität bei General Motors und bei Honda, die Unterschiede zwischen Europa und den Vereinigten Staaten in Hinsicht auf den Sozialismus. Sozial-demographische, internationale und interkulturelle Vergleiche fragen nach den strukturellen Unterschieden, historische Vergleiche nach den temporalen Zusammenhängen und Differenzen. Selbstverständlich können beide Fragen auch kombiniert behandelt werden.

Die Erklärung von Zusammenhängen und Differenzen ist ein Spezialfall der Erklärung, den wir in Abschnitt 4.2 bereits kennengelernt haben: die Erklärung von Theorien. So erklärt beispielsweise die Relativitätstheorie die Zusammenhänge der klassischen Mechanik als einen Spezialfall unter ganz bestimmten Randbedingungen. Und die Gravitationstheorie erklärt die Zusammenhänge und Differenzen zwischen dem freien Fall, der Bahn von Planeten und den ballistischen Kurven von Geschossen in einem integrierenden Modell. Solche Erklärungen von Zusammenhängen bzw. von Theorien und Gesetzen werden auch als *Tiefenerklärungen* oder als *Reduktion* bezeichnet. Sie sind eine der wichtigsten und der interessantesten Aufgaben jeder wissenschaftlichen Arbeit, nicht zuletzt weil man danach auch weiß, *warum* gelegentlich bestimmte *Ausnahmen* eines als allgemein angenommenen Zusammenhangs vorkommen - wie sie in der Soziologie ja nur allzu häufig sind (siehe dazu noch unten zur Erklärung von Anomalien).

An dieser Stelle wollen wir noch auf eine weitere wichtige Art von erklärungsbedürftigen Zusammenhängen und Differenzen hinweisen: Die *Korrelation* zwischen *Variablen*, wie sie in den Analysen der empirischen (quantitativen) Sozialforschung oft als *Kausalmodell* beschrieben werden. Manchmal glaubt man, solche statistischen Zusammenhänge und Kausalkoeffizienten könnten auch schon selbst eine theoretische Erklärung darstellen. Man sieht an den o.a. Beispielen und deren Analyse sehr deutlich, daß solche statistischen Korrelationen die eigentliche Erklärung nicht sein können, sondern *selbst* ein *Explanandum* darstellen, auf das eine theoretische Erklärung noch wartet.

Am Beispiel der Ehescheidungen wird dies leicht erkennbar: Nicht die Zeit (als unabhängige Variable) erklärt ja die Scheidungsraten (als die abhängige Variable). Die theoretische Erklärung mußte auf andere Argumente als die bloße Zeitreihenkorrelation zurückgreifen und die Variable "Zeit" erst einmal soziologisch interpretieren. Die soziologische Interpretation der "Zeit" bestand im Beispiel u.a. aus der Annahme, daß sich mit der Zeit der Grad der Verstädterung geändert habe und daß dies wiederum Auswirkungen auf eheliche Konflikte und auf die Verfügbarkeit von Alternativen gehabt habe. Dies sind allesamt aber *theoretische* Argumente, bei denen nicht die Variablen, sondern das - über die Situation vermittelte - soziale Handeln den Kern aller Abläufe bildet. Bei alledem wird die Statistik und werden Korrelationen, Pfadmodelle und dergleichen dringend benötigt: zur korrekten Beschreibung des Explanandums und der jeweiligen, soziologisch bedeutsamen Randbedingungen in der Situation - nicht aber für die eigentliche theoretische Erklärung. Anders gesagt: Eine *statistisch* erklärte Varianz bedeutet in *keiner* Weise bereits die *theoretische* Erklärung des Phänomens. Sie ist ein Explanandum.

Singuläre Ereignisse

Einmalige Ereignisse mit fixierten Raum-Zeit-Koordinaten werden auch als *singuläre Ereignisse* bezeichnet. Historische Einmaligkeiten gehören dazu. Also: Warum war die Scheidungsrate nach dem *Zweiten Weltkrieg* so hoch und sank erst einmal ab? Warum gibt es in den *Vereinigten Staaten* keine sozialistische Partei? Warum stoppte die *Leipziger* Demonstration ihren Zuwachs ausgerechnet nach dem *9. November 1989*?

Anders als viele Soziologen (und Historiker) glauben, sind solche historischen Einmaligkeiten auch soziologisch höchst interessante und wichtige Phänomene. Bei der soziologischen Erklärung eines singulären Ereignisses geht es aber - paradoxerweise - immer auch um eine *allgemeine* Erklärung genau *dieses* Unikats.

Was die Paradoxie der allgemeinen Erklärung eines einmaligen Ereignisses besagt, ist leicht erklärt. Zunächst einmal sind alle diese einmaligen Vorgänge von allgemeinen Zusammenhängen nur so durchsetzt: Kriege erzeugen immer Trennungen von Ehepartnern und damit Spannungen zwischen ihnen, wenn sie sich im Alltag wieder treffen. Immer wird es auch Probleme bei der Gründung kollektiver Verbände geben, wenn den Akteuren andere Möglichkeiten zur Verfügung stehen. Und auch die Leipziger Montagsdemonstration weist einige allgemeinere Eigenschaften auf: Die explosionsartige Zunahme der Teilnehmerzahl bis zur Öffnung der Mauer am 9. November erinnert stark an andere, oft zu beobachtende Prozesse, wie die Verbreitung eines Gerüchtes, eines Grippevirus oder einer Modetorheit (vgl. dazu noch Kapitel 7). Und immer werden Demonstranten ihr Tun einstellen, wenn sie glauben, ihre Ziele erreicht zu haben (wie die Bürgerrechtler nach dem 9. November 1989).

"Allgemein" bedeutet für den Begriff der allgemeinen soziologischen Erklärung eines einmaligen Vorgangs aber noch etwas anderes. Nämlich: Daß der allgemeine nomologische Kern aller dieser Vorgänge in den *allgemein* geltenden *Gesetzen* der Selektion des *Handelns* in *speziellen* Situationen liege. Daß die Situationen historisch variieren und grundsätzlich immer "einmalig" sind, kann nicht bestritten werden. Die Frage bleibt dann: Sind die Regeln der Selektion des Handelns wirklich "ahistorisch" und allgemein - oder variieren auch diese Regeln mit den historischen Situationen? (vgl. dazu noch Abschnitt 6.2 und 6.3 sowie Teil D).

Eine besonders wichtige und interessante Art von zu erklärender Einmaligkeit sei abschließend noch erwähnt: die sog. *Anomalien*. Anomalien sind Ausnahmen von ansonsten gut funktionierenden und plausiblen "allgemeinen" Erklärungen. Manchmal sind solche Anomalien singuläre Ausnahmen, oft aber auch wiederkehrende Widerlegungen einer ansonsten bewährten Hypothese. "Unerwartet" sind diese Abweichungen nur in bezug auf *bisher* bekannte und bewährte theoretische Erklärungen. Anomalien sind deshalb besonders reizvolle Rätsel. Mit ihrer Erklärung wird die Anomalie in den Fundus der theoretischen Erwartungen übernommen: Das Rätsel ist gelöst und die Theorie kann weiter bestehen - oder müßte durch eine komplett neue Theorie ersetzt werden.

Beispielsweise: Die herkömmliche Theorie sozialer Gruppen geht davon aus, daß bei hohem Interesse - etwa an einer intakten Umwelt - auch ein entsprechendes kollektives Handeln der Betroffenen erfolge. Damit ist aber die Unwirksamkeit umweltmoralischer Appelle nicht zu erklären. Oder: Aus einer Zeitreihenanalyse der Scheidungsraten ergibt sich ein stetiger Zuwachs der Scheidungsraten. Damit ist jedoch nicht zu erklären, warum es um 1977 jene erratische Schwankung des Trends gab. Und aus einem einfachen Diffusionsmodell läßt sich zwar der Anstieg der Leipziger Montagsdemonstration erklären, nicht aber der drastische Abfall von einer Woche auf die andere und der Rückgang auf ein Drittel der maximalen Teilnehmerzahl. Aus der Logik des Kollektivgutproblems löst sich aber die Anomalie der herkömmlichen Gruppentheorie auf, aus der Kenntnis der Scheidungsreform die der Trendunterbrechung von 1977 und aus "Schabowski" das Rätsel bei der Leipziger Montagsdemonstration.

In gewissem Sinne geht es bei solchen Anomalien um unerklärliche, und damit: nicht-logische, Handlungen bzw. um nicht-logische kollektive Folgen derselben. Solche theoretisch paradoxen Sachverhalte sind für die Soziologie immer von besonderem Interesse gewesen. Wir hatten in Kapitel 2 sogar empfohlen, sich um sie besonders zu kümmern, weil gerade hier ein besonderer Bedarf nach Erklärung besteht - und weil der gesunde Menschenverstand des Alltagsakteurs (und des Fachkollegen) die Lösung eben nicht ohnehin bereits kennt. Interessant ist dabei vor allem, daß mit der Erklärung einer Anomalie ein zuvor überaus nicht-logisch erscheinender Vorgang nunmehr ganz "logisch" geworden ist. Erst Erklärungen bringen Licht in die black box der Gesellschaft. Damit kann man die Menschen noch am ehesten von der Leistungsfähigkeit eines Faches überzeugen. Es fehlt dann nur eine Kleinigkeit: Wie fabriziert man solche fabelhaften Erklärungen sozialer Prozesse?

6.2 Das Grundmodell der soziologischen Erklärung

Welcher Art die Explananda sind, hat für das konkrete Vorgehen eine große Bedeutung, ist aber für die grundsätzliche Struktur soziologischer Erklärungen nicht weiter wichtig. Um diese *Grundstruktur* des *Explanans* einer soziologischen Erklärung geht es im folgenden Abschnitt. Diese Grundstruktur besteht aus drei typischen, aneinander anschließenden "Logiken". Sie bilden zusammen das elementare *Grundmodell* jeder soziologischen Erklärung.

Das Grundmodell der soziologischen Erklärung soll in zwei Schritten entwickelt werden. Zunächst gehen wir - in Anlehnung an die fünf Beispiele - von dem jeweiligen Explanandum aus und untersuchen "rückwärts", über welche Einzelheiten das Explanandum erklärt wurde. Anschließend wird das erkennbare Vorgehen zu dem Grundmodell zusammengefaßt und systematisiert.

Geht man von dem allgemeinen Schema der Erklärung aus (vgl. Abschnitt 4.1), so würde man für die Analyse der genannten soziologischen Explananda die Angabe von Gesetzen und von entsprechenden Randbedingungen erwarten. Faßt man die Vorgehensweise in den fünf Beispielen in der denkbar kompaktesten Weise zusammen, dann besteht die soziologische Analyse aber jedesmal aus *drei* verschiedenen Schritten, wobei es ein allgemeines Gesetz nur bei *einem* dieser drei Schritte gibt.

Die Rekonstruktion der kollektiven Wirkungen

Das Explanandum mußte in den Beispielen erstens immer als eine aggregierte *Wirkung* des Handelns von Akteuren rekonstruiert werden.

Die Scheidungsraten ergaben sich als eine Aggregation einzelner Scheidungen. Um genau zu sein, muß ergänzt werden, daß schon die einzelnen Ehen und deren Scheidung eigentlich ein aggregiertes, kollektives Ereignis darstellen: Es ist die Folge des aufeinander bezogenen Handelns von zwei individuellen Akteuren, die das soziale Gebilde Ehe durch ihr individuelles Handeln tragen. Anders gesagt: Schon der Bestand und der Zerfall einer Ehe ist jeweils ein kollektives Phänomen, das eigentlich noch weiter zu dekomponieren wäre, was wir hier aber der Einfacheit halber unterlassen haben (vgl. dazu noch Abschnitt 6.3). Die Qualität des outputs von Autofirmen war ebenfalls eine aggregierte Folge der Sorgfalt der an der Produktion beteiligten Akteure. Ebenso erschien der Sozialismus als Folge kollektiver Anstrengungen. Und der Verlauf von Demonstrationen war die aggregierte Folge der Teilnahme von zunächst nur wenigen Personen und der dadurch ausgelösten Situationsveränderungen für andere Personen.

Die Entwicklung des Mikromodells

Damit wurde zweitens die Aufmerksamkeit auf einen zunächst kaum bedeutsam erscheinenden Aspekt gelenkt: daß die Analyse der zu untersuchenden kollektiven Phänomene letztlich auf die Erklärung der Selektion eines *Handelns* durch *Akteure* verweist. Nicht zufällig wurde es für die fünf Beispiele jedesmal erforderlich, ein Mikro-Modell für die Wahl der jeweils bedeutsamen Handlungen zu entwickeln. In den Beispielen lief dies jedes Mal darauf hinaus, eine Erklärung dafür zu suchen, unter welchen Bedingungen die Akteure die eine oder die andere der jeweils bedeutsamen Handlungsalternativen wählten.

Also: Wann lassen sich Personen ganz allgemein scheiden? Wann verhält man sich überhaupt umweltgerecht? Unter welchen allgemeineren Bedingungen ist man in bezug auf die Produktqualität nachlässiger oder nicht? Was muß geschehen, damit Akteure eine kollektive Anstrengung zur Beseitigung empfundener Benachteiligungen anstreben? Was veranlaßt Menschen, an Demonstrationen teilzunehmen oder es (wieder) bleiben zu lassen?

Die Benennung der Randbedingungen

Mit der Rekonstruktion des Mikro-Modells war die Analyse aber noch nicht vollständig. Das Mikro-Modell benannte ja immer nur die für das Explanandum bedeutsamen Handlungsalternativen und das allgemeine Gesetz für die Wahl der jeweiligen Alternativen. Mit einem Gesetz allein kann man aber nicht erklären. Technisch ausgedrückt: Es fehlten die Randbedingungen für die im Mikro-Modell genannten Gesetze (der Trennung, des Umweltverhaltens usw.), aus denen sich erst der Ablauf des Handelns ableiten ließ. Das hieß: Man mußte drittens angeben, in welchen typischen *Situationen* sich die Akteure in bezug auf die jeweils gestellte Frage, auf das damit verbundene Mikromodell und auf das darin relevante soziale Handeln befanden. Anders gesagt: Es war immer genau zu rekonstruieren, wie sich die Situation für die Akteure typischerweise in bezug auf die im Mikro-Modell genannten Alternativen darstellte.

Also: Welche typisch unterschiedlichen Probleme und Optionen haben Ehepaare in Städten im Vergleich zu ländlichen Verhältnissen? Welche Folgen sind für einen Akteur zu erwarten, wenn sich niemand, etwa 50% oder alle anderen umweltgerecht verhalten? Welche nachhaltigen Anreize für Qualitätsbewußtsein hätte typischerweise ein Akteur bei backward policing im Vergleich zu forward policing? Was bedeutet die Alternative des going west für die Wahrscheinlichkeit, daß Akteure eine sozialistische Bewegung begründen? Wie verändert eine schon begonnene Demonstration für eigentlich recht reservierte und vorsichtige Menschen die Situation in Hinsicht darauf, sich selbst an ihr zu beteiligen?

Die drei Schritte einer soziologischen Erklärung

In der Rekonstruktion des Vorgehens sind wir gewissermaßen vom Explanandum aus "rückwärts" zu den Randbedingungen, zur Situation, gekommen. Wir wollen die Einzelschritte nun noch einmal, aber in umgekehrter Reihenfolge zusammenfassen und über griffige Kennzeichnungen etwas deutlicher systematisieren. Zunächst fällt auf, daß alle vier Elemente und alle drei Schritte des in Abbildung 1.1 (S. 6) dargestellten Modells der erklärend-verstehenden Soziologie nach Max Weber exakt wieder vorkommen: soziale Situation, Akteur, soziales Handeln und die Wirkungen des sozialen Handelns. In Anlehnung an die drei Elemente des deutenden

Verstehens, des ursächlichen Erklärens des Ablaufs und des ursächlichen Erklärens der Wirkungen des sozialen Handelns läßt sich eine soziologische Erklärung in ihrer Kernstruktur entsprechend in *drei* typisch unterschiedliche Schritte von den Randbedingungen bis zum Explanandum zusammenfassen.

Der 1. Schritt:
Die Logik der Situation

Es geht im *ersten* Schritt der Erklärung, ausgehend von den Randbedingungen, um die *Rekonstruktion* der *sozialen Situation*, der sich die *Akteure* ausgesetzt sehen. Wir wollen die besondere Art der Beziehung zwischen Situation und Akteur die *Logik der Situation* nennen.

Mit der Logik der Situation wird eine Verbindung zwischen der Makro-Ebene der jeweiligen *speziellen* sozialen Situation und der Mikro-Ebene der Akteure hergestellt. Es ist die "vertiefende" *Makro-Mikro*-Verbindung der gesamten Erklärung. In der Logik der Situation ist festgelegt, welche *Bedingungen* in der Situation gegeben sind und welche *Alternativen* die Akteure haben. Die Logik der Situation verknüpft die *Erwartungen* und die *Bewertungen* des Akteurs mit den Alternativen und den Bedingungen in der Situation. Diese Verbindung zwischen sozialer Situation und Akteur erfolgt bei der jeweiligen Erklärung über *Beschreibungen*, über die sog. *Brückenhypothesen*.

Die Brückenhypothesen beschreiben damit - mehr oder weniger typisiert oder genau - die Konstruktionen *erster* Ordnung der Akteure: die subjektiven Modelle und Vorstellungen über ihre Situation. Faktisch verbinden sich Akteure und Situationen aber über Prozesse des Lernens, der Wahrnehmung, der Orientierung, der Sozialisation, der sozialen Kontrolle und der "Definition" der Situation. Bei einer soziologischen Erklärung interessieren die Mechanismen der Entstehung der Konstruktionen erster Ordnung zunächst nicht unbedingt, wenn das Explanandum ein anderes ist. Jederzeit können aber auch die Konstitution der Situation und die der Konstruktionen erster Ordnung, die Entstehung der Erwartungen und der Bewertungen der Akteure also, selbst zum Gegenstand der Erklärung gemacht werden (vgl. dazu noch Abschnitt 6.3 sowie Kapitel 7 und 15).

Der 2. Schritt:
Die Logik der Selektion

Im *zweiten* Schritt wird dann das individuelle Handeln *erklärt*. Es geht hier um die *allgemeinen* nomologischen *Gesetze*, nach denen die *Akteure* eine der *Alternativen* unter den gegebenen *Bedingungen* selegieren. Die damit zusammenhängenden Fragen nach einer geeigneten Theorie der Selektion des Handelns wollen wir als das Problem der *Logik der Selektion* bezeichnen.

Die Logik der Selektion verbindet zwei Elemente auf der *Mikro*-Ebene: die Akteure und das soziale Handeln. Es ist die *Mikro-Mikro*-Verbindung zwischen den Eigenschaften der Akteure in der Situation und der Selektion einer *bestimmten* Alternative. Hierzu wird eine allgemeine *Handlungstheorie* benötigt, die es zuläßt, die wichtigen Merkmale der Situation aufzunehmen. Naheliegend ist daher eine Handlungstheorie, die in ihrem Ursachenteil die durch die Situation geprägten *Erwartungen* und *Bewertungen* der Akteure und in dem Folgenteil die verschiedenen, ihnen zur Wahl stehenden, *Alternativen* enthält. In der Logik der Selektion wird somit die methodisch erforderliche *allgemeine* und *kausale* funktionale Beziehung zwischen den situational geprägten Erwartungen und Bewertungen beim Akteur und dem Handeln hergestellt. Sie ist der *analytisch-nomologische Kern* des gesamten Modells. Nur *mit* diesem Kern wird das Ganze eine richtige "Erklärung".

Auf die in der Logik der Selektion einsetzbaren Handlungstheorien kann hier nicht sehr ausführlich eingegangen werden. In der Soziologie streitet man sich gerade auch darüber, welche Handlungstheorie überhaupt in Frage kommt. Wir gehen von den methodischen und den logischen Erfordernissen einer angemessenen Erklärung aus. Danach benötigt ein "Gesetz" des Handelns einen Ursachenteil, einen Folgenteil und eine präzise funktionale bzw. kausale Verbindung zwischen Ursachen- und Folgenteil etwa in Form einer "wenn ... , dann ... "-Aussage. Außerdem muß das Gesetz allgemein sein (vgl. dazu bereits Abschnitt 4.1, S. 40f). Vor dem Hintergrund der Bedingungen der Formulierung von Brückenhypothesen muß die Handlungstheorie systematisch auf Erwartungen und auf Bewertungen der Akteure bezogen sein und eine Beschreibung der Situation über diese beiden Variablen zulassen. Und es soll eine Handlungstheorie sein, die die interpretative Dimension aller sozialen Vorgänge berücksichtigt, etwa indem sie das subjektive Wissen und die subjektiven Werte der Akteure in ihren Ursachenteil - wenigstens im Prinzip - aufnehmen kann.

Eine einfache Handlungstheorie, die alle diese Bedingungen erfüllt, also allgemein ist, sowohl subjektive Erwartungen als auch Bewertungen enthält und eine präzise Selektionsregel angibt, ist die sog. Wert-Erwartungstheorie. Sie geht - etwas vereinfacht gesagt - davon aus, daß ein Akteur genau die Alternative wählt, bei der die sog. Nutzenerwartung maximiert wird. Die Nutzenerwartung ist das Produkt des Wertes U bestimmter Folgen des Handelns mit der Erwartung p, daß diese Konsequenz mit dem Handeln auch eintritt; also: $p \cdot U$. Gewählt wird danach immer die Handlung mit der im Vergleich höchsten Nutzenerwartung.

Es sei zwischen der Handlung i und der Handlung j zu wählen. U sei ein Nutzenbetrag, der durch das Handeln in einer Situation zu erreichen sei. Dieser Nutzen kann auch negativ sein; dann wird von den Kosten C einer Handlung gesprochen. Wir gehen hier bei der Darstellung des Grundprinzips der Handlungstheorie einfacherweise davon aus, daß es nur Nutzen als Folge des Handelns gebe, der auch noch für beide Alternativen gleich sei. Es werden also hier nur die Erwartungen variiert und die Bewertungen konstant gehalten. Das komplette Modell dieser Handlungstheorie erlaubt es, alle die verschiedenen Komponenten variieren zu lassen (vgl. dazu noch das Beispiel in Abschnitt 7.2). Das Grundprinzip bleibt aber immer gleich.

Es sei dann (in einem stark vereinfachenden Fall) pi die Erwartung, den Nutzen U mit der Handlung i zu erreichen, und pj sei die Erwartung, mit der Handlung j den Nutzen U zu verwirklichen. Die Erwartungen werden in Wahrscheinlichkeitsschätzungen $0 < p < 1$ und die Bewertungen in Maßen der Nutzen- bzw. Kosteneinheiten U bzw. C gemessen. Dann ist pi·U die Nutzenerwartung der Handlung i und pj·U die Nutzenerwartung der Handlung j. Ist nun pi·U größer als pj·U, dann wählt der Akteur die Alternative i. Dieses Gesetz gelte im Prinzip für alle Akteure in allen Situationen. Es lautet demnach: Für alle menschlichen Akteure gilt: Wenn zwei Alternativen i und j zur Wahl anstehen, dann wählt der Akteur die Alternative mit der jeweils höheren Nutzenerwartung.

Die Erwartungen und die Bewertungen bzw. das Produkt p·U bilden den Ursachenteil des Gesetzes für die Selektion des Handelns, das selegierte Handeln ist der Folgenteil des Gesetzes, und die Maximierung der Nutzenerwartung stellt die Selektionsregel dar: die funktionale bzw. kausale Verbindung zwischen Ursache und Folge. Dies ist ohne Zweifel eine sehr präzise und daher auch sehr fallible Regel. Die konkreten Beträge der Erwartungen (zwischen $0 < p < 1$) und die der Bewertungen (in den Maßen der Nutzeneinheiten U bzw. C) sind die Randbedingungen des Gesetzes des Handelns. Sie werden über die Brückenhypothesen mit den situationalen Variablen der Bedingungen in der Situation verbunden.

Die Randbedingungen der Logik der Selektion sind in der Fassung der vorgeschlagenen Handlungstheorie also unterschiedlich "nah" am Akteur: Es sind die externen objektiven Bedingungen der Situation einerseits und die dem Akteur internen subjektiven Erwartungen und Bewertungen andererseits, die auf die Selektion des Handelns Einfluß haben. Erst diese akteursnahen Variablen der Erwartungen und der Bewertungen steuern aber die Selektion des Handelns: Nicht die Konventionalregel des Grußes nimmt ja den Hut vom Kopf, sondern immer nur ein Akteur, der dafür seine Gründe hat. Die externen Bedingungen der Situation werden über die Brückenhypothesen mit den internen Erwartungen und Bewertungen der Akteure verbunden. Sie wirken sich daher indirekt, aber immer auch systematisch aus. Mit dieser Differenzierung kann berücksichtigt werden, daß - manchmal - die subjektive "Definition" einer Situation von deren objektiven Bedingungen abweicht (vgl. dazu u.a. noch Kapitel 7).

Der 3. Schritt:
Die Logik der Aggregation

Die aggregierende *Transformation* der individuellen Effekte des *Handelns* der Akteure zu dem jeweiligen *kollektiven Explanandum* ist der *dritte* Schritt. Wir wollen ihn als die *Logik der Aggregation* bezeichnen.

Mit der Logik der Aggregation wird die *Mikro-Makro*-Verbindung des Modells zurück auf die Ebene der kollektiven Phänomene hergestellt. Erst über die Aggregation bzw. über die Transformation kommt es zur Verknüpfung zwischen den individuellen Handlungen und den kollektiven Folgen - dem eigentlich interessierenden soziologischen Explanandum. Diese aggregierenden Verknüpfungen der Mikro- mit der Makroebene werden auch *Transformationsregeln* genannt. Transformationsregeln beinhalten sowohl *spezielle* und *inhaltliche* Informationen über den jeweiligen Fall als auch *allgemeine* und *formale* Regeln und Ableitungen.

Das Problem der Aggregation ist meist der komplizierteste der drei Schritte. Dafür können noch am allerwenigsten einfache und allgemeine Regeln angegeben werden. Hier zeigt sich oft auch die historische Einmaligkeit eines soziologischen Problems, weil manche Aggregationen nur vor dem Hintergrund bestimmter institutioneller Regeln möglich sind - wie die höchst unterschiedliche Ableitung der Sitzverteilung eines Parlamentes aus den "individuellen" prozentualen Stimmenverhältnissen je nach geltendem Wahlrecht. Andererseits gibt es aber eine Reihe von fertig durchanalysierten, formalen Modellen der Aggregation typischer Prozesse - wie beispielsweise Vorgänge der Diffusion, Markt-Gleichgewichte oder Gleichgewichte in typischen Situationen von Spielen, wie sie die sog. Spieltheorie modelliert (vgl. dazu die Beispiele in Teil C, E und F, sowie in Kapitel 7). Die Art der Aggregation bzw. der Transformationsregeln hängt in der Tat ganz vom jeweiligen inhaltlichen Problem ab: Berechnung von Raten; Ableitung von Gleichgewichten; die Modellierung eines selbstverstärkenden Wachstums; und vieles andere mehr. Oft müssen die speziellen und die allgemeinen Elemente der Transformation zu einer ganz besonderen und "einmaligen" Kombination zusammengefaßt werden.

Die soziologische Erklärung eines bestimmten Explanandums besteht also in der *sukzessiven* und schließlich *kombinierten* Lösung von *drei* ganz unterschiedlichen Fragestellungen: Die typisierende *Beschreibung* von Situationen über *Brückenhypothesen*; die *Erklärung* der Selektion von Handlungen durch die Akteure über eine allgemeine *Handlungstheorie*; und die *Aggregation* der individuellen Handlungen zu dem kollektiven Explanandum über *Transformationsregeln*.

Bei der Situationsanalyse geht der Soziologe vom Makro-Bereich aus, gelangt so auf den Mikro-Bereich der Akteure und des Handelns und kehrt mit der Aggregation der individuellen Effekte des Handelns wieder auf die Makro-Ebene zurück. Die drei Schritte können damit insgesamt als eine *Makro-Mikro-Makro*-Erklärung bezeichnet werden.

Die *Gesamtheit* der drei Schritte bildet immer eine *kausal*-analytische Konstruktion *zweiter* Ordnung des Soziologen über das Geschehen, die die Akteure, um die es in der Erklärung geht, selbst meist nicht übersehen *können.* Gleichwohl erfüllt das Modell die Forderung von Alfred Schütz und Raymond Boudon nach der Einlösung der *interpretativen* Dimension der Sozialwissenschaften: Es *enthält* in den Brückenhypothesen bei der Logik der Situation und in den Variablen der Handlungstheorie bei der Logik der Selektion die Konstruktionen *erster* Ordnung der Akteure: Die subjektiven Erwartungen und Bewertungen, die Sinnwelten der Menschen. Es ist aber dennoch eine kausale Erklärung nach allen Regeln der analytisch-nomologischen Kunst.

Das Grundmodell

Das elementare Modell der drei Schritte ist in Abbildung 6.1 zusammengefaßt. Es ist eigentlich nur eine etwas andere Darstellung des Modells des verstehenden Erklärens nach Max Weber[3] (vgl. Kapitel 1).

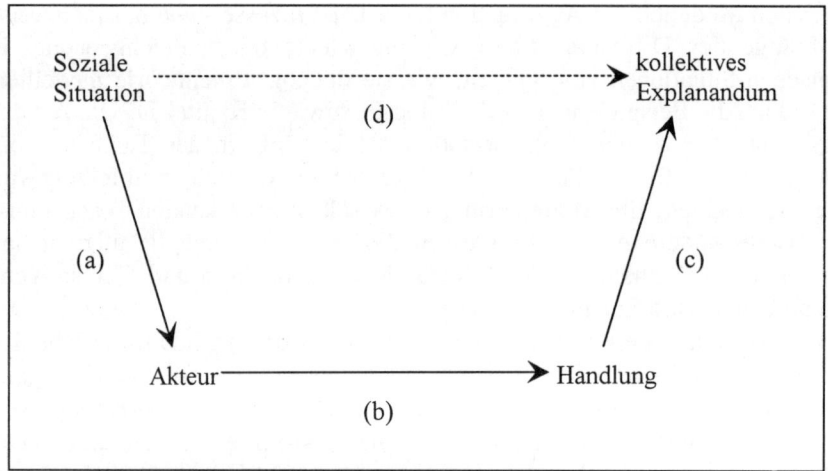

Abb. 6.1: *Das Grundmodell der soziologischen Erklärung*

---

[3] Das Modell folgt in seiner Grundstruktur einigen früheren Vorschlägen. insbesondere Siegwart Lindenberg und Reinhard Wippler, Theorienvergleich: Elemente der Rekonstruktion, in: Karl-Otto Hondrich und Joachim Matthes (Hrsg.), Theorienvergleich in den Sozialwissenschaften, Darmstadt und Neuwied 1978, S. 219-231. Ähnliche Ideen finden sich u.a. bei: Gudmund Hernes, Structural Change in Social Processes, in: American Journal of Sociology, 82, 1977, S. 513-547; Raymond Boudon, Die Logik des gesellschaftlichen Handelns. Eine Einführung in die soziologische Denk- und Arbeitsweise, Darmstadt und Neuwied 1980, S. 122ff; James S. Coleman, Foundations of Social Theory, Cambridge, Mass. und London 1990, Kap. 1.

Das Modell ist auch in dieser Darstellung nicht neu. David McClelland hat mit fast genau der gleichen graphischen Anordnung seine Grundhypothese zur Analyse der von ihm so genannten "Achieving Society" vorgelegt.[4] Er ging dabei von der von Max Weber vorgetragenen Hypothese eines Zusammenhangs zwischen der "protestantischen Ethik" und dem "Geist des Kapitalismus" aus.[5]

Die protestantische Ethik bezeichnet nach Max Weber eine bestimmte Systematisierung der Lebensführung insgesamt. Der Geist des Kapitalismus besteht aus der Bändigung und Kontrolle gewisser "irrationaler" Antriebe zugunsten der Konzentration ganz auf die Leistung im Beruf. Die protestantische Ethik und der Geist des Kapitalismus sind beides soziologische Variablen: Es sind kollektiv verbreitete Überzeugungen und Handlungsweisen. Das Explanandum ist der gesellschaftliche Wert der Leistungsorientierung als Teil des Geistes des Kapitalismus. Die betrachtete soziale Situation ist das kulturelle Milieu der protestantischen Ethik. David McClelland fragte sich, wie dieser Zusammenhang eigentlich zu erklären und verständlich zu machen sei.

In seiner Rekonstruktion der Argumente von Max Weber findet David McClelland ganz zwanglos den Makro-Mikro-Makro-Weg der Vermittlung des zunächst nur makro-soziologisch formulierten Zusammenhangs: Der Protestantismus habe zu Änderungen in der familialen Sozialisation, zu einer "familial revolution", geführt. Und zwar derart, daß über die Änderungen in den Erziehungsstilen der protestantischen Eltern die Söhne (von Töchtern ist nicht die Rede) mit "strong internalized achievement drives" versehen worden seien. Und dies habe dann - nun wiederum auf der kollektiven Ebene - den Geist des Kapitalismus erzeugt und zur Verbreitung eines neuen Typus von Akteuren, des Unternehmers, geführt. Das Modell von David McClelland ist in Abbildung 6.2 dargestellt.

Es kommt hier weder darauf an, ob die Hypothese von Weber, die Rekonstruktion von McClelland oder beide richtig sind oder nicht. Auch fällt auf, daß McClelland noch nicht so ganz "richtig" in die Tiefe geht: Auch die familiale Sozialisation ist ja ein kollektives Phänomen, an dem individuelle Akteure - Vater, Mutter, Kinder - beteiligt sind (siehe zu diesem Problem der Mehr-Ebenen-Differenzierung des Modells Abschnitt 6.3). Zu akzeptieren ist dagegen die Interpretation des Erwerbs einer Leistungsmotivation als

---

[4] David C. McClelland, The Achieving Society, New York und London 1961, S. 47ff; vgl. auch S. 58.
[5] Max Weber, Die protestantische Ethik und der Geist des Kapitalismus, in: Max Weber, Gesammelte Aufsätze zur Religionssoziologie, 7. Aufl., Tübingen 1978 (zuerst: 1920).

"Handlung" nach dem allgemeinen Modell in Abbildung 6.1: Es gibt auch ein "innerliches Tun" - wie Max Weber sagt. Und die Übernahme von Werten und Motiven gehört zweifellos dazu. Etwas unbefriedigend ist dagegen der dritte Schritt: Es wird nicht klar, wie die Logik der Aggregation aussehen soll. Denn der Geist des Kapitalismus dürfte ja wohl nicht allein daraus bestehen, daß es mit einem Male ganze Heerscharen von Unternehmern gibt, die alle das Produkt ihrer protestantischen Mutter sind.

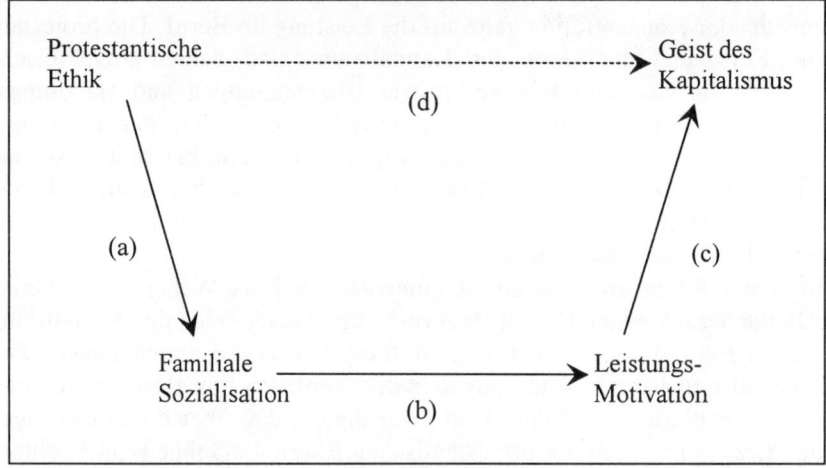

Abb. 6.2: *Die Tiefenerklärung des Zusammenhangs von protestantischer Ethik und dem Geist des Kapitalismus nach David McClelland*

Das Schema macht aber noch einmal deutlich, was mit der Idee einer vertiefenden soziologischen Erklärung gemeint ist: Der makro-soziologische Zusammenhang, das "strukturelle" Gesetz d, wird *ausschließlich* als ein *indirekter* Effekt über die drei Schritte a, b und c interpretiert und "tiefenerklärt": die Wahrnehmung und Interpretation der besonderen Umstände der Situation durch die Akteure, das daran anschließende und einer allgemeinen Gesetzmäßigkeit der Selektion folgende Handeln der Akteure und die daran wieder anschließende Aggregation der Wirkungen dieses Handelns zu dem kollektiven Effekt.

Unvollständigkeit und "Sinn"-losigkeit

Das Modell legt sich also sehr fest, wenn es sagt, daß *jeder* kollektive Zusammenhang immer nur aus einem solchen indirekten Effekt bestehen *kann*. Diese Festlegung erscheint vielen Soziologen als ungewöhnlich und unnötig umständlich. Und so ganz im Unrecht sind sie wenigstens auf den ersten Blick nicht. Es gibt - so scheint es - durchaus einige genuin "soziologische" Gesetze, die auch Erklärungen über den direkten Weg ohne die Mikro-Vertiefung erlauben würden. Robert Michels' Ehernes Gesetz der Oligarchie oder die Vermutung von Emile Durkheim, daß mit der Industrialisierung die Familien auf ihren Kern schrumpfen würden, werden dazu gezählt. Dann sieht es in der Tat so aus, als sei der Umweg über Situationen, Akteure, Handeln und aggregierte Wirkungen überflüssig.

Es gibt zwei wichtige Gründe, das Modell auch dann beizubehalten, wenn es feste soziologische Gesetze zu geben scheint. Der eine Grund ist ein empirischer: Selbst die beiden genannten Paradestücke der Makro-Soziologie - das Eherne Gesetz der Oligarchie von Michels und das Kontraktionsgesetz der Familie von Durkheim - stimmen empirisch *nicht* - wenigstens nicht in der geforderten allgemeinen Weise: Die Grünen und die amerikanischen Druckergewerkschaften sperrten sich nachhaltig gegen das Eherne Gesetz der Oligarchie. Und in Japan ist die Familie keineswegs auf das mitteleuropäische Maß von Vater, Mutter, Tochter, Sohn und Hauskater geschrumpft. Früher gehörte - für manche Soziologen jedenfalls - auch die Theorie vom zwangsläufigen Untergang des Kapitalismus von Karl Marx zu den unbezweifelten makro-soziologischen Gesetzen. Es hat sich (bisher) auch nicht bestätigen lassen. Und auch den von Weber behaupteten Zusammenhang von protestantischer Ethik und dem Geist des Kapitalismus gibt es - wenigstens in der angenommenen allgemeinen Weise - nicht: Es gab schon früh auch katholische Unternehmer - in Italien und in Flandern zum Beispiel. Und was ist mit Japan wieder (unter anderem)? Spätestens dann aber, wenn - wie meist bald bei näherer Analyse - das soziologische Gesetz Ausnahmen und Abweichungen aufweist, wird die Frage nach einer Vertiefung in den Vordergrund rücken, will man nicht immer nur die Ausnahmen vom Gesetz beschreiben und ad-hoc-Erklärungen dafür geben, daß es eigentlich doch gilt.

Das Modell der soziologischen Erklärung durch Vertiefung ist die Antwort auf dieses Problem. Es ist das Problem der notorischen *Unvollständigkeit* aller *makro*-soziologischen Zusammenhänge. *Nur* wegen *dieses* Problems ist der Weg in die Tiefe einer Makro-Mikro-Makro-Erklärung erforderlich. Nicht immer fällt zwar auf, daß das Problem der Unvollständigkeit besteht. Die Möglichkeiten der Lösung des Problems zu kennen ist aber sicher auch dann hilfreich, wenn es sich einstweilen nicht zu stellen scheint und man glauben möchte, daß es der Makro-Mikro-Makro-Erklärung nicht bedarf (siehe dazu Kapitel 7).

Der zweite Grund für den Umweg über Akteure und Handlungen hat mit dem Programm der *verstehend*-erklärenden Soziologie im Anschluß an Max Weber zu tun (vgl. dazu Kapitel 1). Selbst wenn es diese makro-soziologischen Gesetze in hinreichender Verläßlichkeit und Allgemeinheit gäbe, müßten die gesellschaftlichen Prozesse ohne die Vertiefung auf die Mikro-Ebene der Akteure und des sozialen Handelns "unverständlich" bleiben. Ein "Verstehen" ist bei der Anwendung akteurfreier, rein makro-soziologischer Gesetze grundsätzlich *nicht* möglich. Diese Besonderheit sei als das Problem der "Sinn"-losigkeit jeder kausal, funktional oder evolutionär argumentierenden Makro-Soziologie bezeichnet: Die sozialen Prozesse gehen über die Köpfe der Akteure hinweg. Der am Beginn dieses Kapitels deutlich betonte interpretative Gesichtspunkt geht davon aus, daß derart "sinn"-lose Erklärungen in der Soziologie grundsätzlich vermieden werden sollten. Er legt die Mikro-Vertiefung auch dann nahe, wenn es keinerlei sonstige Probleme mit den "Gesetzen" der Gesellschaft gäbe (siehe dazu Kapitel 30). Der Umweg über die Akteure erst berücksichtigt, daß die Sozialwissenschaften es bei ihren Erklärungen immer mit "Sinn" zu tun haben (vgl. auch den Exkurs über Sinn dazu).

6.3 Soziale Prozesse und Mehr-Ebenen-Erklärungen

Das Grundmodell der drei Logiken ist der *elementarste* Schritt einer jeden soziologischen Erklärung. Man muß dabei und bei der einfachen Unterscheidung einer Makro-Ebene der sozialen Strukturen und einer Mikro-Ebene des Handelns der Akteure nicht stehen bleiben. Das Schema läßt sich in allen seinen Teilen und Beziehungen erweitern, differenzieren, vertiefen und dynamisieren - wenn das für sinnvoll und nötig gehalten wird. Zwei Arten solcher Erweiterungen sind naheliegend: eine *horizontale* Erweiterung der Sequenzierung des Modells zur Analyse sozialer Prozesse; und eine *vertikale* Differenzierung von Mehr-Ebenen-Modellen der Erklärung des "Verhaltens" von sozialen Gebilden, die in einen weiteren sozialen Kontext eingebettet und selbst das aggregierte Ergebnis des sozialen Handelns von Akteuren sind.

Soziale Prozesse

Die Sequenzierung beruht auf einer einfachen Überlegung: Das - in einem ersten Schritt erklärte - Explanandum kann selbst zum Ausgangspunkt eines weiteren Erklärungsschrittes gemacht werden. Es ist dann Teil der Situation der Akteure zu einem späteren Zeitpunkt, von der aus das Handeln mit seinen Wirkungen erneut beginnen kann. Auf diese Weise lassen sich ganze

Sequenzen *sozialer Prozesse* im Prinzip beliebig weiter "nach vorne" verlängern und erklären: Welche Folgen hatte Schabowskis Versehen auf der Pressekonferenz am 9. November 1989 für die Deutsche Bundesbahn, weil diese ihren weiteren Ausbau nach der Vereinigung mit der Deutschen Reichsbahn erst einmal zurückstellen mußte? Welche Folgen hatte die dadurch erzeugte Verlängerung der Unattraktivität der Deutschen Bahnen auf die weitere Zunahme des privaten Autoverkehrs, und dies für das Ozonloch, das Waldsterben und die Einführung der BahnCard? Und so weiter.

Selbstverständlich kann dieser Schritt der Sequenzierung auch "nach hinten" getrieben werden: Die ursprünglich als Ausgangspunkt betrachtete soziale Situation im Explanans einer Erklärung wird dann selbst zum Explanandum. Wie etwa: Warum gibt es eigentlich die Vereinigten Staaten als Randbedingung dafür, daß es dort dann keinen Sozialismus gibt? Warum gibt es den Prozeß der zunehmenden Modernisierung von Gesellschaften als Randbedingung für die Erklärung der Zunahme der Scheidungsraten? Warum haben General Motors das System des forward policing und Honda das des backward policing als Randbedingungen der Effizienz der Produktkontrolle eingeführt? Kurz: Man könnte alle Erklärungen auch nach hinten verlängern und - bis ins Aschgraue - deren historische Genese untersuchen. Nichts - außer den üblichen Restriktionen in Zeit und Geld - hindert daran, das zu tun, wenn es für nötig befunden wird. Es gibt keinerlei zwingenden Grund, die Strukturen der Gesellschaft "in die Randbedingungen abzuschieben". Die sozialen Strukturen können jederzeit selbst zum Explanandum erhoben werden.

Diese Dynamisierung des Modells der soziologischen Erklärung ist ein Spezialfall der sog. *genetischen Erklärung*. Dabei wird das *zuvor* erklärte *Explanandum* zur *Randbedingung* für den nächsten Schritt. Zusammen mit einem geeigneten *Gesetz* läßt sich daraus ein darauf *folgendes* Explanandum ableiten. Dieses bildet dann wieder einen Teil des Explanans für den darauf folgenden Schritt. Und so weiter. In Abbildung 6.3 ist diese Grundform einer genetischen Erklärung skizziert (zu den externen Bedingungen D+ vgl. noch die Erläuterungen auf S. 105f).

Das Konzept der genetischen Erklärung wurde von Carl G. Hempel im Zusammenhang mit der Frage entwickelt, ob es auch in den Geschichtswissenschaften allgemeine und nomologische Erklärungen geben könne, obwohl doch die historischen Prozesse von Subjekten getragen würden und sie deshalb ganz einmalig und immer wieder neu seien.[6] Das Konzept zeigt, daß sich historische Einmaligkeiten ohne weiteres mit den Mitteln der

---

[6] Carl G. Hempel, Aspects of Scientific Explanation and Other Essays in the Philosophy of Science, New York und London 1965, S. 447ff.

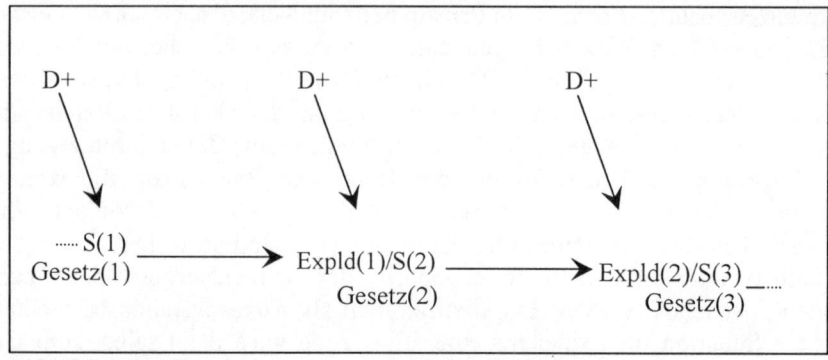

Abb. 6.3: Das Grundschema einer genetischen Erklärung

allgemein-nomologischen Erklärung analysieren lassen: als Kette einer "einmaligen" Sequenz, die aber nur wegen der "allgemeinen" Gesetze als Kette verbunden ist.[7] Die Aufgabe des Forschers, der solche Sequenzen modellieren will, ist dann jeweils die Ableitung des Explanandums für die neue Situation und die Suche nach geeigneten Gesetzen, die für das Wirken der neuen Randbedingungen eingesetzt werden können. Hat er das alles sorgfältig belegt und geprüft, dann läßt sich ein - beliebig verlängerbarer - Prozeß zu einer schrittweise erklärenden Sequenz zusammenfügen. Kein Akteur hat zwar am Anfang wissen können, wohin die Reise geht. Unser Soziologe weiß es nach der erklärenden Rekonstruktion der Sequenz dagegen ganz genau - hinterher!

Im einfachsten Fall - ohne Einflüsse von außen - ist eine genetische Erklärung eine deterministische Sequenz eines Prozeß-Systems, das ganz und gar der Eigendynamik seiner *endogenen* Verkettung folgt: Die "Geschichte" schnurrt ab wie ein Uhrwerk, weil das jeweils neue Stadium die notwendige, aber - zusammen mit den Gesetzen - auch hinreichende Bedingung für das nächste Stadium ist. Bei gut konstruierten Maschinen funktioniert diese deterministische Logik tatsächlich ganz leidlich. Sonst würden die mechanischen Uhren nicht laufen, und morgens die Autos nicht anspringen.

Zum Beispiel: Der Zündschlüssel setzt über die Batterie den Anlasser unter Strom, der so durchdrehende Motor versorgt über den Verteiler die Zündspule, und diese die Zündkerzen mit elektrischer Spannung. Er bringt gleichzeitig über den Vergaser die

---

[7] Vgl. insgesamt zu dieser Diskussion um die Anwendbarkeit des nomologischen Erklärungsschemas auf subjektiv-intentionales Handeln, auf historische Explananda und auf Prozesse: Wolfgang Stegmüller, Probleme und Resultate der Wissenschaftstheorie und der Analytischen Philosophie, Band 1: Wissenschaftliche Erklärung und Begründung, Kapitel VI: Historische, psychologische und rationale Erklärung, Berlin-Heidelberg-New York 1969, S. 335-427, insbesondere aber S. 352-360.

Benzineinspritzung in Gang. Das Benzingemisch entzündet sich schließlich im Zylinder des Motors: Der Motor läuft - wenn alles gut geht. Und alles dies, weil die Gesetze der Elektrik, der Chemie und der Mechanik nicht über Nacht verfallen sind, sondern zuverlässig weiter gelten. Und weil die technischen Randbedingungen eines funktionsfähigen Motors erfüllt sind und so nach und nach der Motor "genetisch" ins Laufen kommt - nicht zuletzt dank der Regelmäßigkeit der Inspektionen des liebevollen Autobesitzers, die dafür sorgen, daß die Randbedingungen für diese Mechanik immer schön erfüllt sind und so die allgemeinen Gesetze der Natur im speziellen Fall auch zuverlässig wirken können.

Beim menschlichen Handeln und bei den sozialen Prozessen ist dies alles schon sehr viel weniger zuverlässig. Menschen und soziale Gebilde sind bekanntlich keine Maschinen. Und für sie gibt es ja auch keinen TÜV und keine Inspektionen. Solche endogenen Sequenzen sind aber auch hier durchaus möglich und kommen empirisch vor: Tagesabläufe greifen ineinander, Berufskarrieren haben typische Sequenzen und Verzweigungen, Personen halten sich an Regeln, Konferenzen an ihre Agenda. Organisationen organisieren solche deterministischen Abläufe - notfalls mit Hilfe von Fließbändern und Stechuhren. Und wenn es ganz auf Nummer Sicher gehen soll, dann werden Rituale des Handelns vorgegeben, auf deren (Nicht-)Einhaltung bestimmte Sanktionen stehen. Aber alles in allem folgt das soziale Handeln sicher keiner einfachen Mechanik eines vorgegebenen Ablaufs, bei dem nur die selbst erzeugten Bedingungen den weiteren Verlauf steuern.

Das Fehlen einer festen endogenen Determination trifft erst recht für das "Verhalten" von sozialen Gebilden und von Gesellschaften zu. Viele Soziologen hegten lange Zeit die Hoffnung, daß sich auch die Gesellschaft der Menschen, insgesamt und in ihrer historischen Entwicklung, wie eine solche gigantische Maschine endogen und deterministisch bewegt oder einem "Gesamtplan" der Geschichte folgt. Dies war der Hintergrund der Suche nach den Makro-Gesetzen der gesellschaftlichen Entwicklung und nach den fixierbaren Auswirkungen der soziologischen Tatbestände. Karl Marx zum Beispiel war mit seiner "naturwissenschaftlichen" Erklärung des Laufs der Welt als Kette von historisch vorgeschriebenen Stadien, als Abfolge von Klassenkämpfen und mit der These des unvermeidlichen Untergangs des historisch letzten Widerspruchs dieser Ansicht (vgl. dazu Kapitel 29).

Das Problem, das alle diese komplett endogenisierten und deterministischen Sequenz-Erklärungen sozialer Prozesse haben, ist leicht benannt: Es gibt praktisch *immer* externe, zufällige bzw. zumindest nicht im Modell selbst erklärbare Bestandteile in den Randbedingungen, die an jeder Ecke der Sequenz einen ganz anderen Weg möglich machen. Dann hat es ein rasches Ende mit dem "notwendigen" Gang der Geschichte. Und dann ist wieder Hochkonjunktur für die, die es - hinterher! - immer besser gewußt haben. Allen voran: Die Leitartikler der Feuilletons der konservativen

Tageszeitungen, die die Soziologie immer für eine etwas suspekte Angelegenheit halten. Und dann ist sofort auch wieder zu lesen: Daß sich dies alles mit den Mitteln der Soziologie nicht angemessen bearbeiten lasse und daß man der staatsmännischen Deutungen und der preußischen Detailtreue der Historiker bedürfe - und überhaupt nicht der ja ersichtlich falschen Groß-Prognosen der etwas zu sehr links-liberalen und arbeitsscheuen Soziologie. Die Orgien der Besserwisserei gegenüber den erklärenden Gesellschaftswissenschaften, die der Zusammenbruch des Sozialismus in den Redaktionsstuben der überregionalen Tages- und Wochenzeitungen wie in den Revieren der philosophierenden Varianten der Gesellschaftswissenschaften hervorgerufen habt, waren das jüngste Beispiel für diese immer wohlfeilen Vorwürfe.

In dem einfachen Modell einer genetischen Erklärung lassen sich diese externen Störungen als zusätzliche, nicht weiter erklärte, *exogene* Randbedingungen modellieren, die jeweils an einer neuen Situation ansetzen (vgl. die exogenen Einflüsse D+ auf die Randbedingungen in der genetischen Erklärung in Abbildung 6.3). Die Panzer auf dem Platz des Himmlischen Friedens im Sommer 1989 in Beijing kamen als solche exogenen Einflüsse D+ daher und stoppten den Prozeß, der später anderswo unter durchaus ähnlichen endogenen Bedingungen ganz anders - und in der Tat: fast wie ein Uhrwerk - ablief. Und wer weiß, was geschehen wäre, wenn Günther Schabowski am 9. November bei der Pressekonferenz besser aufgepaßt hätte? Woher aber - so muß man dann doch fragen - will ein Soziologe, woher will ein Historiker, woher will ein Feuilletonredakteur dies alles *vorher* wissen (können)? Und das alles angesichts dessen, daß es ja kaum so etwas wie Wettersatelliten für gesellschaftliche Prozesse gibt, die die Soziologen rechtzeitig über Änderungen in den wichtigen Randbedingungen informieren könnten. Dann sollte aber auch daran erinnert werden, daß die Metereologen ja kaum mehr tun als über die nächsten 24 Stunden zu extrapolieren, was der Satellit im Zeitraffer auf die Wetterkarte zeichnet. Und selbst dies auch immer noch mit nur recht mäßigem Erfolg - obwohl alle Gesetze, die für das Wetter verantwortlich sind, jeweils für sich alleine durchaus deterministische Gesetze sind.

Mit dem dynamisierten Modell der soziologischen Erklärung ist der oft sehr stilisierte Gegensatz zwischen erklärender soziologischer Analyse und der (meist sehr feuilletonistischen) Beschreibung historischer Sonderwege leicht auflösbar: *Immer* müssen selbstverständlich *alle* relevanten Randbedingungen für einen Erklärungsschritt genau erhoben und in die Logik des Ablaufs eingefügt werden. Keineswegs sind soziologische Erklärungen notwendigerweise hoch-generalisierende und über allen Wolken schwebende, komplett endogenisierte Modelle deterministischer Abläufe. Soziologische

Erklärungen nach dem Grundmodell, die auch sorgfältig auf die externen, historisch-speziellen Besonderheiten achten, dürften daher von guten, das heißt auch: in einem gewissen Sinne verallgemeinernden und soziologisierenden, historischen Analysen nicht sonderlich unterscheidbar sein. Und das sind sie auch nicht. Merken Sie sich das, verehrte Redakteure in den Feuilletons, falls Sie überhaupt diesen Text lesen!

Solche genetischen soziologischen Erklärungen sind damit nichts weiter als die Aneinanderreihung von Sequenzen der drei Schritte des Grund-Modells - unter Beachtung eventuell vorliegender externer Einflüsse (D+) auf die Randbedingungen des jeweils neuen Stadiums der Sequenz (vgl. Abbildung 6.4).

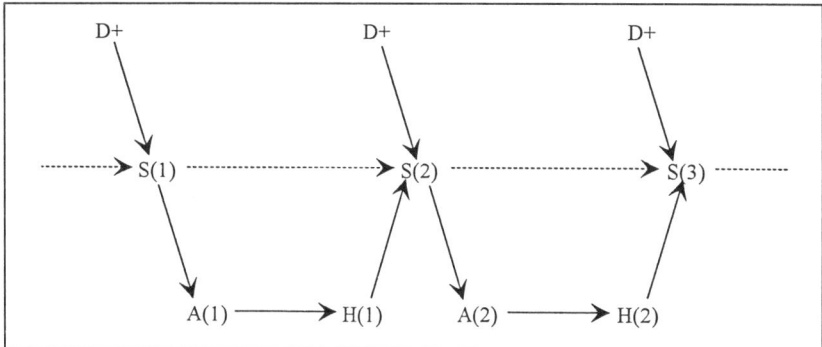

Abb. 6.4: Die soziologische Erklärung von Prozessen

Typen sozialer Prozesse

Es gibt unterschiedliche Typen solcher Sequenzen. Zunächst beschreibt - und erklärt! - der Ablauf eine nach vorne gänzlich *offene* Sequenz. Dies kann als einfacher historischer Prozeß angesehen werden, bei dem jedes Stadium von den Bedingungen des vorhergehenden Stadiums direkt, von der Vorgeschichte früherer Stadien indirekt abhängt (sowie natürlich: von den zufälligen externen Einflüssen). Die Sequenz erzeugt immer wieder neue Situationen: S(1) ... S(2) ... S(3) ... S(4) ... . Dabei sind weder eine Richtung, noch gar ein Ziel, höchstens einige Regelmäßigkeiten und mehr oder weniger zufällige Wiederholungen zu erkennen. Der Prozeß ist an keinerlei Vorgabe, Standard oder Selbstreferenz gebunden. Er läuft einfach so ab: blind und richtungslos.

Dies heißt aber keineswegs, daß der erste Schritt keinerlei Bedeutung für den dann folgenden Prozeß habe. Jeder *Anfang* eines Prozesses bedeutet *immer* eine dann auch alternative Wege deutlich *einschränkende* Selektion aus der unendlichen Vielfalt der ursprünglichen Möglichkeiten. Die jeweiligen Randbedingungen und die entsprechenden anwendbaren bzw. wirksamen Gesetze bestimmen diesen ersten selektiven Schritt. Und *dann* sind bestimmte Alternativen für die folgenden Selektionen erst einmal weniger wahrscheinlich, manche sogar ausgeschlossen. Ist diese erste Selektion einmal geschehen, dann werden andererseits bestimmte Alternativen sehr viel wahrscheinlicher und in ihrer Selektion manchmal auch sehr robust gegen eventuelle zufällige externe Stör-Faktoren. Insofern bedeutet jeder selektive Einzelschritt einer solchen Entwicklung immer auch den Ausschluß anderer Möglichkeiten und das Beschreiten eines gewissen, manchmal dann sogar sehr eigendynamischen Entwicklungspfades. Massenhysterien, Konjunkturen, Gesprächsverläufe und Streitigkeiten, die Auszehrung von langweiligen Seminaren, Spielzüge wie Flügelangriffe oder Doppelpässe beim Fußball, Schachpartien, der take-off und der decline von Gesellschaften u.v.a wären Beispiele für solche offenen, aber dann selektiven und nicht deterministischen Sequenzen.

Ein Spezialfall von solchen nach vorne offenen selektiven Abfolgen wäre eine *gerichtete* Sequenz, die vom Ergebnis her betrachtet wie eine zielgerichtete Entwicklung aussieht, es aber nicht ist. Etwa: die deutsche Einigung. Das "Ziel" sei etwa die Situation S(4) in der obigen Sequenz. Es ergibt sich - im Nachinein gesehen: folgerichtig - aus der Vorgeschichte. Mit dem Sequenz-Modell wird aber gleich deutlich, daß nicht der Zustand S(4), das Ziel also (der Geschichte oder gar einer "Vorsehung"), die "Ursache" für den Verlauf der gerichteten Sequenz war, sondern daß sich der Endzustand als Ergebnis eines *kausalen*, immer nur von hinten getriebenen Prozesses erklären läßt: angefangen von Gorbatschow über die Flüchtlingswelle nach Ungarn und die Öffnung der Grenzen durch die ungarische Regierung bis hin zum 3. Oktober 1990. Nicht Helmut Kohl und die "Geschichte" haben die deutsche Einigung herbeigeführt, sondern eine Verkettung von teilweise ganz zufälligen Umständen, teilweise aber auch endogenen Prozessen der kausal gesteuerten Genese von Handlungen und Handlungsfolgen.

Ein besonders wichtiger Fall einer solchen - scheinbar - zielgerichteten, in Wahrheit aber auch immer offenen und jederzeit auch anders möglichen Sequenz sind Prozesse der *Evolution* (in der Biologie wie im Bereich der "Entwicklung" von Gesellschaften; vgl. dazu noch Kapitel 11). Die Evolution hat - so scheint es - eine Art von Richtung (etwa: hin zu immer stärkeren Graden der Unabhängigkeit der Lebewesen von der Umwelt). Aber auch das ist nicht vorgegeben, sondern immer nur das *faktische* Ergebnis eines im Prinzip ebenfalls völlig blinden Prozesses.

Im Prinzip könnte auch die Entwicklung der menschlichen Gesellschaften als eine solche gerichtete, aber nicht von einem vorgegebenen Ziel bestimmte Evolution angesehen werden: Auf die in der Frühgeschichte der Menschheit alleine vorherrschenden einfachen Gesellschaften der Jäger und Sammler folgte - über gewisse Zwischenstufen - die Entwicklung großer, zentralisierter Staats-Gesellschaften mit einer starken und fest institutionalisierten Schichtung. Und darauf erst die Form, die in der neueren Zeit ihre

Entwicklung begonnen hat: die moderne Gesellschaft mit einem hohen Ausmaß an Arbeitsteilung, an Komplexität und an interdependenten Institutionen. Aber: Die moderne Gesellschaft ist nicht das Ziel, sondern nur die Folge der (bisherigen) Evolution der Gesellschaften der Menschen. Und niemand *kann* wissen, wie es weitergehen wird.

Viele soziale Gebilde entstehen anscheinend wie von selbst, ohne daß jemand den Vorgang geplant oder vorhergesehen hätte. Ein solcher Prozeß der spontanen *Selbstorganisation* ist ein Sonderfall einer evolutionären Sequenz der *Entstehung* eines sozialen Gebildes: Das Gebilde entsteht schrittweise als ein in bestimmter Weise *konvergierendes* Ergebnis einer Sequenz des Handelns von Akteuren. Im Modell ließe sich dies als eine Sequenz verstehen, die nach einem wechselnden Beginn schließlich immer wieder die gleiche Situation reproduziert: S(1) ... S(2) ... S(3) ... S(3) ... S(3) ... S(3) ... . Beispiele dafür wären das Entstehen von informellen Gruppen, von Konventionen und Ritualen, von "Milieus" und "Lebenswelten" sowie allgemein von institutionellen Regelungen (wie das Geld und das Recht; vgl. dazu noch Kapitel 28): Nach oft unscheinbaren und tastenden Anfängen steuert der Prozeß schließlich ganz unintendiert, aber gerichtet in immer festere Strukturen seiner Reproduktion und der Habitualisierung der Abläufe.

Zwei Arten einer solchen Selbstorganisation können unterschieden werden. Erstens eine solche, bei der die Entstehung und die Reproduktion gänzlich *ohne* irgendeine Vorstellung über das Ergebnis bei irgendeinem Akteur, d.h. völlig ungeplant, ablaufen. Dieser Fall wird auch als *synreferentielle* Selbstorganisation bezeichnet. Und zweitens eine solche, bei der die Akteure (oder wenigstens einer) einen bestimmten *Standard* bzw. ein "Modell" des sozialen Gebildes in ihren Vorstellungen haben, an dem sie den Verlauf der Selbstorganisation messen und ggf. korrigierend eingreifen. Dieser Fall wird als *selbstreferentielle* Selbstorganisation bezeichnet[8] (vgl. noch Kapitel 27 dazu näher).

Die dauerhafte Existenz von sozialen Gebilden kann über Prozesse der *Reproduktion* dieser Gebilde erklärt werden.[9] Die Reproduktion eines sozialen Gebildes läßt sich dabei als eine *zirkuläre* Sequenz rekonstruieren, bei der gezeigt werden muß, daß und warum ein soziales Gebilde immer wieder zu einem Zustand *zurück*findet, von dem es in seinem "Prozessieren" seinen Ausgangspunkt genommen hat und über den seine "normale" Existenz, der Zustand S(1) etwa, definiert ist. Nach Störungen des Normalzustandes, S(2),

---

[8] Vgl. zu dieser Terminologie Peter M. Hejl, Konstruktion der sozialen Konstruktion. Grundlinien einer konstruktivistischen Sozialtheorie, in: Siegfried J. Schmidt (Hrsg.), Der Diskurs des Radikalen Konstruktivismus, Frankfurt/M. 1987, S. 322ff.
[9] Vgl. zur Logik von Prozessen der Reproduktion und des Wandels sozialer Gebilde auch Raymond Boudon, Die Logik des gesellschaftlichen Handelns. Eine Einführung in die soziologische Denk- und Arbeitsweise, Darmstadt und Neuwied 1980, Kapitel V und VI.

kehrt das System über Anpassungsphasen - S(3) - wieder zu seinem Ausgangszustand zurück: S(1) ... S(1) ... S(2) ... S(3) ... S(1) ... S(1) ... . Dies geschieht ganz ähnlich wie bei dem Selbst-Regulierungs-System einer Heizung, bei dem ein Thermostat und ein Stellglied die Temperatur in einer Wohnung nach einer Abweichung über einige kausale Anpassungsmechanismen auf die eingestellten Werte des Normalzustandes immer wieder zu einem Gleichgewicht zurückbringt. Solche Reproduktionen können auch in der Form von *zyklischen Schwankungen* des Zustandes des Gebildes oder des *Oszillierens* um einen Referenzpunkt auftreten. Wichtig ist nur, daß das Gebilde in den Grenzen seiner Zustände verbleibt, über das es in den Transformationsregeln (partiell oder vollständig) definiert wurde.

Sich selbst reproduzierende soziale Gebilde gehören zu den sog. selbstregulierenden oder selbsterhaltenden Systemen. Jede *Selbstregulation* bzw. *Selbsterhaltung* ist also ein zirkulärer Prozeß einer genetischen Kausal-Verkettung. Eine spezielle Art der erklärenden Untersuchung von zirkulären Sequenzen der Selbstregulation bzw. der Selbsterhaltung sozialer Gebilde und ganzer Gesellschaften wird auch als *funktionale Analyse* bezeichnet. Dabei geht es um die Aufdeckung der kausalen Bedeutung *bestimmter* dauerhafter Eigenschaften eines sozialen Gebildes für die Selbsterhaltung (vgl. dazu noch Kapitel 22). Es ist nachzuweisen, daß ein *bestimmtes* Element der *Struktur* eines sozialen Gebildes eine wichtige *Funktion* bei den *kausalen* Prozessen hat, die - direkt oder indirekt - als Ergebnis das dauerhafte "Überleben" dieses sozialen Gebildes mit sich bringen: Der "normale" Zustand S(1) des richtigen "Funktionierens" wird mit diesem Strukturelement als notwendiger und hinreichender Bedingung trotz aller Krisen über eine zirkuläre Sequenz von Wirkungen immer wieder erreicht.

Ein Beispiel für eine solche funktionale Analyse wäre etwa die Frage nach den funktionalen Wirkungen des Strukturmerkmals der sozialen Ungleichheit für das Überleben von Gesellschaften. Der Ausgangspunkt ist die Beobachtung, daß soziale Ungleichheit in allen existierenden Gesellschaften vorkommt. Eine Hypothese dafür könnte etwa die folgende sein: Nur über ein System der sozialen Ungleichheit und der damit gegebenen Anreize sind Menschen zu motivieren, auch schwierige und anstrengende Aufgaben zu übernehmen, von deren ständiger Erfüllung langfristig die Existenz einer Gesellschaft abhängt.[10] Das System der sozialen Ungleichheit bewirkt, daß sich die Menschen anstrengen, die Anstrengungen bewirken, daß die wichtigen Leistungen erfüllt werden und diese Leistungen bewirken, daß die Gesellschaft, zu der das System der Ungleichheit gehört, nicht verfällt. Gesellschaften, in denen die Ungleichheit aus irgendwelchen Gründen aufgehoben wurde, konnten sich nicht mehr reproduzieren - und stehen jetzt für eine funktionale Analyse nicht mehr zur Verfügung. Die geschilderte Hypothese ist

---

[10] Vgl. Kingsley Davis und Wilbert E. Moore, Some Principles of Stratification, in: American Sociological Review, 10, 1945, S. 242-249.

übrigens als *funktionalistische Schichtungstheorie* bekannt geworden. Es ist nicht die einzige, wahrscheinlich sogar eine unzutreffende Erklärung für die ohne Zweifel zu beobachtende Universalität der sozialen Ungleichheit in menschlichen Gesellschaften. Es ist aber zumindest eine interessante Hypothese.

Auch der Wandel bzw. der Zerfall von sozialen Gebilden ist im Prinzip über das Modell der sequentiellen Verkettung zu erklären. Zur Erläuterung einer Sequenz des *Wandels* eines Systems sei die Annahme gemacht, daß ein an sich identisches System S(1) zwei verschiedene Zustände einnehmen kann: S(11) und S(12). Wandel ist dann nichts anderes als der Übergang von einem Zustand in den anderen bei Erhalt seiner Identität über bestimmte Zwischensequenzen: S(11) ... S(11) ... S(2) ... S(3) ... S(12) ... S(12) ... S(12) ... . Ein *Zerfall* ereignet sich schließlich, wenn das System in einen Zustand gerät, der nicht mehr als ein Zustand gilt, der als Bestandsbedingung für das System (partiell) definiert worden war - etwa S(0) - und aus diesem letalen Zustand nicht mehr herausfindet. Eine solche Sequenz sähe etwa so aus: S(1) ... S(1) ... S(2) ... S(3) ... S(4) ... S(0) ... S(0) ... .

Alle diese Prozesse - offene Sequenzen, Evolution, Selbstorganisation, Reproduktion bzw. Selbstregulation, Wandel und Zerfall - sind *endogen*, wenn allein die innere Entwicklungslogik der genetischen Verkettung das Geschehen bestimmt. Die Prozesse sind meist aber auch *exogen* bedingt: Über nicht im Modell berücksichtigte externe Einflüsse D+, die den "normalen" Gang der Dinge allmählich, oft sogar schlagartig, verändern können.

In der "wirklichen" Welt gibt es immer Mischungen von endogenen Abläufen und exogenen Einflüssen darauf. Da die exogenen Einflüsse grundsätzlich nicht vorhersagbar sind, *kann* es auch keine verläßlichen Prognosen über längerfristige Prozesse geben. Historische *Gesetze* gibt es aus diesem Grund prinzipiell *nicht*. Es ist grundsätzlich *unmöglich*, heute zu wissen, was morgen geschieht. Man kann aber durchaus mehr oder weniger gescheite und informierte Vermutungen über mögliche weitere Verläufe anstellen.[11] Dazu ist unter anderem die Soziologie auch da, nicht jedoch zu weitläufigen Spekulationen über die grundsätzlich offene Zukunft.

---

[11] Vgl. Karl R. Popper, Das Elend des Historizismus, 4. Aufl., Tübingen 1974, Kapitel 27: Gibt es ein Entwicklungsgesetz? Gesetze und Trends, S. 83-94.

Mehr-Ebenen-Modelle

Außer der horizontalen sequentiellen Erweiterung des Grundmodells ist jederzeit eine vertikale Differenzierung des Grundmodells der soziologischen Erklärung auf ein *Mehr-Ebenen-Modell* der soziologischen Erklärung möglich. Die Überlegungen dazu sind ebenfalls sehr einfach: Menschen handeln (fast) nie isoliert, sondern bilden immer Interaktionssysteme mit anderen Akteuren. Solche Interaktionssysteme können sehr flüchtig oder dauerhaft, klein oder groß, von den Menschen als solche geplant oder ganz und gar ungewollt sein.

Die verschiedenen sozialen Gebilde konstituieren jeweils formal typische Arten solcher Interaktionssysteme: Aggregate, soziale Beziehungen, Gruppen oder Organisationen zum Beispiel; und im Konkreten: Gespräche, Familien, Wochenmärkte, Betriebe, Parteien, Städte, Staaten und natürlich auch komplette Gesellschaften (vgl. dazu oben Abschnitt 6.1 sowie Teil F). Diese sozialen Gebilde können im Prinzip alle als kollektive Phänomene über das einfache Grundmodell erklärt werden: als aggregierte Folge des situationsorientierten Handelns von Akteuren. Dabei bilden die Akteure und deren Handeln die Mikro-Ebene und die sozialen Gebilde die (erklärende wie die zu erklärende) Makro-Ebene. Nun kommt es aber: Fast alle diese sozialen Gebilde sind wiederum in *weitere* soziale Kontexte und noch *umfassendere* soziale Gebilde eingebettet: Informelle Gruppen in Betriebe, Familien in Gemeinden, diese in Regionen und die Regionen schließlich in komplette Gesellschaften. Und oft ist das kollektive Explanandum nur als Folge des "Verhaltens" solcher sozialen Gebilde abzuleiten - wie zum Beispiel der Anstieg der Scheidungsraten als Folge des zunehmenden Scheiterns von *Ehen*. Das heißt aber: Die sozialen Gebilde stellen "unterhalb" der sie umschließenden Ebene eines umfassenderen Kontextes eine *eigene* Ebene der Existenz und ihres "Verhaltens" dar. Und sie selbst bilden für die sie tragenden Akteure die Ebene "oberhalb" von deren Handeln.

Die Existenz und das "Verhalten" der sozialen Gebilde stellen damit eine besondere *Zwischen*-Ebene dar: Es gibt eine *Meso*-Ebene der soziologischen Analyse *zwischen* den übergreifenden *Makro*-Strukturen der Gesellschaft und den *Mikro*-Aktionen der individuellen Akteure. Die Berücksichtigung der Einbettung sozialer Gebilde in einen weiteren Kontext ist im Modell der soziologischen Erklärung formal nicht schwer, wenngleich inhaltlich oft sehr kompliziert. Diese Unterscheidung eines gesellschaftlichen Makro-Kontextes, einer Meso-Ebene der Interaktionssysteme bzw. der sozialen Gebilde und der Mikro-Ebene des sozialen Handelns der individuellen Akteure, die sowohl die sozialen Gebilde als auch den übergreifenden Kontext letztlich tragen, ist in Abbildung 6.5 skizziert.

Die Grundstruktur soziologischer Erklärungen 113

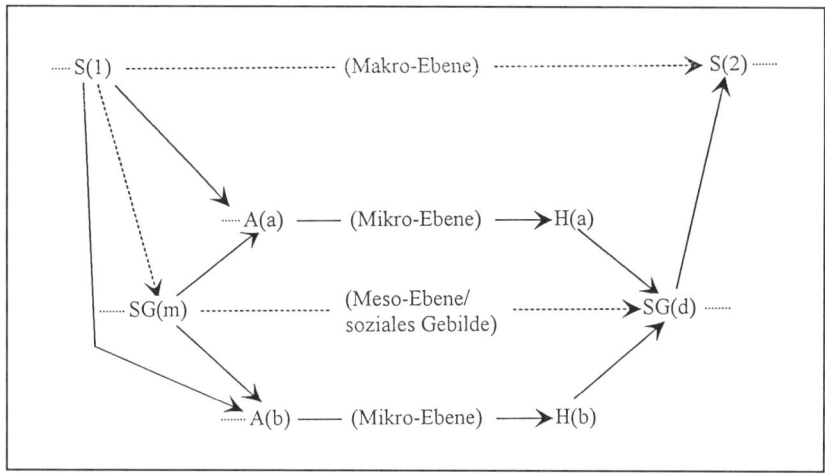

Abb. 6.5: Makro-Kontext, soziale Gebilde und die Mikro-Ebene der Akteure und des sozialen Handelns

Mit der Unterscheidung der Makro-Ebene der weiteren sozialen Umwelt, der Meso-Ebene der sozialen Gebilde und der "eigentlichen" Mikro-Ebene der Akteure und des sozialen Handelns wird die soziologische Analyse natürlich komplizierter. Dazu ein Beispiel.

Ausgangspunkt sei eine makrostrukturelle Situation S(1) und das zu erklärende kollektive Phänomen S(2) bzw. die makro-soziologische Beziehung S(1)-S(2). Zu erklären seien die aggregierten Folgen des "Verhaltens" von Ehen in Abhängigkeit von Änderungen des gesellschaftlichen Makro-Kontextes: Warum steigen mit der Urbanisierung der Gesellschaft (S(1)) die Scheidungsraten (S(2))? Sofort wird deutlich, daß als Voraussetzung zur Aggregation von S(2), zur Ableitung der Scheidungsraten also, nicht die Folgen eines "individuellen" Handelns unmittelbar, sondern das "Verhalten" eines *sozialen Gebildes* - die Ehe - erklärt werden muß.[12] Dieses "Verhalten" muß daher selbst erst einmal nach der allgemeinen Logik der Erklärung kollektiver Phänomene über das Handeln von *Akteuren* erklärt werden. Das "Verhalten" des sozialen Gebildes ist in der Beziehung SG(m) und SG(d) symbolisiert: Das soziale Gebilde Ehe ändert sein "Verhalten" als *aggregiertes* Ergebnis des Handelns der beiden Partner als die das Gebilde konstituierenden individuellen Akteure. Die Akteure sind im Beispiel und im Diagramm die Partner A(a) und A(b). Sie bilden die *Mikro-*Ebene für das soziale Gebilde - und auch für alle weiteren, höher aggregierten Folgen ihres Tuns - bis hinauf auf S(2). Das soziale Gebilde

---

[12] Das Modell schneidet der Einfachheit und der Übersicht halber hier nur einen punktuellen Ausschnitt aus einem fortlaufenden Prozeß heraus: Die Gesellschaft (S), das soziale Gebilde (SG) und die Akteure (A) prozessieren bereits vorher und tun dies auch danach weiter in einer genetischen Sequenz der wechselseitigen Konstitution. Die Punkte sollen dies andeuten.

der Ehe (und dessen "Verhalten") ist die intermediäre, die *Meso*-Ebene der Analyse. Und die Strukturen der Gesellschaft (S(1)) und die kollektiven Scheidungsraten (S(2)) repräsentieren schließlich die *Makro*-Ebene des gesamten Modells.

Wenn man nicht genau hinsieht, dann scheint es so, als reiche es aus, die Logik der Situation im weiteren Kontext S(1) global für das soziale Gebilde zu modellieren (vgl. den gestrichelten Pfeil von S(1) auf SG(m)). Das kann in besonderen Fällen durchaus so sein. Im Prinzip geht das Modell aber davon aus, daß *nur* Akteure Situationen wahrnehmen und sich auf sie hin orientieren können. Dabei sei angenommen, daß die Akteure, die ein soziales Gebilde tragen, im Prinzip sowohl durch die makrostrukturelle Situation als auch durch ihr eigenes Interaktionssystem beeinflußt werden: Ehepartner nehmen einander als "Situation" ebenso wahr wie die externen Chancen und Begrenzungen im weiteren Umfeld. "Ehen" können keine Umwelt wahrnehmen. Daher sind auch *vier* direkte Beziehungen zur Modellierung der Logik der Situation des sozialen Gebildes berücksichtigt (vgl. die durchgezogenen Pfeile). Also: Es sind - im Prinzip und ohne evtl. mögliche Vereinfachungen - *vier* einzelne Brückenhypothesen zur Modellierung der Logik der Situation erforderlich: von S(1) *und* von SG(m) jeweils auf A(a) *und* auf A(b).

Ob das soziale Gebilde weiter besteht oder nicht, ob es also bei dem "Verhalten" bzw. bei dem Zustand SG(m) - married - bleibt oder nicht, hängt natürlich *nur* von den Entscheidungen der Akteure ab. Ehen werden geschieden, wenn einer der Partner die Beziehung aufkündigt. Das "Verhalten" des sozialen Gebildes ist also ein *indirekter* Effekt des Handelns der Akteure und der darauf aufbauenden Aggregationen (vgl. den gestrichelten Pfeil von SG(m) auf SG(d) und die durchgezogenen Pfeile von A auf H und von H auf SG).

Eine Änderung des "Verhaltens" des sozialen Gebildes kann im Prinzip über zwei Änderungen in der Situation bewirkt werden: über Änderungen im Interaktionssystem des sozialen Gebildes selbst (SG(m)) und/oder über Änderungen im weiteren Kontext der Gesellschaft (S(1)). Im Beispiel beträfe dies einerseits Änderungen in den individuellen Eigenschaften des jeweiligen Partners - etwa die Feststellung eines gravierenden mismatch in der Hochzeitsnacht. Oder andererseits Änderungen aus der weiteren Entwicklung der Situation: drohende Arbeitslosigkeit durch Veränderungen im Arbeitsmarkt, neue Möglichkeiten der Partnersuche, Wertewandel in der Gesellschaft - zum Beispiel. Beide Quellen der situationalen Einflüsse können dazu führen, daß sich die Entscheidungen der Partner so ändern, daß sich nun das soziale Gebilde anders "verhält" und in einen anderen Zustand SG(d) - divorce - gerät.

In dieser Modellierung kann - wie Abbildung 6.5 deutlich zeigt - das "Verhalten" der sozialen Gebilde auf der Meso-Ebene in Analogie zum Handeln von menschlichen Akteuren bei dem einfachen Makro-Mikro-Makro-Modell (vgl. Abbildung 6.1) interpretiert werden. Dieser Schluß wird von vielen Soziologen auch heute noch gezogen: die Annahme, daß sich die sozialen Gebilde tatsächlich nach eigenen und stabilen Regeln "verhalten". Dies ist aber *sehr* voreilig - und entsprechend irreführend: Die *Logik der Situation* läuft - wie oben bereits gezeigt wurde - nämlich weiterhin *nur* über die natürlichen Personen A(a) und A(b). Sie fungiert immer nur *indirekt* als input in das soziale Gebilde: als Wahrnehmung von Alternativen und Gelegenheiten - aber nur bei den beteiligten Akteuren. Soziale Gebilde können sich nicht an der "Gesellschaft" orientieren. Das können nur leibhaftige Menschen (vgl. dazu Kapitel 27).

Nur scheinbar gibt es auch ein konsistentes "Handeln" des sozialen Gebildes. Die *Logik der Selektion* ist bei sozialen Gebilden sehr viel indirekter und vor allem sehr viel komplizierter und instabiler als bei den natürlichen Personen: Akteure handeln nach ganz einfachen Regeln - beispielsweise die der Nutzenmaximierung. Soziale Gebilde "verhalten" sich aber *immer* nur nach Maßgabe der komplexen Aggregationen der individuellen Handlungen der Menschen von der Mikro-Ebene auf die Makroebene der Zustände des sozialen Gebildes.

Gegeben sei beispielsweise die folgende Konstellation in einem Gremium, das über drei Alternativen x, y und z zu einer Entscheidung kommen soll. Das Gremium besteht aus drei Personen, die für die Alternativen die folgende Präferenz haben:

	Person		
	1	2	3
1. Präferenz	x	z	y
2. Präferenz	y	x	z
3. Präferenz	z	y	x

Die Entscheidungsregeln sehen vor, die Alternativen paarweise und hintereinander zur Abstimmung zu stellen. Betrachten wir zwei Varianten einer Agenda für die Abstimmung. In der Agenda a beginne die Abstimmung mit der Entscheidung zwischen x und y; danach wird zwischen dem Gewinner der ersten Runde und z entschieden. Das Ergebnis läßt sich aus der Präferenzordnung der drei Mitglieder leicht ableiten: In der ersten Abstimmung gewinnt x, weil es die Stimmen von Person 1 und 2 gegen die von Person 3 erhält. In der zweiten Abstimmung schlägt z aber x, weil z von den Personen 2 und 3 gegen Person 1 gewählt wird. Sieger ist bei dieser Agenda also die Alternative *z*. Die Agenda b beginne dagegen mit der Abstimmung zwischen z und x. Hierbei gewinnt z. In der zweiten Abstimmung verliert z aber gegen y. Das Ergebnis der kollektiven Entscheidung nach Agenda b ist also die Alternative *y*, die in der Agenda a schon im ersten Wahlgang durchgefallen war - obwohl die Alternativen, die Präferenzen und die Selektionsregeln der individuellen Akteure völlig gleich geblieben sind.

Das Beispiel zeigt die grundlegende Instabilität der Logik der Selektion bei allen sozialen Gebilden - gerade auf der Grundlage einer vollkommen konstanten Logik der Selektion bei den Akteuren. Schlaue Vorsitzende wissen das und nützen diese Inkonsistenzen im "Verhalten" von Gremien gerne durch geschicktes *agenda setting* aus.

Daran wird das Problem der Unvollständigkeit aller Makro-Gesetze des "Verhaltens" der Kollektive noch einmal deutlich (siehe dazu bereits Abschnitt 6.1 sowie Kapitel 7): Die Gesetze des kollektiven Handelns *sind* immer viel komplizierter und unvollständiger als die Logik der Selektion bei den individuellen Menschen. Kurz: Um das "Verhalten" sozialer Gebilde zu erklären, kann kein fixes und kein einfaches Gesetz eingesetzt werden, sondern es wird immer eine gesonderte *komplette* soziologische Erklärung für das Gebilde erforderlich sein. In Schema 6.5 wird diese indirekte Logik der Selektion bei einem sozialen Gebilde daran erkennbar, daß das "Verhalten" des sozialen Gebildes - die Beziehung von SG(1) auf SG(2) - selbst als kollektives Explanandum konzipiert ist, das *nur* von den individuellen Akteuren getragen und ein *aggregiertes* Ergebnis von deren Handeln ist.

Allerdings unterscheiden sich verschiedene Typen sozialer Gebilde darin, auf wie komplexe Weise ihr "Verhalten" zustandekommt und wie ähnlich sie in ihrem "Verhalten" zu den konsistenten Regeln des Handelns von natürlichen Personen sind (vgl. dazu Abschnitt 6.1 sowie Teil F).

Am einfachsten sind in dieser Hinsicht noch die *Aggregate* oder Kategorien von Akteuren - wie Alters- und Geschlechtergruppen. Solche Kategorien können selbst nicht "handeln". Sie sind nur ein weiterer Kontext für die Orientierungen der Akteure und können ganz einfach als zusätzliches Element der Logik der Situation der *individuellen* Akteure eingesetzt werden. Eine Mehr-Ebenen-Erklärung über eine eigene Meso-Ebene ist bei dem Handeln von Individuen als Mitglied bloßer Aggregate nicht notwendig. Allerdings können solche Aggregat-Kontexte sich in immer weiteren Ebenen nach oben verschachteln und so ein Mehr-Ebenen-System der *kontextuellen* Zugehörigkeiten der Akteure bilden: Familie, Verwandtschaft, Lindenstraße, Stadtteil, Stadt, Region, Nation, Weltgesellschaft.

Manchmal zeigen aber auch solche, immer ja bloß aggregierte Kollektive von Akteuren durchaus Reaktionsweisen "wie" Akteure: "Objektiv" gegebene Aggregate von Akteuren mit gleichen Interessen sind - einem Ausdruck von Karl Marx folgend - "Klassen an sich". Sie werden zu "Klassen für sich", wenn sich die Akteure über die Art und über die Gemeinsamkeit dieser Interessen "bewußt" werden, zu einem "Klassenbewußtsein" und zu einem koordinierten Klassen-"Handeln" finden. Dies gilt insbesondere im Fall der revolutionären Tat einer Klasse, durch die sie zur "Klasse an und für sich" wird. In diesem Fall spricht man auch von einer sozialen Klasse (oder einem anderen Aggregat von Menschen) als einem *kollektiven Akteur* (vgl. Abschnitt 6.1). Aber auch solche kollektiven Akteure wie eine Klasse für sich oder gar eine Klasse an und für sich sind keine Über-Subjekte, die unabhängig vom Handeln der individuellen Akteure sind und unabhängig davon "handeln" können. Das kollektive Handeln der kollektiven Akteure bleibt immer nur eine *Resultante* des Handelns von menschlichen Akteuren (vgl. dazu Kapitel 25 und 28).

Es gibt einen wichtigen dritten Typ eines sozialen Gebildes als Meso-Ebene zwischen der Gesellschaft und den Individuen: die *korporativen Akteure*. Diese Typen von sozialen Gebilden können - im Prinzip - genauso handeln, "als ob" sie selbst intelligente und konsistent handelnde Akteure wären. Sie besitzen sogar so etwas wie ein Bewußtsein. Sie haben - anders als eine Klasse an sich oder gar als eine Kategorie wie Alter oder Geschlecht - auch ein Entscheidungs- und ein Handlungszentrum. Und sie können sogar sprechen und zuhören, weil sie durch natürliche Personen als Agenten repräsentiert werden: Der Vorsitzende vertritt seine Partei als Parteivorsitzender. Der Bundeskanzler spricht für "Bonn" in "Washington", das seinerseits durch den Präsidenten seine Stimme findet. Für solche korporativen Akteure kann noch am ehesten unterstellt werden, daß ihr "Verhalten" ganz ähnlich selegiert wird wie bei den natürlichen Personen. Aber auch hier ist immer Vorsicht geboten: Auch das "Verhalten" der korporativen Akteure ist immer nur eine Resultante der kollektiven Entscheidungen von natürlichen Personen. Daher wird es auch hier immer erforderlich bleiben, das "Handeln" solcher korporativen

Akteure letztlich als eine aggregierte Resultante des kollektiven Handelns von natürlichen Personen zu erklären.

Vergleichsweise am unkompliziertesten ist bei der Einfügung einer Meso-Ebene sozialer Gebilde noch die *Logik der Aggregation*: Ist das "Verhalten" der sozialen Gebilde einmal erklärt, dann tritt nur ein ganz normales Transformationsproblem auf.

Im Beispiel ist dies sehr einfach: Die Aggregation des Anteils der Gebilde mit der Eigenschaft SG(d) im Vergleich zur Anzahl der Gebilde mit der Eigenschaft SG(m) über Variationen von S(1) hinweg. Daher konnte hier die Logik der Aggregation vom "Verhalten" des sozialen Gebildes hinauf zu den Scheidungsraten (S(2)) durch einen schönen durchgezogenen Pfeil symbolisiert werden. Und genau dies zeigt noch einmal, warum die Einbeziehung einer Zwischen-Ebene der sozialen Gebilde erforderlich war: Weil die Aggregation des Explanandums sich auf das "Verhalten" eines *sozialen Gebildes* bezog, *mußte* dies in einem gesonderten Schritt der soziologischen Analyse erklärt werden: Scheidungsraten lassen sich nur berechnen und erklären, wenn man weiß, unter welchen Umständen und warum *Ehen* auseinander gehen.

Fast immer werden soziologische Erklärungen mit solchen Zwischen-Ebenen der Modellierung sozialer Gebilde und bei den Interaktionssystemen von Akteuren beginnen müssen. Eine der ganz wenigen Ausnahmen scheint die Erklärung von Wahlergebnissen zu sein: Der Akt des Wählens ist tatsächlich (praktisch) immer eine isolierte Angelegenheit ganz individueller Akteure. Wozu gibt es sonst Wahlkabinen und das Wahlgeheimnis? Aber Wahlforschung ist bekanntlich ja nicht alles. Nicht ohne Grund war die Analyse des Anstiegs der Scheidungsraten in Kapitel 5 ohne langes Reden mit der Konstruktion eines Mikro-Modells der ehelichen Gemeinschaft und deren Zerfall begonnen worden. Ein anderes Beispiel, bei dem es wohl ausreicht, für das "Handeln" eines sozialen Gebildes nur die Logik der Situation und das Handeln bestimmter individueller Akteure zu betrachten, wären soziale Gebilde, bei denen - aus welchen Gründen auch immer - *ein* Akteur in der Tat das Sagen hat: Ludwig XIV. *ist* der Staat. Ein deutscher Professor *regiert* seinen Lehrstuhl in ganz ähnlicher Weise. Und in einer patriarchalischen Familie *wird* - ohne lange Abstimmungsprozesse - gegessen, was Mutter auf den Tisch bringt. Aber wo gibt es solche, für die soziologischen Erklärungen sehr angenehmen, weil sehr vereinfachenden, Verhältnisse denn eigentlich noch?

Wohl bei den meisten konkreten soziologischen Analysen wird also eine solche Zwischen-Ebene eingefügt werden müssen. Um welche sozialen Gebilde es sich bei den Zwischen-Ebenen zwischen "Individuum und Gesellschaft" handelt, ist für das formale Vorgehen gleichgültig. Immer muß die Dekomposition des "Verhaltens" des sozialen Gebildes bis hinunter auf die Mikro-Ebene der Akteure vorgenommen werden. Mit dem Einbezug von sozialen Gebilden kann das Schema im Prinzip beliebig nach oben erweitert und in immer weitere und sehr fein differenzierte Mehr-Ebenen-Zusammenhänge eingebettet werden.

Diese Hinweise auf die Möglichkeiten von soziologischen Mehr-Ebenen-Erklärungen sind keine bloße akademische Übung: Für moderne Gesellschaften ist - ganz allgemein - die sehr ausgebaute und sich in den verschiedenen Sphären oft überschneidende Meso-Ebene der Verbände, der Parteien, der Körperschaften und der anderen intermediären Instanzen charakteristisch. Da die natürlichen Personen dort oft gleichzeitig in ganz verschiedenen intermediären Gebilden eingebunden sind, sind die aggregierten Effekte sowohl des Handelns der Individuen als auch der korporativen Akteure der Meso-Ebene notorisch unvorhersagbar - wenn man nicht genau hinsieht und von den geschilderten Analysemöglichkeiten nichts weiß. Gerade aus dieser Neuen Unübersichtlichkeit bezieht - so sei angefügt - die moderne Gesellschaft einen Großteil ihrer Leistungsfähigkeit *und* ihrer Stabilität - ganz entgegen den naheliegenden Vermutungen, daß nur steuerbare und übersichtliche Gesellschaften auch stabile Gesellschaften sein können. Moderne Gesellschaften sind gerade über ihre Meso-Ebene ein nur lose, aber flexibel-fest gekoppeltes Konglomerat von Interdependenzen meist ganz indirekter Art.

Die Gesellschaft und die anderen sozialen Gebilde der Menschen sind immer *Prozesse* und immer *Mehr-Ebenen*-Angelegenheiten. Wir haben gesehen, daß dies im Modell der soziologischen Erklärung formal ganz problemlos berücksichtigt werden kann. Die Sequenzierung in offene, gerichtete oder zirkuläre Prozesse und die Differenzierung in verschiedene Zwischen-Ebenen ist jederzeit möglich - wenn dies für das Ziel der Erklärung des jeweiligen Problems als hilfreich erscheint.

Kapitel 7
Die Modellierung sozialer Prozesse

Soziologische Erklärungen bedeuten *immer* mehr als die noch so genaue Beschreibung von Sachverhalten und Abläufen. Man will ja auch den *allgemeinen* Mechanismus verstehen, aufgrund dessen ein spezielles kollektives Ereignis auf eine spezielle soziale Situation folgte. Dabei interessieren die *typischen* kausalen Prozesse mehr als die bunte Vielfalt des tatsächlichen historischen Geschehens. Darin unterscheidet sich die Soziologie von Erzählkunst, von Literatur, von Volkskunde und von der Geschichte. Man kann dies auch so ausdrücken: Soziologische Analysen und Erklärungen laufen immer (auch) auf die Konstruktion von vereinfachenden und typisierenden *Modellen* hinaus (vgl. dazu oben Kapitel 4). Zum Abschluß dieses Teils B über die wichtigsten methodologischen und theoretischen Besonderheiten soziologischer Erklärungen sollen daher einige Regeln und Kriterien der erklärenden Modellierung sozialer Prozesse zusammengefaßt werden.

7.1 Erklärende Modelle

Eine gelungene Erklärung bedeutet die Einordnung eines Rätsels in im Prinzip bereits *bekannte* Zusammenhänge. Darin liegt ihre besondere Leistung: Die Reduktion und *nicht* die Vermehrung von Komplexität ist das Ziel der wissenschaftlichen Theoriebildung. Viele, auch gut verwendbare Erklärungen sind gleichwohl oft noch sehr komplex - im Sinne von aufwendig und unübersichtlich. Wenn die explanative Leistung aber mit besonders einfachen Mitteln möglich wird, dann verbessert sich das Verhältnis von Erklärungskraft und theoretischem Aufwand. Und um dieses Verhältnis geht es bei wissenschaftlichen Analysen nicht zuletzt auch: mit möglichst sparsamen Mitteln ein Höchstmaß an Aufklärung zu erreichen. Insoweit liegt in der *Vereinfachung* von Theorien ein wichtiges, eigenständiges Ziel. Genau hierin liegt der Wert von erklärenden Modellen.

Unter einem (formalen) *Modell* versteht man ein deutlich stilisiertes und stark vereinfachendes Muster, das einen bestimmten *Typ* von Zusammenhängen und Mechanismen für *typische* Fälle ganzer *Klassen* von Situationen oder Prozessen angibt. Modelle beziehen sich also in erster Linie auf *formale* Eigenschaften einer Situation oder eines Prozesses - ganz unabhängig von dem jeweiligen inhaltlichen Vorgang.

Die Modellierung des Grundmodells

Die vereinfachende Modellierung sozialer Prozesse muß immer bereits an der soziologischen Erklärung selbst, also an den drei Logiken, ansetzen.[1]

Die Annahmen hinsichtlich der *Logik der Situation* modellieren die Beziehung zwischen Situation und Akteur über die beschreibenden *Brückenhypothesen* (vgl. dazu oben Abschnitt 6.2). Bereits hier sollte so einfach wie möglich begonnen werden.

Die Brückenhypothesen übersetzen zunächst auf möglichst typisierte Weise die "objektiven" Merkmale der Situation in die beiden zentralen Variablen der Logik der Selektion: Erwartungen und Bewertungen. Beispielsweise: Bei einer großen Gruppe (mit N=1000 Personen) sei die subjektiv wahrgenommene Wahrscheinlichkeit (p) dafür, mit einer Handlung etwas zu erreichen, systematisch kleiner als bei einer kleinen Gruppe (sagen wir von N = 3 Personen). Im einfachsten Fall und ohne nähere Informationen über die "wirkliche" Einschätzung der Gruppengröße durch die Akteure könnte man als Brückenhypothese für die Verbindung zwischen dem Situationsmerkmal Gruppengröße und den subjektiven Erwartungen der Akteure daher den Quotienten p = 1/N annehmen. Dies ist eine erste, stark vereinfachende, wahrscheinlich nicht sehr realistische, aber vielleicht doch schon brauchbare Brückenhypothese von einem objektiven Situationsmerkmal auf die subjektive Erwartung der Akteure über die Wirksamkeit ihres Handelns in der Gruppe.

Die Annahmen für die Modellierung der *Logik der Selektion* betreffen den nomologischen Kern der soziologischen Erklärung. Es geht um die dort einzusetzende erklärende *Handlungstheorie*. Gerade hier sollen die Annahmen möglichst einfach sein, weil es der Soziologie ja *nicht* primär um die Erklärung des Handelns "an sich" geht, wofür sich eher die Psychologie oder die Psychoanalyse interessieren mögen.

Eine denkbare und auch erfreulich einfache Annahme über ein Gesetz des Handelns wäre etwa, daß jedes Handeln eine nutzenmaximierende Wahl ist (vgl. oben Abschnitt 6.3). Sicher wären auch andere, ähnlich einfache Prinzipien der Logik der Selektion möglich. Man muß sich nur entschließen, *eine* der denkbaren Varianten anzugeben - und zwar eine solche, die auch die Modellierung von Brückenhypothesen zuläßt und *genaue* Vorhersagen über die Selektion eines *bestimmten* Handelns bei Vorliegen *bestimmter* Randbedingungen macht. In den allermeisten Fällen ist dieser Schritt der Wahl einer Handlungs-

---

[1] Vgl. dazu Reinhard Wippler und Siegwart Lindenberg, Collective Phenomena and Rational Choice, in: Jeffrey C. Alexander, Bernhard Giesen, Richard Münch und Neil J. Smelser (Hrsg.), The Micro-Macro-Link, Berkeley-Los Angeles-London 1987, S. 144ff.

theorie der am wenigsten problematische. Aber: Man *muß* ihn auch tun - und das möglichst *präzise* und *explizit*.
Gelegentlich entsteht dabei das Problem, daß eine präzise Theorie des Handelns für die Erklärung zu einfach und zu sehr stilisiert ist - wie die Preistheorie der neoklassischen Ökonomie und das dazugehörige Modell des homo oeconomicus; daß aber eine realistischere Theorie des sozialen Handelns zu kompliziert und zu unpräzise ist, als daß sie bei diesem Schritt der erklärenden Modellierung zu gebrauchen wäre - wie etwa die psychoanalytische Theorie nach Sigmund Freud oder die nach Erich Fromm. Dann ist es oft besser, die zwar falsche, aber präzisere und einfachere Handlungstheorie beizubehalten - solange sie *instrumentell* zu guten Resultaten führt und auch riskante Prognosen erlaubt, die sich empirisch bestätigen (vgl. zum Instrumentalismus bereits Kapitel 4, sowie noch Abschnitt 7.3 zum Problem der abnehmenden Abstraktion).

Die Notwendigkeit zur vereinfachenden Modellierung wird bei der *Logik der Aggregation* besonders deutlich.[2] Es geht dort um die Formulierung möglichst unkomplizierter *Transformationsregeln*, aus denen sich das kollektive Explanandum korrekt ableiten läßt. Es gibt drei verschiedene Arten von Transformationsregeln: Modelle der statistisch-mathematischen Transformation, die Anwendung von institutionellen Regeln und die sog. partiellen Definitionen.

Beispiele für einfache Modelle der *mathematisch-statistischen* Aggregation wären die Scheidungsraten, die Qualitätsmaße für die Autoproduktion oder die besondere Gestalt von Prozessen der Diffusion (siehe dazu das Modell einer Diffusion unten). Für eine leicht nachvollziehbare *institutionell definierte* Aggregation individueller Handlungen wäre die Sitzverteilung im Parlament nach der Regel der Fünf-Prozent-Klausel bei der Aggregation der Rohwerte von Wahlergebnissen (als den "individuellen Handlungen") ein Beispiel. Als Beispiel für eine einfache *partielle Definition* als Transformation individueller Handlungen in ein kollektives Explanandum könnte man das psychische Ende einer Ehe nehmen: Das psychische Ende einer Ehe liege "definitionsgemäß" dann vor, wenn mindestens einer der Partner die Ehe nicht mehr aufrechterhalten will.

Bei Aggregationen sind die partiellen Definitionen besonders wichtig, weil erst darüber überhaupt ein Zugang für die weitere Modellierung möglich ist. Solange man nicht weiß, wie eine Scheidungsrate, eine Partei oder eine Demonstration "definiert" sind, kann mit einer Erklärung derselben nicht begonnen werden. Partielle Definitionen legen die *empirischen* Bedingungen fest, wann davon gesprochen werden soll, daß ein kollektives Ereignis vorliegt und wann nicht. Es handelt sich um einen *Spezialfall* der *operationalen Definition*, der Meßbarmachung von theoretischen Begriffen.

---

[2] Vgl. die Darstellung bei Siegwart Lindenberg und Reinhard Wippler, Theorievergleich: Elemente der Rekonstruktion, in: Karl Otto Hondrich und Joachim Matthes (Hrsg.), Theorievergleich in den Sozialwissenschaften, Darmstadt und Neuwied 1978, S. 223ff.

Liegt die (partielle) Definition des kollektiven Ereignisses vor, dann müssen "nur" noch die entsprechenden Messungen vorgenommen werden. Hat der Forscher die empirischen Ergebnisse, dann kann er feststellen, ob das Explanandum vorliegt oder nicht; im Beispiel: welche ehelichen Beziehungen die Bedingungen der Definition "psychisches Ende" erfüllen und welche nicht. "Partiell" ist die partielle Definition deshalb, weil es auch ganz andere Definitionen des psychischen Endes von Ehen geben könnte. Beispielsweise: Beide Partner wollen nicht mehr; es liegt eine Trennung von Tisch und Bett vor; der Ehegewinn ist auf null gesunken u.ä. Das kollektive Ereignis ist in diesem Fall nichts als eine Frage der (nominalen) Definition einer bestimmten, vorher festgelegten Konstellation individueller Handlungen und anderer Randbedingungen. Das juristische Ende von Ehen wäre wohl leichter und sogar "vollständig" zu "definieren": Es liegt genau dann vor, wenn die Ehe rechtskräftig geschieden ist. Dies wäre eine zwar einfache, aber für die gestellte Frage unzweckmäßige Transformationsregel, weil man das psychische Ende von Ehen erklären will; nicht jede nicht-geschiedene Ehe ist aber auch psychisch lebendig.

Oft bestehen Aggregationen aus allen drei dieser Arten von Transformationsregeln. Auf *jeden* Fall muß zunächst definiert werden, wann das kollektive Ereignis empirisch vorliegen soll und wann nicht. Ob institutionelle Regeln wichtig werden und ob man die Aggregation über ein mathematisches oder statistisches Verfahren zusammenfassen kann, hängt dagegen vom Einzelfall ab.

Das Problem der vereinfachenden Modellierung bezieht sich auf alle drei Arten von Transformationsregeln. Gerade bei der Logik der Aggregation kann man rasch sehr komplizierte Verhältnisse antreffen. Um so wichtiger wird die Kunst der Reduktion von Komplexität bei der Suche nach den gerade ausreichenden Transformationsregeln, die hinauf auf die Ebene des kollektiven Explanandums führen.

Sinnvoll vereinfachen kann man aber nur, was in seiner Komplexität und in seinen verborgenen Zusammenhängen bekannt ist. Dies erzwingt die sorgfältige und detaillierte Analyse und Beschreibung des jeweiligen Einzelfalls zur Formulierung der Brückenhypothesen und der Transformationsregeln geradezu. Soziologische Erklärungen haben mit der "ahistorischen" Anwendung von abstrakten "Gesetzen" nichts zu tun. Ein breites *Hintergrundwissen* über die sozialen und institutionellen Strukturen ist daher die *erste* Bedingung jeder vereinfachenden Modellierung sozialer Situationen und historischer Konstellationen. Verglichen damit ist der Einsatz einer Handlungstheorie bei der Logik der Selektion eine simple Sache. Dieser Schritt ist aber dennoch unerläßlich und im Einzelfall auch alles andere als trivial - nicht zuletzt weil es ein allgemeines empirisches Gesetz immer geben *muß*, damit das Ganze überhaupt eine Erklärung sein kann. Die Hauptlast der Arbeit liegt aber ohne Zweifel in der empirischen Analyse der Besonderheiten der Situation - und deren daran anschließender typisierender Vereinfachung in den Brückenhypothesen und in den Transformationsregeln.

Damit wird aber erneut deutlich: Soziologen müssen sich *sowohl* für allgemeine Gesetze *wie* für die sozial und historisch einmaligen Strukturen und Institutionen von Gesellschaften, *wie* für abstrakte formale Modellierungen, *wie* für die damit zusammenhängenden Techniken interessieren. Und sie müssen sich für die Analyse aller dieser Bereiche ganz unterschiedliche Kompetenzen aneignen. Man kann keinen der Bereiche einfach als unwichtig beiseite schieben oder sich nur auf einen spezialisieren und das andere den Kollegen - womöglich noch aus anderen Disziplinen - alleine überlassen.

Situations- und Prozeß-Modelle

Die Vereinfachungen - auf allen Ebenen der soziologischen Erklärung - sollten nach Möglichkeit mit Hilfe bereits vorliegender und hinsichtlich ihrer formalen Eigenschaften bekannter Modelle erfolgen. Zwei wichtige Arten solcher Modelle lassen sich unterscheiden.

Die eine Modellklasse beschreibt typische *Situationen*, in denen sich Akteure befinden können. Wir wollen solche Modelle daher auch als *Situations-Modelle* bezeichnen. Es sind, wenn man so will, abstrakte Typen von Brückenhypothesen (manchmal auch unter Benennung typischer kollektiver Effekte; siehe das folgende Beispiel).

Eine besonders wichtige Art solcher Situations-Modelle sind die, die die *Interdependenz* von Akteuren beschreiben. Das heißt: Das Ergebnis des Handelns hängt davon ab, was der andere Akteur jeweils tut - und umgekehrt. Die sog. Spieltheorie ist eine mathematische Disziplin, die sich mit den formalen Eigenschaften solcher Interdependenz-Modelle befaßt. Für die Soziologie werden solche spieltheoretischen Situations-Modelle deshalb besonders wichtig, weil sie sich auf sehr viele, inhaltlich ganz unterschiedliche Situationen anwenden lassen. Ein Beispiel für ein solches spieltheoretisches Situations-Modell wäre das sog. Gefangenendilemma (kurz: PD von prisoners dilemma).

Das PD ist eine Situation - ein "Spiel" - mit zwei Spielern A und B, von denen jeder zwei Möglichkeiten hat: entweder zu kooperieren (K) oder nicht zu kooperieren (D). Jeder muß seine Wahl treffen, ohne zu wissen, was der andere tun wird. Es gibt damit vier Konstellationen: KK - beide kooperieren; DD - niemand kooperiert; KD - A kooperiert, B nicht; DK - B kooperiert, A nicht. Wichtig ist nun, was die einzelnen Akteure bei jeder dieser Kombinationen erwarten können. Hier sei angenommen: Bei gemeinsamer Kooperation gewinnen die Akteure jeweils drei Einheiten eines für sie wertvollen Gutes. Bei beiderseitiger Non-Kooperation gewinnt jeder nur eine Einheit. Bei einseitiger Kooperation wird die Sache etwas komplizierter: Der (gutmütig) kooperierende Akteur bekommt nichts, wenn der andere Akteur nicht kooperiert, während der dabei nicht kooperierende Akteur eine Extra-Belohnung erhält: fünf Einheiten. Diese Konstellation läßt sich wie in Abbildung 7.1 dargestellt zusammenfassen.

Das kollektive Ergebnis dieser Konstellation läßt sich leicht ausmalen: A wird überlegen, daß es für ihn auf jeden Fall besser ist, nicht zu kooperieren (D), da er sich - egal was B tut - dann immer besser steht: Reagiert B mit K, so gewinnt A mit dem

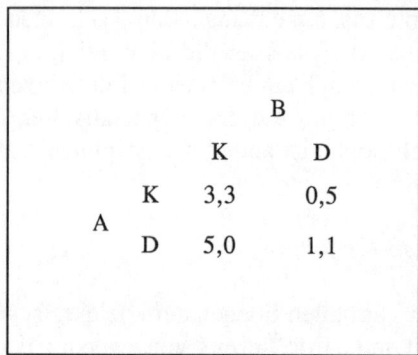

Abb. 7.1: Das Modell des Gefangenendilemmas

Verhalten D 5 Einheiten gegenüber 3 Einheiten bei einem kooperativen Verhalten. Reagiert B dagegen mit D, gewinnt A mit D immer noch eine Einheit gegenüber null Einheiten, wenn er selbst kooperieren würde. Da B die gleichen Überlegungen anstellt, landen die Akteure beide in der Konstellation DD - und erhalten somit (mit zusammen zwei Einheiten) ein deutlich geringeres kollektives Ergebnis als es bei vertrauensvoller Kooperation (mit zusammen sechs Einheiten) möglich gewesen wäre. Das Modell setzt im Wesentlichen nur eine formale Bedingung voraus: Daß die Auszahlungen in einer bestimmten Weise geordnet sind (hier nur für A; für B würden die Ungleichungen analog gelten müssen): DK > KK > DD > KD. Dies ist hier erfüllt, da sich für A die Werte in den Konstellationen tatsächlich so verteilen: 5 > 3 > 1 > 0.

Das Modell des Gefangenen-Dilemmas läßt sich auf inhaltlich sehr unterschiedliche Situationen anwenden: Soll ein Unternehmen eine für alle profitable Preisabsprache einhalten - oder der Versuchung nachgeben, durch einseitiges dumping einen schnellen Gewinn einzustreichen? Soll eine Ehefrau zugunsten eines "richtigen" Familienlebens, das sie sich selbst wünscht, auf den Beruf verzichten - auch unter der Gefahr, nach einer Scheidung als die Dumme dazustehen? Soll ich in einem eigentlich für alle zerstörerischen Streit nachgeben, auch wenn die Gefahr besteht, daß nur die anderen auf meine Kosten gewinnen? Und so weiter. Die formale Struktur der geschilderten Situationen ist immer die gleiche - ebenso wie das Ergebnis: Alle durchbrechen das Preiskartell, niemand verzichtet auf die Karriere, alle fechten den Streit bis zum bitteren Ende aus.

Die andere Klasse von Modellen ist jene, die typische *Sequenzen* von idealisierten Prozessen beschreibt. Wir wollen sie als *Prozeß-Modelle* bezeichnen. Prozeß-Modelle beschreiben nicht nur einzelne Situationen, sondern typische Sequenzen unter idealisierten Bedingungen des Wechsels von einer Situation zur anderen als Folge der Bedingungen der vorhergehenden

Situation und entsprechenden Kausalgesetzen. Das Prozeß-Modell der Diffusion ist ein solches Modell.

Eine Diffusion ist der typische Prozeß einer erst zunehmenden und dann wieder abnehmenden *Rate* der Ansteckung einer Population mit einem Grippe- oder AIDS-Virus, der Verbreitung eines Gerüchts, einer modischen Neuerung, einer neuen Technik o.ä. Das formale Modell eines Diffusionsprozesses ist in seiner Grundstruktur sehr einfach. Angenommen wird eine Population, in der jedes Mitglied eine gewisse Anfälligkeit für eine Ansteckung hat, wenn es mit einem Virus, einem Gerücht, einer modischen Neuerung o.ä. in Kontakt kommt. Im einfachsten Modell wird angenommen, daß alle Akteure die gleiche individuelle Anfälligkeit haben und daß sie sich zufällig begegnen.

Wenn diese *idealisierenden* und *vereinfachenden* Bedingungen zutreffen, dann nimmt der Prozeß einen ganz typischen Verlauf: Zu Beginn des Prozesses ist niemand von einem Virus, einem Gerücht oder einer Modetorheit befallen. Dies geschieht dann - per Zufall zum Beispiel - zunächst bei nur einem Mitglied der Population. Dieses Mitglied trifft zufällig mit einigen anderen Mitgliedern der Population zusammen. Darüber werden diese Kontaktpersonen angesteckt. Diese treffen wieder andere Personen, die dann ... und so weiter. Dadurch pflanzt sich die Ansteckung lawinenartig wie in einem Schneeballsystem fort. Die Rate der Ansteckungen steigt zunächst also mit der Zeit t exponentiell an: Zunehmend mehr Mitglieder der Population werden immer rascher von dem Prozeß erfaßt.

Dieser Vorgang stößt aber an eine *endogene* Grenze: Da mit der fortschreitenden Ansteckung gleichzeitig der Anteil derjenigen in der Population, die noch nicht angesteckt sind, notwendigerweise kleiner werden *muß*, sinkt ab einem bestimmten Punkt die Rate der Ansteckungen wieder ab, weil es immer weniger Kontaktpersonen gibt, die noch nicht angesteckt sind. Über diese vom Prozeß *selbst* erzeugte Gegenbewegung sinkt die Rate der Ansteckung schließlich wieder auf null - bis zu dem Zeitpunkt, zu dem der Virus, das Gerücht oder die Modetorheit auch das letzte Mitglied der Population erfaßt haben und es deshalb keine neuen Ansteckungen mehr geben *kann*.

Der Verlauf des Prozesses der Erfassung einer Population durch eine solche Diffusion von einem zögernden Beginn über die lawinenartige Zunahme und des Umschlags in die Verlangsamung bis zur asymptotischen Erfassung des letzten Mitglieds folgt unter den genannten Annahmen daher einer typischen S-förmigen Struktur (Abbildung 7.2). Etwas formaler läßt sich das Modell der Diffusion und der typische Verlauf der Ansteckung so zusammenfassen und begründen.[3] N sei die Größe der Population, A(t) sei die Teilgruppe der noch nicht infizierten Anfälligen, und I(t) die Teilgruppe der zum Zeitpunkt t bereits Infizierten. Damit gilt: N = A(t) + I(t). Es sei y(t) der *Anteil* der Infizierten I(t)/N und entsprechend 1-y(t) der *Anteil* der noch nicht Infizierten der Population A(t)/N zum Zeitpunkt t. Unter der Annahme, daß sich die Personen zufällig treffen, ist die Treffwahrscheinlichkeit eines Infizierten mit einem nicht infizierten Anfälligen daher y·(1-y) zu jedem beliebigen Zeitpunkt t. Mit b sei die Wahrscheinlichkeit bezeichnet, daß ein Treffen eines Infizierten mit einem Anfälligen zu einer neuen Ansteckung führt; b wird auch die Infektionsrate oder die Anfälligkeit der Mitglieder der Population genannt. Damit gilt für die Rate der Ansteckung zu einem Zeitpunkt t die formale Beziehung: $dy/dt = y'(t) = b \cdot y(t) \cdot (1-y(t))$.

---

[3] Vgl. dazu Michael Olinick, An Introduction to Mathematical Models in the Social Sciences, Menlo Park, Cal., u.a., 1978, S. 352ff; John W. Bishir und Donald W. Drewes, Mathematics in the Behavioral and Social Sciences, New York-Chicago-San Francisco-Atlanta 1970, S. 435f.

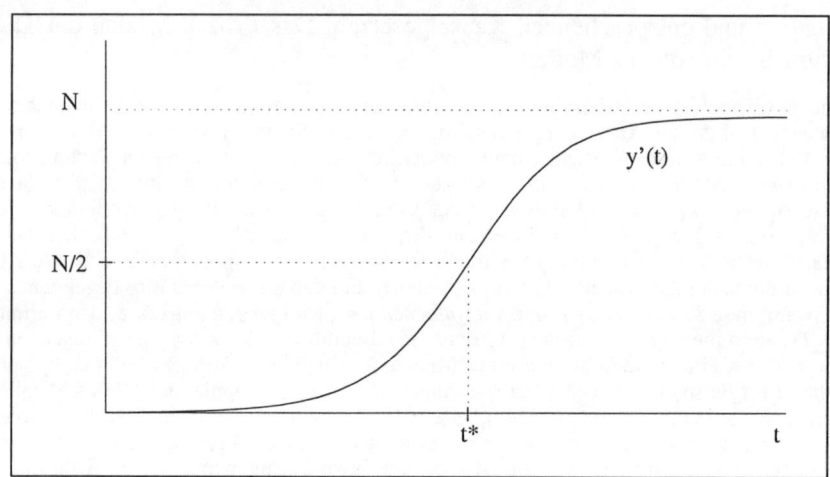

Abb. 7.2: Das Modell des Prozesses einer Diffusion

Zunächst ist y noch sehr klein und daher auch die Ansteckungsrate y'(t), die ja das *Produkt* der drei Größen b, y und 1-y ist. In Abbildung 7.2 ist diese Ansteckungs*rate* nichts anderes als die *Steigung* der Kurve über die Zeit t. Diese Steigung y'(t) steigt - wie man sieht - zunächst allmählich an: Mit dem Verlauf des Prozesses wird I(t) notwendigerweise größer. Damit steigt auch y(t), und darüber dann das Produkt b·y(t)·(1-y(t)). Das Produkt wird maximal bei y=.50 (und damit: 1-y=.50), also bei I(t) = N/2.

Dies ergibt sich schon aus der einfachen Überlegung, wonach die Kern-Funktion der Gleichung x = y(1-y) dort ihr Maximum erreicht, wo ihre erste Ableitung gleich null ist. Formt man die Funktion x um, so ergibt sich: x = $y-y^2$. Die erste Ableitung von x ist x'= 1-2y. Und der Maximalpunkt von x liegt bei x'= 0 = 1-2y. Also: Bei y = .50 oder bei N/2 wird die Steigung der Funktion y'(t) am größten.

Nach diesem Maximalpunkt der Ansteckungsrate sinkt y'(t) wieder ab, weil sich nun A(t) immer weiter auszehrt und darüber 1-y(t) immer kleiner wird. Die Ansteckungsrate geht so allmählich wieder gegen null - weil kaum noch ein Treffen mit einem noch nicht Angesteckten erfolgen kann, da schon fast die ganze Population erfaßt ist.

Ergänzt sei noch, daß die Geschwindigkeit des Prozesses, also die Zeit, die es braucht, damit die gesamte Population erfaßt ist, auch von b abhängt: Bei einem kleinen b dauert der Prozeß, bis der Umschlagspunkt t* erreicht wird, länger. Die typische S-Form der Ansteckungsrate bleibt aber immer erhalten.

Die S-Form des Prozesses ist selbst ein kollektives Phänomen, das die Akteure durch die besondere Art ihrer situationalen Interdependenz *und* durch ihre "Handlungen" - die individuellen Ansteckungen - hervorgebracht haben, ohne es so zu wollen und ohne sich dem Lauf der Dinge entgegenstemmen zu können. Er erhält seine übergreifende Struktur durch die *situationalen* Bedingungen der Kontakte (Zufalls-Treffen), durch die Gesetzmäßigkeiten der Ansteckung auf der Ebene der *individuellen* Akteure, durch die jeweils dadurch erzeugten *externen Effekte* und durch die daraus folgende *komplette*

Sequenz. Es ist ein Spezialfall des Sequenzmodells der soziologischen Erklärung gemäß Abbildung 6.4.

Auch das Modell der Diffusion ist auf sehr unterschiedliche Situationen und Arten auch der sozialen Ansteckung anwendbar: Demonstrationen und die "Selbstorganisation" sozialer Bewegungen, die Verbreitung neuer Techniken, die Spiralen des Schweigens wie des Überbordens der öffentlichen Meinung u.a. folgen alle seiner Mechanik (vgl. Abschnitt 19.1 zu einem weiteren Beispiel). Die S-Form und andere Eigenschaften des Vorgangs sind unter den angegebenen idealisierten Modell-Bedingungen für alle inhaltlich noch so unterschiedlichen Anwendungen vollkommen gleich. Georg Simmel hat an so etwas wohl bei seinem Konzept der formalen Soziologie gedacht.

Schon das Wissen um die formale Gleichförmigkeit eines inhaltlich spezifischen Ablaufes vereinfacht die Modellierung eines an sich komplex aussehenden Vorgangs ganz beträchtlich. Das "formale" Talent des soziologischen Theorie-Konstrukteurs besteht dann u.a. darin, in der bunten Vielfalt eines Geschehens - etwa der Leipziger Montagsdemonstration - die "Tiefenstruktur" eines bestimmten Modells, etwa: eines Diffusions-Modells, zu erkennen. Und seine "inhaltliche" Sensibilität als Soziologe bestünde darin, immer genau und unvoreingenommen zu untersuchen, ob im gegebenen Fall die idealisierenden Modell-Bedingungen auch tatsächlich zutreffen, so daß ein bestimmtes formales Modell angewandt werden kann. Das Problem und die "Wirklichkeit" müssen die Modellauswahl steuern - und nicht die Manie, ein bestimmtes Modell dem Fall um jeden Preis überstülpen zu wollen.

Modelle und Modell-Theorien

Eine wichtige Eigenschaft guter Theorien ist ihre Einfachheit. Gute Theorien sind zwar nicht immer auch einfache Theorien. Sicher ist auch nicht jede einfache Theorie auch eine gute bzw. eine auch empirisch haltbare Theorie. Aber bei der Wahl zwischen Theorien ähnlicher Erklärungskraft ist die einfachere Theorie der komplexeren Theorie immer vorzuziehen.

Ihre Einfachheit sieht man den Theorien oft nicht sofort an. Und das hat einen einfachen Grund: Sie bestehen oft aus komplexen *Kombinationen* verschiedener solcher Modelle. Die dabei verwendeten Modelle fungieren dann als Module für typische Situationskonstellationen und typische Teilsequenzen, die im Prinzip auch anderswo eingesetzt werden könnten. So können beispielsweise Situations-Modelle und Prozeß-Modelle miteinander kombiniert werden. Und das soll auch dann geschehen, wenn es erforderlich erscheint: "Reale" soziale Prozesse sind nur ganz selten über nur eines solcher (oder ähnlicher) Modelle zu beschreiben bzw. zu erklären. Meist sind sie aus ganz einzigartigen Mustern verschiedener Kombinationen zusammengesetzt.

Manchmal gelingt es aber, für eine Reihe unterschiedlicher sozialer Prozesse wiederum typische Klassen solcher Modul-Kombinationen zusammenzustellen, die dann eine Art von übergreifendem Großmodell für einen ganzen Sachverhaltsbereich bilden: Dann kann man von *Modell-Theorien* für diesen Sachverhalt sprechen. Modell-Theorien sind, wenn sie empirisch funktionieren, wieder verhältnismäßig einfache Klassen von nur äußerlich kompliziert erscheinenden Theorien, die für typische Abläufe *insgesamt* angewandt werden können. Auf diese Weise ließe sich das soziologische Wissen über grundlegende soziale Prozesse auch in sehr unterschiedlichen und zunächst sehr komplex erscheinenden Kombinationen zu ganzen Modell-Theorien (etwa: des Verlaufs sozialer Bewegungen oder der Entstehung von Rangordnungen) immer mehr vereinfachen - wenn jeweils die Anwendungsbedingungen gegeben sind.

Beispielsweise würde eine Modell-Theorie sozialer Bewegungen aus mindestens zweien solcher Modell-Module bestehen: Erstens ein Situations-Modell über einen Dauerkonflikt zwischen Gruppen - etwa über eine Konstellation, bei der die eine Gruppe immer genau das verliert, was die andere gewinnt; und ein daran anschließendes Prozeß-Modell über den "eigendynamischen" Prozeß der Mobilisierung von so motivierten Protesten zu einer Bewegung über ein Modell der Diffusion von Protestaktionen.

Man muß die Modelle im konkreten Fall *immer* auf die Erfüllung ihrer Voraussetzungen hin überprüfen und ggf. besonders begründen, daß sie wirklich einsetzbar sind. Das ist kein leichtes Geschäft, und die Gefahren des Selbstbetrugs sind besonders bei den Virtuosen der Modellierung hoch. Ist die Anwendbarkeit jedoch gegeben, dann kann man alle die Erkenntnisse für die Ableitung des Explanandums nutzen, die die Experten für die jeweilige Modellklasse erarbeitet haben. Bei dieser Überprüfung stellt sich aber meist das Problem, auf das wir noch in Abschnitt 7.3 zu sprechen kommen: Kann man es bei der - die Handlichkeit der Modelle fördernden - Abstraktion von den immer vorliegenden "Abweichungen" in der "Wirklichkeit" belassen? Oder muß man - notgedrungen - die Modelle nicht doch realistischer, damit aber meist auch: komplizierter, gestalten - und eventuell ganz auf diese Art der Vereinfachung verzichten?

7.2 Ein Beispiel

Es empfiehlt sich, das Vorgehen bei einer erklärenden Modellierung an einem Beipiel zu erläutern. Dazu wollen wir auf den Fall der Unwirksamkeit der umweltmoralischen Appelle zurückgreifen (vgl. Kapitel 3 und 5). Der erste Schritt ist immer die typisierende Charakterisierung der *Logik der Situation* der beteiligten Akteure.

Die *Akteure* sind alle Personen eines abgrenzbaren Kollektivs - zum Beispiel die Grundgesamtheit der Bevölkerung der westlichen Industrieländer oder die der Bundesrepublik. Dies ist die allgemeinste Makro-Ebene der Modellierung. Die Akteure bilden in aller Regel ein *Interaktionssystem*, insoweit sie füreinander einen wichtigen Teil der handlungsrelevanten Situation bilden (vgl. Kapitel 4.3 über die Mehr-Ebenen-Modelle). Das heißt: Es wird angenommen, daß die Akteure sich alle in ihren Entscheidungen auch daran orientieren, was die anderen Akteure tun, weil dies für ihr eigenes Handeln wiederum einen Bestandteil der (wahrgenommenen) Situation bildet. Zur Situation der Akteure gehört aber immer auch die weitere Makro-Ebene der *Umwelt*, in der das Handeln der Akteure in ihrem Interaktions-System stattfindet. Die Umwelt bildet definitionsgemäß alle dem Interaktions-System externen Bedingungen.

Hier wird der Einfachheit halber eine Konstanz der Umwelt angenommen. Das heißt: Wir werden nur ein Zwei-Ebenen-Modell betrachten. Mitunter können sich aber die Eigenschaften der Umwelt des Interaktionssystems auch ändern - z.B. durch eine Vergrößerung oder eine Verkleinerung des bisherigen Kollektivs der beteiligten Akteure, durch eine Änderung der klimatischen Bedingungen oder durch Einflüsse aus dem politischen Bereich, etwa in Form von Steuererhöhungen für Verpackungen. Spätestens dann wäre ein Mehr-Ebenen-Modell erforderlich, mit einer variablen Makro-Ebene "oberhalb" des Interaktionssystems.

Die nun wichtigen Elemente zur Modellierung der Logik der Situation über Brückenhypothesen sind die "objektiven" Bedingungen, die Alternativen und die Erwartungen bzw. die Bewertungen eventueller Konsequenzen bestimmter Alternativen.

Der Ausgangspunkt sind zwei "objektive" *Bedingungen*: Die Größe der Gruppe mit N und die jeweilige Anzahl n derjenigen, die sich umweltgerecht verhalten. Der Quotient n/N wäre dann der Anteil der umweltaktiven Akteure in der Gruppe. Bei den *Alternativen* ist die Sache sehr einfach: Jeder Akteur habe nur zwei davon - umweltbewußtes (K) oder umweltschädliches Handeln (D). Für die *Erwartungen* machen wir auch eine einfache Annahme: Es gebe immer eine Sicherheit, daß eine bestimmte Folge eintrete - etwa: daß ein Katalysator viel Geld kostet. Unsichere Erwartungen und Risiken bei den Erwartungen werden also nicht angenommen. Die Modellierung wird daher entsprechend nur über Annahmen hinsichtlich der Bewertung der Konsequenzen vorgenommen. Etwas komplizierter wird es mit den *Bewertungen*.

Wir wollen vier Elemente dafür annehmen: den Wert einer intakten Umwelt im Vergleich zur Umweltverschmutzung; den (eingeschätzten) Wert des eigenen Beitrags zur Verbesserung der Umwelt; den Wert der Kosten eines umweltgerechten Verhaltens; und den Wert einer Verletzung der Umweltmoral. Das Modell soll möglichst einfache Annahmen machen, die aber nicht völlig aus der Luft gegriffen sind. Hier geht es erst einmal darum, die relativen Größen der vier Bewertungen abzuschätzen - ohne in aufwendige empirische Erhebungen eintreten zu müssen. Solche Annahmen lassen sich am ehesten über paarweise Vergleiche von relativen Größen beurteilen.

Die erste Annahme lautet: Der Wert einer intakten Umwelt betrage maximal U(e). Wie weit dieser maximal mögliche Wert aber erreicht wird, hängt von den jeweils *realisierten* Bedingungen in der Situation ab. Diese Bedingungen sind durch den Anteil n/N der Akteure festgelegt, die sich umweltgerecht verhalten. Wir wollen hier eine sehr einfache lineare Annahme machen: Der tatsächlich realisierte Wert der Umwelt variiert linear mit dem Anteil n/N. Der realisierte Wert U(r) sinkt also linear mit dem Grad der Beteiligung und hat sein Minimum bei einer Beteiligung von 0%. Insgesamt: Der realisierte Wert der Umwelt U(r) ist: U(r) = (n/N) · U(e) mit n als Anzahl der Teilnehmer an umweltgerechtem Verhalten des Kollektivs mit einer Größe von insgesamt N.

Die zweite Annahme lautet: Die Beteiligung an umweltgerechtem Handeln kostet (mit Sicherheit) einen Betrag von C.

Die dritte Annahme: Der eingeschätzte Wertzuwachs bei U(r) durch die eigene Beteiligung ist gleich der Differenz (n+1/N) · U(e) - (n/N) · U(e). Dieser Wertzuwachs ist - wie hoch auch immer - auf jeden Fall aber kleiner als C. Dieser Wert des Wertzuwachses durch die Beteiligung einer Person sei mit U(i) gekennzeichnet.

Die vierte (und letzte) Annahme sei schließlich, daß es auch einen Wert der Befolgung der moralischen Appelle in Höhe von U(m) gibt. Dieser Wert ist aber relativ gering und in der Summe mit U(i) immer noch kleiner als C.

Diese Annahmen bilden die Summe der Brückenhypothesen zwischen den "objektiven" Eigenschaften der Situation (Gruppengröße und Grad der Beteiligung) und den Variablen der gewählten Handlungstheorie (Erwartungen und Bewertungen für die beiden Alternativen). Dieser Satz an Brückenhypothesen kann in knapper Weise in den folgenden beiden Gleichungen zusammengefaßt werden:

$$U(r) = (n/N) \cdot U(e)$$
$$C > U(i) + U(m).$$

Weiter soll der Einfachheit halber angenommen werden, daß sich diese Annahmen nicht mit der Teilnehmerzahl ändern. Damit kann man nun auf einfache Weise zwei allgemeine Annahmen über die Nutzenerwartungen für die beiden Alternativen D und K: U(D) und U(K) formulieren. Sie lauten:

$$U(K) = (n/N) \cdot U(e) - C + [U(i) + U(m)]$$
$$U(D) = (n/N) \cdot U(e).$$

Und daraus wird bereits klar, daß, unabhängig von der Teilnehmerzahl an umweltgerechtem Verhalten, die Bewertung von D *immer* höher ist als die von K. Denn: Da C *immer* größer ist als die Summe von U(i) und von U(m) und weil der Wert (n/N)·U(e) für beide Alternativen der gleiche ist, *muß* der Gesamtwert der Konsequenzen für D, bei jeder Rate der Beteiligung anderer Akteure, für jeden einzelnen Akteur immer höher sein als für K. Man kann diese Überlegungen und Folgerungen auch in einem graphischen Modell zusammenfassen (Abbildung 7.3).

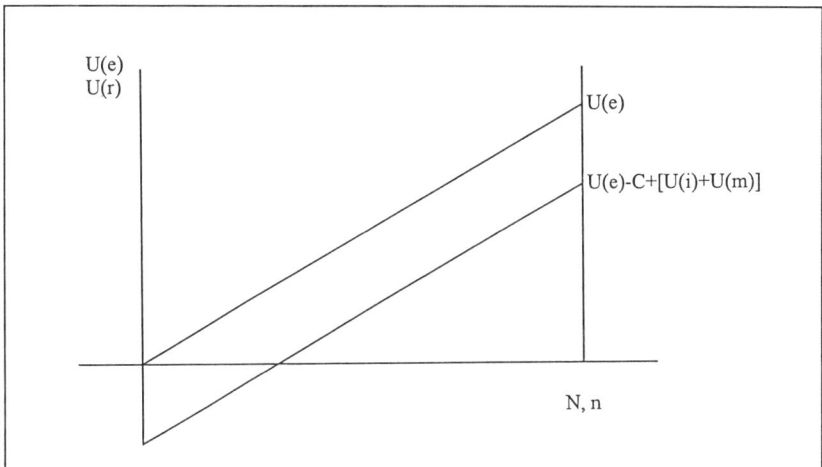

Abb. 7.3: Modell der Unwirksamkeit umweltmoralischer Appelle

Auf der senkrechten Achse sind die Bewertungen U(r) bzw. U(e) für die verschiedenen Situationen aufgeführt: von n/N=0 bis n/N=1 für das mit unterschiedlichen Graden der Beteiligung entstehende Kollektivgut Umwelt. Diese Bewertungen wurden jeweils für zwei Alternativen aus der Sicht der einzelnen Akteure aufgeführt: D für Umweltschädigung, K für Umweltschonung. Die Differenz in der Bewertung ist gleich der Bilanz der individuellen (subjektiven) Kosten einerseits und der moralischen Gewinne sowie des individuellen Beitrags zur Umweltverbesserung andererseits. Diese Bilanz ist - gemäß den Annahmen - *immer* negativ. Aus der graphischen Darstellung wird unmittelbar deutlich, daß unter *keinen* Umständen der Wert von K höher ist als der von D - wenn man von den Annahmen bei den Brückenhypothesen und bei der Modellierung der Logik der Situation ausgeht. Das liegt daran, daß die Kosten des umweltbewußten Verhaltens *immer* größer sind als die Summe des Nutzenzuwachses durch die eigene Beteiligung und des Wertes der Befolgung des eigenen umweltmoralischen Bewußtseins. Es wird also nicht geleugnet, daß es moralisches Bewußtsein *gibt*. Es wird nur angenommen, daß die Befolgung der moralischen Imperative *immer* mehr kostet als die zu erwartenden Folgen dem Akteur dann wert sind.

Dies war erst der erste Schritt: Die Modellierung der Logik der Situation - allerdings über alle denkbaren Situationen hinweg, in die die Akteure kommen können. Der aufmerksame Leser wird vielleicht gemerkt haben, daß das Modell die Struktur eines Gefangenendilemmas aufweist (vgl. Abschnitt 7.1) - allerdings in einer verallgemeinerten Form für N Spieler.

Der zweite Schritt ist die Wahl der *Handlungstheorie* zur Modellierung der Logik der Selektion. Er ist der unkomplizierteste Schritt. Hier wird die denkbar einfachste Regel der Selektion des Handelns angenommen: Akteure wählen aus den verfügbaren Alternativen diejenige, deren erwartete Konsequenzen am *höchsten* bewertet werden. Es ist die Regel der Maximierung des Produkts von Erwartungen und Bewertungen der Folgen des Handelns.

Die Wahl einer *bestimmten* Handlungstheorie ist keineswegs arbiträr. Sie sollte empirisch bewährt sein. Und sie sollte die möglichst unkomplizierte Modellierung von Situationen zulassen. Das ist keineswegs selbstverständlich. Die hier gewählte Handlungstheorie war - wie leicht zu sehen ist - schon für die Formulierung der Brückenhypothesen wichtig: Die Situation *kann* nur in den Variablen modelliert werden, die in der Prämisse der Handlungstheorie stehen. Und das waren hier *Erwartungen* und *Bewertungen*. Dies ist der Grund, warum die Wahl auch einer noch so simplen Handlungstheorie keinesfalls trivial ist: Sie legt fest, über *welche* Variablen die Logik der Situation modelliert werden *muß*. Die Handlungstheorie sollte daher schon aus ihrer Funktion für die Modellierung der Brückenhypothesen möglichst übersichtlich bleiben, möglichst nur wenige Variablen enthalten und die Bedingungen der Situation auf möglichst einfache Weise erfassen können - wie über Erwartungen und Bewertungen durch die Akteure. Mit der Annahme einer einfachen Handlungstheorie geht keineswegs einher, daß auch nur einfache Brückenhypothesen möglich wären: Auch mit einer sehr einfachen Handlungstheorie lassen sich beliebig komplexe Situationen modellieren. Die Komplexität von Situationen kann mit nur wenigen Grundvariablen in (nahezu) beliebiger Weise dargestellt werden.

Auch die Modellierung der Logik der Aggregation und die Formulierung einer *Transformationsregel* ist im vorliegenden Fall (thank goodness!) nicht schwer. Sie besteht aus der Summierung aller Akteure, die sich umweltgerecht verhalten, über die betrachteten Situationen hinweg. Die Transformationsregel beruht auf der Annahme, daß *alle* Akteure der Logik der Situation folgend zum *gleichen* Ergebnis kommen. Und dieses lautet: Unter *allen* Umständen ist es besser, sich nicht umweltbewußt zu verhalten. Und die Folge: 100% der Mitglieder des Kollektivs selegieren D und folglich die Fortsetzung der Umweltzerstörung - jedenfalls bis auf weiteres. Hier wird noch einmal deutlich, daß das Modell ein verallgemeinertes Gefangenendilemma darstellt: Alle N Akteure wählen die insgesamt für alle ungünstigste Konstellation, weil jeder einzelne Akteur befürchten muß, daß sein moralisches Bewußtsein nur ausgenutzt würde.

Im Beispiel war die Logik der Aggregation sehr einfach. Auch dies ist durchaus nicht die Regel. Im Gegenteil: Oft ist dies der komplizierteste und schwierigste Teil der Modellierung. Nicht zuletzt aus diesem Grunde gibt es - nach wie vor - in der Soziologie nur wenige (überzeugende) Modelle der Aggregation von Handlungen in kollektive soziale Phänomene.

Zur Demonstration des grundsätzlichen Vorgehens bei der vereinfachenden Modellierung eines Erklärungsproblems mögen diese Skizzen genügen. Auf ein Nebenergebnis des Beispiels soll aber noch einmal ausdrücklich hingewiesen werden: Es war durchaus kein Zufall, daß die Modellierung der Logik der Situation bzw. die Konstruktion der Brückenhypothesen - trotz aller Bemühungen um Einfachheit - am meisten Aufwand erforderten. Und es war auch kein Zufall, daß die Modellierung der Logik der Selektion durch eine fast schon langweilende Schlichtheit besticht, die Bedürfnisse nach Erbauung kaum befriedigen kann. So wird es (fast) immer aussehen: Die Modellierung der Brückenhypothesen trägt (neben der Formulierung der Transformationsregeln) meist die Hauptlast der Modelle, während die Logik der Selektion eigentlich nichts weiter erforderlich macht als die präzise Benennung weniger Variablen und einer genauen Regel der Selektion des Handelns.

7.3 Das Problem der abnehmenden Abstraktion

Das Modell der Unwirksamkeit der Umweltmoral ist von einer fast schon beunruhigenden Einfachheit. Man sollte aber zunächst immer froh sein, wenn die erklärende Modellierung des in Frage stehenden Problems auf eine so schlichte, aber doch auch wirkungsvolle Weise gelingt. Bei jeder Modellierung tritt indessen fast immer ein Problem auf, das oben bereits angeklungen war: Je einfacher ein Modell sein soll, umso stärker *müssen* seine Annahmen von der "Wirklichkeit" abstrahieren. Modelle sind in dieser Hinsicht notwendigerweise immer "falsch".

Das ist meist nicht besonders tragisch: Solange man mit den Modellen die interessierenden Sachverhalte befriedigend erklären kann, gibt es keinen Anlaß, ein besonderes Problem in den unrealistischen Modellannahmen zu sehen - selbst nicht in durchaus als falsch *bekannten* Annahmen. Modelle sollen erklären - und sonst nichts. Theorien und Modelle sind Instrumente zur Erkundung aber keine Manifestationen der Wirklichkeit. Erst beim Fehlschlagen der modellierten Erklärung wird es erforderlich, die gemachten Annahmen zu überdenken und ggf. zu modifizieren (dazu Kapitel 4.2).

Meist ist eine "Anpassung" des Modells an die Wirklichkeit leichter getan als nützlich wäre. Ein Modell nur mehr "realistisch" zu machen, ist keine besondere Kunst. Man erkauft sich dies *unvermeidlich*erweise mit Zusatzannahmen und folglich mit einer höheren Komplexität - und verschlechtert so den tradeoff des Verhältnisses von Einfachheit und Erklärungskraft. Die Kunst liegt darin, den Grad der Einfachheit bei allen notwendigen Änderungen des Modells möglichst beizubehalten und *dennoch* korrekt zu erklären. Von daher lohnt es sich immer, bei Anomalien eines einfachen Modells erst einmal im Rahmen der Ausgangsannahmen zu bleiben und diese erst dann zu ändern, wenn kein anderer Ausweg mehr möglich erscheint.

Dieses Problem, das Dilemma zwischen der Einfachheit und dem "Realismus" der Annahmen im Modell, wird das Problem der *abnehmenden Abstraktion* genannt. (Wippler und Lindenberg 1987, S. 142) Bei soziologischen Erklärungen stellt sich das Problem der abnehmenden Abstraktion bei allen drei Elementen der soziologischen Erklärung: bei den Brückenhypothesen, bei der Handlungstheorie und beim Transformationsproblem. Und jedesmal stellt sich das Problem anders dar.

Die abnehmende Abstraktion bei den Brückenhypothesen

Das Problem der abnehmenden Abstraktion ist für die Logik der Situation bzw. für die Modellierung der *Brückenhypothesen* besonders gravierend: Wie abstrakt und grob klassifizierend kann die Situation typisiert werden? Und wie genau müssen die Idiosynkrasien jedes einzelnen Akteurs berücksichtigt werden?

Man kann die Schwierigkeit im Umweltmodell bei der angenommenen einfachen Brückenhypothese zwischen der Gruppengröße und der Einschätzung des Wertes des eigenen Beitrags zum Umweltschutz mit $(n+1/N) \cdot U(e) - (n/N) \cdot U(e)$ gut erkennen: Es wird einfacherweise angenommen, daß *alle* Akteure diesen Wert *genau* proportional zu ihrem individuellen Beitrag ansetzen. Sofort wird das Problem klar: Stimmt diese Brückenhypothese immer, im gegebenen Fall, überhaupt? Und wenn nein: Welche andere Regel sollte man annehmen? Eines erscheint indessen schon sicher: Eine genaue Erhebung der "wahren" Bewertungen ihres Beitrags für alle Akteure wäre weder durchführbar, noch sinnvoll und sicher auch nicht mit dem Sparsamkeitsgebot der Modellierung sozialer Prozesse vereinbar.

Die Modellierung der Erwartungen und Bewertungen im Kontext der durch die Situation gegebenen Bedingungen sollte daher mit der denkbar *einfachsten* Annahme beginnen: Zunächst mit der Annahme konsistenter Bewertungen für die Handlungskonsequenzen und von objektiven, nicht überschreitbaren Grenzen des Handelns - auch wenn diese Grenzen den Akteuren nicht bekannt sind. Daß die Akteure über die objektiven *constraints* und über den *feasible set* ihrer Möglichkeiten nichts wissen müssen, kann getrost schon deshalb angenommen werden, weil spätestens beim Handlungsversuch deutlich wird, daß außerhalb der Grenzen der Handlungsmöglichkeiten ein Handeln ausgeschlossen ist. Diese Annahme ist praktisch äquivalent mit der, daß die Akteure die Umgebung objektiv und *perfekt informiert* wahrnehmen. Das sind die Annahmen über den sog. *homo oeconomicus* (vgl. Kapitel 14 dazu). Diese - sicher meist: heroische - Abstraktion der perfekten Information kann dann schrittweise aufgegeben werden: erst die Annahme von *unsicheren* Erwartungen und von *Risiken* des Handelns; dann die Annahme von *subjektiven* Erwartungen und Bewertungen, die aber immer noch konsistent sind; schließlich vielleicht auch die Annahme eines intern inkonsistenten *multiple self*, das seine Erwartungen und Bewertungen je nach Situation ändert.

Die schrittweise Lockerung sollte aber immer nur sehr vorsichtig geschehen: "Subjektive" Erwartungen und Bewertungen müssen ja über die *Akteure* selbst erhoben werden. Die Analyse der objektiven Situation durch den Forscher reicht dann nicht mehr aus. Ob sich das dann wirklich lohnt, ist meist eine mehr als offene Frage. Und ungeprüfte, nur ad hoc eingeführte Annahmen bloß zur Rettung des Modells sind in den erklärenden Wissenschaften ja bekanntlich unter Androhung der intellektuellen Todesstrafe verboten.

Die abnehmende Abstraktion bei der Handlungstheorie

Das Problem der abnehmenden Abstraktion wird auch für die Logik der Selektion und in Hinsicht auf die dort einzusetzende *Handlungstheorie* sofort erkennbar: Jedem Soziologen werden unmittelbar Argumente dafür einfallen, daß die nutzenmaximierende Selektion des Handelns eine wirklich heroische Simplifikation und Verfälschung der wirklichen Gesetze des Handelns wäre. Die Frage ist dann aber, welche andere, ähnlich einfache und (möglichst) erklärungskräftige Handlungstheorie hier einzusetzen wäre: Lerntheorie? Symbolische Interaktion? Emotionales Handeln? Rollentheorie? Für den ersten Schritt der Modellierung sollte daher *grundsätzlich* die einfachst denkbare Handlungstheorie gewählt werden: Die Theorie der Nutzenmaximierung bzw. die Regel der Zweckrationalität. Weil dieser Teil des Modells eigentlich derjenige ist, der am wenigsten durch spezielle Bedingungen beeinflußt ist, empfiehlt es sich hier *besonders* dringend, diese Annahme erst dann zu lockern, wenn es gar nicht mehr anders geht. Und das umso mehr, als es hier nicht viele Möglichkeiten gibt, die nicht sofort die gesamte Konstruktion der Erklärung sehr stören würden, weil mit der Änderung der Variablen der Handlungstheorie ja immer auch die Brückenhypothesen geändert werden müssen.

Dazu eine kurze Erläuterung. Max Weber hat neben der Zweckrationalität drei weitere "Typen" des Handelns vorgeschlagen: das wertrationale, das affektuelle und das traditionale Handeln. Für das zweckrationale Handeln lassen sich Handlungen leicht als in der Situation gegebene Mittel rekonstruieren, mit denen Akteure ihre Ziele auf unterschiedlich wirksame Weise erreichen können und die sie nach ihrer Geeignetheit für die Zielerreichung auswählen. Wie sollten aber für die anderen Typen des Handelns Situationen modelliert werden? Welche Selektionsregel wird jeweils angenommen? Wie und in welcher Richtung könnten sich Situationen auf den Ablauf des Handelns auswirken? Woran liegt es, daß die Akteure manchmal kühl und zweckrational, manchmal aber leidenschaftlich und affektuell handeln? Sollte der Wechsel im Modus des Handelns unerklärt bleiben? Und wenn nein: Welche Regel der Selektion dafür gibt es?

Ähnliche Fragen müßte man für alle anderen, nicht-rationalen Typen des Handelns stellen - etwa für das kreative oder für das vom Unbewußten gesteuerte Handeln. Damit wird keineswegs empfohlen, die Theorie der Nutzenmaximierung für sakrosankt zu erklären. Wohl aber: es sich *sehr* gut zu überlegen, ob man davon abweichen möchte, um dann eventuell ohne irgendeine Selektionsregel und ohne eine Möglichkeit zur Modellierung der Situation über Brückenhypothesen da zu stehen. Bevor man an die abnehmende Abstraktion der Handlungstheorie geht, sollten daher zunächst *alle* anderen Möglichkeiten bei den Brückenhypothesen und bei den Transformationsregeln (siehe unten) ausgeschöpft werden, die Anomalie in der Erklärung zu beseitigen.

Die abnehmende Abstraktion bei den Transformationsregeln

Das Problem der abnehmenden Abstraktion tritt auch bei der Logik der Aggregation und bei den *Transformationsregeln* auf: Nicht immer sind die Bedingungen mathematischer Aggregationen ja auch *real* erfüllt. Nicht immer sind es formelle, gut sichtbare und durch einen Sanktionsapparat auch verläßlich durchgesetzte institutionelle Regeln (wie beim Wahlsystem zur Erklärung der Sitzverteilung im Parlament), die individuelle Handlungen institutionell in ein kollektives Ereignis transformieren; sondern oft genug: *informelle* Regeln und geheime Abstimmungsklauseln in Hinterzimmern, von denen der Soziologe nichts weiß (wie bei der Erklärung der Aufstellung der Kandidaten einer Partei vor der Wahl). Und manchmal werden gerade auch die *subjektiven* Definitionen der Akteure wichtig für die partielle Definition der Existenz eines sozialen Gebildes (wie dies wahrscheinlich für Ehen der Fall sein dürfte). In allen diesen Fällen wird die Aggregation schwieriger und unhandlicher.

Es ist aber auch bei diesem Schritt keineswegs unmöglich oder gar verboten, hier realistischer zu werden: Statt mathematischer Transformationen könnten die wesentlich flexibleren Möglichkeiten der Computersimulation genutzt werden. Und selbstverständlich wäre es durchaus möglich, auch die Hinterzimmerregeln zu erkunden und die subjektive partielle Definition der Ehepartner darüber, ob *sie* ihre Ehe noch für intakt halten oder nicht.

Die abnehmende Abstraktion ist auf allen drei Ebenen im Grunde eine Angelegenheit, die für sich betrachtet von größter Wünschbarkeit wäre: Es handelt sich ja offenkundig jedesmal um eine "Vertiefung" des Wissens über die drei Logiken. Statt bloßer Annahmen über die einfachen "objektiven" Erwartungen wissen wir nun etwas über die "wirklichen", über die subjektiven Erwartungen der Akteure. Statt der einfachen, aber so wohl tatsächlich falschen Regel der bloßen Nutzenmaximierung wüßte man nun etwas über die Wahl eines Bezugsrahmens, vor dem Akteure auch ihre Selektionsregeln ändern und dann eben nach Werten oder Affekten handeln. Darüber forschen nicht zuletzt die Psychologen in letzter Zeit sehr intensiv. Und deren Erkenntnisse sollten die Soziologen nicht grundsätzlich ignorieren. In ähnlicher Weise wüßte man auch bei einer abnehmenden Abstraktion bei den Transformationsregeln mehr über die "wirklichen" Vorgänge (vgl. dazu noch Kapitel 15). Das kann alles für sich ein sehr interessantes eigenes Forschungsanliegen sein. Das Problem ist nur: Dieses zusätzliche Wissen kann im Rahmen einer Erklärung mit einer anderen Zielsetzung manchmal auch überflüssig sein und den payoff zur Einfachheit des Modells sehr verschlechtern. Und selbst die Soziologen können ja nicht alles wissen und nicht alles gleichzeitig tun.

7.4 Kriterien und Regeln der Modellierung sozialer Prozesse

Aus dem zuletzt genannten Grunde gibt es bei der Modellbildung ein noch allgemeineres Entscheidungsproblem: Welche Prioritäten sollen bei den Modellierungen soziologischer Erklärungen gesetzt werden und nach welchen Kriterien sollte man angesichts dieser Fragen vorgehen? Hinsichtlich dieser Prioritäten und Kriterien sei zunächst noch einmal an den *analytischen* Primat der Soziologie erinnert: Es geht um die Erklärung von *kollektiven* Sachverhalten und Prozessen (vgl. Kapitel 1). Es geht eben *nicht* um Individuen, um individuelles Handeln oder um die detailgenaue Beschreibung jeder Idiosynkrasie. Und es geht auch nicht um einen inhaltsleeren Modellplatonismus der reinen Abstraktion, der vielleicht einen Mathematiker in Entzücken versetzen könnte, aber für die Soziologie für sich gesehen ganz uninteressant wäre.

Für die an dieser Priorität der Erklärung kollektiver Phänomene orientierte Modellierung sozialer Prozesse haben Wippler und Lindenberg (1987, S. 144ff.; Lindenberg 1985, S. 100ff.) fünf Kriterien vorgeschlagen. Diese sind:

1. Es sollte für die Formulierung der Brückenhypothesen, der Handlungsgesetze und der Aggregationsregeln nicht allzu viel an Information über "einzelne" Individuen erforderlich sein, um bestimmte strukturelle Vorgänge zu erklären. Also: Es muß - zunächst - ausreichen, Modelle von *typischen* Situationen für *typische* Erwartungen und Motivationen und für *typische* Muster von Handlungsalternativen zu erstellen. Eine Modellierung, die *weniger* Parameter erfordert, ist daher einer - ansonsten etwa gleich erklärungskräftigen - komplexeren im Prinzip vorzuziehen.

2. Die Formulierung von Brückenhypothesen (und damit: die Modellierung der Logik der Situation) muß auf eine möglichst *unkomplizierte* Weise möglich sein.

3. *Erkenntnisgewinne* in den Theorien des Handelns und des Verhaltens (in den damit speziell befaßten Disziplinen) müssen (im Prinzip) *Eingang* in die verwendeten Theorien zur Logik der Selektion finden können.

4. Es muß (im Prinzip) möglich sein, den Grad der Vereinfachung in der Handlungstheorie nach Bedarf zu verringern und stärker *realistische* Annahmen in die Modellierung aufzunehmen.

5. Die verwendete Handlungs-Theorie selbst soll - sowohl als psychologische Theorie wie im Zusammenhang mit ihrer soziologischen Verwendung - *gut bestätigt* sein und systematisch berücksichtigen, daß Menschen *findig*, *kreativ* und *initiativ* sind.

Wir wollen ein sechstes Kriterium hinzunehmen, das sich eigentlich von selbst versteht:

6. Die *Parameter* der Handlungstheorie sollen möglichst *präzise* benannt sein, und es muß eine *explizite* funktionale Beziehung zwischen den Parametern und der abhängigen Variablen - der zu erklärenden Handlung - angegeben werden. Ansonsten lassen sich weder präzise und einfache Brückenhypothesen formulieren, noch eine "Logik" der Selektion von Handlungen angeben.

Aus diesen Kriterien ergibt sich, daß einige der denkbaren Varianten an Handlungs- und Verhaltenstheorien sich nicht gut als handlungstheoretischer Kern soziologischer Erklärungen im o.a. Sinne eignen. Und es ergibt sich, daß bestimmte "Modelle des Menschen" - wie der homo sociologicus der klassischen Soziologie oder der homo oeconomicus der neoklassischen Nationalökonomie - nicht gut den Kriterien entsprechen, weil sie in ihren Annahmen sehr fixiert sind und Änderungen aufgrund von Erkenntnisgewinnen in den Nachbarwissenschaften oder aufgrund von Erfordernissen der abnehmenden Abstraktion nicht zulassen (vgl. dazu noch Kapitel 14 und 15).

Beispielsweise: Lerntheorien und Theorien der klinischen Psychologie sind zu kompliziert und lassen die Formulierung von Brückenhypothesen nur schwer zu. Die Verhaltensannahmen der Theorien der neoklassischen Ökonomie, die des sogenannten Utilitarismus also, sind für die Formulierung soziologischer Brückenhypothesen in der Regel zu inflexibel. Die soziologische Handlungstheorie - allen voran die sog. strukturelle Rollentheorie - ist zu stark auf die Determination des Handelns durch internalisierte oder externe Normen ausgerichtet und läßt daher Brückenhypothesen über andere Situationselemente ebenso schwer zu wie die Berücksichtigung der Initiative und Findigkeit der Akteure. Und die interaktionistischen Handlungstheorien - etwa im Anschluß an George Herbert Mead oder Jürgen Habermas, in deren Mittelpunkt gerade die Initiative und Kreativität der Menschen stehen - geben die Variablen und die Regeln der Selektion nicht präzise und nicht systematisch genug an, um für ihre theoretische Funktion im Kern der Logik der Selektion geeignet zu sein (vgl. dazu noch Kapitel 14 und 15).

Aus diesen Kriterien läßt sich auch ableiten, daß man in die Begründung der einzelnen Schritte nur so viel an Information wie gerade nötig einfließen läßt. Dies heißt aber, daß man eine Vertiefung bei jedem der drei Schritte nur bei besonderen Anlässen oder bei speziellen Interessen vornimmt.

Ein Beispiel: Die sog. interaktionistische Soziologie interessiert sich traditionellerweise besonders für die interaktive Konstitution von sozialen Situationen - etwa über Konversationen und Sequenzen von Interaktionen (vgl. dazu noch Kapitel 26 und 27). Für "normale" soziologische Erklärungen wird man diese Konstitution als gegeben annehmen wollen. Andererseits können die Ergebnisse solcher "Konstitutionsanalysen" für eine - eventuell nötige - Vertiefung der Analyse wertvolle Dienste leisten. Bevor man diesen Schritt jedoch tut, ist es - im Sinne des Prinzips der abnehmenden Abstraktion - aber empfehlenswert, daß man die "Konstitution des Sozialen" als unproblematisch annimmt. Aus dieser Perspektive ist es daher durchaus kein Mangel, wenn man die beständige Konstitution von Situationen über symbolische Interaktionen "voraussetzt" und nicht selbst problematisiert. Das sehen - im übrigen - die Interaktionisten ganz anders, weil sie sich zu Vereinfachungen nicht durchringen können. Mit der Folge: daß sie außer den liebevoll analysierten Kleinmilieus die Strukturen der Gesellschaft insgesamt kaum mehr wahrnehmen (vgl. dazu Kapitel 30).

Für die Modellierung sozialer Prozesse kann man - vor dem Hintergrund aller dieser Vorgaben und Überlegungen - dann die folgenden einfachen Empfehlungen geben:

1. Beginne mit *möglichst* einfachen und unkomplizierten Annahmen - über die Brückenhypothesen, über die Handlungstheorie und über die Transformationsregeln!

2. Vertiefe die Annahmen nur *schrittweise* und nur dann, wenn *alle* anderen Möglichkeiten - auch die einer weiteren Vereinfachung! - ausgeschöpft und fehlgeschlagen sind!

3. Orientiere Dich bei der abnehmenden Abstraktion erneut am Prinzip der *Einfachheit* und daran, ob es für die neuen Annahmen bereits *fertige Modelle* in anderen Wissenschaften gibt (wie Modelle der Diffusion, des Wachstums, zyklischer Schwankungen, des Gleichgewichts von Märkten oder "Spielen", Anpassungsmodelle, Verhandlungsmodelle, Marktmodelle u.a.)!

4. Versuche *immer*, dennoch wieder zu den einfachen Annahmen des Ausgangsmodells zurückzukehren und die Anomalien in dem ursprünglichen Rahmen aufzufangen. Wissenschaft bedeutet vor allem die Integration des Neuen in bereits Bekanntes und

nicht die Aneinanderreihung von unverbundenen "Effekten" und "Phänomenen" mit begrifflichen Umschreibungen derselben!

5. *Hände weg* von der Verkomplizierung der *Handlungstheorie*, bevor nicht *alle* anderen Möglichkeiten ausgeschöpft sind!

Und schließlich ganz schlicht:

6. Modelliere so *einfach wie möglich* und so *realistisch wie nötig!*

Die Soziologie geht als Sammlung von begrifflichen Konzepten, empirischen Hypothesen, Teilmodellen und Teiltheorien auf eine Vielzahl von Einzelprozessen ein, die bei den meisten konkreten Modellierungen sozialer Prozesse unberücksichtigt bleiben können, weil sie zu "realistisch" sind. Daher muß am Schluß dieses Kapitels eine in einem Lehrbuch eigenartig anmutende Empfehlung stehen: Benutze die im Folgenden dargestellten Einzelheiten der theoretischen und empirischen Grundlagen der Soziologie bei der Modellierung sozialer Prozesse so sparsam wie nur möglich!

Warum sollte dennoch weitergelesen werden? Die Antwort ist leicht gegeben: Es wäre nützlich, Möglichkeiten der Vertiefung und der abnehmenden Abstraktion zur Hand haben - für den Fall, daß einmal ein Modell verändert werden muß. Dieser Fall tritt nämlich so gut wie immer ein, wenn es um ein konkretes Problem geht.

Teil C
Biologische und anthropologische Grundlagen

Kapitel 8
Biologische und soziologische Anthropologie

Das Grundmodell für die Erklärung soziologischer Fragestellungen bezieht sich auf einen sehr allgemeinen Mechanismus: Handeln als Anpassung an Situationen. Alle sozialen Prozesse sind in dieser Sichtweise nichts anderes als ein emergentes Ergebnis der anpassenden Selektionen menschlicher Individuen. Die hierbei bedeutsamen Vorgänge und Regelmäßigkeiten sind ohne Zweifel zu allererst sozial bzw. kulturell bedingt. "Soziale Bedingtheit" heißt dabei mindestens, daß das Handeln in der Situation nicht schon biologisch-genetisch festgelegt ist. Genau dies bedeutet ja *soziale* Bedingtheit: daß es keine Instinktsteuerung der Reaktionen auf Umweltreize (mehr) gibt, sondern daß der Mensch eine bestimmte Reflexions- und Lernfähigkeit und damit: eine gewisse Unabhängigkeit von seiner biologischen und genetischen Grundlage besitzt.

Von dieser Unabhängigkeit der Selektion des Handelns her scheint eine Befassung mit der biologischen Grundausstattung bzw. mit den anthropologischen Gemeinsamkeiten menschlicher Akteure für die Soziologie nicht sonderlich dringlich zu sein. Die Soziologie hat sich nicht aus Zufall lange und sehr bewußt von jedem Biologismus abzugrenzen gesucht: Menschliches Handeln folgt *nicht* angeborenen Reflexen, sondern gelernten, wahrgenommenen und vor allem: symbolisch vermittelten und interpretierten Eigenschaften der sozialen und kulturellen Situation.

Andererseits ist aber die Kulturfähigkeit des Menschen ohne Zweifel nicht ohne bestimmte physiologische, genetische und andere biologische Grundlagen denkbar, deren Entwicklung von und Zusammenspiel mit sozialen Reaktionsweisen nicht (immer) zu trennen ist. Dies wird z.B. deutlich bei der sozialen Bedeutung von Emotionen, von denen einige durchaus als Relikte von eher biologisch gesteuerten Prozessen anzusehen sind und deren Wichtigkeit für die Erklärung bestimmter sozialer Phänomene mehr und mehr auch in den Sozialwissenschaften ernst genommen wird.

So können unkontrollierbare sichtbare Zeichen von Emotionen - wie das Schwellen der Zornesader oder ein unwillkürliches Erröten - die Glaubhaftigkeit von Drohungen oder Versprechungen so steigern, daß die Drohung bzw. die Versprechung nicht mehr als strategischer Bluff, sondern als ernsthafte Absicht vermittelt wird. Durch solcherart emotional gesteuerte Festlegungen werden dann soziale Beziehungen möglich, an die streng rationale Akteure nicht im Traume denken würden: Zurückhaltung in Konflikten bei emotional gesicherter Glaubwürdigkeit der Abschreckung; Einlassen auf affektuelle Beziehungen aufgrund der Sicherheit eines Signals für bedingungslose Hingabe; und - etwas weitläufiger gesehen - schließlich auch riskante ökonomische Unternehmungen, die durch expressive Verwandtschaftsbindungen abgesichert sind.

Aber von diesen eher beiläufigen Überschneidungen von Soziologie und Biologie einmal abgesehen: Schon die Fähigkeit zur kulturellen Variabilität ist ihrerseits ohne Zweifel ein Ergebnis der (biologischen) Evolution der Gattung des homo sapiens. Die Nachzeichnung und die Erklärung der für soziologische Erklärungen wichtigsten typischen Besonderheiten der Gattung des homo sapiens gehören daher ganz ohne Zweifel zum unentbehrlichen Hintergrund des Verständnisses auch sozialer Prozesse.

Varianten der Anthropologie

Traditionellerweise werden in der Soziologie die Fragen nach den sog. *anthropologischen Konstanten* in Orientierung an ein eigenes Fach behandelt: die *Anthropologie*. Anthropologie ist - ganz allgemein - die Lehre vom Menschen. Das Wort stammt von *anthropos* - griechisch: Mensch - und von *logos* - griechisch: Lehre - ab.

Zwei wichtige Varianten der Anthropologie[1] sind zu unterscheiden: die Anthropologie als *empirische* Disziplin und als *philosophische* Richtung. Die empirisch orientierten Richtungen der Anthropologie weisen ihrerseits deutliche Unterschiede auf. In grober Unterscheidung lassen sich eine biologisch orientierte und eine kulturorientierte Variante unterscheiden.

Als - naturwissenschaftlich orientierte - empirische Disziplin befaßt sich die *biologische Anthropologie* mit Fragen der Entstehung der Spezies des homo sapiens, den Abläufen der individuellen Entwicklung menschlicher Organismen, den äußerlichen Unterschieden beim homo sapiens, den Vorgängen bei der Vererbung der genetischen Merkmale u.a. Die biologische Anthropologie kann als eine besondere Variante der biologischen Evolutionstheorie verstanden werden (vgl. dazu noch Kapitel 11 ausführlich).

Eine gerade auch für die Soziologie interessante - und sehr herausfordernde - neuere Variante der biologischen Anthropologie ist die sog. *Soziobiologie*. Der Grundgedanke der Soziobiologie ist der, daß sich - letztlich - die Verhaltensweisen evolutionär durchsetzen, die - über ihre lebenden Träger in Gestalt der individuellen Organismen - den höchsten re-

---

[1] Vgl. als älteren, aber immer noch informativen Überblick: Wilhelm E. Mühlmann, Umrisse und Probleme einer Kulturanthropologie, in: Wilhelm E. Mühlmann und Ernst W. Müller (Hrsg.), Kulturanthropologie, Köln und Berlin 1966, S. 15-47.

produktiven Erfolg haben bzw. für die es in einer Population und deren Umwelt ein evolutionär stabiles Gleichgewicht der verschiedenen Strategien des Verhaltens gibt (vgl. Kapitel 11).

Die sog. *Kulturanthropologie*[2] - und mit ihr die *Ethnologie* und die *Ethnographie* als Spezialdisziplinen für die Untersuchung sog. schriftloser Gesellschaften - widmet sich vorwiegend der Untersuchung der Vielfalt menschlicher Kulturen, oft mit dem Ziel, daraus gewisse Universale der Menschheit benennen zu können - wie etwa das Inzest-Tabu, das in der Tat eine für die menschliche Spezies universale Geltung zu haben scheint. Diese spezielle Variante der Kulturanthropologie wird manchmal auch als *Völkerkunde* bezeichnet. Daneben gibt es die heute sehr zu Unrecht manchmal etwas belächelte *Volkskunde*. Deren Gegenstand ist die Untersuchung der kulturellen Besonderheiten der europäischen Stämme der Vergangenheit und der Gegenwart. Im Rahmen der Konjunkturen der Multi-Kulturalität und des Regionalismus begegnet sie uns oft in neuem Gewand und unter anderem Namen. Als eigene kulturwissenschaftliche Disziplin ist sie ebenso wichtig und interessant wie die Kulturanthropologie der schriftlosen Völker. Derzeit wird sie auch unter der Bezeichnung "Europäische Ethnologie" betrieben. Eine neuere Disziplin ist die sog. *Ethnohistorie*. Diese versucht anhand von fremden Dokumenten - etwa Unterlagen einer Kolonialverwaltung - den sozialen und kulturellen Zustand eines Volkes zu einem gegebenen Zeitraum zu rekonstruieren.

Alle diese Disziplinen sind zu allererst empirisch ausgerichtet. Die *philosophische Anthropologie* - und als Unterfall davon die *theologische Anthropologie* - sucht dagegen nach vorgegebenen Prinzipien des "Wesens" des Menschen - oft in deutlicher Absetzung von den Eigenschaften anderer Organismen und vor dem Hintergrund der Annahme eines qualitativen Sprungs zwischen dem Menschen und den anderen lebenden Organismen, also auch: gewissen Vorformen des homo sapiens. Die Suche nach den Besonderheiten der menschlichen Existenz hat in der philosophischen Anthropologie dann auch oft einen deutlich normativen Unterton - bis hin zu der Forderung, die Institutionen der menschlichen Gesellschaft so auszurichten, daß sie der als wesentlich erkannten Grundstruktur des Menschen entsprechen. Gelegentlich kleidet sich diese normative Orientierung in das Gewand theoretischer Hypothesen: etwa daß die gesellschaftliche Entwicklung "unhintergehbar" zur Entfaltung gewisser anthropologischer

---

[2] Vgl. dazu die Übersichten bei Thomas Bargatzky, Einführung in die Ethnologie. Eine Kultur- und Sozialanthropologie, 2. Aufl., Hamburg 1989, S. 20ff.; Frank Robert Vivelo, Handbuch der Kulturanthropologie. Eine grundlegende Einführung, Stuttgart 1981, Kapitel 1.

Grunddispositionen weise - zum Beispiel der nach Verständigung oder nach der Aufhebung aller Widersprüche in der irdischen Existenz des Menschen. Für die Fragen nach einer Tiefenerklärung der Besonderheiten menschlicher Informationsverarbeitung und Verhaltensselektion sind diese Beschäftigungen ganz und gar nicht nutzlos gewesen: Sie enthalten oft genug wichtige Hinweise empirischer Art, die auch nicht-philosophisch durchaus informativ sind, vielleicht weil sich in ihnen - wie in der Philosophie insgesamt - versunkene prähistorische Erfahrungen und Prägungen der Gattung des homo sapiens insgesamt widerspiegeln.[3] Ihr Problem liegt vor allem in der Tendenz zur Teleologisierung von Prozessen, die nur kausal-evolutionär zu erklären sind, in keiner Weise aber einem vorgegebenen "Sinn" folgen.

Besonderheiten der soziologischen Anthropologie

Die *soziologische Anthropologie* war meist eine Mischung von Teilen der empirischen und der philosophischen Anthropologie. Einerseits hat sie durchaus beansprucht, sich an den Erkenntnissen der empirischen Anthropologie zu orientieren - wie etwa Karl Marx oder George Herbert Mead (siehe dazu noch Kapitel 10). Andererseits glaubte man aber oft, es dabei nicht belassen zu können - wie etwa der deutsche Philosoph und Wissenssoziologe Max Scheler. Oder man meinte, die anthropologischen Besonderheiten nicht weiter empirisch begründen zu müssen, weil man sie für "seinsmäßig" vorgegeben ansah - wie etwa der deutsche Tiefdenker Martin Heidegger.

Den Grund für diese Auffassungen teilen die Vertreter der soziologischen Anthropologie mit dem Anliegen der philosophischen Anthropologie insgesamt: Aus der Suche nach anthropologischen Aprioris vermeinte man immer auch die Existenzprinzipien oder die "unhintergehbaren Interessen" der Gattung des Menschen angeben und daraus auch Schlußfolgerungen für die institutionelle Gestaltung der Gesellschaft ableiten zu können.

Wie zum Beispiel Jürgen Habermas, der nicht müde wird zu behaupten: " ... Verständigung wohnt als Telos der menschlichen Sprache inne."[4] Dies ist eine sog. *teleologische* Aussage: Sie setzt ein "objektives" Ziel der Entwicklung, auf das hin sich die Menschheit tatsächlich bewegt oder bewegen sollte. Solche Teleologien sind aber nicht begründbar. Und die eindeutig adaptiv-evolutionären Hintergründe der Entstehung von Sprache und Regeln der Kommunikation (vgl. Kapitel 9, 11 und 12) lassen auch starke Zweifel an der Annahme eines Apriori der Verständigung aufkommen - so als ob

---

[3] Vgl. Ernst Topitsch, Phylogenetische und emotionale Grundlagen menschlicher Weltauffassung, in: Wilhelm E. Mühlmann und Ernst W. Müller (Hrsg.), Kulturanthropologie, Köln und Berlin 1966, S. 50.
[4] Jürgen Habermas, Theorie des kommunikativen Handelns, Band 1: Handlungsrationalität und gesellschaftliche Rationalisierung, Frankfurt/M. 1981a, S. 387.

die Geschichte der Menschheit auf irgendein Ziel dieser Art hintendiere. Die Umdeutung der Entstehung einer Fähigkeit in eine evolutionäre Notwendigkeit ist nichts als ein besonders gravierender Fall des sog. teleologischen Fehlschlusses bei der Interpretation evolutionärer Abläufe (siehe dazu noch Abschnitt 11.3).

Es ging in der philosophischen Anthropologie aber nie (nur) darum, einige auch biogenetisch begründbare Konstanten der Funktionsweise des homo sapiens zu finden, sondern immer auch um Entwicklungsrichtungen und Vorgaben für die Herstellung "menschlicher" Verhältnisse. Ohne Zweifel übt diese Perspektive auch auf viele, eher empirisch orientierte, Soziologen eine gewisse Faszination aus, weil ein Weiterdenken der Evolution der Menschheit immer eine besonders interessante intellektuelle Herausforderung (und Versuchung) ist. Wir wollen uns auf die Aufgabe der Rekonstruktion der empirischen Prozesse bei der Entstehung des Menschen nicht zuletzt deshalb beschränken, weil wir uns ja schon früh (in Kapitel 1) auf einen Verzicht auf jede sozialphilosophische Wertung festgelegt hatten und weil kein Apriori in irgendeiner Weise wirklich zu begründen wäre.

Die soziologische Anthropologie ist - nicht zuletzt wegen der auch seit jeher engen Verbindung zur Sozial-Philosophie - immer ein wenig durch ein hybrides Schwanken zwischen der strikten Beschränkung auf die Aufnahme empirischer Erkenntnisse und dem Festhalten an apriorischen Annahmen über das ("eigentliche") Wesen des Menschen und der darauf aufbauenden Konstruktion von Entwürfen gesellschaftlicher Ordnung gekennzeichnet gewesen.[5] Aber noch aus einem zweiten Grund ist die soziologische Anthropologie ein etwas eigenartig unentschlossenes und letztlich - bis auf wenige Ausnahmen, auf die wir ausführlich eingehen werden - auch ergebnisarmes Unterfangen geblieben: Angesichts der gerade innerhalb der empirischen Kulturanthropologie festgestellten ungeheuren Vielfalt menschlicher Kulturen fiel es - der Soziologie zumal - oft schwer, die Bedeutsamkeit der biogenetischen Verankerung menschlichen Handelns zu erkennen und dort systematisch zu berücksichtigen, wo es vielleicht erforderlich gewesen wäre. Dies hatte auch damit zu tun, daß früher durchaus gängige biologistische, "darwinistische" oder gar rassistische Erklärungsversuche für soziales Handeln - wie Aggressivität, Altruismus oder interethnische Rivalitäten - in der Tat als gescheitert anzusehen sind, obwohl alle diese Reaktionsweisen ganz ohne Zweifel auch starke biologische Hintergründe haben. Daß die biologistischen Erklärungen, also solche, die biologische Eigenschaften als ausschlaggebend ansahen, darüber hinaus auch politisch äußerst fragwürdig wurden, tut dabei

---

[5] Vgl. als Beispiele dafür etwa: Wolf Lepenies und Helmut Nolte, Kritik der Anthropologie. Marx und Freud, Gehlen und Habermas über Aggression, München 1971; Wolf Lepenies, Soziologische Anthropologie. Materialien, München 1971.

nichts zur Sache. Es geht nur um die empirisch-theoretische Haltbarkeit dieser Thesen.

Dieses Schwanken der soziologischen Anthropologie hatte weiterhin damit zu tun, daß in der Tat soziologische Konzepte für viele Erklärungen sozialer Prozesse weitaus überzeugender schienen: Kultur - und daran orientiertes Handeln - wird nun einmal *gelernt*, über *Institutionen* tradiert und eben *nicht* biologisch über den Genotyp des homo sapiens vererbt (vgl. dazu Kapitel 11). Daraus hat sich - in der traditionellen Soziologie zumal - die Auffassung durchgesetzt und erhalten, daß die biogenetischen Prozesse für ein Verständnis sozialer Vorgänge so gut wie ohne Bedeutung sind.

Hier ist zunächst nur festzuhalten, daß sich die natürlichen (also: die biologischen) Hintergründe und die kulturellen Besonderheiten menschlicher Gesellschaften nicht prinzipiell voneinander trennen lassen. Die früher durchaus übliche radikale Trennung von Natur versus Kultur, wie sie in diesen Abgrenzungen von biologischer und soziologischer bzw. philosophischer Anthropologie - und den daran anknüpfenden Erklärungen sozialer Phänomene - zum Ausdruck kommt, läßt sich *nicht* aufrechterhalten. Und es scheint derzeit durchaus so, als beginne sich das Verhältnis von Soziologie und Biologie zugunsten einer wechselseitig fruchtbaren Ergänzung zu entspannen, nachdem es jahrzehntelang eher durch gegenseitige Geringschätzung und Mißachtung gekennzeichnet gewesen ist - und durch gewisse politische Vorgänge ja bekanntlich auch sehr belastet war. Die - auch für eher traditionelle Soziologen - hochinteressanten Ergebnisse der Soziobiologie, gerade bei der Erklärung scheinbar rein kulturell bedingter Verhaltensweisen - wie die der Entstehung bestimmter Heiratsregeln oder des altruistischen Handelns -, können nicht schon deshalb abgetan werden, weil der Ansatz unsoziologisch sei.

Es geht nicht in erster Linie darum, die Reviere bestimmter Fachdisziplinen zu erhalten, sondern um die besseren Erklärungen. Und aus der Konkurrenz um die besseren Erklärungen dürften wohl alle Disziplinen gewinnen.

Kapitel 9
Besonderheiten des homo sapiens

Der Mensch stammt - nach allem, was man weiß - vom Affen ab. Seine biologisch nächsten Verwandten sind die Primaten und die längst ausgestorbenen *Hominiden*. Hominiden waren Zwischenformen zwischen Primaten und der Gattung *homo*. Von allen Hominiden ist nur eine einzige Linie im Laufe der Evolution übrig geblieben: diejenige, die zum heutigen homo sapiens führte. Unter *Hominisation* versteht man den gesamten Prozeß der Menschwerdung im Übergang bestimmter Primatenarten auf die Hominiden bis zum *homo sapiens* (vgl. dazu Kapitel 12).

Aus der Gattung seiner biologisch nächsten Verwandten - den Primaten und den Hominiden - sticht homo sapiens in besonderer Weise heraus: Er hat die weiteste geographische Verbreitung und die höchsten lokalen Dichten unter allen Primatenarten. Und von allen gegenwärtigen Lebewesen weist er die höchste Variabilität und Plastizität der sozialen Organisation auf.[1] Diese Variabilität beruht dabei auf zwei Grundlagen: auf der bereits beträchtlichen Variabilität, die bei den individuellen Exemplaren der Spezies möglich ist - u.a. durch die beim Menschen besonders entwickelte Fähigkeit des Lernens und durch seine fast unendliche Fähigkeit zur Stilisierung seiner Individualität und auf der - darüber hinaus noch beträchtlich weitergehenden - Plastizität der Möglichkeiten der Organisation menschlicher Sozialverbände - mit intern dazu noch einmal mehr oder weniger großen individuellen Variationen.

Die Variabilität auf der Gruppenebene hängt mit einer nahezu unendlichen Variabilität der Definierbarkeit und Einrichtung von Mechanismen der Verhaltenssteuerung zusammen, denen die Individuen der Spezies des homo sapiens aufgrund ihrer individuellen Plastizität meist auch problemlos folgen können. Zu diesen Mechanismen zählen die Möglichkeit zur Sozialisation der Individuen (über das Lernen), zum Aufbau komplexer Kommunikationsnetzwerke, zur Symbolisierung von Bedeutungen und damit zur Einrichtung

---

[1] Die folgende Darstellung orientiert sich insbesondere an B. G. Campbell, Entwicklung zum Menschen, 2. Aufl., Stuttgart und New York 1979; Marvin Harris, Kulturanthropologie. Ein Lehrbuch, Frankfurt und New York 1989, Kap. 2, S. 32-57; Edward O. Wilson, Sociobiology. The Abridged Edition, Cambridge, Mass. und London 1980, Kapitel 26: Man: From Sociobiology to Sociology, S. 271-301.

von Kommunikationsmedien (wie die Schrift) für eine verläßliche Übertragung und Speicherung von komplexen und abstrakten Informationen; und damit: zur gesellschaftlichen Konstruktion von inhaltlich und formal höchst unterschiedlichen Regeln der sozialen Organisation - den gesellschaftlichen Institutionen - nahezu beliebiger Art. Jeder Parameter dieser Möglichkeiten kann - im Prinzip - geändert, differenziert und generalisiert werden. Auf diese Weise ist der Mensch auf eine - nahezu - unbegrenzte Weise in der Lage, seine natürliche wie soziale Umwelt zu manipulieren, zu variieren und auszubeuten - bis hin zu der ja durchaus nicht ausgeschlossenen Möglichkeit der Selbstzerstörung.

Der allgemeinste biologisch bedeutsame Hintergrund dafür ist die beim homo sapiens besonders weit getriebene Ablösung der Fähigkeit zur Gestaltung der individuellen Anpassungen von seiner genetischen Basis: Die Variationen in Verhalten und Sozialorganisation sind beim Menschen - anders etwa als bei anderen kollektiv organisierten Lebewesen wie Bienen, Ameisen oder auch den höher entwickelten Primaten - (praktisch) *nicht* genetisch determiniert. Sie haben aber gleichwohl einen genetischen, evolutionären und anthropologisch konstanten Hintergrund.

Die folgende Darstellung der physiologischen, psycho-sozialen und sozialen Besonderheiten des homo sapiens hat einen fast schon ästhetisch zu nennenden Bezug: Man kommt kaum umhin, die einzelnen Eigenschaften als einen fast wundersamen *Funktionszusammenhang* zu verstehen. Die verschiedenen Merkmale bilden sowohl im aktuellen Zusammenspiel wie auch in ihrer Ko-Evolution ein beeindruckendes *System* wechselseitiger Ermöglichung und Unterstützung. Bereits hieraus läßt sich vieles auch für das Zusammenspiel (und die Erklärung) sozialer Funktionszusammenhänge lernen.

Wir wollen diese Eigenschaften zunächst einmal nur beschreibend zusammenfassen. Die folgende Darstellung orientiert sich vor allem an den spezifischen Besonderheiten der jüngsten (biologischen) Evolutionsstufe der Gattung homo: *homo sapiens sapiens* im Vergleich zu seinen stammesgeschichtlich nächsten Verwandten - den wichtigsten Hominiden, den Primaten und deren direkten Vorfahren.

9.1 Physiologische Besonderheiten

Die physiologischen Eigenschaften des Menschen lassen sich als Spezialisierungen und Entwicklungen eines bestimmten Pfades der Evolution verstehen. Die Gattung des homo sapiens entstammt der Entwicklungslinie der Wirbeltiere bzw. einer wichtigen Abspaltung daraus, der Säugetiere; und darunter dann der der Primaten. Mit diesen teilt homo sapiens eine Reihe physiologischer Merkmale wie das Skelett, warmes Blut, die bisexuelle Fortpflanzung und die Fortsetzung der parasitären Lebensweise des Nachwuchses nach der Geburt. Dies sind sämtlich Eigenschaften, die - im Vergleich zu anderen Lebewesen - eine höhere *Unabhängigkeit* von der Umwelt und ein höheres *Aktivitätsniveau* in der Anpassung an die Umwelt erlauben. Die Vergrößerung der Unabhängigkeit der Lebensweise von der jeweiligen Umwelt und die Erhöhung des Aktivitätsniveaus bei Anpassungen sind Eigenschaften, die eine gewisse Richtung der Evolution angeben, eine Richtung, die bei der Entwicklung menschlicher Gesellschaften immer noch weiter gesteigert worden ist.

Beim Menschen treten - im Vergleich zu den Primaten - eine Reihe somatischer Besonderheiten hinzu, die genau diese beiden Eigenschaften - höhere Unabhängigkeit von der physischen Umwelt und höheres Aktivitätsniveau - weiter verstärken. Dazu gehören bereits die auffallendsten somatischen (körperlichen) Merkmale des homo sapiens: sein aufrechter Gang, die Bipedie, sein verhältnismäßig großer, beweglicher und frontal gestellter Kopf mit dem entsprechenden Hirnvolumen, die außerordentlich fein beweglichen Hände mit Fingern und einem opponierbaren Daumen und der besonders leistungsfähige Kommunikationsapparat, vor allem seine Sprechorgane. Einzigartig, im Vergleich zu den Primaten, ist darüber hinaus das Fehlen eines Fellkleides und die lange Lebensdauer, vor deren Hintergrund sich Lernen schon eher lohnt als etwa bei Eintagsfliegen.

Alle diese *somatischen* Besonderheiten machen den Menschen auch außerhalb von "zivilisierten" Umgebungen sehr leistungsfähig. Der aufrechte Gang erlaubt eine verbesserte Beobachtung der (nicht bewaldeten) Umgebung. Der bewegliche Kopf mit den damit verbundenen Sinnesorganen erhöht diese Fähigkeit weiter. Die menschlichen Hände machen differenzierteste Manipulationen von Gegenständen und die Herstellung und den Gebrauch von - primitiven wie komplizierten - Werkzeugen möglich. Zusammen mit der Bipedie können Werkzeuge und Waffen in Kombination mit anderen Aktivitäten - Beobachtung, Kampf oder Flucht - verwendet werden. Die Fähigkeit zur Lautdifferenzierung macht auch frei koordinierbare und flexibel anpaßbare, abgestimmte Unternehmungen möglich.

Die besonders ausgeprägte Unabhängigkeit des Menschen von unmittelbaren Reaktionen auf die Umwelt, und damit: die Möglichkeit zur intelligenten und reflektierten Selektion von Reaktionen, hat vor allem mit dem besonders leistungsfähig gestalteten *Homöostase*-Mechanismus des Menschen zu tun.

Unter Homöostase versteht man allgemein ein Regelkreissystem, das sich selbst in einem Gleichgewicht erhält. Der Bezugspunkt des Gleichgewichts sind bestimmte Standardwerte von Variablen, die das System bestimmen - zum Beispiel die Drehzahl einer Dampfmaschine, die Temperatur eines Raumes, das Überleben eines Organismus oder die Existenz einer bestimmten institutionellen Ordnung. Dieses Gleichgewicht wird durch das

Zusammenspiel von drei allgemeinen Mechanismen gesichert: von *Rezeptoren*, die die Änderungen der Umwelt aufnehmen; von *Regulatoren*, die die aufgenommenen Informationen verarbeiten und anzeigen, daß eine (ggf. auch: welche) Reaktion erforderlich ist - oder nicht; und von *Effektoren*, die auf die intern erzeugten Signale hin so reagieren, daß die das System kennzeichnenden Standardwerte (wieder) erreicht werden. Im einfachen Fall der Homöostase eines wohltemperierten Wohnzimmers wäre das Thermometer der Rezeptor, der Temperaturfühler der Regulator und der elektrische Heizungsschalter des Thermostates der Effektor dieses homöostatischen Systems. Homöostatische Systeme sind selbstregulierende Systeme. Diese Selbstregulation kann sowohl selbstreferentiell wie synreferentiell erfolgen (vgl. dazu Abschnitt 6.3). Biologische Organismen bilden für sich und mit ihrer Population ein homöostatisches System.

Bei lebenden Organismen - und insbesondere beim Menschen - besteht die Einwirkung der Umwelt auf die Homöostase nicht in Form von simplen, unilinearen Beziehungen, sondern in einer Art von Anregung des *internen* - biologischen bzw. neuronal-psychischen - Systems durch die Reizung der Rezeptoren. Schon diese Anregung, dann aber auch die Verarbeitung dieser Anregung im System und die Anpassung des Systems erfolgt nicht als eine unmittelbare Reaktion, sondern als eine nach *internen* Regeln und Funktionsbedingungen vorgenommene Selbstorganisation. Anders gesagt: Das System reagiert nicht unmittelbar auf die Umwelt, sondern wird angeregt, auf irgendeine Weise mit seinen Bordmitteln etwas zu tun, was seine Homöostase erhält - so lange wie dies gelingt und ein letaler Zustand vermieden werden kann.

Man nennt diesen Vorgang der lose gekoppelten und nur nach Maßgabe der internen Logik der Organismen vorgenommenen, selbstreferentiellen und selbsterhaltenden Funktionsweise von Organismen ohne direkten Bezug auf die Umwelt allgemein auch Autopoiesis (vgl. dazu Abschnitt 6.3 sowie unten Kapitel 27, insbesondere Abschnitt 27.5). Manche dieser autopoietischen Reaktionen sind - ohne daß der Organismus wüßte, "warum" - erfolgreich. Dies hat dann die kausale Folge, daß so reagierende Organismen in einer Umwelt überleben, sich reproduzieren und sich ggf. gegen andere Arten längerfristig durchsetzen. Auf diese Weise kann man verstehen, daß Organismen in Umwelten überleben, ohne daß sie unmittelbar auf die "Realität" dieser Umwelt Bezug nehmen: Sie wissen von der "wirklichen" Umgebung nichts, sondern konstruieren sich "ihre" Wirklichkeit intern selbst, und reagieren gleichwohl erfolgreich. Das allein genügt ja. Alles dies gilt erst recht für Menschen. Aber: Auch alle diese Vorgänge beruhen u.a. auf kausalen Vorgängen, für die es erklärende Theorien gibt. Autopoiesis ist ein Spezialfall von zirkulärer Kausalität. Es ist kein Zauberwort, das nomologische Erklärungen überflüssig oder unmöglich macht.

Zu den *Rezeptoren* des homöostatischen Systems lebender Organismen sind insbesondere die *Sinnesorgane* zu zählen. Der Mensch verfügt über einige besonders leistungsfähige und - vor allem - nicht auf bestimmte Umwelten spezialisierte Rezeptoren: ein zu stereoskopischem Sehen befähigendes, frontal stehendes Augenpaar; einen hochentwickelten Tastsinn und ein zur differenzierten Lautunterscheidung befähigendes Gehör.

Die wohl hervorstechendste Besonderheit des homoöstatischen Systems homo sapiens dürfte sein besonderer *Regulator* sein: das, wie bei keinem anderen Lebewesen sonst, leistungsfähige *Gehirn*.

Das menschliche Gehirn besteht - in sehr grober Charakterisierung - aus drei, in ihren Funktionen sehr unterschiedlichen Bestandteilen: aus dem Hirnstamm, aus dem Teil, der auch als limbisches System bezeichnet wird und aus dem sog. Großhirn. Der Hirnstamm ist der stammesgeschichtlich älteste Teil und hat die Funktion der Steuerung unwillkürlicher und unmittelbar lebenswichtiger Abläufe (wie Atmung und Blutkreislauf). Das limbische System vermittelt bestimmte sensorische Eingaben mit motorischen Reaktionen, die vom (menschlichen) Organismus als emotional erlebt werden und die auch mit mehr primären oder vitalen Bedürfnissen und Reaktionsweisen zu tun haben: Nahrungssuche, Vermeidung von Feinden, Paarungsreaktionen, Brutpflege. Seine Funktion ist es, andere - etwa sozial kontrollierte oder gelernte - Bereitschaften auszuschalten, wenn die entsprechenden Reaktionen erforderlich oder (für das weitere Funktionieren des Organismus) dringlich werden. Das Großhirn hat eine Reihe von speziellen Funktionen (Sehen, Hören, motorische Reaktionen), stellt aber insbesondere das Denkzentrum des Menschen und die physiologische Grundlage für seine besonders entwickelte Lernfähigkeit, zu Bewußtsein und zu gedanklicher Reflexion dar.

Die drei Ebenen des Gehirns stehen in einer komplizierten Wechselbeziehung zueinander, die auch einige wichtige Folgen für das Verstehen mancher sozialer Prozesse hat. Die emotionalen Reaktionen aus dem limbischen System können durchaus von gelernten oder rational kontrollierten Inhalten (über das Großhirn) kontrolliert werden. Askese, Mut und mentale Stärke wären sonst nicht möglich. Es kann dann aber zwischen den gelernten oder reflektierten, im Großhirn verankerten Reaktionen und den Vorgaben der stammesgeschichtlich älteren Reaktionsdispositionen zu heftigen, oft unbewußten Widersprüchen kommen. Wenn man so will: Es kann - in der Terminologie von Sigmund Freud - Spannungen zwischen dem (emotionalen) Es des Menschen und einem (rationalen) Über-Ich geben. Andererseits können bestimmte Auslöserreize (z.B. angeborene optische Signale, bestimmte hormonelle Vorgänge, oft genug auch gelernte Auslöser und Symbole, etwa weiße Kittel oder Hymnen) über das limbische System - und dadurch über bestimmte Emotionen - die Steuerung auch solcher Reaktionen übernehmen, die ansonsten rational kontrolliert werden. Für die Erklärung bestimmter sozialer Phänomene - altruistische Kooperation, Blutrache oder selbstzerstörerischer Haß - sind solche Reaktionen nicht zu vernachlässigen.

Die *Effektoren* des homöostatischen Systems des Menschen sind vor allem die bereits angesprochenen beweglichen Hände und (insbesondere) sein Sprechapparat. Mit der Erfindung von Werkzeugen und Institutionen verbreiterte sich die Palette der verfügbaren Effektoren und deren Reichweite und Unabhängigkeit noch einmal ganz beträchtlich. Sehr viel wichtiger ist aber das enorm reichhaltige Potential der sprachlichen Informationsübertragung. Man übertreibt nicht, wenn man davon ausgeht, daß im Zentrum von so gut wie allen sozialen Prozessen die *Sprache* und alle möglichen sonstigen kommunikativen Handlungen als Effektoren stehen.

Das wichtigste allgemeine Merkmal der menschlichen Sprache ist ihre sog. semantische Universalität: Es ist mit ihr möglich, Informationen über tasächliche, mögliche, denkbare, vorgestellte, gegenwärtige, zukünftige, vergangene, nähere oder fernere, konkrete und abstrakte Aspekte, Gegenstände, Orte, Eigenschaften und Ereignisse zu vermitteln. Dazu bedarf es neben Erinnerungs- und Abstraktionsvermögen auch physiologischer Grundlagen. Die wohl wichtigste: Der Klangraum zwischen Mund und Hals steht beim Menschen nahezu senkrecht und bildet mit dem Mund einen rechten Winkel. Außerdem schließt die Zunge diesen Raum nach hinten ab. Dies sind wichtige physikalische Bedingungen für die außerordentlich hohe Lautdifferenzierbarkeit der menschlichen Sprache und damit für deren semantische Universalität (vgl. zu den technischen Eigenschaften der menschlichen Sprache und zu physiologischen Bedingungen des Sprachvermögens speziell Harris 1989, S. 41f. und S. 58-65; Wilson 1980, S. 280f.).

Die Sprache ist auch deshalb ein besonders wirksamer Effektor (für kommunikative Handlungen), weil sie eng mit zwei anderen Bestandteilen des Homöostase-Systems des Menschen verbunden ist: erstens mit den Hörorganen, wodurch eine unmittelbare Rückkopplung über das korrekte Sprechen möglich wird. Hörorgane, Sprechapparat und Gehirn bilden ein eigenes Regelkreissystem. Zweitens besteht eine Verbindung mit dem beweglichen, aufrechten Kopf und seinem frontalen, zu differenzierter Mimik fähigen Gesicht. Dadurch wird - in Kombination auch noch mit den anderen gestischen Möglichkeiten der Hände und des Körpers insgesamt - die Differenzierbarkeit und Flexibilität der Kommunikation unter menschlichen Organismen noch einmal beträchtlich gesteigert. Alles dies - in Verbindung mit der Fähigkeit zum Werkzeuggebrauch - setzt den Menschen in der Lage, auch komplizierte Verabredungen zu treffen und koordinierte Unternehmungen vorzunehmen, die die Unabhängigkeit von der unmittelbaren Umgebung und seine Handlungs- und Reaktionsfähigkeit nahezu unbegrenzt steigern.

Zur Steigerung dieser Unabhängigkeit und Handlungsfähigkeit gehören nicht zuletzt auch die physiologischen Besonderheiten der biologischen *Reproduktion* des Menschen. Diese sind insbesondere: die nicht an biologische Zyklen oder spezielle Bereitschaften gebundene sexuelle Aktivität (beider Geschlechter); die - im Vergleich - außerordentlich frühe Geburt des menschlichen Fötus; die damit zusammenhängende Folge einer langen Hilflosigkeit und Notwendigkeit einer besonderen Nachwuchspflege und die Konzentration der menschlichen Reproduktion von quantitativ zahlreichen auf wenige, aber qualitativ besonders leistungsfähige Nachkommen. Diese Eigenschaft teilen die Menschen mit sehr vielen anderen Säugetieren.

Der Funktionszusammenhang der Physiologie der menschlichen Fortpflanzung mit der Gehirnentwicklung ist besonders interessant: Erst durch ein relativ breites Becken wurde das Gebären von Föten mit größeren Gehirnen möglich. Andererseits bedeutet der aufrechte Gang, der ja seinerseits erst Vorteile für ein leistungsfähiges Koordinationszentrum bietet, eine schon physikalische Begrenzung einer solchen Entwicklung. "Daher" wurde eine verfrühte Geburt evolutionär "notwendig". Und die Frühgeburt erzwingt bzw. erlaubt dann wiederum eine lange Lernphase zur Ausnutzung des großen Gehirns.

Diese Bedingungen der menschlichen Reproduktion erlauben (bzw. erzwingen sogar) die volle Ausnutzung der mit dem großen Gehirn gegebenen Lernmöglichkeiten durch die lange Phase der Abhängigkeit, während der eine sehr intensive Unterweisung stattfinden kann. In der Kombination von sexueller Dauerbereitschaft, langer Aufzuchtphase der Nachkommen und den oben besprochenen Möglichkeiten zu koordiniertem Handeln kann man wichtige (physiologische) Vorbedingungen für die Entstehung von dauerhafter Paarbildung, von Familien und kleinen, insulierten kooperativen Gruppen sehen. Oder auch - da die Entstehung aller dieser Eigenschaften nur als Ko-Evolution eines kompletten Funktionszusammenhangs denkbar ist - umgekehrt: Nur in sehr kleinen, insulierten, kooperativen und altruistischen Gruppen war die Entwicklung von Lebewesen mit hoher Intelligenz, einem hohen Aktivitätsgrad und einem hohen Potential zur Ablösung von Einflüssen durch die unmittelbare Umwelt möglich. Noch heute spüren die Menschen die existentielle Bedeutung solcher Gruppenzugehörigkeiten ganz nachhaltig, wenn sie ihre soziale Nahumwelt verlieren.

9.2 Die intellektuellen Fähigkeiten des Menschen

Mit dem enorm leistungsfähigen Gehirn verfügt homo sapiens - mehr und mehr unabhängig von seinen sonstigen physiologischen Merkmalen und Begrenzungen - über ein Instrument, das eine im Vergleich zu allen anderen Lebewesen erheblich raschere und flexiblere Anpassung erlaubt. Dies bezieht sich auf drei Aspekte: auf seine besonderen Lernfähigkeiten, auf sein "Bewußtsein", und - als eigener Bestandteil dieser Eigenschaften - auf die Fähigkeit zur Symbolisierung abstrakter Denkinhalte und zur Kommunikation nahezu beliebiger Informationen und Mitteilungen.

Lernen

Mit *Lernen* wird die Abspeicherung und Wiedererinnerung von Erfahrungen bezeichnet. Über Lernen werden insbesondere zwei Strukturierungen des psychischen Systems des Menschen erklärbar: der Erwerb von Erwartungen, bzw. allgemeiner: von Wissen, und die Herausbildung bestimmter kultureller Bewertungen - wie Vorlieben für bestimmte Haartrachten, Nahrungsgewohnheiten oder Lebensstile. Durch die ungeheure Leistungsfähigkeit des menschlichen Gehirns und durch die enormen Möglichkeiten der Kommunikation (über die Sprache) sind dem Erwerb von Erwartungen und Bewertungen kaum Grenzen gesetzt.

Gewisse Formen des Lernens - etwa als Verstärkung von (erfolgreichen) Versuchen, ein Problem zu lösen - findet man bei (fast) allen Lebewesen, insbesondere bei Säugetieren und vor allem bei Primaten. Beim Menschen ist diese Fähigkeit jedoch besonders weit entwickelt. Menschen können - wie bereits andere Tiere auch - nicht nur über eigene Erfahrungen und Verstärkungen, sondern darüber hinaus durch spielerisches Ausprobieren, durch Übernahme von Erfahrungen anderer, über Imitation, mündliche oder schriftliche Kommunikation oder durch gezielte Unterweisung lernen (vgl. auch dazu Harris 1989, S. 35f.; siehe auch den folgenden Abschnitt über die Kulturfähigkeit des Menschen). In bestimmter Weise kann man beim Menschen - und schon bei vielen anderen Lebewesen - von einem *aktiven* Lernen sprechen - wenngleich auch viele Lernvorgänge gewissermaßen nebenbei und ohne besonderes Dazutun ablaufen - wie zum Beispiel der Spracherwerb bei Kleinkindern. Dieses Lernen kann dabei durchaus als eine besondere Form von Handlung verstanden werden; nämlich: als eine mentale Handlung, ein innerliches Tun mit mehr oder weniger bewußten Anteilen bei der Selektion bestimmter Lerninhalte.

Bewußtsein

Unter *Bewußtsein* wird die Fähigkeit eines Organismus verstanden, zwischen einer auslösenden Anregung aus der Umwelt und der darauf erfolgenden Reaktion einen - mehr oder weniger komplexen, selbstreferentiellen und eigenständigen Bewertungs- und Vergleichsschritt - in bezug auf bestimmte Standards, zum Beispiel bereits gelernte Erwartungen und Bewertungen - einzulegen. Dieser Standard bzw. Bezugspunkt des Vergleichs hat mit den Funktions- und Überlebensbedingungen des Organismus zu tun und ist daher nur im Moment des Vergleichaktes und nur in bezug auf die Vorstellungen des Organismus "selbst"-referentiell. In ihm spiegeln sich die Überlebensbedingungen in den Umwelten wider, auf die hin der Funktionskomplex des Organismus sich in einem langen Prozeß der erfolgreichen Reproduktion in einer Umwelt herausgebildet hat.

Das Bewußtsein hat damit die Bedeutung und die empirische Folge einer *Impulshemmung*, die sich zwischen *Reiz* aus der Umgebung und *Reaktion* des Organismus schiebt. Es ist Teil der "autopoietischen", den eigenen Gesetzen der Reproduktion des Organismus folgenden, Weise der Anpassung des Menschen an seine Umwelt. Es steigert die Unabhängigkeit der Reaktion von Umgebungseinflüssen und das mögliche Aktivitätsniveau des Organismus beträchtlich.

Physiologisch setzt Bewußtsein eine hohe neuronale Kapazität für Erinnerungen und für die vergleichende und bewertende Informationsverarbeitung voraus. Diese ist beim Menschen mit dem Gehirn in einer - im Vergleich - einzigartigen, aber trotzdem ziemlich begrenzten Weise gegeben. Menschen sind so gut wie nie perfekt informiert. Man muß stattdessen eher von der *bounded rationality* des Menschen als einer anthropologischen Konstante ausgehen (vgl. dazu noch Kapitel 13 und 14).

Gewissermaßen zum Ausgleich dieser Beschränkungen ihrer individuellen Fähigkeiten zu Reflexion bzw. zu vollständiger oder zu objektiver Rationalität haben Menschen eigene leistungsfähige Werkzeuge erfunden, die die Reflexion sozialer Prozesse beträchtlich steigern können und damit eine hohe Verläßlichkeit *und* Komplexität der sozialen Prozesse auch mit sehr beschränkten Akteuren ermöglichen, beispielsweise die Schrift, Bibliotheken, den PC und soziale Institutionen, die dafür sorgen, daß bei Bedarf die nicht so perfekt informierten Akteure dennoch einigermaßen informiert und vernünftig handeln können. In einfachen Stammesgesellschaften hat das Palaver diese Funktion. Heute gibt es dazu Wissenschaftliche Beiräte oder Kuratorien, notfalls eine Satzung, eine Verfassung, allgemein die Institution des Rechts bzw. - konkreter - das Verfassungsgericht in Karlsruhe und eine staatliche Gewalt, die als letzte Instanz dafür sorgt, daß auch der naivste Spekulant schließlich weiß, daß er seine Gewinne versteuern muß.

Die selbstreferentielle Reflexion kann sich auf sehr unterschiedliche Aspekte von Bewertungen und Vergleichen beziehen. Es kann sich um eine Antizipation von Folgen bestimmter Reaktionen, um die gedankliche Vorwegnahme der Reaktionen anderer Akteure, um die Kontrolle von zu "verantwortenden" Fernwirkungen des Tuns, um den Entwurf von Plänen und ganzen Ablaufkomplexen, um das Durchspielen von Alternativen und vieles mehr handeln. Menschen haben die geistige Ausstattung und die neuronale hardware zu Moral und Ethik ebenso wie die zu Strategie und Bluff, zu systematischer und gezielter Planung wie zu innovativer Raffinesse und Kreativität, zu kalkulierender Empathie wie zu mitfühlender Sympathie gleichermaßen.

Symbolisierung

Menschen können Denkinhalte - und damit: Absichten, Wünsche und Erwartungen - nur über das Mittel der Kommunikation auch an andere Menschen vermitteln. Schon von daher ergibt sich geradezu ein Zwang zur Abstraktion und zur *Symbolisierung*. Die Verarbeitungsfähigkeit des menschlichen Gehirns erlaubt die Entwicklung von abstraktem, an Begriffen und nicht mehr nur an konkreten Dingen orientiertem Denken in besonderem Maße. Gemeinsam mit der Fähigkeit zum - unendlich variablen - sprachlichen Ausdruck und zur Benennung von Sachverhalten können außerordentlich abstrakte, differenzierte und flexible Symbol- und Bilderwelten entwickelt, gedanklich und sprachlich immer weiter verfeinert und zur Reflexion - etwa bei der selbstreferentiellen Selektion von Handlungen - verwandt werden. Die Soziologie als Wissenschaft von der Gesellschaft ist selbst ein Beispiel dafür, wie weit es der Mensch darin gebracht hat.

Denken, Wahrnehmen, und damit: die *subjektive* Logik der Situation, werden durch die vorhandenen symbolischen, besonders durch die sprachlichen Kategorisierungen gesteuert, wenngleich nicht determiniert. Jede Kommunikation und jede soziale Beziehung ist eingebettet in ein - von den interagierenden Akteuren geteiltes oder gemeinsam konstruiertes - System von Bedeutungen und Symbolisierungen. Zwischen objektiver Situation und dem psychischen System menschlicher Akteure sind immer nur subjektive, sozial konstruierte Vermittlungen denkbar. Die Sprache ist hier - bei der symbolischen Vermittlung der Logik der Situation - das wichtigste Medium.

Auf diesen Möglichkeiten des sprachlich vermittelten Aufbaus von Gedanken- und Symbolwelten mit einem letztlich nur außerordentlich indirekten Bezug zur Welt der objektiven Dinge - sei es der Natur, sei es der Gesellschaft - beruht die in menschlichen Gesellschaften weit getriebene gesellschaftliche Konstruktion der Wirklichkeit und die hohe Unabhängigkeit der sozialen Prozesse von natürlich und biologisch bedingten Restriktionen. Insofern ist in der Tat davon auszugehen, daß die Organisation menschlicher Gesellschaften ganz wesentlich auf Prozessen symbolischer Kommunikation beruht (vgl. dazu Kapitel 26 und 27).

Aber auch diese sprachlichen und symbolischen Konstruktionen der Wirklichkeit sind nicht unabhängig von dem, was bisher letzlich alle Prozesse der Evolution bestimmt hat: die Knappheit der Mittel, die relativen Preise der verschiedenen Alternativen, auch die der symbolischen Konstruktion der gesellschaftlichen Wirklichkeit, und die immer noch sehr harten materiellen Bedingungen der Homöostase des Lebens allgemein, denen die Menschen sich nicht entziehen können. Wäre dies anders, brauchten sich die Menschen um ihre Umwelt keine Sorgen zu machen und sich nur um eine kommunikativ erzielbare Verständigung zu bemühen (vgl. dazu Kapitel 11 und 29).

9.3 Die Kulturfähigkeit des Menschen

Unter *Kultur* versteht man - allgemein - die erlernten, sozial angeeigneten, über Lernen, Nachahmung oder Unterweisung tradierten, strukturierten und regelmäßigen, kollektiv verbreiteten Gewohnheiten, Lebensweisen, Regeln, Symbolisierungen, Wert- und Wissensbestände von Individuen einer Population, einschließlich der Arten des Denkens, Empfindens und Handelns. Alle unmittelbar genetisch bedingten Regelmäßigkeiten des Verhaltens und Reagierens wären damit *nicht* als kulturell zu bezeichnen. Die Ablösung der Anpassungsfähigkeit des Menschen von der genetischen Fixierung und seine intellektuellen und kommunikativen Fähigkeiten sind die Grundlage für seine Kulturfähigkeit.

Ohne Zweifel gibt es deutliche Anzeichen auch bereits von nicht-menschlicher Kultur, sogar von nicht-menschlichen "Institutionen", wie zum Beispiel bei Singvögeln. Sie verfügen über traditionelle Lieder, die sich innerhalb derselben Art von Population zu Population unterscheiden und über die Generationen hinweg tradiert und auch modifiziert werden. Bei Affen findet man Techniken, zum Beispiel zur Reinigung von Nahrung mit Wasser oder zum Angeln von Termiten mit Hilfe von Zweigen, in die sich die Termiten festbeißen, aus ansonsten unzugänglichen Termitenhügeln. Dieses Wissen wird - wie beim Menschen - durch die Kreativität einzelner erfinderischer Individuen angestoßen, durch Erfahrung vertieft und durch Lernen, Beobachtung und Nachahmung weitervermittelt. Es kann sich dann als "neue Technologie" über die gesamte Population der Affen weiterverbreiten - wenn es für die Affenhorde, zumindest aber für die Eliten der Horde hinreichend attraktiv und sozial verträglich ist. Auch gibt es Experimente zur Sprach- und Abstraktionsfähigkeit von Primaten, die zum Teil verblüffende Ergebnisse erbrachten und die gezeigt haben, daß die Kluft zwischen der Sprachfähigkeit von Menschen und der von Primaten kleiner ist, als lange Zeit angenommen wurde (vgl. Harris 1989, S. 35f.). Allerdings ist die Kluft zwischen Primaten und Menschen dabei immer noch so gewaltig, daß man schon von einem qualitativen Sprung in der Evolution des Geistes sprechen muß.

Diese Formen von Kultur bleiben aber bei allen nicht-menschlichen Spezies immer nur sehr unterentwickelt und rudimentär. Der Grund: Besonderheiten ihrer Anatomie - etwa das Fehlen einer frei verwendbaren Hand, Begrenzungen des Sprechapparates und die nicht über ein gewisses Maß hinaus entwickelbare Intelligenz - verhindern, daß der flexible und über Lernen tradierbare Teil der Umweltanpassung einen gewissen Grad überschreitet. Menschliche Organismen sind dagegen - vor allem aufgrund ihrer intellektuellen Fähigkeiten - in (nahezu) beliebiger Weise zu kultureller Findigkeit und der lernenden bzw. kommunikativen Tradierung von neu gefundenen Techniken, Wissensbeständen oder Regeln in der Lage.

Die kulturellen Erfindungen des Menschen haben vor allem mit der Herausbildung und Tradierung von problemlösendem Wissen zu tun. Dieses kulturelle Wissen bezieht sich auf zwei weite Bereiche: auf zur Problemlösung gedachtes technisches Wissen und auf - zumindest zunächst: auch als problemlösend gedachtes - institutionelles Wissen. Das *technische Wissen* ist eine Folge und Weiterentwicklung des Werkzeuggebrauchs. Werkzeuggebrauch und dabei erworbenes technisches Wissen dient zuerst der materiellen (Re-)Produktion und der Lösung von Problemen des Wirtschaftens. Es geht um die Produktion der Bedingungen des physischen Überlebens und der Ausweitung der Ressourcengrundlage dafür.

Das *institutionelle Wissen* entsteht - zumindest zu Beginn der Menschheitsgeschichte und auch heute noch fast überall auf der Welt - aus der Notwendigkeit einer sozialen Koordination des Handelns, zum Beispiel bei der Produktion von Gütern mit Hilfe von Werkzeugen, die nur in Kooperation zu verwenden sind. Hierbei geht es um Abstimmungen und Regelungen bzw. um die Einrichtung von Organisationsformen, innerhalb derer bestimmte Arten von Handlungen schon aus technischen Gründen nur koordiniert durchführbar sind. Dazu zählen: die Koordination der Bedeutung von Zeichen bei der kommunikativen Abstimmung von komplexen Kooperationsunternehmen wie etwa bei der kooperativen Jagd bereits bei den Vorformen des homo sapiens; die Einrichtung von Hierarchien durch die Technik der konsensuellen Abgabe von Rechten zur effizienten Koordination zur Ausübung von Herrschaft, wodurch überhaupt erst größere Unternehmungen gemanagt werden können; Arbeitsteilung, etwa zwischen den Geschlechtern bei längeren Abwesenheiten der jagenden Männer, zum Zwecke der Erzielung von Spezialisierungsvorteilen; bis hin zur Entwicklung von Normen, Moral und rechtlichen bzw. religiösen Institutionen, beispielsweise zur gerechten Verteilung der erlegten Beute oder anderer Produkte unter den Bedingungen arbeitsteiliger Produktion.

Auch hierfür - für das institutionelle Wissen über die Bedingungen von koordiniertem Handeln, Hierarchien, Arbeitsteilung, Normen, Moral und Verteilungsregeln - findet man bei nicht-menschlichen Lebewesen - allen voran bei den Primaten - gewisse Vorformen. Aber nur beim Menschen haben sie sich in der Differenzierung und Flexibilität ausgebildet, wie an den kaum mehr zu durchschauenden Zuwächsen an technischem (und wissenschaftlichem) Wissen und an der Vielzahl von rechtlichen und sonstigen Institutionen und Regelsystemen im Verlaufe der Evolution menschlicher Gesellschaften abzulesen ist.

9.4 Soziabilität und Sozialität

In der soziologischen Anthropologie werden insbesondere zwei Eigenschaften des Menschen in den Mittelpunkt der Bedingungen menschlicher Existenz gerückt: erstens die *Fähigkeit* zur Aufnahme und zum Erhalt von sozialen Beziehungen. Diese Eigenschaft wird mit *Soziabilität* bezeichnet. Und zweitens die *Angewiesenheit* auf eine soziale Steuerung des Verhaltens bzw. - spezieller - auf soziale Unterstützung, auf soziale Anerkennung, auf sozial vermittelte Orientierung und eine fortlaufende soziale Verhaltensbestätigung über soziale Interaktionen insbesondere mit *interessierten* und personal *identischen* Interaktionspartnern. Diese Eigenschaft sei als *Sozialität* bezeichnet.

Soziabilität und Sozialität des Menschen bedingen *und* ergänzen einander. Sie haben gemeinsame evolutionäre Grundlagen: die besondere physiologische Ausstattung, die intellektuellen Fähigkeiten und die (dadurch möglichen) kulturellen Fertigkeiten des Menschen. Beide Eigenschaften sind nur denkbar vor dem allgemeinen Hintergrund der biogenetischen Entwicklung des Menschen: der Ablösung der Verhaltenssteuerung von genetischen bzw. von instinktiven Fixierungen. Diese Ablösung macht einerseits (nahezu) beliebige soziale Beziehungen möglich. Sie führt aber andererseits auch zu der "Notwendigkeit" einer Reduktion von Komplexität in der Selektion von Verhalten; und diese Reduktion von überschüssigen Möglichkeiten ist nur durch eine *soziale* Steuerung möglich.

Die Worte "Notwendigkeit", "nur" und "möglich" in einigen Formulierungen oben (und auch weiter unten im Zusammenhang evolutionärer Prozesse oder funktionaler Zusammenhänge) deuten eine apriori bestehende Bedingung und ein teleologisches Ziel der Evolution von Soziabilität und Sozialität an. Die Sprechweise ist ohne Erläuterung mißverständlich: Solche Bedingungen lassen sich nur als Hypothesen von *kausalen* Voraussetzungen für erfolgreiche evolutionäre Vorgänge formulieren. Anderes ist hier nicht gemeint (vgl. dazu Abschnitt 6.3, sowie Kapitel 11 über die kausal-genetische Erklärung evolutionärer Sequenzen). Zur Vermeidung umständlicher Formulierungen sei die nicht-kausale Sprechweise aber beibehalten.

Zu den Eigenschaften, die die Soziabilität des Menschen konstituieren, gehören seine einzigartigen Fähigkeiten zur Kommunikation und zur Ko-Orientierung, zur gedanklichen Koordination des Handelns also. Diese hängen mit einigen, oben bereits angesprochenen intellektuellen Potentialen des Menschen zusammen: mit der hohen Fähigkeit zur Erinnerung, etwa von gemeinsamen Erfahrungen; mit der damit gegebenen Möglichkeit des Aufbaues eines Fundus gemeinsamer Erwartungen und damit: von sozial geteiltem Wissen, z.B. über die speziellen Bedingungen bestimmter Verhaltensbereitschaften; mit der Fähigkeit zur reflektierenden Einnahme des Standpunktes anderer, der *Empathie* also; und - allem voran - mit der Fähigkeit zur symbolisch vermittelten Kommunikation über das Medium der Sprache.

Die Sozialität des Menschen bezieht sich auf (mindestens) zwei Aspekte der menschlichen Reproduktion. Der erste ist der augenfälligste: die extrem lange und starke Abhängigkeit des menschlichen Fötus von sozialer Zuwendung aufgrund seiner *soziokulturellen Frühgeburt*. Ohne die Lösung dieses Aspektes des Problems der Sozialität des Menschen wäre schon die physische Existenz des menschlichen Nachwuchses ausgeschlossen. Der zweite Aspekt hat mit den - im Prinzip - unendlich hohen Möglichkeiten für Selektionen beim Handeln und bei der selektiven Orientierung auf Situationen, generell mit der grundlegenden *Kontingenz* aller dieser Selektionen und mit der technischen Notwendigkeit zu tun, daß hier eine bestimmte Selektion möglichst ohne Fehlgriffe und unnötigen Aufwand erforderlich ist. Da die "richtigen" Selektionen aber beim Menschen (fast) ausschließlich durch soziale Konventionen definiert sind, kann es auch nur eine soziale Steuerung der Verhaltensselektionen geben. Und diese wird nur durch *soziale* Kontrolle, nur durch *soziale* Anerkennung, nur durch *soziale* Normierungen und nur durch *soziale* Verhaltensbestätigung möglich. Da alle diese Selektionen mit dem Fortfall der genetischen Fixierung prinzipiell unsicher bleiben, sind Menschen auf die Fortdauer sozialer Beziehungen und auf eine beständige *soziale* Bestätigung ihres jeweiligen Verhaltens *existenziell* angewiesen.

Ohne diese dauerhaften, meist von den Akteuren in wechselseitiger Interaktion mehr oder weniger nebenbei geleisteten Bestätigungen verfallen Menschen als einigermaßen konsistente und handlungsfähige psychische Systeme sehr rasch. Viele ganz und gar irrational erscheinende soziale Prozesse - das heftige Verliebtsein wie die Orgien der Gewalt bei Hooligans und jugendlichen Neo-Nazis - sind dann leicht zu erklären, wenn man weiß, wie wichtig die dauerhafte Produktion von Anerkennung und Verhaltensbestätigung zur Lösung des Problems der Sozialität ist. Die Soziabilität macht es aber gleichzeitig auch möglich, daß sich Menschen sehr genau aufeinander einstellen und damit im Prinzip in der Lage sind, den jeweils anderen in seinen inneren Beweggründen zu verstehen und ihm so das Gefühl zu vermitteln, daß er schon das Richtige tut. Die Soziabilität ist ein Teil der Lösung des Problems der Sozialität.

Daß diese Steuerungsfunktionen - die Stabilisierung von Identität, Orientierung und Verhaltenssicherheit - auch erfüllt werden, hat eine wichtige, eigentlich schon fast technische Voraussetzung: Die Verhaltensbestätigung muß in *konkreten* Interaktionen mit identischen *und* interessierten, an der jeweils individuellen Geschichte der Beziehung und des Akteurs unmittelbar beteiligten und sich daran auch erinnernden Personen verankert sein. Anonyme Institutionen können diese Leistung nur sehr begrenzt erbringen. Sie tun dies meist nur insoweit, als sie in derartigen persönlichen sozialen Beziehungen zum Tragen kommen. Anders gesagt: Die Sicherung der Identität des menschlichen Akteurs ist nur möglich durch das gemeinsame Altern von einander als identisch identifizierenden Personen. Keine versteinerte, repetitiv-uninteressierte oder autistische Reaktion vermag das zugrundeliegende, typisch menschliche Problem zu lösen: die Kanalisierung des Verhaltens vor dem Hintergrund immer sehr individueller Probleme der Identitätssicherung, des prinzipiellen Veraltens jeder einmal gefundenen Lösung und der stets offen bleibenden Möglichkeit von Alternativen. Für den Menschen gibt es dem Menschen keinen Ersatz.

Die Folge: Die Steuerung der Selektion des Verhaltens und der Orientierungen kann - dauerhaft - nur in *konkreten* sozialen Beziehungen erfolgen. Von daher sind die Leistungen von Institutionen nicht nur in der kooperativen Produktion von materiellen Gütern, sondern auch in der Produktion des immateriellen, aber höchst lebenswichtigen Gutes der Verhaltensbestätigung zu sehen. Dieses Gut ist aufgrund der Sozialität des Menschen dann aber beileibe keine nebensächliche Dreingabe neben der Herstellung der materiellen Grundlagen des Lebens, sondern eine für die (psycho-soziale) Existenz des Menschen unabdingbare Voraussetzung. Die Bildung und das Funktionieren von Institutionen und sozialen Beziehungen wird - so kann man jetzt schon vermuten - ganz sicher auch mit diesen Leistungen zu tun haben.

Soziabilität und Sozialität ermöglichen sich gegenseitig - und sind füreinander gleichzeitig durchaus auch Gefährdung. Wir werden auf diese Dialektik noch häufig zurückkommen (etwa in Kapitel 21 und 29). Soziabilität erlaubt nicht nur die Aufnahme und den Unterhalt sozialer Beziehungen, sie gestattet - im Prinzip - auch deren Ausbeutung und ihre strategische Nutzung. Empathie ist nicht nur die Fähigkeit zum Verstehen des Anderen, sondern auch zur strategisch nutzbaren Antizipation seines Handelns. Und mit der Fähigkeit zur impulsgehemmten Kontrolle von Reaktionen ist es auch möglich, den anderen zu täuschen und seine Sozialität auszunutzen. Andererseits macht erst die Soziabilität das Eingehen sozialer Beziehungen sehr individueller Art und damit eine Lösung des Problems der Sozialität möglich. Die Angewiesenheit auf andere Akteure ist selbst ein wichtiges Korrektiv zur Ausnutzung der asozialen Varianten der Soziabilität.

Diese Dialektik der wechselseitigen Ermöglichung und Gefährdung von Soziabilität und Sozialität bringt eine eigene Quelle von Variation und Tempo in die Entwicklung menschlicher sozialer Beziehungen. Man kann jedoch davon ausgehen, daß bei der Entwicklung menschlicher Gesellschaften sich zunächst eher die kooperativen und stabilisierenden Aspekte wechselseitig entwickelt und gestärkt haben. Am Beginn der Entwicklung zum Menschen stand sicher nicht der Krieg aller gegen alle im Vordergrund. Es blieb, angesichts der äußeren Umstände, sprich: der extremen Knappheiten, nicht viel anderes übrig als die Kooperation in kleinen und insulierten Gruppen, in denen es zwar sehr unzivilisiert, aber sicher nicht ohne Altruismus, Zuwendung zueinander und Identifikation mit der Gruppe zugegangen ist.

Kapitel 10
Grundpositionen der soziologischen Anthropologie

Die soziologische Anthropologie ist so alt wie die Soziologie selbst. Nahezu sämtliche Vertreter des Fachs haben ihre Konzepte und Analysen auch mit Annahmen über gewisse Grundbedingungen der menschlichen Existenz begründet. Und es gibt - weit vor der Erfindung der Soziologie - eine lange Tradition von mehr oder weniger philosophischen Überlegungen über die Natur des Menschen und über die Folgen davon für die Gesellschaft.

Etwa: Thomas Hobbes (1588-1679), der die Unausweichlichkeit eines übermächtigen Souveräns - des "Leviathan" - damit begründet hatte, daß der Mensch von Natur aus *kein* soziales Wesen, der Mensch daher des anderen Menschen Wolf und folglich der Krieg aller gegen alle der zu erwartende Normalzustand sei. Nur wenn der Mensch seine natürliche Freiheit und Gleichheit durch ein übergeordnetes Souverän einschränken lasse, könne es ein erträgliches Zusammenleben geben.

Oder: Jean-Jacques Rousseau (1712-1778), nach dessen Ansicht der Mensch im "Naturzustand" - wie das Tier - einsam und frei seinen natürlichen Neigungen folge, dabei zwar nicht ausgesprochen glücklich sei, aber auch nicht besonders leide. Erst mit der Auflösung dieses Naturzustandes - zugunsten einer gesellschaftlichen Regulierung des Zusammenlebens und vor allem mit dem Eigentum - beginne das Leiden des Menschen, dem man durch die *Wiederherstellung* des Naturzustandes ein Ende bereiten könne.

Schließlich noch: Adam Ferguson (1732-1816), der die Notwendigkeit von Institutionen darin verankert sah, daß der Mensch nicht mehr durch Instinkte festgelegt sei, sondern sich durch das Prinzip der Fügsamkeit und Biegsamkeit auszeichne, daher durch Erfahrungen geleitet werden könne und wegen seiner Plastizität notwendigerweise ein *gesellschaftliches* Wesen sei, das der gesellschaftlichen Institutionen ganz und gar bedürfe. Mit anderen, bereits bekannteren Worten: Der Mensch unterliege der Sozialität, verfüge aber auch über Soziabilität.

Es wäre aussichtslos und auch nicht angebracht, einen vollständigen Katalog der anthropologischen Annahmen soziologischer Klassiker zusammenzustellen (vgl. zu einer solchen Übersicht Jonas 1968). Wir wollen uns daher auf einige wenige und für den hier gestellten Zweck - nämlich: die evolutionstheoretische Begründung von gewissen, anthropologisch konstanten Annahmen über den menschlichen Akteur in soziologischen Erklärungen - besonders instruktive Beispiele soziologischer Anthropologie konzentrieren. Diese Beispiele beziehen sich auf die Positionen von Karl Marx, Arnold

Gehlen, George Herbert Mead sowie von Peter L. Berger und Thomas Luckmann, die sich ihrerseits auch auf Helmuth Plessner stützen.

Drei dieser vier Positionen können mit klassischen Theorierichtungen der Soziologie identifiziert werden: Karl Marx mit einer *materialistischen* Erklärung sozialer Prozesse; Arnold Gehlen mit den Ansätzen, die die überragende Bedeutung von Institutionen für das Handeln der Menschen betonen und die daher auch *Institutionalismus* genannt werden; und George Herbert Mead mit dem *Symbolischen Interaktionismus* und den daran anknüpfenden Theorierichtungen (vgl. zu alledem ausführlich Teil F). Peter L. Berger und Thomas Luckmann versuchen in gewisser Weise eine Integration aller drei Ansätze. Wir haben ihr Konzept auch deshalb in die Darstellung aufgenommen, vor allem aber, weil sie einen zuvor etwas unterbewerteten Aspekt der Organisation menschlicher Gesellschaften in den Mittelpunkt ihrer soziologischen Analysen rücken: die Bedeutung von typisierten Erwartungen im Alltagshandeln. Etwas verallgemeinert gesagt: Weil sie die enorme Bedeutung des *Wissens* in der *Lebenswelt* des Alltagshandelns - im Anschluß insbesondere an Überlegungen von Alfred Schütz - für die Erklärung sozialer Prozesse deutlich machen.

Karl Marx

Die anthropologischen Grundannahmen von Karl Marx (1818-1883) lassen sich in vier Punkten zusammenfassen.[1]

Erstens: Die Entwicklung des Menschen und der menschlichen Gesellschaft steht in der *Kontinuität* der natürlichen Evolution und weist keinen qualitativen Sprung auf. Zweitens: Die Grundlage der menschlichen Existenz ist die Notwendigkeit zur kontinuierlichen Lösung von alltäglichen Problemen durch die *materielle Produktion*. Drittens: *Werkzeuggebrauch*, gesellschaftliches *Zusammenwirken*, *Bewußtsein* - auch das Bewußtsein des Selbst - und die *Sprache* sind die typisch menschlichen Besonderheiten dabei. Viertens: Die gesellschaftliche Entwicklung ist mit der Entwicklung dieser Eigenschaften nur noch als *soziale* Entwicklung und *nicht* mehr als "natürliche" Evolution zu verstehen; nämlich: als Aufeinanderfolge von bestimmten Typen von Gesellschaften in einem als *historischen Gesetz* zu verstehenden Ablauf (vgl. dazu Kapitel 29).

Für Karl Marx gibt es - als Materialisten - keinen Zweifel daran, daß der Mensch selbst ein Naturwesen ist, das sich in einem langen und kontinuierlichen Prozeß aus dem Tierreich entwickelt hat. Die Frühschrift "Die Deutsche Ideologie", auf die wir uns hier insbesondere stützen, wurde ein Jahrzehnt vor der Ausgrabung des Neandertalers geschrieben. Und ein Jahr vor Erscheinen des Hauptwerks von Charles Darwin über den Ursprung der Arten (im Jahre 1858) schreibt Friedrich Engels an Karl Marx:

---

[1] Vgl. zum folgenden insbesondere: Karl Marx, Die Deutsche Ideologie, in: MEW 3. Eine kurze Zusammenfassung der Anthropologie von Marx findet sich bei Josef Schleifstein, Einführung in das Studium von Marx, Engels und Lenin, 2. Aufl., München 1973, S. 66-69.

"So viel ist sicher, bei der vergleichenden Physiologie bekommt man eine schmähliche Verachtung gegen die idealistische Überhebung der Menschen über die anderen Bestien. Auf jedem Schritt wird man mit der Nase auf die völligste Übereinstimmung der Struktur mit den übrigen Säugetieren gestoßen, in den Grundzügen geht die Übereinstimmung durch bei allen Wirbeltieren ... ." (MEW 29, S. 338)

Die zentrale Besonderheit der menschlichen Existenz ist für Marx die *materielle* Tätigkeit zur Bewältigung gewisser Grundprobleme bei der Produktion der Mittel für den Alltag und somit der Reproduktion der menschlichen Organismen - einschließlich ihrer Fortpflanzung:

"Wir müssen bei den voraussetzungslosen Deutschen damit anfangen, daß wir die erste Voraussetzung aller menschlichen Existenz, also auch aller Geschichte konstatieren, nämlich die Voraussetzung, daß die Menschen imstande sein müssen zu leben, um 'Geschichte machen' zu können. Zum Leben aber gehört vor allem Essen und Trinken, Wohnung, Kleidung und noch einiges andere. Die erste geschichtliche Tat ist also die Erzeugung der Mittel zur Befriedigung dieser Bedürfnisse, die Produktion des materiellen Lebens selbst, und zwar ist dies eine geschichtliche Tat, eine Grundbedingung aller Geschichte, die noch heute, wie vor Jahrtausenden, täglich und stündlich erfüllt werden muß, um die Menschen nur am Leben zu erhalten." (MEW 3, S. 28)

Daher ist für Marx auch jeder gesellschaftliche Vorgang - "die gesellschaftliche Gliederung und der Staat" zum Beispiel - letztlich nur denkbar als Folge dieser, von den alltäglichen Problemen ausgehenden, "produzierenden" Tätigkeit von individuellen, "wirklichen" Akteuren, also: leibhaftigen Menschen: "Es sind die *wirklichen* Individuen, ihre Aktion und ihre materiellen Lebensbedingungen, sowohl die vorgefundenen wie die durch ihre eigene Aktion erzeugten." (Ebd; S. 20; Hervorhebung nicht im Original) Von ihnen habe die Wissenschaft von der Gesellschaft auszugehen - und nicht von den Nebelgebilden der Ideen und des "Geistes". Die materielle (Re-)Produktion des alltäglichen Lebens ist aber kein einfacher "Austausch" mit der Natur, sondern sie ist - mit dem Verlauf der geschichtlichen Entwicklung mehr und mehr - durch eine vom Menschen selbst geschaffene soziale Umwelt geprägt. Dies beginnt - in der Phylogenese des homo sapiens nach Karl Marx - mit der Herstellung von Werkzeugen und mit dem "Zusammenwirken mehrerer Individuen" als besonders effizienten Formen der Lösung von Alltagsproblemen. Beides zusammen begünstigt bzw. erzwingt sogar die zunehmende Ausbildung von kommunikativen Fähigkeiten, von Zweck- und Zielorientierung und der Reflexion von Möglichkeiten, Hypothesen, Erwartungen - unter anderem auch über denkbares Verhalten anderer Akteure. Kurz: Die Entwicklung der gesellschaftlichen, d.h. der werkzeugbenutzenden und kooperativen "Praxis" ist begleitet von der Entwicklung von Sprache, von "Bewußtsein" und der Fähigkeit zur planenden Reflexion - auch des eigenen Tuns.

Bei Marx findet sich bereits die Hypothese einer biologisch-sozialen Ko-Evolution aller dieser Eigenschaften: Mit der Ausbildung der Hand und des dadurch möglichen differenzierten Werkzeuggebrauchs wird Kooperation bedeutsam bzw. evolutionär vorteilhaft. Dies wiederum begünstigt die Entwicklung kommunikativer und intellektueller Fertigkeiten, des Sprechapparates wie eines koordinierenden Gehirns und damit: der Sprache. Und daraus insgesamt ergeben sich wiederum Vorteile von planenden Fähigkeiten, wie insbesondere die Fähigkeit zur (an Utopien orientierten) Imagination von Zwecken und Möglichkeiten, diese Zwecke auch zu verwirklichen. Durch die Vorteile dieser Fähigkeiten wird wiederum die weitere Entwicklung des Gehirns begünstigt. Mit anderen Worten: Die - biologischen und sozialen - Eigenschaften des Menschen entwickeln sich nicht isoliert und unabhängig voneinander, sondern in wechselseitiger, ko-evolutiver Ermöglichung und Verstärkung.

Die natürliche Entwicklung der menschlichen Spezies ist für Marx die allgemeine Grundlage aller sozialen Prozesse. Mit diesen allgemeinen Eigenschaften lassen sich aber für die spezielle soziale Organisation keine weiteren Aussagen mehr treffen - außer der nicht sonderlich überraschenden, wenngleich nicht unwichtigen, daß die natürliche genetische Ausstattung den begrenzenden Rahmen der Möglichkeiten für die soziale Organisation bildet.

Für Karl Marx tritt mit dem Abschluß der Hominisation - der Entwicklung vom Primaten zum homo sapiens also - an die Stelle der mit homo sapiens erst einmal zum Stillstand gekommenen natürlichen Evolution eine *soziale* Evolution. Die soziale Evolution ist nach Marx durch erste Formen bewußter Kooperation, etwa bei der kooperativen Jagd, durch die Bildung einerseits von Familien zur "Lösung" des Problems der sexuellen Reproduktion unter der Bedingung langer Aufzuchtzeiten und Abwesenheiten der jagenden Männer, des weiteren von ersten "notwendigen" Ansätzen von Arbeitsteilung, zum Beispiel nach Geschlecht, wie auch der Technik (im Werkzeuggebrauch vor allem) und der Einrichtung von Regeln der Verteilung von Produkten gekennzeichnet - zum Beispiel der Verteilung von Beute an die Gruppenmitglieder, die nicht an der Jagd teilgenommen haben, wie etwa die inzwischen mit der Kinderaufzucht beschäftigten Frauen.

Die weitere Geschichte der menschlichen Gesellschaft ist nach Marx dann eine Abfolge von deutlich unterscheidbaren Typen der gesellschaftlichen Produktion. Hierfür hat er eine Art von teleologischer Evolutionstheorie entwickelt[2], in deren Kern die gesellschaftlichen Widersprüche, die

---

[2] Vgl. dazu den wichtigen Beitrag von Jürgen Habermas, Zur Rekonstruktion des Historischen Materialismus, in: Jürgen Habermas, Zur Rekonstruktion des Historischen Materialismus, Frankfurt/M. 1976, Abschnitt II und IV insbesondere.

Konflikte also zwischen sozialen Gruppierungen, zwischen sozialen Klassen stehen, die über die jeweils herrschende institutionelle Ordnung in Gruppen mit typisch unterschiedlichen und einander widersprechenden Interessen gespalten sind: Sklaven und Sklavenhalter, Feudalherren und Leibeigene, Proletarier und Kapitalisten (vgl. dazu Kapitel 21, 25 und 29). Marx meinte, das übergreifende historische Gesetz gefunden zu haben, wonach diese Widersprüche sich einmal mit Notwendigkeit auflösen würden: mit der Abschaffung des Privateigentums nach Überwindung des historisch letzten Widerspruchs, dem zwischen Proletariern und Kapitalisten. Das zu dieser These gehörende Langzeitexperiment ist vor kurzem wegen Erfolglosigkeit eingestellt worden - vorläufig jedenfalls.

Arnold Gehlen

Arnold Gehlen (1904-1976) knüpft in einer wichtigen Hinsicht an Karl Marx an: die Betonung der Bedeutsamkeit der "Handlung" für die menschliche Existenz. Nur in der Handlung sei ein Ausgleich für die ansonsten gegebene grundlegende organische Unterprivilegierung des Menschen möglich. Diese organische Unterprivilegierung - und die damit gleichzeitig gegebenen Chancen für eine "plastische" Gestaltung der menschlichen Motive und damit: von Handlungen - ist das Leitmotiv von Gehlens Anthropologie.

Man kann die Anthropologie von Arnold Gehlen ebenfalls in vier Einzelaspekten zusammenfassen: Der Ausgangspunkt ist erstens - wie bereits gesagt - die Behauptung einer humanspezifischen *Handlungsfähigkeit*. Diese erklärt sich nach Gehlen zweitens aus der biologischen These vom Menschen als *Mängelwesen*. Aus den damit zusammenhängenden besonderen Voraussetzungen der Ontogenese des Menschen - insbesondere: seiner Sozialisation - ergibt sich drittens eine *Unterbrechung* der bei anderen Lebewesen deutlicher verknüpften Zusammenhänge von Antrieben, Wahrnehmung und Reaktionen. Und aus dieser - nicht wieder organisch stabilisierbaren - Unterbrechung zieht Gehlen viertens den Schluß, daß die Stabilisierung und Regulierung des menschlichen Handelns *nur* über *Institutionen* möglich sei.[3]

Die Betonung der Handlung hat für die Anthropologie Gehlens eine zentrale Funktion: Es sollen damit die physischen und psychischen Eigenheiten des Menschen in einem Prinzip integriert werden; nämlich: Die organischen Be-

---

[3] Vgl. zur Anthropologie Gehlens insbesondere: Arnold Gehlen, Der Mensch. Seine Natur und seine Stellung in der Welt, Bonn 1955 (zuerst: 1940); Arnold Gehlen, Urmensch und Spätkultur, Bonn 1956. Eine instruktive Zusammenfassung der Anthropologie von Gehlen findet sich bei: Axel Honneth und Hans Joas, Anthropologische Grundlagen der Sozialwissenschaften, Frankfurt und New York 1980, S. 52ff.

sonderheiten sind die Voraussetzungen und die kulturellen (und sozialen) Leistungen sind die Folge der spezifisch menschlichen Handlungsfähigkeit:

"Wohl aber können und werden wir nachweisen, wie die Bestimmung des Menschen zur Handlung das durchlaufende Aufbaugesetz aller menschlichen Funktionen und Leistungen ist, und daß sich diese Bestimmung aus der physischen Organisation des Menschen eindeutig ergibt: ein physisch so verfaßtes Wesen ist nur als handelndes lebensfähig; und damit ist das Aufbaugesetz *aller* menschlichen Vollzüge, von den somatischen bis zu den geistigen, gegeben." (Gehlen 1955, S. 24; Hervorhebung im Original)

Voraussetzung und Folge der spezifisch menschlichen Handlungsfähigkeit ist die geringe organische Anpassung des Menschen an seine Umwelt und die - damit zusammenhängende - fehlende Spezialisierung der physiologischen Funktionen: Der Mensch ist ein "Mängelwesen". Die These vom Menschen als Mängelwesen bzw. von der fehlenden Spezialisierung wird durch eine Reihe von Organprimitivismen begründet - wie die geringe Gebißentwicklung, ein fehlendes Fell, die geringe Sinnesschärfe, das Fehlen von angeborenen Angriffs- und Verteidigungsorganen und - vor allem - die mit der Frühgeburt des menschlichen Fötus gegebene extreme Hilflosigkeit in den ersten Lebensjahren, seine lange Jugendphase und späte Geschlechtsreife. Beides - die fehlende Spezialisierung und die extrem lange Hilflosigkeit - bilden aber andererseits gerade den Hintergrund dafür, daß der Mensch die beschriebene besondere Handlungsfähigkeit entwickeln kann: Durch die fehlende Festlegung des Verhaltens, durch die Lernfähigkeit und durch die lange Aufzuchtphase kann sich ein Organismus entwickeln, der dann ganz besonders durchsetzungsfähig ist:

" ... denn die Unspezialisiertheit bedeutet ja den *Mangel* einer ihm natürlich angepaßten Umwelt, mit der er im biologischen Gleichgewicht lebt, und sie enthält zweitens die Notwendigkeit, die ganze exponierte, organisch hilflose und ungedeckte Verfassung durch *Selbsttätigkeit* durchsetzungsfähig zu machen, also in erfahrenen und kontrollierten Handlungen die physische Existenz erst zu ermöglichen." (Ebd; S. 140, Hervorhebungen im Original)

Mit Frühgeburt und Unspezialisiertheit ist ein kompliziertes, aber äußerst wirkungsvolles Verhältnis "entfallender Festlegungen" und "entstehender Lernmöglichkeiten" gegeben. Die wichtigste Folge: die Unterbrechung von Antriebssystem, Wahrnehmung von Auslösereizen und Bewegungsreaktionen.

Bezogen auf das Antriebssystem betont Gehlen die Plastizität des menschlichen Motivationssystems. Es gebe nur noch Reste von Reflexen und Instinkten (als spezialisierten Reaktionsprogrammen) und keine festen Verhaltensmuster mehr, allenfalls noch Dispositionen diffuser Bereitschaften und Erregungszustände. Wichtig ist vor allem die Verselbständigung der Hauptantriebe: Sexualität - etwa - ist chronisch, nicht fixiert. Und sie kann sich mit allen möglichen anderen Motiven verbinden. Dies gilt im Prinzip für alle anderen "natürlichen" Bedürfnisse.

Plastizität meint darüber hinaus: die Entwicklungsfähigkeit und - beliebige - Kombinierbarkeit der Antriebe, die *Weltoffenheit* des Menschen, die Möglichkeit der Hemmung, Über- und Unterordnung, Höherentwicklung und Sublimierung der Antriebe und Motive, ihre "Versehrbarkeit", Degenerations- und Ausartungsbereitschaft, ihre Fähigkeit zu "luxurieren" und die - nahezu völlige - Abkopplung von objektiv-"vitalen" Ansatzpunkten. Und schließlich gilt auch noch: Der Mensch unterliegt einem "konstitutionellen Antriebsüberschuß", der sich aus dem chronischen Charakter der Bedürfnisse und aus der Hemmung der Motorik während des Aufwachsens ergibt. Daraus schließt Gehlen auf eine gesonderte Bedeutung der Phantasie für den Menschen: Phantasie ist der Prozeß der Verarbeitung von nicht durch Handlungen auslebbaren Bedürfnissen.

Auch die menschliche Wahrnehmung ist nach Gehlen - im Prinzip - von festen Bindungen abgekoppelt. Dies bringt aber das Problem einer unverarbeitbaren Eindrucksfülle, das einer "Reizüberflutung" mit sich. Die Lösung des Problems: die Entlastung von der drohenden Reizfülle durch die symbolische Strukturierung der Wahrnehmungswelt in der Folge der "manipulativen Dingerfahrung". Symbole haben dabei insbesondere die Funktion des Anzeigens von "kompletten" Bedeutungsstrukturen und können dadurch in den Wahrnehmungsakt eine für die praktischen Zwecke ausreichende, sparsame und damit entlastende Ordnung bringen:

"Wir orientieren uns also in der Sinneswelt an gewissen optischen oder akustischen, taktilen usw. Symbolen, an Minimumcharakteren. Dies ist biologisch eindeutig zweckmäßig: es erspart, sich auf die mögliche volle Ausgiebigkeit der Dinge einzulassen, und eine möglichst vielseitige und empfindliche Reizbarkeit des Organismus ist nicht der Zweck der Wahrnehmung. Gerade dann dürfte sie nicht bloß symbolisch sein. Sondern unsere führende Wahrnehmung, die optische, ist ein Mittel, uns 'Symbole' für Erfolgserwartungen, Widerstände, Dingreaktionen und 'Erreichbarkeiten' im Zusammenhang unseres praktischen Eingriffes anzugeben, damit wir mit Hilfe dieser Symbole die Bewegungen ansetzen und schon *vor* Erfolg oder Mißerfolg zielhaft dosieren können." (Ebd; S. 184, Hervorhebung im Original)

Anders gesagt: Der menschliche Organismus ist nur sehr begrenzt in der Lage, die eintreffende Reizfülle zu verarbeiten. Er benötigt daher eine durch Symbolisierungen vereinfachte Ordnung ("Minimumcharaktere") bewährter und für das Handeln ausreichender Rezepte. Symbole und dadurch vereinfachte Orientierungen sind - angesichts der Überfülle der Informationen, die auf den Menschen einstürmen - eine äußerst nützliche Art der Reduktion von Komplexität. Ein koordiniertes und entlastetes, damit aber auch: wirksames

Handeln wird nur mit einer solchen, symbolisch gesteuerten Selektion und Reduktion von Überfülle möglich. Diese mit "Bedeutung" gesättigten Symbolisierungen erwirbt sich der Mensch im praktischen Umgang und in seinen alltäglichen Erfahrungen mit den Dingen. Und zwar so, daß er schließlich eine kognitiv durchgearbeitete, hochselektive, aber für die praktischen Zwecke geeignete - und dann auch ausreichend genaue und "zutreffende" - Realität wahrnimmt.

Auch die menschliche Bewegungsmotorik gehorcht nicht - mehr - angeborenen Programmen. Sie muß - weitgehend - in Sozialisationsvorgängen gelernt werden: Der Mensch besitzt eine Erwerb-, nicht eine Erbmotorik. Diesem Mangel steht - wie zuvor bei der Plastizität der Antriebe und der Entfixierung der Wahrnehmung - ein typischer Vorteil gegenüber: Die menschliche Motorik kann verfeinert, koordiniert, kombiniert und auf neu wahrgenommene Sachverhalte immer wieder neu eingestellt werden. Auf diese Weise wird es möglich, eine jeder tierischen Motorik überlegene, situationsangepaßte und flexible Motorik und Bewegungsweise herauszubilden.

Mit der These vom Menschen als Mängelwesen und mit der Annahme einer Entkopplung und Freisetzung von Antrieb, Wahrnehmung und Motorik verweist Arnold Gehlen schließlich auf die unumgängliche Notwendigkeit von *Institutionen* für die menschliche Existenz: Die zur chaotischen Eindrucksfülle führende Weltoffenheit "muß" durch soziale Äquivalente für die Instinktsteuerung abgefangen und kanalisiert werden. Und genau dies leisten - so Gehlen weiter - die gesellschaftlichen Institutionen. Institutionen fungieren folglich als unentbehrliche, die Instinktsteuerung ersetzende, stabilisierende Gewalten und als der Rahmen, innerhalb dessen der instabile, informations- und affektüberlastete menschliche Organismus die erforderliche Orientierung und Organisation findet.

Gehlen denkt hierbei insbesondere an überpersönliche Institutionen mit rigiden und dem individuellen Zugriff entrückten Strukturen, insbesondere an religiös fundierte Institutionen. Unverständlich ist dies nicht: Man kann zum Beispiel die sinnstiftende Funktion von Religionen gerade darin sehen, daß im Bereich des Sakralen der "konstruktive" Charakter der menschlichen institutionellen Ordnung verborgen bleibt - und dadurch die Unsicherheiten und Komplexitäten aus der Überfülle der Möglichkeiten besonders wirksam reduziert werden (vgl. dazu noch Abschnitt 26.1). Die Religion wurde nicht aus purem Zufall zu der zentralen sinnstiftenden institutionellen Erfindung, die die Menschen wegen ihrer Weltoffenheit und wegen der Unmöglichkeit, aus eigener Anstrengung die Komplexitäten und Kontingenzen der Welt zu meistern, auch dringlich zu benötigen scheinen - und immer wieder gerade dann Sicherheiten transzendentaler Art suchen, wenn die Überfülle - gerade auch der guten Möglichkeiten - zunimmt. Dazu müssen diese Institutionen aber buchstäblich ganz und gar außer Frage stehen. Das geht aber nur durch ihre sakrale Entrückung und durch die nicht mehr antastbare Konstruktion der Illusion, als seien sie kein Menschenwerk.

In diesem Punkt hat Arnold Gehlen wahrscheinlich Recht: Menschen brauchen übergreifende Orientierungen. Die enorme Zunahme ethnischer und nationaler Abgrenzungen nach dem Zerfall des eine Zeit lang ganz gut "nomisierenden" Ost-West-Konfliktes ist der jüngste Beleg dafür, wie brüchig solche nicht-religiösen Sinnsysteme letztlich sind. Alle weltlichen und nicht-sakralen Versuche zur Lösung des Sinnproblems sind bisher gescheitert. Die allermeisten Menschen können sich nicht mit Angeboten der Sinnstiftung zufrieden geben, denen man bald anmerkt, daß sie lediglich von den unsicheren und weltoffenen Menschen selbst und von einem sehr fehlbaren Bodenpersonal der offiziellen religiösen Organisationen stammen. Aggiornamento *ist* der Keim des Untergangs einer Religion, die Sinnstiftung anzielt (vgl. dazu Abschnitt 26.1 und den Exkurs über Sinn in Teil F). Aber es sei auch nicht vergessen, daß Gehlens Buch "Der Mensch" in seiner ersten Auflage im Jahre 1940 erschienen ist, als in Deutschland die Institutionen fest, unverrückbar und sogar sakralisiert waren und die von Gehlen gewünschten nomisierenden Funktionen ausgesprochen gut erfüllten - andere, für die Menschen ebenso wichtige Existenzbedingungen dafür aber umso nachhaltiger verletzten.

George Herbert Mead

Mit George Herbert Mead (1863-1931)[4] teilen Karl Marx und Arnold Gehlen zwei Grundannahmen: daß das menschliche Handeln und das soziale Geschehen - letztlich - in einer Linie mit dem allgemeinen Problem der An-

---

[4] Die folgende Zusammenfassung der anthropologischen Annahmen Meads orientiert sich insbesondere an dem posthum veröffentlichten Werk George Herbert Mead, Mind, Self and Society. From the Standpoint of a Social Psychologist, Chicago 1934. Über weitere Einzelheiten und Hintergründe der Meadschen Anthropologie vgl. Hans Joas, Praktische Intersubjektivität. Die Entwicklung des Werkes von G. H. Mead, Frankfurt/M. 1980, insbesondere Kapitel 5 und 7; Hans Joas, George H. Mead, in: Dirk Käsler (Hrsg.), Klassiker des soziologischen Denkens, Band 2: Von Weber bis Mannheim, München 1978, S. 7-39. Eine knappe und ebenfalls sehr informative Zusammenfassung der Grundgedanken, insbesondere zum Aspekt der Reaktionshemmung und der gedanklichen Reaktionsvorwegnahme, bietet: Johannes Siegrist, Das Consensus-Modell. Studien zur Interaktionstheorie und zur kognitiven Sozialisation, Stuttgart 1970, S. 20-41. Eine sehr knappe, jedoch auch vergleichende Darstellung des Ansatzes findet sich bei Sheldon Stryker, Symbolic Interactionism. A Social Structural Version, Menlo Park, Cal. u.a. 1980, S. 33-40.

passung von Organismen an eine Umwelt zu sehen sind; und daß der wichtigste Mechanismus dieser Anpassung das problemlösende Handeln der menschlichen Organismen ist. Bei George Herbert Mead wird darüber hinaus ein Aspekt besonders betont, der bei Marx auch deutlich benannt worden war, bei Gehlen aber eher im Hintergrund geblieben war: Dieses anpassende bzw. problemlösende Handeln findet bei menschlichen Organismen vorzugsweise im *sozialen* Zusammenhang statt. Meads Überlegungen haben vor allem mit der Bedeutsamkeit der *Interaktion* und mit dem Problem einer sozialen Koordination des Handelns zu tun.

Die anthropologischen Annahmen von George Herbert Mead lassen sich in fünf Einzelpunkten zusammenfassen. Ausgangspunkt der Überlegungen ist - erstens - der *social act*, das problemlösende Handeln menschlicher Organismen in einer Gruppe und insbesondere das Problem der Koordination und Integration kollektiv problemlösender sozialer Handlungen. Der Handlungsakt selbst ist - zweitens - kein reflexartiger fixierter Ablauf, sondern beruht auf verschiedenen, von einander abkoppelbaren Teilen: *Aufmerksamkeit*, *Hemmung* und *Rückempfindung*. An die Stelle der fixierten Reaktionsabstimmung treten - drittens - beim Menschen flexible Mechanismen und Fähigkeiten der intelligenten und symbolisch gesteuerten *Reaktionsabstimmung*, die "vokalen Gesten" wie die Sprache, und die gedankliche Reaktionsvorwegnahme: Empathie. *Sprache* und *Empathie* sind allgemeine Anlagen, müssen aber selbst immer erst durch Erfahrungen gelernt bzw. in Interaktionen erworben und ausgebildet werden. Diese Besonderheiten der menschlichen Handlungen sind - viertens - nur denkbar vor dem Hintergrund der besonderen *physiologischen Ausstattung* des Menschen, die eine flexible und rückgekoppelte, bewußte Einstellung auf die jeweilige Situation zuläßt. Dadurch wird - fünftens - die Lösung des Problems der *Koordination* und *Integration* sozialen Handelns in einem Wechselspiel gegenseitiger, flexibler und intelligenter, durch *sprachliche Gesten* und durch *Symbole* gesteuerter Handlungsabstimmungen möglich.

George Herbert Mead war in der Ausarbeitung seiner Sozialpsychologie sehr stark von evolutionstheoretischen Gedanken beeinflußt. Sein Ausgangspunkt ist die Erklärung der Entstehung einer besonders typisch menschlichen Fähigkeit: die der "inneren Erfahrung" als einer hemmenden Zwischeninstanz zwischen reaktionsauslösendem Reiz und der anpassenden Reaktion des Organismus. Für menschliche Organismen, als auf Koordination und Kooperation angewiesene Akteure, stellt sich damit die Frage der Erklärung des gemeinsamen Agierens einer Gruppe von artgleichen Organismen, die nicht mehr durch fixierte Antriebe oder Reaktionsprogramme gesteuert sind - wie es etwa bei Insektenstaaten oder bei den Dominanzhierachien bestimmter Wirbeltiere der Fall ist. Die Frage ist also: Wie gelingt die Koordination menschlicher Interaktionen und damit die Integration menschlicher Sozialverbände angesichts der Auflösung von starren Verhaltensfixierungen und angesichts der menschlichen Fähigkeit zur Impulshemmung?

Die Beantwortung dieser Frage findet Mead in genau den anthropologischen Besonderheiten, die das Problem der Integration erst geschaffen haben: in der Entkopplung der - umweltanpassenden - Reaktion von Antrieb, Auslösung und Motorik bei einer Handlung. Nach Mead besteht eine menschliche Handlung aus vier Phasen: Handlungsimpuls, Wahrnehmung, Manipulation und bedürfnisbefriedigende Handlungsvollendung als "Entspannungshandlung". Alle vier Phasen sind voneinander abgekoppelt. Dies ist insbesondere durch drei Sachverhalte bedingt: Der Mensch kann Umweltreize wegen seiner besonderen Fähigkeit zur Aufmerksamkeit gezielter auswählen als ein Tier. Jeder Akt kann durch eine Hemmung an jedem Punkt des Ablaufs unterbrochen werden - was bei instinktgesteuerten Reaktionen nicht möglich ist. Und vor dem Hintergrund der Impulshemmung werden gemeinsam mit Prozessen der Rückmeldung und der internen Bewertung von Reizen flexible und gezielte, reflektierte und - wie wir heute sagen würden - selbstreferentielle Reaktionen möglich.

Diese Möglichkeit der Unterbrechung - und damit auch: der strategischen Handhabung - von Reaktionen schafft das oben benannte Koordinations- und Integrationsproblem. Sie ist aber gleichzeitig schon ein Teil seiner (möglichen) Lösung: Durch die Impulshemmung werden gedankliche, vorwegnehmende Koordinationen möglich. Hierbei helfen die typisch menschlichen Fähigkeiten der kommunikativen Abstimmung über Symbole beträchtlich. Die Koordinationsmechanismen lassen sich also in den beiden, bereits oben angesprochenen, dem Menschen besonders typischen Fähigkeiten zusammenfassen: Sprache und Empathie.

Die Hypothese von der sprachlichen Koordination von Handlungen knüpft an Darwins Analyse des Ausdrucksverhaltens von Tieren und an den Begriff der Gebärde des Psychologen Wilhelm Wundt an. Auch bei der Koordination gewisser tierischer Verhaltensabläufe - wie etwa bei Dominanzkämpfen - spielen solche Zeichen und "signifikanten Symbole" eine Rolle. Beim Menschen können, anders als bei Tieren, Gebärden jedoch als Gesten absichtlich eingesetzt werden, um bestimmte Handlungsabsichten zu bekunden und damit das Verhalten des anderen zu steuern. Die - in ihren Ausdrucksmöglichkeiten äußerst flexible - menschliche Sprache ist als ein besonders wirkungsvolles und differenziertes System von vokalen Gesten anzusehen. Und sprachliche Äußerungen können so für die Akteure wechselseitig zu "bedeutungsvollen" Indikatoren für eventuelle Folgen und Implikationen des Handelns, zu signifikanten Symbolen der wechselseitigen Handlungsausrichtung und zu einem wirksamen Instrument des Handelns selbst werden (wie beispielsweise bei einem Befehl, bei einer Bitte oder bei einer Drohung).

Das Problem ist dann aber sofort: Wie kommt es zu einer Koordination von Handlungen über (sprachliche) Gesten? Hier spielt die oben erwähnte Fähigkeit zur Impulshemmung eine wichtige Rolle. Sie erlaubt die antizipatorische Repräsentation, also: die gedankliche Vorwegnahme des Handelns des jeweils anderen Akteurs in Orientierung an vergangenen Erfahrungen und an den jeweils ausgetauschten vokalen Gesten und signifikanten Symbolen. Es ist diese Fähigkeit zur Empathie, zur gedanklichen Einnahme der Perspektive des anderen, zur Einfühlung in die Motive und Handlungsumstände des jeweils anderen, zum taking the role of the other, wodurch die "Konversation von Gesten" und damit die Handlungsabstimmung möglich wird.

Vokale Abstimmung und empathische Einfühlung spielen in der Koordination der Handlungsbereitschaften eng ineinander und korrigieren sich wechselseitig. Die Fähigkeit zu einer zeitlichen Verzögerung der Reaktion macht dies erst möglich - und unter Umständen besonders effizient. Die Selektion der einzelnen Handlung selbst erfolgt also vor dem Hintergrund der Wahrnehmung von signifikanten Symbolen, der damit verknüpften Antizipationen der Reaktion des anderen - und der eigenen Zielsetzungen. Die Impulshemmung erlaubt dabei nicht nur eine Koordination und Feinabstimmung mit dem anderen Akteur, sondern auch eine - vor dem Hintergrund der gegebenen wahrgenommenen und interpretierten Situation - optimale Reaktion. Das Handeln von Menschen ist ein im Prinzip intelligentes, die Situationsaspekte interpretierend in Rechnung stellendes, an Folgen orientiertes und (damit) optimierendes Selegieren: "The process of intelligent conduct is *essentially* a process of selection from among various alternatives." (Mead 1934, S. 99; Hervorhebung nicht im Original)

Alle genannten Eigenschaften: differenzierte Sprache, komplexe Antizipationen, die intelligente Bewertung von Gesten usw. sind nicht voraussetzungslos. Sie werden nach Überzeugung von George Herbert Mead (und vielen anderen Soziologen nach ihm) in der Sozialisation des Menschen erworben. Ihr Erwerb ist dabei von einer Reihe äußerer Bedingungen abhängig. Sprachliche Kompetenz und Empathie sind keine ontogenetischen Automatismen der individuellen Entwicklung des Menschen, sondern - wenigstens zu einem erheblichen Teil - von den Bedingungen des Prozesses der Sozialisation des Menschen abhängig. Insbesondere die Fähigkeit zur Antizipation von Reaktionen anderer Akteure - Empathie - ist die Folge von Erfahrungen und Lernvorgängen in einer sozialen Umgebung der Vertrautheit *und* der Vielfalt.

Diese Erfahrungen sorgen für die "Konstitution permanenter Objekte". Das sind: situationsstabile Erwartungen an - insbesondere auch: soziale - Objekte, die schließlich einen "Ding"-Charakter annehmen. Dies bedeutet, daß das Objekt als ein Bündel von Eigenschaften permanenter Art gesehen wird, und daß die Handlungen sich darauf dann in Form von gebündelten Erwartungen einstellen können - über ganze Komplexe von Eigenschaften, auch solcher, die im Einzelfall dann nicht mehr überprüft werden. Solche gebündelten Erwartungen sind die Voraussetzung dafür, daß die Wahrnehmung der Dinge überhaupt strukturiert und damit vom Chaos überschießender Eindrücke entlastet werden kann. Und sie sind die Voraussetzung zur entlasteten und routinisierbaren Ausführung; und schließlich vor allem: zur reibungslosen und unaufwendigen sozialen Koordination von Handlungen.

Der Erwerb dieser Erwartungen geschieht einerseits durch konkrete Erfahrungen - über Handkontakt und optische Distanz zum Beispiel; dann aber auch über den - nur dem Menschen möglichen - gedanklichen Perspektivenwechsel, der es erlaubt, die verschiedenen Erscheinungsweisen der Dinge in ein umfassendes Bild der bleibenden "Identität" auch verschiedener Perspektiven zu integrieren.

Zu den "Dingen", auf die hin solche Erwartungen gebildet werden, gehören neben physischen Gegenständen auch andere Akteure und schließlich das betreffende "Ich" selbst. Entsprechend kann der Akteur auch solche, die verschiedenen Dimensionen seiner Persönlichkeit integrierenden Erwartungen an sich selbst richten. Diese besondere Eigenschaft einer die verschiedenen Dimensionen des Ich übergreifenden "Verfassung" wird auch als Ich-Identität bezeichnet. Die Ich-Identität ist eine übergreifende Regel für das Handeln in verschiedenen Situationen.

Die Ausbildung dieser Eigenschaften ist - so sei noch ergänzt - zwingend an die Erfahrung differenzierter *und* strukturierter sozialer Interaktion gebunden. Das jedenfalls nehmen George Herbert Mead und mit ihm nahezu alle Soziologen an. Mead ist einer derjenigen gewesen, auf den sich die Diskussionen etwa über die Benachteiligung von Kindern aus unteren Schichten oder über die Bedingungen zur Entwicklung eines moralischen Bewußtseins besonders berufen haben: Die anthropologische Anlage der Sprache, der Empathie, der Ich-Identität und des moralischen Bewußtseins entwickle sich nicht von alleine, sondern sei in ihrer Entfaltung an ganz bestimmte soziale Umgebungen der interessierten Fürsorge *und* differenzierter Erlebnisse der eigenen Krisenbewältigung gebunden.

Alle diese Fähigkeiten beruhen auf der besonderen physiologischen Ausstattung des Menschen. Deren allgemeinste Besonderheit ist die Entkopplung von Antrieb und Reaktion einerseits und das beim Menschen besonders differenzierte Rückkopplungssystem von Organen der Sinneswahrnehmung, Handlungsausführung und zerebralen Steuerung andererseits. Dazu gehören die menschliche *Hand* und die damit gegebene Differenzierungsmöglichkeit von Manipulationen und Tastwahrnehmung, das Auge und das Ohr als hoch entwickelte Distanzrezeptoren und der Sprechapparat des Menschen, der hoch differenzierte Modulationen von Lauten und damit von signifikanten vokalen Gesten erlaubt. Alle diese vier Instrumente können gleichzeitig benutzt und zur wechselseitigen Steuerung von Wahrnehmung, Beurteilung und Manipulation des Gegenstandes verwendet werden. Die dazu nötige, simultan ablaufende Steuerung wird durch ein hochentwickeltes Koordinationszentrum, das Gehirn, möglich. Das menschliche Gehirn erlaubt - mit der über die verschiedenen Rezeptoren gesteuerten Wahrnehmung - den für die Ausbildung strukturierter Erwartungen erforderlichen integrierenden Perspektivenwechsel, die Abspeicherung von vielfältigen Erfahrungen, die impulshemmende Bewertung eingehender Sinneseindrücke und schließlich auch die zielorientierte, reflektierte und optimierende Selektion von handlungsauslösenden Steuerungsbefehlen.

Diese Eigenschaften sind für den Menschen einzigartig, wenngleich in Vorformen auch bei einigen tierischen Organismen vorfindbar. Phylogenetisch sind sie in einem langen Prozeß der Evolution entstanden. Sie sind Teil der Prozesse der Flexibilisierung der Anpassungsleistungen des Menschen und damit Ausgangspunkt eines evolutionär ganz neuen Problems: Das der Integration (auch größerer) sozialer Gruppen, deren Organismen nicht durch genetische Programme in ihrem Verhalten festgelegt sind.

Peter L. Berger und Thomas Luckmann

Die drei beschriebenen Positionen soziologischer Anthropologie sind - wie man sieht - einander so unähnlich nicht. Peter L. Berger und Thomas Luckmann entwerfen in ihrem - zur sorgfältigen Lektüre immer wieder zu empfehlenden - Einführungsbuch zur Soziologie mit dem programmatischen Titel von der "gesellschaftlichen Konstruktion der Wirklichkeit"[5] auch keine grundlegend andere Anthropologie als sie bei Marx, Gehlen und Mead sichtbar wird. Ihnen wird ein eigener Abschnitt deshalb gewidmet, weil sie die Problematik der für die menschliche Existenz typischen Dialektik des Verhältnisses von "Natur und Gesellschaft" besonders eindringlich verdeutlichen. Und weil sie dabei auf zwei in diesem Zusammenhang besonders wichtige Vermittlungsmechanismen zwischen äußerer Natur und gesellschaftlicher Ordnung verweisen, die für soziologische Analysen immer - und sei es nur im Hintergrund - von außerordentlicher Bedeutung sind: Wissen und Sprache. Ihr Buch über die gesellschaftliche Konstruktion der Wirklichkeit heißt im Untertitel nicht ganz zufällig "Eine Theorie der Wissenssoziologie".

---

[5] Peter L. Berger und Thomas Luckmann, Die gesellschaftliche Konstruktion der Wirklichkeit. Eine Theorie der Wissenssoziologie, 5. Aufl., Frankfurt 1977 (zuerst: 1966).

Die wichtigsten Einzelheiten der Anthropologie bei Berger und Luckmann lassen sich - zugespitzt auf den hier gegebenen Zusammenhang - in vier Punkten so charakterisieren: Menschen haben - erstens - im Unterschied zu anderen höheren Säugetieren - keine "artspezifische Umwelt". Sie seien durch *Weltoffenheit*, also durch Unspezialisierung, Ungerichtetheit, Elastizität, Bildbarkeit und durch "*Exzentrizität*" gekennzeichnet. Letzteres meint, daß Menschen - wie übrigens alle Organismen - in ihren Aktivitäten unvermeidlicherweise externalisierte Folgen schaffen - für andere Menschen und für sich selbst.[6] Daraus ergebe sich - zweitens - eine besondere *Dialektik* zwischen der *biologischen Natur* des Menschen und der *gesellschaftlichen Prägung* dieser Natur: Menschen konstruieren auf der Basis gewisser biologisch unverrückbarer Grenzen und der gegebenen Weltoffenheit ihre subjektive und intersubjektiv geteilte "Wirklichkeit" in "gesellschaftlicher Selbstproduktion": " ... *Homo sapiens* ist immer und im gleichen Maßstab auch *Homo socius.*" (Berger und Luckmann 1977, S. 54; Hervorhebungen im Original) *Institutionen*, als stabile, aber immer nur sozial definierte Umwelten zur Eingrenzung der angeborenen Instabilität des menschlichen Organismus, seien dabei - drittens - unumgängliche Voraussetzungen zur Herstellung der - angesichts der Weltoffenheit - erforderlichen Ordnung bei der Selbstproduktion des Menschen. *Wissen* einerseits und *Sprache* andererseits sind - viertens - schließlich die beiden zentralen Mechanismen der Stabilisierung, der Strukturierung und der intersubjektiven Vermittlung institutioneller Ordnung und damit der gesellschaftlichen Reproduktion des Menschen.

Ausgangspunkt ist für Peter L. Berger und Thomas Luckmann die "Wirklichkeit der Alltagswelt" des "normalen" und "hellwachen" Menschen. Dabei stützen sie sich insbesondere auf Überlegungen von Alfred Schütz.[7] Grundelement dieser Wirklichkeit ist das Wissen der Akteure - als "fraglos" gegebenes Alltagswissen für die routinehaft zu erledigenden Problemstellungen aller Art. Dieses Wissen ist dem Akteur normalerweise mit Gewißheit gegeben und gerät nur ausnahmsweise in Zweifel. Als unhintergehbarer, nicht ignorierbarer Teil der Wirklichkeit, der sich der Alltagsmensch ausgesetzt sieht, kann es jene Eigenschaft annehmen, die Durkheim mit dem Begriff des soziologischen Tatbestandes bezeichnete (vgl. Kapitel 2 und 24). Dieses Wissen ist aber nicht schon natürlich, biologisch-genetisch vorgegeben, sondern muß über Lernen erworben und an andere Generationen über Lernen weitergegeben werden. Innerhalb der Lernmöglichkeiten des Menschen ist es (nahezu) beliebig variier- und kombinierbar.

Wissen hat damit eine typische Doppeleigenschaft: Es ist einerseits ("immer schon") gesellschaftlich vorgegeben und daher nur in Grenzen vom

---

[6] Helmuth Plessner, Die Stufen des Organischen und der Mensch, 3. Aufl., Berlin und New York 1975 (zuerst: 1928), S. 292. Der Ausdruck "Exzentrizität" bzw. "exzentrische Positionalität" stammt von Helmuth Plessner. Damit ist gemeint, daß der Mensch in allen seinen Reaktionen eine permanente Balance zwischen "Leibsein" und "Körperhaben" herstellen muß. Wenigstens indirekt wird mit der These von der "Exzentrizität" der Aspekt der externen Effekte jedes Handelns, ja schon der bloßen Existenz des Menschen angesprochen (vgl. dazu Kapitel 1, sowie insgesamt Teil F).

[7] Alfred Schütz, Strukturen der Lebenswelt, in: Alfred Schütz, Gesammelte Aufsätze, Band 3: Studien zur phänomenologischen Philosophie, Den Haag 1971d, S. 153-170.

einzelnen Akteur veränderbar oder zu ignorieren. Es ist andererseits aber in keiner Weise durch die Natur des Menschen fixiert, sondern nahezu beliebig kulturell formbar. (Alltags-)Wissen ist - so Berger und Luckmann in Anlehnung an Alfred Schütz - immer strukturiert, typisiert und in sinnhafte Zusammenhänge integriert. Diese Strukturierung, Typisierung und sinnhafte Integration bezieht sich auf räumliche, zeitliche, soziale und sachliche Differenzierungen, insbesondere in bezug auf Pläne und Projekte - etwa über den Tagesablauf oder das Leben insgesamt - und in bezug auf - zum Teil sehr spezielle - "Sinn-Provinzen", also: Spezialbereiche von Wissen mit besonderen Codierungen, wie bei intimeren persönlichen Beziehungen oder in speziellen Teil-Systemen einer Gesellschaft (vgl. dazu Kapitel 23, 26 und 27) - wie beispielsweise in bestimmten Milieus der Sozialwissenschaften, deren Debatten außerhalb dieser Sinnprovinz wirklich keiner mehr versteht.

Das Wissen ist in seiner Genauigkeit, nach Nähe und Ferne zum Alltag und nach seiner "Relevanz" für den Akteur strukturiert. Es ist nur so genau, wie es für ein "normales" Problem sein muß. Für das konkrete Handeln wird Wissen insofern zentral, als es (unter anderem) Anweisungen darüber enthält, was "hier und jetzt" getan werden "muß", damit bestimmte gewünschte Folgen eintreten können. Das Alltags-Wissen informiert insbesondere über die *institutionell* vorgegebenen Bedingungen, um bestimmte Ziele zu erreichen. Wissen ist - als "Bewußtsein" - immer "intentionales" Wissen. Das heißt: Es ist immer auf Objekte bezogen und in Zwecksetzungen eingebunden. Wissen ist ein Mittel, um damit bestimmte Ziele zu erreichen. Und die - besonders von Mead betonte - Fähigkeit des Menschen zur Impulshemmung ist die Voraussetzung dafür, daß ein derart intentionales Wissen möglich wird. Schließlich ist das Wissen immer - und hier folgen Berger und Luckmann am deutlichsten Mead - intersubjektives, geteiltes, institutionalisiertes und damit in gewissem Sinne "objektives" Wissen. Es ist damit zwar "gesellschaftlich", aber nicht "individuell" veränderbar.

Die Objektivation des Wissens wird vor allem durch eine weitere besondere Fähigkeit des Menschen gesichert: die Sprache. Schon nicht-sprachliche Gesten, Zeichen und Symbole führen durch die Ablösbarkeit des Zeichens von seiner Bedeutung und von seinem Objekt zur Objektivierung sowohl des Zeichens wie auch seiner Bedeutung. Magische Praktiken beruhen zum Beispiel darauf: "Zeichen und Zeichensysteme sind objektiv eingängige Objektivationen, die über subjektive Intentionen im 'Hier und Jetzt' hinausreichen." (Berger und Luckmann 1977, S. 38)

Die Sprache ist ein System von vokalen Zeichen und von besonders signifikanten Symbolen (vgl. dazu S. 171f.), das ähnlich wie andere Zeichen (Gesten, schwarze Kreuze, rote Ampeln), aber erheblich flexibler, differenzierter, präziser und damit wirkungsvoller anzeigen kann, welchen Sinn bestimmte physische Dinge oder Handlungen haben und in welchem "Sinnzusammenhang" (ein Ausdruck von Max Weber) sie stehen. Sprache ist *das* Mittel der Menschen, sich gegenseitig die Situation zu "definieren" und die Gesellschaft und das Handeln der Menschen als einen fixierten und objektivierten Vorgang erscheinen zu lassen. Über die Sprache wird die Konstruktion der Gesellschaft für die Menschen eine eigenständige "Wirklichkeit":

"Die Sprache, die im alltäglichen Leben gebraucht wird, versorgt mich unaufhörlich mit den notwendigen Objektivationen und setzt mir die Ordnung, in welcher diese Objektivationen Sinn haben und in der die Alltagswelt mir sinnhaft erscheint."

Und:

"Ich lebe an einem Ort, der geographisch festgelegt ist. Ich verwende Werkzeuge, von Büchsenöffnern bis zu Sportwagen, deren Bezeichnungen zum technischen Wortschatz meiner Gesellschaft gehören. Ich lebe in einem Geflecht menschlicher Beziehungen, von meinem Schachklub bis zu den Vereinigten Staaten, die ebenfalls mit Hilfe eines Vokabulars geregelt werden. Auf diese Weise *markiert Sprache* das *Koordinatensystem* meines Lebens in der Gesellschaft und füllt sie mit *sinnhaltigen* Objekten." (Ebd.; S. 24/5; Hervorhebungen nicht im Original)

Sprache ist selbst immer - als Medium der Verständigung - ein Teil der institutionalisierten Ordnung menschlicher Gesellschaft, schon allein weil die Bedeutungen der sprachlichen Zeichen nicht genetisch vererbt, sondern über das Lernen von Traditionen weitergegeben werden. Da die Regeln der Sprache in einer Lebenswelt von anderen Akteuren (weitgehend) geteilt werden, sind die Akteure gezwungen, auch das idiosynkratischste Erlebnis und auch den persönlichsten Wissensbestand in einer nach diesen Regeln objektivierten Weise auszudrücken - und dort, wo dies nicht möglich erscheint, auf andere als die gerade intersubjektiv geteilten Ausdrucksmöglichkeiten zurückzugreifen, wie typischerweise in der Kunst. Allein schon dieser Zwang zur Objektivierung des Wissens aufgrund der Intersubjektivität sprachlicher Verständigung vermag eine erste Grundlage für auch weitere - und festere - Formen institutioneller Ordnung zu bilden. Die sprachliche Typisierung von (Routine-)Handlungen und des Wissens über deren Erfolg bei der Lösung wiederkehrender Probleme sind - nach Berger und Luckmann - daher auch erste Schritte der Entstehung von Institutionen allgemein.

Wissen und Sprache sind damit - der Anthropologie von Peter L. Berger und Thomas Luckmann zufolge - die zentrale Grundlage der Objektivität und der Wirklichkeit der gesellschaftlichen Konstruktionen, die der Mensch geschaffen hat, um dem mit der Weltoffenheit drohenden Chaos zu entgehen. Beides - Sprache und Wissen - erlauben im Prinzip eine unendlich reichhaltige Variation von inhaltlich spezifischen Lösungen dieses Problems

- allerdings immer nur im Rahmen der biologisch und materiell vorgegebenen Begrenzungen und Alternativen:

"Was die äußere Seite betrifft, so darf man einstweilen wohl noch sagen, daß der Organismus dem, was gesellschaftlich möglich ist, Grenzen setzt. Wie englische Verfassungsrichter erklärt haben, kann das Parlament alles erreichen, außer daß Männer Kinder zur Welt bringen. Wenn das Parlament auch das in Angriff nehmen würde, so dürfte das Projekt an den harten Tatsachen der Biologie scheitern." (Ebd; S. 192)

Andererseits wirken sich die gesellschaftlichen Konstruktionen auch auf organische Funktionen, auf die Bedürfnisse und besonders auf die Interessen der Menschen und auf die Nutzung von organisch gegebenen Möglichkeiten aus - wenngleich es bei den gesellschaftlichen Begrenzungen von Bedürfnissen oft nicht ohne Widerstand des kleinen (im Verlaufe der primären Sozialisation) wie auch manches großen "Animal" (während der langen Phase der sekundären Sozialisation) abgeht:

"Biologische Fakten beschränken die gesellschaftlichen Möglichkeiten des Einzelnen. Aber die gesellschaftliche Welt, die vor jedem Einzelnen ist, beschränkt auch das, was für den Organismus biologisch möglich wäre." (Ebd; S. 192)

Diese Dialektik von Organismus und Identität gehört zur anthropologischen Grundverfassung des Menschen, zur conditio humana. Sie ist die Folge der besonderen Eigenschaften, die er als Gattungswesen in einem langen Prozeß der biologischen Evolution erworben hat.

Eine kurze Zusammenfassung

Die Ergebnisse der behandelten Beiträge zur soziologischen Anthropologie über die Grundbedingungen der menschlichen Existenz lassen sich kurz in den folgenden vier Punkten zusammenfassen. Sie stimmen auch mit den neueren Ergebnissen der biologischen Anthropologie in erstaunlicher Weise überein.

(1) Menschliche Gesellschaften sind das - unintendierte - Ergebnis der unter *Restriktionen* stattfindenden *materiellen Reproduktion* zur Erfüllung grundlegender *physischer Bedürfnisse*. Dabei gehen die Menschen notwendigerweise *gesellschaftliche Verhältnisse* - also: typische Arten von sozialen Beziehungen und institutionellen Regelungen - ein. Dies ist der Beitrag vor allem von Karl Marx.

(2) Die Anpassung des Menschen an seine Umwelt erfolgt durch *Handlungen* und ist nicht länger durch biogenetische Steuerung fixiert. Dies hat zwei Hintergründe: Der Mensch ist ein *Mängelwesen*, das ohne soziale Unterstützung nicht existenzfähig ist. Und der Mensch weist eine extreme *Weltoffenheit* und *Plastizität* auf. Diese Mängel

bzw. Möglichkeiten machen dann *Institutionen* zur Verminderung der sonst unverarbeitbaren Überfülle an Selektionsmöglichkeiten notwendig und möglich. Diese Vorstellungen gehen auf Arnold Gehlen (und auf Helmuth Plessner) zurück.

(3) Anpassendes und problemlösendes Handeln ist immer an soziale Zusammenhänge bzw. an konkrete *Interaktionen* gebunden, die sich nur über Zeichen koordinieren lassen. Die Bedeutsamkeit von (überprägnanten) *signifikanten Symbolen*, die Fähigkeit zur *Impulshemmung* und die besonderen Steuerungsleistungen des menschlichen *Wahrnehmungs-* und *Kommunikationsapparates* sind die Grundlagen der Koordination menschlicher Gemeinschaften. Diese Idee der *symbolischen Interaktion* verdankt die Soziologie insbesondere George Herbert Mead, auf den sich im übrigen Arnold Gehlen sehr gestützt hat.

(4) *Wissen* und *Sprache* sind vor diesem Hintergrund die beiden zentralen Mechanismen der Markierung, Ordnung und Objektivierung menschlicher Handlungszusammenhänge und der gesellschaftlichen *Konstruktion* der Wirklichkeit. Darauf haben - unter Berufung auf Karl Marx, Arnold Gehlen, Helmuth Plessner, George Herbert Mead und Alfred Schütz - Peter L. Berger und Thomas Luckmann in ihrer wissenssoziologischen Grundlegung der Soziologie und der soziologischen Anthropologie hingewiesen.

Die Systematik der Zusammenfassung ist leicht erkennbar und folgt auch den groben Zuordnungen der genannten Autoren zu gewissen Richtungen des soziologischen Denkens: von der Betonung der materiellen *Restriktionen* (bei Karl Marx) zu dem Verweis auf die Bedeutsamkeit einer kulturellen *Definition der Situation* (bei allen anderen, aber vor allem bei Mead und bei Berger und Luckmann). Der Gerechtigkeit halber muß aber gleich hinzugefügt werden, daß *alle* genannten Autoren eigentlich immer *beide* Aspekte *gleichzeitig* als wichtig betont haben: Karl Marx die Sprache ebenso wie Peter L. Berger und Thomas Luckmann die materiellen Verhältnisse. Dies ist sicher schon ein wichtiger Hinweis darauf, daß soziale Prozesse immer mit diesen beiden Polen - Restriktionen versus Kultur, Knappheiten versus Definitionen, Optimierung versus Orientierung - zu tun haben und daß es hier Einseitigkeiten zugunsten der ausschließlichen Betonung einer Seite nicht geben kann.

Kapitel 11
Evolution

In der Beschreibung der anthropologisch konstanten Eigenschaften des homo sapiens gibt es erstaunliche Übereinstimmungen zwischen den verschiedenen Disziplinen, die sich mit dem Menschen und seiner biosozialen Genese befassen. Wie kann man das Entstehen dieser Besonderheiten aber erklären? Die Antwort: Durch die Rekonstruktion der Phylogenese der Gattung des homo sapiens im Verlaufe der Evolution des Lebens.

Unter *Phylogenese* versteht man die Geschichte der Entstehung einer Gattung von Lebewesen, wörtlich: eines Stammes. Sie ist zu unterscheiden von der *Ontogenese*, die die Entwicklung der individuellen Exemplare einer Art beschreibt, zum Beispiel die Entwicklung des kognitiv-moralischen Bewußtseins bei Kindern bzw. das Altern biologischer Organismen allgemein.

Im folgenden Kapitel sollen die evolutionären Prozesse behandelt werden, die die biologische Entwicklung zum Menschen als dessen Phylogenese erklären können.[1] Diese etwas ausführlichere Behandlung evolutionärer Erklärungen der Biogenese des Menschen hat einen eigenen theoretischen Grund - gerade im Zusammenhang grundlegender Überlegungen zur Erklärung sozialer Prozesse: Die Logik des Vorgangs der Evolution läßt sich - im Prinzip - auch auf die Entwicklung nicht-biologischer Organismen, Programme oder Systeme anwenden. Es liegt dann der Gedanke durchaus nahe, auch die Entwicklung sozialer Systeme und die von Gesellschaften als eine solche Evolution zu verstehen. Und in der Tat hat es in der Soziologie eine Reihe von Versuchen gegeben, das Konzept der Evolution auch auf Gesellschaften und deren Wandel anzuwenden. In den folgenden Kapiteln geht es aber erst einmal um die biologische Evolution des homo sapiens und um das Grundkonzept der Evolution insgesamt.

---

[1] Zu den verschiedenen Einzelheiten des Grundvorgangs der Evolution und der Evolution der Evolutionstheorie vgl. Bernard G. Campbell, Entwicklung zum Menschen, 2. Aufl., Stuttgart und New York 1979, Kap. 1 und 2; Uta Seibt und Wolfgang Wickler, Das Prinzip Eigennutz. Ursachen und Konsequenzen sozialen Verhaltens, Hamburg 1977, Kap. II, S. 35-80; Robert Trivers, Social Evolution, Menlo Park, Cal. 1985, Kap. 1 und 5 insbesondere; Richard D. Alexander, Darwinism and Human Affairs, London 1980. Eine Darstellung des Evolutionismus in der Soziologie findet sich bei Randall Collins, Theoretical Sociology, San Diego u.a. 1988, Kap. 1: Evolutionism, S. 11-44.

11.1 Das Grundprinzip der Evolution

Ausgangspunkt des Modells der Evolutionstheorie sind drei Einheiten: Die *individuellen Organismen*, die *Population* dieser Organismen und die *Umwelt*, in der sich Population und Organismen jeweils befinden. Lebende individuelle Organismen bilden intern und in Interaktion mit ihrer jeweiligen Umwelt ein homöostatisches System: das System ihrer Population. Nur durch die Aufrechterhaltung dieser Homöostase (siehe dazu Abschnitt 9.1) können sie existieren und sich reproduzieren.

Produktion und Reproduktion

Die Grundlage der Homöostase der Populationen ist die beständige *Produktion* der Lebensgrundlagen der individuellen Exemplare und die stetige *Reproduktion* der Population als Saldo von Absterben und Fortpflanzung. Diese Reproduktion der individuellen Exemplare wie darüber dann auch die der Population geschieht im stetigen *Austausch* mit der natürlichen Umwelt und mit den individuellen Exemplaren der Populationen untereinander - insbesondere im Austausch mit den Exemplaren der eigenen Art und denen, die aus der Umwelt - etwa als Nahrungsquelle - für die Reproduktion unmittelbar vital wichtig sind.

Der gesamte Vorgang der (homöostatischen) Reproduktion und der Fortpflanzung geschieht immer unter Einsatz von (sehr) viel *Energie* und unter prinzipieller *Knappheit* der zum Überleben und zur Fortpflanzung notwendigen *Ressourcen*. Die Beschaffung von Ressourcen und die Konkurrenz darum sind die *grundlegenden* Imperative des Lebens und seiner gesamten Entwicklung - auch für den Menschen und für seine Gesellschaft. Ausgangspunkt und stetiger Bezug der Evolution ist die permanente Lösung der drängenden Probleme, die sich aus der Sicherstellung der Homöostase in jedem Moment der Existenz stellen. Und jede dieser Lösungen ist von einer derartigen Unwahrscheinlichkeit, daß es schon erstaunt, daß die Evolution des Lebens überhaupt auf die Beine gekommen ist.

Der wichtigste problemlösende Mechanismus dabei ist das *Verhalten* der Organismen: das Verhalten gegenüber der jeweiligen Umwelt und das Verhalten bei der Herstellung von Kopien der individuellen Organismen. Das Verhalten hat hierbei zwei herausragende Funktionen. Die Sicherstellung der *individuellen Existenz* des Organismus und die - vom individuellen Organismus keineswegs beabsichtigte - *Reproduktion* des eigenen Gen-Pools und der Population (siehe dazu unten) durch möglichst ressourcensparende

Evolution 187

und mit den gegebenen Mitteln (möglichst) geschickt umgehende Anpassungsleistungen.

Nur der Vollständigkeit halber sei hier angemerkt, daß das Modell der Homöostase des Lebens als fortwährende Sequenz der Problemlösung und des Austausches dreier Systeme - Umwelt, Population und individuelle Organismen - keineswegs zufällig an das Mehr-Ebenen-Modell der soziologischen Erklärung mit den Systemen der (sozialen) Umwelt, der sozialen Gebilde und der Akteure erinnert (vgl. Abschnitt insbesondere 6.3). Es ist das gleiche Erklärungsprinzip.

Bei hoher Ressourcenknappheit und bei einem starken Risiko von unzureichenden Anpassungen folgt für "dennoch" und durchaus unwahrscheinlicherweise überlebende Organismen und Populationen in (einigermaßen) stabilen Umwelten: Die beständige Reproduktion der Gattung eines Gen-Pools erfolgt nur über tatsächlich für das Überleben in der jeweiligen Umwelt geeignete *individuelle* Exemplare. Für diese Eignung zum Überleben wird auch der Ausdruck *fit* bzw. *fitness* verwandt. Exemplare, die sich - in der gegebenen Umwelt - nicht eignen, können angesichts der Risiken der Homöostasesicherung nicht überleben: Die Gattung stirbt - zumindest in *dieser* Umwelt - allmählich aus. Und sei es nur dadurch, daß sie relativ zu der anderen Gattung zahlenmäßig abnimmt, weil die jeweilige Reproduktion von Kopien unterschiedlich erfolgreich ist.

Ohne Zweifel klingt diese Aussage etwas martialisch - und tautologisch. Sie ist in dieser Form zunächst auch nur aus heuristischen Gründen vertretbar. Im Einzelfall müßte selbstverständlich immer *genau* gezeigt werden, aufgrund welcher (Natur-)Gesetze bestimmte Organismen die Homöostase in einer bestimmten Umgebung erreichen konnten und andere nicht. Nirgendwo - und schon gar nicht in der Evolution - ist etwas "notwendig". Und allein der Hinweis auf das bloße faktische Überleben erklärt ja noch in keiner Weise, "warum" dieses Überleben möglich und aus belegbaren theoretischen Gründen heraus auch zu erwarten war.

Phänotypus und Genotypus

Das sichtbare Verhalten und die äußere Erscheinung der Organismen einer bestimmten Art nennt man auch den *Phänotypus* einer Gattung (oder Art). Der Phänotypus, das Verhalten und die äußeren Merkmale von Organismen, ist seinerseits - mindestens zum Teil - über bestimmte Programme festgelegt. Der Phänotyp kann sich aufgrund eines solchen Programms durchaus wandeln: Das Altern bzw. das Wachstum und die Entwicklung des reifenden Organismus wäre das nächstliegende Beispiel dafür. Neben dieser biologischen

Programmierung gibt es freilich auch Einflüsse aus der Umgebung auf die empirische Gestalt des Phänotypus. Und das umso mehr, je weniger fixierend die biologische Programmierung wirkt und je höher die Fähigkeiten einer flexiblen Reaktion auf Umgebungen - wie die Fähigkeit zum Lernen - genetisch(!) ausgebildet sind.

Eine der für lebende Organismen und für die Reproduktion der jeweiligen Art wichtigsten Formen einer solchen Programmierung ist die Codierung durch die sog. *Gene*. Gene kommen in einer Population in vielen Varianten vor. Diese Varianten von an sich gleichen Genen werden Allele genannt. Über Allele verschiedener Art läßt sich beispielsweise erklären, warum es gelbe und grüne Erbsen oder weiße und schwarze Menschen gibt, die ansonsten genetisch ganz gleich sind. Die einzelnen Arten von Genen mit jeweils typisch unterschiedlicher Programmierung - der Entwicklung des Phänotyps des Organismus, seines Verhaltens und der möglichen Kopien in der Fortpflanzung - werden auch *Genotypus* genannt. Die Gesamtzahl der Gene bzw. ihrer Allele eines bestimmten Genotypus nennt man den *Gen-Pool* einer Art oder Spezies.

Der Genotypus enthält die biologische Information für den Aufbau und für die Entwicklung des Phänotyps. Bei diploiden, d.h. bei zweigeschlechtlichen, genetischen Systemen besitzt jeder Organismus zwei Sätze von Genen, nämlich: je einen Satz von jedem Elternteil. Zwei Prozesse sind bei der diploiden Fortpflanzung der Organismen involviert: die Produktion der Fortpflanzungszellen (Samen- und Eizellen) und die Vereinigung dieser Zellen in der Befruchtung.

Jede dieser Fortpflanzungszellen enthält einen Zellkern, der beim Menschen 23 sog. Chromosomen aufweist. Die Chromosomen kann man sich als Fäden einer Serie von Genen vorstellen. Ein typisches menschliches Chromosom enthält 20 000 Gene (oder mehr). In ihnen sind die Informationen verschlüsselt, die die Entwicklung des jeweiligen Phänotyps steuern. Diploide Organismen weisen jeweils Paare von Chromosomen auf. Sie können daher maximal zwei Allele eines bestimmten Gens in sich vereinigen. Bei der Fortpflanzung werden 23 Paare von Chromosomen zusammengeführt. Bei zweigeschlechtlicher Fortpflanzung entsteht eine neue Kombination von zwei Allelen aus den vier möglichen der jeweiligen Eltern.

Durch diese *Rekombination* der Gene kommt es schon bei der normalen zweigeschlechtlichen Fortpflanzung zu neuen Varianten von Allel-Kombinationen, die sich dann auch im Phänotypus zeigen - wie man an den sog. Mendelschen Gesetzen sehen kann.

Der Genotypus enthält alle Informationen für den Phänotyp. Diese Informationen sind in der Desoxyribonukleinsäure (DNS oder DNA) abgespeichert. Die DNA ist in dem Zellkern jeder Zelle jedes Organismus enthalten. Die DNA besteht aus zwei parallelen Strängen chemischer Substanzen, die sich aus vier organischen Basen kombinieren:

Adenin, Guanin, Thymin und Cytosin. Die Basenpaare bekommen ihre Bedeutung durch ihre Reihenfolge. Dadurch ist die genetische Information festgelegt. Änderungen in der Anordnung - wie das Vertauschen, die Einfügung oder die Löschung eines Basenpaares in der Kette der DNA - verändern entsprechend die biologische Information. Derartige Änderungen - Mutationen (siehe noch unten) - können durch Zufall oder durch externe Einflüsse geschehen. Sie würden bei einer Fortpflanzung - als Herstellung von Kopien der Anordnung der DNA - als (relativ) stabile biologische Information weitergegeben.

Die Verbreitung einer Population von Organismen mit einem bestimmten Phänotyp hängt entsprechend von den Faktoren ab, die die Ausbreitung bzw. das Verschwinden bestimmter Genotypen und damit: die Größe des jeweiligen Gen-Pools bestimmen. Die Frage nach der Evolution der Arten ist dann: Wie wäre eine solche Verbreitung von Genotypen (in sich gleichzeitig ändernden Umwelten) zu erklären?

Mutation, Selektion, differentielle Reproduktion

Die Durchsetzung eines Genotyps setzt mindestens die Eignung "seines" Phänotyps zur Sicherung der Homöostase für die individuellen Organismen in der jeweiligen Umwelt voraus. Man kann sich aber leicht vorstellen, daß erst bestimmte relative Vorteile, auch bei der Herstellung von Kopien, zu einer weiteren Verbreitung dieses Phänotyps führen würden - zumindest im Vergleich zu Exemplaren mit einem anderen Genotypus und damit: mit einem anderen Phänotypus und einem anderen Verhalten. Da der Phänotypus aber durch den Genotypus bestimmt ist, kann es - bei ansonsten stabiler Reproduktion und Umwelt - zu differentiellen Vorteilen nur durch Veränderungen im Verhaltensprogramm, und damit: im Genotypus, kommen. Änderungen im Genotypus sind daher der Ausgangspunkt jeder Änderung von Phänotypen mit besserer Anpassung gegenüber anderen Phänotypen in einer gegebenen Umwelt.

Unter *Evolution* sei dann - in einer vorläufigen und noch sehr allgemeinen Festlegung - die fortschreitende Veränderung der Genotypen und darüber dann auch der Phänotypen lebender Organismen verstanden. In dem geschilderten Sinne kann es eine biogenetische Evolution lebender Organismen bzw. deren biologischer Verfassung nur über Änderungen des Genotyps geben. Dies gilt auch für die Spezies des homo sapiens. Änderungen im Genotypus werden *Mutation* genannt.

Der erste Schritt jeder biogenetischen Evolution ist damit die Mutation des Genotyps. Mutationen des Genotyps können - nach den Bemerkungen zur Reproduktion der biologischen Information - auf verschiedene Weise entstehen. Die beiden wichtigsten Ursachen von Mutationen der Gen-Struktur sind: die *zufällige* Mutation der Struktur der DNA durch äußere Einflüsse - man nimmt an, daß hierbei die natürliche kosmische Strahlung auch eine Rolle spielt; und die *Rekombination* des genetischen Materials bei der zweigeschlechtlichen Fortpflanzung.

Mutationen des Genotypus treten bei lebenden Organismen fortwährend auf. Die meisten von ihnen sind aber letal (das heißt: tödlich) oder führen dazu, daß die eigene Reproduktionsrate geringer ist als die bei den nicht mutierten, normalen Exemplaren. Etwas anderes wäre auch verwunderlich: Bei extremer Unwahrscheinlichkeit der Reproduktion und bei immer knappen Ressourcen kann schon die geringste Abweichung von einer - gerade erst gefundenen - Anpassung nicht mehr ausreichen, sich zu erhalten, zumindest aber: sich differentiell häufiger fortzupflanzen als die nicht mutierten Exemplare. Dennoch kann es vorkommen, daß bestimmte Mutationen zu einem Phänotypen führen, der - in der gegebenen Umwelt - einen Reproduktionsvorteil gegenüber den nicht-mutierten Exemplaren besitzt. Insoweit dieser Vorteil zu einer vergleichsweise verbesserten Fortpflanzungsrate führt, setzt sich - mehr oder weniger allmählich, meist nur über sehr lange Zeiträume von vielen Generationen - dieser neue Genotypus in der Population über die relativ bessere Reproduktionsrate durch. Dieser, nach der Mutation für jede Evolution zweite wichtige Schritt wird auch *Selektion* genannt. Manchmal wird auch von selektiver Stabilisierung, gelegentlich von selektiver Retention gesprochen. Gemeint ist immer das gleiche.

Die biogenetische Evolution besteht also - so kann zusammengefaßt werden - aus einem Prozeß der Mutation genetisch codierter Informationen einerseits *und* aus der selektiven Stabilisierung eines neuen Gen-Pools andererseits. Die selektive Stabilisierung ist dabei - ganz allgemein - die Folge von relativen Vorteilen des neu entstandenen Phänotyps in der gegebenen Umwelt - insbesondere in Hinsicht auf den Erfolg der Verbreitung "seines" Genotyps durch *differentielle Reproduktion*.

Vorsichtshalber sei an dieser Stelle noch einmal vor zwei oft vorkommenden Fehlschlüssen gewarnt. Erstens vor der Vorstellung, daß man mit einem - gewissen - Verständnis des abstrakten Grundvorgangs und mit der alleinigen Kenntnis der Worte Mutation und Selektion schon imstande sei, auch im Konkreten erklären zu können, "warum" sich diese oder jene Art tatsächlich entwickeln konnte. Nicht das Wort oder der Begriff der Evolution erklärt, was abläuft. Der Begriff der Evolution ist nur eine abstrahierende Zusammenfassung eines Musters genetisch-kausaler Prozesse nach dem Modell, wie es in Abschnitt 6.3 für Prozesse allgemein beschrieben wurde. Und für jeden neuen Vorgang muß man diesen Prozeß auch wieder neu nach allen Regeln der analytisch-nomologischen Kunst erklären. Zweitens sollte man sich vor einem naheliegenden - nämlich: dem teleologischen bzw. dem finalistischen - Fehlschluß hüten: daß die stattgefundene Entwicklung auch "notwendig" war, weil sie ja sonst nicht hätte eintreten können. Evolutionäre Erklärungen erfordern - wie alle Erklärungen - die genaue Benennung der den Prozeß steuernden kausalen Gesetze und den *Nachweis* dafür, daß die jeweils erforderlichen Randbedingungen auch tatsächlich vorgelegen haben. Man muß Evolutionsvorgänge - wie alle Prozesse - *kausal*, das heißt: von *hinten* getrieben erklären, und darf sie nicht final, das heißt: auf ein Ziel bezogen, ansehen.

Die Evolution selbst ist ganz und gar sinnlos und hat kein Ziel - auch wenn das hinterher so aussehen mag. Sie beruht aber sehr wohl auf mehr oder weniger komplex verflochtenen und kausal verketteten Ursachen, die sich erklärend rekonstruieren lassen.

11.2 Die Evolution der Evolutionstheorie

So wie sie heute vorliegt, ist die evolutionäre Erklärung des Lebens ohne jede ernsthafte theoretische Konkurrenz. Es lohnt sich vor dem Hintergrund der Art der Erklärung bei der Evolutionstheorie gerade für die Soziologie einmal, sich näher anzusehen, gegen welche Alternativen sich die Evolutionstheorie behaupten mußte (und zum Teil noch muß).

Charles Darwin und der Darwinismus

Es war die geniale Leistung von Charles Darwin (1809-1882), für die Entstehung der Arten und zur Erklärung ihrer Vielfalt eine gänzlich neue und - vor allem wegen ihrer Einfachheit - überzeugende Theorie gefunden zu haben: die Evolutionstheorie. Die Grundlagen der Evolutionstheorie - das Prinzip der Anpassung nach Maßgabe der natürlichen Selektion auf der Basis von Mutation und Selektion - waren Charles Darwin auf seiner berühmt gewordenen Reise auf der "Beagle", u.a. zu den Galapagos-Inseln, klar geworden. Sein - lange unveröffentlichtes - epochemachendes Werk dazu erschien 1859.[2] Ihre Sprengkraft hatte Darwins neue Theorie zur Erklärung der Entstehung des Lebens und der Arten nicht nur darin, daß die Gattung des Menschen lediglich als eine besondere Linie der Evolution und als von Primaten abstammend erklärbar wurde, sondern insbesondere darin, daß die Entwicklung der Welt als ein vollkommen zielloser Prozeß von blindem "Versuch und Irrtum" verstehbar wurde. Bis dahin hatte die Beobachtung der ja oftmals unfaßbar funktionalen Abstimmungen der Organisation lebender Organismen als sicherer Hinweis auf das Walten einer übermenschlichen

---

[2] Charles Darwin, The Origin of Species by Means of Natural Selection or the Preservation of Favoured Races in the Struggle of Life, London 1859.

schöpferischen Intelligenz bzw. eines "objektiv einsehbaren" Telos', eines vorgegebenen Ziels der Geschichte gegolten.

So einleuchtend - und ohne ernsthafte Alternative - heute die Evolutionstheorie erscheinen mag: Es bedurfte schon einiger kräftiger Mutationen und Selektionen für ihren reproduktiven Erfolg. Bis dahin galt die Schöpfungslehre als die einzig denkbare Erklärung für die Vielfalt - und für die in der Tat ja frappierende Funktionalität - der lebenden Organismen auf der Erde: Die Welt und mit ihr die Arten der lebenden Organismen waren von Gott in einem Akt und für alle Zeiten geschaffen worden. Und der Mensch zu allerletzt - als die Krone der Schöpfung nach seinem Ebenbilde. Diese "Theorie" hatte zwei entscheidende Probleme: Sie ging davon aus, daß mit der Schöpfung eine weitere Entwicklung nicht mehr stattfinden könne, was angesichts der zunehmenden Dynamik nicht zuletzt der sozialen Verhältnisse immer mehr angezweifelt werden mußte. Und insbesondere: Wie sollte man mit diesen Annahmen erklären können, daß es - ausweislich der Befunde der Naturwissenschaften und der zunehmenden Entdeckung von fossilen Resten - ausgestorbene Arten gegeben haben könnte?

Eine gewisse Zwischenposition zwischen der Konzeption von der Evolution als ziellosem Prozeß und der Idee einer höheren Zweckbestimmung nahm die Theorie von *Jean Baptiste Lamarck* (1744-1829) ein. Lamarck[3] war von einem Prinzip der zielgerichteten Zweckbestimmung der Entwicklung der Arten überzeugt. Dieses Prinzip wird auch Finalismus oder Teleologie genannt. Die historische Abfolge der Entstehung der Organismen erklärte sich für ihn durch einen der Welt innewohnenden Drang zur Vollkommenheit. Die Anpassung der Lebewesen erfolgte danach durch den unmittelbaren Einfluß der Umwelt: Urgiraffen mit kurzen Hälsen recken sich nach hoch hängendem Futter an den Bäumen. Das ständige Strecken der Hälse führt allmählich zur Verlängerung der Hälse. Und diese durch Verhalten erworbene Eigenschaft wird schließlich in die Erbinformation aufgenommen.

Auch diese Theorie - der Lamarckismus - wird heute nicht mehr vertreten. Dies hatte insbesondere einen Grund: Es konnte inzwischen gezeigt werden, daß umweltbedingte Veränderungen - einschließlich solche, die über Lernen erworben werden - *niemals* in die Gene übertragen werden können. Es ist nur der umgekehrte Weg möglich: Veränderungen in den Genen führen zu Änderungen in den biologischen und psychischen Eigenschaften und im Verhalten der Lebewesen.

---

[3] Vgl. sein Hauptwerk: Jean Baptiste Lamarck, Philosophie zoologique, où exposition de considérations relatives à l'histoire naturelle des animaux, Paris 1809.

Darwins Konzept ging von einer Hypothese aus, die etwa 50 Jahre zuvor Thomas Malthus (1766-1834) aufgestellt hatte:[4] Das Reproduktionspotential der Pflanzen und Tiere übersteigt bei weitem das Maß, das zum Erhalt einer konstanten Populationsgröße notwendig ist. Und es ist die Begrenzung der Ressourcen, die für die Stabilisierung des Wachstums des Lebens sorgt. Darwin - und gleichzeitig mit ihm Alfred Russel Wallace - zogen daraus - insbesondere vor dem Hintergrund ihrer auf weitläufigen Weltreisen gewonnenen empirischen Daten - den Schluß, daß, angesichts der Knappheiten an Ressourcen und angesichts der reproduktiven Konkurrenz der Organismen und Arten untereinander, die tatsächlich überlebenden Individuen besser zum Überleben in der jeweiligen Umwelt gerüstet sein *müßten* als jene, die nicht überlebten. Und daraus folgte für sie, daß in einer Population mit hoher Wahrscheinlichkeit jene Varianten mit solchen - genetisch verankerten - phänotypischen Eigenschaften erhalten blieben, welche die Fähigkeit eines Organismus für fruchtbare Nachkommen steigern.

Die Theorie von Darwin läßt sich in fünf Prämissen und drei Folgerungen zusammenfassen:[5]

Prämisse 1: Lebewesen produzieren weit mehr Keimzellen und Nachkommen als jemals zu erwachsenen Individuen heranreifen.

Prämisse 2: Die Individuenzahl bleibt in Populationen und Arten über längere Zeitabschnitte mehr oder weniger konstant.

Prämisse 3: Die Ressourcen sind grundsätzlich begrenzt.

Folgerung 1: Daher muß die Sterblichkeitsrate sowohl unter den Keimzellen wie unter den Heranwachsenden hoch sein und deshalb muß es einen Kampf ums Überleben geben.

Prämisse 4: Die Individuen einer Population sind nicht sämtlich identisch, sondern zeigen Variationen in allen Merkmalen. Die Individuen, die aufgrund ihrer besonderen Merkmalskombinationen überleben, werden Eltern der nächsten Generation.

Prämisse 5: Die Nachkommen ähneln den Eltern sehr, aber nicht genau.

---

[4] Thomas Malthus, An Essay on the Principle of Population, London 1798.
[5] Nach Ernst Mayr, Darwin and Natural Selection, in: Ernst Mayr, Toward a New Philosophy of Biology. Observations of an Evolutionist, Cambridge 1988, S. 219.

Folgerung 2: Deshalb müssen die Merkmale der überlebenden Organismen den jeweiligen Umweltbedingungen vergleichsweise besser angepaßt sein, da sie nur so unter diesen Umweltbedingungen überleben konnten.

Folgerung 3: Deshalb werden sich die nachfolgenden Generationen nach dem Grad der verwirklichten Anpassung behaupten oder verbessern, und zwar durch schrittweise Änderung in jeder Generation.

Daraus konnte Darwin dann den seinerzeit revolutionären Schluß ziehen: Das Bestehen der Arten unter den Bedingungen der Ressourcenknappheit ist nicht zufällig, sondern von bestimmten Merkmalsausprägungen der individuellen Organismen abhängig. Bestimmte Individuen einer Population haben je nach Merkmalsausprägung einen unterschiedlichen Reproduktionserfolg. Die damit gegebene "natürliche Auslese" - über den höheren Erfolg bei der Herstellung von Kopien des neuen Genotyps - findet folglich über Generationen hinweg statt. Aufgrund der genetischen Verankerung der phänotypischen Änderungen sind die Änderungen der Anpassungen fest programmiert. Und diese genetisch verankerte Änderung von phänotypischen Anpassungen wird dann als Evolution bezeichnet. Und - dies hat die Gemüter besonders erhitzt - diese Evolution habe *kein* Ziel und damit: auch keinen höheren Sinn.

Aufgrund der unendlichen Mannigfaltigkeit des Prozesses sind Prognosen über die weitere Evolution in der Tat nur unter stark einschränkenden Annahmen über die Konstanz bestimmter Randbedingungen, praktisch also: nicht, möglich. Grobe Entwicklungslinien - wie etwa die der zunehmenden Vielfalt der Arten oder die der Entwicklung zu immer komplexeren Gebilden - können zwar vermutet werden, sind aber auf keinen Fall mit angebbarer Genauigkeit oder Sicherheit vorherzusagen oder gar als übergreifendes Entwicklungs-Gesetz zu verstehen: Es kann immer noch anders kommen; im Leben wie in der Evolution des Lebens. Gleichwohl kann man evolutionäre Abläufe erklärend rekonstruieren. Evolutionäre Prozesse setzen die Regeln der analytisch-nomologischen Erklärung in keiner Weise außer Kraft. Ein Beleg dafür ist die inzwischen weit vorangetriebene theoretische Vertiefung der Aussagen über den Vorgang der natürlichen Auslese über Mutation und Selektion als Ergebnis der biogenetischen Grundlagenforschungen und die vor allem durch Knochenfunde voranschreitende, immer genauer werdende Rekonstruktion der Genese der Spezies des homo sapiens (siehe Kapitel 12).

Das Grundprinzip der Erklärung Darwins ist bis heute nicht geändert worden. Gleichwohl hat die Evolutionstheorie einige Mutationen und Modifikationen erfahren, auf die nicht nur der Vollständigkeit halber kurz eingegangen werden soll. Erstens ist für die abstrakten und eher angedeuteten Grundprozesse der Mutation und der Selektion inzwischen eine Reihe von biochemischen und genetischen Vertiefungen verfügbar, die einen wesentlich besseren Einblick in die einzelnen Kausalabläufe gestatten. Die Erklärung der Entwicklung der Arten bleibt beileibe nicht auf der Makro-Ebene der Populationen und der Phänotypen der biologischen Phänomene stehen.

Zweitens besteht inzwischen Einmütigkeit darüber, daß die Evolution nicht als "Kampf ums Dasein" im Sinne eines (von Charles Darwin nicht vertretenen) "Darwinismus" dahingehend mißverstanden werden darf, daß die individuellen Organismen unmittelbar gegeneinander Krieg führen und daß der hierbei leistungsfähigere Typus letztlich obsiege. Die Träger der Evolution sind eben *nicht* die einzelnen *Organismen*, sondern die *Gene*. Die individuellen Organismen sind lediglich Materialisierungen der Gene. Daraus kann man dann auch verstehen, daß es der *reproduktive Erfolg* der *Gene* ist, der über evolutionäre Durchsetzung der Gene eines bestimmten Typus, über die Verbreitung eines Gen-Pools entscheidet. Und reproduktiver Erfolg ist keineswegs (nur) davon abhängig, wie leistungsfähig der einzelne Organismus gegenüber anderen lebenden Organismen ist.

Reproduktiver Erfolg - und damit die Durchsetzung eines bestimmten Gen-Pools - muß auch nicht unbedingt nur heißen: zahlreiche Nachkommen, sondern auch: geringe Mortalität der Nachkommen, Leistungsfähigkeit der Nachkommen, u.a. bei ihrer eigenen Reproduktion, bei der Ausschaltung von Konkurrenz, in der Lebens- und Reproduktionsdauer, höhere Chancen zum Vollzug von Fortpflanzungsakten, eine erfolgreichere Brutpflege u.a. Was immer hier zu nennen wäre: Es kommt darauf an, ob die jeweilige Bedingung - auf welch indirekte und unbeabsichtigte Weise auch immer - die Reproduktion und die Verbreitung des jeweiligen Gens begünstigt.

Gruppenselektion und evolutionär stabile Strategien

Evolution findet also immer nur über die *differentielle Reproduktion* von Populationen und daher nur im Verlaufe von *Generationen* der Exemplare statt. Insofern ist es durchaus richtig, davon zu sprechen, daß die Betrachtung von individuellen Exemplaren nicht ausreicht, um evolutionäre Vorgänge zu erklären: Die Gene der individuellen Organismen bleiben ja konstant. Daher darf - drittens - diese - richtige - Perspektive einer Betrachtung des Verlaufs der Evolution über Populationen und Generationen nicht zu dem Fehlschluß verleiten, der Mechanismus der Evolution läge auf einer kollektiven Ebene: Es pflanzen sich ja nicht Gruppen, sondern immer nur individuelle Organismen fort. Und es sterben auch immer nur individuelle

Organismen ab. Erst aus diesem *Saldo* ergibt sich ja der aggregierte Effekt einer Gruppen-Selektion.[6]

Die These von der *Gruppenselektion*, wie sie am deutlichsten V.C. Wynne-Edwards[7] formuliert hat, geht von der Beobachtung aus, daß bei vielen Arten bestimmte Verhaltensbeschränkungen vorkommen, die offensichtlich das Beste für die Gruppe insgesamt sind, nicht immer unbedingt auch für die individuellen Organismen - wie beispielsweise Dominanz-Hierarchien, die Zurückhaltung beim Einsatz gefährlicher Waffenorgane und auch bestimmte, scheinbar selbst auferlegte Beschränkungen bei der Fortpflanzung. Die These setzt also bei einem übergeordneten Ziel der Gruppe als Ganzheit an, die - irgendwie - dafür sorgt, daß es ihr gut geht und daß sie reproduktiven Erfolg hat. Es ist eine These, die ganz auf Makrogesetzen aufbaut.

Wie wären aber derartige Phänomene zu erklären, ohne auf die These von der Gruppen-Selektion zurückgreifen zu müssen? Eine der wichtigsten Antworten war die Entwicklung des Konzeptes der sog. *evolutionär stabilen Strategien* (ESS) durch John Maynard Smith und G.R. Price.[8] Weil das Konzept der evolutionär stabilen Strategie auch ein besonders eindrucksvolles Beispiel für die erklärende Modellierung stabiler kollektiver Ergebnisse ist, sei es in seiner Grundstruktur an einem Beispiel näher erläutert.

Das zu erklärende Rätsel ist die Beobachtung, daß es - zum Beispiel bei Buntbarschen, bei Raubkatzen und auch bei den Mitgliedern einer sozialwissenschaftlichen Fakultät - üblicherweise nur begrenzt zum Einsatz der Waffen gegen die eigenen Artgenossen kommt, obwohl jedes Individuum dadurch seine persönliche fitness steigern würde. Sicher ist, daß durch solche Beschädigungskämpfe die Reproduktion der Art ohne Zweifel leiden würde. Die Zurückhaltung der Individuen wäre daher im "Interesse" der Gruppe insgesamt. Wie kommt es aber zu einem derartigen gruppendienlichen Verhalten der Individuen, ohne daß sie selbst einen erkennbaren Vorteil davon hätten? Das Modell zur Erklärung des gruppendienlichen Verhaltens geht von vier Annahmen aus (vgl. die Zusammenfassung bei Wickler und Seibt 1977, S. 55-60):

---

[6] Vgl. zum folgenden auch Christian Vogel, Gibt es eine natürliche Moral? Oder: wie widernatürlich ist unsere Ethik?, in: Heinrich Meier (Hrsg.), Die Herausforderung der Evolutionsbiologie, München und Zürich 1988, S. 193-219.

[7] V.C. Wynne-Edwards, Animal Dispersion in Relation to Social Behavior, London 1962.

[8] John Maynard Smith und G.R. Price, The Logic of Animal Conflict, in: Nature, 246, 1973, S. 15-18.

1. Jeder Kampf soll eine Entscheidung bringen.
2. Wer aufgibt, hat verloren; der andere wird dadurch Sieger und bekommt das Streitobjekt.
3. Jedes Individuum hat Gelegenheit zu mehreren Kämpfen, es sei denn, es wird im Kampf getötet.
4. Ein gewonnener oder verlorener Kampf hat keine Auswirkungen auf den nächsten Kampf.

Die Rivalen haben zwei Alternativen bzw. Strategien: den Beschädigungskampf (B) unter vollem Einsatz aller Mittel bis zum Ausscheiden (durch Verwundung oder Tod) oder aber den sog. Kommentkampf (K) mit bloßem Drohverhalten und ohne Versuch der Beschädigung des Gegners. Für die drei möglichen Kampfsituationen gelten dann die folgenden Varianten:

1. B trifft auf B: Der Kampf dauert, bis einer der Rivalen ausfällt.
2. K trifft auf B (oder umgekehrt): K gibt beim ersten ernsthaften Angriff von B auf.
3. K trifft auf K: Niemand wird verletzt. Verlierer ist, wer zuerst das Interesse verliert.

Nun müssen Annahmen über die Folgen der verschiedenen Strategien gemacht werden. Diese sollen in Punkten von Vor- und Nachteilen - und zwar: für die Chancen der Reproduktion der eigenen Gene in der nächsten Generation! - angegeben werden.

Der Verlierer erhalte 0 Punkte, der Gewinner dagegen 50. Derjenige, der schwer verwundet wird, erhält -100 Punkte und jeder, der - wie jeweils zwei Kommentkämpfer - im Kampf viel Zeit und Energie verbraucht, -10 Punkte. Was hat ein Kämpfer nun bei jeder der Situationen zu erwarten? Allgemein gilt: Wenn die Chancen zu gewinnen der Einfachheit halber gleich (also 0.50:0.50) sind, dann ist der Erwartungswert an Punkten für jeden der paarweise antretenden Kämpfer gleich dem Ertrag bei einem Sieg minus dem Nachteil bei einer Niederlage - jeweils gewichtet mit der Wahrscheinlichkeit für Sieg oder Niederlage.

Zwei Extremfälle gibt es zunächst. Der erste ist, daß es nur Kommentkämpfer gibt (Situation KK). Dann ist der o.a. Regel für den Erwartungswert gemäß die Punkteerwartung für beide K-Organismen: $(0.50) \cdot (50-10) + (0.50) \cdot (0-10) = 15$. Der zweite Fall liegt vor, wenn es nur Beschädigungskämpfer gibt (BB). Hier kommt der zu erwartende Betrag auf $(0.50) \cdot 50 + (0.50) \cdot (-100) = -25$. Darin wird ersichtlich, daß gemeinsamer Komment mehr nutzt als wechselseitiger Beschädigungskampf - falls man sich daran hält und nicht der Versuchung auf die Aussicht eines einseitigen Sieges nachgibt!

Was geschieht aber, wenn unter einer Gruppe von Kommentkämpfern ein Beschädigungskämpfer auftaucht? Für die dann entstehende Situation BK gilt, daß jeder B sofort den Gewinn von 50 erhält, da K gleich aufgibt. Die Folge ist, daß sich die B-Population rasch ausbreiten würde, weil die Punkte ja Chancen in der Fortpflanzung angeben - etwa: die Wahrscheinlichkeit, sich paaren zu können. Man sollte nun erwarten, daß nach kurzer Zeit die gesamte Population aus B-Organismen besteht. Das erscheint jedoch unwahrscheinlich: Je mehr B-Organismen es - nach und nach - gibt, umso seltener tritt ja die für B so günstige Konstellation BK auf - bis zu dem Extrem, daß fast nur noch BB-Situationen entstehen. Und dann läge ja ein Nachteil von -25 vor. Da dies aber ein Reproduktionsnachteil gegenüber den ausreißenden K-Organismen ist, müßten sich die

K-Organismen wieder besser fortpflanzen - bis es wieder mehr für B lohnende BK-Situationen gibt. Und so weiter.

Also: Weder die KK-Situation, in die ein B-Organismus eindringt, noch die extreme BB-Situation sind evolutionär stabil. Es muß ein *Mischungsverhältnis* sein, in dem sich die Vorteile eines Sieges und die - darauf auch folgenden, von den Siegen und der verbesserten Reproduktion gespeisten - Nachteile die Waage halten. Wie kann man dieses stabile Mischungsverhältnis finden? Dazu müssen wir die Größenverhältnisse der beiden Gruppen berücksichtigen, weil erst dadurch die Reproduktionschancen eines bestimmten Organismus gegeben sind.

Es sei N(B) die Anzahl der B-Organismen und N(K) die Anzahl der K-Organismen. Jeder B-Organismus kann aus einem Zusammentreffen mit einem anderen B-Organismus -25 Punkte erwarten. Diese Erwartung kommt N(B)-mal in der gegebenen Population vor. Und daher ist die Gesamterwartung eines B-Organismus für Kämpfe mit B-Organismen gleich $N(B) \cdot (-25)$. Im Kampf mit K-Organismen kann ein B-Organismus immer sichere 50 Punkte erwarten. Und dies genau N(K)-mal. Das heißt: Es gibt zusätzlich $N(B) \cdot 50$ Punkte aus den Misch-Kämpfen. Insgesamt hat also ein B-Organismus in der gegebenen Population an Reproduktions-Punkten die folgenden Erträge zu erwarten:

$$(N(B) \cdot (-25)) + (N(K) \cdot 50).$$

Entsprechend gilt für K-Organismen:

$$(N(B) \cdot 0) + (N(K) \cdot 15).$$

Diese Erwartungen sind aber nichts anderes als die Reproduktionschancen. Folglich kann die Mischpopulation nur dann stabil sein, wenn diese Chancen gleich sind. Bei gleicher Reproduktion bleibt die Population in den Gruppen-Relationen stabil - jedoch nicht unbedingt in der Größe! Diese Bedingung kann man dann für den o.a. Fall so schreiben:

$$(N(B) \cdot (-25)) + (N(K) \cdot 50) = (N(B) \cdot 0) + (N(K) \cdot 15).$$

Oder kürzer, übersichtlicher und im gesuchten Verhältnis ausgedrückt:

$$N(B) \cdot 25 = N(K) \cdot 35.$$
$$N(B)/N(K) = 35/25$$

Das Gleichgewichtsverhältnis gleicher Reproduktionserwartungen lautet danach: 35 Beschädigungskämpfer zu 25 Kommentkämpfer (bzw. eine Relation von 7/5).

Sehen wir jetzt nach, wie hoch die mittleren Punkt- (gleich Reproduktions-) Erwartungen bei beiden Gruppen sind, dann findet man:

$$(7 \cdot (-25) + 5 \cdot 50)/12 = 6.25 \quad \text{für die B-Organismen;}$$
$$(7 \cdot 0 + 5 \cdot 15)/12 = 6.25 \quad \text{für die K-Organismen.}$$

Die Reproduktionschancen sind also tatsächlich bei beiden Gruppen gleich. Jede Abweichung würde sofort eine Gegentendenz in Gang setzen, die das Gleichgewicht wiederherstellt. Die Gruppe bleibt stabil als aggregierte Folge des an Interessen und Möglichkeiten orientierten Agierens der individuellen Organismen.

Dieser Gleichgewichts-Zustand ist mit dem Begriff der evolutionär stabilen Strategie gemeint. Die wichtigste Folgerung daraus ist, daß es bei evolutionären Prozessen dieser Art *nicht* zur Ausrottung von Nachgiebigkeit und *nicht* zum Krieg aller gegen alle kommen *kann*, obwohl alle Organismen sich individuell so verhalten, wie es für sie - von ihrer individuellen Logik der Situation her - jeweils am günstigsten ist. Und dies auch, obwohl der Stärkere immer, wenn er auf einen Schwachen trifft, siegt. Die Existenz von Altruismus und Kooperation und deren für das Kollektiv so segensreiche Folgen können damit erklärt werden, ohne daß man die These von der Gruppenselektion bemühen müßte.

Die maßgeblichen Gründe für die Ablehnung der Hypothese einer Gruppenselektion und für die Warnung vor der Gefahr des *group selection fallacy* sind: Man kann davon ausgehen, daß allenfalls individuelle Organismen einen selbstreferentiellen Bezugspunkt für ihre Reproduktion haben (vgl. dazu Kapitel 27). Dieser Bezugspunkt ist aber - nach allem was man weiß: auch bei homo sapiens sapiens - außerordentlich begrenzt, kurzsichtig und am status quo orientiert. Die Erhaltung der Art und die Resultate der evolutionär stabilen Strategien insgesamt sind nichts anderes als eine unintendierte Folge individuell motivierter Reproduktionsakte, individueller Mortalität der Organismen und von individuellen Eigenschaften in den Verhaltensweisen.

Darüber hinaus gilt: Alle bisher bekannten Ergebnisse der Evolutionstheorie lassen sich problemlos bereits "individuell" erklären, während die Hypothese von der Gruppen-Selektion ein theoretisches Konstrukt des Gruppen- oder Arten-Interesses bzw. einen mit Darwin überwundenen Gruppen-Finalismus postulieren müßte. Ein solches Gruppen-Interesse ist bisher nicht operationalisiert und nicht beobachtet worden. Die kollektiven Effekte der Bildung und des Wandels von Populationen, Gruppen und Arten sind *nichts* anderes als die aggregierten Folgen der Reproduktion der individuellen Organismen und der dadurch erfolgenden Verbreitung von Genen eines bestimmten Typs. Die Hypothese einer übergeordneten Selektion auf der Ebene der Gruppen ist überflüssig, irreführend und gänzlich unbelegt (vgl. dazu Kapitel 27 und 28).

Die Vorteile von Altruismus und Kooperation

Die geschilderte Anomalie der traditionellen Evolutionstheorie, nämlich daß es bei Tieren und dann insbesondere auch bei Menschen in relativ weiter Verbreitung einen "eigentlich" evolutionär instabilen *Altruismus* gibt, hat nicht nur mit dem Konzept der evolutionär stabilen Strategien eine überzeugende Erklärung gefunden. Eine weitere Erklärung knüpft an das Konzept der *inclusive fitness* (Gesamt-fitness) an. Darunter versteht man den *gesamten* und nicht nur den persönlichen reproduktiven Beitrag, den ein Organismus zur Ausbreitung eines Gens beisteuert. Dies kann beispielsweise dadurch geschehen, daß ein Organismus zwar keine eigenen Nachkommen hat, aber dafür sorgt, daß mit ihm verwandte Organismen heranwachsen und sich fortpflanzen - wie beispielsweise seine Geschwister, die ja einen Teil seiner Gene tragen.

Verwandtschaft läßt sich biologisch einfach und präzise über die Anzahl gemeinsamer Gene defininieren. Die Nähe der Verwandtschaft wird über den sog. *Verwandtschaftskoeffizienten* r quantifiziert. Der Koeffizient r kann zwischen 0 (keinerlei Verwandtschaft) und 1 (die Verwandtschaft mit sich selbst oder die von eineiigen Zwillingen) variieren. Der Koeffizient beträgt bei Eltern-Kind- oder bei Geschwisterkonstellationen 0.50, weil ein Organismus mit seinen Eltern und mit seinen Geschwistern bei diploider Fortpflanzung genau die Hälfte der Gene teilt. Entsprechend lassen sich die Koeffizienten für andere Verwandtschaftsverhältnisse berechnen. Die persönliche fitness bezieht sich nur auf die unmittelbaren Nachkommen. Die inclusive fitness kann - darüber hinaus - dann dadurch gesteigert werden, daß ein Organismus andere Organismen mit einem bestimmten Verwandtschaftsgrad unterstützt; etwa durch die altruistische Pflege der Nachkommen der Schwester.

Altruismus ist aber nicht unter jeder Bedingung von reproduktivem Vorteil. In der Soziobiologie ist als Bedingung, wann ein solcher Altruismus als Reproduktionsvorteil auftritt, eine auch für die Soziologie nicht uninteressante Hypothese aufgestellt und auf durchaus beeindruckende Weise auch verschiedentlich empirisch bestätigt worden: Ein Gen breitet sich über altruistisches Verhalten dann in einer Population aus, wenn die folgende Bedingung erfüllt ist: $C < r \cdot U$.

Diese (sog. Hamilton-)Ungleichung besagt: Ein Gen breitet sich über Altruismus aus, wenn die fitness-Kosten C für den altruistischen Organismus kleiner sind als die fitness-Vorteile U für den Empfänger, gewichtet mit dem Verwandtschaftskoeffizienten r. Je höher r ist, umso eher ist - bei ansonsten gleichen Kosten und Nutzen - daher auch altruistisches Verhalten von reproduktivem Vorteil - und damit längerfristig auch bei den individuellen Organismen zu erwarten, wie etwa das zwischen Eltern und Kindern im Vergleich zu dem zu entfernter verwandten Personen.

Auf eine ähnliche Weise kann dann auch verständlich gemacht werden, daß die Kooperation mit genetisch nicht verwandten Organismen ebenfalls die Gesamt-fitness steigern kann: dann nämlich, wenn der langfristige Ertrag aus einem reziproken Tausch den Aufwand übersteigt. Die Effizienz solcher Tauschbeziehungen steigt mit der Lebensdauer der Partner und mit der persönlichen, interindividuellen Vertrautheit. Dieser Altruismus kann sich aber nur durchsetzen, weil er letzlich den Genen in ihrer *Reproduktion* nutzt. Die

Gene selbst sind durch und durch egoistisch.[9] Aber bei Vorteilen von Tausch, moralischem Handeln und Unterstützung für die Verbreitung des Gens gilt die Empfehlung: "Der wahre Egoist kooperiert!".

An dieser Stelle soll auf die Bedeutung dieser Befunde und analytischen Resultate der Soziobiologie - etwa für die Erklärung altruistischen und kooperativen Handelns bei Menschen - nicht weiter eingegangen werden. Immerhin läßt sich insgesamt festhalten: "Cooperation finds a peaceful home in evolutionary theory, since selection acting on both parties favors the cooperative exchange." (Trivers 1985, S. 57)

Dies bedeutet schon eine deutliche Abkehr von "darwinistischen" Vorstellungen, wonach der nackte Egoismus und die individuelle Durchsetzungskraft letztlich die treibenden Kräfte der Entwicklung der Arten sind. Die natürliche Selektion favorisiert in keiner Weise (nur) den individuellen Organismus, der seinen persönlichen reproduktiven Erfolg maximiert, sondern die Individuen, die die Gesamt-fitness maximieren. Dazu gehört freilich auch der individuelle Erfolg, nämlich mit einem Koeffizienten von $r=1$: Liebe Deinen mit dem Grade r verwandtschaftlich verbundenen Nächsten höchstens r-mal so viel wie Dich selbst - wenn es um den Gen-Pool geht.

Am Grundprinzip der Evolutionstheorie hat sich durch alle diese Modifikationen (besser: Vertiefungen und Ergänzungen) nichts geändert. Im Gegenteil: Die Evolutionstheorie hat sich auch bei der Erklärung von Erscheinungen bewährt, an die man zunächst nicht gedacht hatte - wie beispielsweise die Erklärung von bestimmten Familienformen (etwa die Onkelehe, das Avunkulat), des Geburtenabstandes in Abhängigkeit von Traglasten beim Sammeln oder von erbrechtlichen Regelungen, wie das bilaterale Erstgeborenenrecht. Diese Leistungen haben die Evolutionstheorie und ihre Nachfahren wie die Soziobiologie erbracht, ohne daß die Theorie in ihren Grundannahmen komplexer - im Sinne von unhandlicher oder undurchsichtiger - geworden wäre. Man könnte fast etwas neidisch werden.

11.3 "Fortschritte" bei der Evolution?

Die biologische Evolution der Arten lebender Organismen läßt sich mit den Konzepten der genetischen Veränderung von Populationen als Folge von Mutation und Selektion überzeugend erklären. Der Vorgang kann allgemein als eine fortlaufende Anpassung der Phänotypen der Organismen an Umwel-

---

[9] Wir folgen in dieser Bezeichnung dem Ausdruck von Richard Dawkins; vgl. Richard Dawkins, The Selfish Gene, New York 1976.

ten durch die Veränderung ihrer Genotypen verstanden werden. In einem einfachen Diagramm kann dieser Vorgang der genetisch bedingten Änderung des Phänotyps - und damit: des Verhaltens - von Organismen eines bestimmten Geno-Typs so zusammengefaßt werden (vgl. Abbildung 11.1).[10]

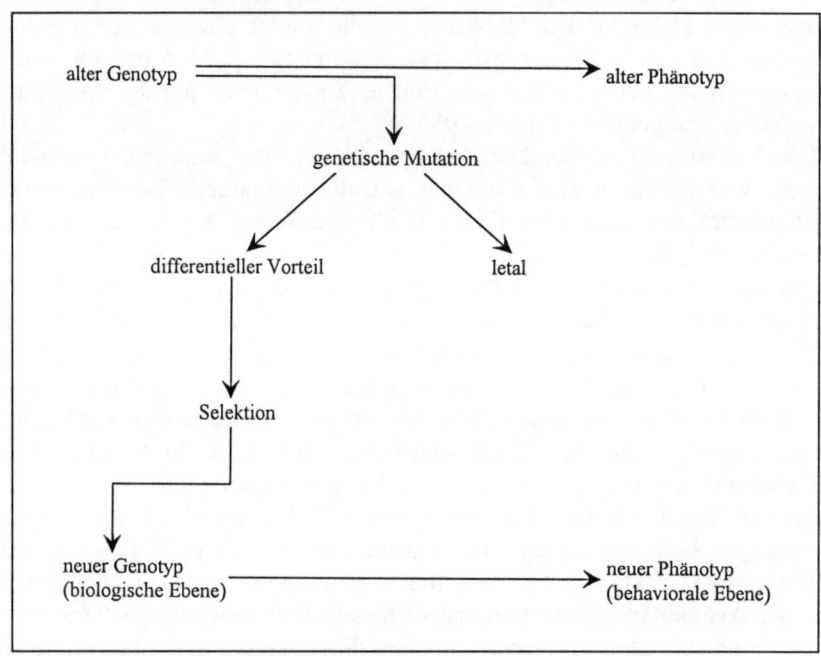

Abb. 11.1: Verhaltensänderung als Folge von Mutation und Selektion

Ausgangspunkt ist eine Population mit einem bestimmten Genotyp und einem dadurch festgelegten phänotypischen Verhalten. Durch Zufall oder andere Mechanismen kommt es zu Mutationen der Gene, die zu einem anderen Phänotypus führen. Die weitaus meisten dieser Änderungen sind sofort letal, manchmal ist aber eine solche genbedingte Änderung des Verhaltens von differentiellem Vorteil. Und die Folge: Der über die GenÄnderung entstandene Phänotypus kann sich aufgrund gewisser differentieller Vorteile bei der Reproduktion - über die differentielle Selektion - durchsetzen. Die Ebene des gezeigten Verhaltens und die biologische Ebene der genetischen Ausstattung sind hier ganz eng verbunden. Ohne Änderungen der biologischen Grundlage sind Verhaltensänderungen nicht möglich. Auf diese Weise

---

[10] Vgl. Marvin Harris, Kulturanthropologie. Ein Lehrbuch, Frankfurt und New York 1989, S. 33f.

sind Änderungen im Phänotypus und im Verhalten eine sehr langwierige Angelegenheit. Sie dauern viele Generationen der Reproduktion. Die einzelnen Organismen ändern sich dabei nicht, sondern sterben sukzessive aus und werden durch Organismen mit einer neuen genetischen Ausstattung ersetzt. Durch die genetische Grundlage des Verhaltens ist die Verhaltensänderung dann jedoch sehr stabil, da die individuellen Organismen ihre genetische Ausstattung nicht ändern (können): Die *bio*genetische Evolution ist *langsam*, aber dann auch *sicher*.

Menschen können aber - wie zahlreiche andere höher entwickelte Organismen auch - lernen. Lernen bedeutet: die *Anpassung* des Phänotypus an Umwelten unter *Konstanz* des Genotyps. Anders gesagt: Lernen ist - insbesondere beim homo sapiens - keine Frage von Generationen, sondern eine auch sehr kurzfristig mögliche, flexible Anpassung schon der individuellen Organismen - auch an veränderte Umwelten. Lernen bedeutet insbesondere: die Ablösung der Änderung des Phänotypus von der Änderung des Genotyps. Mit der Fähigkeit zum Lernen müssen die Organismen nicht sterben, damit sich das Verhalten der Art ändert. Auf diese Weise kann es eine Evolution von Phänotypen, von Verhalten und von Traditionen auch *ohne* Änderungen der biogenetischen Ausstattung der individuellen Organismen geben. Die Anpassung des Verhaltens erfolgt mit der Fähigkeit zum Lernen also *nicht* mehr über die *Gene* als Träger der Informationen, die das Verhalten steuern, sondern über das *Wissen*, das die Organismen durch eigene Erfahrung erwerben.

Richard Dawkins schlägt für diese Umstellung der Evolution von der *Biogenese* auf die *Tradigenese* der verhaltenssteuernden Informationen das Konzept der *Meme* vor (Dawkins 1976, Kapitel 11: Memes: The New Replicators). Meme sind Elemente von Wissen und damit - ganz analog zu den Programmen der biologischen Gene - kulturelle Träger von Informationen und Programmen. Sie übernehmen die Rolle der Gene für die Steuerung des Verhaltens. Die Ablösung der Änderung des Verhaltens von der genetischen Programmierung ist in Abbildung 11.2 systematisiert.

Der zentrale Unterschied zum Modell in Abbildung 11.1 ist, daß nun die Ebene des Verhaltens von der biologischen Ebene stark unabhängig geworden ist, wenngleich sie sich keineswegs völlig davon gelöst hat, wie etwa bei emotionalen Reaktionen. Lernen findet - durchaus in Analogie zu Mutation und Selektion der Gene - als Mutation und Selektion von erfolgreichem Wissen, von erfolgreichen Memen statt. Dadurch wird eine Anpassung sehr rasch und flexibel möglich - eine Anpassung an sich schnell ändernde Umwelten oder eine immer bessere Anpassung an gegebene, stabile Umwelten. Diese Fähigkeit kann als ein enormer Vorteil bei der differentiellen Reproduktion - gerade bei sich rasch ändernden Umwelten - angesehen werden.

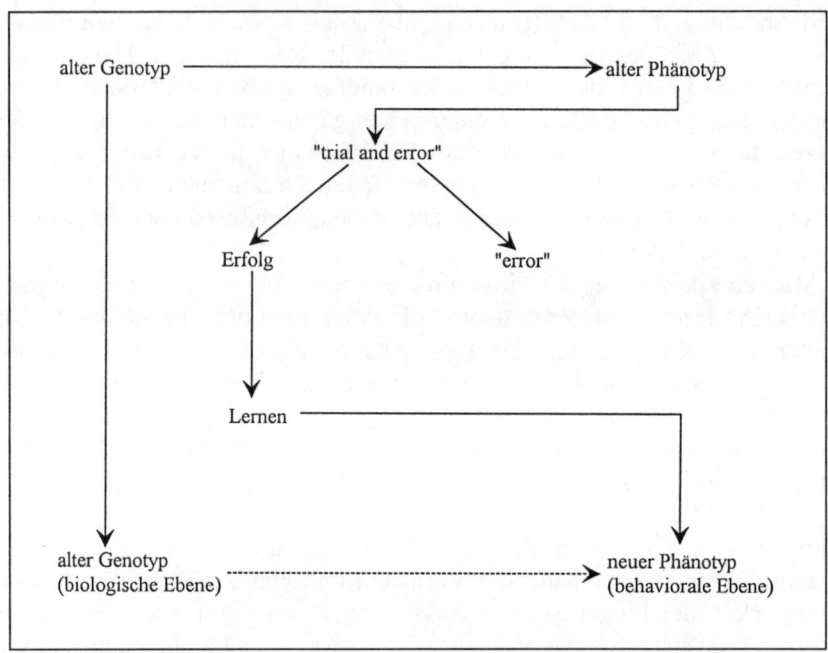

Abb. 11.2: Die Änderung des Verhaltens als Folge der biologisch verankerten Fähigkeit zum Lernen

Es gibt aber auch Risiken: Mit der Ablösung von der Sicherheit der genetischen Programmierung wird sowohl die Übertragung als auch die Erinnerung gelernter oder lernbarer Inhalte instabil. Das war u.a. mit dem Begriff der Weltoffenheit gemeint. Anders gesagt: Die *tradi*genetische Evolution ist *schnell*, aber auch *unsicher*.

Die Fähigkeit zum Lernen ist ihrerseits eine genetische und durch die biologische Evolution erworbene Fähigkeit. Es stellt sich damit die Frage, ob die in der Evolution der lebenden Organismen eingetretene Flexibilisierung der Anpassungsmechanismen und das dadurch immer mehr beschleunigte Tempo der evolutionären Prozesse als Fortschritt oder als Gewinn zu interpretieren sind - auch ohne daß es sich um einen zielgerichteten Vorgang handeln müßte. Immer schon sind solche Vermutungen geäußert worden. Die wichtigste Hypothese in diesem Zusammenhang: daß der evolutionäre Prozeß Organismen - und Populationen - mit immer höherer Komplexität hervorgebracht habe und weiter hervorbringe. Komplexität meint dabei: eine höhere interne Differenzierung der Organismen mit der Folge einer höheren Unabhängigkeit von unmittelbaren Eingaben aus der Umwelt und mit einem stärkeren Aktivitäts- und Kreativitätsniveau bei den Reaktionen, die die

Anpassungsleistungen tragen. Die Entwicklung von der rein biogenetischen Evolution zu Formen der tradigenetischen Evolution wäre ein wichtiges Beispiel für diese Richtung der Evolution.

Damit ist aber weder eine teleologische Richtung der Evolution, noch gar irgendeine Wertung ausgesprochen. Beide Arten der Evolution haben ihre besonderen Vorteile und Risiken. Für biogenetisch gesteuertes Verhalten ist zum Beispiel kein zeitraubendes Lernen - und damit auch keine lange Brutpflege und Aufzuchtphase - erforderlich. Lernen ist manchmal lebensgefährlich. Immer bleibt es unsicher, ob das Lernen gelingt und/oder in erfolgreiches Verhalten umgesetzt werden kann. Entsprechend kann auch *nicht* von unbedingten Vorteilen der tradigenetischen Evolution gesprochen werden. Wenn man schon eine Richtung der Evolution empirisch beschreibend angeben will, dann eher die: die Vielfalt der - in Koexistenz lebenden - Arten nimmt ohne Zweifel zu, wobei die einfacheren Organismen phylogenetisch am Anfang der phylogenetischen Entwicklung stehen, weil komplexere Organismen erst möglich werden, nachdem gewisse Grundprobleme des Lebens gelöst sind. Evolution bedeutet nicht Fortschritt, sondern *immer* nur Anpassung an den status quo einer gegebenen Umwelt. Evolution heißt somit immer auch nur: eine Änderung, deren Ergebnis nicht die Verbesserung auf lange Sicht, sondern nur ein Überleben auf kurze Sicht ist.

Gleichwohl kann die Entwicklung von Formen tradigenetischer Evolution *empirisch* durchaus als eine besondere Art gerichteter Änderung betrachtet werden. Sie beginnt in der Entwicklung ihrer beiden allgemeinen Kennzeichen der größeren *Unabhängigkeit* und des höheren *Aktivitätsniveaus* nicht erst mit dem Ausbau des Gehirns, sondern im Grunde von Beginn der Evolution des Lebens an.

Wir wollen diesen Gedankengang an dem Beispiel des Übergangs von den Reptilien zu den Säugern kurz und beispielhaft etwas näher erläutern. Der Ausgangspunkt ist die Homöostase der Organismen und damit: die chemischen Reaktionen, die die Homöostase tragen. Den Übergang von der Homöostaseart der Reptilien zu der der Säuger läßt sich mit vier Anpassungskomplexen beschreiben: warmes Blut, vielfältig nutzbarer Kauapparat, verbesserte Fortpflanzungsökonomie und eine Flexibilisierung des Verhaltens. (vgl. dazu Campbell 1979, S. 40ff.) Hier sei nur der erste Komplex näher beschrieben. Die chemischen Reaktionen bei der Homöostase des Organismus können - wie jede andere chemische Reaktion auch - bei höheren Temperaturen schneller ablaufen als bei niedrigeren. Andererseits darf die Temperatur aber nicht so hoch werden, daß die relativ instabilen organischen Moleküle zusammenbrechen. Eine konstante und gleichzeitig relativ hohe Körpertemperatur erlaubt darüber hinaus die Regelmäßigkeit komplexer chemischer Reaktionen, die die Voraussetzung für die Aktivitäten "höherer" Lebewesen sind: Hirntätigkeit, Kontrolle der Bewegungen, Speicherung von Informationen. Bei Reptilien ist eine solche interne Steuerung der Körpertemperatur (noch) nicht möglich: Sie werden - aus *chemischen* (!) Gründen - nachts und bei kaltem Wetter träge, während Säugetiere mit ihrer konstanten Körpertemperatur im Prinzip zu jeder Zeit aktiv sein können.

Die Evolution der gegenüber den Reptilien deutlich weniger umweltabhängigen Säugetiere durch genetische Mutation und Selektion über längere Prozesse der differentiellen Reproduktion begann während der Kreidezeit vor ca. 135 Mio. Jahren. In dieser Zeit hatte erstmals ein (neues) Lebewesen einen Vorteil gegenüber den damals vorherrschenden Reptilien. Und außerdem konnten sich die Lebewesen der neuen Art über die tropischen Regionen hinaus bewegen und sich die gemäßigten Zonen und deren Waldgebiete erschließen. Die Evolution einer konstanten Körpertemperatur gehörte ohne Zweifel zu den Voraussetzungen dafür. Änderungen in den physikalischen Bedingungen der Nahrungsaufnahme, eine verbesserte Fortpflanzungsökonomie mit wenigen, aber leistungsfähigen Nachkommen und die Entwicklung flexiblerer Anpassungsfähigkeiten unterstützten diesen Vorgang in der Ko-Evolution aller vier Komplexe. An deren - bisherigem - Ende steht die - nahezu unendliche - Flexibilität des menschlichen Verhaltens und der menschlichen Kultur.

Dies ist nur *ein* Beispiel aus einer unendlich langen und vielfältigen Kette. Mit der Steigerung von Unabhängigkeit und Aktivitätsniveau und sehr viel später dann auch mit der (allmählichen) Umstellung von der biogenetischen auf die tradigenetische Evolution beschleunigen sich das Tempo und die Entwicklung der Vielfalt der Evolution immer mehr. Gleichwohl bleiben die Imperative im Prinzip bestehen, die den Vorgang von Anfang an bestimmt haben: die Vorgaben der Umwelt und die stets neu erbrachte Lösung der Hauptprobleme des Lebens: Ressourcennutzung und Ressourcenkonkurrenz.

Kapitel 12
Die Entwicklung zum Menschen

Die Besonderheiten des homo sapiens sind in Kapitel 9 und 10 ausführlich beschrieben worden. Der grundsätzliche Prozeß der Evolution lebender Organismen ist mit der Behandlung der Entwicklung des Lebens allgemein nun auch bekannt. Insbesondere ist jetzt im Prinzip geklärt, aufgrund welcher Funktionskomplexe sich schrittweise die typischen und allesamt durchaus unwahrscheinlichen Eigenschaften der Lebewesen und des Menschen herausgebildet haben. Jetzt kann in aller Kürze skizziert werden, wie und warum es zur Entwicklung der Spezies des homo sapiens sapiens gekommen ist.[1]

Drei Funktionskomplexe

Der Mensch ist ein Säugetier. Die besonderen evolutionären Vorteile der Säugetiere - insbesondere gegenüber Reptilien - wurden oben bereits beschrieben. Zu diesen Vorteilen gehört - neben den oben angeführten Besonderheiten - eine deutlich verbesserte Fortpflanzungsökonomie mit einem stark verringerten Verschleiß an Eiern bzw. Jungtieren. Und es gehört dazu die Steigerung des Aktivitätsniveaus durch eine Vergrößerung des Steuerungszentrums, des Gehirns, und die damit einsetzende eigene Erfolgsmotivation des Verhaltens. Beides - steuernde und am Erfolg orientierte Selbstreferentialität - sind Merkmale, die beim Menschen zu einem gewissen Höhepunkt gekommen sind. Ihr Ursprung liegt in der Evolution der Säugetiere und in der dort erworbenen, bereits relativ hohen Unabhängigkeit von der Umgebung - insbesondere durch die konstante Körpertemperatur.

Die wichtigsten kausalen Schritte der Entwicklung dahin werden über drei wichtige Stadien und Funktionskomplexe der Voranpassung von Vorläufern des heutigen homo sapiens sapiens erklärt: Die Anpassungen an die Beson-

---

[1] Dabei folgen wir in weiten Teilen der sehr ausführlichen Darstellung bei Bernard G. Campbell, Entwicklung zum Menschen, 2. Aufl., Stuttgart und New York 1979, insbesondere Kap. 3 bis 10. Vgl. auch die kompakte, aber äußerst detaillierte Darstellung bei J.R. Napier und P.H. Napier, The Natural History of the Primates, Cambridge 1985, Kap. 6: Human Evolution, S. 175-186; sowie Charles J. Lumsden und Edward O. Wilson, Das Feuer des Prometheus. Wie das menschliche Denken entstand, München und Zürich 1984, Kapitel 1: Der vierte Schritt der Evolution.

derheiten evolutionärer Vorteile für das Leben in dichten Wäldern, die Bedeutung des aufrechten Gangs bzw. der Bipedie (Zweifüßigkeit) für die Verbreitung der Art über den Wald hinaus und die Bedeutung des kooperativen Jagens für die Entwicklung spezifisch menschlicher Eigenschaften und Fähigkeiten wie die der Sozialität und der Soziabilität.

Die Umgebung des Waldes

Als Ursprung der Säugetiere, aus denen sich die Primaten - die unmittelbaren Vorfahren der Hominiden bzw. der Spezies des homo - abspalteten, wird die Spitzmaus angenommen. Spitzmäuse - und andere bodenlebende Gattungen - erschlossen sich den Waldboden auf eine äußerst erfolgreiche Weise. Ihre gute Anpassung daran, ihre Ernährungsweise als Allesfresser und ihre nächtliche Lebensweise gewährte ihnen einen bedeutenden adaptiven und reproduktiven Vorsprung vor den Reptilien und vor anderen Säugern. Man nimmt an, daß sich aus diesen Spitzmäusen eine Gruppe - die Spitzhörnchen - abspalteten, deren besonderes Kennzeichen es war, daß sie sich mit Hilfe langer Krallen und langer Schwänze die Bäume der Wälder erschlossen. Aus diesen Waldbewohnern gingen schließlich - so wird vermutet - die Affenarten und Primaten hervor, von denen der Mensch selbst seine Abstammung herleitet.

Durch die Umwelt des Waldes wurden bei bestimmten Säugern einige spezielle körperliche und sensorische Eigenschaften begünstigt und dann ausgelesen, die schon deutlich an die Besonderheiten des homo sapiens erinnern. Sie bilden zusammen einen *ersten* Funktionskomplex adaptiver Vorteile auf dem Wege zur Entwicklung zum Menschen. Dazu zählen auf der Ebene somatischer Merkmale: die Beibehaltung eines unspezialisierten Gliedmaßenbaus und die Pentadaktylie - fünf Finger - mit freier Beweglichkeit der Gliedmaßen und der Finger; die Ausbildung beweglicher greiffähiger Finger mit durch Nägel versteiften Kuppen und haarlosen, zähen Handflächen; die Entwicklung der aufrechten Körperhaltung und die Fähigkeit zur Kopfdrehung; der Ausbau des Nervensystems für eine genaue und rasche Kontrolle der Muskulatur beim Klettern, vor allem zu Zwecken der Nahrungssuche und der Flucht bei Gefahr. Wichtig in bezug auf sensorische und nervöse Eigenschaften sind dann insbesondere: die Vergrößerung der Augen wegen der Vorteile eines verbesserten Sehens im Dunkel des Waldes; die Entwicklung einer verbesserten Netzhaut mit einer hohen Empfindlichkeit für geringe Lichtstärken und für Farben; frontal stehende Augen mit der Fähigkeit zum stereoskopischen Sehen; die gleichzeitige Steigerung der neuronalen Voraussetzungen zu einer dreidimensionalen Interpretation und Analyse der Eingaben des differenzierten Sehens; die Ausbildung eines knöchernen Schutzes der Augen und schließlich die Rückbildung des Geruchssinnes, der Riechmuscheln und der sie schützenden knöchernen Schnauze.

Der genannte Funktionskomplex gibt einen wichtigen Teil der Primatenbiologie wieder: Der Sehsinn nimmt Informationen in sehr differenzierter Weise auf, die Greifhände erlauben eine tätige Erkundung, das Gehirn interpretiert die Informationen und unterweist die Effektoren der Greifhände. Die Ausbildung und die im Wald deutlich vorhandenen adaptiven Vorteile dieses Funktionskomplexes sorgen dann - über die bekannten biogenetischen Mechanismen der Mutation und der selektiven Reproduktion - für seine simultane Fortentwicklung. Dies alles ist aber nur mit einem Datenverarbeitungszentrum möglich, das es erlaubt, eine Vielzahl von Angaben - über Abstände, Geschwindigkeiten, Farbgebungen und Bewegungen - *gleichzeitig* und *rasch* zu verarbeiten. Gibbons können als eindrucksvolle Beispiele für die Abgestimmtheit und Genauigkeit von komplexen Bewegungsabläufen unter ständiger visueller Kontrolle gelten.

Der Wald als dichte, komplexe und anspruchsvolle Umwelt war die Selektionsbedingung dafür, daß Organismen mit diesen Eigenschaften Vorteile in der differentiellen Reproduktion hatten.

Die Bedeutung der Bipedie

Die Entwicklung des Menschen hat ihren Ausgang ohne Zweifel von der Evolution der Spezies der Primaten und von den als evolutionäre Antwort auf das Waldleben gestellten Problemen genommen. Die Abspaltung der Linie der Hominiden von der der Primaten hat mit einem zweiten Schritt zu tun: mit dem Verlassen des Waldes und mit dem Leben in der offenen Savanne. Der hierfür wichtige *zweite* Funktionskomplex besteht in der Ausbildung der Bipedie und der zusätzlichen Vorteile, die sich dadurch für den bereits im Wald ausgebildeten Funktionskomplex von stereoskopischem Sehen, Greifhand und Gehirntätigkeit ergeben.

Es ist nicht genau bekannt, wie es zu dem Verlassen des Waldes durch einige Primatenarten kam. Einige Hypothesen dazu sind: gesteigerter Populationsdruck in den Wäldern, normaler Wettbewerb mit anderen Populationen von Lebewesen und die dadurch motivierte Erkundung neuer Umwelten, das Zurückweichen des Waldes als Folge verringerter Regenfälle. Sicher ist aber, daß nur eine solche Untergruppe von Waldbewohnern die neue Umwelt erschließen konnte, die in gewisser Weise daran bereits vorangepaßt ("präadaptiert") gewesen ist. Präadaption muß dabei nicht heißen, daß das erforderliche Verhalten bereits voll ausgebildet ist. Dies konnte bei der eigentlich schon nicht mehr sehr auf besondere Umwelten spezialisierten Spezies der Waldprimaten ohnehin nicht der Fall sein. Voranpassung heißt auch auf keinen Fall, daß es eine innere Zielgerichtetheit auf eine zukünftige Entwicklung gegeben hat. Es meint nur, daß für gewisse, in der neuen Umgebung besonders vorteilhafte Eigenschaften für einige Teilgruppen zufälligerweise bereits Anlagen vorhanden sind, die dazu ausreichen, sich in der reproduktiven Konkurrenz einen Vorteil zu verschaffen, der ihre weitere Ausbreitung in der neuen Umgebung erlaubt.

Alle vierfüßigen Affen sind in ihrer Bewegungsfähigkeit für das Bodenleben bereits in gewisser Weise vorangepaßt. Der wichtigste adaptive Vorteil für den erfolgreichen Übergang vom Wald in die Savanne ist aber ohne Zweifel die Bipedie gewesen - der zweifüßige aufrechte Gang mit der Möglichkeit des freien Rundumsehens und des Gebrauchs der Hände für andere Zwecke als nur die Fortbewegung. Hinsichtlich der Bipedie waren nicht alle Affen- bzw. Primatenarten des Waldes genügend für ein Bodenleben vorangepaßt. Von den vormenschlichen Waldbewohnern sind dies aller Wahrscheinlichkeit nach die Arten gewesen, die für die Fortbewegung im Wald die Technik des Schwinghangelns entwickelt hatten - wie die Gibbons oder die Ringelschwanzlemuren.

Der für das Leben in der Savanne und für die weitere Entwicklung zum Menschen wichtige zweite Funktionskomplex läßt sich dann etwa so zusammenfassen: Durch das aufrechte Gehen wird eine - im Vergleich zur Quadrupedie - bessere Rundumsicht mit Vorteilen bei der Nahrungssuche und bei der Wahrnehmung von Gefahren möglich. Dies trifft auch schon für lediglich sammelnde Aktivitäten der Nahrungssuche zu; die frühen Vorformen des homo in der Savanne sollen zunächst Aasfresser gewesen sein. Durch das bereits hochentwickelte Wahrnehmungssystem wird dieser Vorteil nur noch verstärkt. Von besonderer Bedeutung ist nun eine weitere Voranpassung: die Existenz der feinfühligen Greifhand. Bei Bipedie kann diese Hand auf vielfältige, adaptiv außerordentlich vorteilhafte Weise genutzt werden: zum Sammeln von Pflanzennahrung, zur Benutzung erster Werkzeuge und Waffen für die Jagd oder zur Verteidigung oder auch zum Tragen von Gegenständen über weitere Entfernungen hinweg. Diese mit der Bipedie gesteigerte Verwendungsfähigkeit der Hand unterstützte dann auch die Weiterentwicklung der neuronalen Steuerung des jetzt noch komplexer und noch leistungsfähiger werdenden Zusammenhangs von Sehen und Manipulation: Zuwächse der intellektuellen Leistungsfähigkeit sind bei Bipedie, stereoskopischem Sehen und Verfügung über eine feinfühlige Hand in der Savanne von ganz beträchtlichem adaptivem Vorteil. Der bei den Hominiden feststellbare deutliche Zuwachs an Gehirnmasse hängt unstreitig damit zusammen.

Kooperatives Jagen und Gruppenleben

Als *dritter*, für die Entwicklung zum Menschen zentraler Funktionskomplex wird das kooperative Jagen angenommen, wie es sich bei den bereits voll zur Bipedie fähigen frühen Hominiden entwickelt hat. Zuvor war das Sammeln und Tragen der Sammelergebnisse in Gefäßen entstanden. Beides, das gemeinschaftliche Sammeln und die kooperative Jagd, sind wahrscheinlich die letzten biogenetischen Schritte auf dem Weg zum homo sapiens gewesen.

Das kooperative Jagen ist wahrscheinlich ebenfalls als eine Anpassungsreaktion auf bestimmte Klimaveränderungen entstanden. Normalerweise gibt es solche produktiven Kooperationen bei Primaten und anderen Säugern - ausgenommen weniger Arten wie die Wölfe - nicht. Das bei Primaten übliche Gruppenleben stützt sich nicht auf gemeinsame Aktionen dieser Art; es ist ausschließlich "konsummatorisch", das heißt: den Tag und die Nacht genießend, angelegt.

Die Existenz eines intensiven *Gruppenlebens* ist bereits eine wichtige Voranpassung auch für Kooperationen bei der Jagd gewesen. Das kooperative Jagen, das auf der Schwelle des Wechsels vom Affenmenschen - Ramapithecus und Australopithecus; siehe dazu Näheres unten - zum homo entsteht, scheint - darüberhinaus - die zentrale Stufe bei der Entwicklung der für die conditio humana so zentralen Soziabilität und Sozialität gewesen zu sein. Denn: Ohne Zweifel ist das Erlegen einer großen Beute für das Überleben unter (extremer) Knappheit von hohem adaptivem Vorteil. Und die dafür notwendige abgestimmte, arbeitsteilige und in gewisser Weise bereits empathische, moralische und altruistische Gruppentätigkeit begünstigt dann einige andere Merkmale, die wiederum in anderer Hinsicht vorteilhaft sind und letztlich zu den jetzt vorhandenen sozialen und psychischen Merkmalen des Menschen geführt haben.

Die Besonderheiten der kooperativen Jagd sind dann: Mit der kooperativen Jagd entsteht ein starker weiterer Selektionsdruck in Richtung der Bipedie, wegen der Bedeutung des Waffentragens. Der Erfolg einer kooperativen Jagd setzt die selbstlose Zusammenarbeit und hochflexible Feinabstimmung der Beteiligten voraus. Dadurch gewinnen kommunikative Fähigkeiten, die Entwicklung von Sprach- und Artikulationsvermögen, Kooperationsgeist und Gruppenaltruismus hohe adaptive Vorteile. Wegen der Größe der Opfer und wegen der Gefährlichkeit der Unternehmung sind Findigkeit und Kreativität bei der Erfindung von Hilfsgeräten zur Jagd und zur Zerlegung der Beute besonders wichtig. Kommunikation und Sprache sind darüber hinaus sicher noch aus anderen Gründen gefördert worden: über gewisse Vorformen der Argumentation über gerechte Anteile beim Verteilen der Beute, über unterhaltende, informierende und argumentierende Gespräche beim Zurücktragen der Beute und über Berichte über den gerade erlebten Erfolg bei der Rückkehr. Adaptiv wichtig waren dabei vor allem aber wohl: Mitteilungen über die vielen - auch schon abstrakten - Quellen von Gefahr oder über Chancen bzw. über geographische und klimatische, für den Jagderfolg bedeutsame Besonderheiten. Mit alledem erhalten Wahrnehmung,

Gedächtnis, Analyse- und Vorhersagefähigkeit sowie Antizipations-, Kommunikations- und Artikulationsfähigkeit eine hohe adaptive Bedeutung, die angesichts der enormen Ressourcenknappheit durchaus selektiv wirksam geworden sein dürften. Die Jagdanstrengungen haben übrigens möglicherweise auch zum Verlust des Fellkleides geführt, da eine wirksame Hitzeabfuhr auch einen selektiven Vorteil - vielleicht sogar für die Hirnfunktion - bedeutet haben dürfte.

Nicht nur für die Weiterentwicklung der intellektuellen und kommunikativen Fähigkeiten ist die kooperative Jagd ein äußerst wirksamer Funktionskomplex gewesen. Man kann davon ausgehen, daß sich durch die mit der Jagd erforderliche Abwesenheit der Männer von ihrer Heimbasis, durch die Notwendigkeit einer gerechten Verteilung der erlegten (großen) Beute und durch den insgesamt entstandenen hohen Abstimmungsbedarf erste Formen einer sozialen Organisation ergaben, die nicht mehr (nur) eine biogenetische Grundlage hatten: die Arbeitsteilung nach Geschlecht, eine längere Paarbildung, die überdies durch die sexuelle Dauerbereitschaft gefördert wurde, Denken und Kommunizieren in abstrakten Begriffen, an Symbolen orientiertes gemeinsames Handeln, die Entstehung von Vertrauen und von Gefühlen der gegenseitigen Angewiesenheit und Solidarität, sowie erste Vorstellungen von Moral, Ethik und distributiver Gerechtigkeit.

Es erscheint sehr plausibel, die kooperative Jagd als den letzten und entscheidenden Gabelungspunkt der Entwicklung zum Menschen mit seinen einzigartigen intellektuellen, insbesondere aber sozialen und kulturellen Fähigkeiten und Besonderheiten anzusehen. Inwieweit das kooperative Jagen aber tatsächlich die hier angenommene überragende Bedeutung für die Entwicklung des Menschen hatte, ist - wie so viele andere Detailannahmen in dem stürmisch sich entfaltenden Gebiet der biologischen Anthropologie derzeit - durchaus umstritten.[2]

Das Beispiel ist fast zu schön, um wahr zu sein: Es wäre ein besonders instruktives Dokument für die Bedeutsamkeit einer abgestimmten, wechselseitigen Funktionalität verschiedener, zunächst ganz zufällig entstandener Komplexe: die Erweiterung der Ressourcenbasis durch Kooperation, die über gewisse präadaptive Fähigkeiten möglich wird und sich dann immer stärker zu einem Funktionskomplex von Sozialität und Soziabilität weiterentwickelt. Insbesondere würde kausal-erklärend verständlich, warum Kommunikation, Koordination, soziale Regeln und letztlich auch eine Moral als Vorteile im Prozeß der Evolution und der differentiellen Reproduktion gelten konnten.

Dies alles muß nicht (nur) das kooperative Jagen als Anlaß gehabt haben. Die Hypothese von der kooperativen Jagd als Ursprung der conditio humana

---

[2] Vgl. Josef H. Reichhold, Das Rätsel der Menschwerdung. Die Entstehung des Menschen im Wechselspiel mit der Natur, Stuttgart 1990, S. 131.

ist aber eine besonders hübsche Überlegung, für die vieles spricht, aber ein schlüssiger Beweis aussteht.

Vom Ramapithecus zum homo sapiens sapiens

Man täusche sich bei der Leichtigkeit der Aufzählung einzelner Entwicklungsschritte nicht: Die Entwicklung zum Menschen aus den - in gewisser Weise besonders gut vorangepaßten - schwinghangelnden Affen- und Primatenarten der Wälder bis zum heutigen homo sapiens sapiens hat eine unvorstellbar lange Zeit gedauert. Man schätzt, daß die Abspaltung der sog. Hominiden (Affenmenschen) von den Menschenaffen vor etwa 15-18 Millionen Jahren stattgefunden hat - etwa zur gleichen Zeit der Spaltung der Spezies der Menschenaffen in den Gorilla und in den Schimpansen.

Die erste Spezies dieser Art von Vorformen des homo ist der *Ramapithecus*. Ramapithecus war eine Abspaltung von den sog. Pongiden. Diese Linie führt - über einen Zeitraum von etwa 8-10 Millionen Jahren - zum *Australopithecus*. Die Entwicklung ist eindeutig mit dem Verlassen des Waldes und mit dem Leben in der offenen Savanne verbunden. Australopithecus unterteilte sich - über einen Zeitraum von 3 Millionen Jahren - in zahlreiche Unterarten. Eine davon war die Linie des homo, die vor etwa einer Million Jahren entstand. Die Entwicklung von den Menschenaffen über Ramapithecus und Australopithecus zur ersten, "primitiven" Art des homo dauerte mithin mehr als 15 Millionen Jahre. Die Erklärung für ihre Richtung kann in den oben geschilderten adaptiven Vorteilen bestimmter Funktionskomplexe für das Übertreten vom Wald in die Savanne gesehen werden.

Der Australopithecus hatte eine Körpergröße von etwa 80 cm. Der Schädel machte noch einen deutlich menschenaffenähnlichen Eindruck. Die Hirngröße betrug etwa 450 ccm. Die Bezahnung weist bereits eine große Ähnlichkeit zum Jetztmenschen auf, insbesondere sind die Eckzähne bereits stark verkleinert. Aufgrund der guten Anpassung an die Wald- und Graslandsavanne konnte er sich rasch über ein weites Gebiet verbreiten, das sich von Ost-Afrika über Süd-Asien bis nach Java erstreckte.

Der Übergang zu unserer Gattung des homo ist wahrscheinlich durch eine weitere Anpassungsleistung an klimatische Änderungen angestoßen worden: Angesichts der hereinbrechenden Eiszeiten und nun deutlicher jahreszeitlicher Schwankungen des Klimas begannen sich die Nachfolger des Australopithecus vor dem sich wandelnden Klima durch Höhlen, Schutzdächer und Feuer zu schützen. Die dadurch erneut erhöhte Unabhängigkeit von der Umwelt beschleunigte die Entwicklung von Fähigkeiten zu immer weitergehender Kontrolle der Umgebung - einschließlich zur Erfindung sozialer Organisationen, beginnend wohl im Zusammenhang mit der kooperativen Jagd. Eine erste Zwischenform dieser Entwicklung ist der *homo habilis* vor etwa 2 Millionen Jahren gewesen. Sein Gehirnvolumen betrug etwa 600 ccm. Der aufrechte Gang ist bereits mühelos möglich, wenngleich nicht durchgängig üblich. Er ist als einzige Fortbewegungsart das typische Kennzeichen von *homo erectus*, dessen Erscheinen etwa vor 600 000 Jahren angesetzt werden kann. Mit ihm ist die Vorgeschichte des homo sapiens abgeschlossen.

Homo erectus war ein kräftiges, untersetztes und dem Jetztmenschen schon durchaus ähnliches Lebewesen - mit vielleicht dafür etwas zu langen Armen. Sein Schädel war aber noch schwer und dickwandig und verfügte über eine kräftige Gesichtsmuskulatur. Das Hirnvolumen war auf bereits 1000 ccm angewachsen. Seine technischen Fertigkeiten waren beträchtlich: Er beherrschte das Feuer und überlebte die nördlichen Winter dadurch - und dank der Erfindung der kooperativen Jagd - relativ mühelos.

Die Entwicklung zum Menschen zeigte - einmal begonnen - eindeutig ein zunehmend beschleunigtes und sich selbst verstärkendes ("autokatalytisches") Tempo.[3] Sie bestand bis zum Übergang vom Australopithecus zum ersten Exemplar der Gattung eines homo nahezu ausschließlich aus biogenetischer Evolution. *Homo sapiens* ist das bisher letzte Glied in dieser Kette der Entwicklung des Lebens.

Die Hirngröße des homo sapiens (ca. 1900 ccm) war bereits fast von einem seiner - entwicklungsgeschichtlich gesehen - unmittelbaren Vorfahren, dem *Neandertaler* (mit ca. 1700 ccm) erreicht. Der Neandertaler hatte bereits alle Merkmale des homo sapiens. Man könnte ihn als eine Art von europäischem Eskimo bezeichnen. Er verschwand wahrscheinlich nicht durch Aussterben, sondern durch genetische Absorption in andere Unterspezies des homo sapiens.

Die Geschichte des Menschen - als die Geschichte der biologischen Gattung des homo sapiens sapiens - kann danach auf einen Zeitraum von kaum mehr als 70 000 Jahren zurückblicken. Dies ist entwicklungsgeschichtlich gesehen nicht mehr als nur ein Augenblick. Die genetische Ausstattung ist in dieser - extrem kurzen - Zeit so gut wie konstant geblieben. Insbesondere mit der beschleunigt zunehmenden Gehirnentwicklung wird die Entwicklung zum Menschen immer mehr auf die tradigenetische Evolution verlagert. Sie ist für die Entwicklung und für die differentielle Reproduktion des homo

---

[3] Es sei noch einmal darauf hingewiesen, daß alle hier geschilderten Einzelheiten - teilweise heftig - umstrittene Hypothesen sind. Die entsprechende Literatur revidiert ihre Ansichten zu dem Prozeß fast mit jeder Neuerscheinung. Für unsere Zwecke ist dies alles nicht sehr bedeutsam. Es geht nicht um eine vollständige Darstellung aller derzeit diskutierten Hypothesen der Evolutionsbiologie, sondern um eine knappe Skizze des grundlegenden Funktionskomplexes der "letzten" Schritte in der Entwicklung zum homo sapiens.

sapiens sapiens praktisch alleine maßgebend. Aus ihr lassen sich die oben beschriebenen Besonderheiten der conditio humana bzw. die anthropologischen Konstanten überzeugend ableiten - und evolutionär erklären. Die wichtigste Besonderheit ist dabei: die beim Menschen in ein gewisses Extrem getriebene Fähigkeit zur, von Fixierungen unabhängigen, Gestaltung der Bedingungen, unter denen er seine Homöostase betreibt. Insofern werden soziologische Erklärungen diese Konstanten - als Restriktionen und als allgemeine Funktionsbedingungen menschlicher Akteure - wohl zu berücksichtigen haben, aber nicht mit ihnen alleine auskommen können.

Teil D
Modelle des Menschen

Kapitel 13
Die "Natur" des Menschen

Bei soziologischen Erklärungen können und müssen nicht alle Einzelheiten und Besonderheiten menschlicher Organismen nicht im Detail berücksichtigt werden. Die Soziologie hat andere wichtige Aufgaben als die Rekonstruktion der biologischen Ursprünge des Menschen und die Beachtung aller Feinheiten der psychologischen Verfassung des homo sapiens. Die Behandlung der biologischen und anthropologischen Grundlagen hatte aber nicht zuletzt auch einen methodologisch-theoretischen Grund: Die erklärende Modellierung sozialer Prozesse erfordert auch eine vereinfachende Typisierung von Merkmalen der menschlichen Akteure, ein stilisiertes Modell des Menschen also. Dabei sollen die dazu verwendeten Annahmen theoretisch und empirisch so weit wie möglich begründet und bei Bedarf in ihrer weiteren Verankerung selbst wieder erklärt werden können.

Natürliche und soziale Restriktionen

Bei der folgenden Typisierung einiger allgemeiner Annahmen über das Modell des Menschen wird eine zentrale Annahme gemacht: Bei aller Kulturfähigkeit und bei aller Ablösung des menschlichen Verhaltens von der biogenetischen Fixierung bleiben menschliche Akteure immer (auch) lebende Organismen, die im beständigen Austausch mit ihrer natürlichen Umwelt bleiben. In ihren Eigenschaften, in ihrem Funktionieren und in ihrer Reproduktion beruhen sie auf den Grundlagen der gesamten Vorgeschichte der Evolution des Lebens - ohne freilich dadurch determiniert zu sein. Schon von daher kann man davon ausgehen, daß das grundlegende Merkmal des Menschen - seine äußerst hohe Lernfähigkeit und seine starke Handlungsflexibilität - nicht gänzlich ohne gewisse Vorgaben ist, die sich aus der Millionen von Jahren währenden, allmählichen Entwicklung seiner physiologischen und bio-psychischen Konstitution erklären lassen.

Drei solcher universalen Vorgaben sind insbesondere zu nennen: erstens die Existenz von *Restriktionen* als unaufhebbare Bedingung aller evolutionären Anpassungen; zweitens die im Rahmen der Restriktionen erfolgende *Maximierung* als evolutionär erfolgreiche und stabilisierte allgemeine Selektionsregel für das Handeln; und drittens das unvermeidbare (Miß-)Verhältnis zwischen der notgedrungen immer *kurzfristigen* Orientierung aller Anpassungsreaktionen der individuellen Organismen und ihren *langfristigen* Folgen und externen Effekten für die Population und die Art insgesamt.

Die erste Vorgabe betont die Weiterexistenz jener beiden Probleme, die den Beginn und den Verlauf der Entwicklung zum Menschen sowie die Evolution des Lebens insgesamt grundlegend bestimmt haben und weiter bestimmen: die zum Überleben unumgängliche Optimierung der Ressourcenausbeutung und die dabei immer verbleibende, unaufhebbare Ressourcenknappheit. Kurz: Menschliches Handeln als Wahl zwischen Alternativen unterliegt immer und unvermeidlicherweise bestimmten *Restriktionen*. Und das Verhalten bzw. das Handeln besteht dann in erster Linie darin, mit diesen Restriktionen möglichst geschickt und sparsam umzugehen, so die eigene Reproduktion möglichst zu entlasten und Spielräume zu haben, wenn die Bedingungen sich ändern und die Möglichkeiten geringer werden.

Zwei wichtige Arten von Restriktionen für die Selektion des Handelns sind zu unterscheiden: natürliche und soziale Restriktionen. Die *natürlichen* Restriktionen des menschlichen Handelns bestehen aus den universalen Begrenzungen jeder Selektion: aus den "objektiven" Knappheiten der Ressourcen. Diese Knappheiten erstrecken sich auf die Verfügbarkeit von Energie, auf die (Real-)Zeit und auf die dadurch immer gegebenen unaufhebbaren Begrenzungen, auf räumliche Begrenzungen, auf Begrenztheiten der emotionalen Belastbarkeit, auf Fähigkeiten der Informationsverarbeitung und auf Begrenzungen in bezug auf die gleichzeitige (Nicht-)Ausführbarkeit von Handlungen.

Diese natürlichen Restriktionen können durch technische und durch soziale Erfindungen - Institutionen und soziale Regeln - ohne Zweifel beträchtlich modifiziert, ja manchmal scheinbar ganz außer Kraft gesetzt werden. Kultur, Symbole, Normen und Organisationen können ganz allgemein als einmal selegierte und dann objektivierte Versuche gewertet werden, den Spielraum der natürlichen Restriktionen zu erweitern. Dies begründet die zweite Ebene von Restriktionen: die *sozialen* Restriktionen, die sich aus der Normierung, Institutionalisierung und Codierung von Mustern der Problemlösung durch soziale Konventionen und durch Formen der effizienten Organisation der Ressourcenproduktion ergeben.

Die sozialen Restriktionen bestehen insbesondere aus institutionellen *Verfassungen* und aus bestimmten Arten der kulturell und symbolisch gesteuerten *Definition der Situation*: übergreifende und durch einen eigenen Kontrollapparat abgesicherte Regeln der Organisation des Handelns der Akteure bzw. die kurzfristige, situationsgebundene Festlegung dieser Regeln in einem interaktiven Prozeß der Koordination.

Verfassungen und die Definition der Situation konstituieren beide *soziale Regeln*, die für das effektive Handeln in einer Situation den "objektiv" jeweils geltenden *Inhalt* des "Sinns" des Handelns bestimmen. Daher ist die Befolgung solcher Regeln nicht nur eine Frage der Vermeidung von Unannehmlichkeiten, sondern im Interesse der Verfolgung der eigenen Ziele dringlich angeraten (vgl. Kapitel 25 und 26): Es geht in der Wissenschaft beispielsweise vor allem um den *Code* bzw. den *Rahmen* der Wahrheit und des logischen Gehaltes der Aussagen - und nicht um den Code der Betonung moralischer Urteile, um die es sich in einer anderen Situation dann vor allem drehen mag, etwa auf Kirchentagen. Ein Akteur, der diese sozial konstruierten, dann aber "objektiv" geltenden Vorgaben ignoriert oder verwechselt, muß mit großen Komplikationen und Nachteilen rechnen. Daher wirken soziale Regeln und institutionelle Restriktionen vor allem schon über die subjektive Vernunft der Akteure - und sehr viel weniger über Zwang und über Sanktionen. Das Ergebnis ist beide Male gleich, wenn auch unterschiedlich fest fixiert: Die sozialen Regeln einer Verfassung oder einer Definition der Situation grenzen ganz bestimmte Ausschnitte von natürlich und technisch möglichen Alternativen aus, heben bestimmte Alternativen besonders hervor und rahmen auf diese Weise die Handlungssituation in typischer und orientierender Weise. Dies kann entweder fest und offiziell kontrolliert in einer formellen "Verfassung" niedergelegt sein; oder aber sich bei einer interaktiv vollzogenen Definition der Situation aus dem wechselseitig orientierten Tun der Akteure und über eine informell wirksame soziale Kontrolle ergeben.

Soziale Restriktionen sind für die Selektion des menschlichen Handelns daher mindestens so wirksam wie die natürlichen. Mehr noch: Für die Erklärung des Handelns und seiner Folgen werden *innerhalb* der Grenzen der natürlichen Restriktionen die jeweils geltenden sozialen Restriktionen, Situationsdefinitionen und kulturellen Semantiken und Codes weitaus bedeutsamer sein, als die - im Hintergrund allerdings immer vorhandenen - natürlichen und technischen Beschränkungen. Insofern werden sich soziologische Erklärungen zuerst an den geltenden kulturellen Zielen, den Werten, den Wissensbeständen und Symbolen, den frames of reference, den speziellen Codes der gesellschaftlichen Teilsysteme, den institutionellen Mitteln orientieren. Darum geht es meist bei der Beschreibung der Logik der Situation.

Heißt das aber, daß die materiellen Restriktionen für die Erklärung des Handelns unwichtig werden, wenn sie nur weit genug gezogen sind und die Befolgung der jeweiligen sozialen Regeln zulassen? Die Antwort lautet: nein. Wir wollen davon ausgehen, daß die sozialen Restriktionen sich zwar ganz beträchtlich von der materiellen Grundlage ablösen können, daß sie aber niemals von den natürlichen Restriktionen zu befreien sind. Jede institutionelle Regelung verbraucht Energie und ist in die unverrückbaren Grenzen von Raum und (realer) Zeit eingebettet. Und es ist die *relative* Knappheit in den materiellen Restriktionen, die die Effizienz der sozialen Regelungen letztlich bestimmt. Die Entstehung und der Wandel der sozialen Restriktionen sind - so sei hier bewußt etwas waghalsig formuliert - letztlich also auch dann durch Veränderungen in den Knappheitsbedingungen materieller Art gesteuert, wenn sie sich innerhalb der Grenzen der natürlichen Möglichkeiten bewegen. Als einfache Hypothese: Mit den Knappheitsrelationen bei den natürlichen Restriktionen werden sich auch die sozialen Regeln ändern, weil nun solche Regeln (etwas) optimaler arbeiten, die es vorher nicht taten, auch dann, wenn die alten Regeln immer noch "möglich" sind. Das stumme und stetige Walten des Gesetzes der Sparsamkeit, das alle Evolution bisher begleitet hat, wird sich mindestens mittelfristig auch auf die differentielle Reproduktion der Meme auswirken, aus denen die jeweiligen sozialen Regeln bestehen (vgl. dazu auch Abschnitt 25.3).

Die Grundregel der Selektion: Maximierung

Aber auch unabhängig von dieser eher materialistischen und nur begrenzt konstruktivistischen Hypothese wäre festzuhalten, daß die Orientierung an Restriktionen - welcher Art auch immer - zu den grundlegenden Merkmalen eines Modells des Menschen gehören müßte. Innerhalb der - natürlichen bzw. der sozialen - Restriktionen existiert immer eine Vielzahl von unterschiedlich vorteilhaften bzw. unterschiedlich reproduktiv erfolgreichen Alternativen oder Opportunitäten, die in einer gegebenen Situation zur Wahl stehen. Damit erhebt sich die Frage, nach welchen anthropologisch universalen und evolutionstheoretisch erklärbaren Regeln diese Selektion des Handelns aus Alternativen erfolgt, wenn die instinktive Steuerung der Selektion entfallen ist. Nach den berichteten Einzelheiten der Evolution des Menschen liegt die Hypothese nahe, daß es in der Tat *ein* allgemeines, evolutionär bewährtes Hauptprinzip des erfolgreichen Umgangs mit dem Restriktionsproblem und der optimalen Selektion aus möglichen Alternativen gibt, das auch dann seine Geltung nicht einbüßt, wenn die Restriktionen mehr und mehr zu solchen der gesellschaftlichen Konstruktion der Wirklichkeit werden.

Dieses Prinzip der Logik der Selektion läßt sich in einer Regel und in zwei Grundvariablen zusammenfassen. Nämlich: *Maximiere* die (eigene) fitness unter den internen Erfordernissen des *Organismus* und unter den Bedingungen in der jeweiligen (sozialen wie nicht-sozialen) *Umgebung*.

Die Maximierungsregel hat vier Varianten, die alle damit zu tun haben, den Prozeß des Maximierens möglichst zu vereinfachen und gleichzeitig den Erfolg möglichst wahrscheinlich zu machen. Sie lauten:[1]

---

[1] Nach M. V. Flinn und R. D. Alexander, Culture Theory: The Developing Synthesis from Biology, in: Human Ecology, 10, 1982, S. 383-400.

1. Imitiere die Erfolgreichen!
2. Verhalte Dich anders als die Erfolglosen!
3. Laß Dich eher von jenen belehren, die ein Interesse an Deinem Erfolg haben - wie Verwandte oder solche Personen, die die gleichen Interessen verfolgen wie man selbst!
4. Sei skeptisch gegenüber Belehrungen von jenen, die im Interessenkonflikt mit Dir stehen!

Die vier Varianten der Maximierungsregel sind nichts anderes als eine Zusammenfassung von evolutionär erfolgreichen Wegen der Reproduktion des Lebens allgemein. Und das heißt auch, daß diese vier Varianten ein grundlegender Teil auch der menschlichen Natur sind, da sie sich ja in einem langen und kontinuierlichen Prozeß der erfolgreichen Anpassung an die Bedingungen dieser einen Welt herausgebildet haben. Es wäre schon sehr verwunderlich, wenn sich diese Regeln nicht auch bis in die hardware der menschlichen Physiologie zurückverfolgen ließen und wenn ausgerechnet homo sapiens sapiens damit nichts mehr zu tun hätte.

Mit diesen Varianten der Maximierungsregel wird - nicht zuletzt vor dem Hintergrund der Analysen und Theorien der Soziobiologie - gleichzeitig aber auch deutlich: Maximieren heißt keineswegs "egoistische Ausbeutung" und "Darwinismus", sondern oft genug: Altruismus, Investition in soziale Kooperation und die Stärkung der Gemeinschaft.[2] Bei Existenz von institutionellen Regelungen und entsprechenden sozialen Restriktionen heißt Maximieren immer auch: die Beachtung und die Nutzung genau dieser jeweils geltenden institutionellen Vorgaben, weil *nur* dadurch überhaupt auch ein individuell erfolgreiches Handeln möglich ist. Damit kann aber auch das egoistische Maximieren sehr viel Unterschiedliches bedeuten. Und es heißt in keiner Weise: "autistischer Egoismus"; sondern die Beachtung der institutionellen Regeln - und zwar: im *eigenen* Interesse.

Wie und nach welchem Standard soll nun aber maximiert werden? Die Reproduktionsbedingungen lebender Organismen legen zwei Grundvariablen nahe: erstens die Beachtung der *externen* Bedingungen, wie sie die Umwelt jeweils vorgibt - hinsichtlich der mit der jeweiligen Umwelt vorliegenden Alternativen, Opportunitäten und Restriktionen. Dies verweist auf die Bedeutung von angeborenen oder erlernten *Erwartungen* - etwa über mögliche Konsequenzen der jeweils möglichen Selektionen in der jeweiligen Umwelt. Und zweitens wird die Berücksichtigung der *internen* Funktionsbedingungen des Organismus bedeutsam. Dies bezieht sich auf die *Bewertungen* bestimmter Konsequenzen der Selektionen vor dem Hintergrund der

---

[2] Vgl. dazu auch Donald T. Campbell, Rationality and Utility from the Standpoint of Evolutionary Biology, in: Robin M. Hogarth und Melvin W. Reder (Hrsg.), Rational Choice. The Contrast between Economics and Psychology, Chicago und London 1986, S. 172f.

Erfordernisse des Überlebens des Organismus - seine Präferenzen und Bedürfnisse also.

Erwartungen sind subjektive *Kausalhypothesen* von Menschen über Vorgänge und Zusammenhänge in der Umwelt und über Bedingungen, unter denen die Lösung eines Problems wahrscheinlicher ist als unter anderen Bedingungen. Zu dieser "Umwelt" - als Bezug der Erwartungen - kann dann auch der eigene Organismus gehören: Ein Akteur weiß in der Regel von seinem Körper, was er kann und was nicht. Erwartungen informieren über Folgen der Selektion bestimmter Alternativen im Rahmen der gegebenen Restriktionen und Regelungen. Sie sind bei menschlichen Akteuren - worauf insbesondere Alfred Schütz bzw. Peter L. Berger und Thomas Luckmann zu Recht verwiesen haben (vgl. Kapitel 10) - in Systemen strukturierten und plausiblen, wenngleich keineswegs immer auch "objektiven" oder "richtigen" *Wissens* organisiert.

Der wichtigste Hintergrund solcher Wissenssysteme sind für das menschliche Handeln die institutionellen Bedingungen einer Gesellschaft. Erwartungen werden über Lernen, über Sozialisation, über Wahrnehmungen und - vor allem - über symbolische und sprachliche Kommunikation und in Prozessen der Interaktion und der "Definition" einer Situation gebildet. Alles, was im Zusammenhang der Soziabilität und Sozialität des Menschen gesagt wurde, ist für die Erklärung der Entstehung von Erwartungen ebenfalls bedeutsam.

Aufgrund der Beschränkungen in der Fähigkeit zur Informationsverarbeitung beim Menschen und aufgrund des schlichten Fehlens von vollständiger Information sind diese Erwartungen in aller Regel zwar ungenau, grob und immer nur typisiert, aber für den Normalfall des Alltagshandelns meist vollkommen ausreichend. Eines ist der Akteur nach allem, was man aus der biologischen und soziologischen Anthropologie weiß, in der Regel nicht: perfekt informiert. Er sieht die Welt immer nur in Mustern. Die Logik der Situation wird genau deshalb auch über *typische* Muster solcher Erwartungen zu modellieren sein.

Die Typisierung der Situationssicht durch den Akteur selbst hat einen wichtigen, schon aus der Evolution des Menschen heraus sehr naheliegenden Grund: Es wäre - angesichts der allgemeinen Knappheit an Ressourcen - sehr unökonomisch, ja leichtfertig und verschwenderisch, auch über solche Situationen perfekt informiert zu sein, die vergleichsweise unbedeutend sind oder eigentlich kein Problem darstellen. Es gibt daher gute Gründe anzunehmen, daß die *bounded rationality* des Menschen und sein oftmals kaum verstehbares Festhalten an Routinen und Gewohnheiten kein Funktionsfehler, sondern eine besonders intelligente - und lebenswichtige - Art des Umgangs mit der unvermeidlichen Knappheit und den oft sehr hohen Kosten der Gewinnung von perfekten Informationen ist. Oft ist es vernünftiger, sich nicht genauer zu informieren und sich mit einigermaßen funktionierenden Daumenregeln zufriedenzugeben - besonders, wenn die Ressourcen an anderer Stelle dringender gebraucht werden und man sich gewisse Reserven aufbewahren will.

Dies ist keineswegs auf das Handeln der Menschen beschränkt. Alle Lebewesen reagieren auf ihre Umwelt immer nur sehr selektiv und nicht "wirklich" maximierend - und niemals perfekt informiert. Die Suche nach vollständiger Information wäre oft geradezu eine lebensgefährliche Verschwendung von Ressourcen für Wissen, das nicht benötigt wird, aber immer sehr teuer ist. Es konnte in der Evolution des Lebens immer nur das gerade Wichtigste als Information aufgenommen werden - oft unter grotesker Verstärkung von vital bedeutsamen, aber materiell nur schwachen Signalen - wie bei der Signalwirkung der Brot- oder Benzinpreise oder bestimmter Indikatoren für andere wichtige Eigenschaften: Examensnoten bei Bewerbungen oder Schweißausbrüche bei Verabredungen.

Aus der typisierenden Vereinfachung der wahrgenommenen Situation durch einen Akteur ergibt sich die Bedeutung von "signifikanten Symbolen": Es sind überprägnante Hinweise auf "relevante" Merkmale von Situationen, an denen sich Akteure mit ihren unvollständigen Erwartungen orientieren - und sich (fast) immer auch darauf verlassen können. Um so schwerer trifft die Menschen dann eine überraschende Abweichung von der gewohnten Routine und von der üblichen Zeichenstruktur in einer Situation. Betrüger und die versteckte Kamera leben davon (vgl. Kapitel 26 und 27).

Bewertungen bedeuten die Zuweisung von *emotionalen* Besetzungen auf bestimmte - vorgestellte oder erlebte und abgespeicherte - Folgen der Selektion von Alternativen. Diese Zuweisung von Bewertungen erfolgt nach Maßgabe ihrer eingeschätzten Zuträglichkeit für den Organismus, wobei die Zuträglichkeit sowohl biologisch verankert als - bei Menschen ganz ohne Zweifel - auch: gelernt sein kann. Die Bewertungen spiegeln damit - oft in sehr vermittelter Weise - die allgemeinen und die primären biologischen Reproduktionsbedingungen und in sekundärer Hinsicht die individuelle Lerngeschichte des Organismus selbst wider. Sie sind als mehr oder weniger geordnetes und hierarchisiertes System von Vorlieben, von *Bedürfnissen*, von *Präferenzen* bzw. allgemein von *Werten* organisiert.

Werte umfassen das System der Vorlieben und der Präferenzen. Sie bilden das Oberprogramm zu Hierarchien von Präferenzprogrammen, zwischen denen auf der Grundlage des Oberprogramms gewechselt werden kann. Mit einem solchen Wechsel in einem Unterprogramm der Präferenzen ändern sich entsprechend die Vorlieben, weil sie nun - je nach gerade vordringlichem Wert - anders angeordnet sind. Menschen können relativ leicht von einer bestimmten subjektiven Wertewelt in eine andere wechseln, in denen jeweils ganz andere Bewertungsordnungen vorherrschen. Aber auch diesen Wechsel vollziehen sie nicht nach Zufall oder bloßem gusto - sondern auch nach der grundlegenden Regel der Maximierung (vgl. dazu Abschnitt 26.2).

Mit Bewertungen werden häufig bestimmte Güter belegt, deren Besitz der Mensch eigentlich, das heißt von "Natur" aus, nicht besonders schätzt, die aber in einem gegebenen institutionellen Rahmen als Mittel bzw. als Zwischenziele benötigt werden, um die vom ihm "eigentlich" hoch bewerteten Zustände zu erreichen. Beispielsweise: Geld oder Prestige. Solche Güter sind "an sich" wertlos, erlauben jedoch in bestimmten institutionellen Zusammenhängen die Erreichung auch der primär wichtigen Ziele.

Über solche Zwischenziele sind bestimmte Typen von Gesellschaften organisiert, beispielsweise Prestige und Ehre in Ständegesellschaften, Geld und Vermögen in kapitalistisch verfaßten Gesellschaften. Diese jeweils ganz unterschiedlichen, institutionell definierten Zwischenziele machen die Tiefengrammatik bestimmter Typen menschlicher Gesellschaften aus. Die ungeheure Variabilität der menschlichen Gesellschaften unter Konstanz der menschlichen Natur beruht auf diesem Prinzip (vgl. dazu noch Kapitel 25).

Da es *nur* von den sozialen Institutionen abhängt, wie solche Ketten indirekter Bewertungen konstruiert sind, kann es in menschlichen Kulturen folglich sehr unterschiedliche Präferenzen für die objektiv ganz gleichen Güter geben, ohne daß diese Präferenzen allgemein, genetisch verankert oder anthropologisch konstant wären. Diese Besonderheiten, daß Bewertungen sowohl gelernt wie institutionell definiert werden können, haben zur Folge, daß man von allgemeinen, biologisch verankerten, festen und wohlgeordneten Präferenzen menschlicher Akteure nicht (unmittelbar) ausgehen kann. Wohl aber: von institutionell definierten *Interessen* an den Zwischengütern, die als jeweils erstrebenswert gelten (vgl. dazu insbesondere Kapitel 21 und 25).

Nun fehlt nur noch die Präzisierung der Regel, nach der Erwartungen und Bewertungen in der Selektion des Handelns berücksichtigt werden. Diese Regel ist einfach und einsichtig: Die Selektion des Handelns folgt *nicht* einseitig dem Prinzip der Maximierung des Nutzens nach den Bewertungen *oder* dem Prinzip, das zu tun, was nach den Erwartungen am ehesten möglich ist. Sondern: Das Handeln wird nach einer optimierenden *Kombination* von Erwartungen *und* Bewertungen selegiert. Also: Wissen *und* Werte steuern die Selektion des Handelns. "Kombination" heißt dabei, daß das *Produkt* der Sicherheit einer Erwartung *und* der Höhe der Bewertung in bezug auf die verschiedenen Folgen eines Handelns maximiert wird.

Also: Wenn U die Höhe der Bewertung und p die subjektive Erwartung von Konsequenzen einer Handlung sind, dann wird die Handlung aus den überhaupt wählbaren Alternativen gewählt, für die das Produkt p·U im Vergleich der Alternativen maximal ist. Ist entweder U klein *oder* p klein, dann ist die Tendenz zu der damit verbundenen Handlung auch nur klein. Eine Handlung, bei der U *und* p dagegen nur mäßig groß sind, hat nach dieser Regel im Vergleich dazu eine wesentlich höhere Selektionschance.

Die Regel der Maximierung des Produktes p·U ist der *Kern* aller handlungstheoretischen Regeln in der Logik der Selektion (vgl. Abschnitt 6.2). Sie hat einen allzu guten evolutionären Grund: Durch die *kombinierte* Maximierung von Erwartungen und Bewertungen wird sichergestellt, daß - so weit wie nur gerade möglich - *sowohl* die externen Bedingungen in der Umgebung (über die Erwartungen) *wie* auch die internen Funktionserfordernisse des Organismus (über die Bewertungen) *gleichzeitig* berücksichtigt werden. Ein Organismus, der sich nicht um die externen Bedingungen kümmert, ist ebenso gefährdet wie einer, der sich in seinen Selektionen nicht um sein eigenes Wohlergehen schert. Anders als in der gleichzeitigen Beachtung dieser beiden Vorgaben wäre die Evolution des Lebens wohl kaum vorangekommen.

Es sei noch einmal ergänzt, daß dieses Maximieren auch altruistische und kooperative Handlungen einschließen kann - und sogar meistens: wird. Zusätzlich sind - bei menschlichen Akteuren zumal - zwei Besonderheiten anzunehmen, die die Art der Selektion stark beeinflussen können: die Fähigkeit zur Impulshemmung und die Restriktionen in der Verarbeitung von Informationen. Daher muß man bei der Selektion von Handlungen sowohl mit Intentionalität, mit Reflexion, Strategie und Raffinesse wie mit bounded rationality und dem unbedachten Rückgriff auf fixiert und vorgeprägt scheinende Reaktionsmuster und Gewohnheiten rechnen. Welche dieser Strategien gewählt wird, hängt dann wiederum von den Restriktionen, von den Erwartungen und von den Bewertungen ab. Jede Erklärung der Logik menschlicher Selektionen muß mit beiden Varianten rechnen und - möglichst - angeben können, unter welchen Bedingungen welche Variante selegiert wird.

Die Begründung für die Universalität der Maximierungsregel bei Selektionen ist also keine bloße Annahme. Sie knüpft unmittelbar an die Bedingungen der biogenetischen Evolution an: Die Organismen, die dieser Regel - zwar unbewußt, aber faktisch bzw. so, "als ob" sie sie kennen würden - folgten, waren bei der differentiellen Reproduktion erfolgreicher als die Organismen, die diese Strategie nicht anwandten. Und andere Strategien waren langfristig weniger erfolgreich. Die Folge: Die Maximierungsregel ist in dem Sinne eine evolutionär stabile Strategie (vgl. dazu Kapitel 11) gewesen, als jede Abweichung von der Regel - langfristig - dazu führt, daß sie durch differentielle Reproduktion wieder eliminiert wurde.[3]

Die Maximierungsregel gilt auch für Zwangshandlungen. Dies sind - sicher etwas befremdlich anmutende - Spezialfälle der maximierenden Selektion unter Restriktionen. Die Regel führt den Akteur dazu, die beste aus den schlechten Alternativen auszuwählen. Jederzeit sind aber auch unter Zwang Alternativen denkbar, die einen Ausweg aus der unangenehmen Lage

---

[3] Für eine formale Ableitung der Maximierungsregel aus einem einfachen Modell evolutionärer Stabilität von Selektionsregeln vgl. William S. Cooper, Decision Theory as a Branch of Evolutionary Theory: A Biological Derivation of the Savage Axioms, in: Psychological Review, 94, 1987, S. 395-411.

weisen könnten: Not macht erfinderisch. Dies verweist auf eine wichtige weitere Erkenntnis der biologischen und der soziologischen Anthropologie: daß menschliche Akteure - aufgrund ihrer Weltoffenheit und Plastizität und aufgrund ihrer besonderen Fähigkeit zu Impulshemmung, zu Reflexion, zu Strategie und zu Moral, aufgrund ihrer Fähigkeit zu Empathie wie zu Sympathie, allgemein: aufgrund ihrer ganz besonderen Autonomie von den unmittelbaren Einflüssen der Umgebung - niemals auf bestimmte Reaktionen deterministisch festgelegt sind. Mehr noch: daß sie - als grundlegend für ihre gesamte Befindlichkeit - *immer* auch zu Kreativität, zu innovativer Initiative und zu Findigkeit in der Lage sind.[4] Und das heißt: Die Logik der Situation ist immer in gewisser Weise "kontingent", weil nie auszuschließen ist, daß die findigen Menschen in ihrer Situation noch Alternativen aufspüren, an die bis dahin keiner gedacht hatte.

Die Findigkeit im Aufspüren neuer Alternativen ändert nichts daran, daß die Regel des Maximierens selbst deterministisch und die Selektion des Handelns weiter vorhersagbar und erklärbar bleibt: Es gibt prinzipiell immer noch eine andere Möglichkeit. Menschen haben - auch unter Zwang - immer die "Wahl" und sie "müssen" den - etwa normativ vorgegebenen - Alternativen in keiner Weise blindlings folgen. Aber *wenn* sie bestimmte Alternativen - einschließlich einer ganz neuen - sehen, *dann* wählen sie eine davon immer nach der Regel des Maximierens (unter bounded rationality) aus. Findigkeit setzt die allgemeine Regel der Logik der Selektion nicht außer Kraft.

Kurzfristige Orientierung und langfristige Folgen

Die dritte Vorgabe des Verhältnisses von Mensch und Natur hat in gewisser Weise mit der Reichweite der Erwartungen und mit deren Anwendung auf die Maximierungsregel zu tun: Die grundsätzliche *Abkopplung* der kollektiven Folgen des problemlösenden Handelns von den individuellen Motiven dabei. Es geht in der Evolution wie beim gesellschaftlichen Handeln immer nur um den *nächsten* Schritt und um das Lösen von Problemen des *jetzt* drängenden Alltags. Das Schicksal der Art bzw. das der menschlichen Gesellschaft wird bei der individuellen biogenetischen bzw. sozialen Reproduktion nicht bedacht. Menschen sind nur in sehr begrenztem Umfang Empathisanten füreinander: Was ihnen ferner steht, interessiert sie nicht - und *kann* sie in aller Regel auch nicht interessieren. Das gleiche gilt für die

---

[4] Vgl. auch Christian Vogel, Gibt es eine natürliche Moral? Oder: Wie widernatürlich ist unsere Ethik?, in: Heinrich Meier (Hrsg.), Die Herausforderung der Evolutionsbiologie, München und Zürich 1988, S. 213f.

Folgen des Tuns bei der tradigenetischen Reproduktion institutioneller Ordnungen und der Gesellschaft der Menschen insgesamt. Genau dies meint wohl Dieter Claessens, wenn er davon spricht, daß für den Menschen das Verhältnis zum "Abstrakten" - den weitläufigen und langfristigen Folgen und Produkten seines Tuns, nicht zuletzt den von ihm geschaffenen Großinstitutionen und Wagnissen wie es etwa eine demokratische Gesellschaftsordnung ist - "evolutionär gebrochen" sei und daß sich der Mensch eigentlich nur mit dem "Konkreten" seines alltäglichen Nahbereichs wirklich identifizieren könne.[5]

Aber auch diese sehr kurzsichtige Perspektive beim normalen Handeln ist ein evolutionäres Erbe: Menschliche wie andere Organismen sind von jeher (fast) nur der kurzfristigen und kurzsichtigen Maximierung ihrer eigenen fitness - bzw. den Regeln der kin selection und des eng umgrenzten "Nepotismus" ihrer unmittelbaren Nahwelt - gefolgt. Und sie konnten angesichts der enormen Ressourcenkonkurrenz auch gar nicht anders. Das gleiche gilt - bis auf wenige, nicht einmal glücklich zu preisende Ausnahmen - nach wie vor für das Alltagshandeln der übergroßen Mehrzahl der Menschen: Schon die ganz alltäglichen Restriktionen aller Art erlauben nur sehr beschränkte Abweichungen von dem sparsamen Umgang mit den unmittelbar gegebenen Möglichkeiten. Moral kann den Moralisten, der nichts als ein Moralist sein will, teuer zu stehen kommen. Nur politische Sekten können im Ortsverein Köln-Nippes das Abendthema stellen: "Was haben wir in Bolivien falsch gemacht?" Die meisten Menschen können sich Weitsicht und langfristige Verantwortung außerhalb ihrer unmittelbaren Lebenswelt schlicht nicht leisten. Und sie maximieren daher immer nur mit einem doch stark beschränkten Horizont der Folgen ihres Tuns.

Die dritte Vorgabe der Natur des Menschen hat damit die wichtige Konsequenz, daß es auch bei sozialen Prozessen zur logischen wie psychologischen *Unabhängigkeit* von kurzfristig motivierten individuellen Handlungen und langfristigen und weiter gezogenen kollektiven Folgen kommt. Die daraus folgenden Fragen etwa nach der Zukunft der Menschheit können und sollen hier nicht behandelt werden. Solche Fragen sind für die Soziologie ohnehin zu schwer. Die wichtigste Konsequenz aus diesem Erbe der Evolution kennen wir aber bereits: Kollektive Folgen müssen als das in den allermeisten Fällen unintendierte, aggregierte Ergebnis des an Nahzielen und unmittelbarer Problemlösung orientierten Handelns verstanden werden. Aber bei der theoretischen und empirischen Analyse dieser Folgen kann die Soziologie einen wichtigen Beitrag leisten.

---

[5] Dieter Claessens, Das Konkrete und das Abstrakte. Soziologische Skizzen zur Anthropologie, Frankfurt/M., 1980, S. 19; vgl. auch Vogel 1988, S. 211f.

Kapitel 14
Homo sociologicus, homo oeconomicus und das RREEMM-Modell

Mit der Zusammenfassung der evolutionär begründbaren Merkmale der conditio humana sind wir an das theoretische Ziel der Behandlung der biologischen und anthropologischen Grundlagen der Soziologie angelangt: die Formulierung von einigen, möglichst einfachen Annahmen über das Modell des Menschen für die Zwecke der erklärenden Modellierung sozialer Prozesse, der ja letztlich das Augenmerk gilt. In den Gesellschaftswissenschaften werden traditionellerweise zwei unterschiedliche Modelle des Menschen verwandt: Das Modell des homo sociologicus in der Soziologie und das des homo oeconomicus in der (neoklassischen) Ökonomie.

Homo sociologicus

Das Modell des homo sociologicus beruht auf der Annahme, daß die Selektion des Handelns vor allem den Vorgaben der gesellschaftlichen Institutionen - den Normen, sozialen Regeln und Rollen also - folgt: Die Menschen handeln so, wie es die Normen von ihnen verlangen. Dazu bringen sie innere und äußere Sanktionen: ein schlechtes Gewissen oder Bestrafungen bei abweichendem, ein gutes Gewissen und Belohnungen bei konformem Verhalten.

Die Bezeichnung homo sociologicus für das Menschenmodell der Soziologie ist vor allem durch Ralf Dahrendorf und durch die von ihm Ende der 50er Jahre vorgenommene Rezeption der amerikanischen Rollentheorie populär geworden. Mit seinem Büchlein über den "Homo Sociologicus"[1] hat sich - bis heute - in weiten Teilen, auch der soziologisch informierten Öffentlichkeit die Auffassung festgesetzt, die Soziologie sei nichts anderes als Rollentheorie und als folge der Mensch *nur* den normativen Vorgaben der Gesellschaft - sofern er richtig sozialisiert wurde und sofern die

---

[1] Ralf Dahrendorf, Homo Sociologicus. Ein Versuch zur Geschichte, Bedeutung und Kritik der Kategorie der sozialen Rolle, 15. Aufl., Opladen 1977 (zuerst: 1958).

Gesellschaft als Einrichtung der sozialen Kontrolle auch gut funktioniert (vgl. dazu Kapitel 22 bis 25).

Drei Varianten

Wenn man etwas genauer hinsieht, kommt der homo sociologicus in verschiedenen Varianten vor. Die eben beschriebene rollentheoretische Subspezies des homo sociologicus folgt in ihrem Handeln nur den - vom Individuum internalisierten und von der Gesellschaft sozial kontrollierten - Werten und Normen; und zwar: ohne jedes eigene selegierende Dazutun. Dies war lange Zeit die unbestrittene Lehrmeinung der klassischen Soziologie, spätestens nach ihrem Siegeszug in der Folge des soziologischen Struktur-Funktionalismus und des monumentalen Werkes von Talcott Parsons (1902-1979) in den 50er und 60er Jahren (siehe dazu insbesondere Kapitel 23).

Sieht man noch genauer hin, dann gibt es den homo sociologicus wiederum in zwei Untervarianten. Die eine Variante ist der oben beschriebene Akteur der normativen Rollentheorie: Der Akteur kennt und folgt nur internalisierten Normen oder externen Sanktionen und ist darüber in seinem Handeln festgelegt. Sein Handeln ist eigentlich keine Selektion, sondern die automatische Ausübung von Normenkonformität. Siegwart Lindenberg nennt diesen Typ entsprechend auch das *SRSM*-Modell:[2] Socialized, Role-Playing, Sanctioned Man.

Die andere Untervariante des homo sociologicus ist der Akteur der Variablen-Soziologie der empirischen Sozialforschung. Er ist - wiederum in einem Ausdruck von Lindenberg - ein Opinionated, Sensitive, Acting Man; kurz: das *OSAM*-Modell. Das Handeln dieser Variante des homo sociologicus erklärt sich aus ihren Einstellungen bzw. aus den Attitüden, die sie gewissen Objekten gegenüber hat. Im einfachsten Fall wird angenommen, daß das Handeln den in bestimmten sozialen Umgebungen erworbenen Einstellungen folgt. Das Handeln ist auch in diesem Modell keine Wahl, sondern die Umsetzung der Attitüden und Dispositionen in sichtbares Verhalten, das durch vermittelnde Variablen gehemmt oder gefördert werden kann. Die Einstellungen selbst werden über Einflüsse aus der jeweiligen aktuellen, vergangenen oder antizipierten sozialen Umgebung erklärt. Der

---

[2] Vgl. Siegwart Lindenberg, An Assessment of the New Political Economy: Its Potential for the Social Sciences and for Sociology in Particular, in: Sociological Theory, 3, 1985, S. 99-114.

soziale Kontext bewirkt also die Einstellungen. Und diese steuern dann das Handeln.

Das OSAM-Modell bildet - so ist leicht zu erkennen - das Menschenmodell und die implizite Erklärungsweise der sogenannten Variablen-Soziologie der empirischen Sozialforschung. Es ist der Versuch, Verhalten und soziale Regelmäßigkeiten als Folge des Wirkens von Kontext-"Variablen" - wie Alter, Geschlecht, soziale Schicht, Parteiidentifikation, religiöse Orientierung usw. - zu erklären. Die Variablen sind dabei nichts anderes als Indikatoren für vergangene oder aktuelle soziale Situationen, in denen die handlungssteuernden Einstellungen über Lernen oder soziale Beeinflussung erworben wurden. Und wenn diese sozialen Kontexte tatsächlich relativ bruchlos auf das Handeln einwirken, dann reicht ja auch die valide Erhebung solcher Variablen, um das Handeln der Menschen vorhersagen und die "Varianz" ihres Handelns "erklären" zu können - gerade weil das Handeln in dieser Sicht eben *nicht* selegiert, sondern nur ausgeführt wird (vgl. dazu auch noch Kapitel 17, insbesondere Abschnitt 17.2). Die in der empirischen Sozialforschung so beliebten Kausalmodelle der Wirkung von sozialen Umgebungen als unabhängigen Variablen auf bestimmte Einstellungs- und Verhaltensweisen als abhängige Variablen beruhen alle auf dieser Überlegung - ganz unabhängig von der Art und dem Grad der sophistification der jeweiligen statistischen Modellierung der Variablen-Beziehungen: Einfache Tabellen, Pfadmodelle, LISREL, EQS, Logit-, Probit-, Tobit-Modelle - oder was uns Gerhard Arminger sonst noch empfehlen wird - beruhen alle auf der gleichen theoretischen Basis: auf den Annahmen des OSAM-Modells.

Das SRSM-Modell und das OSAM-Modell haben einen gemeinsamen Vater: Emile Durkheim. Seine Grundidee war es ja gerade gewesen, der Soziologie nicht nur einen eigenen objektiven Gegenstand - den soziologischen Tatbestand - zu geben, sondern sie auch in der Vorgehensweise an die Naturwissenschaften anzuschließen. Mit den Normen und mit den sozialen Umgebungen schienen wichtige kausale Faktoren zur Erklärung des Handelns über "strukturelle Effekte" nach dem Muster der Naturwissenschaften gefunden zu sein, auf denen die Suche nach den Gesetzen der gesellschaftlichen Zusammenhänge aufbauen könne (vgl. dazu Abschnitt 25.1). Talcott Parsons hat später diese Grundidee zur Basis seiner Soziologie gemacht. Er ist zwar von dem "positivistischen" Bild der soziologischen Tatbestände als kausalen Ursachen des Handelns der Menschen deutlich abgerückt. Der Vorstellung, daß die Menschen nichts sind als die Marionetten der normativen Strukturen der Gesellschaft, hat er aber in der Soziologie ganz ohne Zweifel erst so richtig zum Leben verholfen (vgl. dazu Kapitel 23 und 24).

Die Grundidee der normativen Soziologie war sicher bestechend: Die Akteure sind nichts als die Agenten der Gesellschaft, und alles, was es zu untersuchen gibt, sind die normativen Strukturen der Gesellschaft. Leider hielt die Hoffnung auf die Erklärungskraft des normativen homo sociologicus - und zwar: beider Varianten - nicht allzu lange: Mit der Zunahme von Rollenkonflikten und mit der "Kreuzung der sozialen Kreise" infolge der Modernisierung der Gesellschaft werden einfache Erklärungen des Handelns als bloße Befolgung von Normen oder sozial geprägten Einstellungen immer schwieriger. Das von den Normen und von den Einstellungen abweichende Verhalten ist eher der Normalfall als eine Ausnahme oder Anomalie. Die Normbefolgung, nicht die Abweichung von einer Norm ist in komplexen Gesellschaften der eigentlich erklärungsbedürftige Sachverhalt. Auch ist die Varianzaufklärung der Kausalmodelle der empirischen Sozialforschung meist sehr bescheiden. Zwischen Einstellungen und Verhalten gibt es immer nur sehr schwache und indirekte Beziehungen. Und selbst wenn einmal eine Variable über einen hohen beta-Koeffizienten etwas zu "bewirken" scheint, so ist es immer noch ein weiter Weg zum "Verständnis" der Mechanismen, die dies wohl bewerkstelligt haben.

Für die Erklärung des Handelns unter Unsicherheit, bei Konflikten, bei Unwirksamkeit der sozio-demographischen Variablen und beim Verblassen übergreifender Orientierungen bietet der normative homo sociologicus daher nur wenig an erklärenden Mechanismen an. So blieb es nicht aus, daß schon recht bald nach der Etablierung des normativen Modells der klassischen Rollentheorie (und damit: des SRSM- und des OSAM-Modells) eine zum Teil heftige und polemische Kritik an diesem Paradigma aufkam, insbesondere von seiten des sog. *interpretativen Paradigmas*. So nannte Thomas S. Wilson in einem sehr bekannt gewordenen programmatischen Artikel das Gegenprogramm zum *normativen Paradigma* des homo sociologicus (vgl. dazu Kapitel 26 und 30).[3]

Gemäß den Annahmen des interpretativen Paradigmas folgt das Handeln der Menschen keineswegs blind den Normen der Gesellschaft, sondern ist eine Frage der interaktiv und symbolisch interpretierten, manchmal sogar strategisch hergestellten Definition der Situation durch *Subjekte*, die zu reflektierten und verständigen Entscheidungen in der Lage sind und nicht willenlos den normativen Vorgaben oder ihren vom sozialen Kontext auferlegten Einstellungen folgen. Aus diesen empirischen wie den theoretischen Schwierigkeiten des klassischen homo sociologicus heraus kam es so zur Geburt noch einer ganz anderen Variante des homo sociologicus: des Menschenmodells des interpretativen Paradigmas, wonach Menschen handeln, indem sie Symbole interpretieren, Situationen definieren und strategisch sich ins beste Licht zu rücken versuchen. Wir wollen dieses Modell daher das *SSSM*-Modell nennen: Der Mensch ist ein Symbols Interpreting, Situations Defining, Strategic Acting Man.

Um die Vaterschaft dieser Variante des homo sociologicus (symbolicus) wird noch gestritten. Die ernsthaftesten Kandidaten sind der Phänomenologe und Philosoph Edmund Husserl (1859-1938), der amerikanische Philosoph und Begründer des "Pragmatismus" John Dewey (1859-1952), der "soziale

---

[3] Thomas P. Wilson, Theorien der Interaktion und Modelle soziologischer Erklärung, in: Arbeitsgruppe Bielefelder Soziologen (Hrsg.), Alltagswissen, Interaktion und gesellschaftliche Wirklichkeit, Band 1: Symbolischer Interaktionismus und Ethnomethodologie, Reinbek 1973, S. 55f. und S. 58f.

Behaviorist" und Sozialpsychologe George Herbert Mead und der Soziologe und zeitweise als Angestellter einer Versicherungsfirma in New York im Exil lebende Alfred Schütz (1899-1959), der sich mit Talcott Parsons über das Wochenende in Harvard traf, um dort - wenn auch für Parsons: vergeblich - über die Grenzen einer nur normativen Erklärung des menschlichen Handelns zu streiten. Manche Autoren zählen sogar Karl Marx und den schottischen Moralphilosophen Adam Smith zu den Urvätern dieser Variante (siehe dazu den Exkurs zur Schottischen Moralphilosophie). Hochgepäppelt haben den SSSM-homo sociologicus u.a. Harold Garfinkel, Aaron Cicourel, Herbert Blumer, Erving Goffman, Arnold M. Rose und der bereits erwähnte Thomas P. Wilson.

In der Soziologie haben sich zwei komplette theoretische Richtungen - der *symbolische Interaktionismus* und die *Ethnomethodologie* (vgl. dazu Kapitel 26) - aus diesen Überlegungen heraus etabliert. Alle diese potentiellen Väter und Geburtshelfer haben - bei aller sonstigen Verschiedenheit - ihrem Kind wenigstens eine wichtige Eigenschaft vererben wollen: Es sei ein kompetenter, hellwacher und zielgerichtet handelnder Akteur, und eben kein kultureller, psychologischer oder kausalistischer Depp, wie ihn das normative Paradigma, der lerntheoretische Behaviorismus oder die Variablen-Soziologie sehe.[4] Kurz: Es wird angenommen, daß der Akteur ein verständiger Mensch ist, der sein Handeln nach den Maximen der subjektiven und der praktischen Vernunft zur Lösung seiner Alltagsprobleme ausrichtet und sich an dem sozialen Sinn der jeweiligen Regeln und Drehbücher der Situation intelligent und sinnhaft orientiert. Und dazu gehöre allerdings auch: daß er den Normen und den Routinen des Alltags so lange folgt, wie kein vernünftiger oder zwingender Grund vorliegt, davon abzuweichen.

Alle drei Varianten des homo sociologicus enthalten ohne Zweifel zentrale Teile der allgemeinen Eigenschaften des homo sapiens. Sie widersprechen aber gleichzeitig in wichtigen Elementen den oben skizzierten Bedingungen der conditio humana in deutlicher Weise: Bei der Selektion der Handlungen des homo sociologicus spielen Restriktionen offenkundig so gut wie keine Rolle. Die Normen werden auch unabhängig von allen Kosten befolgt. Erwartungen und Bewertungen sind nur insoweit wichtig, wie sie mit Normen zu tun haben. Und - nicht zuletzt - die Findigkeit, die innovative und oft nach abweichenden Wegen suchende Kreativität von Menschen kommt nur beim SSSM-Modell vor, das aber keine Restriktionen und - jedenfalls nicht explizit - auch kein Maximieren kennt.

Zwar hat sich das Modell des homo sociologicus im Laufe der Zeit nicht unbeträchtlich verändert und differenziert. Die grundlegenden Annahmen, etwa daß Restriktionen unbedeutend seien und daß das Prinzip der Maximie-

---

[4] Der Ausdruck "Depp" - *judgemental dope* - stammt von Harold H. Garfinkel; vgl. Harold Garfinkel, Studies in Ethnomethodology, Englewood Cliffs, N.J. 1967, S. 66ff.

rung grundsätzlich *nicht* zuträfe, teilen aber alle diese Varianten. Diese beiden Annahmen bilden so etwas wie den gemeinsamen Kern der soziologischen Handlungstheorie über alle sonstigen Grenzen der Paradigmen hinweg. Ein wichtiger weiterer grundsätzlicher Nachteil - in bezug auf die erklärende Modellierung sozialer Prozesse - ist dann, daß alle drei Modelle des homo sociologicus in ihren Annahmen über die Verbindung zwischen Situation und Akteur *fixiert* sind, damit die Formulierung bestimmter Brückenhypothesen gar nicht zulassen und somit bestimmte Elemente von Situationen notwendigerweise ausblenden müssen - wie zum Beispiel: die Kosten von Alternativen beim normativen oder beim symbolisch gesteuerten Handeln. Die drei Varianten des homo sociologicus erfüllen folglich insgesamt nur sehr schlecht die in Kapitel 7 genannten Kriterien der Modellierung sozialer Prozesse.

Das wohl zentralste Problem ist aber bei *allen* drei Varianten des homo sociologicus das komplette Fehlen einer *expliziten* und *präzisen* Selektionsregel für das Handeln. Die meisten Soziologen, die sich auf den homo sociologicus und auf eine besondere soziologische, von der Regel der Maximierung absehende Handlungstheorie berufen, wissen dies nicht einmal oder halten es für ein bedeutungsloses Detail. Die Folgen des Fehlens einer expliziten und tatsächlich auch erklärenden Selektionsregel für das soziale Handeln sind fatal: Mit diesen Modellen können soziologische Erklärungen grundsätzlich nicht - oder nur unvollständig und nur unter Andeutungen - vorgenommen werden, weil jeder erklärende Kern in Form einer Handlungs-*Theorie* - fehlt. Und das merkt man den - meisten - soziologischen Analysen auch gleich an: Die erklärende Regel fehlt entweder ganz, wird jeweils nur angedeutet oder verschämt selbst gebastelt. Wohl nicht aus purem Zufall war bei keinem der fünf Beispiele soziologischer Analysen auf eines der drei Modelle des homo sociologicus zurückgegriffen worden.

Homo oeconomicus

Für den homo oeconomicus wird - im Unterschied zum homo sociologicus - angenommen, daß er seinen individuellen Nutzen auf der Grundlage vollkommener Information und stabiler und geordneter Präferenzen im Rahmen gegebener Restriktionen maximiere. Normen spielen dabei nur insoweit eine "Rolle" als sie für die Nutzenmaximierung bedeutsam sind.

Schon hier wird aber sichtbar, daß die Trennung der beiden Modelle nicht ganz eindeutig ist: Ein schlechtes oder ein gutes Gewissen gehört zur Maximierung des Nutzens sicher ebenso wie die Vermeidung von Bestrafungen und die Erlangung von Belohnungen. Was sollte "Nutzen" anderes sein?

Der folgende Vergleich der Modelle hat daher auch mehr mit den Postulaten zu tun, die jeweils mit den Modellen verbunden werden - und weniger damit, welche Annahmen mit ihnen tatsächlich verbunden sind.
Ist der homo oeconomicus dann das Modell der Wahl? Die Antwort: Mitnichten! Auch der homo oeconomicus wird vor dem Hintergrund der anthropologischen Bedingungen und der Kriterien der Modellbildung als sehr problematisch erkennbar. Die grundlegenden Eigenschaften des homo oeconomicus lassen sich mit den Merkmalen der Restriktionsorientierung, der perfekten Information, der stabilen und geordneten Präferenzen und der Regel der Maximierung bei der Selektion des Handelns umschreiben.[5]
In Hinsicht auf die erste und die zuletzt genannte Eigenschaft ist das Modell durchaus akzeptabel: Die Bedeutung von Restriktionen und die Annahme einer Maximierungsregel sind anthropologisch und evolutionär gut begründbar. Andererseits kommen jedoch nur *sichere* Erwartungen - in der Annahme der perfekten Information - und nur *stabile* und von institutionellen Besonderheiten unabhängige Bewertungen vor. Ähnlich wie beim homo sociologicus wird auch eine besondere Findigkeit nicht angenommen, da die Wahl immer nur zwischen vorgegebenen bzw. angebotenen Alternativen erfolgt. Und schließlich: Auch bei diesem Akteursmodell sind die Annahmen über die Brückenhypothesen fixiert: Homo oeconomicus kann zum Beispiel nicht lernen und "definiert" die Situationen nicht in Abweichung von den "objektiven" Gegebenheiten. Auch dieses Modell übersieht damit einige zentrale Kriterien der erklärenden Modellbildung in der Soziologie.

Das RREEMM-Modell

Das Ergebnis des Vergleichs der Menschenmodelle der (herkömmlichen) Soziologie und der (neoklassischen) Ökonomie ist eindeutig: Für soziologische Erklärungen sind sie beide ungeeignet. Damit wird ein angemesseneres Modell erforderlich. In erster Linie ein solches, das nicht schon im vorhinein bestimmte Festlegungen über die Art der Brückenhypothesen bzw. über die Logik der Situation fest postuliert und das mit den *gesamten* Hintergründen der conditio humana vereinbar ist - und nicht nur einzelne Teile daraus herausgreift. Glücklicherweise gibt es ein solches Modell bereits.

---

[5] Vgl. dazu die einschlägigen Lehrbücher der Mikro-Ökonomie, etwa: Jack Hirshleifer und Amihai Glazer, Price Theory and Applications, 5. Aufl., Englewood Cliffs, N.J. 1992, Kapitel 3.

Dieses Modell ist das *RREEMM*-Modell, wie es Siegwart Lindenberg vorgeschlagen hat (Lindenberg 1985, S. 100f.). Das Modell postuliert fünf grundlegende Eigenschaften des typischen Akteurs: Der Mensch der sozialwissenschaftlichen Erklärungsmodelle sei ein Resourceful, Restricted, Expecting, Evaluating, Maximizing Man. Abgekürzt also: RREEMM.

Das RREEMM-Modell erweitert einen Vorschlag, den zuerst William H. Meckling gemacht hat. Meckling faßt die verschiedenen Menschenmodelle der unterschiedlichen Humanwissenschaften wie Soziologie, Anthropologie, Psychologie, Politikwissenschaften und Ökonomie in *einem* Modell zusammen, das drei Eigenschaften enthält:

"Man is Resourceful, he 'reasons' about the consequences of changes in his environment and his own behavior; he is an Evaluator, he has preferences, and finally, he is a Maximizer, he acts so as to achieve the highest level of 'good' as he perceives it."[6]

Meckling nennt sein Modell das *REMM*-Modell. Lindenberg fügt die Gesichtspunkte der Restriktion des Handelns und der Erwartungen hinzu, die Meckling offenbar für selbstverständlich gehalten hatte. Für Soziologen ist die Beachtung der Restriktionen aber alles andere als selbstverständlich, und für Ökonomen die Problematisierung der Erwartungen. Die Soziologen betonen die Orientierung des Handelns an den Normen und den Werten - ganz frei von eventuellen Restriktionen. Und die (neoklassischen) Ökonomen gehen von der Optimierung der Handlungswahl unter der nachweislich falschen Fiktion der perfekten Information, der sicheren Erwartungen also, aus.

Beide Modelle unterstellen also, daß der Akteur sich Handlungsmöglichkeiten, Opportunitäten bzw. Restriktionen ausgesetzt sieht; daß er aus Alternativen seine Selektionen vornehmen kann; daß er dabei findig, kreativ, reflektiert und überlegt, also: resourceful, vorgehen kann; daß er *immer* eine "Wahl" hat; daß diese Selektionen über Erwartungen (expectations) einerseits und Bewertungen (evaluations) andererseits gesteuert sind; und daß die Selektion des Handelns aus den Alternativen der Regel der Maximierung folgt. Diese Regel ist explizit und präzise - und anthropologisch gut begründet.

Die Unvollständigkeiten der Modelle des homo sociologicus und des homo oeconomicus lassen sich vor dem Hintergrund der kompletten Eigenschaften des RREEMM-Modells gut ausmachen (vgl. Tabelle 14.1). Leicht ist zu erkennen, daß im RREEMM-Modell die wichtigsten Einzelkomponenten der biologischen und anthropologischen Grundlagen menschlicher Existenz zusammengefaßt sind. Es vermeidet die Einseitigkeiten des homo sociologicus ebenso wie die des homo oeconomicus. Andererseits sind die darin vorkom-

---

[6] William H. Meckling, Values und the Choice of the Individual in the Social Sciences, in: Schweizerische Zeitschrift für Volkswirtschaft und Statistik, 112, 1976, 545; vgl. auch S. 548ff.

menden Variablen und Annahmen durchaus (noch) einfach und überschaubar. Das Modell ist aber gleichzeitig flexibel für neue Einsichten und für eine stärkere Anpassung an komplexere Verhältnisse. Es läßt die schrittweise und an weiteren Erkenntnissen orientierte inhaltliche Füllung von Brückenhypothesen und die Verfeinerung von Annahmen über die Logik der Situation wie über die Logik der Selektion im Rahmen einer abnehmenden Abstraktion zu.

Tabelle 14.1: Homo sociologicus, homo oeconomicus und das RREEMM-Modell

	homo sociologicus	homo oeconomicus	RREEMM-Modell
Resourceful			x
Restricted		x	x
Evaluating	x		x
Expecting	x		x
Maximizing		x	x

Das RREEMM-Modell entspricht damit in besonderer Weise den (in Kapitel 7 formulierten) Kriterien der erklärenden Modellierung sozialer Prozesse und den wichtigsten Aussagen der Anthropologie zur conditio humana.

Exkurs zur Schottischen Moralphilosophie

Die Annahme einer konstanten Natur des Menschen, die Bedeutsamkeit von Restriktionen, Erwartungen, Bewertungen, der Regel des Maximierens sowie der Gegebenheit einer stets findigen Wahl von Alternativen und die Idee der Unabhängigkeit der kollektiven Folgen von den Motiven des Handelns der Menschen sind theoriegeschichtlich beileibe keine Neuigkeit. Alle diese, gerade aus der neueren Evolutionstheorie gut begründbaren Einzelheiten erinnern an eine gesellschaftstheoretische Perspektive, die die Trennung von Ökonomie und Soziologie noch nicht kannte, sondern von der Perspektive einer integrierten Theorie des gesellschaftlichen Handelns ausging: die Schottische Moralphilosophie mit dem Vorläufer Bernhard Mandeville, mit Adam Ferguson, David Hume oder Adam Smith.

Die unintendierten Folgen des absichtsvollen Handelns

Die Grundposition der Schottischen Moralphilosophie läßt sich in drei Thesen zusammenfassen.[7] Die *erste* These: Soziale Prozesse und Institutionen sind nichts als die *unintendierte* Folge des *absichtsvollen* und dabei durchaus auch kurzsichtig-egoistischen Handelns individueller, in Interdependenzsystemen verflochtener Akteure. Bernhard Mandeville (1670-1733) hat in einer, seine Zeitgenossen durchaus schockierenden Fabel - in der Bienenfabel - von den öffentlichen Vorteilen der privaten Laster gesprochen.

Die Bienenfabel wurde 1705 zunächst als Gedicht veröffentlicht, das einen gehörigen Skandal und eine Kontroverse fast aller damaligen bedeutenden Moralphilosophen auslöste. Das Gedicht war überschrieben mit "Der brummende Bienenstock" oder "Die ehrlich gewordenen Schurken". Es stand unter der folgenden Leitidee:

> "Die Tugend, die von Politik
> gelernt gar manchen schlauen Trick,
> auf der so vorgeschriebnen Bahn
> ward nun des Lasters Freund; fortan
> der Allerschlechteste sogar
> fürs Allgemeinwohl tätig war."[8]

Damit ist die Einsicht der grundlegenden Unabhängigkeit der kollektiven Folgen des Handelns von den individuellen Motiven der Akteure formuliert, auf der die Schottische Moralphilosophie insbesondere beruht. Das heißt aber auch, daß viele soziale Vorgänge, die wie geplant aussehen, als solche gar nicht geplant sein müssen. Auf Adam Ferguson (1723-1816) geht die Formulierung zurück, wonach die gesellschaftlichen Vorgänge zwar als das Ergebnis absichtsvollen menschlichen Handelns, aber nicht als die Ausführung irgendeines übergreifenden Planes der beteiligten Menschen verstanden werden dürften: "Nations stumble upon establishments, which are indeed the result of human action, but not the execution of any human design."[9]

---

[7] Vgl. zur Grundposition der Schottischen Moralphilosophie die Übersicht bei Viktor Vanberg, Die zwei Soziologien. Individualismus und Kollektivismus in der Sozialtheorie, Tübingen 1975, Kapitel 1; vgl. auch Günter Büschges, Hintergrund der evolutionären Ideen. Die Evolution von Gesellschaft und Ethik, in: Wolfgang Cyran (Hrsg.), Die Sonderstellung des Menschen in der Evolution, Melle 1990, S. 46f.

[8] Bernhard Mandeville, Die Bienenfabel, Frankfurt/M. 1980, S. 84.

[9] Adam Ferguson, Abhandlung über die Geschichte der bürgerlichen Gesellschaft, Jena 1923, S. 171 (Originalfassung der deutschen Übersetzung; zuerst: 1767).

Von Adam Smith (1723-1790) schließlich stammt die bekannte Metapher von der *invisible hand,* die zur Vermehrung des öffentlichen Wohlstandes gerade bei freier Entfaltung der Möglichkeiten zur Mehrung des individuellen Vorteils beitrage. Hiervon war bereits in Kapitel 2 im Zusammenhang mit dem Gegenstand der Soziologie die Rede - aber auch davon, daß es Effekte unbeabsichtigter Art in die andere Richtung, nämlich die des kollektiven Übels auch bei noch so guten Absichten und bei noch so viel moralischem Bewußtsein geben kann. Alle diese Ideen tragen ganz ohne Zweifel Züge des evolutionstheoretischen Denkens einer eigentlich sinn- und ziellosen bzw. unplanbaren Entwicklung - und waren entsprechend damals und in der Folgezeit bei denjenigen nicht gerade beliebt, die an eine eigenständige Dialektik der Geschichte, an ein vorgegebenes Telos der gesellschaftlichen Entwicklungen oder an die Planbarkeit kompletter institutioneller Systeme glaubten.

Die Konstanz der menschlichen Natur

Eine *zweite* grundlegende Annahme der Schottischen Moralphilosophie war, daß sich die Vielfalt der menschlichen Kulturen und Institutionen nur auf der Grundlage einer *konstanten menschlichen Natur* über die unterschiedlichen (natürlichen wie institutionellen) Bedingungen erklären läßt, vor deren Hintergrund die Akteure nach den gleichen allgemeinen Regeln der Wahrnehmung und der Selektion von Handlungen agieren.[10] Zwar gebe es ganz ohne Zweifel erhebliche Unterschiede kultureller und institutioneller Art. Diese seien jedoch - in der Terminologie unseres Erklärungsschemas - die Folge der Variation von Randbedingungen, die - zusammen mit den Gesetzen einer universalen und konstanten menschlichen Natur - die Unterschiede im Verhalten bewirkten. Diese These von der Uniformität und der Konstanz der menschlichen Natur bei gleichzeitiger Variabilität der gesellschaftlichen Bedingungen hat wohl am deutlichsten David Hume (1711-1776) vertreten:

"It is universally acknowledged, that there is a great uniformity among the actions of men in all nations and ages, and that human nature remains still the same, in its principles and operations."[11]

---

[10] Vgl. bereits den Untertitel der Textsammlung bei: Louis Schneider (Hrsg.), The Scottish Moralists. On Human Nature and Society, Chicago und London 1967.
[11] David Hume, An Enquiry Concerning Human Understanding, in: Thomas Hill Green und Thomas Hodge Grose (Hrsg.), David Hume. Essays, Band II, Aalen 1964, S. 68.

Das Hauptargument: Gleichgültig, unter welchen Umständen sich Menschen befinden, beruht jede gesellschaftliche Existenz auf der Vorhersagbarkeit des Handelns der Menschen. Und diese Vorhersagbarkeit kann nur auf der Grundlage einer "universal human sameness" denkbar sein: "Mankind are so much the same, in all times and places, that history informs us of nothing new or strange in this particular." (Ebd., S. 44) Sicher kann dabei nur die biogenetische "sameness" der Ausstattung mit bestimmten physiologischen, psychischen und intellektuellen Eigenschaften und Reaktionsgesetzen gemeint sein. Und genau davon geht ja auch die aktuelle biologische Anthropologie aus: daß die biogenetische Evolution des homo sapiens sapiens seit etwa 70000 Jahren praktisch konstant geblieben ist und daß jede weitere Entwicklung der Menschen und der menschlichen Gesellschaft eine Frage der Tradigenese und der Übertragung und Modifikation von Memen ist. Kurz: Daß sich die Institutionen und die Gesellschaften schon drastisch unterscheiden, daß aber die anthropologischen Grundlagen - die hardware der Menschen - dabei immer die gleichen sind.

Egoismus und Moral

Die *dritte* Annahme: Zu dieser - auf absehbare Zeit jedenfalls - unverrückbaren Natur des Menschen gehört deren kurzsichtiger *Egoismus* ebenso *wie* deren grundlegende *Soziabilität* und *Sozialität*; und damit das Erfordernis, daß sich die egoistische Natur des Menschen - längerfristig bzw. evolutionär stabil - nur in sozialen Institutionen und nur in von Empathie bzw. sogar von mitfühlender Sympathie geleiteter Kooperation bewegen kann. Reziprozität und Tausch, wechselseitige soziale Kontrolle, die Interdependenzen und Verflochtenheiten der Menschen, die wechselseitige Angewiesenheit aufeinander seien die Grundlage nicht zuletzt dafür, daß jeder Egoismus gut daran tue, sich an den Bedürfnissen und Reaktionen anderer zu orientieren - und sei es auch nur: um selbst davon zu profitieren (und mit der unintendierten Folge der Mehrung des Wohlstands der Nationen).

Diese Vorstellung, daß zwar das Grundmotiv des menschlichen Handelns der Imperativ des eigenen Überlebens ist, daß die Grundregel allen Handelns daher in der maximierenden Sicherung dieses Anliegens liege und daß gleichwohl aber damit notwendigerweise die Einbeziehung der Interessen anderer und die Orientierung von gesellschaftlichen Institutionen verbunden wäre, läßt sich insbesondere auf Adam Smith zurückführen. Eines der Hauptwerke von Adam Smith heißt nicht aus Zufall "Theory of Moral Sentiments."[12] Das der menschlichen Gesellschaft so eigentümliche dialektische Prinzip der antagonistischen Kooperation, der nicht zu bändigende Opportunismus der Menschen wie ihre grundlegende Abhängigkeit voneinander beruhen darauf (vgl. Kapitel 21 und 29).

Adam Smith hat in diesem Zusammenhang eine interessante These aufgestellt, die wir später häufiger wieder aufgreifen werden. Nämlich: Zwar sei die Haupttriebfeder allen Handelns das Selbstinteresse, vor allem am Überleben des eigenen Organismus, jedoch gehöre dazu grundlegend die Versorgung mit zwei Grundgütern: mit *materiellem Wohlstand* einerseits und mit *sozialer Anerkennung* andererseits. Alles Handeln sei an der - möglichst gleichgewichtigen - Erlangung dieser *beiden* Güter orientiert. Das setze aber die Orientierung an den vorfindbaren materiellen Knappheiten einerseits *und* andererseits das Eingehen auf die Interessen auch der anderen Akteure, das sympathische Mitfühlen und das empathische Hineinversetzen in deren Situation voraus.

Man wird durchaus nicht nur entfernt an Gedanken der Soziobiologie, an das Konzept der kin selection und an die Anthropologie von Karl Marx wie von George Herbert Mead erinnert: Zur menschlichen Reproduktion gehört die Sicherstellung der materiellen Bedingungen des Überlebens genauso wie die fortwährende Lösung des Problems der Weltoffenheit und des Eingehens von "gesellschaftlichen Verhältnissen". Und letzteres setzt bereits als technische Bedingung die Existenz einer interessierten, empathischen und "sympathischen" sozialen Umgebung voraus. Die Schottische Moralphilosophie und insbesondere Adam Smith werden gelegentlich sogar als unmittelbare Vorläufer von George Herbert Mead und des Symbolischen Interaktionismus benannt.[13] Jedenfalls: Die Idee des "generalisierten anderen" ist schon von Adam Smith als "the man within the breast" formuliert worden.

Die Schottische Moralphilosophie kannte die Einseitigkeiten des Modells des homo oeconomicus bzw. - erst recht - die des homo sociologicus nicht. Der homo oeconomicus ist das Modell der neo-klassischen, *nicht* das der klassischen Ökonomie, wie sie etwa von David Ricardo oder Adam Smith vertreten wurde. Darauf hat zum Beispiel Hans Albert[14] sehr deutlich hingewiesen. In der klassischen Ökonomie und in der Schottischen Moralphilosophie spielten ganz selbstverständlich institutionell variierende Motive und Erwartungen eine große Rolle. Aber diese institutionellen Regelungen waren

---

[12] Adam Smith, Theory of Moral Sentiments, London 1759. In seinem anderen Hauptwerk, An Inquiry into the Nature and Causes of the Wealth of Nations (von 1776), wird die Entstehung des wirtschaftlichen Wohlstandes gerade vor dem Hintergrund institutioneller Einflüsse auf das nutzenmaximierende individuelle Handeln erklärt.
[13] Sheldon Stryker, Symbolic Interactionism. A Social Structural Version, Menlo Park u.a. 1980, S. 16ff.
[14] Hans Albert, Individuelles Handeln und soziale Steuerung. Die ökonomische Tradition und ihr Erkenntnisprogramm, in: Hans Lenk (Hrsg.), Handlungstheorien - interdisziplinär, Band 4, München 1977, S. 177-225.

nur Teile der Situation der Akteure und nicht - wie dann beim homo sociologicus der klassischen Soziologie - unmittelbar handlungsrelevante, internalisierte normative Imperative, denen die Akteure blind zu folgen hätten.

Ökonomie und Soziologie sind bekanntlich schon recht bald nach Adam Smith jeweils sehr eigene Wege gegangen. Vermutlich war die Eliminierung des Bewertungs- bzw. des Erwartungsproblems, die Ausschaltung von Fragen nach den Motiven und nach der Information im neoklassischen homo oeconomicus der Grund dafür, daß in der neoklassischen Ökonomie (auch der Gegenwart) die Bedeutung von Institutionen drastisch unterschätzt worden ist - ganz im Unterschied zu den Schottischen Moralphilosophen und auch zu Jeremy Bentham, dem klassischen Utilitaristen.

Das RREEMM-Modell orientiert sich ohne Frage deutlich an der *klassischen* Ökonomie, die ja bekanntlich auch typisch soziologische Problemstellungen behandelte und sich nicht als Spezialdisziplin nur des wirtschaftlichen Bereichs der Gesellschaft verstand. Und ganz sicher war die Überbetonung der normativen Steuerung aller sozialen Prozesse in der neu entstehenden und nach akademischer Eigenständigkeit suchenden Soziologie der Grund dafür, daß die Soziologie sich lange Zeit um die Restriktionen und um die Selektionsregeln menschlichen Handelns (als Wahl) nicht systematisch und nicht theoretisch-explanativ gekümmert, die vorliegenden Lösungen als psychologistisch, ökonomistisch oder reduktionistisch abgewehrt oder aber die entsprechenden Fragen mit theoretisch viel zu schwachen Mitteln anzugehen versucht hat - wie etwa im interpretativen Paradigma und im SSSM-Modell des homo sociologicus. Mit dem RREEMM-Modell und mit der Anknüpfung der Gesellschaftswissenschaften an die Evolutionstheorie wird die Formulierung unterschiedlicher models of man für die verschiedenen Disziplinen der Gesellschaftswissenschaften überflüssig. Eine Integration insbesondere von (Sozial-) Psychologie, Geschichtswissenschaft, Ökonomie und Soziologie wird wieder denkbar und - so sei jedenfalls einmal wagemutig behauptet - auch die Überwindung der paradigmatischen Fraktionierungen in der Soziologie erscheint wieder eher möglich als bisher.

Die Grundlage der Schottischen Moralphilosophie war die Betonung der Bedeutung von Institutionen, des menschlichen Handelns als Problemlösung und der unintendierten, von den Motiven und dem Wissen der Akteure grundsätzlich erst einmal unabhängigen Folgen - sowie das Ziel der Aufklärung durch wissenschaftliche Erklärung und die Einheit der Wissenschaften von der Gesellschaft. Das hier vorgeschlagene Modell einer erklärenden Soziologie und die damit betonten Einzelheiten und deren Verankerung auch in "harten" evolutionstheoretischen Überlegungen knüpfen nicht aus purem Zufall und nicht ohne Absicht an diese Tradition der Schottischen Moralphilosophie an.

Kapitel 15
Das RREEMM-Modell und die Modellierung sozialer Prozesse

Ein Ziel der ausführlichen Behandlung der anthropologischen Grundannahmen war es, einige vertiefende Hinweise auf wichtige und allgemeine Elemente der Modellierung sozialer Prozesse zu finden. Für bestimmte typische, aber auch hinreichend realistische Annahmen über den Träger aller sozialen Prozesse, den menschlichen Akteur, waren wir dabei auf das RREEMM-Modell gestoßen. Es war im Vergleich mit anderen models of man - dem homo sociologicus in seinen drei Varianten und dem homo oeconomicus - vorgezogen worden, weil es noch am ehesten den Erfordernissen soziologischer Erklärungen *und* den Ergebnissen der biologischen Anthroplogie entspricht. Nun soll dieses Modell des Menschen systematisch mit dem Grundmodell soziologischer Erklärungen verbunden werden. Dabei werden die in Kapitel 6 und 7 dargestellten Grundelemente einer soziologischen Erklärung noch einmal kompakt zusammengefaßt und mit den Überlegungen zum RREEMM-Modell verknüpft.

Wir gehen dabei von dem Grundschema der soziologischen Erklärung aus Abbildung 6.1 in Kapitel 6 aus. Das Schema unterscheidet vier Bestandteile und drei Schritte der erklärenden Verbindung dieser Bestandteile: Soziale Situation, Akteur, soziales Handeln, kollektives Explanandum - verbunden jeweils über die Logik der Situation, die Logik der Selektion und die Logik der Aggregation. Bei den vier Bestandteilen des Schemas kann vor dem Hintergrund des RREEMM-Modells gefragt werden: Welche *Variablen* sind bei diesen vier Elementen für jeden der drei Schritte bedeutsam? Und für die drei Logiken kann gefragt werden: Welche *Form* der *Modellierung* wird bei jedem der jeweiligen Schritte vorzunehmen sein?

Wir wollen hier insbesondere noch eine dritte Frage stellen: Welche *Erklärung* wäre zur Begründung für jeden der drei Schritte möglich? Anders gefragt: Gibt es vielleicht erklärende Theorien, über die man auch die "Logik" bei jedem der drei Schritte wieder (tiefen-)erklären könnte, wenn dies interessant oder - bei auftretenden Anomalien zum Beispiel - erforderlich werden könnte?

Die grundlegenden Variablen, die typischen Formen der Modellierung und die eventuell erforderlichen vertiefenden Erklärungen für die vier Bestandteile und für die drei verbindenden Schritte des Grundschemas der soziologischen Erklärung nach Maßgabe des RREEMM-Modells seien schematisch so zusammengefaßt (vgl. Abbildung 15.1):

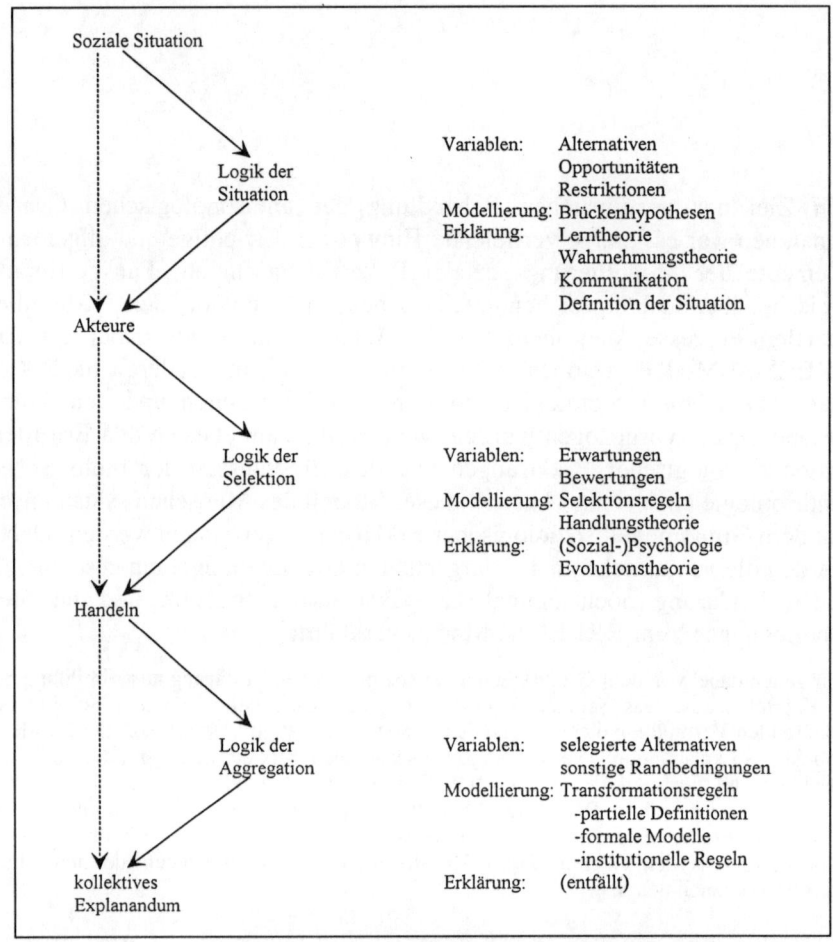

Abb. 15.1: Bestandteile und Schritte der soziologischen Erklärung und die Variablen des RREEMM-Modells

Soziale Situation und Akteure

Der erste Schritt ist die Verbindung zwischen sozialer Situation und den Akteuren über die Logik der Situation.

Die Variablen der Situation bestehen aus den jeweils gegebenen Alternativen des Handelns und aus den durch die Situation gegebenen Bedingungen: den Opportunitäten bzw. den Restriktionen für die Selektion bestimmter Alternativen. Der Satz an Alternativen bzw. die Opportunitäten ist also in erster Linie durch die - natürlichen wie sozialen - Restriktionen der Situation bestimmt. Nur innerhalb dieses Rahmens sind Selektionen überhaupt möglich. Es sei denn, der Akteur sucht - resourceful und findig wie er von seiner Natur her ja im Prinzip ist - nach neuen Alternativen, für die die bisherigen Restriktionen nicht gelten. Diese Alternativen müßten dann aber in die Betrachtung einbezogen werden. Die Verbindung zwischen Situation und Akteur kann nur dann hergestellt werden, wenn Variablen vorhanden sind, in die sich die für diesen Schritt unabhängigen Variablen der Situation - Opportunitäten, Restriktionen, Alternativen - in die subjektiven Eigenschaften des Akteurs modellieren lassen. Daher müssen nun die Variablen benannt werden, die als Explanans der Logik der Selektion und als Explanandum der Logik der Situation fungieren. Dies sind in der Folge des RREEMM-Modells nur zwei: Erwartungen und Bewertungen. Die Erwartungen und Bewertungen beziehen sich auf die Sicht der Situation aus der Perspektive des Akteurs. Die subjektiven Erwartungen und Bewertungen von Konsequenzen spiegeln die Alltagstheorien und die - immer: institutionell vermittelten - grundlegenden Ziele der Menschen wider. Die Modellierung der Verbindung zwischen Situation und Akteur erfolgt dann in einem eigenen Schritt: über - möglichst einfache - beschreibende Brückenhypothesen (vgl. dazu Kapitel 6 und 7 bereits).

Brückenhypothesen beschreiben die Logik der Situation immer nur. Will man darüberhinaus eine *Erklärung* dieser Verbindung und der dazugehörigen Brückenhypothesen, dann benötigt man Theorien über den Einfluß sozialer Umgebungen auf Akteure: Theorien über Lernen, Wahrnehmen, die Übertragung von Informationen, Kommunikation und Prozesse der Definition der Situation. Je nach Bedarf und je nach Untersuchungsinteresse können die Brückenhypothesen nach Belieben verfeinert und differenziert und weit in die Tiefe des individuellen Falls hinein zu erklären versucht werden; etwa indem man die in den Brückenhypothesen angenommenen Erwartungen der Akteure über ihre Lerngeschichte, ihre Biographie, ihr gemeinsames Altern erklärt. Vorsichtshalber sei an dieser Stelle aber noch einmal an das Prinzip der abnehmenden Abstraktion erinnert: Wenn der eigentliche Zweck der Modellierung die Erklärung eines kollektiven Explanandums ist, dann wären alle dafür nicht weiter benötigten erklärenden Vertiefungen bloßer Luxus - wenngleich immer möglich und sicher oft auch interessant.

Akteure und soziales Handeln

Der zweite Schritt ist die Verbindung zwischen Akteuren und dem sozialen Handeln über die Logik der Selektion.

Die Variablen in bezug auf den Akteur sind die subjektiven Erwartungen und Bewertungen der Akteure. Zu erklären sind bei diesem Schritt die jeweils gewählten Handlungen.

Als Variablen für die Handlungen gelten die vom Akteur wahrgenommenen und bewerteten und schließlich zu selegierenden Alternativen. Bei der Modellierung der Logik der Selektion muß eine allgemeine Selektionsregel, eine kausalgesetzesartig formulierte Handlungstheorie, eingeführt und in ihren Randbedingungen mit den Brückenhypothesen bzw. den Erwartungen und Bewertungen verbunden werden. Die Randbedingungen dieser Selektionstheorie waren die abhängigen Variablen der Modellierung der Logik der Situation: Erwartungen und Bewertungen. In der Logik der Selektion, in der allgemeinen Handlungstheorie, ist der nomologisch-explanative Kern des Modells verankert. Hier kann man nicht nur mit Beschreibungen arbeiten, sondern muß auf ein allgemeines Gesetz Bezug nehmen. Vor dem Hintergrund einer möglichst hohen Einfachheit des Modells wird man sich in der Regel aber einer möglichst *einfachen* Handlungstheorie bedienen wollen, die mindestens zwei Bedingungen erfüllen muß: Sie muß - folgt man den Vorgaben des RREEMM-Modells - als unabhängige Variablen Erwartungen und Bewertungen enthalten. Und sie muß eine explizite *kausale* Funktion zwischen diesen Variablen und den Handlungen angeben. Der Vorschlag des RREEMM-Modells war eine solche allgemeine *und* einfache Regel: die kombinierte Maximierung von Erwartungen und Bewertungen der mit der Situation subjektiv gegebenen Alternativen.

Für jede Modellierung einer allgemeinen Handlungstheorie kann man dann auch wieder nach einer *Erklärung* dafür bzw. für den jeweils angenommenen kausalen Mechanismus der Selektion suchen. Angebote für solche Möglichkeiten für eine tiefenerklärende Theorie bestimmter Handlungsgesetze gibt es überreichlich, beispielsweise in der Evolutionstheorie, besonders in der Psychologie und in der Sozialpsychologie, vielleicht sogar in der psychoanalytischen Theorie. Die meisten dieser Tiefenerklärungen führen rasch in starke Komplikationen bezüglich der Motive des Handelns, verschiedener Typen des Handelns und damit einhergehender unterschiedlicher Selektionsregeln. Vor allem aber wird die Formulierung von Brückenhypothesen bald sehr kompliziert, manchmal sogar unmöglich (wie bei der Theorie des kreativen Handelns). Die hier vorgeschlagene einfache Regel der Selektion wird aber keineswegs nur aus instrumentellen Gründen bevorzugt: Aus der Evolutionstheorie ergaben sich deutliche Hinweise, daß der Mechanismus der Logik der Selektion auch bei menschlichen Organismen in der Tat in irgendeiner Art der Maximierung liegt - wahrscheinlich sogar: in einer sehr kurzsichtigen und am eigenen Überleben in der jeweiligen Nahumwelt orientierten Maximierung, die Altruismus und moralisches Bewußtsein keineswegs ausschließt.

Welche Handlungstheorie letztlich gewählt wird, ist dann gleichgültig, wenn sie die Formulierung von Brückenhypothesen zuläßt, wenn sie einigermaßen empirisch belegt werden kann, wenn sie allgemein ist und - last but not least - wenn sie eine präzise Funktion für die Selektion der Alternativen angibt. Aber welche spezielle Handlungstheorie auch immer gewählt wird und wie ärgerlich, unmoralisch oder trivial diese dann auch immer erscheinen mag: Jede dieser Theorien kann man ihrerseits wieder verfeinern und differenzieren. Aber immer gilt dann auch wieder die allgemeine Vorsichtsregel des Prinzips der abnehmenden Abstraktion: Lohnt sich diese Vertiefung und Verfeinerung vor dem Hintergrund des damit eingehandelten Verlustes an Einfachheit des gesamten Modells? Das RREEMM-Modell empfiehlt, bei der Logik der Selektion *grundsätzlich* die Maximierungsregel zu unterstellen. Die Moral, die Emotionen und das kreative Handeln der Menschen sollte in den Situationen oder in den aggregierten Folgen des Handelns gesucht werden - und eben nicht in der "Logik" der Selektion des Handelns.

Soziales Handeln und kollektive Folgen

Schließlich der dritte Schritt: die Verbindung zwischen dem Handeln der Akteure und den dadurch erzeugten kollektiven Folgen über die Logik der Aggregation.

Die Variablen des vierten Elementes - des kollektiven Explanandums - sind nichts anderes als die zu erklärenden kollektiven Zustände: Scheidungsraten, Produktqualitäten im Vergleich, Teilnehmerzahlen bei Demonstrationen, politische Organisationen u.a. Über die Einzelheiten der Möglichkeiten und Bedingungen der Modellierung des jetzt erforderlichen Schrittes informiert das RREEMM-Modell nicht weiter. Bei der Aggregation geht es um mathematische Modelle, um die Annahme von institutionellen Regeln und/oder um (partielle) Definitionen des kollektiven Phänomens (vgl. dazu Kapitel 6 und 7 bereits).

Eine vertiefende *Erklärung* dieses Schrittes der Aggregation wäre allenfalls für eventuell erforderliche institutionelle Regeln sinnvoll. Mathematische Aggregationen sind ja nichts weiter als formale Transformationen und (partielle) Definitionen mehr oder weniger zweckmäßige Festlegungen, bei denen es nichts weiter zu erklären gibt. Bei der Erklärung bestimmter institutioneller Regeln für die Aggregation - wie zum Beispiel: das D'Hondtsche System der Auszählung von Wählerstimmen zur Aggregation der Parlamentsverteilungen der Sitze - ginge es aber jedesmal, wie man sich leicht ausmalen kann, um eine *komplette* soziologische Erklärung; nämlich: die des bundesdeutschen Wahlsystems in seiner historischen Genese unter bestimmten sozialen und politischen Ausgangsbedingungen.

Wer dies wünscht oder für erforderlich hält, kann jederzeit eine solche vertiefende soziologische Erklärung der institutionellen Bestandteile der Logik der Aggregation vornehmen. Wenn es nur auf die korrekte Ableitung einer Aggregation ankommt, ist eine solche erklärende Vertiefung der benutzten institutionellen Regeln nicht erforderlich. Ansonsten dürften gerade die institutionellen und sonstigen sozialen Bedingungen, die in einer gegebenen soziologischen Erklärung als "unproblematisch" angesehen werden (müssen), zu den interessantesten Erklärungsgegenständen der Soziologie gehören. Aber: Niemand kann alle seine Annahmen, die zur Lösung des einen Problems gemacht werden müssen, selbst auch wieder sofort überprüfen bzw. eigens erklären. Das kann man sich für später aufbewahren - wenn es dann noch interessiert.

Teil E
Die Bevölkerung der Gesellschaft

Kapitel 16
Demographie und Soziologie

Die Soziologie ist die Lehre von der menschlichen Gesellschaft. Die Gesellschaft der Menschen ist ohne Zweifel mehr als die Summe ihrer Teile. Sie ist daher auch mehr als nur eine Population von individuellen Exemplaren des homo sapiens. Was immer man aber genauer unter Gesellschaft verstehen will (vgl. dazu Kapitel 20): Keine Gesellschaft kann ohne ihre Bevölkerung existieren. Und es ist die Demographie, die Bevölkerungslehre, die nach den Gesetzen und Regelmäßigkeiten fragt, nach denen sich die Bevölkerung der Menschen entwickelt, strukturiert und verändert.

Die Bezeichnung Demographie kommt von *demos* (griech.: Volk) und *graphein* (griech.: schreiben). Ursprünglich bedeutete der Begriff "Bevölkerung" nicht eine Population von Exemplaren des homo sapiens, sondern einen *Vorgang*; nämlich: die planmäßige Anreicherung eines Gebietes mit Menschen. Es handelt sich um das eingedeutschte Wort "Peuplierung". Das Wort "Bevölkerung" hatte diese Bedeutung noch im 18. Jahrhundert. Hier wird es in einem anderen Sinne verstanden: als Bestand der Exemplare des homo sapiens in einem bestimmten Gebiet zwischen zwei Zeitpunkten (vgl. Abschnitt 17.1).

Warum wird es wichtig, daß sich die Soziologie auch mit demographischen Prozessen befaßt? Mit der Feststellung, daß jede menschliche Gesellschaft eine Bevölkerung benötigt, ist ja nicht viel gewonnen: Die Bevölkerung, ihre Anzahl oder Verdichtung legt keineswegs fest, welche gesellschaftlichen Regelungen und Strukturen entstehen. Es gibt zum Beispiel Massengesellschaften ländlicher wie urbanisierter Art, mit autokratischen und mit demokratischen Verfassungen sowie mit ganz unterschiedlichen Graden der wirtschaftlichen Leistungsfähigkeit - unter anderem. Und es gibt etwa egalitäre wie auch stark geschichtete Gesellschaften von nur geringer Größe. Auch ist kaum zu bestreiten, daß Bevölkerungsentwicklungen massive gesellschaftliche Auswirkungen hatten und haben. Die Folgen einer Überbevölkerung der Welt seien nur als Beispiel genannt. Und es ist unzweifelhaft, daß sich bestimmte gesellschaftliche Verhältnisse - wie z.B. die in den modernen Industriegesellschaften - auf das demographisch bedeutsame Verhalten der Menschen massiv auswirken. Der nachhaltige und andauernde Rückgang der Geburtenhäufigkeit in den Gesellschaften des Westens ist dafür ein Beleg.

Der wichtigste Aspekt des demographisch bedeutsamen Verhaltens der Menschen ist das sog. *generative Verhalten*. Darunter versteht man in einem weiteren Sinn das allgemein und gelegentlich auch nur indirekt mit der Fortpflanzung verbundene Verhalten wie die

Heiratshäufigkeit, die Wahl des Heiratsalters, das Zeugungsverhalten, die Anwendung kontrazeptiver Mittel u.a. In einem engeren Sinne ist damit nur die Geburtenhäufigkeit gemeint. Wir verwenden im folgenden die weitere Bedeutung dieses Begriffs.

Man wird dem nicht ganz einfachen Verhältnis von Gesellschaft und Bevölkerung am ehesten gerecht, wenn man nur indirekte Verbindungen - etwa zwischen Bevölkerungsgröße und institutioneller Struktur - annimmt. Gleichwohl ist die Bevölkerung für die Gesellschaft in keiner Weise unbedeutend. Man kann durchaus a priori schon etwas Genaueres sagen: Die Bevölkerung wird für die Gesellschaft in erster Linie über den Gesichtspunkt der *Restriktionen* für solche Formen der Organisation bedeutsam, die bestimmte kritische Massen an Personal und an Talenten, nicht zuletzt auch: an Konsumenten und Trägern einer gemeinsamen (Sub-)Kultur erfordern. Bestimmte Arten der gesellschaftlichen Ordnung und Strukturen sind bei kleinen Populationen nahezu ausgeschlossen: Größere Städte mit dem dazu nötigen Umland, eine differenzierte Arbeitsteilung, subkulturelle Nischen und eine Mindestanzahl von gleich gesonnenen und ähnlich informierten Mitstreitern - zum Beispiel für das Unternehmen Soziologie - sind bei kleinen Bevölkerungen fast nicht denkbar. Die Bevölkerung ist also eine wichtige Ressource für die Organisation komplexer und leistungsfähiger Gesellschaften (vgl. dazu Kapitel 19).

Auf der anderen Seite unterliegt die Entwicklung der Bevölkerung selbst in ganz erheblichem Maße den jeweils gegebenen materiellen wie sozialen Restriktionen. Die Begrenzungen der Nahrungsressourcen zählen ebenso dazu wie Heiratsregeln oder das Ansteigen der (sozialen) Kosten für die Zeit, die berufstätige Frauen mit dem Aufziehen von Kindern verbringen würden. Interessanterweise haben die Menschen, genauer wohl: die Frauen - anders als normalerweise zu erwarten wäre - aber in Folge der Erweiterung ihrer Ressourcenspielräume nicht mit einer Erhöhung der Fertilität, sondern mit einer drastischen Absenkung reagiert. Auf dieses interessante und eigentlich recht paradoxe Phänomen werden wir noch zurückkommen (vgl. Kapitel 18 und 19).

Die Bevölkerung "determiniert" die Strukturen der Gesellschaft aber nicht, und dies gilt auch nicht umgekehrt. Das ist aber auch kaum verwunderlich: Restriktionen steuern als Teil der Logik der Situation die Selektionen ja meistens nicht unmittelbar und deterministisch, sondern legen nur die Spielräume für eine Reihe innerhalb der gegebenen Möglichkeiten denkbaren Selektionen fest. Das bedeutet aber auch gleichzeitig: *Außerhalb* dieser Spielräume *kann* nun einmal *nicht* gehandelt werden. Mit dieser Überlegung über die Art der Wirksamkeit von Restriktionen wird unmittelbar plausibel, warum Bevölkerungsprozesse und bestimmte gesellschaftliche

Entwicklungen zwar kurzfristig oft recht locker, aber in der Tendenz der Entwicklung und in groben Strukturmerkmalen dann wieder sehr eng miteinander verkoppelt sind: Bevölkerungsprozesse verändern die Spielräume für gesellschaftliche Vorgänge durchaus nachhaltig und machen bestimmte Entwicklungen - wie zum Beispiel die Arbeitsteilung oder die Entstehung von Eigentumsrechten - erst möglich oder dringlich. Und schon von daher werden soziologische Analysen auch Prozesse der Bevölkerungsentwicklung immer im Auge haben müssen.

Aber noch aus einem weiteren Grund lohnt sich eine etwas genauere Untersuchung der Bevölkerung und der Bevölkerungsentwicklung im Rahmen soziologischer Überlegungen: Es handelt sich bei demographischen Prozessen geradezu um Musterfälle für die wechselseitige Verkopplung individueller Handlungen und kollektiver Folgen mit Rückwirkungen wiederum auf die Möglichkeiten für das individuelle Handeln nach dem Sequenz-Modell der soziologischen Erklärung (vgl. Abschnitt 6.3).

Beispielsweise: Die Eltern der Baby-Boom-Generation Mitte der 60er Jahre haben sicher nicht die Konkurrenz ihrer Kinder zu Anfang der 80er Jahre auf dem Lehrstellenmarkt beabsichtigt und die individuellen Möglichkeiten für den Lebensverlauf ihrer Kinder einschränken wollen. Gleichwohl ist genau dies durch ihr - kollektiv gleichförmiges, wenngleich sicher nicht abgesprochenes - generatives Verhalten geschehen. Oder: Sofern Kinder auch einen wirtschaftlichen Nutzen für ihre Familien darstellen - wie etwa in weiten Teilen der Dritten Welt - wäre eine drastische Geburtenbeschränkung aus der Sicht der einzelnen Elternpaare höchst unvernünftig. Es bedeutete nämlich einen Verzicht auf dringend benötigte Hilfskräfte bei der landwirtschaftlichen Produktion und auf eine relativ verläßliche Alterssicherung angesichts des Fehlens eines staatlichen Sozialversicherungssystems. Und die Folge: das Kollektivübel der Überbevölkerung.

Eine Lösung solcher Probleme der unbeabsichtigten Folgen absichtsvoller demographischer Handlungen wäre im Prinzip durchaus über die Schaffung gewisser gesellschaftlicher Regelungen denkbar. Und oft genug ist dies auch geschehen - wie mit der Einführung von Heiratsregeln im Mittelalter bei drohender Überbevölkerung, mit der Erfindung von arbeitsteiliger Produktion oder von besonderen Eigentumsrechten in Westeuropa -, was dann wieder zu Änderungen der Bevölkerungsentwicklung geführt hat. Anders gesagt: Zunächst rein demographische Entwicklungen - wie eine nachhaltige Zunahme der Bevölkerung - können zur Erfindung sozialer Institutionen führen, an die zuvor niemand zu denken gewagt hätte - wie etwa das Privateigentum. Und diese Institutionen können dann wieder andere Entwicklungen ermöglichen - wie Arbeitsteilung und Wirtschaftswachstum, die ihrerseits auf das generative Verhalten der Menschen Auswirkungen haben. Schon aus diesen Beispielen wird die interessante und oft nicht gleich sichtbare Verzahnung von demographischen und gesellschaftlichen Prozessen erkennbar. Kurz: Es ist zwar richtig, daß sich soziologische Erklärungen auf

Bevölkerungsentwicklungen nicht reduzieren lassen können. Zum Verständnis der Gesellschaft der Menschen gehört das Wissen um diese Vorgänge jedoch elementar dazu.

Hinzu kommt ein weiterer Gesichtspunkt der Bedeutung der Bevölkerung für die Gesellschaft und für die Soziologie: Schon aus der biologischen Reproduktion des Menschen ergeben sich gewissermaßen auf "natürliche" Weise einige grundlegende Differenzierungen der Bevölkerung - nach Generation, nach Geschlecht und nach Alter zum Beispiel. Und diese Differenzierungen stellen ganz ohne Zweifel einen wichtigen und kaum hintergehbaren Hintergrund für auch soziale Unterscheidungen, Markierungen und Institutionalisierungen dar. Man kann davon ausgehen, daß diese Differenzierungen die Entstehung der menschlichen Gesellschaften von Anbeginn an nachhaltig geprägt haben - und auch weiter prägen. Und es ist eine eigene, hochinteressante soziologische Frage, unter welchen gesellschaftlichen Bedingungen demographische Kriterien der sozialen Differenzierung - wie nach Geschlechts- und nach Alterskategorien - entweder kulturell überlagert bzw. abgeschwächt werden oder aber erst eine eigene soziale Bedeutung erhalten - wie etwa das Konzept der Jugendkultur, das keineswegs in allen Gesellschaften verbreitet ist und wohl etwas mit der Entstehung von kritischen Massen rein nach der Zahl des betreffenden Personals, mit der allgemeinen Verlängerung der Lebenserwartung und einer längeren, durch die Bildungseinrichtungen auch institutionalisierten Phase des Nicht-Erwachsen-Seins zu tun hat.

Demographische Analysen sind aber auch aus theoretisch-methodologischen Gründen für die Soziologie interessant: Sie können als ein vergleichsweise einfaches und einsichtiges Modell auch anderer Phänomene von Fließgleichgewicht, Selbstorganisation und Systembildung angesehen werden. Eine Bevölkerung ist nie eine konstante Größe, sondern "besteht" immer nur aus dem momentanen Aufbau und Zerfall ihrer Einzelelemente. Gleichwohl kann man diese Vorgänge in wenige Einzelprozesse - Geburt und Tod - und Zusammenhänge zerlegen, mit Handlungsweisen wie der Fertilität und Dispositionen wie der Mortalität von Akteuren systematisch verbinden und insgesamt wieder als aggregiertes, unintendiertes Ergebnis des situationsorientierten Handelns von Akteuren erklären. An demographischen Prozessen kann besonders gut studiert werden, auf welche Weise systemische Prozesse und Aggregatgleichgewichte von elementarer Reproduktion mit den Mitteln der formalen Modellierung und der kausalen Erklärung zu analysieren sind. Schon von daher kann auf ihre Behandlung im Zusammenhang der Grundlagen der erklärenden Soziologie nicht verzichtet werden.

Kapitel 17
Demographische und soziale Grundstrukturen

Die Bevölkerung jeder Gesellschaft weist einige Grundgliederungen auf, die unmittelbar mit der biologischen Reproduktion der Gattung zu tun haben: Aus der Art der biologischen Reproduktion gibt es zunächst die Geschlechtergliederung. Es werden immer neue Generationen geboren. Die individuellen Exemplare des homo sapiens wachsen heran und altern. Sie paaren sich (oder nicht), haben Nachkommen (oder nicht) und sie sterben schließlich restlos ab. Und alles dies geschieht jeweils zu immer neuen Perioden des geschichtlichen Ablaufs.[1]

Schon aus diesen, biologisch-natürlichen Vorgängen ergeben sich Prozesse und Differenzierungen, an die sich sozial bedeutsame Vorgänge anschließen. Wir wollen im folgenden Kapitel zwei Aspekte herausstellen: die für den Bestand einer Bevölkerung maßgebenden Einzelprozesse einerseits und die wichtigsten demographischen Dimensionen sozialer Differenzierungen andererseits.

17.1 Die Bevölkerungsgesamtheit

Die Demographie spricht nicht einfach von Bevölkerung, sondern von der *Bevölkerungsgesamtheit*. Eine Bevölkerungsgesamtheit besteht aus der Anzahl der individuellen Exemplare der Gattung des homo sapiens innerhalb eines abgegrenzten Gebietes zu einem bestimmten Zeitpunkt.

Ihre Veränderung zwischen einem Zeitpunkt t und dem Zeitpunkt t-1 setzt sich definitorisch aus drei Komponenten zusammen: aus der Realisierung

---

[1] Die folgenden Ausführungen zu den Grundbegriffen und Grundaussagen der Demographie stützen sich u.a. auf die bereits klassische, aber immer noch ausgesprochen lesenswerte Arbeit von Gerhard Mackenroth, Bevölkerungslehre. Theorie, Soziologie und Statistik der Bevölkerung, Berlin-Göttingen-Heidelberg 1953; Kapitel I. Vgl. auch die Übersicht bei Karl Martin Bolte, Dieter Kappe und Josef Schmid, Bevölkerung. Statistik, Theorie, Geschichte und Politik des Bevölkerungsprozesses, 4. Aufl., Opladen 1980. Über die neueren Entwicklungen, vor allem der mathematischen Modellierung demographischer Prozesse, informiert vorzüglich Reiner Hans Dinkel, Demographie, Band 1: Bevölkerungsdynamik, München 1989.

von Geburten, aus der Anzahl von Todesfällen und aus dem Saldo von Zu- bzw. Abwanderungen für das betreffende Gebiet. Folglich ergibt sich für den Bevölkerungsbestand P zwischen den Zeitpunkten t und t-1:

$$P(t) - P(t-1) = B - D + (I-E)$$

mit B für die Geburten (zwischen t und t-1);
D für die Todesfälle (zwischen t und t-1);
I für die Zuwanderungen (zwischen t und t-1);
E für die Abwanderungen (zwischen t und t-1).

Eine Bevölkerung ist damit eine Art von fließend-stabilem System, das aus der stetigen Neuproduktion und dem ebenso stetigen Zerfall seiner Elemente besteht.

Zur Erklärung von Veränderungen dieses Fließgleichgewichts sind drei verschiedene Komponenten bzw. Vorgänge bedeutsam: die Fertilität als für die Entwicklung der Geburtenzahl bedeutsame Verhaltenstendenz; die Mortalität als für die Entwicklung der Sterbefälle wichtige Anfälligkeit der Organismen sowie der Saldo der Migration, wie er sich aus der Immigration und der Emigration für das betreffende Gebiet ergibt.

Fertilität und Mortalität

Wenn es keine Ein- und Auswanderungen gibt, dann ist die Bevölkerungsgesamtheit ausschließlich vom Saldo der Geburten und der Todesfälle abhängig - von Fertilität und Mortalität in der Bevölkerung.

Mit Fertilität und Mortalität ist meist mehr gemeint als man über die bloße Anzahl von Geburten und Todesfällen in einer Population feststellen kann, nämlich: *latente* Eigenschaften der Population insgesamt bzw. der einzelnen Mitglieder. Fertilität und Mortalität sind somit auf *typische* Gruppen von Personen bezogene durchschnittliche Neigungen zu bestimmten Kinderzahlen bzw. zu der Wahrscheinlichkeit, in einem gegebenen Zeitraum zu sterben.

Dafür wäre die bloße Aufzählung von Häufigkeiten oder Prozentzahlen irreführend, da damit die Auswirkungen unterschiedlicher Verteilungen - wie zum Beispiel die von Frauen eines bestimmten Alters für Geburten oder die durch Kriege bereits dezimierte Kohorte von Männern einer bestimmten Altersgruppe zum Zeitpunkt der Erhebung - von den jeweiligen individuellen Wahrscheinlichkeiten für Geburten oder Todesfälle nicht zu trennen sind.

Daher müssen diese Maße auf die jeweiligen Verteilungen bestimmter relevanter Merkmale - meist Geschlecht und Alter - hin standardisiert werden.

Ein Beispiel dafür, wie irreführend absolute Zahlen für die Einschätzung der Fertilität sein können, ist der Zuwachs der absoluten Geburtenzahl in der Bundesrepublik seit 1985 gewesen (von 584 000 im Jahre 1984 auf 677 000 im Jahre 1988). Dieser Zuwachs war ausschließlich darauf zurückzuführen, daß die zahlenmäßig starken Geburtskohorten des Baby-Booms von Mitte der 60er Jahre in das Heiratsalter aufrückten. Der Zuwachs der Geburten in den absoluten Zahlen blieb gegenüber diesem Größeneffekt eher zurück. Das heißt aber: Die Neigung der einzelnen Familien für Kinder hat in Wirklichkeit weiter *abgenommen* - trotz der von der BILD-Zeitung hinausposaunten Meldungen über die neue Gebärfreudigkeit der deutschen Frau.

Zur Bestimmung der *Fertilität* als latentes soziales Merkmal einer Bevölkerung - unabhängig von den jeweiligen Größenverhältnissen der Population - berechnet man daher auch die sog. *rohe Geburtenziffer* (Anzahl der in einem Jahr Geborenen auf 1 000 Einwohner). Informativer ist aber die sog. *altersspezifische Fruchtbarkeitsziffer*. Es hat sich eingebürgert, dafür die Zahl von Geborenen bezogen auf je 1000 Frauen im Alter zwischen 15 und 45 Jahren zu nehmen. Diese Ziffer betrug im Jahre 1880 im Deutschen Reich 167 und im Jahre 1986 in der Bundesrepublik 48. Die so gemessene Fertilität ist damit innerhalb von 100 Jahren um mehr als 2/3 gesunken.

In analoger Weise kann man auch andere demographisch wichtige Ereignisse erfassen: Heiraten oder Scheidungen zum Beispiel. Da die Fertilität in der Regel mit der Paarbildung bzw. mit dem Ausmaß der Eheschließungen zusammenhängt, können indirekte Rückschlüsse auf die Hintergründe bestimmter Bevölkerungsentwicklungen aus Maßzahlen gezogen werden, die diese Sachverhalte angeben. Gebräuchlich ist die *allgemeine Eheschließungsziffer* als Zahl der Eheschließungen auf 1000 Einwohner. Für manche Überlegungen ist es wichtig zu wissen, wieviele Personen eines bestimmten Alters verheiratet sind. Die alters- und geschlechtsspezifische *Verheiratetenziffer* gibt die Zahl der Verheirateten auf 1000 Personen des betreffenden Alters und Geschlechts an. Eine weitere wichtige Kennzahl ist das *durchschnittliche Heiratsalter* (Summe der Altersjahre der Eheschließenden eines Jahres, bezogen auf die Zahl der Heiratenden), da die Fertilität mit Sicherheit auch vom Alter der Frau bei der ersten Geburt beeinflußt ist: Jede Hinausschiebung der Eheschließung, etwa aus Gründen einer qualifizierten Ausbildung, und damit der Geburt des ersten Kindes vermindert die Fertilität. Schließlich sei noch an die *Ehescheidungsziffer* gedacht (Anzahl der Ehescheidungen in einem Jahr, bezogen auf 1000 Ehen bzw. auf 10 000 der Bevölkerung), die wir bereits in Kapitel 3 anhand eines der fünf Beispiele für soziologische Analysen kennengelernt haben.

In analoger Weise wird die *Mortalität* einer Bevölkerung als latente Eigenschaft ihrer individuellen Mitglieder zu kennzeichnen gesucht. Zur ihrer Erfassung gibt es die sog. *rohe Sterbeziffer* (Anzahl der Todesfälle in einem Jahr auf 1 000 Einwohner). Aussagekräftiger ist aber auch hier die *altersspezifische Sterbeziffer* bzw. genauer: die *altersspezifische Sterbewahrscheinlichkeit*. Dabei wird die Zahl der in einem *bestimmten Alter* Gestorbenen auf

1000 Personen dieses Alters bezogen. Auf diese Weise kann zum Beispiel festgestellt werden, ob ein Rückgang der absoluten Anzahl bei den Sterbefällen einer Bevölkerung auf eine höhere Lebenserwartung der älteren Personen oder auf eine Verringerung der Säuglingssterblichkeit zurückzuführen ist.

So war der deutliche Rückgang der Sterbefälle in Europa im letzten Jahrhundert vor allem durch eine drastische Verminderung der Säuglingssterblichkeit bedingt. Die Zunahme der mittleren Lebenserwartung für Personen, die bereits das 50. Lebensjahr überschritten haben, ist demgegenüber kaum noch - um etwa 2 Jahre nämlich - gestiegen. Man sollte noch hinzufügen, daß Frauen durchgehend eine deutlich höhere Lebenserwartung haben als Männer und daß die Sterblichkeit von männlichen Säuglingen höher ist als die von weiblichen. Dadurch wird eine ebenfalls universale Disproportion im Geschlechterverhältnis etwas gemildert: der Überschuß von männlichen Geburten gegenüber weiblichen (mit ca. 106 zu 100).

Zur Feststellung des *Saldos* aus den beiden Prozessen der Fertilität und der Mortalität bedient man sich kombinierter Maßzahlen, wie die der *Geburtenüberschußziffer* als auf die Grundgesamtheit bezogene Differenz zwischen Geborenen und Gestorbenen in einem Zeitraum. Ein wichtiges Maß für die Tendenz der Entwicklung des Bevölkerungsbestandes ist daneben die sog. *Nettoreproduktionsziffer*. Diese gibt an, ob die Fertilität bei den Frauen in einem gebärfähigen Alter ausreichen würde, um bei gegebenen Sterbeziffern so viele Mädchen hervorzubringen, daß die Reproduktion der Bevölkerung gerade noch gewährleistet wäre. Ist dies genau der Fall, dann ist der Betrag der Ziffer gleich 1. In der Bundesrepublik Deutschland liegt diese Ziffer schon seit einiger Zeit deutlich unter dem Wert von eins.

Migration

Die *Migration* als dritte Komponente der Bevölkerungsgesamtheit wird über den *Saldo* der *Zuzüge* und *Fortzüge* aus dem Gebiet für den betreffenden Zeitraum gemessen.

Wanderungen sind keineswegs bloße Restgrößen der Bevölkerungsentwicklung, sondern bilden gerade für moderne Gesellschaften einen immer wichtigeren und kaum wegzudenkenden Bestandteil. Ökonomische und politische, internationale und interregionale Verflechtungen bedeuten immer auch eine erhöhte regionale Mobilisierung von Bevölkerungen zwischen den verschiedenen Gesellschaften.

Für die Bundesrepublik Deutschland lassen sich beispielsweise insgesamt schon seit geraumer Zeit ganz massive Einwanderungsüberschüsse feststellen, die sich bis 1961 insbesondere aus Flüchtlingen und DDR-Übersiedlern, danach aus ausländischen Arbeitnehmern und deren Familien, vor allem aus dem Mittelmeerraum, speisten. Neuerdings gibt es nennenswerte Einwanderungen von Bürgerkriegsflüchtlingen, von Asylbewerbern und von sog. Aussiedlern aus Osteuropa. Derzeit beträgt der Ausländeranteil an der Bevölkerung der Bundesrepublik Deutschland etwa 7%, wobei es in den Ballungsgebieten zu deutlich höheren Anteilen kommt. In manchen Stadtteilen gibt es schon seit längerer Zeit richtige ethnische Gemeinden von bestimmten Einwanderungsgruppen - so wie in allen anderen Einwanderungsländern dieser Welt.

Die andauernden Einwanderungsüberschüsse haben sicher auch Folgen für die soziale Zusammensetzung der Bevölkerung der Gesellschaft in der Bundesrepublik Deutschland und für das gesamte sozio-ökonomische Gefüge. Wegen des andauernden Überschusses von Todesfällen bei der deutschen Bevölkerung über die Geburtenzahlen wird beispielsweise allein zur Sicherung des Rentenversicherungssystems ein Einwanderungsüberschuß von 300 000 bis 400 000 Personen pro Jahr notwendig sein. Also: Je jünger und je kinderreicher die einwandernden Familien sind und je eher sie am deutschen Arbeitsmarkt teilnehmen können - umso besser für die materielle Sicherung des Lebensalter der zunehmend vergreisenden deutschen Bevölkerung.

Das Wachstum oder die Schrumpfung eines Bevölkerungsbestandes kann demnach drei ganz verschiedene und voneinander unabhängige Ursachen haben, die ihrerseits auf sehr unterschiedlichen sozialen und politischen Veranlassungen beruhen können. Zur Analyse der Entwicklung der Bevölkerung einer Gesellschaft müssen daher alle *drei* Bestandteile und deren Determinanten *simultan* betrachtet werden. Dies ist mit bloß verbalen Mitteln - wie bei allen etwas komplexeren Systemprozessen - kaum möglich.

Daher ist die moderne theoretische Demographie - weitaus mehr als die Soziologie - eine relativ stark formalisierte Disziplin geworden. Wegen der verhältnismäßig kleinen Anzahl an Variablen und Grundprozessen ist eine Mathematisierung dort aber auch viel leichter möglich als in vielen anderen Sozialwissenschaften. Für die übliche Überheblichkeit der Vertreter der formaleren Gesellschaftswissenschaften gegenüber den Soziologen haben jene also schon gar keinen besonderen Anlaß.

17.2 Soziale und demographische Differenzierungen

Die Bevölkerung ist ein stetiges Fließgleichgewicht des Ersatzes der ausscheidenden durch neu hinzukommende Mitglieder. Die biologische Reproduktion des Menschen erfolgt auf diploide, d.h.: auf zweigeschlechtliche, Weise. Schon daraus ergeben sich einige grundlegende, gewissermaßen natürliche Differenzierungen der Bevölkerung.

Geschlecht

Eine der zentralen Dimensionen demographischer Strukturen ist die Differenzierung der Population nach *Geschlecht*. Sie ist die Folge der besonderen Art der biologischen Reproduktion der menschlichen Bevölkerung. Selbstverständlich ist mit dieser, zunächst ja nur demographischen Differenzierung noch nichts unmittelbar sozial festgelegt. Und schon gar nicht: bestimmte Rollen- oder Herrschaftsverhältnisse der Geschlechter. Andererseits kann aber nicht verkannt werden, daß die Bedingungen der (biologischen) Reproduktion die Situation der Akteure nach Geschlecht in typischer Weise strukturieren, indem bestimmte Opportunitäten und Restriktionen festgelegt und damit gewisse Spielräume unterschiedlich vorgegeben sind, für deren Überschreitung besondere institutionelle Anstrengungen erforderlich würden.

Anders gesagt: Gerade wenn man die auch biologisch-demographisch bedingten Unterschiede in den Restriktionen für die institutionelle Gestaltung der Geschlechterverhältnisse anerkennt, bekommt man die Bedingungen in den Blick, die solche Institutionen korrigieren müßten.

Geburtskohorten und Altersgruppen

Neben der Differenzierung nach Geschlecht sind es vor allem zwei weitere Differenzierungen, die unmittelbar an das Reproduktionsgeschehen anknüpfen. Die erste davon ist die Gliederung nach unterschiedlichen Geburtsjahrgängen. Eine Bevölkerung "besteht" ja - wie alle Populationen lebender Organismen im Verlaufe der Evolution - nur als Saldo der ununterbrochenen Generierung immer neuer Generationen und deren sukzessivem Absterben. Insofern ist die Zugehörigkeit zu einem bestimmten Geburtsjahrgang - analog zur Differenzierung nach Geschlecht - ein weiteres natürliches Differenzierungsmerkmal von Bevölkerungen.

Teilpopulationen einer Bevölkerung, die ein bestimmtes Ereignis als gemeinsame Eigenschaft haben, werden auch als *Kohorte* bezeichnet. In unserem Fall betrachten wir Kohorten mit der Gemeinsamkeit des gleichen Geburtsjahres. Man spricht dann auch von *Geburtskohorte*. Entsprechend werden Heiratskohorten, Scheidungskohorten, Kohorten des ersten Eintritts in das Berufsleben unterschieden.

Bei näherem Hinsehen zeigt sich, daß mit der Differenzierung einer Population nach Geburtskohorten eine zweite Differenzierung unmittelbar verbunden ist: das *Alter* der Personen zu einem gegebenen Zeitpunkt.

Dabei gibt es eine interessante Beziehung: Das chronologische Alter verläuft bei Personen gleicher Kohortenzugehörigkeit aus *logischen* Gründen parallel zur Kalenderzeit. Kohortenzugehörigkeit und Alter sind - für die Betrachtung zu einem bestimmten Zeitpunkt - also bereits logisch miteinander verbunden.

Das Lexis-Diagramm

Man macht sich diesen Zusammenhang am leichtesten über das sog. Lexis-Diagramm klar (vgl. Abbildung 17.1).

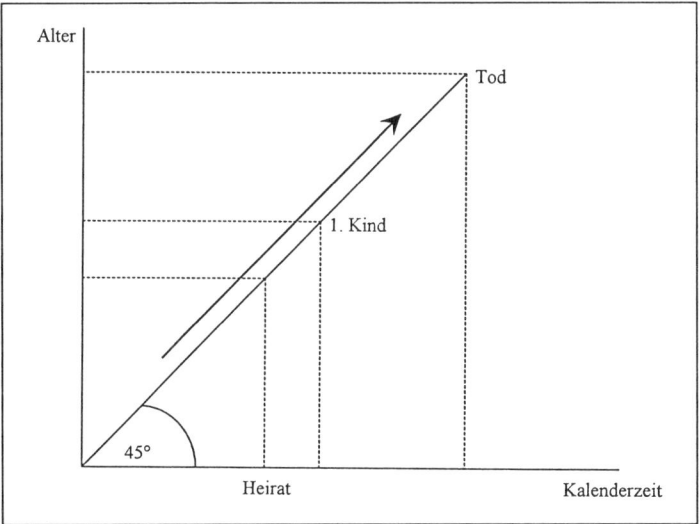

Abb. 17.1: Das Lexis-Diagramm

Das Diagramm heißt so nach seinem Erfinder, dem Bevölkerungsstatistiker Wilhelm Lexis.[2] In dem Diagramm sind einige demographisch relevante Ereignisse in einem Koordinatensystem aufgeführt, dessen eine Achse die historische Zeit (Kalenderzeit) und dessen andere Achse das Alter der betreffenden Person abbildet. Jede Bewegung entlang der Kalenderzeit ist infolgedessen auch eine Bewegung auf der Altersachse - und umgekehrt.

---

[2] Wilhelm Lexis, Einleitung in die Theorie der Bevölkerungsstatistik, Straßburg 1875. Vgl. zu weiteren Varianten des Schemas: Ingeborg Esenwein-Rothe, Einführung in die Demographie. Bevölkerungsstruktur und Bevölkerungsprozeß aus der Sicht der Statistik, Wiesbaden 1982, S. 85f.

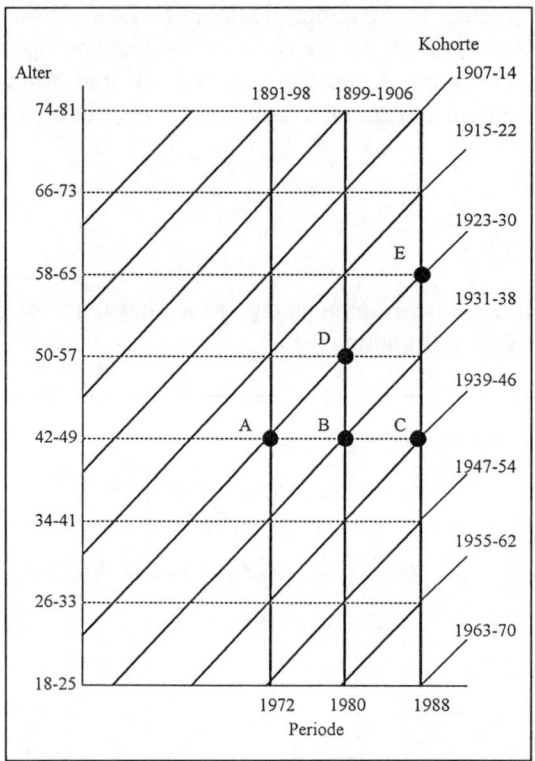

Abb. 17.2: Kohorten, Altersgruppen und Perioden

Damit läßt sich ein individueller Lebensverlauf auf einer 45-Grad-Linie, ausgehend vom Nullpunkt des Koordinatensystems, abbilden. Die verschiedenen demographisch wichtigen Ereignisse - etwa: Geburt, Heirat, 1. Kind, 2. Kind, Scheidung, Tod - können so auf der Linie des Lebensverlaufs für das jeweils entsprechende Alter bzw. die jeweils vorliegende Kalenderzeit eingetragen werden. Unterschiedliche Anfänge von Lebensverläufen auf der Achse der Kalenderzeit - unterschiedliche Kohorten also - können entsprechend durch parallel verlaufende Lebenslinien mit unterschiedlichem Beginn dargestellt werden. Alle Personen, deren Lebensverlauf zu einer bestimmten Kalenderzeit beginnt, gehören danach der gleichen (Geburts-) Kohorte an (vgl. Abbildung 17.2).

Die senkrechten Linien bezeichnen in dem Diagramm in Abbildung 17.2 den Zeitpunkt der jeweiligen Beobachtung. Solche Zeitpunkte werden als *Periode* bezeichnet. Im Diagramm sind drei solcher Perioden eingetragen: 1972, 1980 und 1988. Es wird danach unterscheidbar, ob bestimmte Kohorten überhaupt einem Ereignis ausgesetzt waren, das sich auf eine bestimmte Periode bezog: Einige Generationen sind zu diesem Zeitpunkt noch nicht geboren gewesen, andere waren bereits abgestorben. In gewisser Weise ist die Kohortenzugehörigkeit also ein Spezialfall der Differenzierung nach Perioden; nämlich: die Geburt zu einer bestimmten Periode (gemessen in der Kalenderzeit).

Die drei Faktoren Kohorte (als Geburtsjahr), Alter und Periode (als Kalenderjahr der Beobachtung) beschreiben ein demographisches bzw. soziales Ereignis - zum Beispiel die Heirat einer Person, die Geburt des ersten Kindes oder den Erwerb einer politischen Einstellung - vollständig. Man könnte analog versuchen, solche Ereignisse als spezifische Folgen von Alters-, Perioden- und Kohorteneinflüssen bei der betreffenden Person oder einer entsprechenden Gruppe zu erklären.

Die Punkte A bis E im Diagramm sollen die Logik der Verbindungen von Kohorten-, Alters- und Periodenzugehörigkeiten verständlicher machen. Die Reihe A-D-E beschreibt zum Beispiel das Altern der Kohorte von 1923-1931 über die Perioden 1972, 1980 und 1988 hinweg (in den Altersgruppen 42-49, 50-57 und 58-65 Jahre). Die Reihe A-B-C bedeutet dagegen einen Vergleich der drei Kohorten 1923-1931, 1931-1938 und 1939-1946 zu jeweils einem bestimmten Alter (42-49 Jahre) über die drei Zeitpunkte hinweg.

Man erkennt an dem Diagramm, daß nicht nur Kohorte und Alter, sondern auch Alter und Periode sowie Periode und Kohorte jeweils bereits logisch miteinander verbunden sind. Bei einem Vergleich der Kohorten 1923-1930 und 1931-1938 zur Periode 1980 (vgl. die Punkte D und B) bezieht man sich zum Beispiel automatisch auf die Altersgruppen 50-57 und 42-49 Jahre.

Findet man zwischen beiden Kohorten bzw. Altersgruppen nun Unterschiede - etwa in bestimmten politischen Einstellungen -, so ist nicht ohne weiteres zu entscheiden, ob es sich um einen Kohorteneffekt oder um einen Alterseffekt handelt. Analoges gilt für Vergleiche einer Kohorte zu verschiedenen Perioden wegen der logisch unvermeidlichen Konfundierung von Alters- und Periodeneffekt sowie für Vergleiche einer Altersgruppe zu verschiedenen Perioden wegen der ebenso unvermeidlichen Konfundierung von Kohorten- und Periodeneffekt.

Analysen, die Daten über alle drei dieser Faktoren *simultan* einbeziehen wollen, werden als *A-P-K-Analysen* bezeichnet: Alter-Periode-Kohorte. Dabei wird das genannte Problem gleich deutlich: Wenn man zwei der Faktoren kennt, liegt der dritte aus logischen Gründen der zeitlichen Verknüpfung der drei Aspekte fest. Das geschilderte Problem läßt sich aber lösen: Man benötigt Daten für komplette Lebensverläufe der Individuen ganzer Kohorten. Der Hauptnachteil dieser Methode liegt auf der Hand, ist aber mit viel Aufwand durchaus zu bewältigen: eine enorme Menge an Einzeldaten, da ja jede Kohorte als eine eigene Stichprobe aufzufassen ist.

Für wirklich wichtige Fragestellungen sollte dieser Preis jedoch nicht zu hoch sein.[3]

Demographische Strukturen

Geschlecht, Kohorte, Alter und Periode bilden eine erste grundlegende Differenzierung der Bevölkerung. Diese Differenzierung wird soziologisch dadurch interessant und wichtig, daß jeweils typische Einflüsse, Opportunitäten und Restriktionen angenommen werden können: Frauen haben allein durch die Möglichkeit von Schwangerschaften andere Zeitrestriktionen als Männer. Eine zu Kriegszeiten geborene Kohorte hat andere Kindheitserlebnisse als eine Kohorte mit antiautoritären Eltern der 68er-Zeit. Mit dem Alter ändert sich bekanntlich so manches, was auch soziologisch bedeutsam ist. Und auch jede historische Epoche bzw. Periode beeinflußt die Möglichkeiten aller gerade lebenden Menschen in typischer Weise.

Eine der geläufigsten und einfachsten Arten der Beschreibung der grundlegenden demographischen Struktur einer Gesellschaft in Anlehnung an diese Differenzierungen ist die sog. *Alterspyramide*. Sie fixiert die Verteilung der gesamten Bevölkerung für alle Altersgruppen getrennt nach Geschlecht zu einem bestimmten Stichtag, also: zu einer bestimmten Periode. Aufgrund der Logik der Verknüpfung von Kohorten, Altersgruppen und Kalenderzeit fallen dabei bestimmte Kohorten und Altersgruppen zusammen. Eine getrennte Betrachtung erfordert daher die Darstellung von mehreren Alterspyramiden zu verschiedenen Perioden.

Als Beispiel für die Aussagekraft bereits solch einfacher demographischer Differenzierungen sei die Altersstruktur der Bevölkerung der Bundesrepublik Deutschland für das Jahr 1987 im Vergleich zu der des Deutschen Reiches im Jahre 1910 aufgeführt (vgl. Abbildung 17.3).

Die beiden Alterspyramiden enthalten in geraffter Form eine Art von Schicksalsbild der letzten 80 Jahre. Die demographische Struktur der Bevölkerung von 1910 ist die einer wachsenden Bevölkerung: Hohe Geburtenzahlen und eine gleichmäßige "Absterbeordnung" der vorhergehenden Kohorten. Demgegenüber stagniert bzw. schrumpft die Bevölkerung von 1987 sogar: abnehmende Geburtenkohorten und allmähliches Altern

---

[3] Zum Ansatz der sog. Kohorten-Analyse und zu Möglichkeiten der Lösung der geschilderten Analyseprobleme vgl. Dinkel 1989, S. 9ff.; Norval D. Glenn, Cohort Analysis, Beverly Hills und London 1977; Karl Ulrich Mayer und Johannes Huinink, Alters-, Perioden- und Kohorteneffekte in der Analyse von Lebensverläufen, oder: Lexis ade?, in: Karl Ulrich Mayer (Hrsg.), Lebensverläufe und sozialer Wandel, Sonderheft 31 der Kölner Zeitschrift für Soziologie und Sozialpsychologie, Opladen 1990, S. 442-459; sowie William M. Mason und Stephen E. Fienberg (Hrsg.), Cohort Analysis in Social Research. Beyond the Identification Problem, New York u.a. 1985.

(und Absterben) der geburtenstärkeren Jahrgänge. Von der Struktur her mit am auffälligsten ist die Unregelmäßigkeit des Altersaufbaus bei der Pyramide von 1987. Darin spiegeln sich mehrere Prozesse und historische Ereignisse: der Erste Weltkrieg und seine Geburtenausfälle und der Zweite Weltkrieg und seine Kriegsopfer in der Altersgruppe um 70 bis 75 Jahre; die Geburtenausfälle während der Weltwirtschaftskrise Ende der 20er Jahre; der Zweite Weltkrieg mit den Geburtenausfällen in der Altersgruppe zwischen 40 und 45 Jahren; der Baby-Boom Mitte der 60er Jahre auf dem Höhepunkt des Nachkriegsaufbaus und schließlich der drastische Abfall der Geburtenzahlen nach 1967, den man - fälschlicherweise - auch als Pillenknick bezeichnet. Demgegenüber zeichnet die Pyramide von 1910 ein eher beschauliches Bild demographischer Stabilität. Dieses Bild täuscht jedoch in mindestens einer Hinsicht: Die hohe Geburtenzahl von 1910 war ausschließlich das Ergebnis von sehr starken Heiratskohorten, einer weiter zurückgehenden Säuglingssterblichkeit bei bereits deutlich abnehmender Geburtenfreudigkeit bei den einzelnen Familien (Mackenroth 1953, S. 59; vgl. zur Entwicklung von Fertilität und Mortalität in den letzten drei Jahrhunderten auch noch ausführlich das nächste Kapitel). Bemerkenswert sind auch die offenkundig größeren Anzahlen an alten und sehr alten Menschen im Jahre 1987 im Vergleich zu 1910, wobei es eine offene Frage ist, ob dies auch mit einer deutlich geringeren Mortalität zusammenhängt. Besonders interessant ist der Vergleich der Geschlechterproportionen: Ein extrem hoher Frauenüberschuß bei den Kriegsgenerationen und ein leichter Männerüberschuß bei den von externen Ereignissen ungestörten Kohorten. Darin spiegelt sich die bereits erwähnte Besonderheit der menschlichen Reproduktion: daß rein biologisch immer mehr Knaben als Mädchen geboren werden. Man kann aber auch sehen, daß sich dieses anfängliche Ungleichgewicht im Laufe der Zeit ausgleicht und dann sogar umkehrt. Der Grund liegt in einer merkwürdigen demographischen Universalität: die höhere Sterblichkeit der neugeborenen männlichen Exemplare des homo sapiens.

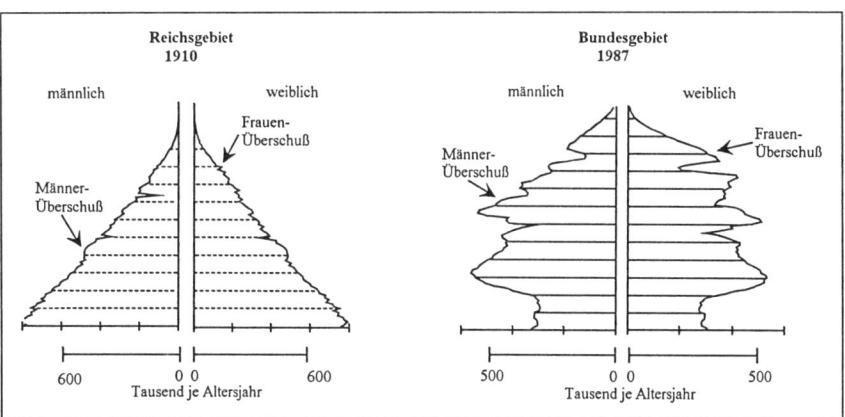

Abb. 17.3: *Altersstruktur der Bevölkerung im Deutschen Reich 1910 und in der Bundesrepublik Deutschland 1987*

Die geschilderten Differenzierungen nach Geschlecht, Kohorte, Alter und Periode sind deshalb auch soziologisch von hoher Bedeutung, weil sie - aufgrund der Art der biologischen Reproduktion der Gattung - unablässig und unvermeidlich, mit deutlichen Markierungen versehen und universal entstehen. Damit ist sicher noch nichts über die speziellen Ausgestaltungen und Differenzierungen gesagt; wohl aber, daß es mehr oder weniger deutliche Unterschiede in den Restriktionen gibt, die sich in der Selektion des Handelns ohne Zweifel auch auswirken dürften.

Für die Kategorie des Geschlechts werden zum Beispiel bestimmte Formen der geschlechtlichen Arbeitsteilung und damit zusammenhängenden Rollenerwartungen und soziale Ungleichheiten (meist: zuungunsten der Frauen) in nahezu allen Gesellschaften beobachtet. Man geht wohl nicht sehr fehl, wenn man wenigstens einige dieser mit dem Geschlecht verbundenen sozialen Differenzierungen auch mit der unterschiedlichen Funktion von Männern und Frauen im Reproduktionsprozeß und den damit gegebenen unterschiedlichen Restriktionen bei der individuellen Lebensgestaltung, etwa in der Zeitverwendung bei der Aufzucht von Kindern, die dann für eine qualifizierte Ausbildung fehlt, in Zusammenhang bringt.

Wie für das Geschlecht kann man sich auch soziologisch bedeutsame Folgen der Differenzierungen nach Kohorten, Alter und Periode vorstellen. Die Soziologie, die ja gerade nach den *strukturell* verteilten Möglichkeiten des Handelns sehen soll, tut gut daran, diese unvermeidlichen Restriktionen nicht zu ignorieren (vgl. Kapitel 25).

Das Konzept der Generation

Kohortenzugehörigkeiten, Alter und Periode bedeuten Gemeinsamkeiten in Lebensbedingungen bei Geburt und der Zeit des Aufwachsens, in der Ansammlung von Erfahrungen und Lernergebnissen und in bezug auf aktuelle historische Ereignisse, auch ohne daß die Akteure der jeweiligen Population sonst irgendeine Art von Gemeinschaft bilden müßten. Geburtskohorten weisen beispielsweise eine wichtige Gemeinsamkeit auf: Die Akteure einer bestimmten Geburtskohorte sind *alle* den Einflüssen einer bestimmten Epoche in der für das spätere Leben so wichtigen Phase der frühkindlichen Sozialisation ausgesetzt. Man spricht dabei auch von der formativen Phase.

Eine interessante Frage ist es dann, ob sich dies - als eine Art von besonderem Kohorten-Effekt - auch in anderen Eigenschaften, zum Beispiel in Einstellungen und grundlegenden Werten, zeigt. Manchmal wird daher statt von Kohorten auch von *Generationen* und entsprechend auch von Generationen-Effekten gesprochen.

Damit ist gemeint, daß eine ganze Gruppe von Geburtskohorten bestimmten typischen, prägenden historischen Einflüssen ausgesetzt und dadurch in ihrem Verhalten in homogenisierender Weise beeinflußt ist. So heißt es in

dem klassischen Beitrag zum soziologischen Konzept der Generation bei
Karl Mannheim (1893-1947):

"Die Frage ist nun, was stiftet eine Generationseinheit? Worin liegt die größere Intensität
der hier aufweisbaren Verbundenheit? Das Erste, was auffällt, wenn man eine bestimmte
Generationseinheit ins Auge faßt, ist die weitgehende Verwandtschaft der Gehalte, die
das Bewußtsein der einzelnen erfüllen. Gehalte haben - soziologisch gesehen - Bedeutsamkeit, nicht nur durch die in ihnen enthaltenen und erfaßten Inhalte, sondern durch das
Faktum, daß sie die Einzelnen zur Gruppe verbinden, 'sozialisierend' wirken."[4]

Danach kann also nur dann von einer Generation gesprochen werden, wenn
es typische, abgrenzbare und auf die Individuen nachhaltig wirksame Periodeneinflüsse zu deren Jugendzeit gegeben hat.

Beispielsweise könnte eine Vorkriegsgeneration (geboren etwa zwischen 1933 und 1939),
eine Generation der Kriegskinder (geboren zwischen 1940 und 1945), die Nachkriegsgeneration (geboren von 1946 bis 1949), die Generation der Adenauer-Zeit (1950 bis
etwa 1965), die 68-er Generation und so weiter unterschieden werden.

Immer wird dabei angenommen, daß dies jeweils ganz typische Lebenssituationen bestimmter Geburtskohorten beschreibt.

Das Hauptproblem bei diesen Versuchen der Abgrenzung typisch unterschiedlicher Generationen ist die Annahme, daß solche historischen Epochen
überhaupt in einer solch typisierenden Weise unterschieden und abgegrenzt
werden können. Und dann ist es noch eine ganz andere Frage, ob die angenommenen globalen Merkmale der jeweiligen Epoche überhaupt feststellbare
Auswirkungen auf die entsprechenden Kohorten haben, so daß man von
einem abgrenzbaren Generationen-Effekt sprechen kann.

Kohorten-, Alters- und Perioden-Effekte

Unabhängig von solchen Kohorten- bzw. von solchen Generationen-Effekten
kann davon ausgegangen werden, daß auch das jeweilige biographische *Alter*
eine eigene Wirkung auf den Akteur hat. Das biologische Alter hat - so
scheint es - zwar zunächst einmal nichts mit Verhalten zu tun. Alter ist
anscheinend keine unmittelbar bedeutsame soziologische Größe. Aber bereits
das stimmt so nicht. Alter bedeutet ja schon aus biologischen Gründen, daß
sich die objektiven - und damit auch die subjektiv wahrgenommenen - Opportunitäten für bestimmte Handlungen massiv ändern.

---

[4] Karl Mannheim, Das Problem der Generationen, in: Kurt H. Wolff (Hrsg.), Karl
Mannheim. Wissenssoziologie, Berlin und Neuwied 1964, S. 544.

Heiraten kann man beispielsweise erst ab einem bestimmten Alter. Die Verfügbarkeit von etwa gleichaltrigen, unverheirateten Partnern geht nach einem gewissen Maximum deutlich zurück. Bei Frauen ist die Möglichkeit für Geburten ebenfalls stark altersabhängig und bei Männern sicher auch, wenngleich in etwas geringerem Maße, die Zeugungsfähigkeit. Diese biologischen Restriktionen sind sicher auch für das Verhalten von hoher Bedeutung. Die mit dem Alter variierende, noch zu erwartende Restlebenszeit dürfte bestimmte Planungen und Investitionen nicht unwesentlich beeinflussen: Eine Ausbildung ist zu Beginn des Lebens wichtiger und lohnender als an dessen Ende. Sparen für das Alter und der damit begründete Verzicht auf kleinere Annehmlichkeiten des Lebens macht mit zunehmendem Alter immer weniger Sinn usw. Andere schon eher auch sozial bedeutsame Alterseffekte sind denkbar: die Ansammlung von Erfahrungen, eine damit - hoffentlich - zunehmende Gelassenheit oder - so ist zu befürchten - auch eine steigende Inflexibilität zur Änderung von Gewohnheiten. Das Alter ist aber oft genug bereits eine unmittelbar wichtige institutionelle Variable. Pensionierungsgrenzen, die Festlegung der Volljährigkeit oder Altersgrenzen für Berufungen von Hochschullehrern sind Beispiele dafür. Insoweit in Gesellschaften für bestimmte Lebensverläufe solche mehr oder weniger fixierten Pläne institutionalisiert und sozial kontrolliert sind, ist Alter tatsächlich auch eine Art von gesellschaftlich vorgegebenem, objektiven Fahrplan, der Investitionen, Vorkehrungen und Aufmerksamkeiten für bestimmte, nur zu einem gegebenen Zeitpunkt sinnvolle Handlungen steuert.

Nicht nur die Kohorten- bzw. die Generationenzugehörigkeit oder das "Alter" haben einen Einfluß auf das Handeln. Hinzu kommen die Bedingungen aus der *aktuellen* Situation: die *Periode*. Sie verweist auf einen für alle, zu einem bestimmten Zeitpunkt lebenden Personen unterschiedlicher Kohorten und Altersgruppen gleichen Einfluß: den der jeweils aktuellen historischen Situation.

Etwa: die in der Periode gerade aktuell verfügbaren Heiratspartner für die verschiedenen Kohorten aufgrund vergangener demographischer Entwicklungen; oder die mit dem Konjunkturzyklus periodisch schwankenden Chancen auf dem Arbeitsmarkt, der Ausbruch eines Krieges oder die Änderung des politischen Systems eines Landes zu einem bestimmten historischen Zeitpunkt, die die Personen aller lebenden Generationen und aller Altersgruppen gleicherweise, aber wohl mit unterschiedlichen Folgen treffen.

Für die gerade neu Geborenen sind solche Periodeneffekte gleichzeitig deren biographisch prägende Kohorten- bzw. Generationseffekte. Die sog. weißen Jahrgänge, die Kriegskinder und die arbeitslosen Lehrer der 80er Jahre wissen, was gemeint ist.

Geschlechts-, Kohorten-, Alters- und Periodeneinflüsse treffen alle individuellen Mitglieder der betreffenden Kategorien zuächst einmal objektiv unterschiedslos, ohne daß dies in jedem Einzelfall auch in gleicher Weise wahrgenommen oder mit gleichen Reaktionen beantwortet werden muß. Es ist eine gesonderte Aufgabe bei soziologischen Erklärungen über die geschilderten objektiven Differenzierungen hinaus auch Unterschiede in den jeweils subjektiven Deutungen festzustellen, zu berücksichtigen und ggf. ihrerseits zu erklären. Es handelt sich - so sei noch hinzugefügt - um nichts anderes als um bestimmte Aspekte der Logik der Situation - mit den entsprechenden Auswirkungen auf das Handeln der Akteure und mit den dazu gehörigen kollektiven Folgen. Und diese kann über die objektive Situation hinaus in sehr verschiedener Weise sozial differenziert und subjektiv sehr unterschiedlich gestaltet sein. Ob solche Effekte - als Folgen typisch strukturierter Situationen - tatsächlich vorliegen, ist daher immer nur empirisch entscheidbar. Findet man solche Effekte, dann können mit Hilfe dieser Ergebnisse bestimmte Brückenhypothesen für die soziale Situation von Altersgruppen und Geburtskohorten formuliert und in andere Erklärungen als "Hintergrundwissen" eingefügt werden.

Die kombinierten Wirkungen von Alters-, Perioden- und Kohorten-Effekten seien an einem Beispiel - dem Vergleich politischer Einstellungen für verschiedene Kohorten und Altersgruppen zu verschiedenen Perioden - erläutert (Tabelle 17.1).

Tabelle 17.1: Alters-, Perioden- und Kohortenunterschiede in politischen Einstellungen (jeweils Anteile zustimmender Antworten)

Alter	1972	1980	1988
74 - 81	25,0	27,4	34,4
66 - 73	23,6	41,4	50,0
58 - 65	40,5	44,3	50,5 (E)
50 - 57	52,1	53,1 (D)	56,8
42 - 49	50,2 (A)	61,0 (B)	66,9 (C)
34 - 41	61,5	63,0	71,8
26 - 33	64,0	68,2	68,2
18 - 25	75,3	64,2	71,3

Die Daten in Tabelle 17.1 beziehen sich auf eine Frage aus den General Social Surveys der USA zu drei Zeitpunkten: den Jahren 1972, 1980 und 1988.[5]

Beim Vergleich der Zellen A bis E zeigt sich beispielsweise, daß es wohl einen deutlichen Kohorteneffekt für die politischen Einstellungen, aber so gut wie keinen Alterseffekt gibt. Die Reihe A-B-C beschreibt ja drei verschiedene Kohorten zu einem bestimmten Alter. Und hier findet sich eine erkennbare und systematische Zunahme der liberalen Antworten von 50,2% auf 66,9%. Anderseits unterscheiden sich die Anteile in der Reihe A-D-E, die ja das Altern einer Kohorte darstellt, offenkundig nicht sehr.

---

[5] Die Jahre, Altersgruppen und Perioden der Beobachtung entsprechen - wie die betrachteten Gruppen A bis E - denen aus dem Diagramm in Abbildung 17.2. Die Frage, auf die sich die Prozentwerte in den Zellen beziehen, lautete: "Now, I should like to ask you some questions about a man who admits he is a Communist. Suppose this admitted Communist wanted to make a speech in your community. Should he be allowed to speak, or not?".

Gemeinsam ist allen diesen Überlegungen, daß sich gewisse Teilpopulationen einer Bevölkerung durch den Einfluß der demographischen Strukturierungen systematisch und deutlich unterscheiden. Ihre "Wirkung" erhalten Alter, Periode und Kohorte (bzw. Generation) aber immer nur durch bestimmte *soziale* Mechanismen, die mit den Variablen Alter, Periode und Kohorte verbunden sind. Kurz: Alter, Periode und Kohorte müssen immer erst über Brückenhypothesen mit bestimmten Erwartungen und Bewertungen der Akteure verbunden werden.

Die Standard-Demographie

Zusätzlich zu diesen, unmittelbar aus dem Reproduktionsgeschehen der Population des homo sapiens ableitbaren Merkmalen ist man dazu übergegangen, weitere Grundstrukturen bei den Beschreibungen ganzer Bevölkerungen abzubilden. Da es sich dabei schon nicht mehr um bloße demographische Merkmale handelt, spricht man auch von den *sozio*-demographischen Merkmalen einer Bevölkerung.

Die wichtigsten solcher sozio-demographischen Eigenschaften sind - über Geschlecht, Kohorte, Alter und Periode der Beobachtung hinausgehend - dann: Familienstand und Kinderzahl; Bildung, Beruf und Einkommen; ethnische und regionale Zugehörigkeit (vor allem bei Vorliegen massiver Wanderungen); Religionszugehörigkeit, politische Orientierung und grundlegende Werte sowie zunehmend auch: Indikatoren der subjektiven Befindlichkeit - das heißt: der Zufriedenheit mit dem Beruf, den Wohnverhältnissen, der familiären Situation und mit dem Leben ganz allgemein.

Die Erhebung dieser Merkmale gehört zum Standardrepertoire von empirischen Untersuchungen der Sozialstruktur der Bevölkerung. Daher spricht man auch von der Standard-Demographie.

Die zur (sozio-)demographischen Beschreibung eines Bevölkerungsbestandes erforderlichen Daten werden mit Hilfe der verschiedenen Instrumente der Bevölkerungsstatistik bzw. der regelmäßigen Erhebungen der empirischen Sozialforschung gewonnen.

Die wichtigsten dieser Instrumente sind die Volkszählung, die als Vollerhebung (nach einer UNO-Übereinkunft) im Prinzip alle 10 Jahre stattfinden soll. Dazu hat sich die Bundesrepublik auch verpflichtet. In der Bundesrepublik gibt es, wie in einigen anderen Ländern auch, daneben den Mikrozensus - eine Stichprobe von 1% der Bevölkerung in jedem Jahr -, sowie eine Reihe weiterer Erhebungen aus dem Bereich der sog. Amtlichen Statistik, wie etwa die Einkommens- und Verbrauchsstichprobe. Volkszählung und Mikrozensus werden über das Statistische Bundesamt in Wiesbaden und über die verschiedenen Statistischen Landesämter organisiert. Zu den regelmäßigen Erhebungen der empirischen Sozialforschung zählen u.a. die Allgemeine Bevölkerungsumfrage der Sozialwissenschaften, der sog. Allbus (durchgeführt von ZUMA im Rahmen des GESIS-

Verbundes); das Sozio-Ökonomische Panel; der Wohlfahrts-Survey sowie die in den Jahren einer Bundestagswahl stattfindenden regelmäßigen Wahlstudien. Insbesondere das Sozio-Ökonomische Panel, das 1983 mit ca. 6 000 Haushalten und etwa 12 000 Befragten gestartet wurde und seitdem jedes Jahr erhoben wird, gestattet auch die Analyse von Kohorten-, Alters- und Periodeneffekten, weil dort auch ganze Biographien - etwa zur Familiensituation und zum Erwerbsleben - erhoben werden. ZUMA ist das "Zentrum für Umfragen, Methoden und Analysen" in Mannheim. Es bildet zusammen mit dem "Zentralarchiv für Empirische Sozialforschung" (ZA) in Köln und dem "Informationszentrum Sozialwissenschaften" (IZ) in Bonn die "Gesellschaft für Sozialwissenschaftliche Infrastruktureinrichtungen" (GESIS). Die GESIS ist eine Einrichtung der sog. Blauen Liste und wird vom Bund und den sog. Sitzländern Nordrhein-Westfalen und Baden-Württemberg getragen. Sie ist die zentrale Serviceeinrichtung für die empirische Sozialforschung in der Bundesrepublik Deutschland. Im Prinzip kann jedermann ihre Dienste - Methodenberatung, Zugang zu Datensätzen für Sekundäranalysen, Information über Forschungsprojekte und Literatur - in Anspruch nehmen - was hiermit auch empfohlen sei.

Man kann die Frage nach der (sozio-)demographischen Differenzierung von Gesellschaften und die nach der Entwicklung des Bevölkerungsbestandes beliebig erweitern und vertiefen. Dies kann und soll hier nicht geschehen. Wichtig ist in unserem Zusammenhang insbesondere ein Verständnis dafür, wie schon die bloße biologische Reproduktion der Population des homo sapiens typische, auch sozial bedeutsame Differenzierungen nach sich zieht, daß die Bevölkerung nichts als ein aggregierter externer Effekt des nicht immer ganz absichtsvollen generativen Verhaltens der Menschen ist und manchmal eine Ressource, oft genug aber auch eine Restriktion für ihr soziales Handeln darstellt.

Kapitel 18
Die Entwicklung der Bevölkerung

Homo sapiens bevölkert derzeit in etwa 5 Milliarden Exemplaren die Erde. Die weitaus längste Zeit der Existenz der Gattung war die Population vergleichsweise klein und stabil. Erst seit etwa 250 Jahren hat das Wachstum der Erdbevölkerung drastisch zugenommen. Es hat heute ein Ausmaß erreicht, das noch vor recht kurzer Zeit - etwa für Thomas R. Malthus (1766-1843), einem der bekanntesten Bevölkerungstheoretiker des beginnenden Industriezeitalters - unvorstellbar gewesen sein muß.

Diese Situation ist von zwei deutlich gegenläufigen Tendenzen gekennzeichnet: Das enorme Wachstum der Weltbevölkerung findet vor allem in der sog. Dritten Welt statt, während insbesondere die Industriegesellschaften des Westens eine stagnierende, wenn nicht schrumpfende Bevölkerung aufweisen. Und entsprechend gibt es zwei ganz unterschiedliche Befürchtungen: das Szenario der Überbevölkerung und einer Bevölkerungsexplosion in der Dritten Welt einerseits und die Vision einer Entvölkerung und des letztlich auch wirtschaftlichen und politischen Niedergangs der Industriegesellschaften andererseits.

Diese beiden Befürchtungen - Überbevölkerung versus Aussterben der Menschen - hat es zu unterschiedlichen Zeiten und aus unterschiedlichen Anlässen immer schon gegeben - oft genau gleichzeitig. Vor allem waren es aber die Übervölkerungsängste, die die Menschen und die Gesellschaftstheoretiker beschäftigt haben.

Das grundlegende Argument ist ja durchaus auch (zunächst) sehr einleuchtend: Wenn die Ressourcen der Erde begrenzt sind und wenn die Bevölkerung deutlich rascher zunimmt als die Ressourcenproduktion, dann drückt die Zunahme der Bevölkerung das Wohlstandsniveau immer wieder auf das Existenzminimum zurück.

Genau dies war die These von Thomas R. Malthus gewesen[1]: Der Nahrungsspielraum wachse aufgrund der Fortschritte in der Landwirtschaft zwar durchaus. Er tue dies aber nur linear, während die Bevölkerung - aufgrund des im Prinzip ungehemmten Fortpflanzungstriebes der Menschen - exponentiell zunehme. Das durch diese Restriktionen des Nahrungsspielraumes un-

---

[1] Thomas R. Malthus, Essay on the Principle of Population, as it affects the Future Improvement of Society, London 1926 (zuerst: 1798).

vermeidliche Gleichgewicht im Existenzminimum werde nur durch periodische *checks* wieder erreicht: durch Katastrophen, Hungersnöte, Kriege und Seuchen. Das Grundproblem bleibe aber bestehen: die nur durch solche checks einzudämmende Tendenz zur Überbevölkerung. Die Bevölkerungsentwicklung besteht nach dieser Theorie aus einem Oszillieren um das Existenzminimum nach Maßgabe der beiden Faktoren: ungehemmter Vermehrungstrieb und periodische checks. Eine moralische und sozialpolitische Provokation war mit diesen Argumenten durchaus beabsichtigt: Armengesetze und Sozialpolitik seien - so Malthus - ebenso zwecklos wie schädlich, da damit die Vermehrung eher angeregt und die Anzahl und Heftigkeit der checks nur noch verstärkt würde.

Die Thesen von Malthus sind von Anfang an - und bis heute - umstritten gewesen. Und in der Tat: Für die Industriegesellschaften des Westens trifft die Hypothese vom Oszillieren um das Existenzminimum sicher nicht zu. Es muß also Prozesse gegeben haben, die mit den Annahmen von Malthus nicht zu erklären sind. Es treffen für die Industriegesellschaften weder die Hypothese von der ungehemmten Fortpflanzung, noch die des nur linearen oder hinter der Bevölkerungsentwicklung herhinkenden Wachstums des Ressourcenspielraumes zu. In allen Industriegesellschaften ist es - nach einer Phase deutlichen Wachstums der Bevölkerung im 19. und zu Beginn des 20. Jahrhunderts - zu einem stetigen Rückgang der Geburtenneigung und zu einer Stagnation des Bevölkerungsbestandes - auf freilich hohem Niveau - gekommen. Und es hat ein ganz ausgeprägtes Wachstum der wirtschaftlichen Produktion gegeben, das deutlich stärker war als das des Bevölkerungsbestandes, mit der Folge einer deutlichen Zunahme des Wohlstandes, gemessen etwa am Pro-Kopf-Einkommen.

In diesem Kapitel soll die historische Entwicklung des Bevölkerungsbestandes - in Europa im wesentlichen - dargestellt und systematisiert werden[2]. Für diese Systematisierung greifen wir auf ein inzwischen gut eingeführtes Modell der Bevölkerungsentwicklung zurück: die sog. Theorie des demographischen Übergangs. Dieses Modell dient als Ausgangspunkt für die in dem nächsten Kapitel dann weiter folgenden Überlegungen zur Erklärung

---

[2] Wir orientieren uns in der folgenden Darstellung auch der zahlenmäßigen Entwicklung der Bevölkerung insbesondere an Bernhard Felderer und Michael Sauga, Bevölkerung und Wirtschaftsentwicklung, Frankfurt und New York 1988, Teil I: Grundlagen; sowie: Gerhard Mackenroth, Bevölkerungslehre, Berlin-Göttingen-Heidelberg 1953, Kap. II: Geschichtlicher und länderweiser Überblick über das Material; vgl. auch den kurzen Abriß über "Die Dynamik der menschlichen Bevölkerung in historischer Perspektive" bei Reiner Hans Dinkel, Demographie, Band 1: Bevölkerungsdynamik, München 1989, S. 57ff.; Karl-Martin Bolte, Dieter Kappe und Josef Schmid, Bevölkerung. Statistik, Theorie, Geschichte und Politik des Bevölkerungsprozesses, 4. Aufl., Opladen 1980.

18.1 Die Entwicklung des Bevölkerungsbestandes im Mittelalter

Seit dem - bisherigen - Abschluß der Evolution zum homo sapiens war der Bevölkerungsbestand der Gattung eine sehr lange Zeit äußerst gering und stabil. Zu keiner Zeit der Vorgeschichte der Menschheit dürften mehr als 10 Millionen Exemplare gelebt haben. Andererseits müßte es immer mindestens etwa 100 000 Exemplare zum Fortgang der Reproduktion gegeben haben. Der geringe Bestand ist vor allem auf die Lebensweise des Jagens und Sammelns und auf die enormen Restriktionen dieses Lebens zurückzuführen.

Erst allmählich und sehr langsam steigt der Bevölkerungsbestand. Hierbei spielt eine wichtige Rolle der Übergang zu agrarischen Lebensweisen³. Es wird geschätzt, daß die Weltbevölkerung zu Christi Geburt etwa 250 Millionen betrug, davon etwa 10% in Europa. Bis etwa zum 8. Jahrhundert bleibt die Bevölkerung in Europa bei einer Zahl von unter 30 Millionen. Nur wenige Flächen sind landwirtschaftlich genutzt. Riesige Wälder und Sumpfgebiete bedecken den größten Teil des Kontinents. Die einzelnen Gehöfte und Siedlungen liegen weit auseinander. Die Landwirtschaft erbringt nur geringe Erträge. Schon einzelne Mißernten können - auf lokaler Ebene - katastrophale Folgen für die Bevölkerung haben.

Erst nach 700 setzt ein allmählicher, aber langanhaltender Bevölkerungsanstieg ein. Er verläuft bis zum Jahre 1300 von 27 auf 73 Millionen (vgl. Abbildung 18.1).

Dieses Wachstum verläuft nicht gleichmäßig, sondern in großen Wellen von wechselnder Länge. Es geht aus von der Beendigung der sog. Völkerwanderung und ist begleitet von einer Periode des ersten Landausbaus sowie der sog. Ostkolonisation: Die landwirtschaftlich genutzte Fläche wächst extensiv durch Rodungen, intensiv durch den Übergang zur Dreifelderwirtschaft.

In dieser Periode trifft das Bevölkerungswachstum zunächst (bis etwa 1100) noch auf keine Begrenzungen der Ressourcen. Erst in den beiden letzten Jahrhunderten dieser Phase werden die Grenzen fühlbarer. Zusammen

---

[3] Vgl. zu einer zusammenfassenden Darstellung der Entwicklung menschlicher Gesellschaften von den einfachen Jäger- und Sammlergesellschaften über die Hortikulturgesellschaften, die Agrargesellschaften zur modernen Industriegesellschaft auf der Grundlage des Wachstums der Bevölkerung die Übersicht bei Gerhard Lenski, Macht und Privileg. Eine Theorie der sozialen Schichtung, Frankfurt 1973, Kapitel 5 bis 10.

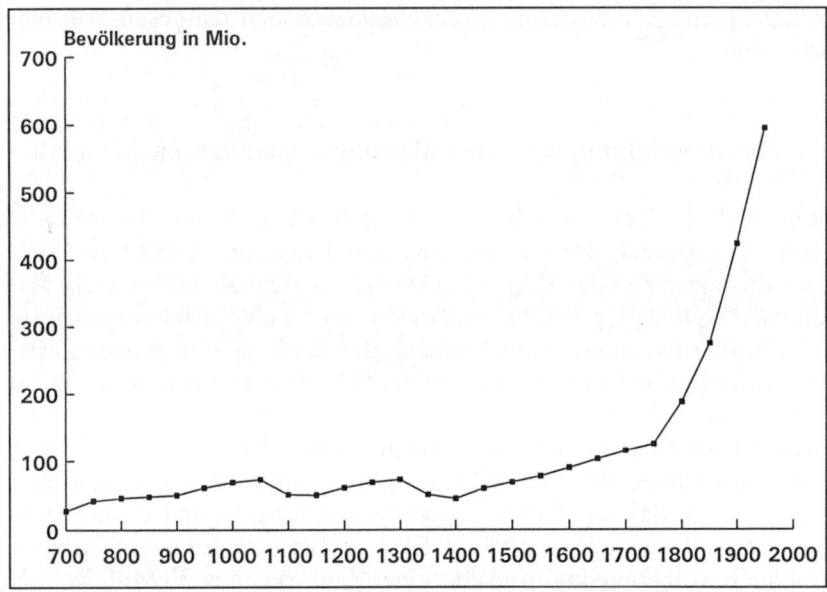

Abb. 18.1: Bevölkerungsentwicklung in Europa von 700 bis 1950

mit der Landwirtschaft dehnen sich nun auch Handel und Gewerbe aus. Und es entstehen die ersten größeren Städte. Die Urbanisierung fördert die Arbeitsteilung zwischen agrarischer und gewerblicher Produktion. Städte und Handel entstehen vor dem Hintergrund einer Sozialorganisation des Landes, die selbst auf eine Verbesserung der landwirtschaftlichen Produktivität drängt und dazu beiträgt: die Grundherrschaft und die Großorganisation der Klöster.

Damit eng verzahnt ist der genossenschaftlich wirtschaftende Dorfverband des mittelalterlichen Gewanndorfes. Es ist die der Dreifelderwirtschaft am besten angepaßte, rationalste Siedlungsform. Grundherrschaft und Dorfverband ergänzen sich in ihren wechselseitigen Leistungen - Schutz gegen Landgabe - und führen zu weiterem Landausbau, zu einem politisch schlagkräftigen und wirtschaftlich erfolgreichen sozialen Gebilde wechselseitiger Stützung und zu einer auch demographisch wirksamen expansiven Spannung.

So bedeutend das Bevölkerungswachstum in dieser Zeit relativ zur Zeit davor auch gewesen sein mag: Im Vergleich zu den späteren Steigerungsraten ist es eher bescheiden. Der Grund für das mäßige Wachstum liegt vor allem in der mittelalterlichen Mortalität: Die mittlere Lebenserwartung beträgt 35 Jahre, die (rohe) Sterbeziffer beläuft sich auf etwa 30 (pro Tausend), die Kinder- und Säuglingssterblichkeit ist mit 150 bis 200 pro Tausend erschreckend hoch. Epidemien und Hungersnöte sowie die oftmals tödlichen Risiken der Schwangerschaft und Geburt bei Frauen tun ein übriges zur Abschwächung des Bevölkerungswachstums, auch bei sich allmählich verbessernder Ressourcenlage.

Diese Phase des allmählichen Bevölkerungswachstums und der räumlichen Expansion der menschlichen Population in Europa reicht bis etwa 1300. Es beginnt nun ein Stadium der Stagnation bzw. sogar des Bevölkerungsrückgangs.

Die Gründe sind verschiedener Art: Größere Seuchen durch das engere Zusammensiedeln und durch den beginnenden Fernhandel, einige schwere Hungersnöte (etwa von 1307 bis 1315) und - so nimmt man an - insbesondere die aus Asien eingeschleppte Pest (in Deutschland 1348/9) sorgen für eine abrupte Verminderung der Bevölkerungszahlen. Die Verluste betragen etwa ein Viertel der Bevölkerung, in manchen Regionen auch deutlich mehr.

Die Pest ist es aber nicht allein. Es wird auch vermutet, daß der Bevölkerungsbestand zu Beginn des 14. Jahrhunderts ohnehin eine kritische Grenze erreicht hatte und daß die genannten Ereignisse nur aus einem bestimmten Grund derart gravierende Folgen haben konnten: Die ertragreichen Böden waren knapp geworden, die Bauern konnten ihre Produktion nur noch mühsam steigern und die Nahrungsmittel wurden knapp.

Kurz: Der Bevölkerungsbestand konnte über die gegebenen Restriktionen nicht hinauswachsen. Insbesondere die Pestepidemien sind so gesehen eine besondere Art der Krisenbewältigung gewesen: Die - glücklichen - Überlebenden finden eine entscheidend verbesserte Versorgungslage vor und die Reallöhne tendieren nach oben. Auch die soziale Lage der Bauern bessert sich beträchtlich. Allerdings entwickelt sich danach auch oft die landwirtschaftliche Produktionsweise in vielen Regionen wieder von der intensiven zur extensiven Bewirtschaftung zurück.

Die von den Epidemien und Hungersnöten geschlagenen Lücken füllen sich relativ rasch wieder auf. Gegen 1500 sind die Verluste fast wieder ausgeglichen. Es bleibt bei dem stetigen, aber recht langsamen Wachstum, wie es für das Mittelalter insgesamt typisch ist - bis in die Mitte des 18. Jahrhunderts.

Der Grund ist die besondere Bevölkerungsweise des Mittelalters: Hohe Geburtenraten *und* eine hohe Sterblichkeit - insbesondere der Säuglinge - sorgen für ein nur langsames Wachstum, immer in Einklang mit den nur begrenzten Möglichkeiten einer Erweiterung des Ressourcenspielraumes, insbesondere der landwirtschaftlichen Produktion.

Mit der im Übergang zur Neuzeit allmählich sich verringernden Säuglings- und Frauensterblichkeit verändert sich eine der institutionellen Komponenten der mittelalterlichen Bevölkerungsweise: Das Heiratsalter erhöht sich.

Dieses sog. europäische Heiratsmuster sorgt aufgrund der damit verminderten Geburtenzahlen für eine Art von ungeplantem Ausgleich zu den steigenden Überlebensraten der Neugeborenen am Beginn der neuzeitlichen Entwicklung. Und damit dafür, daß das Wachstum der Bevölkerung weiterhin sehr moderat verläuft und so in einem Gleichgewicht verbleibt.

In Deutschland bringt der Dreißigjährige Krieg einen neuen deutlichen Einschnitt in diese Entwicklung, der sich in den europäischen Gesamtziffern nicht unmittelbar zeigt.

Hauptverlustgebiete sind Mecklenburg, das Erzstift Magdeburg, Thüringen, Hessen, Franken, Bayern, Württemberg, die Pfalz und das Kurfürstentum Trier. Für Württemberg ist die Dramatik dieses Einschnitts deutlich belegt (Tabelle 18.1). Es dauert ungefähr bis 1750, bis die Verluste wieder ausgeglichen sind.

Tabelle 18.1: Die Bevölkerung Württembergs im 17. und 18. Jahrhundert[4]

Jahr	Bevölkerung in 1000
1598	414
1622	445
1634	415
1639	97
1645	121
1652	166
1669	218
1673	252
1679	265
1697	284
1730	425
1750	472
1794	614

Mit Beginn des 18. Jahrhunderts formiert sich im deutschen Raum der merkantilistische Staat, für den in Verfolgung seiner Ziele sein Gebiet als eher unterbevölkert erscheint. Nun wird zum ersten Mal in gezielter Weise Bevölkerungspolitik getrieben. In deren Verlauf werden Einwanderer ganz bewußt angeworben - wie die Hugenotten oder holländische Deichbauern nach Preußen. Man kann dies, parallel zur beginnenden Industrialisierung (zunächst in England), als den endgültigen Schlußpunkt für die mittelalterliche Bevölkerungsweise ansehen.

---

[4] Nach R. Häpke, Geschichte der Bevölkerungsbewegung, in: Handwörterbuch der Staatswissenschaften, 4. Aufl., Band II, S. 673; zitiert bei Mackenroth 1953, S. 117.

Neben den geschilderten Besonderheiten beim generativen Verhalten - hohe Geburtenzahl und hohe Sterblichkeit - lassen sich einige weitere Eigenschaften der mittelalterlichen bzw. frühneuzeitlichen Bevölkerungsweise festhalten: Eine (mäßige) Bevölkerungsvermehrung ist überall da feststellbar, wo es eine feste Organisation von Herrschafts- und Wirtschaftsstrukturen gibt: das an das Gewanndorf gebundene System der feudalen Grundherrschaft und später der merkantilistische absolute Staat. Die Bevölkerung stagniert dann, wenn die mit dieser Organisation zu gewinnenden Ressourcen an ihre Grenzen stoßen. Die so gegebene latente Spannung zum Nahrungsmittelspielraum ist die Restriktion, die die Bevölkerung über periodische Krisen auf den Pfad der moderaten Entwicklung immer wieder zurückwirft.

Institutionelle Regeln, wie das zugelassene Heiratsalter und bestimmte Heiratserlaubnisse bzw. -verbote, spielen bereits bei der sozialen Regulierung des Geschehens eine gewisse Rolle. Ansonsten gilt für die Entwicklung der Bevölkerung deutlich erkennbar das grundlegende Gesetz der Evolution des Menschen (vgl. Kapitel 11 und 12): Der reproduktive Erfolg bleibt immer in den Grenzen der jeweils möglichen Reichweite der Kontrolle der für die Reproduktion erforderlichen Ressourcen.

Beim Menschen ist dies für lange Zeit fast ausschließlich die Restriktion der Nahrungsmittelproduktion gewesen. Und dies gilt heute für weite Teile der Erde immer noch. Die Grundlinien der Entwicklung und die genannten Besonderheiten treffen - mehr oder weniger und in gewissen zeitlichen Reihenfolgen - für (fast) alle Länder Europas zu.

Exkurs zum Konzept der Bevölkerungsweise

Oben war mehrfach ein etwas merkwürdig klingender Begriff benutzt worden: die *Bevölkerungsweise*. Damit bezeichnet Gerhard Mackenroth ein typisches Muster des generativen Verhaltens in bezug auf Heiratsalter, Geburtenzahl und Säuglingssterblichkeit. Mackenroth nimmt an, daß bestimmte Epochen und soziale Gruppen durch typisch unterschiedliche Muster solcher Bevölkerungsweisen gekennzeichnet seien und daß der Übergang von einer zur anderen Bevölkerungsweise oftmals sehr abrupt erfolge (Mackenroth 1953, S. 325ff.).

Die Bevölkerungsweise kann als ein prozessierendes System eines Gleichgewichtes von Produktion und Reproduktion auf der Grundlage einer bestimmten materiellen, technischen Basis, biologischer Bedingungen (wie der Mortalität), eines typischen generativen Verhaltens, institutioneller Regeln und übergreifender Werte, die das jeweilige Verhalten orientieren, verstanden werden. Eine solche Bevölkerungsweise entsteht, prozessiert und ändert sich durchaus genauso wie andere Systeme des Lebens bzw. von Populationen: als neues Gleichgewicht eines homöostatischen Systems von Produktion und Reproduktion in einer Umwelt, nach Mutation - etwa durch technische Erfindungen - und Selektion als Folge einer höheren differentiellen Reproduktion dieser Art der sozialen Organisation des Zusammenlebens. Also: durch eine Art von Evolution.

Eine Bevölkerungsweise ist ein besonders interessantes soziales System, das die Menschen bilden. Bei der Evolution und beim Prozessieren der sozialen Systeme der Menschen kommt ein bisher nicht ausdrücklich genannter, aber bei jedem anderen evolutionären Prozeß auch wichtiger dritter Vorgang hinzu: die Retention von einmal zum Gleichgewicht kommenden Reproduktionsweisen.

Bei menschlichen Sozialsystemen geschieht die Retention des einmal Entstandenen - unter anderem, keineswegs ausschließlich - durch die kulturellen Werte, die dafür sorgen, daß das Handeln eine gewisse Konsistenz und Gradlinigkeit erhält. Dadurch werden die gefundenen Lösungen gewissermaßen resistent gegen kleinere Schwankungen in der Umwelt des Systems, wozu - neben anderem - auch die manchmal etwas zu rasch maximierenden und opportunistischen Menschen zählen können (vgl. dazu Kapitel 21 und Abschnitt 25.1).

Angesichts der Weltoffenheit und der Findigkeit der Menschen kann diese - oder eine andere - Form der Retention durchaus als eine Art von notwendiger Bedingung für das Finden eines erfolgreichen Gleichgewichtes für eine Bevölkerungsweise angesehen werden. Und die Folge: Jede Bevölkerungsweise hat ihr jeweils ganz eigenes Wertesystem gegenüber den verschiedenen Formen des generativen Verhaltens.

Die Überlegungen lassen sich - wie leicht vorstellbar ist - ohne weiteres auf die Ko-Evolution der Struktur und der Kultur von menschlichen Gesellschaften insgesamt übertragen (vgl. dazu u.a. Kapitel 25, insbesondere Abschnitt 25.3).

18.2 Die demographische Revolution

Mitte des 18. Jahrhundert verändert sich die vorindustrielle Bevölkerungsweise drastisch. Die Bevölkerung nimmt nun - auf der Grundlage eines anderen generativen Verhaltens - in einem zuvor ungekannten Tempo zu. Von 1750 bis 1800 steigt die Bevölkerungszahl um 34%, von 1800 bis 1850 um 43% und in der zweiten Hälfte des 19.Jahrhunderts sogar um 50%.

Heute leben in Europa etwa 600 Millionen Menschen, knapp fünfmal soviel wie vor 200 Jahren.
Die in Europa begonnene Entwicklung hat dann nach und nach die gesamte Welt erfaßt. Der Ausgangspunkt dieser *demographischen Revolution* ist Großbritannien, das Ursprungsland auch der *industriellen Revolution*, etwa in der Mitte des 18. Jahrhunderts gewesen. Gegen 1800 sind die meisten anderen Länder Europas erfaßt - bis auf Frankreich. Die Wachstumsraten pro Jahr liegen bei über 1% - ein bis dahin enorm hoher Wert.

Erst im 20 Jahrhundert verlangsamt sich das Wachstum der Bevölkerung Europas wieder - ganz anders als in den Ländern der Dritten Welt, die - von dem Prozeß im Grunde erst nach dem 2. Weltkrieg erfaßt - mit 2%, teilweise auch mit 3% und mehr (pro Jahr) zunehmen.

Wie kann man die festzustellende Autokatalyse der Bevölkerungsentwicklung erklären? Wir erinnern uns: Der Bestand einer Bevölkerung setzt sich aus drei Komponenten zusammen - der Geburtenzahl, den Todesfällen und dem Wanderungssaldo. Die Frage sei zunächst so gestellt: In welcher Weise haben sich die drei Komponenten entwickelt? Anschließend kann man dann weiter fragen: Warum haben sich Fertilität und Mortalität im Verlaufe der demographischen Revolution in einer ganz besonderen Weise entwickelt? Welche wirtschaftlichen, politischen, institutionellen, sozialen oder kulturellen Gründe waren dafür bedeutsam (vgl. dazu Kapitel 19)?

Dazu sei die Entwicklung insbesondere der Mortalität und der Fertilität betrachtet. Die Komponente der Migration können wir bei dieser Betrachtung aus Vereinfachungsgründen, vor allem aber auch, weil sie für die west- und mitteleuropäische Entwicklung (zunächst) kaum ins Gewicht fällt, vernachlässigen.

Gegen Mitte des 19. Jahrhunderts werden Wanderungen als Emigration v.a. nach Übersee, zu Beginn des 20. Jahrhunderts als Immigration aus den östlichen Bereichen Europas und gegen Mitte und Ende des 20. Jahrhunderts als Immigration aus den südöstlichen Regionen und aus der Dritten Welt für die Entwicklung des faktischen Bevölkerungsbestandes zunehmend bedeutsamer. Für die Erklärung der demographischen Revolution in Europa sind diese Vorgänge aber nicht unmittelbar von Bedeutung. Anders sieht dies für die internen Wanderungen, insbesondere für die Land-Stadt-Wanderungen, aus. Ohne Zweifel haben die Land-Stadt-Wanderungen und das dadurch ausgelöste rapide Bevölkerungswachstum in den Städten einen wichtigen Anteil an den wirtschaftlichen, institutionellen und sozialen Änderungen im Verlaufe dieser Entwicklungen gehabt.

Inzwischen scheint - trotz der im ganzen unsicheren Datenlage - sicher zu sein, daß sich *beide* Komponenten des Bevölkerungsbestandes - Fertilität *und* Mortalität - im Verlaufe dieses Prozesses geändert haben. Dies jedoch in unterschiedlicher Weise und in einer bestimmten Art von Asynchronität und Fehlanpassung. Man kann den Verlauf etwa so zusammenfassen:

1. Phase (1750-1875)
Die Sterbeziffer beginnt allmählich zu sinken, während die Geburtenziffer bei stärkeren Schwankungen seit 1800 leicht und dann seit 1860 stärker ansteigt.

2. Phase (1875-1900):
Die Sterbeziffer sinkt weiter. Nun beginnt auch die Geborenenziffer zu sinken (seit etwa 1875 erst allmählich und dann immer stärker).

3. Phase (1900-1930):
Geburten- und Sterbeziffer nehmen beide weiter ab, wobei die Abnahme der Geburtenziffer nun größer ist als die der Sterbeziffer.

4. Phase (1930-1965):
Die Abnahme der Sterbeziffer schwächt sich weiter ab. Die Geborenenziffer schwankt ohne sichtbaren langfristigen Trend auf niedrigem Niveau.

5. Phase (nach 1965):
Die Geburtenziffer weist deutlich weiter nach unten, während die Sterbeziffer sich stabilisiert und den gegebenen Altersstrukturen der Bevölkerung folgt. Die Nettoreproduktionsrate der Bevölkerung Europas ist nun kleiner als eins.

Die erste Phase der Entwicklung kann an einer Zusammenstellung der Geburten- und Sterbefälle für England zwischen 1706 und 1871 gut abgelesen werden (vgl. Abbildung 18.2).

Auf Gründe für die Entwicklungen im Verlaufe der demographischen Revolution werden wir noch zurückkommen (in Kapitel 19). Soviel kann man aber schon sagen: Das Absinken der Sterblichkeit hat mit der deutlichen Verringerung der Säuglings-, Kinder- und Müttersterblichkeit zu tun. Und das lag sicher am sog. medizinischen Fortschritt im 18. und 19. Jahrhundert: Die mittelalterliche Medizin war eher als lebensgefährlich anzusehen. Ein weiterer Grund war wohl das Ausbleiben der vorher periodisch auftretenden Mortalitätsspitzen durch Seuchen und durch Hungersnöte. Regionale Engpässe bei der Versorgung können aufgrund des verbesserten Transportwesens eher ausgeglichen werden. Und neue Massennahrungsmittel - wie die Kartoffel - erleichtern die Nahrungsmittelsituation außerdem beträchtlich.

Die Verringerung der Sterblichkeit reicht jedoch zur Erklärung des Bevölkerungsanstiegs nicht aus: Es sind - zunächst - auch die Geburtenraten gestiegen: von 28,8 pro 1000 im Jahre 1711 auf 41,9 pro 1000 im Maximum von 1816. Dieser Anstieg läßt sich zum Teil mit den liberaler werdenden Heiratsregeln erklären, aber auch mit der in England sich in dieser Zeit bessernden ökonomischen Situation allgemein. Gleichwohl geht der Geburtenzuwachs nicht über auch früher übliche Schwankungen hinaus. Im Gegenteil: Nach 1816 sinkt die Geburtenziffer - ebenso wie die Sterblichkeit - stetig ab.

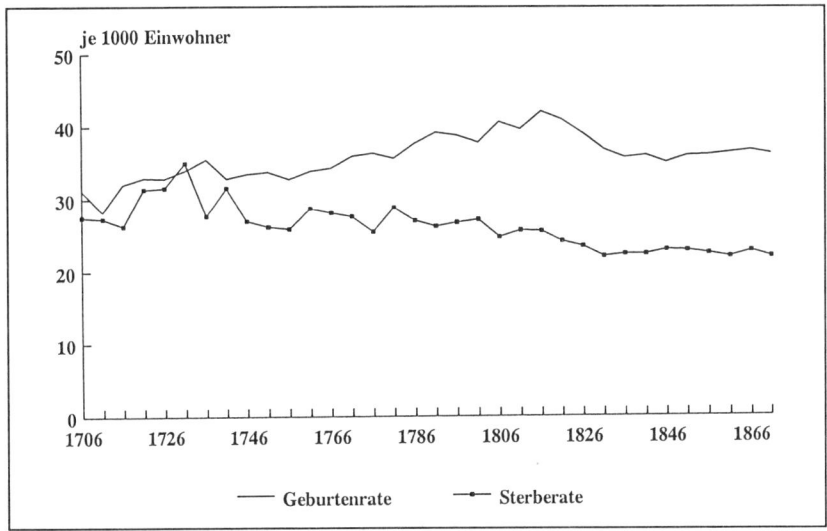

Abb. 18.2: *Geburten- und Sterberaten in England zwischen 1706 und 1871 (geschätzte Werte)*

Die weitere Entwicklung, insbesondere die des säkularen Abfalls der Geburtenziffer, läßt sich - mit einigen historisch bedingten Schwankungen - gut an den Geburten- und Sterbeziffern im Deutschen Reich bzw. der Bundesrepublik Deutschland seit Beginn des 19. Jahrhunderts ablesen (vgl. Abbildung 18.3; eigene Zusammenstellung aus Statistischen Jahrbüchern).

Deutlich ist die Abflachung der Abnahme der Sterblichkeit und der enorme Abfall der Fertilität zu Beginn des 20. Jahrhunderts zu erkennen. Man sieht auch, daß der Geburtenüberschuß zu diesem Zeitpunkt noch sehr hoch ist, woraus für den zeitgenössischen Alltagsmenschen wohl der Eindruck einer weiter anhaltenden Bevölkerungsexplosion entstehen konnte. Und man sieht die Angleichung der Ziffern auf deutlich niedrigerem Niveau ab den 40er Jahren dieses Jahrhunderts mit der Tendenz zur Stagnation, ja der Abnahme des Bevölkerungsbestandes - ohne Betrachtung der Migrationen freilich.

Der empirische Verlauf ist sicher nicht ohne einzelne Sonderbewegungen - wie zum Beispiel der Baby-Boom nach dem 2. Weltkrieg. Gleichwohl erscheint seine Grundstruktur von einer beeindruckenden Regelmäßigkeit. Die Frage ist dann natürlich: Woran liegt das? Eine erste Antwort liegt nahe: Es gibt ohne Zweifel Anzeichen dafür, daß der Verlauf der demographischen

Entwicklung etwas mit der Modernisierung von Gesellschaften zu tun hat und daß dieser Zusammenhang durchaus Eigenschaften eines allgemeinen Gesetzes zu haben scheint.

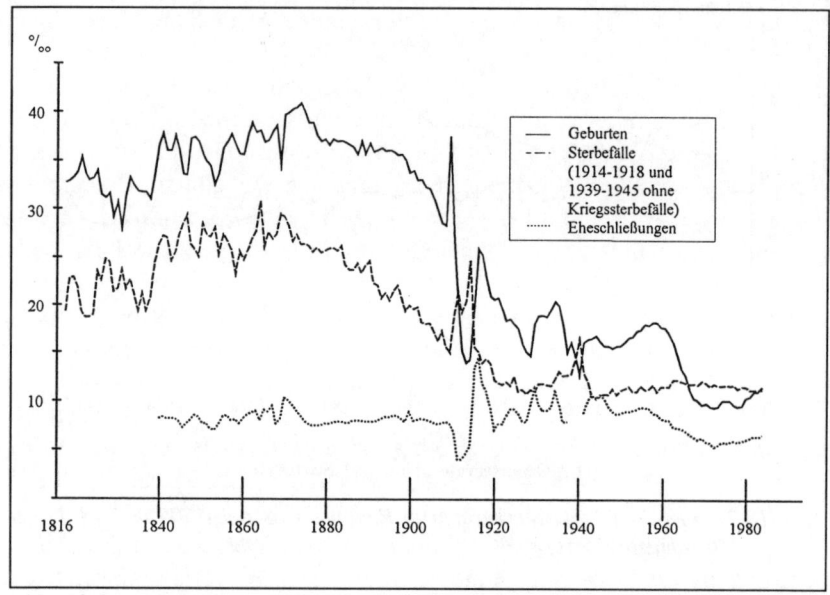

Abb. 18.3: *Geburten- und Sterbeziffern sowie Eheschließungen ab 1816*

Beispielsweise nimmt zwar insgesamt die Bevölkerung in der Dritten Welt ohne Zweifel weiter in dramatischer Weise zu, jedoch hat sich offenbar das Tempo der Zunahme abgeschwächt: Nach Angaben des Population Reference Bureau sinkt die Wachstumsrate der Erdbevölkerung nach einem Höhepunkt mit 1,9% pro Jahr im Jahre 1970 wieder (auf etwa 1,7% im Jahre 1978). Außerdem gibt es Hinweise darauf, daß die Verringerung der Fertilität vor allem dort erfolgt, wo der Prozeß der Modernisierung vergleichsweise am weitesten fortgeschritten ist (vgl. dazu Kapitel 19). Richard A. Easterlin und Eileen M. Crimmins behaupten sogar, daß alle Maßnahmen zur freiwilligen Geburtenbeschränkung in der Dritten Welt erst dann greifen, wenn der Prozeß der Modernisierung selbst bereits in gewisser Weise fortgeschritten ist. Diesen Schluß ziehen sie auf der Grundlage sehr sorgfältiger empirischer Analysen in Sri Lanka, 10 Staaten Indiens, Kolumbien, Karnataka und Taiwan[5].

Ob dies exakt so und in jedem Fall stimmt, soll hier nicht weiter untersucht werden. Aber auch unabhängig von der Richtigkeit der genauen Zahlen: Wenn bereits die Richtung des Zusammenhanges im groben und ganzen

---

[5] Richard A. Easterlin und Eileen M. Crimmins, The Fertility Revolution. A Supply-Demand Analysis, Chicago 1985, S. 189f.

stimmt, wäre dies ein wichtiger Beleg für die Allgemeingültigkeit eines für Malthus geradezu undenkbaren Gesetzes: die *Abnahme* der Fertilität mit *zunehmendem* Wohlstand.

18.3 Das "Gesetz" des demographischen Übergangs

Die geschilderte Entwicklung und das ersichtlich gewordene typische Muster ist mehr oder weniger in ganz Europa im Verlaufe der Industrialisierung und Modernisierung aufgetreten. Es lag daher nahe, das Muster selbst zu schematisieren und ihm einen Namen zu geben. Und dies ist in der Tat geschehen. Man nennt das Phänomen auch den demographischen Übergang. Im ersten Überschwang wurde das eigentlich ja nur beschreibende Schema sogar eine "Theorie" genannt.

Das Schema bzw. die "Theorie" des demographischen Übergangs enthält drei Stadien (und fünf charakteristische Phasen; vgl. Abbildung 18.4).

Ein Hintergrund der These vom demographischen Übergang[6] sind durchaus sozial-darwinistische Annahmen über den Kampf der Arten um die knappen Ressourcen der Welt. Das Stadium I beginnt mit der Annahme, daß das Leben unter vormodernen Verhältnissen "arm, kümmerlich, roh und kurz" gewesen sei, um einen berühmten Satz von Thomas Hobbes zur Kennzeichnung der menschlichen Existenz im Naturzustand zu benutzen[7]. Es können nur solche Populationen überleben und sich behaupten, die die Fertilität auf einem hohen Niveau halten. Dies ist am ehesten dann der Fall, wenn sich wirtschaftliche Produktion und gesellschaftliche Institutionen ergänzen und einander stützen, wie in den Zeiten des Feudalsystems und der Dreifelderwirtschaft oder des merkantilistischen Staates. Dieses Stadium wird auch die *prätransformative Phase* genannt. Es entspricht dem demographischen Muster der mittelalterlichen bzw. der vorindustriellen Bevölkerungsweise: hoher Umsatz der Bevölkerung durch hohe Geburtenzahlen und eine enorme Sterblichkeit, besonders der Säuglinge und Kleinkinder - und der gebärenden Frauen.

---

[6] Vgl. dazu bereits: A. Landry, Les Trois Théories Principales de la Population, Paris 1909; F. W. Notestein, Population - The Long View, in: T. W. Schultz (Hrsg.), Food for the World, Chicago 1945, S. 36-57; oder aus neuerer Zeit: Ansley J. Coale, The Demographic Transition Reconsidered, in: International Population Conference, IUSSP, Band 1, Liège 1973, S. 53 ff.; Bernhard Felderer und Michael Sauga 1988, S. 38ff.

[7] Thomas Hobbes, Leviathan oder Wesen, Form und Gewalt des kirchlichen und bürgerlichen Staates, Reinbek 1965, S. 99. Den bei Hobbes zu findenden Zusatz "einsam" haben wir ausgelassen; aber auch dies mag häufig genug zugetroffen haben.

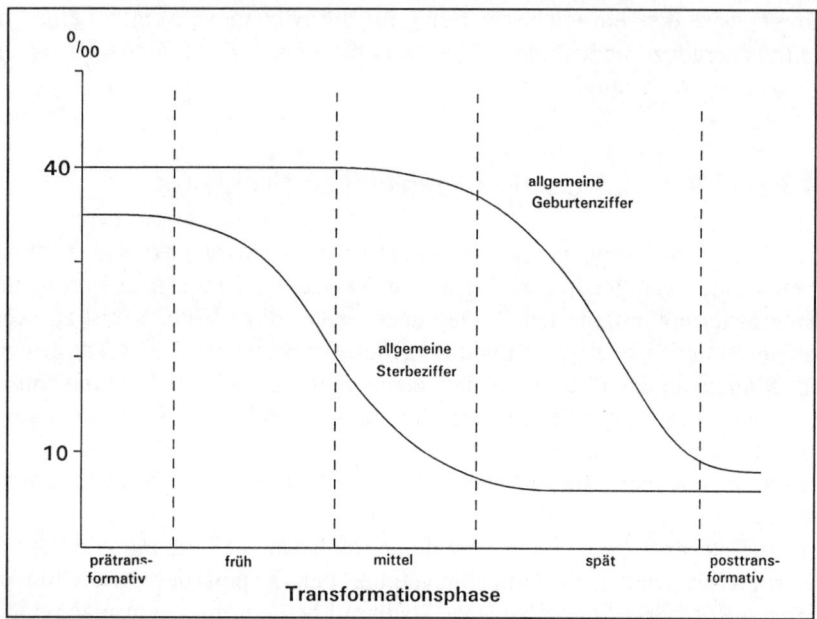

Abb. 18.4: Der demographische Übergang

Das Stadium II hängt vom Eintreten der Modernisierung der Gesellschaft ab: Die inzwischen verbesserte Ernährungssituation und Hygiene sowie insgesamt die Fortschritte in der Medizin führen zu einer schrittweisen Verringerung der Sterblichkeit vor allem der Kinder und Säuglinge, aber auch der Erwachsenen.

Der enge Zusammenhang zwischen den beiden Größen hat einen einfachen anthropologischen Grund: Jeder ist an einem gesünderen und längeren Leben - natürlich auch für seine Kinder - interessiert. Die Folge: Sobald es wirksamere medizinische Möglichkeiten gibt, werden sie auch genutzt.

Dieses Stadium wird insgesamt auch die Phase der *Transformation* genannt. Es ist gekennzeichnet durch den starken Rückgang der Sterblichkeit wie der Geburtenhäufigkeiten.

Der Rückgang der beiden Komponenten Fertilität und Mortalität verläuft jedoch zeitverzögert-asynchron. In der *frühen Phase* der Transformation steigen die Geburtenzahlen noch leicht, während die Sterblichkeit bereits drastisch abfällt. Die Folge: ein deutlicher Zuwachs des Bevölkerungsbestandes. In der *mittleren Phase* sinkt die Sterberate dann weiter, aber die Geburtenziffern beginnen auch zu fallen, während der absolute Bevölkerungsbestand noch deutlich (weiter) zunimmt. In der *späten Phase* der

Transformation sinken die Geburtenzahlen schließlich drastisch, während die Sterblichkeit kaum noch abnimmt.
Damit ist das Stadium III bzw. die *posttransformative Phase* erreicht. Die Fertilität sinkt im Verlaufe der fortschreitenden Modernisierung noch weiter und gleicht sich der nun konstant (niedrig) bleibenden Mortalitätsrate weitgehend an. Die Folgen: Die demographische Lücke hat sich geschlossen. Beide Komponenten der Bevölkerungsentwicklung haben sich aneinander angeglichen. Die Bevölkerung wächst kaum noch und nimmt in manchen Teilen der Welt neuerdings sogar beständig ab[8].

Ein Vergleich der Bevölkerungsentwicklung der Länder Europas erweist in der Tat, daß sich der demographische Übergang zwar nirgendwo in seiner gänzlich reinen Form gezeigt hat, daß er aber durchaus eine brauchbare Verallgemeinerung darstellt (vgl. Dinkel 1989, S. 62). Dabei läßt sich eine weitere Regelmäßigkeit feststellen: Je später bei einer Bevölkerung die Abnahme von Mortalität und Fertilität eingetreten ist, umso rascher und intensiver vollzog sich der demographische Übergang.

Man kann durchaus anerkennen, daß das Schema des demographischen Übergangs die empirisch feststellbaren Entwicklungen in zwar grober, aber strukturell durchaus korrekter Weise beschreibt. Ist es aber auch eine "Theorie" oder ein "Gesetz", als das es gelegentlich aufgefaßt wird? Dieser Frage wollen wir nun nachgehen und dabei insbesondere auf das interessante Zusammenspiel von demographischen, gesellschaftlichen und ökonomischen Prozessen zu sprechen kommen.

---

[8] Der niederländische Demograph Dierk van der Kaa spricht bereits von einem *zweiten* demographischen Übergang, der die Bevölkerungsentwicklung *unter* das Reproduktionsniveau führe; Dierk van der Kaa, Europe's Second Demographic Transition, in: Population Bulletin, 42, 1987 (1).

Kapitel 19
Bevölkerung, Wirtschaft und Gesellschaft

Das "Gesetz" vom demographischen Übergang sieht aus wie eine Widerlegung der Thesen von Thomas R. Malthus. Zwei Dinge sind aber offensichtlich geschehen, die Malthus nicht erwartet hat: Die Menschen haben - ganz entgegen der Malthusschen Vorhersage - mit steigendem Wohlstand damit begonnen, ihre Fertilität abzusenken, statt sich ungehemmt weiter fortzupflanzen. Und dies scheint damit zusammenzuhängen, daß der *demographische* Vorgang der Zunahme der Bevölkerungszahlen über eine längere Frist *soziale* Prozesse ausgelöst hat, die regelrechte Schübe im *ökonomischen* Wachstum erlaubten.

Anders gesagt: Die Bevölkerungszunahme hat möglicherweise selbst zur Steigerung des Wohlstandes beigetragen. Und dies führte dann dazu, daß die Menschen mit einem Male weniger Kinder haben wollten, worauf sich - nach einer gewissen Phase des Übergangs - eine neue Bevölkerungsweise einstellte.

19.1 Alles Malthus oder was?

Thomas R. Malthus war Nationalökonom, studierter Mathematiker und Geistlicher. Als Nationalökonom teilte er die Auffassung seiner Kollegen aus der nationalökonomischen Klassik (wie Adam Smith, David Ricardo oder John Stuart Mill), wonach es einen positiven Zusammenhang zwischen der Einkommens- und der Bevölkerungsentwicklung gebe: Mit steigendem Einkommen werde für den einzelnen die Ernährungssituation besser, die Sterblichkeit gehe zurück, es werde früher (bzw. überhaupt) geheiratet und damit steige die Geburtenrate.

Anders als die anderen Klassiker der Nationalökonomie sah Malthus in diesem Zusammenhang jedoch keinen kurzfristig wirkenden und langfristig folgenlosen Ausgleichsmechanismus zwischen der Nachfrage und dem Angebot an Arbeitskräften, der auch bei steigender Bevölkerungszahl eine gleichgewichtige Höherentwicklung von Löhnen und Wohlstand ermögliche.

So hatte es nämlich Adam Smith gesehen. Dessen Gedankengang war, daß mit steigender Produktion und Kapitalentwicklung die Nachfrage nach Arbeitskräften zunehme, daß sich die Löhne daher nach oben bewegten, sich dadurch - über den erweiterten Ressourcenspielraum - die Bevölkerungszahl erhöhe, wodurch schließlich die Nachfrage nach Arbeitskräften auf einem höheren Produktions- *und* Lohnniveau wieder zu einem Ausgleich komme.

Die Explosion der Bevölkerung

Dies war ohne Zweifel eine sehr optimistische Sicht. Diese Sicht teilte Malthus - anders noch als sein Vater - nicht. Dazu führten ihn zwei, wie er meinte, grundlegende Gegebenheiten der menschlichen Existenz: erstens der ungehemmte Fortpflanzungstrieb der Menschen und zweitens die grundsätzliche Begrenztheit der Nahrungsmittel.

Zu dieser Sicht führte ihn der Augenschein der ersten unverkennbaren sozialen Probleme zum Ende der Frühindustrialisierung in England. Für beide Trends - Fortpflanzung und Nahrungsmittelproduktion - unterstellte Malthus Verläufe, die jeweils einfachen mathematischen Modellen folgten: die *geometrische* Zunahme der Bevölkerung als unmittelbare Folge einer durchaus konstanten Rate der Vermehrung; und die *lineare* Zunahme der Nahrungsmittelproduktion - wegen des Gesetzes vom abnehmenden Grenzertrag (vgl. dazu den nächsten Abschnitt).

Es kann leicht gezeigt werden, warum die Bevölkerungszahl bereits bei einer *konstanten* Rate der Fortpflanzung in Absolutzahlen geometrisch zunehmen muß.[1] Es sei w die Fortpflanzungsrate einer Population in Prozent des Bevölkerungsbestandes. Also etwa für die Population P zwischen den Jahren t und (t+1):

$$w = [(P(t+1) - P(t)]/P(t).$$

Dann gilt:

$$wP(t) = P(t+1) - P(t)$$
$$P(t) + wP(t) = P(t+1)$$
$$P(t) (1 + w) = P(t+1).$$

Für das Folgejahr gilt entsprechend bei konstanter Rate w:

$$P(t+2) = P(t+1) (1 + w)$$
$$= P(t) (1 + w) (1 + w)$$
$$= P(t) (1 + w)^2.$$

---

[1] Vgl. zu den folgenden formalen Einzelheiten Reiner Hans Dinkel, Demographie, Band 1: Bevölkerungsdynamik, München 1989, S. 25-54; sowie Michael Olinick, An Introduction to Mathematical Models in the Social and Life Sciences, Reading, Mass. u.a. 1978, S. 54-65.

Bevölkerung, Wirtschaft und Gesellschaft 293

Und so weiter. Allgemein gilt also für den Bevölkerungsbestand zu einem Zeitpunkt t und bei einer Ausgangspopulation der Größe P(0):

$$P(t) = P(0) (1 + w)^t$$

Genau das ist mit geometrischer Zunahme gemeint: Die Steigung der Kurve des Bevölkerungsbestandes wird mit der Zeit immer größer. Wir sind von einer jährlichen Wachstumsrate ausgegangen. Wenn man - wie das sicher sinnvoll ist - von einer zeitlich kontinuierlichen Reproduktion einer Population ausgeht und Geburten und Sterbefälle betrachtet, dann kann man die Veränderung der Population P auch durch einfache Differentialgleichungen beschreiben, als Wachstumsprozeß mit der konstanten Geburtenrate b und als Schrumpfungsprozeß mit der ebenso konstanten Sterberate d:

$$dP/dt = bP$$
$$dP/dt = -dP$$

Zusammengefaßt zur kontinuierlichen Veränderungsrate a = b - d ergibt dies:

$$dP/dt = aP$$

Trennt man die Variablen P und t und integriert auf beiden Seiten, dann findet man:

$$\int (1/P)\, dP = \int a\, dt$$

Und nach Ausführung der Integration:[2]

$$\ln P = at + C$$

wobei C eine beliebige Konstante und ln der natürliche Logarithmus zur Basis e (der Eulerschen Zahl) ist. Nimmt man nun die Ausgangspopulation P(0) als Anfangsbedingung und setzt: ln P(0) = C, so erhält man:

$$\ln P = at + \ln P(0)$$

Exponentialisiert man beide Seiten, dann ergibt sich für die Bevölkerungsgröße P zu jedem beliebigen Zeitpunkt t die folgende Gleichung:

$$P = P(0)e^{at}$$

Dies ist die Grundgleichung für ein exponentielles Wachstum - nicht nur von Bevölkerungen. Leicht läßt sich klar machen, was geschieht: Wenn a gleich 0 ist (b-d=0), dann bleibt die Bevölkerung konstant, weil e hoch null gleich 1 ist. Ist a kleiner als 0, dann stirbt die Population aus. Und ist a größer als 0, dann wächst P über alle Grenzen hinaus (vgl. Abbildung 19.1).

---

[2] Zu den mathematischen Einzelheiten vgl. die Einschübe für "mathematisch nicht vorgebildete Leser" bei Dinkel 1989 bzw. den Appendix V bei Olinick 1978.

Ohne Not und ohne Katastrophen würde, so Malthus, jeder noch so geringe Spielraum sofort durch das exponentielle Wachstum wieder genommen. An eine freiwillige Zurückhaltung mochte Malthus ja nicht glauben.

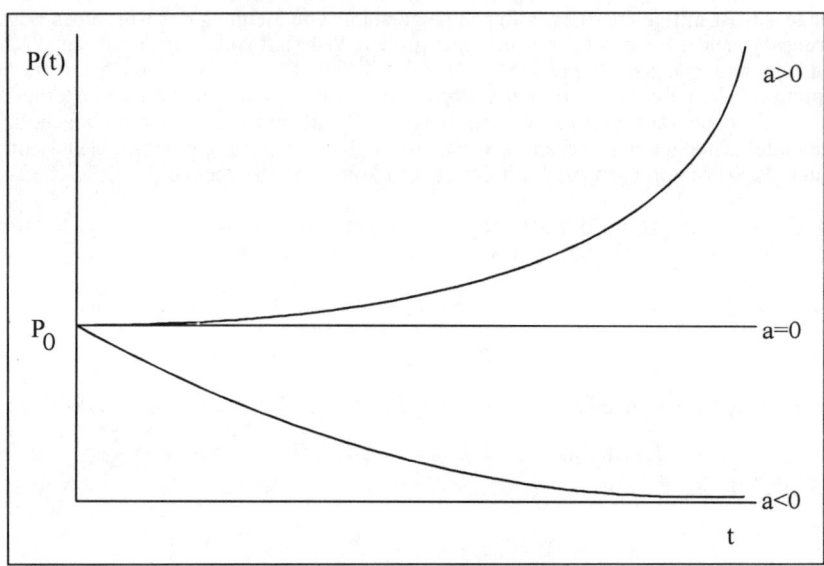

Abb. 19.1: *Exponentielles Wachstum von Bevölkerungen*

Die Grenzen des Wachstums der Bevölkerung

Malthus hatte angenommen, daß sich die Bevölkerung tatsächlich nach dem Modell des exponentiellen Wachstums, das heißt: mit einer Rate von $a > 0$ vergrößere - falls es keine Restriktionen gäbe! Das aber ist der zweite Teil der Überlegungen von Malthus gewesen: *daß* es solche Restriktionen gäbe, die dem geometrischen Wachstum der Bevölkerung - in Form der checks - ein deutliches Ende setzten.

Wie würde man die Wirkung solcher Restriktionen modellieren können? Eine recht elegante Möglichkeit bestünde darin, die Veränderungsrate der Population nicht als konstant, sondern als variabel anzusehen - und zwar: in Abhängigkeit vom Spielraum, den eine Population für ihre weitere Vermehrung jeweils vorfindet. Man könnte etwa annehmen, daß die verfügbaren Ressourcen eine nur begrenzte maximale Bevölkerungsgröße zulassen und daß die Vermehrungsrate davon abhängig ist, wie weit sich die tatsächliche Bevölkerungszahl P diesem Maximum bereits genähert hat.

Wenn man dieses Maximum mit M annimmt, dann kann man den Spielraum als Verhältnis der Differenz von M und P zur Maximalgröße M beschreiben: (M-P)/M. Bei P nahe null ist der gesamte Spielraum (fast noch) vorhanden, bei P = M ist der Spielraum ausgeschöpft. Entsprechend kann man die Wachstumsrate a in Abhängigkeit von dieser Größe annehmen: Die aktuelle Änderungsrate dP/dt ist gleich der konstanten Rate a gewichtet mit dem jeweils verbliebenen Spielraum:

$$\begin{aligned} dP/dt &= aP((M-P)/M) \\ &= (aPM)/M - (aPP)/M \\ &= aP - (a/M)P^2 \\ &= P(a - (a/M)P) \end{aligned}$$

Diese Gleichung entspricht der sog. *Verhulst-Pearl-Gleichung* für die sog. logistische Wachstumsrate.

Die Formel ist nach dem belgischen Mathematiker Pierre-Francois Verhulst und dem amerikanischen Biologen, Genetiker und Statistiker Raymond Pearl benannt worden. Pierre-Francois Verhulst formulierte die Funktion des logistischen Wachstums als erster: im Jahre 1838. Raymond Pearl setzte sich besonders für die Notwendigkeit einer Mathematisierung der Biologie und der Demographie ein und hat die in Vergessenheit geratene logistische Wachstumskurve nach 80 Jahren wiederentdeckt.

In der Formel ist das Wachstumstempo als eine fallende Funktion der Populationsgröße ganz allgemein formuliert. Sie lautet:

$$dP/dt = P(a - bP)$$

wobei b die konstante Verminderungsrate für die Wachstumsrate a in Abhängigkeit von der erreichten Populationsgröße P ist, die oben als a/M erschien.

Als Struktur der Funktion ergibt sich für das Wachstum von P ein sehr typischer, S-förmiger Verlauf: Die Bevölkerung wächst zunächst - ausgehend von einem Mindestbestand - rasch an, weil das geometrische bzw. exponentielle Wachstum noch ungehindert stattfinden kann, solange b bzw. a/M klein genug sind. Mit der Zunahme von P wird dieser Spielraum aber immer kleiner und der exponentielle Effekt immer mehr abgeschwächt - bis es zur Trendumkehr und zur unüberschreitbaren Grenze des Wachstums kommt (vgl. Abbildung 19.2).

Die Gestalt der Funktion des logistischen Wachstums entspricht exakt der S-Form auch des Diffusionsprozesses, den wir in Kapitel 7 als Beispiel für ein Prozeßmodell kennengelernt hatten. Der inhaltliche Grundgedanke war auch dort, daß das Wachstum der Epidemie an eine unüberwindbare Grenze stößt. Bei Diffusionen ist die Grenze *endogen*: die Größe der Population selbst, bei der es schließlich immer weniger noch nicht Angesteckte gibt. Bei Bevölkerungen ist die Grenze des Wachstums dagegen *exogen* vorgegeben und kann sich auch nur exogen verändern - bis auf den Fall, daß sich aufgrund

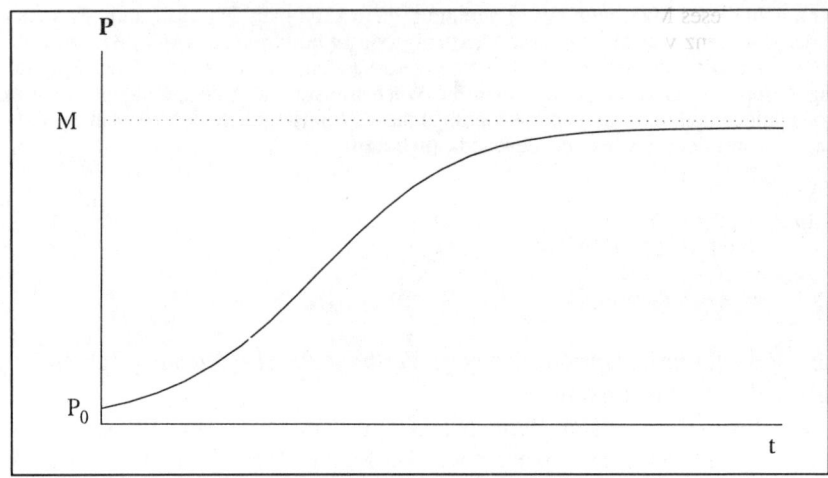

Abb. 19.2: *Logistisches Wachstum von Bevölkerungen*

gerade dieses Wachstums die "exogenen" Grenzen nach oben verschieben (vgl. dazu die folgenden Abschnitte).

Keine der beiden Funktionen - weder die des exponentiellen, noch die des logistischen Wachstums - beschreibt im übrigen die empirische Bevölkerungsdynamik der westlichen Gesellschaften etwa in den letzten 200 Jahren völlig zufriedenstellend. Man kann jedoch Teile der verlaufenen Entwicklung recht gut abbilden. Michael Olinick hat die Anpassung der Volkszählungsdaten für die Bevölkerung der Vereinigten Staaten zwischen 1790 und 1970 an die beiden Funktionen untersucht. (Olinick 1978, S.56-58 und 62-65)

Man muß dabei aber auch beachten, daß das Wachstum der Bevölkerung der USA bis Anfang dieses Jahrhunderts fast ausschließlich über Einwanderungen getragen wurde. Zwischen 1790 und 1860 folgt die Bevölkerungsentwicklung nahezu fehlerfrei dem Modell des exponentiellen Wachstums, bleibt dann aber immer deutlicher hinter der Vorgabe des Modells zurück. Dies liegt vor allem an der Verlangsamung des Wachstums ab Mitte des letzten Jahrhunderts. Die Verlangsamung kann man außerordentlich gut mit dem logistischen Modell beschreiben. Allerdings stieg die Bevölkerungszahl der USA nach 1950 stärker als es das Modell vorhergesagt hatte. Dies war vor allem die Folge des Post-World-WarII-Baby-Booms nach 1945. Inzwischen scheint aber deutlich zu sein, daß dies nur eine unbedeutende Sonderbewegung innerhalb eines allgemeinen Trends zur weiteren Abflachung des Wachstums gewesen ist.

Die beschriebenen Modelle sind nichts anderes als formal zusammengefaßte und mit bestimmten Annahmen über die Umwelt versehene, unendlich fein unterteilte Sequenz-Modelle einer soziologischen Erklärung (vgl. dazu Abschnitt 6.3). Man sieht hier auch gut, daß solche mathematischen bzw.

statistischen Modelle die empirischen Verläufe nur beschreiben, aber nicht bereits erklären können. Am schönsten wäre es ohne Zweifel, wenn man diese mathematischen Modelle aus vorher entwickelten theoretischen Modellen des Bevölkerungswachstums abgeleitet hätte.

Malthus hat dies im übrigen getan: Aus der Annahme einer konstant hohen Fortpflanzungsneigung - auf der Ebene der individuellen Akteure - und aus der Begrenzung der Ressourcen als Teil der Logik der Situation, die sich durch die externen Effekte des Geschehens fortlaufend ändert, ergibt sich das logistische Wachstumsmodell.

Empirisch ist das Modell in seiner reinen Form nur selten nachgewiesen worden. Eines der wenigen, immer wieder zitierten Beispiele ist die Rate der Vermehrung der Fruchtfliege in Abhängigkeit von Nahrungszufuhr, wie sie Raymond Pearl untersuchte.[3]

Freiwillige Selbstkontrolle?

Hinter den Formeln und insbesondere hinter dem verlangsamenden Faktor (a/M)P können sich inhaltlich und historisch dramatische Einzelheiten verbergen: Zunehmende Knappheit an Lebensmitteln, Konflikte um die verbliebenen Ressourcen und sich verschlechternde hygienische Bedingungen erhöhen die Sterberate. Sinkendes Einkommen - da sich das gleiche Sozialprodukt auf immer mehr Köpfe verteilt -, dadurch zunehmendes Heiratsalter oder restriktivere Heiratsregeln u.a. senken die Geburtenrate.

Gegen Ende des 18. Jahrhunderts bekamen die Menschen - wie nicht zuletzt Malthus - diese Vorgänge mehr und mehr auch tatsächlich zu Gesicht: Rasch wachsende Städte mit katastrophalen Lebensbedingungen, Ausbreitung von Armut, Krankheit und eine enorme Säuglingssterblichkeit als Folge der mit der ersten Industrialisierung ausgelösten Bevölkerungszunahme (zum großen Teil auch über Wanderungen vom Land in die Städte).

Den Geistlichen Thomas R. Malthus beschäftigte die Sorge um den ständigen Kampf mit der Ressourcengrenze, der durch Sozialpolitik und Armenhilfe ja nur kurzfristig gelindert werden würde, dann aber - aufgrund der nun erst recht gewachsenen Bevölkerung - umso schärfer ausfallen müßte. Charles Darwin hat sich in seinen ursprünglichen Überlegungen sehr an den Thesen von Malthus orientiert, ist aber später zu sehr viel weniger darwinistischen Hypothesen über die Evolution von Populationen gelangt (vgl. dazu Kapitel 11, insbesondere Abschnitt 11.2).

---

[3] Raymond Pearl, The Biology of Population Growth, New York 1930.

Aus dieser darwinistischen Sorge heraus schrieb Malthus sein durchaus provokativ gemeintes Pamphlet - nicht ohne die zwar wohlgemeinte, aber auch nicht sehr begründete Hoffnung, daß die Menschen sich freiwillig in sittlicher Beschränkung übten, um nicht ständig durch die checks von Hunger, Seuchen und Krieg der - damals noch nicht bekannten - Verhulst-Pearl-Gleichung folgen zu müssen.

Schon damals galt aber offensichtlich das, was wir am Beispiel der Unwirksamkeit umweltmoralischer Appelle feststellen mußten: Es ist unwahrscheinlich, daß sich Menschen freiwillig an investiven kollektiven Unternehmen beteiligen, für die sie unmittelbar keinen individuellen Nutzen sehen.

Nun ist die Geschichte aber - in den Ländern der westlichen Welt - augenscheinlich anders verlaufen. Es hat dort Bevölkerungswachstum *und* Wohlstandsvermehrung gleichzeitig gegeben. Dies könnte man - durchaus noch Malthus folgend - als eine, wie auch immer zu erklärende, Folge der Erweiterung des Ressourcenspielraumes ansehen. Denn: Wenn sich M erhöht, kann natürlich auch P wachsen - bei Menschen wie bei Fruchtfliegen.

Der *Rückgang* der Fertilität mit steigendem Wohlstand widerspricht dagegen dem Kern der Malthusschen Thesen unmittelbar. Von einem ungehemmten Fortpflanzungstrieb als anthropologischer Konstante kann nach den Erfahrungen mit dem demographischen Übergang keine Rede sein. Und der Rückgang des Bevölkerungswachstums muß auch nicht nur mit der zunehmenden Verknappung der Ressourcen zusammenhängen.

Die Verlangsamung des Wachstums der Bevölkerung kann also offenbar auch auf eine andere Weise eintreten als in der Verhulst-Pearl-Formel beschrieben ist. Also etwa doch: Freiwillige Selbstkontrolle beim generativen Verhalten, wenn es ökonomische Grenzen des Wachstums der Bevölkerung nicht mehr gibt?

19.2 Das Wachstum der Bevölkerung und des Wohlstands

Bevor wir auf die Frage zurückkommen, warum die Fertilität mit steigendem Wohlstand abgenommen hat, sei jene zweite, durchaus ungewöhnlich klingende These behandelt: Könnte es nicht sein, daß der Wohlstand durch den Bevölkerungzuwachs nicht gemindert, sondern - geradezu umgekehrt - *erhöht* wird?

Die pessimistische Perspektive

Auf den ersten Blick deutet allerdings vieles auf die Richtigkeit der malthusianisch-pessimistischen Perspektive: In wirtschaftlicher Hinsicht ist bei einem ungehemmten Bevölkerungswachstum mit einem sinkenden Pro-Kopf-Einkommen zu rechnen - wie es ja auch in vielen der sog. Entwicklungsländer zu beobachten ist. Und in gesellschaftlicher Hinsicht kommt es bei Überbevölkerung auch eher zu Konflikten und zu allen den sozialen Problemen, die man in den rasch wachsenden Verdichtungsregionen immer wieder feststellen kann - wie derzeit zum Beispiel in den Slums der überbordenden Metropolen der Dritten Welt.

Für die pessimistische Sichtweise sprechen - auf den ersten Blick wenigstens - einige eigentlich durchschlagende Argumente aus der ökonomischen Theorie:[4] Wenn das Sozialprodukt einer Gesellschaft wesentlich durch die Kapitalausstattung bestimmt ist und wenn diese Kapitalausstattung vor allem mit der Sparquote zu tun hat, dann *kann* bei steigender Bevölkerung und bei konstantem Sozialprodukt (und damit sinkendem Pro-Kopf-Einkommen) nur relativ weniger Kapital gebildet werden. Die Folge: Bei wachsender Bevölkerung sinkt die Kapitalintensität, die ja ein zentraler Bestandteil der Produktivität und damit des erzielbaren Wirtschaftswachstums ist.

Bernhard Felderer und Michael Sauga machen den Zusammenhang an einem einprägsamen Beispiel deutlich. (Ebd., S. 97ff.) Gegeben sei eine agrarisch organisierte Gesellschaft von 20 Bauern, von denen jeder einen Pflug besitzt, mit dem sie im Jahr eine bestimmte Menge an Getreide produzieren. Von diesem Getreide legen sie einen bestimmten Teil als Saatgut zurück: Sie sparen das für die nächste Aussaat erforderliche "Kapital". Nun wird ein neues Mitglied aufgenommen, das selbst keinerlei Ausstattung mitbringt. Um dem neuen Mitglied diese Ausstattung zu ermöglichen, muß ein Teil des produzierten Getreides auf dem Markt verkauft werden, um sich so die nötigen Mittel für den Kauf des Pfluges zu beschaffen. Genau dieser Teil steht dann aber nicht mehr für die Aussaat zur Verfügung. Die Folge: Die Pro-Kopf-Ernte des nächsten Jahres *muß* geringer ausfallen als zuvor.

Der Zusammenhang zwischen der Menge des eingesetzten Kapitals und dem damit in der Produktion eines Gutes erzielbaren Ertrag - in Mengeneinheiten dieses Gutes - wird allgemein auch in einer sog. *Produktionsfunktion* beschrieben. Normalerweise nimmt der Ertrag mit der Menge der eingesetzten Produktionsfaktoren - hier: dem Kapital - zu. Für diesen Einsatz von Produktionsfaktoren gilt ganz allgemein die Annahme des abnehmenden Grenzertrages.

---

[4] Wir folgen hier in wesentlichen Teilen der Argumentation und den Hinweisen von Bernhard Felderer und Michael Sauga, Bevölkerung und Wirtschaftsentwicklung, Frankfurt und New York 1988, Teil III insbesondere.

Unter abnehmendem Grenzertrag versteht man den Sachverhalt, daß zusätzliche Einheiten, etwa an Land oder an Düngemitteln den Ertrag der Produktion nicht proportional steigern, sondern in immer geringer werdenden Zuwächsen.

Normalerweise werden für die Produktion der wichtigsten materiellen Güter zwei Produktionsfaktoren angenommen: Kapital und Arbeit. Die Produktionsfunktion für die Herstellung eines Gutes Y lautet dann in ihrer allgemeinsten Form: $Y = f(A,K)$. Andere Umstände der Produktivität werden als externe, unveränderliche Größen angenommen: der technische Fortschritt, die Umwelt, einschließlich der landwirtschaftlich nutzbaren Flächen, oder die institutionellen Bedingungen für die Produktivität einer Gesellschaft.

Der abnehmende Grenzertrag der landwirtschaftlichen Produktion erklärt sich im übrigen leicht: Wenn die guten Böden zuerst genutzt werden und wenn eine Produktionsausweitung nur durch das Erschließen schlechterer Böden möglich ist, dann muß der Ertrag jeder weiteren Einheit an Bodeneinsatz kleiner werden. Die Kurve des Grenzertrags könnte sogar absinken. Dies würde bedeuten, daß die zusätzlichen Einheiten des betreffenden Faktors den Ertrag sogar schmälern - etwa weil die mit zunehmender Menge des Kapitaleinsatzes auftretenden organisatorischen Probleme schneller wachsen als die Produktion durch den zusätzlichen Faktoreinsatz. Ähnliche Überlegungen können leicht für andere Produktionsfaktoren angestellt werden.

Wenn wir nur einen Faktor betrachten (wie im Beispiel: nur den Faktor Kapital) und alle anderen konstant halten, dann läßt sich das Gesetz vom abnehmenden Grenzertrag als eine nichtlineare, in der Steigung kleiner werdende Kurve zwischen den beiden Größen Y und K darstellen (Abbildung 19.3), wobei die obere gestrichelte Kurve auf eine Änderung der Produktionsfunktion insgesamt verweist, auf die wir gleich unten zu sprechen kommen.

Neben dem geschilderten Problem, daß bei konstanter Kapitalausstattung und wachsender Bevölkerung die Kapitalintensität und damit die Produktivität sinkt, ergeben sich noch andere, hier nicht weiter zu diskutierende Schwierigkeiten für die Produktivität einer Wirtschaft, wenn die Bevölkerung - kurzfristig - wächst.

Theorie und Wirklichkeit

Spricht damit alles - und sogar die wirtschaftswissenschaftliche Theorie - für Malthus? Die Antwort: Nein, nicht alles, und schon gar nicht die Wirklichkeit. Denn: In empirischen Untersuchungen läßt sich der theoretisch gut verstehbare und auch plausible Zusammenhang - und damit der malthusianische Pessimismus - *nicht* bestätigen.

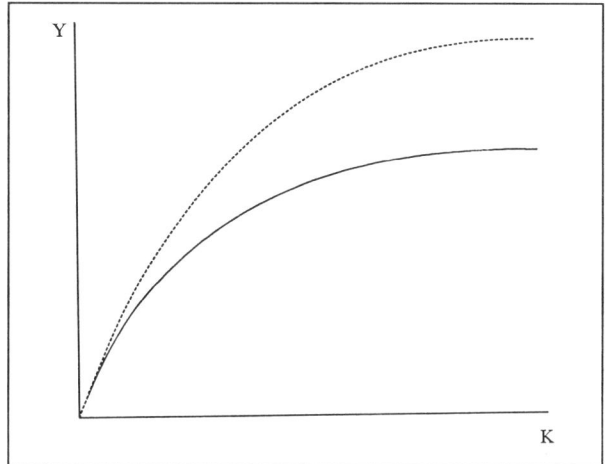

Abb. 19.3: *Produktionsfunktion mit abnehmendem Grenzertrag und unterschiedlicher Effizienz*

Gleichgültig, welche Daten zugrundegelegt, welche Länder und welche Zeiträume betrachtet wurden: Es gibt keine statistisch signifikanten Zusammenhänge zwischen Bevölkerungszuwachs und Wohlstand. Das einzige, was man findet, sind zwei - allerdings recht schwache - gegenläufige Tendenzen: ein kurzfristiger Trend mit einer negativen Beziehung zwischen Bevölkerung und Wohlstand und eine langfristige, diesen Trend überlagernde, positive Auswirkung der Bevölkerungszahl auf das Wirtschaftswachstum.

Dies könnte allenfalls in die immer sehr schwachen Zusammenhänge hineingelesen werden: Zunächst wirken sich Bevölkerungszuwächse durchaus malthusianisch aus. Auf längere Sicht gesehen entfalten wachsende Bevölkerungen aber ganz offenkundig auch produktive Kräfte, die die pessimistisch stimmenden Entwicklungen deutlich mehr als ausgleichen. Angesichts dieser Ergebnisse könnte man auf eine geradezu *anti*-malthusianische Hypothese kommen: Ist es vielleicht gerade das Wachstum der Bevölkerung, das - langfristig - für das wirtschaftliche *Wachstum* und eben nicht für die Verringerung des Wohlstandes sorgt?

Der vergessene Faktor: Die Steigerung der Produktivität

Wie wäre ein solcher Zusammenhang zu erklären? Produktionszuwächse kann man sich im Prinzip auf zwei Weisen erklären. Entweder durch den *Mehreinsatz* der Produktionsfaktoren bei Konstanz der Produktionsfunktion selbst. Oder aber durch Steigerungen der *Produktivität*, also: der Effizienz des Faktoreinsatzes durch Verbesserungen in der Produktionsfunktion bei Konstanz des Faktoreinsatzes.

Derartige Effizienzsteigerungen der Produktion lassen sich durch Verschiebungen der Produktionsfunktion nach oben darstellen (vgl. die gestrichelte Kurve in Abbildung 19.3): Der *gleiche* Einsatz an Kapital erzeugt nun *mehr* Gütereinheiten. Wachstum wird damit möglich, *ohne* zusätzlichen Einsatz von Produktionsfaktoren.

Empirische Studien zum Wachstum des Wohlstandes in den westlichen Ländern haben die Frage nach Mehreinsatz oder Effizienzsteigerung als Hintergrund des Wachstums inzwischen eindeutig geklärt. Moses Abramovitz beziffert zum Beispiel den Wachstumsanteil der Effizienzzunahme zwischen 1869 und 1953 (für die USA) auf 80 bis 95% - und damit nur 5 bis 20% auf den Mehreinsatz von Produktionsfaktoren. Robert M. Solow hat für die USA ein ähnliches Ergebnis gefunden. Und Edward F. Denison bestätigt diese Einschätzung für Großbritannien, die Bundesrepublik Deutschland und für Frankreich.[5]

Ganz offenkundig ist der größere Teil des Wachstums des Wohlstandes also nicht auf den (bloßen) Mehreinsatz der Produktionsfaktoren Arbeit und Kapital zurückzuführen gewesen, sondern auf Änderungen im Datenkranz dieser Produktionsfaktoren, insbesondere auf die Verbesserung der Effizienz der eingesetzten Faktoren. Nicht also der Mehreinsatz von Produktionsfaktoren - einschließlich des Faktors Arbeit über das Wachstum der Bevölkerung - war die langfristig wirksame Ursache des Wachstums des Wohlstands, sondern die Steigerung der Effizienz des Faktoreinsatzes, die Verbesserung der Produktionsfunktionen selbst.

Drei Mechanismen

Worauf ist dies nun zurückzuführen? Drei Mechanismen scheinen insbesondere für diesen Zusammenhang zu sorgen: Arbeitsteilung, Findigkeit in der Not und die Dringlichkeit bestimmter institutioneller Regeln. Die drei Mechanismen verweisen auf drei unterschiedliche Aspekte der Effizienzsteigerungen bei Produktionsfunktionen: erstens auf "Skalenerträge" bei Arbeitsteilung und Massenproduktion. Das heißt: Es entstehen effizienzsteigernde Größeneffekte bei der Produktion von Gütern etwa über sinkende Stückkosten bei steigenden Stückzahlen, weil bestimmte einmalige Investitionen

---

[5] Moses Abramovitz, Resource and Output Trends in the US Since 1870, in: American Economic Review. Papers and Proceedings of the Sixty-Eighth Annual Meeting of the American Economic Association, 46, 1956, S. 5-23; Robert M. Solow, Technical Change and the Aggregate Production Function, in: Review of Economics and Statistics, 39, 1957, S. 312-320; Edward F. Denison, Why Growth Rates Differ, Washington 1967.

auf immer mehr Einheiten umgelegt werden können. Zweitens auf durch Not angeregte Erfindungen und deren technische Umsetzung in den Produktionsprozeß. Und drittens auf die Schaffung von sozialen Regelungen, die sowohl den Produktionsprozeß wie die Motivation zur Findigkeit unterstützen. Allen drei Vorgängen ist zweierlei gemeinsam: Sie lohnen sich erst bei größeren Bevölkerungszahlen bzw. sind dort überhaupt erst technisch und sozial möglich. Und sie werden durch den Druck, den das Wachstum der Bevölkerung erzeugt, erst motiviert bzw. "notwendig".

Der erste Mechanismus: Arbeitsteilung

Von Adam Smith stammt die klassische Formulierung über die wohlstandsfördernden Wirkungen der *Arbeitsteilung*: Wenn die Herstellung einer Nadel insgesamt 18 verschiedene Arbeitsschritte erfordert, dann müßte ein einzelner Arbeiter alle diese 18 Arbeitsschritte hintereinander erledigen. Bei einer Aufteilung der 18 Schritte auf 18 Arbeiter könnte sich jeder auf einen Schritt konzentrieren, spezialisieren und auf diese Weise viel effizienter produzieren. Zusammengenommen würden die Arbeiter einer Nadelfabrik bei einer solchen Zerlegung des Produktionsprozesses ein Vielfaches dessen produzieren, was alle für sich - bei gleichem Aufwand - jeweils in der bloßen Summe der Teile hätten herstellen können.[6] Die effizienzsteigernden Wirkungen der Arbeitsteilung haben mit technischen Dingen, wie mit der Teilbarkeit des Produktionsvorgangs, mit der möglichen Zeitersparnis, mit spezialisierendem Lernen und - nicht zuletzt -mit der gezielten Zuordnung von Spezialtalenten zu tun.

Nicht immer ist eine solche Zerlegung der Produktion jedoch möglich. Wenn ein Unternehmen der Nadelherstellung für die 18 Einzelschritte der Produktion nur 11 Personen beschäftigen kann, zum Beispiel weil der Absatz nicht höher ist, dann können die 18 Schritte nicht vollständig zerlegt werden. Die Folge: Es werden nicht alle möglichen Spezialisierungsvorteile ausgenutzt. Die Produktion bleibt untereffizient. Man erkennt hier gleich die Beziehung zum Bevölkerungswachstum: Erst bei größeren Bevölkerungszahlen kann der Absatz so steigen, daß vollständigere Arbeitszerlegungen möglich werden.

Erst wenn ein Dorf groß genug ist, wird es denkbar, daß sich dort ein selbständiger Schmied niederläßt, der nichts anderes tut als Schmieden. Und nicht zuletzt: Erst bei größeren Bevölkerungszahlen gibt es auch genügend Arbeitskräfte, eventuell sogar eine

---

[6] Adam Smith, An Inquiry into the Nature and Causes of the Wealth of Nations, Oxford 1976, S. 14ff.

industrielle Reservearmee, um hoch spezialisierte Produktionsformen einrichten zu können. Anzunehmen ist darüber hinaus, daß die erst mit einem gewissen Bevölkerungswachstum mögliche Heterogenität in den Talenten des Personals weitere Spezialisierungsgewinne nach sich zieht. Und auch: Daß die steigende Konkurrenz eine effizientere Produktionsweise erzwingt, wie sie durch die Arbeitsteilung möglich ist.

Alles in allem: Das Wachstum der Bevölkerung ermöglicht - und motiviert! - die Arbeitsteilung. Und dies steigert über Spezialisierungsgewinne und Skalenerträge die Effizienz der Produktion.

Der zweite Mechanismus: Erfindungsreichtum

In ähnlicher Weise kann der Zusammenhang zwischen *Erfindungen* und Bevölkerungswachstum erklärt werden. Menschen sind - wie wir in Kapitel 14 gesehen haben - zwar grundsätzlich findig; aber nicht immer wird diese Fähigkeit auch genutzt. Effizienzsteigernde Erfindungen sind von mindestens zwei Faktoren abhängig: vom vorhandenen Basiswissen in einer Bevölkerung und von den Anreizen, eventuelle Erfindungen auch technisch umzusetzen.

Und genau hier könnte wieder das Bevölkerungswachstum wichtig werden. Nur unter hohen Verdichtungen und bei einem starken Ausbau von Kommunikationsnetzen kann das erforderliche Basiswissen zirkulieren.

Wenn wirklich findige Talente im Prinzip doch recht knapp sind, dann können erst bei großen Populationen die für bestimmte Entwicklungen nötigen kritischen Massen solcher Talente entstehen. Jede wissenschaftliche Spezialisierung benötigt auch eine gewisse demographische Basis. Und es gibt für die Produktion von Wissen sicher auch Spezialisierungsgewinne und Skalenerträge, so daß man für den Zusammenhang durchaus auf die oben erwähnten Argumente zur Arbeitsteilung zurückgreifen kann.

Ganz sicher hat im übrigen der schiere Bevölkerungsdruck immer wieder zu Erfindungen - vor allem in der Landwirtschaft - bzw. zur Anwendung von bereits bekanntem Wissen geführt: Not macht bekanntlich erfinderisch. Aber nicht immer ist die Not groß genug, als daß die Menschen ihre schlummernden Talente auch zu nutzen begännen.

So wird beispielsweise vermutet, daß die nomadisierenden Völker durchaus über das Wissen und die Techniken der Bodenbestellung und der Domestikation verfügt hätten. Aber: Sie hatten keinen Grund, von der rein technisch sehr ineffizienten Nomadisierung abzugehen - solange die Bevölkerungszahl klein genug blieb.[7]

---

[7] Vgl. Mark Cohen, The Food Crisis in Prehistory: Overpopulation and the Origin of Agriculture, New Haven 1977.

Der dritte Mechanismus: Eigentumsrechte

Vielleicht waren aber nicht die technischen, sondern die *sozialen* und *institutionellen* Erfindungen, insbesondere die der *Eigentumsrechte,* für den säkularen Anstieg des Wachstums von Bevölkerung und Wohlstand in den westlichen Ländern am wichtigsten. Diese These vertreten zum Beispiel die Historiker und Ökonomen Douglass C. North und Robert P. Thomas.[8]

Das grundlegende Argument hat mit einem Problem zu tun, das im Kern der Überlegungen des - uns ja schon wohlbekannten - Emile Durkheim zu finden ist: Jede Arbeitsteilung, jeder Handel und jeder Tausch bedürfe einer vorgängigen institutionellen Ordnung, ohne die alle diese Entwicklungen nicht stattfinden könnten.

Emile Durkheim hatte in seinem berühmten Buch über die Arbeitsteilung auch darauf hingewiesen, daß es die Arbeitsteilung und deren Vorteile schon aus technischen Gründen nur in einer hinreichend großen Bevölkerung geben könne. Jedoch - und das ist der Kern seiner soziologischen Grundüberzeugung gewesen, die die (klassische) Soziologie bis heute stark geprägt hat - könne man das Entstehen funktionierender arbeitsteiliger Gesellschaften nicht aus den bloßen Vorteilen der Arbeitsteilung für die Einzelmenschen heraus erklären. Die Arbeitsteilung entstehe nicht wegen ihrer Vorteile für die Menschen, sondern als *Folge* eines bereits bestehenden einigenden Bandes der Gesellschaft. Durkheim spricht dabei von der "moralischen Dichte" einer Gesellschaft, im Unterschied zum bloßen "Volumen" der Bevölkerung.[9] Und diese moralische Dichte bilde den institutionellen Rahmen, den "vorkontraktuellen Teil" jeder arbeitsteiligen Transaktion, ohne den es zu einer Organisation arbeitsteiliger Produktion grundsätzlich *nicht* kommen könne. Durkheim spricht im Zusammenhang von Tausch und Arbeitsteilung ohne dieses einigende Band schon fast verächtlich von bloßem "Mutualismus". (Ebd., S. 322; vgl. dazu Teil F, insbesondere Kapitel 22, 23 und 24)

Das Argument von Douglass C. North und Robert P. Thomas, in einem abstrakteren Sinn auch das von Emile Durkheim, läßt sich etwa so zusammenfassen: Kommuniziertes Wissen und erfolgreiche Erfindungen sind im Grunde freie Güter. Wenn es sie einmal gibt, dann sind sie jedermann verfügbar. Jeder kann sie nutzen - nur die Erfinder, die vielleicht viel Mühe und Aufwand hineingesteckt haben, gehen vergleichsweise leer aus. Die Folge: Niemand hat ein Motiv für die Nutzung des Talentes der Findigkeit, weil dies sich für ihn nicht lohnt. Und auf das spätere allgemeine Wachstum des Wohlstands durch die heroisch-altruistische Preisgabe des Wissens, dessen Früchte man nicht ernten kann, wird man ja wohl nicht warten

---

[8] Douglass C. North und Robert P. Thomas, An Economic Theory of the Growth of the Western World, in: The Economic History Review, 22, 1970, S. 1-17; Douglass C. North und Robert P. Thomas, The Rise of the Western World, Cambridge 1973.
[9] Emile Durkheim, Über die Teilung der sozialen Arbeit, Frankfurt/M. 1977 (zuerst: 1893), S. 273ff und S. 296-322.

wollen. Das kollektive Ergebnis schließlich: keine Erfindungen und eine allgemeine Stagnation der Wohlstandsentwicklung. Ähnlichkeiten des geschilderten Problems mit dem in Kapitel 3 behandelten Fall der Unwirksamkeit umweltmoralischer Appelle sind keineswegs zufällig.

Und genau an dieser Stelle werden vorgängige und bindende Regelungen zur Überwindung dieses kollektiven Dilemmas, Institutionen also, benötigt. Zum Beispiel solche, die dafür sorgen, daß erfolgreiche Erfinder auch in den Genuß der effizienzsteigernden Folgen ihrer Aufwendungen kommen. Die Einführung von Patentrechten und Copyrights war eine solche Institution zur Lösung dieses Problems.

Rechte, die die individuelle Nutzung bestimmter Ressourcen regeln und sichern, sind die oben bereits angesprochenen Eigentumsrechte. Nach Douglass C. North und Robert P. Thomas war die Einrichtung von Eigentumsrechten die zentrale soziale Erfindung, die den Aufstieg der westlichen Welt erst ermöglicht hat.

So gesehen könnte man die Einrichtung von Eigentumsrechten als eine externe, historisch eher zufällige Bedingung ansehen, die selbst wenig mit dem Bevölkerungswachstum an sich zu tun hat.

Bisher wurde davon ausgegangen, daß Eigentumsrechte die institutionellen Bedingungen für den Wohlstand und damit für ein Wachstum der Bevölkerung schaffen können. Man kann sich aber auch gut vorstellen, daß der Bevölkerungszuwachs *selbst* einen eigenen Druck zur Einrichtung von Eigentumsrechten erzeugt.

Beispielsweise sind solche Eigentumsrechte in kleinen, nomadisierenden Gesellschaften nicht notwendig, weil niemand durch das wenige Jagen und Sammeln irgend jemand anderen stört. Anders ausgedrückt: Es gibt dort keine besonders gravierenden negativen Externalitäten bzw. externen Effekte, die die Einrichtung von Eigentumsrechten dringlich erscheinen lassen.

Der gelegentlich etwas verklärte Urkommunismus der einfachen Klein-Gesellschaften hatte mehr mit dem Mangel an surplus insgesamt zu tun als damit, daß die Menschen dort irgendwie von Natur aus altruistischer waren als anderswo.

Das Konzept der externen Effekte bzw. das der Externalitäten ist uns bereits früh begegnet: als die Wirkungen des sinnhaften Handelns von Menschen, die die Soziologie ursächlich erklären soll (vgl. Kapitel 1). Damit sind die Folgen von Aktivitäten ganz allgemein gemeint, die nicht beim Akteur selbst oder seinen unmittelbaren Interaktionspartnern anfallen, sondern bei unbeteiligten anderen Personen. Die Umweltverschmutzung, die Überfischung der Nordsee oder das Abholzen des Regenwaldes wären Beispiele für negative Externalitäten. Es gibt aber auch positive Externalitäten: eine Erbschaft etwa oder auch die Nutzung eines Textprogramms, das andere entwickelt haben. Externe Effekte haben damit zu tun, daß Akteure in der Kontrolle über Ressourcen mit einem Male Änderungen erfahren, an denen sie ein Interesse haben (vgl. dazu

Kapitel 21 und 25). Sie verändern daher immer auch die Machtkonstellationen unter Gruppen von Menschen, weil Macht nichts anderes ist als die Kontrolle über wichtige Ressourcen. Externe Effekte provozieren damit unmittelbar einen Bedarf nach Regulierung, Ausgleich oder Gegenkontrolle. Sie sind die wichtigste Motor der Dynamik und der Dialektik gesellschaftlicher Prozesse (vgl. dazu Kapitel 21 und 29).

Wenn nun eine Bevölkerung - aus welchem Grund auch immer - wächst, dann kann ein nachhaltiger Zwang entstehen, von der ineffizienten Reproduktion über das Jagen und Sammeln zur effizienteren Bodennutzung überzugehen. Dann stellt sich aber sofort ein Problem der externen Effekte, das es zuvor nicht gab: die Frage nach der Aneignung der Erträge aus den Bemühungen, die mit jeder Erfindung und mit jeder Investition verbunden sind, durch diejenigen, die nun plötzlich über ein Kollektivgut verfügen.

Denn: Wenn jeder sich kostenlos nehmen könnte, was ein anderer gesät hat, dann würde wahrscheinlich niemand säen.

Die Folge: Es entsteht ein - latenter - Bedarf an Rechten der exklusiven Aneignung der Erträge durch den jeweiligen Produzenten. Anders gesagt: Es entsteht ein Bedarf an Eigentumsrechten.

Die Bevölkerung als "Ursache" der Wohlstandsmehrung?

Man könnte den Gedankengang insgesamt etwa so zusammenfassen: Das Wachstum der Bevölkerung ermöglicht und motiviert im Prinzip arbeitsteilige Spezialisierungen und Innovationen. Ob es dazu aber tatsächlich kommt, hängt dann weitgehend davon ab, ob die Einrichtung einer institutionellen Ordnung - insbesondere: von Eigentumsrechten - gelingt, die die exklusive Nutzung der Erträge sichert. Die Dringlichkeit der Einrichtung dieser Ordnung steigt ihrerseits mit dem Wachstum der Bevölkerung. Mit der bloßen Dringlichkeit von Regelungen sind Regelungen aber noch nicht vorhanden. Dazu bedarf es besonderer Anstrengungen und meist auch besonderer Investitionen, manchmal sogar der Gewalt.

Wenn unter diesen Zwängen und Möglichkeiten des Wachstums der Bevölkerung die Einrichtung einer solchen gesellschaftlichen Ordnung jedoch gelingt, dann sind Innovationen und sonstige Effizienzsteigerungen zu erwarten, durch deren Folgen das Wachstum des Wohlstandes beträchtlich höher sein kann als das Wachstum der Bevölkerung.

Diese Perspektiven der wohlstandssteigernden Folgen des Bevölkerungswachstums hatte Thomas R. Malthus in seinen besorgten Überlegungen wohl nicht im Auge. Für ihn war das Wachstum der Bevölkerung nur eine Folge anderer Entwicklungen - nämlich der zufälligen Ausweitung der Ressourcenbasis. Aus der damaligen Sicht war das nur zu verstehen. Wir haben gesehen, daß man das auch ganz anders sehen kann: "Population as Cause"[10] für die Wohlstandsmehrung über die dadurch angeregte bzw. erzwungene Erhöhung der Effizienz der Produktionsfunktionen.

Die empirischen Entwicklungen und Zusammenhänge zwischen Bevölkerung, Wirtschaft und Gesellschaft sind das stärkste Argument für diese Sichtweise. Aber möglicherweise hat ja Thomas R. Malthus auf die ganz lange Sicht dann doch wieder Recht: Die Ressourcen des Raumschiffs Erde sind sicher nicht unbegrenzt. Und eine komplette Durchindustrialisierung der Welt wäre auch schon aus anderen Gründen fast unvorstellbar.

19.3 Eine Erklärung der "Fertility Revolution"

Damit kommen wir abschließend zur Frage nach den Ursachen für die Abnahme der Fertilität als *Folge* der Wohlstandssteigerungen zurück. Dies war ja auch von Malthus nicht für möglich gehalten worden. Also: Warum sind die Menschen - wiederum anders als Malthus hoffen konnte - zu einer *freiwilligen* Beschränkung der Geburtenzahl gerade dort übergegangen, wo es keinen wirklichen wirtschaftlichen Grund mehr dafür gab? Was sind also die Hintergründe und Mechanismen für diesen " ... shift from what is commonly called a natural fertility regime to one of deliberate control of family size by individual couples", den Easterlin und Crimmins sogar als "Fertility Revolution" bezeichnen?[11]

Zur Erklärung für den Rückgang der Fertilität in den Industrieländern gibt es eine Reihe sehr unterschiedlicher Hypothesen: die bessere Verfügbarkeit über kontrazeptive Mittel, der Wertewandel hin zu mehr Individualität, das veränderte Rollenverständnis der Frauen, eine "kinderfeindliche" Umgebung u.a. Im Hintergrund aller dieser Hypothesen steht die Annahme, daß die Menschen die Anzahl der Geburten mehr oder weniger bewußt kontrollieren und sie nicht dem natürlichen Lauf der Dinge überlassen. Die Frage muß also eigentlich lauten: Warum gibt es eine bewußte Kontrolle der Kinderzahl mit der Zunahme des Wohlstandes der Menschen?

Eine Geburtenkontrolle hat es immer und überall schon gegeben. Nirgendwo auf der Welt erreichte die Fertilität die sog. Fekundität, die biologisch mögliche Geburtenzahl, auch nur annähernd - bis vielleicht auf die exotische Ausnahme der Sekte der Hutterer in Nordamerika. Gerade die Anthropolo-

---

[10] So ein Zwischentitel in dem Buch von Amos Hawley über Human-Ökologie: Amos Hawley, Human Ecology. A Theoretical Essay, Chicago und London 1986, S. 24.
[11] Richard A. Easterlin und Eileen M. Crimmins, The Fertility Revolution. A Supply-Demand Analysis, Chicago 1985, S. 3.

gen und Ethnologen sind immer wieder auf Stämme gestoßen, die ihre Bevölkerungszahl über lange Zeiten und über unterschiedliche Versorgungslagen hinweg konstant gehalten haben. In vielen Gesellschaften hat es dazu auch eine sog. postnatale Geburtenkontrolle gegeben - den Infantizid, den Kindesmord, zum Beispiel.

In Rom konnten Säuglinge straffrei ertränkt, erstochen oder ausgesetzt werden. Oft traf dieses Schicksal den mißgebildeten oder schwachen Nachwuchs. Auf diese Weise wurde auch die jeweils gesellschaftlich erwünschte Geschlechterproportion geregelt. Heiratsregeln (und deren strikte soziale Kontrolle) waren - im Mittelalter insbesondere - andere Mechanismen zur indirekten Steuerung der Geburtenzahl. In den vorindustriellen Gesellschaften sorgte vor allem die hohe Säuglings- und Müttersterblichkeit dafür, daß eine besondere bewußte Kontrolle eigentlich überflüssig war: Es wurden lange Zeiten hindurch eher zuwenig als zuviel lebensfähige Kinder geboren.

Diese Hintergründe führen zu der Vermutung, daß Menschen Kinder zwar im Prinzip sehr schätzen - aber nicht in unbegrenzter Zahl und nicht immer in der gleichen Weise. Und daß erst mit dem Rückgang der Kindersterblichkeit in dem Maße, daß ein beständiger Überschuß droht, ein besonderer Bedarf nach Kontrolle zur Eindämmung dieses Überschusses entsteht.

Nutzen und Kosten von Kindern

Wovon hängt dann aber dieser Überschuß von Kindern ab? Oder anders gefragt: Warum beginnen manche Menschen sehr früh und genau mit der Geburtenkontrolle und andere erst später und eigentlich nicht recht systematisch? Und warum hat es eine - mit der Wohlstandsentwicklung und mit der Modernisierung parallel laufende - Tendenz zu einer immer stärkeren freiwilligen Kontrolle der Geburten gegeben, aus der sich dann der demographische Übergang in bezug auf die Fertilität erklären ließe?

Wir kommen offenbar kaum umhin, das generative Verhalten in Verbindung mit dem erwarteten Wert zu setzen, den Kinder für ihre Eltern haben bzw. nach sich ziehen. Und man wird auch kaum vermeiden können, davon auszugehen, daß (viele) Kinder nicht nur die reine Freude sind, sondern auch viel an Aufwendungen nach sich ziehen. Man sollte dann aber auch gleich offen von dem Nutzen und von den Kosten von Kindern sprechen.

Nutzen und Kosten von Kindern können sehr unterschiedlicher Art sein. In einer groben Vereinfachung, bei der wir der Theorie von Harvey Leibenstein[12] folgen wollen, seien drei Arten von Nutzen und zwei Arten von Kosten für Kinder unterschieden. Zuerst der Nutzen von Kindern:

1. Konsumnutzen: der Wert, den Kinder für ihre Eltern "an sich" stiften, wie Zuneigung, Bereicherung des Lebens, persönliche Erfüllung usw. Man kann annehmen, daß zur Produktion dieses Nutzens schon wenige Kinder, um die man sich dann auch intensiv und individuell kümmern kann, ausreichen bzw. daß dieser Nutzen bei hohen Kinderzahlen kaum noch entstehen kann und vielleicht sogar abnimmt.

2. Einkommensnutzen: der Wert, den Kinder durch eigene produktive Tätigkeiten für die Familie herstellen können, wie in vielen agrarisch strukturierten Gesellschaften oder auch in den Zeiten der Kinderarbeit zu Beginn der industriellen Revolution. Soweit Kinder tatsächlich zum Familieneinkommen beitragen können, besteht sicher ein darüber motiviertes Interesse an auch höheren Kinderzahlen.

3. Versicherungsnutzen: die Absicherung der Eltern gegen materielle Notsituationen durch Krankheit oder Alter. Man kann annehmen, daß dieser Nutzen vergleichsweise geringer wird, wenn sich staatliche Systeme der Sozialversicherung herausgebildet haben. Andererseits dürften viele Kinder dort, wo es diese Systeme nicht gibt, von beträchtlichem Wert, oft sogar die einzige Art einer halbwegs verläßlichen Versicherung sein.

Nun die Kosten:

1. Direkte Kosten: Damit sind alle unmittelbar mit der Kindererziehung zusammenhängenden Aufwendungen gemeint: vor allem Ernährung, Kleidung, Ausbildung. Es ist anzunehmen, daß diese Kosten (pro Kind) mit dem Ausbau des Erziehungssystems, mit der Verlängerung der Ausbildungszeiten und mit den sozialen Erwartungen für eine kindergerechte Sozialisation - nach sozialen Gruppierungen sicher auch unterschiedlich - beträchtlich zugenommen haben.

2. Indirekte Kosten: Kindererziehung kostet vor allem Zeit, insbesondere die der Frauen. Diese Zeit steht für andere Aktivitäten nicht mehr zur Verfügung, vor allem nicht für die eigene Erwerbstätigkeit. Man spricht auch von den Opportunitätskosten der Kindererziehung. Diese Opportunitätskosten dürften dann besonders hoch werden, wenn die Chancen für Frauen zu einer eigenen Erwerbstätigkeit steigen wie bei zunehmender Modernisierung oder mit steigendem Bildungsgrad von Frauen. Das durch die Befassung mit Kindern entgangene Einkommen wird auch als der Schattenpreis der Kindererziehung bezeichnet.[13]

---

[12] Harvey Leibenstein, Economic Backwardness and Economic Growth, New York 1957, S. 157; Harvey Leibenstein, An Interpretation of The Economic Theory of Fertility: Promising Path or Blind Alley?, in: Journal of Economic Literature, 12, 1974, S. 460f.

[13] Vgl. zu diesen Überlegungen auch Richard B. McKenzie und Gordon Tullock, Die Produktion der Kinder, in: Richard B. McKenzie und Gordon Tullock, Homo Oeconomicus. Ökonomische Dimensionen des Alltags, Frankfurt und New York 1984, S. 143-159.

Damit wären die Variablen für das generative Verhalten bestimmt. Nun zur Logik der Selektion für unser Mikromodell des generativen Verhaltens. Dazu soll - wie bisher üblich und auch ausreichend - nur eine einfache Annahme gemacht werden: Solange der (erwartete) Nutzen eines zusätzlichen Kindes die (erwarteten) Kosten übersteigt, werden die Paare sich um eine bewußte Kontrolle kaum kümmern. Diese setzt also erst ein, wenn mit dem nächsten Kind die Balance von erwartetem Nutzen und erwarteten Kosten negativ würde.

So kann man bereits leicht erklären, warum sich viele Leute um die Kinderzahlen nicht weiter kümmern: Solange auch beim nächsten Kind die Balance noch nicht (annähernd) überschritten ist, lohnt sich der Gedanke um Verhütung nicht. Er stört, wie man gut weiß, eher andere Nutzenbestandteile in diesem Zusammenhang - es sei denn man müßte mit Drillingen rechnen.

Die Änderung der Randbedingungen

Noch kann aber nicht vollständig erklärt werden, warum die Kinderzahlen mit steigendem Wohlstand abnehmen. Technisch gesprochen: Noch fehlen die Brückenhypothesen zur Verknüpfung des Mikromodells mit der in Abhängigkeit des Wohlstandes variierenden Logik der Situation.

Dazu müssen die Nutzen- und Kostenbestandteile von (zusätzlichen) Kindern mit der Variable Wohlstand verbunden werden. Und dann kann man sehen, welche Folgen steigender Wohlstand für die Entscheidung hat, ein zusätzliches Kind zur Welt zu bringen.

Den Konsumnutzen kann man als konstant ansehen: Kinder sind unter allen Wohlstandsniveaus von gleichem Wert "an sich". Sicher aber nehmen der Einkommensnutzen und der Versicherungsnutzen mit steigendem Wohlfahrtsniveau und mit den gleichzeitig sich ändernden ökonomischen und staatlichen Rahmenbedingungen systematisch ab. Und ebenso sicher werden die direkten Kosten für Kinder zunehmen.

Das Ansteigen der direkten Kosten pro Kind begründet ein anderer wichtiger Theoretiker des generativen Verhaltens, Gary Becker, mit einer Umstellung von der *Quantität* der Kinder auf eine stark erhöhte Investition in die *Qualität* in modernen Gesellschaften.[14] Wenn Kinder in modernen Gesellschaften tatsächlich in erster Linie "an sich" und nicht als Produktionsfaktor, Einkommensquelle oder Lebensversicherung interessieren, dann gewinnt dieses Argument eine starke Plausibilität.

---

[14] Gary S. Becker, An Economic Analysis of Fertility, in: National Bureau of Economic Research (Hrsg.), Demographic and Economic Change in Developed Countries, Princeton 1960, S. 214.

Am deutlichsten dürfte jedoch die Zunahme der indirekten Kosten mit der Zunahme des allgemeinen Wohlstandes sein: Für Frauen steigen die Schattenpreise der Zeitverwendung für die Kinderaufzucht überproportional (im Vergleich sogar noch zu den Männern), da sie erst in den modernen Gesellschaften über eigene Erwerbsmöglichkeiten und (relativ) attraktive andere Zeitverwendungen verfügen können: In jeder Stunde, die eine gut ausgebildete Frau mit der Kindererziehung verbringt, verliert sie wesentlich mehr an potentiellem Einkommen, das sie erzielen könnte, wenn sie stattdessen einer Erwerbstätigkeit nachginge. Mit steigendem Bildungsgrad und mit zunehmenden Erwerbschancen von Frauen steigen damit die indirekten Kosten der Kinder ganz beträchtlich.

Die Zusammenhänge sind in einem vereinfachenden Diagramm in Abbildung 19.4 zusammengefaßt. Aus allen Einzelentwicklungen ergibt sich im Saldo eine eindeutige Richtung: Die Wahrscheinlichkeit, daß die Nutzen-Kosten-Balance für ein n-tes Kind zusätzlich zu den bereits vorhandenen n-1 Kindern negativ wird, steigt systematisch mit zunehmendem Wohlstand.

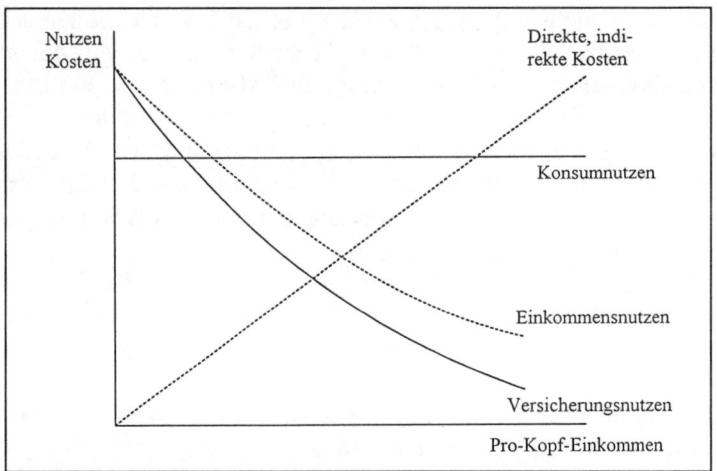

Abb. 19.4: Kosten und Nutzen von Kindern in Abhängigkeit des Wohlstandsniveaus einer Gesellschaft

Angebot und Nachfrage nach Kindern

Die Theorie von Harvey Leibenstein, gemeinsam mit den teilweise dazu komplementären Überlegungen von Gary Becker, kann den Rückgang der Fertilität mit steigendem Wohlstand und damit den demographischen Übergang schon recht befriedigend erklären. Wir wollen diesen Ansatz gleichwohl um ein weiteres Modell ergänzen: die Supply-Demand-Theorie von Easterlin und Crimmins (Easterlin und Crimmins 1985, Kapitel 2).

Diese Ergänzung erscheint deshalb wichtig, weil bisher eigentlich nur die Nachfrage nach Kindern - über deren Nettonutzen nämlich - für die Motivation zur Produktion von Kindern betrachtet wurde. Was die Menschen tun, hängt aber gleichwohl immer auch vom bereits vorliegenden Angebot ab. Erst bestimmte Ungleichgewichte zwischen Angebot und Nachfrage erzeugen ein besonderes Motiv, sich (weitere) Kinder zu wünschen oder bewußt dafür zu sorgen, daß keine neue Schwangerschaft eintritt.

Das Angebot von Kindern hat einerseits mit der reinen Geburtenzahl zu tun, andererseits aber vor allem mit dem Anteil der *überlebenden* Kinder. Anders gesagt: Bei einer hohen (erwarteten) Kindersterblichkeit kann zwar die Nachfrage auch recht klein sein, jedoch muß zur Sicherstellung eines Mindestangebotes eine relativ hohe Geburtenhäufigkeit stattfinden. Wenn dann aber plötzlich die Kindersterblichkeit sinkt, kann allein durch das dadurch verursachte Überangebot ein Motiv zur Geburtenkontrolle entstehen - durchaus auch ohne eine Veränderung der Nachfrage bzw. der Wertschätzung von Kindern.

Durch diese Überlegungen wird nun also auch die Mortalitätsentwicklung in die Erklärung der Fertilität einbezogen: ein außerordentlich interessanter und fruchtbarer Gedanke - gerade in Hinblick auf die Erklärung des demographischen Übergangs.

Die Motivation zur Kontrolle der Kinderzahl bestimmt sich dann als die *Differenz* zwischen dem potentiellen Angebot und der Nachfrage nach Kindern - jeweils vermindert um die Kosten der Maßnahmen zur Geburtenkontrolle. Stimmen Angebot und Nachfrage überein, dann gibt es ebensowenig eine Kontrollmotivation wie in dem Fall, daß es zuwenig Kinder gibt. Unterschreitet die Nachfrage nach Kindern das (potentielle) Angebot so deutlich, daß die Differenz größer ist als die Kontrollkosten, dann - und erst dann! - wird zu einer rationalen und bewußten Familienplanung gegriffen. Vorher gibt's der Herr - wenn man vernünftig ist.

Damit kann auch die Bedeutung der Verbreitung kontrazeptiver Mittel für das generative Verhalten besser beurteilt werden: Bei einer ansonsten hohen Motivation zur Kontrolle der Kinderzahl - etwa bei Frauen mit hohen Opportunitätskosten für die Kindererziehung - wirken sich die Kontrollkosten faktisch nicht aus.

Dies erklärt auch, warum es durchaus nicht die Einführung der Pille war, die den Baby-Boom hierzulande Mitte der 60er Jahre beendete, sondern die für Frauen deutlich geänderten Schattenpreise für Schwangerschaft und Kindererziehung. Und bei einer geringen Motivation, wie in den Ländern, in denen Kinder noch einen hohen Einkommens- und Versicherungsnutzen haben, kann man auch durch das kostenlose Verteilen von Verhütungsmitteln alleine nichts erreichen. Und genau das zeigt auch die Erfahrung dort.

Die zentralen Variablen der Theorie - Nachfrage und Angebot von Kindern (aus Vereinfachungsgründen unter Vernachlässigung der Kontrollkosten) - können nun mit der systematisch variierenden Logik der Situation im Prozeß der Modernisierung in Verbindung gebracht werden. In Abbildung 19.5 sind diese Beziehungen schematisiert dargestellt (nach Easterlin und Crimmins 1985, S. 27).

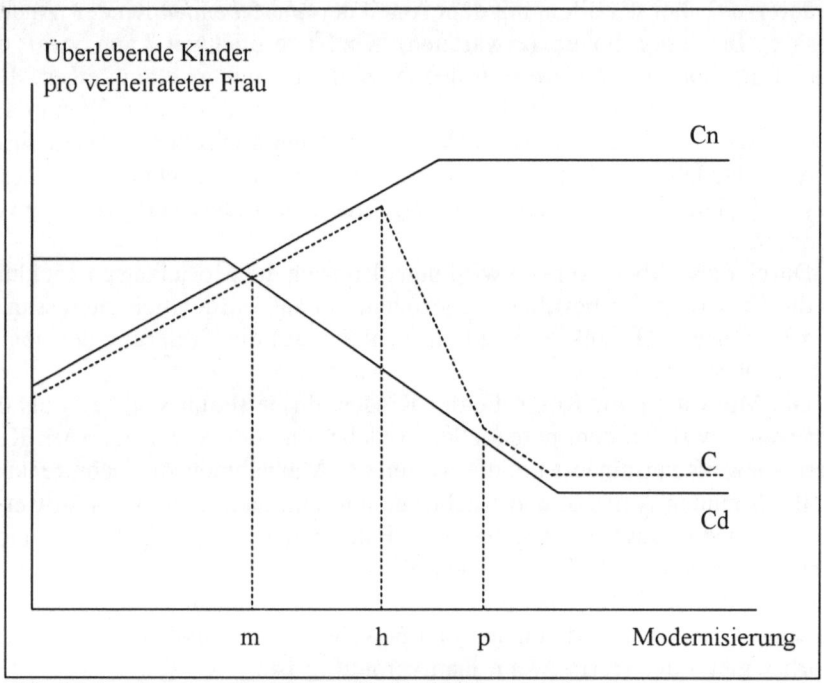

Abb. 19.5: *Angebot, Nachfrage und Anzahl überlebender Kinder im Verlauf der Modernisierung von Gesellschaften*

Das Modell geht davon aus, daß zunächst ein chronisches Unterangebot von Kindern - gesehen aus der Sicht der einzelnen Familie bzw. des Verwandtschaftsverbandes - bestand: Nachkommen waren die wichtigste verläßliche Grundlage der Reproduktion und der Absicherung der Existenz der Familie bzw. des Stammes bei gleichzeitig hoher Säuglings- und Kindersterblichkeit. Die Nachfragefunktion (Cd) übersteigt daher in dieser Phase die Angebotsfunktion (Cn) zunächst deutlich. Dann gibt es keinerlei Motivation zur

Geburtenkontrolle. Die faktische Kinderzahl (C) ist in dieser Phase mit dem Angebot identisch.
Sie würde sofort erhöht, wenn dies möglich wäre. Jede Verminderung der Kindersterblichkeit erscheint hier als willkommene Hilfe beim Ausgleich des Unterangebotes. Es gibt keinerlei Anlaß, sich bei den Bemühungen um eine zahlreiche Nachkommenschar zu beschränken.

Mit dem Verlauf der Modernisierung sinkt zunächst die Mortalität der Säuglinge und der Kinder ganz beträchtlich, so daß das potentielle Angebot und - wegen der weiterhin hohen Motivation zur Erhöhung der Kinderzahl - auch die Kinderzahl kontinuierlich ansteigen - bis zu dem Punkt, an dem das Angebot die Nachfrage erreicht und übersteigt (m).

Nun entsteht - anfangs noch eher latent - überhaupt erst eine Motivation zur Geburtenkontrolle, wobei die Stärke dieser Motivation gleich der Differenz von C und Cd bzw. von Cn und Cd ist. Easterlin und Crimmins nehmen für diese Situation zunächst ein weiteres Ansteigen der Kinderzahl an, weil Geburtenkontrolle noch ungewohnt, teuer und - vor allem - vielfach moralisch als verwerflich angesehen ist.

Die vorher herrschende Bevölkerungsweise bestand ja zu einem ganz wichtigen und integralen Bestandteil aus einem Wertesystem, das eine hohe Kinderzahl als Wert "an sich" beinhaltete (siehe dazu noch unten). Dies ist die Situation, wie sie derzeit in vielen Entwicklungsländern herrscht und zu Beginn des vorigen Jahrhunderts auch in Europa vorzufinden war.

Erst wenn der Nachfrageüberschuß groß und dauerhaft genug wird, um diese Kosten zu kompensieren, folgt das Verhalten der Nachfrage (ab Punkt h). Nach und nach entfernt sich die faktische Kinderzahl dann durch bewußte Kontrolle von dem medizinisch möglichen potentiellen Angebot und senkt sich nun stärker ab als der weitere Rückgang der Nachfrage nach Kindern - bis ein erneutes Gleichgewicht erreicht wird (in Punkt p). In diesem Gleichgewicht wird sich nach einiger Zeit auch ein neues Wertesystem einstellen, das nun geringe Nachkommenzahlen und die Verantwortung der Familien als Wert institutionalisiert - und so der neu entstandenen Bevölkerungsweise eine eigene Legitimationsgrundlage und eine besondere Stabilität gegenüber kurzfristigen Schwankungen in den materiellen Bedingungen verleiht.

Der Wandel der (Sexual-)Moral

Die Modelle von Leibenstein bzw. Becker und von Easterlin und Crimmins lösen das Rätsel des nachhaltigen Rückgangs der Fertilität als Bestandteil des demographischen Übergangs auf eine überzeugende Weise. Wohl am bemerkenswertesten ist dabei die gleichsam nebenbei mitgelieferte Erklärung für die Selektion von rationaler Planung anstelle des Verbleibens in Gottesfürchtigkeit und Traditionalismus: Wenn die Spanne zwischen den Kosten zu vieler Kinder im Vergleich zum Nutzen nur groß genug wird, dann investieren die Menschen einen Teil ihrer Möglichkeiten in die rationale und bewußte Gestaltung ihres Handelns. Und sie ändern - wenn die bisherige Moral der faktischen Entwicklung entgegensteht - schließlich auch ihr Wertesystem - etwa: hin zu mehr Liberalität in Fragen der Geburtenkontrolle. Wo vorher eine strenge Moral Verhütung und Geburtenkontrolle für verwerflich erklärte, wird nun die Entfaltung der "Persönlichkeit" des (einen) Kindes - und der Eltern - in den Mittelpunkt gestellt. Und auch die Sexualität kann nun mehr und mehr als etwas anderes angesehen werden als ein bloßes Instrument des "Willens zum Kind", was zuvor ganz und gar undenkbar war (vgl. zur Anpassung der Werte an Änderungen in den materiellen und institutionellen Strukturen einer Gesellschaft Kapitel 25 und 29).

Man sollte noch ergänzen, daß bei Migrantenfamilien, die aus (relativ) gering entwickelten Gesellschaften in Industriegesellschaften wandern, solche Fertilitätsrückgänge bereits in der ersten Generation, spätestens aber in der zweiten oder dritten Generation zu beobachten sind und daß sich dort auch die Werte in bezug auf die Reproduktion rascher ändern als dies für manches eingängige Vorurteil vorstellbar ist.[15]

Anders als Malthus dies für möglich hielt, füllt der menschliche Fortpflanzungstrieb also keineswegs sofort jede sich ihm bietende Ressourcenlücke. Warum das so ist, hat die Modellierung - so ist zu hoffen - verständlicher machen können: Es haben sich nicht die Menschen geändert, sondern die Umstände, unter denen sie leben. Und die Änderung der Umstände war nichts als das Resultat ihres Handelns.

19.4 Das "System" von Bevölkerung, Wirtschaft und Gesellschaft

Der demographische Übergang ist ein Musterfall für ein außerordentlich interessantes soziologisches Problem. Und er ist ein besonders eindrucksvolles Beispiel für die Dynamik und Vernetzung sozialer Gebilde insgesamt.

---

[15] Vgl. Laszlo Vaskovicz, Geburtenentwicklung, Fruchtbarkeit und demographische Entwicklung bei Gastarbeitern, in: Helga Reimann und Horst Reimann (Hrsg.), Gastarbeiter, 2. Auflage, Opladen 1987, S. 222-242; Bernhard Nauck, Lebenslauf, Migration und generatives Verhalten bei türkischen Familien. Eine multivariate Analyse freudiger Ereignisdaten, in: Alois Herlth und Klaus Peter Strohmeier (Hrsg.), Lebenslauf und Familienentwicklung. Mikroanalysen des Wandels familialer Lebensformen, Opladen 1989, S. 189-229.

Mit der genaueren Analyse der einzelnen Vorgänge und Zusammenhänge kann auch gut demonstriert werden, was es heißen könnte, daß die Gesellschaft mehr ist als die Summe der Bevölkerung der Menschen: Bevölkerungen von Menschen organisieren sich - immer - nach einer bestimmten institutionellen Ordnung. Sie differenzieren sich - immer - nach grundlegenden kategorialen Merkmalen, wie nach Geschlecht, Generation und Alter und so gut wie immer auch nach Talent, Wissen, Besitz und vielem anderen mehr. Und sie reproduzieren und ändern sich als Population individueller Exemplare der Spezies des homo sapiens auch immer nur im Zusammenspiel der ökonomischen Produktion von Gütern und der jeweiligen institutionellen, sprich: gesellschaftlichen, Regelungen und Werte.

Wenn man so will: Man kann die drei angesprochenen Aspekte - Bevölkerung, Wirtschaft und Gesellschaft - als drei Größen auffassen, die alle in besonderer Weise miteinander zusammenhängen, eine Art von *System* bilden und sich - simultan wie sukzessiv sowie auf verschiedenen Ebenen - in typischer und aufeinander bezogener Weise "verhalten".

Es ist wohl nicht zu weit hergeholt, bei diesem Zusammenspiel von Bevölkerung, Wirtschaft und Gesellschaft sich an das Konzept der Funktionskomplexe aus der Evolutionstheorie zu erinnern und - hier wie dort - die beobachtbaren Reproduktionen und Entwicklungen als eine sukzessive Ko-Evolution von jeweils neuen Gleichgewichten der drei Bereiche aufzufassen, bei der jede einzelne Entwicklung durch die anderen Bereiche und durch die Vorgaben des eigenen Bereichs *gleichzeitig* ermöglicht und begrenzt wird. Und bei der sich - ausgelöst durch eine Art von Mutation - schließlich ein neues Gleichgewicht, eine neue *Lebensweise* selektiv stabilisiert. In schematischer Darstellung könnte man sich diesen Funktionskomplex wie in Abbildung 19.6 veranschaulichen.

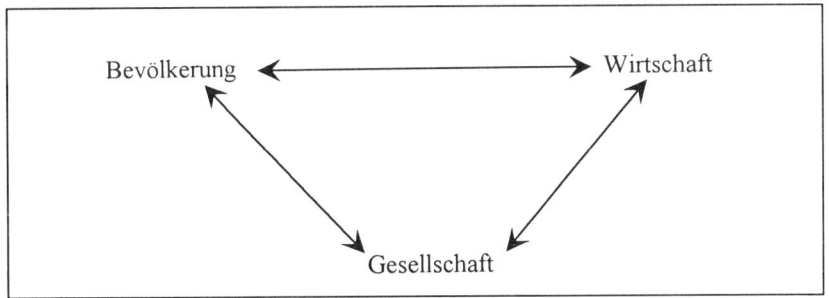

Abb. 19.6: Das Zusammenspiel von Bevölkerung, Wirtschaft und Gesellschaft

Die Beschreibung des Vorgangs und die Abbildung mögen manchen Soziologen vertraut vorkommen: So sehen vielfach "soziologische Theorien" aus: ein durch viele vage Worte und über diverse Pfeile interdependent gemachtes

"System" von Wirkgrößen und Elementen (siehe dazu Teil F, insbesondere Kapitel 22, 23 und 27).

Aber kann man damit eigentlich zufrieden sein? Wissen wir nicht schon sehr viel mehr über die Vorgänge als die Trivialität, daß alles mit allem irgendwie zusammenhängt und ganz mächtig vernetzt, interdependent und dynamisch ist?

Und in der Tat: Es handelt sich in dieser Form der Darstellung um nicht mehr als eine Orientierungshypothese, von denen wir ja schon wissen, wie begrenzt ihr Aussagewert ist (vgl. Kapitel 3). Das bloße Sprechen von Systemen, Dynamik, Vernetzung, Interdependenz, Funktionskomplex und von Ko-Evolution sowie das Aufzeichnen von Pfeilen über die Wechselseitigkeit der Beziehungen hilft ganz offenkundig nicht sehr viel weiter.

Gleichwohl wäre es sicher aber auch voreilig und genauso unangemessen mit der Skepsis vor solchen Orientierungshypothesen den Grundgedanken von "Systemen" und von der Ko-Evolution von Funktionskomplexen verschiedener Systeme - hier: von Bevölkerung, Wirtschaft und Gesellschaft - aufzugeben.

Hier soll sogar dazu ermuntert werden, erst einmal derart vage und umschreibend anzufangen, *bevor* an die präzise Modellierung gegangen wird. Aber die Präzisierung *muß* dann irgendwann auch einmal für solche Modelle des "Prozessierens" der "sozialen" und der "psychischen Systeme" erfolgen (vgl. dazu Kapitel 27). Man kann nicht immer nur Vorüberlegungen anstellen und Prolegomena der Soziologie schreiben. Das Problem liegt nicht in den Orientierungshypothesen über die Systeme selbst, sondern darin, daß meist unterlassen - oder auch: für unnötig befunden - wird, für die verschiedenen angedeuteten Beziehungen irgendwann einmal genau anzugeben, wie sie denn zusammenhängen sollen und von welchen Randbedingungen welche Änderungen zu erwarten sind. Ohne Zweifel ist dies keine leichte Aufgabe.

Die geforderte Erklärungsleistung vervielfacht sich schon dadurch noch, daß es sich ja nicht nur um eine zeitlich fixierte Interdependenz der Bereiche handelt, sondern um eine sukzessive Entwicklung, die man nach dem Muster einer genetischen Erklärung (vgl. dazu Abschnitt 6.3) genau zu rekonstruieren und zu analysieren hätte. Auf jeden Fall läuft die präzise Analyse solcher Funktionskomplexe und Ko-Evolutionen immer auf die Zerlegung in einzelne Beziehungen und auf die Erklärung dieser einzelnen Zusammenhänge nach dem Muster der Logik soziologischer Erklärungen und Modellierungen allgemein hinaus.

Anders gesagt: Jeder der Einzelzusammenhänge muß in die drei Schritte der Logik der Situation, der Selektion und der Aggregation aufgelöst und vertieft werden. Und das jeweils erklärte Explanandum - zum Beispiel das Anwachsen der Bevölkerung als Folge medizinischer Fortschritte - ist dann ein Teil der Randbedingungen bzw. der Logik der

Situation für den nächsten zu erklärenden Zusammenhang. Wie etwa: das Entstehen arbeitsteiliger Produktion als Folge des vermehrten Arbeitskräfteangebots. Genau so wurde bei der oben skizzierten Analyse des Prozesses des demographischen Übergangs im Prinzip auch vorgegangen, auch wenn nicht mehr bei jedem Schritt auf die Einzelheiten des Erklärungsmodells und der drei Logiken hingewiesen wurde. Erst wenn dies geleistet ist, kann man es wagen, daran zu gehen, die gefundenen Einzelvorgänge und Mechanismen in ein komplettes Modell zu integrieren. Davon waren wir für den Funktionskomplex Bevölkerung, Wirtschaft und Gesellschaft in bezug auf den demographischen Übergang, die Entwicklung der industriellen Produktionsweise und der modernen Gesellschaft, auch nach den zum Teil bereits recht tief reichenden Analysen oben, noch weit entfernt. Wahrscheinlich müßte man die einzelnen Variablen und Beziehungen drastisch noch weiter vereinfachen und typisieren. Und mit einiger Sicherheit wäre ein solches integriertes Funktions-Evolutions-Modell mit bloß verbalen Mitteln nicht mehr zu handhaben.

Die Wissenschaften, die sich mit ähnlichen Problemen der Analyse von Systemen konfrontiert gesehen haben - wie die Physik, die Wetterkunde, die Biologie oder die Wirtschaftswissenschaften - haben daher auch folgerichtig die Hilfsmittel der Formalisierung und Mathematisierung herangezogen, die - unter bestimmten Voraussetzungen und oftmals sehr heroischen Annahmen wie die des homo oeconomicus - einige der mit solchen Modellen auftretenden Probleme besser lösen können. Manchmal kann auch die Simulation der Abläufe in einem Computer weiterhelfen. Wenn die Soziologie wirklich an der theoretischen Durchdringung solcher Funktionskomplexe - und nicht nur an ihrer Detailbeschreibung - interessiert ist, wird man auf diese Möglichkeiten nicht verzichten können.

Bei der erklärenden Analyse und vor allem: bei der integrierenden Modellierung solcher, historisch ja durchaus einmaliger Vorgänge tritt dann noch ein ganz besonderes Problem hinzu, das die Physiker so gut wie nicht, die Biologen und die Meteorologen schon eher und die Soziologen fast immer berücksichtigen müssen - und das die Ökonomen fast immer ignorieren: Der Funktionskomplex ist nicht von anderen Bereichen und Entwicklungen abgeschottet, sondern steht mit seiner Umwelt weiterhin in bestimmten Beziehungen - wie das Beispiel des eigentlich exogen wirkenden medizinischen Fortschritts zeigt.

Das heißt aber: Soziologisch-historische Funktionskomplexe lassen sich so gut wie nie völlig isolieren und von anderen Bereichen abkoppeln. Es finden *immer* auch zufällige, nicht weiter im Modell erklärte oder erklärbare andere Einflüsse statt, die den weiteren Weg des Geschehens dann auf eine sehr spezielle historische Bahn bringen können - weit ab von dem endogen vorgezeichneten Verlauf (vgl. dazu Abschnitt 6.3).

Das Schicksal der Theorie von Thomas R. Malthus mag verdeutlichen, was gemeint ist. Malthus hatte einen Funktionskomplex von Bevölkerungswachstum und Ressourcenproduktion mit der Prognose formuliert, daß Bevölkerungsgröße und landwirtschaftliche Produktion immer um das Existenzminimum herum oszillieren würden. Innerhalb der

Annahmen des Modells war diese endogene Prognose durchaus folgerichtig und korrekt. Es sind aber zwei exogene Sachverhalte eingetreten, an die Malthus nicht gedacht hatte: Innovationen und damit Wohlstandswachstum, weit über die lineare Zunahme hinaus. Und die freiwillige Geburtenbeschränkung statt des angenommenen ungehemmten Fortpflanzungstriebes. Für das Modell von Malthus sind dies exogene, unerklärbare Einflüsse gewesen. Und das Interessante war dann ja gerade, daß die Variable, die Malthus allein für eine abhängige Variable hielt - die Bevölkerungsentwicklung - selbst wiederum eine eigenständige Wirkung auf die Größen hatte, von der sie selbst abhängt: Wirtschaft und Gesellschaft. Genau das ist mit "Interdependenz" und mit "System" gemeint. Malthus hat diese Rückwirkungen offenkundig übersehen.

Es wird gleichwohl ganz ausgeschlossen sein, komplett endogenisierte Modelle für viele Funktionsbereiche und über längere Entwicklungsphasen hin zu formulieren. Immer wird man mit exogenen, nicht weiter im Modell erklärbaren Sondereinflüssen rechnen und arbeiten müssen. Auf der anderen Seite bleibt es für jeden Wissenschaftler aber immer eine besonders interessante Herausforderung und gesonderte Erklärungsaufgabe, bislang nur exogen verstandene Entwicklungen in ein Gesamtmodell zu integrieren, wie dies für die Entstehung von Innovationen als Folge des Bevölkerungsdrucks und für das Aufkommen einer freiwilligen Geburtenkontrolle gerade als Folge des Wohlstands über die drastisch gestiegenen Schattenpreise für Kinder und über deren abnehmenden materiellen Nutzen ja auch geschehen ist. Anders gesagt: Was für Thomas R. Malthus ein unerklärter exogener Einfluß war, ist für die heutige Theorie der Bevölkerungsentwicklung ein endogenisierter Funktionszusammenhang der ko-evolutiven Entwicklung eines interdependenten Systems von Bevölkerung, Wirtschaft und Gesellschaft.

Teil F
Gesellschaft

Kapitel 20
Der "Begriff" der Gesellschaft

Menschen leben immer in Gesellschaft. Sie können gar nicht anders. Die lange Abhängigkeit und Schutzlosigkeit der jungen Exemplare des homo sapiens setzt zwingend eine sozialisierende soziale Umgebung, schon im Zusammenhang der Reproduktion der Art, voraus. Und die Weltoffenheit und Triebungebundenheit der Verhaltensselektionen machen gesellschaftliche Institutionen für die Abstimmung des Handelns im gesamten Zusammenhang der Produktion der Güter und Leistungen notwendig, die die Grundlage sowohl der individuellen Existenz der Menschen wie auch der fortlaufenden Reproduktion der Art sind. Die Gesellschaft der Menschen gab es daher "immer schon" - lange bevor irgendein Mensch darüber nachzudenken begann.

Es ist daher so unverständlich nicht, daß die Soziologie immer auch darauf bestanden hat, die Gesellschaft als ein *eigenes* soziales Gebilde aufzufassen, das sich in besonderer Weise von *allen* anderen von ihr untersuchten sozialen Gebilden unterscheidet und das daher auch ein ganz *besonderes* Interesse in der Soziologie finden sollte. So Niklas Luhmann:

> "Es *muß* in der Soziologie einen Begriff geben für die Einheit der Gesamtheit des Sozialen - ob man dies nun (je nach Theoriepräferenz) als Gesamtheit der sozialen Beziehungen, Prozesse, Handlungen oder Kommunikationen bezeichnet. Wir setzen hierfür den Begriff der Gesellschaft ein."[1]

Die Gesellschaft der Menschen ist ohne Zweifel mehr als die Summe ihrer Teile. Sie ist sicher auch ein ganz besonderes soziales Gebilde. Und sie ist für die Menschen, die in ihrem Rahmen leben, der grundlegende Kontext all ihres Tuns - auch wenn sie das selbst nicht wissen oder wahrhaben wollen. Bei der Frage nach dem "Begriff" der Gesellschaft geht es aber nicht um die Suche nach dem "wahren" Begriff der Gesellschaft, sondern um die viel anspruchslosere, aber auch beantwortbare Frage, was in der Soziologie gemeinhin unter dem Wort "Gesellschaft" verstanden wird und in welcher Hinsicht sich die Gesellschaft von den anderen sozialen Gebilden unterscheidet.

---

[1] Niklas Luhmann, Soziale Systeme. Grundriß einer allgemeinen Theorie, Frankfurt 1984, S. 555; Hervorhebung nicht im Original.

Selbstgenügsamkeit und übergreifende Verfassung

In einer ersten, sehr groben Charakterisierung des "Begriffs" der Gesellschaft kann man tatsächlich in der Soziologie so etwas wie ein einheitliches Verständnis der grundlegenden *differentia specifica* der Gesellschaft im Vergleich zu anderen sozialen Gebilden feststellen. Eine Gesellschaft ist danach jenes soziale Gebilde, das als der *umfassende*, dann aber auch *selbstgenügsame*, allgemeine institutionelle Rahmen für die Handlungen und sozialen Beziehungen einer Bevölkerung von Menschen fungiert, innerhalb dessen es den Menschen möglich ist, längerfristig und relativ spannungsfrei Produktion und Reproduktion ihres Lebens zu sichern. So hat beispielsweise Talcott Parsons die Gesellschaft definiert:

"Wir definieren Gesellschaft als den Typ eines sozialen Systems, dessen Kennzeichen ein Höchstmaß an *Selbstgenügsamkeit* (self sufficiency) im Verhältnis zu seiner Umwelt, einschließlich anderer sozialer Systeme ist."[2]

Und bei Niklas Luhmann ist zu lesen:

"Gesellschaft wird klassisch definiert als das *umfassende* und dadurch unabhängige, *autarke* Sozialsystem."[3]

Gesellschaft als der weiteste institutionelle Rahmen autarker Produktion und Reproduktion bedeutet also, daß es *außerhalb* einer Gesellschaft *keinen* weiteren *sozialen* Kontext mehr gibt.

Nur insoweit es Gesellschaften als autarke, selbstgenügsame soziale Gebilde in kompletter Isolation voneinander geben kann, wird es also sinnvoll, von verschiedenen Gesellschaften zu sprechen. Mit zunehmender Interdependenz dieser Einheiten werden die äußeren Grenzen dieser Selbstgenügsamkeit aber immer weiter. Letztlich kann es damit - so stellt Niklas Luhmann richtigerweise fest - nur noch *eine* Gesellschaft, die *Weltgesellschaft* geben: Für sie gibt es - abgesehen von der Unwahrscheinlichkeit außerirdischer menschlicher Gesellschaften - keine weitere soziale Umwelt mehr.

Selbstgenügsamkeit ist freilich ein sehr weiter Begriff. Eine etwas speziellere, aber an dem oben aufgeführten allgemeinen Konzept anschließende Fassung des Begriffs der Gesellschaft stammt von dem französischen An-

---

[2] Talcott Parsons, Das System moderner Gesellschaften, München 1972, S. 16; Hervorhebung nicht im Original. Vgl. auch Talcott Parsons, Gesellschaften. Evolutionäre und komparative Perspektiven, Frankfurt/M. 1975, S. 21.

[3] Niklas Luhmann, Interaktion, Organisation, Gesellschaft, in: Niklas Luhmann, Soziologische Aufklärung 2: Aufsätze zur Theorie der Gesellschaft, 3. Aufl., Opladen 1975, S. 11; Hervorhebungen nicht im Original.

thropologen und Soziologen Marcel Mauss (1872-1950), dem Neffen, Schüler und Nachfolger von Emile Durkheim:

"Eine Gesellschaft ist eine Gruppe von Menschen, die genügend dauerhaft und genügend groß ist, um eine größere Zahl von Untergruppen in sich zu vereinigen; sie lebt - gewöhnlich - auf einem festgelegten Territorium ... ; sie hat eine Verfassung, die ... eigenständig und immer festgelegt ist ... Diese Verfassung ist ... das charakteristische Merkmal jeder Gesellschaft; sie ist gleichzeitig das allgemeingültigste Phänomen innerhalb dieser Gesellschaft."[4]

Marcel Mauss betont drei Aspekte: das dauerhafte und umfassende *Umschließen* von Untergruppen; ein *Territorium*, wenngleich dies nicht gänzlich zwingend ist, wie bei Nomadengesellschaften zum Beispiel; und insbesondere eine *übergreifende Verfassung*, die den verbindlichen Rahmen aller weiteren institutionellen Regelungen abgibt. Die Verfassung der Gesellschaft, der oberste institutionelle Rahmen also, ist danach das grundlegende Merkmal, das Gesellschaften voneinander abgrenzt.

Die Gesellschaft ist für Marcel Mauss - wie im Prinzip alle anderen sozialen Gebilde - ein "*totales soziales Phänomen*". Das heißt: eine Ganzheit, die immer nur in der Totalität aller ihrer Einzelaspekte - ökonomische, rechtliche, religiöse, moralische und selbst ästhetische - analysiert werden dürfe und verstanden werden könne. In dem Gedanken, daß Gesellschaften autarke und umfassende soziale Gebilde der dauerhaften Produktion und Reproduktion seien, ist diese Vorstellung ebenso eingeschlossen wie in der Konzeption, daß es immer einer übergreifenden, alle darunter liegenden Prozesse rahmenden, Verfassung bedürfe, ehe von Gesellschaft gesprochen werden könne.

Selbstgenügsamkeit nach *außen* und eine *übergreifende Verfassung* nach *innen* sind damit die beiden definierenden Merkmale für den Begriff der Gesellschaft. Das Wort "Gesellschaft" wird aber manchmal noch in ganz anderen Zusammenhängen und Bedeutungen verwendet, ohne daß damit der hier festgelegte Begriff gemeint ist.

Eine selbstgenügsame Gesellschaft ist beispielsweise Bayer Leverkusen, auch als Aktien-"Gesellschaft", sicher nicht - ebenso wenig wie dies Gemeinden, Schulen, Firmen oder verwandtschaftliche Gruppen sind, bei denen kaum von Gesellschaft gesprochen werden kann. Daher sind auch beispielsweise ein Unternehmen als "Gesellschaft mit beschränkter Haftung", eine Tischgesellschaft, die "Deutsche Gesellschaft für Soziologie", die "Ehrenwerte Gesellschaft" oder die "Societas Jesu" keine Gesellschaften als umfassende, selbstgenügsame Einheiten gemäß der o.a. Vorstellung. Mit der vorgeschlagenen allgemeinen Definition sind Mißverständnisse bei diesen anderen Sprachgebräuchen aber wohl nicht zu befürchten.

---

[4] Marcel Mauss, Definition der allgemeinen Tatsachen des sozialen Lebens, in: Bruno W. Nikles und Johannes Weiß, Gesellschaft. Organismus-Totalität-System, Hamburg 1975, S. 133.

Der Begriff der Gesellschaft wird in der Soziologie aber noch ganz anders verstanden: Gesellschaft als eine "gute" Ordnung, gewisse formale Gemeinsamkeiten sozialer Gebilde und Prozesse, wechselseitige Beziehungen oder rationale bzw. egoistische Einstellungen und Orientierungen des Handelns u.a. Bevor wir darauf eingehen, soll geklärt werden, wie der Begriff der Gesellschaft im Rahmen der erklärenden Perspektive verstanden werden kann.

Gesellschaft und Gesellschaftsanalyse

In der Fassung als oberster institutioneller Rahmen für soziale Prozesse wird der Begriff der Gesellschaft auch für erklärende Zwecke akzeptabel. Die Gesellschaft kann - so gesehen - als der allgemeinste *Gegenstand* von *soziologischen Analysen* angesehen werden. In dieser Hinsicht werden Gesellschaften in zweierlei Weise interessant: erstens als Gegenstand von Beschreibungen; und zweitens als Gegenstand oder als Teil soziologischer Erklärungen.

Die typisierende (und nach Möglichkeit) vergleichende *Beschreibung* von Gesellschaften ist eine der wichtigsten Aufgaben der Soziologie überhaupt.

Gegenstand der vergleichenden Beschreibung von Gesellschaften sind insbesondere ihre grundlegenden *Strukturen* und deren *historische Genese*: die materiellen Bedingungen der Infra-Struktur, die verschiedenen Aspekte der sozialen bzw. der institutionellen Struktur der Gesellschaft (Verteilungen sozialer Kategorien, Beziehungsmuster zwischen den Einheiten, die institutionellen Grundstrukturen) und die zentralen Werte der Gesellschaft in ihrer Super-Struktur (vgl. dazu Kapitel 25). Allein schon aus solchen Strukturbeschreibungen und historischen Analysen läßt sich vieles darüber lernen, auf welche Weise die *gleichen* Probleme "gesellschaftlich" ganz *unterschiedlich* auftreten oder gelöst werden können. Das haben vor allem die Anthropologen immer wieder festgestellt: Gesellschaften unterscheiden sich kaum darin, welche Grundprobleme auftreten und wie gut oder schlecht sie gelöst werden, sondern vor allem darin, auf welch verschiedene, aber "funktional äquivalente" Weise (vgl. dazu Kapitel 22) sie sich zeigen und angegangen werden.

Meist tritt bei solchen Gesellschaftsbeschreibungen ein besonderes Problem im Zusammenhang der abnehmenden Abstraktion auf (siehe Abschnitt 7.3): Die *Detailvielfalt* der Beschreibung *muß* immer zugunsten einer für den gegebenen Zweck ausreichenden *typisierenden* Vereinfachung möglichst eingeschränkt werden. Aber wo liegt die Grenze der Vereinfachung?

Im Zusammenhang der typisierenden Beschreibung ganzer Klassen von Gesellschaften werden dann oft Kurzformeln formuliert, um die zentralen Besonderheiten bestimmter Typen von Gesellschaften prägnant zu umreißen; etwa: die Sklavenhaltergesellschaft, die primitive Gesellschaft, die akephale Gesellschaft, die Feudalgesellschaft, die industrielle und die postindustrielle Gesellschaft, die bürgerliche, die kapitalistische oder die

Marktgesellschaft, die sozialistische und die kommunistische Gesellschaft, die moderne, die postmoderne und die post-postmoderne Gesellschaft, die nivellierte Mittelstandsgesellschaft, die Leistungsgesellschaft, die Informationsgesellschaft, die Risikogesellschaft, die Erlebnisgesellschaft - und so weiter.

Fast immer wird bei diesen Formeln übertrieben und unzulässig vereinfacht. Aber Modellbildung ist ja auch immer eine idealtypische Vereinfachung. Ohne sie geht nichts. Daher seien alle diese Versuche mit wohlwollender Milde betrachtet, wenn nur jene besonders verwerfliche Sünde nicht begangen wird: zu glauben, daß mit der jeweiligen Etikettierung auch schon irgendetwas von den Vorgängen verstanden oder gar erklärt wäre. Die Benennung von Typen der Gesellschaft birgt darüberhinaus eine weitere Gefahr: Die Vermittlung der Illusion, die Gesellschaft bilde als *nominal* benannter Typus auch eine eigene *reale* Einheit - bis hin zu der Vorstellung, daß die Gesellschaft ein Wesen sui generis mit einem eigenen Bewußtsein oder mit einer Art von "Volksgeist" beseelt sei (vgl. dazu Kapitel 24 und 28).

Gesellschaften sind aber nur ganz normale soziale Gebilde, die - wie alle anderen sozialen Gebilde - *nur* als externer, kollektiver Effekt des Handelns der Akteure bestehen (und dieses Handeln gleichzeitig mitkonstituieren). Dies gilt auch für den Spezialfall, daß eine Gesellschaft manchmal durchaus *als* eine Art von Akteur angesehen werden kann: wenn sie mit einem eigenen Entscheidungs- und Handlungszentrum ausgestattet ist und so handeln kann, "als ob" es sich bei ihr um ein "Subjekt" handelte. Also: Gesellschaften sind manchmal eine besondere Variante des sozialen Gebildes eines *korporativen Akteurs* (vgl. dazu Abschnitt 6.1). Dies trifft für die meisten Nationalstaaten mit einer Regierung und einem Regierungssprecher zu. Dann machen auch die bekannten Floskeln der Nachrichtenredakteure einen Sinn, die ganzen Nationen zutrauen, wie menschliche Akteure zu handeln: "Washington warnte Bagdad, den Bogen nicht zu überspannen, während Bagdad seine Ansprüche auf Kuwait erneuerte". Kurz: Gesellschaften können manchmal als korporative Akteure wie andere auch aufgefaßt werden (zu den damit zusammenhängenden theoretischen Fragen der Erklärung des "Verhaltens" von solchen korporativen Akteuren vgl. Abschnitt 6.3).

Im Zusammenhang mit soziologischen *Erklärungen* wird die Gesellschaft in zweierlei Hinsicht interessant: als besonderes Explanandum einerseits und als spezieller Teil des Explanans andererseits.

Als *Explanandum* können Gesellschaften als ein zu erklärendes, eigenes soziales Gebilde betrachtet und in Hinsicht auf ihre Genese, ihre Reproduktion, ihren Wandel und ihren eventuellen Zerfall untersucht werden. Dazu ist hier eigentlich weiter nichts zu sagen (vgl. Abschnitt 6.1).

Insbesondere die Erklärung der *Aufeinanderfolge* typischer Arten von Gesellschaften hat auf Soziologen - etwa Auguste Comte, Karl Marx, Max Weber, Norbert Elias oder Gerhard Lenski - eine besondere Faszination ausgeübt. Die Soziologie des sozialen Wandels besteht zu einem großen Teil aus dem Versuch, typische *Sequenzen* der Abfolge von Gesellschaftstypen - etwa von "primitiven" Jäger- und Sammlergesellschaften mit hoher Gleichheit der Menschen über die stark geschichteten Feudalgesellschaften hin zu den sehr komplexen und wieder mehr egalitären Industriegesellschaften - als "Gesetze" zu formulieren. Eine andere, damit theoretisch eng verwandte, Art ist die Untersuchung der *funktionalen* Reproduktion von Gesellschaften als Erklärung für ihre Stabilität. Dabei geht es um die Aufdeckung der Mechanismen, die über Zwischenprozesse immer wieder dazu führen, daß eine Gesellschaft nicht dauerhaft in einen Systemzustand gerät, der als ihr Ende definiert wäre (vgl. dazu auch Abschnitt 6.3 sowie Kapitel 22).

Mindestens ebenso wichtig wird die Einbeziehung der Gesellschaft als Teil des *Explanans* einer soziologischen Erklärung. Gesellschaften stellen in ihren typischen Strukturen, insbesondere in den institutionellen Besonderheiten ihrer Verfassung, einen immer zu beachtenden, mindestens latent wichtigen, Teil der Logik der Situation der Akteure dar. Die Gesellschaft *ist* der weiteste *Makro*-Kontext bei einer soziologischen Erklärung, unterhalb dessen alle anderen sozialen Gebilde eine mehr oder weniger differenzierte Meso-Ebene bis hin zur Mikro-Ebene der Akteure darstellen.

Die Formulierung der Brückenhypothesen von der Situation auf den Akteur wird den umfassenden Kontext der Gesellschaft auch immer dann im Auge zu behalten haben, wenn er von der subjektiven Lebenswelt der Akteure scheinbar weit entfernt ist und wenn die Akteure darüber nicht viel, oder auch: nichts, wissen. Beispielsweise reichen ja die politische Verfassung und die gegebenen wirtschaftlichen Möglichkeiten eines Landes als Teil der Logik der Situation bis tief in die Restriktionen des alltäglichen sozialen Handelns der Akteure hinein. Die für *alle* Akteure eines bestimmten (größeren) sozialen Zusammenhangs objektiv vorhandenen, ihnen nicht immer auch subjektiv vertrauten, aber im Handeln sofort oder später als maßgebend wichtig erlebten Opportunitäten und institutionellen Regelungen sind aber genau das, was unter der Gesellschaft verstanden wird. Immer sollte daher der "gesellschaftliche Kontext" über möglichst objektive Daten als weiterer Rahmen der Restriktionen für *jedes* Handeln wenigstens im Hintergrund der Analyse bekannt sein und beschrieben werden: über Daten der amtlichen Statistik, über historische Beschreibungen, über die Skizzierung der wichtigsten institutionellen Regelungen zum Beispiel.

Unter *Gesellschaftsanalyse* sei dann die skizzierte Art der Einbeziehung der Gesellschaft in soziologische Beschreibungen und Erklärungen verstanden.

Ein Spezialfall der Gesellschaftsanalyse ist die *vergleichende* Gesellschaftsanalyse. Sie nutzt den Rahmen der Gesellschaft als Variation ganzer Komplexe von Randbedingungen, um daraus Rückschlüsse auf die Allgemeinheit von zunächst nur in einzelnen Gesellschaften gefundenen Regelmäßigkeiten zu ziehen.

Die vergleichende Gesellschaftsanalyse kann auf zweierlei Weise genutzt werden. Erstens als Vorstufe zur Entwicklung einer erklärenden Theorie der Gesellschaftsformation über die Zusammenfassung *und* Differenzierung von Ergebnissen des beschreibenden Gesellschaftsvergleichs. Diese Verwendung sei als *vergleichende Strukturanalyse* von Gesellschaften bezeichnet. Der Norweger Stein Rokkan hat sie für Westeuropa zu einem imponierenden Gebäude ausgebaut.[5]

Die zweite Variante der Gesellschaftsanalyse ist ihre Nutzung als eine Art von Experiment. Dabei werden die gesellschaftlichen Randbedingungen als (quasi-) experimentelle Faktoren betrachtet und es wird untersucht, wie sich mit der Variation dieser Bedingungen bestimmte soziale Vorgänge ändern; etwa: das generative Verhalten, das System der politischen Parteien oder die Mobilisierung sozialer Bewegungen - je nach gesellschaftlichem Kontext. Diese Art der vergleichenden Gesellschaftsanalyse wird auch als *internationaler* bzw. als *interkultureller Vergleich* bezeichnet.[6]

Die grundlegenden Vorgehensweisen bei solchen Gesellschaftsanalysen sind also nichts besonders Neues: Es sind typisierende Beschreibungen oder übliche soziologische Erklärungen für die Gesellschaft als ein besonderes soziales Gebilde. Die Regeln der soziologischen Erklärung bleiben *immer* die gleichen - auch dann, wenn es um die Analyse von Gesellschaften geht.

Gesellschaft und Gesellschaftstheorie

Die (vergleichende) Gesellschaftsanalyse kann als eines der wichtigsten Arbeitsfelder der Soziologie angesehen werden. Sie ist auch bereits als bloße Beschreibung eine komplizierte, herausfordernde und immer Gewinn bringende Aufgabe. Mit einer derart eingeschränkten Aufgaben- oder Fragestellung ist die Soziologie, speziell in ihren eher sozialphilosophischen Varianten, nur selten zufrieden gewesen. Immer ging es bei der Frage nach der Gesellschaft bzw. bei der "Theorie der Gesellschaft" um mehr. Immer ging es auch um den "richtigen" Begriff der Gesellschaft in einem ganz anderen als lediglich nominalen Sinn. Jürgen Habermas sieht in der "Gesamtgesellschaft" gar das einzige Thema, das die Soziologie mit keiner anderen Gesellschaftswissenschaft teilt, und wodurch daher der Soziologie eine ganz eigene Aufgabe zugefallen ist:

---

[5] Siehe etwa: Stein Rokkan, Dimensions of State Formation and Nation-Building, in: Charles Tilly (Hrsg.), The Formation of National States in Western Europe, Princeton 1975, S. 562-600; Stein Rokkan, Eine Familie von Modellen für die vergleichende Geschichte Europas, in: Zeitschrift für Soziologie, 9, 1980, S. 118-128.

[6] Vgl. zu den Möglichkeiten und besonderen methodischen Problemen des internationalen Vergleichs: Adam Przeworski und Henry Teune, The Logic of Comparative Social Inquiry, New York 1970; Bernd Biervert, Der internationale Vergleich, in: Jürgen van Koolwijk und Maria Wieken-Mayser (Hrsg.), Techniken der empirischen Sozialforschung, Band 2: Untersuchungsformen, München 1975, S. 144ff.; Henry Teune, Comparing Nations: Lessons Learned, in: Else Oyen (Hrsg.), Comparative Methodology, London 1990, S. 38-62.

"Die Soziologie hat als einzige der sozialwissenschaftlichen Disziplinen den Bezug zu Problemen der Gesamtgesellschaft beibehalten. Sie ist immer *auch* Theorie der Gesellschaft geblieben ... ."[7]

Die "Theorie der Gesellschaft" bzw. die "Gesellschaftstheorie" ist für die sozialphilosophisch orientierte Soziologie nie nur eine neutral beschreibende oder erklärende Angelegenheit, sondern immer (auch) eine "Theorie" der "guten" Gesellschaft gewesen. "Gesellschaftstheorie" ist eine Theorie der Moral und der Ethik einer "menschlichen" Gesellschaft.

Eine so verstandene Gesellschaftstheorie ist sicher eine sehr ehrenwerte und anspruchsvolle Aufgabe. Die hier vertretene erklärende Perspektive muß vor diesem Hintergrund ohne Zweifel als etwas zu handgreiflich und auch als "positivistisch" verkürzt gelten. Und das ist ja auch durchaus so. Für die erklärende Soziologie sind ethische Fragen viel zu schwierig. Sie bescheidet sich mit einer sehr speziellen Aufgabe, die schon anstrengend genug ist (vgl. Kapitel 1). Aber von den Ergebnissen der erklärenden Soziologie hätte - ebenso ganz ohne Zweifel - auch jede ethisierende Gesellschaftstheorie etwas, was sie dringend braucht: das nötige Wissen über die kausalen Abläufe in den real existierenden Gesellschaften; und sei es nur, um die "gute" Gesellschaft auch informiert einrichten zu können.

Das Drängen nach einer Beantwortung der Frage nach dem besonderen Wesen der Gesellschaft und die Frage danach, ob es gute und weniger gute Gesellschaften geben kann, ist so unverständlich freilich nicht. Dies hat mit der existentiellen Bedeutung des "Sozialen" sowohl für die Menschen als Gattung als auch für jedes einzelne Individuum zu tun. Die Frage nach den Voraussetzungen der menschlichen Existenz und nach dem "Wesen und den Erscheinungsformen menschlicher Gesellschaften"[8] ist von den Menschen aber keineswegs "immer schon" gestellt worden. In der abendländischen Philosophie trat die Frage erstmals in der griechischen Antike auf. Sie hat - ähnlich wie später die Entstehung der Soziologie - ihren Ursprung darin, daß die Formen des Zusammenlebens nicht mehr "natürlich" oder fixiert, sondern im Prinzip als konstruierbar und wählbar wahrgenommen wurden.

Dies ist - so wird vermutet[9] - zuerst in den Stadtstaaten der griechischen Antike der Fall gewesen. In der griechischen *polis* wird zum ersten Male erkennbar, daß die Umformung archaischer Muster der Organisation des Zusammenlebens nach Familien, Sippen und Traditionen die Schaffung neuer

---

[7] Jürgen Habermas, Theorie des kommunikativen Handelns, Band 1: Handlungsrationalität und gesellschaftliche Rationalisierung, Frankfurt/M. 1981a, S. 20; Hervorhebung im Original.

[8] Niklas Luhmann, Gesellschaft, in: Niklas Luhmann, Soziologische Aufklärung. Aufsätze zur Theorie sozialer Systeme, Opladen 1970, S. 137.

[9] Vgl. Luhmann 1970, S. 137ff. Die folgenden Ausführungen zu den Ursprüngen der "Gesellschaftstheorie" orientieren sich an dem Beitrag von Luhmann.

Institutionen, besondere politische Ämter und formale Verfahren der Entscheidungsfindung voraussetzt. Mit der Wählbarkeit dieser Institutionen entsteht gleichzeitig auch die Vorstellung, daß es gute und schlechte Lösungen für die neuen Konstruktionen geben kann.

Im Rahmen einer ersten "Theorie" der Gesellschaft wird in der griechischen Philosophie eine allgemeine Konzeption des Zusammenlebens der Menschen - die *koinonía* - entworfen, die die gattungsmäßigen Besonderheiten des Menschen gegenüber den Tieren - und gegenüber den Barbaren, Heiden, Außenseitern - herausstellt und die das den menschlichen Beziehungen Gemeinsame bezeichnet.

Der Begriff der *koinonía* meinte dabei etwas verhältnismäßig Konkretes: daß die Gesellschaft aus Menschen bestünde, die sich in typischen, unterscheidbaren Beziehungen befinden und unterschiedlich große und verschieden komplexe soziale Gebilde wie Haushalte oder Vereine formen. Darin war die "*politische Gesellschaft*" in Form der Stadt als umfassende, selbstgenügsame und alle anderen Gebilde umfassende Einheit eingeschlossen: als *polis kaì he koinonía he politiké*. Die griechische *polis* - als *abgegrenzte* und *gestaltete* soziale und politische *Ordnung* - wurde so zum Inbegriff für

" ... das *Ganze*, das erst den Menschen ein *menschwürdiges* Leben ermögliche und in dem die Einzelmenschen und Einzelgesellschaften nur *Teile* seien" (Luhmann 1970, S. 138, Hervorhebungen nicht im Original).

Diese Vorstellung - die Gesellschaft als "letzte" und unhintergehbare Einheit sozialer Ordnung - war die Grundlage aller folgenden Deutungen des menschlichen Zusammenlebens in der Entwicklung der europäischen Gesellschaften des Mittelalters und der frühen Neuzeit. Eingeschlossen in dieser Konzeption waren die Vorstellung einer hierarchischen Ordnung und die Idee, daß bestimmte Teilbereiche der Gesellschaft - Politik oder Religion oder Wirtschaft etwa - eine *primäre* und *leitende* Funktion im gesamten System der Gesellschaft und somit Steuerungsfunktionen für die "Gesamtgesellschaft" übernehmen würden (siehe dazu Kapitel 23).

Diese Grundidee blieb in der folgenden Entwicklung bemerkenswert konstant. Sie wurde dabei aber mehrfach inhaltlich umgedeutet - zum Beispiel als Rechtsordnung oder als staatliche Souveränität. Später wurde sie auch auf bestimmte Wirtschaftsordnungen wie die der "bürgerlichen Gesellschaft" erweitert und generalisiert - bis hin zur Vorstellung einer umfassenden Weltordnung. Danach ist die Gesellschaft eine umfassende und autarke Ganzheit mit einer "internen *Ordnung* des Verhältnisses der Teile zueinander und zum Ganzen", einer "*hierarchischen* Konzeption dieser Innenordnung" und der "Möglichkeit, einem Teil den hierarchischen *Primat* und damit die

Repräsentation des Ganzen zuzusprechen." (Ebd., S. 143, Hervorhebungen nicht im Original)

Die spezielle Bedeutung einer solchen umfassenden Ordnung mit der Vorstellung einer Hierarchie der Teilbereiche und des Primates bestimmter Bereiche der Gesellschaft bezeichnet Niklas Luhmann als "alteuropäisch".

Dieser Ausdruck hat mit einer der Grundideen der von Niklas Luhmann entwickelten gesellschaftstheoretischen Überlegungen zu tun: daß man mit der Modernisierung der europäischen Gesellschaften, genauer: mit ihrer funktionalen Differenzierung (vgl. dazu Kapitel 25, insbesondere die Abschnitte 25.2 und 25.3), nicht mehr davon sprechen könne, daß es *eine* wohlbegründete gesellschaftliche Ordnung, *eine* eindeutige und legitimierte soziale Hierarchie und den *Primat* eines bestimmten gesellschaftlichen Teilbereichs geben könne. Eine solche Gesellschaftsordnung sei für Alteuropa typisch gewesen.

Entsprechende Gesellschaftstheorien, die entweder als Ethik, als Teleologie oder als Konzeption eines umfassenden gesellschaftlichen Konsenses formuliert gewesen seien, wären dem Selbstverständnis dieser Art von Ordnung zwar durchaus gerecht gewesen. Mit der *funktionalen Differenzierung* der (europäischen) Gesellschaften (vgl. dazu Abschnitt 25.2) seien diese Theorien jedoch prinzipiell *inadäquat* geworden: An die Stelle der Vorstellung von Gesellschaft als hierarchisierter, selbstgenügsamer und umfassender Ordnung habe das Konzept eines *Systems* und an die Stelle einer "Gesellschaftstheorie" - im alteuropäischen Sinne - habe eine *Systemtheorie* zu treten.

Dies ist das grundlegende Argument, mit dem sich Niklas Luhmann gegen drei Varianten soziologischer Theorien der Gesellschaft wendet: Gegen den *Struktur-Funktionalismus* von Talcott Parsons, weil dieser von der Existenz allgemein geteilter und die übrigen Systeme steuernder kultureller Werte ausgeht; gegen die *dialektische Gesellschaftstheorie* von Karl Marx, weil er die ökonomischen Verhältnisse, die "Basis", als bestimmend für alle anderen Vorgänge, etwa für den "Überbau" der herrschenden Gedanken, betrachtet; und gegen die *Theorie des kommunikativen Handelns* von Jürgen Habermas, weil dieser von der teleologischen Vorstellung einer "guten" Gesellschaft und damit von einer nun wirklich *sehr* alteuropäischen Konzeption ausgeht (siehe dazu Kapitel 23, 27 und 30).

Die Bedeutung von Gesellschaft als umfassendes soziales Gebilde und als grundlegende, inhaltlich spezifizierte institutionelle Ordnung gehört ohne Zweifel nach wie vor zu den Vorstellungen, die in der Soziologie mit dem Begriff verbunden werden. Niklas Luhmann schlägt ein grundsätzlich *anderes* Konzept vor: Gesellschaft *nicht* als selbstgenügsames und hierarchisiertes soziales Gebilde, sondern als soziales System, dessen Elemente sich fortwährend *neu* reproduzieren und das *keinen* Teil und keinen Bereich hat, dem irgendeine übergeordnete oder allein prägende Steuerungskraft zukäme. Damit wird eine Richtung des Verständnisses von Gesellschaft fortgesetzt und in gewisser Weise radikalisiert, die Gesellschaft eher als ein *formales* Konzept - wie Struktur, Funktionszusammenhang oder System - auffaßt und eben *nicht* als *inhaltlich* konkretisierbares soziale Gebilde mit einer festen Ordnung und einer klaren Hierarchie von Steuerungsvorgängen (vgl. dazu ausführlicher Kapitel 27).

Das "formale" Konzept der Gesellschaft

Der Begriff der Gesellschaft wird damit von bestimmten inhaltlichen Vorgaben ganz entkleidet. Auch dies ist kein gänzlich neuer Gedanke. Die Vorstellung von Gesellschaft als einer lediglich *formalen* Eigenschaft sozialer Erscheinungen läßt sich am deutlichsten mit Georg Simmel verbinden.

Georg Simmel geht es - wie auch anderen Soziologen seiner Zeit - um die Bestimmung eines der Soziologie eigenen, unbestreitbaren Aufgabenbereichs (vgl. dazu Kapitel 2). Wenn die Soziologie einen Gegenstand beanspruchen wolle, der nur ihr alleine gehört, dann können das keine irgendwie inhaltlich definierten Phänomene sein, da es für diese bereits spezielle "historischsoziale Wissenschaften" gebe:

"Soll es nun eine Soziologie als besondere Wissenschaft geben, so muß demnach der Begriff der G e s e l l s c h a f t als solcher, jenseits der äußeren Zusammenfassung jener Erscheinungen, die gesellschaftlich-geschichtlichen Gegebenheiten einer neuen *Abstraktion* und *Zusammenordnung* unterwerfen, derart, daß gewisse, bisher nur in anderen und mannigfaltigen Verbindungen beachtete Bestimmungen derselben als zusammengehörig und deshalb als Objekte e i n e r Wissenschaft erkannt werden."[10]

Was immer die Dimensionen dieser "neuen Abstraktion und Zusammenordnung", was immer die "Formen der Vergesellschaftung" sein mögen: Sie können an gänzlich unterschiedlichen sozialen Phänomenen auftreten, beobachtet und studiert werden. So beispielsweise die *formale* Eigenschaft der Konkurrenz (als einer besonderen Form der sozialen Beziehung),

" ... die alle möglichen Inhalte aufnehmen kann, aber durch die *Gleichheit* ihrer Erscheinung bei großer *Verschiedenheit* der letzteren beweist, daß sie einem nach *eigenen* Gesetzen geregelten und *abstrahierungsberechtigten* Gebiet angehört." (Ebd., S. 11, Hervorhebungen nicht im Original)

Die Frage ist dann: Worin bestehen diese formalen Eigenschaften der inhaltlich verschiedenen sozialen Erscheinungen, die deren "Gesellschaftlichkeit" begründen? Georg Simmel hat eine ganz spezielle formale Dimension in den

---

[10] Georg Simmel, Das Problem der Soziologie, in: Georg Simmel, Soziologie, 5. Aufl., Berlin 1968a, S. 4; Sperrungen im Original, Hervorhebungen nicht im Original.

Vordergrund gestellt: die *Wechselwirkungen*, die die menschlichen Individuen aufeinander ausüben.

Unter den verschiedenen "Formen" der Wechselwirkungen bzw. der Beziehungen der Menschen untereinander verstand er unter anderem: den Streit, die Konkurrenz, die "Parteibildung", die Nachahmung; auch: die "Bildung von Klassen, Kreisen, sekundären Abteilungen", die Entwicklung von "Sondergebilden sachlicher, personaler, ideeller Art", das "Aufwachsen" von "Hierarchien", die "gemeinsame Gegnerschaft" u.a. Andere Phänomene der "Vergesellschaftung" schließen sich an: die "Kreuzung mannigfaltiger Kreise in einzelnen Persönlichkeiten", die besondere Beziehung des "Fremden" zu seiner Umgebung, die "numerische Bestimmtheit der Gruppenelemente" u.a.

Immer ging Georg Simmel davon aus, daß es sich um *formal* vergleichbare Vorgänge oder Gebilde handelt, die sich prinzipiell mit *beliebigen* Inhalten füllen lassen. Und daß sich durch die Analyse dieser verschiedenen Gebilde und Prozesse gewisse *Ähnlichkeiten* und *Eigengesetzlichkeiten* der Formen quer zu den inhaltlichen Manifestationen aufzeigen lassen würden:

"Über- und Unterordnung, Konkurrenz, Nachahmung, Arbeitsteilung, Parteibildung, Vertretung, Gleichzeitigkeit des Zusammenschlusses nach innen und des Abschlusses nach außen und unzähliges Ähnliches findet sich an einer staatlichen Gesellschaft wie an einer Religionsgemeinde, an einer Verschwörerbande wie an einer Wirtschaftsgenossenschaft, an einer Kunstschule wie an einer Familie." (Ebd., S. 7)

Es gibt danach unterscheidbare "Formen" der Vergesellschaftung, die allein durch ihre formalen Eigenschaften bestimmte, fixierbare Eigenschaften aufweisen und sich auf jede mögliche Weise manifestieren können:

"Wie also die Form die identische sein kann, in der die divergentesten Inhalte sich vollziehen, so kann der Stoff beharren, während das Miteinander der Individuen, das ihn trägt, sich in einer Mannigfaltigkeit von Formen bewegt." (Ebd., S. 7)

In der Soziologie hat diese Idee - auch ohne unmittelbaren Bezug auf Georg Simmel - eine breite Anwendung gefunden.

Immer geht es dort ja auch um die Suche nach *formalen* Gleichförmigkeiten bei bestimmten, typisch *unterschiedlichen* sozialen Gebilden - wie etwa die Unterschiede zwischen Interaktion, Gruppe und Organisation als *formal* unterschiedlichen sozialen Gebilden. Es geht um die Untersuchung *formaler* Eigenschaften bestimmter *Konstellationen* sozialer Situationen - wie in der Anwendung formal identischer spieltheoretischer Modelle auf inhaltlich gänzlich verschiedene Interaktionssituationen (wie beispielsweise die formal gleiche Struktur des Gefangenendilemmas zur Erklärung der Unwirksamkeit der Umweltmoral wie der Schwierigkeiten bei der Gründung einer Partei; vgl. Abschnitt 7.2). Es geht um unterschiedliche Grade der Intensität sozialer Verflechtungen - wie beim Begriff der *Dichte* bei Netzwerken beliebiger sozialer Beziehungen. Es geht um formal ähnliche Arten sozialer Prozesse bei ganz verschiedenen Ereignissen - wie die Anwendung von *Modellen* der Diffusion auf Demonstrationen, auf die Bildung von Gerüchten oder auf Heiratshysterien in einer Alterskohorte. Oder es geht um allgemeine Formen sozialer Prozesse, die sich auf die unterschiedlichsten historischen und sozialen Verhältnisse anwenden lassen - wie die *Entstehung*, die *Stabilisierung* und der *Wandel* von sozialer *Ordnung*, sozialer *Ungleichheit* und sozialer *Differenzierung* bei inhaltlich und historisch ganz unterschiedlichen sozialen Gebilden und Gesellschaften (vgl. dazu Abschnitt 7.1)

Georg Simmel hat im Zusammenhang von Gesellschaft dabei vor allem an eine ganz besondere formale Eigenschaft sozialer Prozesse gedacht: "Gesellschaft" als eine Art von Variable der *Stärke* der *Wechselbeziehungen*. Damit ist insbesondere der Grad der *Intensität* sozialer Beziehungen und der Grad der sozialen *Kohäsion* in den sozialen Gebilden gemeint. Es gibt entsprechend der Intensität der Wechselwirkungen und Wechselbeziehungen der Menschen untereinander ein "Mehr" und ein "Weniger" an "Gesellschaft":

"Es folgt weiterhin aus diesem Begriff, daß eine gegebene Anzahl von Individuen in größerem oder geringerem Grade Gesellschaft sein kann: mit jedem neuen Aufwachsen synthetischer Gestaltungen, jeder Bildung von Parteigruppen, jeder Vereinigung zu gemeinsamem Werk oder in gemeinsamem Fühlen und Denken, jeder entschiedeneren Verteilung von Dienen und Herrschen, jeder gemeinsamen Mahlzeit, jedem Sich-Schmücken für die anderen wird eben dieselbe Gruppe mehr 'Gesellschaft' als sie es vorher war." (Ebd., S. 9)

Die Gesellschaft ist für Georg Simmel - wie eigentlich für alle Soziologen - darüberhinaus eines der wichtigsten *Aprioris* auch jeder individuellen Existenz der Menschen. Von dieser Sozialität des Menschen war bei den anthropologischen Grundlagen der Soziologie ja schon ausführlich die Rede (vgl. Kapitel 11). Georg Simmel fügt aber eine sehr dezidierte, heute keineswegs mehr überall in der Soziologie geteilte, inhaltliche Besonderheit zu diesem Apriori hinzu:

"So ist das gesellschaftliche Leben als solches auf die *Voraussetzung* einer grundsätzlichen *Harmonie* zwischen dem Individuum und dem gesellschaftlichen Ganzen gestellt, so wenig dies die krassen Dissonanzen des ethischen und des eudämonistischen Lebens hindert."[11]

Harmonie oder Gleichgewicht als Apriori und funktionaler Bezugspunkt aller sozialen Prozesse, auch derjenigen mit sehr "krassen Dissonanzen", ist eine der oben skizzierten alteuropäischen Vorstellungen, wie sie im anthropologischen Funktionalismus, am deutlichsten aber im Struktur-Funktionalismus bei Talcott Parsons betont werden (vgl. dazu Kapitel 22 und 23). Gesellschaft bleibt in allen diesen Konzeptionen grundsätzlich immer eine Art von "Gemeinschaft" - und sei es nur eine solche von ganz abstrakten, aber allgemein geteilten Werten.

---

[11] Georg Simmel, Exkurs über das Problem: Wie ist Gesellschaft möglich?, in: Georg Simmel, Soziologie, 5. Aufl., Berlin 1968b, S. 30; Hervorhebungen nicht im Original.

Gemeinschaft und Gesellschaft

Das Wort "Gesellschaft" hat - nicht nur in der Soziologie - aber auch eine ganz und gar nicht harmonische Bedeutung. Dieses Verständnis geht - unter anderem - auf einen berühmten Buchtitel von Ferdinand Tönnies (1855-1936) zurück: "Gemeinschaft und Gesellschaft".[12] Ferdinand Tönnies unterscheidet - darin dem Zeitgeist nicht nur seiner Generation folgend - zwischen zwei grundlegend unterschiedlichen Typen der gesellschaftlichen Organisation.

Unter "*Gemeinschaft*" verstand Ferdinand Tönnies den Typus eines sozialen Gebildes, bei dem die sozialen Beziehungen von den Menschen "um ihrer selbst willen", unabhängig von "rationalen" Zwecken unterhalten und bejaht werden. Sie gründe auf *Gefühlen* der unbefragten *Solidarität* und Zusammengehörigkeit.

"Gemeinschaft" beruht nach Tönnies auf Blutsverwandtschaft, auf enger Nachbarschaft und auf Freundschaftsbindungen. Ihr Hintergrund sei der "Wesenwille" zur Zusammengehörigkeit, der von den vitalen Vorgängen des Lebens nicht getrennt sei. Die Beziehung zwischen Mutter und Kind sei ein Beispiel dafür.

In der "*Gesellschaft*" seien dagegen Zweck und Mittel grundsätzlich getrennt, im Vordergrund der sozialen Beziehungen stehen die *Abwägung* von *Vor- und Nachteilen* und die "egoistischen" *Interessen* der Individuen.

Die zugrundeliegende Willensform nennt Tönnies den "Kürwillen". Im Unterschied zur "Gemeinschaft", bei der die Einzelwillen aus dem Gesamtwillen hervorgehen, seien in der "Gesellschaft" die Individuen und deren Überlegungen und Entschlüsse der Ausgangspunkt aller Kooperationen. Die "Gesellschaft" sei ein zu einem "rationalen Zweck" zusammengeführtes "mechanisches Aggregat". In ihr seien die Menschen bei aller Verbindung auf der Oberfläche der Interessenähnlichkeiten immer "wesentlich getrennt". Konkurrenten auf dem ökonomischen Markt sind das Beispiel hierfür.

In einer ganz groben, eigentlich unzulässigen Etikettierung könnten die sozialen Beziehungen innerhalb einfacher Stammesgesellschaften einerseits und innerhalb "moderner" Massengesellschaften andererseits nach dem Muster von "Gemeinschaft und Gesellschaft" charakterisiert werden: "Gemeinschaft" gebe es in den einfachen und kleinen, "Gesellschaft" in den komplexen und großen Gesellschaften.

Unzulässig ist diese vereinfachende Etikettierung schon deshalb, weil auch in den einfachsten Gesellschaften sich die Menschen keineswegs nur an ihren Gefühlen oder an der vollen, partikularen Individualität des Anderen orientieren. Und dort wird auch sehr darauf geachtet, was die Akteure in ihren Funktionen jeweils *leisten* - wie bei den

---

[12] Ferdinand Tönnies, Gemeinschaft und Gesellschaft, Leipzig 1887.

charismatischen Führern, bei den Medizinmännern und Schamanen, die meist sogar unter einem äußerst hohen Erfolgsdruck stehen. Die Etikettierung ist auch deshalb unzulässig, weil es gerade in den urbanisierten Massengesellschaften eine Unzahl von gewachsenen Nachbarschaften und Vierteln sowie von immer wieder neu entstehenden (zum Beispiel: Wohn-)"Gemeinschaften" und "sozial-moralischen Milieus" gibt, in denen es überhaupt nicht zweckrational zugeht, sondern in die man sich "voll einbringen" und in denen man ganz und gar "aus dem Bauch heraus" handeln *muß*.

Aber gänzlich unberechtigt ist die Vermutung andererseits auch wieder nicht, daß sich die Menschen in einfach strukturierten, zahlenmäßig kleinen Kollektiven eher in einer "Gemeinschaft" persönlicher Beziehungen, in komplexen, zahlenmäßig umfangreichen Kollektiven sich aber oft in den anonymen und undurchschaubaren Interdependenzen einer "Gesellschaft" wiederfinden: Solidarität kann in kleinen Gruppen schon deshalb eher Bestand haben, weil sie sich dort auch vom *Interesse* der Menschen her viel mehr *lohnt*, als in anonymen großen Gruppen, in denen niemand sicher sein kann, ob seine solidarischen Gefühle nicht ausgenutzt werden. Allein *deshalb* regiert in großen Gruppen eher das "egoistische" Interesse und in kleinen Gruppen die affektuelle Solidarität.

Max Weber hat die Unterscheidung von Ferdinand Tönnies aufgegriffen, dann aber in einer wichtigen Hinsicht verändert und "dynamisiert". Weber spricht statt von "Gemeinschaft" von "*Vergemeinschaftung*" und statt von "Gesellschaft" von "*Vergesellschaftung*":

"'Vergemeinschaftung' soll eine soziale Beziehung heißen, wenn und soweit die Einstellung des sozialen Handelns ... auf subjektiv *gefühlter* (affektueller oder traditionaler) *Zusammengehörigkeit* der Beteiligten beruht.
'Vergesellschaftung' soll eine soziale Beziehung heißen, wenn und insoweit die Einstellung des sozialen Handelns auf rational (wert- oder zweckrational) motiviertem Interessen*ausgleich*, oder auf ebenso motivierter Interessen*verbindung* beruht."[13]

Der wichtigste Unterschied zu Tönnies ist die Betonung des Aspektes der "sozialen *Beziehung*" und insbesondere der jeweils besonderen "*Einstellung des sozialen Handelns*" in einer Situation: Einmal regieren die *Affekte* und *traditionalen Bindungen* und Zugehörigkeiten und das andere Mal die *kalkulierenden Berechnungen* das Handeln der Menschen. In sozialen Beziehungen vom Typ der Vergemeinschaftung wird also *affektuell* bzw. *traditional*, in sozialen Beziehungen vom Typ der Vergesellschaftung dagegen *wert- bzw. zweckrational* gehandelt. Es handelt sich aber in *beiden* Fällen um soziale *Beziehungen*.

Immer ist - bei Tönnies wie bei Weber - also mit Gesellschaft bzw. Vergesellschaftung gemeint, daß dort die sozialen Beziehungen der Menschen am individuellen *Interesse* orientiert seien. Aus der Formulierung von Weber über den Interessen*ausgleich* und über die Interessen*verbindung* wird aber auch deutlich, daß die Beziehungen der Menschen, die über das *zweckratio-*

---

[13] Max Weber, Wirtschaft und Gesellschaft, Grundriss der verstehenden Soziologie, 5. Aufl., Tübingen 1972, S. 21; Hervorhebungen im Original.

nale Interesse zustandekommen, zwar anders motiviert sind, aber keineswegs weniger intensiv sein müssen. Eine "Gesellschaft", die ausschließlich auf Interessenbeziehungen - etwa über den Markt - beruht, muß keineswegs weniger integriert, weniger stabil und weniger an den Bedürfnissen der Menschen orientiert sein als eine "Gemeinschaft" der solidarischen Gefühle. Bei Adam Smith fanden wir diesen Gedanken schon. Den meisten Soziologen kommt er ganz unmöglich vor. Max Weber gehörte nicht dazu.

In der Soziologie wird vielmehr - etwa mit Emile Durkheim - davon ausgegangen, daß *jede* Gesellschaft letztlich immer auch eine moralische "Gemeinschaft" der Solidarität bilden müsse, die alle egoistischen und alle partikularistischen Einzelinteressen der "Gesellschaft" zu einer Einheit zusammenbindet (vgl. Kapitel 24). Talcott Parsons spricht von der "gesellschaftlichen Gemeinschaft" als Bedingung der Integration jeder Gesellschaft (vgl. Kapitel 23). Und Jürgen Habermas knüpft an diesen Gedanken im Prinzip insofern ebenfalls an, als er die Kommunikationsgemeinschaft der "Lebenswelt" als Grundbedingung der Verständigung der Menschen über alle nur strategischen Interessen hinweg ansieht und in der Bedrohung dieser Lebenswelten durch die anonymen "Systeme" der "Gesellschaft" eines der Hauptprobleme der modernen Gesellschaft findet (vgl. Kapitel 30).

Individuum und Gesellschaft

In der Soziologie wird häufig - explizit und implizit - zwischen der Gesellschaft auf der einen und den menschlichen Akteuren auf der anderen Seite unterschieden. Diese Unterscheidung von "Individuum und Gesellschaft" ist in *deskriptiver* Hinsicht sicher auch sinnvoll: Die Gesellschaft *ist* ein *emergentes* soziales Gebilde, das zwar nur *Akteure* - und niemand sonst - hervorbringen, das ihnen aber manchmal durchaus fremd vorkommen mag und als "objektive", zwingende Macht gegenüberzustehen scheint. Als empirisches Faktum subjektiver Eindrücke ist dies sicher nicht zu bestreiten.

Schwierigkeiten gibt es erst, wenn diese Unterscheidung auch *theoretisch* oder gar *ontologisch* (in bezug auf das innere "Wesen") gemeint ist: Die Gesellschaft habe ganz andere Seins- und Erklärungsgrundlagen als das Handeln der Akteure und sei daher als ein eigenes "System" aufzufassen, das grundsätzlich von den Akteuren und deren Handeln getrennt zu betrachten sei. Die "Gesellschaft" sei auf die "Individuen" grundsätzlich nicht zu "reduzieren".

Diese theoretische bzw. ontologische Unterscheidung von Individuum und Gesellschaft und die These von der Nicht-Reduzierbarkeit der Gesellschaft auf das Handeln der Menschen ist das wichtigste Kennzeichen aller strikt makro-soziologischen Ansätze (vgl. Kapitel 30).

Dazu zählt Emile Durkheims Konzept von der Gesellschaft als Wesen sui generis ebenso wie die Unterscheidung von kulturellen bzw. sozialen Systemen einerseits und personalen und organismischen Systemen andererseits, die auf Talcott Parsons zurückgeht (vgl. dazu Kapitel 23 und 24). Auch die von Niklas Luhmann vorgebrachte Unterscheidung von sozialen und psychischen Systemen und das Postulat, daß diese beiden Systeme theoretisch strikt zu trennen seien, gehört zu dieser Sichtweise (vgl. Kapitel 27). Und nicht zuletzt findet sich diese Trennung auch in der Unterscheidung von "System" und "Lebenswelt" wieder, in der Jürgen Habermas die entfremdenden, anonymen Einwirkungen der "Gesellschaft" vom vertrauten Mikro-Bereich des Alltagshandelns und der kommunikativen Verständigung scheiden will (siehe dazu Kapitel 30).

Allen diesen Konzepten ist - bei aller sonstigen Verschiedenheit - gemeinsam, daß Individuum und Gesellschaft zwei *ontologisch* getrennte Wesenheiten seien, die irgendwie in Kontakt zu bringen wären; etwa: über Sozialisation, über soziale Kontrolle, über Interpenetration oder über kommunikative Verständigung - als jeweils eigenen sozialen Prozessen der Vermittlung zwischen Individuum und Gesellschaft.

Die "gesellschaftliche Konstruktion" der Gesellschaft

Mit dem Konzept der soziologischen Erklärung wird die theoretische Trennung von "Individuum" und "Gesellschaft" ganz und gar überflüssig: Gesellschaft ist nach diesem Konzept nichts weiter als ein *externer Effekt* des interdependenten, an Problemlösungen orientierten, von Macht, Konflikt und Kooperationsinteresse durchdrungenen Handelns der Menschen, die nichts weiter tun, als sich Kontrolle über die Dinge zu verschaffen zu suchen, die sie interessieren und dabei Folgen schaffen, die - gewollt oder ungewollt - wieder die Kontrolle und die Interessen anderer Akteure (und die von ihnen selbst) tangieren (siehe dazu Kapitel 21). Zur Verdeutlichung dieses Vorgangs der "gesellschaftlichen *Konstruktion*" der Gesellschaft über die externen Effekte des situationsorientiert-sinnhaften Handelns haben Peter L. Berger und Thomas Luckmann die beiden Prozesse der Externalisierung und der Objektivierung unterschieden.

Externalisierung bedeutet - im Anschluß an viele klassische Vorbilder der Soziologie, vor allem an Karl Marx - die Erzeugung von Folgen des Handelns, die die einzelnen Akteure selbst nicht mehr unter Kontrolle haben: externe Effekte also. Externalisierung ist eine *unvermeidliche* Folge jeden Handelns.[14]

Die Externalisierung des Handelns ändert dann aber wiederum die objektiven Bedingungen für das *folgende* Handeln der Akteure: Die externen

---

[14] Peter L. Berger und Thomas Luckmann, Die gesellschaftliche Konstruktion der Wirklichkeit. Eine Theorie der Wissenssoziologie, 5. Aufl., Frankfurt/M. 1977, S. 55f.

Effekte sind jetzt die Randbedingungen des neuen Handelns. Die von einem einzelnen Akteur praktisch nicht zu beeinflussende - einschränkende oder Opportunitäten erzeugende - Wirkung der externen Effekte auf die (Logik der) Situation der Akteure ist der Vorgang der *Objektivierung* der externen Folgen des Handelns. (Ebd., S. 64f.)

Mit der Objektivierung erhalten die externen Folgen des Handelns jenen Ding-Charakter, der Karl Marx an die Entfremdung der Menschen denken ließ und der Emile Durkheim zu der Idee vom Wesen sui generis brachte. Die wichtigste Art der Objektivierung ist die meist unbeabsichtigte "gesellschaftliche Konstruktion" von Institutionen und der diese Institutionen legitimierenden Werte und Wissenssysteme (siehe dazu insbesondere Kapitel 25).

Externalisierung und Objektivierung beschreiben den (genetischen) Prozeß der Schaffung von Folgen, die die Situationsbedingungen für das Folgehandeln wieder *objektiv* neu strukturieren, worauf dann wieder nach diesen neuen Bedingungen gehandelt wird und wonach dieses Handeln wieder neue externe Effekte schafft, worauf dann wieder ... und so weiter. Kurz: Externalisierung und Objektivierung sind die Stadien, über die alle sozialen Prozesse als Kette des Handelns und dessen (unintendierte) institutionalisierte Folgen ablaufen und so die "Gesellschaft" als sich scheinbar "selbst" organisierendes soziales Gebilde schaffen (vgl. dazu Abschnitt 6.3).

Über beide Vorgänge - über die Externalisierung der Handlungsfolgen und über deren Objektivierung in Institutionen - *konstruieren* die Akteure also die "Wirklichkeit" der "Gesellschaft" in einem ununterbrochenen Vollzug. (Ebd., S. 65) Und beide Vorgänge *konstituieren* - gemeinsam mit der *Internalisierung* der objektivierten gesellschaftlichen Wirklichkeit in das Wissen und in die Bedürfnisse der Akteure über die Sozialisation - gleichzeitig auch ihre individuellen Konstrukteure als gesellschaftlich geprägte Wesen. Daher kann zusammengefaßt werden:

"Gesellschaft ist ein *menschliches* Produkt. Gesellschaft ist eine *objektive* Wirklichkeit. Der Mensch ist ein *gesellschaftliches* Produkt." (Ebd., S. 65, Hervorhebung nicht im Original)

So ist es. Das Modell der soziologischen Erklärung, insbesondere in seiner erweiterten Form (vgl. Abschnitt 6.3), ist nur eine etwas andere, vielleicht literarisch nicht ganz so hübsche, aber wohl etwas präzisere Art der Darstellung dieses wichtigen Gedankens (siehe dazu auch Kapitel 30). Damit wird es möglich, die ontologische und die theoretische Trennung von Mensch und Gesellschaft ganz aufzugeben - eine Trennung, an der die Soziologie sehr lange und nicht unbedingt zu ihrem Vorteil festgehalten hat.

Kapitel 21
Die Gesellschaft und das Problem der antagonistischen Kooperation

Die Gattung der Menschen lebt derzeit im wesentlichen in sehr großen Verbänden, tendenziell bereits in einer Weltgesellschaft zusammen. Das war nicht immer so. Die weitaus längste Zeit der bisherigen Gattungsgeschichte bestand die Gesellschaft der Menschen aus relativ kleinen und auch dem einzelnen Akteur immer noch verhältnismäßig überschaubaren Gruppen. Wie immer die Gesellschaft der Menschen aber auch im Einzelnen gestaltet war: In jedem Fall umfaßte sie Aktivitäten und Regelungen, die - mehr oder weniger direkt - mit den beiden grundlegenden Problemen des Lebens verbunden sind: mit der Reproduktion der Art und mit der Produktion der Mittel dafür - auch wenn keineswegs immer alle Einzel-Personen in gleicher Weise daran beteiligt waren oder davon profitierten.

Reproduktion und Produktion sind beim Menschen nicht genetisch gesteuert. Das Verhalten der Menschen ist nicht determiniert. Menschen haben die grundsätzliche Fähigkeit zur *Erfindung* neuer und immer effizienterer Arten der Lösung dieser Probleme als ein einzigartiges, evolutionär erworbenes Erbe (vgl. Kapitel 13 und 14). Und dazu gehört vor allem die Fähigkeit zur "Organisation" bestimmter Formen der Kooperation.

Menschen können sich beispielsweise zusammentun und größere Projekte, die die Kraft und Fähigkeiten des einzelnen Individuums übersteigen, in Angriff nehmen. Sie können miteinander in Austauschbeziehungen aller Art treten und so an Dinge herankommen, die sie allein nie hätten herstellen können. Und sie können sich gemeinschaftlich gegen die Risiken des Lebens absichern: gegen äußere Feinde und "abweichendes Verhalten" im Innern, gegen Katastrophen, Krankheit und Gebrechlichkeit, mit gewissen Tricks sogar, wenn schon nicht gegen die Unausweichlichkeit, so doch gegen die Schrecknisse des Todes.

Die Möglichkeit der Zusammenarbeit mit anderen Menschen ist das wichtigste Kapital der Menschen für die Lösung aller Arten von Problemen ihrer Existenz. Diese Zusammenarbeit aber ist nicht kostenfrei und nicht ohne Risiken. Immer droht beispielsweise die Gefahr, sich auf eine Zusammenarbeit einzulassen und dabei von anderen übervorteilt oder ausgebeutet zu werden. Um diese Risiken und um die wichtigste Erfindung der Menschen, sich dagegen abzusichern, geht es in diesem Kapitel: die "Institution" der "Gesellschaft".

Kontrolle und Interesse

Produktion und Reproduktion besteht - ganz allgemein gesprochen - daraus, daß sich die Akteure die Mittel beschaffen, die es ihnen erlauben, für sie (lebens-)wichtige und interessante Ziele zu erreichen. Viele dieser Ziele sind aber nur über *Kooperation* realisierbar, weil die Menschen alleine oft nicht in der Lage sind, eine hinreichende Kontrolle über die Mittel oder Ressourcen zu erlangen, die für die Erreichung eines Zieles notwendig sind.

Es ist dieses *Auseinanderfallen* von Kontrolle über Ressourcen und dem Interesse an Ressourcen, das die Menschen zueinander bringt - auch dann, wenn sie, was ja vorkommen soll, an sozialen Kontakten, Altruismus oder Freundlichkeiten eigentlich gar nicht interessiert sind. Die grundlegende Angewiesenheit der Menschen aufeinander, ihre *Sozialität*, beruht also auf dem schon anthropologisch vorgegebenen Mangel an Autonomie in der Kontrolle von interessanten Ressourcen.

Die beiden zentralen Größen, die die soziale Situation von Akteuren "definieren", sind demnach das Interesse, das ein Akteur an bestimmten Gütern oder Ressourcen hat, und der Grad an Kontrolle, den er über diese Güter und Ressourcen ausübt.[1] Das *Interesse* leitet sich aus den grundlegenden Bedürfnissen und aus den Präferenzen, den *Bewertungen* also, ab: aus dem allgemeinen Bedürnis nach physischem Wohlergehen und dem nach sozialer Anerkennung.

Oft ist das Interesse an einer Ressource aber nur abgeleitet: Die Ressource ist nur deshalb interessant, weil sie ein effizientes Mittel, ein Zwischenziel oder Zwischengut also, ist, über das sich die "eigentlichen", privaten Bedürfnisse bedienen lassen, auch wenn dieses Zwischengut unmittelbar keinerlei Bewertung erfährt. Solche abgeleiteten, nicht-"wahren" Interessen sind aber keineswegs weniger wirksam als die "eigentlichen" und "objektiven" Interessen der Menschen (vgl. dazu noch Abschnitt 25.2).

Die *Kontrolle* bezeichnet den Grad der Verfügbarkeit einer Ressource für den Einsatz im Handeln. Dieser Grad der Verfügbarkeit spiegelt sich in den subjektiven *Erwartungen*, die betreffende Ressource für eine bestimmte Handlung auch einsetzen zu können. Etwas technischer ausgedrückt: Die Ressourcen, die ein Akteur kontrolliert, sind der *feasible set* der *Opportuni-*

---

[1] Wir folgen hierbei der Anregung, die James S. Coleman zur Grundlage seiner "Foundations" gemacht hat: James S. Coleman, Foundations of Social Theory, Cambridge, Mass., und London 1990, Kapitel 2: Actors and Resources, Interest and Control.

täten, die ihm in einer Situation zur Verfügung stehen. Sie sind das *Kapital,* das Budget, mit dem der Akteur "rechnen" kann (vgl. Abschnitt 6.3 und Kapitel 7).

Über Kooperation ließe sich also - im Prinzip - das Budget bzw. das Kapital der Akteure zur Erreichung interessanter Ziele deutlich ausweiten. Erfolgversprechende, problemlösende Kooperationen und kollektive Anstrengungen zur Verbesserung der Kontrolle über Ressourcen von Interesse sind in der Tat auch eine der wirksamsten motivationalen Grundlagen aller Formen der Vergesellschaftung des Menschen. Das Problem ist dann nur, daß die Früchte jeder Kooperation nicht automatisch bereits der Kontrolle der einzelnen kooperierenden Akteure unterliegen, sondern immer erst wieder verteilt werden müssen. Und genau hier entsteht das Problem: Sind die interessanten Ressourcen durch die Kooperation einmal vorhanden, dann besteht die Gefahr, daß einzelne (oder alle) Akteure versuchen könnten, sich die Kontrolle über die gemeinsam beschafften Ressourcen individuell zu sichern. Und weil um dieses Risiko der einseitigen Ausbeutung jeder vorher weiß, unterbleibt vielleicht die Kooperation von vorneherein.

Interdependenzen

Das grundlegende Motiv zur Kooperation entsteht also aus dem *Auseinanderfallen* von Kontrolle über und Interesse an wichtigen Ressourcen. Dieses Auseinanderfallen begründet die *Interdependenz* der Akteure. Die Interdependenz der Menschen ist damit eine besondere Konstellation der Verteilung von Kontrolle über und Interesse an Ressourcen über die Akteure eines Kollektivs. Sie ist eine spezielle Mischung aus zwei Grenzfällen der Verteilung von Interesse und Kontrolle: Autonomie und (komplette) Abhängigkeit bzw. Dependenz.

Autonomie bezeichnet den Fall, daß ein Akteur über alle Güter, an denen er interessiert ist, auch die vollständige Kontrolle besitzt. Vollständige Abhängigkeit oder *Dependenz* eines Akteurs B von einem Akteur A besteht dann, wenn ein Akteur A vollständig die Ressourcen unter Kontrolle hat, die für den anderen Akteur, B, von Interesse sind, und wenn gleichzeitig aber Akteur B keine der Ressourcen kontrolliert, die den Akteur A interessieren.

Die reine *Interdependenz*, als Mischung von Autonomie und Dependenz, bezeichnet allerdings selbst einen Grenzfall: Wenn ein Akteur genau den *gleichen* Wert an Ressourcen eines anderen Akteurs kontrolliert, wie dieser für den Akteur wiederum interessante Ressourcen kontrolliert, wenn die wechselseitige Dependenz also in genau *symmetrischer* Weise vorliegt.

Wir wollen aber allgemein alle Formen der Mischung von Autonomie und Dependenz als Interdependenz bezeichnen, auch die asymmetrischen Fälle, in denen ein Akteur etwas mehr Autonomie als der andere hat (wie es in der "Wirklichkeit" ja wohl die Regel ist; siehe dazu noch unten).

Die drei Fälle lassen sich in einem einfachen Diagramm so zusammenfassen (Abbildung 21.1):

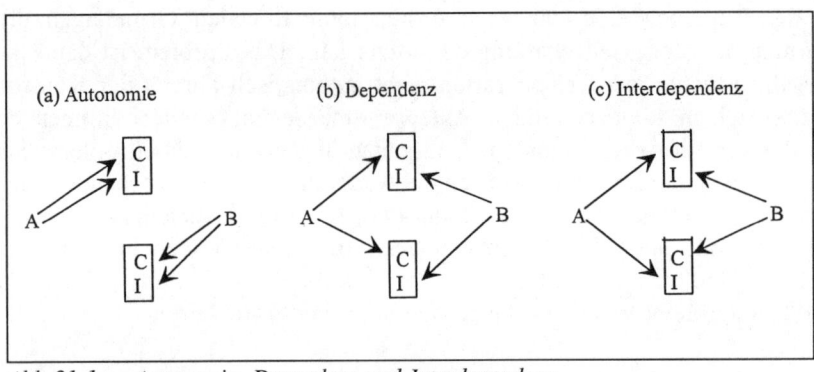

Abb 21.1: *Autonomie, Dependenz und Interdependenz*

Betrachtet werden zwei Akteure - A und B - und zwei Ressourcen bzw. Güter. C bezeichnet die Kontrolle, I das Interesse. Die Pfeile deuten die Beziehungen zwischen den Akteuren und der Kontrolle über bzw. dem Interesse an den jeweiligen Ressourcen an. Die vollständige Autonomie ist ein relativ seltener Grenzfall der Verteilung von Kontrolle über Ressourcen und dem Interesse daran.

Dieser Fall ist wohl auch der flüchtigste: Die Menschen verfügen meist über Dinge im relativen Überfluß, die sie gar nicht so sehr interessieren. Und was sie brennender interessiert, darüber haben gerade andere Akteure die Kontrolle. Die plötzliche Erlangung von Kontrolle über Güter des Interesses, die Erweiterung des Budgets also, erzeugt zunächst ohne Zweifel auch Glücksgefühle. Aber: Happiness is a warm gun. Vollständige Autonomie ist nicht nur ein seltener, sondern auch ein langweiliger Fall. Die meisten Dinge, die Spaß machen, haben mit gemeinsamer Problemlösung, mit Kooperation und mit den stillen Glücksgefühlen der aktiven Verbundenheit und der damit immer auch entstehenden wechselseitigen Bestätigung und sozialen Anerkennung zu tun. Außerdem sind Kontrolle und Interesse manchmal nicht unabhängig voneinander: Der Fuchs verzichtet auf die Trauben, an die er nicht herankommt, weil sie ihm jetzt zu sauer erscheinen. Und oft genug erlischt das Interesse an einer Sache, wenn man sie - endlich - unter Kontrolle gebracht hat. Schon allein deshalb ist die komplette Autonomie kein Grundzug des Lebens der Menschen. Sie wären sonst wohl Reptilien geblieben.

Die vollständige Dependenz ist - gottlob - ein ebenso seltener Spezialfall. Immer kontrolliert auch der noch so abhängige Akteur etwas, das auch den übermächtigen anderen Akteur interessiert. Sklaven verlieren - zum Beispiel - ihren Wert, wenn sie schlecht behandelt werden; und jeder Untergebene weiß, wie man es schafft, auch dem autokratischsten Chef noch zu verdeutlichen, daß es nicht ganz ohne die Mitarbeiter geht.

Massive Dependenzen sind - im Prinzip, empirisch keineswegs - einer der wichtigsten Anlässe für kollektives Handeln mit dem Ziel der Verringerung der Abhängigkeit durch Versuche, die Kontrolle über die interessierenden Ressourcen zu gewinnen; oder wenigstens: Kontrolle auch über solche Ressourcen zu erlangen, die den *anderen* Akteur interessieren. So erklärt sich leicht, warum Menschen zu Ressourcen drängen, die sie selbst unmittelbar gar nicht interessieren, durch die sie aber Kontrolle über die Güter gewinnen können, an denen die anderen Akteure nachhaltig interessiert sind: Geld gehört dazu ebenso wie Titel, Ansehen, Einfluß, Autorität, Rechtsansprüche oder politische Machtbefugnisse.

Dependenzen müßten eigentlich die Findigkeit der Menschen in ganz besonderer Weise anregen, weil in diesem Fall auch die ganz vitalen Interessen nicht der eigeninteressierten Kontrolle unterliegen. Dies gilt für einen wichtigen Spezialfall der Dependenz insbesondere: das plötzliche Entstehen einer bedrohlichen Abhängigkeit, wo zuvor keine bestand, beispielsweise durch neuartige externe Effekte des Handelns anderer Akteure.

A sei ein Unternehmen, das Interesse an der Produktion eines bestimmten Gutes habe und dies auch produzieren kann (das heißt: Kontrolle darüber hat). B sei die Bevölkerung des Ortes, an dem A produziert. Die Bevölkerung habe ein Interesse an einer sauberen, unbelasteten Umwelt. Und alles spricht auch dafür, daß sie darüber zunächst auch Kontrolle hat: Das Unternehmen A beeinträchtigt die Umwelt der Bevölkerung B nicht. Nun stelle A die Produktion technisch um. Und diese Änderung erzeuge jetzt einen externen Effekt derart, daß es nun eine Beeinträchtigung der Umwelt von B gebe.

Der externe Effekt der Umweltbeeinträchtigung der Bevölkerung B durch das Unternehmen A bedeutet nichts anderes, als daß nun A eine für B interessante Ressource (mit-)kontrolliert, die zuvor unter alleiniger Kontrolle von B war. Die Konstellation ist in Abbildung 21.2 skizziert. Die durch den externen Effekt der technischen Umstellung entstandene Kontrolle von A über das für B interessante Gut ist mit dem Pfeil a gekennzeichnet.

Sofort wird deutlich, was geschieht: B entwickelt ein Interesse ganz eigener Art; nämlich ein Interesse daran, nun selbst über Ressourcen Kontrolle zu gewinnen, an denen A interessiert ist, um darüber dann die eingetretene Abhängigkeit - eventuell durch Tausch - ausgleichen zu können. Das neu entstandene Motiv an Kontrolle ist mit dem Pfeil b gekennzeichnet. Es ist der erste Schritt hin zu einer Bürgerinitiative, zu einer sozialen Bewegung oder gar zu einer Revolution.

Meist reagieren stark dependente Menschen und Gruppen aber durchaus nicht mit empörtem und entschlossenem kollektivem Handeln, sondern nehmen ihr Schicksal eher

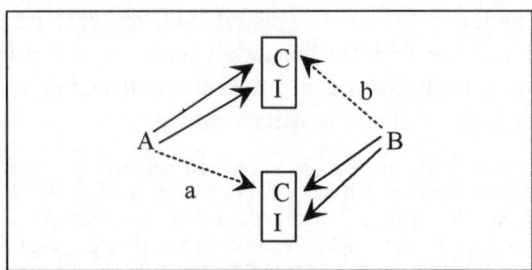

Abb. 21.2: Die Auswirkung externer Effekte auf Kontrolle und Interessen

fatalistisch hin. Dies hat mit anderen Umständen zu tun, die oft mit der langandauernden Erfahrung von Ohnmacht unter Dependenz einhergeht: die subjektive Erwartung, daß ja doch alles nutzlos ist und daß die Organisation einer kollektiven Aktion kaum Aussichten auf Erfolg hat. Wir wissen ja bereits, daß die Motive alleine, das Interesse an einer Gewinnung von Kontrolle in diesem Fall also, nicht zum Handeln führen, sondern erst in der Gewichtung mit den Erwartungen eines Erfolges. Aus den meist sehr niedrigen Erfolgserwartungen erklärt sich der Fatalismus der Abhängigen. Hinzu kommt ein anderer, eigentlich inzwischen schon gut bekannter Grund: Auch Revolutionen sind kollektive Güter, deren Produktion ja alles andere als selbstverständlich und - insbesondere - keine Frage der Stärke der Motive und der Interessen alleine ist.

Externe Effekte können auch positiver Art sein - wie beispielsweise das Ansteigen der Mieten für Hausbesitzer in Baden-Württemberg als indirekte Folge des Zusammenbruchs des Sozialismus und der Zunahme von Wanderungen aller Art in Europa nach 1989. Meist denkt man aber an negative externe Effekte, wie die Zerstörung malerischer Flußtäler durch Touristen, die nichts anderes wollten, als eine unberührte Natur erleben. Manchmal sind die positiven externen Effekte für die eine Gruppe negative externe Effekte für eine andere Gruppe; beispielsweise: die negativen externen Effekte der Mietsteigerungen für die Mieter jener Hausbesitzer, die sich über die positiven externen Effekte der Wanderungen gerade freuen.

Menschen sind normalerweise daran interessiert, negative externe Effekte, die sie betreffen, zu vermeiden oder auf andere abzuwälzen. Und sie sind auch daran interessiert, positive externe Effekte zu monopolisieren und/oder möglichst kostengünstig zu erhalten - wie etwa Dänemark, Norwegen und Luxemburg seinerzeit sehr an der Gründung der Schutzorganisation NATO interessiert waren, sich aber darauf verlassen konnten, daß die USA ein ganz besonderes Interesse daran hatten und auch die Mittel, das Interesse zu bedienen. So konnten die kleinen Staaten der NATO die große USA ganz locker ausbeuten, weil sie in den Genuß der positiven externen Effekte des von den USA überwiegend getragenen Bündnisses auch ohne größere eigene Anstrengung kamen.

Autonomie und Dependenz sind Grenzfälle der Verteilung von Kontrolle und Interesse. Der weitaus häufigere Fall ist die Interdependenz, die wechselseitige Abhängigkeit. Diese Konstellation erzeugt ein ganz anderes Interesse als im oben beschriebenen Fall: ein Interesse am Austausch der Ressourcen.

Betrachten wir beispielsweise ein Büro, in dem ein Neuling dringend des Rates des erfahrenen Kollegen bedarf und - in der Anfangssituation wenigstens - nicht so sehr daran interessiert ist, welchen Status er in der Bürohierarchie einnimmt. Dafür verfügt der lang ansässige Kollege reichlich über Erfahrungen und würde sich glücklich schätzen, von jemandem um Rat gefragt zu werden, weil dies seinen Status im Büro wirksam aufbessern könnte. Wie sinnvoll wäre es also, wenn die beiden miteinander in einen Austausch - kollegialen Rat gegen soziale Anerkennung - treten würden, der sie beide besser stellte - wenn es dazu käme! Interdependenz erzeugt das Motiv zur Kooperation.

Macht

Interdependenzen sind - darauf wurde oben bereits hingewiesen - nur selten ganz symmetrisch. Meist gibt es zwischen den Akteuren gewisse Ungleichgewichte in der Kontrolle von interessanten Ressourcen. Das Ausmaß dieser Ungleichgewichte kann als die *Macht* bezeichnet werden, die zwischen den Akteuren besteht. Ein Akteur ist danach mächtiger als ein anderer Akteur, wenn er - relativ - über mehr Ressourcen Kontrolle hat, die den anderen Akteur interessieren.

Macht ist also ein Spezialfall der Interdependenz. Die genau symmetrische Interdependenz bezeichnet den Spezialfall einer Beziehung mit gleicher Macht der Akteure übereinander.

Da die Macht wie alle Interdependenzen von der Kontrolle über und dem Interesse an Ressourcen abhängig ist, ändert sich die Machtbeziehung zwischen Akteuren mit Änderungen in Kontrolle und Interesse.

Ein Machtzuwachs wird demnach über ganz verschiedene Wege möglich: Zunahme meiner Kontrolle über Ressourcen, die den anderen Akteur interessieren; Zunahme des Interesses beim anderen Akteur an Ressourcen, die ich kontrolliere; Abnahme der Kontrolle beim anderen Akteur über Ressourcen, die mich interessieren; Abnahme des Interesses bei mir an Ressourcen, die der andere Akteur kontrolliert.

Relativ mächtiger ist also nicht nur derjenige, der mehr interessante Ressourcen kontrolliert, sondern auch derjenige, der das geringere Interesse an den Ressourcen hat, die der andere unter Kontrolle hat. Dieses Phänomen wird auch das "*principle of least interest*" genannt. Machtgewinn wird damit nicht nur durch Kontrollzuwachs, sondern auch durch Präferenzänderungen möglich - nicht zuletzt durch die (auch: "strategisch" eingesetzte) *Verringerung* des Interesses an Ressourcen, die andere kontrollieren. Analoges gilt - selbstverständlich - für den Machtverlust.

Änderungen in Kontrolle und Interesse, und daher: Änderungen in Autonomie, Dependenz, Interdependenz und Macht, sind schon aus exogenen Gründen jederzeit möglich. Nicht zuletzt die - oft unvorhersehbaren - externen Effekte aus neuen technischen Möglichkeiten und der - ebenso unberechenbare - Erfindungsreichtum der Menschen zur Gewinnung neuer Formen der Kontrolle und neuer interessanter Ressourcen erzeugen eine nicht stillzustellende Dynamik von Machtänderungen und Machtwandel, von stets fluktuierenden und sich immer neu bildenden *Machtbalancen* aus der Veränderung dieser beiden Grundvariablen der Interdependenz: Interesse und Kontrolle.

Konflikte

In dem Beispiel von Abbildung 21.2 war ein weiterer wichtiger Spezialfall der Interdependenz erkennbar geworden: die Beanspruchung von Kontrolle über die *gleiche* Ressource durch *verschiedene* Akteure, die an diese Ressource ein massives Interesse knüpfen. Dieser Fall sei als *Konflikt* bezeichnet (vgl. sowie Kapitel 25 und 29). Hier streiten die Akteure um die Kontrolle von Ressourcen und Gütern, die sie jeweils stark interessieren.

Zwei Fälle können unterschieden werden: Konflikte über die alleinige Kontrolle über eine Ressource, die beide Akteure sehr interessiert. Dieser Fall sei als *Kontroll-Konflikt* (oder Konkurrenz) bezeichnet. Und Konflikte über die Kontrolle von Ressourcen, mit denen die Akteure ganz unterschiedliche Interessen verbinden. Dieser Fall sei als *Interessen-Konflikt* bezeichnet.

Kontroll-Konflikte sind dann zu erwarten, wenn sich die Kontrolle über eine Ressource gegenseitig ausschließt und wenn daher die Kontrolle *aufgeteilt* werden muß: Was der eine Akteur an Kontrolle gewinnt, muß der andere Akteur abgeben - vice versa. Externe Effekte, die die Kontrollsituation zuungunsten eines Akteurs verändern, sind eine der wichtigsten Ursachen für das Entstehen von Kontroll-Konflikten. Das geschilderte Beispiel der Umweltschädigung durch das Unternehmen A war ein solcher Fall.

Konflikte können auch dann entstehen, wenn die Akteure zwar die volle Kontrolle über eine Ressource haben, der Streit aber um die *Bewertung* der Ressource geht. Dies ist der Fall des Interessen-Konfliktes.

Hierbei wird die gesellschaftliche "Definition" des Wertes bestimmter Ressourcen bedeutsam. Die Bewertung von Ressourcen ist - bis auf wenige "primäre" Güter - nämlich (fast) ausschließlich eine Frage der institutionellen *Festlegung*: Welche Sprache wird die Amtssprache einer Nation? Wird die Soziologie als etwa zu Jura gleichberechtigtes Fach bei der Einstellung von Beamten des Innenministeriums anerkannt? Ist die Mitgliedschaft zur

SED eine Auszeichnung oder ein Makel? Und so weiter. Je nachdem, welche Festlegung erfolgt oder durchgesetzt werden kann, ändert sich die Machtposition der Akteure unmittelbar - bei vollkommen gleichem Grad an Kontrolle über die jeweiligen Ressourcen.

Die wenigen primären Güter, an denen alle Menschen unterschiedslos Interesse haben, sind uns bereits bekannt: Physisches Wohlbefinden und soziale Anerkennung. Bei den "Definitionen" des Interesses geht es um die institutionelle Festlegung der Zwischengüter, mit denen man an diese primären Güter herankommen kann. Und dies ist eine Frage der Verfassung der Gesellschaft (vgl. dazu Kapitel 20, sowie Abschnitt 25.2).

Solche Interessen-Konflikte über die Durchsetzung und Geltung bestimmter Bewertungen von Ressourcen sind im Problem der *sozialen Ordnung* unvermeidlich angelegt, weil *jede* soziale Ordnung immer eine *bestimmte* Regelung bedeutet und damit immer andere Regelungen ausschließt, die andere Akteure mit anderen Ressourcen in Vorteil setzt. *Jede* Festlegung von *kulturellen Zielen* und jede Regelung der *institutionalisierten Mittel* bevorzugt *bestimmte* Ziele und *bestimmte* Mittel und läßt damit notwendigerweise bestimmte Interessen nicht zum Zuge kommen. Und dadurch entstehen *notwendigerweise* Unterschiede zwischen den Akteuren im Ausmaß der Kontrolle über die gerade als interessant *definierten* Ressourcen (vgl. dazu noch Abschnitt 25.2 ausführlich sowie Kapitel 29).

Die Gruppen, die die so als bedeutsam definierten Ressourcen kontrollieren, haben folglich ein objektives Interesse daran, diese Definition beizubehalten und gegen Änderungen abzusichern. Und die Gruppe(n), die die (nun) für bedeutungslos erklärten Ressourcen kontrollieren, haben ein ganz anderes, ebenso objektives Interesse; nämlich: eine Änderung der Verfassung der Gesellschaft.

Besonders gravierend ist dann der Fall, daß die jeweils kontrollierten Ressourcen komplett umdefiniert und ganz entgegengesetzt bewertet werden. Dies bezieht sich etwa auf die Nutzbarkeit von bestimmten kulturellen Fertigkeiten und Lebensweisen einer Gruppe oder Gesellschaft, die sich im Umbruch befindet. Mit der Revolution einer Gesellschaft kann dann das, was bisher als hochangesehen galt, nun zum Stigma oder gar zum Anlaß einer Strafverfolgung werden. Die gleiche Ressource wird nun plötzlich ganz anders bewertet. Erich Honecker und mit ihm viele andere, ehemals ganz bieder-konservativ-staatstreue ehemalige DDR-Bürger wissen inzwischen, was mit der Entwertung von kulturellem Kapital durch die Änderung der Verfassung einer Gesellschaft gemeint ist. Manche Westdeutsche können sich dies kaum vorstellen; ihre Eltern und Großeltern schon eher.

Weil solche Kultur- oder Verfassungskonflikte *alle* interessanten Güter und Ressourcen einer Gruppe tangieren, sind die Auseinandersetzungen über die Verfassung und die grundlegenden Werte einer Gesellschaft daher besonders intensiv. Die oft sehr heftigen und zuweilen sogar blutigen Auseinandersetzungen über - religiöse, nationale oder ethnische - Werte werden leichter verständlich, wenn man erkannt hat, daß sich dahinter meist Interessen-Konflikte über komplette Lebensweisen verbergen, an denen *alles* hängt, was die Menschen kontrollieren und von Interesse ist. Mit der Umwertung dieser Ressourcen würden sie alles verlieren - wenngleich nicht unbedingt die Kontrolle über diese nun wertlosen Ressourcen.

Es wird hier aber gleich auch sichtbar, daß bei allen diesen Konflikten das Ausmaß des Interesses von großer Bedeutung ist: Über Dinge, die niemanden interessieren, gibt es keine besonderen Konflikte. Dann ist es den Menschen ganz egal, wer sie kontrolliert und wie sie institutionell bewertet werden.

Wenn man genauer hinsieht, sind auch Interessen-Konflikte eigentlich wieder eine Art von Kontroll-Konflikten; nämlich über die Kontrolle um solche Güter und Ressourcen, die es erlauben, das jeweilige Interesse institutionell durchzusetzen: militärische Mittel ebenso wie politische und ökonomische Macht oder eine bestimmte Autorität.

Diese generalisierten Ressourcen sind genau deshalb für die Menschen auch wieder allgemein von Interesse: Sie erlauben die Gewinnung von Kontrolle über die Möglichkeit, ein bestimmtes Interesse durch die "Definition" der "Verfassung" zur Geltung zu bringen. Und um diese Ressourcen der Definitionsmacht, um die Quellen der *Herrschaft* gibt es immer einen - mindestens - latenten Kontroll-Konflikt auch dann, wenn äußerlich alles ganz konsensuell und harmonisch scheint. Dies ist der zentrale Grund, warum *jede* soziale Ordnung und *jede* einmal errichtete Herrschaft den Keim ihres Umsturzes unvermeidlicherweise in sich trägt (vgl. Kapitel 29).

Von solchen Konstellationen der Unausgeglichenheit von Interessen und Kontrollen und des Konfliktes über die Kontrolle interessanter Ressourcen bzw. um die Kontrolle von Ressourcen mit Definitionsmacht ist der Alltag der Menschen nur so durchsetzt. Die grundlegende Interdependenz der Menschen, die unverrückbare Tatsache also, daß *niemand* alle Güter kontrollieren kann, die ihn interessieren, erzeugt aber gleichzeitig *immer* auch ein beständiges, ebenso nicht stillzustellendes Interesse an der Kooperation - selbst in einer Welt, die von Konflikt, Feindschaft und Haß nur so durchdrungen zu sein scheint.

Opportunismus und das Risiko der Ausbeutung

Für das Verständnis der besonderen Dynamik und Dialektik der menschlichen Gesellschaft aus den fortwährenden, durch das problemlösende Handeln selbst getragenen Änderungen in Kontrolle und Interessen ist ein weiterer Gesichtspunkt zentral. Menschen sind als entscheidende Akteure in ihrem Handeln genetisch nicht festgelegt. Sie unterliegen aber - wie alle evolutionär erfolgreichen Lebewesen - dem Gesetz der Maximierung in der Selektion ihres Tuns (vgl. Kapitel 13). Ohne dieses Gesetz hätte sich die Gattung gar nicht entwickeln können. Zusammen mit ihrer besonderen Eigenschaft der Findigkeit und der Fähigkeit zur Vorwegnahme der Reaktionen anderer Akteure kommt damit ein ganz neuartiger, typisch menschlicher Zug in die Bedingungen der Sicherstellung von Reproduktion und Produktion und in das Handeln der Menschen: der grundlegende und nie auszuschließende, maximierende *Opportunismus* aus der Natur des individuellen Menschen.

Dieser Opportunismus ist ein Charakterzug, der durch keinerlei angeborene oder später erworbene Moral ganz zu bändigen wäre. *Immer* gibt es daher die Versuchung, sich in den Genuß positiver externer Effekte zu bringen und sich dabei selbst drohende negative externe Effekte sowie die Kosten der Kooperation möglichst vom Halse zu halten. Normalerweise sind die Menschen allerdings - durchaus auch aus einer Art von ressourcensparendem Opportunismus heraus - zu träge und zu bequem, als daß sie fortwährend an einer maximierenden Ausbeutung auch des kleinsten Vorteils interessiert wären. Und davon ist auch auszugehen: Die Menschen sind üblicherweise mit einer Grundstimmung von moderater Freundlichkeit versehen, so daß sich der maximierende Opportunismus im normalen Alltag meist von ganz alleine in Grenzen hält - solange die Versuchungen und die Risiken klein genug sind.

"Opportunismus" bedeutet daher auch nur, daß Menschen immer ein latentes Interesse daran haben, die negativen externen Effekte auf andere Akteure abzuwälzen und die positiven externen Effekte des Handelns anderer alleine zu genießen - wenn es der Mühe wert ist und den Verlust der Freundlichkeiten aufwiegt. Wie schön beispielsweise, daß der Mietspiegel auch für mein Mietshaus mit dem Zustrom von Aussiedlern und Asylanten gestiegen ist - sagt sich der schwäbische Hausbesitzer und kündigt seinen Mietern eine gesalzene Mieterhöhung an; und unterschreibt gleichzeitig einen Protestbrief gegen die Einrichtung einer Asylbewerberunterkunft in der Wohnumgebung seines Mietshauses, da er um den Wohnwert seines Eigentums fürchtet. Bei alledem heißt "Opportunismus" nicht, daß die Menschen immer auch wirklich opportunistisch denken oder handeln. "Opportunismus" heißt aber: daß es diese Versuchung latent immer gibt und daß, wenn nichts dagegen unternommen wird, es immer auch Menschen geben wird, die der Versuchung nicht standhalten und die die sich bietenden Möglichkeiten, nicht zuletzt der Ausnutzung der Ohnmacht oder der Kooperationsbereitschaft anderer, auch wahrnehmen.

Funktionierende Kooperationen erzeugen für die Akteure den positiven externen Effekt, daß sie individuell in den Genuß von Leistungen kommen, an die vorher nicht zu denken war - wenn alle Beteiligten sich daran halten. Und daher sind die Menschen an der Gesellschaft der anderen meist auch stark interessiert. Kooperationen sind aber auch oft riskant. Sie bedeuten insbesondere das Risiko negativer externer Effekte aus der einseitigen Verletzung von Absprachen bei Kooperationen, auf die sich ein Akteur gerade im Vertrauen darauf eingelassen hatte, daß sich der andere Akteur daran halten würde - wie im Beispiel über den Umweltschutz in dem Fall, daß sich jemand umweltgerecht verhält und feststellen muß, daß er der einzige Verrückte ist und die Umwelt nach wie vor zugrundegerichtet wird. Oder: daß alle sich umweltgerecht verhalten - nur dieser eine rücksichtslose Trittbrettfahrer nicht, dem die Umweltmoral ganz egal ist und der sich obendrein noch sagen kann, daß er mit seinen kleinen Sünden die Welt ja doch wohl nicht untergehen läßt und er sich ja auch sonst nichts gönnt. Und auch wenn ein Akteur selbst gar nicht opportunistisch gesonnen wäre: Er muß immer damit rechnen, daß es die anderen sind. Und gegen das Risiko der einseitigen Ausbeutung der eigenen Gutmütigkeit gibt es keinerlei Versicherung.

Ein Beispiel: Arbeitsteilung in der Ehe

Am Beispiel von Ehen und dem Risiko der Ehescheidung läßt sich dieses Problem der inneren Widersprüchlichkeit von bestimmten, eigentlich für alle ganz vorteilhaften Kooperationen gut zeigen.

Die meisten Menschen heiraten, und das tun sie vor allem, weil sie eine Familie haben wollen. Dazu gehören selbstverständlich auch Kinder - wenngleich nicht unbedingt sehr viele - und die Versorgung des Haushaltes. Ein Haushalt und eine Familie können nur organisiert werden, wenn die Mittel dafür auf dem Markt besorgt werden (meist: über Geldeinkommen) und wenn gleichzeitig - u.a. durch Einsatz dieser Marktgüter - die spezifischen Güter hergestellt werden, die eine Familie ausmachen: ein wohnliches Heim, ein umsorgendes und Affekt produzierendes Milieu und gemeinsame Aktivitäten.

Beides macht aber meist so viel Arbeit, daß es ohne eine gewisse Spezialisierung der Ehepartner nicht geht: Einer besorgt die Mittel, ein anderer versorgt den Haushalt - und beide profitieren maximal davon. Dies gilt auch in modernen Zeiten und auch bei der Verfügung über alle Haushaltsgeräte: Eine gewisse Arbeitsteilung wäre sicher viel vorteilhafter als der Fall, daß beide auf den Markt gingen oder beide den Haushalt versorgten. Und für die meisten Ehen - freilich nicht: für gut verdienende, kinderlose Paare - gilt nach wie vor, daß nur mit einer solchen Arbeitsteilung die betreffenden Güter durchaus leicht und ohne Dauerbelastung zu beschaffen sind und daß dies ohne die Arbeitsteilung praktisch aber nicht möglich ist.

Diese Situation ließe sich - nur ein wenig abstrahierend - etwa so systematisieren. A und B seien die beiden Akteure, die die Organisation ihrer Ehe planen. Die Alternative H meint die Übernahme der Haushaltsrolle, die Alternative M die Wahrnehmung der Marktrolle. Der höchste Gewinn fällt bei der Spezialisierung auf die Handlungskombinationen MH oder HM mit insgesamt zwölf Werteinheiten an. Die unterlassene Spezialisierung - MM bzw. HH - führt im Vergleich dazu jeweils zu einem Verlust von sechs bzw. acht Einheiten - je nachdem, ob beide auf den Markt gehen oder im Haus verbleiben, wobei Letzteres noch ungünstiger ist.

Ohne weitere Unterschiede zwischen den Partnern gäbe es also lediglich ein Problem der Koordination. Es ist für die Nutzung der Kooperation eigentlich egal, wer von beiden - Mann oder Frau - zu Hause bleibt oder auf den Markt geht. Sie müssen sich nur einigen, wer es denn sein soll. Diese Konstellation kann man zusammenfassend wie in Abbildung 21.3 darstellen.

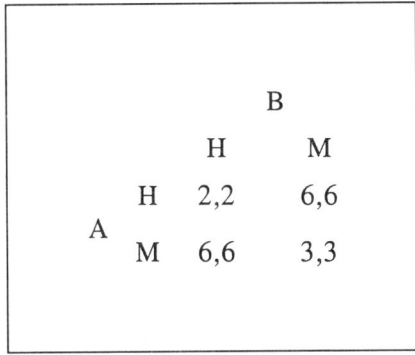

Abb. 21.3: Der Nutzen der Arbeitsteilung

Die erste Ziffer in jeder Zelle des Diagramms gibt den Wert an, den A bei der betreffenden Handlungskombination (beispielsweise 2 für die Kombination HH) erhält. Die zweite Ziffer benennt den entsprechenden Wert für B. A vergleicht also - bei einer von B gewählten Option - immer von oben nach unten, B dagegen - bei einer von A gewählten Option - von links nach rechts. Gewählt wird - dem Prinzip der Maximierung folgend - die Alternative, die unter der jeweiligen Bedingung den höheren Wert aufweist.

Nun sollte man annehmen, daß sich beide Partner rasch darauf einigen, wer zu Hause bleibt und wer das Geld verdient. Dies ist aber keineswegs selbstverständlich, wobei die Frage der Koordination der beiden noch das geringste Problem ist.

Die Sache hat nämlich einen "strukturellen" Haken, der die Risiken der Gutmütigkeit und die opportunistischen Versuchungen sehr ungleich verteilt - wie mittlerweile viele Ehepaare erfahren haben: Bei der Umstellung auf die eheliche Arbeitsteilung tritt ein keineswegs nur für eheliche Gemeinschaften typisches Risiko auf: Eine der ehelichen Rollen umfaßt unvermeidlicherweise mehr ehe*spezifische* Bestandteile als die andere. Wer die Versorgung des Haushaltes übernimmt, verliert notwendigerweise an Chancen auf dem Markt: Die im Haushalt gewonnenen ehespezifischen Qualifikationen sind außerhalb der Beziehung so gut wie nicht verwendbar. Und das vor der Ehe angesammelte Humankapital - eine schulische oder berufliche Ausbildung etwa - verliert mit jedem Jahr im Haushalt mehr an Wert.

Zwar steigt dafür der Wert des ehespezifischen Kapitals sehr an: Haus, Aussichten auf eine Erbschaft, wohlgeratene Kinder, eine gemeinsame, identitätsstiftende Biographie. Aber dieses Kapital ist (fast) nichts mehr wert, wenn die Ehe zerbricht. Ein gewisses Risiko geht derjenige, der die marktgängige Funktion übernimmt, zwar auch ein - wie das des Verlustes der eigentlich geschätzten Gemeinsamkeit -, aber bei weitem nicht im gleichen Maße. Denn: Der Partner, der auf dem Markt das Geld besorgt hat, verfügt weiter - oder noch mehr als vorher - über marktgängiges Humankapital und steht daher bei einem Zerbrechen der Ehe keineswegs mit leeren Händen da. Diese Situation - die Auszahlungen an die beiden Ehepartner im Fall des Zerbrechens der Ehe - könnte etwa so zusammengefaßt werden (Abbildung 21.4).

		B	
		H	M
A	H	1,1	1,3
	M	3,1	3,3

Abb. 21.4: Das Risiko der Arbeitsteilung

Die Folge ist leicht nachzuvollziehen: *Keiner* der Akteure ist zur Übernahme der ehespezifischen Rolle zu bewegen, wenn zu befürchten ist, daß die Ehe keinen sicheren Bestand hat. Beide wählen die Option M und erhalten eine

Auszahlung von gemeinsam sechs Einheiten. Wäre aber ein Zerbrechen der Ehe ausgeschlossen, dann gäbe es auch keine Frage, daß sich die arbeitsteilige Kooperation auch dann lohnt, wenn einer der Partner seine Chancen auf dem Markt einbüßt. Dann gibt es ja für jeden Akteur bereits sechs Einheiten. Die Kooperation über eine - wenngleich für einen Partner risikoreiche - Arbeitsteilung würde den gemeinsamen Ertrag glatt verdoppeln.

Je nach Sicherheit des "Rahmens" der ehelichen Gemeinschaft gibt es damit eine vollkommen unterschiedliche Situation: ein für beide fragloses Interesse an Kooperation in Gestalt der ehespezifischen Arbeitsteilung bei einer Perspektive des Erhalts der Ehe. Und einen ebenso stabilen Widerstand gegen die Übernahme der ehespezifischen Funktion, wenn die Ehe gefährdet erscheint.

Und nun wird auch die ganze Tragik der Angelegenheit deutlich: Eigentlich stünden sich *beide* besser, wenn es zur ehespezifischen Arbeitsteilung käme. *Keiner* will aber das einseitige Risiko des externen Effektes tragen, daß der jeweils andere die Beziehung einmal verläßt. Und die Folge: Die im Grunde von beiden gewollte Kooperation unterbleibt ganz.

Aus dieser Mikro-Konstellation des "Verhaltens" des sozialen Gebildes "Ehe" ließe sich bereits leicht erklären, warum in Städten und in modernen Gesellschaften die Scheidungsraten zunehmen (vgl. Kapitel 3 und 5): *Nicht* weil die Menschen keine Familie und keine Kinder mehr haben wollten, sondern weil - durch zunehmende Mobilität und durch die Lockerung der Verwandtschaftsnetzwerke zum Beispiel - die (subjektive) Verläßlichkeit des Bestandes von Ehen abnimmt, dadurch die geschilderte Arbeitsteilung bei vielen Ehen unterbleibt und somit die kleinste Krise schon die Gefahr des Zerbrechens mit sich bringt, weil es ja kein ehespezifisches Kapital gibt, das ein Verbleiben auch dann lohnend macht, wenn einmal die Fetzen fliegen.[2]

Antagonistische Kooperation

Interdependenzen, externe Effekte und Opportunismus konstituieren damit *ein* charakteristisches, grundlegendes Problem jeder menschlichen Vergesellschaftung. Dieses Problem soll hier - mit einer Bezeichnung des amerikanischen Soziologen William G. Sumner (1840-1910) - als *antagonistische Ko-*

---

[2] Vgl. dazu die Analyse dieses Dilemmas bei Notburga Ott, Familienbildung und familiale Entscheidungsfindung aus verhandlungstheoretischer Sicht, in: Gert Wagner, Notburga Ott und Hans-Joachim Hoffmann-Nowotny (Hrsg.), Familienbildung und Erwerbstätigkeit im demographischen Wandel, Berlin 1989, S. 97-116.

operation[3] bezeichnet werden. Sumner beschreibt die antagonistische Kooperation noch sehr als sozialdarwinistischen Kampf ums Überleben. Das trifft aber die wirkliche Tragik und die Dialektik des Problems - nämlich die der Spaltung des Interesses der Individuen an Opportunismus *und* an Kooperation - nicht. Der Philosoph und Ökonom Hartmut Kliemt drückt das Dilemma sehr viel treffender aus:

"Tendenziell bringt es Vorteile mit sich, mit möglichst vielen Individuen in Austausch und Zusammenarbeit eintreten zu können. Diesen Tendenzen zu vermehrten vorteilhaften Interaktionen stehen jedoch jene Gefahren gegenüber, die aus der vermehrten Chance resultieren, mit anderen in unvorteilhaften Kontakt zu gelangen und von diesen verletzt oder ausgenutzt zu werden. Vorteile des Austausches führen die Menschen zusammen und Anreize, sich die Tauschvorteile einseitig anzueignen, treiben sie tendenziell auseinander. Dies sind die beiden Grundkräfte menschlicher Vergesellschaftung und damit...die Wurzeln sozialer Evolution in einem *Prozeß antagonistischer Kooperation*."[4]

Das Problem der antagonistischen Kooperation, der ewigen Dialektik zwischen der Solidarität und dem Egoismus, zwischen Kooperation und Konflikt unter den Menschen ist *das* theoretische Grundproblem der Soziologie immer gewesen. Es ist die allgemeine Frage, die über Thomas Hobbes, Adam Smith, Emile Durkheim, Georg Simmel, Talcott Parsons bis hin zu neuerdings Mancur Olson, Raymond Boudon, Robert Axelrod oder James S. Coleman die Gesellschaftswissenschaften immer wieder beschäftigt und fasziniert hat: Wie ist soziale Ordnung möglich?

Die wichtigste und erfolgreichste Lösung des Problems der antagonistischen Kooperation sind die sozialen *Institutionen* gewesen, von denen oben bereits die Rede war. Darunter werden ganz allgemein verbindliche Regelungen verstanden, deren Verletzung mit negativen Sanktionen bestraft und deren Befolgung manchmal mit den Früchten einer erfolgreichen Kooperation oder - wenigstens - mit einem guten Gewissen belohnt wird. Verfassungen, Normen, Rollen, Konventionen, das Recht ganz allgemein sowie der Staat mit seinem Verwaltungsstab und dem Gewaltmonopol - für alle Fälle - gehören zu solchen Institutionen. Sie alle erleichtern oder ermöglichen erst die Lösung des Problems der antagonistischen Kooperation.

Bei dieser Lösung des Problems der antagonistischen Kooperation treten aber zwei Fragen auf. Erstens: Woher kommen denn eigentlich die Institu-

---

[3] William G. Sumner, Folkways. A Study of the Sociological Importance of Usages, Manners, Customs, Mores and Morals, Boston 1913, S. 16ff.

[4] Hartmut Kliemt, Antagonistische Kooperation. Elementare spieltheoretische Modelle spontaner Ordnungsentstehung, Freiburg und München 1986, S. 16/7; Hervorhebung im Original.

tionen? Diese Frage ist bis heute nicht schlüssig beantwortet worden - weder von der Soziologie, noch von einer anderen Gesellschaftswissenschaft.

Im wesentlichen werden drei Erklärungen angeboten: Institutionen entstehen durch Dekret einer bereits herrschenden Macht - beispielsweise eines Königs, einer Regierung, eines selbstherrlichen Lehrstuhlinhabers. Sie entstehen zweitens durch eine vertragliche Einigung von Menschen. Oder sie entstehen einfach "evolutionär" als Folge von Gewohnheiten, die schließlich eine eigene "normative Kraft des Faktischen" in Anspruch nehmen.

Wie auch immer aber Institutionen entstanden sind: Ihr Bestehen ist niemals abgesichert. Immer stehen sie in Konkurrenz zu anderen Regelungen und Vorschriften. Dekrete, Verträge und Gewohnheiten können sich ändern. Und immer kostet ihre Durchsetzung etwas: Die Abweichungen müssen sozial kontrolliert und sanktioniert werden, die Mitglieder der Gesellschaft müssen entsprechend sozialisiert werden und die einschränkenden Wirkungen und Zumutungen jeder Institution müssen ertragen werden.

Dies ist die zweite Frage: Wie kommt es zur "Ordnung" der sozialen Ordnung?

Diese Frage ist theoretisch ganz besonders interessant. Die Geltung einer institutionellen Regelung ist nämlich selbst ein Kollektivgut und ein Problem der antagonistischen Kooperation: Wenn sich alle anderen an den Kosten für die Durchsetzung einer einschränkenden Regel beteiligen, nur ich nicht, dann ist mein Vorteil maximal. Die Institution, die andere tragen, sichert mich vor den Risiken, sie kostet mich aber auch nichts. Und wenn alle so denken, dann kommt es eben nicht zu sozialer Ordnung, sondern zu Anomie und zu einem Krieg aller gegen alle.

Die Frage ist dann also wieder: Wie kommen die übergeordneten Institutionen zustande, die nun die Institutionen gegen den individuellen Opportunismus der Menschen zu ihrem kollektiven Vorteil schützen und das Problem der antagonistischen Kooperation auf der materiellen Ebene dauerhaft zugunsten der Kooperation zum Wohle aller lösen? Die allgemeinste Antwort, die die Soziologie auf die Frage nach einer übergreifenden Lösung des Problems der antagonistischen Kooperation gefunden hat, kennen wir bereits aus Kapitel 20: Es ist die "Gesellschaft", die die soziale Ordnung der Menschen konstituiert und die den "letzten" Rahmen der Sicherung der sozialen Ordnung abgibt und so das Problem der antagonistischen Kooperation lösen hilft. Damit ist aber - in der berühmten Formulierung von Georg Simmel[5] - eine noch allgemeinere Frage gestellt: Wie ist Gesellschaft möglich? Auf die Beantwortung dieser Frage hat die Soziologie viel Energie verwendet.

---

[5] Vgl. Georg Simmel, Exkurs über das Problem: Wie ist Gesellschaft möglich?, in: Georg Simmel, Soziologie. Untersuchungen über Formen der Vergesellschaftung, Berlin 1968b, S. 21f.

Kapitel 22
Die Gesellschaft als funktionale Einheit

Die Vorstellung, daß die Gesellschaft einen ganz eigenen, auf die Interessen der Menschen nicht reduzierbaren Rahmen für das Handeln der Menschen und für die Lösung des Problems der antagonistischen Kooperation bilde, war für eine längere Zeit die unbezweifelte Grundüberzeugung in der Soziologie. Die theoretische Richtung in der Soziologie, die auf der Grundannahme beruht, daß die Gesellschaft der allgemeinste, nicht mehr zu hinterfragende und "immer schon" vorauszusetzende Rahmen aller sozialen Prozesse sei, war der sog. *Struktur-Funktionalismus* (oder auch einfach: *Funktionalismus*).

Der wichtigste Vertreter dieser makro-soziologischen Konzeption der Erklärung sozialer Ordnung ist - im Anschluß an Überlegungen von Emile Durkheim und an anthropologische Forschungen bei kleinen Stammesgesellschaften - Talcott Parsons gewesen. In diesem Kapitel geht es um die Grundannahmen des Funktionalismus in der Soziologie ganz allgemein; im nächsten Kapitel werden wir uns das von Talcott Parsons darauf aufgebaute theoretische System ansehen. Und in Kapitel 24 werden die theoretischen und empirischen Argumente besprochen, die dazu führen können, die Gesellschaft als ein ganzheitliches, als ein holistisches "Wesen sui generis" anzusehen - so wie dies Emile Durkheim getan hat. Diese drei Kapitel bilden den Beginn einer Darstellung von Konzepten der Gesellschaft in der Soziologie auf einer Dimension, die von mehr ganzheitlichen, makro-soziologischen Konzepten hin zu mehr analytischen, mikro-soziologischen Konzepten reicht (Kapitel 22 bis Kapitel 28). In den letzten beiden Kapiteln (Kapitel 29 und 30) sollen dann Ansätze besprochen werden, die eher die Verbindung zwischen makro- und mikro-soziologischen Konzepten der Gesellschaft anstreben - so wie dies über das Modell der soziologischen Erklärung ja auch versucht wird.

Der Struktur-Funktionalismus war *das* theoretische Paradigma, das die Soziologie der fünfziger und sechziger Jahre beherrschte - und von dem sie sich noch immer nicht ganz erholt hat. Warum es damals so erfolgreich war, ist nicht leicht zu sagen. Einer der Gründe dürfte aber der gewesen sein, daß in dieser Sicht die Gesellschaft als eine *Einheit* aufgefaßt wurde, die ihre *Struktur*-Elemente so angeordnet hat, daß die wichtigsten *Funktionen* für die Gestaltung des Alltags auch zuverlässig erfüllt werden und daß es bei Auftreten von Störungen wieder Tendenzen gibt, die Störungen zu beseitigen und das System der Gesellschaft wieder zu seinem Gleichgewicht zurückzuführen. Diese Sicht war damals für viele sehr überzeugend.

Funktionale Requisiten

Am Anfang der Überlegungen des Struktur-Funktionalismus steht eine etwas eigenartig klingende Frage: Welche notwendigen Bedingungen "müssen" erfüllt sein, "damit" es soziale Gebilde bzw. Gesellschaften dauerhaft geben kann. Dies ist die Frage nach den sog. *funktionalen Requisiten* der menschlichen Gesellschaft. Unter funktionalen Requisiten bzw. funktionalen Bedingungen werden also die *Voraussetzungen* verstanden, ohne deren stetige Erfüllung eine Gesellschaft nicht existieren kann. Die funktionalen Requisiten werden oft auch einfach nur als *Funktionen* bezeichnet.

Eine solche Frage könnte man für andere Systeme auch stellen - zum Beispiel für eine Uhr. Das Ergebnis der Suche nach den funktionalen Requisiten einer Uhr wäre wahrscheinlich, daß - mindestens - die Funktion der Energiezufuhr und die der Taktgabe erfüllt werden müßten. Und daß dazu eine Energiequelle und ein Taktgeber "funktional erforderlich" sind. Erst die Erfüllung der beiden Funktionen sorgt für das "adäquate" Funktionieren des mechanischen oder elektronischen Systems einer Uhr. Die Energiequelle könnte im konkreten Fall entweder eine Stahlfeder oder eine Batterie, der Taktgeber eine Unruhe oder ein Quarzkristall sein. Stahlfeder oder Batterie und Unruhe oder Quarzkristall wären dann die konkreten (mechanischen) Strukturen, die für die Erfüllung der beiden Funktionen - Energiezufuhr und Taktgabe - im Einzelfall sorgen. Wichtig ist nicht zuletzt auch, daß diese konkreten Strukturen immer nur in einer typischen Totalität ihre Funktionen erfüllen: Eine Quarzuhr benötigt eine Batterie und keine Feder. Und eine Unruhe ist ganz still, wenn man sie an eine Stromquelle anschließt. Es gibt also offensichtlich auch in mechanischen Systemen so etwas wie ein totales Phänomen, wie es Marcel Mauss für Gesellschaften und soziale Gebilde postuliert hat. Strukturen, die in dem einen System eine wichtige Funktion haben, sind in einem anderen vielleicht ganz und gar sinnlos. In ganz ähnlicher Weise wie für mechanische oder elektronische Uhren ließe sich selbstverständlich auch fragen, was die funktionalen Erfordernisse für den Bestand einer Ansammlung von Seerosen, einer Horde von Meeraffen oder eines Ameisenstaates sind. Warum also nicht auch für menschliche Gesellschaften?

Einer der bekanntesten Vorschläge für eine solche Liste funktionaler Requisiten für menschliche Gesellschaften stammt von David F. Aberle u.a.:[1]

(1) Die Bereitstellung angemessener Beziehungen zur Umwelt und die sexuelle Reproduktion der Gattung;
(2) Rollen-Differenzierung und Rollen-Zuweisung;
(3) Kommunikation;
(4) gemeinsame kognitive Orientierungen;
(5) ein Satz gemeinsam geteilter Ziele;
(6) die normative Regulierung der zugelassenen Mittel;
(7) die Regulierung des Ausdrucks von Affekten;

---

[1] David F. Aberle, Albert K. Cohen, Arthur K. Davis, Marion J. Levy, Jr., und Francis X. Sutton, The Functional Prerequisites of a Society, in: Ethics, 60, 1950, S. 100-111.

(8) die Sozialisation der neuen Mitglieder;
(9) die wirkungsvolle Kontrolle disruptiver Formen des Verhaltens.

Dies ist eine recht lange Liste. Talcott Parsons hat sie später aufgrund bestimmter theoretischer Überlegungen stark verkürzt, und zwar auf vier Grundfunktionen, die in jeder Gesellschaft, in jedem sozialen System, ja in jedem System überhaupt erfüllt sein müßten (vgl. dazu Kapitel 23): Anpassung der Gesellschaft an ihre jeweilige Umwelt, die Verwirklichung der gesellschaftlich wichtigen Ziele, die Integration der Teile der Gesellschaft und die verläßliche Bewältigung von Spannungen.

Funktionale "Bedürfnisse"

In einer mißverständlichen Ausdrucksweise ist im Zusammenhang mit der Suche nach den Bedingungen des Funktionierens von Gesellschaften auch behauptet worden, daß die Gesellschaft eine Art von zielgerichtetem, innerem "Bedürfnis" habe, die funktionalen Requisiten auch regelmäßig zu bedienen. Insbesondere gäbe es ein eigenständiges Bedürfnis für ihr "Überleben". Und: Die Gesellschaft orientiere ihre inneren und äußeren Prozesse an der Erfüllung dieses Bedürfnisses.

Eine solche teleologische Organismusannahme für die Gesellschaft muß nicht getroffen werden, wenn von funktionalen Requisiten gesprochen wird. Das Überleben der Gesellschaft kann ganz einfach als unintendierte Folge der Handlungen und Konstruktionen der *Akteure* verstanden werden, die in ihrem Handeln in einem *Selbstregulations*-System verbunden sind (vgl. Abschnitt 6.3), das für die dauerhafte Erfüllung der funktionalen Requisiten sorgt, auch ohne daß es ein Bedürfnis der Gesellschaft nach Überleben geben muß. Ein Thermostat-System im Wohnzimmer hat auch kein Bedürfnis nach einer bestimmten Temperatur, regelt sich "selbst" aber gleichwohl sehr zuverlässig; und zwar: über die geschickte Anordnung der Elemente und die dadurch möglichen *kausalen* Prozesse, die die Selbstregulation besorgen.

Als eine empirische Beschreibung ist die Redeweise von den funktionalen Requisiten oder funktionalen Bedingungen der Gesellschaft zunächst also ganz harmlos und statthaft. Rasch wird man aber verführt, darin dann doch irgendeine Art von innerer Zielsetzung der Gesellschaft zu sehen - so als ob das Bestehen und das Prozessieren einer Gesellschaft in irgendeiner Weise ein Apriori oder die Erfüllung eines Bedürfnisses der Gesellschaft sei. Leicht entsteht dann der Gedanke, daß dies alles so sein "muß". Denn - so die schlaue Begründung des Funktionalismus - tut die Gesellschaft das alles nicht, dann existiert sie ja auch nicht (mehr). Kurz: Entweder schafft die Gesellschaft die Konstitution ihrer funktionalen Bestandsbedingungen - oder sie schafft diese Konstitution nicht - dann gibt es sie aber auch nicht.

Solche Aussagen sind ein besonders gravierender Fall von inhaltsleerer Tautologie, vor der in Kapitel 4 ausdrücklich gewarnt worden war. Dabei ist dies alles leicht zu entwirren. Die notwendige Verbindung zwischen funktionaler Bedingung und der Existenz einer Gesellschaft ist nichts als eine Frage der Definition - und damit eine rein sprachlich begründete Notwendigkeit: *Wenn* die Requisiten als die Bedingungen der Existenz einer Gesellschaft *definiert* sind, *dann* "entsteht" eine Gesellschaft natürlich aus *logischen* Gründen mit der Erfüllung dieser Bedingungen.

Der Soziologie ist es nie gelungen, eine alle überzeugende, abschließende Liste der funktionalen Requisiten der Gesellschaft zu erstellen. Inzwischen weiß man auch, warum das nicht möglich war: Funktionale Requisiten sind *keine* Frage der *empirisch* notwendigen Bedingungen des Überlebens von Gesellschaften, sondern eine Frage der *Definition* des kollektiven Phänomens, von dem gesprochen werden soll. Einen "Tod" von Gesellschaften gibt es ja nicht so, wie lebende Organismen sterben. Wohl gibt es aber den Fall, daß ein als eine *bestimmte* Gesellschaft definiertes soziales Gebilde mit einem Male nicht mehr die Merkmale aufweist, die es nach der definitorischen Festlegung haben sollte.

Der Schluß von der Erfüllung der funktionalen Bedingungen auf die Existenz einer Gesellschaft ist also nichts weiter als ein Spezialfall der Logik der Aggregation: Die Angabe funktionaler Requisiten ist eine *partielle Definition* der Bedingungen, bei denen von einem bestimmten sozialen Gebilde *gesprochen* werden soll (vgl. dazu Kapitel 6 und 7).

Auf diese Weise kann die Frage nach den Prozessen der Erfüllung funktionaler Bedingungen bzw. funktionaler "Bedürfnisse" durchaus sinnvoll gestellt werden: Die funktionalen Bedingungen sind *definitorisch* festgelegte externe Effekte und sonstige Bedingungen, deren Entstehungsprozesse im Prinzip nach dem Modell der soziologischen Erklärung rekonstruiert werden können. Dann kann auch sinnvollerweise gefragt werden, welche besonderen Merkmale in einer Gesellschaft immer wieder reproduziert werden "müssen", "damit" das System immer in der Klasse von Zuständen bleibt, die als seine Bestandsbedingungen *definiert* sind (vgl. dazu Abschnitt 6.3).

Funktionale Requisiten sind damit keine Angelegenheit einer empirischen Erforschung der Bedingungen von Leben und Tod von Gesellschaften. Entsprechende Untersuchungen wären ja eigentlich auch kaum möglich, weil dazu Experimente nötig wären, an die sich besser niemand heranmachen sollte. Außerdem: Wie ließe sich eigentlich der Tod einer Gesellschaft feststellen? Wann liegt Wandel und wann liegt der endgültige Zerfall vor? Gab es die deutsche Gesellschaft auch während der Spaltung in DDR und BRD? Und so weiter. Kurz: Die Frage nach den funktionalen Requisiten ist keine der Empirie, sondern eine Frage der Definition; und damit: eine Frage der Abmachung und der Zweckmäßigkeit der jeweils gewählten Definition für die jeweilige Fragestellung.

Strukturen und Funktionen

Die stabilen oder wiederkehrenden Merkmale von Gesellschaften seien ganz allgemein als Strukturen bezeichnet. Beispiele für gesellschaftliche Strukturen sind eine übergreifende Rechtsordnung, gewisse religiöse Überzeugungen, das jeweilige System sozialer Ungleichheit, Rituale gegenseitiger Verpflichtungen u.a.(vgl. dazu Kapitel 25).

Die grundlegende Hypothese des Struktur-Funktionalismus lautet: Die *Strukturen* der Gesellschaft erfüllen immer eine wichtige, ja unentbehrliche *Funktion* für die Gesellschaft, indem sie helfen, die funktionalen Requisiten des Bestandes der Gesellschaft zu bedienen und so das Überleben bzw. das Funktionieren der Gesellschaft sichern. Darüber wiederum werden sie selbst als dauerhafte Merkmale der Gesellschaft wieder gefestigt. Kurz: Strukturen haben die Funktion der Sicherung des Bestandes der Gesellschaft, von der sie selbst ein integraler Teil sind.

Funktionale Analyse

Das theoretische Werkzeug des Funktionalismus ist die *funktionale Analyse*. Sie geht von der Beobachtung der dauerhaften Existenz eines strukturellen Merkmals eines kollektiven Gebildes und von der Beobachtung des Überlebens dieses Gebildes aus. Sie fragt: Welche Funktionen haben die beobachteten Strukturen für die Bedienung der funktionalen Requisiten, so daß dieses Gebilde so hübsch funktionieren kann und in der Zeit dauerhaft überlebt? Die funktionale Analyse besteht dann aus der genauen Rekonstruktion der (kausalen) Mechanismen des selbstregulativen Vorgangs, über den das System mit Hilfe der Strukturen immer wieder zu seinem Bezugszustand findet.

Die funktionale Analyse ist eine besondere Art der Erklärung - eine *funktionale Erklärung*. Wir werden weiter unten zeigen, daß solche funktionalen Erklärungen lediglich *Spezialfälle* der normalen nomologischen bzw. der genetischen soziologischen Erklärung sind (vgl. Abschnitt 6.3).

Funktionale Analysen bzw. funktionale Erklärungen fragen also etwa so: Warum gibt es - sagen wir einmal - die Strukturen gewisser magischer Riten wie Regentänze bei einem als "Gesellschaft" ganz lebendigen Indianerstamm, obwohl doch die Regentänze meteorologisch recht unwirksam sind und - so kann vermutet werden - die Indianer, bestimmt aber die Medizinmänner, das auch wissen?

Die Antwort der funktionalen Analyse sähe dann etwa so aus: Die Gesellschaft des Indianerstammes überlebt (unter anderem), weil die Strukturen des Rituals der Regentänze die Funktion des Erhaltes der Stammesgesellschaft haben. Diese Funktion haben die Regentänze, indem sie gewisse funktionale Bedingungen des Überlebens dieser Gesellschaft und des dazu erforderlichen Wohlergehens ihres Personals erfüllen. Beispielsweise: Die Erfüllung der Bedingung der Integration und des Erhaltes der Solidarität auch in Zeiten, in denen die Menschen dieser Gesellschaft ihren Lendenschurz enger zurren müssen. Diese Funktion erfüllen die Regentänze über die motivierende und beruhigende Wirkung der engen Gemeinschaft mit Leidensgenossen, die ihrerseits über das Ritual erzeugt wird. Die Erfüllung der funktionalen Bedingung der Integration hilft dann wiederum, die Struktur des Rituals zu sichern. Das Ritual wird so zur festen strukturellen Ausstattung der Gesellschaft - mit der Funktion, ihr Überleben zu sichern.

Funktionale Äquivalente

Die funktionalen Requisiten sind *allgemeine* Bedingungen des Funktionierens von Gesellschaften. Sie kommen nach Auffassung des Funktionalismus also in *jeder* Gesellschaft vor. Es gibt wohl auch allgemein vorkommende Strukturmerkmale von Gesellschaften, wie etwa das Merkmal der sozialen Ungleichheit, das es in allen bekannten Gesellschaften gibt. Meist variieren aber die Strukturen der Gesellschaften sowohl untereinander wie im Verlaufe ihres eventuellen sozialen Wandels sehr. Gesellschaftliche Strukturen können also im Prinzip historisch *einmalig* und ganz gesellschafts*spezifisch* sein.

So wird es möglich, daß verschiedene Strukturen eine gleiche, eine "äquivalente", funktionale Wirkung haben. *Unterschiedliche* strukturelle Merkmale, die das *gleiche* funktionale Requisit bedienen, werden als *funktionale Äquivalente* bezeichnet.

Funktionale Äquivalente sind also solche Strukturen, die die gleiche *kausale* Wirkung für die Erfüllung eines funktionalen Requisits bzw. für das Funktionieren der Gesellschaft haben. Bereits daran wird deutlich, daß funktionale Analysen nichts als spezielle Varianten der Kausalanalyse (für selbstregulative, zirkuläre) Prozesse sind (vgl. Abschnitt 6.3).

Das funktionale Erfordernis der Integration, das bei dem Indianerstamm unbemerkt über das Ritual der Regentänze erfüllt wurde, könnte daher auch durch andere Strukturelemente bedient werden; beispielsweise durch psychotherapeutische Einrichtungen oder durch Selbsthilfegruppen der von der Trockenheit "Betroffenen". Selbsthilfegruppen, Psychotherapie und Regentänze wären dann funktionale Äquivalente für die Sicherstellung der Integration der Gesellschaft.

Nicht alle Strukturelemente einer Gesellschaft müssen freilich eine unterstützende, eine *eufunktionale* Wirkung haben. Es gibt in jeder Gesellschaft immer auch strukturelle Elemente, die keinerlei funktionale Wirkung haben; diese werden als *afunktional* bezeichnet. Soweit Gesellschaften auch (dauerhaft) störende Strukturmerkmale enthalten, die den

Bestand (latent) gefährden, spricht man auch von *dysfunktionalen* Strukturmerkmalen. Der klassische Funktionalismus ging von der radikalen These der *funktionalen Vollständigkeit* aus: daß eigentlich *alle* dauerhaften Elemente doch irgendeine eufunktionale Wirkung hätten. Danach haben auch Konflikte, wenn sie dauerhaft auftreten und die Gesellschaft gleichwohl funktioniert, eine funktionale Bedeutung (vgl. dazu Kapitel 29).

Die Reproduktion der Gesellschaft

Von der funktionalen Wirkung der Strukturen und von den Prozessen der Selektion genau *dieses* funktionalen Äquivalentes aus der unendlich großen Anzahl der möglichen funktionalen Äquivalente müssen, ja dürfen die Akteure selbst nichts ahnen. Funktionale Prozesse gehen über die Köpfe der Menschen hinweg. Oft gibt es die Wirkungen nur, *weil* die Menschen davon nichts wissen.

Die funktionale Bedeutung der Ignoranz scheint insbesondere für die sinnstiftenden und integrierenden Wirkungen der Religion wichtig zu sein: Religiöse Glaubenssysteme wirken nur dann sinnstiftend, wenn die Akteure meinen, daß sie nicht von Menschen erfunden worden sind, sondern ganz "transzendental" und übermenschlich geoffenbart wurden (vgl. Kapitel 26).

Die Entstehung einer solchen wohlabgestimmten "Totalität" des Zusammenspiels von *bestimmten* Strukturen in ihrer Funktion für eine *bestimmte* Gesellschaft könnte man mit einer evolutionären Hypothese erklären: Unter gegebenen Bedingungen wurde aus der Menge der möglichen funktionalen Äquivalente schrittweise diejenige Konstellation über die Sequenz von Handeln, externen Effekten, Objektivierung und erneutem Handeln evolutionär aussortiert, die die größte Reproduktionschance für das gesellschaftliche System *insgesamt* geboten hat.

Gesellschaften sind in dieser Sicht dann das in ein Gleichgewicht der funktionalen Abstimmung eingemündete Ergebnis einer Sequenz *evolutionärer* Selektionen, die die Menschen mit ihrem Handeln zwar tragen, aber (wenigstens: so) nicht geplant haben. Das einmal gefundene Gleichgewicht ist dann das fortwährend neu hergestellte Ergebnis einer Sequenz *reproduktiver* Selektionen (vgl. Abschnitt 6.3), die die Menschen auch so nicht beabsichtigen müssen. Diese *Selbstorganisation*, also: das Entstehen wie die schließliche Reproduktion der funktionalen Struktur einer Gesellschaft, ist damit eine "Resultante" des menschlichen Handelns (vgl. dazu noch Kapitel 28). Sie ist *kein* Ergebnis eines vorgegebenen Ziels oder eines Bedürfnisses, das die "Gesellschaft" als funktionale Einheit oder als soziales System "selbst" hätte (vgl. dazu Abschnitt 27.4).

Da dabei aber auch immer nur Menschen handeln und den gesamten Prozeß tragen, gehen in die evolutionäre Sequenz natürlich auch die "Bedürfnisse" der Akteure ein. Sie (und nur sie) treiben ja das individuelle Handeln an. Da das kollektive Ergebnis aber ein *externer* und *objektivierter* Effekt ist, muß das evolutionär gefundene funktionale Gleichgewicht in keiner Weise auch den aktuellen Bedürfnissen der Menschen entsprechen. Gesellschaftliche Gleichgewichte, die den individuellen Bedürfnissen der Akteure massiv widersprechen, besitzen eine besondere innere Dynamik und eine latente Tendenz zu ihrer Selbstauflösung - auch dann, wenn sie äußerlich ganz unerschüttert dastehen (vgl. dazu auch noch Kapitel 29). Der Zerfall des Sozialismus war das letzte empirische Lehrstück dafür.

Funktionale Prozesse der reproduktiven Selbstorganisation sind also ein Musterfall für das Phänomen der unintendierten kollektiven Folgen des absichtsvollen individuellen Handelns und der Anwendbarkeit des Prozeß-Modells der soziologischen Erklärung (nach Abschnitt 6.3).

Die Gesellschaft als "organische" Einheit

Die Grundideen des Struktur-Funktionalismus sind so alt wie das Denken über die Gesellschaft allgemein.[2] In einer - früher durchaus geläufigen - extremen Form wurde dabei die Gesellschaft als eine Art von lebendigem Organismus angesehen, der ganz ähnlich *wie* ein biologisches Wesen funktioniere: Gesellschaften haben ein "Bewußtsein" und einen "Willen". Sie wachsen und differenzieren sich wie lebende Organismen. Sie bestehen intern aus einem System verbundener und mehr oder weniger wertvoller und wichtiger "Organe". Und sie haben eine Art von "Bedürfnis" zu überleben und in einem als System zufriedenstellenden Gleichgewicht zu verbleiben.

Wie nicht anders zu erwarten, hatten schon Plato und Aristoteles ähnliche Gedanken geäußert. Auguste Comte, der Erfinder des Wortes "Soziologie", hat u.a. auch die Organismus-Analogie für die Soziologie wiederbelebt. Er verstand beispielsweise die Familien als die grundlegenden sozialen Zellen dieses Organismus, Staat und Städte als seine Organe und das System der Nationen als Population lebender Organismen.

Das 19. Jahrhundert ist in der Folge der - mißverstandenen - Rezeption der Überlegungen von Charles Darwin voll von Ideen gewesen, die Gesellschaft sogar als tatsächlich lebenden "sozialen Körper" zu betrachten. Paul v. Lilienfeld (1829-1903) und René Worms (1869-1929) haben diese Konzeption vor allem vertreten. Der britische Soziologe Herbert Spencer (1820-

---

[2] Eine Übersicht über die Entwicklungen des Funktionalismus als theoretische Perspektive der Soziologie findet sich bei Jonathan Turner, The Structure of Sociological Theory, 5. Aufl., Belmont, Cal. 1991, S. 33ff.

1903) vertrat ebenfalls eine solche "organismische" Vorstellung, meinte aber nur, daß Gesellschaften "ähnlich" wie Organismen funktionierten. Von ihm stammt insbesondere die Vorstellung der sozialen Differenzierung von Gesellschaften: Mit dem Wachstum der Gesellschaften werden die verschiedenen Funktionen immer weiter in spezielle Bereiche ausdifferenziert. Und dies sei eine wichtige Bedingung für die Zunahme der Leistungsfähigkeit einer Gesellschaft insgesamt (vgl. dazu noch Kapitel 23 und 25).

Der soziologische Struktur-Funktionalismus kann sicher nicht als eine einfache Fortsetzung der biologischen Organismus-Analogien angesehen werden. Drei allgemeine, daran anknüpfende Annahmen werden aber auch im Funktionalismus gemacht: Alle sozialen Phänomene werden als *Systeme* betrachtet. Systeme werden dabei über zwei Eigenschaften definiert: über die *Interdependenz* der einzelnen Bestandteile des Systems und über die *Abgrenzung* des Systems von einer Umwelt.

Am Beispiel der Uhr haben wir gesehen, daß es solche Systeme tatsächlich gibt und daß nichts Metaphysisches daran ist. So kann es durchaus auch soziale Systeme und Gesellschaften geben, die sich durch Interdependenz ihrer Teile und durch eine Grenze zur Umwelt auszeichnen - worauf diese Interdependenz und die Grenze auch immer beruhen mögen (vgl. dazu Abschnitt 27.1). Es ist sogar - in voller Übereinstimmung mit den funktionalistischen Grundannahmen - davon auszugehen, daß es nicht nur "soziale Systeme" *gibt*, sondern: daß es Kollektive von Menschen *nur* als soziale Systeme gibt.

Der Funktionalismus in der Soziologie hat - neben manchen durchaus richtigen und wichtigen - aber darüber hinaus einige sehr problematische Annahmen gemacht, von denen er sich eigentlich bis in die letzte Zeit hinein nicht ganz hat befreien können. Vier dieser Annahmen seien vor allem genannt.

Erstens neige eine Gesellschaft a priori immer zu *Gleichgewicht* und homöostatischer Selbstregulation. Zweitens gebe es für Gesellschaften einige unverzichtbare *funktionale Erfordernisse*, die wegen des Postulates der homöostatischen Selbstregulation notwendigerweise auch immer erfüllt werden "müssen". Drittens hätten genau daher die Einzelteile - die Strukturen, Institutionen und sozialen Gebilde innerhalb einer Gesellschaft - auch immer eine genau zugeordnete *Funktion* in der Erfüllung dieser funktionalen Erfordernisse. Und daher "müsse" es viertens auch in jeder Gesellschaft gewisse *Grundstrukturen* zur Erfüllung dieser Funktionen geben, weil ja ansonsten die Gesellschaft als funktionierendes System nicht existieren könne. Wir haben oben bereits geklärt, was von diesen Annahmen zu halten ist - und wie ihr rationaler Kern im Rahmen soziologischer Erklärungen aussehen könnte.

Emile Durkheim war von diesen Ideen sehr fasziniert. Sie sind die Grundlage seiner Auffassung von einer Gesellschaft als "Wesen sui generis" und als moralische Einheit gewesen. Nicht immer hat er dabei jedoch der Versuchung widerstehen können, der Gesellschaft sogar ein eigenes Bewußtsein zuzuschreiben (vgl. Kapitel 24).

Ein Hintergrund der Überzeugungskraft des Funktionalismus waren auch die Ergebnisse der anthropologischen Forschungen im Zusammenhang mit der Kolonialisierung der Welt durch gewisse imperialistische Staaten im 19. Jahrhundert und danach. Mit großer Faszination haben die Anthropologen, die die Kolonisatoren begleitet haben, die wundersame, nicht immer sofort erkennbare, dann aber umso erstaunlichere innere Ordnung der von ihnen untersuchten fremden Kulturen meist kleinerer Stammesgesellschaften betrachtet. Für solche kleinen Gesellschaften drängt sich die Idee der Einheit, der Interdependenz und der Abgrenzung von einer nicht-sozialen Umwelt geradezu auf. Die Frage war dann nur: Sind diese Einheit und das gleichgewichtige Funktionieren der Gesellschaft apriorische Vorgaben - oder sind sie vielleicht nichts anderes als ein besonders bemerkenswerter Spezialfall der unintendierten Folgen absichtsvoller Handlungen?

Für die beiden Konzepte - die funktionale Einheit menschlicher Gesellschaften als apriorische, teleologische Vorgabe einerseits und als kausal erklärbare, unintendierte Folge andererseits - gibt es je einen bekannten Repräsentanten in der klassischen Anthropologie. Der eine ist der britische Anthropologe Alfred R. Radcliffe-Brown (1881-1955), der andere der aus Polen stammende Anthropologe Bronislaw Malinowski (1884-1942) gewesen.

Alfred R. Radcliffe-Brown sah - wie Emile Durkheim und wie Marcel Mauss - die Gesellschaft als eine kompakte Realität sui generis an.[3] Wichtig ist für ihn insbesondere die Untersuchung der Gesellschaft als totales soziales Phänomen und als Zusammenhang der verschiedenen Teile - wozu auch die Individuen gehören, aber nur in ihrer "Anpassung" an das "soziale Leben" insgesamt:

"The 'functionalist' point of view here presented does therefore imply that we have to investigate as thoroughly as possible all aspects of social life, considering them in relation to one another, and that an essential part of the task (der funktionalen Analyse; HE) is the investigation of the individual and the way in which he is *moulded* by or *adjusted* to the social life." (Radcliffe-Brown 1937, S. 400)

Angesichts der bei den Stammesgesellschaften vorliegenden festen Strukturen und der geringen Anzahl von Alternativen für die darin verankerten Individuen war dies auch keine gänzlich unverständliche Ansicht. Allerdings versuchte Radcliffe-Brown die teleologischen Anklänge doch zu vermeiden: Gesellschaften hätten keine "Bedürfnisse", so wie Menschen Bedürfnisse haben. Es gebe aber bestimmte "notwendige Bedingungen", die dafür

---

[3] Alfred R. Radcliffe-Brown, On the Concept of Function in the Social Science, in: American Anthropologist, 37, 1935, S. 395f.

erforderlich seien, daß es Gesellschaften als empirische Entitäten gäbe. Radcliffe-Brown nennt einen wenigstens minimalen Grad an Integration und Solidarität als eine solche notwendige Bedingung der Existenz von Gesellschaften.

Bronislaw Malinowski ging dagegen - sehr vorsichtig und nicht immer konsequent - von einer für das funktionalistische Denken geradezu revolutionären Idee aus: Die Grundlage des Funktionierens von Gesellschaften seien *keineswegs* irgendwelche "Bedürfnisse" und auch *nicht* bestimmte funktionale Notwendigkeiten der *Gesellschaft*. Sondern: *Alle* kulturellen und sozialen Prozesse seien in die Bedienung der Bedürfnisse der *individuellen* menschlichen Akteure eingebettet.[4] Menschen haben ursprüngliche biologische, erworbene psychologische und davon abgeleitete kulturelle und soziale Bedürfnisse. Und das Funktionieren einer Gesellschaft könne - so Malinowski - nur über die beständige, wenngleich immer auch indirekte und den Akteuren so nicht durchschaubare Erfüllung dieser individuellen Bedürfnisse erklärt werden. Soziale Strukturen und Gesellschaften entstünden danach als Folge der Versuche der Menschen, diese individuellen Bedürfnisse dauerhaft und verläßlich zu erfüllen. Das klingt bei Malinowski etwa so:

"The individual, both in social theory and in the reality of cultural life, is the *starting-point* and the *end*. The very beginning of human civilization consists in acts of rudimentary mastery of implements, of production of goods, and of the incorporation of special achievements into a permanent tradition by means of symbolism. Society and its component groups are the carriers of verbal - that is, symbolic - tradition, the guardians of communal wealth, and the joint operators of the material and spiritual achievements of a culture. But in *all* this the ultimate modifying power, the creative inspiration, and all impulse and invention come from the *individual*."[5]

Bronislaw Malinowski kommt - aus der Sicht des makro-soziologischen Funktionalismus: gefährlich - nahe an eine reduktionistische Position: Die Einheit und die Stabilität von Gesellschaften sind nicht als übergreifendes Ziel vorgegeben, sondern nichts weiter als die unintendierte Folge des absichtsvollen, problemlösenden Handelns der Menschen zur Bedienung der jeweiligen individuell empfundenen Bedürfnisse. Wenn man so will: Die Menschen handeln ganz kurzsichtig, ohne jeden Gedanken an funktionale Requisiten oder "Bedürfnisse" der Gesellschaft und nur mit ihren drängenden Alltagsproblemen befaßt; sie schaffen dadurch aber - unbeabsichtigt - aggregierte, gesellschaftliche Folgen, die als Ergebnis dann als das

---

[4] Vgl. Bronislaw Malinowski, Anthropology, in: Encyclopedia Britannica, London und New York 1926, S. 135f.
[5] Bronislaw Malinowski, The Group and the Individual in Functional Analysis, in: American Journal of Sociology, 44, 1939, S. 964; Hervorhebungen nicht im Original.

Funktionieren dieser Gesellschaft von Anthropologen oder Soziologen beobachtet und beschrieben werden können.

Manifeste und latente Funktionen

Sollte das denn wirklich wahr sein? Sollte die Einheit einer Gesellschaft, die Bildung von sozialen Systemen tatsächlich auf diese Weise reduktionistisch erklärt werden können? Dies wäre ja - wie leicht ersichtlich ist - nichts anderes als die Anwendung des Schemas einer soziologischen Erklärung, bei der das Funktionieren der Gesellschaft das Explanandum und die Strukturen, die zum Funktionieren beitragen, die jeweiligen Randbedingungen des Handelns der Akteure sind. Es war Robert K. Merton, der genau diesen Grundgedanken in die Debatte um den soziologischen Struktur-Funktionalismus eingebracht hat. Der Titel seines programmatischen und in vielerlei Hinsicht klärenden Beitrags verrät schon die Lösung des Problems: "Manifest and Latent Functions".[6]

Der Gedanke ist zunächst erstaunlich, aber vor dem Hintergrund des Modells der soziologischen Erklärung nicht mehr sehr neu oder schwer zu verstehen: Menschen handeln mit *manifesten* Absichten, erzeugen dabei aber *latente* Folgen, die in den Absichten nicht vorgesehen waren. Im Zusammenhang mit der Rekonstruktion der Methode der funktionalen Analyse denkt Merton natürlich an die funktionalen, gesellschaftsstützenden latenten Folgen. Daher spricht er auch von den "latent *functions*".

Die Idee der unintendierten Folgen des absichtsvollen Handelns hatte Robert K. Merton bereits früh, als junger Wissenschaftler in einem programmatischen Artikel allgemeiner, das heißt: auch in bezug auf dysfunktionale, zerstörerische unbeabsichtigte Folgen von Handlungen mit überhaupt nicht dysfunktionalen manifesten Absichten dargelegt. Und das Thema hat ihn auch noch später, insbesondere in einem viel zitierten Aufsatz über die self-fulfilling prophecy beschäftigt.[7] Robert K. Merton war derjenige, der den langen Weg von der strikt makro-soziologischen Betrachtung der Funktionen gewisser Strukturen hin zum Modell der soziologischen Erklärung und hin zur Rekonstruktion von Funktionen als latenten Wirkungen des Handelns von oft ganz anders motivierten Akteuren begonnen hat. Ohne Robert K. Merton wären das Modell der soziologischen Erklärung und seine Anwendbarkeit auf gesamtgesellschaftliche Prozesse nicht denkbar.

---

[6] Robert K. Merton, Manifest and Latent Functions. Toward the Codification of Functional Analysis in Sociology, in: Robert K. Merton, Social Theory and Social Structure, 11. Aufl., New York und London 1967a, S. 19-84.

[7] Robert K. Merton, The Unanticipated Consequences of Purposive Social Action, in: American Sociological Review, 1, 1936, S. 894-904; Robert K. Merton, The Self-Fulfilling Prophecy, in: Robert K. Merton, Social Theory and Social Structure, 11. Aufl., New York und London 1967b, S. 421-436.

Für die Rekonstruktion der funktionalen Folgen des oft ganz anders motivierten individuellen Handelns greift Merton ein oft zitiertes anthropologisches Beispiel auf: die bereits erwähnten Regentänze der Hopi-Indianer. Die Regentänze wurden bei lang anhaltender Trockenheit von den Stämmen der Hopi-Indianer ohne Zweifel in der subjektiven, durch magisches Wissen abgesicherten und daher völlig sinnvollen, geradezu rationalen Absicht der Herbeiführung von Regenfällen veranstaltet. Die entsprechenden Zeremonien führten weit verstreute Stämme zu einem längeren Treffen zusammen. Manchmal wirkte der Zauber, oft genug aber auch nicht. Die Zeremonien hatten also nur in sehr begrenztem Umfang auch die beabsichtigte manifeste Funktion. Gleichwohl waren sie für den Erhalt der Gesellschaft der Hopi-Indianer alles andere als unbedeutend:

"Ceremonials may fulfill the latent function of reinforcing the group identity by providing a periodic occasion on which the scattered members of a group assemble to engage in a common activity." (Merton 1967, S. 64/5)

Die so - ungeplant - gesteigerte Gruppensolidarität macht es dann wesentlich leichter, auch noch länger andauernde Trockenperioden zu überstehen - und vielleicht ja sogar gemeinsam einen Brunnen zu bohren oder einen Staudamm anzulegen. Die manifesten Absichten der Besänftigung der Götter hatten die latenten externen, funktionalen Effekte, daß das System aus einem Zustand der Störung wieder in einen gleichgewichtigen Zustand zurückfindet - so wie dies im Modell der Selbstregulation als Spezialfall einer genetischen soziologischen Erklärung gezeigt werden kann (vgl. Abschnitt 6.3).

Die Logik der funktionalen Erklärung

Robert K. Merton zeigt mit seiner Rekonstruktion der funktionalen Analyse, daß sie ohne jede teleologische und ohne jede holistische Annahme auskommen kann. Aus einer stärker methodologischen Sicht hat Carl G. Hempel, einer der Erfinder des allgemeinen nomologischen Erklärungsschemas, auf eine andere Weise gezeigt, daß die funktionale Analyse nur ein Spezialfall der Kausalerklärung und keine Sondermethode ist, die die Anwendbarkeit des nomologischen Erklärungsschemas (vgl. Kapitel 4) außer Kraft setzt.[8]

---

[8] Carl G. Hempel, The Logic of Functional Analysis, in: May Brodbeck (Hrsg.), Readings in the Philosophy of Social Sciences, London und New York 1968, S. 179-210. Vgl. auch Ernst Nagel, The Structure of Science. Problems in the Logic of Scientific Explanation, London 1961, S. 520-535. Siehe auch die Zusammenfassung der methodologischen Argumente zur Funktional-Analyse bei Wolfgang Stegmüller,

Die Rekonstruktion der funktionalen Analyse durch Hempel geht so: Das Explanandum der funktionalen Analyse ist die Existenz eines strukturellen Elementes D, dessen Vorliegen als Folge seiner funktionalen Bedeutung für die Erfüllung der Requisiten N für den Bestand eines Systems S erklärt werden soll. Angenommen wird erstens, daß S wirklich existiert. Die Requisiten N sind dabei *notwendig* für die Existenz von S. Und die Existenz von D ist *hinreichend* für die Erfüllung von N. Die zuletzt genannten drei Annahmen bilden das Explanans der funktionalen Erklärung.

In einem logischen Schema lassen sich diese Beziehungen dann so zusammenfassen (Abbildung 22.1):

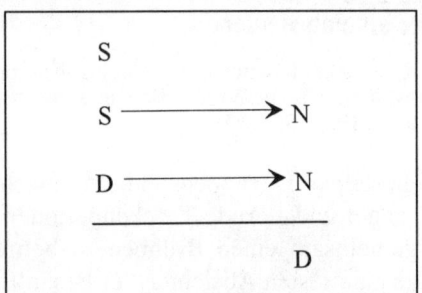

Abb. 22.1: *Funktionale Erklärung (unvollständig)*

Dieser Schluß ist aber nicht gültig: D folgt aus den drei Prämissen *nicht*. Dies liegt daran, daß D - weil es ja offensichtlich N erfüllt - zwar als hinreichend für N aufgefaßt wird, aber *nicht* unbedingt *notwendig* ist.

Eine Möglichkeit zur Rettung des Schlusses wäre die Verstärkung der Beziehung zwischen D und N so, daß D für N nun hinreichend *und* notwendig wäre: D <-----> N. Dann ließe D sich ableiten.

Diese Verstärkung der Verbindung zwischen funktionalen Requisiten und Strukturmerkmal wäre aber eine sehr waghalsige Angelegenheit; denn dies hieße inhaltlich nicht weniger, als daß es für D keinen äquivalenten Ersatz geben könne. Kurz: Funktionale Äquivalente wären ausgeschlossen.

Es müßte also zweitens die ganze Klasse der *funktional äquivalenten* strukturellen Möglichkeiten zur Erfüllung von N benannt werden: D(1) oder D(2) oder ... D(i) ... oder D(n), wobei D(n) das gerade beobachtete strukturelle Element wäre, dessen Existenz zu erklären ist.

Probleme und Resultate der Wissenschaftstheorie und Analytischen Philosophie, Band I: Wissenschaftliche Erklärung und Begründung, Berlin-Heidelberg-New York 1969, Kapitel VIII, Teil 4: Die Logik der Funktionalanalyse, S. 555ff.

Angenommen nun, es gebe jene Klasse an funktionalen Äquivalenten. Dann fehlt aber noch ein wichtiges Element bis zur korrekten Erklärung: Es muß *nachgewiesen* werden, daß außer D(n) *alle* anderen strukturellen Elemente im betrachteten Falle *nicht* gegeben sind. Erst dann liegt eine korrekte Erklärung für D(i) vor. Das so komplettierte Schema sieht dann folgendermaßen aus (Abbildung 22.2).

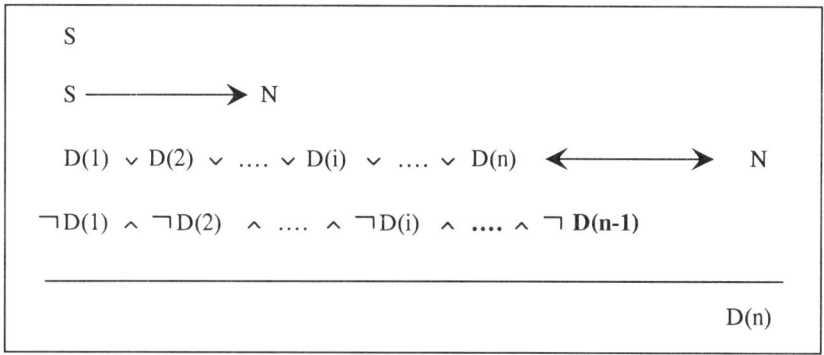

Abb. 22.2: Funktionale Erklärung (vollständig)

Hempels analytisch-nomologische Rekonstruktion der funktionalen Analyse war ein wichtiger Schritt hin zur Perspektive einer erklärenden Soziologie auch für Phänomene des Prozessierens und Funktionierens kompletter sozialer Systeme. Carl G. Hempel hat damit gezeigt, daß die funktionale Analyse im Prinzip als - ein recht anspruchsvoller - Spezialfall der ganz normalen kausalen Erklärung rekonstruiert werden kann.

Hempels Modell stellt aber eine andere Rekonstruktion dar als die, die über das Modell der soziologischen Erklärung möglich ist. Dort wird ja die funktionale Analyse als Modellierung des genetischen Prozesses verstanden, bei dem ein System über die *kausale* Wirkung eines bestimmten Strukturmerkmals in der *Situation* der *Akteure* und über die *externen Effekte* des *Handelns* der Akteure über Zwischenschritte wieder zu seinem Ausgangszustand zurückfindet. Bei Hempel kommen Akteure nicht vor. Hempels Modell liefert damit auch keine "verstehende" Tiefenerklärung, sondern bleibt im Grunde auf der Ebene der *makro*-soziologischen Betrachtung.

Mit dem Schema der soziologischen Erklärung wird die funktionale Analyse als ein Spezialfall der genetisch dynamisierten Sequenz-Erklärung erkennbar: Es ist der Prozeß zu rekonstruieren, über den das System über die drei Logiken in mehr oder weniger langen Sequenzen immer wieder zu den Zuständen findet, die als seine Bestandsbedingungen (partiell) definiert sind (vgl. Abschnitt 6.3). Mit diesem Modell ist es - inhaltlich ganz anders als bei Hempels methodologischer Rekonstruktion und methodisch stringenter als bei Mertons inhaltlicher Rekonstruktion - möglich, die Einheit und das Funktionieren von Gesellschaften als das ausschließliche, wenngleich so fast nie beabsichtigte Resultat des sinnhaften *Handelns* von menschlichen Akteuren zu erklären. Das Funktionieren von Gesellschaften ist ein Spezialfall des immerwährenden Prozesses ihrer durch das Handeln der Menschen und durch die Externalisierung und Objektivierung der Handlungsfolgen bewirkten Reproduktion, ein Prozeß, der jederzeit auch aufhören oder einen anderen Weg nehmen kann.

Damit zeigt sich erneut, daß makro-soziologische Analysen, von denen die funktionale Analyse eine der wichtigsten Varianten ist, mit Hilfe des Modells der soziologischen Erklärung ohne weiteres möglich sind. Durch ihren systematischen Bezug auf die Akteure wird mit dieser "handlungstheoretischen" Art der funktionalen Erklärung nun aber auch "verstanden", warum eine Gesellschaft funktioniert: Als unintendierte Folge des *sinnhaften* Handelns der Menschen. Verstehen kann man mit strikt makro-soziologischen Erklärungen nicht. Insofern war der (Struktur-)Funktionalismus tatsächlich "sinn"-los.

Kapitel 23
Das System der Gesellschaft

Talcott Parsons hat die struktur-funktionale Perspektive zu einem eigenen, wirklich gigantischen theoretischen System ausgebaut. Heute gibt es den Struktur-Funktionalismus praktisch nur noch als dogmengeschichtliche Erinnerung (vgl. dazu Kapitel 30). Gleichwohl hat der Struktur-Funktionalismus seine nachhaltigen Spuren hinterlassen: Die Sprache auch der gegenwärtigen Soziologie ist voll von Ausdrücken, die auf den Struktur-Funktionalismus in der Ausarbeitung von Talcott Parsons zurückgehen. Und das ist auch verständlich: Es ist der Versuch gewesen, die gesellschaftlichen Strukturen, Prozesse und sozialen Gebilde allgemein, übergreifend und - auch im wörtlichen Sinn - ganz "von oben herab" zu benennen und zu klassifizieren.

Die von Talcott Parsons entwickelte Theorie der Gesellschaft ist ganz und gar eine *makro*-soziologische *System*theorie. Sie handelt von der vertikalen Gliederung der Gesellschaft in Teil-Systeme, von der horizontalen Gliederung der Gesellschaft in Sub-Systeme und von den Prozessen der Vermittlung und der Integration aller dieser Bereiche zu einer übergreifenden, wohlabgestimmten Einheit.

System-"Theorie" heißt dabei aber nicht - wie es auch denkbar wäre - eine erklärende Theorie über die systemische Dynamik von aggregierten und wieder rückgekoppelten Handlungen und Handlungsfolgen. Sondern: ein Tableau der zentralen funktionalen Erfordernisse von sozialen Systemen, einschließlich von Gesellschaften, und der dazu gehörenden Teil-Systeme und Sub-Systeme, über die diese funktionalen Erfordernisse eingelöst werden.

Um die Darstellung der wichtigsten Grundüberlegungen und Aussagen der struktur-funktionalistischen Systemtheorie zur Gesellschaft als besonderem "sozialen System" geht es in diesem Kapitel.

Das utilitarian dilemma

Talcott Parsons war ursprünglich vom Handeln der Menschen, vom *unit act* als der kleinsten sozialen Einheit ausgegangen. Handeln wurde von ihm dabei auch im Prinzip als eine Selektion vor dem Hintergrund von Zielen,

Mitteln und situationalen Bedingungen verstanden. Parsons nannte dieses Modell selbst das Konzept des *voluntaristischen* Handelns.[1] Die Nähe zu Max Weber war dabei noch ganz unverkennbar.

Parsons ging dabei aber bereits damals davon aus, daß diese Selektionen letztendlich nur von den Werten und Normen der Gesellschaft gesteuert seien. Mehr noch: daß über das bloß utilitaristisch motivierte, nicht normativ orientierte Handeln der Menschen sich soziale Ordnung und die Gesellschaft grundsätzlich nicht erklären ließen.

Mit dieser - von Emile Durkheim übernommenen - Doktrin vom *utilitarian dilemma* konnte er den Weg nicht beschreiten, den Bronislaw Malinowski vorbereitet und den Robert K. Merton später deutlich eingeschlagen hat und auf dem sich die erklärende Soziologie nun endgültig für die Erklärung auch des totalen sozialen Phänomens einer Gesellschaft befindet: die Gesellschaft und ihre Sphären und Strukturen als aggregierte Folge der Handlungen ihrer Akteure aufzufassen und verstehend zu erklären. Das Postulat vom utilitarian dilemma ist Ausgangspunkt und Grundlage aller weiteren Entwicklungen des Struktur-Funktionalismus zu einer strikt makrosoziologischen *System*theorie.

Grundannahmen

Die Grundgedanken des Systems der struktur-funktionalistischen Systemtheorie sind eigentlich ganz einfach und lassen sich kurz zusammenfassen. Für die Erläuterungen und Begründungen der genauen Architektur des theoretischen Systems werden dagegen immer sehr dicke Bücher benötigt. Die Ausgangsannahme ist, daß die beiden *allgemeinsten* funktionalen Erfordernisse menschlicher Gesellschaften die *Reproduktion* der Art und die *Produktion* der Mittel vor dem Hintergrund des Problems der antagonistischen Kooperation sind. Diese beiden Probleme können - so die Prämisse des soziologischen Funktionalismus - nur über eine "immer schon" bestehende gesellschaftliche Ordnung gelöst werden.

Die allgemeinsten strukturellen Bestandteile von Gesellschaften sind die (als "Persönlichkeiten" sozialisierten) Menschen der Gesellschaft, ihre sozialen Beziehungen und die übergreifenden institutionellen Regeln und kulturellen Werte, nach denen diese Beziehungen geordnet sind. Die sozialisierten Persönlichkeiten nennt Parsons auch personale Systeme, die sozialen Be-

---

[1] Talcott Parsons, The Structure of Social Action. A Study in Social Theory with Special Reference to a Group of Recent European Writers, Band 1: Marshall, Pareto, Durkheim, New York und London 1937, S. 43ff.; S. 344ff.

ziehungen nennt er soziale Systeme und die Gesamtheit der Werte nennt er das kulturelle System. "Damit" die beiden Erfordernisse der kooperativen Produktion und Reproduktion zuverlässig erfüllt werden, "müssen" alle diese Systeme, also: die Menschen, ihre Beziehungen und die verschiedenen Institutionen und Werte jeweils miteinander und übereinander zu einer übergreifenden, selbstgenügsamen und dauerhaften Einheit - der Gesellschaft - verbunden werden.

Auf einer etwas abstrakten Ebene lassen sich die dazu "erforderlichen" Prozesse in zwei verschiedenen Dimensionen unterscheiden. Erstens die *vertikale* Dimension der Verbindung der *Mikro*-Ebene der individuellen Akteure mit der Ebene der sozialen Beziehungen der Akteure und der im *Makro*-Bereich angesiedelten Ebene der gesellschaftlichen Institutionen und kulturellen Werte. Dies läßt sich als eine Art von Mehr-Ebenen-System vorstellen, wobei die Akteure die unterste Mikro-Ebene und die kulturellen Werte die oberste Makro-Ebene bilden.

Akteure, soziale Beziehungen und Institutionen bzw. Werte können dabei jeweils für sich wieder als eigene Systeme angesehen werden, die aus einer interdependenten Einheit von Teilen bestehen, jeweils abgegrenzt von der Umwelt der jeweiligen anderen Systeme.

Damit ergibt sich die zweite Dimension: Auf *jeder* der Ebenen der vertikalen Anordnung - Personen, soziale Beziehungen, Institutionen und Werte - gibt es eine *horizontale* Dimension der Unterscheidung typischer *funktionaler Probleme* für den Bestand des jeweiligen Systems in der vertikalen Gliederung der Gesellschaft. Innerhalb *jedem* dieser Systeme werden nach den funktionalen Problemen dann typische *Sphären* oder *Sub-Systeme* der Lösung der funktionalen Probleme ausgebildet. Diese Sub-Systeme "müssen" ihrerseits miteinander in Verbindung treten, wobei das jeweilige System - Akteur, soziale Beziehung, Institution bzw. Wert - schließlich für sich eine abgegrenzte, wohlintegrierte und funktionsfähige Einheit bildet.

Gesellschaften sind dann nichts anderes als eine spezielle Art von *sozialen Systemen*. Die Unterscheidung funktionaler Probleme, bestimmter Sphären für deren Lösung und der Verbindung dieser Sphären zu einer Einheit ergibt sich daher für die Gesellschaft so wie für alle anderen sozialen Systeme auch.

Horizontal besteht die Gesellschaft als integrierte *Einheit* ihrer Sub-Systeme, die für die Erfüllung der funktionalen Erfordernisse ihre spezifischen Aufgaben haben. *Vertikal* bildet sie eine integrierte *Hierarchie* der Ebenen der Personen, der sozialen Beziehungen und Institutionen und der kulturellen Werte. Eine der zentralen Fragen ist dann: Wie schafft es die Gesellschaft, ihre vertikalen Ebenen und horizontalen Sub-Systeme so zusammenzuhalten, daß aus ihr eine integrierte, funktionsfähige und nach außen abgegrenzte eigene Einheit wird?

Die Hierarchie der Gesellschaft

Mit der Benennung aller dieser Ebenen und Sphären der Systeme, insbesondere aber mit der der Vermittlungsprozesse in vertikaler und horizontaler Hinsicht hat sich der Struktur-Funktionalismus vor allem beschäftigt. Wir wollen uns daraus einen gewissen Überblick über die Gesamtheit der wichtigsten sozialen Strukturen, Prozesse und Gebilde verschaffen. Dazu sei zunächst mit der vertikalen Dimension begonnen.

Der Gedanke, daß Gesellschaften bzw. ganz allgemein soziale Systeme über die Herstellung einer vertikal integrierten, hierarchischen Einheit konstituiert werden, ist am deutlichsten in der programmatischen Schrift "Toward a General Theory of Action" zusammengefaßt worden, die Talcott Parsons und Edward A. Shils im Jahre 1951 herausgebracht haben.[2]

Ausgangspunkt war die Idee, daß Gesellschaften bzw. soziale Systeme immer aus der Überschneidung, Durchdringung und wechselseitigen Konstitution von *drei* unterschiedlichen Systemen bestehen. Diese drei Systeme sind die Person (das personality system), die soziale Struktur (das social system) und die Kultur (das cultural system).

Das *personality system* besteht dabei aus den zusammenhängenden, um das Problem der Bedürfnisbefriedigung herum organisierten und zu einem eigenen System integrierten Handlungen eines Akteurs. Das *social system* beinhaltet die Interaktionen zwischen zwei oder mehreren Akteuren, die wechselseitigen Orientierungen der Akteure aufeinander und das Gesamt der aufeinander abgestimmten Handlungen. Das *cultural system* schließlich besteht aus der Organisation von in Institutionen verkörperten Werten, belief systems und "systems of expressive symbols". Das cultural system bildet ebenfalls eine wohlintegrierte, abgestimmte Einheit des Wissens und der jeweils relevanten Orientierungen mit einem hohen Grad an interner Konsistenz.

Kurz: Die Akteure konstituieren das integrierte personality system, die sozialen Beziehungen das integrierte social system und die Institutionen bzw. die Werte ganz allgemein das integrierte cultural system.

Die übergreifende Stabilität des gesamten Systems ergibt sich aber erst aus der *Überschneidung* aller drei Systeme. Die Werte, die sich in den Institutionen verkörpern, sind die übergreifenden Standards, nach denen - je nach

---

[2] Dies geschieht in dem für die weitere Entwicklung der soziologischen Theorie vor allem für die fünfziger und sechziger Jahre ebenfalls maßgebenden Beitrag von Talcott Parsons und Edward A. Shils (unter Beteiligung von James Olds), Categories of the Orientation and Organization of Action, in: Talcott Parsons und Edward A. Shils (Hrsg.), Toward a General Theory of Action, Cambridge, Mass. 1951, S. 53ff.

Typ der Situation - ein anderer Code für eine Handlungssituation gilt und an dem sich die Selektion des Handelns in der jeweiligen Sphäre zu orientieren hat, soll es nicht zu Spannungen kommen. Die Werte und die anderen Bestandteile des cultural system sind in der sozialen Struktur, im social system also, fest verankert. Parsons und Shils sagen: institutionalisiert. Und sie sind in den Persönlichkeiten, im personality system der Akteure verinnerlicht. Der dazu jetzt geläufige Ausdruck heißt internalisiert.

Auf diese Weise - über Institutionalisierung in das social system und über Internalisierung in das personality system - leiten die Werte über die Standards, über die belief systems und über die expressiven Symbole den Akteur zu bestimmten Orientierungen und damit: zu Handlungen, die sowohl die Integration der sozialen Systeme sichern als auch - fortwährend - wiederum das kulturelle System und die Integration der Persönlichkeit - intern und in Verbindung zu Kultur und sozialer Struktur - bestärken.

An dieser Idee von Parsons und Shils, daß die Personen, die Kultur und die soziale Struktur einer Gesellschaft eine integrierte, sich wechselseitig steuernde, erhaltende und erst ermöglichende Einheit bilden, zeigt sich der Einfluß der Anthropologie am deutlichsten, die ja genau diese Einheit von Person, Kultur und Struktur in den kleinen Stammesgesellschaften immer wieder festgestellt hat und sich über die wundersame Funktionalität dieser wechselseitigen Abgestimmtheit nicht genug begeistern konnte (siehe Kapitel 22). Auch Emile Durkheims Soziologie ist letztlich von diesem Modell einer segmentären, überschaubaren Gesellschaft ausgegangen und hatte die Vorgabe der funktionalen Einheit von Person, sozialer Struktur und kulturellen Werten auch auf die komplexen Gesellschaften zu übertragen gesucht. In den großen Städten der ansonsten durchaus schon sehr komplexen Vereinigten Staaten der zwanziger und dreißiger Jahre waren solche kleinen communities ebenfalls handgreiflich zu sehen: die ethnischen Gemeinschaften der Einwanderer. Daraus konnte dann bei einem amerikanischen Soziologen schon der Eindruck entstehen, daß sich die anthropologisch inspirierte Idee der Systemabstimmung als Hintergrund jeder sozialen Ordnung auch auf komplexe und urbanisierte Gesellschaften übertragen ließe.

Gesellschaften reproduzieren sich nach dem Konzept von Parsons und Shils dann über die fortwährende Vermittlung der drei genannten Ebenen der Personen, der sozialen Beziehungen und der kulturellen Werte. Bei drei Ebenen ergeben sich also genau zwei Schritte dieser Vermittlung: Zwischen kulturellem und sozialem System und zwischen sozialem und personalem System.

Die Prozesse der Vermittlung zwischen kulturellem und sozialem System sind die der *Institutionalisierung* - u.a. über eigene, ebenfalls institutionalisierte Maßnahmen der *sozialen Kontrolle*.

Die Vorgänge der Vermittlung zwischen dem kulturellen System bzw. dem sozialen System und dem personalem System sind die der *Internalisierung* - insbesondere im Zusammenhang der *Sozialisation* der neuen Mitglieder einer Gesellschaft.

Die vertikale Dimension beschreibt damit die Mikro-Makro-Beziehungen der verschiedenen System-Ebenen einer Gesellschaft: Die Gesellschaft "benötigt" auf der untersten Ebene Personen, dann soziale Beziehungen und Interaktionen der Personen und schließlich auf der obersten Ebene der Steuerung des Ganzen die kulturellen Werte der grundlegenden Institutionen. Der Prozeß der Internalisierung bindet die oberste Ebene der kulturellen Werte und darüber dann auch die mittlere Ebene der sozialen Beziehungen an die Basis des Personals einer Gesellschaft. Die Vorgänge der Institutionalisierung sorgen dafür, daß die sozialen Beziehungen und die in den Institutionen verankerten kulturellen Werte fest miteinander verbunden sind. Der Mechanismus der sozialen Kontrolle sichert, daß die Gesellschaft auch angesichts des findigen Opportunismus eventuell abweichend handelnder Akteure nicht hilflos dasteht.

Das Ergebnis ist eine wunderschön abgestimmte Einheit aller drei Systeme - die Gesellschaft als funktionale Einheit, in der die Menschen das selbst wollen, was sie von den Normen und den Werten her sollen, und in der die sozialen Beziehungen zwanglos den Imperativen der kulturellen Werte und grundlegenden Verfassung der Gesellschaft folgen.

Mit der Ausarbeitung seiner funktionalistischen Systemtheorie erweitert Talcott Parsons später diese drei Ebenen um eine "nach unten": das System des *Organismus* als die materielle und mit grundlegenden physischen und biologischen Bedürfnissen versehene Grundlage des personalen Systems des bereits vergesellschafteten Akteurs. Auch für dieses System gibt es logischerweise ein Problem der horizontalen internen Differenzierung und der Integration der verschiedenen Sphären der biologischen Bedürfnisse und organismischen Erfordernisse zu einem Zusammenhang des spannungsfreien Funktionierens.

Durch diese Erweiterung des Gesamtsystems der Ebenen einer Gesellschaft auf *vier* Ebenen wird - logischerweise - eine *dritte* Art von Prozeß der vertikalen Integration der Ebenen einer Gesellschaft erforderlich: die Vermittlung zwischen personalem System und dem (biologischen) Organismus des Menschen. Diese Vermittlung zwischen personalem System und Organismus wird - so Talcott Parsons - über den Mechanismus des *Lernens* geleistet.

Im kompletten System der vier vertikal angeordneten Ebenen gibt es damit drei Mechanismen der Vermittlung: Institutionalisierung, Internalisierung und Lernen.

Das gesamte System der vertikal angeordneten Ebenen der vier Teil-Systeme einer Gesellschaft - kulturelles, soziales, personales und organismisches System - bildet ein einziges großes System eines kontinuierlichen Austausches von Leistungen. Die Gesamtheit des Systems wie auch die einzelnen Teil-Systeme können nur in diesem fortwährend füreinander erbrachten Austausch existieren.

Dieser Austausch vollzieht sich in einem gegenläufigen Prozeß der Zirkulation und kybernetischen Rückkopplung zweier verschiedener Arten von Leistungen: die *Steuerung* der unteren Systeme durch die jeweils oberen, und der input von *Energie* von den jeweils unteren in die oberen Systeme der Hierarchie der System-Ebenen.

Die Steuerung von *oben nach unten* vollzieht sich also ausgehend vom kulturellen System auf das soziale System, vom sozialen System auf das personale System und vom personalen System auf den Organismus durch die Vermittlung von orientierender Information. Die Anregung von *unten nach oben* geschieht über einen fortwährenden Fluß von Energie, ausgehend von der physisch-organischen Ebene zum personalen System, von dort zu den Interaktionen des sozialen Systems und von dort schließlich hinauf auf die Ebene der übergreifenden Werte des kulturellen Systems. Durch diesen Tauschprozeß wird das gesamte System zu einem Makro-Mikro-Makro-System der wechselseitigen Anregung *und* Begrenzung.

Die gesamte Struktur des Modells hat Parsons in einer seiner späteren Schriften in einem Diagramm zusammengefaßt. Es ist - leicht abgeändert - in Abbildung 23.1 wiedergegeben.[3]

Der Organismus versorgt also die Gesellschaft immer wieder neu mit der Energie seiner an gewisse primäre Bedürfnisse geknüpften Motivation, weil ja bekanntlich das Leben nicht allein aus orientierenden Werten, aus geregelten sozialen Beziehungen oder einer wohltemperierten Persönlichkeit, sondern auch aus Essen, Trinken, Schlafen und einigen animalischen Dingen mehr besteht. Die Werte kontrollieren - über die Vermittlung von Information in Form von "Strukturen, Plänen oder Programmen" auf die jeweils nächsttiefere Ebene - im Gegenzug die dadurch angeregten Prozesse des Lernens, der Internalisierung und der Institutionalisierung, so daß alles zwar immer in Bewegung, aber auch immer hübsch im Rahmen der kulturell bestimmten Verfassung der Gesellschaft bleibt. Von unten nach oben nimmt in dieser kybernetischen Hierarchie demnach das Ausmaß an Information immer mehr zu. Und von oben nach unten das Ausmaß an Energie.

Interpenetration

Die vier Ebenen werden - wie bereits dargestellt - über drei typische Mechanismen miteinander verbunden: Institutionalisierung, Internalisierung

---

[3] Talcott Parsons, Gesellschaften. Evolutionäre und komparative Perspektiven, Frankfurt 1975 (zuerst: 1966), S. 50; die Bedeutung der vier Buchstaben in der ersten Spalte wird unten näher erläutert.

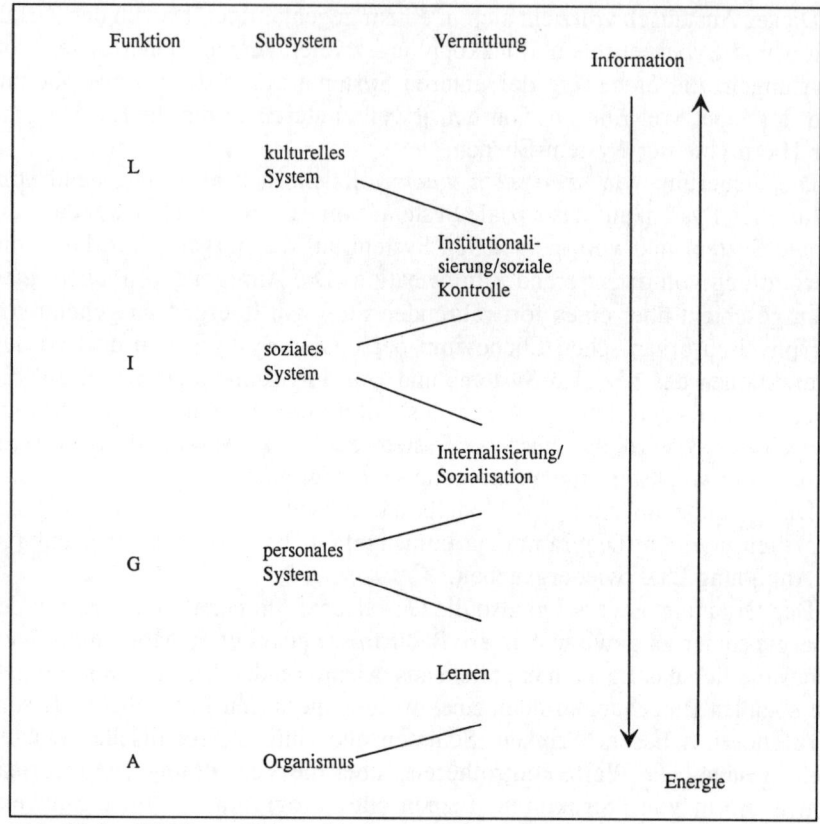

Abb. 23.1: Die Kontrollhierarchie der vertikalen Subsysteme der Gesellschaft nach Talcott Parsons

bzw. Sozialisation und Lernen. Wie aber vollzieht sich z.B. eine Institutionalisierung? In der funktionalistischen bzw. allgemeiner: der systemtheoretischen Perspektive ist es ausgeschlossen, die Institutionalisierung als eine Folge des Handelns von Akteuren - etwa über Dekret, Vertrag oder einer Evolution von Gewohnheiten - zu erklären. Wie aber dann?

Immer haben solche Fragen - in Ermangelung einer erklärenden Perspektive - dann zur Suche nach einem neuen System geführt, das diese besondere Leistung erbringen könnte. Talcott Parsons hat sich die Institutionalisierung beispielsweise so vorgestellt:

"*Institutionalization* gives rise to a *zone of interpenetration* between the cultural and the social system, the two components of which, though composed of parts of both systems, *crosscut* one another and *constitute* one *subsystem*."[4]

Ganz offenkundig denkt Parsons bei der Institutionalisierung als Verbindung von kulturellem und sozialem System an eine Art von Überschneidung - "crosscut" - von Werten und sozialen Beziehungen, an eine besondere "Zone", an ein eigenes, sogar an ein selbständiges "Subsystem", das die Leistung der Vermittlung erbringt. Und diese Leistung besteht in der *wechselseitigen* Durchdringung, in der *Inter*-Penetration des kulturellen in das soziale System und des sozialen Systems wieder zurück in das kulturelle System.

Niklas Luhmann hat später an diesen Sprachgebrauch angeknüpft und gleich alle drei Prozesse der Vermittlung zwischen den vier Systemen - Institutionalisierung, Internalisierung und Lernen - auf *einen* Begriff gebracht:

"Aber man braucht außerdem einen allgemeineren Begriff, der das bezeichnet, was in diesen drei Prozessen (Institutionalisierung, Sozialisation bzw. Internalisierung und Lernen; HE) der hierarchischen Kontrolle *gleich* ist und mithin in ihnen die Einheit des Aktionssystems, die übergeordnete Systemebene repräsentiert."[5]

Und dieser "allgemeinere Begriff" ist der der Interpenetration: "Interpenetration wäre so der *Oberbegriff* zu Institutionalisierung und Internalisierung und Lernen." (Ebd., S. 63; Hervorhebung nicht im Original)

Wodurch läßt sich also etwa die Verbindung zwischen kulturellem und sozialem System, die Institutionalisierung also, erklären? Ganz einfach: durch das neu eingeführte System der Interpenetration, das - wie der Name ja schon sagt - zu der wechselseitigen Durchdringung der Teil-Systeme in der Lage ist. Und das "muß" auch so sein. Denn sonst gäbe es ja die durchdringende Institutionalisierung nicht. Ist dies nicht eine gewaltige Erkenntnis? Es gibt jetzt tatsächlich *einen* Begriff - sogar für alle drei Prozesse. Aber warum sollte ein solcher übergreifender Begriff überhaupt benötigt werden - wovon Parsons und Luhmann ja ausgehen? Die Antwort ist leicht gegeben. Es ist - wieder einmal - ein Ergebnis des offenbar nicht auszurottenden Glaubens an die Magie der Worte bei Systemtheoretikern aller Schattierungen, der da annimmt, daß schon das Finden eines die Hierarchie der Teil-Systeme übergreifenden neuen "Systems" und eines neuen Wortes dafür erklären könne, warum es die Einheit der Gesellschaft gibt. Ein schöneres Beispiel für den soziologischen Begriffsrealismus ist kaum zu finden.

---

[4] Talcott Parsons und Gerald M. Platt, The American University, Cambridge, Mass. 1973, S. 36; Hervorhebungen nicht im Original.

[5] Niklas Luhmann, Interpenetration - Zum Verhältnis personaler und sozialer Systeme, in: Zeitschrift für Soziologie, 6, 1977, S. 63; Hervorhebung im Original.

Das AGIL-Schema

Soweit zu der vertikalen Einheit der Gesellschaft. Nun bestehen die funktionalen Probleme einer Gesellschaft aber ja nicht nur abstrakt aus dem der Interpenetration der Organismen, Personen, sozialen Beziehungen und der Institutionen bzw. der Werte, sondern auch aus der Lösung spezieller Probleme des Alltags: Es müssen Mittel für die materielle Produktion bereitgestellt werden, es müssen auftretende Spannungen und Konflikte gelöst werden, es muß den unvermeidlichen opportunistischen Gefährdungen der Solidarität begegnet werden und es muß aus der Vielzahl der Möglichkeiten der kulturellen und sozialen Organisation einer Gesellschaft immer eine bestimmte Variante selegiert werden. Alle diese Probleme betreffen die horizontale Seite der funktionalen Erfordernisse einer Gesellschaft.

Talcott Parsons hat sich dieser Frage der *horizontalen* Differenzierung von sozialen Systemen bzw. Gesellschaften in unterschiedliche Sphären funktionaler Erfordernisse im Anschluß an das oben besprochene vertikale Modell ganz besonders gewidmet. Seine Überlegungen zu den grundlegenden funktionalen Problemen und Sphären der Gesellschaft bzw. von (sozialen) Systemen hat er in dem sog. AGIL-Schema zusammengefaßt. Es ist zur allgemeinsten Grundlage der struktur-funktionalen Soziologie geworden.

In dem four-letter-word AGIL bedeuten die Buchstaben A "adaptation", G "goal attainment", I "integration" und L "latent pattern maintenance". Die vier Buchstaben von Parsons beziehen sich dabei auf vier ganz allgemeine Funktionen, die nach Auffassung von Parsons in *allen* Systemen - biologischen wie nicht-biologischen, organismischen, psychischen, sozialen wie kulturellen - erfüllt sein müssen: Es müsse immer eine Anpassung an die Knappheiten der Umwelt geben - *adaptation* (A). Es müsse immer eine Auswahl aus den unendlich vielen Zielen für ein koordiniertes und damit erst effizientes Agieren des Systems geben - *goal attainment* (G). Es müsse immer zu einer Integration der verschiedenen Teile des Systems kommen - *integration* (I). Und schließlich müssen die grundlegenden Strukturen der Systeme über die Zeit erhalten bleiben und evtl. Abweichungen kontrolliert werden - *latent pattern maintenance* (L).[6]

---

[6] Vgl. Talcott Parsons und Neil J. Smelser, Economy and Society, London 1956, Kapitel I, S. 16ff.; Talcott Parsons, General Theory in Sociology, in: Robert K. Merton, Leonard Broom und Leonard S. Cottrell, Jr. (Hrsg.), Sociology Today. Problems and Prospects, New York 1959, S. 4ff.; Talcott Parsons, An Outline of the Social System, in: Talcott Parsons, Edward A. Shils, Kaspar D. Naegele und Jesse R. Pitts (Hrsg.), Theories of Society. Foundations of Modern Sociological Theory, New York und London 1961, S. 61ff.

Die Benennung von gerade vier grundlegenden funktionalen Erfordernissen - als Bestandsbedingungen für *alle* Systeme - ist nicht zufällig. Parsons entwickelt die vier grundlegenden funktionalen Bedingungen der Existenz von Gesellschaften bzw. Systemen nicht empirisch, sondern deduktiv. Das AGIL-Schema entsteht aus der Kreuzung zweier Dimensionen, die Parsons als ganz grundlegend für die Existenz aller lebenden Systeme ansieht: Systeme "müssen" - was ja auch nicht zu bezweifeln ist - zu ihrer Existenz fortwährend Selektionen vornehmen.

Diese Selektionen beziehen sich einmal auf die unmittelbare Befriedigung von Bedürfnissen und die Erreichung von Zielen. Diesen Aspekt nennt Parsons *konsummatorisch*. Dann beziehen sich die Selektionen auf die Bereitstellung der nötigen, aber "an sich" nicht unmittelbar geschätzten Mittel, die für die Zielerreichung erforderlich sind. Diesen Aspekt nennt Parsons *instrumentell*.

Die Achse "instrumentelle Mittel" und "konsummatorische Ziele" macht so die erste Dimension der Kriterien der Selektionen aus, die für den Bestand des Systems erforderlich sind. Die zweite Dimension bezieht sich darauf, ob die Selektionen sich auf die äußere Umwelt des jeweiligen Systems oder auf seine inneren Verhältnisse beziehen. Dies ist die Unterscheidung der Achse der *externen* Prozesse der Auseinandersetzung mit der Umwelt und der Achse der dem jeweiligen System *internen* Prozesse.

Werden diese beiden dichotomen Achsen gekreuzt, ergibt sich - als doppelter binärer Schematismus - eine Vierfeldertafel von Bezügen und Unterabteilungen des jeweils betrachteten Systems. Solche Vierfeldertafeln sind das Grundinstrument der struktur-funktionalen Theorie. Die so entstehenden vier Felder entsprechen genau den vier Grundfunktionen des AGIL-Schemas (vgl. Abbildung 23.2).

Eine inhaltlich sehr wichtige Aussage wird mit der *binären* Schematisierung der Dimensionen gleichwohl gemacht: Die beiden Dimensionen variieren *nicht* graduell, sondern über *qualitativ* deutlich unterschiedliche Alternativen. Und sie erzeugen daher auch jeweils typisch unterschiedliche, einander *nicht* überschneidende Orientierungen und Codierungen für die Teilbereiche des jeweiligen Systems, in dem jeweils die typischen funktionalen Probleme gelöst werden "müssen".

Die allgemeinen Überlegungen zur Begründung des AGIL-Schemas sind im Grunde ganz einsichtig: Alle Systeme müssen zweifellos Selektionen über bestimmte instrumentelle Mittel - das heißt: über Investitionen für zeitlich hinausgeschobene Verwendungen, für die oft umwegreiche Produktion von erforderlichen Zwischengütern - vornehmen, ohne die die Produktion nicht zu sichern wäre. Alle Systeme müssen auch Selektionen über die unmittelbare, konsummatorische Befriedigung der primären und dringenden Bedürf-

	instrumentelle Mittel	konsummatorische Ziele
externer Bezug	adaptation (Anpassung) (A)	goal-attainment (Zielverwirklichung) (G)
interner Bezug	latent pattern maintenance (Muster-Erhaltung) (L)	integration (I)

Abb. 23.2: *Die vier grundlegenden Funktionen des AGIL-Schemas*

nisse treffen; denn: Ohne die stete Befriedigung der primären Bedürfnisse geht jedes System sofort zugrunde. Und beide Arten von Selektionen können sich - im Prinzip - nur auf die dem System nicht zugehörigen, externen Bedingungen oder auf die dem System intern vorgegebenen Funktionsvoraussetzungen beziehen.

Diese allgemeinen Ideen sind also - so abstrakt wie sie sind - gar nicht sehr weit weg von den anthropologischen und biologischen Vorgaben zum Problem der Selektion (von Populationen und Handlungen), da die Reproduktion von Populationen und die Selektion von problemlösenden Handlungen ja auch immer eine Selektion von Zielen und Mitteln unter Beachtung der externen Bedingungen und der internen Funktionserfordernisse eines Systems darstellen.

Die Sphären der Gesellschaft

Die vier AGIL-Funktionen postuliert Talcott Parsons ganz allgemein für (lebende) Systeme aller Art - keineswegs nur für Gesellschaften. Alle diese Systeme "müssen" intern dann zur Lösung dieser vier Grundprobleme noch einmal - mindestens - vier Sub-Systeme ausbilden, die jeweils genau einer der vier AGIL-Funktionen zugeordnet sind. Diese Ausdifferenzierung von Sub-Systemen hat Parsons nicht für alle von ihm betrachteten Systeme (mehr) vornehmen können - wohl aber für Gesellschaften.

Die Gesellschaft ist eine spezielle Variante einer speziellen Variante von Systemen - den sozialen Systemen. Soziale Systeme sind - so hatte sich Parsons ja bereits früher (mit Shils) festgelegt - die Muster der geregelten sozialen Beziehungen von Akteuren. Auch sie "müssen" für ihre Existenz selbstverständlich ihrerseits immer die vier funktionalen Grundprobleme lösen: Anpassung, Zielerreichung, Integration und Mustererhaltung.

Aus diesen vier funktionalen Problemen ergibt sich dann die Notwendigkeit, daß soziale Systeme jeweils besondere Sub-Systeme entwickeln, in denen diese Funktionen erfüllt werden. Diese Sub-Systeme mit ihren jeweils ganz speziellen funktionalen Aufgaben bilden typisch anders definierte *Sphären* auch des jeweils herrschenden *Sinns* des Handelns (vgl. dazu den Exkurs über Sinn). Mit dem AGIL-Schema unterscheidet Parsons vier Sphären und damit vier unterschiedliche *Codes* des Sinns des Handelns in den jeweiligen Sphären.

Diese Bereiche sind für Gesellschaften das Sub-System der *Wirtschaft*, das für die A-Funktion und die Anpassung an die Welt der ökonomischen Knappheiten zuständig ist und in dem der Code der Zweckrationalität herrscht; die *Politik*, die die Richtlinien der Zielauswahl bestimmt, so die G-Funktion erfüllt und an diesem spezifischen Ziel orientiert ist; die *gesellschaftliche Gemeinschaft* über nationale Gefühle oder moralische, brüderlichkeitsethische Bindungen etwa, die die Integration der Gesellschaft über die Sicherung von Solidarität gewährleisten und damit die I-Funktion erbringen; und schließlich das *Treuhandsystem*, das über die Rationalisierung von Argumenten, insbesondere über Recht und Wissenschaft immer wieder dafür sorgt, daß die grundlegenden und tradierten Strukturen auch eingesehen und damit legitimiert und notfalls über soziale Kontrollen korrigiert werden können.

Diese Unterteilung der Gesellschaft in Sub-Systeme bzw. typische Sphären und deren funktionale Zuordnung ist in Abbildung 23.3 zusammengefaßt. Den vier *allgemeinen* AGIL-Sphären der Gesellschaft sind die *konkreten* sozialen Gebilde jeweils funktional zugeordnet. Aus ihren speziellen funktionalen Zuordnungen ergibt sich das jeweils dominante Leitmotiv des Handelns in diesem Sinnzusammenhang.

Beispielsweise: Ein Industriebetrieb oder eine Geflügelfarm unterliegt dem Primat der wirtschaftlichen Rationalität zur Erfüllung der A-Funktion. Eine Regierung oder ein Parteibüro hat - von wirtschaftlichen Überlegungen relativ unabhängig - sich um die Richtlinien der Politik zu kümmern, weil es darum in der G-Funktion geht. Und Ähnliches gilt für die dominanten Codes in einer Familie oder in einem Pfarrhaus für die I-Funktion sowie in einem Polizeirevier oder einer Universitätsbibliothek für die L-Funktion.

Wirtschaft (A)	Politik (G)
Treuhandsystem (L)	gesellschaftliche (I)
	Gemeinschaft

Abb. 23.3: Die vier Sub-Systeme des sozialen Systems der Gesellschaft

Von der inneren Differenzierung der Gesellschaft in die vier funktionalen Bereiche könnte man sofort - immer schön kreuzweise - nach der einmal angefangenen AGIL-Logik weitermachen: Jedes der vier Subsysteme einer Gesellschaft ist ja selbst wieder ein soziales System und zerfällt demnach auch wieder in vier funktionale Teilbereiche, da auch hier erneut wieder die vier funktionalen Probleme auftreten und fortwährend gelöst werden "müssen". Auf diese Weise läßt sich die Welt in Viererpotenzen oder Wurzeln aus vier beliebig nach unten und nach oben differenzieren oder zusammenfassen. Und zu jedem Grashalm ließe sich im Prinzip eine lange Kette von Funktionskombinationen zuweisen. Etwa: AAGILLAG.

Diese Kombination von Orientierungen an funktionalen Codes bestimmt dann den jeweils dominanten Rahmen der Orientierung in der Logik der Situation der in dem jeweiligen Sub-System handelnden Akteure. Deren Lebenswelt kann auf diese Weise recht kompliziert, durch die Institutionalisierung der Kombination dann aber auch wieder sehr einfach werden, weil diese Logik in der jeweiligen Sphäre ja *eindeutig* gilt, institutionalisiert ist, internalisiert und gelernt wird.

Die Unterteilung der Gesellschaften und aller anderen sozialen Systeme in weitere Sub-Systeme von Spezialsphären ließe sich also leicht immer weiter verlängern - so weit die Phantasie, das Papierformat oder - je nachdem - die Leselupe sowie die Geduld der Herausgeber soziologischer Fachzeitschriften reichen. Alle diese Unterbereiche werden jedoch letztlich immer durch ihre *primäre* Funktion bestimmt: Im Industriebetrieb hat die wirtschaftliche Rationalität den Primat vor allem Sozialklimbim und in Familien der affektive

Umgang miteinander, gerade wenn die Mittel knapp werden und eine gewisse soziale Kontrolle der kids dringend geboten erscheint. Im Fall der AAGILLAG-Lebenswelt bestimmt also nach wie vor der Primat der A-Funktion - die wirtschaftliche Zweckrationalität also - den Sinn des Handelns.

Die vier Sphären der Gesellschaften weisen eine jeweils ganz typische Eigenlogik auf. Von daher gibt es immer *zentrifugale* Tendenzen der Verselbständigung der Sub-Systeme. Für den *Zusammenhalt* der Gesellschaft ist *eines* der Sub-Systeme speziell zuständig: Das Sub-System der "gesellschaftlichen Gemeinschaft". Es hat diese Funktion im horizontalen Rahmen der anderen drei funktionalen Bereiche Wirtschaft, Politik und Treuhand-System. Diese drei anderen funktionalen Bereiche sind damit - so könnte man sagen - die inneren Umwelten der die Gesellschaft als ganzes soziales System integrierenden gesellschaftlichen Gemeinschaft.

Das allgemeine Handlungssystem

Die Gesellschaft selbst ist das übergreifende, selbstgenügsame soziale System, zu dem es dann kein weiteres oberes soziales System gibt, innerhalb dessen es wiederum ein besonderes Sub-System sein könnte.

Damit ist die Geschichte der funktionalen Vierteilung der Welt aber keineswegs beendet. Zwar gibt es nach Parsons oberhalb der Gesellschaft kein weiteres *soziales* System. Aber die Gesellschaft ist als soziales System selbst wiederum nur ein Teil-System in einem noch allgemeineren Zusammenhang von Systemen. Soziale Systeme - und damit: Gesellschaften - sind nach Parsons nämlich Teil eines übergreifenden, noch allgemeineren Systems: des sog. *allgemeinen Handlungssystems*.

Das allgemeine Handlungssystem kennen wir schon. Es ist nichts anderes als die Einheit der vier Teil-Systeme der vertikalen Hierarchie der kybernetischen Einheit der Gesellschaft (vgl. Abb. 23.1). Dies sind - noch einmal - von unten nach oben: das organismische, das personale, das soziale und das kulturelle System. Nun wird es interessant: Jedes dieser vier Teil-Systeme des allgemeinen Handlungssystems ist dann wiederum genau einer der vier AGIL-Funktionen zugeordnet. Und zwar: Das kulturelle System entspricht der L-Funktion, das soziale System der I-Funktion, das personale System der G-Funktion und das organismische System der A-Funktion. Die detaillierteren Begründungen für diese Zuordnungen wollen wir uns hier ersparen. In Abbildung 23.4 sind die vier vertikalen Teil-Systeme der kybernetischen Hierarchie als die vier horizontalen funktionalen Sub-Systeme des allgemeinen Handlungssystems zusammengefaßt.

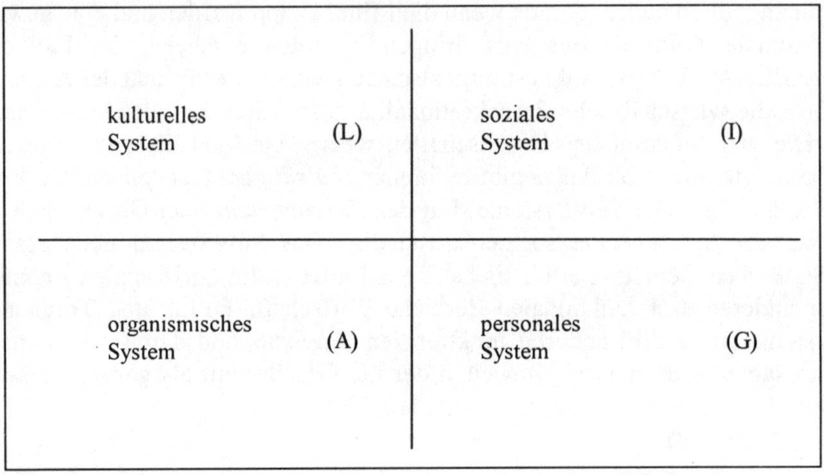

kulturelles System	(L)	soziales System	(I)
organismisches System	(A)	personales System	(G)

Abb. 23.4: Das allgemeine Handlungssystem und seine vier Sub-Systeme

Diesmal steht der interne Bezug in der ersten Zeile und das Schema liest sich folglich im Uhrzeigersinn als eine Hierarchie vom kulturellen System bis zur biologischen Natur des Organismus als LIGA-Schema. Nun gut. Damit erklären sich jetzt auch die vier Buchstaben des kybernetischen Systems der Gesellschaft in der ersten Spalte von Abbildung 23.1: Sie ergeben sich aus der funktionalen Zuordnung der vier Teil-Systeme dieser Hierarchie im Rahmen des allgemeinen Handlungssystems (gemäß Abbildung 23.4).

Hier angelangt könnte man auch wieder gleich - und immer schön kreuzweise - weitermachen: Jedes der vier Subsysteme, auch die des allgemeinen Handlungssystems, zerfällt ja wieder in vier funktionale Teilbereiche. Dies wurde für das soziale System der Gesellschaft bereits vorgenommen: Es zerfällt in die A-Funktion der Wirtschaft, in die G-Funktion der Politik, in die I-Funktion der gesellschaftlichen Gemeinschaft und in die L-Funktion des Treuhand-Systems. Für die anderen Sub-Systeme des allgemeinen Handlungssystems sollen diese Unterteilungen hier nicht weiter verfolgt werden. Die Logik dieser "Theorie" ist jetzt ja bekannt.

Das gesamte System einer Gesellschaft besteht also aus einem *sozialen* System, umringt von drei äußeren nicht-sozialen Umwelten: dem kulturellen System, dem personalen System und dem organismischen System. Und diese vier, einander als Umwelten fungierenden Systeme werden allesamt wieder von dem besonderen sozialen System der Gesellschaft integriert. Alles zusammen konstituiert das allgemeine Handlungssystem, das gleichzeitig die vertikale Ebene der Gesellschaft ausmacht.

Die Gesellschaft hat innerhalb des allgemeinen Handlungssystems also die spezielle Aufgabe der Integration und sie selbst besteht gleichzeitig aus der

Integration aller vier Ebenen des allgemeinen Handlungssystems von oben nach unten und zurück. Es ist wie ein Wunder.

Diese Ordnung kennzeichnet die Beziehungen der Gesellschaft als soziales System nach außen. Nach *innen* wird die Gesellschaft - so haben wir oben gesehen - über ihr inneres Sub-System der gesellschaftlichen Gemeinschaft integriert. Alle diese Zusammenhänge der äußeren und inneren Umwelten der Gesellschaft und deren funktionale Zuordnungen sind, erneut einer Darstellung von Talcott Parsons folgend, in Abbildung 23.5 zusammengefaßt.

innergesell-schaftliche Funktion	innere Sphären der Gesellschaft	äußere Umwelten der Gesellschaft	Funktion im allgemeinen Handlungssystem
L	Treuhandsystem	kulturelles System	L
I	Gemeinschaft	(soziales System)	I
G	Politik	personales System	G
A	Wirtschaft	organismisches System	A

Abb. 23.5: Gesellschaft und gesellschaftliche Gemeinschaft im Kontext ihrer inneren und äußeren Umwelten

Die Klammer in Spalte drei in dem Diagramm soll die beschriebene Doppelfunktion der Gesellschaft andeuten. Nämlich, daß die Gesellschaft als soziales System *insgesamt* die Funktion der Integration hat; und zwar: die Integration des allgemeinen Handlungssystems, von dem sie selbst ein Teil ist und aus dem sie als Gesamtheit gleichzeitig "besteht". Die Gesellschaft hat damit nach außen, gegenüber den drei nicht-sozialen Systemen des allgemeinen Handlungssystems, aus dem sie besteht, die gleiche Funktion - die der Integration nämlich - wie die gesellschaftliche Gemeinschaft für sie selbst nach innen.

Das System der Human Condition

Soweit ist die Gesellschaft fest im AGIL-Schema verortet. Sie ist das integrierende Teil-System des allgemeinen Handlungssystems. Und sie selbst und ihre Sub-Systeme werden im Innern über die gesellschaftliche Gemeinschaft integriert. Aber auch damit noch nicht genug. Denn: Die Welt reicht ja weit über die Gesellschaft der Menschen und selbst über das allgemeine Handlungssystem hinaus. Und - so denkt sich die funktionalistische Systemtheorie - eine "allgemeine" Theorie muß ja alle Phänomene erfassen.

Das allgemeine "System des Handelns" - bzw. seine vier Subsysteme - ist von Talcott Parsons, dieser Logik entsprechend, später nur folgerichtig in einen noch weiteren Kontext, den der human condition ganz allgemein eingebettet worden:[7] in die letzten Sinngebungen der menschlichen Existenz einerseits und in die Welt der Biologie und der Chemie bzw. der Physik andererseits.

Das allgemeine System des Handelns grenzt dabei nach oben an das sog. telische System an: an den Bereich der "letzten Realität" und der grundlegenden Sinndeutungen der menschlichen Existenz. Dies ist der Bereich der letzten, legitimierenden und nicht mehr hinterfragbaren, geheiligten Sinngebungen, an die die Menschen glauben, wenn die Gesellschaft intakt ist und nicht in Anomie zerfallen ist. Es ist der transzendente Himmel, an dem die Werte des kulturellen Systems hängen.

Nach unten grenzt das System des Handelns an den Bereich des physisch-organischen Milieus, den Bereich der organisch-biologischen Bedingungen des menschlichen Organismus an. Dieser Bereich der organisch-biologischen Bedingungen schließlich vermittelt das System des Handelns noch weiter nach unten, bis hinein in das System der physikalisch-chemischen Realität. Daraus ergibt sich eine Anordnung von vier grundlegenden Systemen, die die gesamte Wirklichkeit der menschlichen Existenz umfassend darstellen und von denen das Handeln eines der Teilsysteme bildet, das nach oben und nach unten jeweils an einen anderen Bereich der Realität angrenzt: das telische System der letzten Realitäten, daran angrenzend das Subsystem des Handelns, darunter das System der biologischen Organismen und daran angrenzend die Welt der physischen Gegenstände. Die vier Systeme der conditio humana - einschließlich des allgemeinen Handlungssystems - ordnet Talcott Parsons dann entsprechend der von ihm gesehenen vier Funktionen des AGIL-Schemas jeweils wie in Abbildung 23.6 an (vgl. Parsons 1978, S. 361).

---

[7] Talcott Parsons, Action Theory and the Human Condition, New York 1978, S. 361ff.

telisches System (L)	Handlungs-System (I)
physikalisch-chemisches System (A)	organismisch-biologisches System (G)

Abb. 23.6: *Die Anordnung der "human condition" und des Systems des Handelns*

Das allgemeine System des Handelns - einschließlich seiner vier Subsysteme (siehe oben) - erfüllt nach Parsons im Gesamtzusammenhang der vier oben beschriebenen grundlegenden Systeme der conditio humana die I-Funktion. Dies tut es u.a. auch, weil es zwischen dem telischen System der letzten Realität und den niederen Systemen der Psychologie, der Biologie, der Chemie und der Physik der Welt integrativ vermittelt. Das telische System sorgt für die Mustererhaltung durch die Anbindung des Handelns an den dem Menschen externen letzten Sinn der Welt. Es läßt sich daher der L-Funktion zuordnen. Das System der dem Menschen externen physikalisch-chemischen Realität entspricht ohne Zweifel der A-Funktion. Die organismisch-biologischen Systeme ordnet Parsons der internen G-Funktion zu (siehe dazu die Kennzeichnungen in den Klammern in Abbildung 23.6).

Nun wird es auch möglich, die volle Einordnung der sozialen Systeme bzw. der Gesellschaft in dieser ganz allgemeinen Systematik der menschlichen Existenz auszumachen. Dazu müssen wir nur die Vierertafeln von Abbildung 23.4 und 23.6 kombinieren. Und wir erhalten so das wenigstens in einem Viertel vollständige Tableau der menschlichen Existenz (vgl. Abbildung 23.7).

Bevor wir den unerschöpflichen Möglichkeiten einer immer weiteren Vierteilung des Universums - im Mikro- wie im Makrokosmos - verfallen, sei nur noch eine Anmerkung gemacht: Das kulturelle System grenzt - wie man sieht - selbst nach oben an das telische System der - wie Parsons sagt - letzten Realität der menschlichen Existenz an. Von hier geht der Fluß der orientierenden und steuernden Information aus (siehe Spalte vier in Abbildung 23.1). Es bildet den obersten, nicht mehr zu hinterfragenden Rahmen der Sinngebung des Handlungssystems - und damit: der Gesellschaft.

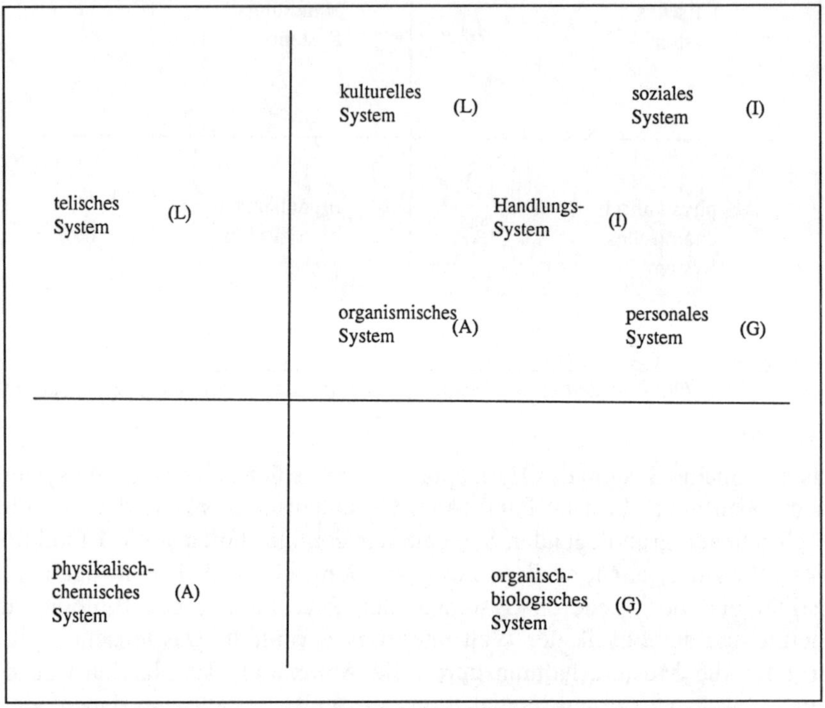

	kulturelles System (L)	soziales System (I)
telisches System (L)	Handlungs-System (I)	
	organismisches System (A)	personales System (G)
physikalisch-chemisches System (A)	organisch-biologisches System (G)	

Abb. 23.7: Die Subsysteme des Handelns im Kontext der human condition

Daraus wird auch eine wichtige Besonderheit des Gesellschaftskonzepts von Talcott Parsons deutlich: Die Steuerung der Gesellschaft wird in letzter Instanz vom kulturellen System hergestellt, das eng an das telische System der letzten Realität der menschlichen Existenz angrenzt und mit ihm die mustererhaltende L-Funktion gemeinsam hat. Dies ist das sichtbare Erbe aus Durkheims Vorstellung von der Gesellschaft als einer letztlich sakralen und moralischen Angelegenheit in der funktionalistischen Systemtheorie. Und dies ist auch gemeint, wenn in der Kritik daran von alteuropäischer Gesellschaftstheorie die Rede ist (vgl. Kapitel 20).

Der Organismus grenzt schließlich seinerseits nach unten an das organisch-biologische System der Welt an und hält damit die Verbindung des Handlungssystems und der Gesellschaft zu der Welt des biologischen Lebens allgemein, das ja seinerseits noch weiter nach unten in den harten materiellen Bedingungen der Chemie und der Physik verankert ist. Von hier geht

alle treibende Energie aus, die sich bis in die letzte Realität hinein durchsetzt
- immer aber gleichzeitig auch davon wiederum gesteuert (vgl. auch dazu
noch einmal Spalte vier in Abbildung 23.1). Es ist wirklich nichts ausgelassen.

Die Integration der Gesellschaft

Wir waren von der horizontalen Einteilung der Gesellschaft in die vier
funktionalen Sub-Systeme ausgegangen. Mit dieser Einteilung der Gesellschaften in typisch unterschiedliche, spezialisierte Sphären der Lösung
funktionaler Probleme ist die gleiche Frage aufgeworfen, die sich bereits bei
der vertikalen Differenzierung in organismische, personale, soziale und
kulturelle Systeme stellte: Die Integration der verschiedenen Teile ineinander
zu einer funktionsfähigen und dauerhaften Einheit ist ein ganz eigenes Erklärungsproblem für jede Theorie der Gesellschaft. Viel Mühe hat die strukturfunktionale Theorie auch nach Parsons darauf verwandt, um auf die hier
wichtigen Mechanismen zu kommen und sie dann zu benennen. Eine ganz
typische Übersicht über Ergebnisse der entsprechenden Überlegungen findet
sich bei Richard Münch in einem Aufsatz von 1980 (vgl. Abbildung 23.8).[8]

Der zentrale Mechanismus der horizontalen Integration der gesellschaftlichen Sub-Systeme ist die Zirkulation besonderer Medien der generalisierten
Kommunikation (vgl. dazu auch Kapitel 27). In dem Diagramm finden sich
die vier Sub-Systeme des sozialen Systems einer Gesellschaft in der Zuordnung zu den vier grundlegenden funktionalen Bereichen wieder. Die Integration der Sub-Systeme vollzieht sich über die Zirkulation von jeweils
funktional typischen Medien innerhalb der jeweiligen Bereiche.

Beispielsweise: Geld im Bereich des wirtschaftlichen Handelns, politische Macht als
Medium der politischen Zielverwirklichung, moralische Verpflichtung und commitment
als Medium der Sicherung gemeinschaftlicher Solidarität und - so sieht es Münch - das
rationale Argument als Medium des intellektuellen Diskurses im Treuhandsystem.

Diese generalisierten Medien sind dabei jeweils nur *systemspezifisch* nach
Maßgabe der Definition des Codes der jeweiligen Sphäre der Gesellschaft
integrativ wirksam: Für Geld läßt sich ein richtiges Argument ebensowenig
gewinnen wie eine solidarische Verpflichtung. Und politische Herrschaft ist
über intellektuelle Diskurse auch kaum zu begründen. Wie kommt dann aber
die (horizontale) Integration der vier Sub-Systeme zustande?

---

[8] Richard Münch, Über Parsons zu Weber: Von der Theorie der Rationalisierung zur
Theorie der Interpenetration, in: Zeitschrift für Soziologie, 9, 1980, S. 36.

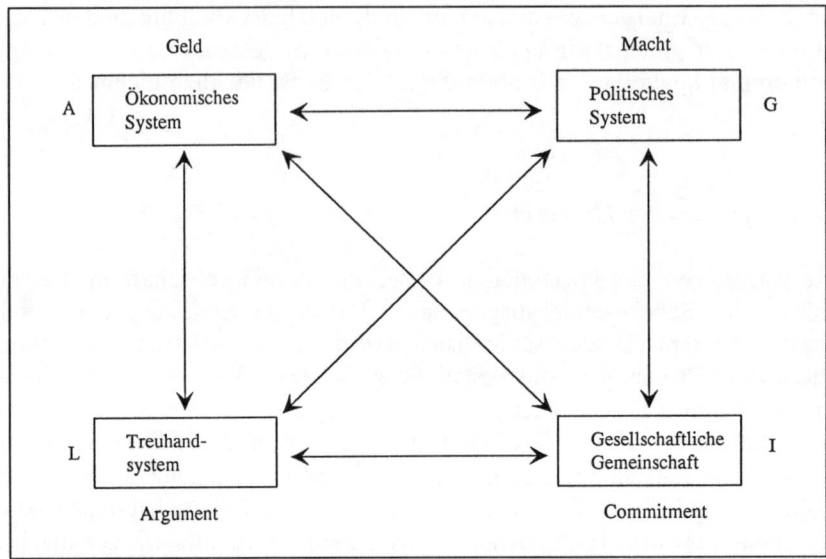

Abb. 23.8: Die Integration der Sub-Systeme der Gesellschaft

Münch listet, der Logik des Parsonsschen Tableaus folgend, sechs mal zwei logisch maximal mögliche Beziehungen zwischen den Sub-Systemen auf. Die Grundidee ist, daß die Integration der vier Sub-Systeme über die Entstehung von Zonen der Überschneidung der jeweils speziellen Codierungen der Sub-Systeme möglich werde.

Also: Das Handeln im politischen (G-)Sub-System folgt nicht ganz fundamentalistisch nur den Geboten der Herrschaft und den Mitteln der Macht, sondern ist immer auch "durchdrungen" von Elementen der jeweils anderen drei Systeme: von der "ökonomischen Rationalität politischen Entscheidens" aus dem A-System, von der Orientierung an der "staatsbürgerlichen Gemeinschaft" aus dem I-System und von der "Zweckrationalität" des intellektuellen Diskurses aus dem L-System. Und so weiter über das gesamte Tableau für alle denkbaren Felder der wechselseitigen Überschneidung der Systeme.

Die Überschneidung der Sub-Systeme besteht - so die These von Münch - im Akt des Handelns der Akteure aus jeweils speziellen Arten der Orientierung des Handelns. Wenn man so will: Aus besonderen sozialen Regeln und Vorstellungen darüber, wie weit die jeweilige Speziallogik des Bereichs im Kontakt mit einer anderen Sphäre durchfochten werden kann. Am Beispiel der Überschneidung - Münch sagt dazu: "Interpenetration" - von Wirtschaft und gesellschaftlicher Gemeinschaft sei dies an Hand der an Max Weber angelehnten Vorstellungen von Münch erläutert.

"Die Interpenetration von Gemeinschaftsshpäre und ökonomischer Sphäre bedeutet nicht die Übertragung der traditionalistischen Ethik der alten Sippengemeinschaften - Brüderlichkeitspflicht, Pietätspflicht, repressive Sanktion - auf das ökonomische Handeln, aber auch nicht die völlige Auflösung der Gemeinschaftsverpflichtungen durch die Gesetzmäßigkeiten des utilitaristischen Handelns, sondern die Herausbildung einer neuen Ethik, die sich weder mit der traditionalistischen Gemeinschaftsethik noch mit den utilitaristischen Eigengesetzlichkeiten identifizieren läßt, diesen aber auch nicht völlig fremd ist, sondern eine Zone der Interpenetration beider Sphären bildet, die an die Gemeinschaftsethik einerseits und die utilitaristische Gesetzmäßigkeit andererseits angrenzt ... An die Stelle des rein utilitaristischen Handelns tritt die Geschäftssittlichkeit, an die Stelle der Brüderlichkeitspflicht die Norm der 'Equity', an die Stelle der Pietät die Selbstverantwortung und an die Stelle der repressiven Sanktion die restitutive Sanktion" (Münch 1980, S. 37/8).

Leicht wird erkennbar, was gemeint ist: Es "muß" eine "neue Ethik" vorhanden sein, in der sich die systemspezifischen Rationalitäten in gewisser Weise mischen, so daß keiner der Bereiche völlig auf Kosten des jeweils anderen dominant werden kann. Münch vermutet - unter Berufung vor allem auf Max Weber -, daß die Entstehung solcher Zonen der Überschneidung die Voraussetzung für die Entstehung integrierter *und* komplexer, moderner Gesellschaften ist und daß dieser Vorgang - Zunahme der gesellschaftlichen Komplexität bei gleichzeitiger Integration - die Besonderheit der Gesellschaften des Okzidents gewesen sei. Und daß es *nur* dort zu der eigenartigen Kombination von Differenzierung und Einheit gekommen ist, die deren besondere Leistungsfähigkeit ausmacht.

Die Orientierungen auch dieser "neuen Ethik", die die horizontale Integration auch sehr komplexer Gesellschaften ermöglicht, sind natürlich keine Privatangelegenheiten der individuellen Akteure. Sie "müssen" - als Werte des kulturellen Systems - in den personalen Systemen internalisiert und über Prozesse der Institutionalisierung mit dem sozialen System der Beziehungen der Akteure verbunden sein. Kurz: Auch die horizontale Integration der Gesellschaft über die Überschneidung der Codes der Sub-Systeme einer Gesellschaft wird nur möglich über die vertikalen Prozesse der Internalisierung, der Institutionalisierung und des Lernens.

Nach Münch erfolgt die horizontale Integration der Gesellschaft über solche Prozesse der Interpenetration. Es muß hier darauf hingewiesen werden, daß es in der soziologischen Systemtheorie keine Einheitlichkeit in dem genaueren Verständnis dessen gibt, was mit dem Begriff der Interpenetration eigentlich genau gemeint ist.

Drei Bedeutungen können mindestens unterschieden werden: einerseits die wechselseitige *Durchdringung* von Systemen - welcher Art auch immer - in Form einer Art von *Überschneidung* und der Bildung eines eigenen Systems der *Zone* dieser Überschneidung. So hatte Talcott Parsons den Begriff eingeführt. Dieser Auffassung ist dezidiert auch Richard Münch, der sich der Interpretation der Schriften von Talcott Parsons besonders intensiv gewidmet hat (Münch 1980, S. 34ff.). Bei seinen inhaltlichen Beschreibungen von Eigenschaften der Interpenetration (siehe dazu oben) scheint aber eine davon verschiedene, zweite Bedeutung vorzuliegen: Die Überschneidung von Inhalten kognitiver *Handlungsschemata* und sozialer Regeln, an denen sich die Akteure in ihrem Tun orientieren und so vor extremen und fundamentalistischen Handlungen einer ganz einseitigen Codierung zurückschrecken. Die Überschneidung ist dann nur eine solche in den Handlungsprogrammen und sozialen Drehbüchern, an denen die Akteure sich orientieren. Niklas Luhmann schließlich orientiert sich in seinem Verständnis der Interpenetration zunächst noch ganz an Talcott Parsons. Aber schon in dem entsprechenden Artikel, zumindest aber in seinen späteren Schriften hat er eine davon gänzlich abweichende, dritte Konzeption der Interpenetration entwickelt: die Vorstellung, daß die Grenzen der Systeme grundsätzlich immer erhalten bleiben und daß es daher eine Überschneidung der Systeme gar nicht geben könne. "Interpenetration" von Systemen sei nur in deren wechselseitiger und simultaner *Anregung* und *Ermöglichung* unter grundsätzlichem Erhalt der Systemgrenzen zu verstehen[9] (vgl dazu Kapitel 27).

Die Integration der Gesellschaft ist ohne Zweifel eines der grundlegenden Probleme, das die soziologische Theorie zu lösen hätte. Es ist die Frage nach der Entstehung sozialer Ordnung - insbesondere vor dem Hintergrund des Problems der antagonistischen Kooperation und das des Eigensinns der Sphären der Gesellschaft.

Parsons gibt - im Anschluß an Durkheim - eine einfache Antwort: Die soziale Ordnung erklärt sich aus den Werten und den Normen der Gesellschaft. Sofort ist aber auch gefragt worden: Woher kommen denn die Werte und die Normen? Darauf hat die funktionalistische Soziologie eigentlich nur antworten können: Werte und Normen sind "immer schon" da, sofern es Gesellschaft gibt. Dies wiederum hat manche Soziologen nicht sehr zufrieden gestellt und sie haben nach alternativen Erklärungen für das Problem der sozialen Ordnung und für die Frage nach dem Funktionieren von Gesellschaften gesucht. Das Talcott Parsons Project ist wohl auch deshalb gescheitert, weil es zu seiner zentralen Frage keine erklärende Antwort wußte, sondern verschiedene Dimensionen des Problems immer nur klassifizierte.

Zusammenfassung ...

Gesellschaften bestehen - der struktur-funktionalistischen Perspektive folgend - als Einheit einer vertikalen Organisation von vier Ebenen von Teil-Systemen: Kulturelle Werte als kulturelles System, soziale Beziehungen als soziales System, sozialisierte Persönlichkeiten als personales System und biologische Organismen des homo sapiens als organismisches System.

---

[9] Vgl. Luhmann 1977, S. 67ff.; Niklas Luhmann, Interpenetration, in: Niklas Luhmann, Soziale Systeme. Grundriß einer allgemeinen Theorie, Frankfurt/M. 1984, S. 286ff.

Auf jeder der vier Ebenen lassen sich interne Differenzierungen ausmachen, die jeweils den vier funktionalen Grundproblemen des AGIL-Schemas entsprechen. Diese vier funktionalen Grundprobleme aller Systeme sind Anpassung, Zielerreichung, Integration und Mustererhaltung. Bei Gesellschaften - als der besondere Typus eines selbstgenügsamen sozialen Systems - gibt es eine diesen vier funktionalen Grundproblemen entsprechende Differenzierung in die vier funktionalen Sphären oder Sub-Systeme der Wirtschaft, der Politik, der gesellschaftlichen Gemeinschaft und des Treuhand-Systems. Ihnen ordnen sich die jeweils konkreten Institutionen und sozialen Gebilde zu. Die Handlungen der Akteure in diesen Sub-Systemen stehen dabei immer unter dem Kommando des besonderen Codes ihrer speziellen funktionalen Zuordnung: Ökonomische Berechnung, politische Herrschaftsausübung, gemeinschaftliche Solidarität, kognitive Rationalität.

Die vier Sub-Systeme von sozialen Systemen, von denen die Gesellschaft eine besondere Variante ist, werden intern über jeweils spezifische Medien integriert: Geld, Macht, commitment und Argumente für die vier funktionalen Sphären jeweils. Der Gesamtzusammenhalt der vier Sub-Systeme wird von einem dazu speziell vorgesehenen System geleistet: Vom Sub-System der gesellschaftlichen Gemeinschaft.

Die vier funktionalen Sub-Systeme der Gesellschaft sind allesamt selbst wieder soziale Systeme unterhalb des umfassenden Rahmens der Gesellschaft. Sie weisen damit ihrerseits jeweils auch eine vertikale Ebenendifferenzierung in Werte, Beziehungen, Persönlichkeiten und Organismen und in Teil-Systeme der AGIL-Funktionen im Rahmen der jeweiligen Oberfunktion ihrer Zuordnung in der Gesellschaft auf.

Die vier Ebenen der vertikalen Organisation der Gesellschaft - kulturelles, soziales, personales und organismisches System - bilden zusammen das sog. allgemeine Handlungssystem. Die Einheit des allgemeinen Handlungssystems wird über drei besondere Mechanismen der Interpenetration geleistet: Institutionalisierung, Internalisierung und Lernen.

Dabei erfolgt ein Austausch von zwei verschiedenen inputs zwischen den oberen und den unteren Ebenen: Information, vom kulturellen System ausgehend, nach unten und Energie, vom organismischen System ausgehend, nach oben. Die Gesellschaft hat dabei als soziales System innerhalb des allgemeinen Handlungssystems die besondere Funktion der Integration.

Das allgemeine Handlungssystem ist - einschließlich des in ihm enthaltenen, speziellen sozialen Systems der Gesellschaft - wiederum nur ein Teil in einem noch umfasenderen System: dem der human condition. Dieses alles umfassende System besteht aus dem telischen System der letzten Realität, das an das allgemeine Handlungssystem nach oben angrenzt; aus dem biologisch-organischen System, das unten am allgemeinen Handlungssystem angrenzt; und aus dem chemisch-physikalischen System, das noch weiter darunter angesiedelt ist. Auch diese vier Sub-Systeme der human condition sind den vier funktionalen Grundproblemen zugeordnet. Das allgemeine Handlungssystem hat dabei die integrative Funktion für die menschliche Existenz insgesamt.

... und Abgesang

Der Struktur-Funktionalismus stand deutlich in der Tradition von Emile Durkheim und insbesondere dessen Auffassung, daß die Gesellschaft den Individuen vorgegeben und ein Wesen eigener Art sei (siehe dazu das nächste Kapitel 24). Talcott Parsons selbst hat - nach dem *handlungs*theoretischen Beginn in seiner wirklich epochemachenden Arbeit "The Structure of Social Action" (vgl. den Beginn dieses Kapitels) - die funktionalistische Theorie immer stärker in Richtung einer mehr und mehr erstarrten und akteursfreien *System*theorie entwickelt. Und das heißt: zu einer Klassifikation der Ebenen und Bereiche, aus denen menschliche Gesellschaften und ihre inneren wie äußeren Umwelten wohl bestehen. Über die eigentlichen Prozesse der Konstitution der Gesellschaft findet man im Struktur-Funktionalismus - außer den Hinweisen auf die Medien und auf die Vorgänge der Interpenetration - nicht viel.

Gänzlich abgelehnt wird vom Struktur-Funktionalismus die Vorstellung, daß es alleine die Menschen sind, die jeweils "ihre" Gesellschaft - wenngleich ungeplant - konstruieren. Die Konzeption von Peter L. Berger und Thomas Luckmann zur gesellschaftlichen Konstruktion der Gesellschaft durch sinnhaftes Handeln, Externalisierung und Objektivierung fände in dem "System" keinen Platz - wie alle ähnlichen Konzepte zur Gesellschaft, die es schon gab oder später entwickelt wurden. Mertons Ideen von der Gesellschaft als latente Funktion haben auf die weitere Entwicklung oder die Modifikation des Struktur-Funktionalismus keinen besonderen Einfluß gehabt. Sie sind später an anderer Stelle wieder aufgetaucht und haben dem Struktur-Funktionalismus schließlich den Rest gegeben.

Der Struktur-Funktionalismus ist bei Parsons stattdessen mehr und mehr zu einem begrifflichen und kategorisierenden System der immer weiter getriebenen Abstraktion und Generalisierung von sozialen Prozessen aller Art und deren typisierender Systematisierung geworden, man könnte fast sagen: verkommen. Viele Soziologen - allen voran: George C. Homans und der Symbolische Interaktionismus - haben bald, schon zu Zeiten der Hochblüte des Struktur-Funktionalismus - bemerkt, daß der Erklärungswert des Struktur-Funktionalismus, zumal in der Erstarrung des Parsonsschen Begriffssystems, nur sehr begrenzt ist (vgl. Kapitel 30). Heute gibt es den Struktur-Funktionalismus - bis auf einige wenige Nachzügler - praktisch auch nicht mehr als eine in der soziologischen Forschung auch wirklich angewandte theoretische Perspektive. Er war ohnehin schon in seiner Blütephase niemals mehr als ein Arsenal von Begriffen und Konzepten, mit denen man seinen Gegenstand sortierte und die Gliederung eines Buches vornahm. George C. Homans hat in der ihm eigenen unverblümten Art deutlich gemacht, worin das Problem der "Theorie" von Talcott Parsons letztlich lag: Es ist ein bloßes Begriffssystem, in dem keine Lehrsätze, also: keine nomologischen Hypothesen vorkommen, ohne die ja Erklärungen nicht möglich sind. Das Problem der Parsonsschen Theorie besteht für Homans nicht darin, daß sie falsch gewesen wäre, sondern darin, daß es überhaupt keine Theorie war (vgl. dazu Abschnitt 4.3).[10]

Das ist aber nicht einmal das eigentliche Problem. Sondern: daß erklärende Hypothesen zugunsten "nicht-operabler Definitionen", als die Homans alle die Benennungen der Sub-Systeme und abstrakten Prozesse in der Parsonsschen "Theorie" bezeichnet, erst gar nicht mehr versucht werden und daß damit die Hauptaufgabe der Sozialwissenschaften - wieder einmal - liegen bleibt:

"Das geschieht, so meine ich, dann, wenn nicht-operable Definitionen sich anhäufen und schließlich zu einem nicht-operablen begrifflichen System verarbeitet werden (das dann 'allgemeine Theorie' genannt wird), wie beispielsweise in vielen - nicht allen - Arbeiten von Talcott Parsons."

Und besonders verhängnisvoll ist dann jene, bei Soziologen schon fast als Berufskrankheit verbreitete, von jedem Zweifel unangetastete Meinung, mit der Kategorisierung in einem solchen allgemeinen begrifflichen System sei das Problem auch schon gelöst:

"Manche Studenten (und nicht nur sie; HE) gewinnen aus diesem System so viel intellektuelle Sicherheit, weil es ihnen gestattet, fast jedem beliebigen gesellschaftlichen Phänomen einen Namen zu geben und es in ein Fach einzuordnen, so daß sie keine Lust haben, sich auf das gefährliche Wagnis einzulassen, etwas über die Zusammenhänge der Phänomene auszusagen, weil sie dann das Risiko auf sich nehmen müssen, daß sie etwas sagen könnten, was sich als falsch herausstellt. Wenn man keine wirklichen Lehrsätze aufstellt, kann man wiederum keine wirklichen Theorien entwerfen, denn ... eine wirkliche Theorie (besteht) eben gerade aus Lehrsätzen."[11]

---

[10] George C. Homans, Wider den Soziologismus, in: George C. Homans, Grundfragen soziologischer Theorie, Opladen 1972, S. 50.
[11] Die beiden Zitate finden sich bei George C. Homans, Was ist Sozialwissenschaft?, Opladen 1969, S. 25f.

Die methodologische Position von Homans hat sich zwar immer noch nicht überall in der Soziologie herumgesprochen, wohl aber die Überzeugung von der Unbrauchbarkeit des klassischen Funktionalismus. Selbst der sog. Neo-Funktionalismus, das Nachfolgeparadigma zur funktionalistischen Systemtheorie Parsons', hat längst Abschied von der Prämisse der funktionalen Requisiten und der vorauszusetzenden funktionalen Einheit einer Gesellschaft genommen und bewegt sich - mit allerdings weiterhin untauglichen Mitteln - deutlich auf eine Perspektive der auch durch Subjekte konstituierten gesellschaftlichen Strukturen hin (vgl. dazu noch Kapitel 30).

Auf weitere - offenkundige - Probleme der theoretischen Konzeption des klassischen Struktur-Funktionalismus - vor dem Hintergrund der Erfordernisse von Erklärungen der angesprochenen sozialen Prozesse - soll hier nicht näher eingegangen werden: Das Kapitel würde angesichts der Bedeutung dieser "Theorie" viel zu lang. Die Darstellung der wichtigsten Einzelheiten der funktionalistischen Gesellschaftskonzeption diente eigentlich auch nur als Vorwand für einen anderen Zweck: über die Erinnerung an ein ehemals dominantes Paradigma der Soziologie einen Anhaltspunkt zu geben, über den die grundlegenden Strukturen, Prozesse und sozialen Gebilde einer Gesellschaft geordnet werden könnten, um deren richtige Erklärung es ja dann erst gehen kann.

Und daher zum Abschluß dieses manchmal auch etwas kritischen Kapitels wieder ein etwas versöhnlicherer Satz: Kaum eine andere soziologische Perspektive als die der Soziologie von Talcott Parsons hätte für diese Systematisierung gewählt werden können. In einer ohne Zweifel gigantischen Leistung hat Talcott Parsons im Verlaufe der Ausuferungen seiner funktionalistischen Systemtheorie die Strukturen, Prozesse und sozialen Gebilde der Gesellschaft der Menschen so reichhaltig und (nahezu) vollständig beschrieben, daß kaum ein wichtiger gesellschaftlicher Vorgang unerwähnt geblieben ist. Und das allein ist sicher schon ein ganz unverzichtbarer und hoch bedeutsamer Beitrag auch zur Entwicklung einer erklärungskräftigeren Soziologie, als es der Struktur-Funktionalismus gewesen ist.

Kapitel 24
Die Gesellschaft als "Wesen sui generis"

Im Hintergrund der funktionalistischen Soziologie, besonders in der Variante, die Talcott Parsons vorgeschlagen hat, steht das Konzept der Gesellschaft von Emile Durkheim. Dieser hatte den Soziologen eingeschärft, daß die Soziologie als akademisches Fach nur in den soziologischen Tatbeständen jenen festen Gegenstand finden könne, der dann ihr allein gehöre. Unter einem soziologischen Tatbestand verstand Emile Durkheim zum Beispiel die "Pflichten als Bruder, Gatte oder Bürger", "die Sitten meines Berufes", "die Bräuche und Glaubenssätze", die der "gläubige Mensch bei seiner Geburt fertig vorgefunden" hat. Oder das

" ... Zeichensystem, dessen ich mich bediene, um meine Gedanken auszudrücken, das Münzsystem, in dem ich meine Schulden zahle, die Kreditpapiere, die ich in meinen geschäftlichen Beziehungen benütze."[1]

Sie alle " ... führen ein von dem Gebrauche, den ich von ihnen mache, *unabhängiges* Leben." (Ebd., S. 105; Hervorhebung nicht im Original) Soziologische Tatbestände sind demnach alle Bestrebungen und Manifestationen, die sich von den Individuen *verselbständigt* hätten, in gewisser Weise ein "eigenes Leben" führen und auf die handelnden Personen eine zwingende Macht ausüben (vgl. dazu Kapitel 2). Die Gesellschaft ist für Emile Durkheim dann der Urtypus des soziologischen Tatbestandes - mit jeweils typischen Eigenschaften, die sich *nicht* aus den Eigenschaften der Individuen rekonstruieren oder aggregieren lassen. Sie *ist* für Emile Durkheim immer *mehr* als die Summe ihrer Teile.

Die Emergenz der Gesellschaft

Die Gesellschaft ist für Emile Durkheim also nicht nur ein faktisch bestehendes, kaum zu beeinflussendes Apriori für das Handeln jedes einzelnen Menschen. Das wird wohl von keiner Variante der Soziologie anders gesehen. Sie ist darüber hinaus eine *neue*, eine *emergente* Einheit. Emile Durkheim

---

[1] Emile Durkheim, Die Regeln der soziologischen Methode, 5. Aufl., Darmstadt und Neuwied 1976, S. 105f.; vgl. auch Kapitel 2.

spricht von der Gesellschaft als dem "kollektiven Sein", "das *an sich* ein *Wesen sui generis* darstellt." (Durkheim 1976, S. 203; Hervorhebungen nicht im Original)

Der Hintergrund dieser Auffassung ist die Vorstellung, daß sich in der *Zusammenfügung* von Elementen so etwas wie *ontologische Sprünge* ereignen können. Die *Kombination* bzw. die *Komposition* einzelner Elemente ergebe eine ganz neue Seinsebene. Die kombinierten Elemente stellen jeweils gänzlich *neue* Wirklichkeiten dar, die *eigenen* Gesetzen folgen. Diese neuen, emergenten Gesetze lassen sich dabei grundsätzlich *nicht* aus den Eigenschaften der Einzelelemente ableiten: Die emergente Wirklichkeit ist nicht "reduzierbar" auf Eigenschaften der Einzelteile, aus denen sie zusammengesetzt ist.

Als Beleg für die grundsätzliche Richtigkeit der These von der Emergenz bemüht Durkheim dann gelegentlich Analogien auch aus der Naturwissenschaft: Wasser *sei* nun einmal ein gegenüber seinen beiden Bestandteilen Wasserstoff und Sauerstoff völlig *neuer* Stoff - und die Chemie ja ohne Zweifel eine erfolgreiche und respektable Wissenschaft.

Das Wort "emergent" bzw. der Begriff der Emergenz leitet sich von "emergere" (lat.: auftauchen) ab. Es meint allgemein den Sachverhalt, daß Phänomene "auftauchen", die man aufgrund des bisherigen theoretischen Wissens so nicht hätte erwarten können und die mit diesem Wissen nicht erklärbar seien (vgl. dazu bereits Abschnitt 4.2 und 6.1). Die These von der Gesellschaft als Wesen sui generis bedeutet daher gleichzeitig auch die Annahme, daß die Gesetze der Gesellschaft nur aus sich heraus verständlich seien und grundsätzlich nicht auf andere Erklärungen reduzierbar seien. Eine "Tiefenerklärung" der Gesetze der Gesellschaft, ein "verstehendes" Erklären sozialer Zusammenhänge ist danach also *grundsätzlich* ausgeschlossen; mehr noch: Es wäre der falsche Weg.

Die Annahme, daß die Gesellschaft *nicht* nur ein bloßes *Aggregat* einzelner, isolierter Akteure sei (vgl. Abschnitt 6.1), sondern eine eigene Ebene bilde, die über die Eigenschaften der individuellen Akteure deutlich hinausgeht, ist eine der grundlegenden Annahmen der Soziologie ganz generell: *Alle* soziologischen Konzepte der Gesellschaft haben - bei aller sonstigen Verschiedenheit - wenigstens diese eine gemeinsame Prämisse: Die Gesellschaft *ist* in der Tat *mehr* als die bloße Summe ihrer Teile; und sie *ist* eine den konkreten Individuen tatsächlich vorgängige und ihr Handeln stark prägende Kraft (vgl. auch Kapitel 25).

Durch die verschiedenen Konzepte der Gesellschaft in der Soziologie zieht sich aber auch eine Dimension von unterschiedlichen Auffassungen darüber, woraus denn dieses "Mehr" bestehe, worauf die Objektivität bzw. die Faktizität der Gesellschaft beruht und - vor allem - auf welche Weise damit theoretisch umzugehen sei. Dabei lassen sich zwei extreme Pole unterscheiden:

eine *kollektivistische* und eine *individualistische* Interpretation der Gesellschaft als emergenter Einheit.

Der kollektivistische Pol dieser Auffassungen ist die von Emile Durkheim vertretene Annahme, daß Gesellschaften eine ganz und gar *eigenständige* Realität, jenseits der individuellen Eigenschaften, Handlungen und Beziehungen der Menschen darstellten und daß die Objektivität der Gesellschaft sich aus dieser Eigenständigkeit der "Gesellschaft" gegenüber den "Individuen" ergebe und auch *nur* daraus erklären lasse. Die Gesellschaft ist in dieser Konzeption sogar ein ganzheitliches, ein *holistisches* Gebilde (von dem griechischen Wort "holos", das "ganz" bedeutet), ausgestattet mit einem eigenen "Wesen", sogar mit einem eigenen "Bewußtsein" und mit unauflöslichen inneren Zusammenhängen. Der individualistische Pol ist die Annahme, daß sich die - nicht zu leugnende - objektive Kraft der Gesellschaft aus nichts anderem als aus den *Beziehungen* der Akteure und aus den unintendierten, latenten Prozessen der *Externalisierung* und *Objektivierung* des Handelns ergebe. Die Gesellschaft ist in dieser Sichtweise nur eine (Kurz-) Bezeichnung für diesen *Verflechtungszusammenhang* von interdependenten *Akteuren*, aber *keine* eigene, schon gar keine holistische Realität. Sie ist in dieser Sichtweise *kein* eigenes neues "Wesen", das sich zu den Akteuren hinzugesellt und so einen ontologischen Unterschied zwischen der "Gesellschaft" hier und den "Individuen" dort schafft.

Die folgenden Kapitel (24 bis 28) behandeln die verschiedenen Konzepte der Gesellschaft in der Soziologie entlang dieser Dimension von einer eher kollektivistischen zu einer eher individualistischen Betrachtung. In den letzten beiden Kapiteln (29 und 30) wird aber noch gezeigt, daß eine Entgegensetzung von Kollektivismus und Individualismus im Rahmen des Modells der soziologischen Erklärung nicht sonderlich bedeutsam ist, sondern ebenfalls "aufgehoben" werden kann.

Vor allem in den "Regeln der soziologischen Methode" formuliert Emile Durkheim seine holistische Auffassung von der Gesellschaft als einem eigenständigen Wesen ganz und gar unmißverständlich:

"Kraft dieses Prinzips ist die Gesellschaft nicht bloß die Summe von Individuen, sondern das durch deren Verbindung gebildete System stellt eine *spezifische Realität* dar, die einen eigenen Charakter hat." (Ebd., S. 187; Hervorhebung nicht im Original)

Und die Begründung dafür liest sich u.a. so:

"Zweifellos kann keine kollektive Erscheinung entstehen, wenn kein Einzelbewußtsein vorhanden ist; doch ist diese notwendige Bedingung allein nicht ausreichend. Die einzelnen Psychen müssen noch *assoziiert*, kombiniert und in einer bestimmten Art *kombiniert* sein; das soziale Leben resultiert also aus dieser Kombination und kann nur aus ihr erklärt werden. Indem sie *zusammentreten*, sich *durchdringen* und *verschmelzen*, bringen die individuellen Psychen ein neues, wenn man will *psychisches Wesen* hervor, das jedoch eine psychische Individualität *neuer* Art darstellt. In der Natur dieser Individualität, nicht in jener der sie zusammensetzenden Einheiten müssen also die nächsten und bestimmten Ursachen der Phänomene, die sich dort abspielen, gesucht werden." (Ebd., S. 187f.; Hervorhebungen nicht im Original)

Kein Soziologe würde wohl bestreiten, daß zur Gesellschaft die *Beziehungen* der Menschen und deren besondere Art der "*Assoziation*" und *Kombination* gehören. Emile Durkheim meint aber mehr als dies: Die Gesellschaft bzw. die Gruppe sei ein Wesen mit einer "psychischen Individualität" ganz "neuer Art". Sie sei nicht auf die "Psychen" oder auf das Handeln einzelner Akteure zu "reduzieren". Mit der Assoziation der individuellen Akteure zu einer Gruppe entstehe eine ganz neue Realität. Und die Folge: Die " ... *Gruppe* denkt, fühlt und handelt ganz anders, als es ihre Glieder tun würden, wären sie isoliert." (Ebd., S. 188; Hervorhebung nicht im Original) Es gibt laut Durkheim also ein "Handeln", ja sogar ein eigenes "Fühlen" von Gruppen und Gesellschaften: ein "Kollektivbewußtsein": "Daraus wird ersichtlich, in welchem Sinne und aus welchen Gründen von einem *Kollektivbewußtsein*, das von dem Einzelbewußtsein *unterschieden* ist, gesprochen werden *muß* und *kann.*" (Ebd., S. 187; Hervorhebungen nicht im Original)

In der These vom Kollektivbewußtsein ist die Konzeption der Gesellschaft als Wesen sui generis am deutlichsten ausgedrückt: Nicht nur menschliche Akteure können ein Bewußtsein haben und ihr Handeln daran - "selbstreferentiell" - ausrichten; auch Gruppen und Gesellschaften haben ein (kollektives) Bewußtsein und sind damit ebenfalls zu einem selbstreferentiellen "Fühlen" und "Handeln" in der Lage (vgl. dazu Kapitel 27).

Die Gesellschaft als zwingende Kraft

Wie kommt Durkheim aber zu dieser Auffassung, daß Gesellschaften Ganzheiten mit nicht weiter disaggregierbaren Eigenschaften, eigenen Verhaltens- und Bewegungsgesetzen und gar einem eigenen "Bewußtsein" seien? Er führt dazu einige empirische Feststellungen und eine theoretische Überlegung an. Eine erste empirische Feststellung ist die, daß jede Gesellschaft, *unabhängig* von ihren individuellen Mitgliedern, insoweit eigenständig ist, daß die Mitglieder fortwährend ausgetauscht werden, die Gesellschaft als solche aber bestehen bleibt.

Diese Besonderheit war uns ja schon bei der Bevölkerung - bzw. allgemeiner bei den Gattungen und Populationen lebender Organismen - begegnet. Die in eine menschliche Gesellschaft durch Geburt oder Einwanderung neu hinzutretenden Mitglieder finden immer schon bestimmte Elemente vor, die sie nicht wählen können und denen sie sich objektiv gegenübergestellt sehen: die nationale Zugehörigkeit, die Sprache, die Art der Erziehung, die geltenden Pflichten, kurz: die Institutionen der jeweiligen Gesellschaft.

Diese Bedingungen sind - so Durkheim - immer schon *vor* den *konkreten* Individuen gegeben. Die Gesellschaft umfasse daneben "auch Materielles, das eine wesentliche Rolle im Gemeinschaftsleben spielt."[2] Nämlich: Häuser und Gebäude aller Art, Verkehrs- und Transportwege, industrielle Einrichtungen und Maschinen, das "Niveau der Technik", der "Stand der Schriftsprache", "national anerkannte Monumente" und andere "Hinterlassenschaften früherer Generationen". (Ebd.) Und daraus müsse man schließen: "Und überhaupt stimmt es nicht, daß die Gesellschaft nur aus Individuen besteht." (Ebd., S. 203)

Absurd oder auch nur merkwürdig ist diese Idee ja nun durchaus nicht. Selbst Georg Simmel, der die "individualistische" Konzeption der Gesellschaft mit seiner Betonung der formalen Eigenschaften und der Wechselbeziehungen der Menschen deutlich vorbereitet hatte, sprach von einem Apriori der Gesellschaft. Damit meinte er aber nur das, wovon auch Durkheim ausgegangen war und was nicht zu bestreiten ist: Für jedes *einzelne* und vor allem: für jedes *neue* Mitglied ist die Gesellschaft in der Tat "immer schon" da. Und damit kann durchaus jedes einzelne und jedes neue Mitglied die Gesellschaft als ein ihm fremdes, zumindest aber als ein ihm gegenüberstehendes und sehr kompaktes soziales Gebilde und als ihm *externe* Wirklichkeit empfinden.[3]

Warum dann also die Verschärfung der These von der Objektivität der Gesellschaft durch die Behauptung der Emergenz eines eigenständigen "Wesens"? Emile Durkheim bezieht die These von der zwingenden Kraft der *Gesellschaft* vor allem aus der Faszination an gewissen, empirisch von ihm selbst festgestellten, *sozialen* Regelmäßigkeiten bei scheinbar höchst intimen und ganz "individuellen" Handlungen - wie zum Beispiel beim Selbstmord. In seiner klassischen Untersuchung dazu hat er - unter anderem - den empirischen Zusammenhang zwischen Religionszugehörigkeit und Selbstmord untersucht und dabei - unter anderem - die folgenden Daten zusammengetragen (Tabelle 24.1; vgl. Durkheim 1973, S. 165). Aus den Zahlen wird deutlich, daß Protestanten - unabhängig von ihrer Nationalität - eine höhere Selbstmordneigung haben als Katholiken; und daß Juden, wenngleich nicht immer, eine noch geringere Selbstmordneigung aufweisen als die Katholiken.

Dies ist zunächst nur eine empirische Beobachtung, aber noch keine Erklärung. Die Religion "an sich" erzeugt die Unterschiede in den Selbstmordraten ja sicher nicht. Was aber dann?

Durkheim untersucht im "Selbstmord" eine Unzahl von Alternativhypothesen, worin die Ursachen der unterschiedlichen Selbstmordraten bestehen könnten: ob sie möglicherweise als Folge von Krankheiten und Geisteskrankheiten aller Art, des Alkoholismus, der Rasse und der Vererbung, der Körpergröße, des Klimas, der Mondumlaufbahn, der Tages- und der Jahreszeiten, der Nachahmung u.a. auftreten.

---

[2] Emile Durkheim, Der Selbstmord, Neuwied und Berlin 1973 (zuerst: 1897), S. 365.
[3] Georg Simmel, Exkurs über das Problem: Wie ist Gesellschaft möglich?, in: Georg Simmel, Soziologie. Untersuchungen über die Formen der Vergesellschaftung, Berlin 1968b (zuerst: 1908), S. 27ff.

		a	b	c	d
Österreich		(1852-59)	79.5	51.3	20.7	Wagner
Preussen	{	(1849-55)	159.9	49.6	46.4	Wagner
		(1869-72)	187	69	96	Morselli
		(1890)	240	100	180	Prinzing
Baden	{	(1852-62)	139	117	87	Legoyt
		(1870-74)	171	136.7	124	Morselli
		(1878-88)	242	170	210	Prinzing
Bayern	{	(1844-56)	135.4	49.1	105.9	Morselli
		(1884-91)	224	94	193	Prinzing
Württemberg	{	(1846-60)	113.5	77.9	65.6	Wagner
		(1873-76)	190	120	60	Durkheim
		(1881-90)	170	119	152	Durkheim

a Protestanten
b Katholiken
c Juden
d Name des Beobachters

Tab. 24.1: Der Zusammenhang zwischen Religionszugehörigkeit und Selbstmordrate

Heraus kommt ein interessantes Ergebnis: Alle diese "individuellen" oder nicht-gesellschaftlichen Dinge treten in einer bemerkenswerten Konstanz über alle Gruppen hinweg gleichermaßen auf. Die festgestellten Unterschiede der Selbstmordhäufigkeit nach Religion - bzw. nach anderen sozio-demographischen Kategorien (vgl. Kapitel 17) - lassen sich mit diesen Hintergrund-Hypothesen also nicht erklären. Durkheim faßt das Ergebnis zusammen: "... es gelingt dabei auf keinen Fall (bei der Prüfung dieser Alternativhypothesen; HE), die ständig wiederkehrende Regelmäßigkeit der sozialen Selbstmordrate zu erklären." (Durkheim 1973, S. 350) Offenkundig bewirken also erst Unterschiede in der *sozialen* Umgebung die Unterschiede in der Selbstmordneigung - etwa die Einbettung in eine Religionsgemeinschaft mit bestimmten Vorschriften und Graden sozialer Kontrolle, das Wirtschaftsklima der Konjunkturzyklen oder die Zugehörigkeit zu Milieus mit strengem Ehrenkodex wie z.B. dem Militär. Und zwar dadurch, daß sie auf der Grundlage von universell verbreiteten, individuellen, eher zufälligen Anlässen die tatsächliche Ausführung selbstmörderischer Akte in *systematisch* unterschiedlichem Maße *sozial* steuern.

Auf diese und andere empirische Beobachtungen der Unabhängigkeit der sozialen Regelmäßigkeiten des Handelns von individuellen Eigenschaften stützt Durkheim die These von der Emergenz der Gesellschaft als einem eigenständigen, "neuen psychischen" Wesen. Die Gesellschaft stelle "eine neue Existenzform" dar, deren " ... charakteristische Eigenschaften sich *nicht* in den Elementen wiederfinden." (Ebd., Hervorhebung nicht im Original)

Die *theoretische* Begründung dafür, daß die Widerständigkeit der Gesellschaft auf deren eigener Realität beruhe, gibt Durkheim dann so: Es gebe grundsätzlich nur zwei denkbare Einheiten, von denen her der - empirisch ohne Frage feststellbare - soziale Druck der Gesellschaft herrühren könne: Vom Individuum *oder* von der Gesellschaft. Da der soziale Druck aber " ... von *außen* her einen Druck auf das individuelle Bewußtsein" (Durkheim 1976, S. 185; Hervorhebung nicht im Original) ausübe, folge, daß dieser Druck nur von der Gesellschaft herrühren könne: "Dieser äußere Druck, den das Individuum erleidet, *kann* also *nicht* von ihm selbst abstammen; dementsprechend kann er auch *nicht* durch das erklärt werden, was im *Individuum* vor sich geht." Und deshalb: "Kommt nun das Individuum nicht in Betracht, so bleibt *nur* die Gesellschaft übrig." (Ebd., S. 186; Hervorhebungen nicht im Original) Die Gesellschaft *ist* für ihn daher ein eigenständiges "Wesen". Sie weist sogar eine eigene Form von "Bewußtsein" - in Gestalt der "kollektiven Repräsentationen" bzw. des "Kollektivbewußtseins" - auf, eine Form des Bewußtseins, die über die "individuellen Psychen" weit hinausgehe.

Die Gesellschaft als moralische Einheit

Neben der empirischen Feststellung und holistischen Deutung der objektiven Widerständigkeit der Gesellschaft gegenüber den Bestrebungen der Individuen ist für Durkheim ein zweites, zunächst ebenfalls empirisches Argument für die Begründung seiner Emergenzthese maßgebend: Die Beobachtung der inneren Integration der Gesellschaft und ihre besondere Form als *moralische Einheit*.

Die grundlegende Annahme ist dabei die, daß Gesellschaften (in allen ihren Teilen) *integrierte* soziale Gebilde seien, die ihre Einheit *nur* über die moralisch gestützte Solidarität der Mitglieder einerseits und über ein System von Rechtsvorschriften und Sanktionen gegenüber Normübertretungen andererseits finden. Marcel Mauss hat nach Durkheim diese Idee der Einheit *aller* Aspekte des sozialen Lebens in *einer* gesellschaftlichen Einheit in der Formulierung vom "totalen sozialen Phänomen" als der Vorstellung, daß gesellschaftliche Vorgänge sich nur in der *Gesamtheit* der Betrachtung aller Aspekte soziologisch erfassen ließen, noch einmal nachdrücklich auf den Punkt gebracht (vgl. Kapitel 20).

Der Ausgangspunkt der Überlegungen ist das Problem der Erklärung der sozialen Ordnung. Aus der Trennung in zwei gänzlich verschiedene Seinsbereiche - hier die Eigengesetzlichkeiten der Gesellschaft, dort die Eigengesetzlichkeiten der Individuen und der Kleinbereiche des Alltags - ergab sich für Emile Durkheim (und die ihm dann folgenden Soziologen wie etwa Talcott Parsons) nämlich ein zentrales *theoretisches* Problem: Wie kann man angesichts dieser Trennung der "Systeme" die weithin zu beobachtende soziale Ordnung überhaupt erklären. Insbesondere: Wie könnte erklärt werden, daß die "Individuen" schließlich den Zumutungen der Gesellschaft doch meist relativ klaglos folgen und die offenkundige Entfremdung von der "Gesellschaft" ganz gut zu ertragen scheinen?

Die von der Durkheimschen Soziologie vorgeschlagene Lösung ist mittlerweile ein soziologischer Gemeinplatz geworden: Die Menschen werden *sozialisiert*, indem sie die Zumutungen der Gesellschaft in sich aufnehmen - *internalisieren* - und zu ihrem eigenen Bedürfnis machen. Und sie unterliegen daneben immer einer *sozialen Kontrolle* durch die Institutionen der Gesellschaft, die notfalls - sofern die Internalisierung nicht richtig funktioniert hat - für die erforderliche Integration von Individuum und Gesellschaft sorgt.

Im vorhergehenden Kapitel war uns diese Vorstellung unter der allgemeinen Formel der Interpenetration der Systeme der Gesellschaft durch Institutionalisierung, Internalisierung und Lernen im Zusammenhang mit der struktur-funktionalen Theorie begegnet, die ja ihren Ausgang von den Grundprämissen genommen hat, wie sie Emile Durkheim formulierte. Die Gesellschaft ist - in einer etwas vereinfachenden Fassung - danach nichts anderes als das kulturelle und das soziale System und das Individuum das personale und das organismische System. Das "Wesen" der Gesellschaft ist danach nichts als die Normen- und Wertestruktur, von denen Personen und Organismen gesteuert werden. Die soziale Ordnung ist die Folge der Integration dieser Systeme bzw. der Interpenetration von "Individuum und Gesellschaft" über die Internalisierung und die soziale Kontrolle der Werte und der Normen. Und das gesellschaftliche Handeln der Individuen ist in diesem Konzept vor allem ein Handeln in Orientierung an den Werten und an den Normen der Gesellschaft.

Emile Durkheim hat das Wesen der Gesellschaft immer in den Werten und der moralischen Verfassung der Gesellschaft gesehen. Er hat daher die Gesellschaft immer als eine letztlich *moralische* Einheit aufgefaßt - auch die ihm bereits sichtbaren Formen komplexer Großgesellschaften, mitsamt den deutlichen Zeichen an Un-Ordnung, an A-Nomie, darin.

Für ihn war es - wie für die meisten Soziologen und Alltagsmenschen auch heute nach wie vor - ganz und gar undenkbar, daß sich Gesellschaften alleine über das zweckrationale, das ökonomisch-kalkulierende und an Kosten und Nutzen orientierte Handeln integrieren ließen. Ganz fremd war ihm auch der Gedanke etwa an unintendierte integrierende Folgen eines solchen manifest egoistischen Handelns; ebenso wie alle Vorstellungen über anonyme Formen der systemischen Integration der Gesellschaft - beispielsweise über das Geld, Vorteile der Arbeitsteilung oder die politische Macht.

Emile Durkheim nahm daher immer an, daß Gesellschaften sich *nur* über die *Solidarität* der Mitglieder erhalten können. Und daß in dem moralischen Rahmen dieser Solidarität die "organische" Besonderheit einer jeden Gesellschaft besteht. Zwar muß die Moral immer durch externe Sanktionen - durch das Recht vor allem - unterstützt werden; aber der Kern des Zusammenhaltes und der Ordnung der Gesellschaft ist das Band der moralischen Verpflichtungen. Dieses Band müsse es in *jeder* Gesellschaft geben. Es genüge eben nicht anzunehmen, daß die Individuen nur auf ihren Vorteil bedacht sind und aus der von ihnen erkannten Vorteilhaftigkeit einer Kooperation bereits zur Kooperation bereit sind. Auch die vorteilhafteste Kooperation *könne* es erst im Schoße der *moralischen* Einheit der *Gesellschaft* geben (siehe dazu noch unten).

Mechanische und organische Solidarität

Zwei Arten der Solidarität und zwei Arten der sozialen Kontrolle unterscheidet Durkheim: die *mechanische Solidarität* über die erlebte Ähnlichkeit der Akteure in überschaubaren und einfach strukturierten Lebenswelten und die *organische Solidarität* von Akteuren, die verschieden sind, aber über die Arbeitsteilung in einer funktionalen und auch durchaus bewußten Verbundenheit miteinander stehen.

Der mechanischen Solidarität entspricht das *repressive Recht* als Mittel der sozialen Kontrolle und externen Sanktionierung gegen eventuelle Abweichungen: die rituelle Reinigung von dem Verstoß gegen eine als geheiligt geltende Ordnung - oft verbunden mit der physischen Eliminierung des Abweichlers. Und der organischen Solidarität entspricht das *restitutive Recht* als Mittel der externen Sanktionierung und kontrollierenden Unterstützung des moralischen Bandes. Es beruht nicht auf Katharsis und Sühne, sondern auf der Wiederherstellung des status quo ante. Und es zielt auf die Re-Sozialisation, nicht auf die Eliminierung des Abweichlers.

Segmentäre und funktionale Differenzierung

Die Unterscheidungen von mechanischer und organischer Solidarität bzw. von repressivem und restitutivem Recht verweisen auf zwei unterschiedliche Typen von Gesellschaften: die einfache, *segmentär differenzierte* Gesellschaft einerseits und die komplexere *funktional differenzierte* Gesellschaft andererseits.

Der erste Typ der segmentär differenzierten Gesellschaft entspricht empirisch in etwa kleineren *Stammesgesellschaften* mit gering entwickelter Arbeitsteilung und meist auch ohne ausgeprägte soziale Ungleichheit, wie sie in der Frühzeit der Menschheitsgeschichte üblich war und heute (im Westen) kaum noch anzutreffen sind (außer in der Eifel und in der Oberpfalz). Man sagt auch, daß diese Gesellschaften funktional *diffus* organisiert seien. In den kleinen Stammesgesellschaften überlappen sich die - vertikalen wie horizontalen - Teil-Systeme und Sphären der Gesellschaft noch sehr stark. Das Handeln folgt fest institutionalisierten Rollen; die Menschen gehören meist festen Gruppenzuordnungen an. Für größere Varianzen einer personalisierten Identität ist dort nur wenig Platz. Die Einheit der Gesellschaft ist allein wegen des Mangels an Alternativen kein besonderes Problem.

Der zweite Typ der funktional differenzierten Gesellschaft findet sich empirisch in den modernen, hoch *arbeitsteilig* organisierten *Industriegesellschaften* mit ihren sehr zahlreichen und sehr unterschiedlich definierten Sphären von Bereichen funktional spezialisierter Sub-Systeme (vgl. auch Kapitel 23 und 25). In komplexen Gesellschaften fallen die Ebenen und Sphären der Gesellschaft zunehmend auseinander. Solche Gesellschaften sind funktional *spezifisch* organisiert. Die Menschen treten dort stärker als "Individuen" hervor, weil sie einander weniger ähnlich sind und jeweils in ganz besonderen "Kreuzungen socialer Kreise" - wie Georg Simmel sagt - ihre jeweils ganz eigene personale Identität finden können. Durch dieses Auseinanderfallen der Sphären und der Akteure, die in ihnen handeln, wird das Problem der Integration bzw. das der Einheit der Gesellschaft besonders deutlich spürbar. Von dem Erlebnis dieses Integrationsproblems der komplexer gewordenen Gesellschaften hat die Soziologie als Wissenschaft einen ihrer wichtigsten Impulse erhalten (vgl. Kapitel 1).

Stratifikatorische Differenzierung

Historisch ist die Evolution der menschlichen Gesellschaft von der segmentären Differenzierung der kleinen Stammesgesellschaften hin zur funktionalen Differenzierung der modernen Massengesellschaften über einen wichtigen Zwischentypus der Differenzierung verlaufen: die stark *geschichteten*, feudalistisch organisierten großen *Staatsgesellschaften* der Antike und des Mittelalters in Europa und in Asien. Hier gibt es zwar bereits eine deutliche Funktionentrennung in unterschiedliche funktionale Sphären. Diese Funktionsverteilung kovariiert aber sehr stark mit der *Machtposition* der

Sphäre, insbesondere in der Nähe zum jeweiligen staatlichen Zentrum: Politische und militärische Macht bestimmen das Geschehen hauptsächlich. Und es gibt auch eine *feste* Zuordnung der *Funktionen* und mit dem menschlichen *Personal*: In solchen feudalistisch, ständisch oder in Kasten organisierten Gesellschaften ist es nicht - oder nur schwer - möglich, die Position zu verlassen, in die man durch Geburt hineingekommen ist (vgl. auch Abschnitt 25.3 dazu). Die Arbeitsteilung ist fest über die verschiedenen *Gruppen* der Gesellschaft verteilt - und *nicht* in *Sphären* institutionalisiert, die mit im Prinzip beliebigen Personen gefüllt werden können. Ein solcher Gesellschaftstyp, bei dem zwar schon typische Funktionen ausdifferenziert sind, diese aber eine deutliche Zuordnung zur Kontroll- und Prestige-Struktur der Gesellschaft (vgl. Abschnitt 25.3) haben und jeweils von typisch voneinander unterschiedenen Kollektiven von Personen ausgeübt werden, die diesen Kollektiven im Prinzip "von Geburt" zugehören, wird auch als *stratifikatorisch differenzierte* Gesellschaft bezeichnet. Manche "multikulturelle Gesellschaft" der Gegenwart entspricht einem solchen Typus: Die Türken tun die Arbeit, die Deutschen studieren Innenarchitektur oder Soziologie.

Der "evolutionäre" Vorteil solcher stratifikatorisch differenzierter Gesellschaften ist offenkundig: Gewisse Formen der Arbeitsteilung und - insbesondere - die Bündelung von größeren Mengen an Ressourcen werden erstmals in nennenswertem Stile möglich. Nun erst gelingt es auch, einen nennenswerten surplus zu erwirtschaften (bzw. auch: zu erbeuten), der die Grundlage für ein bis dahin nicht gekanntes Maß an sozialer Ungleichheit bildet. Erst später, mit der funktionalen Differenzierung von Gesellschaften, werden die beiden typisch alteuropäischen Kovariationen der stratifikatorisch differenzierten Gesellschaften aufgehoben: Keiner der gesellschaftlichen Bereiche hat dort gegenüber einem anderen eine funktionale Vorrangstellung. Und es gibt - wenigstens de jure - keine Festlegung des Personals mehr auf bestimmte Positionen: Standes- oder Kastenzugehörigkeiten entkoppeln sich - sofern es sie überhaupt noch gibt - von den gesellschaftlichen Funktionen.[4]

---

[4] Zur Unterscheidung der drei Grundtypen von segmentärer, stratifikatorischer und funktionaler Differenzierung siehe: Niklas Luhmann, Gesellschaft, in: Niklas Luhmann, Soziologische Aufklärung, Band 1: Aufsätze zur Theorie sozialer Systeme, Opladen 1970, S. 150ff. Für einen Überblick über die Entwicklung der menschlichen Gesellschaften von den einfachen Formen der segmentären Differenzierung kleiner Stammesgesellschaften über die Entstehung stark geschichteter Staats-Gesellschaften mit stratifikatorischer Differenzierung hin zu den modernen, komplexen Industriegesellschaften mit ihrer typischen Form der funktionalen Differenzierung vgl. Gerhard Lenski, Macht und Privileg. Eine Theorie der sozialen Schichtung, Frankfurt/M. 1973; Gerhard Lenski, J. Lenski und P. Nolan, Human Societies. An Introduction to Macrosociology, New York 1978.

Der nicht-kontraktuelle Teil des Vertrages

Emile Durkheim unterschied nur die beiden Typen der segmentären und der funktionalen Differenzierung. Wichtig ist, daß Durkheim für *beide* (bzw. für im Prinzip *alle*) Typen von Gesellschaft unterschiedslos die Annahme der Ganzheit, der Integration und damit: eines "Kollektivbewußtseins" und eines übergreifenden moralischen Rahmens der Solidarität macht. Die Vorstellung von Gesellschaft als bloße unintendierte Folge interindividueller Verflechtungen ohne einen besonderen Wertekonsens ist für ihn - auch in Hinsicht auf die komplexen Gesellschaften - undenkbar.

Die Gesellschaft ist für Emile Durkheim - und für soziologische Theoretiker, die in seiner Tradition stehen, wie Talcott Parsons - letztlich daher immer auch in ihren komplexesten Varianten eine *moralische* Angelegenheit. Und sie bleibt dabei immer ein "Wesen sui generis". Die Gesellschaft ist für ihn der "Begriff" für den übergreifenden Rahmen von Solidarität und allgemeinen Verpflichtungen, ohne die sich nur Regellosigkeit - "*Anomie*", wie Durkheim sagt (vgl. dazu Abschnitt 26.1. ausführlich) - ausbreiten würde. Die Gesellschaft beruht in allen ihren Spielarten auf einer - wie Parsons es ausdrückt (vgl. Kapitel 23) - "letzten Realität" eines "telischen Systems", das über allem schwebt und alle anderen Ebenen der Gesellschaft steuert. Ein wenig vereinfachend könnte man auch so sagen: Zwischen den einfachsten Stammesgesellschaften und den komplexesten modernen Gesellschaften gibt es für Emile Durkheim in dieser Hinsicht - der Gesellschaft als einer moralischen Einheit - *keinen* grundlegenden Unterschied.

Diesen Gedanken hat Emile Durkheim insbesondere in seinem - neben dem "Selbstmord" - zweiten Hauptwerk, der "Arbeitsteilung"[5] entwickelt. Er wendet sich darin gegen die - insbesondere von Herbert Spencer vorgetragene und auch bei Adam Smith zu findende - Auffassung, daß sich arbeitsteilig differenzierte Gesellschaften allein schon wegen der von den Individuen gesehenen Nützlichkeit des wechselseitigen Tausches differenzieren und so entwickeln könnten.

Der britische Soziologe Herbert Spencer hatte versucht, die Entstehung einer arbeitsteiligen Spezialisierung allein aufgrund von Nützlichkeitserwägungen zu erklären: weil sich die Arbeitsteilung für die Akteure lohne, kommt sie auch zustande.

---

[5] Emile Durkheim, Über die Teilung der sozialen Arbeit, Frankfurt 1977 (zuerst: 1893), Kapitel 2, 3 und 7 insbesondere.

Dies hält Durkheim für ausgeschlossen: Die Verbundenheit der Menschen entstehe nicht aus den erlebten Vorteilen der Arbeitsteilung, sondern umgekehrt, die Arbeitsteilung entstehe aus der Verbundenheit der Menschen und der bereits bestehenden "moralischen Dichte" einer Gesellschaft. Spezialisierter Tausch und Verträge zwischen Individuen seien nur möglich, wenn es bereits einen verbindlichen Rahmen, einen *nicht-kontraktuellen Teil des Vertrages* - letztlich die Gesellschaft also - gibt. (Durkheim 1977, S. 296ff.)

Durkheim hat mit dieser Überlegung einen in der Tat wichtigen Punkt angesprochen, den Herbert Spencer übersehen hatte: Wenn ein organisatorischer, staatlicher oder moralischer Rahmen *nicht* vorhanden ist, dann ist es für einen Akteur *sehr* riskant, sich auf ein Produkt zu spezialisieren. Es besteht ja immer die Gefahr, daß der andere Akteur sich *nicht* spezialisiert - und damit den gutmütigen Akteur, der sich auf das Spezialisierungsgeschäft eingelassen hatte, in der Hand hat und ihm nach Belieben seine Bedingungen diktieren kann. Da alle Akteure so denken, unterbleibt die Arbeitsteilung. Erst, wenn es den "Rahmen" gibt, der vor diesem Risiko schützt, kann die Arbeitsteilung entstehen. Kurz: Die arbeitsteilige Spezialisierung ist ebenfalls ein *Kollektivgut* und unterliegt den Besonderheiten der Lösung eines Gefangenendilemmas. "Solidarität" ist eine der Möglichkeiten zur Überwindung dieses Dilemmas.

Der Hintergrund für die These von der Unumgänglichkeit eines moralischen Rahmens, eines nicht-kontraktuellen Teils aller Verträge ist offenkundig das Problem der antagonistischen Kooperation: Wenn es keine völlige Interessenübereinstimmung gibt, dann wird kooperatives Handeln auch im Rahmen zweiseitig geschlossener Absprachen risikoreich und sehr unwahrscheinlich:

"Zusammenfassend können wir sagen, daß der Vertrag sich *nicht* selbst genügt; er ist nur möglich dank einer Reglementierung des Vertrags, die *sozialen* Ursprungs ist. Er setzt diese voraus, da er viel weniger die Funktion hat, neue Regeln zu schaffen, als allgemeine, vorher festgesetzte Regeln auf Einzelfälle aufzubereiten." (Durkheim 1977, S. 255; Hervorhebungen nicht im Original)

Die Gesellschaft bildet diesen Rahmen. Gibt es diesen Rahmen, dann werden für alle vorteilhafte, eigentlich aber sehr unwahrscheinliche Kooperationen möglich.

Die Vorstellung der Unmöglichkeit einer Erklärung sozialer Ordnung allein auf der Grundlage von Nützlichkeitserwägungen der Individuen hat dann später Talcott Parsons aufgegriffen und zur Grundlage seines Struktur-Funktionalismus gemacht (vgl. dazu bereits Kapitel 23). Parsons nannte die These von der Unmöglichkeit sozialer Ordnung über das bloß zweckorientierte Handeln das *utilitarian dilemma*. Damit meint er, daß die Wünsche und die Ziele der Menschen ohne eine vorgängige Orientierung chaotisch und at random variieren müßten. Und daß schon von daher ein konsistentes, geordnetes und verläßliches soziales Handeln ganz und gar unmöglich wäre. Und daher müsse das

Handeln der Menschen immer durch eine vorgängige Ordnung orientiert werden: letztlich durch die nicht-kontraktuellen Vorgaben der Werte und Normen in einer Gesellschaft.[6]

Für Emile Durkheim stellt die Gesellschaft also den obersten, nicht wegzudenkenden Rahmen aller Orientierungen und Verträge. Dies gilt für ihn nicht nur für kleine, segmentär differenzierte Gesellschaften, sondern - erst recht - für die großen, komplexen, arbeitsteilig und funktional differenzierten Gesellschaften. Auch sie sind letztlich durch einen Rahmen einer unhintergehbaren moralischen Ordnung gesteuert: Die organische Solidarität in den funktional differenzierten Gesellschaften ist zu allererst *Solidarität*.

Man kann hier gut nachvollziehen, was Luhmann insbesondere mit dem Begriff "alteuropäisch" bezeichnete: die Vorstellung, daß sich auch die komplexen Gesellschaften nur über einen solchen moralischen, ja sakralen und damit unhintergehbaren Rahmen integrieren lassen und daß es ein solches Wesen sui generis - in Form von sozial integrierenden, geteilten Werten, einer gesellschaftlichen Gemeinschaft - auch für die Erklärung des Bestandes der komplexesten Gesellschaften geben müsse.

Die Auffassung von der Gesellschaft als Wesen sui generis ist in der Soziologie keineswegs überall geteilt worden. Und selbst die - sehr viel harmlosere und wahrscheinlich auch richtige - Idee, daß es zur Absicherung bestimmter Formen der Kooperation einen Rahmen eines auf Werten beruhenden nicht-kontraktuellen Teils der Verträge geben müsse, wird nicht in dieser Ausschließlichkeit gesehen: Ein moralisches Band ist möglicherweise nicht die einzige Form der Herstellung von sozialer Ordnung und der Lösung des Problems der antagonistischen Kooperation.

Es gibt zum Beispiel auch Märkte, die sich von ganz alleine regeln. Komplexe Gesellschaften halten sich möglicherweise auch eher über die rationalen und formalen Abläufe ihrer Verwaltung und über eine "Legitimation durch Verfahren", statt über eine organische Solidarität der Einsicht in die arbeitsteilige Verbundenheit zusammen. Und neuerdings hören wir sogar, daß ja schon jedes Chaos den Keim für eine Ordnung bilden soll.

Sollte das etwa heißen: Soziale Ordnung ist auch *ohne* entsprechende solidarische Motive der Akteure möglich? Oder gar: Konkurrenz, Komplexität und Anomie *schaffen* die soziale Ordnung - etwa auf einem Markt? Aus der Sicht Durkheims und der alteuropäischen Moral- und Konsens-Soziologie wäre dies ganz und gar unvorstellbar.

---

[6] Talcott Parsons, The Structure of Social Action. A Study in Social Theory with Special Reference to a Group of Recent European Writers, Band I: Marshall, Pareto, Durkheim, New York und London 1937, S. 344f.; vgl. dazu auch bereits den Beginn von Kapitel 23.

Soziologie, die nichts als Soziologie ist

Emile Durkheim verband mit der Doktrin von der Eigenständigkeit und von den emergenten Eigenschaften der Gesellschaft schließlich auch eine *methodologische* Vorstellung, die nicht übersehen werden darf. Er verfolgte - im Anschluß an Auguste Comte - ein naturwissenschaftliches, ein "positivistisches" Programm für die Soziologie, über das sie erst den vollen Status einer Wissenschaft erhalten sollte.

Durkheim vertrat bereits ein Programm der *erklärenden* Soziologie. Er wußte, daß dazu "Gesetze" benötigt werden. Seine Vorstellung war aber, daß die erforderlichen Gesetze der so erklärenden Soziologie *nur* auf der Ebene der Gesellschaft vorzufinden wären und daß jeder Rückgang auf die Individuen der ganz und gar falsche Weg wäre: Aus den "individuellen Psychen" lassen sich die Gesetze der *Gesellschaft* nicht ableiten. Daher arbeitete Emile Durkheim auch leidenschaftlich an der Aufdeckung der besonderen "objektiven" Gesetze, denen die Gesellschaft als eigenständige, emergente Einheit unterworfen sei. Es ging ihm dabei darum, "die Phänomene, die im ganzen entstehen, mit den charakteristischen Eigenschaften des Ganzen zu erklären."[7] Ohne diese Grundlage hätte - so Durkheim - die Soziologie als Wissenschaft keine Berechtigung:

"Man sieht (bei den Kritikern dieser Auffassung; H.E.) nicht, daß es keine Soziologie geben kann, wenn es keine Gesellschaften gibt, und daß es keine Gesellschaften gibt, wenn es nur Individuen gäbe." (Durkheim 1973, S. 21)

Anders gesagt: Das *methodologische* Programm von Emile Durkheim bestand darin, *Soziales* nur durch *Soziales* zu erklären. Und dies mit dem dafür alleine zuständigen Fach - mit der Soziologie; einer Soziologie allerdings, die *nicht* den (Um-)Weg über die verstehende Vertiefung zu den Akteuren und deren Handeln nimmt, sondern strikt auf der Makro-Ebene der Gesellschaft bleibt und *allein* dort ihre erklärenden Gesetze sucht.

Das Grundinstrument dieser Art von empirischer, makro-soziologisch orientierter Theoriebildung ist folglich die *vergleichende Gesellschaftsanalyse* (vgl. Kapitel 20). Sie ist kein bloßer Teil der Soziologie, sondern ihr *Kern*:

"Die vergleichende Soziologie ist nicht etwa nur ein besonderer Zweig der Soziologie; sie ist insoweit die Soziologie *selbst*, als sie aufhört, rein deskriptiv zu sein und danach strebt, sich über die Tatsachen Rechenschaft abzulegen." (Durkheim 1976, S. 216; Hervorhebung nicht im Original)

---

[7] Emile Durkheim, Soziologie und Philosophie, Frankfurt 1967, S. 77.

Emile Durkheim focht für eine empirische und für eine theoretisch geleitete Soziologie, jedoch für eine "Soziologie, die nichts als Soziologie ist", wie René König einmal sagte. Die Konzeption der Gesellschaft als ein eigenständiges, integriertes und eigenen Gesetzen unterworfenes Wesen war die Grundlage dieses Programms. Durkheims Erbe ist die Vorstellung gewesen, daß sich Erklärungen in der Soziologie *nur* auf der Grundlage von *eigenständigen* Strukturgesetzen durchführen ließen. Feste und allgemeine Strukturgesetze sind aber - neunzig Jahre nach Durkheim - bisher trotz aller Bemühungen der Soziologen *nicht* aufgefunden worden. Das Wesen "sui generis" der Gesellschaft wird - spätestens - in den flüchtigen Kommunikationsmilieus der komplexen Gesellschaften der Gegenwart vergeblich gesucht. Es ist auch vorher schon - bei den traditionalen Stammesgesellschaften der Anthropologen, die das Ausgangsmodell für Durkheims Konzeption der Gesellschaft bildeten - nicht leicht zu finden gewesen. Die Soziologie und ihre Erklärungen werden wohl einen anderen Weg nehmen müssen als den, der Emile Durkheim damals vorschwebte.

Kapitel 25
Die Strukturen der Gesellschaft

Die Soziologie ist in (fast) jeder Variante eigentlich nur an den *Strukturen* der Gesellschaft interessiert. Ihr geht es nicht um jede einzelne Seelenregung konkreter, lebendiger Menschen. Sie befaßt sich - wie Max Weber dies ausgedrückt hat - mit der

" ... *Chance*, daß ein seinem Sinngehalt nach in angebbarer Art aufeinander eingestelltes Handeln stattfand, stattfindet oder stattfinden wird ... Diese Chance kann eine sehr große oder eine verschwindend geringe sein."[1]

Diese, wohl von allen Soziologen geteilte, allgemeine Vorgabe hat der sog. *strukturelle Ansatz* in der Soziologie ganz besonders betont: Es geht um die Analyse von *typischen Mustern* von Eigenschaften und Verhalten von Akteuren, sozialen Beziehungen und - insbesondere - der Institutionen einer Gesellschaft, die diese Muster "strukturieren". Und erst mit dieser Orientierung an den von den konkreten Menschen abstrahierenden, vereinfachenden und typisierenden Mustern des Handelns und der sozialen Beziehungen wird die Soziologie zu einer *Sozial*-Wissenschaft:

"Every statement about behavior which aims, not to be accurate about the behavior of an actual individual or individuals or about the expected behavior of a physically and psychologically defined type of individual, but which abstracts from such behavior in order to bring out in clear relief certain expectancies with regard to those aspects of individual behavior which various people share, as an interpersonal or 'social' pattern, is a datum, however crudely expressed, of *social science*."[2]

Die Grundidee der strukturellen Soziologie ist bestechend einfach: Über die Strukturen der Gesellschaft verteilen sich die "Chancen" für das Verhalten und für die sozialen Beziehungen der Menschen systematisch. Und durch das so strukturierte Handeln werden die Strukturen der Gesellschaft immer wieder neu reproduziert - oder zerstören sich in einem dialektischen Prozeß eventuell schließlich selbst. Akteure werden so scheint es dabei - ganz

---

[1] Max Weber, Wirtschaft und Gesellschaft. Grundriss der verstehenden Soziologie, 5. Aufl., Tübingen 1972, S. 13.
[2] Robert K. Merton, Social Structure and Anomie, in: Robert K. Merton, Social Theory and Social Structure, 11. Aufl., New York und London 1967c, S. 132; Hervorhebung nicht im Original.

ähnlich wie bei Durkheims Ansatz - eigentlich nicht benötigt. Sie sind nur das Material, über das sich der Prozeß der Strukturierung der Gesellschaft von selbst fortbewegt. Nur die *strukturellen* Eigenschaften der Gesellschaft bestimmen das Geschehen - ganz und gar unabhängig davon, ob die Menschen davon wissen oder nicht.

Die strukturelle Perspektive läßt sich am deutlichsten auf zwei, ansonsten durchaus sehr unterschiedliche Klassiker der Soziologie zurückführen: auf den oben bereits ausführlich behandelten Emile Durkheim - und auf Karl Marx, obwohl dieser immer auch auf die lebendigen Menschen als die eigentlichen Träger der Gesellschaft und der Geschichte hingewiesen hat. Die Gemeinsamkeit liegt in zwei grundlegenden Annahmen über Gesellschaften und in der Art, soziale Prozesse zu erklären. Die erste Gemeinsamkeit bezieht sich darauf, daß die Gesellschaft bestimmte objektive Eigenschaften - Strukturen - besitzt, die für das Handeln der Menschen deutliche *Einschränkungen* bedeuten und die es dadurch auf eine nachhaltige Weise steuern. Die zweite Gemeinsamkeit ist die oben angeführte theoretische Hypothese, die besagt, daß sich aus den Strukturmerkmalen von Gesellschaften auch die *kollektiven Folgen*, externen Effekte und Objektivationen, unmittelbar ableiten und vorhersagen lassen: das Handeln der Menschen, das Verhältnis der Gruppen zueinander und sogar die Abfolge von Stufen des Wandels der Gesellschaften allgemein.

Die Gesetze der Gesellschaftswissenschaften können demnach nichts anderes sein als Gesetze über Strukturzusammenhänge und über den strukturierten Wandel von sozialen Strukturen. Der Umweg über die Akteure und deren Handeln wäre dann eigentlich überflüssig.

In der neueren Soziologie sind vor allem Peter M. Blau, Robert K. Merton und Stein Rokkan als Proponenten des structural approach zu nennen. Sie alle eint die Vorstellung:

"Whatever the specific orientation, the structural approach is designed to explain, not the behavior of individuals, but the *structure of relations* among groups and individuals that finds expression in this behavior".[3]

Die Idee der systematischen Wirkung von Strukturen auf die sozialen Prozesse soll in einem ersten Abschnitt am Beispiel der sog. *strukturellen Effekte* genauer dargestellt werden (Abschnitt 25.1). Damit ist eine einfache Angelegenheit gemeint: Die strukturell verteilten Gelegenheiten und sozialen Kontexte bilden den äußeren Rahmen für alle individuellen Selektionen und steuern so - etwa als Opportunitäten oder als Restriktionen - das Handeln der Menschen und die daraus folgenden kollektiven Prozesse.

---

[3] Aus dem Programm der 69. Tagung der American Sociological Association in Montreal im August 1974 mit dem Thema: "Focus on Social Structure"; abgedruckt bei: Peter M. Blau, Introduction: Parallels and Contrasts in Structural Inquiries, in: Peter M. Blau (Hrsg.), Approaches to the Study of Social Structure, New York und London 1975, S. 2; Hervorhebung nicht im Original.

Eng damit verbunden ist dann zweitens die Vorstellung, daß die Gesellschaft den weitesten denkbaren Kontext des Handelns für die Akteure bildet. In dieser Sichtweise wird es dann wichtig, die verschiedenen Dimensionen und Ebenen der "gesellschaftlichen" Strukturen zu benennen, aufeinander zu beziehen und daraus Hypothesen über das Handeln der Akteure und über die Reproduktion dieser Strukturen abzuleiten (vgl. die Abschnitte 25.2 und 25.3).

25.1 Strukturelle Effekte

Die Idee, daß die Gesellschaft ihre zwingende Macht über die strukturierte Verteilung von "Chancen" ausübt und dadurch ebenso zwingend die kollektiven Effekte erzeugt, ist wohl am deutlichsten im Konzept der von Peter M. Blau so genannten *structural effects*[4] formuliert worden.

Blau geht von einem Gedankenexperiment aus: Es werde in einer Gemeinde ein hoher Grad von autoritären Werten *und* ein starkes Ausmaß an Diskriminierung gegenüber Minderheiten festgestellt. Auf welche Weise ließe sich - so fragt Peter M. Blau - dieser Zusammenhang erklären? Ein wichtiges Problem bei dieser Frage ist zunächst, wie die kollektiven Werte in einer Gemeinde - oder einem beliebigen anderen sozialen Gebilde, einschließlich kompletter Gesellschaften - empirisch bestimmt werden können.

Eine Möglichkeit der Operationalisierung von Eigenschaften der sozialen Umgebung von Akteuren ist die folgende: Zunächst werde in verschiedenen Gemeinden bei einer Auswahl von Personen der *individuelle* Autoritarismus gemessen. Dann werde der Mittelwert - oder ein anderes Maß für die kollektive Prävalenz - des individuellen Autoritarismus für jede der verschiedenen Gemeinden berechnet. Unterschiede der Gemeinden in diesem Mittelwert spiegeln dann Unterschiede in der *kollektiven* Prävalenz von autoritativen Werten in den Gemeinden.

Dieser *kollektive* Autoritarismus ist dann aber ein Merkmal, das den Individuen nur als *Mitgliedern* der *Gemeinden* zugeschrieben werden kann. Es ist ein *objektiver* Teil ihrer sozialen Situation: Es herrscht in der Gemeinde ein mehr oder weniger autoritäres *Klima*, dem die Akteure in den jeweiligen Gemeinden gleichförmig ausgesetzt sind - ganz *unabhängig* von ihren individuellen Eigenschaften.

Im Beispiel wurden die Gemeinden also über aggregierte Merkmale der Individuen kollektiv gekennzeichnet. Dies ist eine Möglichkeit. Die Art der

---

[4] Peter M. Blau, Structural Effects, in: American Sociological Review, 25, 1960, S. 178-93.

Beziehungen zwischen der sozialen Umgebung und den individuellen Akteuren kann aber auf verschiedene Weise modelliert werden.

Dazu haben Paul F. Lazarsfeld und Herbert Menzel eine instruktive Typologie "On the Relation between Individual and Collective Properties" entwickelt[5]. Die wichtigste Unterscheidung ist dabei die zwischen globalen und konstruierten Merkmalen der sozialen Umgebung.

Bei *globalen* Merkmalen wird die soziale Umgebung vollkommen *unabhängig* von den Eigenschaften der betroffenen Individuen gekennzeichnet: Niederschlagsmengen, politische Verfassungen oder das Auftauchen eines Michail Gorbatschow gehören dazu.

Bei den *konstruierten* Merkmalen werden die Eigenschaften des sozialen Kontextes über die *Eigenschaften der Mitglieder* definiert.

Dabei werden wiederum zwei verschiedene Typen unterschieden: die sog. *analytischen* Merkmale einerseits. Dies sind Kontexteigenschaften, die aus der *Aggregation* der *individuellen Merkmale* gewonnen werden: Durchschnitte in Einstellungen (als Maß für den Grad eines Wertes) oder die Varianz von individuellen Eigenschaften (als Maß für bestimmte Toleranzen innerhalb eines bestimmten Wertemilieus zum Beispiel). Diese Art der Kennzeichnung lag oben vor.

Zweitens werden die sog. *strukturellen* Merkmale unterschieden. Diese beschreiben die Struktur von *sozialen Beziehungen* zwischen den Akteuren, die dann als kollektive Eigenschaft des Kontextes angesehen wird, wie z.B. unterschiedliche Grade der Vernetzung der Familien einer Gemeinde, von kompletter Isolation aller Familien bis hin zu einem stark ausgebauten System wechselseitiger Beziehungen.

Als kollektive Kontextvariablen können im Prinzip alle diese Merkmale in Frage kommen. Wie könnte nun aber eine Kovariation zwischen den kollektiven Eigenschaften eines sozialen Kontextes und dem individuellen Verhalten vor dem Hintergrund dieser Überlegungen erklärt werden?

Zwei unterschiedliche theoretische Erklärungen wären bei dem geschilderten Befund einer Kovariation von kollektiven Werten des Autoritarismus und dem individuellen diskriminierenden Handeln der Mitglieder einer Gemeinde möglich:

" ... first, if a community has an authoritarian subculture, discriminatory practices will prevail in it; second, if an individual has an authoritarian personality, he will tend to discriminate against minorities." (Blau 1960, S. 179)

Es handelt sich aber - wie Peter M. Blau sagt - um fundamental unterschiedliche Vorgänge: Einmal sind es "internal *psychological* processes", die das individuell motivierte Handeln bedingt haben. Und dann gehe es zweitens um "social processes *external* to individual personalities" (Ebd.): Das *Klima* der Werte und der Normen in den Gemeinden übt einen *eigenständigen*, einen *strukturellen* Einfluß auf das Verhalten der Individuen aus.

---

[5] Paul F. Lazarsfeld und Herbert Menzel, On the Relation between Individual and Collective Properties, in: Amitai Etzioni, Complex Organizations: A Sociological Reader, New York 1962, S. 422-440.

Wenn die beiden Variablen - die psychologisch-individuellen und die soziologisch-kontextuellen - gemessen sind, könnte ihr jeweiliges Gewicht statistisch geschätzt werden. Das technische Problem bei der Schätzung der Gewichte liegt in der statistischen Trennung der beiden Effekte - etwa über bedingte Kontingenztabellen oder multivariate Regressionsmodelle, in denen mindestens eine der unabhängigen Variablen sich auf den Kontext bezieht, dem die individuellen Akteure angehören.

Zur Analyse dieser Effekte, insbesondere zur Trennung der Wirkungen der verschiedenen Ebenen wurde die sog. *Mehr-Ebenen-Analyse* oder *Kontextanalyse* entwickelt. Es handelt sich um eine spezielle Variante der multivariaten Analyse[6]. Im einfachsten Fall - und bei Fehlen von statistischen Interaktionen zwischen den individuellen und den kontextuellen Variablen - lautet das Regressionsmodell zur Erklärung eines individuellen Verhaltens y(ij) einer Person i im Kontext j so:

$$y(ij) = a + b1 \cdot x(ij) + b2 \cdot x(j) + e(ij),$$

wobei x(ij) die unabhängige individuelle Variable, x(j) die unabhängige kontextuelle Variable und e(ij) ein Fehlerterm ist. Nun müssen nur noch Daten auf den beiden Ebenen gesammelt bzw. aggregiert und die Koeffizienten a, b1 und b2 geschätzt werden.

Peter M. Blau demonstriert die unabhängige Wirkung von sozialen Umgebungen auf die Orientierungen und auf die Handlungen der Akteure an verschiedenen Beispielen und Typen von Effekten. Eines dieser Beispiele ist das Verhalten von Sozialarbeitern in einer Sozialhilfebehörde, die aus verschiedenen Unterabteilungen mit einem jeweils eigenen Klientenklima bestand.

Die Aufgabenfülle der Sozialarbeiter war in dem untersuchten Fall so umfangreich, daß sie sich für entweder eine mehr administrative oder für eine mehr helfende und beratende Rolle entscheiden mußten - beispielsweise eher die *Beratung* oder eher das *checking* der Klienten auf die Fortsetzung der Unterstützungsleistungen hin. Anders gesagt: Die Sozialarbeiter unterlagen einem Intra-Rollenkonflikt und standen vor der Entscheidung einer Gewichtung der beiden Rollensegmente. Es wurde nun in verschiedenen Dimensionen gemessen, für welchen Schwerpunkt der Lösung des Rollenkonflikts sich der einzelne Sozialarbeiter entschied. Dieses Verhalten war die zu erklärende Variable.
Die Behörde bestand aus verschiedenen Unterabteilungen und Arbeitsgruppen. Um das "Klima" in diesen Unterabteilungen und Arbeitsgruppen zu bestimmen, wurde die "orientation to clients" eines jeden Sozialarbeiters gemessen; und zwar über die Frage, ob er eine Erhöhung der Hilfesätze für erforderlich halte oder nicht. Das Klientenklima in den Unterabteilungen und in den Arbeitsgruppen wurde operational so definiert: Ein "positives Klima" wurde angenommen, wenn mindestens die Hälfte der Sozialarbeiter einer Gruppe die Erhöhung der Hilfesätze befürwortete, ein "negatives Klima", wenn das nicht der Fall war. Untersucht wurde dann eine Reihe von Verhaltensweisen gegenüber den

---

[6] Vgl. als gut nachvollziehbare Einführungen: Lawrence H. Boyd, Jr., und Gudmund R. Iversen, Contextual Analysis: Concepts and Statistical Techniques, Belmont, Cal. 1979; Gudmund R. Iversen, Contextual Analysis, Newbury Park-London-Neu Delhi 1991.

Klienten in Abhängigkeit von sowohl den individuellen Einstellungen der Sozialarbeiter wie dem jeweiligen Klientenklima in den Unterabteilungen und Arbeitsgruppen.

Wir führen von den Ergebnissen bei Peter M. Blau die nach diesem Klima unterschiedlichen Neigungen der Sozialarbeiter auf, ihre Klienten eher zu kontrollieren oder sie eher zu unterstützen. Neben der Frage nach der Neigung zum checking wurde dabei auch die Häufigkeit von Kontrollbesuchen bei den Klienten ermittelt. Die Ergebnisse zu diesen beiden Fragen sind in Tabelle 25.1 aufgeführt. (Blau 1960, S. 181)

Tabelle 25.1: Strukturelle Effekte auf das Verhalten von Sozialarbeitern

	Gruppenklima			
	positiv		negativ	
	individuelle Orientierung		individuelle Orientierung	
	positiv	negativ	positiv	negativ
checking	60	44	44	27
Häufigkeit von Kontrollen hoch	59	50	44	31

Deutlich ist zu erkennen, was mit einem strukturellen Effekt gemeint ist: Je nach Zugehörigkeit zu einer Abteilung mit einem bestimmten Klima verhalten sich die Personen auch *gleicher* individueller Handlungsdispositionen typisch *unterschiedlich*. Dabei bleiben die individuellen Neigungen innerhalb der jeweiligen Kontexte weiter wirksam; es gibt also strukturelle *und* individuelle Effekte auf das Verhalten der Sozialarbeiter.

Beispielsweise: 60% der positiv gestimmten Sozialarbeiter in den Gruppen mit dem klientenfreundlichen Klima entscheiden sich für die Beratung, aber nur 44% der *ebenfalls* individuell positiv gestimmten Sozialarbeiter in den Gruppen mit dem klientenfeindlichen Klima. In beiden Abteilungen gibt es aber gleichzeitig einen deutlichen Unterschied zwischen den Sozialarbeitern je nach ihrer individuellen Klienteneinstellung.

Für gleiche individuelle Dispositionen wirkt sich das soziale Milieu also deutlich strukturierend aus. Diese von den individuellen psychologischen Dispositionen, Neigungen und Bereitschaften unabhängigen Wirkungen der sozialen Umgebung nennt Peter M. Blau "strukturelle Effekte".

Solche strukturellen Effekte bzw. Kontextwirkungen sind für Schulklassen (bezogen auf die individuelle Leistung in Abhängigkeit des Klassenniveaus), für Stimmbezirke (bezogen auf das Wahlverhalten in Abhängigkeit der sozialen Komposition der Stimmbezirke etwa in Form des Arbeiteranteils) und für Wohnnachbarschaften (in bezug auf die Assimilation von Minderheiten in Abhängigkeit der ethnischen Konzentration im Quartier) nachgewiesen worden.

An dem Beispiel der strukturellen Effekte wird die Grundidee der Struktur-Soziologie gut nachvollziehbar: Strukturen erzeugen über das "strukturell" determinierte Handeln von Personen und *unabhängig* von den individuellen Dispositionen neue bzw. andere Strukturen: das von der sozialen Umgebung unabhängig von den individuellen Neigungen erzeugte Handeln der Individuen.

Warum sollte das aber so sein? Im Hintergrund steht offenbar die Vorstellung, daß die soziale Struktur eines "Klimas" - als mehr oder weniger zwingender soziologischer Tatbestand - die Handlungsmöglichkeiten der Akteure einschränkt bzw. steuert: Wer als Sozialarbeiter in einer Gruppe arbeitet, in der klientenfreundliche Kollegen in der Mehrheit sind, tut sich mit bloßem checking schwerer, als wenn er in einer Gruppe ist, die ein unfreundlicheres Klima aufweist - ganz unabhängig davon, wie die private Einstellung ist.

Der Nachweis von starken strukturellen Effekten ist daher ein starkes Argument für eine strukturtheoretische Soziologie "ohne" Akteure. Sie kommt ganz ohne die Annahme der Gesellschaft als Wesen sui generis aus - und kann gleichwohl deren zwingende Kraft verständlich machen. Sie ist auch ein gutes Argument gegen die bloß beschreibende, historische Analyse, die die Launen großer Männer als die bewegende Kraft der Geschichte annimmt. Und erst recht ist sie geeignet, jeden psychologistischen Individualismus ad absurdum zu führen, der die Annahme macht, daß die Gesellschaft die pure Folge des ganz souveränen Handelns von isolierten homines clausi sei.

Die strukturelle Orientierung ist eigentlich immer *die* Grundlage der Soziologie aller Schattierungen gewesen - die Idee nämlich, daß die Menschen an sozialen Situationen orientiert handeln und daß die externen Effekte dieses Handelns der Menschen für die folgenden Situationen deutliche Strukturierungen von Opportunitäten und Restriktionen schaffen und somit den weiteren Pfad der Entwicklung nachhaltig beeinflussen. Woraus bestehen aber die Strukturen der Gesellschaft?

25.2 Die strukturellen Ebenen der Gesellschaft

Allgemein werden mit dem Begriff der gesellschaftlichen Struktur vier Eigenschaften verbunden.

Erstens die Steuerung sozialer Prozesse - ganz allgemein - durch die selektive Bereitstellung bzw. durch den selektiven Ausschluß von *Möglichkeiten* bzw. von *Opportunitäten*. Zweitens das faktische Vorhandensein von *Regelmäßigkeit* und *Ordnung* bei sozialen Prozessen. Drittens die zeitliche *Dauerhaftigkeit* von Vorgängen. Und viertens der Grad der *institutionellen Verbindlichkeit* von Regelungen.

"Struktur" bedeutet damit zunächst also eine *Strukturierung* durch die Einschränkung von Wahlmöglichkeiten über *Restriktionen* und durch die Bereitstellung von *Opportunitäten* - welcher Art auch immer: materieller oder sozialer Art. Gesellschaftliche Strukturen bilden die Gelegenheiten für soziale Prozesse.

Der Aspekt der *Regelmäßigkeit* betont die - wie auch immer erklärbare - Abwesenheit von Chaos, von Entropie und von Zufall und das Vorhandensein von systematischen Unterschieden, strukturierten Verteilungen von Merkmalen, von Differenzierungen, von strukturierten Beziehungen zwischen Menschen und Kollektiven. Allgemein: das Vorhandensein von sozialer Ordnung.

Die *Dauerhaftigkeit* von (beliebigen) Zuständen wird oft auch als Merkmal einer Struktur angesehen. Es muß sich um regelmäßig sich wiederholende oder - wenigstens - um strukturiert sich ändernde Vorgänge handeln, wobei das zeitlich strukturierte Auftreten von Unordnung und Entstrukturierung selbst eine Struktur darstellen würde. Eine zeitlich stabile Ordnung bedeutet ihrerseits das Vorhandensein von Restriktionen und Opportunitäten für die Selektionen aller nachfolgenden Prozesse.

Für Gesellschaften wird der Aspekt der sozialen Restriktionen und Opportunitäten insbesondere bedeutsam: die *Institutionalisierung* von sozialen Regelungen. Hierdurch gewinnen soziale Regelmäßigkeiten und sozial strukturierte Ordnungen eine (gewisse) Unabhängigkeit von anderen Arten von Restriktionen, insbesondere von solchen materieller Natur.

Ein immer wiederkehrendes Thema der Soziologie ist die "Dialektik" der Beziehung zwischen den natürlichen, über materielle Knappheiten wirksamen Restriktionen einerseits und der über gesellschaftliche Konstruktionen, über Institutionen und kulturelle Vorgaben - Werte und Symbolstrukturen also - ablaufenden Strukturierung sozialer Prozesse andererseits (vgl. dazu noch Abschnitt 25.3 sowie die Kapitel 29 und 30).

In grober Anlehnung an die oben angesprochene Differenzierung von eher materiellen und eher sozialen bzw. kulturellen Restriktionen bzw. Opportunitäten lassen sich in einer Unterscheidung, die auf einen Vorschlag des Kulturanthropologen Marvin Harris in Anlehnung an Karl Marx zurückgeht, *drei* verschiedene Ebenen der Struktur von Gesellschaften unterscheiden: die Infra-Struktur, die Struktur und die Super-Struktur der Gesellschaft[7]. Die "Struktur" der Gesellschaft unterteilen wir dann noch in *zwei* Unterdimensionen: Die soziale Struktur der Verteilung von Merkmalen und der sozialen Beziehungen und die institutionelle Struktur, die insbesondere die

---

[7] Marvin Harris, Kulturanthropologie. Ein Lehrbuch, Frankfurt/M. und New York 1989, S. 29.

Art der sozialen Differenzierung und das System der sozialen Ungleichheit einer Gesellschaft bestimmt.

25.2.1 Die Infra-Struktur der Gesellschaft

Als *Infra-Struktur* einer Gesellschaft soll die jeweils gegebene materielle Grundlage der (biologischen) Reproduktion und der Bereitstellung der Mittel zur Lösung der Alltagsprobleme einer Bevölkerung - der materiellen Produktion - bezeichnet werden.

Dazu zählt insbesondere das Wissen über *technische Möglichkeiten* der Produktion der Mittel, die für die Reproduktion benötigt werden. Zur materiellen Infra-Struktur gehören weiter die Verfügung über Ergebnisse *voraufgegangener Investitionen*, wie gerodetes Land, Kapital, Bildungseinrichtungen, Verkehrswege, Kommunikationsnetze usw., ebenso wie die besonderen Bedingungen der *ökologischen Gegebenheiten*, also klimatische, geographische und bio-ökologische Bedingungen. Und - so haben wir in Teil E gesehen - es gehört die *Bevölkerung* der Gesellschaft, deren Fähigkeiten und Talente, das *Humankapital* also, auch ganz ohne Zweifel zur Infra-Struktur einer Gesellschaft.

Die Infra-Struktur bildet so die materielle Basis aller, sich darüber "erhebenden" sozialen Prozesse. Warum sollte aber die Infra-Struktur für eine Gesellschaft wichtig sein? Die Antwort ist nicht schwer: Die Gesamtheit dieser Bedingungen eröffnet oder beschränkt bestimmte "Chancen" zur "gesellschaftlichen" Organisation von Reproduktion und Produktion. Dies geschieht allein schon durch den jeweils unterschiedlichen Grad an materiellem (Energie-)Aufwand zur Realisierung von bestimmten Lösungen.

Es macht beispielsweise schon einen wichtigen Unterschied, ob das Feuer, das Rad, das Metall, die Handmühle, die Dampfmühle, der Elektromotor, das Telefon, der ICE und die mail box erfunden sind und zur Verfügung stehen - oder nicht. Nur innerhalb des feasible set dieses Möglichkeitsraumes werden die sozialen und die institutionellen Strukturen selegierbar, die die jeweilige Grundlage der gesellschaftlichen Kooperation und damit jeder Produktion und Reproduktion bilden: Jagen, Sammeln und Urkommunismus; staatliche Verwaltung, größere Heere und autokratische Herrschaft; industrielle Produktion und bürokratisch-rationale Verwaltung, Kooperation und Kommunikation über größere Entfernungen und demokratische Verfassungen - zum Beispiel (siehe auch Abschnitt 25.3 und Kapitel 29).

Die Infra-Struktur bestimmt damit - in einem weiten Sinne - das Verhältnis der *Knappheiten* unterschiedlicher, denkbarer Formen der gesellschaftlichen Organisation von biologischer Reproduktion und materieller Produktion als den beiden Grunderfordernissen, auch der menschlichen Existenz. Sie ist - in einem Ausdruck von Karl Marx - die "irdische Basis" aller sozialen Beziehungen, Institutionen und symbolischen Legitimationen in einer Gesellschaft (siehe dazu bereits Kapitel 8 bis 10, sowie noch ausführlicher im Gesamtzusammenhang aller strukturellen Ebenen der Gesellschaft Abschnitt 25.3).

25.2.2 Soziale Strukturen

Reproduktion und Produktion als Grundlage des alltäglichen Lebens erfordern - das war schon mehrfach betont worden - *immer* eine soziale Organisation: kooperatives Jagen, Sammeln, Ackerbau, die Organisation großer Verwaltungen und militärischer Unternehmungen, ganz zu schweigen von der arbeitsteiligen industriellen Produktion, sind immer nur "in Gesellschaft" möglich. Die *Struktur* der Gesellschaft besteht dann aus der Gesamtheit der regelmäßigen und dauerhaften sozialen Prozesse und Gebilde, die sich auf der Basis der Infra-Struktur bei der Bewältigung der anfallenden Probleme zu Produktion und Reproduktion herausbilden.

Dabei seien zwei Dimensionen unterschieden: die *faktisch* bestehenden Verteilungen bestimmter Merkmale, Interdependenzen und Beziehungsmuster über die Population einer Bevölkerung hinweg und die institutionellen *Regelungen* dieser Verteilungen, Interdependenzen und Beziehungen. Den ersten Aspekt bezeichnen wir allgemein als die *soziale* Struktur der Gesellschaft, den zweiten als die *institutionelle* Struktur. In diesem Abschnitt 25.2.2 geht es erst um die sozialen, in Abschnitt 25.2.3 um die institutionellen Strukturen.

Verteilungsstrukturen

Die Eigenschaften von Akteuren und sozialen Gebilden lassen sich in einer groben Einteilung als absolute und als relationale Eigenschaften unterteilen.

Absolute Eigenschaften sind solche, die den Einheiten als *isolierte* Einheiten zugeschrieben werden können: Augenfarbe und Schuhgröße bei Personen, die numerische Größe einer Gruppe oder die Rechtsform einer Organisation zum Beispiel. *Relationale* Eigenschaften sind *Beziehungen* zwischen den Einheiten. Bei den Beziehungen gibt es *latente* Beziehungen der Verteilung von Interesse und Kontrolle in bezug auf die für Produktion und Reproduktion wichtigen Ressourcen; diese bilden die Interdependenzstrukturen einer Gesellschaft (vgl. bereits Kapitel 21). Und es gibt Muster von *aktuellen* und *inhaltlich* definierten sozialen Beziehungen - wie Kommunikation, Vertrauen, Herrschaft, Freundschaft oder Handelsverkehr.

Der Begriff der *Verteilungsstruktur* bezieht sich auf die Verteilung der *absoluten* Merkmale der Einheiten einer Gesellschaft - seien es Akteure oder soziale Gebilde und Institutionen. Als sozial bedeutsame absolute Eigenschaften der Akteure kann man vor allem die demographischen Merkmale wie

Geschlecht, Generation und Alter, sozio-ökonomische Eigenschaften wie Beruf, Einkommen oder Bildung, kulturelle Zugehörigkeiten wie Religion, ethnische Zugehörigkeit oder Lebensstil, räumliche Zuordnungen wie Stadt- oder Landbewohner oder andere regionale Verortungen usw. annehmen.

Die Verteilungsstruktur der absoluten Merkmale der Einheiten einer Gesellschaft kann sich dann auf die Verteilung der Häufigkeiten in bestimmten Kollektiven, auf die Varianz der Verteilung, auf die Gestalt der Verteilung, auf die Anzahl der unterschiedlichen Eigenschaften, auf die Komplexität der sozialen Struktur (d.h. auf die Vielfalt der unterschiedlichen Eigenschaften), auf das Ausmaß der Überschneidung der Verteilung verschiedener Eigenschaften u.a. beziehen. Die beiden verschiedenen Alterspyramiden der Altersstruktur der deutschen Bevölkerung im Jahre 1910 und 1987 in Abbildung 17.3 in Abschnitt 17.2 beschreiben einen Aspekt einer solchen Verteilungsstruktur zweier Gesellschaften.

Immer wird in der Konzeption der Gesellschaft als Verteilungsstruktur davon ausgegangen, daß das Muster der Verteilung der Eigenschaften der Personen und Kollektive einer Gesellschaft die Spielräume bzw. die Restriktionen für bestimmte soziale Prozesse in typischer Weise steuert. Und daß man daher aus der Kenntnis von Eigenschaften der Verteilungsstruktur - schon unabhängig von den Inhalten der Eigenschaften - Aussagen über das Verhalten der Einheiten und damit über den Zustand und über Entwicklungsrichtungen des Gesamtsystems machen kann.

Ein besonders deutliches Beispiel für diesen Grundgedanken des strukturellen Ansatzes wären "reine" Größeneffekte: Allein schon die mengenmäßige Verteilung, etwa von Akteuren unterschiedlicher ethnischer Zugehörigkeit, bestimmt - ganz unabhängig auch von einem eventuellen kulturellen "Klima" - darüber, wie diese Akteure sich verhalten; beispielsweise: welche Art von interethnischen Beziehungen sich entwickelt und welche besondere soziale Struktur die entsprechende Gesellschaft annimmt.

Den Gedanken, daß allein die zahlenmäßige Zusammensetzung und Verteilung von Gruppen die Gestalt der Intergruppenbeziehungen in einer Gesellschaft bestimme, hat der eben bereits erwähnte Peter M. Blau insbesondere auch betont[8]. Die Grundüberlegung ist leicht einzusehen: Angehörige extrem kleiner ethnischer Minderheiten "müssen" interethnische Beziehungen aufnehmen, da die Gelegenheiten für intraethnische Beziehungen aus *strukturellen* Gründen zu gering sind und weil diese Beziehungen daher nur unter unverhältnismäßig hohem Aufwand unterhalten werden könnten. Wenn die Minderheiten jedoch eine gewisse numerische Größe erreichen, werden intraethnische Kontakte schon *strukturell* leichter möglich. Und solche Beziehungen werden - schon

---

[8] Vgl. Peter M. Blau, Presidential Address: Parameters of Social Structure, in: American Sociological Review, 39, 1974, S. 615-635; Peter M. Blau, Inequality and Heterogeneity. A Primitive Theory of Social Structure, New York und London 1977, Kapitel 2: "Size and Number", S. 19-44.

wegen der normalerweise bestehenden Neigung, eher mit Landsleuten Kontakte zu pflegen - sogar mit einiger Sicherheit eintreten.

Die Folge: Es entstehen - wie Blau meint: allein aufgrund des Strukturmerkmals der Gruppengröße - aus den Strukturen der Größenverhältnisse neue Strukturen: eng vernetzte und nach außen hin abgeschlossene ethnische Gruppen. Ein Ergebnis der solcherart strukturell orientierten soziologischen Analyse wäre damit die Hypothese, wonach die Größenverteilung von ethnischen Gruppen das Ausmaß der interethnischen Abschließungen bestimmt: Bei wenigen großen Gruppen treten - im Vergleich zur Existenz vieler kleiner Gruppen - mit hoher Wahrscheinlichkeit ethnische Segmentationen und eine multikulturelle Gesellschaft voneinander isolierter Gruppen auf, während sich die Angehörigen (sehr) kleiner Minderheiten mit hoher Wahrscheinlichkeit in die Aufnahmegesellschaft assimilieren werden.

Die Hypothese von den reinen Größeneffekten ist so unplausibel also nicht. In empirischen Untersuchungen zur Eingliederung ausländischer Familien in die Gesellschaft der (alten) Bundesrepublik Deutschland ist immer wieder gefunden worden, daß sich türkische Arbeitsmigranten wesentlich langsamer assimilieren als (etwa) jugoslawische Arbeitsmigranten. Wir haben eines dieser Ergebnisse (für das Ausmaß interethnischer Freundschaften in Tabelle 25.2)[9] aufgeführt:

Tabelle 25.2: Interethnische Freundschaften bei türkischen und jugoslawischen Arbeitsmigranten der ersten und der zweiten Generation

		Mittelwerte	eta (Generation)	eta (Nationalität)	n
Türken	1. Generation	1.32		0.22	346
	2. Generation	1.55	0.14		394
Jugoslawen	1. Generation	1.72			378
	2. Generation	2.64	0.37	0.46	389

Folgt man der Argumentation von Peter M. Blau, dann könnte die deutlich raschere Eingliederung der Jugoslawen ein reiner Größeneffekt sein: Es gab in der (alten) Bundesrepublik Deutschland etwa 1.5 Mio Türken und nur etwa 250.000 Jugoslawen.

---

[9] Tabelle 1 bei: Hartmut Esser, Die Integration der Zweiten Generation: Zur Erklärung kultureller Differenzen, in: Zeitschrift für Soziologie, 18, 1989, S. 427.

Das hieße: Die Jugoslawen "mußten" interethnische Freundschaften aufnehmen, falls sie soziale Kontakte anstrebten. Und Türken konnten zu dem gleichen Zweck - aus Gründen der schieren Verfügbarkeit von Landsleuten - auch in einer erreichbaren Umgebung unter sich bleiben.

An dem Beispiel kann - unabhängig von anderen Erklärungen für die Segmentation der Türken und die Assimilation der Jugoslawen - die Grundphilosophie der strukturellen Soziologie gut nachvollzogen werden: Strukturen - als Verteilung individueller Merkmale - erzeugen über das strukturell determinierte Handeln von Personen neue, typisch unterschiedliche Strukturen. Die kulturelle Heterogenität einer Gesellschaft entsteht allein als Folge des strukturellen Merkmals "Gruppengröße".

Interdependenzstrukturen

Die Interdependenzstruktur einer Gesellschaft wird von dem Muster der sozialen Interdependenzen gebildet (vgl. Kapitel 21 ausführlich): Die Verteilung der *Interessen* und der *Kontrolle* über die Ressourcen für Produktion und Reproduktion. Die Interdependenzstruktur kann so gesehen als ein Spezialfall der Verteilungsstruktur aufgefaßt werden: Gibt es typische Kollektive von Akteuren mit typisch verschiedenen Interessen und mit typischen Unterschieden in der Kontrolle an den interessanten Ressourcen? Solche typisch unterschiedlichen Kollektive werden auch *soziale Klassen* genannt (vgl. Abschnitt 25.2.3 dazu). Diese Verteilung erzeugt dann typische Linien von Konflikt, Macht und Abhängigkeit: die sog *cleavage*-Strukturen. Ob die Kollektive bzw. die sozialen Klassen darüberhinaus auch "inter"-dependent und damit: aufeinander "angewiesen" sind, hängt von der *empirischen* Verteilung der Interessen und Kontrollen ab: Es muß wechselseitige Verschränkungen derart geben, daß nicht ein Kollektiv alles das kontrolliert, was das andere Kollektiv interessiert. Ein gewisses Mindestmaß an Interdependenz gibt es allerdings wohl in *jeder* Gesellschaft. Da die Verteilung sowohl der Interessen wie der Kontrollen in *erster* Linie eine Frage der *institutionellen* Definition ist, werden weitere Einzelheiten dazu im Abschnitt über die institutionellen Strukturen behandelt.

Beziehungsstrukturen

Die *Beziehungsstruktur* einer Gesellschaft wird aus den besonderen Mustern der *relationalen* Eigenschaften der Einheiten der Gesellschaft gebildet.

Gelegentlich wird schon alleine die Beziehungsstruktur als die *Sozialstruktur* einer Gesellschaft bezeichnet:

"Eine Sozialstruktur wird repräsentiert durch die *Beziehungen* zwischen sozialen Einheiten wie Personen, Positionen, Gruppen, Organisationen usw."[10]

An einem einfachen Beispiel sei gezeigt, was gemeint ist (Abbildung 25.1). Die "Gesellschaft" bestehe aus sechs Einheiten (a bis f). Diese Einheiten seien auf eine ganz charakteristische Weise miteinander verbunden. Die Beziehungen können nun beliebiger Art sein: Verpflichtungen, Geschäftsbeziehungen oder auch nur: gegenseitige Kenntnisnahme. Wir wollen der Einfachheit halber von Kommunikationsbeziehungen ausgehen.

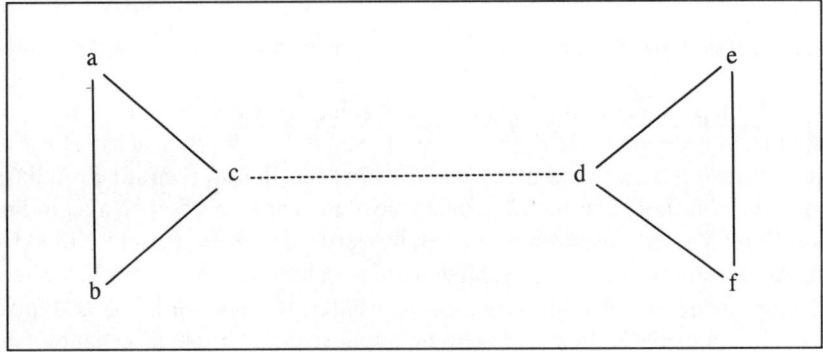

Abb. 25.1: Beispiel für eine Beziehungs-Struktur

Die Grundstruktur des Musters ist leicht zu sehen: Jeweils drei Einheiten bilden eine *Clique* im Sinne von Zonen intensiverer, dichter Beziehungen, verglichen mit anderen Zonen des gesamten Musters. Und zwischen den beiden Cliquen gibt es eine Verbindung, die durch einen besonderen Typ von Akteur hergestellt wird: einen *Vermittler*, der zwar selbst Mitglied in einer Clique ist, aber gleichzeitig mit jemandem kommuniziert, der der anderen Clique zugehört.

Eine solche Verbindung zwischen Zonen der sozialen Verdichtung, an denen nicht mehr alle Akteure beteiligt sind, wird, einem Ausdruck von Mark

---

[10] Franz Urban Pappi, Die Netzwerkanalyse aus soziologischer Perspektive, in: Franz Urban Pappi (Hrsg.), Methoden der Netzwerkanalyse, Techniken der empirischen Sozialforschung, Band 1, hrsgg. von Jürgen van Koolwijk und Maria Wieken-Mayser, München 1987, S. 11.

Granovetter folgend, als *weak tie* bezeichnet[11]. Und entsprechend heißen dichte Cluster von Beziehungen, in die *alle* Einheiten einbezogen sind, *strong ties*. An dem Muster wird erkennbar, daß es Akteure gibt, die zwar unterschiedlichen Cliquen angehören, aber sich gleichzeitig darin ähnlich sind, in welcher Art der sozialen Einbindung sie sich befinden. Die Akteure c und d sind beides *liaison*-Personen mit Außenbeziehungen, während die vier anderen Akteure a, b, e und f nur Beziehungen nach innen haben und sich in ihren sozialen Beziehungen auf die strong ties der Clique beschränken.

Für solche Ähnlichkeiten von Einheiten, die sich alleine aus der Struktur ihrer Beziehungen ergeben, hat sich der Ausdruck der *strukturellen Äquivalenz* eingebürgert. Darunter wird die Gleichheit von Einheiten in bezug auf ihr Beziehungs*muster* zu den anderen Einheiten des Gesamtnetzes verstanden. Dazu sei das Beziehungsmuster in Abbildung 25.2 betrachtet (vgl. Abbildung 1 bei Pappi 1987, S. 40).

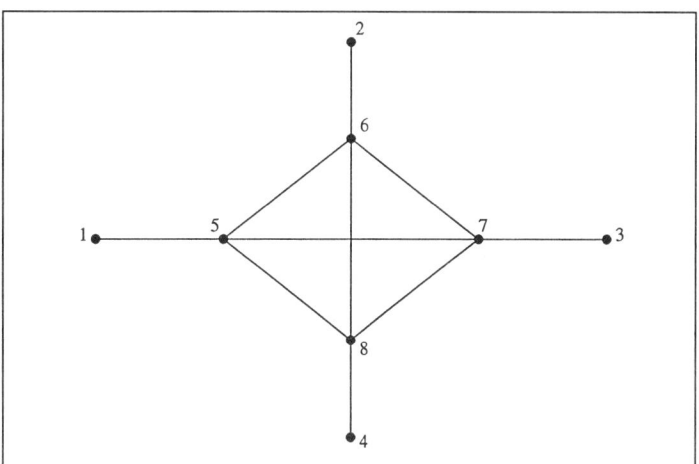

Abb. 25.2: Ein Beispiel für das Konzept der strukturellen Äquivalenz

In dem Beispiel lassen sich zwei verschiedene Typen einer solchen strukturellen Äquivalenz feststellen: einerseits die vier Einheiten im Innern des Gesamtnetzes. Diese sind jeweils direkt nach außen mit je einer anderen Einheit verbunden. Intern bilden sie dagegen eine stark verdichtete Clique. Andererseits gibt es die vier peripheren Einheiten, die direkt nur mit jeweils einem Mitglied der inneren Clique verbunden sind. Obwohl

---

[11] Mark Granovetter, The Strength of Weak Ties, in: American Journal of Sociology, 78, 1973, S. 1360-1380.

sich die einzelnen Einheiten an ganz verschiedenen Stellen des Systems aufhalten, sind sie in jeweils einer typischen Hinsicht äquivalent: in der Struktur ihrer Beziehungen zu anderen Einheiten. Die Einheiten 1 bis 4 bilden somit eine Äquivalenzklasse - die der Peripheren - und die Einheiten 5 bis 8 eine andere Äquivalenzklasse - die des inner circle eines Zentrums.

Die Hypothese lautet dann: Alleine aus der formalen Struktur der strukturellen Ähnlichkeit der Akteure, aus der *formalen* Art der Einbettung der Einheiten, aus der strukturellen Äquivalenz also, lassen sich Aussagen über deren Verhalten und damit Aussagen über die Entwicklung des gesamten Beziehungssystems formulieren - auch unabhängig von inhaltlichen Dimensionen dieser Einbettung und von den individuellen Eigenschaften der jeweiligen Einheiten. Georg Simmel muß diese Idee bei seinem Konzept der Soziologie als der Wissenschaft von den *formalen* Eigenschaften sozialer Beziehungen, im Sinn gehabt haben.

Die geschilderten Grundüberlegungen zum Aspekt der strukturellen Bedeutung von Beziehungsmustern sind insbesondere in der sog. *Netzwerkanalyse* vorangetrieben worden. Dieser Ansatz ist aus der Vorstellung entstanden, daß Gesellschaften sich in erster Linie über die Strukturen von *Beziehungen*, über *formale* Strukturen der *Muster* von Beziehungen also, konstituieren.

Erste Überlegungen dieser Art stammen aus der Kulturanthropologie und aus der Stadtsoziologie[12]. Heute ist die Netzwerkanalyse eine recht weit ausgebaute Technik zur formalen Analyse solcher Beziehungsmuster. Spezielle Fragestellungen der Netzwerkanalyse sind die *Beschreibung* von solchen Beziehungsstrukturen, etwa mit der Identifikation von indirekten Beziehungen, von Cliquen, von Einheiten der gleichen Struktur der Einbettung in Beziehungen u.a. Dann geht es um die Ausarbeitung von *Modellen der Strukturentwicklung*, bei denen, ausgehend von einfachen Annahmen über das Streben nach Balance von Beziehungen bei den Akteuren, Folgerungen für das Entstehen von Gruppenstrukturen abgeleitet werden. Und schließlich befaßt sich die Netzwerkforschung mit der Untersuchung der *Beeinflussung des individuellen Handelns* durch die Einbindung der Akteure in bestimmte Netzwerkstrukturen.

Die Hypothese von der das Handeln prägenden Kraft der Beziehungsstrukturen ist ebenfalls keineswegs unplausibel. Beispielsweise kann man davon

---

[12] Vgl. Alfred R. Radcliffe-Brown, On Social Structure, in: Samuel Leinhardt (Hrsg.), Social Networks, New York 1977, S. 221-232; Clyde J. Mitchell (Hrsg.), Social Networks in Urban Situations: An Analysis of Personal Relationships in Central African Towns, Manchester 1969. Einen Überblick über die verschiedenen Konzepte und Methoden der Netzwerkanalyse (als "Technik" der Analyse von Beziehungsstrukturen) findet man bei Pappi 1987 sowie in knapper Form bei David Knoke und James H. Kuklinski, Network Analysis, Beverly Hills und London 1982. Wichtig sind in diesem Zusammenhang vor allem die Arbeiten von Robert S. Burt; vgl. insbesondere: Robert S. Burt, Toward a Structural Theory of Action. Network Models of Social Structure, Perception and Action, New York 1982.

ausgehen, daß sich Informationen - Gerüchte, Wissen über technische Neuerungen, Kenntnisse über abweichendes Verhalten einzelner Mitglieder beispielsweise - innerhalb der verdichteten Cliquen rasch verbreiten und daher zu einem ausgeprägten Milieu der wechselseitigen, intimen Kenntnisse führen. Solche Gerüchte dürften die peripheren Akteure - ganz gleichgültig wie leichtgläubig sie jeweils individuell sind - sehr viel weniger berühren: Sie werden von ihnen später erreicht und vor allem: Sie können nicht bei einer dritten Person nachfragen, ob denn wirklich etwas daran sei an dem Gerücht.

In bezug auf die strukturelle Bedeutung der weak ties hat Mark Granovetter dann einen interessanten und sehr wichtigen makro-soziologischen Gedanken geäußert. Einerseits ist die Integration in den Cliquen hoch verdichteter Lebenswelten sicher sehr hoch. Es gibt auch Hinweise darauf, daß die seelische Gesundheit von Menschen stark davon abhängt, ob sie in solche Systeme von strong ties eingebunden sind. Was geschähe aber andererseits in der "Gesamt"-Gesellschaft, wenn es nur solche dichten Cliquen kleiner, abgeschlossener Lebenswelten gäbe?

Es wird sofort klar, daß schon aus technischen Gründen eng vernetzte Systeme von strong ties nicht sehr groß sein können: Bei einer Gruppengröße von n Personen gibt es n·(n-1)/2 mögliche Beziehungen. Und da strong ties gerade darauf beruhen, daß jeder mit jedem kommuniziert, müssen auch alle diese Beziehungen unterhalten werden. Bei 15 Personen wären dies also bereits 105 Beziehungen. Bei 20 Personen sind es schon 190. Und bei 77 Millionen? Rasch übersteigt die Gruppengröße das Maß aller Möglichkeiten auch der Akteure mit einer festen Entschlossenheit zur kommunikativen Verständigung.

Müßte damit aber nicht sofort jede etwas wachsende Gesellschaft in isolierte Cliquen zerfallen? Nun wird das weitere Muster wichtig: Ob es eine Integration der Gesellschaft als Transfer von Kommunikationen zwischen den beiden Cliquen geben kann oder nicht, hängt davon ab, ob es auch (mindestens) eine Brückenbeziehung zwischen mindestens zwei liaison-Personen gibt. Da solche schwachen Beziehungen - beispielsweise entfernte Bekannte, mit denen lange Zeit nur Weihnachtsgrüße ausgetauscht werden, Geschäftsfreunde, die man nicht immer sieht, auf die man aber bei Bedarf zurückgreifen kann, Kollegen, die sich nur auf dem Soziologentag treffen und sich dann dort gegenseitig vor falschen Berufungen warnen usw. - nicht sehr viel Aufwand bedeuten, können sie auch von einzelnen Personen in großer Anzahl unterhalten werden. Und dadurch können große Zahlen von Cliquen in ein zwar lockeres, aber sehr wirksames Netz der übergreifenden Integration eingebunden werden. Wie etwa über die Eliten der verschiedenen Körperschaften eines Landes, die sich in einem lockeren Gremium des Initiativkreises Ruhrgebiet, beim Golf oder bei Thomas Gottschalk auf dem

Sofa einmal zusammengefunden haben und sich bei Bedarf über bestimmte Interessen verständigen. Mit diesem Gedanken begründet Mark Granovetter dann auch seine These, daß es gerade die *weak* ties sind, die die Integration von komplexen Gesellschaften bewerkstelligen, indem sie die Verbindung zwischen den vielen kleinen Gemeinschaften der strong ties halten, die ansonsten die Lebenswelt der Akteure ausmachen. Der Bundespresseball, der ehemalige Ministerpräsident Lothar Späth oder der Initiativkreis Ruhrgebiet sind Beispiele für die integrative Kraft der schwachen Beziehungen und ein Beleg für die Triftigkeit der Hypothesen Granovetters. Der Artikel von Mark Granovetter über die integrierenden Funktionen der weak ties ist nicht zu Unrecht der meistzitierte Zeitschriftenartikel in der Soziologie.

25.2.3 Institutionelle Strukturen

Verteilungsstrukturen, Interdependenzen und Beziehungsmuster sind zunächst nur rein *empirische* Angelegenheiten. Sie können betrachtet werden, auch ohne daß man weiß, "warum" es sie so gibt. Unter Umständen können sie zur "materiellen" Infra-Struktur von Gesellschaften gezählt werden, beispielsweise wenn sich der durchschnittliche Bildungsgrad in einer Bevölkerung anhebt oder wenn durch den Ausbau von Verkehrswegen und Kommunikationstechniken andere Beziehungsmuster - insbesondere die von weak ties über Telefon und berufliches Pendeln - möglich werden.

Andererseits sind Verteilungen und Beziehungsmuster oft auch erst Folgen von institutionellen *Regelungen* bzw. in sie eingebettet: Die Ungleichheit der Menschen in bezug auf Einkommen und Lebenschancen hat immer (auch) etwas mit der Geltung und Legitimation von Rechten zu tun, die sich aus der allgemeinen institutionellen Verfassung der Gesellschaft ableiten. Und auch die Möglichkeiten zur Aufnahme sozialer Beziehungen sind in starkem Ausmaß von sozialen Regulierungen und Normierungen gesteuert - wie etwa die Bedeutung von sozialen Distanzen und binnenethnischen sozialen Kontrollen, z.B. für die Aufnahme von Freundschaften zwischen türkischen und deutschen Kindern, zeigt, von den sogar religiös verankerten Vorschriften für soziale Kontakte in Kasten-Gesellschaften einmal ganz abgesehen.

Insofern nehmen die Verteilungsstrukturen und Beziehungsmuster eine Art von Zwischenposition zwischen der materiellen Infra-Struktur einer Gesellschaft und den Strukturen ein, die wir allgemein als die institutionelle Struktur der Gesellschaft bezeichnen möchten.

Die "Verfassung" der Gesellschaft

Die *institutionelle Struktur* einer Gesellschaft ist ihre grundlegende und übergreifende *Verfassung*. Eine Verfassung ist das "Grundgesetz" einer Gesellschaft, in dessen Rahmen sich alle anderen Normen, Rollen und sozialen Regelungen bewegen, nach denen das Handeln der Akteure organisiert ist.

Die Verfassung einer Gesellschaft bedeutet jedoch weitaus mehr als die jeweilige politische und rechtliche Verfassung formal enthält. Gemeint ist die Gesamtheit der formellen wie der informellen Regeln und kulturellen Werte, die die Grundlage für die Handlungskoordination der Akteure und die Grenze zwischen legitimen und nichtlegitimen Handlungen bilden. Die Verfassung der Gesellschaft legt fest, was als konform und was als Abweichung, was als gesellschaftlich sinnvoll und was als kurios "gilt", welches Handeln die Gewinnung sozialer Anerkennung und materieller Belohnungen nach sich zieht und welches nicht.

Gelegentlich wird diese allgemeine "Verfassung" einer Gesellschaft auch als die *Tiefenstruktur* einer Gesellschaft bezeichnet, weil sie den nicht direkt sichtbaren, aber stets wirksamen Hintergrund aller empirischen "Erscheinungen" der sozialen Struktur abgibt. Sie ist die Pfeife, nach der alles zu tanzen hat - wenn man sich nicht ins Abseits stellen will.

Der sog. *Strukturalismus* - eine nach Durkheim entstandene weitere französische Variante der Vorstellung von den gesellschaftlichen Strukturen als Wesen sui generis - geht sogar davon aus, daß es ganz formale, mathematisch abbildbare Tiefenstrukturen sind, die diese Tiefengrammatik der Bewegung einer Gesellschaft bilden. Diese Auffassung geht insbesondere auf den Anthropologen und Soziologen Claude Lévi-Strauss zurück, der meinte, daß sich diese Tiefenstrukturen - etwa eines Verwandtschaftssystems - tief in die symbolischen und geistigen Prozesse eindrängen und so die Vorgänge in der Gesellschaft, das Handeln der Personen und die Struktur der Institutionen beeinflussen - ganz ohne ein besonderes Dazutun, besondere Motive oder gar Wissen der Akteure darüber[13].

Der soziologische Hintergrund der institutionellen Struktur der Gesellschaft ist das Problem der grundsätzlichen Offenheit aller einmal gefundenen Lösungen der sozialen Organisation von Produktion und Reproduktion, besonders aber das in Kapitel 21 angesprochene Grundproblem der antagonistischen Kooperation. Institutionen bringen in diese Offenheit und in den immerwährenden Opportunismus der Menschen das nötige Maß an Absicherung und Verläßlichkeit. Hier helfen zwar bereits die Infra-Struktur, die Verteilungsstruktur und die Beziehungsstruktur der Gesellschaft mit ihren Begrenzungen. Meist bleiben aber noch ganz beträchtliche Spielräume, ohne deren Füllung das Problem der Offenheit aller sozialen Regeln nicht zu lösen

---

[13] Claude Lévi-Strauss, Die elementaren Strukturen der Verwandtschaft, Frankfurt/M. 1993 (zuerst: 1949).

ist. Zu häufig lassen - Gott sei Dank! - die materiellen Strukturen immer noch weite Spielräume, so daß die Abstimmung des Handelns - Gott sei's geklagt! - immer noch ein schwieriges Problem ist.

Diese Lücke füllt die institutionelle Struktur. Institutionen haben nämlich sowohl *restringierende* wie deutlich *selegierende* Wirkungen auf soziale Prozesse. Einerseits engt die institutionelle Struktur den *feasible set* an Alternativen innerhalb der materiellen und innerhalb der Verteilungs- und Beziehungsstrukturen noch einmal deutlich ein. Andererseits eröffnen institutionelle Strukturen auch neue, deutlich vorteilhaftere Alternativen oder machen alte, aber nicht sonderlich günstige Alternativen erst richtig interessant. Auch wenn die einzelnen Akteure nicht ausnahmslos davon wissen oder den Möglichkeiten der institutionellen Struktur folgen: Es gibt immer einige Akteure, die ihren Bahnen folgen. Und jeder, der es nicht tut, müßte schon ganz besondere Gründe haben oder sich die entgangenen Chancen etwas kosten lassen.

Kulturelle Ziele: Die "Definition" der Interessen

Worauf bezieht sich nun die übergreifende Verfassung der Gesellschaft? Mit Robert K. Merton wollen wir zwei Ebenen der grundlegenden institutionellen Struktur einer Gesellschaft unterscheiden: *kulturelle Ziele* und *institutionalisierte Mittel*[14].

Die kulturellen Ziele sind solche Objekte, Ressourcen und Zustände, die für *alle* Mitglieder einer Gesellschaft von hohem Wert sind. Die Grundidee ist, daß es in jedem "Typ" von Gesellschaft nur *ein* übergreifendes kulturelles Ziel gebe. Zwar seien auch noch andere kulturelle Ziele vorhanden, diese wären dann aber in einer eindeutigen Hierarchie geordnet und untereinander integriert. Die kulturellen Ziele "definieren", wonach es sich in einer bestimmten Gesellschaft überhaupt zu leben lohnt:

" ... the prevailing goals comprise a *frame* of aspirational reference. They are the things '*worth striving for*'. They are a basic, though not exclusive, component of what Linton has called '*designs for group living*'. And though some, not all, of these cultural goals are directly related to biological drives of man, they are not determined by them." (Merton 1967, S. 132/3)

Wichtig ist der letzte Satz: Die kulturellen Ziele sind *nicht* das, was die Menschen eigentlich alle anstreben. Sie sind aber - wenn man so will - die

---

[14] Robert K. Merton, Social Structure and Anomie, in: Robert K. Merton, Social Theory and Social Structure, 11. Aufl., New York und London 1967c, S. 131-160.

zentral wichtigen, allgemein anerkannten und auch höchst wirksamen *letzten* "Mittel", die benötigt werden, um die "eigentlichen" Bedürfnisse der Menschen zu erfüllen: physisches Wohlbefinden und soziale Anerkennung.

Die kulturellen Ziele sind also der Gegenstand der Werte, an denen sich die Menschen in einer bestimmten Gesellschaft orientieren. Um sie herum ist das gesamte "Design" der Lebenswelten einer Gesellschaft aufgebaut. Sie "definieren" den "Rahmen", innerhalb dessen das gesamte soziale Leben organisiert ist. Sie geben die Grundelemente der Tiefenstruktur einer Gesellschaft ab. In den westlichen Industriegesellschaften gehören das Einkommen und der Lebensstandard zu den kulturellen Zielen. Erst über das Geldeinkommen werden dort physisches Wohlbefinden und soziale Anerkennung zuteil. In anderen Gesellschaften sind (oder waren) es die Ehre, Land- oder Frauenbesitz oder die Verfügung über magische Fähigkeiten. Geld wäre dort ganz und gar unwirksam. Und die Folge: Je nach Definition der kulturellen Ziele rennen die Menschen hinter ganz verschiedenen Dingen her: Geld hier, Ehre, Land, Frauen und magisches Können anderswo. Dies tun sie aber nicht, weil sie plötzlich eine andere Natur angenommen haben oder mit einem Male "eigentlich" an Geld, Ehre, Land, Frauen und magischen Gaben "an sich" interessiert sind, sondern nur, weil die Verfassung der Gesellschaft dies als *institutionelle* Bedingung für die Erlangung von physischem Wohlbefinden und sozialer Anerkennung voraussetzt.

Die übergreifenden, kulturell definierten Ziele sind daher immer nur "Mittel", interessieren immer auch nur "mittel"-bar. Diese Ziele können sich daher auch rasch ändern - zum Beispiel durch eine Revolution der institutionellen Verfassung der Gesellschaft. Da die Menschen an den kulturellen Zielen nur als Mittel für die eigentlich erstrebten Güter - physisches Wohlbefinden und soziale Anerkennung - hängen, werden die *gleichen* Menschen unter unterschiedlichen Definitionen der kulturellen Ziele sich jeweils gänzlich *anders* verhalten.

Auf diese Weise wird leicht erklärbar, warum sich unter den Nazis bis in die letzten Kriegstage hinein so viele gänzlich normale Menschen zu oft ganz unglaublichen Handlungen hergegeben haben, von denen sie hinterher nichts mehr wissen wollten. Und auch das Phänomen der Wendehälse in der verfallenden DDR wird auf diese Weise rasch verständlich: Mit einem Male werden ganz andere kulturelle Ziele wichtig, um das Leben materiell abzusichern und soziale Anerkennung zu erhalten.

Institutionalisierte Mittel: Die Verteilung der Kontrolle

Die kulturellen Ziele sind immer auch nur "Mittel". Geld beispielsweise hat - außer für Onkel Dagobert vielleicht - keinerlei unmittelbaren, intrinsischen Wert. Weil die Erlangung der kulturellen Ziele aber gleichwohl so zentral für die Bedienung der "wahren" Bedürfnisse der Menschen innerhalb eines gegebenen gesellschaftlichen Rahmens sind, sieht es oft so aus, als hätten sie diesen intrinsischen Wert. Die kulturellen Ziele können nun ihrerseits aber auch nur über gewisse Mittel erreicht werden.

Diese Mittel müssen von den Akteuren unter Kontrolle gebracht und gewählt werden. Einige der möglichen Mittel sind schon technisch ineffizient und von daher ohnehin uninteressant. Die wichtigste Einschränkung der Wahlmöglichkeiten der Mittel zur Erreichung der kulturellen Ziele ist diese Einteilung der Mittel in *legitime* und in *nicht-legitime* Mittel.

Die Institutionalisierung der Mittel und die dadurch festgelegte Spaltung in legitime und nicht-legitime ist damit - neben den kulturellen Zielen - das zweite Element der übergreifenden Verfassung einer Gesellschaft. Die Verfassung der Gesellschaft " ... *defines*, regulates and controls the acceptable modes of reaching out for these goals." (Ebd., S. 133; Hervorhebung nicht im Original)

Also: Welche Mittel als legitim gelten und welche nicht, steht nicht von "Natur" aus fest, sondern ist auch eine Frage der institutionellen *Definition* und deren Durchsetzung in einer Gesellschaft. Die Unterteilung in legitime und nicht-legitime Mittel ist dabei oft ganz unabhängig von der technischen Effizienz, wie sie etwa gemäß der Infra-Struktur denkbar wäre: " ... the criterion of acceptability is not technical efficiency but value-laden sentiments." (Ebd.) Und: "In all instances, the choice of expedients for striving toward cultural goals is limited by institutionalized norms." (Ebd.) Dies heißt insbesondere: Versuche zur Erreichung der kulturellen Ziele mit anderen als den institutionellen Mitteln werden negativ sanktioniert. Und das Anstreben anderer als der gerade so definierten kulturellen Ziele wäre (sozial) ganz und gar sinnlos.

Die Institutionalisierung der Mittel ist in der Regel in einer Gesellschaft durch ein eigenes System der *Verwaltung*, des *Rechts* und - allgemein - der (staatlichen) *Herrschaft* abgesichert. Beispielsweise legt die Eigentumsordnung fest, wie Besitz erworben und veräußert werden kann. Und das Strafrecht regelt die Handhabung von Verstößen gegen diese Gesetze.

Kurz: Die Definition der *kulturellen Ziele* legt die *Interessen* der Menschen fest: Sie gibt an, was alle Menschen in einer Gesellschaft tun *müssen*, um an soziale Anerkennung und physisches Wohlbefinden zu gelangen. Die Art der *Institutionalisierung der Mittel* regelt die Verteilung der erlaubten und der unerlaubten Ressourcen zur Erlangung dieser Ziele und damit: die Verteilung unterschiedlicher Grade von *Kontrolle* über die Mittel, die nötig sind, um an die kulturellen Ziele heranzukommen.

Strukturelle Spannungen

In bezug auf die Geltung übergreifender kultureller Ziele bilden die Akteure einer Gesellschaft damit eine übergreifende "Interessen"-Gemeinschaft. *Alle* wollen gerne zu Wohlstand, Ehre oder Landbesitz kommen. In bezug auf die institutionalisierten Mittel gibt es dagegen eine solche Gemeinschaft in aller Regel nicht. Die Mittel zur Erlangung der allgemein geltenden kulturellen Ziele sind immer knapp. Und sie sind außerdem nach Maßgabe der jeweiligen Verfassung unterschiedlich über typische Gruppen verteilt. Dieses - strukturell unvermeidliche - Ungleichgewicht in der Verteilung der legitimen Mittel zur Erlangung der allgemein verbindlichen institutionellen Ziele ist eine der wichtigsten endogenen Quellen für *strukturelle Spannungen* innerhalb von Gesellschaften.

Oben wurde erwähnt, daß sich Gesellschaften intern wiederum differenzieren können. Diese Differenzierung kann sich auf beide Ebenen der institutionellen Struktur - kulturelle Ziele und Kontrolle über Mittel - beziehen. Aufgrund von kulturellen Traditionen, den besonderen ökologischen Lebensbedingungen, religiösen Überzeugungen oder speziellen Talenten und Erfindungen kann es für bestimmte Gruppen ganz unterschiedliche "things 'worth striving for'", das heißt: Interessen, geben. Und es kann - aus den gleichen Gründen - auch ganz unterschiedlich gestaltete faktische Kontrollen über Mittel geben.

Bei Unterschieden in den Interessen und in der Verteilung der Kontrolle über die interessanten Ressourcen enstehen systematische Interessen- und Kontroll-*Konflikte* in einer Gesellschaft (vgl. dazu Kapitel 21). Bei Unterdifferenzierungen einer Gesellschaft müssen die besonderen Interessen der jeweiligen *Sub*-Kulturen mit den allgemeinen kulturellen Zielen keineswegs übereinstimmen. Dies erzeugt zusätzliche Interessen- und Wert-Konflikte.

Interessen- und Kontroll-Struktur

Die typische Verteilung der Geltung (sub-)kultureller Ziele in einer Gesellschaft sei als deren Interessen-Struktur, die typische Verteilung der - faktischen und durch die Institutionen geregelten - Kontrolle über die Mittel sei als die Kontroll-Struktur einer Gesellschaft bezeichnet.

Die *Interessen-Struktur* bezieht sich einerseits auf die jeweils geltenden *kulturellen Ziele*, dann aber auch auf die Verwirklichung der jeweils definierten speziellen Unterziele und der jeweiligen Existenzgrundlage in der besonderen Situation: Ein Wirtschaftsunternehmen *ist* an der Maximierung des Profits interessiert und muß alles tun, damit dies auch weiter möglich bleibt. Politiker *sind* an der Absicherung ihrer Wiederwahl interessiert und wollen nicht daran gehindert werden, dafür zur Not auch populistische Entscheidungen zu treffen. Die *Kontroll-Struktur* bestimmt sich im wesentlichen aus dem System der *Herrschaft*, das in einer Gesellschaft institutionalisiert ist.

Herrschaft ist - ganz allgemein - die Organisation eines Apparates, der die Durchsetzung von institutionellen Anweisungen auch gegen Widerstreben garantiert. Meist ist dazu ein eigene Organisation, ein Erzwingungsstab, wie Max Weber sagt, erforderlich. In allen größeren Gesellschaften ist die Herrschaft als *Staat*, als *Verwaltung* und als *Recht* organisiert. Die Nähe der Gruppen und Personen zu den jeweiligen Grundlagen der Herrschaft bestimmt in der Regel ihre Position in der Kontroll-Struktur einer Gesellschaft. Herrschaft beruht zwar immer auch auf einer Legitimation, die von den Akteuren als Wert akzeptiert wird (vgl. dazu Abschnitt 26.3). Letztlich muß aber jede Herrschaft durch die Kontrolle von Ressourcen abgesichert sein, mit denen sich auch gegen Widerstreben bestimmte Regelungen durchsetzen lassen. Das sind alle die Mittel, mit denen die Grundbedürfnisse der Menschen *unmittelbar* bedroht werden können: Leib, Leben, psychisches Wohlbefinden. Daher ist das Zentrum der Herrschaft immer auch um die Kontrolle der ökonomischen, politischen und vor allem der militärischen Ressourcen besorgt. Von daher erklärt sich auch, daß Gruppen, die diese Ressourcen kontrollieren, auch immer gute Karten bei der Definition der institutionalisierten Mittel haben - egal wie die kulturellen Ziele festgelegt sind.

Eine andere Quelle der Position in der Kontroll-Struktur ist davon ganz unabhängig: die Erfindung neuer Mittel, um auch außerhalb der Pfade der institutionalisierten Kontroll-Strukturen an die interessierenden Ziele heranzukommen. Einwanderer nehmen oft zunächst nur untere Positionen in der Kontroll-Struktur einer Gesellschaft ein, versuchen dann aber häufig durch Innovationen in den Mitteln doch noch ihre Interessen zu bedienen.

Über die Beschränkungen der Mittel bei einer einmal etablierten Kontrollstruktur und in der Folge von Versuchen, deren Einschränkungen zu unterlaufen, kann es daher auch zu strukturell erzeugten Spannungen in einer Gesellschaft kommen. Sie beruhen vor allem darauf, daß die Akteure und Gruppen mit einer hohen Position in der Kontroll-Struktur, die in der Regel mit vielen angenehmen Dingen versehen ist: Macht, Privilegien und Prestige zum Beispiel, ein ganz eigenes Interesse entwickeln: das Interesse am Erhalt der Verfassung der Gesellschaft, die ihnen so viel Gutes beschert.

Die strukturellen Spannungen beruhen dann zweitens auch darauf, daß die jeweils "strukturell" benachteiligten Gruppen auch ein besonderes Interesse entwickeln: das Interesse an der Verbesserung ihrer Position in der Kontrolle über die Mittel zur Bedienung ihrer Interessen; bzw. das Interesse an der Änderung der Verfassung der Gesellschaft so, daß genau die Ressourcen als "interessant" definiert werden, die gerade *sie* unter Kontrolle haben.

Soziale Differenzierung: Die Sphären der Gesellschaft

Bisher sind wir davon ausgegangen, daß in einer Gesellschaft es nur *ein* übergreifendes kulturelles Ziel gibt, an dem sich die Definition der Interessen der Menschen orientiert. Gesellschaften bestehen aber in aller Regel aus *institutionell* unterschiedlich definierten *Unter*bereichen: Die Sphären oder Sub-Systeme der Gesellschaft. In diesen Sphären sind - gewissermaßen "unterhalb" der Ebene der übergreifenden kulturellen Ziele der Gesellschaft insgesamt - ganz bestimmte Unterziele als primäre Codes und Leitmotive definiert. Sie richten sich nach dem jeweiligen *funktionalen Primat* der jeweiligen Sphäre (vgl. dazu Kapitel 23). Das Prinzip der sozialen Definition von Zwischenzielen gilt daher auch für die institutionellen Untergliederungen *innerhalb* von Gesellschaften. Jeder dieser Bereiche besitzt, so könnte man sagen, jeweils eine eigene Verfassung von kulturellen Zielen und institutionalisierten Mitteln.

Dazu gehört zum Beispiel der Bereich der Wirtschaft oder der der Politik - als zwei von den vier Sub-Systemen der Gesellschaft, von denen im Zusammenhang mit der Gesellschaft als funktional differenziertes System die Rede war (vgl. Kapitel 22 und 23). In jedem dieser Bereiche "gilt" dann jeweils die Verfolgung ganz anderer Ziele als "relevant": in Wirtschaftsunternehmen die Maximierung des Gewinns zur Absicherung der Stellung auf dem Markt, im politischen Handlungsfeld die Maximierung von Wählerstimmen zur Absicherung der politischen Macht. Und so weiter.

Diese Ziele streben *innerhalb* der jeweiligen Bereiche und gesellschaftlichen Sphären oder Sub-Systeme *alle* darin agierenden Akteure an, weil nur darüber auch die privaten Ziele zu verwirklichen sind. Die jeweiligen Unterziele - ökonomische Rationalität zur Maximierung des Profits und politische Führung zur Maximierung der Wählerstimmen beispielsweise - sind die beiden Codes, die den besonderen *sozialen* Sinn des jeweiligen Sub-Systems *definieren*, dort auch nachhaltig gelten, und nach denen sich die Akteure normalerweise schon deshalb richten, weil nur ein dem Code entsprechendes, sinnvolles Handeln ihnen Anerkennung und materielle Sicherheit geben kann. Komplexe Gesellschaften bestehen aus einer großen Vielzahl solcher institutioneller Unterbereiche, Sphären oder Sub-Systeme. Das damit verbundene Strukturmerkmal von Gesellschaften wird mit *sozialer Differenzierung* bezeichnet.

Soziale Differenzierung ist damit der Grad der Unterteilung einer Gesellschaft in unterschiedliche Sphären oder Sub-Systeme der Ausgliederung besonderer Bereiche von typisch unterschiedlichen kulturellen Zielen bzw. spezifischen Codes des Handelns. Ihre Grundlage ist oft, wenngleich nicht immer, die arbeitsteilige Spezialisierung und die besondere Organisation von speziellen *Funktionen* innerhalb einer Gesellschaft. Diese Sphären bestehen unabhängig von den konkreten Menschen, die sich gerade in ihnen aufhalten. Die konkreten Akteure können - und müssen oft genug - zwischen den verschiedenen, typischerweise ganz anders codierten Sphären hin- und herwechseln. Da sie dann jeweils immer mit ganz anderen institutionellen Vorgaben konfrontiert werden, müssen solche Akteure schon sehr anpassungsfähig - oder skrupellos - sein.

Aus dem subjektiven Erlebnis, daß man je nach Aufenthalt in der einen oder der anderen Sphäre ein ganz anderer ist, entsteht die gerade den modernen Menschen oft sehr bedrängende Frage nach einer stabilen, die verschiedenen Sphärenvorgaben übergreifenden *Identität*. Diese müssen sich die Menschen in funktional stark differenzierten Gesellschaften oft selbst beschaffen - und kommen dann in Versuchung, sich den Sinn ihres Lebens da zu holen, wo er ganz sicher und stabil zu sein scheint: In der Selbsterfahrungsgruppe, beim Guru, im Stadtteil und im Viertel (Rotwein) oder in der Betonung einer ethnischen Herkunft oder der nationalen Überheblichkeit.

Soziale Klassen

In allen bekannten Gesellschaften gibt es typische Klumpungen von Unterschieden der Akteure in der Interessen- und Kontroll-Struktur. Als *soziale Klassen* seien dann solche Kollektive bzw. Aggregate von Akteuren verstanden, die sich in ihren typischen Interessen und in ihrer Position in der Kontrollstruktur systematisch voneinander unterscheiden. Max Weber bezeichnet als "Klasse" eine "Gruppe von Menschen" der gleichen "Klassenlage". Die Klassenlage ist dabei

" ... die typische Chance

1. der Güterversorgung,
2. der äußeren Lebensstellung,
3. des inneren Lebensschicksals, ...

welche aus Maß und Art der Verfügungsgewalt (oder des Fehlens solcher) über Güter oder Leistungsqualifikationen und aus der gegebenen Art ihrer Verwertbarkeit für die Erzielung von Einkommen oder Einkünften innerhalb einer gegebenen Wirtschaftsordnung folgt." (Weber 1972, S. 177)

Soziale Klassen besitzen somit ein jeweils typisches "Klasseninteresse" und eine jeweils typische Position in der - über den "Markt" und die "Wirtschaftsordnung" festgelegten - Struktur der "Verfügungsgewalt" über Ressourcen, also: der Kontrolle über diese Ressourcen einer Gesellschaft. Aufgrund der zum Teil ja logisch bedingten Unterschiede in den Interessen, nicht zuletzt im Interesse am Erhalt der Position bzw. der Verbesserung der aktuellen Position, bestehen zwischen Klassen oft, wenngleich nicht immer die oben beschriebenen strukturell bedingten Spannungen oder Konflikte. Solche "Klassenkonflikte" können latent bleiben oder aber auch "bewußt" werden, sie können ausgetragen werden oder nicht. Und sie können unter Umständen auch zur Revolution der institutionellen Struktur der Gesellschaft und damit zur kompletten Umdefinition der kulturellen Ziele und der institutionalisierten Mittel einer Gesellschaft führen.

Zur Illustration des Konzepts solcher durch Interessen und Kontrollen "strukturell bedingten" Spannungen und Konflikte kann wieder ein einfaches Diagramm dienen. Wieder seien - der Einfachheit halber - nur zwei Gruppen bzw. soziale Klassen (A und B) angenommen. Es bestehe die Wahl zwischen zwei Formen der Verfassung einer Gesellschaft: Die eine Verfassung (Kombination 1,1) begünstige die Klasse A um vier Einheiten, die andere Verfassung (Kombination 2,2) die Klasse B ebenfalls um vier Einheiten. Diese Begünstigung ist das Ergebnis von Unterschieden in der Kontrolle von jeweils "interessanten" Ressourcen, so wie dies über die Verfassung bzw. die Recht- und Eigentumsordnung jeweils geregelt ist. In beiden Fällen erhält die jeweils benachteiligte Klasse aber immer ebenfalls noch einen Wert von 1. Damit soll berücksichtigt werden, daß sich die Kooperation mit der jeweils anderen Klasse auch dann noch auszahlt, wenn diese andere Klasse bevorteilt wird. Damit wird also angenommen, daß die beiden sozialen Klassen individuell nicht existenzfähig sind, sondern nur in Symbiose miteinander leben können. Und daher kommen die Kombinationen 1,2 oder 2,1 jeweils nicht in Frage: Die Klassen erhalten in diesen Fällen eine Auszahlung von null. Die "Gesellschaft" verlangt also nach einer "Koordination" der beiden Klassen, nach einer Einigung auf *eine* bestimmte Verfassung: Verfassung 1 oder 2. Aber: Je nach Ergebnis dieser Einigung ergibt sich eine typisch unterschiedliche Verteilung in der Kontrolle der jeweils interessanten Ressourcen.

Diese Situation ist in Abbildung 25.3 zusammengefaßt.

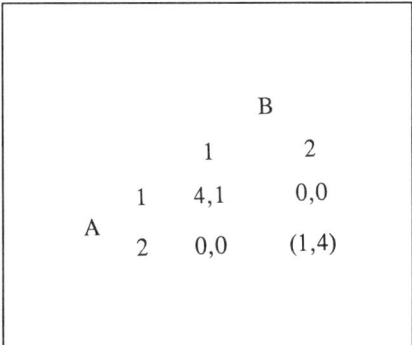

Abb. 25.3: *Soziale Klassen und strukturelle Spannungen*

Die Kombination 1,1 sei der status quo. Die Kombination 2,2 ist dann die alternative Verfassung der Gesellschaft, die aber aktuell nicht verwirklicht ist. Sie ist daher in Klammern geschrieben. Die strukturelle Spannung zwischen den beiden Klassen wird jetzt gut erkennbar: Die Klasse A hat ein massives Interesse an der Durchsetzung der Verfassung 1, die Klasse B ein solches an der Verfassung 2. Beide Klassen haben zwar auch ein übergreifendes gemeinsames Interesse daran, daß es überhaupt zu einer gemeinsamen Verfassung kommt. Nur: Wer soll zurückstehen - zumal eine Verfassung, gilt sie einmal, ja auf längere Dauer hin bestehen bleibt? Ist eine Verfassung einmal eingerichtet - sagen wir: Situation 1,1 -, dann gibt es einen dauerhaften, strukturellen, nie ganz zu unterdrückenden Drang der Klasse B, diesen status quo in Richtung auf die nicht verwirklichte Situation (2,2) hin zu ändern. Und es gibt ein ebenso dauerhaftes Bestreben der Klasse A, genau dies zu verhindern und alles zu tun, um die bestehende institutionelle Struktur der Gesellschaft zu erhalten.

Die kulturelle Struktur

Mit den kulturellen Zielen und mit den institutionalisierten Mitteln entwickeln Gesellschaften und ihre Untergruppen ganz typische Muster, auch von *kulturellen* Handlungsweisen: Gewohnheiten und Bräuche, Stile der Lebensführung, typische Ausprägungen von Geschmack, Mode und künstlerischer Betätigung. Das ergibt sich oft aus Habitualisierungen und Stilisierungen typischer, strukturell und oft zunächst nur technisch vorgegebener Lebensabläufe in den jeweiligen Unterbereichen.

Brauereiarbeiter werden wohl selten für moderne Kunst zu interessieren sein, Professorengattinnen kaum an den Feinheiten eines doppelten Doppelpasses Geschmack finden können. Und der Grund dafür ist leicht einzusehen: Brauereiarbeiter müssen andere Dinge tun und für wichtig halten als Professorengattinnen oder Bundesliga-Profis, wenn sie zu physischem Wohlbefinden und zu sozialer Anerkennung in ihrem jeweiligen Milieu und Lebensbereich gelangen wollen.

Insofern sich Gesellschaften und Gruppen in Lebensstilen und Ästhetik systematisch unterscheiden, sei von der *kulturellen Struktur* einer Gesellschaft gesprochen. Die kulturelle Struktur ist oft eine Folge bzw. eine Begleiterscheinung der strukturell über die Interessen- und Kontroll-Struktur bedingten sozialen Ungleichheit. Sie selbst hat damit aber nicht unmittelbar zu tun, sondern ist eine Differenzierung auf der horizontalen Ebene: religiöse Praktiken, alle möglichen Traditionen und Bräuche, ethnische Gruppen, Sprach- und Wertgemeinschaften u.a. Solche Kulturen und Sub-Kulturen sind in diesem Sinne untereinander nicht als "besser" oder "schlechter" zu bewerten, sondern nur als anders. Und auch innerhalb der strukturell definierten Gruppen findet man oft genug weitere kulturelle Unterschiede.

Die Prestige-Struktur

Die kulturelle Struktur und die Interessen- und Kontroll-Struktur einer Gesellschaft sind zunächst also voneinander ganz unabhängige Dimensionen: Kulturelle Praktiken und Wissenssysteme unterscheiden sich, müssen aber nicht bewertet und in eine Wertordnung gebracht werden. Empirisch gibt es gleichwohl mehr oder weniger starke Korrelationen zwischen dem Ansehen der kulturellen Praktik und der strukturellen Position einer Gruppierung.
    Warum es fast nie nur ein horizontales System der kulturellen Differenzierung gibt, ist wiederum leicht einsichtig: Soziale Klassen entwickeln oder besitzen typisch unterschiedliche Formen der Lebensführung und des Lebensstils. Und insofern soziale Klassen systematisch in ihrer Position in der Kontroll-Struktur variieren, gibt es sofort auch ein *vertikales* System der *Bewertung* von eigentlich nur "kulturell" andersartigen Lebensstilen und Vorlieben der Menschen einer Gesellschaft. Die Bewertung der kulturellen Dimension folgt also der strukturellen Position gemäß der institutionellen Verfassung der Gesellschaft.
    Mit der *institutionellen* Verankerung erhält die zunächst nur horizontal angelegte und bloß subjektiv bedeutsame Dimension der kulturellen Struktur damit also auch eine *objektive* und eine *bewertende* Komponente. Sie ist ein Bestandteil des *cultural system* des übergreifenden und legitimierenden *Rahmens* der gesellschaftlichen Orientierungen (in der Sprache von Parsons und Shils; vgl. Kapitel 23). Sie umgreift daher als eigenes Bewertungssystem im Prinzip *alle* Gruppen und ist insofern ein Bestandteil des *objektiv* geltenden Werterahmens einer Gesellschaft (vgl. dazu Abschnitt 25.4).
    Damit wird die kulturelle Struktur unmittelbar zu einem *integralen* Bestandteil des Systems der institutionalisierten vertikalen Differenzierung einer Gesellschaft. Wir wollen diese Ebene der gesellschaftlich übergreifenden *Bewertung* der Kontroll-Struktur bzw. der sozialen Klassen und der kulturellen Lebensstile die *Prestige-Struktur* einer Gesellschaft nennen.
    Die Besonderheit der Prestige-Struktur einer Gesellschaft bzw. des Prestiges liegt also darin, "daß es sowohl *subjektive* Meinungsbildung als auch Abbildung einer sozialen *Struktur*komponente ist"[15]: Die Prestige-

---

[15] Bernd Wegener, Kritik des Prestiges, Opladen 1988, S. 22; Hervorhebung nicht im Original; vgl. auch S. 57ff.

Struktur ist ein Bewertungs*system*, das die Gruppen einer Gesellschaft im Prinzip *teilen* (wenngleich oft mit sehr unterschiedlichem Enthusiasmus). Im Handeln und in den Alltagsbeziehungen schlägt sich die Bewertung der kulturellen Praktiken aber immer nur in den *subjektiven* Bewertungen (und Distanzierungen) der Akteure nieder.

Stände und Kasten

Die kulturellen Praktiken sind zwar nicht direkt mit der Kontrolle interessanter Ressourcen verbunden; über die objektive Dimension der Prestige-Struktur ist diese Verbindung dafür aber auf *indirekte* Weise umso wirksamer. Max Weber hat für Kollektive von Menschen unterschiedlicher sozialer Wertschätzung (gemäß der jeweils geltenden Prestige-Struktur) den Begriff des *Standes* eingeführt.

Ein Stand ist danach eine "Vielheit von Menschen", die sich durch eine bestimmte "ständische Lage" auszeichnet.

Eine ständische Lage ist

" ... eine typisch wirksam in Anspruch genommene positive oder negative Privilegierung in der sozialen *Schätzung*, begründet auf:

a) Lebensführungsart, - daher
b) formale Erziehungsweise ...
c) Abstammungsprestige oder Berufsprestige ... ." (Weber 1972, S. 179)

Der Stand unterscheidet sich von der Klasse in erster Linie durch die unterschiedliche *Wertschätzung* der jeweils vorliegenden kulturellen Praktiken. Der zweite zentrale Unterschied ist die deutliche Strukturierung auch der sozialen *Beziehungen*: Dichte Netzwerke der Interaktion nach innen und starke soziale Distanzen nach außen. Der dritte Unterschied bezieht sich auf die auch formale Regelung der sozialen Beziehungen und die dadurch gewährleistete *Schließung* der Gruppen. Diese Schließung kommt durch die stark sanktionierte Regulierung der Interaktionen - etwa über das connubium einer starken Homogamie bei der Partnerwahl, insbesondere aber durch die besondere Art der Lebensführung - zum Tragen:

"Inhaltlich findet die ständische Ehre ihren Ausdruck normalerweise vor allem in der Zumutung einer spezifisch gearteten *Lebensführung* an jeden, der dem Kreise angehören will." (Weber 1972, S. 535)

Soziale Klassen werden also über die *formale* Eigentumsordnung, Stände über einen *Konsens* über die soziale Wertschätzung von Gruppen einer Gesellschaft konstituiert. Unter einer *Kaste* wird ein drastischer Spezialfall der ständischen Schließung verstanden:

"Wo die äußersten Konsequenzen gezogen werden, entwickelt sich der Stand zur geschlossenen '*Kaste*'. Das heißt: es findet neben der konventionellen und rechtlichen auch noch eine *rituelle* Garantie der ständischen Scheidung statt ... ." (Weber 1972, S. 536)

Bei Kasten ist dieser Konsens also sogar religiös legitimiert und rituell abgesichert. Kasten sind damit nur besonders extreme Varianten dieser Kombination von Kontroll- und Interessen-Struktur einerseits und kultureller Struktur und Prestige-Struktur andererseits. Kasten sind typische und deutlich abgegrenzte Klumpungen von systematischen Unterschieden in der Kontroll-Struktur und in den jeweils zugelassenen bzw. sogar vorgeschriebenen kulturellen Praktiken - zusammen mit einer übergreifenden, sinngebenden Interessenstruktur, meist in Form eines religiösen Wertsystems. Dieses Wertesystem legitimiert die entsprechende Ordnung nicht nur, sondern stellt letztlich einen integralen Bestandteil auch der Interessen derjenigen dar, die die untersten Positionen dabei einnehmen. Kasten sind darüber hinaus von starken Vergemeinschaftungen, Solidaritätsgefühlen und engen sozialen Beziehungen gekennzeichnet.

Zwischenformen solcher Kastensysteme - *Quasi-Kasten* - finden sich häufig in multikulturellen Gesellschaften, in denen verschiedene ethnische Gruppen ein System der geordneten strukturell-kulturellen Ungleichheit bilden und sich gleichzeitig an einem allgemeinen Wertesystem orientieren, das diese Ordnung wenigstens partiell als legitim "erklärt" (siehe dazu auch noch das folgende Kapitel 26). Indien und die Vereinigten Staaten sind - wenigstens in dieser Hinsicht - so völlig verschieden nicht: Der Hinduismus legitimiert das indische Kastensystem, der American Dream das Quasi-Kastensystem zwischen Schwarz und Weiß - und einigen anderen ethnischen Gruppen - in den Vereinigten Staaten.

Kulturelles Kapital und ständische Schließung

Selbstverständlich setzt auch das überzeugendste Wert- und Sinngebungssystem nicht außer Kraft, daß die in Klassen-, Standes- oder Kastengesellschaften "objektiv" benachteiligten Akteure ein Interesse daran hätten auch schon im Diesseits ein besseres Leben führen zu können. Solche Gesellschaften sind daher auch *immer* mit, wenigstens: latenten, Konfliktlinien aus den Unterschieden in der jeweils vorliegenden Kontroll- und Interessen-

Struktur durchzogen. Die Konstellation entspricht in bezug auf diese Interessen etwa der, wie sie in Abbildung 25.3 skizziert wurde.

Die legitimierenden Werte verleihen in dieser Situation der unterlegenen Gruppe nun noch einige Zusatzprämien ideeller Art - etwa im Werte von vier weiteren Einheiten, wodurch sich die Auszahlungen in der Matrix für den status quo so ändern, daß auch die unterlegene Gruppe gerne den status quo unterstützt - und subjektiv, in einer Art von falschem Bewußtsein sogar mehr davon hat als die eigentlich institutionell bevorzugte, herrschende Klasse. Solche interessenbedingten Konflikte könnten - zumal bei einer Erosion des legitimierenden Wertesystems - im Prinzip jederzeit aufbrechen. Meist bleibt aber alles erstaunlicherweise sehr stabil und ruhig - von gelegentlichen kleineren Erschütterungen einmal abgesehen. Daß diese latenten Spannungen nicht virulent werden, ist aber so unverständlich auch wieder nicht. Gesellschaftliche Umwälzungen sind ein besonders interessanter Fall eines Kollektivgutes: Jeder ist daran interessiert und niemand will den Anfang machen und Kopf und Kragen riskieren. Und das wissen wir ja bereits: Kollektivgüter werden nicht schon dann produziert, wenn alle ein Interesse daran haben.

Gleichwohl ist stets Vorsicht geboten - vor allem aus der Sicht der privilegierten Klassen, Stände oder Kasten. Vieles hängt natürlich davon ab, ob dieses übergreifende Wertesystem der Legitimation des status quo aufgebaut werden kann bzw. erhalten bleibt. Die privilegierten Gruppen haben - trotz der Unwahrscheinlichkeit von Revolutionen - genau daran ein besonderes Interesse: Sie profitieren schon materiell sehr davon. Und die Prämien aus der legitimierenden Wertordnung streichen sie zusätzlich noch ein. So wird verständlich, daß privilegierte Gruppen ein ganz massives Interesse daran haben, daß das System der kulturellen Praktiken, das ja ein integraler Bestandteil gerade der übergreifenden legitimierenden Werteordnung ist, erhalten bleibt und insbesondere gegen Eindringlinge geschützt wird, die sich der materiellen Ressourcen bemächtigen und darüber das gesamte privilegierende und legitimierende System umstürzen könnten. Dagegen gibt es ein sehr probates, einfaches und gern benutztes Mittel: die *Schließung* der Position gegen Eindringlinge durch die Definition von *kulturellem Kapital* als Voraussetzung für den Zugang zu der Gruppe.

Die Grundidee ist sehr einfach. Manche der kulturellen Praktiken von Gruppen können nur in einem sehr langen Prozeß des Trainings mit einer gewissen Virtuosität erworben und somit rein technisch nicht von jedermann beherrscht werden. Beispielsweise: das mühsame Erlernen von eigentlich totem Bildungsgut aus dem Großbürgertum, rhetorische Techniken wie die der kunstvollen Atempause, sogenannter Kunstverstand, besondere Tischsitten oder das Erlernen ansonsten nutzloser Fremdsprachen u.a. Zusätzlich können Insignien der Zugehörigkeit zur privilegierten Schicht institutionalisiert werden, die - bei aller formalen Öffnung der sozialen Struktur für Aufstieg und Mobilität - dafür sorgen, daß die Schließung der Gruppe gelingt: Numerus clausus mit Selbstrekrutierungsquoten bestimmter Berufsgruppen, ganz bestimmte Bildungszertifikate oder Elite-Stipendien, die die Elite sich gegenseitig verleiht u.a.

Diese Techniken und Insignien können praktisch nicht mehr erworben werden, wenn man nicht von Geburt an dieser betreffenden Gruppe angehört. Schnell sind so die lästigen Parvenüs und die unliebsamen Aufsteiger erkannt. Sie besitzen zwar die *funktionalen*, nicht aber die *peripheren* Eigenschaften eines "geborenen" Mitglieds einer bestimmten sozialen Gruppe. Und an den peripheren Merkmalen ist leicht zu erkennen, ob Gefahr droht oder nicht. Für den Zweck der Schließung einer Gruppe sind die peripheren Merkmale höchst funktional.

Privilegierte Gruppen nutzen diese Besonderheiten der kulturellen Distinktion daher sehr gerne, um sich vor unerbetenen Konkurrenten und latent die privilegierte Situation bedrohenden Eindringlingen zu schützen und damit ihre privilegierte soziale Klasse zu schließen: Wer nicht weiß, wie ein Hummer gegessen wird, weil dieser zu Hause selten auf den Tisch kam, oder wer nicht der Studienstiftung des Deutschen Volkes angehörte, weil ein Hochbegabter nicht die richtigen Präsentationstechniken lernen konnte, die ihn als einen solchen auch bei mäßiger Begabung erscheinen lassen, ist leicht als jemand zu identifizieren, der aus einer anderen sozialen Klasse mit einer anderen latenten Interessenstruktur kommt - und kann so gut auf sein weiteres Wohlverhalten hin beobachtet werden.

Bestimmte kulturelle Virtuositäten und Insignien fungieren daher oft als ein sehr wertvolles kulturelles *Kapital* für die damit versehenen Akteure und Gruppen. Ihr Erwerb ist daher keine unschuldige Angelegenheit des Kunstverstandes oder der Beherrschung von Eßsitten, sondern ein stets knappes und strategisch eingesetztes Mittel im Konkurrenzkampf um die Kontrolle an den interessanten Gütern der Gesellschaft.

Die Monopolisierung des kulturellen Kapitals tritt in Gesellschaften, in denen der Status nicht mehr sicher vererbt werden kann, an die Stelle früherer Formen der Absicherung von Privilegien - wie bei Adelsprädikaten oder bei rassischen und ethnischen Merkmalen. Seine Wirkung ist aber die gleiche wie bei offenen Praktiken der Schließung. "Geschlossene Gesellschaften" gibt es nach wie vor - gerade auch dort, wo die Klassengrenzen scheinbar offen sind und jedermann glaubt, den Marschallstab im Tornister zu haben.

Nicht immer haben Gruppen, die die Herrschaft in einer Gesellschaft übernehmen, unmittelbar ein Interesse an der Schließung ihrer Position. Es gibt aber eine - aus den geschilderten Umständen gut nachvollziehbare - ausgeprägte, "strukturell bedingte", stets wirksame, latente Tendenz zu einer solchen ständischen, ja kastengemäßen Etablierung eines geschlossenen Systems der Privilegierung. Diese Tendenzen haben eine umso größere Kraft, je länger die Privilegierung bereits andauert und es Gelegenheiten gibt, ertragreiche soziale Beziehungen untereinander einzurichten.

Kurz: Je stabiler die Umgebung ist, in der sich um die ehemals rein institutionell bedingten Kontroll- und Interessen-Unterschiede ein Kranz von Vergemeinschaftungen, von Virtuosenregeln und Insignien des kulturellen Kapitals herausbilden kann, umso stärker werden die Schließungstendenzen. Längere Phasen der gesellschaftlichen Stabilität erzeugen mit fast eherner Sicherheit ständische Schließungen - auch dort, wo die übergreifende Verfassung der Gesellschaft auf Offenheit und formale Gleichheit angelegt ist.

Soziale Schichtung

Bisher haben wir mit den Klassen, den Ständen und den Kasten deutlich abgrenzbare Kollektive von Akteuren betrachtet. Unter *sozialer Schichtung* werden Aggregate von Akteuren verstanden, die sich in Hinsicht auf die Kontrolle der jeweils interessanten Ressourcen unterscheiden, dabei aber untereinander *keine* deutlichen Abstufungen und Klumpungen erkennen lassen, sondern sich *graduell* - etwa in den "Variablen" Einkommen, Bildungsgrad oder Berufsprestige - unterscheiden.

Typischerweise sind soziale Schichten (bloße) *Aggregate*; das heißt: *Institutionalisierte* Schließungen, Interaktionen oder Lebensstile gibt es dort *nicht*.

Faktische Regelmäßigkeiten von Lebensweisen und insbesondere die Homogamie nach Bildung kommt jedoch auch bei sozialer Schichtung durchaus vor: Frauen heiraten - im großen Durchschnitt - die Schichtungsleiter nur ein wenig hinauf; und Heino wird auch in der offensten Schichtungsgesellschaft nicht überall ertragen.

Das Besondere an den modernen Gesellschaften ist aber gerade dies: die Verdünnung und *De-Institutionalisierung* aller "ständischen" Elemente, die sich zwischen den verschiedenen Gruppen der Interessen- und Kontroll-Strukturen der Gesellschaft auf irgendeine Weise noch erhalten haben mögen, und die *"Individualisierung"* der Menschen als Auflösung der Zugehörigkeiten zu fest zugeordneten Kollektiven[16] - mit zum Teil ganz einzigartigen Kombinationen der Verflechtung in die Interessen- und Kontroll-Strukturen einer Gesellschaft.

Soziale Schichten sind oft - aber nicht zwingend - durch die Überkreuzung verschiedener Dimensionen der Ressourcenkontrolle gekennzeichnet: Immobilienmakler genießen ein relativ geringes Ansehen, verdienen dafür aber (meist) sehr viel Geld. Professoren der

---

[16] Ulrich Beck, Jenseits von Stand und Klasse? Soziale Ungleichheiten, gesellschaftlicher Individualisierungsprozeß und die Entstehung neuer sozialer Formationen und Identitäten, in: Reinhard Kreckel (Hrsg.), Soziale Ungleichheiten (Sonderband 2 der Sozialen Welt), Göttingen 1983, S. 35-74; Ulrich Beck, Risikogesellschaft, Frankfurt/M. 1986.

Soziologie sind meist gebildet, haben aber ein - im Vergleich etwa zu Physikern - geringes Berufsprestige und - im Vergleich zu Medizinern - auch geringes Einkommen. Für das Auseinanderfallen der verschiedenen Dimensionen der Kontroll-Struktur bei einer Teilgruppe oder einer Person wurde der Begriff der *Status-Inkonsistenz* eingeführt. Der Gegenbegriff ist der der *Status-Kristallisation*. Bei Klassen, Ständen und Kasten ist typischerweise eine starke Statuskristallisation gegeben.

Soziale Ungleichheit

Das gesamte System der Interessen- und der Kontroll-Struktur, der Prestige-Struktur und der kulturellen Struktur einer Gesellschaft sei als das System der *sozialen Ungleichheit* einer Gesellschaft bezeichnet. Soziale Ungleichheit bezieht sich also auf die institutionell definierte Ungleichheit zwischen abgrenzbaren *Kollektiven* von *Akteuren*: soziale Klassen, Stände, Kasten und Quasi-Kasten, soziale Schichtung.

Die soziale *Ungleichheit* darf also *nicht* mit der sozialen *Differenzierung* einer Gesellschaft verwechselt werden; diese bezieht sich ja auf die - von der sozialen Ungleichheit der Akteure logisch *unabhängige* - Verteilung von *funktional* unterschiedlich definierten *Sphären* der Gesellschaft. Das Auseinanderfallen von sozialer Differenzierung und sozialer Ungleichheit ist typisch für die modernen, funktional differenzierten Gesellschaften (vgl. Kapitel 24). In den stratifikatorisch differenzierten Gesellschaften fällt das System der sozialen Ungleichheit mit dem der sozialen Differnzierung zusammen. Segmentär differenzierte Gesellschaften besitzen weder eine (ausgeprägte) soziale Differenzierung noch eine (besondere) soziale Ungleichheit.

Im System der sozialen Ungleichheit einer Gesellschaft spiegeln sich die verschiedenen - latenten wie manifest werdenden - Linien systematischer Interessen- und Kontroll-Unterschiede und damit die Linien der (latenten) strukturellen Spannungen in einer Gesellschaft wider. Diese strukturell erzeugten Konfliktlinien werden auch als *cleavages* bezeichnet. Das System der cleavages einer Gesellschaft beschreibt in typisierender Weise den Grad, in dem die Gruppen in unterschiedlichem Maße über die Mittel verfügen, ihre jeweils spezifischen Interessen zu bedienen, oder eben zu alternativen Mitteln greifen müssen, um die Interessen zu verwirklichen.

Die Struktur des Systems der sozialen Ungleichheit - als Sammelbegriff für die Unterschiede in der Interessen- und Kontroll-Struktur einer Gesellschaft mitsamt ihren bewertenden und kulturellen Begleiterscheinungen - bildet somit den Kern der "objektiven" Spannungen in einer Gesellschaft, die sich mittelfristig auch dann durchsetzen - so glaubt die strukturelle Soziologie -, wenn die Menschen ein ganz anderes Bewußtsein haben.

Intermediäre Instanzen: Die korporative Struktur der Gesellschaft

Gruppen mit unterschiedlichen Interessen, insbesondere solche, die sich in der Durchsetzung ihrer Interessen bedroht fühlen, ihre Position in der Kontroll-Struktur absichern wollen oder - möglicherweise - eine gänzlich andere Verfassung der Gesellschaft anstreben, bilden - manchmal, keineswegs immer - eigene Organisationen zur Bündelung ihrer Ressourcen und zur Verbesserung der Chancen auf Durchsetzung ihrer Interessen. Diese und alle anderen, an typischen Interessen orientierten und daraufhin gebildeten Organisationen seien als die *korporative Struktur* einer Gesellschaft bezeichnet.

Die korporative Struktur einer Gesellschaft - vor allem: *Verbände* und *Parteien* - bildet die *Zwischen-* oder *Meso-Ebene* (vgl. auch Abschnitt 6.3) zwischen den übergreifenden Eigenschaften und Institutionen einer Gesellschaft - insbesondere denen der politischen Herrschaft und der funktional ausdifferenzierten Sphären - und den kollektiven Kategorien bzw. den individuellen Akteuren. Die Einheiten der korporativen Struktur - die *Körperschaften* bzw. die *korporativen Akteure* der Parteien und Verbände - werden gelegentlich auch als *intermediäre Instanzen* bezeichnet. Gewerkschaften und Arbeitgeberverbände, die Kirchen und die Wohlfahrtsinstitutionen, der ADAC und der Hartmannbund, die politischen Parteien u.a., kurz: die "gesellschaftlich relevanten Gruppen", gehören alle zur korporativen Struktur. Man kann sie bei der Ein- und Ausfahrt in den Bonner Hauptbahnhof (noch) gut abzählen.

In modernen Gesellschaften ist die Vermittlung zwischen der Verfassung einer Gesellschaft und der Mikro-Ebene der Lebenswelt der Akteure über diese intermediären Instanzen immer bedeutsamer geworden. Sie bündeln *und* überkreuzen Interessen und Kontrollen von Akteuren und Gruppen gleichzeitig - und verhindern so das Entstehen scharf konturierter Unterschiede in der Interessen- und Kontroll-Struktur. Diese Überkreuzung bedeutet nichts anderes als die *Institutionalisierung* von *strukturell* verankerten *Interdependenzen*: Jeder hat (auch) Kontrolle über Ressourcen, die den anderen interessieren; jeder ist interessiert an Ressourcen, über die er keine (alleinige) Kontrolle hat. Alleine dadurch wird verhindert, daß die Interessen nur einer Gruppe bedient werden.

Alles liegt aber an der Art der Institutionalisierung der Interdependenzen auf der Meso-Ebene. Parteien und Verbände, die nur die Interessen der herrschenden Kaste nach unten weiterleiten, funktionieren keineswegs integrativ, sondern eher konfliktverschärfend - oder apathisierend. Intermediäre Instanzen, die nicht einfach nur der verlängerte organisatorische Arm der herrschenden Stände einer Gesellschaft sind - wie in der ehemaligen DDR -, sondern die Interessen aller sozialen Klassen und Gruppen in ein System der Überkreuzung von Mitgliedschaften und Einflußmöglichkeiten bringen, sind aber ein wichtiges integratives Moment, gerade in komplexen Gesellschaften mit starker funktionaler Differenzierung. Sie sind in ihrer Funktion mit den Wirkungen der weak ties in Netzwerken zu vergleichen.

Die meisten der latent integrierenden weak ties der gesellschaftlich wichtigen Akteure werden außerdem über die organisationelle Struktur der intermediären Instanzen einer Gesellschaft hergestellt. Über die - im Prinzip von den Akteuren frei wählbare - Zugehörigkeit zur korporativen Struktur werden - in der Tendenz jedenfalls - Status-Kristallisationen gemildert oder ganz aufgelöst - bis hin zu dem Fall, daß Gewerkschaftsführer das Insider-Wissen der Kapitalisten nutzen können, um damit an der Börse spekulieren zu können. Bevor man sich darüber allzu sehr moralisch entrüstet: Solche Fälle sind auch die Folge davon, daß sich die cleavages der Gesellschaft durch die Überkreuzungen der korporativen Strukturen tatsächlich entschärft haben.

Durch die "strukturelle" Anordnung der mehrfachen Interessenüberkreuzung bei den intermediären Instanzen ist ein wichtiges *strukturelles* Gegengewicht gegen die stete Gefahr einer Verschärfung der cleavages und der ständischen Schließungen durch die jeweils privilegierten Gruppen geschaffen. Moderne Gesellschaften beziehen eine ihrer erstaunlichsten strukturellen Eigenschaften daraus: eine hochflexible Stabilität ihrer Grundstrukturen auf der Basis einer starken Mobilisierung aller Akteure und Gruppen, die sich immer wieder in den sehr verschiedenen und widersprüchlichen Kontexten der Meso-Ebene wiederfinden, somit nie ganz zufrieden, aber auch nie ganz unzufrieden, und die bei eventuell doch bestehenden Umsturzgelüsten zwar nie ganz alleine sind, sich aber auch nie ganz in festen und verläßlichen Koalitionen wiederfinden können.

Die korporative *Komplexität* der Gesellschaft ist so gerade die *Garantie* für ihre Strukturflexibilität. Auf der Strecke bleiben dabei freilich oft die Kollektive von Akteuren, die zwar auch ganz massive Interessen haben, aber nicht dazu kommen, ihre Interessen auch in einer solchen Korporation zu organisieren: Hausfrauen, Arbeitslose, Studenten und Obdachlose gehören dazu. Sie sind die Verlierer in dem Überkreuzungssystem der intermediären Instanzen und der (neo-)korporativen Interessenverflechtungen der komplexen Gesellschaft. Von ihnen geht aber auch (meist) kaum eine Gefahr für das "System" der Gesellschaft aus.

25.2.4 Die Super-Struktur der Gesellschaft

Keineswegs immer befinden sich die Ebenen und Bereiche der sozialen Struktur einer Gesellschaft in Gleichgewicht und Harmonie miteinander. Lange Zeit ist die Soziologie davon ausgegangen, daß jede Gesellschaft - neben Infra-Struktur und sozialer bzw. institutioneller Struktur - unbedingt noch einer weiteren strukturellen Ebene bedürfe, damit sich das Gleichgewicht der sozialen Struktur und das der Gesellschaft insgesamt herausbilden und erhalten lasse: Es müsse ein eigenes System übergreifender und allgemein geteilter Werte geben, an dem sich die Akteure in ihrem Handeln orientieren. Kurz: Gesellschaften beruhen - so wenigstens in der alteuropäischen Sichtweise - auch darauf, daß die Akteure den Sinn der Verfassung der Gesellschaft einsehen. Diese Ebene der "letzten" Sinngebung und der "telischen" Legitimation der institutionellen Ordnung einer Gesellschaft sei als die *Super-Struktur* der Gesellschaft bezeichnet.

Die Super-Struktur der Gesellschaft umfaßt vor allem das cultural system der übergreifenden Legitimationen und der "letzten" Werte, in die die Verfassung und das Herrschaftssystem der Gesellschaft eingebettet sind. Sie macht den Akteuren plausibel, warum die betreffende Verfassung der Gesellschaft - so wie sie besteht - "richtig" *und* "gerecht" ist und warum sie die Unterstützung aller Menschen auch dann verdient, wenn es soziale Ungleichheiten und - scheinbare - Benachteiligungen gibt, sowie - nicht zuletzt - daß es ohnehin aussichtslos ist, sich gegen die letzte Instanz der Sinngebung aufzulehnen.

Im Konkreten besteht die Super-Struktur einer Gesellschaft aus der Gesamtheit des kollektiv geteilten Wissens, der übergreifenden Weltbilder und Weltanschauungen, die diese Legitimation herstellen. Die Religion ist die wichtigste und die wirksamste Erfindung der Menschen zu diesem Zweck gewesen, weil sie die Legitimität der Gesellschaft in dem unantastbaren Bereich des Sakralen verankert (siehe dazu das folgende Kapitel 26, insbesondere Abschnitt 26.1).

Die gesellschaftlichen Träger dieser Leistung der übergreifenden Sinngebung der sozialen Struktur sind die besonderen Institutionen der Interpretation und das gesamte Deutungsgewerbe einer Gesellschaft wie die Kunst, die nicht-erklärenden Sozialwissenschaften, die Philosophie, die Pädagogik, die Moraltheologie oder bestimmte Varianten der politischen Wissenschaft, die Literatur, die Massenmedien und die vielen Formen der Sinnproduktion durch Intellektuelle und sonntagsredende Nobelpreisträger und Bundespräsidenten (zum Beispiel).

Die Super-Struktur einer Gesellschaft ist der Überbau, der sich über den Gegebenheiten der Infra-Struktur und der sozialen Struktur als legitimierender und sinnstiftender Rahmen wölbt. Der Begriff "Überbau" stammt von Karl Marx. Im "achtzehnten Brumaire des Louis Bonaparte" steht die eine berühmte Formulierung dazu:

"Auf den verschiedenen Formen des Eigentums, auf den sozialen Existenzbedingungen erhebt sich ein ganzer *Überbau* verschiedener und eigentümlich gestalteter Empfindungen, Illusionen, Denkweisen und Lebensanschauungen."[17]

Und im Vorwort zur "Kritik der Politischen Ökonomie" findet sich die andere bekannte Stelle über den Zusammenhang von Infra-Struktur, sozialer

---

[17] Karl Marx, Der achtzehnte Brumaire des Louis Bonaparte, in: MEW 8, Berlin 1960, S. 139; Hervorhebung nicht im Original.

bzw. institutioneller Struktur und Super-Struktur (in der hier gewählten Terminologie):

"In der gesellschaftlichen Produktion ihres Lebens gehen die Menschen bestimmte, notwendige, von ihrem Willen unabhängige Verhältnisse ein, Produktionsverhältnisse, die einer bestimmten Entwicklungsstufe ihrer materiellen Produktivkräfte entsprechen. Die Gesamtheit dieser Produktionsverhältnisse bildet die ökonomische Struktur der Gesellschaft, die reale *Basis*, worauf sich ein juristischer und politischer *Überbau* erhebt und welcher bestimmte gesellschaftliche Bewußtseinsformen entsprechen."[18]

Die "materiellen Produktivkräfte" entsprechen der Infra-Struktur, die "Produktionsverhältnisse" der sozialen Struktur und der "Überbau" der Super-Struktur einer Gesellschaft. Der Satz darf - auch schon in der deutlichen Formulierung bei Karl Marx - nicht so verstanden werden, als sei dieser Überbau für die Konstitution der Gesellschaft mehr oder weniger bedeutungslos und ändere sich mit jeder kleinen Variation in der Infra-Struktur. Damit ist auch immer gesagt, daß die Ebene der Infra-Struktur und die der sozialen und institutionellen Strukturen alleine nicht ausreichen, um die Strukturen einer Gesellschaft zu beschreiben und daß der Überbau eine wichtige Funktion für die Aufrechterhaltung der jeweiligen Gesellschaftsformation hat. Andererseits legt sich Karl Marx schon sehr fest:

"Die Produktionsweise des materiellen Lebens bedingt den sozialen, politischen und geistigen Lebensprozeß überhaupt. Es ist *nicht* das Bewußtsein der Menschen, das ihr Sein, sondern umgekehrt ihr gesellschaftliches Sein, das ihr Bewußtsein bestimmt." (MEW 13, S. 8f.; Hervorhebung nicht im Original)

Dieser Gedanke ist der Kern der materialistischen Variante der strukturellen Soziologie - im Unterschied zu den idealistischen Vorstellungen, wonach die Konstitution der Gesellschaft letztlich von ihrem moralischen Rahmen und von den "letzten" Werten abhänge.

Die strukturellen Ebenen der Gesellschaft im Überblick

Eine Gesellschaft "besteht" aus drei typisch unterschiedlichen, aber eng aufeinander bezogenen, sich wechselseitig ermöglichenden wie gleichzeitig begrenzenden strukturellen Ebenen: die Ebene der Infra-Struktur; die Ebene der sozialen und der institutionellen Struktur; und die Ebene der Super-Struktur.

---

[18] Karl Marx, Vorwort zur "Kritik der Politischen Ökonomie", MEW 13, S. 8; Hervorhebungen nicht im Original.

458 Gesellschaft

Die *Infra-Struktur* umfaßt die *materiellen* und *technischen* Bedingungen der Produktion und der Reproduktion. Die *soziale* und die *institutionelle* Struktur besteht zusammengefaßt aus den Mustern der *gesellschaftlichen Organisation* der Produktion und Reproduktion. Und die *Super-Struktur* enthält die legitimierenden und orientierenden "letzten" *Werte* und *Sinnordnungen*.

Bei der *sozialen Struktur* können die *Verteilungs-*, die *Interdependenz-* und die *Beziehungsstruktur* unterschieden werden. Die *institutionelle Struktur* umfaßt ihrerseits drei verschiedene Dimensionen: die *soziale Differenzierung* als das Muster der institutionalisierten funktionalen Sphären der Gesellschaft; die *soziale Ungleichheit* als die Gesamtheit der Unterschiede zwischen den Kollektiven von Akteuren in einer Gesellschaft; und die *korporative Struktur* als die Ebene der Parteien, Verbände und anderen Körperschaften einer Gesellschaft.

Bei der *sozialen Ungleichheit* lassen sich wiederum eine vertikale Dimension der Unterschiede in der Kontrolle über die jeweils interessanten Ressourcen, die *Kontroll-* und *Interessen-Struktur*, und eine horizontale Dimension der Lebensweisen, Lebensstile und kulturellen Praktiken, die *kulturelle Struktur*, unterscheiden. Hinzu tritt die Dimension der *Prestige-Struktur*, die die kulturelle Struktur und die Kontroll- und Interessen-Struktur in ein einheitliches System der Bewertung der verschiedenen Gruppen und ihrer Lebensweisen bringt. *Klassen*, *Stände*, *Kasten* und *Quasi-Kasten* sowie *soziale Schichten* sind typische Muster der institutionellen Regelung der sozialen Ungleichheit in einer Gesellschaft.

Das gesamte "System" der Strukturen sei der besseren Übersicht wegen in einem Diagramm - mit der Super-Struktur "oben" - noch einmal zusammengefaßt (vgl. Abbildung 25.4).

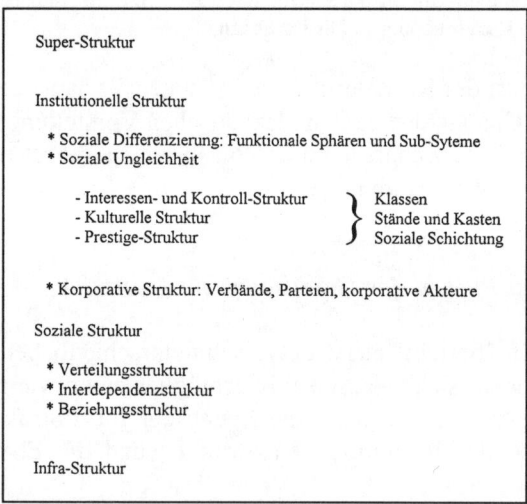

Abb. 25.4: Die strukturellen Ebenen der Gesellschaft

Die Strukturen der Gesellschaft stehen nicht beziehungslos nebeneinander: Keine Ebene ist ohne die andere denkbar oder isoliert austauschbar oder änderbar. Und keine Ebene hat eine besondere Priorität. Änderungen geschehen immer nur als Änderungen der kompletten "*Gestalt*" von Infra-Struktur, sozialer und institutioneller Struktur und Super-Struktur einer Gesellschaft.

25.3 Das System der gesellschaftlichen Strukturen

Infra-Struktur, soziale bzw. institutionelle Struktur und Super-Struktur der Gesellschaft bilden ein interdependentes, sich wechselseitig stützendes *Gesamt*-System, bei dem sich die Infra-Struktur auf die materiellen Bedingungen, die soziale Struktur auf die soziale Koordinationen und die Super-Struktur auf die übergreifende Steuerung und Integration beziehen. Dieses System entsteht als Reaktion auf die technischen Möglichkeiten der jeweiligen Infra-Struktur zur Bewältigung von Produktion und Reproduktion über einen evolutionären bzw. auch revolutionären Prozeß der Ausbildung sozialer Institutionen und legitimierender Werte, die miteinander verträglich sind und nicht im Widerspruch zu den Möglichkeiten der Infra-Struktur stehen.

Der dynamische Kern: Knappheiten und materielle Restriktionen

Die strukturell orientierte Soziologie geht, am deutlichsten in ihren ökonomischen und "materialistischen" Varianten, davon aus, daß der Kern der Dynamik gesellschaftlicher Veränderungen in dem Wandel der Knappheitsrelationen zwischen den verschiedenen Alternativen des Handelns und der Orientierung, also: in der *materiellen* Basis, in der Infra-Struktur einer Gesellschaft liegt. Ein Wandel des Gesamtsystems der Strukturen einer Gesellschaft ist dann zu erwarten, wenn die inneren strukturellen Spannungen zunehmen und wenn es eine Alternative gibt, diese Spannungen zu beseitigen.

Der Grund dafür ist nicht schwer einzusehen: Die materielle Basis bildet den Rahmen der Restriktionen an allein schon technisch gegebenen Möglichkeiten. Beispielsweise ist eine mächtige staatliche Verwaltung nur dort möglich, wo so viel surplus produziert wird, daß es dazu auch die nötigen freien Mittel gibt. Es kommt ein wichtiger Gedanke hinzu: Die Infra-Struktur einer Gesellschaft kann sich sehr viel leichter und rascher ändern als die soziale bzw. die institutionelle Struktur; und erst recht leichter und rascher als ein legitimierendes Wertesystem der Super-Struktur: durch Erfindungen und Entdeckungen, durch die Übernahme von technischem Wissen, das anderswo gewonnen wurde, durch Änderungen in der natürlichen Umgebung, etwa durch Naturkatastrophen oder das Finden von Bodenschätzen u.a.

Warum es diese materiellen Änderungen sind, die letztlich den Weg des gesamten Systems beeinflussen, ist auch leicht nachzuvollziehen: Mit dem Wandel der relativen Knappheiten für die verschiedenen Alternativen der Organisation von Reproduktion und Produktion ändern sich Kosten-Nutzen-Relationen für die in ihrer alltäglichen Lebenswelt nach Problemlösungen suchenden und nach Ressourcenersparnis immer verlegenen Akteure. Gibt es solche besseren Lösungen für wiederkehrende Probleme einmal, dann läßt sich mittelfristig auch mit einer bisher noch so effizienten institutionellen Struktur und mit einem bislang noch so überzeugenden und Sinn vermittelnden kulturellen Überbau nicht mehr weiter reibungs- und verlustlos agieren. Auch wenn die "Werte" einstweilen noch anders aussehen: Sie verlieren - allmählich - ihre Überzeugungskraft angesichts deutlich veränderter "materieller" Bedingungen (siehe dazu die Erklärung der Veränderungen beim generativen Verhalten in Kapitel 19).

Das heißt dann aber, daß die einmal für eine gegebene Infra-Struktur gefundenen sozialen Lösungen und Legitimationen u.U. mit der "neuen" Infra-Struktur nicht mehr verträglich sind und mit ihnen in Widerspruch geraten können. Und dies hat zur Folge, daß sich aus den gegebenen strukturellen Spannungen nachhaltige Tendenzen zu einer Umgestaltung der sozialen Organisation und der legitimierenden Werte ergeben - einfach weil die Infra-Struktur jetzt Dinge möglich macht, an die vorher nicht zu denken war und weil in der neuen Situation nun die Werte ihren Sinn und die Institutionen ihre Leistungsfähigkeit und Legitimität verlieren, woran zuvor niemand auch nur im Traume gezweifelt hätte.

Die Bedeutung der materiellen Infra-Struktur für die soziale Organisation einer Gesellschaft und für deren Wandel hat - darauf wurde oben bereits hingewiesen - insbesondere Karl Marx in seiner Sozialtheorie herausgestellt. Das ist noch untertrieben. Es ist der Kern des von ihm entwickelten *Historischen Materialismus*.

Bei Marx heißt die Infra-Struktur "Produktivkraft", die soziale bzw. die institutionelle Struktur nennt er "Produktionsverhältnisse" und die Super-Struktur "Überbau". Die wichtigste Produktivkraft sind nach Marx die Arbeit der Menschen und die dabei eingesetzten Produktionsmittel. Die Produktionsverhältnisse bilden das System gesellschaftlicher Beziehungen, die die Menschen im Prozeß der materiellen Produktion eingehen. Damit sind in erster Linie Eigentumsverhältnisse - die rechtliche Stellung zu den Produktionsmitteln - gemeint. Und aus beidem ergibt sich die Grundstruktur der jeweiligen Gesellschaft:

"Die Produktionsverhältnisse in ihrer Gesamtheit bilden das, was man die gesellschaftlichen Verhältnisse nennt, und zwar eine Gesellschaft auf einer bestimmten

Entwicklungsstufe, eine Gesellschaft, mit eigentümlichem, unterscheidendem Charakter."[19]

Ein bestimmter Entwicklungsstand der Produktivkräfte erfordert eine bestimmte "Stufe" der Produktionsverhältnisse. Die Produktionsverhältnisse sind in dieser Phase sogar eine Bedingung der vollen "Entfaltung" der mit den Produktivkräften gegebenen Möglichkeiten:

"Die sozialen Verhältnisse sind eng verknüpft mit den Produktivkräften. Mit der Erwerbung neuer Produktivkräfte verändern die Menschen ihre Produktionsweise, und mit der Veränderung der Produktionsweise, der Art ihren Lebensunterhalt zu gewinnen, verändern sie alle ihre gesellschaftlichen Verhältnisse. Die Handmühle ergibt eine Gesellschaft mit Feudalherren, die Dampfmühle eine Gesellschaft mit industriellen Kapitalisten."[20]

Dieser Prozeß geht aber nicht allmählich, sondern unter Spannungen und Brüchen vor sich. Der Grund ist die oben bereits genannte technische Gegebenheit: Die Produktivkräfte bilden im Vergleich zur - interessen-, herrschafts- und wertbedingten - Trägheit der gesellschaftlichen Verhältnisse das beweglichere, rascheren Veränderungen unterworfene Moment. Passen die gegebenen Produktionsverhältnisse (sprich: Eigentumsverhältnisse) nicht mehr zu den veränderten Produktivkräften, kommt es daher zu strukturellen Widersprüchen, sozialen Konflikten und schließlich zu Umwälzungen - Revolutionen - in der Institutionalisierung der Eigentumsverhältnisse:

"Auf einer gewissen Stufe der Entwicklung geraten die materiellen Produktivkräfte der Gesellschaft in Widerspruch mit den vorhandenen Produktionsverhältnissen oder, was nur ein juristischer Ausdruck dafür ist, mit den Eigentumsverhältnissen, innerhalb deren sie sich bisher bewegt hatten. Aus Entwicklungsformen der Produktivkräfte schlagen diese Verhältnisse in Fesseln derselben um. Es tritt dann eine Epoche sozialer Revolution ein."

Entscheidend sind die Änderungen der materiellen Basis:

"Mit der Veränderung der ökonomischen Grundlage wälzt sich der ganze ungeheure Überbau langsamer oder rascher um."

Und dabei spielt das "Bewußtsein", das die Menschen von diesem "historischen" Prozeß haben, nur eine sehr untergeordnete Rolle:

"Sowenig man das, was ein Individuum ist, nach dem beurteilt, was es sich selbst dünkt, ebensowenig kann man eine solche Umwälzungsepoche aus ihrem Bewußtsein beurteilen, sondern muß vielmehr dies Bewußtsein aus den Widersprüchen des materiellen Lebens, aus dem vorhandenen Konflikt zwischen gesellschaftlichen Produktivkräften und Produktionsverhältnissen erklären." (Alle drei Zitate in MEW 13, S. 9)

---

[19] Karl Marx, Lohnarbeit und Kapital, in: MEW 23, S. 408.
[20] Karl Marx, Das Elend der Philosophie, in: MEW 4, S. 130.

Die Träger dieser Widersprüche sind nach Marx die sozialen Klassen mit ihren, durch die jeweilige Eigentumsordnung typisch unterschiedlichen Interessen und Möglichkeiten. Da diese Eigentumsordnung objektiv vorliegt, gibt es die Klassen jeweils auch objektiv, auch wenn die Menschen dieser Gruppierungen davon nichts wissen. Die Entstehung eines subjektiven Bewußtseins um die objektive Klassenlage, eines Klassenbewußtseins also, ist für Marx die Voraussetzung zur - revolutionären - Änderung des gesamten gesellschaftlichen Systems.

Hierzu - zum Umschlag der unbewußten, nur objektiv bestehenden *Klasse an sich* in die bewußte *Klasse für sich* und in den revolutionären Akt der *Klasse an und für sich* - kommt es laut Marx allerdings mit historischer Notwendigkeit: Die Grundlage sind ja nicht irgendwelche Nebelgespinste kultureller Werte, sondern die harten Restriktionen - und die Möglichkeiten! - der veränderten materiellen Basis der Gesellschaft.

Die letzte Grundlage aller gesellschaftlichen Prozesse bleiben nach Karl Marx also immer die materiellen Bedingungen. Von hier gehen alle Änderungen aus. Die Werte der Gesellschaft sind nur ihr Überbau. Sie sind "Reflex" der materiellen Bedingungen. Nach Marx sind die Wechselbeziehungen zwischen Produktivkräften und Produktionsverhältnissen die letzte treibende Ursache der Entstehung und des Verfalls von Gesellschaftstypen. Auf dieser Grundlage - der Dialektik von Produktivkräften und Produktionsverhältnissen - beruht seine Theorie des - gerichteten und "gesetzmäßigen" - Wandels von Gesellschaften (vgl. dazu Kapitel 29).

Damit hat Karl Marx nicht nur - wie er selbst sagte - die idealistische Dialektik von Hegel "vom Kopf auf die Füße gestellt", sondern - historisch vorausgreifend - auch das am cultural system ansetzende theoretische Gebäude von Talcott Parsons und das kybernetische Modell des klassischen Struktur-Funktionalismus (vgl. dazu Kapitel 23): Es sind in dieser Sichtweise eben *nicht* die kulturellen Werte, angrenzend an das telische System einer "letzten Realität", von denen her die Steuerung und Entwicklung der Gesellschaft letztlich erfolgt. Die materiellen Bedingungen geben danach nicht nur die Energie und die Anregung zur Bildung des allgemeinen Handlungssystems, einschließlich der Bildung von Gesellschaften, sondern auch die schließliche Richtung der Entwicklung der sozialen Strukturen der Gesellschaft der Menschen vor.

Die Steuerung des Systems: Werte und Ideen

Die Einseitigkeit dieser strikt materialistischen Sichtweise hat mit dem Grundproblem der antagonistischen Kooperation, mit der Weltoffenheit und mit dem grundlegenden Opportunismus der Menschen zu tun. *Jede* einmal gefundene soziale Organisation bedarf der Absicherung gegen den immerwährenden Opportunismus der Menschen und gegen die immer drohenden, das bisherige Struktursystem stets gefährdenden, externen Effekte. Und dazu sind - zumindest in den nicht-komplexen alteuropäischen Gesellschaften der segmentären und der stratifikatorischen Differenzierung - Werte oder andere legitimierende Formen der Steuerung einer Gesellschaft erforderlich, damit nicht bei jedem kleinen externen Schock und bei jeder unscheinbaren Änderung der relativen Knappheiten eine einmal gefundene soziale Organisation gleich wieder verfällt.

Insofern wird die Grundüberlegung des Modells der kybernetischen Steuerung, wie es Talcott Parsons formuliert hatte (vgl. Kapitel 23), durchaus plausibel - als Orientierungshypothese und als "Korrektur" einer einseitig materialistischen Deutung: Die soziale und die institutionelle Struktur der Gesellschaft der Menschen müssen immer in ein abgestimmtes System von materiellen Opportunitäten einerseits *und* in Vorgänge der kulturellen Definition der Situation andererseits eingebettet sein und jeweils "von oben" mit Steuerung und "von unten" mit Energie versorgt und gesichert werden. Knappheiten *und* kulturelle Werte und Ideen bilden das System der Gesellschaft.

Interessen, Institutionen und Ideen

Dies wird sofort einsichtig, wenn die Art der Entstehung der kulturellen Werte genauer betrachtet wird: Der Überbau, die Super-Struktur der kulturellen Werte, die die jeweiligen institutionellen Regelungen legitimieren und so gegen innere Spannungen auch dauerhaft absichern, fällt *nicht* vom Himmel der letzten Realität. Das telische System der letzten Werte besteht *nicht* unabhängig von Infra-Struktur und sozialer bzw. institutioneller Struktur. Deutlicher gesagt: Auch das System der Werte und Ideen ist die Folge einer *Selektion*.

Der Gedanke ist eigentlich sehr einfach: Nicht alle Werte sind für eine gegebene Infra-Struktur und für eine darauf aufgebaute soziale und institutionelle Struktur gleichermaßen selegierbar und sinnvoll. Wenn die Umwelt merklich von externen Effekten der Industrieproduktion tangiert wird und dies auch im Alltag spürbar wird, dann verlieren zuvor fraglos gültige Werte, etwa der Segnungen einer hemmungslosen Naturunterwerfung unter den Wert des Materialismus, ihre Überzeugungskraft. Und andere postmaterialistische Werte erscheinen plötzlich als einzig sinnvolle

Orientierung, vor denen die Werte der alten Materialisten, die freilich auch ganz andere Sorgen hatten, kaum noch auf Verständnis stoßen.

Auch Werte werden also in gewisser Weise *gewählt*. Und auch hier gilt die inzwischen wohlbekannte Regel: Gewählt werden solche Werte, die angesichts der gegebenen materiellen und sozialen Bedingungen die höchste Plausibilität und den maximalen Grad an Sinngebung entfalten.

Dies mag etwas zu aktivistisch klingen. Zumindest kann aber gelten, daß Werte nach ihrer evolutionären Reproduktionsfähigkeit selegiert werden und sich in einem längeren Selektionsprozeß gegen alternative Werte durchsetzen. Traditionale Werte in einem System mit geringen technischen Möglichkeiten und einer fest fixierten sozialen Ordnung bilden für jedermann eine einsehbare Legitimation, und demokratische Werte können dort nur auf Unverständnis stoßen. Dies ist ganz anders in Gesellschaften, in denen sich nahezu täglich etwas ändert und in denen jedermann deutlich erkennt, daß er in enger Interdependenz mit dem Handeln anderer Akteure steht und darauf angewiesen ist, daß es mit ihnen - wenigstens im Prinzip - eine diskursive Verständigung geben kann.

Wie die Evolution von Werten bzw. eines Gesamtsystems von Infra-Struktur, sozialer und institutioneller Struktur und Super-Struktur im Prinzip vonstatten gehen könnte, ist auch unschwer vorstellbar. Mutationen bei Werten gibt es jederzeit - auch dann, wenn sie vor dem Hintergrund einer gegebenen Basis zunächst ganz absonderlich oder sogar gefährlich erscheinen: Ketzer, Propheten und charismatische Führer gibt es potentiell und aktuell immer. Aber sie haben meist keinen Erfolg. Ihre Anregungen bleiben fast immer letal. Mit der Erfindung der Schrift konnten sogar große Vorräte an Ideen aufgehäuft werden, die lange Zeit schlummern mögen, aber jederzeit (re-)aktiviert werden können, wenn die Zeit reif dafür ist. Ändert sich aber die Basis, dann werden sowohl die dafür potentiell passenden Wert-Mutationen zunehmen wie auch gleichzeitig die Bereitschaften, andere Werte zu suchen und anstelle der nun nicht mehr passenden zu selegieren.

Welche Idee, welcher Wert sich schließlich im Verein mit den konkomitant sich ändernden Ebenen der Infra-Struktur und der sozialen Struktur durchsetzt, ist nur im Prozeß der Genese des gesamten Systems und nur im Gesamtzusammenhang aller drei Ebenen rekonstruierbar. Dies ist nicht anders als bei jeder anderen Erklärung einer Evolution.

Wie bei der differentiellen Reproduktion von Genen läßt sich der Prozeß der Verbreitung von kulturellen *Memen* (vgl. Kapitel 11) aber durchaus nomologisch, als ein Ergebnis von Mutation und Selektion durch differentielle Reproduktion genetisch bzw. evolutionär erklären: Es setzen sich solche Werte und Ideen durch, bei denen das Gesamtsystem von Infra-Struktur, sozialer bzw. institutioneller Struktur und Super-Struktur die besten Chancen der differentiellen Reproduktion gegenüber anderen Varianten von Werten -

oder gegenüber anderen Alternativen komplett unterschiedlicher Gesamtsysteme von Typen von Gesellschaften - hat. Und diese Werte und Ideen geben ihrerseits gewisse Grenzen für die weitere Entwicklung sowohl der Infra-Struktur wie der sozialen Struktur vor. Gesellschaften, ihre Infra-Struktur, ihre soziale und institutionelle Struktur und die Super-Struktur ihrer Werte entwickeln sich in Form der *Koevolution* dieser Systeme.

Karl Marx hatte der materiellen Basis der Infra-Struktur eine gewisse Sonderstellung zugeschrieben. Talcott Parsons hatte dagegen die zentrale Bedeutung der kulturellen Werte herausgestellt. Wenn man so will: Hier streiten sich eine materialistische und eine idealistische Position.

Dieser Streit sieht wie eine Auseinandersetzung um zwei gänzlich unterschiedliche Sichtweisen der "essentiellen" Strukturen einer Gesellschaft aus. Er ist u.a. im Zusammenhang mit der Frage nach der Bedeutung religiöser Faktoren für das wirtschaftliche Handeln geführt worden. Mit der Vorstellung der Koevolution von Infra-Struktur, sozialer bzw. institutioneller Struktur und Super-Struktur wird der Streit überflüssig.

Max Weber hatte - in seiner berühmten Studie "Die protestantische Ethik und der Geist des Kapitalismus"[21] - die These aufgestellt, daß der Ursprung der kapitalistischen Wirtschaftsauffassung - und damit: der Ursprung einer bestimmten Form der materiellen Basis bzw. der Infra-Struktur der westlichen Gesellschaften - in einer besonderen Variante des Protestantismus gelegen habe - dem Calvinismus. Die Prädestinationslehre des Calvinismus nahm an, daß bereits einmalige Verfehlungen ein sicheres Zeichen für die Prädestination zur Verdammnis seien. Dadurch wurde wirtschaftlicher Erfolg, der aus einer rationalen, auf Systematik beruhenden Lebensführung der "innerweltlichen Askese" entstand, subjektiv zu einem möglichen, nie aber sicheren Zeichen für die Prädestination zum ewigen Heil. Die rationale Systematisierung der Lebensführung wurde so mit einer extrem hohen Prämie - Aussicht auf das ewige Heil versus ewige Verdammnis - versehen - mit der von den Reformatoren mit Sicherheit ungeplanten Folge, daß sich daraus erst der "Geist", schließlich aber auch das Stahlgehäuse des Kapitalismus mit seinen sehr materiellen Folgen aus einer zunächst rein religiösen Motivation heraus entwickeln und sich gegen mancherlei Gegenströmungen auch sehr materieller Versuchungen stabilisieren konnte.

Diese These ist oft als eine Antwort auf Karl Marx gelesen worden, der - in einer etwas vereinfachenden Interpretation - die kulturellen Strukturen zum bloßen Reflex der materiellen Verhältnisse, zum Überbau abgewertet hatte. Die These von der protestantischen Ethik als dem Geist des Kapitalismus leugnet aber die Bedeutung der materiellen Basis für die Selektion einer legitimierenden religiösen Doktrin in keiner Weise: In einer Gesellschaft der lokalen Selbstgenügsamkeit und des übergroßen Mangels hätte die calvinistische Lehre von den Heilsprämien der innerweltlichen Askese keinerlei Chance, von den Menschen als sinnvolle Einordnung ihrer

---

[21] Max Weber, Die protestantische Ethik und der Geist des Kapitalismus, in: Max Weber, Gesammelte Aufsätze zur Religionssoziologie, 7. Aufl., Tübingen 1978.

Handlungen und Handlungschancen akzeptiert zu werden. Wohl aber in einer Welt, in der das wirtschaftliche und soziale Überleben davon abhängig ist, daß immer genügend Mittel für Zukunftsinvestitionen abgezweigt werden können, und in der der spezielle katholische Hedonismus und Schlendrian als besondere Tugend ganz und gar "unverständlich" erscheinen muß.

Den Gedanken der wechselseitigen, koevolutionären Bezogenheit von Interessen und Ideen, wie er insbesondere in den religionssoziologischen Arbeiten von Max Weber zu finden ist, hat M. Rainer Lepsius so zusammengefaßt:

"Interessen und Ideen stehen sich nicht unvermittelt gegenüber. Ideen sind interessenbezogen und sie müssen etwas 'leisten'. Religionen müssen die spezifische Lebenserfahrung der 'Irrationalität' ihrer Gläubigen deuten können, Rechtsnormen dienen in jeweils unterschiedlicher Art der Durchsetzung materieller Interessen. Umgekehrt sind Interessen ideenbezogen, sie richten sich auf Ziele und bedienen sich legitimierter Mittel. Das ideelle Interesse einer Gruppe an der Interpretation, Artikulation und Verwirklichung von Ideen wird zugleich zu ihrem materiellen Interesse, wenn sie daraus Einfluß und Einkommen zu beziehen versucht."[22]

Deutlich wird die Selektionsregel bei dieser Koevolution: Ideen müssen "etwas 'leisten'". Sie müssen - mit einem Ausdruck von Max Weber - in einer "Wahlverwandtschaft" zu den Interessen der Akteure in typischen sozialen Lagen stehen. Lepsius beruft sich hierbei deutlich auf Weber:

"In diesem Sinne behandelt Max Weber die typische Religiosität der Bauern, Handwerker und des Kriegsadels als Ausdrucksformen spezifischer Welt und Lebensdeutungsbedürfnisse in jeweils unterschiedlichen sozialen Situationen. Der Bauer, der auf einer geringen Stufe technischer Naturbeherrschung der Irrationalität von Naturereignissen in seiner Existenz unmittelbar ausgesetzt ist, zeigt eine Affinität zu magischen Deutungssystemen: 'In aller Regel bleibt die Bauernschaft auf Wetterzauber und animistische Magie oder Ritualismus, auf dem Boden einer ethischen Religiosität, aber auf eine streng formalistische Ethik, des 'do ut des' dem Gott und Priester gegenüber, eingestellt'. Gleichermaßen ist der 'Lebensführung des Kriegers weder der Gedanke einer gütigen Vorsehung noch derjenige systematischer ethischer Anforderungen eines überweltlichen Gottes wahlverwandt'. Handwerkern und Kleinhändlern hingegen, deren 'ökonomische Existenzbedingungen ganz wesentlich rationaleren Charakter haben', kommt die Vorstellung entgegen, 'daß Redlichkeit in seinem eigenen Interesse liege, treue Arbeit und Pflichterfüllung ihren 'Lohn' finde und daß sie auch eines gerechten Lohnes 'wert' sei, also eine ethisch rationale Weltbetrachtung im Sinne einer Vergeltungsethik'."[23]

---

[22] M. Rainer Lepsius, Interessen und Ideen, in: M. Rainer Lepsius, Interessen, Ideen und Institutionen, Opladen 1990a, S. 42f.
[23] M. Rainer Lepsius, Kulturelle Dimensionen der sozialen Schichtung, in: M. Rainer Lepsius, Interessen, Ideen und Institutionen, Opladen 1990b, S. 108f. Die Zitate von Weber entstammen Weber 1972, S. 268, 270 und 276.

Erneut zeigt sich, daß der Streit über die Priorität der materiellen oder der ideellen Strukturen überflüssig und irreführend ist, wenngleich nicht unverständlich war: *Beide* Auffassungen haben ja jeweils für sich und gegen die Verabsolutierung der Gegenposition wichtige Argumente vorbringen können. Die materielle Basis bildet ohne Zweifel eine äußerst wirkungsvolle Restriktion für gewisse Formen der sozialen Organisation. Und ebenso leisten die damit affinen oder "wahlverwandten" Werte und Ideen einen eigenen Beitrag der Stabilisierung des gesamten Systems und der folgenden Selektionen auch in bezug auf die Infra-Struktur und die gesamte soziale und institutionelle Struktur der Gesellschaft.

Unschwer ist an der Skizze der Ko-Evolution von Infra-Struktur, sozialer bzw. institutioneller Struktur und Super-Struktur wieder das Modell der soziologischen Erklärung, diesmal in seiner vollen Form, zu erkennen (vgl. dazu Abschnitt 6.3); nämlich: in der Sequenzierung des Modells als genetische bzw. als evolutionäre Erklärung *und* in seiner Differenzierung auf mehrere Ebenen. Im Einzelfall müßten dabei freilich die jeweiligen Prozesse und Ebenen genau beschrieben und über die vertiefenden Schritte der soziologischen Erklärung in Beziehung gebracht werden.

Insoweit sind die Aussagen über die oben beschriebenen Zusammenhänge alles nur Orientierungshypothesen. Sie können aber das Geschehen der Strukturierung des Systems der Gesellschaft im Rahmen des Modells der soziologischen Erklärung schon etwas genauer bezeichnen und einer "richtigen" soziologischen Erklärung näher bringen.

Kapitel 26
"Sinn" und die symbolische Konstitution der Gesellschaft

Als Wesen sui generis und auch als Struktur erscheint die Gesellschaft gleichermaßen als ausgesprochen kompaktes und stabiles Gebilde, ausgestattet mit einer den Individuen gegenüber unabhängigen und zwingenden Macht.

Im klassischen Struktur-Funktionalismus war diese Konzeption der Gesellschaft als eines starren Systems, in das die Akteure eingepaßt werden "müssen", am deutlichsten geworden. Aber auch in der strukturellen Soziologie bleibt diese Sichtweise im Prinzip erhalten: Die menschlichen Akteure sind nur das Spielmaterial, nicht aber die - mehr oder weniger heimlichen - Konstrukteure ihrer Gesellschaft.

Dies ist durchaus keine allgemein geteilte Konzeption. Bereits die Schottischen Moralphilosophen hatten eine gänzlich andere Vorstellung entwickelt: Kollektive Gebilde und Gesellschaften sind nichts weiter als die aggregierte und nur mit einem eigenen Namen versehene, aber nicht *eigen*ständige kollektive Folge der Abläufe und Zusammenhänge des Handelns einzelner, miteinander verbundener, interdependenter Menschen, die diese Gebilde ungeplant in der Lösung ihrer Alltagsprobleme fortwährend neu schaffen, von ihnen gleichzeitig immer beeinflußt sind und, daran orientiert, wieder handeln.

Mit dieser Konzeption wird der Gegensatz zwischen "Individuum und Gesellschaft" (vgl. Kapitel 20), der für die funktionalistische *und* für die strukturtheoretische Soziologie so kennzeichnend ist, grundsätzlich aufgelöst: Die *Gesellschaft* ist nichts weiter als eine *Konstruktion*, fortwährend *neu* konstituiert durch die unzähligen einzelnen Handlungen der miteinander in antagonistischer Kooperation stehenden Menschen. Und auch die *Individuen* sind wiederum nichts als die ebenfalls in ihrer Subjektivität *simultan*, immer wieder *neu* konstituierten *Produkte* des wechselseitig aufeinander bezogenen Handelns und dessen externer, gesellschaftlich objektivierter Folgen.

Zwei Spielarten dieser Sichtweise der gesellschaftlichen Konstruktion der Gesellschaft können unterschieden werden. Die eine Variante betont den Aspekt des immer mit *Sinn* verbundenen Handelns der Menschen. Die andere Variante sieht - ganz unabhängig davon, ob das Handeln der Menschen mit Sinn verbunden ist oder nicht - die Gesellschaft als einen bloßen *Verflechtungszusammenhang*, als eine spontane Ordnung an - ohne jede Vorgabe irgendeines besonderen übergreifenden, an einem "Gesamtplan" orientierten Sinns bei diesem Handeln.

Für das erste Verständnis wären *Rituale* das hervorstechendste Beispiel: Die Akteure haben einen bestimmten Ablauf des Handelns, ein Modell eines sozialen Systems, im Kopf und richten sich selbstreferentiell danach, indem Abweichungen von den vorgeschriebenen Abläufen kontrolliert und ggf. korrigiert werden. Die Akteure konstituieren die Gesellschaft so als ein gigantisches interaction ritual nach den Vorstellungen, die *sie* von der Gesellschaft haben. Nach außen sieht es dann oft so aus, als habe dieses Ritual der Gesellschaft ein eigenes Bewußtsein, eine eigene Tendenz, für den Erhalt dieses bestimmten Ablaufs zu sorgen. Nicht ohne Grund hatte Emile Durkheim seine gesellschaftstheoretischen Vorstellungen von den religiösen Ritualen einfacher *Stammesgesellschaften* bezogen.

Für die zweite Konzeption wäre ein *Markt* das charakteristischste soziale Gebilde: Märkte - etwa ein solcher für Gebrauchtwagen oder für Ehepartner - entstehen ohne jede übergreifende Planung, allein aus Angebot und Nachfrage, also aus den individuellen Präferenzen und Ressourcen und den daran orientierten individuellen Handlungen der Akteure. Märkte erzeugen eine ungeplante Ordnung ganz über die Köpfe der Akteure hinweg. Die Gesellschaft ist in diesem Verständnis dann nichts als ein *Name* für eine solche spontane Ordnung. Sie ist nur eine "Resultante" des individuellen und nicht übergreifend koordinierten Handelns. *Komplexe Gesellschaften* funktionieren eher nach dem Prinzip des Marktes als nach dem des Rituals.

In *beiden* Konzeptionen - Gesellschaft als "Sinnzusammenhang" und als "Resultante" des menschlichen Handelns - *ist* aber die Gesellschaft nichts als ein Produkt der subjektiv sinnhaften Handlungen der Menschen: Sie ist eine *konstruierte* und *kreierte* Faktizität - und kein Wesen sui generis. Sie "besteht" nur im momenthaften Aufbau und Zerfall ihrer Elemente über die unzähligen Handlungen als Mikroereignisse - und nicht als versteinerte Struktur, etwa von Teil-Systemen oder Sphären. Gesellschaft ist danach immer nur als ein ununterbrochener *Prozeß* der Reproduktion zu sehen, der freilich selbst deutliche Regelmäßigkeiten, also Strukturen, aufweisen mag. Und infolgedessen ist die Gesellschaft kein festgefügter, stabiler Block, der den Individuen irgendwie als Wesen sui generis oder als Struktur gegenübersteht, sondern ein durch und durch fragiler und im Grunde instabiler Vorgang.

Der Hinweis sollte jedoch nicht versäumt werden, daß es wohl keinen Soziologen je gegeben hat, der den grundsätzlich instabilen und prozessualen Charakter der Gesellschaft nicht im Prinzip anerkannt hätte. Nicht zuletzt Emile Durkheim - der entschiedenste Verfechter einer Soziologie der soziologischen Tatbestände und der Gesellschaft als Wesen sui generis - hat dies immer wieder betont: Zwar " ... wissen (wir) in der Tat, daß die sozialen Phänomene nicht im Individuum, sondern in der Gruppe entstehen",[1] aber die Gesellschaft besteht vor allem auch als moralische Einheit nur über gewisse

---

[1] Emile Durkheim, Die elementaren Formen des religiösen Lebens, Frankfurt/M. 1981 (zuerst: 1912), S. 317.

Kollektiv*vorstellungen*. Und " ... (diese) setzen voraus, daß die *Bewußtseine* untereinander wirken und widerwirken; sie entstehen aus diesen *Aktionen* und *Reaktionen*, die ihrerseits nur dank materieller Vermittler möglich sind." (Ebd., S. 315f.; Hervorhebungen nicht im Original) Andererseits hat gerade Emile Durkheim mit Nachdruck die These von der Emergenz der gesellschaftlichen Wirklichkeit zu begründen versucht. Das Rätsel läßt sich leicht auflösen: Für Durkheim existiert eine Gesellschaft grundsätzlich nur als *moralische* Institution, die - wenn es sie denn gibt - tatsächlich alle die genannten emergenten und für die Individuen zwingenden Eigenschaften aufweist. Der Kern der gesellschaftlichen Ordnung sind dabei die Kollektivvorstellungen der Akteure. Erst Talcott Parsons hat diese moralischen Kollektivvorstellungen der Akteure zu einem eigenen, von den "Bewußtseinen" unabhängigen System erhoben: dem cultural system der orientierenden Werte, das die Menschen immer erst noch verinnerlichen müssen.

Die Betrachtung der Gesellschaft als Sinnzusammenhang kann von drei verschiedenen Problemsichten und Fragestellungen her erfolgen.

Erstens vom Problem des Sinns im Sinne der grundsätzlichen Instabilität aller gesellschaftlichen Konstruktionen aus und damit von dem mit der Weltoffenheit entstandenen Problem der *Nomisierung* der Welt her; dies ist das Problem des Sinns als die Frage nach einer gesicherten Ordnung der gesellschaftlichen Existenz des Menschen. Zweitens von der Frage nach den Vorgängen der Schaffung der Gesellschaft als einer *interpretierten* Welt und nach der Erklärung des Handelns als einem immer an *Bedeutungen* orientierten Handeln her; also: als Frage danach, wie sich Gesellschaft über Prozesse der Interpretation und als symbolische Interaktion konstituiert. Und drittens von der Frage nach der Reichweite der Gesellschaft her insofern, als die Gesellschaft der Menschen auch immer etwas damit zu tun hat, daß der Sinn von *Kommunikationen* "verstanden" wird und sich damit die Orientierungen und Handlungen der Menschen erst aufeinander beziehen können; dies ist die Frage nach der Reichweite von sinnhafter, verstehbarer Kommunikation als äußerer Grenze der Gesellschaft.

In allen drei Ansätzen fungiert die Gesellschaft als der allgemeinste jeweils denkbare Sinnzusammenhang, innerhalb dessen spezielle soziale Gebilde wie Interaktionen oder Organisationen, wie Familien, Gangsterbanden oder Betriebe sich bilden, existieren, gesteuert und strukturiert werden. Allerdings sind die angenommenen Ausgangsprobleme sehr unterschiedlich - und daher auch: das jeweilige Verständnis von Gesellschaft. Die drei Fragestellungen sind mit drei wichtigen theoretischen Traditionen der Soziologie verbunden: Das Problem der Sicherung der gesellschaftlichen Ordnung ist eine Grundfrage des soziologischen Institutionalismus in der Tradition von Arnold Gehlen, Helmuth Plessner, der Wissenssoziologie von Peter L. Berger und Thomas Luckmann und ähnlichen Varianten der soziologischen Anthropologie mit engen Verbindungen zur Soziologie von Emile Durkheim und dessen Ausgangsfrage nach der Sicherung der Gesellschaft als moralischer Institution gewesen. Die Frage nach der immer interpretativ und symbolisch gesteuerten Herstellung der Welt als einer Welt interpretierter Symbole ist der Ausgangspunkt des sog. Symbolischen Interaktionismus bzw. der interpretativen Soziologie in der Nachfolge von George Herbert Mead und Alfred Schütz. Und die Sicht von Gesellschaft als Reichweite von Kommunikation ist die Grundlage einer speziellen, neueren Variante der soziologischen Systemtheorie - der von Niklas Luhmann nämlich.

Wir wollen die drei Fragen und Richtungen der Einfachheit und der Übersichtlichkeit halber mit gut identifizierbaren Autoren verhandeln: Mit Peter L. Berger für das Problem des *Nomos* und mit Herbert Blumer für die Interpretation der Gesellschaft als *Rahmen* für die Konstruktion von Bedeutungen. Damit befaßt sich das Kapitel 26. Die Systemtheorie in der Fassung von Niklas Luhmann wird in einem eigenen Kapitel (Kapitel 27) in ihren für die hier wichtigen Fragen nach dem Konzept der Gesellschaft etwas ausführlicher behandelt werden müssen. Die Konzeption der Gesellschaft als bloße *Resultante* des Handelns der Menschen wird in Kapitel 28 dargestellt.

26.1 Gesellschaft als nomische Ordnung

Ein oft zu findendes Ausgangsproblem des Verständnisses der Gesellschaft ist jenes, an das vielfach zuerst bei der Frage nach dem Sinn gedacht wird: Was kann gegen einen drohenden Sinnverlust getan werden? Die Annahme dabei ist, daß dies eine alle Menschen gleichermaßen, fortwährend und grundsätzlich bedrängende Frage ist. Die Gesellschaft wird als die grundlegendste Art der Lösung dieses, im wörtlichen Sinn sogar: existentiellen, Problems angesehen: indem sie einen nicht mehr antastbaren, unverrückbaren Rahmen der Sinngebung - für das individuelle Handeln und für die einzelnen Institutionen - bildet.

Anomie

Im Mittelpunkt der Konstruktion der gesellschaftlichen Wirklichkeit als unhinterfragbarem Sinnzusammenhang steht damit das Problem, das in der soziologischen Anthropologie als das der Weltoffenheit in der Folge der Auflösung der instinktgesteuerten Reaktionssicherheit bezeichnet worden war (siehe dazu bereits ausführlich Teil C). An die Stelle der Instinktsteuerung tritt dann zwar die Steuerung über institutionelle Regelungen.

Aber: Jede dieser institutionellen Regelungen ist im Prinzip eine konstruierte, lediglich vereinbarte, *nur* auf konventionellen Fundamenten beruhende Sicherheit. Und die Folge: "Diese vom Menschen produzierten Strukturen können folgerichtig niemals die Stabilität gewinnen, die für die

Strukturen der tierischen Welten charakteristisch ist."² Denn: "*Alle gesellschaftlich errichteten Welten sind instabil.*" (Ebd., S. 29; Hervorhebung nicht im Original)

Die Stabilisierung des offenen Horizontes allen menschlichen Handelns bildet offenkundig ein - neben allen anderen Problemen der Sicherung von materieller Reproduktion und Produktion - letztlich sogar vorrangiges Ziel. Dies gilt für die unvermeidlichen Grenzsituationen der menschlichen Existenz: Krankheit, Ungerechtigkeiten, Vorlesungen und Prüfungen bei Professor Esser, Verlust wichtiger Lebensgefährten und schließlich vor allem: der eigene Tod: "Jede menschliche Gesellschaft ist letzten Endes ein Bund von Menschen angesichts des Todes." (Berger 1967, S. 51)

Emile Durkheim hatte auf eine weitere Quelle des Sinnverlustes hingewiesen: auf den Verlust der Orientierung, etwa durch die maßlose Steigerung von Ansprüchen, gerade bei zunehmendem Wohlstand. Allgemeiner: als Folge einer "Störung der kollektiven Ordnung"³ im Sinne der Abweichung von einem Gleichgewicht der Möglichkeiten und der Ansprüche. Ausgangspunkt ist die Feststellung:

"Niemand kann sich wohlfühlen, ja überhaupt nur leben, wenn seine Bedürfnisse nicht mit den ihm zur Verfügung stehenden Mitteln einigermaßen im Einklang stehen." (Durkheim 1973, S. 279)

Emile Durkheim nannte beide Zustände *Anomie*. Die beiden Bedeutungen des Wortes Anomie führt Durkheim an zwei typischen Stellen seines Werkes ein. Die eine Konzeption stammt aus dem Zusammenhang seiner Untersuchung der Bedingungen der gesellschaftlichen *Arbeitsteilung*. Dort bezeichnet Emile Durkheim das *Verschwinden der Solidarität*, die Auflösung der sozialen Beziehungen und die Verdünnung des Gefühls der gegenseitigen Abhängigkeit mit Anomie.⁴ Beim Fehlen eines moralischen Rahmens gegenseitiger Bindungen könne es zu einer Arbeitsteilung - aus bloßem Interesse etwa - grundsätzlich nicht kommen.

Die andere Bedeutung hat Emile Durkheim im "Selbstmord" verwandt: die *Auflösung* aller *Schranken der Orientierung* und der Begrenzung der Ansprüche, wie sie gerade in Zeiten des Wohlstands und der Expansion aufzutreten pflege. Damit erklärt Durkheim u.a. die eigenartige empirische Regelmäßigkeit, daß die Selbstmordraten in Phasen der wirtschaftlichen

---

² Peter L. Berger, Zur Dialektik von Religion und Gesellschaft. Elemente einer soziologischen Theorie, Frankfurt/M. 1967, S. 7.
³ Emile Durkheim, Der Selbstmord, Darmstadt und Neuwied 1973 (zuerst: 1897), S. 278.
⁴ Emile Durkheim, Über die Teilung der sozialen Arbeit, Frankfurt/M. 1977, S. 410f.

Expansion ansteigen und in Kriegen besonders niedrig liegen. (Durkheim 1973, S. 279ff., 290f.)

Diese Art des Selbstmordes aus dem Schwinden orientierender Schranken nennt Durkheim daher auch den *anomischen Selbstmord* - in Abgrenzung zum *egoistischen Selbstmord*, der beispielsweise die Selbstmordraten bei den individualisierten Protestanten im Vergleich zu den "kollektivistisch" orientierten Katholiken in die Höhe treibt; und in Abgrenzung zum *altruistischen Selbstmord* etwa eines Kamikazefliegers oder eines Offiziers, der einen Ehrverlust nicht ertragen kann und daher, gerade in Konformität zu einem bestimmten esprit du corps, Hand an sich legt.

Die Anomie ist - in beiden Varianten - *das* Grundproblem des Menschen, um das sich letztlich all sein Handeln dreht: "Der Mensch wird mit dem zwanghaften Drang geboren, der Wirklichkeit sinnhafte Ordnung zu geben ... Anomie kann so unerträglich sein, daß man ihr den Tod vorzieht." (Berger 1976, S. 23) Vor diesem Hintergrund müssen alle gesellschaftlichen Einrichtungen gesehen werden.

Sinnordnungen

Die wichtigste Funktion der Gesellschaft ist folglich die Bereitstellung eines gesicherten Schutzes vor Anomie und "Sinnlosigkeit":

"In der sozialen Welt leben heißt, mit anderen Worten, geordnet und sinnvoll leben. Die Gesellschaft ist Hüterin von Ordnung und Sinn nicht nur objektiv, kraft ihrer institutionellen Strukturen, sondern auch subjektiv, insofern sie das individuelle Bewußtsein strukturiert." (Ebd., S. 22)

Und dann:

"Der wichtigste Aspekt des gesellschaftlich etablierten Nomos ist also wohl der Schutz vor dem Terror (der drohenden Sinnlosigkeit; H.E.). Anders ausgedrückt: die wichtigste Funktion der Gesellschaft ist Nomisierung, das Setzen verbindlichen Sinns." (Ebd.)

Nomos bedeutet, daß " ... über den verstreuten Erlebnissen und Meinungen ... eine *Sinnordnung* (waltet)." (Ebd., S. 20; Hervorhebung nicht im Original) Diese Sinnordnung muß aber - in der Wahrnehmung und in den "Bewußtseinen" der Individuen - einen *objektiven* Charakter annehmen, um die Leistung der Nomisierung verläßlich zu erbringen. Dies ist jedoch nicht leicht zu bewerkstelligen, weil *jede* Ordnung letztlich ja nichts anderes als das Ergebnis des Handelns der Individuen ist - selbst wenn den Individuen diese Ergebnisse jetzt als objektiviert oder als fremd vorkommen mögen: Sie könnten ja jederzeit diesen Schein entzaubern. Wie kann man also die prinzipiell von Menschen geschaffene Ordnung als festes Sinnfundament einrichten? Die geniale Lösung: "Man interpretiere die institutionelle Ordnung möglichst so, daß ihr *konstruktiver* Charakter verborgen bleibt." (Ebd., S. 33)

Die Verschleierung der Herkunft der Gesellschaft und ihrer Institutionen als bloße Folge des menschlichen Handelns wird so zur Voraussetzung der Sinnstiftung und der Orientierung für eben dieses Handeln. Genau deshalb hatte Arnold Gehlen auch besonders festgefügte und entfremdende Institutionen als die einzige wirkliche Lösung des Problems der Weltoffenheit angesehen.

Religion

Wie kann das Verbergen des konstruktiven Charakters der gesellschaftlichen Institutionen aber vor sich gehen? Der von manchem kühl kalkulierenden Religionsstifter oder an die Vorsehung anknüpfenden, charismatischen Herrscher, gemeinsam mit Peter L.Berger favorisierte Vorschlag leuchtet sofort ein:

"Man lasse, was dem *Nichts* abgerungen wurde, als Manifestation von etwas erscheinen, das von Anbeginn der Zeiten oder wenigstens seit den Anfängen dieser einen gesellschaftlichen Gruppierung da war. Diese Menschen müssen vergessen, daß die Ordnung, in der sie leben, ein Gebilde von Menschenhand ist, dessen Fortbestand vom Konsens unter Menschen abhängt. Sie müssen glauben, daß sie, wenn sie im Rahmen der ihnen auferlegten institutionellen Programme handeln, ihre eigenen tiefsten Sehnsüchte in die Wirklichkeit umsetzen und sich damit in Einklang mit der Grundordnung des Universums bringen. Kurz: Man setze *religiöse* Legitimationen." (Ebd., S. 33; erste Hervorhebung im Original, die zweite nicht im Original)

Die Religion und die religiöse Deutung der Sinnordnung einer Gesellschaft wird damit zum Ausgangspunkt der Lösung des Anomieproblems: Der zunächst nur menschlich *konstruierte* Nomos erhält über eine religiöse Legitimation einen *kosmischen* Status. Der Sinn der gesellschaftlichen Ordnung wird in das "heilige *realissimum*" jenseitiger Wirklichkeiten verlagert. Nicht die immer unberechenbar bleibenden gesellschaftlichen Konstruktionen sterblicher Menschen sind die Grundlage, sondern (ein) Gott als der zuverlässigste und *besonders* signifikante andere. (Ebd., S. 33; vgl. dazu bereits Kapitel 10)

Anstelle der religiös begründeten Formen der Nomisierung könnten sicher auch andere Arten der nicht angezweifelten Sinnordnung treten: politische Doktrinen oder nationale bzw. ethnische Identifikationen. Wichtig bleibt die (geglaubte) außermenschliche Grundlage: *absolut* gesetzte politische Werte und Ziele oder die völkische bzw. die biologische Objektivität der Herkunft. Wegen ihrer *transzendentalen* Grundlage ist die religiöse Form für die Leistung der Nomisierung die mit Abstand effizienteste. Nur: Für viele Menschen kommt sie nicht (mehr) in Frage. Und dann treten die anderen Formen der Nomisierung in den Vordergrund. In gewissen Grenzen sind die unterschiedlichen Formen von Sinnordnungen also auch substituierbar: Zerfällt eine politische Ordnung, dann sind Rückgriffe auf religiöse, nationale oder ethnische Orientierungen verstärkt zu erwarten. Und gibt es (wieder) eine wirklich überzeugende politische (oder sonstige) Perspektive und Vision mit wirksamen Orientierungsfunktionen, dann verschwinden auch die nationalen und ethnischen Spaltungen wieder. Europa, die Arbeiterklasse oder gar die Menschheit als Anker einer übergreifenden Identifikation scheinen dafür zu schwach zu sein.

Eine religiös begründete und damit - in der Subjektivität der Handelnden! - fest verankerte Plausibilitätsstruktur ist aber die allgemeinste und vor allem: die sicherste Grundlage der Lösung des Anomieproblems. Die Gesellschaft ist *gleichzeitig* der Inbegriff für diese Plausibilitätsstruktur. Gesellschaft und Religion haben damit den *gleichen* Ausgangspunkt.

Rituale

Dieser gemeinsame Ursprung erzeugt für jede Religion ein grundlegendes Dilemma, wenn sich die Gesellschaft säkularisiert und sich ihre enge Verbindung mit der religiösen Nomisierung lockert: Eine Religion, die sich in einer entzauberten Gesellschaft an die profanen Verhältnisse anpaßt, läuft Gefahr, ihre Wirksamkeit als nomisierende Instanz - und damit: einen Teil ihrer Anhängerschaft - zu verlieren. Verweigert sie indessen die Anpassung, verliert sie jenen Teil ihrer Mitglieder, der nicht verstehen kann, warum die betreffende Kirche nicht "fortschrittlicher" wird.[5] Kleiner wird die praktizierende Anhängerschaft also auf jeden Fall.

Peter L. Berger knüpft in seinen Überlegungen unmittelbar an Emile Durkheim und an dessen Verständnis der engen Beziehung von Religion und gesellschaftlicher Ordnung an. Durkheim beschreibt dabei sehr anschaulich, wie wichtig für die Aufrechterhaltung dieser Plausibilitätsstrukturen, die ja letztlich auch nicht davor sicher sind, daß jemand sie als menschliche Konstruktionen entlarvt, regelmäßig abgehaltene *Rituale* sind:

"Alles, was in diesen Darstellungen (den Warramunga-Zeremonien; H.E.) ist, hat nur den Zweck, den Anwesenden die mythische Vergangenheit des Klans ins Gedächtnis zu rufen. Aber die Mythologie einer Gruppe ist eben die Gesamtheit der gemeinsamen Glaubensüberzeugungen dieser Gruppe ... Der Ritus dient also dazu, und kann nur dazu dienen, die Lebendigkeit dieser Überzeugungen zu erhalten; zu verhindern, daß sie aus dem Gedächtnis verschwinden, d.h. im ganzen genommen, die wesentlichsten Elemente des kollektiven Bewußtseins wiederzubeleben. Durch ihn erneuert die Gruppe periodisch das Gefühl, das sie von sich und von ihrer Einheit hat. Zur gleichen Zeit werden die Individuen in ihrer Natur als soziale Wesen bestätigt." (Durkheim 1981, S. 504f.)

---

[5] Vgl. zu diesem Problem in bezug auf die Säkularisierung des katholischen Ritus den aufschlußreichen Beitrag von Peter Fuchs, Gefährliche Modernität. Das zweite vatikanische Konzil und die Veränderung des Messeritus, in: Kölner Zeitschrift für Soziologie und Sozialpsychologie, 44, 1992, S. 1-11.

Und warum der Verweis auf eine ins Unendliche reichende Absicherung dafür so bedeutsam ist, wird auch klar:

"Die ruhmreichen Erinnerungen, die man unter ihren Augen wiederbelebt und denen sie sich verbunden fühlen, geben ihnen das Gefühl der Kraft und der Zuversicht: Man wird in seinem Glauben sicherer, wenn man sieht, wie weit er zurückreicht und welche großen Dinge er veranlaßt hat." (Ebd., S. 505)

Rituale sind danach sowohl Feiern der nomisierenden Wirkung der Gesellschaft wie Mechanismen der Bestärkung des sozialen Zusammenhaltes und damit der wechselseitig für sicher erklärten Überzeugungen und kognitiven Strukturen. Der entscheidende Vorgang ist die *Absicherung* von prinzipiell unsicheren Überzeugungen, Erwartungen und sonstigen Hypothesen über die Welt.

Rituale sind nicht das einzige, aber ein besonders wirksames Mittel der Nomisierung. Fortlaufende Gespräche können unter Umständen eine ähnliche Wirkung haben. Die ganz nebenbei ablaufenden Gesprächsrituale des Alltags lassen sich so als eine stetige Vergewisserung von Plausibilitätsstrukturen verstehen. Und es ist zu vermuten, daß die nomisierende Wirkung von Gesprächen dann wichtiger wird, wenn die religiöse Nomisierung - aus welchen Gründen auch immer - an Plausibilität verliert, und wenn die rituelle Nomisierung immer schwieriger zu organisieren ist und damit ihre sinnstiftende Wirkung einbüßt.[6]

Sinn und Legitimation

Der sakralisierte Rahmen des gesellschaftlichen Sinnzusammenhangs *erklärt* und *legitimiert* den Menschen (dadurch) alle speziellen Institutionen und Geschehnisse. Er ordnet alle Vorgänge unter *ein* bestimmtes, unantastbares Leitmotiv. Er macht (dadurch) auch Ungleichheiten, Entbehrungen, Leiden, Opfer und Hingabe erträglich, ja sinnvoll und oft genug zu einem leidenschaftlich verfolgten eigenen Anliegen der Menschen. Außerdem wird das gesamte Leben drastisch vereinfacht: Man *weiß* jetzt, *wofür* und *warum* man lebt.

Für viele Menschen ist eine derartige Reduktion von Komplexität, besonders wenn sie nicht bloß hausgemacht, sondern objektiv-unantastbarer Natur zu sein scheint, eine große

---

[6] Vgl. dazu und zu der damit zunehmenden Bedeutung von Gesprächen für die Stabilisierung von Identitäten und sozialen Beziehungen in modernen Gesellschaften: Peter L. Berger und Hansfried Kellner, Die Ehe und die Konstruktion der Wirklichkeit. Eine Abhandlung zur Mikrosoziologie des Wissens, in: Soziale Welt, 16, 1965, S. 220-235.

Erleichterung. Deshalb nämlich, weil dem einzelnen die Lasten der unfaßbaren Komplexität der ansonsten nötigen Einzelentscheidungen erspart werden. Nicht ohne Grund geht in Kriegen - als einer ganz besonders drastischen und abgefeimten Art der Vereinfachung des Rahmens aller Handlungen - die Zahl der Selbstmorde deutlich zurück. Und sie steigt sofort wieder, wenn die Menschen mehr Wahlmöglichkeiten und damit wieder mehr das Problem der Weltoffenheit und der drohenden Anomie am Halse haben.

Wenn es einen solchen sakralisierten, einheitlichen institutionellen Rahmen einmal *gibt*, ist die Befolgung der - ja für unverrückbar "wahr" gehaltenen - Vorgaben der Plausibilitätsstrukturen der Gesellschaft eine unabdingbare Voraussetzung zur Erreichung aller wichtigen Ziele der Menschen. Anders gesagt: Die jeweilige Plausibilitätsstruktur *definiert* die Bedingungen, unter denen die Akteure ihre wichtigsten Probleme nur lösen können. Und diese Definition der Situation erscheint nicht mehr (nur) als gesellschaftliche Konstruktion, sondern als (sogar) *über*natürliche Voraussetzung.

Die Gesellschaft erscheint in dieser Sicht den Akteuren dann in der Tat - subjektiv! - als ein Wesen sui generis, als eine zwingende Macht und als eine moralische Institution besonderer Art: Sie besitzt für die Akteure eine sakrale und kosmische Dimension, von der nur abgewichen werden kann unter der Gefahr des Ausschlusses aus dem Rahmen, der allein die soziale und auch die physische Existenz des Menschen angesichts der Drohungen der Nachtmahre der Sinnlosigkeit ermöglicht.

Daher genügt für solche Verhältnisse (oft) allein schon die Kenntnis der "kollektiven Repräsentationen" dieser Plausibilitätsstruktur, um zu erklären, was die Menschen in solchen sakralisierten Gesellschaften tatsächlich tun. Und entsprechend knüpft diese Interpretation der Gesellschaft als ein *kompletter* Sinnzusammenhang viel eher an Durkheim als an Max Weber an, von dem der Ausdruck "Sinnzusammenhang" stammt. Und sie ist erst recht meilenweit von den Vorstellungen von Gesellschaft als einer bloßen unintendierten Folge absichtsvollen Handelns entfernt.

Gleichwohl wird bereits ein wichtiger Schritt in die Richtung einer individualisierten Interpretation der Gesellschaft getan: Eine so objektivierte Gesellschaft "besteht" - auch als Wesen sui generis - *nur* in den Köpfen der Menschen und wird *nur* über Interaktionen *konstruiert*: als ein zwar kollektiv verbreitetes, auch ständig kollektiv bestärktes, aber immer nur bei den Individuen vorhandenes *Wissen* bzw. *belief system*. Wo sonst sollte auch symbolisches, sakrales, kulturelles Wissen anders verankert sein als in den Hirnen und im Bewußtsein des homo sapiens?

Eine ganz andere Frage ist es selbstverständlich, wie solche Wissenssysteme in die Köpfe der Menschen kommen, sich verbreiten und kollektiv stabilisieren und über welche Mechanismen genau sie ihre handlungsrelevanten Wirkungen entfalten. Und spätestens hier wird deutlich, daß es wohl nur Mechanismen der Übernahme von Wissen und der Wirkungen von Wissen auf das Handeln sind, die die sozialen Prozesse auch in den

Gesellschaften erklären können, in denen die Menschen glauben, daß die Gesellschaft ein geheiligtes Wesen eigener Art ist.

Den Menschen aus modernen Gesellschaften ist das Ausgangsproblem - die Bedrohung durch Sinnverlust und Anomie - sicher vertraut. Der Lösungsvorschlag - Gesellschaft als sakrales realissimum - dürfte aber wohl etwas fremd anmuten. Die naheliegende Frage ist also: Trifft diese Interpretation von Gesellschaft als festumrissener kosmisierter Sinnzusammenhang für alle Gesellschaften der Menschen zu? Damit: Kann man für alle Gesellschaften davon ausgehen, daß die sozialen Prozesse allein durch die "letzte Realität" der kulturellen Werte der gesellschaftlichen Plausibilitätsstruktur erklärt werden können? Und schließlich: Ist nicht die Suche nach einem übergeordneten Sinn ihrerseits erst vor dem Hintergrund bestimmter gesellschaftlicher Institutionen denkbar - wie etwa vor solchen, die der Systematisierung der Lebensführung einen besonderen Wert zuweisen?

Alois Hahn hat darauf hingewiesen, daß die Frage nach dem Sinn in der Tat nicht ohne gesellschaftliche Voraussetzungen ist:

"Institutionen, die Existenz als ganze erst vors Bewußtsein ziehen, sind notwendig, damit die Frage nach Sinnhaftigkeit oder Sinnlosigkeit *des* Lebens überhaupt aufkommen kann ... Das Bedürfnis nach biographischen Sinngebungen entsteht erst, wenn die Biographie selbst als Form selbstverständlich geworden ist."[7]

Alle diese Beobachtungen laufen darauf hinaus, daß die Strukturierung der sozialen Prozesse und die - ohne Zweifel nötigen - (Vor-)Selektionen des Handelns der Menschen nicht nur in einheitlichen, relativ festen und hierarchisierten Sinnzusammenhängen möglich sind. Andernfalls wäre es kaum denkbar, daß es überhaupt komplexe Gesellschaften mit einer Unzahl von - teilweise widersprechenden - Sub-Sinnwelten gibt, zwischen denen die *gleichen* Individuen relativ problemlos hin und her changieren, daß (fast) nirgendwo die religiöse mit der gesellschaftlichen Sinnwelt deckungsgleich ist, daß verschiedene religiöse Sinnwelten miteinander in Konkurrenz getreten sind und miteinander koexistieren, daß moderne Gesellschaften in keiner Weise mehr durch eine Wertehierarchie oder einen Wertekonsens zu beschreiben sind - und sie trotzdem als Gesellschaft auf eine erstaunlich widerstandsfähige Weise funktionieren.

---

[7] Alois Hahn, Sinn und Sinnlosigkeit, in: Hans Haferkamp und Michael Schmid (Hrsg.), Sinn, Kommunikation und soziale Differenzierung. Beiträge zu Luhmanns Theorie sozialer Systeme, Frankfurt/M. 1987, S. 160; Hervorhebung im Original.

26.2 Gesellschaft als symbolische Interaktion

Die Interpretation der Gesellschaft als Resultat der symbolischen Interaktion von Menschen ist eine wichtige Variante bzw. Zwischenstufe des soziologischen Verständnisses auf dem Weg zu einer Konzeption von Gesellschaft als einer nur durch Akteure geschaffene Wirklichkeit. Nämlich: als eines sozialen Gebildes, das durch nichts als durch die Aktivitäten von Menschen ständig neu hervorgebracht wird und damit in keiner Weise ein davon unabhängiges Eigenleben führt. Bei Herbert Blumer finden wir diesen individualistischen Gedanken ganz unmißverständlich formuliert: "Dieser Ansatz (des Symbolischen Interaktionismus; HE) betrachtet eine menschliche Gesellschaft als die *Zusammenfassung von Personen*, die am Leben teilnehmen."[8] Und dann: "Solch ein Leben ist ein Prozess *fortlaufender Aktivität*, in dem die Teilnehmer in den *mannigfachen Situationen*, denen sie begegnen, *Handlungslinien* entwickeln." (Ebd., S. 101; Hervorhebung nicht im Original)

Die Hervorhebung der Worte "mannigfache Situationen" und "Handlungslinien" weist auf den Punkt, um den es geht: Menschen leben immer in unterschiedlichen Sinnwelten - zum Teil sehr privater, zum Teil auch allgemeinerer Art. Sie "müssen" aber, um ihre Alltagsprobleme zu lösen, zu einer Koordination des Handelns und damit: zu einer Einigung über die jeweils *relevante* Sinnwelt kommen.

Die mannigfaltigen Wirklichkeiten

Der Ausdruck "mannigfache Situation" bezieht sich auf den Begriff der "mannigfaltigen Wirklichkeiten" bzw. der "multiple realities" von Alfred Schütz.[9] Schütz knüpft an das Konzept der "sub-universes" des amerikanischen Psychologen William James[10] an. Dieser verstand darunter bestimmte "Sinnhorizonte" (englisch: "fringes") als unterschiedliche "subjektive Wirklichkeiten" der Akteure in ihrem Alltag.

---

[8] Vgl. Herbert Blumer, Der methodologische Standort des Symbolischen Interaktionismus, in: Arbeitsgruppe Bielefelder Soziologen (Hrsg.), Alltagswissen, Interaktion und gesellschaftliche Wirklichkeit, Band 1: Symbolischer Interaktionismus und Ethnomethodologie, Reinbek 1973, S. 101; Hervorhebung nicht im Original.

[9] Alfred Schütz, Über die mannigfaltigen Wirklichkeiten, in: Alfred Schütz, Gesammelte Aufsätze, Band 1: Das Problem der sozialen Wirklichkeit, Den Haag 1971b, S. 237-298.

[10] William James, Principles of Psychology, New York 1893, Band II, S. 283-322.

Beispielsweise: die "Welt der Sinne" und der physischen Dinge, die Welt der Wissenschaft und der "idealen Beziehungen", die Welt der "Stammesidole", der verschiedenen Mythologien und Religionen, die verschiedenen Welten individueller Meinungen sowie die Welten des Wahnsinns und der Hirngespinste aller Art.

Man kann sich diese subjektiven, vorgestellten mannigfachen Wirklichkeiten und Welten etwas weniger dramatisch als unterschiedliche *Register* des Wissens und der Einstellungen von Menschen denken, auf die sie jeweils zugreifen und dann im Handeln je nach Situation von einer "Welt" zur anderen wechseln.

Die verschiedenen Sinnhorizonte bilden jeweils relativ abgestimmte Bündel von untereinander zusammenhängenden Wissenselementen. Alfred Schütz spricht von "geschlossenem Sinnbereich." (Schütz 1971b, S. 264) Peter L. Berger und Thomas Luckmann nennen den gleichen Sachverhalt "umgrenzte Sinnprovinz".[11] Und Erving Goffman hat den Begriff des *frames* dafür verwandt und die Untersuchung dieser Rahmungen des Alltagslebens als *frame analysis* bezeichnet.[12]

Normalerweise werden die verschiedenen Welten von der gleichen Person als getrennte Sinnbereiche behandelt. Jeder Gegenstand wird letztlich als Teil einem dieser vorgestellten Sub-Universa zugeordnet. Und die gesamte kognitive Ordnung einer Person hängt davon ab, ob dies - relativ - problemlos und ohne größere Anomalien gelingt. Die Welten sind für die Dauer der Zeit, in der man auf sie zugreift, dann "eine eigene Art von Wirklichkeit".

Der Grad dieses "Wirklichkeitsgehaltes" "verringert sich ... mit dem Nachlassen der Aufmerksamkeit." (James 1893, S. 293) Anders gesagt: Wenn der Zugriff auf eine bestimmte Sub-Wirklichkeit besonders *relevant* ist, dann ist diese Wirklichkeit auch besonders *präsent*. Daher kommt es - bei "Geltung" einer bestimmten Sinnwelt - zu einer Änderung auch nur durch dramatische Ereignisse:

" ... wir sind nicht bereit, diese Einstellung aufzugeben, ohne einen spezifischen *Schock* erlebt zu haben, der uns zwingt, die Grenzen dieses 'geschlossenen' Sinnbereichs zu durchbrechen und den Wirklichkeitsakzent auf einen anderen zu verlegen." (Schütz 1971b, S. 265; Hervorhebung im Original)

---

[11] Peter L. Berger und Thomas Luckmann, Die gesellschaftliche Konstruktion der Wirklichkeit. Eine Theorie der Wissenssoziologie, 5. Aufl., Frankfurt/M. 1977 (zuerst: 1966), S. 28.
[12] Erving Goffman, Rahmen-Analyse. Ein Versuch über die Organisation von Alltagserfahrungen, Frankfurt/M. 1980 (zuerst: 1974), S. 11ff. insbesondere.

Auf diesem Effekt beruhen Komödien ebenso wie Horrorstücke, die Sketche von Loriot wie die Filme von Alfred Hitchcock (vgl. auch Abschnitt 27.4 dazu):

"Es gibt so zahlreiche Arten verschiedener Schockerfahrungen, wie es verschiedene geschlossene Sinnbereiche gibt, denen ich den Wirklichkeitsakzent erteilen kann. Nehmen wir einige Beispiele: der Schock des Einschlafens als Sprung in die Traumwelt; die innere Verwandlung, die wir beim Aufzug des Vorhangs im Theater erleben, als Übergang in die Welt des Bühnenspiels; die radikale Änderung unserer Einstellung, wenn wir vor einem Gemälde die Einengung unseres Blickfeldes auf das innerhalb des Rahmens Dargestellte zulassen, als Übergang in die Welt der bildlichen Darstellung; der Zwiespalt, der sich in Lachen auflöst, wenn wir einem Witz lauschen und einen Augenblick bereit sind, die fiktive Welt des Witzes für wirklich zu halten, mit der verglichen unsere Alltagswelt närrisch erscheint; die Wendung des Kindes zu seinem Spielzeug als Übergang in die Welt des Spiels usw. Aber auch die religiösen Erfahrungen in all ihrer Vielfalt gehören zu diesen Beispielen, so etwa auch Kierkegaards Erfahrung des 'Augenblicks' als Sprung in die religiöse Sphäre. Die Entscheidung des Wissenschaftlers, die leidenschaftliche Anteilnahme an den Geschehnissen 'dieser Welt' mit einer desinteressierten, kontemplativen Einstellung zu ersetzen, ist ein weiteres Beispiel." (Ebd., S. 266)

Die Beispiele zeigen die Spannweite der möglichen mannigfaltigen Wirklichkeiten. Der Hinweis auf den Schock erinnert daran, daß die subjektiven Sinnhorizonte eine stark bindende psychologische Kraft haben, daß ein Wechsel von einer einmal eingeschlagenen Linie auf eine andere keine einfache Angelegenheit ist und normalerweise auch nicht ohne massiven Grund vorgenommen wird.

Die Interpretation und die Definition der Situation

Der Alltag des Menschen besteht in einem fortwährenden Wechseln zwischen den verschiedenen Sinnprovinzen der institutionalisierten Sphären des alltäglichen Lebens. Ein sozial sinnvolles, das heißt: abgestimmtes und jedermann "verständliches" Wechseln wird aber erst möglich, wenn es für den Zugriff auf die Register der mannigfaltigen Wirklichkeiten gewisse übergreifende, sozial geteilte und verbindliche Regeln gibt. Beziehungsweise: wenn es relativ problemlos gelingt, eine Definition der jeweiligen Wirklichkeit und der "Handlungslinie" in einer Situation zu finden. Kurz: wenn es zu einer gemeinsamen *Definition der Situation* und darüber dann zu einer gemeinsam geteilten Sinnwelt kommt. Die Frage ist also: Wie ist eine Abstimmung der verschiedenen Sinnwelten - u.a. zum Zwecke der Handlungskoordination bei der Lösung von drängenden Alltagsproblemen - möglich?

Die Antwort ist eigentlich sehr einfach: indem sich die Akteure wechselseitig *anzeigen*, welches Sub-Universum, welche Sinnprovinz, welche Sorte von "Wirklichkeit" jeweils aktuell bzw. relevant ist. Bei diesem Anzeigen geht es darum, die *Bedeutung* der verschiedenen Dinge - im Sinne der Definition einer jeweils relevanten (sprich: bedeutungsvollen!) "Wirklichkeit" - festzulegen.

Die von diesen Überlegungen ausgehenden Grundlagen des Symbolischen Interaktionismus hat Herbert Blumer in - wie er sagt - "drei einfachen Prämissen" zusammengefaßt. Die *erste* Prämisse besagt: "daß Menschen 'Dingen' gegenüber auf der Grundlage der Bedeutungen handeln, die diese Dinge für sie besitzen." Die *zweite* Prämisse lautet: " ... daß die Bedeutung solcher Dinge aus der sozialen Interaktion, die man mit seinen Mitmenschen eingeht, abgeleitet ist oder aus ihr entsteht." Und die *dritte* Prämisse geht davon aus, " ... daß diese Bedeutungen in einem interpretativen Prozeß, den die Person in ihrer Auseinandersetzung mit den ihr begegnenden Dingen benutzt, gehandhabt und geändert werden." (Blumer 1973, S. 81)

Also: Menschen handeln auf der Grundlage von Bedeutungen, die ausschließlich in sozialen Interaktionen und nur in aktiver Auseinandersetzung mit den Dingen des Handelns entstehen, benutzt und abgewandelt werden.

Das *Anzeigen* der Bedeutungen ist der Kern dieser Vorgänge. Es besteht aus zwei gesonderten Schritten. *Erstens* "zeigt" sich der Handelnde *selbst* die Bedeutungen der Gegenstände "an". Dies hat man sich als eine Art von "innerer" Kommunikation des Akteurs mit sich selbst vorzustellen, bei der verschiedene Interpretationen der Dinge hypothetisch durchgespielt werden. *Zweitens* werden die verschiedenen, dabei entwickelten Hypothesen vor dem Hintergrund der jeweiligen Situation miteinander *verglichen*, zurückgestellt, umgruppiert und umgeformt. Dies ist ein "formender Prozeß, in dessen Verlauf Bedeutungen als *Mittel* für die *Steuerung* und den *Aufbau* der Handlung gebraucht und abgeändert werden." (Ebd., S. 84; Hervorhebungen nicht im Original).

Mit der inneren Kommunikation alleine ist ein rasches und unkompliziertes Interagieren natürlich nicht möglich. Die Akteure "müssen" ihre Sinnhorizonte meist wirksamer, schneller und korrekter aufeinander einstellen und routinehaft zu gemeinsamen Interpretationen kommen. Dazu werden zwei weitere Schritte erforderlich. Die Personen zeigen den *anderen* Akteuren an, wie sie handeln sollen. Und sie *interpretieren* die Zeichen der anderen, um herauszufinden, wie sie selbst tunlichst handeln sollten.

Möglich bzw. drastisch erleichtert wird dieser Vorgang durch die - unter den biologischen Organismen einzigartige - Fähigkeit des Menschen zur *Empathie*: das Hineinversetzen in die Situation des anderen und die Antizipation der Reaktionen und möglichen Interpretationen des jeweils anderen Akteurs.

Die effiziente Abstimmung der Sinnhorizonte ist aber (so gut wie) nicht unmittelbar, sondern nur über *Symbole* möglich, da die Sinnwelten ja immer kognitive, also: interne Zustände der Akteure beinhalten. Normalerweise gibt es in einer eingespielten Lebenswelt genügend vorgefertigte und hinreichend deutliche Hinweise auf die jeweils relevante Sinnwelt: Symbole der Definition der Situation, wie Ampeln, Nationalhymnen, Elfmeterpfiffe. Oder es gibt deutliche Rituale des Übergangs von einer "Welt" in eine andere wie Konfirmationen, Abiturfeiern, Hochzeiten oder Emeritierungen.

Oft genug sind die Symbole aber nur undeutlich oder mißverständlich, wie das Lächeln der Mona Lisa. Die definierenden Symbole müssen daher oft erst in der Situation selbst mit Bedeutung versehen werden. Dies geschieht im Prinzip in wechselseitig aufeinander Bezug nehmenden Handlungen, in Interaktionen bzw. in Kommunikationen.

Das wichtigste, die "Wirklichkeit" über Interaktion definierende Symbolsystem ist die *Sprache*. Dazu zählen aber auch andere *symbolische Medien*, über die sich die Bedeutung einer Situation mitteilen läßt: Ampeln, Hymnen oder Geld als ein besonderes Medium, das sowohl Verfügungsrechte überträgt wie auch anzeigt, daß es um rationalen Tausch und um nichts anderes geht (vgl. dazu Kapitel 27).

Die symbolische Konstitution der Gesellschaft

Der Symbolische Interaktionismus, die Theorierichtung in der Soziologie, die diese Ideen entwickelt und angewandt hat, macht nun eine sehr drastische Annahme: daß *alle* Situationen in gewisser Weise jeweils wieder komplett *neu* sind, daß - im Prinzip - die Menschen die Bedeutungen immer wieder neu *aushandeln*, daß sie die Situation damit immer wieder erst neu *definieren* und daß auch jede Nutzung von "fertigen" Symbolen und Vereinbarungen immer einen neuen Prozeß der aktiven Ausformung der Bedeutungen *voraussetzt*.

Die Gesellschaft ist nach Auffassung des Symbolischen Interaktionismus dann nichts als ein gigantischer Ort fortlaufender symbolischer Interaktion und der stets neu vollzogenen, aktiven Konstruktion von bedeutungsvoller Wirklichkeit. Die Menschen sind *nicht* die *Objekte* einer ihnen fremd gegenüberstehenden Welt, sondern *Subjekte*, die die *Constitution of Society* fortwährend neu, im beständigen Vollzug der symbolischen Interaktion vollziehen - und *sich* dabei gleichzeitig auch immer wieder neu als solche Subjekte *konstituieren*.

In der Radikalität dieser Auffassung unterscheiden sich jedoch die Vertreter des Ansatzes nicht unbeträchtlich. Herbert Blumer benennt zum Beispiel einige Sachverhalte, die dann doch schon wieder an so etwas wie an einen soziologischen Tatbestand erinnern: daß es "gemeinsames Handeln" mit einem "spezifischen eigenständigen Charakter" gebe, daß Handeln "wiederkehrend und stabil" sein könne, daß die Gesellschaft aus "Verkettungen" und "großen und komplexen Netzwerken von Handlungen" bestehe mit einer "geregelten Teilnahme verschiedener Personen". (Ebd., S. 97ff.)

Gleichwohl bleibt die Grundidee in allen Varianten dieser Sichtweise die gleiche: *Nicht* bereits vorgefertigte Regeln steuern alle diese Prozesse, sondern die ablaufenden Interpretationen *schaffen* diese Regeln immer wieder neu: "Es ist der soziale Prozeß des Zusammenlebens, der die Regeln schafft und aufrechterhält, und es sind nicht umgekehrt die Regeln, die das Zusammenleben schaffen und erhalten." (Ebd., S. 99)

Dies ist ohne Frage eine gänzlich andere Sichtweise als die von der Gesellschaft als Wesen sui generis oder als Gesamtheit der sozialen Strukturen, denen die Handelnden unterworfen sind. Und kaum etwas erinnert auch an das Verständnis des Sinnzusammenhangs als geheiligtem und unantastbarem Nomos.

Das Konzept der symbolischen Interaktion knüpft in zweierlei Weise an Max Weber an: daß sich die Akteure an dem subjektiven Sinn bei ihrem Handeln orientierten und daß die Gesellschaft aus nichts anderem als aus dem Handeln einzelner Menschen bestehe:

"Das Leben einer menschlichen Gesellschaft oder eines jeden Ausschnitts aus ihr oder einer jeden Organisation in ihr oder ihrer Teilnehmer besteht aus dem *Handeln* und der *Wahrnehmung* von *Personen*, wenn sie den Situationen begegnen, die in ihrer jeweiligen Welt auftreten." (Ebd., S. 117; Hervorhebungen nicht im Original)

In einer anderen Hinsicht aber geht die Interpretation der Gesellschaft als symbolischer Interaktion einen gänzlich anderen Weg. In der Annahme nämlich, daß diese Sinnzusammenhänge - auch in ihren wiederkehrenden Mustern - im Prinzip immer wieder neu konstituiert werden und daß es nicht so etwas gibt wie relativ feste Wissensstrukturen und Register, Routinen, Gewohnheiten und Traditionen, Modelle, soziale Drehbücher, Schemata und Handlungsprogramme, auf die die Handelnden - zur Erleichterung des schwierigen Prozesses der interpretativen Aushandlung von Bedeutungen - gelegentlich schon deshalb zugreifen müssen, weil die Zeit zu langem Überlegen, Interpretieren und Antizipieren fehlt und weil sie voneinander immer viel zu wenig wissen, um sich ganz auf ihre Empathie verlassen zu können.

Exkurs über Sinn

Wir kommen nun (im folgenden Kapitel 27) auf die von Niklas Luhmann entwickelte soziologische Systemtheorie und auf das daran anknüpfende spezielle Verständnis von Gesellschaft zu sprechen. Der zentrale Begriff dieses Ansatzes ist der des Sinns. Niklas Luhmann hat dem Begriff "Sinn" aber einen Sinn gegeben, der etwas ungewöhnlich erscheinen mag - und auch viele Gemüter sehr verwirrt hat.

Bevor dieses spezielle Konzept des Sinns bei Luhmann näher erläutert werden kann, soll in aller Kürze dargestellt werden, welche Bedeutung das Wort "Sinn" ansonsten in der Soziologie besitzt - damit verglichen werden kann, in welcher Hinsicht Luhmann die Sprachregelungen der Soziologie umdefiniert hat. Vielleicht kann damit etwas besser verstanden werden, warum so viele Soziologen Luhmann nicht verstehen.

Einigen Varianten der Bedeutung des Wortes "Sinn" sind wir bereits begegnet - beispielsweise gleich zu Beginn von Kapitel 1 mit dem Begriff des sozialen Handelns von Max Weber oder auch im vorangehenden Kapitel 26. Leicht ist die Rekonstruktion des Begriffs sicher nicht. Eine Explikation der Bedeutung des Wortes "Sinn" ist schon deshalb nicht einfach, weil der Begriff eines der mystischsten der vielen mystischen Konzepte ist, die die Soziologie zu bieten hat.

Semantischer Sinn

Eine verhältnismäßig geläufige Bedeutung hat das Wort "Sinn" aber schon genau in dem Zusammenhang, in dem wir jetzt sind: Was ist eigentlich der "Sinn" eines Wortes im Sinne der *Bedeutung* eines zunächst unverständlichen sprachlichen Zeichens? Es geht dabei also um die Frage der mit einem Wort oder einem Symbol verbundenen Vorstellungsinhalte. Wir wollen diese Bedeutung des Wortes "Sinn" als den *semantischen Sinn* bezeichnen.

Der semantische Sinn von Worten, die Zuordnung von Zeichen zu einem gemeinten Sachverhalt, wird meist über Definitionen festgelegt. Solche Zeichen können sprachliche, schriftliche, akustische oder sonstige Symbole sein. Symbole erhalten ihre Bedeutung aber nicht nur durch explizite Definitionen, sondern auch durch allmähliche Einübung und Gewöhnung. Ihre Bedeutung wird an andere Akteure durch explizite Hinweise, durch Lernen oder durch andere Erfahrungen weitergegeben. Die Sozialisation des Menschen besteht zu einem großen Teil darin, ihm das System des semantischen Sinns der kulturellen Symbole in einer Gesellschaft beizubringen.

Das Aufdecken der von einem Verfasser *gemeinten* Bedeutung eines Zeichens (oder kompletter Texte) wird auch als *Hermeneutik* bezeichnet. Normalerweise tun das Sprachwissenschaftler, etwa wenn sie ein Gedicht von Rilke interpretieren und nach dem Sinn des Gedichtes fragen. Insofern jedes Alltagshandeln auch eine *"richtige"* Interpretation von Zeichen und die Rekonstruktion der *gemeinten* Bedeutungen des Handelns anderer Menschen voraussetzt, bedeutet das soziale Handeln zweifellos immer auch eine *hermeneutische* Leistung der Alltagsmenschen, die der Soziologe beim Schritt des deutenden Verstehens ermitteln muß (vgl. Kapitel 1 und Abschnitt 6.2). Und das abgestimmte soziale Handeln der Menschen hat ohne Zweifel auch damit zu tun, daß die

Akteure den semantischen Sinn der diversen Symbole ihrer Kultur kennen und - ganz automatisch - die richtigen Vorstellungen damit verbinden.

Über den semantischen Sinn in vielen sozialen Prozessen erhält die Soziologie eine anscheinend starke Affinität zu sprachwissenschaftlichen Disziplinen wie der Philologie und der Linguistik. Wegen dieses "hermeneutischen" Aspektes des sozialen Handelns meinen auch viele Soziologen, daß die Soziologie eine Art von Philologie oder Hermeneutik der natürlichen Lebenswelt sein müsse (und sich darin schon erschöpfen könne). Diese Auffassung ist insofern zutreffend als die Rekonstruktion der Logik der Situation ja tatsächlich nichts anderes bedeutet als die richtige Ermittlung der (hermeneutischen) Interpretationen, die sich die Akteure von ihrer jeweiligen Situation zurechtlegen.

Mit der Technik der sog. *objektiven Hermeneutik*[13] wird versucht, die subjektiven Deutungen der Akteure anhand vorliegender empirischer Materialien (zum Beispiel Protokolle von Interaktionssequenzen zwischen Mutter und Kind) "objektiv" zu rekonstruieren. Das Verfahren besteht im Prinzip darin, daß eine Gruppe von interpretierenden Sozialwissenschaftlern alle möglichen Deutungen eines Kommunikationsaktes versucht, zu einem Konsens gelangt und diesen Konsens vor dem Hintergrund der folgenden Kommunikationsakte und der anschließenden (konsensuellen) Deutungen wieder überprüft. Die Objektivität des Verfahrens besteht also in der Intersubjektivität eines Konsenses über die Deutungen. Der Ausdruck "objektive" Hermeneutik für diese Technik ist also eine in diesem Sinne durchaus korrekte Beschreibung des Ziels: die *objektiv* zutreffende Rekonstruktion der *subjektiven* Interpretationen der Akteure.

Deutlich wird nun aber auch das Problem der auch in der Soziologie oft vertretenen Auffassung, daß die Soziologie sich in der Hermeneutik der natürlichen Lebenswelt erschöpfen könne: Soziale Prozesse beruhen zwar auf den subjektiven "Definitionen" der Situation durch die Akteure, sie erschöpfen sich aber *nicht* darin. Es ist nicht allein die Logik der Situation, die die sozialen Prozesse erklärt; es müssen eine Theorie der Selektion angewandt und - nicht zuletzt - das Transformationsproblem bei der Logik der Aggregation gelöst werden. Und dies geht über die "Hermeneutik" des semantischen Sinns der sozialen Situationen weit hinaus. Um den semantischen Sinn, um die Hermeneutik der Zeichen in der natürlichen Lebenswelt, geht es daher in der soziologischen Verwendung des Begriffs keineswegs nur oder gar vorwiegend. Mindestens vier weitere verschiedene (semantische)

---

[13] Vgl. dazu Ulrich Oevermann, Tilman Allert, Elisabeth Konau und Jürgen Krambeck, Die Methodologie einer "objektiven Hermeneutik" und ihre allgemeine forschungslogische Bedeutung in den Sozialwissenschaften, in: Hans-Georg Soeffner (Hrsg.), Interpretative Verfahren in den Sozial- und Textwissenschaften, Stuttgart 1979, S. 352-434.

Bedeutungen des Wortes "Sinn" lassen sich im Sprachgebrauch der Soziologen einigermaßen deutlich unterscheiden.

Subjektiver Sinn

Sinn meint dann *erstens* die *Absichten*, die *Intentionen*, die *guten Gründe*, die ein Akteur mit seinem Handeln verbindet. Dies sind immer nur *subjektive* Absichten, Intentionen und Gründe. Max Weber hatte so auch vom "subjektiven *Sinn*"[14] des Handelns gesprochen.

Eine besonders "evidente" Form dieses subjektiven Sinns sah Max Weber in der Zweckrationalität des Handelns. Die "zweckrationale" Ausübung von Regentänzen mit der "manifesten" Absicht, die Götter zu besänftigen, wäre etwa ein in diesem Sinne subjektiv sehr sinnhaftes Handeln, wenn die Regentänze tatsächlich als wirksames Mittel zur Erreichung des intendierten Zieles angesehen und deshalb ausgeführt werden. Wir wollen diesen Sprachgebrauch beibehalten und die entsprechende Wortbedeutung als *subjektiven Sinn* bezeichnen.

Sozialer Sinn

Eine *zweite* Bedeutung hat mit der "sinnvollen" Befolgung und Anwendung bestimmter *sozialer Regeln* und der korrekt gewählten Orientierungen beim Handeln der Menschen, mit dem besonderen *Sinnzusammenhang* eines bestimmten Handelns zu tun. Der Sinn eines Handelns bemißt sich in diesem Sinne an der, gemessen an den Vorgaben der Situation, *richtigen* Anwendung von sozial *konstruierten* und *gleichzeitig* sozial objektiv *geltenden* Regeln und an der korrekten Einordnung einzelner Akte in einem als zusammengehörig definierten Gesamtablauf.

Dazu gehört u.a. auch die richtige Reihenfolge einer als komplette "Handlung" definierbaren Sequenz, etwa des Holzhackens oder einer Hinrichtung. Insbesondere gehört dazu die korrekte Befolgung von Normen und von vorgegebenen sozialen Drehbüchern, die richtige Interpretation von Symbolen, die korrekte Identifikation des jeweils in einer Sphäre der Gesellschaft bedeutsamen Codes und der gerade geltenden Definition der

---

[14] Max Weber, Wirtschaft und Gesellschaft. Grundriss der verstehenden Soziologie, 5. Aufl., Tübingen 1972, S. 1; vgl. auch Kapitel 1.

Situation, die zutreffende Deutung der Situationssichten der anderen Akteure, mit denen interagiert wird u.a. (siehe dazu noch Abschnitt 27.3).

Die Entlastung des Alltagshandelns und der individuelle Erfolg des Tuns hängen zum großen Teil davon ab, inwieweit die Akteure die formellen und informellen Regelungen des Handelns, insbesondere den jeweils "richtigen" und jeweils "relevanten" Rahmen des Tuns, identifizieren und sich daran orientieren: Es ist nicht sehr sinnvoll, zu Weihnachten Pappnasen zu tragen oder zu Karneval Eier zu verstecken; in der richtigen Zuordnung werden diese Handlungsweisen dann aber fast zur Bedingung einer erfolgreichen Alltagsgestaltung.

Wir wollen diese Wortbedeutung als *sozialen Sinn* bezeichnen. Darin eingeschlossen ist die jeweils für den Akteur aktualisierte "Sinnprovinz" der sozialen Situation, in der er sich befindet: der Code des jeweils aktuellen sozialen Teil-Systems, in dem gehandelt wird. Sozialen Sinn gibt es daher in soviel "mannigfaltiger" Weise wie es sozial *definierte* Regeln, "Wirklichkeiten" und Sphären der Gesellschaft gibt.

Nomischer Sinn

Eine *dritte* Verwendung findet der Begriff des Sinns im Zusammenhang mit der Nomisierung der Welt durch Wissenssysteme, die den Dingen eine mehr oder weniger unverrückbare Ordnung und Plausibilität - einen "Sinn" - verleihen. Dies ist der Sinn, von dem oben im Zusammenhang mit der Gesellschaft als nomischer Ordnung die Rede war.

Wir wollen daher vom *nomischen Sinn* sprechen, wenn diese Bedeutung gemeint ist. Der nomische Sinn ergibt sich aus den übergreifenden "Weltbildern" der Menschen. Diese Weltbilder sind Teil des kulturellen Systems der Gesellschaft (vgl. Kapitel 23 sowie Abschnitt 25.2 und 25.3). Sie "erklären" die Zusammenhänge der Welt im Zusammenhang einer als unverrückbar angesehenen "transzendenten" obersten Ordnung - und legitimieren sie dadurch kognitiv als richtig und normativ als gerecht.

Funktionaler Sinn

Schließlich die *vierte* Bedeutung des Wortes: Es ist die (latente) *Funktion*, die ein bestimmtes (manifestes) Element in einem Gesamtzusammenhang eines übergeordneten Systems hat. Der Sinn der Unruhe bei einer Uhr ist deren Funktion der Taktgabe. Der latente Sinn der Regentänze war die Stärkung der Gruppenintegration bei den Hopi-Indianern. Der auf das übergreifende gesellschaftliche System bezogene Sinn der sozialen Ungleichheit einer Gesellschaft wäre - wenn es so zuträfe - die Bereitstellung einer hinreichenden Motivation, daß sich die immer knappen Talente auch für die Übernahme der wichtigen, mühevollen, dann aber auch gut belohnten Positionen in einer Gesellschaft interessieren. Wenn diese Bedeutung der funktionalen Einordnung eines Elementes in einen Zusammenhang eines Systems sozialer Prozesse gemeint ist, wollen wir vom *funktionalen Sinn* sprechen.

Sinn als Relation

Semantischer, subjektiver, sozialer, nomischer und funktionaler Sinn scheinen auf den ersten Blick nicht viel gemeinsam zu haben. Deutlich gibt es auch eine Trennlinie zwischen dem subjektiven Sinn als eindeutig auf das individuelle Subjekt bezogener Eigenschaft und dem funktionalen Sinn, der nur von einem externen Beobachter, "objektiv" also, gesehen werden kann. Der nomische Sinn ist eigentlich auch nur ein subjektiver Glaube von Akteuren, die aber annehmen, daß dieser Glaube eine objektive, übermenschliche Geltung hätte. Der soziale Sinn ist in dem Sinne "objektiv", daß die daran geknüpften sozialen Regeln ja tatsächlich im jeweiligen sozialen Verkehrskreis gelten; er ist aber auch in gewissem Sinne "subjektiv", weil diese sozialen Regeln ja immer nur sozial *konstruierte* Regeln sind und anderswo ganz und gar "unverständlich" wären.

Der semantische Sinn könnte auch als ein Spezialfall des sozialen Sinns aufgefaßt werden: Die Bedeutung von Symbolen und deren "richtige" Interpretation im Rahmen einer "objektiven Hermeneutik" ist ja auch nichts anderes als eine Frage der Geltung gewisser sozialer Regeln und deren richtiger Anwendung durch die Akteure. Beim sozialen (bzw. beim semantischen) und beim nomischen Sinn kombinieren sich die Subjektivität und die Objektivität der sozialen Prozesse in einer eigenartigen, letztlich aber dann doch leicht entwirrbaren Weise.

In allen vier (bzw. fünf) Bedeutungen des Wortes "Sinn" gibt es bei aller sonstigen Verschiedenheit aber dennoch - auf einer dann doch schon sehr abstrakten Ebene - eine *Gemeinsamkeit*: Jedesmal handelt es sich um Vorgänge der *Einordnung* von zunächst isolierten Elementen in einen übergeordneten *Zusammenhang*.

Es ist dieser übergeordnete Zusammenhang und die semantisch zutreffende, die subjektiv vernünftige, die sozial regelgerechte, die vom Weltbild her richtige und gerechte, die funktional ablaufsdienliche Passung des Elementes darin, die jeweils den "Sinn" ausmachen: Der semantische Sinn ordnet ein Wort in einen Sprachgebrauch und in ein übergreifendes kulturelles System von Symbolen und Bedeutungen ein. Die subjektiven

Absichten koordinieren beim subjektiven Sinn die Handlung mit einem Projekt der Zielverwirklichung. Der soziale Sinn bei der "richtigen" Anwendung sozialer Regeln ergibt sich aus der Passung der Regelbefolgung in ein weiter gefaßtes System von "verständlichen" Handlungsabläufen und anderen Regeln. Bestimmte Weltbilder und übergeordnete Wissensstrukturen erzeugen einen nomischen Sinn, indem sie die Dinge der Welt in einem kognitiven und normativen System "erklären" und somit das eigene Leben, und darin selbst mancherlei Ungerechtigkeit, verständlich und "sinnvoll" machen. Und aus dem Beitrag eines Elementes für das Funktionieren eines übergeordneten Systems ergibt sich schließlich der funktionale Sinn dieses Elementes, der - ganz anders als der semantische, der subjektive, der soziale und der nomische Sinn - den Akteuren meist nicht manifest oder bewußt ist, sondern nur latent vorliegt und nur durch einen externen Beobachter - durch einen Soziologen zum Beispiel - ermittelt und benannt werden kann.

Die allgemeinste Bestimmung der Wortbedeutung von "Sinn" wäre damit die *Einordnung* eines *Elementes* (oder eines Vorgangs) in einen *Zusammenhang*. Also: daß es *Anschlußmöglichkeiten* und tatsächlich *realisierte* Anschlüsse gibt und daß der Sachverhalt - in einem weiten Sinn - eine *Funktion* für andere Sachverhalte hat.

Wichtig ist dabei, daß diese Einordnung nie fest und unverrückbar, sondern immer eine Frage der *Selektion* vor dem Hintergrund von *Alternativen* ist wie beispielsweise: andere Mittel beim subjektiven Sinn, andere Regeln beim sozialen Sinn, andere Welterklärungen beim nomischen Sinn oder funktionale Äquivalente beim funktionalen Sinn, die die gleiche oder sogar eine bessere Leistung erbringen könnten. Die Sinnselektionen erfolgen also immer vor der *Verweisung* auf einen *Horizont* von jederzeit gegebenen anderen Alternativen als der gerade gewählten: Die aktuelle Realisierung einer Selektion ver- "nichtet" diese anderen Möglichkeiten der Selektion also grundsätzlich *nicht* (vgl. dazu Abschnitt 27.1).

Alle vier (bzw. fünf) Varianten und Beispiele haben somit gemeinsam, daß ein Sachverhalt nicht isoliert existiert, sondern für anderes von "Bedeutung" ist, und daß der Sachverhalt sich durch diese Einordnung erst selbst konstituieren kann. Dieses Verständnis von Sinn als Funktion in einem übergeordneten Zusammenhang, in einem System, findet man bis tief hinein in die gängigen philosophischen Spekulationen zu dem Thema:

"Der Sinn eines Aktes ist das als eine bestimmte Situation gegebene Ensemble der Möglichkeiten, an diesen Akt weitere Akte anzuschließen; d.h. der Sinn eines Aktes ist die Mannigfaltigkeit der Anschließbarkeiten, die er eröffnet. Das ist gleichbedeutend mit: Der Sinn eines Aktes ist sein Bezug auf eine oder mehrere Stellen in dem *System*, in dem er sich als *Funktion* erfüllt."[15]

---

[15] Jürgen Frese, Sprechen als Metapher für Handeln, in: Hans Georg Gadamer (Hrsg.), Das Problem der Sprache. Achter Deutscher Kongreß für Philosophie, Heidelberg 1966, München 1967, S. 51; Hervorhebungen nicht im Original.

Unter Sinn wird demnach keine absolute, sondern eine *relationale* Eigenschaft verstanden, die eine bestimmte Art von *Beziehung* zwischen Ereignissen oder Sachverhalten beschreibt. "Sinn" - als relationaler Begriff - ist damit ein *Prädikat* in Aussagen über Eigenschaften von Sachverhalten. Sinn ist also *kein* Subjekt, das irgendetwas tun könnte; und Sinn ist auch kein Objekt, dem etwas zustoßen könnte. Es kann höchstens mit den funktionalen Relationen etwas geschehen.

Wie immer in derartigen Fällen wäre es ein folgenschwerer Verstoß gegen sprachliche Konventionen, eine Eigenschaft selbst zu einem Subjekt oder Objekt zu erheben. Etwa indem man von "dem" Sinn als einem eigenständigen Ding spricht, das dann irgendetwas tut - etwa in Sätzen wie: " Sinn bewirkt dabei ... ", "Sinn zwingt sich selbst zum Wechsel" - oder das gar sich selbst als Eigenschaft besitzt - wie in dem Satz: "Sinn hat Sinn".[16] Der Sinn ist aber kein Akteur, macht nichts, hat nichts und kann auch nichts "bewirken".

Als relationale Eigenschaft einer besonderen Art der *selektiven* und *funktionalen* Einordnung von Elementen in weitere Zusammenhänge hat der Begriff des Sinns aber einen gerade für die verstehend-erklärende Soziologie unverzichtbaren Sinn. Er beschreibt verschiedene - semantische, intentionale, kognitive, evaluative und funktionale - Dimensionen der Art, wie die mit Bewußtsein begabten menschlichen Akteure handeln und interagieren und dabei die Gesellschaft konstruieren und sich selbst wieder konstituieren. Als relationales Prädikat, als besonderes Merkmal von Beziehungen zwischen Akteuren, Absichten, Handlungen, Regeln und bestimmten funktionalen Wirkungen des Handelns kann der Begriff mit großem Gewinn bei soziologischen Erklärungen verwendet werden. Mehr noch: Angesichts der unhintergehbaren interpretativen Dimension des Sozialen ist er für die Erklärungen der Soziologie unentbehrlich. Nicht zuletzt Max Weber hat darauf hingewiesen.

---

[16] Die Beispiele entstammen dem Kapitel 2 über "Sinn" bei Niklas Luhmann, Soziale Systeme. Grundriß einer allgemeinen Theorie, Frankfurt/M. 1984, S. 94, 98, 112.

Kapitel 27
Gesellschaft als Kommunikation

Die Vorstellung von der Momenthaftigkeit aller gesellschaftlichen Prozesse ist eine der Grundlagen der Gesellschaftskonzeption, die Niklas Luhmann[1] vorgeschlagen hat. Es sind die symbolisch vermittelten Kommunikationen und das stets neu konstituierte Prozessieren von "Sinn", das die "sozialen Systeme" - und damit auch die Gesellschaft der Menschen - ausmacht. Insofern knüpft Niklas Luhmann durchaus an einige Grundgedanken des Symbolischen Interaktionismus an. Gesellschaften sind danach jedoch keineswegs " ... Interaktionssysteme und (können) auch nicht einfach als Summe der vorkommenden Interaktionssysteme begriffen werden." (Ebd., S. 552) Die "Gesellschaft" ist vielmehr " ... das *umfassende Sozialsystem* füreinander *erreichbarer Handlungen.*"[2]

Die Gesellschaft wird von zwei anderen Typen sozialer Gebilde bzw. sozialer Systeme abgegrenzt: von der *Interaktion*, deren Kennzeichen die *Anwesenheit* der Mitglieder, und von der *Organisation*, deren Kennzeichen das Merkmal der *formalen Mitgliedschaft* ist. Interaktionen und Organisationen haben immer noch eine weitere *soziale* Umgebung, die selbst *keine* soziale Umgebung mehr hat. Und das ist nichts anderes als die *Gesellschaft* (vgl. dazu auch die Abschnitte 6.1 und 27.6).

Zwei Ausdrücke aus der vorgeschlagenen Definition der Gesellschaft sind hier wichtig: "umfassendes Sozialsystem" und "erreichbare Handlung". Den Aspekt des umfassenden Sozialsystems hatten wir beim Begriff der Gesellschaft in Kapitel 20 bereits angesprochen. Er meint das Merkmal der Selbstgenügsamkeit der Gesellschaft als soziales System, das keine äußeren sozialen Grenzen mehr hat. Der hierbei wichtige Begriff ist der des sozialen Systems. Da dieser Begriff nicht ganz selbstverständlich ist, müssen wir etwas weiter ausholen und einige Grundelemente der soziologischen Systemtheorie erläutern, wie sie Niklas Luhmann entwickelt hat. Erst dann kann auch auf den zweiten Teil der Definition eingegangen werden: auf die Idee

---

[1] Vgl. insbesondere Niklas Luhmann, Soziale Systeme. Grundriß einer allgemeinen Theorie, Frankfurt/M. 1984, Kapitel 10: "Gesellschaft und Interaktion", S. 551-592.
[2] Niklas Luhmann, Interaktion, Organisation, Gesellschaft, in: Niklas Luhmann, Soziologische Aufklärung, Band 2: Aufsätze zur Theorie der Gesellschaft, 3. Aufl., Opladen 1975, S. 11; Hervorhebungen nicht im Original.

der Gesellschaft als der maximalen Grenze von "erreichbaren" Handlungen bzw. von "verstehbarer" Kommunikation.

27.1 "Sinn" und Sinn-Systeme

Die Gesellschaft ist im Verständnis der soziologischen Systemtheorie zunächst nichts als ein soziales System, das für andere soziale Systeme die äußerste soziale Grenze bildet. Was aber ist mit dem Wort "soziales System" genau gemeint? Dazu muß zuerst geklärt werden, was Systeme sind und zu welcher besonderen Art von Systemen die sozialen Systeme gehören.

Systeme

In der soziologischen Systemtheorie findet man die folgende allgemeine Definition des Begriffs des Systems:

"Von System im allgemeinen kann man sprechen, wenn man Merkmale vor Augen hat, deren Entfallen den Charakter eines Gegenstandes als System in Frage stellen würde. Zuweilen wird auch die Gesamtheit solcher Merkmale als System bezeichnet." (Luhmann 1984, S. 15.)

Dies ist eine entschieden zu allgemeine Definition, weil danach ja eigentlich alles als "System" zu bezeichnen wäre. Drei präzisere Bedeutungen kann der Begriff des Systems haben: System als ein besonderes Verhältnis von "Teil und Ganzem", als besonderes Verhältnis von "System und Umwelt" und Systeme als Prozesse der Selbstorganisation.

In der ersten Bedeutung - "*Teil und Ganzes*" - wird unter einem System eine Menge von Elementen verstanden, die in bestimmten *Beziehungen* zueinander stehen. Dabei können zwei Arten unterschieden werden: Systeme, die über einen übergreifenden *Rahmen* integriert sind und so zu einer Einheit der Teile finden. Dazu gehören etwa Organisationen mit einem übergreifenden Ziel oder Staaten mit einer übergreifenden verbindlichen Verfassung; und zweitens Systeme als Zonen von *Verdichtungen* oder *strukturellen Ähnlichkeiten* in den Beziehungen zwischen den Elementen wie sie etwa bei den Cliquen von Netzwerken oder im Konzept der strukturellen Äquivalenz definiert sind (vgl. dazu Abschnitt 25.2).

In der zweiten Bedeutung - "*System und Umwelt*" - geht es um die Festlegung bestimmter *Grenzen*, durch die sich Systeme von einer Umwelt unterscheiden. "Umwelt" ist dabei alles, was jeweils nicht als Bestandteil bzw. was als außerhalb der Grenzen des Systems befindlich definiert ist. Diese

Grenzen können *strukturell* - etwa über die bereits genannten Zonen von Verdichtungen oder über strukturelle Äquivalenzen der Beziehungen der Elemente - oder *inhaltlich* über die Art der Beziehungen der Elemente definiert sein. Eine für soziale Prozesse und Gebilde besonders wichtige Art einer inhaltlichen Abgrenzung eines Systems von einer Umwelt dieses Systems ist die Definition von Grenzen des jeweils "geltenden" sozialen Sinns: Unter welchem "*Code*", unter welchem Oberziel ist das jeweilige Gebilde definiert? Etwa: "Wahrheit" als Oberziel des Teil-Systems "Wissenschaft"; oder "Liebe" als der Verhaltenscode bestimmter Intimbeziehungen.

Systeme werden immer sowohl über die Struktur der Beziehungen der Elemente untereinander als auch über die inhaltliche Codierung der Grenzen zur Umwelt definiert. Systeme grenzen sich also sowohl über die Struktur wie auch über den Inhalt der Beziehungen der Elemente von einer Umwelt ab. Insofern hat jedes System allein von der Definition des Begriffs her "notwendigerweise" eine Umwelt. Eine davon zu unterscheidende Frage ist dann, wie die Beziehungen eines Systems zu "seiner" Umwelt gestaltet sind. Komplett isolierte Systeme gibt es nicht. Systeme stehen mit ihrer Umwelt über ihre Grenzen hinweg immer in bestimmten Beziehungen. Dies sind meist Beziehungen des Austauschs von Leistungen, die die Systeme für ihr Funktionieren bzw. für ihre Reproduktion benötigen, oder solche der - mehr oder weniger direkten - Beeinflussung durch die Umwelt.

Maschinen, Ameisenstaaten, Betriebe, Familien und Berufskommissionen, das "System" der Politik und das der Wirtschaft, Religion, Kunst und Massenmedien, die Öffentlichkeit und das Privatleben, Lebensstile und Kulturen, Kriege, Revolutionen und soziale Bewegungen, ein Streichquartett und der Bundestag im Wasserwerk zu Bonn, komplette Gesellschaften und historische Epochen gehören danach allesamt zu den Phänomenen, die man in dieser Weise als Systeme bezeichnen kann. Es gibt nur ein System, das kein "System" sein kann: die "Welt" insgesamt - sie hat ja definitionsgemäß keine Umwelt mehr.

Systeme könnten so gesehen als ziemlich statische Angelegenheiten erscheinen. Mindestens alle lebenden Systeme - und damit: alle sozialen Systeme - sind jedoch *Prozesse*. Sie "bestehen" dadurch, daß sie ihre Elemente und Beziehungen und ihre dadurch erzeugten strukturellen und inhaltlichen Eigenschaften fortwährend neu aufbauen, wobei diese Elemente sofort wieder genau in dem Moment zerfallen, in dem sie entstanden sind. Diesen Vorgang des Selbstaufbaus als Prozeß hatten wir in Abschnitt 6.3 als Selbstorganisation bezeichnet. Dies ist die dritte Bedeutung von System. Systeme der *Selbstorganisation* "bestehen" also so lange, wie an den Zerfall der Elemente immer wieder unmittelbar ein Neuaufbau genau der Elemente anschließt, über deren Reproduktion das System definiert ist.

Unter den verschiedenen Arten von Systemen können von der Art der System-Umwelt-Beziehungen her autopoietische Systeme von allopoietischen Systemen unterschieden werden (siehe dazu noch Abschnitt 27.3 und 27.5). *Autopoietische* Systeme sind Systeme, die sich unter Benutzung von Elementen der Umwelt und nach ihren *eigenen* inneren Gesetzen beständig neu selbst-herstellen, selbst-organisieren und selbst-reproduzieren, und dabei auf die Einhaltung eines inneren Standards - der "Referenz" auf sich "selbst", auf ihre *Selbstreferentialität* - achten (vgl. Abschnitt 27.5). Dies bedeutet, daß die Systeme von sich selbst ein Modell erzeugen und daraufhin ihr Prozessieren kontrollierend steuern. *Allopoietische* Systeme sind dagegen Systeme, die über unmittelbare kausale Einwirkungen von *außen*, zwar nach ihren internen Konstruktionszusammenhängen, dann nur noch mechanisch und ohne weitere Selbstreferentialität ablaufen; sie prozessieren *synreferentiell*: Wenn sie sich auf sich selbst beziehen, dann geschieht dies "unintendiert" und als bloß faktisches Ergebnis eines ansonsten blinden Prozesses.

Autopoietische Systeme sind also *selbstreferentiell* und daher: *"eigen"-sinnig* prozessierende Systeme der Selbstorganisation, allopoietische Systeme sind das nicht. Biologische Organismen sind Beispiele für Systeme autopoietischer Selbstorganisation, die von ihnen gebildeten Populationen sind Beispiele für synreferentielle und eher allopoietische Systeme der Selbstorganisation. Katzen und Fakultäten sind vorwiegend autopoietisch, (Schäfer-)Hunde und Militäreinheiten eher allopoietisch prozessierende Systeme.

Eine wichtige Art solcher selbstorganisierenden autopoietischen Systeme sind diejenigen, deren Prozessieren auf *Sinn* beruht. Sinn kommt - so das grundlegende Postulat der soziologischen Systemtheorie - in zwei Formen vor: als *Kommunikation* und als *Bewußtsein*. Über diese beiden Arten von Sinn lassen sich dann auch zwei typische Arten von Sinn-Systemen unterscheiden: *soziale* Systeme und *psychische* Systeme. Soziale Systeme prozessieren den Sinn in der Form der Kommunikation, psychische Systeme in Form von Bewußtsein. Soziale und psychische Systeme, Kommunikation und Bewußtsein sind eng aufeinander angewiesen und ohne ihre wechselseitige "Anregung" und "Konstitution" nicht möglich (siehe Abschnitt 27.2). Was aber ist "Sinn"?

"Sinn" und Sinnlosigkeit

"Sinn" meint in der Festlegung von Luhmann drei verschiedene Dinge gleichzeitig: erstens, daß die jeweiligen Systeme immer nur dadurch "bestehen", daß sie fortwährend *Selektionen* vornehmen. Zweitens, daß diese Selektionen aus einem "Horizont" von Alternativen vorgenommen werden, der mit der jeweiligen Selektion immer erhalten bleibt und durch den alle Selektionen stets eine *Verweisung* auf diesen Horizont anderer Alternativen behalten, wenn die Selektion einer bestimmten Alternative erfolgt ist. Und drittens, daß die jeweilige Selektion einen *Anschluß* weiterer Selektionen ermöglicht und so als eine ununterbrochene Kette von momenthaften, punktuell entstehenden, sofort wieder zerfallenden Selektionen immer weiter prozessiert.

Sinn bezeichnet nach Luhmann also die besondere Relation der *Einheit* von drei Eigenschaften der Beziehung von Elementen: Selektion, Verweisung und Anschluß. Niklas Luhmann hält sich in dieser Definition von Sinn in einer sehr abstrakten Weise - mit einigen wichtigen Ausrutschern (siehe gleich unten) - an die im Exkurs über Sinn zusammengefaßte allgemeine Bestimmung. Danach ist Sinn ja jene relationale Eigenschaft, die eine prozessuale, auf Selektionen beruhende und daher immer offene Einordnung von Elementen in übergeordnete Zusammenhänge beschreibt. Das ist - trotz der etwas umständlichen Ausdrucksweise - nicht schwer zu verstehen.

Zur Verdeutlichung sei das Beispiel des sozialen Systems eines Gesprächs betrachtet. Das soziale System eines Gesprächs existiert und prozessiert demnach solange Sinn, wie die Interaktionspartner es als "Identität der Differenz" von Selektion, Verweisung und Anschluß führen: A selegiert aus einem Horizont möglicher Themen ein bestimmtes Thema und fängt aus bestimmten Gründen mit dem Sprechen an, wobei bei seinen Selektionen durchaus die Überlegung mitspielen mag, welches Thema und welche Form der Mitteilung geeignet ist, das Gespräch auch länger in Gang zu halten, ohne daß es vielleicht in einer Schlägerei endet. B versteht - so sei angenommen - die beginnende Kommunikation und findet so Anschluß an den von A gemachten Anfang. Dann selegiert B selbst - wenn sie das möchte - eine Antwort, die A, wenn alles gut geht, wieder versteht, der seinerseits ... und so weiter.

Dieser Vorgang verbindet ohne Zweifel momenthaft entstehende und sofort wieder zerfallende Ereignisse mit den Eigenschaften Selektion, Verweisung und Anschluß. Infolgedessen ist ein Gespräch ein Sinn prozessierendes System, weil es in seinen relationalen Eigenschaften so definiert wurde. Und es hört als soziales System mit dem Prozessieren von Sinn auf - und zwar genau in dem Moment, in dem mindestens eine der drei Eigenschaften nicht mehr gegeben ist. Ein Sinn prozessierendes System existiert demnach - so Luhmann - so lange, wie die Selektionen unter Verweisung weiter stattfinden und es immer weiter gelingt, die Anschlüsse zu erhalten. Andernfalls: Ende der Existenz des Systems.

Hier wird eine kritische Bemerkung notwendig. Leicht ist zu erkennen, daß damit keine empirischen Bedingungen genannt werden. Es handelt sich um eine definitorische Festlegung, die schon aus logischen Gründen immer wahr sein muß. In ähnlicher Weise gilt, daß etwa ein Hypochonder nicht krank werden *kann*, weil ein Hypochonder als jemand *definiert* ist, der sich nur für krank hält, es aber nicht ist. In dem Moment, in dem er wirklich krank wird, verliert er - aufgrund der Definition - die Eigenschaft, ein Hypochonder zu sein. Für Hypochonder gibt es nur Gesundheit - oder es gibt sie als Hypochonder nicht. Kann man damit aber zufrieden sein? Wohl kaum. Gerne hätte man zum Beispiel gewußt, warum ein Hypochonder erkrankt; ob er besonders robust ist oder nicht; oder ob er vielleicht nur an bestimmten Leiden erkrankt und ähnliches. Dazu benötigt man aber mehr als eine Definition und eine Zustandsbeschreibung. Solche "Erklärungen" über Definitionen sind in der Art der "leichten und leeren Wahrheit", von der Wilhelm Busch im erkenntnistheoretischen Kindergarten gesprochen hatte (vgl. dazu Kapitel 4). "Volle und schwere" Wahrheiten sehen anders aus, und sie verlangen mehr als eine immer wohlfeile Definition, die als eine empirische Hypothese nur verkleidet ist. Für den Fall des Hypochonders wären beispielsweise nötig: eine psychologische oder gar psychoanalytische Erklärung für seinen Autismus und eine medizinische für den Fall, daß er wirklich krank geworden ist. Niemand kann damit zufrieden sein, daß einfach nur gesagt wird, daß der Hypochonder nun keiner mehr ist, wenn er es nicht mehr ist.

Ähnliches ließe sich für soziale Systeme und deren Sinn sagen. Gerne möchte man z.B. in bezug auf Kommunikationen wissen, was genau bewirkt hat, daß die Anschlüsse in einem Gespräch nicht weiter funktionierten und warum das so kommen mußte. Denn daß die Selektionen und die Anschlüsse nicht weiter funktionierten, das wissen wir ja bereits. Die bloße Definition eines sozialen Systems als Sinn prozessierendes System und die lapidare Feststellung, daß - leider - das Gespräch beendet sei und daher auch keinerlei Sinn mehr prozessiert werde, reichen nicht aus. Auch nun wäre eine Erklärung für genau jenes Ende wünschenswert; und sei es die, daß einer der Akteure sich über die leeren Worte des anderen geärgert hat und er keinen Sinn mehr darin sah, die Unterhaltung weiterzuführen.

Luhmann hält sein Konzept des Sinns für eine ganz besondere Meisterleistung. Danach gibt es für sinnprozessierende Systeme entweder nur Sinn oder überhaupt nichts, was mit Sinn zu tun hat. Er selbst drückt dies in der ihm unnachahmlichen Weise so aus: "Sinn verweist immer wieder auf Sinn und nie aus Sinnhaftem hinaus auf etwas anderes. Systeme, die an Sinn gebunden sind, können daher nicht sinnfrei erleben oder handeln." (Luhmann 1984, S. 96) Oder: "*Für* sinnkonstituierende Systeme hat alles Sinn; *für* sie gibt es keine sinnfreien Gegenstände. Die Newton'schen Gesetze und das Erdbeben von Lissabon, die Planetenbewegungen und die Irrtümer der Astrologen, die Frostempfindlichkeit der Obstbäume und die Schadensersatzforderungen der Landwirte: alles hat Sinn." (Ebd., S. 110; Hervorhebung im Original)

Also: "Alles" hat "für" ein Sinn prozessierendes System Sinn, weil dieses "alles" offenbar zum Weiterprozessieren beiträgt. Denn wenn nicht - dann hätte das System ja auch nicht weiter prozessiert. Genau. Und dann verwundern die folgenden Feststellungen niemanden mehr: "Ohne Sinn würde die

Gesellschaft, würde jedes Sozialsystem schlicht aufhören zu existieren." (Ebd., S. 587) Oder: "Sinn hat Sinn, das bleibt (und entsprechend werden Aussagen wie: Aller Sinn hat Sinn, nicht in Frage gestellt)." (Ebd., S. 112f.)

Daraus ergibt sich eine zunächst etwas überraschend klingende These: *Sinnlosigkeit* oder Sinnverlust kann es *grundsätzlich* für psychische oder für soziale Systeme *nicht* geben. Warum das so ist, wird aber unmittelbar deutlich: Sinn-Systeme beruhen ja *definitorisch* darauf, *daß* Sinn prozessiert wird. Und sie haben daher auch immer Sinn - oder es gibt sie nicht.

Kurz: Ein Auto ist ein Auto, und wenn es kein Auto ist, dann ist es auch kein Auto. Viele Soziologen hat Niklas Luhmann mit der in dieser Fassung nun wirklich ganz banalen Feststellung, daß Sinn entweder prozessiert oder eben nicht und daß daher alles, was Sinn prozessiert, auch Sinn hat, ganz durcheinander gebracht. Und die meisten, die davon Kenntnis genommen haben, haben darauf eigentlich nur von ganz verstört bis höchst devot reagiert - anstatt es wie das Kind in Andersens Märchen deutlich herauszusagen: Der Kaiser hat ja gar nichts an!

Welthorizont und die Selektion der Wirklichkeit

Der Anschluß eines Elementes an das andere ist eine der drei zentralen Bedingungen des Prozessierens von Sinn. Die beiden anderen Elemente des Zusammenhangs sind die Selektion und die Verweisung. Was das bedeutet, ist ebenfalls nicht schwer zu verstehen: Der jeweilige übergreifende Zusammenhang des Prozessierens ist immer das Ergebnis einer Auswahl, einer Selektion aus einer Vielzahl anderer Möglichkeiten. Und die jeweils aktuelle Selektion läßt diese anderen Möglichkeiten im Prinzip "offen" und weiter "präsent": Es gibt einen "Welthorizont", d.h. eine unendliche Fülle von Alternativen, von Verweisungen auf andere Möglichkeiten, wobei mit der Selektion diese Alternativen nicht "vernichtet" sind, sondern latent immer als Möglichkeiten vorhanden bleiben.

Dieser Grundgedanke, daß alle Dinge der wahrgenommenen Welt letztlich Formen der Selektion aus einem Horizont von stets weiter präsenten Alternativen sind, entstammt der sog. phänomenologischen Philosophie, wie sie insbesondere von dem in Mähren geborenen und in Freiburg gestorbenen Philosophen Edmund Husserl (1859-1938) entwickelt und vertreten wurde[3]. Der Ausdruck und das Konzept "Welthorizont" kommen daher.

---

[3] Vgl. Edmund Husserl, Vorlesungen zur Phänomenologie des inneren Zeitbewußtseins, Halle 1928.

Husserl formuliert im Zusammenhang damit einen interessanten Gedanken: In der Wahrnehmung - der Noesis - folgt das Wahrgenommene - das Noema - bestimmten *intentionalen* Vorstellungen. Wenn man so will: Aus dem Welthorizont der Eindrücke werden gerade die Dinge als konstant oder als variabel selegiert, die in die bereits bestehenden Vorstellungen hineinpassen und auch ansonsten den Interessen des Akteurs dienlich erscheinen. Anders gesagt: Auch Wahrnehmungen sind offenbar so etwas wie intentionale innere Handlungen nach den Selektionsprinzipien der Maximierung des Möglichen, kombiniert mit dem Zuträglichen.

Eines ist bei diesen Überlegungen ohne Zweifel richtig: Menschen sehen die Welt tatsächlich immer nur *selektiv* und *definieren* in ihren Wahrnehmungen andere Zusammenhänge, die die Wahrnehmung subjektiv erst "sinnvoll" machen. Sie können aufgrund ihrer sehr beschränkten Kapazität der Informationsverarbeitung gar nicht anders, als solcherart selektiv vorzugehen. Und aufgrund ihrer Phantasiebegabung können sie auch sehr flexibel und in Form von oft sehr offenen Schlüssen Dinge hinzufügen, die erst den Sinn erzeugen. Dabei bleiben in der Tat immer alle - im Prinzip unendlich vielen - Möglichkeiten anderer Selektionen und Interpretationen als Verweisung erhalten.

Die Konzeption geht davon aus, daß Menschen die eingehenden Sinnesdaten einerseits nach ihren Vorstellungen drastisch vereinfachen und andererseits dabei immer etwas in Form von *Inferenzen* hinzufügen.

Eine wichtige Art solcher Inferenzen sind gewisse *Zuschreibungen* und *Laienerklärungen* darüber, warum ein Ereignis gerade jetzt und in dieser Weise auftreten "mußte", ob es die Regel oder eine Ausnahme darstellt und wer dafür *verantwortlich* ist - zum Beispiel die agierende *Person* oder die *Situation*, in der sie sich befindet (vgl. dazu auch noch Abschnitt 27.3 und 27.4). Solche selektiven und selegierenden Laienerklärungen helfen den Akteuren im Alltag sehr, mit der Überfülle der möglichen Selektionen fertigzuwerden. Insofern sind sie ohne Zweifel eine Voraussetzung für ein einigermaßen entlastetes organisiertes Handeln und für ein hinreichend koordiniertes Interagieren der Menschen.

Edmund Husserl hat mit diesen Ideen im Grunde eine frühe Form der intuitiven, auf der "Evidenz" von Selbsterlebnissen beruhenden, kognitiven Psychologie betrieben. Er beschreibt dies alles - wie oft auch bei Philosophen üblich - in einer unnötig umständlichen Sprache[4]. Zu seiner Ehrenrettung sei aber gleich hinzugefügt, daß die systematische theoretische und empirische Klärung dieser kognitiven Selektionen erst in den letzten Jahren

---

[4] Eine Zusammenfassung der wichtigsten Grundgedanken der Phänomenologie findet sich bei Alfred Schütz, Einige Grundbegriffe der Phänomenologie, in: Alfred Schütz, Gesammelte Aufsätze, Band 1: Das Problem der sozialen Wirklichkeit, Den Haag 1971a, S. 113-135.

begonnen hat[5]. Und nicht zuletzt er war es, der die Idee vorbereitet hat, die sich nunmehr als integrative Erklärung von Wahrnehmungen *und* ganz normalen Handlungen anzudeuten beginnt: daß Wahrnehmungen und andere *mentale* Selektionen (Lernen und Orientierungen zum Beispiel) nach den gleichen Regeln wie das übliche Handeln selegiert werden: als *Optimierung* der *Orientierung* in einer Situation.

In den Sozialwissenschaften hat insbesondere Alfred Schütz mit seiner Theorie des Alltagshandelns diesen Gedanken aufgegriffen: Wegen der immer nur beschränkten Möglichkeiten, alle Alternativen gleichermaßen zu erwägen, müsse sich das Alltagshandeln selektiv an "Routinen" und an "Relevanzen" orientieren.

Dies sind Bündel von vortypisiertem und vorgefertigtem, für unproblematisch gehaltenem Vorwissen über ganze Bündel von Abläufen des Handelns[6]. Schütz geht dabei von der in Abschnitt 26.2 bereits beschriebenen Idee des Psychologen William James aus, der betont hatte, daß Menschen immer in subjektiven Sinnhorizonten, in selektiven Ausschnitten der vorgestellten Wirklichkeit - den "fringes" - leben, die, obwohl nur vorgestellt, eine eigene und hochwirksame Realität bilden[7]. Alfred Schütz hat diese *fringes* bzw. *frames*, die subjektiven Sinnwelten der Menschen also, zwischen denen sie aufgrund der Veränderung von Situationen und Eindrücken hin und her wechseln können, als *mannigfaltige Wirklichkeiten* bezeichnet (vgl. Abschnitt 26.2).[8] Das ist ein zutreffender Ausdruck dafür, was der menschliche Geist tatsächlich fortwährend vollzieht: das vereinfachende und deutlich strukturierende Eintauchen in *subjektive* Rahmungen der *objektiven* externen Situation.

Zwar hat erst Niklas Luhmann die Ausdrücke Anschlußmöglichkeit, Selektion und Verweisung erfunden. Letztlich fußen seine Überlegungen aber auf diesen Varianten des phänomenologischen Denkens über Prozesse der Wahrnehmung und der *selektiven* Interpretation von Sinnesdaten durch menschliche Organismen. Er überträgt die Idee der Selektion einer subjektiven "Wirklichkeit" aus einem Welthorizont, die bei Husserl, bei James und bei Schütz nur für psychische Selektionen gemeint war, auch auf die sozialen Selektionen eines kommunikativen Prozesses. Sofern Kommunikationen als die Folge des Handelns von Akteuren zu sehen sind, geht es dabei also um

---

[5] Vgl. dazu etwa die Übersichten bei Richard Nisbett und Lee Ross, Human Inference: Strategies and Shortcomings of Social Judgement, Englewood Cliffs, N.J. 1980; A. Newell, Unified Theories of Cognition, Cambridge, Mass. 1990.
[6] Alfred Schütz, Der sinnhafte Aufbau der sozialen Welt. Eine Einleitung in die verstehende Soziologie, Frankfurt/M. 1974, S. 93ff.; Alfred Schütz, Husserls Bedeutung für die Sozialwissenschaften, in: Alfred Schütz, Gesammelte Aufsätze, Band 1: Das Problem der sozialen Wirklichkeit, Den Haag 1971c, S. 162f.
[7] William James, Principles of Psychology, New York 1893, Band II, Kapitel 21.
[8] Alfred Schütz, Über die mannigfaltigen Wirklichkeiten, in: Alfred Schütz, Gesammelte Aufsätze, Band 1: Das Problem der sozialen Wirklichkeit, Den Haag 1971b, S. 237-298.

die Frage der Selektion von Kommunikationsakten. Man müßte aber - für beide Arten der Selektion - dann sehr viel präziser fragen: Warum ist die betreffende Selektion eines bestimmten Sinnes nicht anders ausgefallen, als sie es ist? Und warum wird auf die (zunächst) ausgeschlossenen Möglichkeiten nur verwiesen?

27.2 Soziale und psychische Systeme

Die soziologische Systemtheorie ist ein manchmal etwas unübersichtliches Gebilde. Eine kurze, innehaltende Zusammenfassung der bisher dargestellten Einzelheiten erscheint vor der Behandlung der darauf aufbauenden Überlegungen nützlich.

Zwei Arten von *Sinn* werden unterschieden: *Kommunikation* und *Bewußtsein*. In *jeder* dieser beiden Formen prozessiert Sinn über die "Identität der Differenz" von *Selektion, Verweisung* und *Anschluß*. Die beiden Arten von Sinn sind den beiden, in Abschnitt 27.1 bereits kurz erwähnten, typisch unterschiedlichen Arten von Sinn prozessierenden Systemen zugeordnet: den *sozialen Systemen* einerseits und den *psychischen Systemen* andererseits. Die sozialen Systeme prozessieren als Kommunikation, die psychischen Systeme als Bewußtsein. Die Dreieinigkeit von Sinn - Selektion, Verweisung und Anschluß - gilt demnach gleichermaßen für das Prozessieren der Kommunikation bzw. der sozialen Systeme und für das Prozessieren des Bewußtseins bzw. der psychischen Systeme.

Das Prozessieren der Kommunikation und des Bewußtseins

Wie ist nun dieses Prozessieren von Sinn in den beiden Formen der Kommunikation und des Bewußtseins zu verstehen? Zunächst das Prozessieren der *sozialen Systeme* bzw. das der Kommunikation. Die Überlegung ist recht einfach: Der Prozeß der Kommunikation schließt Ketten von kommunikativen Akten zu einem prozessierenden sozialen System zusammen. Das war am Beispiel des fortlaufenden Gesprächs (in Abschnitt 27.1) leicht nachzuvollziehen. Diese Kette ist ja nichts als die Aufeinanderfolge von Selektionen unter Verweisungen mit immer wieder neu gelingenden Anschlüssen.

Das Prozessieren der *psychischen Systeme* und des Bewußtseins stellt man sich in ähnlicher Weise, am besten als eine Art Kette von einander ablösenden Gedanken vor, die einen immerwährenden, ununterbrochenen Strom von Assoziationen - "vom Hölzchen aufs Stöckchen" - bilden: Jeder Gedanke ist eine Selektion aus einem Horizont anderer Möglichkeiten. Er trägt somit immer eine Verweisung auf diesen Horizont mit sich. Und er gibt immer einen Anschluß an die nächste Assoziation - wobei es durchaus auch

Anregungen aus der Umwelt geben kann, sagen wir: durch einen interessanten Gesprächspartner oder ein faszinierendes Thema. Und ebenso wie bei der Kommunikation "darf" es auch beim Bewußtsein keine Unterbrechungen in der Kette von Selektion, Verweisung und Anschluß geben, "soll" das Sinn-System des Bewußtseins nicht zerfallen.

Oben war bereits darauf hingewiesen worden, daß Kommunikation und Bewußtsein bzw. soziale und psychische Systeme sich *wechselseitig* bedingen und *konstituieren*. Wie ist das zu verstehen?

Nach Luhmann prozessiert zwar das Bewußtsein der psychischen Systeme grundsätzlich nach seinen *eigenen* Gesetzen, ebenso wie die Kommunikation autopoietisch, nach *ihren* Gesetzen verläuft (vgl. dazu noch Abschnitt 27.5). Beide Systeme sind aber gleichwohl nicht unbeeinflußbar. Mehr noch: Sie sind aufeinander *angewiesen* und füreinander *unverzichtbar*. Dennoch behalten sie in ihrer Konstitution durch die wechselseitige Anregung immer ihren jeweils typischen *Eigen*-Sinn.

Auch dies ist am Beispiel eines Gesprächs leicht zu sehen: Die psychischen Systeme A und B tragen das Prozessieren des Sinns des sozialen Systems "Gespräch" durch ihre kommunikativen Akte. Diese Akte sind aber das Ergebnis von Selektionen auch auf der Grundlage psychischer Selektionen: Menschen sprechen zueinander und denken sie zwar nicht unbedingt viel, aber immer *etwas* dabei. Man kann nicht nicht denken. Unabhängig vom Verlauf des Gesprächs, das ja ein emergenter Effekt der Interaktion von A und B ist und somit nicht unter der Kontrolle nur eines Akteurs steht, existieren die beteiligten psychischen Systeme A und B daher immer gleichzeitig auch als eigenes psychisches System des *selbständigen* Prozessierens ihres Bewußtseins weiter. Und sie werden dabei durch den Fortgang des Gesprächs, das sie selbst vorantreiben, ihrerseits im Prozessieren ihres Bewußtseins angeregt, beeinflußt und verändert. Die Kommunikation behält dabei - etwa nach den sozialen Regeln der typischen Abhandlung eines typischen Themas - ebenfalls ihre Eigenständigkeit, ist aber auch nicht unbeeinflußbar. So bleiben das psychische und das soziale System gleichzeitig ineinander verschränkt *und* abgegrenzt. Und sie prozessieren so ihren jeweils *eigenen* Sinn *gemeinsam* - bis der Gesprächsstoff ausgeht oder die Haltestelle erreicht ist, eines der psychischen Systeme aussteigen muß und so für das Ende dieses sozialen Systems sorgt.

Systeme und Umwelten

Die psychischen und die sozialen Systeme sind nach Luhmann bei alledem füreinander *Umwelten*, und zwar: *ermöglichende* wie gleichzeitig *gefährdende* Umwelten. Insbesondere sind die psychischen Systeme - so die Systemtheorie - eine stete Gefahr für die sozialen Systeme. Wie ist das nun wiederum zu verstehen? Der Gedanke der Gefährdung eines sozialen Systems durch die lebendigen und wirklichen Menschen hat mit dem bereits erwähnten Konzept der *Selbstreferentialität* zu tun. Danach beziehen sich die

Systeme jeweils auf einen inneren Standard, auf den hin das Prozessieren kontrolliert und bei Abweichungen eventuell korrigiert wird.

Dieser Gedanke stammt aus der Organisationssoziologie, speziell aus der Verwaltungsbürokratie, der Luhmann selbst einmal als psychisches System mit der Markierung "Verwaltungsangestellter" angehört hat. Dort gibt es Regeln und eine Unmenge von Vorschriften, die nicht jeder einzelne Beamte immer kennt oder ausführen will, die aber dennoch *gelten*. Hermann Höcherl, der Innenminister zu Zeiten der Beratungen der Notstandsgesetze, hatte gemeint, er könne doch nicht ständig mit dem Grundgesetz unter dem Arm herumlaufen. Rasch und nachhaltig wurde er daran erinnert, daß er nur "Umwelt" der Verfassung der Bundesrepublik Deutschland war. Und auch Christoph Daum und Dieter Hoeneß wissen nach dem Versehen in Leeds, was gemeint ist.

Für das - vom Gesetzgeber gedachte - soziale System beispielsweise einer bürokratischen Verwaltung sind daher die psychischen Systeme der Beamten tatsächlich eine stete Bedrohung, weil sie ja ständig durch ihr fehlbares Tun die Vorschriften verletzen können. Insofern es für den Ablauf des Handelns, für das Prozessieren eines *bestimmten* sozialen Systems also - sagen wir: eines Wohnungsamtes, einer Vorlesung, eines Pontifikalamtes - genaue Vorschriften gibt, die die Akteure mehr oder weniger gut kennen, deren Einhaltung aber von speziell dazu eingestellten Akteuren sozial kontrolliert wird, kann - metaphorisch wenigstens - durchaus davon gesprochen werden, daß es eine Selbstreferentialität der sozialen Systeme auf bestimmte Regeln, Standards und Vorschriften *gibt*; und daß die konkreten Menschen - die Beamten, die Professoren und Studenten, die Priester und die Gläubigen zum Beispiel - vor dem Hintergrund der jeweiligen Modelle der jeweiligen sozialen Systeme tatsächlich eine Gefährdung dieses klar geregelten Ablaufs darstellen.

Rituale sind ein besonders extremer Fall solcher selbstreferentieller, nach ihren eigenen Regeln und Codes prozessierender, sozialer Systeme, für die die beteiligten psychischen Systeme durchaus eine Gefährdung darstellen, weil sie sehr schnell etwas falsch machen können, wenn sie den Ritus, die Regeln, den Code nicht kennen oder aus der Übung gekommen sind (siehe dazu Abschnitt 27.3 und 27.4).

Eigen-Sinnigkeit und Interpenetration

Die sozialen Systeme bestehen also *nur* im fortgesetzten Prozessieren der Kommunikation, ermöglicht, angeregt (und gefährdet) durch das Bewußtsein der psychischen Systeme. Und die psychischen Systeme existieren *nur* im fortlaufenden Prozessieren von Gedankenketten, dem Bewußtsein, ermöglicht, angeregt (und gefährdet) durch den Verlauf der Kommunikation beim Prozessieren des jeweiligen sozialen Systems.

Obwohl die Systeme sich auf diese Weise wechselseitig ermöglichen, behalten sie immer eine grundlegende *Eigen-Sinnigkeit* und *Unabhängigkeit* voneinander: Verwaltungsakte im Wohnungsamt, Vorlesungen und Pontifikalmessen gehen ihren Gang (fast) ganz unabhängig davon, wie sich der Beamte, der Herr Professor oder der Weihbischof heute morgen fühlen. Auf diese Weise lassen sich komplette Sphären der Gesellschaft als typisch eigensinnige und somit auch unabhängige soziale Systeme der Gesellschaft mit einer typischen Eigenlogik und einer typischen Codierung unterscheiden, der sich die beteiligten psychischen Systeme nicht entziehen können. Das Phänomen der funktionalen Differenzierung der Gesellschaft in Bereiche von ganz unterschiedlich definiertem Sinn ihrer Teil-Systeme - etwa nach dem AGIL-Schema - beruht darauf (vgl. dazu Kapitel 23 und 25 sowie Abschnitt 27.6).

Dies gilt beispielsweise für das Sub-System der Wirtschaft, in dem die Zweckrationalität regiert und das über das Medium des Geldes kommunikativ prozessiert - ganz unabhängig von den speziellen Motiven der Akteure, die darin involviert sind: Eine Firma begleicht eine Rechnung bei einem Lieferanten, ermöglicht dem Lieferanten die Abzahlung eines Kredites, woraufhin die Bank, möglicherweise an die zuerst zahlende Firma, wieder einen Kredit vergibt - und so fort. Dabei sind die Motive, das Bewußtsein der beteiligten Akteure scheinbar ganz unwichtig: Geld überzeugt sofort. Natürlich prozessiert das System der Zahlungen dabei, wie selbst Niklas Luhmann zu betonen nicht versäumt, nicht ganz ohne denkende und handelnde Akteure. Aber deren Selektionen sind ganz durch die Vorgaben des spezifischen Sinnes des jeweiligen sozialen Systems in Anspruch genommen.

Auf die Trennung der beiden voneinander grundlegend unabhängigen Seinsweisen psychischer und sozialer Systeme legt Luhmann folglich ganz besonderen Wert: Es

" ... ist vor allem wichtig, daß man die Autopoiesis sozialer Systeme und die Autopoiesis psychischer Systeme sorgfältig unterscheidet ... und daß man nicht etwa nur eine Neubegründung für einen individualistischen Reduktionismus anstrebt." (Luhmann 1984, S. 355)

Soziale Systeme und psychische Systeme "bestehen" aber gleichwohl immer nur in *einem* Akt der fortwährenden wechselseitigen Anregung zur jeweiligen Selbst-Reproduktion. Den Vorgang der wechselseitigen Anregung nennt Luhmann *Interpenetration*. Interpenetration bedeutet dabei nicht eine Überschneidung der Codes von Sphären - wie bei Talcott Parsons oder bei Richard Münch - und ist auch nicht der Sammelbegriff für Institutionalisierung, Internalisierung und Lernen (wie beim "frühen" Luhmann; vgl. dazu Kapitel 23). "Interpenetration" ist das Wort, das ganz allgemein alle die Prozesse bezeichnen soll, über die sich psychische und soziale Systeme jeweils zu Bewußtsein einerseits und zu Kommunikation andererseits anregen, gefährden und so erst ermöglichen.

27.3 Kommunikation und "Handlung"

Psychische und soziale Systeme sind zwei verschiedene, typisch abgegrenzte Formen des Prozessierens von Sinn. Sie benötigen und sie begrenzen sich gegenseitig. Und sie konstituieren sich über ihre Interpenetration. Diese Interpenetration der psychischen und der sozialen Systeme wird aber erst über ein *drittes* System möglich, von dem Luhmann im Zusammenhang mit der Selbstreferentialität spricht, ohne es ausdrücklich als eigenes System zu benennen: die *markierten* und gegenseitig *angezeigten* Regeln, die Typisierungen und Vereinfachungen, die Modelle, die Drehbücher, die Codes, an denen sich die psychischen Systeme bei ihren kommunikativen Selektionen orientieren.

Die Grundidee ist sehr naheliegend: *Wenn* es ein geteiltes Wissen über ein *Modell* eines kommunikativen Ablaufs *gibt*, dann erleichtert dies die höchst riskanten Selektionen der psychischen Systeme so sehr, daß sich dann auch ein sehr "unwahrscheinliches" soziales System herausbilden kann.

"Handlungen"

In diesem Zusammenhang wird der Begriff der "Handlung" eingeführt. Eigenartigerweise nennt Luhmann solche fixierbaren Modelle der Orientierung nämlich *"Handlungen"*. "Handlungen" sind demnach nichts anderes als deutliche Markierungen, mit denen kommunikative Akte "ausgeflaggt" werden können, so daß sich die Akteure in ihren Selektionen daran orientieren können. So verstandene "Handlungen" haben die Funktion, das Entstehen und das Prozessieren sozialer Systeme zu ermöglichen und auch gegen Einflüsse aus der Umwelt abzusichern.

Niklas Luhmann hat auch mit dieser Umdefinition eines Grundbegriffs der Soziologie die theoretische Diskussion sehr verwirrt. Was Luhmann "Handlung" nennt, ist deutlich erkennbar nicht das, was üblicherweise darunter verstanden wird - nämlich: ein mit subjektivem Sinn verbundenes Verhalten zur Lösung von Problemen, wie es etwa Max Weber verstanden hatte. Sondern es ist das System eines vorgestellten *Wissens* über typisierte und - meist - mit sprachlichen Ausdrücken oder sonstigen *Symbolen* belegte *Einheiten* eines umgrenzten Ablaufs von Selektionen; beispielsweise: bei Rot über eine Ampel fahren, Luhmann nicht zitieren, eine Zahlungsanweisung veranlassen, über das Wetter oder über Helmut Kohl sprechen. Es sind die "Handlungs*linien*", von denen Herbert Blumer gesprochen hatte (vgl. Abschnitt 26.2). Max Weber fand für die gleiche Vorstellung den Begriff "Sinn*zusammenhang*"[9].

---

[9] Max Weber, Wirtschaft und Gesellschaft. Grundriss der verstehenden Soziologie, 5. Aufl., Tübingen 1972, S. 4.

"Handlungen" sind damit nichts anderes als vorgefertigte und symbolisch markierte Systeme eines von den Akteuren als unproblematisch angenommenen Vorwissens.

So kann man es sicher auch sehen. Wir wollen hier beim Sprachgebrauch bleiben, den Luhmann für sich festgelegt hat: Eine "Handlung" sei ein typisiertes und abgegrenztes Modell einer bestimmten Sequenz und Konfiguration des Handelns. Zur besseren Kennzeichnung wird die Luhmannsche "Handlung" im folgenden immer in Anführungszeichen gesetzt sein.

Der Hintergrund: Parsons und Schütz

Ein Hintergrund für dieses Konzept der "Handlung" ist ganz ohne Zweifel die Idee des *unit act* von Talcott Parsons gewesen. Damit hatte dieser die kleinste vorstellbare *Einheit* des Handelns bezeichnen wollen. Der bei dieser Abgrenzung wichtigste Gesichtspunkt war für Parsons der *frame of reference*, unter dem dieser *unit act* jeweils stehe. Der frame of reference ist die jeweils typische normative Orientierung, auf die sich jedes Handeln stützen müsse, weil ein normativ *nicht* orientiertes Handeln wegen der Zufälligkeit der Ziele der Menschen schlechterdings nicht denkbar sei. Und daraus folge:

"There must be a minimum number of descriptive terms applied to it, a minimum number of facts ascertainable to it, before it can be spoken of at all as a unit in a system."[10]

Mit anderen Worten: Eine "Handlung" ist immer bereits ein *System*, das über einen besonderen Bezugsrahmen abgegrenzt und definiert ist und sich so in den weiteren Rahmen des sozialen Geschehens einfügt. Die Idee vom unit act und vom Handlungs-System war die Grundlage für alle späteren Entwicklungen der struktur-funktionalen Theorie von Parsons (siehe dazu Kapitel 23).

Die Grundidee zu dieser Definition einer "Handlung" als markante und jedermann sichtbare Einheit hat Luhmann aber wohl eher von Alfred Schütz bezogen. Der hatte zwischen "Handeln" und "Handlung" unterschieden. (Schütz 1974, S. 50f., 74ff.)

Eine "Handlung" ist danach eine "abgeschlossene Einheit", ein "fertig konstituiertes Erzeugnis", ein "wohlumgrenztes Erlebnis", das "unabhängig von dem Erlebnisablauf" betrachtet werden kann. Das "Handeln" ist - im Unterschied zur "Handlung" - dann nur die Abfolge der mehr oder weniger systematischen Einzelschritte des Erlebens und des Tuns hin zur Verwirklichung eines "vorimaginierten Entwurfs", der erst die komplette

---

[10] Talcott Parsons, The Structure of Social Action. A Study in Social Theory with Special Reference to a Group of Recent European Writers, Band 1: Marshall, Pareto, Durkheim, New York und London 1937, S. 44.

"Handlung" ausmacht. Eine "Handlung" ist also eine *Einheit*, die aus dem *fortwährenden* Strom des "Handelns" markant herausgehoben ist und so für die beteiligten Akteure einen Abstützpunkt für die wechselseitige Orientierung bieten kann. Ein nur-so-vor-sich-hinplätschernder Strom des Handelns könnte das nicht. "Handlungen" sind in dieser Fassung deutlich abgegrenzte, fest typisierte, im *stock of knowledge* gut verankerte und für problemlos gehaltene, symbolisch anzeigbare und angezeigte *Vorstellungen* von Akteuren über typische Einheiten eines an sich ununterbrochenen Handlungsstromes. Handlungen sind kognitive Konstrukte über abgegrenzte "Projekte", über erwünschte oder vorgestellte typische Abläufe eines Geschehens. Es sind keine "Akte" des (äußeren oder des innerlichen) "Tuns", sondern vorgestellte Modelle, an denen sich die Selektion der einzelnen Kommunikationsakte, das Sprechen, das Befehlen oder das Briefeschreiben zum Beispiel orientieren.

Meistens sind diese "wohlumgrenzten" Projekte mit Symbolen sprachlicher Art, mit deutlichen Namen und Begriffen besonders hervorgehoben und markiert. Und über die Sprache, die ja bei fast allen Kommunikationen immer mitläuft, wird es möglich, die mit der Kommunikation voranschreitende oder scheiternde Realisierung dieses Entwurfs immer wieder abzutesten. Musiker in einem Orchester orientieren sich in der Koordination ihrer Einzelstimmen an Partituren. Menschen im Alltag orientieren sich bei ihren gemeinsamen Projekten und Kommunikationen an den mit sprachlichen Ausdrücken erkennbar gemachten "Handlungen". "Handlungen" sind, so verstanden, nichts anderes als die Partituren der Lebenswelt, die den Menschen als Normalabläufe des Alltags bekannt sind, die sie versuchsweise unterstellen, und dann zusehen und erleben, was geschieht - woraufhin dann wieder orientiert gehandelt und kommuniziert werden kann.

Wenn eine "Handlung" so verstanden wird - ganz allgemein: *nicht* als Einzel-"Akt", sondern als fertige Vorstellung, als Modell, als Schema, als Projekt oder als soziales Drehbuch, als Teilpartitur, als institutionalisierte soziale Regel -, dann wird auch verständlich, warum Luhmann immer und immer wieder behaupten kann, daß sich Kommunikation und soziale Systeme "*handlungs*theoretisch" und über "kommunikatives *Handeln*" grundsätzlich nicht erklären lassen. Die sozialen Regeln - die Luhmannschen "Handlungen" - *sind* ja nicht bereits der Akt des Handelns, sondern nur die *Vorstellungen* darüber. Die Vorstellungen und die Projekte der Akteure machen ohne Zweifel nicht bereits das soziale Geschehen aus. Es sind ja nicht die Partituren, die die "Sym"-phonie erklingen lassen, sondern die Musiker, die sich ihrer bedienen und die, jeder für sich, ihr Instrument mehr oder weniger virtuos beherrschen und handhaben. Zu Kommunikationen gehören ohne Zweifel neben den "Handlungen" auch die kommunikativen Akte der Mitteilung einer Information, ein Sprechakt etwa. Und nicht zuletzt gehören dazu auch die - unintendierten - externen Effekte, die Wirkungen der Kommunikationsakte, aus denen sich erst der aggregierte, emergente Effekt einer Kommunikation ergibt.

Mit diesen, inzwischen wohl selbstverständlichen Einzelheiten im Sinn wird auch gleich verständlich, warum Luhmann den folgenden, nach dem üblichen soziologischen Verständnis von Handeln, Handlung und Kommunikation eher unverständlichen Satz schreiben kann:

"Als Ausgangspunkt ist festzuhalten, daß Kommunikation nicht als Handlung und der Kommunikationsprozeß nicht als Kette von Handlungen begriffen werden kann." (Luhmann 1984, S. 355)

Übernimmt man den Sprachgebrauch von Luhmann, so stimmt das alles ja auch ganz ohne Zweifel: Kommunikationen "sind" keine "Handlungen", sondern prozessieren *mit Hilfe* von "Handlungen". "Handlungen" sind auch keine Kommunikation, sondern *Vorstellungen* und markierte *Modelle* davon (allenfalls). Kommunikationen sind daher auch so gut wie nie als die Ausführung eines fertigen, übergreifenden Modells einer "Handlung" zu begreifen. Dies gäbe es allenfalls im Spezialfall des Rituals, das als komplette "Handlung" in den Köpfen aller beteiligten Akteure vorhanden ist und dann auch als komplette "Handlung" über die Kommunikation exekutiert wird - wenn nichts schief dabei geht.

Die Selektion der "Handlungen"

Normalerweise haben Kommunikationen viele offene Verzweigungsstellen, die immer wieder neue Probleme von Selektion und Anschluß schaffen. Genau an diesen Stellen greifen die "Handlungen" als typisierte und gut markierte Orientierungsschemata dann ein. Sie fungieren als Teilmodelle begrenzter Sequenzen der Abstützung für die Selektion und den Anschluß des prekären nächsten Schrittes. Sie werden immer wieder neu benötigt, "damit" eine Kommunikation nicht zerfällt. "Handlungen" sind die symbolisch markierten und symbolisch markierbaren Vorstellungen, die sich die Akteure aufgrund des erlebten Geschehens von dem nächsten Schritt machen und an dem sie sich dann orientieren - mit der eventuellen *Folge*, daß als Ergebnis ein bestimmtes soziales System eine Zeitlang tatsächlich ununterbrochen prozessiert.

Nun wird noch einmal verständlich, was mit der Metapher gemeint sein kann, wonach die psychischen Systeme zur Umwelt der sozialen Systeme gehören: Die Akteure können sich in der Orientierung an "Handlungen", die sie als Modelle unterstellt oder angenommen haben, ja irren. Sie können schlecht aufgelegt sein und den Modellen deshalb nicht folgen. Oder sie können einfach nicht mehr weiter wissen, weil ihnen das Projekt fehlt. Und dann ist es durchaus rasch zu Ende mit einem bestimmten sozialen System, wie beispielsweise mit dem gemeinsamen Absingen des Liedes "Brüder, zur Sonne, zur Freiheit ... " zum Abschluß sozialdemokratischer Parteitage am Ende des 20. Jahrhunderts, weil niemand das richtige Modell mehr kennt und schon die dritte Zeile der ersten Strophe der Stolperstein des sozialen Systems "gemeinsamer Abschlußgesang" ist, weil die "Handlung" des betreffenden Arbeiterliedes dem Bewußtsein der psychischen Systeme im Saale wie auf der Empore inzwischen leider entfallen ist.

Die naheliegende Frage ist nun: Wie ließe sich erklären, daß die psychischen und die sozialen Systeme sich an *bestimmten* "Handlungen" orientieren und darüber ein System der Kommunikation ermöglichen? Die allgemeinste Antwort darauf ist natürlich: Durch eine *Selektion*. Man könnte präzisieren: durch eine *mentale* Selektion. Luhmann greift eine Form von solchen mentalen Selektionen besonders heraus: die *Zurechnung*. Luhmann postuliert: "Handlungen werden durch Zurechnungsprozesse konstituiert." (Luhmann 1984, S. 228)

Über Zuschreibungen - so lehrt auch die seriöse Sozialpsychologie - vereinfachen Akteure die vielfältigen Deutungsmöglichkeiten in einer Situation dadurch, daß sie bestimmte Ereignisse selektiv in *einer* stark radikalisierten und vereinfachten Interpretation festlegen. Beispielsweise: Daß mein Gegenüber Helmut Kohl gerade beschimpft, schreibe ich nicht der "Person" meines alter ego zu, sondern der "Situation", in der er sich gerade befindet: arbeitslos, schlecht geschlafen, Fortuna hat verloren. Damit kann ich nun wieder sehr viel leichter die Kommunikation weiterführen, als wenn es eine differenziertere und damit weniger simplifizierende Deutung gäbe - wie etwa die Unterstellung, mein Alter ego denke etwa so: Kohl ist zwar ganz in Ordnung, aber er wird einfach mit der deutschen Einheit nicht fertig; und überhaupt ist diese Regierung am Ende, weil sich nach zehn Jahren der ursprüngliche Drive verbraucht hat.

In der geschilderten Zuschreibung wird also eine sehr einseitige und stark vereinfachende Zurechnung auf die dem Akteur externen Bedingungen vorgenommen - gegenüber der anderen extremen Möglichkeit einer Zurechnung ausschließlich auf die internen Eigenschaften der Person - etwa einer tiefsitzenden Abneigung gegen schwammige Männer, auf die das Bewußtsein von Alter ego mit dem Stimulus ("Kohl") nicht sofort gekommen ist.

An dieser Stelle muß - vorsichtshalber - auf eine weitere der vielen terminologischen Fallen des Luhmannschen Sprachsystems hingewiesen werden: Zuschreibungen auf die internen Zustände des Akteurs nennt Luhmann "Handeln" - ganz anders als Alfred Schütz, von dem er ja den Begriff der "Handlung" als fertige Einheit geborgt hatte und der mit dem "Handeln" die Einzelakte zu einer Handlung bezeichnet hatte. Zuschreibungen auf die externen Umstände der Situation nennt Luhmann im Unterschied dazu "Erleben". "Handeln" und "Erleben" sind für Luhmann also besondere Formen der Konstitution einer "Handlung". Im Fall der Zuschreibung auf die Person findet demnach die Konstitution einer "Handlung" über "Handeln" statt: "der Akteur hat 'gehandelt' und nicht 'erlebt'", als vereinfachende und typisierende Deutung der Situation zur Abstützung des weiteren Verlaufs. Wer solche Sprachspiele liebt, kann viel Freude mit der Systemtheorie haben.

Mit der Selektion einer zuschreibenden Vereinfachung wird also zwischen verschiedenen Deutungen gewählt. Hier: Hat der Akteur gerade "gehandelt" (und ist damit für sein Tun verantwortlich) oder hat er nur "erlebt" (und ist damit nicht verantwortlich)? Mit dieser Vereinfachung kann es dann erst einmal weitergehen. Wichtig ist insbesondere, daß es sich dabei um *drastisch* vereinfachende Zuschreibungen handeln muß. Solche Vereinfachungen sind besonders stark, wenn nur noch zwischen *zwei* Möglichkeiten selegiert werden kann und damit immer nur eine Alternative abgelehnt werden muß. Daher sollten sich diese Vereinfachungen möglichst an "*binären* Schematismen" der Zuschreibung orientieren. Weniger als zwei Möglichkeiten darf es schon deshalb nicht geben, weil es sonst ja keine Selektion mehr wäre - und mithin auch kein Prozessieren von Sinn mehr sein könnte, der ja immer eine *Selektion* voraussetzt.

Luhmann unterscheidet drei verschiedene *Sinndimensionen* solcher simplifizierenden und typisierenden Zuschreibungen: die zeitliche, die sachliche und die soziale Dimension. (Luhmann 1984, S. 123ff.) Für die *zeitliche* Dimension ist der betreffende binäre Schematismus die Dichotomie von *konstant/variabel*, für die *sachliche* Dimension die oben besprochene von *internal/external* bzw. von *Handeln/Erleben* und für die *soziale* Dimension die von *Ego/ Alter ego* in Form von Zuschreibungen von "Identitäten, Namen und Adressen." (Ebd., S. 125) Also: über rasch vollziehbare Selbst- und Fremdstereotypisierungen der beteiligten Personen.

Worum es bei diesen Vereinfachungen in zeitlicher, sachlicher und sozialer Hinsicht geht, hat Luhmann so zusammengefaßt:

"So wenig wie es Erleben ohne Handeln gibt oder Konstanz ohne Variabilität, so wenig gibt es ein Ego ohne Bezug auf ein Alter und ohne Vermittlung zu der Erfahrung, daß Alter ein alter Ego ist. Aber das weitere Prozessieren erfordert es, diese wechselbezüglichen Relationierungen auf einen Punkt zu verkürzen, Informationen entsprechend zu raffen und Unsicherheiten zu absorbieren, damit im weiteren Verlauf etwas Bestimmtes für Neurelationierungen zur Verfügung steht." (Luhmann 1984, S. 126)

Die Funktion der "Handlungen"

Zuschreibungen haben also eine wichtige *Funktion* für das Gelingen der Kommunikation: Über Zuschreibungen und "Handlungen" vereinfachte Situationen erlauben es, daß die bei allen Kommunikationen notwendigen raschen Selektionen auch unter großem Zeit- und Problemdruck und unter großer Unsicherheit hinreichend koordiniert erfolgen können. Erst durch eine "Handlung" wird die Kommunikation als einfaches Ereignis an einem Zeitpunkt gut sichtbar fixiert. Einer der jüngeren Luhmann-Schüler - Mathias Heidenescher - hat den Vorgang und die Bedeutung solcher Zuschreibungen für die Konstitution sozialer Systeme in schönstem Luhmann-Jargon und fast schon mit einem funktionalistischen Argument der ganz alten Art begründet:

"Die einseitige Engführung (durch die Zuschreibung auf je eine Alternative des binären Schematismus; HE) ist also unter funktionalen Gesichtspunkten des Aufrechterhaltens von sozialen Systemen zu verstehen."[11]

Das Grundargument ist leicht zu verstehen: Die sozialen und die psychischen Systeme können das kommunikative Geschehen nicht unmittelbar beobachten. Das müßten sie aber, weil sie sonst nicht wissen können, woran sie gerade sind. Sie können das Geschehen nur über diese Markierungen und Fixierungen als "Handlungen" beobachten. Die kommunikativen Selektionen für die Konstitution der sozialen und auch der psychischen Systeme sind also auf "Handlungen" bzw. auf Zurechnungen angewiesen, weil sie sonst blind füreinander wären. Daher *müssen* Modelle, Vereinfachungen und Typisierungen immer jeweils mitlaufend selegiert und über den Ablauf der Kommunikation selbst auch wieder neu konstituiert werden. Die Modelle dienen der dringend erforderlichen Beobachtung des Ablaufs und damit der selbstreferentiellen Absicherung eines konsistenten und anschlußsicheren Geschehens:

"Am besten läßt sich die laufende Herstellung von Einzelhandlungen in sozialen Systemen begreifen als Vollzug einer mitlaufenden Einzelbeobachtung, durch die elementare Einheiten so markiert werden, daß sich Abstützpunkte für Anschlußhandlungen ergeben." (Luhmann 1984, S. 229)

Der niederländische Soziologe Wil Martens hat dies in einem kritisch-rekonstruierenden Beitrag zu Luhmanns Konzept der Kommunikation so ausgedrückt:

"Erstens muß ... von beiden durch Kommunikationen verbundenen psychischen Systemen ein *Modell* der Kommunikation produziert werden, damit es überhaupt zum - ständig (re-)produzierten - kommunikativen Prozeß kommen kann. Zweitens spielen bei Absendern und Empfängern mehrere spezifische *gedankliche Modelle* eine Rolle bei der Konstitution der Information, der Auswahl und Emission der Mitteilung und dem Verstehen."[12]

Die Zuschreibungen und die Selektion der Simplifikationen bleiben im Laufe des kommunikativen Geschehens gleichwohl immer flexibel und änderbar, so daß die Kommunikationen auch bei gewissen Fluktuationen des erkennbaren Sinns nicht abgebrochen werden müssen:

"Gerade das ständige Fluktuieren der Verknüpfungen im Kommunikationsprozeß wie im Gehirn erfordert ausreichende momentane Eindeutigkeit, die auch riskiert werden kann, weil sie sich bei Bedarf wieder auflösen läßt. Die Schematismen zwingen zu unrealisti-

---

[11] Mathias Heidenescher, Zurechnung als soziologische Kategorie, in: Zeitschrift für Soziologie, 21, 1992, S. 450.
[12] Wil Martens, Die Autopoiesis sozialer Systeme, in: Kölner Zeitschrift für Soziologie und Sozialpsychologie, 43, 1991, S. 640f.; Hervorhebungen nicht im Original.

schen Operationen und strukturieren damit, ohne sie zu determinieren, die laufende Selbstsimplifikation des Systems." (Luhmmann 1984, S. 126)

Die Zuschreibungen und die Modelle werden also im Prozeß der Kommunikation unter Umständen geändert. Sie müssen ohnehin immer wieder neu vorgenommen werden. Konstanz in den Zuschreibungen wie in allen anderen Selektionen ist nichts anderes als fortgesetzte prozessuale Reproduktion. Diese grundlegende Flexibilität auch der stabilsten Zuschreibungen ist die Bedingung dafür, daß Kommunikationen unerwartete Wendungen nicht sofort mit ihrem Ende bezahlen müssen. Und infolgedessen sind sowohl bei der Reproduktion der Zuschreibungen bzw. der "Handlungen" wie bei deren Änderung die Ergebnisse der voranschreitenden Kommunikation immer beteiligt.

Selbstbeobachtung und Konstitution

Die "Handlungen" sind *gleichzeitig* die Voraussetzung wie das Ergebnis ablaufender Kommunikation. Das ist mit dem Begriff der *Konstitution* der psychischen Systeme, der Modelle und der sozialen Systeme gemeint. Auch dafür gibt es eingängige systemtheoretische Formeln:

"Handlungen sind also sowohl das Ergebnis eines systemischen Zusammenhangs, als auch ihrerseits Voraussetzung für den Systemaufbau, sie sind gleichzeitig Artefakt des Systems und dessen Baustein. Dies berechtigt zu der Formulierung von der wechselseitigen Konstitution zwischen Handlung und System. Die Mechanismen der Zurechnung sind die Bindeglieder dieses Konstitutionsverhältnisses." (Heidenescher 1992, S. 451)

Der Erfolg der ablaufenden Kommunikation unterstützt die dabei vorgenommenen Zuschreibungen, Vereinfachungen und jeweils vorgenommenen Selektionen typisierter "Handlungen". Die "Handlungen" - die vereinfachenden Markierungen und Zurechnungen - sind dabei die Grundlage der Selbstbeobachtung der beteiligten Systeme. Dazu gleich ein klein wenig mehr an Übung im Turnen an den semantischen Ästen der Systemtheorie:

"Auf der Basis des Grundgeschehens Kommunikation und mit ihren operativen Mitteln konstituiert sich ein soziales System demnach als Handlungssystem. Es fertigt in sich selbst eine Beschreibung von sich selbst an, um den Fortgang der Prozesse, die Reproduktion des Systems zu steuern. Für die Zwecke der Selbstbeobachtung und Selbstbeschreibung wird die Symmetrie der Kommunikation asymmetrisiert, wird die offene Anregbarkeit durch Verantwortlichkeit für Folgen reduziert. Und in dieser verkürzten, vereinfachten, dadurch leichter faßlichen Selbstbeschreibung dient Handlung, nicht Kommunikation als Letztelement." (Luhmann 1984, S. 227f.)

Das klingt etwas unübersichtlich, ist aber dennoch nicht schwer zu verstehen: Eine "Handlung" dient als "Letztelement" der *Selbstbeobachtung* der Systeme, sie ist aber daher eben *nicht* die eigentliche Grundlage der Kommunikation selbst. Sie ist nur die Grundlage des mitlaufenden *Vergleichs* zwischen dem empirischen Ablauf der Kommunikation und dem vorgestellten Modell. Sie ist die Basis der Selbstreferentialität der Systeme, aber nicht die Grundlage der Kommunikation. Daher kann gesagt werden:

"Kommunikation ist die elementare Einheit der Selbstkonstitution, Handlung ist die elementare Einheit der Selbstbeobachtung und Selbstbeschreibung sozialer Systeme." (Luhmann 1984, S. 241)

Die Selbstreferentialität der Kommunikation

Nun müssen wir über die Systemtheorie in ihren eigenen Aussagen etwas hinausgehen: Luhmann spricht hier von der "Selbstbeobachtung" und von der "Selbstbeschreibung" *sozialer* Systeme, also: der Kommunikation höchstselbst. Das klingt sehr eigenartig. Wie sollte beispielsweise ein Gespräch sich selbst als "Handlung" vorstellen oder als ablaufendes soziales System beobachten können? Können das nicht eigentlich nur leibhaftige Menschen? Soziale Systeme und Kommunikationen haben weder Augen und Ohren noch Gehirne oder ein Gedächtnis. Davon könnte allenfalls in Metaphern gesprochen werden, so wie bei Emile Durkheim vom *Kollektivbewußtsein* oder bei Maurice Halbwachs vom *kollektiven Gedächtnis* der Gesellschaft.

Allenfalls von den sog. korporativen Akteuren könnte - aber auch dies nur in einem metaphorischen Sinne - so etwas gesagt werden (vgl. dazu Abschnitt 6.1, sowie Kapitel 25 und 30). Aber auch die korporativen Akteure agieren immer nur über ihre *agents* bzw. ihre Vertreter. Und diese werden auch immer nur von "natürlichen" Personen beauftragt: von Aufsichtsräten, von Geschäftsführungen oder von dem jeweiligen *principal* - freilich oft nicht ohne vorherige, zuweilen recht komplizierte kollektive Entscheidungen dieser "natürlichen" Personen.

Daher sei hier gegen die erklärte Auffassung der Systemtheorie festgehalten, daß allem bisherigen empirischen Anschein nach solche Zurechnungen und Selektionen von "Handlungen" *nur* menschliche Akteure bzw. *nur* die psychischen Systeme vornehmen können. Es wird hier also davon ausgegangen, daß es leibhaftige menschliche Akteure *gibt* und daß letztlich nur menschliche Akteure kontrollieren (können), ob eine "Handlung" bei der Kommunikation beachtet wird oder nicht - wie das Grundgesetz durch die protestierenden Studenten angesichts von Hermann Höcherl oder die Auswechselregeln durch Funktionäre der UEFA angesichts von Christoph Daum. Und nur menschliche Akteure haben letztlich diese Bestimmungen sowie die entspre-

chenden korporativen Akteure - die Bundesrepublik Deutschland oder die
UEFA zum Beispiel - sowie den zugehörigen Erzwingungsstab einmal geschaffen, die mit Hilfe ihrer agents nun dafür sorgen, daß die psychischen
Systeme - Höcherl wie Daum - nicht machen können, was sie wollen.
    Auf diese implizit immer gegebene akteurtheoretische Fundierung auch
der sozialen Systeme bzw. der Kommunikation hat Wil Martens in dem oben
erwähnten Beitrag deutlich hingewiesen. Und Niklas Luhmann hat darauf sogleich etwas aufgeregt und ratlos geantwortet - was sonst seine Art nicht
gerade ist[13].

Der der Systemtheorie inzwischen abtrünnig gewordene Soziologe Uwe Schimank hat in
diesem Zusammenhang einen naheliegenden Gedanken formuliert: daß die "Handlungen"
und die selbstreferentiellen Vorstellungen über soziale Systeme nichts sind als *Fiktionen*,
die sich die *Akteure* über bestimmte *gesellschaftliche Teilsysteme* machen, wobei sie mit
ihren Kommunikationen sowohl diese Teilsysteme als faktisches soziales Geschehen wie
ihre Fiktionen darüber immer wieder neu bestärken. Schimank hat dies in einer allerdings
immer noch stark systemtheoretisch geprägten Sprache so zusammengefaßt: "Als sinnhafte Zusammenhänge generalisierter evaluativer, normativer und kognitiver Orientierungen sind gesellschaftliche Teilsysteme simplifizierende Abstraktionen der Kontingenz
sozialer Situationen. Diese simplifizierenden Abstraktionen werden von den gesellschaftlichen Akteuren als kontingenzbestimmende *Fiktionen* benutzt ... Die Antizipation
der Fiktion des jeweiligen gesellschaftlichen Teilsystems durch die in die konkrete soziale
Situation involvierten Akteure führt zu einer Fiktionalisierung der Situation im Sinne
einer Annäherung an die abstrakte Handlungslogik des gesellschaftlichen Teilsystems.
Dies wiederum bestätigt die Adäquanz der Fiktion, wodurch die Fiktionalisierung ent-
sprechender sozialer Situationen beibehalten werden kann." Und er fügt hinzu: "Das, was
Systemtheoretiker unter einem gesellschaftlichen Teilsystem verstehen, läßt sich offenbar
akteurtheoretisch rekonstruieren und in die akteurtheoretische Perspektive einfügen."[14]
So ist es.

Leicht findet man in der Luhmannschen Systemtheorie selbst viele Stellen,
die eine solche akteurorientierte Interpretation nahelegen. Keineswegs nur
Mathias Heidenescher scheint - wie Niklas Luhmann an vielen Stellen
höchstpersönlich - dies de facto auch so zu sehen: "Zurechnungsprozesse
sind simplifizierende Mechanismen, durch die *man* sich mit dem Alltag in
Verbindung setzt." (Heidenescher 1992, S. 450; Hervorhebung nicht im
Original) Wer ist denn wohl "man", so möchte man schon fragen? Nur
Menschen nehmen mit ihren Wahrnehmungsorganen und ihren Gehirnen
Inferenzen und Vereinfachungen vor. Nur Menschen haben Vorstellungen
und selegieren danach bestimmte "Handlungen". Wer auch sonst?

---

[13] Niklas Luhmann, Wer kennt Wil Martens? Eine Anmerkung zum Problem der
    Emergenz sozialer Systeme, in: Kölner Zeitschrift für Soziologie und Sozial-
    psychologie, 44, 1992, S. 139-142.
[14] Uwe Schimank, Gesellschaftliche Teilsysteme als Akteurfiktionen, in: Kölner
    Zeitschrift für Soziologie und Sozialpsychologie, 40, 1988, S. 636.

Soziale Systeme prozessieren also *nur* als (aggregierte und daher emergente) *Folge* der Selektionen von *Akteuren*. Soziale Systeme selegieren als "soziale Systeme" selbst nichts. Auch die "Kommunikation" und der "Sinn" tun nichts dergleichen. Soziale Systeme vollziehen auch keine Zuschreibungen. Und sie orientieren sich als soziale Systeme auch nicht an "Handlungen". Sie selbst benötigen keine Abstützpunkte, "damit" sie gelingen. Soziale Systeme sind als "soziale Systeme" nicht selbst *selbst*referentiell, sondern immer nur *syn*referentiell (vgl. dazu Abschnitt 6.3). Soziale Systeme geschehen oder sie geschehen nicht - je nachdem, wie die menschlichen Akteure kommunikativ handeln und welche (unintendierten und beabsichtigten) Folgen sie dabei schaffen. Das gilt für Gespräche ebenso wie für Familien, Betriebe, Revolutionen oder ganze Gesellschaften.

Man sollte nicht meinen, daß die kollektivistische Interpretation der Selbstreferentialität der *sozialen* Systeme wegen ihres doch etwas sehr metaphysisch anmutenden System-Holismus nach dem Verfall des funktionalistischen und teleologischen Denkens in der Soziologie keinen Anklang mehr finden würde. Das ist mitnichten der Fall. Der - bisher als Systemtheoretiker kaum in Erscheinung getretene - Sportsoziologe Hartmut Esser versteigt sich zum Beispiel in seinem - ansonsten durchaus informativen und beachtenswerten - Beitrag über den Doppelpaß als soziales System zu der aus orthodox-systemtheoretischer Sicht zwar werkgetreuen, aber nicht nur wissenschaftlich und wissenschaftstheoretisch, sondern auch lebensweltlich und vor allem: fußballerisch stark begründungsbedürftigen Behauptung: "Der Doppelpaß läßt als eigenständiges System in allen Beziehungen eine Selbstbeobachtung mitlaufen und reproduziert sich erst auf diese Weise selbstreferentiell."[15] Gerade der erfahrene Spieler wird sich verwundert fragen: Wie macht der Doppelpaß das nur? Jedes Fußball spielende psychische System würde sich glücklich schätzen, wenn bereits die *Doppelpässe* selbstreferentiell darauf achten würden, daß sie auch anständig und erfolgreich gespielt werden. Leider tun sie das - wie alle anderen sozialen Systeme - aber so gut wie nie. Etwas theoretischer ausgedrückt: Zwar ist zuzugeben, daß Doppelpässe wohl etwas ungewöhnliche, ohne Zweifel aber auch über besondere Formen der Kommunikation prozessierende soziale Systeme *sind*. Nach der Systemtheorie müßten Doppelpässe aber ein Modell von sich selbst als Bezugspunkt ihrer Selbstreferentialität haben, "um" überhaupt prozessieren "zu" können. Dem wird hier entgegengehalten: Doppelpässe spielen "sich" *nur* über die Aktionen der beteiligten Spieler ab - wenn sie überhaupt gelingen. Nur die Spieler haben - wenn überhaupt - ein Modell des Doppelpasses "wie aus dem Lehrbuch" als Abstützpunkt im Kopf. Und dort hinein ist es durch Lesen, die Sportschau, eigenes Ausprobieren oder durch die Instruktionen des Trainers gekommen. Sonst existiert die "Handlung" eines Doppelpasses nirgendwo. Doppelpässe sind - wie alle anderen sozialen Systeme auch - eben *keine* kollektiven Wesen sui generis mit einer eigenen Intentionalität oder einem eigenen selbstreferentiellen Wissen. Sie "verhalten" sich zwar manchmal so, "als ob" sie sich selbst spielten - wie etwa mit Hilfe von Beckenbauer, Netzer und Müller einst im Spielrausch der legendären Elf von Wembley anno domini 1972. Aber auch die stärkste Eigendynamik eines sozialen Systems beruht letztlich immer nur auf den Selektionen der beteiligten Akteure.

---

[15] Vgl. Hartmut Esser, Der Doppelpaß als soziales System, in: Zeitschrift für Soziologie, 20, 1991, S. 155.

"Handlungen" sind also eine Form der Vereinfachung abgestimmter Selektionen, die zur problemarmen Konstitution der sozialen Systeme beitragen. Luhmann nennt eine Fülle weiterer Mechanismen, auf die hier nur hingewiesen werden kann.

Dazu gehören beispielsweise *symbolisch generalisierte Medien* der Kommunikation als eine Art von Spezialsprache. Oben wurde das *Geld* als ein solches Medium bereits erwähnt. Andere solcher Medien sind *Macht, Liebe, Wahrheit* u.a. als spezifische Codierungen für ganz besondere Bereiche, Sphären und Teil-Systeme des gesellschaftlichen Lebens und der damit verbundenen typischen Formen der Kommunikation in Politik, Intimbeziehungen und Wissenschaft - zum Beispiel. Eine zentrale Eigenschaft teilen diese Medien mit den "Handlungen": Sie definieren eine Situation über ihren jeweils ganz eigenen Code - über ihren speziellen *sozialen* Sinn (vgl. den Exkurs über Sinn). Hinzu kommt ihre besondere Fähigkeit der Herstellung von an sich ganz unwahrscheinlichen Anschlüssen: Sie "erzwingen" die Annahme eines Kommunikationsangebotes. Beides zusammen - die Fähigkeit zur deutlichen Definition einer Situation und die Erzeugung eines Anschlußzwanges - macht verständlich, warum solche symbolisch generalisierten Medien für das Entstehen spezieller sozialer Systeme über ganz unterschiedliche Motivlagen von Akteuren hinweg so bedeutungsvoll sind.

"Handlungen" als kognitive Systeme

Die sozialen Systeme sind also das *simultane* Ergebnis von Selektionsakten der psychischen Systeme, die mit Hilfe der Selektion von "Handlungen" Kommunikation erzeugen und dadurch selbst begrenzt und angeregt werden. Im Grunde erklärt Luhmann das gesellschaftliche Geschehen also über die momenthafte und wechselseitige "Konstitution" von *drei* Systemen: das Prozessieren von *Bewußtsein* bei den *psychischen* Systemen als ununterbrochene Kette von gedanklichen Assoziationen; das Prozessieren von *Kommunikation* bei den *sozialen* Systemen als ununterbrochene Kette aneinander anschließender Akte der Kommunikation und die Selektion und die fortlaufende Neukonstitution von typisierten Modellen über gerade bedeutsame soziale Regeln (als Teil des Bewußtseins der Akteure): die Orientierung an und die Konstitution von *"Handlungen"*.

Die "Handlungen" als typisierte, vorgestellte und *markierte "Projekte"* wollen wir allgemein als *kognitive Systeme* bezeichnen. Auf sie stützen sich die psychischen Systeme in ihrem Bewußtsein bei der Produktion der Kommunikation. Darüber definieren die Menschen die objektiv immer viel zu komplexen Situationen zu einem vereinfachenden Modell ihrer Orientierung (vgl. dazu Abschnitt 27.4).

Die Unterscheidung von psychischen, sozialen und kognitiven Systemen erinnert an ältere Fassungen der soziologischen Systemtheorie: an die Unterscheidung von personal, social und cultural system, wie sie bei Talcott Parsons und Edward A. Shils zu finden war (vgl.

dazu Kapitel 23). Die Zuordnung des personal system zum psychischen System und des social system zum sozialen System ist evident. Die kognitiven Systeme, die "Handlungen", sind dann aber genau das, was Parsons und Shils unter dem cultural system verstanden hatten. Das cultural system war die Grundlage der Orientierung der Akteure und damit für das Entstehen der social systems. Auch die "Handlungen" orientieren die Akteure, "damit" die sozialen Systeme entstehen können. Sie haben exakt die gleiche Funktion wie das cultural system.

Wenn man genau hinsieht, waren Parsons und Shils also bereits da, wo Luhmann uns mit seinem Begriff der "Handlung" als notwendigem Bestandteil aller sozialen Prozesse hingeführt hat.

Der Unterschied zwischen der älteren und der neueren soziologischen Systemtheorie liegt in einem ganz anderen, aber wichtigen Punkt begründet: in der *Dynamisierung* und *Verzeitlichung* des Konzepts. Es entstehen, zerfallen und reproduzieren sich diese drei Systeme in wechselseitiger Konstitution immer wieder neu. Parsons und Shils hatten den Eindruck erweckt, als handele es sich jeweils um festgefügte und kompakte Einheiten. Diese Sichtweise überwindet die soziologische Systemtheorie. Wichtig ist auch die Vorstellung, daß die Orientierungen bzw. die "Handlungen" immer aus "verweisenden" Alternativen selegiert werden und damit im Prinzip immer "kontingent" bleiben - und eben nicht über die Prozesse der Internalisierung und der Institutionalisierung ein für allemal zur Deckung gebracht werden. In alledem kann man Luhmann gut folgen. Bleibt nur die Frage: Kann der Prozeß der Kommunikation auch *erklärt* werden?

27.4 Die Erklärung der Kommunikation

Niklas Luhmann schreibt ausdrücklich, daß die soziologische Systemtheorie die methodischen Regeln der erklärenden Wissenschaften außer Kraft gesetzt habe - und daß dies gerade der Vorzug dieses Ansatzes sei. Und die Frage stellt sich schon: Ist das Konzept der wechselseitigen Konstitution von sozialen und psychischen Systemen mit den Mitteln der analytisch-nomologischen Erklärung überhaupt noch zu fassen? Wir glauben: ja. Um dies zu zeigen, soll das Prozessieren von Sinn in der Form von Kommunikation als Spezialfall einer genetischen soziologischen Erklärung (vgl. dazu Abschnitt 6.3) rekonstruiert werden.

Das Grundmodell

Ausgangspunkt sei das klassische allgemeine Modell der Kommunikation. Es unterscheidet in seiner einfachsten Form drei Elemente[16]: Sender, Medium und Empfänger. Kommunikation bedeutet dabei ganz allgemein die Übermittlung von Informationen vom Sender zum Empfänger über ein Medium (und zurück).

Hinter diesem Modell verbirgt sich eine Reihe sehr verschiedener Einzelprozesse. In einer bekannten Kurzformel - die man inzwischen fast schon nicht mehr hören kann - sind von Harold D. Lasswell einige dieser Einzelvorgänge und Elemente der Kommunikation in einer hier etwas modifizierten Frage zusammengefaßt worden[17]: Wer sagt was mit welcher Absicht womit wodurch mit welcher Wirkung zu wem? Es geht dabei eigentlich nur um drei verschiedene Schritte, die aber wiederum in unterschiedliche Teilselektionen zergliedert werden können. Die komplette erste Sequenz der verschiedenen kommunikativen Selektionen von Sender und Empfänger könnte dann wie in Abbildung 27.1 schematisiert werden.

Der erste Schritt ist die Selektion bestimmter kommunikativer Akte durch den *Sender*. Dieser Schritt besteht aus zwei verschiedenen Teilselektionen: die Auswahl der zu übermittelnden *Information* und die Auswahl der übermittelnden Handlung bzw. der Technik der Übermittlung: die *Mitteilung* des Senders.

Die mitzuteilende Information wird bei diesem ersten Schritt aus einem bereits *kulturell* vorselegierten Vorrat möglicher Informationen (Themen, Nachrichten, Aufforderungen usw.) ausgewählt. Luhmann betont in diesem Zusammenhang eine wichtige Besonderheit der Kommunikation zwischen psychischen Systemen (Luhmann 1984, S. 195f.): Sie wissen, daß die Mitteilung und die Information *getrennt* sind, daß es zwischen ihnen eine "*Differenz*" gibt, daß also das, was mitgeteilt wird, nicht unmittelbar und nicht sicher auf eine bestimmte Information hinweist. Rhetorische Tricks, mehr oder weniger offene Lügen, Nebenbedeutungen sind immer möglich. Und genau deshalb ist auch alles, was nach der Mitteilung kommt, im Prinzip immer auch eine *Selektion* auf seiten des Empfängers: Er muß sich entscheiden, wie er die Einheit von Information und Mitteilung herstellen will. Wir kommen gleich im Zusammenhang mit dem "Verstehen" darauf zurück. Dies ist auch der Hauptunterschied der Luhmannschen Kommunikationstheorie

---

[16] Als informative Übersichten über die verschiedenen Konzepte und Elemente der (Massen-)Kommunikation vgl. aus soziologischer Sicht: Alphons Silbermann, Massenkommunikation, in: René König (Hrsg.), Handbuch der empirischen Sozialforschung, Band 10: Großstadt-Massenkommunikation-Stadt-Land-Beziehungen, 2. Aufl., Stuttgart 1977, S. 146-278. Und aus sozialpsychologischer Sicht: C.F. Graumann, Interaktion und Kommunikation, in: C.F. Graumann (Hrsg.), Handbuch der Sozialpsychologie, 7. Band: Sozialpsychologie, 2. Halbband: Forschungsbereiche, Göttingen 1972, S. 1117-1123.

[17] Harold D. Lasswell, The Structure and Function of Communication, in: Lyman Bryson (Hrsg.), The Communication of Ideas, New York 1948, S. 37-51.

zu den älteren Konzepten der Kommunikation: Kommunikation ist keine "Übertragung" von Informationen auf eine mehr oder weniger technische Weise der Code-Abstimmung, sondern eine Selektion; und das heißt immer: durchdrungen von einem *aktiven* und *eigensinnigen* Beitrag auf seiten der kommunizierenden psychischen Systeme.

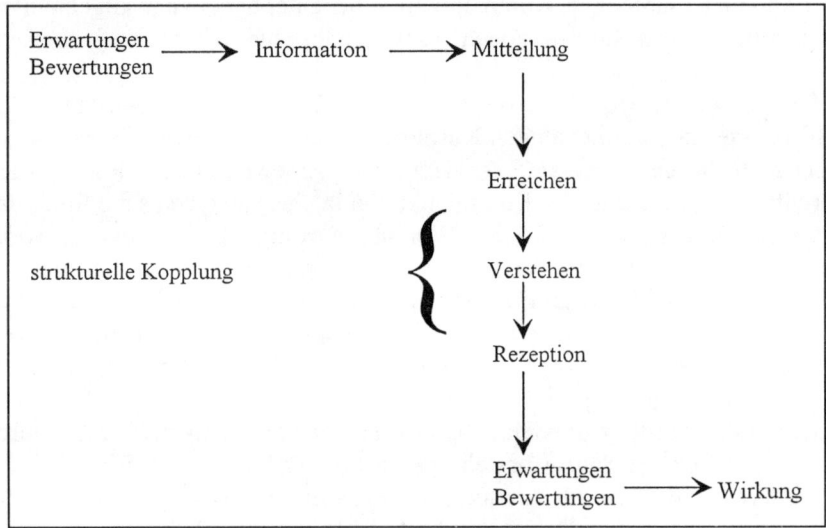

Abb. 27.1: Das Grundmodell kommunikativer Selektionen

Der zweite Schritt ist der des *Erreichens* des Empfängers. Dieser Schritt hat zur Folge, daß die Mitteilung zu einem Bestandteil der Situation des Empfängers wird (oder nicht).

Mit dem bloßen Erreichen ist die Information aber beim Empfänger noch keineswegs "angekommen". Dies geschieht erst in der dritten Phase. Diese besteht - so war oben bereits angedeutet worden - wieder aus Selektionen, diesmal aber solchen, die der *Empfänger* vornimmt.

Drei Teilselektionen müssen dabei unterschieden werden: ersteinmal das *Verstehen* der Mitteilung; dann die *Rezeption* der Information in der Weise, daß sie den Empfänger "beeinflußt"; und schließlich die *Wirkung* der mitgeteilten Information in der Hinsicht, daß der Empfänger nun auch in bestimmter Weise handelt; eventuell: in der Art eigener Kommunikationsakte, von denen aus die "Kommunikation" fortgesetzt werden kann.

Die Schritte eins und drei können als besondere Formen des selegierenden Handelns aufgefaßt werden: Die Selektion einer Information und einer Mitteilung zum Zwecke der Kommunikation ist ohne Zweifel ein - mehr oder weniger - absichtsvolles Handeln des Senders. Das Verstehen und die Rezeption können auch als Handeln, als mentales Handeln, als - wie Max Weber sagt - innerliches Tun des Empfängers aufgefaßt werden. Und die "bewirkte" Reaktion auf die mitgeteilte, verstandene und rezipierte Information ist ja ohnehin ein ganz normaler Vorgang der Selektion eines Handelns durch den Empfänger. Mit den verschiedenen selegierenden Akten des Senders und des Empfängers ist es nicht getan: Die Selektionen von Sender und Empfänger werden erst über den Schritt des Erreichens miteinander gekoppelt. Wir wollen diesen Schritt als *strukturelle Kopplung* bezeichnen.

Die strukturelle Kopplung ist zunächst einmal ein eher technischer Vorgang. Er hat vor allem mit der *Reichweite* des Mediums zu tun: Schallwellen werden durch Mauern gebremst; die BILD-Zeitung gibt es nicht überall und der neueste Klatsch aus der Fakultät erreicht den Professor nicht, der gerade sein Freisemester in der Toscana verbringt. Oft genug sind hier wieder *soziale Prozesse* und *Selektionen* von Akteuren beteiligt: Wissenschaftliche Aufsätze können ihr Publikum erst dann "erreichen", wenn die Herausgeber einer Fachzeitschrift sich entschieden haben, ihn abzudrucken; und Gerüchte nehmen einen ganz unterschiedlichen Weg, je nach Art der Struktur des Netzwerks und der Anfälligkeit der Personen. Neben dem Erreichen muß für eine gelingende strukturelle Kopplung die Mitteilung aber auch von einem Empfänger *verstanden* und *rezipiert* werden.

Die strukturelle Kopplung besteht damit aus dem technischen Teil des *Erreichens* und den beiden Selektionen des *Verstehens* und der *Rezeption* auf seiten des Empfängers.

Mit der strukturellen Kopplung wird die Mitteilung ein Teil der Logik der Situation des Empfängers. Von hierher erst geht die *Wirkung* der Kommunikation aus: das Handeln des Empfängers als Reaktion auf die in Reichweite gelangte, verstandene und rezipierte Mitteilung der Information des Senders.

Kommunikation als Prozeß

Geht man von der Annahme aus, daß auch der Sender sich bereits in einer Situation befunden hat und danach den initiierenden kommunikativen Akt selegierte, und setzt man den ganzen Prozeß jetzt "reziprok" weiter fort, dann ergibt sich das folgende (weiter vereinfachende) Schema des "Prozessierens" einer Kommunikation über die strukturelle Kopplung weiterer Selektionen der Akteure (Abbildung 27.2).

Das Prozeß-Modell der Kommunikation ist nichts anderes als ein Spezialfall einer genetischen soziologischen Erklärung (vgl. Abschnitt 6.3): Akteure handeln situationsorientiert und schaffen externe Effekte, die die Situation verändern, woraufhin .... und so weiter: In der Situation S0 selegiert der Sender A zum Zeitpunkt 0 einen kommunikativen Akt (M0),

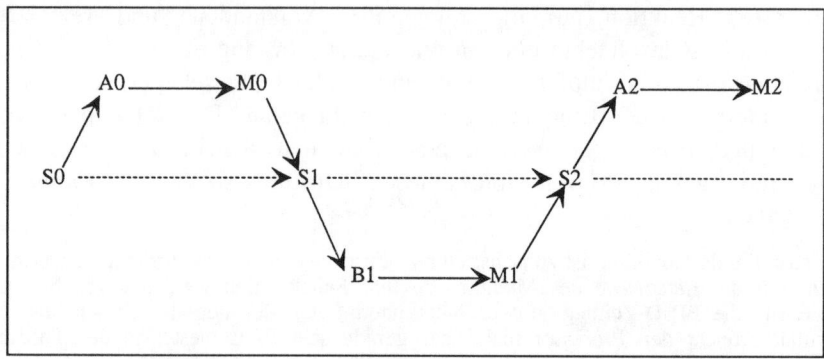

Abb. 27.2: Der Prozeß der Kommunikation

der über seine - intendierten wie unintendierten - Folgen die Situation zu S1 verändert. Für den Empfänger B ändern sich - bei Verstehen und Rezeption der Mitteilung - die subjektiven Erwartungen und Bewertungen. Er selegiert nun selbst einen kommunikativen Akt usw. Sofort könnte jetzt der Weg vom Empfänger und dessen Handeln weitergehen, eventuell auch nur zurück zum Sender. Im Modell würde dies wegen der unvermeidlichen Asymmetrie des Ablaufs als zeitlich gestaffelte Sequenz erscheinen.Die Eröffnung von Möglichkeiten, daß Akteure an eine einmal angelaufene Sequenz selbst mit eigenen kommunikativen Akten anschließen können, soll als *Anschlußmöglichkeit*, die erfolgreiche Fortsetzung einer Kommunikationssequenz als *Anschluß* bezeichnet werden.

Der Fortgang des Prozesses der Kommunikation ist damit eine Frage des Vorliegens von Anschlußmöglichkeiten und der immer wieder tatsächlich gelingenden Anschlüsse. Die Leichtigkeit der Formulierung sollte aber nicht darüber hinwegtäuschen, daß jetzt erst die Fragen anfangen: Wodurch erhöhen oder verringern sich die Chancen für Anschlüsse? Wovon hängt es eigentlich ab, daß sie gelingen oder auch nicht?

Rituale und offene Sequenzen

Aus dem Modell und aus der theoretischen Rekonstruktion des Geschehens als Kette von aneinander anschließenden Selektionen und strukturellen Kopplungen wird deutlich, daß es Anschlußmöglichkeiten und erst recht: tatsächlich realisierte Anschlüsse keineswegs geben "muß". Kommunikationssequenzen können allein deshalb, weil sie *immer* aus höchst anfälligen Selektionen aus einem weiten Horizont von Möglichkeiten und aus oft sehr fragilen strukturellen Kopplungen bestehen, schon mehr oder weniger bald aufhören. Bestimmte Sequenzen können aber auch ganz andere, inhaltlich völlig verschieden definierte weitere Sequenzen auslösen. Erkennbar wird auch, wie hilfreich bei der Herstellung der Anschlüsse - neben den technischen und sozialen Bedingungen der strukturellen Kopplung - bestimmte, den Akteuren vorher bekannte, mehr oder weniger grobe Regeln über geeignete Anschlüsse einzelner Teile von Sequenzen wären.

An dem Modell wird auch erkennbar, daß die Selbstreferentialität über ein *komplettes* Modell eines kommunikativen Ablaufs *keinerlei* notwendige Bedingung für eine erfolgreiche Kommunikation darstellt. Dies gilt nur für *Rituale* und durchbürokratisierte bzw. sozial kontrollierte Abläufe, für die die Akteure bereits im vorhinein fertige Modelle oder komplette und fest fixierte Drehbücher in ihrem Bewußtsein haben. Für solche Fälle könnte im Modell der Abbildung 27.2 die Verbindung S0 - S1 - S2 ... als durchgezogene Linie gezeichnet werden, um anzudeuten, daß *dies* das Ablaufsmodell ist, das dem Ritual zugrunde liegt und von dem die fehlbaren und schwachen Menschen immer nur abweichen können.

Nicht alle Kommunikationen sind aber Rituale und nicht alle sozialen Systeme folgen solchen streng vorgeschriebenen Pfaden. Andererseits dürfte kaum ein soziales System ohne jede Vorgabe auskommen, die von den Akteuren nicht auch wenigstens partiell, für bestimmte Teilsequenzen und nur andeutungsweise geteilt wird. Allein das Sprechen setzt ja bereits die Kenntnis und die Befolgung gewisser Regeln voraus, die als Bezugspunkte auch für nicht-ritualisierte, nicht-institutionalisierte, nicht-kontrollierte Kommunikationen Geltung beanspruchen - soll ein Gespräch überhaupt beginnen und ein entsprechendes soziales System überhaupt anfangen können zu prozessieren. Auch die Themen eines Gespräches gehören zu solchen Skripten, die nicht ohne weiteres verlassen werden können, ohne daß sich Irritationen ergeben würden. Sie binden daher die Akteure wenigstens partiell und für eine gewisse Zeit - und erlauben so das gelegentliche Aufflackern eines eigentlich schon gestorbenen einfachen Sozialsystems im Zugabteil zwischen Essen, Köln und Mannheim.

Denkbar - und empirisch vorkommend - sind aber durchaus auch im genauen inhaltlichen Ergebnis "nach vorne" gänzlich offene Abläufe von Kommunikationen - wie so manche Fakultätssitzung, die sich, ohne rechtes Programm zu Beginn, einmal begonnen, in der Tat mit völlig offenen Verläufen in den Tag der Professoren "hineinpropellieren" kann - übrigens ein anderer hübscher Ausdruck von Niklas Luhmann -, ohne daß hinterher irgendjemand wüßte, wie dies möglich gewesen ist. Es lassen sich soziale Systeme denken und empirisch beobachten, die eher einer nach vorne *offenen Sequenz*, einer Art von Evolution, denn einem fixierten Ritual gleichen (vgl. dazu das folgende Kapitel 28). Mit dem Modell der genetischen soziologischen Erklärung sind alle diese Varianten - und beliebige Zwischenformen davon - erfaßbar.

Verstehen und die "Definition" der Situation

Die grundlegende Besonderheit der Kommunikation ist die *Differenz* zwischen Information und Mitteilung und die Überbrückung dieser Differenz durch eine eigene Selektion des Empfängers. Diese Überbrückung geschieht - so kann nun zusammengefaßt werden - dadurch, daß der Empfänger auf der Grundlage der ihn erreichenden mitgeteilten "Daten" ein *Modell* des Geschehens wählt und sich auf eine "Handlung" als Orientierungspunkt seiner weiteren Selektionen stützt. Wie könnte in diesem Modell dann aber diese wichtige Idee der Selektion von "Handlungen" als Markierungspunkten für den weiteren Ablauf einer Kommunikation berücksichtigt werden?

Eine "Handlung" ist zunächst nichts anderes als eine besondere Form der "Definition" der Situation durch einen Akteur - beispielsweise durch eine vereinfachende Zuschreibung etwa auf interne oder externe Vorgänge. Diese Definition der Situation geschieht auf der Grundlage seiner bereits vorhandenen Erwartungen und Bewertungen einerseits und der in der Situation gegebenen "Daten". Bei Kommunikationsprozessen sind diese Daten die den Akteur erreichenden Mitteilungen eines anderen Akteurs. Es geht nun also um diesen Vorgang: die Erklärung der Selektion der *Definition* der Situation aufgrund der durch die voraufgegangene Kommunikation veränderten Situation, von der aus ein Akteur jeweils dann seinerseits sein Handeln, ggf. also auch eine Information und eine Mitteilung, auswählt.

Im Modell in Abbildung 27.1 bzw. 27.2 ist diese Selektion als recht unproblematisch angenommen worden. Nun wird sie zu einem eigenen Erklärungsproblem: Warum wählt ein Akteur als Grundlage für einen kommunikativen Akt gerade jenes Modell einer orientierenden "Handlung" und nicht dieses? Warum ist zum Beispiel gerade eine internale und nicht eine externale Zuschreibung die Basis der Selektion von Information und Mitteilung? Warum attribuiert er dabei auf die variablen und nicht auf die konstanten Elemente der Situation? Und so weiter. Es geht also um eine *Erklärung* der jeweils *subjektiv* geltenden "Logik der Situation", von der aus die Selektion von Information und Mitteilung erfolgt.

Für die Erklärung der Wahl eines kommunikativen Aktes müssen also *zwei* Selektionsschritte gesondert betrachtet werden: Im *ersten* Schritt selegiert der Akteur eine bestimmte *Definition* der Situation: das Modell, die "Handlung". Und erst aufgrund der so vorselegierten Definition der Situation wird im *zweiten* Schritt dann das "eigentliche" kommunikative Handeln, die Information und die Mitteilung, selegiert. Schematisch ließe sich dieser zweistufige Selektionsprozeß in Erweiterung des Schrittes der Selektion von Information und Mitteilung so darstellen (Abbildung 27.3):

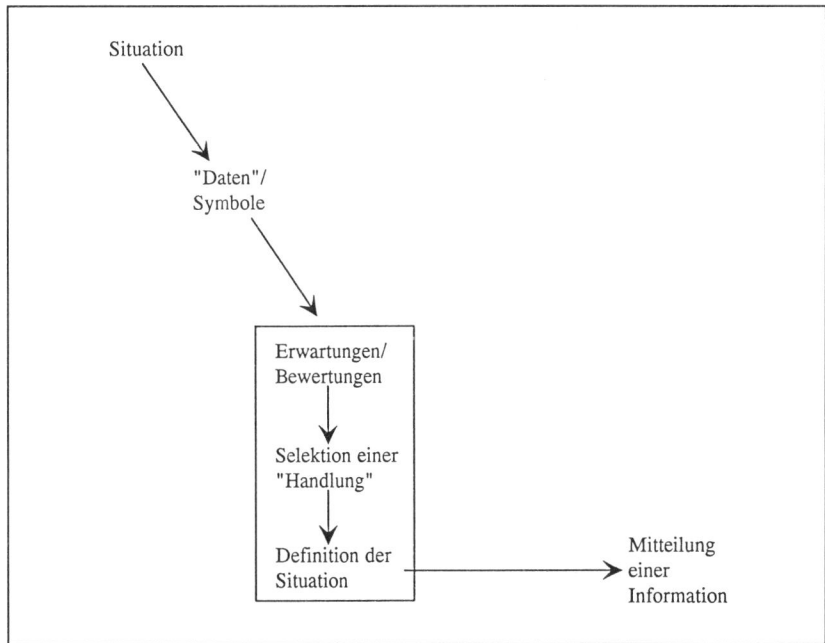

Abb. 27.3: *Die Selektion der "Definition" der Situation*

Die erste Stufe der Selektion eines (Kommunikations-) Handelns geht von den (objektiv gegebenen) *Daten* der Situation aus. Diese Daten haben für die Akteure bzw. für die psychischen Systeme *nie* eine objektive, sondern eine *symbolische* und eine darüber definierte *subjektive* "Bedeutung". Dies gilt erst recht für die meisten "Mitteilungen": es sind sprachliche, schriftliche oder sonstige Zeichen, die über soziale Regeln mehr oder weniger fest mit bestimmten "Bedeutungen" und Überschußassoziationen versehen sind.

Symbole sind Auslöser von mentalen Assoziationen. Sym-balein heißt im Griechischen wörtlich: zusammen-werfen. Sie fungieren als - mehr oder weniger eindeutige und dem Akteur verständliche - Anzeichen dafür, daß in der Situation die Selektion *eines* bestimmten Modells der Orientierung angemessen ist und ein anderes eben nicht.

Bei der selektiven Interpretation der Daten sind einmal die Vorerwartungen, die gespeicherten Beziehungen zwischen den Zeichen und dem damit assoziierten Modell wichtig. Die Vorerwartungen bilden die *kognitive*, die wissensbezogene Seite der Selektion eines Modells der Situation. Die Selektion wird dann aber immer auch vor dem Hintergrund der vorgängigen Interessen und Intentionen des Akteurs vorgenommen. Dies ist die *bewertende* Dimension des Vorgangs. Erst die aus diesen kognitiven *und* bewertenden Elementen *kombinierte* innere Evaluation der symbolischen Daten steuert die Selektion des Modells bzw. die Definition der Situation.

Der Vorgang der Definition der Situation bzw. der der Selektion einer "Handlung" ist nichts anderes als die Selektion, die im Modell in Abbildung 27.1 als *Verstehen* bezeichnet wurde: Es wird vom Akteur, den eine Mitteilung erreicht, ein ihm subjektiv sinnvoll erscheinendes Modell gewählt, das die Situation in einem weiteren Sinnzusammenhang interpretieren hilft und das Hinweise auf die nun angemessenen nächsten Schritte gibt. Bei Kommunikationen geschieht dies in einem sequentiellen und dabei beide Akteure wechselseitig erfassenden Prozeß. Ob es ein tatsächliches Verstehen ist, merken die Akteure - wenn überhaupt - erst im weiteren Verlauf des Prozesses und am Tun des Gegenüber. Nämlich dann, wenn die wechselseitigen Reaktionen die antizipierten Vorerwartungen bestätigen - oder nicht.

Die kommunikative Konstruktion der Wirklichkeit

Der Vorgang der Selektion einer Situationsdeutung und der definierenden Vereinfachung einer überkomplexen Situation wird somit - in Einklang mit den einschlägigen Theorien der Wahrnehmung, der Orientierung und der Zuschreibung - als eine Art von Wechselspiel des Eingangs gewisser objektiver Daten und deren aktiver und intentionaler Interpretation nach Maßgabe der bereits bestehenden Alltagstheorien und Interessen der Akteure aufgefaßt[18]. Die Akteure ziehen dabei Schlüsse und selegieren ganze Bündel von Orientierungen in Form von Schemata, Skripten oder Personentypisierungen[19]. Jede derartige Definition der Situation beruht sowohl auf den objek-

---

[18] Vgl. etwa Richard L. Gregory, Mind in Science. A History of Explanations in Psychology and Physics, London 1981, Kapitel 12; Waldemar Lilli, Hypothesentheorie der Wahrnehmung, in: Dieter Frey und Siegfried Greif (Hrsg.), Sozialpsychologie. Ein Handbuch in Schlüsselbegriffen, München-Wien-Baltimore 1983, S. 192ff.; Albert H. Hastorf, David J. Schneider und Judith Polefka, Person Perception, Menlo Park, Cal. u.a. 1970, Kapitel 1.

[19] Vgl. dazu etwa Robert P. Abelson, Psychological Status of the Script Concept, in: American Psychologist, 36, 1981, S. 715-729; William F. Brewer und Glenn V. Nakamura, The Nature and the Functions of Schemas, in: Robert S. Wyer, Jr., und Thomas K. Skrull (Hrsg.), Handbook of Social Cognition, Band 1, Hillsdale, N.J. und London 1984, S. 153-159; N. Rumelhart, Schemata: The Building Blocks of Cognition, in: R. Spiro, B. Bruce und W. Brewer (Hrsg.), Theoretical Issues in

tiven Merkmalen der Situation - Computerausdrucke, Abschiedsbriefe, geschwollene Zornesadern und geballte Fäuste - wie auf den subjektiven Selektionen und intentionalen Deutungen der objektiven Daten.

Das Kommunikationshandeln selbst ist nach dieser Vorselektion einer Definition der Situation dann nur noch ein eher beiläufiger und unreflektierter Schritt der Ausführung der dazu gehörigen Akte des sicht- und hörbaren Tuns - etwa des Sprechens von Höflichkeitsfloskeln, die nicht wörtlich gemeint sind. Probleme gibt es erst, wenn Reaktionen eintreten, die in den Programmen der jeweils selegierten "Handlungen" nicht vorgesehen waren. Die Menschen, deren "Handlungen" auch nur ein wenig von einem "signifikanten" Symbol gestört werden, reagieren dann oft ganz eigenartig - von trotzigem Beharren, belustigtem Erstaunen bis hin zu Entsetzen, Flucht und zur aggressiven Beschimpfung der Störquelle. Nichts irritiert, verärgert und entsetzt die Menschen mehr als die Störung des für selbstverständlich Gehaltenen.

Der amerikanische Soziologe Harold Garfinkel hat die Untersuchung von Reaktionen auf solche Störungen normaler Routinen des Alltagshandelns zu einem eigenen theoretischen Zweig der Soziologie ausgebaut: der *Ethnomethodologie*[20]. Das ist die Lehre von den "Methoden", mit denen der normale Alltagsmensch - das gemeine Volk, der ethnos - sich die Überkomplexitäten der Welt durch vereinfachende Fiktionen vom Halse hält. Solche Fiktionen sind nichts anderes als die beschriebene Vorselektion typischer, für angemessen und normal gehaltener Modelle - oft auch gegen jeden "objektiven" Augenschein. Im Ersten Deutschen Fernsehen werden regelmäßig solche ethnomethodologischen Krisenexperimente gezeigt - unter dem Titel "Verstehen Sie Spaß?". Der derzeitige Versuchsleiter heißt Harald Schmidt.

Beim Verstehen bzw. bei der Selektion des "richtigen" Modells geht es also offenkundig um die korrekte Wahl der gegenseitig unterstellten sozialen Regeln. Dabei kann es lange Ketten wechselseitiger, aber unbemerkter Mißverständnisse geben. Und die jeweils gewählten Modelle können auch ganz eigene, vollkommen konstruierte Vorstellungen über die "objektive" Welt enthalten.

Gleichwohl finden alle diese Definitionen der Situation auch in einem "objektiven" Rahmen von materiellen, letztlich durch keine "Definition" auszuräumenden Knappheiten statt. Vor diesem restriktiven Hintergrund ist nicht jede Selektion gleich möglich, gleich wahrscheinlich oder gleich vernünftig. Es kann angenommen werden, daß auch für die Selektionen bei

---

Reading Comprehension, Hilldale, N.J., und London 1980; Norbert Schwarz, Theorien konzeptgesteuerter Informationsverarbeitung in der Sozialpsychologie, in: Dieter Frey und Martin Irle (Hrsg.), Theorien der Sozialpsychologie, Band 3: Motivations- und Informationsverarbeitungstheorien, Bern 1985, S. 269-291.

[20] Harold Garfinkel, Studies in Ethnomethodology, Englewood Cliffs, N.J. 1967.

der Definition der Situation die Regel der Optimierung gilt: Es wird das Modell, die "Handlung" gewählt, das in der Kombination von Zuträglichkeit und Wahrscheinlichkeit am günstigsten erscheint. Die Wahl einer "Handlung" ist ein *innerliches* Tun des psychischen Systems. Und auch dieses Tun folgt der Maximierungsregel, das für jedes andere Handeln auch gilt.

Das heißt also: Auch die Definition der Situation ist ein Fall der maximierenden *Optimierung* in Form der *kombinierten* Evaluation von Erwartungen und Bewertungen. Wieder regiert das alte Prinzip der kombinierten Optimierung von U und p (vgl. Abschnitt 6.2 und Kapitel 13). Es wird auch für die Definition der Situation *kein* neues Prinzip der Stellungnahme des Organismus zu seiner Umgebung als bisher in der Evolution des Lebens wirksam[21]. Daraus ergeben sich interessante Folgen: Unwahrscheinliche, aber für den Akteur als sehr günstig erscheinende Modelle der Definition der Situation werden u.U. gegenüber wahrscheinlicheren, aber deutlich ungünstigeren Modellen vorgezogen. Natürlich haben wahrscheinlich und gleichzeitig günstig erscheinende Modelle die größten Chancen. Bei Inkonsistenzen aber bilden die Akteure oft sehr selektive und von allen Dissonanzen bereinigte Fiktionen ihrer Situation. Alle Zweifel und Anomalien werden - wenn das intentionale Interesse groß ist und wenn die "objektiven" Daten nicht allzu sehr dagegen stehen - mit oft erstaunlicher Hartnäckigkeit ausgebügelt. Und eventuell störende Elemente werden in großen Toleranzen im wörtlichen Sinn einfach übersehen.

Auf diese Weise wird im Prinzip auch das Prozessieren der psychischen Systeme *nomologisch*, nämlich als *Selektion* von *Vorstellungen* nach Maßgabe der optimierenden Selektionsregel, erklärbar. Das Bewußtsein prozessiert dabei zwar durchaus nach seinen eigenen Vorgaben, aber dennoch nicht vollständig unabhängig von der externen "Wirklichkeit". Dauernd außerhalb der Realitätsgrenzen liegende subjektive Welten werden - zumindest mittelfristig - über die stark verminderten Reproduktionschancen der jeweiligen Meme (vgl. dazu Kapitel 11) wieder eliminiert, weil solche "Ideen" für die Akteure immer mühsamer aufrechtzuerhalten sind und ihren Interessen schließlich sogar fühlbar und bis zum letalen Ende schaden können (vgl. dazu bereits Abschnitt 25.3). Bloße Phantastereien, reine Traumwelten und ausschließlich solipsistische Konstruktionen des Gehirns können zwar recht dauerhafte "Konstruktionen" der Wirklichkeit bleiben. Sie werden aber in the long run schließlich dann doch abgelegt - spätestens dann, wenn die "Replikationen" ständig fehlschlagen, wenn diese Fehlschläge fühlbaren Schaden erzeugen und wenn die Fiktionsleistungen nicht durch fortwährende Selbstbestärkungen im Gruppenzusammenhang auch gegen die "Realität" immer wieder neu konstruiert werden können. Kurz: Die

---

[21] Zu einem Modell der optimierenden Selektion der Definition der Situation vgl. Hartmut Esser, The Rationality of Everyday Behavior. A Rational Choice Reconstruction of the Theory of Action by Alfred Schütz, in: Rationality and Society, 5, 1993, S. 21ff.; Hartmut Esser, Alltagshandeln und Verstehen. Zum Verhältnis von erklärender und verstehender Soziologie am Beispiel von Alfred Schütz und "Rational Choice", Tübingen 1991, S. 61ff.

Wirklichkeit ist zwar ohne Zweifel sozial konstruiert, doch gelten auch für diese Konstruktionen die allgemeinen Gesetze der Knappheiten und der relativen Preise.

Leon Festinger, Henry W. Riecken und Stanley Schachter haben das Zusammenspiel der Beibehaltung von offensichtlich falschen Überzeugungssystemen als Folge von kommunikativ erbrachten Selbstbestärkungen am Beispiel einer Sekte untersucht, die den Weltuntergang vorhersagte. Die Untersuchung bezog sich auf zwei Gemeinden in den Vereinigten Staaten: Salt Lake City, in der die Sektenmitglieder eine hoch vernetzte Gemeinschaft bildeten, und Collegeville, wo die sozialen Kontakte der Sektenmitglieder untereinander sehr gering waren. Zum angegebenen Zeitpunkt ging die Welt natürlich nicht unter. Was geschah? In Collegeville fielen die Mitglieder sehr bald von dem nun offenkundig gewordenen (Aber-)Glauben ab, während in Salt Lake City die Sekte nun erst recht begann, die eigentliche Richtigkeit der Prophezeiung zu betonen, und sogar daran ging, für ihre Ansichten weitere Proselyten zu machen[22].

Viele andere Prozesse der kommunikativ und als *interaction ritual* erzeugten Systeme von Konstruktionen der Wirklichkeit werden so erklärbar: Rechts-Radikalismus als Gruppenphänomen, Mode-Hysterien, New Age und Radikaler Konstruktivismus sowie die Konjunkturen von wissenschaftlichen Paradigmen - nicht zuletzt in den Disziplinen und den Fächern, die nur einen recht indirekten Kontakt zur "Wirklichkeit" halten wollen oder können, aber in kommunikativ hoch verdichteten Milieus eingebettet sind und sich um die materiellen Bedingungen ihrer Konstruktionen nicht sonderlich sorgen müssen. Bestimmte Varianten der Soziologie gehören sicher auch dazu.

Exkurs über Kommunikation und leibhaftige Menschen

Wenn Kommunikation ein *aggregiertes* Ergebnis von kommunikativen Akten menschlicher Akteure ist, dann heißt das natürlich auch, daß sie - wie jedes andere kollektive Phänomen - mit den Akteuren und mit deren Handeln allein *nicht* vollständig erfaßbar ist: Es gehören die Situationen dazu, in denen die Akteure Informationen und Mitteilungen selegieren, es gehören die Modelle dazu, die die Akteure zur Definition der Situation heranziehen und es gehören - last but not least - alle aggregierten externen Effekte, einschließlich der immer wieder neu hergestellten strukturellen Kopplungen des Erreichens und Annehmens der Mitteilungen und Informationen dazu. Insofern kann schon von den Einzelheiten der soziologischen Erklärung der

---

[22] Leon Festinger, Henry W. Riecken und Stanley Schachter, When Prophecy Fails. A Social and Psychological Study of a Modern Group that Predicted the Destruction of the World, New York-Evanston-London 1956, S. 225ff.

Kommunikation her dem zunächst etwas eigenartig klingenden Satz Luhmanns ohne weiteres zugestimmt werden:

"Wir gehen davon aus, daß die sozialen Systeme nicht aus psychischen Systemen, geschweige denn aus leibhaftigen Menschen bestehen. Demnach gehören die psychischen Systeme zur Umwelt sozialer Systeme." (Luhmann 1984, S. 346)

So ist es in der Tat: *Bestimmte* Kommunikationen *sind* von den Absichten und sonstigen Eigenschaften der Akteure logisch und empirisch unabhängig, wenngleich sie darauf beruhen und ohne sie nicht denkbar sind. Beim Spezialfall des Rituals war am deutlichsten geworden, daß auch der zweite Satz des Zitates stimmt: Akteure *sind* Gefährdungen von institutionalisierten Abläufen und gehören insoweit zur Umwelt von Kommunikationsritualen. Und am Spezialfall der Kommunikation als nach vorne offenem evolutionärem Prozeß war erkennbar geworden, daß die Akteure immer nur punktuell und immer nur über die externen Effekte ihres Tuns den Fortgang einer Kommunikation tragen und daß sie daher eben *nicht* in ihrer vollen Individualität bei der Erklärung des Geschehens berücksichtigt werden müssen.

Luhmann selbst hat die Kommunikation als einen nach vorne offenen Prozeß bezeichnet, bei dem die Akteure übereinander nicht viel wissen müssen und nur über punktuelle Ankopplungspunkte in Verbindung stehen. In seiner Entgegnung auf den oben bereits erwähnten Vorschlag von Wil Martens, wonach die Rekonstruktion von Kommunikationen *immer* auf *Akteure* Bezug nehmen *müsse*, weil niemand anderes als menschliche Akteure Informationen, Mitteilungen und ein Verstehen selegieren könne, hat er das so ausgedrückt:

"Müssen wir etwas über Jean Pauls Psyche oder seinen Körper wissen, wenn wir dies (den Siebenkäs oder die Flegeljahre von Jean Paul; HE) verstehen wollen? Oder umgekehrt: mußte Jean Paul etwas über uns zweihundert Jahre später Lebende wissen, um seine Texte schreiben und in Druck geben zu können? Von Aristoteles wissen wir nicht einmal wie er aussah, von Homer nicht einmal, ob er oder sie überhaupt gelebt hat. Und von Wil Martens? Was teilt sein Text über ihn mit? ... Wir können zwar voraussetzen, daß sein Gehirn durchblutet war, als er seinen Artikel schrieb, und daß die Muskelanspannung seines Körpers ausreichte, um ihn vor seinem Computer zu halten. Und daß er irgendwie motiviert war, sich in der Wissenschaft bemerkbar zu machen. Aber von all dem steht nichts in seinem Text! Es geht nicht in die Kommunikation ein." (Luhmann 1992, S. 140)

Vor dem Hintergrund des Modells der Kommunikation als nach vorne offenem Prozeß von externen und immer wieder neu angeschlossenen Effekten des Kommunikationshandelns von Akteuren ist das alles sehr plausibel: Natürlich "bestehen" auch im Rahmen des Modells der soziologischen Erklärung Kommunikationen und soziale Systeme nicht aus "leibhaftigen Menschen" in ihrer ganzen Differenziertheit und in ihrer vollen inneren Unendlichkeit. Zur Erklärung kommunikativer Sequenzen im Rahmen des Grundmodells werden lediglich die punktuellen *externen* Folgen kommunikativer Akte für das kognitive Verstehen und für die Rezeption von Informationen durch andere Akteure benötigt, die dann wieder etwas tun ... und so weiter. *Nicht* aber ist für die genetische Erklärung des Prozessierens einer Kommunikation erforderlich: Wissen über chemische, physikalische, neurale, biologische Prozesse bei dem betreffenden Individuum. Man muß auch nichts darüber wissen, was der Akteur gerade gegessen oder mit wem er sich gestritten hat - sofern dies nicht tatsächlich relevante Randbedingungen für seine Selektionen bei der betreffenden Kommunikation sind.

Vor dem Hintergrund der Selbstverständlichkeiten einer handlungstheoretischen soziologischen Erklärung muß die Passage über Jean Paul und den Siebenkäs daher ganz absurd, weil vollkommen überflüssig, klingen. Und sie ist es ja auch. Aber wie kommt die Systemtheorie überhaupt darauf? Die Antwort ist rasch gegeben: Hier wird handgreiflich erkennbar, wie wichtig es ist, nicht immer nur ganz allgemein von "Selektionen" und von "Prozessieren" zu schreiben, sondern auch genauer anzugeben, wovon diese Selektionen denn eigentlich bestimmt sein sollen. Dann wird sofort deutlich, daß die Erklärung sozialer Prozesse unter dem systematischen Einschluß von Theorien des Handelns von Akteuren in keiner Weise bedeutet, sie alle - die fünf Milliarden Einzelmenschen dieser Welt - in ihrer vollen Individualität erfassen zu müssen. Und es wird auch deutlich, daß dieses Handeln für die soziologische Erklärung zwar zentral wichtig, aber sicher auch nicht alles ist, was bei einer solchen Erklärung benötigt wird.

Das Modell der soziologischen Erklärung macht gerade dies nachdrücklich klar. Um zu erklären, warum Wil Martens seinen Beitrag schrieb und zur Veröffentlichung einreichte, müßte man - beispielsweise - zwar seine auf den wissenschaftlichen Diskurs gerichteten Erwartungen und Bewertungen kennen; nicht aber - zum Beispiel - ob er glücklich verheiratet ist oder nicht.

Der erste Akt des sozialen Systems der Diskussion zwischen Martens und Luhmann war somit sicher ein Handeln eines Akteurs, das mit einer Theorie des Kommunikationshandelns erklärbar ist, ohne dazu die volle Subjektivität des Akteurs zu benötigen. Daraufhin gab es zweitens das Problem, wie die Mitteilung von Wil Martens Niklas Luhmann erreichen sollte? Dies ist das Problem der strukturellen Kopplung zwischen Sender und Empfänger und damit eine der (aggregierten) Folgen des Handelns des Senders einer Mitteilung. Gott sei Dank haben die Herausgeber der Kölner Zeitschrift für Soziologie und Sozialpsychologie (damals Friedhelm Neidhardt, M. Rainer Lepsius und Hartmut Esser) in einer ihrer zahlreichen einvernehmlichen kollektiven Entscheidungen diese strukturelle Kopplung zwischen Wil Martens und Niklas Luhmann erst einmal möglich gemacht. Aber auch dies war wieder ein Ergebnis des (kollektiven) Handelns von Akteuren, die nur den Artikel, nur nach den Standards der Zeitschrift, aber weder in Hinblick auf die innere Unendlichkeit von Wil Martens, noch die irgendeines potentiellen konkreten Lesers beurteilten. Was wußte Luhmann von Neidhardt, Lepsius und

Esser? Was wußten diese von Luhmann? Um auf Wil Martens' Artikel zu replizieren, mußte Niklas Luhmann gar nicht vollständig verstehen, was eigentlich alles vorgegangen war. Und das hat er sicher auch nicht getan. Und so weiter. Jeder externe Beobachter hätte schon bald ermessen können, wie die Sache wohl im Wissenschaftssystem weiterläuft - ohne sich jemals in Bielefeld, Nijmegen oder Köln aufgehalten zu haben.

Eine Kommunikation kann daher durchaus auch beginnen und sich sogar über die Jahrhunderte als Sequenz fortsetzen, ohne daß der Initiator - oder irgendjemand sonst - je daran gedacht hätte, daß er so lange im sozialen System der wissenschaftlichen Kommunikation lebendig bleiben wird. Und auch Jahrhunderte später muß man über Sokrates, Hegel oder Helmut Willke nichts wissen - und kann trotzdem eine so definierte Kommunikation im Wissenschaftssystem treiben: über deren geschriebene, archivierte, wiedergelesene und im Rahmen eines bestimmten Codes weitergeführte Kommunikationsakte. Hat Wil Martens bedacht, daß Luhmann reagiert? Vielleicht. Hat Aristoteles darauf gehofft, von Niklas Luhmann zitiert zu werden? Wahrscheinlich nicht. Lassen sich kommunikative Sequenzen erklären, auch wenn der weitere Verlauf in keiner Sekunde bei den Selektionen am Anfang bedacht wurden - wie bei Jean Paul oder Aristoteles? Aber selbstverständlich, wie leicht zu sehen ist!

Soziale Systeme und Kommunikationen "bestehen" also sicher nicht aus "leibhaftigen Menschen" in dem Sinne, daß "alles", was sie ausmacht, in die Kommunikation und erst recht nicht: in die Erklärung der Kommunikation eingeht. Es sind aber *nur* die Akteure, die die Kommunikation betreiben und in Gang halten und die nur das, was sie erreicht und was sie verstehen für ihre weiteren Selektionen nutzen können. Und um selbst wieder mit einem kommunikativen Akt anzuschließen, muß der empfangende, verstehende, rezipierende und wieder replizierende Akteur über einen Sender der Mitteilung sonst tatsächlich *nichts* weiter wissen als das, was dieser für den jeweiligen Rezipienten an "relevanter" Information hinterlassen hat.

27.5 Autopoiesis

Soziale und psychische Systeme prozessieren - so viel wissen wir jetzt - jeweils nach ihren eigenen Gesetzen (vgl. dazu schon Abschnitt 27.2). Die Vorstellung von den Eigengesetzlichkeiten des Prozessierens der beiden Systeme muß nun nichts Mystisches mehr bleiben: Das Modell der genetischen Erklärung zeigt ja doch deutlich, daß einmal eingeschlagene Pfade des Handelns die Opportunitäten für jedes Folgehandeln eingrenzen - und damit den weiteren Verlauf jeder Kommunikation stark beeinflussen können.

Einmal erworbene Erwartungen und Bewertungen, jede Selektion eines Schemas bzw. einer "Handlung" sind selbstverständlich auch für die psychischen Systeme eine stark steuernde Grundlage für alle folgenden Assoziationen und Anregungen ihres Bewußtseins und der darauf wieder folgenden Assoziationen. Kurz: Die *Vorgeschichte* eines genetischen Prozesses bestimmt gerade im Modell der nomologischen Erklärung die Grenzen, innerhalb derer alle weiteren Selektionen kommunikativer, psychischer oder neuronaler Art nur möglich sind, und wie sich bestimmte Alternativen der Selektion aus dem Horizont der Möglichkeiten mehr und mehr auszuschließen beginnen und andere dafür um so wahrscheinlicher werden (vgl. dazu bereits Abschnitt 6.3).

Das eigengesetzliche Prozessieren des Bewußtseins und der Kommunikation wird als *Autopoiesis* der psychischen und der sozialen Systeme bezeichnet. Das bedeutet: die Selbsterzeugung der Systeme nach ihren *eigenen* inneren Gesetzen unter Benutzung der Umwelt, aber unter peinlicher Einhaltung der jeweiligen Systemgrenzen.

"Autopoiesis" gibt es als Wort so im Griechischen nicht. Es ist vorher schon einige Male, aber immer nur eher nebenbei aufgetaucht (vgl. zum Beispiel Kapitel 4 oder Abschnitt 27.1). Wörtlich übersetzt heißt es: "Selbstherstellung". Der Begriff wurde ursprünglich eingeführt, um die eigenartige und eigensinnige Form der Selbstorganisation biologischer Systeme zu beschreiben: Lebende Organismen holen sich das für ihr Funktionieren wichtige Material von außen, verarbeiten es aber im Inneren nach ihren jeweils eigenen Gesetzen und sorgen so unter Verwendung von Anregungen aus der Umwelt für ihre beständige Selbstherstellung. Wichtig ist, daß die Elemente, auf denen diese Selbstherstellung beruht, immer wieder sofort zerfallen und unmittelbar neu produziert werden müssen. Aus alledem ergibt sich, daß die Umwelt zwar immer - als Lieferant des nötigen Materials - notwendig und wichtig ist, daß sie aber nie direkt und eindimensional auf die Systeme einwirkt, sondern nur nach Maßgabe von *deren* inneren Funktionsbedingungen. Daher: "Auto"-Poiesis.

Dieser allgemeine Gedanke wurde von Luhmann auf die sinnprozessierenden Systeme übertragen: Bewußtsein besteht nur solange, wie ein mentaler Akt dem anderen folgt - also: immer bis zum psychischen Tod. Und Kommunikation gibt es so lange, wie ein kommunikatives Ereignis auf das andere folgt. Hört dieses fortlaufende und sich wechselseitig begrenzende wie unterstützende Prozessieren auf, dann hört auch das jeweilige System auf zu prozessieren. Also: Das System existiert über seine Autopoiesis - oder es existiert eben nicht. In Luhmanns Sinn-Konzept sind wir dieser tautologischen Trivialität bereits begegnet (vgl. Abschnitt 27.1). Luhmanns "Sinn" ist nur eine besondere Form der Autopoiesis.

Systeme die unmittelbar kausal von der Umwelt in ihrem "Verhalten" beeinflußt werden können, unterliegen einem anderen Prinzip: der *Allopoiesis*, der Herstellung durch ein "anderes" System als es selbst. Ganz ohne allopoietische Vorgänge geht es übrigens auch bei den biologischen Systemen nicht ab, wahrscheinlich auch nicht bei den sozialen Systemen, den psychischen Systemen und erst recht nicht bei den "Handlungen", bei den kognitiven Systemen.

Erfunden haben den Begriff der Autopoiesis die beiden chilenischen Biologen Humberto R. Maturana und Francisco J. Varela[23]. In den seriösen Naturwissenschaften sind ihre Erkenntnisse bisher mit großer Zurückhaltung aufgenommen worden, nicht zuletzt, weil mit dem Begriff der Autopoiesis ja nur ein - sicher bemerkenswerter - Vorgang der Reproduktion des Lebens *allgemein* und *abstrakt* beschrieben, aber nichts weiter über die verwickelten *kausalen* und *speziellen* Prozesse gesagt ist, um die es ja immer nur gehen kann. Dagegen hat der Begriff eine weite, ja enthusiastische Verbreitung in den weichesten Varianten der ohnehin schon nicht sehr gehärteten Gesellschaftswissenschaften gefunden, deren Aufzählung aus Gründen der Diskretion hier unterbleiben soll. Er hat mittlerweile das früher beliebte catch-over-Konzept der "Dialektik" verdrängt und ersetzt.

Und das ist auch gut zu verstehen: In den komplexen Gesellschaften der Gegenwart scheinen die verschiedenen Teil-Systeme tatsächlich eine bemerkenswerte Eigensinnigkeit *und* Flexibilität gerade aus ihrer inneren Widersprüchlichkeit heraus zu haben. Sie scheinen sich eher "selbst" zu organisieren, anstatt als festgefügte funktionale Einheit zu bestehen, über ein übergreifendes cultural system gesteuert zu sein oder über reale Widersprüche nach den Gesetzen der Dialektik zugrundezugehen. Und weil erklärende Theorien über das innere Funktionieren von (sozialen und psychischen) Systemen in weiten Bereichen der weichen, nicht-erklärenden Gesellschaftswissenschaften nicht bekannt sind oder aus bestimmten Gründen als nicht akzeptabel erscheinen, fallen viele, die das Problem der Strukturflexibilität des Systems der modernen Gesellschaft sehen, aber nicht erklären können, auf den ältesten der alten Tricks der Philosophen wieder herein: Erfinde einen Begriff - Autopoiesis - und die Angelegenheit ist anscheinend zur vollen Zufriedenheit erledigt.

Tatsächlich beginnt das Problem jetzt aber erst: Wie kommt es zu den Eigengesetzlichkeiten der Systeme, seien es die psychischen oder seien es die sozialen? Welche Bedingungen wirken in welcher Weise und warum dennoch "anregend" auf die Autopoiesis der Systeme? Welche Vorgänge führen zum Zerfall der Autopoiesis und zum Ende der Anschlüsse der Selektionen? Und so weiter. Alles dies sind Fragen nach Erklärungen, bei denen Begriffe nicht viel weiterhelfen, vielleicht aber das Modell der soziologischen Erklärung.

---

[23] Humberto R. Maturana und Francisco J. Varela, Autopoietic Systems, in: Biological Computer Laboratory, Report 9.4, Urbana/Ill. 1975.

27.6 Die Reichweite der Gesellschaft

Das war ein etwas langer Ausflug in die Geheimnisse der Luhmannschen Systemtheorie. Er war notwendig, um eine kurze Frage zu beantworten: Was ist mit der "Gesellschaft" als dem umfassenden Sozialsystem "erreichbarer Handlungen" eigentlich gemeint?

Gesellschaft als umfassendes Sozialsystem

Dies ist jetzt leicht einzusehen. Psychische und soziale Systeme sind - wie alle lebenden Systeme - zwar einerseits mehr oder weniger geschlossen, sie benötigen aber immer einen Kontakt zu der sie gleichzeitig ermöglichenden wie gefährdenden Umwelt. *Eine* bestimmte Umwelt haben nach Luhmann alle sozialen Systeme also immer: die psychischen Systeme. Alle sozialen Systeme haben daneben, ebenso wie die psychischen Systeme, immer auch eine materielle Umwelt. Konkrete soziale Systeme besitzen obendrein meist noch eine weitere Umwelt - eine bestimmte *soziale* Umwelt: Familien kommunizieren im weiteren sozialen System der Verwandtschaft und diese im noch weiteren sozialen System einer staatlichen Gemeinschaft. Und so weiter. Kurz: Es gibt für die sozialen Gebilde immer noch einen weiteren *sozialen* Kontext.

Nun kann die Besonderheit für das soziale System einer Gesellschaft gut erkannt werden: Für die Gesellschaft als sozialem System gibt es *keine* andere *soziale* Umwelt mehr. Damit ergibt sich die Folge: Die Gesellschaft " ... ist ein vollständig und ausnahmslos geschlossenes System." (Luhmann 1984, S. 556f.)

Das ist noch etwas ungenau ausgedrückt, weil *alle* sinn-prozessierenden, autopoietischen Systeme ja in bestimmter Weise "geschlossene" Systeme sind. Gemeint ist, daß die Gesellschaft als *soziales* System komplett geschlossen ist. Die Gesellschaft hat damit - als besonderes soziales System - keine sozialen Grenzen und ist daher "das *umfassende* Sozialsystem, das alles Soziale in sich einschließt." (Luhmann 1984, S. 555; Hervorhebung nicht im Original)

Die Gesellschaft ist somit "gewissermaßen das Ökosystem" (ebd., S. 588) aller anderen sozialen Systeme - wie Interaktionen oder Organisationen. Sie ist der *allgemeine* Rahmen aller *speziellen* sozialen Prozesse. In ihn fügen sich alle anderen gesellschaftlichen Unterprozesse und sozialen Gebilde ein. Und zwar "in dem Maße, als es (das "Ökosystem" Gesellschaft; H.E.) Interaktionschancen kanalisiert, selbst verändert." (Ebd., S. 589) Und daher:

" ... läßt sich festhalten, daß die Gesellschaft funktional definiert werden kann als dasjenige Sozialsystem, das im Voraussetzungslosen einer durch physische und organische Systembildungen strukturierten Umwelt soziale Komplexität *regelt* - das heißt den *Horizont* des Möglichen und Erwartbaren definiert und letzte *grundlegende* Reduktionen einrichtet."[24]

Kurz: Die Gesellschaft stellt den allgemeinsten Rahmen und damit die grundlegende und übergreifende *Verfassung* für das Handeln der Menschen, wie wir es in Kapitel 25 in einem anderen Zusammenhang gesehen haben. Sie ist der weiteste Rahmen des kulturellen Vorrats an "Handlungen", an denen sich die Akteure orientieren können.

Oft erhalten zuvor selbstgenügsame und umfassende Gesellschaften später eine soziale Umgebung, etwa im Zuge von Integrationsprozessen wie die deutsche oder die europäische Einigung. Mit der zunehmenden Kontaktnahme und Interdependenz von zuvor voneinander weitgehend abgeschnittenen Gesellschaften gibt es tendenziell ohnehin nur noch einen "letzten" sozialen Rahmen: die *Weltgesellschaft* (vgl. bereits Kapitel 20 dazu). Es darf aber nicht übersehen werden, daß es auch den umgekehrten Prozeß gibt: Separatismus und den Zerfall von Gesellschaften, die zuvor eine umfassendere Einheit bildeten.

Diese Formulierungen klingen allerdings sämtlich verdächtig "alteuropäisch" in dem Sinne, als ob die Gesellschaft - wie die antike polis - eine umfassende und autarke Ganzheit mit einer wohldefinierten internen Ordnung der Verhältnisse der Teile zueinander und zum Ganzen sei. Aber genau das kann - wie man Luhmann kennt - ja *nicht* gemeint sein (vgl. dazu bereits Kapitel 20). Dies führt unmittelbar zum zweiten Teil der Charakterisierung des Konzepts der Gesellschaft: Gesellschaft als der Gesamtzusammenhang "erreichbarer" Handlungen. Was heißt das?

Zunächst muß eine - von Luhmann im Rahmen der Entfaltung seiner Theorie selbst vollzogene - Korrektur nachgetragen werden. In dem programmatischen Aufsatz "Interaktion, Organisation, Gesellschaft" von 1975 spricht Luhmann noch von "erreichbaren *Handlungen*". Später heißt es - ebenso programmatisch - anders: daß nicht "Handlungen", sondern "*Kommunikationen*" die Grundlage des Prozessierens der Gesellschaft seien. Und folglich: "Gesellschaft betreibt *Kommunikation*, und was immer Kommunikation betreibt, ist *Gesellschaft*." (Luhmann, 1984, S. 555; Hervorhebungen nicht im Original)

Dies ist nur folgerichtig, da Luhmann die sozialen Systeme ja allgemein über das Prozessieren von *Kommunikation* definiert und die "Handlungen" ja nur

---

[24] Niklas Luhmann, Gesellschaft, in: Niklas Luhmann, Soziologische Aufklärung, Band 1: Aufsätze zur Theorie sozialer Systeme, Opladen 1970, S. 145; Hervorhebungen nicht im Original.

als jene Modelle, Simplifizierungen und Markierungen definiert hatte, die Kommunikationen erst *möglich* machen. Gesellschaft ist damit das umfassende Sozialsystem von *verstehbarer Kommunikation* - genau so, wie es der Titel dieses Kapitels auch formuliert.

Die Eigensinnigkeit der gesellschaftlichen Kommunikation

Kommunikation bedeutet - so wurde von Luhmann definitorisch festgelegt - immer die Herstellung bzw. die Veränderung von Sinn. Insofern ist die Gesellschaft auch aus dieser Sicht ein gigantischer Sinnzusammenhang von symbolisch gesteuerten Kommunikationen. Anders aber als im Konzept der Gesellschaft als symbolischer Interaktion - etwa bei Herbert Blumer - hat für Niklas Luhmann dieser Sinnzusammenhang eine durch und durch eigene, selbständige Realität. Das soziale System Gesellschaft ist - freilich anders begründet als bei Durkheim - durchaus auch für die Luhmannsche Systemtheorie ein Wesen sui generis.

Gesellschaft konstituiert sich nämlich als ein sich selbst erzeugendes, autopoietisches, und dadurch emergentes soziales Gebilde. Und dies vor allem über die Eigenwirkung von Symbolsystemen, in die sich die Akteure, die Handlungen und die "Handlungen", die Interaktionen und alle sozialen Prozesse einfügen. Gesellschaften beruhen folglich auf " ... Netzwerken symbolischer Kommunikationen, welche sich von den Subjekten oder Akteuren *unabhängig* gemacht haben."[25] Die - auf den ersten Blick: verständliche - Plausibilität dieser Emergenzbehauptung für Gesellschaften und für ihre eigensinnigen Sub-Systeme und Teil-Sphären wird mit der Existenz, insbesondere von symbolisch generalisierten Kommunikationsmedien, begründet (vgl. dazu Kapitel 23).

Symbolisch generalisierte Kommunikationsmedien sind - so sei noch einmal festgehalten - eine Art von Spezialsprache. Sie *übertragen* nicht nur Informationen, sondern auch Verfügungsrechte, Handlungsanweisungen und emotionale Zustände. Sie *definieren* die Situation im gleichen Akt der Kommunikation in typischer Weise. Das heißt: Sie sorgen mit hoher Präzision für die Entstehung eines speziellen Sinnhorizontes, einer *speziellen* Definition der Situation und damit: einer fast automatischen Gemeinsamkeit in den Sinnwelten der beteiligten Akteure bzw. psychischen Systeme. Und - das ist der entscheidende Punkt - ihre Annahme ist (so gut wie) *garantiert*. Die Koordination von Handlungen und die Entwicklung von Handlungslinien, um die sich Herbert Blumer ja so sorgte, wird auf diese Weise natürlich drastisch weniger unwahrscheinlich.

---

[25] Helmut Willke, Das System moderner Gesellschaften, München 1989, S. 24; Hervorhebung nicht im Original.

Am Beispiel des Geldes - als dem wohl einzigen symbolischen Kommunikationsmedium mit diesen Eigenschaften - läßt sich dies gut verdeutlichen.

Ein Geldschein definiert die Situation unmittelbar als eine solche des ökonomischen Tausches und wird auch ohne jedes Zögern angenommen - jedenfalls solange der institutionelle oder situationale Rahmen des Zahlungsaktes nicht durch andere Umstände gestört ist - wie bei Inflationen oder bei Geld als Weihnachtsgeschenk zwischen frisch Verliebten. Die Annahme von Geld ist insbesondere deshalb "garantiert", weil es sich um ein sehr generalisiertes Verfügungsrecht handelt: Der Besitzer eines Geldscheines kann sich (fast) alles dafür kaufen. Daher ist die Annahme auch bei sehr unterschiedlichen Motiven so gut wie sicher. Aufgrund dieser Besonderheiten des symbolisch *generalisierten* Kommunikationsmediums Geld kann man schon auf den Gedanken kommen, daß das Geld eine eigenständige Ebene des Prozessierens von Kommunikation schafft und - gewissermaßen und sozusagen - über die Köpfe hinweg und hinter dem Rücken der Menschen zirkuliert und so die Eigen-"Sinnigkeit" etwa des Sub-Systems der Wirtschaft der Gesellschaft begründet.

Der Eindruck der Verselbständigung der Gesellschaft als Kommunikation wird durch diese und andere Besonderheiten von modernen Gesellschaften bestärkt. Das Geld ist ein gewichtiger Teil dieser Entwicklung gewesen. Andere Komponenten der Verselbständigung von Kommunikationen waren die Entwicklung der Schriftsprache, die Entstehung von staatlicher Verwaltung, der Systeme von übermächtigen korporativen Akteuren und einer anonymen Öffentlichkeit sowie die Verbreitung der Massenkommunikation und der Massenmedien. Auf alle diese Ebenen und Kanäle der Informationsübertragung haben einzelne Akteure und "natürliche" Personen keinen fühlbaren Einfluß mehr.

Diese Medien, Sphären und "Systeme" legen daher in der Tat einen emergent erscheinenden Rahmen fest, über den alle Situationen definiert werden müssen und dem sich die Individuen in ihren kleinen Lebenswelten zu beugen haben. Und weil die Reichweiten der Systeme dieser Medien immer größer, die Wirkungen einzelner Handlungen immer weniger zurechenbar und kontrollierbar sind und weil über die generalisierten Medien die Abstimmung der Sinnhorizonte von den Einzelmotiven immer unabhängiger wird, kann man für moderne Gesellschaften schon auf einen ähnlichen Gedanken kommen wie Durkheim angesichts der sakralen Riten, die die einfachen Gesellschaften zusammenhielten: daß das soziale System der Gesellschaft zwar kein Wesen sui generis *sei*, aber eine Wirkung habe, *als ob* dies der Fall wäre.

Gleichwohl gibt es einen ganz fundamentalen Unterschied bei dieser Emergenz der Gesellschaft als sozialem System zu der durch und durch alteuropäischen Sicht Durkheims: Die Gesellschaft ist in der Sicht der Luhmannschen Systemtheorie *keine* Einheit mehr, die durch einen übergreifenden Nomos, durch ein universales und moralisch bindendes cultural system, durch eine besondere politische Verfassung oder durch eine spezielle Wirtschaftsordnung ihre Identität gewinnt. Gesellschaft ist " ... nicht mehr als Einheit des Zwecks oder einer letzten Instanz zu begreifen." Die Einheit der Gesellschaft ist nichts als die *kommunikative Verbundenheit*, nichts als die *Interdependenz* und "der Abstimmungszwang unter den Folgeproblemen stärkerer Differenzierung." Gesellschaft " ... besteht, solange und soweit Menschen füreinander *kommunikativ erreichbar* sind, füreinander als Mitsubjekte fungieren." (Luhmann 1970, S. 149; Hervorhebung nicht im Original)

Die Gesellschaft als Prozeß

Die Grundlage der Gesellschaft sind also vollends nicht mehr irgendwelche festen Strukturen oder ein unverrückbarer sakraler Nomos von letzten Werten. Grundlage sind aber für die Systemtheorie auch nicht die Subjekte und deren Handlungen und (symbolische) Interaktionen, sondern nur der momenthafte Vollzug von sinnhaften Prozessen zur fortlaufenden Selbstreproduktion eines selbstgenügsamen sozialen Systems, das für alle anderen sozialen Systeme die äußere soziale Grenze bildet.

Dem ist an dieser Stelle nicht mehr viel hinzufügen. Außer vielleicht, daß mit dieser Sichtweise die klassische Problemstellung "Wie ist Gesellschaft möglich?" auf eine gänzlich andere Weise beantwortet wird als sonst in der Soziologie üblich. Noch Georg Simmel hatte in seinem berühmten Exkurs über diese Frage voller Unschuld gemeint, daß das gesellschaftliche Leben als solches auf die Voraussetzung einer grundsätzlichen Harmonie zwischen dem Individuum und dem sozialen Ganzen gestellt sei (vgl. dazu Kapitel 20)[26]. Das war die ganz und gar alteuropäische Sichtweise, so wie sie Emile Durkheim vertreten hat, an die Talcott Parsons ganz ungebrochen anknüpfte und die Jürgen Habermas in der Nachfolge der verblichenen "Kritischen Theorie" der Frankfurter Schule nach wie vor mit - inzwischen etwas erlahmendem - Engagement verficht. Mit dem Konzept der Gesellschaft als (bloßer) Reichweite von Kommunikation wird das Harmonie- und Konsens-Apriori der Gesellschaft endgültig fallengelassen. Und zumindest in modernen, funktional differenzierten Gesellschaften spricht vieles dafür, daß diese Sichtweise der Entstrukturierung und Entmoralisierung des Gesellschaftsbegriffs tatsächlich auch die richtige Diagnose ist.

Niklas Luhmann hat wohl als erster in der Soziologie so richtig durchschaut, daß die Einheit und die Stabilität komplexer Gesellschaften ganz anders erzeugt werden als die von den kleinen Stammes- oder von den alteuropäischen, größeren Staatsgesellschaften. Nämlich: als nur prozessual fortwährend neu erzeugte Strukturflexibilität durch aneinander anschlie-

---

[26] Georg Simmel, Exkurs über das Problem: Wie ist Gesellschaft möglich?, in: Georg Simmel, Soziologie, 5. Aufl., Berlin 1968b, S. 30.

ßende, keineswegs immer auf Einverständnis beruhende "Kommunikationen" - insbesondere mit Hilfe der besonderen Überzeugungskraft der generalisierten Medien. In der Einsicht, daß es für die Integration komplexer Gesellschaften weder eines Wertesystems, noch eines Konsenses, noch einer steuernden Instanz bedarf, liegt wohl seine größte theoretische Leistung. Die Gesellschaft ist danach nichts als eine "Resultante" der von keinem der psychischen Systeme so geplanten Kommunikation.

Kurzer Exkurs zu Habermas und Luhmann

An dieser Stelle ist ein kurzer Hinweis auf eine weitere, für die soziologische Diskussion besonders ergiebige Quelle sprachlicher Verwirrungen nützlich, nein: dringend erforderlich. Es geht um den Gebrauch der Worte "Kommunikation", "Handlung" und "Handeln". Drei verschiedene Sprachregelungen gilt es auseinanderzuhalten.

Luhmann hatte *erstens* mit einer "Handlung" immer nur ein markierbares und markiertes *Modell* gemeint, das der Abstützung der Kommunikation diene und dabei ganz unentbehrlich sei. Eine "kommunikative 'Handlung'" wäre in diesem Sprachgebrauch nichts als ein Pleonasmus: "Handlungen" sind in diesem Sinne immer "kommunikativ". Es kann "Handlung" nicht ohne Kommunikation und Kommunikation nicht ohne "Handlung" geben.

Im Zusammenhang mit dem Erklärungsmodell der kommunikativen Prozesse war in Kapitel 27 *zweitens* immer ganz unbefangen und ohne weitere feinsinnige Unterscheidung von *kommunikativen Akten*, vom *Kommunikationshandeln* (oder sogar vom "kommunikativen Handeln") gesprochen worden. Damit war nichts weiter gemeint, als daß zu jeder Kommunikation immer auch ein "Handeln" gehört: das - mehr oder weniger reflektierte, mehr oder weniger mit subjektivem, sozialem oder nomischem Sinn verbundene - *Verhalten* bei der Selektion eines Themas, einer Information, einer Mitteilung - etwa in Form eines Sprechaktes, einer Geste oder einer schriftlich niedergelegten Botschaft.

Jürgen Habermas hat dem Begriff des "kommunikativen Handelns" *drittens* aber eine ganz eigene Bedeutung gegeben (vgl. dazu auch Kapitel 29 und 30). Er versteht darunter ein Handeln mit einer besonderen Motivation: dem einem Handeln innewohnenden *Motiv* zur *Verständigung*. Die Akteure sind in diesem Fall in ihrem Handeln auf die Herstellung eines ganz "zwanglosen" Einverständnisses untereinander ausgerichtet. Sie beabsichtigen mit ihrem Tun eine " ... *Verständigung* über die Handlungssituation, um ihre Pläne und damit ihre Handlungen einvernehmlich zu koordinieren."[27]

Habermas unterscheidet das "kommunikative Handeln" mit dem Motiv der Verständigung von einem bloß "kognitiv-instrumentellen Handeln", bei dem es den Akteuren um ihre eigenen Interessen, um die Wirksamkeit der unterstellten Zweck-Mittel-Beziehungen, um die Richtigkeit der Erfolgskalküle bei ihrem Tun gehe. Solch ein instrumentelles Handeln gebe es ohne Zweifel auch im sozialen Bereich. Beispielsweise beim strategischen Handeln zwischen menschlichen Akteuren - etwa zwischen Schachspielern, in Verhandlungen zwischen Kriegsgegnern, in den Beziehungen zwischen Scheidungskandidaten oder bei den Begegnungen von Tarifparteien. Zwar komme dabei durchaus auch Kommunikation vor, jedoch sei ein derartiges Kommunikationshandeln immer nur am individuellen instrumentellen Erfolg und eben nicht an einer "wirklichen" Verständigung orientiert. Die Herstellung von Konsens sei dabei allenfalls ein Zwischenziel auf dem Weg zum individuellen Erfolg.

Erst beim "kommunikativen Handeln" sei das leitende Motiv das ganz reine und lautere Interesse an einer wirklichen Verständigung. Echt! Kurz: "Kommunikativ" wird ein "Handeln" erst dann, wenn es ein kommunikatives Motiv ohne jeden Hintergedanken bei den Akteuren gibt.

Bevor man sich allzu sehr über diese eigentlich leicht zu erkennenden Unterschiede in der Sprachverwendung zwischen Habermas und Luhmann wundert, sei daran erinnert, daß Luhmann "seine" Systemtheorie in weiten Strecken explizit oder implizit in Auseinandersetzung zu Jürgen Habermas und dessen Überlegungen zum "kommunikativen Handeln" entwickelt hat. Und es muß auch immer bedacht werden, daß Habermas es wohl nie hat verwinden können, daß Niklas Luhmann mit seiner Systemtheorie immer stärker von jeder Vorstellung abrückte, wonach Gesellschaften auf Konsens beruhen, beruhen müssen oder gar auf Konsens als Telos a priori hintendieren (worauf Jürgen Habermas ja immer noch baut) - und damit in der Analyse moderner Gesellschaften die weitaus besseren theoretischen Karten hat[28]. An der Auseinandersetzung über diese inhaltlichen, ohne Zweifel ganz zentralen Differenzen ihrer jeweiligen Gesellschaftstheorien hat sich die Kontroverse um den "richtigen" Begriff der "Handlung" und der "Kommunikation" und um die Möglichkeiten einer "handlungstheoretischen" Soziologie entzündet. Es war ein Nebenkriegsschauplatz, der für die Hauptsache angesehen wurde.

Vor dem Hintergrund der geschilderten Unterschiede in den *Terminologien* wird nun aber mit einem Male sehr klar, warum Luhmann sich so vehement gegen die "handlungstheoretischen" Ansätze in der Soziologie und gegen jeden handlungstheoretischen oder interaktionistischen "Reduktionismus"

---

[27] Jürgen Habermas, Theorie des kommunikativen Handelns, Band 1: Handlungsrationalität und gesellschaftliche Rationalisierung, Frankfurt/M. 1981a, S. 128.
[28] Vgl. dazu die Diskussion, die Anfang der 70er Jahre bereits geführt wurde und in der sich die jeweiligen Positionen, wie sie heute vorliegen, vorbereitet und herauskristallisiert haben: Jürgen Habermas und Niklas Luhmann, Theorie der Gesellschaft oder Sozialtechnologie - Was leistet die Systemforschung? Frankfurt/M. 1971; Franz Maciejewski (Hrsg.), Theorie der Gesellschaft oder Sozialtechnologie, Supplement 1 und 2, Frankfurt/M. 1973.

wendet, mit denen er vor allem die von Habermas aufgegriffenen soziologischen Richtungen - den Symbolischen Interaktionismus allgemein und den Ansatz von George Herbert Mead im besonderen - meint: Es sind für Luhmann *nicht* die Motive das bei den "Handlungen" für die Konstitution der Kommunikation wichtige Element, sondern - nur! - deren Funktion als vereinfachende Abstützpunkte des kommunikativen Prozesses. Es ist für das "kommunikative Handeln" im Sinne Luhmanns völlig gleichgültig, was dabei die psychischen Systeme im Schilde führen. Es gibt keinen inhaltlich oder gar normativ ausgezeichneten Sinn, der das "kommunikative" Handeln ausmacht, sondern immer nur irgendeinen Sinn - oder überhaupt nichts.

Für Habermas dagegen bleibt das Motiv der Verständigung das zentrale Definitionselement seines Konzepts des "kommunikativen Handelns", das letzte unhintergehbare Ziel, der vorgegebene "Sinn" der Gattungsentwicklung und damit: der Kern seiner Theorie vom Wahren, Guten und Schönen in der menschlichen Gesellschaft.

Wenn man die unterschiedlichen Sprachverwendungen vor Augen hat, sind die aufgekommenen Streitigkeiten plötzlich gegenstandslos: Habermas und Luhmann sprechen, wenn sie von "Handlung", von "Handeln", von "Kommunikation" und von "kommunikativem Handeln" reden, ganz offenkundig von vollkommen unterschiedlichen Dingen, die jedes für sich nur gesondert zu beurteilen sind: Der eine spricht von den Modellen und Markierungen, die jede Kommunikation begleiten müssen, der andere von einem ganz speziellen Motiv der Akteure. Eigentlich wären verschiedene *Worte* für diese unterschiedlichen *Bedeutungen* schon nützlich gewesen - und einen Streit hätte es dann über ganz andere Dinge geben müssen.

Wissenschaft ist - so meinte sinngemäß der österreichische Volksschullehrer und Philosoph Ludwig Wittgenstein (1889-1951) einmal - der beständige Kampf gegen die Verhexungen, die die Sprache mit unserem Verstand anzurichten vermag. De nominibus non est disputandum - möchte die begriffsnominalistische erklärende Soziologie noch hinzufügen.

Kapitel 28
Die Gesellschaft als "Resultante" des "menschlichen Handelns"

Durch die Kapitel über die verschiedenen soziologischen Konzepte der Gesellschaft zieht sich eine deutliche Linie: von der Vorstellung der Gesellschaft als einem eigenen Wesen hin zu der Auffassung, daß das, was "Gesellschaft" genannt wird, nur ein Name für die ungeplanten Interdependenzen des Handelns der Menschen ist.

Um die zuletzt genannte Konzeption geht es nun. Daher auch die etwas umständliche Formulierung im Titel dieses Kapitels. Er soll einerseits an Adam Ferguson und an dessen berühmtes Wort von den Institutionen als "result of human action, but not the execution of any human design" erinnern (vgl. den Exkurs zur Schottischen Moralphilosophie); und andererseits an den österreichischen Nationalökonomen Carl Menger (1840-1921), der davon gesprochen hatte, daß das "Volk" und die Phänomene der "Volkswirthschaft" nichts weiter als die "Resultante" der unzähligen einzelwirtschaftlichen Akte seien.

Methodologischer Individualismus oder historistischer Kollektivismus?
Der Ältere Methodenstreit

Die Idee von der Gesellschaft als Resultante des Handelns von individuellen Akteuren hat Carl Menger vor rund einhundert Jahren in einem programmatischen Buch über die Methode der Sozialwissenschaften niedergelegt[1]. Die betreffende Stelle liest sich wie ein Manifest gegen das Konzept der Gesellschaft als funktionaler Einheit und gegen alle Thesen von der Emergenz der Gesellschaft als Wesen sui generis:

"Das *Volk*, als solches, ist *kein* grosses bedürfendes, arbeitendes, wirthschaftendes und concurrirendes *Subject*, und was man eine '*Volkswirtschaft*' nennt ist somit auch nicht die Wirthschaft eines Volkes im eigentlichen Verstande des Wortes ... Die Phänomene der 'Volkswirthschaft' sind somit auch *keineswegs* unmittelbare Lebensäußerungen eines Volkes *als solchen*, unmittelbare Ergebnisse eines 'wirthschaftenden Volkes', sondern die *Resultante* all der unzähligen einzelwirtschaftlichen Bestrebungen im Volke, und sie ver-

---

[1] Carl Menger, Untersuchungen über die Methode der Socialwissenschaften und der Politischen Ökonomie insbesondere, Leipzig 1883.

mögen demnach auch nicht unter dem Gesichtspunkte der obigen Fiktion uns zum theoretischen Verständnisse gebracht zu werden."[2]

Die Begriffe "Volk" und "Volkswirthschaft" lassen sich leicht auf unser Problem der Gesellschaft übertragen. Gemeint ist genau das, was auch die Schottischen Moralphilosophen sagen wollten und was neuerdings auch die Grundauffassung der modernen Evolutionstheorie ist (vgl. Teil C in diesem Band dazu): Gattungen, Arten, Kollektive und Gesellschaften entstehen und bestehen *nicht* als *Emergenz von oben* und aus einem Bestreben des Kollektivs oder der Gattung "an sich", sondern als *ungeplantes* kollektives Resultat der produzierenden und reproduzierenden Akte der Einzelexemplare. Es ist ein frühes Manifest gegen den group selection fallacy, gegen den kollektivistischen und gegen den soziologistischen Fehlschluß, wonach die Entfaltung der "Gruppe" oder das selbstreferentielle Prozessieren der sozialen Systeme das grundlegende Moment der sozialen Prozesse sei.

Das Buch war der Beginn des sog. *Älteren Methodenstreits*, den Carl Menger mit dem Historiker und "Volks"-Wirtschaftler Gustav Schmoller (1838-1917) gegen Ende des letzten Jahrhunderts ausgetragen hat. Es ging - damals bereits - letztlich um die Frage, welcher Art die Methode sein müsse, um die "complicirten Menschheitsphänomene" (in "Wirtschaft" und "Gesellschaft") zu untersuchen.

Menger betont dabei deutlich: Mit Hilfe von Analogien - etwa: daß das Volk bzw. die Gesellschaft eine Art von biologischem Organismus sei - oder mit bloßer, wenn auch noch so detailgenauer Beschreibung sei das *theoretische* Problem der Erklärung von sozialen Prozessen *nicht* zu lösen. Immer gehe es in den "exacten" Wissenschaften um die Rekonstruktion und Modellierung der am Gegenstand vorfindbaren Kausalprozesse: "Scire est per *causas* scire". Und das hieße für die Nationalökonomie, wie dann entsprechend für die Soziologie: zurückzugehen auf die " ... unzähligen einzelnwirthschaftlichen Bestrebungen." (Menger 1883a, S. 87)

Die Gegenposition zu Menger ist die sog. *Historische Schule* der Nationalökonomie, deren Hauptverfechter Gustav Schmoller war. Schmoller bespricht das o.a. Buch von Menger nicht gerade freundlich, dafür das der Historischen Schule sehr entgegenkommende Werk von Wilhelm Dilthey (1833-1911)[3] um so enthusiastischer.

---

[2] Carl Menger, Ueber den Vorwurf des "Atomismus" in der theoretischen Nationalökonomie, in: Carl Menger, Untersuchungen über die Methode der Socialwissenschaften und der Politischen Ökonomie insbesondere, Leipzig 1883a, S. 86f.; Hervorhebungen im Original.

[3] Wilhelm Dilthey, Einleitung in die Geisteswissenschaften. Versuch einer Grundlegung für das Studium der Gesellschaft und der Geschichte. Erster Band, Leipzig 1883.

Die Position von Schmoller[4] liest sich aus heutiger Sicht insgesamt vergleichsweise ausgewogen und enthält einige durchaus beherzigenswerte Hinweise: eine frühe Warnung auch schon gegen den *Modellplatonismus* der heutigen neoklassischen Volkswirtschaft und mancher mathematischen Soziologie und Spieltheorie der Gegenwart, die ihren Gegenstand schon lange verloren haben. Sie liest sich auch wie die vielen, ebenfalls richtigen Appelle der sog. qualitativen Soziologie, doch endlich wieder zum Alltagsmenschen und zu den "wirklichen" Institutionen zurückzukehren und nicht vor lauter Korrespondenzanalyse und dergleichen zu vergessen, daß es außer den selbsterzeugten Artefakten und Methodenfragen auch noch richtige Probleme für die Soziologie zu lösen gibt.

Schmollers Position ist aber auch ein Manifest der Verteidigung einer Vorstellung vom "Volkskörper", vom "Volksgeist" und von der "Volksseele", die bekanntlich nicht nur im wissenschaftlichen Bereich später ganz verhängnisvolle Folgen gehabt hat:

"Die wesentliche Ursache und Nothwendigkeit der historischen Schule freilich kann Menger gar nicht verstehen, weil ihm dazu das Organ fehlt; sie repräsentirt die Rückkehr zur wissenschaftlichen Erfassung der Wirklichkeit anstelle einer Anzahl abstrakter Nebelbilder, denen jede Realität mangelt. Menger sieht auch nicht, daß alle wichtigeren volkswirtschaftlichen Erscheinungen räumlich und zeitlich so umfassend sind, daß sie nur einer *kollektivistischen* Betrachtung, wie sie die Geschichte und die Statistik anstellen, zugänglich sind. Dies ist ihm verschlossen, weil er ausschließlich von der singularen Betrachtung der Einzelwirtschaft ausgeht, immer nur an Tausch, Werth, Geld etc. denkt, nicht an die volkswirtschaftlichen Organe und Institutionen, die das Knochengerüste des volkswirtschaftlichen Körpers (!) ausmachen." (Schmoller 1883, S. 247; Hervorhebung und Ausrufungszeichen nicht im Original)

Bei beiden Kontrahenten finden sich durchaus Konvergenzen, wenngleich die gegenseitigen Artigkeiten im Verlaufe des Streites rasch abnehmen. Menger erkennt ohne weiteres an, daß keine "exacte" Theorie ohne empirische Grundlage und keine Theorie der "Volkswirtschaft" ohne Kenntnisse über das institutionelle "Knochengerüste" auskommen könne. Und Schmoller sieht auch durchaus die Wichtigkeit einer deduktiven und generalisierenden Theoriebildung für all die vielen historischen Einzelerscheinungen ein. Ansonsten sind sie aber unversöhnlich.

Carl Menger hatte betont, daß die Grundgesetze der Nationalökonomie sich aus der Aggregation der "atomistischen" Handlungen der Akteure ableiten ließen und daß es aussichtslos sei, dies auf "kollektivistische" oder nur beschreibende Weise zu tun. Interessanterweise streitet Schmoller letztlich auch nicht den damit von Menger vertretenen "Individualismus" ab: "Darin hat er (Menger; HE) freilich recht, daß alle Sozialgebilde zuletzt auf

---

[4] Gustav Schmoller, Zur Methodologie der Staats- und Sozialwissenschaften, in: Gustav Schmoller (Hrsg.), Jahrbuch für Gesetzgebung, Verwaltung und Volkswirtschaft im Deutschen Reich, 7. Jahrgang, Leipzig 1883, S. 239-258.

individuelle psychische Vorgänge zurückzuführen sind." (Schmoller 1883, S. 249) Gleichwohl fehle etwas Entscheidendes:

"Aber das individuelle Seelenleben erschöpft sich nicht im Gegensatz: Verabredung und egoistische Bestrebung, es setzt sich aus einer unendlichen Menge von selbstischen und sympathischen Gefühlen und Strebungen zusammen, die beide theils durch bewußte Verabredung, theils durch unbewußte oder nur gefühlte Übereinstimmung zu weiteren Ergebnissen, zu festeren Gestaltungen des wirthschaftlichen Lebens führen." (Ebd., S. 249)

Was genau er bei Menger vermißt, bleibt bei Schmoller, nicht nur in diesem Zitat, etwas im Dunklen. Noch heute werden Vertreter des Methodologischen Individualismus, die - wie Carl Menger - aus guten Gründen etwa von der universalen und daher "ahistorischen" Selektionsregel der rationalen Wahl ausgehen, oft belehrt, daß das Handeln der Menschen viel tiefgründiger sei als es diese Maximierungsregel unterstelle. Was Menger besonders erregt hat, war aber wohl mehr der belehrende und herablassende Ton, mit dem die Historische Schule daherkam und ihm - Menger - eine unkritische, ungebildete und etwas flache " ... manchesterliche Abneigung gegen jede bewußte Thätigkeit kollektiver Gesellschaftsorgane" (Schmoller 1883, S. 250) unterstellte, und damit auch seinen Anti-Kollektivismus zu erklären versuchte. Zum Schluß der Besprechung des Buches von Menger schreibt Schmoller dann auch noch: "Wir sind mit dem Buche fertig!". (Schmoller 1883, S. 251)

Das war zuviel! Menger hat sich darüber sehr geärgert und auch äußerst polemisch auf Schmoller geantwortet[5]. Und das war schon verständlich: Menger leugnete keineswegs die Existenz einmaliger Abläufe, die Wichtigkeit detaillierter, historischer Beschreibung und die theoretische Erfaßbarkeit "kollektiver Gesellschaftsorgane" - wie es etwa Regierungen, Verfassungsgerichte, das Militär, die Nationalbank u.a. sind. Es ging ihm aber auch um die Frage, die die Historische Schule vor lauter Emergenzgedanken und Detailversessenheit kaum zu interessieren schien: Wie kann man diese Gebilde denn eigentlich "exact" erklären und nicht nur mit dunklen Hinweisen auf die "Volksseele" umschreiben?

Carl Menger verwahrt sich vor allem gegen die Unterstellung, ihn interessierten die Institutionen und die kollektiven Sozialgebilde eigentlich gar nicht. Das war schon damals in bezug auf den von ihm vertretenen Methodologischen Individualismus nicht richtig. Und ist es heute ebenso wenig. Der Methodologische Individualismus hat sich immer - angefangen von den Schottischen Moralphilosophen bis zu seinen aktuellen Varianten -

---

[5] Carl Menger, Die Irrthümer des Historismus in der Deutschen Nationalökonomie, Wien 1884.

ganz besonders für die soziale Ordnung, für die Entstehung und die Wirkung von Normen und - wie neuerdings James S. Coleman - für die "kollektiven Gesellschaftsorgane" in Gestalt der korporativen Akteure etwa interessiert[6].

Das "exacte (das atomistische) Verständniss"[7] der Gesellschaft

Nicht um die Leugnung der Existenz kollektiver Sozialgebilde geht es Menger also. Wohl aber wird bestritten, daß das "Volk" ein historisch einmaliges "Wesen" eigener Art sei, das nur aus seinen historischen Eigengesetzlichkeiten und nur "aus sich heraus" verstanden werden könne. Und es wird bestritten, daß die detaillierte historische Beschreibung die hauptsächliche oder gar die einzige Aufgabe der "Staats- und Sozialwissenschaften" sei.

Die Vorstellung von der Gesellschaft als Resultante des menschlichen Handelns setzt an der Hypothese an, daß es durchaus kollektive Gebilde gebe, daß diese aber letztlich aus Gesetzen über das Handeln der Individuen und deren Aggregation erklärt werden müßten - weil es die kollektiven Bewegungsgesetze der Gesellschaft als "Ganzes" nicht gebe.

Wie die Erklärung emergenter Phänomene im Prinzip vor sich gehen kann, hat Karl R. Popper an einem ganz einfachen Beispiel gezeigt. Popper stellt sich die Frage, wie man die sehr flüchtigen, nicht-deterministischen Prozesse des Wetters, etwa die lockere, aber keineswegs unstrukturierte Ordnung von Wolken erklären könne - im Unterschied zu den deterministischen Systemen, die, wie ein Uhrwerk etwa, nach festen Gesetzen der physikalischen Kausalität unbeirrt abschnurren.

Ein interessantes Beispiel für eine solche Wolke ist das "System" eines Mückenschwarms in der herbstlichen Abendsonne. Mückenschwärme bestehen aus einer Unzahl einzelner Mücken, die sich scheinbar ganz erratisch und unkoordiniert auf- und ab-, hin- und herbewegen. Der Schwarm selbst bildet die Form einer relativ stabil bleibenden, wenngleich unregelmäßig auf und ab tanzenden Kugel. Ein Mückenschwarm ist also durchaus mehr als die Summe der einzelnen Mücken:

---

[6] Vgl. dazu die Übersicht bei Viktor Vanberg, Die zwei Soziologien. Individualismus und Kollektivismus in der Sozialtheorie, Tübingen 1975, Kapitel 1 insbesondere.
[7] Die Überschrift folgt einer Kapitelüberschrift von Menger; Carl Menger, Ueber das exacte (das atomistische) Verständniss des Ursprungs jener Sozialgebilde, welche das unreflectirte Ergebniss gesellschaftlicher Entwickelung sind, in: Carl Menger, Untersuchungen über die Methode der Socialwissenschaften und der Politischen Ökonomie insbesondere, Leipzig 1883c, S. 171.

"Wie die einzelnen Molekeln eines Gases bewegen sich die einzelnen Mücken des Schwarmes erstaunlich unregelmäßig. Es ist fast unmöglich, den Flug einer einzelnen Mücke zu verfolgen, obwohl jede einzelne durchaus groß genug sein kann, um deutlich sichtbar zu sein ... Der Schwarm bleibt recht gut beisammen, er löst sich nicht auf, diffundiert nicht. Das ist erstaunlich angesichts der ungeordneten Bewegung der einzelnen Mücken."[8]

Dies ist - wenn man so will - die Problembeschreibung: die erstaunliche Ordnung einer Ganzheit bei offenkundig ganz zufälligem Verhalten seiner Teile.

Mit Heisenbergs - meist gerade von denen, die sich darauf in der Soziologie berufen, nicht verstandener - Unschärfenrelation im Rücken wird von den Vertretern des soziologischen Kollektivismus dann auch eine "atomistische" Erklärung von ähnlichen Phänomenen der lockeren Ordnung menschlicher Gesellschaften ganz und gar ausgeschlossen. Wie sollte - so fragen viele der kollektivistisch gesonnenen Soziologen rhetorisch und scheinheilig - denn auch die Ordnung dieses Systems eines Mückenschwarms "individualistisch" erklärt werden können, wenn schon die Mücken sich in ihrem Verhalten nicht prognostizieren lassen? Die Antwort der erklärenden Soziologie des Mückenschwarmes: mit Hilfe des Grundschemas der soziologischen Erklärung - natürlich.

Und so lasset uns beginnen. Der Schwarm insgesamt bildet ein Aggregat aus den unzähligen Bewegungen der einzelnen Mücken. Dies ist das kollektive *Explanandum*: Warum existiert unter gewissen äußeren Bedingungen wie die der wärmenden Herbstsonne jenes Gebilde in der eigentümlichen, stabilflexiblen Kugelform?

Nun zum *Explanans* und zu den drei bekannten Schritten des Modells der soziologischen Erklärung. Noch nicht einmal sehr vereinfachend kann die *Logik der Situation* für jede einzelne Mücke wohl etwa so beschrieben werden: Es gibt zwei relevante Situationen - vollkommen umgeben von anderen Mücken versus am Rande des Schwarmes, am Rande der "Gesellschaft" der Mücken also. Für jede dieser beiden möglichen typischen Alltagssituationen einer Normalmücke gebe es jeweils eine typische Routine der Selektion des "Handelns": Verträumtes und damit zufälliges Hin- und Herfliegen im Schoße der vertrauten Umgebung versus sofortiges erschrecktes Verlassen der Randsituation in Richtung auf das vermutete Zentrum des Schwarms, wenn sie an den Rand der Existenz gerät.

Der motivationale Hintergrund für diese beiden Handlungsroutinen - gewissermaßen: die *Logik der Selektion* des Mückenflugs - ist eine nur zu verständliche Präferenz für die vertraute und schützende Umgebung der

---

[8] Karl R. Popper, Über Wolken und Uhren, in: Karl R. Popper, Objektive Erkenntnis. Ein evolutionärer Entwurf, Hamburg 1973, S. 232.

anderen Mücken. Wahrscheinlich ist diese Selektionsregel bei Mücken biologisch verankert, weil diese Strategie für die Reproduktion der Art erfolgreicher war als das Verlassen des Schwarmes in ein ungewisses Abenteuer.

Nun fehlt zur Erklärung der loosely coupled Kugelform des Systems des Mückenschwarmes nur noch die *Logik der Aggregation*. Sie ist auch ohne weitere formale Modellierung schon intuitiv einsehbar: "Das Zusammenbleiben der Mücken ist ... leicht erklärlich, wenn man annimmt, daß sie zwar ganz unregelmäßig in alle Richtungen fliegen, aber sich wieder in Richtung auf den dichtesten Teil des Schwarmes wenden, wenn sie merken, daß sie von ihm abkommen." (Popper 1973, S. 232f.)

Der Schwarm kommt als figurative Kugel also zustande, auch ohne daß die Mücken wüßten, daß sie - und niemand anders! - dafür sorgen. Keine Mücke plant den Schwarm oder gar die Kugelform desselben. Keine Mücke muß sich bei ihrem "Handeln" insgesamt sehr systematisch verhalten - mit einer Ausnahme: wenn sie an den Rand des Schwarmes gerät. Sonst kann sie tun, was sie will und sich ganz dem Strom des Handelns in ihrem normalen Mückenalltag hingeben. Und vor allem: Keine Mücke hat die Gesellschaft der Mücken als sakralisierte Vorstellung oder als cultural system im Kopf. Auch der Schwarm selbst hat sicher kein "Bedürfnis" so als Schwarm zu existieren.

Weitere interessante Fragen stellen sich: Gibt es eigentlich für Mückenschwärme auch funktionale Erfordernisse (im Sinne des Begriffs aus Kapitel 22)? Offenkundig nicht. Denn der Schwarm entsteht und besteht als ausschließlich durch die Reaktionen der einzelnen Mücken "von hinten getriebenes" aggregiertes Ergebnis der unkoordinierten Flugakte von Mücken, die jede für sich eine recht einfache und durchaus egozentrische "Persönlichkeit" mit sich herumtragen und nur danach "handeln". Sieht dies nicht tatsächlich aus wie eine Selbstorganisation und eine Form der Autopoiese, bei der die einzelnen Mücken und ihr Schwarm füreinander ermöglichende Umwelten darstellen? Und insbesondere: Braucht man diese etwas metaphysischen Formeln angesichts der oben skizzierten Erklärung eigentlich noch?

Interdependenzen, Gleichgewichte und Ungleichgewichte

Menschliche Gesellschaften sind sicher kompliziertere Sozialgebilde als Mückenschwärme. Und es gibt dort auch ein Problem, das Mücken sicher so nicht haben: das Problem der Weltoffenheit und das der Bewältigung der antagonistischen Kooperation. Viele soziale Situationen sind aber wenigstens formal und teilweise auch inhaltlich dem beschriebenen Prozeß ganz ähnlich. Manche Sozialwissenschaftler gehen sogar davon aus, daß alle einigermaßen regelmäßigen Sozialgebilde der menschlichen Gesellschaft nichts anderes darstellen als ungeplante Gleichgewichte von interdependenten, aber jeder für sich agierenden Akteuren.

Märkte sind besonders eindrucksvolle und leicht zu verstehende Beispiele für Gleichgewichte interdependenter, aber unkoordiniert handelnder Akteure. Im einfachsten Fall besteht das Interdependenz-System eines Marktes aus einer (großen) Anzahl voneinander individuell zwar unabhängiger, aber über den Markt verbundener Anbieter und Nachfrager - sagen wir: nach Gebrauchtwagen.

Normalerweise wird von der recht plausiblen und auch empirisch gut begründeten Annahme ausgegangen, daß mit steigendem Preis die Nachfrage sinkt und das Angebot steigt. Der Grund ist leicht einzusehen: Wenn der Preis steigt, müssen Interessenten mit weniger Geld aussteigen. Und Anbieter, die zuvor noch zögerten, ihren alten Karren zu verkaufen, tun dies nun, weil es sich jetzt für sie lohnt. Umgekehrtes gilt für fallende Preise: Nun können sich auch einkommensschwächere Akteure als Nachfrager beteiligen, so daß jetzt die Nachfrage zunimmt. Und manchem potentiellen Anbieter fällt der Abschied von dem geliebten alten Mazda zu dem nun nur noch erzielbaren (Schleuder-)Preis so schwer, daß der Kauf des neuen Traumwagens hinausgezögert wird.

Diese Zusammenhänge lassen sich in einem einfachen Diagramm wiedergeben[9]. Die vertikale Achse beschreibt das Preisniveau, die horizontale Achse die Menge von Angebot und Nachfrage. Die Gerade A gibt den aggregierten Verlauf aller individuellen Angebote - die Angebotsmenge also - zu den variierenden Preisen wieder, und die Gerade N entsprechend den Verlauf der Nachfrage. Aus den oben geschilderten Gründen variiert die Nachfrage N also negativ, das Angebot A positiv mit dem Preis (vgl. Abbildung 28.1).

Im Punkt P*/Q* befindet sich das System im Gleichgewicht. Zum Preis P* wird genau so viel an Gebrauchtwagen angeboten wie nachgefragt wird: die Menge Q*. Dieser Punkt ist - bei sonst gleichen Umständen - stabil, obwohl niemand, kein Gott, keine Mafia, kein Staat, keine Norm, kein cultural system und keine Gesellschaft, übergreifend dafür sorgt.

Warum ist das so? Dazu sei angenommen, daß einige Anbieter sich aus dem Markt zurückziehen, so daß nun die angebotene Menge auf Q(1) zurückgeht. Was geschieht? Nun steigt wegen der gleich gebliebenen Nachfrage der Preis auf P(1). Dadurch aber werden nun Anbieter zu einem Angebot angeregt, die vorher nicht dazu bereit waren. Die angebotene Menge steigt auf den Wert von Q(2) an. Um dieses Angebot zum Preis von P(1) abzusetzen, reicht aber die Nachfrage nun nicht aus. Der Preis sinkt entsprechend auf P(2), worauf die Anbieter sich wieder zurückziehen und die angebotene Menge auf Q(3) absinkt, worauf der Preis wegen des Nachfrageüberschusses wieder ansteigt - bis nach einigen Zyklen der Anpassung der Gleichgewichtspunkt P*/Q* wieder erreicht ist.

---

[9] Vgl. als leicht verständliche Einführung in die "wirtschaftswissenschaftliche Analyse des menschlichen Verhaltens": Richard B. McKenzie und Gordon Tullock, Homo Oeconomicus. Ökonomische Dimensionen des Alltags, Frankfurt/M. 1984. Das Modell von Angebot und Nachfrage findet sich dort auf S. 40ff.

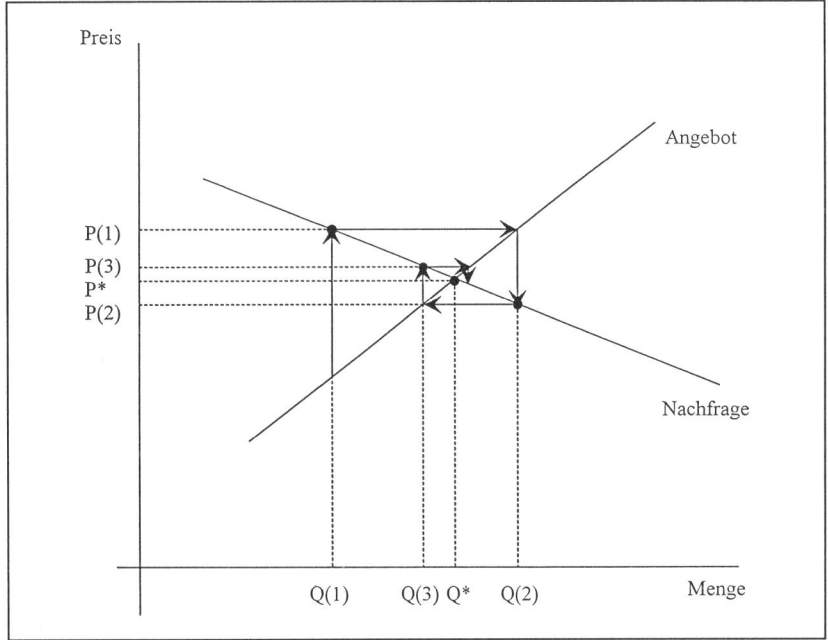

Abb. 28.1: Das Gleichgewicht von Angebot und Nachfrage

Unter den gegebenen Bedingungen führt die Interdependenz der Akteure also zu einem Gleichgewicht, das auch bei Störungen bald wieder gefunden wird - obwohl *keine* externe Instanz, aber auch *keine* Selbstreferentialität und auch *kein* funktionales Erfordernis dafür sorgen.

Zu diesen Bedingungen gehört u.a., daß die Steigungen der beiden Funktionen in einem bestimmten Verhältnis zueinander stehen (wie durch Veränderungen der Funktionen leicht feststellbar ist). Andere Konstellationen sind durchaus denkbar: eine Explosion des Systems so, daß Preise und Mengen ins Unendliche anwachsen. Oder ein regelmäßiger Zyklus um den Gleichgewichtspunkt herum. Das Modell hat wegen des Aussehens des Verlaufs der Anpassungsvorgänge auch die schöne Bezeichnung cobweb-Theorem[10] erhalten.

Das Modell beschreibt einen typischen Fall der Interdependenz von Akteuren (vgl. dazu Kapitel 21): Jeder Akteur kontrolliert einen Teil der Ressourcen und Güter, die für den jeweils anderen Akteur von Interesse sind. Hier führte die Interdependenz zu einem Gleichgewicht.

---

[10] Vgl. zu den formalen Aspekten des Modells, auch im Zusammenhang soziologischer Anwendungen und Theoriekonzepte: Hubert M. Blalock, Theory Construction. From Verbal to Mathematical Formulations, Englewood Cliffs, N.J. 1969, S. 84ff.

Ein Gleichgewicht müssen solche Systeme der kontingenten Verbundenheit keineswegs immer und schon gar nicht "notwendigerweise" erreichen. Ein Beispiel für ein ganz chaotisches System interdependenter Akteure stellt die folgende Konstellation dar:

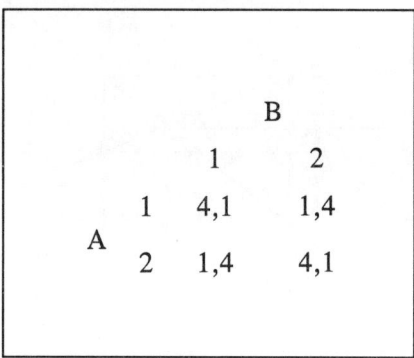

Abb. 28.2: Instabile Interdependenz zweier Akteure

Wenn A die Aktivität 1 wählt, steht B vor der Entscheidung, ob er auch 1 oder die Aktivität 2 wählen soll. Er wird natürlich 2 wählen, weil er dann vier Einheiten statt nur einer erhält. Nun muß A aber erleben, daß er statt der erhofften vier Einheiten nur eine bekommt. Er sieht gleichzeitig, daß B die Alternative 2 gewählt hat - und denkt sich: dann wähle ich eben auch die Alternative 2, weil diese Kombination wieder vier Einheiten erbringt. A handelt also nach 2 - und B findet sich mit einer Einheit wieder. Da A die Alternative 2 gewählt hat, liegt für B nun nichts näher als selbst nun 1 zu wählen, worauf A ... und so weiter.

Das System findet nie zu einem Gleichgewicht - wenn nicht irgendetwas Außergewöhnliches geschieht.

Beispielsweise: eine eigentlich unerklärliche Emotion - etwa, daß sich A in B verliebt und sich altruistisch auf die Handlung 2 festlegt, weil er fälschlicherweise meint, daß dies den Wünschen von B entspricht. Sofort kommt das System zur Ruhe: B wählt egoistischerweise dann die Alternative 2 und erhält seine vier Einheiten. Und der durch die Emotion gebundene Akteur A muß sich mit einer Einheit begnügen. Das tut er aber auch gerne, weil er als Altruist jetzt ja auch den Nutzen aus dem Wohlergehen von B zieht. Er ist sogar im Vorteil gegenüber dem geliebten Partner: Er hat einen privaten Nutzen von eins und einen altruistischen Nutzen von vier, weil es jetzt B gut geht und weil dies auch A selbst gut tut. Also: A gewinnt durch seinen Altruismus fünf Nutzeneinheiten - und steht damit sogar besser da als B: Geben ist (manchmal: in der Tat; HE) seliger denn nehmen. Es sei denn, auch B versucht, ein Altruist zu sein. Dann ist das Chaos wieder komplett.

Aber vielleicht kommen die beiden Akteure - müde des Chaos, das sie sich beide bereiten - in dieser kleinen Gesellschaft auch ohne Altruismus auf einen klugen Gedanken: Einer legt sich bewußt fest und der andere, der den Vorteil davon hat, teilt den Gewinn mit seinem Partner. Soziale Ordnung könnte "individuell" also auch dadurch erzeugt werden, daß sich Akteure zusammentun und etwa bestehende oder unvermeidliche Ungleichheiten durch Ausgleichszahlungen kompensieren. Und die kollektiv erzielbaren Gewinne sind der Anreiz, sich "gesellschaftlich" zu binden.

Andererseits wird erneut das Problem jeder ausschließlich individualistischen Erklärung der Gesellschaft deutlich: Der Vertrag könnte jederzeit widerrufen werden und das System wieder ins Chaos stürzen.

Aber auch hierauf hat die "atomistische" Erklärung eine Antwort: Dann müssen die Akteure sich eben auf eine Regelung und eine von ihnen *unabhängig* operierende Kontrollinstanz einigen, die später nicht mehr so einfach beseitigt werden kann.

Beispielsweise: Es wird von den Akteuren (!) vertraglich eine Verfassung eingerichtet, die einen eigenen, von ihren späteren Absichten *unabhängig* agierenden Erzwingungsstab bekommt: eine Verwaltung, ein Verfassungsgericht, möglichst auch eine Polizei und eine Armee.

Solche Organisationen lassen sich - einmal eingerichtet und mit Menschen versehen, die darin ihre Lebenswelt und ihr Auskommen finden - nicht mehr einfach abschaffen. Besonders: wenn die Waffen wirksam sind und die Organisation effizient ist. Dieser Erzwingungsstab sorgt dann ganz unabhängig von den erratischen Versuchungen der Akteure für die Bindung an die Regelung - notfalls mit militärischer Gewalt. Und alles dies liegt nicht an den funktionalen Erfordernissen der Gesellschaft oder an dem Prozessieren von Kommunikation, sondern wurde in kluger Voraussicht von Akteuren *vorher* so geschaffen, die um ihre menschlichen Schwächen einerseits und um die Vorteile einer Kooperation andererseits wissen.

Die "organische Entwickelung" der "Socialgebilde"

Mückenschwärme - und formal vergleichbare Prozesse wie Märkte oder andere Interdependenzen in gegebenen Situationen - sind allesamt Prozesse, die in synchroner Weise ablaufen und so auf ein mehr oder weniger flexibel-stabiles Ergebnis hinführen. Dies ist *eine* wichtige Art der Erklärung aggregierter gesellschaftlicher Vorgänge, insbesondere solcher der Reproduktion bestimmter gesellschaftlicher Strukturen.

Carl Menger demonstriert "das exacte (das atomistische) Verständniss der Socialgebilde" insbesondere noch an einem anderen, nicht minder wichtigen und interessanten Fall: an der ungeplanten "gesellschaftlichen Entwickelung" bestimmter "Socialgebilde" und "Socialphänomene": an der "organischen" Entstehung von Ortschaften, Staaten, der menschlichen Sprache und der "Arbeitstheilung", vor allem aber am Recht und an der Institution des Geldes. Letztere sind ohne Zweifel auch für die klassische Soziologie immer von besonders hohem Interesse gewesen. Institutionen, insbesondere die des Rechts, sind die wichtigste Grundlage der Absicherung individueller Verträge gegen einseitige Verletzungen (siehe das Beispiel oben). Die klassische Soziologie - mit Emile Durkheim und Talcott Parsons - war ja davon ausgegangen, daß sich soziale Ordnung: Institutionen aller Art also, aus dem Egoismus individueller Akteure grundsätzlich nicht erklären ließe. Umso interessanter wäre allein deshalb schon die Erklärung der Entstehung des Rechts und des Geldes als (bloße) "Resultante" des "menschlichen Handelns".

Eine *Rechtsordnung* gehört ganz ohne Zweifel zu den grundlegenden Bestandteilen einer jeden etwas komplexeren Gesellschaft. Das Recht ist - folgt man Emile Durkheim - neben der Religion fast ein Prototyp eines soziologischen Tatbestandes. Es ist der wichtigste Aspekt der normativen und institutionellen Verfassung jeder Gesellschaft.

Die *Institution* des *Geldes* war oben bereits (Kapitel 27) als eine besonders signifikante Variante eines symbolisch generalisierten Kommunikationsmediums angesprochen worden. Der emergente Charakter der Gesellschaft als Reichweite verstehbarer Kommunikation war gerade unter Hinweis auf die alle Einzelmotive und einzelnen Sinnhorizonte übergreifende und steuernde Kraft solcher generalisierten Medien am Beispiel des Geldes begründet worden.

Als Institution ist das Geld immer auch ein zentraler Teil der *Wirtschaftsverfassung* einer Gesellschaft. Und die *Wirtschaftsordnung* und die *allgemeine Rechtsordnung* sind außerdem ihrerseits eng miteinander verzahnt und aufeinander bezogen.

Beide zusammen bilden damit - neben der Super-Struktur der legitimierenden Werte sowie den anderen Aspekten der institutionellen Struktur - sicherlich einen gewichtigen Teil des allgemeinen institutionellen Rahmens für das Handeln der Personen in der Gesellschaft. Eine Erklärung der Entstehung von Recht und Geld wäre schon ein gehöriger Teil der Erklärung des Funktionierens der Gesellschaft der Menschen insgesamt.

Recht

Wie ist das Recht entstanden[11]? Ausgangspunkt der Überlegungen von Carl Menger ist das Phänomen, daß in den meisten Gesellschaften die Rechtsordnung keinen genauen kausalen oder zeitlich datierbaren Ursprung zu

---

[11] Carl Menger, Ueber den "organischen" Ursprung des Rechtes und das exacte Verständnis desselben, in: Carl Menger, Untersuchungen über die Methode der Socialwissenschaften und der Politischen Ökonomie insbesondere, Leipzig 1883b, S. 271-287.

haben scheint, sondern - irgendwie - "organisch" entstanden ist und dabei auch Eigenschaften einer wundersamen Abstimmung der Einzelelemente aufweist, die eine höhere Weisheit vermuten lassen. Wie konnte dieses organische Gebilde entstehen?

Zwei Möglichkeiten prüft Menger zunächst. Erstens das Recht als "reflectirtes Ergebnis des Willens einer organisierten Volksgemeinschaft oder ihrer Machthaber". Menger nennt dies die "'pragmatische' Erklärung". Zweitens das Recht als Folge der "Urwüchsigkeit" bzw. der "Ursprünglichkeit" des Rechts, wie es Mengers Kontrahenten im Älteren Methodenstreit behauptet hatten. Menger nennt dies die "'organische' Erklärung".

Das Recht als Ergebnis eines Beschlusses, Vertrags oder Plans, als "gesatztes Recht" also, ist - so Menger - zwar eine durchaus vorkommende Erscheinung, wirft aber keine weiteren Erklärungsprobleme auf. Die "organische" Entstehung von Recht - ohne erkennbaren "Plan" - bleibe dann außerdem mit dem Verweis auf die Ausschließlichkeit einer geplanten Rechtssetzung unerklärt. Und der bloße Hinweis auf die Ursprünglichkeit des Rechts als Antwort auf die Frage nach der organischen Entstehung sei schließlich nichts als eine "bloße Redewendung" ohne jeden erklärenden Wert.

Hier sei zur Vorbeugung vor leicht ausräumbaren Mißverständnissen eine kurze Bemerkung eingefügt. Die Umsetzung von Plänen und Verträgen ist natürlich auch ein Ergebnis des menschlichen Handelns. Insofern ist diese Erklärung der vertraglichen oder der "positiven" Entstehung des Rechts ebenfalls eine Variante des Verständnisses der Gesellschaft als "Resultante" des "menschlichen Handelns". Die Behauptung Mengers, daß es hierbei keine besonderen Erklärungsprobleme gebe, ist sicher eine zu einfache Sichtweise: Verträge, kollektive Entscheidungen und die Umsetzung von Plänen in eine Verfassung bzw. in eine tatsächlich arbeitende institutionelle Ordnung werfen sogar eine immense Fülle von Problemen der Aggregation auf, an die Menger offenbar damals nicht gedacht hat[12]. Für die hier anstehende grundsätzliche Frage ist dies jedoch nicht weiter wichtig. Es wäre ja nur eine Ergänzung der These von der Gesellschaft als Resultante des menschlichen Handelns über das Schließen von Verträgen und über das Erlassen von Dekreten.

Die Untersuchung muß sich also auf den Vorgang der Entstehung des Rechtes ohne jeden expliziten "Beschluß" oder "Plan" von identifizierbaren "Individuen" beziehen. Wie soll das Recht so entstanden sein? Es ist am einfachsten, uns die "Entwickelung" des Rechts von Carl Menger selbst berichten zu lassen. Carl Menger geht von einer Situation der Segmentation der verschiedenen Gesellschaften aus. Nämlich: Von

---

[12] Vgl. dazu die Ausführungen bei Viktor Vanberg, Markt und Organisation. Individualistische Sozialtheorie und das Problem des korporativen Handelns, Tübingen 1982, S. 61ff.

" ... ersten Anfängen der Cultur, in Epochen, wo der Verkehr der ein bestimmtes Territorium bewohnenden Menschen ein geringer, ihr Zusammenhang ein loser, das Bewußtsein dieses letztern überdies ein mangelhaftes ist." (Menger 1883b, S. 274)

Hier gebe es keinen "*Gesammtwillen*" eines Volkes". Und entsprechend sei auch an die geplante, also die "pragmatische" Einführung des Rechts nicht zu denken gewesen. In solchen Situationen sei das Recht auf eine andere Weise entstanden:

"Die gleiche äußere Lage, in welcher sich unter den ursprünglichsten Verhältnissen die Familienhäupter eines Territoriums befinden, die allen gemeinsame Unsicherheit der Errungenschaften ihrer *individuellen* Bestrebungen bewirken, dass die Vergewaltigung des Einzelnen von allen Anderen auf das Lebhafteste mitempfunden wird. Es liegt in der menschlichen Natur, die fortgesetzte Bedrohung mit Uebeln peinlicher fast zu empfinden, als die angedrohten Uebel selbst. Jeder Einzelne, wenn auch nicht unmittelbar geschädigt, fühlt sich durch Acte der Gewalt doch in *seinen* Interessen auf das ernstlichste bedroht, insbesondere der Schwache, welcher, dem Starken gegenüber, ja stets in der großen Mehrheit ist.
Unter solchen Umständen bilden sich Überzeugungen von der Nothwendigkeit gewisser, in Rücksicht auf ihre Natur weiter unten zu erörternder Schranken der Willkür, anfangs wohl nur in den Geistern der Weisesten im Volke, jener nämlich, welche, über das kurzsichtige Interesse des Augenblicks hinweg, ihr dauerndes Interesse zu erkennen vermögen, allmälig mit der wachsenden Einsicht indess den Geistern aller jener, in deren Vortheil eine Beschränkung der individuellen Willkür liegt, und zu welchen selbst der Starke zählt, dessen Interesse ja die Conservirung der Errungenschaften seiner Gewalt heischt.
Die Überzeugung von der Nothwendigkeit solcher Schranken der Willkür gelangt demnach ursprünglich nicht in dem Volke, als eine organisirte Einheit gedacht, zum Bewußtsein, noch viel weniger aber etwa als das Ergebniss einer auf die Wohlfahrt der Gesammtheit hinzielenden Reflexion der Einzelnen, oder gar eines Volksrathes; sie entsteht vielmehr *in den Geistern der einzelnen Glieder der Bevölkerung* mit der wachsenden Erkenntnis *ihres, des Einzelinteresses*. Was Allen, oder doch der weitaus grösseren Mehrheit frommt, gelangt allmälig zum Bewußtsein Aller." (Ebd., S. 274f.; Hervorhebungen im Original)

Also: Es gibt eine nachhaltig empfundene, von den einzelnen Personen geteilte "Überzeugung von der Nothwendigkeit solcher Schranken der Willkür". Und mit der Verbreitung dieser individuellen Überzeugungen ist der Boden bereitet, diese Beschränkung allgemein einzuführen:

" ... jedes Volksglied (ist) nicht nur von der Zweckmäßigkeit der Rechtsregeln und von der Nothwendigkeit, ihre Befolgung dem freien Ermessen der Einzelnen zu entziehen, durchdrungen, sondern es fühlt zugleich den Impuls in sich, das bedrohte Recht zu vertheidigen, bzw. das verletzte zu sühnen, da ja noch keine ausserhalb der Macht der Einzelnen liegende Gewalt dasselbe zu schützen berufen ist. Das Recht in seiner ursprünglichsten Form entsteht und lebt nur im Geiste der Bevölkerung, aber auch seine Verwirklichung ist ausschliesslich Sache dieser letztern; es findet seinen thatsächlichen Ausdruck in der 'Selbsthilfe' und in der 'Volksjustiz', seine Befestigung in der Tradition und in der Gewohnheit gleichmässigen Handelns." (Ebd., S. 276)

Das Recht entsteht, entwickelt und befestigt sich also durch die erlebten Vorteile aus der rechtlichen Absicherung wichtiger Kooperationen. Und daraus entsteht - bei Menger etwas geheimnisvoll formuliert - eine den Akteuren ganz eigene emotionale Bindung, das Recht "zu vertheidigen" und als Gewohnheit zu praktizieren noch bevor es durch einen besonderen Erzwingungsstab gegen den Opportunismus der Menschen und gegen die Uneinsichtigkeit der späteren Generationen geschützt wird.

Menger spricht im letzten Teil des Absatzes - wenngleich etwas undeutlich - ein wichtiges Problem an, das bei der Entstehung von Institutionen, die "Jedermann" nützlich wären, aber auch etwas kosteten, allgemein auftritt: Auch wenn *alle* ein individuelles Interesse haben, kann die durch die Institution erforderliche Selbstbeschränkung dazu führen, daß *niemand* sich an der Gründung beteiligt.

Der Grund dafür ist genau der gleiche wie bei der Unwirksamkeit umweltmoralischer Appelle: Jeder ist versucht abzuwarten, daß nur der andere sich beschränkt. Menger konnte über diese Komplikation der Umsetzung individueller Interessen in kollektives Handeln deshalb hinwegsehen, weil er von den ersten Anfängen des Rechts in kleinen Gruppen ausging. Und die Lösung des Kollektivgutproblems ist in kleinen Gruppen in Tat meist kein besonderes Problem - allein schon deshalb, weil der eigene Beitrag schon merklich ins Gewicht fällt und die Trittbrettfahrer leichter entdeckt und gebrandmarkt werden können.

Geld

Und wie war es nun beim Geld? Hier erscheint eine Erklärung als Resultante des menschlichen Handelns besonders schwierig, weil "nur schwer individuelle Motive erkennbar sind". Verworfen wird die Erklärung des Geldes als Folge eines "legislativen Aktes", wie dies Plato, Aristoteles und die mittelalterlichen Münztheoretiker vertreten haben, zwar zunächst in keiner Weise. Aber: Historisch ist das Geld erst relativ spät eine Angelegenheit staatlicher Legislation geworden.

Wie ist es dann aber entstanden, wenn man sich nicht wieder mit dem Hinweis auf die "Ursprünglichkeit" des Geldes für die Gesellschaft oder mit der äquivalenten, bei Soziologen als Verlegenheitsformel sehr beliebten, Metapher "immer schon ..." zufrieden geben will? Wir lassen uns das Geschehen am besten wieder von Carl Menger selbst schildern:

"Die Erklärung der obigen Erscheinung ergiebt sich aus der nachfolgenden Betrachtung: So lange in einem Volke der blosse Tauschhandel herrscht, verfolgen die einzelnen wirthschaftenden Individuen bei ihren Tauschoperationen naturgemäss den Zweck, für ihren Überfluss nur solche Güter einzutauschen, an welchen sie einen unmittelbaren Bedarf haben, dagegen diejenigen zurückzuweisen, deren sie entweder überhaupt nicht bedürfen oder mit denen sie doch schon ausreichend versorgt sind. Damit Jemand, der seinen Überfluss zu Markte bringt, die ihm erwünschten Güter einzutauschen in der Lage sei, muss er demnach nicht nur Jemanden finden, welcher seine Waaren benöthigt, sondern zugleich auch einen solchen, welcher die ihm erwünschten Güter feilbietet. Dieser Umstand ist es, welcher unter der Herrschaft des reinen Tauschhandels dem Verkehr so grosse Hindernisse bereitet und denselben auf die engsten Grenzen einschränkt.

Zur Behebung dieses auf dem Güterverkehr schwer lastenden Uebelstandes lag nun aber in der obigen Sachlage selbst ein sehr wirksames Mittel. Jeder Einzelne konnte für sich leicht die Beobachtung machen, dass nach gewissen Waaren, namentlich nach solchen, welche einem sehr allgemeinen Bedürfnisse entsprachen, eine grössere Nachfrage auf dem Markte vorhanden war, als nach anderen, und dass er demnach unter den Bewerbern um diese Güter leichter solche fand, welche bestimmte, von ihm begehrte Güter feilboten, als wenn er sich mit minder absatzfähigen Waaren zu Markte begab. So weiß in einem Nomadenvolke z.B. Jedermann aus eigener Erfahrung, dass, wenn er Vieh zu Markte bringt, unter den vielen Personen, welche dieses Gut einzutauschen suchen, sich leichter solche finden, welche die von ihm begehrten Güter feilbieten, als wenn er eine andere Waare, welche nur einen kleinen Kreis von Abnehmern hat, zu Markte bringt. Der Gedanke lag daher für jeden Einzelnen, welcher Güter von geringer Absatzfähigkeit in dem obigen Sinne zu Markte brachte, nahe, dieselben nicht nur gegen solche Güter einzutauschen, die er eben benöthigte, sondern, wenn dies letztere nicht unmittelbar erreichbar war, auch gegen andere, deren er selbst zwar zunächst nicht bedurfte, die indess absatzfähiger als die seinen waren, indem er hierdurch das Endziel der von ihm beabsichtigten wirthschaftlichen Operation (den Eintausch der *ihm* nöthigen Güter!) zwar nicht unmittelbar erreichte, sich demselben aber doch wesentlich näherte. Das ökonomische Interesse der einzelnen wirthschaftenden Individuen führt sie Übereinkunft, ohne legislativen Zwang, ja *selbst ohne jede Berücksichtigung des öffentlichen Interesses* dazu, ihre Waaren gegen andere absatzfähigere hinzugeben, selbst wenn sie dieser letzteren für ihre unmittelbaren Gebrauchszwecke nicht bedürfen, unter diesen letzteren aber, wie leicht ersichtlich ist, wiederum gegen solche, welche der Funktion eines Tauschmittels in bequemster und ökonomischster Weise zu dienen geeignet sind, und so tritt uns denn unter dem mächtigen Einflusse der Gewohnheit die allerorten mit der steigenden ökonomischen Cultur zu beobachtende Erscheinung zu Tage, dass eine gewisse Anzahl von Gütern, und zwar jene, welche mit Rücksicht auf Zeit und Ort die absatzfähigsten, die transportabelsten, die dauerhaftesten, die am leichtesten theilbaren sind, von Jedermann im Austausche angenommen werden und deshalb auch gegen jede andere Waare umgesetzt werden können, Güter, welche unsere Vorfahren *Geld* nannten, von 'gelten' d.i. leisten, 'zahlen'." (Menger 1883c, S. 174-176; Hervorhebung im Original)

Geld entsteht also

" ... ohne ausdrückliche Übereinkunft der Menschen, beziehungsweise ohne Gesetzgebungsakte, eine bestimmte Waare oder eine Anzahl von solchen aus dem Kreise der übrigen Waaren heraustritt und zum Gelde d.i. zu einer Waare wird, welche von Jedermann im Austausche gegen die von ihm feilgebotenen Güter angenommen wird, *auch wenn er keinen Bedarf an dieser Waare hätte.*" (Ebd., S. 174; Hervorhebung nicht im Original)

Die Hervorhebung soll an die im letzten Kapitel erwähnte besondere Eigenschaft des Geldes als generalisiertes Kommunikationsmedium erinnern: daß seine Annahme *garantiert* ist.

Wir sehen hier aber auch, warum das so ist: Der Akteur, der Geld als eine generell nachgefragte "Waare" angeboten bekommt und weiß, daß er damit im Prinzip jeden anderen Akteur zu gewissen Dingen veranlassen kann, die in seinem eigenen Interesse sind, wäre verrückt, wenn er dies nicht täte und kein Geld, sondern, sagen wir: eine Lobeshymne, annehmen würde, mit der er den nächsten Tauschpartner zu beeindrucken versuchen könnte. Jeder normale Mensch antizipiert hier nur sehr geringe Anschlußmöglichkeiten. Also nimmt er das Geld im Tausch gegen seine gute "Waare" - und sorgt so für das reibungslose Prozessieren des sozialen Systems "Wirthschaft". Kurz: Generalisierte Medien wie das Geld wirken über nichts anderes so zuverlässig als über die universell verbreitete Logik der subjektiven Vernunft der Menschen.

Wieder sind es also ganz offenkundig die erlebten Vorteile der Erleichterung des Warentausches und die Gewöhnung an die Vorteile, die die "Entwickelung" des Geldes vorantreiben. Von einer eigenen emotionalen Bindung der Akteure an die Vorteile sagt Menger noch nichts. Dafür sorgte später u.a. der Calvinismus auf eine besonders trickreiche Weise. Und Onkel Dagobert entwickelte erst noch viel später sein bekanntes erotisches Verhältnis zum Bad im Geldspeicher. Sicher wurden zunächst übergreifende institutionelle Absicherungen gegen den Opportunismus - gegen Falschmünzerei zum Beispiel oder die Versuchungen von Finanzministern zur Bedienung der Notenpresse - vorgenommen. Die Entstehung des Geldes - wie auch die der institutionellen Absicherungen - ist jedoch erklärbar, ohne dafür eine bereits a priori bestehende Ordnung bemühen zu müssen.

Letzteres - die institutionelle Absicherung des Geldes in einer Währungs-"Ordnung" - scheint beim Geld zu Beginn seiner Erfindung interessanterweise nicht ganz so wichtig gewesen zu sein wie beim Recht. Die Tatsache, daß das Geld erst relativ spät auch rechtlich geregelt wurde, ist ein Anzeichen dafür.

Der Grund liegt auf der Hand: Bei der Entstehung von Geld tritt das beim Recht sehr bedeutsame Kollektivgut-Problem wenigstens in dieser Schärfe *nicht* auf. An den generalisierten Gütern, wie etwa an den schon allgemeiner geschätzten Tauschgütern Vieh oder Frauen, ist ja jedermann unmittelbar *und* individuell interessiert. Erst wenn die Generalisierung weiter getrieben wird - über "an sich" wertlose Güter wie Muscheln, Gold, Papierscheine oder Kreditkarten -, gibt es auch rechtlichen Regelungsbedarf. Erst dann können Falschmünzer und Theo Waigels tätig werden und die Kooperationsbereitschaft der Menschen auszunutzen versuchen. Erst dann entsteht auch ein rechtlich geregeltes Währungssystem zur Eindämmung des Opportunismus der Menschen - als Spezialfall der Entstehung des Rechts - im übrigen!

Die Genese der Institutionen

Menger *erklärt* die Entstehung von Recht und Geld ganz offenkundig, indem er eine *Geschichte* erzählt.

Wir wollen nicht weiter untersuchen, ob die geschilderten Einzelheiten sämtlich historisch korrekt sind oder nicht. Darauf kommt es hier nicht an. Auch die erkennbare Unvollständigkeit der gebotenen *narrativen* Erklärung ist hier nicht weiter wichtig: Es kommt auf die Struktur der Argumentation, auf das *Muster* der angebotenen Erklärung der organischen Entstehung von Recht und Geld an. Und dieses Muster ist in beiden Fällen im Prinzip das gleiche.

Nämlich: Menschen leben in einer natürlichen und sozialen Umwelt und empfinden aus gewissen Anlässen, die durchaus nicht immer bestehen müssen, gewisse *Probleme*: Bedrohungen und Unsicherheit einerseits bzw. Abhängigkeit von den Zufällen, einen geeigneten Tauschpartner zu finden andererseits. Beide Male werden Möglichkeiten, dieses Problem zu lösen, aus einem Welthorizont anderer Lösungen erwogen, erprobt, mehr oder weniger zufällig gefunden. Bestimmte Möglichkeiten bzw. Alternativen werden schließlich - zunächst oft auch nur von einzelnen Menschen - als vergleichsweise erfolgreich erlebt. Und diese Lösungen werden für das folgende Handeln entsprechend selegiert: weil sie aus der Sicht der Interessen, Erfahrungen und Einsichten einzelner Personen das betreffende Problem auf die vergleichsweise "beste" Art lösen helfen und man auf noch bessere Lösungen nicht länger warten will oder kann. Kurz: Es werden problemlösende Selektionen aus einem Horizont von Möglichkeiten und Verweisungen vorgenommen.

Diese einmal gefundenen erfolgreichen Lösungen *verändern* nun aber sofort die Situation für alle (anderen) Akteure: Es entsteht - wie Menger meint - ein Interesse an der "Conservirung" der gefundenen Lösung (beim Recht). Und die so vorzügliche Erfindung des Geldes wird auch von denjenigen übernommen, die zwar selbst nicht darauf gekommen waren, aber nun die offenkundigen Vorteile für sich selbst sehen. Kurz: Es besteht ein Bedarf nach Anschluß anderer Akteure an die gefundenen Selektionen, bzw. es erfolgt ein fast automatischer Anschluß an diese Selektionen durch Akteure, die selbst sehen, daß sie sich dadurch besser stellen als vorher. Und dabei ist fast gleichgültig, was sie vorher für spezielle Motive gehabt haben.

Dabei bleibt es aber nicht. Die jeweils so veränderte Situation hat wiederum Auswirkungen auf die erneute Selektion von Handlungen. Und so weiter - bis hin zu den uns vertrauteren Entwicklungen der Ausbildung eigener funktional spezialisierter Teilsysteme wie Staat, Wirtschaft und einer Bundesbank, in denen Spezialisten des Rechts und des Geldes damit beschäftigt sind, sich ausschließlich und professionell mit den Folgeproblemen der zunächst unbemerkt und organisch entstandenen neuen Institutionen zu befassen.

Der - mittlerweile wohl bereits etwas altklug gewordene - Leser hat sicher längst bemerkt, daß dieses Muster der Erzählung der Entstehung von Recht und Geld nichts anderes ist als unser inzwischen wohlbekanntes Schema der soziologischen Erklärung - mehrfach hintereinander angewandt. Es handelt sich um den wichtigen Spezialfall der *genetischen* soziologischen Erklärung (vgl. dazu Abschnitt 6.3). Die Beschreibung einer historischen Entwicklung kann - wenn die erklärenden Mechanismen jeweils systematisch eingefügt werden - also durchaus schon die Erklärung eines Ablaufs sein. Soziologie kann so auch als "Geschichte" erklärend betrieben werden.

Es handelt sich offenkundig sogar um den besonderen Spezialfall der genetischen Erklärung, den der Evolution: Die versuchsweise Erprobung von Lösungsalternativen kann als Mutation und die Selektion der jeweils problemlösenden Varianten als Selektion mit den entsprechenden Kanalisierungen jeder weiteren Entwicklung der betreffenden Institution angesehen werden - ganz ähnlich, wie die Evolution des Lebens bisher auch auf allen anderen Ebenen abgelaufen ist. Kurz: Institutionen können sich evolutionär, nach vorne offen und ohne jede übergreifende Planung und Selbstreferentialität entwickeln. Die "narrative" Rekonstruktion der Stadien ihrer durch das Handeln sinnhaft agierender Akteure vorangetriebenen Genese ist die Erklärung dieser Entwicklung.

Ungeplante Zweckmäßigkeit

Recht und Geld haben sich - wie auch viele andere Sozialgebilde: die Sprache, Städte, Bevölkerungsstrukturen, informelle Gruppen in Betrieben u.a. - spontan und als Selbstorganisation entwickelt. Niemand hat sie so geplant. Kein inneres Entwicklungsgesetz, kein funktionales Erfordernis und kein telisches System waren nötig, um ihr Entstehen zu erklären. Warum - so könnte man jetzt schon fragen - geht dennoch von den kollektivistischen Erklärungen und von den Thesen von der Emergenz der Gesellschaft - nach wie vor - eine solche Faszination aus?

Einer der Gründe dafür liegt ohne Zweifel in der kaum zu glaubenden funktionalen Zweckmäßigkeit, Leistungsfähigkeit und wundersamen Abgestimmtheit vieler solcher spontan entstandenen Sozialgebilde. Das Ergebnis solcher "Entwickelungen" beeindruckt nämlich oft durch eine ganz bemerkenswerte

" ... *'unverstandene Weisheit'* in den auf organischem Wege entstandenen socialen Institutionen (nicht ganz unähnlich jener 'Zweckmäßigkeit', welche in den natürlichen Organismen vor das bewundernde Auge des sachkundigen Naturforschers tritt, aber vom Stümper leicht verkannt wird!)." (Menger 1883b, S. 283; Sperrung im Original)

Und dann liegt es ja nicht allzu ferne anzunehmen, daß die Systeme - will man nicht einen allmächtigen Schöpfer annehmen - aus sich heraus zu einem funktionalen Gleichgewicht neigen, welches nicht die Akteure ungeplant durch ihre Einzelakte, sondern die Eigengesetzlichkeiten der Systeme herstellen, die als inneres Ziel das reibungslose Funktionieren der Gesellschaft haben. Dies hat die frühen Anthropologen wie die Soziologen, die sich darauf bezogen, mehr als beeindruckt (vgl. dazu Kapitel 22, 23 und 24).

Die kausal-*evolutionäre* Interpretation der Entstehung und der Reproduktion *funktional* gut abgestimmter Socialgebilde wird gerade in der *genetischen* soziologischen Erklärung der "organischen Entwickelung socialer Gebilde" gut einsehbar: Bestimmte Elemente des jeweiligen Systems wie z.B. die besondere Art des Metalls beim Münzgeld, also: die "Strukturen" des jeweiligen Geldsystems - konnten sich nur deshalb auf die Dauer erhalten, weil es - waren sie einmal gefunden - keinen vernünftigen Anlaß gab, sie im Prozeß der evolutionären Anpassung aufzugeben. Oder: weil sie, zunächst oft unerkannt, einen wichtigen, von den Akteuren auch latent immer erlebten Dienst erfüllten, der spätestens dann manifest bemerkbar und erkennbar wurde, als das Element einmal (versuchsweise oder aus Zufall) nicht mehr vorhanden war - woraufhin der Fehler rasch wieder korrigiert und das so überaus funktionale Strukturelement flugs wieder eingefügt wurde.

Übrig bleiben dann im Prozeß der "Entwickelung" nur solche Elemente, die tatsächlich latent wie manifest funktional sinnvoll und zuträglich sind, oder - wenigstens - nicht dauerhaft und ganz manifest die Vorteile des Systems und die Bedürfnisse der Akteure nicht nachhaltig und dauerhaft stören. Kurz: Funktionale Strukturen sind das Ergebnis von Mutation und Selektion durch erfolgreiche Reproduktion im Vergleich zu ebenfalls ausprobierten Alternativen. Sie sind das Resultat einer von massiven Eingriffen ungestörten, allmählichen und schrittweisen Evolution institutioneller Strukturen.

Der Funktionalismus nahm an, daß das Gleichgewicht der Systeme eine *Vorgabe*, eine Art Ziel der Gesellschaften sei. Die von Carl Menger vorgeschlagene evolutionäre Erklärungsweise kehrt das Argument also um: Die Erfüllung bestimmter Funktionen durch gewisse Strukturen ist die *Folge* bestimmter genetisch-kausaler, "von hinten getriebener" Prozesse. Auch die Erfüllung von Funktionen und die Existenz von Strukturen sind nur eine Resultante des menschlichen Handelns. Sie sind kein Ziel der sozialen Gebilde, ebensowenig wie der Menschen, die sie konstituieren (vgl. auch Kapitel 22).

Das heißt alles aber keineswegs, daß es keine Sackgassen und keine Fehlentwicklungen bei der evolutionären Genese von Institutionen geben könne. Und auch nicht: daß die so entstehenden Sozialgebilde die besten aller Welten seien. Bei Carl Menger und vielen anderen, die ähnlich argumentieren, wie Friedrich A. Hayek (1899-1992)[13] oder Karl R. Popper[14] beispielsweise, schwingt in der zunächst nur formal gemeinten Erklärung der organischen Entstehung von Institutionen häufig aber eine besondere inhaltliche Annahme, fast schon ein Werturteil mit: daß bei organischer Entstehung das kollektive Ergebnis eine vorwiegend dem Gemeinwohl entsprechende Einrichtung sei. Also: daß mit der "organischen Entwickelung" der Gesellschaft das individuelle und das kollektive Interesse schon deshalb übereinstimmten, weil die Entwicklung nur schrittweise unter fortlaufender Anpassung an bessere Lösungen und unter Berücksichtigung der Bedürfnisse der *Menschen* - und eben nicht: der Systeme - erfolge. Beispielsweise wird die Brauchbarkeit der Grundelemente des Römischen Rechts bis auf den heutigen Tag genau damit begründet: daß es organisch entstanden sei und eben nicht in *einem* Akt der Gesetzgebung.

Diese allgemeine, apriori optimistische, aber ebenfalls nicht begründbare Annahme ist uns bereits begegnet: bei der Idee der wohltätigen invisible hand von Adam Smith (in Kapitel 2 und im Exkurs zur Schottischen Moralphilosophie). Sie war und ist bekanntlich ein Argument für den ökonomischen und den politischen Liberalismus.

Eine solche apriorische Übereinstimmung zwischen individuellen Motiven und kollektiven Folgen muß es natürlich in keiner Weise geben - und sie gibt es auch empirisch so nicht. Karl Marx hatte nach den Erfahrungen mit dem Manchester-Liberalismus zu seiner Zeit nicht ohne Grund eine ganz andere Variante der unintendierten kollektiven Folgen ausgearbeitet: wie die Menschen sich in Situationen des objektiven Konfliktes der Interessen wiederfinden, wie im Grunde alle Menschen, auch die durch das System Privilegierten, darunter leiden, aber auch wie schließlich die Kapitalisten gerade durch die Verfolgung ihrer privaten Interessen ihren kollektiven Untergang selbst herbeiführen, gar nicht anders können und so die Evolution der menschlichen Gesellschaft "dialektisch" zu ihrem historisch vorgesehenen Ende bringen: zum Zustand der klassenlosen Gesellschaft. Diese Theorie war - wie wir heute wissen - zwar empirisch falsch; aber wissen konnte man das nicht schon von vornherein.

---

[13] Siehe etwa Friedrich A. Hayek, Die Ergebnisse menschlichen Handelns, aber nicht menschlichen Entwurfs, in: Friedrich A. Hayek, Freiburger Studien. Gesammelte Aufsätze, Tübingen 1969, S. 97-107.
[14] Karl R. Popper, Das Elend des Historizismus, 4. Aufl., Tübingen 1974.

Kurz: Nicht immer müssen *wohl*abgestimmte Sozialgebilde das "Ergebniss" der "Entwickelung" sein. Und dies ist ja schon von der Logik der soziologischen Erklärung her nicht anders vorstellbar: Die Logik der Aggregation ist ein *eigener* Schritt, der jede unmittelbare Verbindung zwischen Situation, Intention und Folgen aufhebt und damit a priori *nichts* über eventuelle weitere Entwicklungen, und damit auch *nichts* über a priori erfolgende Bewertungen der kollektiven Folgen sagen kann. Es war gerade die Grundidee der Schottischen Moralphilosophen (und die von Menger und anderen), daß die individuellen Motive, das Handeln und die kollektiven Folgen *unabhängig* voneinander variieren.

Gleichwohl gibt es einen gewichtigen theoretischen Grund dafür, daß bei einer "organischen" Entwicklung von Institutionen wenigstens die Wahrscheinlichkeit dafür recht hoch ist, daß sie auch dem Gemeinwohl vergleichsweise eher dienen als bei geplanten Institutionen: Das verwickelte Problem der Logik der Aggregation kann nicht im voraus für alle denkbaren Umstände und Entwicklungen gelöst werden. Nur bei einer völlig stabilen Umwelt würden keine unerwarteten Effekte auftreten. Eine solche Hoffnung ist aber schon theoretisch äußerst waghalsig: Niemandem von den sechs Milliarden findigen Menschen dürfte mehr etwas Neues einfallen. Und das ist doch sehr unwahrscheinlich.

Daher: Durch die *schrittweise* Änderung der Institutionen, die immer den jeweils empfundenen Problemen der Individuen folgt, können unvorhergesehene Folgeprobleme oder andere Unstimmigkeiten in einem fortlaufenden, niemals endenden Prozeß *grundsätzlich* leichter und effizienter angegangen und die Institutionen daher viel flexibler den "Bedürfnissen" entsprechend umgestaltet werden.

Dies meinte Karl R. Popper mit seiner lange Zeit sehr verkannten Idee von der *Stückwerktechnologie*, die an die Stelle planender "*utopischer Technik*" zu treten habe, damit das Ziel der kollektiven Wohlfahrt besser erreicht werden könne. (Popper 1974, S. 47ff.)

Aber auch hier gibt es keinerlei Garantie: Es gibt zu viele Mechanismen der Komplikation der Aggregation und der Verselbständigung auch von organischen Entwicklungen, als daß man sich mit dem etwas bequemen liberalistischen Gedanken: "Laßt die Institutionen evolutionär wachsen", einfach beruhigen könnte. Keine Evolution hat ein bestimmtes Ziel - auch nicht die von Institutionen und Gesellschaften. Und es kann auch auf spontane Weise alles böse enden.

Spontane und geplante Ordnung: Markt und Organisation

Die Konzeption der Gesellschaft als Resultante des Handelns von Menschen schließt selbstverständlich die Planung von Institutionen mit ein. Auch eine Planung geschieht ja nach den Regeln der Logik der Situation und - erst recht - gemäß einer Logik der Selektion auf seiten der planenden individuellen wie korporativen Akteure wie etwa: Religionsstifter, Politbüros oder Gründungsdekane. Geplante *und* spontan entstandene Institutionen sind *beides* Ergebnisse des menschlichen Handelns. Karl R. Popper hat die Vermutung geäußert, daß aber auch die weitaus meisten geplanten Institutionen eher auf unintendierte Weise entstehen oder zumindest sich anders entwickeln, als ursprünglich vorgesehen:

"Sogar jene Institutionen und Traditionen, die als das Ergebnis bewußter und absichtlicher menschlicher Handlungen entstehen, sind in der Regel das *indirekte, unbeabsichtigte und oft unerwünschte Beiprodukt solcher Handlungen;*..und wir können hinzufügen, daß selbst jene wenigen Institutionen, die bewußt und mit Erfolg geplant worden sind (z.B. eine neugegründete Universität, eine Gewerkschaft) nur selten planmäßig ausfallen - und das wieder wegen der unbeabsichtigten sozialen Rückwirkungen, zu denen ihre bewußte Schöpfung führt" [15].

Geplante und ungeplante Sozialgebilde entsprechen zwei wichtigen Grundtypen der gesellschaftlichen Ordnung: dem Typ der *Organisation* einerseits und dem Typ des *Marktes* andererseits. Organisationen sind *geplante* Ordnungen, Märkte entstehen als *spontane* Ordnung. In beiden Fällen handelt es sich aus der Sichtweise der Gesellschaft als Resultante heraus aber um nichts anderes als um die Folgen des Handelns von Menschen.

Im einen Fall betrifft dieses Handeln das Zusammenlegen von Ressourcen zu einer Organisation und die Einigung auf eine Verfassung. Im anderen Fall tun die Menschen nichts anderes als sich an ihrer individuellen Nahsituation zu orientieren - wie die Mücken im Mückenschwarm. Sie finden dann - unter bestimmten Bedingungen (vgl. die Beispiele in Abbildung 28.1 und 28.2) - unkoordiniert zu einem Gleichgewicht und ändern schrittweise und nur an Nahproblemen orientiert die eingetretene Situation - wenn es dringlich erscheint und möglich ist.

Die Gesellschaft der Menschen besteht praktisch immer aus einer Mischung *beider* Formen der sozialen Ordnung. Jede Gesellschaft enthält geplante und spontane Elemente sozialer Ordnung. In jedem dieser Fälle ist die Ordnung aber nichts als die Resultante des Handelns der Menschen.

---

[15] Karl R. Popper, Die offene Gesellschaft und ihre Feinde, Band 2: Falsche Propheten. Hegel, Marx und die Folgen, 5. Aufl., München 1977, S. 118; Hervorhebung im Original.

Kapitel 29
Die Dialektik der Gesellschaft

Die Behandlung der verschiedenen Konzeptionen der Gesellschaft mag den Eindruck vermitteln, daß die Soziologie sich schon in der Frage nach ihrem ureigensten Gegenstand nicht hat einigen können. Ganz falsch ist dieser Eindruck sicher nicht. Er ist aber auch nicht ganz richtig. Und er ist - vor allem - nicht fair.

Daß es in der Soziologie so viele unterschiedliche theoretische Konzepte der Gesellschaft gibt, ist nämlich nur auf den ersten Blick verwunderlich. Die Gesellschaft *ist* ein durch und durch *widersprüchliches* Gebilde. Allein schon die nicht zu leugnende Tatsache, daß die gleichen theoretischen Diskussionen oft nach einiger Zeit und unter anderem Namen dann doch wieder aufleben - Integration versus Konflikt, Antagonismus versus Kooperation, Struktur versus Prozeß, Eigengesetzlichkeit versus Resultante, Kollektivismus versus Individualismus, Kultur versus Struktur usw. -, weist darauf hin, daß es bestimmte Probleme und empirische Sachverhalte *gibt*, die nicht abzustreiten sind und die nicht einfach ignoriert werden können, wenn das Interesse nicht der Reinheit eines Konzeptes, sondern der soziologischen Analyse, der soziologischen Erklärung und der *Leistungsfähigkeit* der soziologischen Theorie gilt.

Allein das ist Grund genug, die mit den verschiedenen Konzepten verbundenen Ideen und Vorstellungen nicht einfach zugunsten *einer* radikalen, theoretisch gesäuberten oder stromlinienförmig-einfachen Lösung aufzuheben und die anderen Aspekte zu verdrängen, wie es - leider - im Zuge der zunehmenden Spezialisierung, auch der Soziologie, geschehen ist und in der derzeit zu beobachtenden selbstgefälligen Abschließung der Paradigmen der Soziologie sogar als Vorzug gepflegt wird. Bei einigermaßen informierter und offener Betrachtung wird man kaum das Gefühl los, daß alle die verschiedenen, zum Teil unversöhnlich scheinenden Ansätze in der Soziologie immer auch einen *wichtigen* und *unaufgebbaren* Punkt der inneren Vielfalt der Gesellschaft getroffen haben. Und je nachdem, welcher der verschiedenen Aspekte, aus meist sehr guten Gründen, als besonders bedeutsam erscheint, ändert sich entsprechend das soziologische Konzept der Gesellschaft.

Die Vielfalt der Widersprüchlichkeiten in der Konstruktion und Konstitution der Gesellschaft der Menschen wollen wir die *Dialektik* der Gesellschaft nennen. In dem nun folgenden Kapitel 29 soll vor diesem Hintergrund das Konzept der Dialektik als theoretischer Ansatz skizziert werden, wie es auch die restliche Soziologie nachhaltig beeinflußt hat - insbesondere über Gedanken von zwei wichtigen, nach wie vor sehr einflußreichen Gesellschaftsphilosophen bzw. Gesellschaftstheoretikern: Hegel und Marx. Der von ihnen ausgehende gesellschaftstheoretische Ansatz wird auch *dialektischer Ansatz* oder *dialektische Soziologie* genannt.

Dialektische Soziologie

Der dialektische Ansatz war zeitweise ein Teil des intellektuellen Hintergrundes der 68er-Bewegung. Er hat eine ganze Kohorte von Soziologen geprägt und bestimmte für eine gewisse Periode das Bild der Soziologie in der Öffentlichkeit.

Dialektische Soziologen sind heute - etwas sehr angejahrt - noch in Berlin, in Frankfurt und in Marburg, auch in Bremen, vor allem aber in der Toscana zu finden. Sie üben als Lebenszeitbeamte ihren Beruf zum großen Teil schon lange nicht mehr aus. Manche sind Bildhauer und Schriftsteller geworden, beziehen aber ohne Scheu weiterhin ihr dickes C4-Gehalt von den arbeitenden Massen, denen sie einst dienen wollten. Eine etwas sehr bürokratische Abart der dialektischen Soziologie wurde bis etwa 1989 in der DDR gepflegt. Sie ist mit dem Staate, der sie trug, abgewickelt worden.

Als eigener soziologischer Ansatz ist die dialektische, an theoretischen Überlegungen von Karl Marx orientierte, Soziologie derzeit etwas aus der Mode gekommen. Gelegentlich scheint es sogar so zu sein, als schämten sich gerade solche Soziologen ihrer an Marx orientierten Vergangenheit etwas, die noch bis vor kurzem kaum einen anderen Gedanken gelten ließen. Sie waren noch bis weit in die 80er Jahre wie selbstverständlich davon ausgegangen, daß der "Spätkapitalismus" aufgrund seiner - mit Marx' Schriften ja "wissenschaftlich" nachgewiesenen - unaufhebbaren inneren Widersprüche und "Disparitäten" aus der Dauerkrise seiner "Legitimation" nicht herauskommen könne. Sie haben - damals - sich selbst und den Studenten der Soziologie oft nicht viel anderes als Marx und das "Kapital" zur Lektüre empfohlen. Und sie haben die restliche Soziologie - einschließlich der von Max Weber, Emile Durkheim und Talcott Parsons, von der empirisch-erklärend orientierten und mit formalen Modellen und empirischen Daten arbeitenden Soziologie ganz zu schweigen - als "bürgerlich" abgetan und es fast für eine revolutionäre Tat gehalten, darüber dann auch nichts zu wissen.

Im Gegenzug hat dies hier und da auch dazu geführt, daß die dialektischen Ideen etwa von Karl Marx von manchem Vertreter einer eher formal und systematisch angelegten, erklärenden Soziologie als nicht sonderlich bedeutsam angesehen wurden. Aber auch dies war ein ohne Zweifel voreiliges, ganz und gar falsches und unverzeihliches Verdikt: Die dialektische

Konzeption der Gesellschaft und die dialektische Soziologie können als frühe Versuche gewertet werden, die verschiedenen und widersprüchlichen Aspekte, die die anderen Ansätze jeweils in eine Richtung hin - mehr oder weniger - radikalisiert hatten, in *einem* einheitlichen theoretischen Konzept unterzubringen und die Soziologie eben *nicht* nach nur einem Gesichtspunkt der Vielfalt der Gesellschaft hin zu betreiben.

Nichts anderes beinhaltet nämlich letztlich die besondere Gesellschaftstheorie, wie sie Karl Marx in materialistischer Abänderung des dialektischen Idealismus von Georg Wilhelm Friedrich Hegel (1770-1831) entwickelt hat. Und nicht zuletzt deshalb hatten unter anderen die beiden, ganz und gar unmarxistischen Soziologen Peter L. Berger und Thomas Luckmann, der Anthropologe Marvin Harris oder die Soziologen Gerhard Lenski, Raymond Boudon und sogar, was einige inhaltliche Aussagen anging, Sir Karl R. Popper bei der Entwicklung ihrer jeweiligen Konzepte der gesellschaftlichen Konstruktion der Wirklichkeit und der soziologischen Erklärung auch keinerlei Probleme, sich ausdrücklich auf den Gedanken der Dialektik und auf einige, wenngleich nicht alle, Ideen von Karl Marx zu berufen.

Die Methode der Dialektik

Die Grundprämisse der dialektischen Soziologie ist, daß die Befindlichkeit der Welt ihre innere Widersprüchlichkeit sei und daß sich die Welt, die Geschichte und die Gesellschaft der Menschen als - unendliche - Kette der Entstehung, der Zuspitzung und der Aufhebung dieser Widersprüche erklären lasse.

Die Idee und der Begriff der Dialektik haben ihren Ursprung zunächst in gewissen Formen der argumentativen Beweisführung und der unterredenden Klärung von Begriffen: Aus der Setzung einer Behauptung - der Thesis - und der Gegenüberstellung einer Gegenbehauptung - der Antithesis - erwachse schließlich ein Gesprächsergebnis, das die falschen Teile der beiden widersprüchlichen Ausgangsbehauptungen nicht mehr enthalte. Das so gewonnene Ergebnis - die Synthesis - ist keine bloße Zusammenfassung, auch keine "Überschneidung" der richtigen Aussagenteile, sondern eine "qualitativ neue" Stufe der Erkenntnis. In ihr sind die Gegensätze zu einer neuen Einheit "aufgehoben". Diese neue Einheit ist gleichzeitig wieder eine neue Thesis, zu der wieder eine Antithesis formuliert wird, die dann ihrerseits ... und so weiter.

Der Hintergrund war die rationalistische Annahme, daß durch bloßes Denken und argumentatives Reden die Geheimnisse der Welt zu entschlüsseln seien. Die Dialektik war - von antiken Vorbildern, nämlich der Rede und Gegenrede im Dialog bei Sokrates und Platon ausgehend - das zentrale Instrument der "wissenschaftlichen" Beweisführung im Mittelalter - bis diese Abart der Scholastik mit den Erfolgen der empirisch orientierten Naturwissenschaften ihre Bedeutung als Erkenntnisinstrument immer mehr einbüßte und heute eigentlich nur noch von einigen Philosophen und den mehr sozialphilosophisch gesonnenen Soziologen zur Gewinnung wissenschaftlicher Aussagen - etwa als argumentativer Diskurs - ernst genommen wird.

Der Königsberger bzw. Kaliningrader Philosoph Immanuel Kant (1724-1804) hat die Dialektik als Verfahren der Gewinnung von Wissen über die Welt philosophisch schon vor etwa 200 Jahren überwunden. Er zeigte, daß mit der "Reinen Vernunft" alle möglichen, auch *logisch* widersprüchliche Ergebnisse gewonnen werden können. Und er zeigte, daß die Leistung des Geistes bzw. des Verstandes - der ratio - lediglich darin besteht, die vielfältigen Sinneseindrücke in eine sinnvolle Ordnung zu bringen. Die Welt selbst sei aber grundsätzlich unabhängig vom wahrnehmenden und erkennenden Verstand.

Der oben bereits erwähnte schwäbische Denker Georg Wilhelm Friedrich Hegel versuchte daraufhin eine - wie wir mittlerweile wissen: zeitweise allzu erfolgreiche und keineswegs nur segenbringende - Wiederbelebung der Dialektik. Diesmal aber nicht bloß als eine Gesprächstechnik, sondern nun gleich auch als Seinsprinzip des Universums.

Drei Argumente führt Hegel gegen Kant an: Erstens erkenne der Geist die Welt nicht deshalb, weil er die empirischen Eindrücke nur sinnvoll ordnen kann, sondern weil er - im Prinzip - mit der Welt *identisch* ist. Hegels Philosophie wird deshalb auch als *Identitäts*-Philosophie bezeichnet. Die Kantsche Vernunftkritik stelle - zweitens - zwar richtigerweise heraus, daß in der Anwendung der dialektischen Methode auch *logische* Widersprüche auftreten können. Solche logischen Widersprüche in den rational und - wie wir heute sagen würden - diskursiv gewonnenen Theorien über die Welt spiegeln aber nichts anderes als die *realen* Widersprüche der Welt. Und da die Theorie ja schließlich die Wirklichkeit widerspiegeln müsse, sei es nur folgerichtig, daß bei Existenz von realen Widersprüchen auch die theoretischen Aussagen logisch widersprüchlich zu sein hätten. Und schließlich: Die reale Welt bewege sich ihrerseits nach den *Gesetzen der Dialektik*: als fortwährende Stufenfolge von Thesis, Antithesis und Synthesis - bis sie zu einem erlösenden Ende finde.

Bis es dazu komme, müsse die Geschichte aber einen schmerzvollen Prozeß durchlaufen. Zu Beginn - so Hegel - befinden sich Geist und materielle Welt in einem Urzustand der unbewußten Einheit. In einer zweiten Stufe werde sich der Geist seiner selbst inne: Er entdecke, daß die dingliche Welt ihm nicht mit Gewißheit gegeben ist, sondern von ihm selbst mitkonstituiert wird. Erst die Erkenntnis, daß hinter der scheinbar erstarrten dinglichen Welt der Geist selbst verborgen ist, mache den Weg frei für das letzte, erlösende Stadium. In diesem Stadium sei das "Reich der Sittlichkeit", das des vollendeten sozial-moralischen Bewußtseins also, gekommen. Dort vereinige sich der subjektive Geist des Selbstbewußtseins wieder mit dem objektiven Geist der Kollektivität und der Institutionen zum absoluten Geist der auf das Allgemeine gerichteten Übereinstimmung selbstbewußter Subjekte. Dieses erlösende Ende sieht Hegel im Preußischen Staat seiner Zeit gekommen - was aber auch kein Wunder ist, weil Hegel seit 1818 in dessen Diensten als wohlbestallter Professor steht.

Reale Widersprüche und soziale Konflikte

Das mag mit dem Geiste alles so sein - oder auch nicht. Die erste Behauptung von der Identität von Geist und Materie und die dritte Hypothese von der Weiterentwicklung der Geschichte könnten vielleicht noch interessante empirische Konjekturen sein, sofern näher geklärt werden kann, was Geist und was Materie sein sollen. Die zweite These dagegen ist eine *logische* Behauptung über das Verhältnis von Theoriestruktur und realer Welt.

Die Behauptung ist, so wie sie Hegel versteht, nicht haltbar: Es gibt *keinerlei* Notwendigkeit, *reale* Widersprüche mit Hilfe von *logischen* Widersprüchen sprachlich darzustellen. Nicht die *Form* einer Theorie muß der "*Wirklichkeit*" entsprechen, sondern ihr *Inhalt*. Dies haben wir in Abschnitt 4.3 bereits ausführlich besprochen. Ebensowenig ist es auch erforderlich, für Phänomene der Selbstreferentialität, also: der realen Rückbezogenheit sozialer Prozesse, auf tautologische Aussagen zurückzugreifen. In der soziologischen Systemtheorie (nach Luhmann) leben die Vorstellungen Hegels heute weiter, wonach reale Widersprüche nur über logische Widersprüche und reale Selbstreferentialität nur über Tautologien darstellbar sind[1].

Über der logischen Unhaltbarkeit der dialektischen Methode sollte die grundlegende inhaltliche Hypothese der Dialektik nicht übersehen werden. Immerhin werden in der These von den Widersprüchen als der bewegenden Kraft der Geschichte und der Gesellschaft einige wichtige Grundideen angedeutet, denen wir in den verschiedenen Konzepten der Gesellschaft immer wieder begegnet sind: die der "Entfremdung" von "Individuum und Gesellschaft" durch Externalisierung und Objektivierung, die des "Widerspruchs" von Kooperation und Konflikt bei der antagonistischen Kooperation als Grundzug jeder Gesellschaft, die der Spannung zwischen den manifesten Absichten der Menschen und den - erfreulichen wie unerfreulichen - latenten Folgen ihres Handelns - sowie die der Vorstellung, daß diese Trennung letztlich aufgehoben werden "müsse", soll die Gesellschaft der Menschen längeren Bestand haben und sich zu einem guten Ende weiter entwickeln. Dies ist ja auch das Ziel der hier vertretenen Konzeption der soziologischen Erklärung.

Bei Hegel war der Geist der Träger der Entwicklung und der natürliche Ort der Widersprüche. Karl Marx hat diese idealistische Grundidee der Dia-

---

[1] Vgl. Niklas Luhmann, Soziale Systeme. Grundriß einer allgemeinen Theorie, Frankfurt/M. 1984, S. 607ff. zur "Zirkularität", S. 488ff. zu den "Widersprüchen".

lektik auf die Entwicklung der *materiellen* gesellschaftlichen Prozesse übertragen: Nicht die Entfremdung des Geistes von der Materie sei die Wurzel aller Bewegung. Sondern: Es sind die *realen* Widersprüche der Gesellschaft selbst, die die Geschichte der menschlichen Gesellschaft unaufhaltsam vorantreiben.

Die realen Widersprüche sind dann nichts anderes als die - in Kapitel 21 sowie Abschnitt 25.2 und 25.3 bereits ausführlich besprochenen - *strukturell* bzw. *institutionell* bedingten *Interessen- und Kontroll-Konflikte* zwischen sozialen Gruppen in typisch unterschiedlichen Positionen der Interessen- und Kontroll-Struktur einer Gesellschaft, zwischen sozialen Klassen also. Die Widersprüche werden unmittelbar durch die jeweils geltende Verfassung der Gesellschaft, durch die jeweiligen Produktionsverhältnisse also, konstituiert.

In einer extremen Form nehmen solche realen Widersprüche zwischen den sozialen Gruppierungen den Charakter eines Verhältnisses der nackten Ausbeutung der einen Gruppe durch die andere an: Die Vorteile der einen Gruppe aus der jeweiligen Gesellschaftsordnung entsprechen genau den Benachteiligungen der anderen Gruppe. Zu einem realen *Konflikt* wird diese Situation letztendlich dann, wenn gleichzeitig eine alternative Verfassung der Gesellschaft denkbar ist, bei der das Ausbeutungsverhältnis gerade umgekehrt ist. Dann besteht bei *jedem* gegebenen status quo *notwendigerweise* ("logisch") immer eine extrem starke latente Tendenz zur Revolution der gesamten Ordnung der Gesellschaft auf der einen und eine ebenso ausgeprägte Neigung zur Absicherung des status quo auf der anderen Seite. Diese Konstellation ist in Abbildung 29.1 schematisch zusammengefaßt.

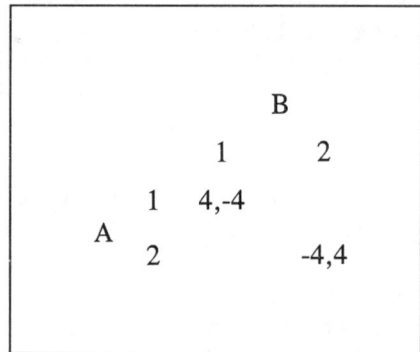

Abb. 29.1: Gesellschaftliche Widersprüche

Denkbar sind, so sei vereinfachend angenommen, immer nur die Verfassungen 1,1 und 2,2. Die Gruppe A erhält bei der Verfassung 1,1 eine Auszahlung von 4, die Gruppe B eine solche von -4. Bei der Verfassung 2,2 ist es gerade umgekehrt. Die beiden anderen Kombinationen wären noch ungünstiger, so daß sie hier außer Betracht bleiben. Leicht wird erkennbar, daß diese Situation viel brisanter ist als die in der Struktur ganz ähnliche in Abbildung 25.5. Und es wird erkennbar, daß sie eine starke latente Instabilität besitzt - ganz ähnlich wie die in Abbildung 28.2 in Kapitel 28 dargestellte Konstellation.

Solche materiell und institutionell bedingten Konflikte, genauer: Klassenkonflikte, bestimmen nach Marx die innere Dynamik der gesellschaftlichen Entwicklung. So bleibt die Gesellschaft tatsächlich unaufhörlich in Bewegung.

Die Aufhebung der Widersprüche

Konflikte sind für alle Beteiligten auf die Dauer etwas Unangenehmes. Sie bleiben aber auch gegen die Wünsche der Menschen erhalten, solange die konfliktauslösende *strukturelle* Situation bestehen bleibt. Eine Auflösung der Widersprüche wäre nur möglich, wenn es eine dritte strukturelle Konstellation gäbe - eine Synthese also, in der die Gruppen sich nicht mehr in der Falle eines unaufhebbar scheinenden Klassenantagonismus befinden. Karl Marx sieht diese dialektische Bewegung der Gesellschaft und der Geschichte - darin Hegel ganz ähnlich - schließlich doch auch zu einem guten Ende kommen: in der Aufhebung des historisch letzten Konfliktes zwischen sozialen Gruppen, der noch denkbar sei - des Konflikts zwischen der Klasse der Eigentümer von Produktionsmitteln und der Klasse derjenigen, die nur ihre Arbeitskraft besitzen, zwischen Kapitalisten und Proletariern also.

Karl Marx behauptet somit, daß mit der Institution des Privateigentums eine gesellschaftliche Kooperation, wenn überhaupt, immer nur vor dem latenten Hintergrund eines fundamentalen Antagonismus - des Konfliktes zwischen den durch die Eigentumsordnung erzeugten sozialen Klassen - denkbar sei. Und daß daher der objektiv immer vorhandene Konflikt schließlich notwendigerweise - wie jeder Widerspruch - zur Auflösung dränge. Mit der Aufhebung der Institution des Privateigentums - in der kommunistischen Gesellschaft - entfalle schließlich die letzte Voraussetzung für alle Klassenkonflikte. Ein Ende der langen Geschichte der Klassenkämpfe und die volle Entfaltung der menschlichen Gesellschaft seien dann möglich. Das dauere zwar etwas und benötige sicher auch einige Zwischenphasen, ggf. auch eine Revolution. Letztlich sei aber dann doch ein Land von Milch und Honig zu erwarten:

"In einer höheren Phase der kommunistischen Gesellschaft, nachdem die knechtende Unterordnung der Individuen unter die Teilung der Arbeit ... verschwunden ist; nachdem die Arbeit nicht nur Mittel zum Leben, sondern selbst das erste Lebensbedürfnis geworden; nachdem mit der allseitigen Entwicklung der Individuen auch ihre Produktionskräfte gewachsen sind und alle Springquellen des genossenschaftlichen Reichtums voller fließen - erst dann kann ... die Gesellschaft auf ihre Fahne schreiben: Jeder nach seinen Fähigkeiten, jedem nach seinen Bedürfnissen!"[2]

Etwas anders ausgedrückt, bedeutet dies: Mit der Aufhebung des Privateigentums könne die grundlegende Spannung der antagonistischen Kooperation zugunsten einer umfassenden Kooperation der Menschen endgültig beseitigt werden. Unerwünschte externe Effekte träten dann nicht mehr auf. Auch die Herrschaft des Menschen über den Menschen, die bis dahin notwendig erschienen sein mag, um soziale Ordnung überhaupt denkbar werden zu lassen, werde überflüssig. Ein Staat wird dann nicht mehr benötigt. Und auch der Opportunismus des Menschen, der bis dahin ein Teil seiner Natur ist, würde sich verlieren. Und damit sei das möglich, wovon auch schon Hegel geträumt hatte: daß sich der Kommunismus der Urgesellschaften und die enormen materiellen und sonstigen Vorzüge der komplexen Großgesellschaften in einer höheren Einheit der Aufhebung dieser Widersprüche miteinander verbinden ließen - Verständigung *und* Farbfernseher gewissermaßen.

Reale Widersprüche und kommunikative Verständigung

Die grundlegende Vorstellung läuft dabei darauf hinaus, daß eine Gesellschaft vorstellbar sei, in der es *keine* Klassen und *keine* Klassenkonflikte mehr gibt, weil keine institutionelle Ordnung mehr besteht, die nur eine Gruppe gewinnen läßt und die andere im gleichen Maße benachteiligt. Es gibt nun eine Verfassung der Gesellschaft, die *alle* Menschen gleichermaßen zu Brüdern und Schwestern und zu Nutznießern und Nutznießerinnen der gesellschaftlichen Ordnung macht.

Im Modell hieße das: Bei einer bestimmten Konstellation - etwa bei 2,2 - gebe es für alle nur positive Auszahlungen - und alle anderen Konstellationen wären ausgeschlossen. Leicht ist vorstellbar, daß - wenn es dazu käme - sich die Menschen dann nicht mehr streiten müßten. Probleme gäbe es nur in einem eigentlich recht unproblematischen Sonderfall: wenn es mehrere solcher positiven Konstellationen gäbe - wie in Abbildung 29.2 dargestellt.

Es gibt hier zwei Varianten - Variante 1,1 oder Variante 2,2 - einer solchen Aufhebung der Klassenkonflikte. Nun geht es nicht mehr darum, daß jede der beiden Varianten immer eine Gruppe zwangsläufig in Nachteil setzt.

---

[2] Karl Marx, Kritik des Gothaer Programms, in: MEW 19, S. 21.

Die Dialektik der Gesellschaft 575

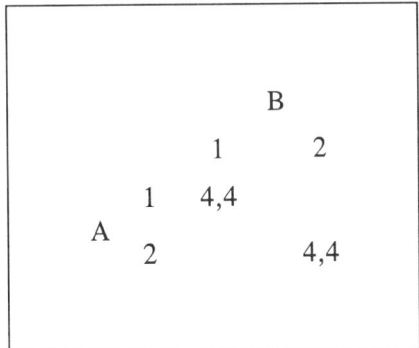

Abb. 29.2: *Verständigung als Koordination*

Es geht nun nur um die Abstimmung darüber, welche Koordination von zwei ganz *gleichwertigen* Optionen eingerichtet werden soll. Die Akteure müssen sich also tatsächlich nur noch darüber *verständigen* und ein Einvernehmen darüber erzielen, welche der beiden schönen Ordnungen es denn nun sein solle. Und dann wird die (sprachliche) Kommunikation über eine solche Einigung wichtig.

Genau diese Vorstellung hat Jürgen Habermas in seinem Konzept des kommunikativen Handelns entwickelt. Wir zitieren noch einmal die Stelle, auf die auch schon in dem kurzen Exkurs über Habermas und Luhmann hingewiesen wurde:

"Die Aktoren suchen eine Verständigung über die Handlungssituation, um ihre Handlungspläne und damit ihre Handlungen *einvernehmlich* zu *koordinieren*."[3]

Diese Verständigung kann in einem solchen Fall der Indifferenz der Gruppen über die beiden Verfassungen tatsächlich auch sehr leicht geführt werden. Sonderlich interesse- und daher herrschaftsfrei muß der dazu nötige Diskurs gar nicht sein, da es ja lediglich um die Koordination der Handlungen geht, bei der keine wirklichen Kontroll- und Interessen-Konflikte berührt sind. Ganz ähnlich leicht sind Einigungen über DIN-Normen oder darüber, ob in einer Gesellschaft Rechts- oder Linksverkehr gelten soll – sofern nicht auch damit schon Interessen-Konflikte verbunden sind, etwa weil eine Gruppe sich ganz umstellen müßte und dafür die Kosten zu tragen hätte. Eine Einigung ist bei einer Symmetrie der Interessen auch ganz und gar zwanglos

---

[3] Jürgen Habermas, Theorie des kommunikativen Handelns, Band 1: Handlungsrationalität und gesellschaftliche Rationalisierung, Frankfurt/M. 1981a, S. 128; Hervorhebungen nicht im Original.

möglich, da alle etwas davon haben, *wenn* es nur zu einer Einigung kommt. Es wird sehr deutlich, daß die Verständigung erst möglich wäre, wenn die Konflikte zwischen den Gruppen schon beseitigt sind und wenn es tatsächlich *nur* noch um Probleme der *Koordination* ginge.

Wie aber sollen diese materiellen Konflikte nicht nur entschärft, sondern sogar komplett und dauerhaft aufgehoben werden? Habermas meint: ebenfalls durch einen universalen Diskurs der Menschen, der sie zur Aufklärung über ihr letztes wirkliches Interesse führt. Und das sei das *übergreifende* Interesse an Verständigung, das *Motiv* des *kommunikativen Handelns*, das jedem Menschen mit der Fähigkeit zur Sprache gattungsmäßig und apriori mitgegeben sei (vgl. dazu auch den Kurzen Exkurs zu Habermas und Luhmann, sowie Kapitel 30). Darüber wäre, so könnte es in der Terminologie von Kapitel 21 ausgedrückt werden, ein wirklicher Interessen-Konflikt ausgeschlossen. Alle Interessen-Konflikte wären nichts als das Ergebnis eines nicht wirklich "kommunikativ" motivierten Handelns. Mit den Mitteln eines von Fremdinteressen freien, herrschaftsfreien Diskurses wäre es aber möglich, über die eigenartig bindende Kraft der argumentativen Rede jenen zwanglosen Zwang des besseren Argumentes zur Geltung zu bringen, der schließlich doch die Einsicht darin vermitteln kann, daß die Gattung der Menschen letztlich ein *gemeinsames* Interesse *eint*: das Interesse an Emanzipation bzw. das an Verständigung.

Hier sei eine kurze methodologische Bemerkung angefügt, die zu einer schon logisch begründeten Skepsis über die Haltbarkeit der Überlegungen von Habermas führt. Er setzt im Konzept der kommunikativen Verständigung ein Motiv voraus, das es erst geben kann, wenn es nur noch um Koordination und damit tatsächlich nur noch um Verständigung geht: Wenn das Problem eines der Koordination *ist*, dann entsteht das Motiv zur Verständigung, das dann über die argumenative Rede auch leicht zur einvernehmlichen Koordination führt. Kurz: Die koordinierende Verständigung setzt das voraus, wozu sie laut Habermas führen soll. Dies ist - leicht erkennbar - entweder ein logischer Zirkel, ein unendlicher Regreß oder ein dogmatischer Abbruch der Argumentation, ganz ähnlich zu dem Zirkel, unendlichen Regreß und dogmatischen Abbruch, auf die die sog. Konsenstheorie der Wahrheit geführt hatte, die Habermas in früheren Schriften[4] zur konsensuellen Begründung "wahrer" Aussagen vorgeschlagen hatte. Danach wird die Wahrheit von Aussagen in einem herrschaftsfreien Diskurs kompetenter Sprecher einvernehmlich beschlossen, wobei die Herrschaftsfreiheit des Diskurses und die Kompetenz der Sprecher immer wieder nur in einem neuen herrschaftsfreien Diskurs festgestellt werden kann - oder aber vorausgesetzt werden muß, also als gegeben und nicht weiter hinterfragbar *gesetzt* wird. Und genau diesen dogmatischen Abbruch vollzieht Habermas schließlich auch für das Motiv der Verständigung: Er setzt es als das den Menschen unhintergehbare, vorgängige Interesse *voraus*.

---

[4] Jürgen Habermas, Vorbereitende Bemerkungen zu einer Theorie der kommunikativen Kompetenz, in: Habermas und Luhmann 1971, S. 101-141; Jürgen Habermas, Legitimationsprobleme im Spätkapitalismus, Frankfurt/M. 1973, S. 148f.

Die *strukturelle* Voraussetzung zur einigenden Wirksamkeit kommunikativer Verständigung und des auch wirklich "zwanglosen" Zwangs argumentativer Rede kann nicht genug betont werden: Es darf *keinerlei* Unterschiede mehr zwischen den Menschen in der Kontrolle der sie interessierenden Güter geben. Anders gesagt: Kontroll- und Interessen-Konflikte dürfte es nicht mehr geben. Macht und Herrschaft wären dabei ebenso ausgeschlossen wie sonstige Ungleichheiten, die nicht auf bloßen Koordinationsproblemen beruhen. Kommunikation bei weiter bestehenden latenten Konflikten würde ja eher dazu führen, daß die Akteure ihre tatsächliche Situation besser überschauen und dann erst recht einer Lösung nicht zustimmen, die ihren Interessen zuwiderläuft.

Habermas meint nun, daß mit Hilfe der *Sprache* und über die Bindewirkung einer kommunikativen *Definition* der Situation eventuell bestehende strukturelle Asymmetrien in den Interessen ausgeräumt werden könnten: "Der zentrale Begriff der *Interpretation* bezieht sich in erster Linie auf das Aushandeln konsensfähiger Situationsdefinitionen. In diesem Handlungsmodell erhält die Sprache ... einen prominenten Stellenwert." (Habermas 1981a, S. 128; Hervorhebung im Original). Anders gesagt: Die *ideelle* Kraft einer *kommunikativen* "Definition" der Situation durch die Akteure sei *stärker* als die Macht der *materiellen* Knappheitsverhältnisse, die den *strukturellen* Rahmen dafür bilden, ob ein (bloßes) Koordinationsproblem vorliegt oder nicht.

Ist diese Annahme plausibel? An einer Einigung interessierte Kommunikation führt laut Habermas dazu, daß die Akteure eine zuerst verborgene Interessengemeinsamkeit feststellen - und dann zu einer Koordination ihres Tuns finden. Was aber, wenn es eine solche geheime Interessenkonvergenz nicht gibt oder wenn sie nur sehr abstrakt als Interesse der "Menschheit" und in bezug auf eine fernere Zukunft gesehen wird, auf die die Menschen unter den Restriktionen des aktuellen Alltags nicht warten *können*? Und was ist mit dem ja niemals stillzustellenden Opportunismus der Menschen als dem schon biologisch verankerten, immer verbleibenden antagonistischen Element in jeder Kooperation und auch in jeder "Verständigung"? Die Vorannahme des Opportunismus ist wenigstens empirisch gut begründbar; das Apriori eines universal gültigen Interesses an Verständigung als letztes Telos der Menschen ist nichts als eine philosophische Spekulation.

Annahmen, daß es eine Welt ohne jeden Kontroll- und Interessen-Konflikt geben könne und daß die Spezies des homo sapiens plötzlich durch die kommunikative Verständigung zu Altruisten mutieren würde, werden nicht zu Unrecht als *Utopie* - als: U-Topie (griech.; wörtlich übersetzt: Nicht-Ort) - bezeichnet: Es sind Gesellschaften und Menschen, für die es bisher keinen real existierenden Platz in der Geschichte der menschlichen Gesellschaft gegeben hat.

Wäre es daher nicht viel naheliegender, statt auf die kommunikative Verständigung und auf die Leugnung des Opportunismus der Menschen zu setzen, gezielt die strukturellen Voraussetzungen zu schaffen, vor deren Hintergrund dann tatsächlich sehr zwanglos kommuniziert werden kann, weil es dann wirklich nur noch um Koordinationsprobleme geht? Als Vermutung ausgedrückt: Es ist wohl wenigstens realistischer, zur Erzeugung gesellschaftlicher Integration die gesellschaftlichen *Strukturen* in Richtung auf die Entschärfung von Konflikten zu ändern - statt auf die im Vergleich dazu wohl doch nur schwache Definitionskraft der *Sprache* zu setzen.

Die Aufhebung der Widersprüche im Wohlfahrtsstaat

Die Vorstellung von Jürgen Habermas klingt - ganz unabhängig von ihrer Plausibilität und Haltbarkeit - wieder sehr nach Hegel, nach Idealismus und nach der Entfaltung des Geistes. Karl Marx hatte hier auf die immer weitere Entwicklung der Produktivkräfte und der (Natur-)Wissenschaften gesetzt, die dazu führe, daß schließlich auch der letzte Klassenkonflikt sich in einer Gesellschaft auflöse, die von Reichtum nur so überquelle (siehe oben). Schwerindustrie und Elektrifizierung waren zum Beispiel für Lenin Voraussetzungen für die Verwirklichung der Marxschen Utopie.

Die Menschen wollten mit dem gesellschaftlichen Reichtum wohl nicht erst bis zur vollen Entfaltung des Kommunismus warten - zumal sie zusehen konnten, wie dies auch über die kapitalistische Variante der gesellschaftlichen Ordnung und bei Erhalt von Klassenunterschieden und sozialer Ungleichheit möglich wurde. Und offenkundig ist auch das Vertrauen in die Annahme sehr erschüttert worden, daß sich eine Gesellschaft ohne jede Form von sozialer Ungleichheit, Herrschaft und den dadurch notwendigerweise erzeugten Interessen- und Kontroll-Konflikten überhaupt einrichten läßt.

Die zweite Möglichkeit einer Aufhebung der Klassenkonflikte wurde dann auch nicht im Sozialismus oder gar im Kommunismus, sondern *innerhalb* der institutionellen Struktur des marktwirtschaftlichen Kapitalismus entwickelt: die Wachstumsgesellschaft und der Wohlfahrtsstaat. In deren Rahmen können soviel Güter produziert werden, daß *alle* Gruppen zusätzliche Gewinne erhalten können, ohne daß die jeweils andere Gruppe etwas verliert.

Die Überlegungen lesen sich wie das Parteiprogramm der CDU aus den 50er Jahren kombiniert mit ein wenig Spieltheorie: Wenn das oben beschriebene Null-Summen-Spiel durch das Wirtschaftswachstum zum Positiv-Summen-Spiel wird (die Summe der Auszahlungen ist *nicht* immer gleich null), dann kann die profitierende Gruppe notfalls auch etwas von dem Zusatzgewinn abgeben, wodurch sich die absolute und die relative

Ungleichheit etwas mildert und so der unterlegenen Gruppe das Gefühl vermittelt wird, daß sich eine Revolution - zumal eine solche mit ungewissem Ausgang - nicht lohnt.

Diese Konstellation ist in Abbildung 29.3 skizziert.

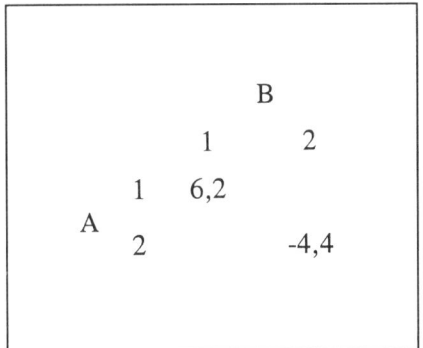

Abb. 29.3: *Die Aufhebung der Widersprüche im Wohlfahrtsstaat*

Es sei unter der wohlfahrtsstaatlichen Gesellschaftsordnung 1,1 insgesamt ein zusätzliches Wirtschaftswachstum von 8 Einheiten erzielt worden. Davon habe die Gruppe A noch zusätzliche 2 Einheiten, die Gruppe B dagegen 6 Einheiten im Zuge einer sozialstaatlichen Umverteilung erhalten. Damit kommt die Gruppe B auf wenigstens 2 Einheiten. Zwar gibt es jetzt immer noch soziale Ungleichheit und auch noch einen Konflikt sowie die Versuchung der Gruppe B, die für sie viel günstigere Situation 2,2, etwa eines Arbeiter- und Bauernstaates, durchzusetzen.

Aber ob sich das wirklich lohnt? Im status quo 1,1 gibt es ein zusätzliches Sozialprodukt von 8 Einheiten zu verteilen, in der utopischen Gesellschaft 2,2 dagegen nicht. Der Vorteil kann dort nur auf Kosten der anderen Gruppe gesichert werden. Und bei einem noch weiter getriebenen Wirtschaftswachstum im Rahmen der Verfassung 1,1 - etwa über ein "verantwortliches" Handeln der "Sozialpartner" bei Tarifabschlüssen und dergleichen - wäre es schließlich sogar denkbar, daß jede revolutionäre Versuchung - etwa der Arbeiterklasse - verfällt, weil es ihnen unter der kapitalistischen Ausbeutung schließlich deutlich besser geht, als wenn der Arbeiter- und Bauernstaat durchgesetzt wäre, es dort aber leider nicht viel zu verteilen gibt.

Basis und Überbau

Für Karl Marx sind die mit der jeweiligen Gesellschaftsordnung institutionalisierten materiellen Widersprüche der Kern der Dialektik der Gesellschaft. Der Geist ist für Marx nur Überbau, nur ein Reflex der materiellen Verhältnisse. Karl Marx setzt also der Behauptung von der Bewegungskraft des argumentativen Dialogs, des sich selbst entäußernden Geistes und der Wirklichkeit des logischen Widerspruchs die These von der Bewegungskraft der *real* existierenden gesellschaftlichen Konflikte gegenüber. Marx stellt Hegel "vom Kopf auf die Füße".

Damit ist nicht gemeint, daß der Überbau der Gesellschaft keinerlei Bedeutung habe. Im Gegenteil: Erst das Bewußtsein der Mitglieder der jeweiligen Gruppierungen - der sozialen Klassen (vgl. Abschnitt 25.2) - läßt die latenten Konflikte zum Ausbruch kommen. Und hierbei ist eine kulturelle und symbolische Stilisierung der materiellen Unterschiede von großer Bedeutung. Symbole aller Art, die Konstruktion einer gemeinsamen Geschichte und Bestimmung und die Betonung einer typisch unterschiedlichen Kultur verschärfen oft die subjektiv gar nicht so stark empfundenen materiellen Konflikte und machen so erst die Mobilisierung der Kräfte möglich.

Noch aus einem anderen Grund werden die kulturellen Werte und weniger die materiellen Auszahlungen oft zum entscheidenden Ansatzpunkt für die Radikalisierung solcher Konflikte: Die jeweilige materielle Basis, die Verfassung der Gesellschaft und die Super-Struktur der kulturellen Werte bilden - wie wir in Kapitel 23 und Abschnitt 25.3 gesehen haben - ein zusammenhängendes *System*, ein *Gesamt*programm, das nur *komplett* und eben nicht teilweise ausgetauscht werden kann - aus der Sicht der Akteure. Wo es also scheinbar "nur" um Werte geht, dreht es sich tatsächlich oft um komplette *Lebensweisen*, Systeme von Sinndeutungen und Alltagsgestaltungen.

Es droht also mit einer Revolution nicht nur der Zerfall der Grundlage der materiellen und der sozialen Existenz, sondern auch eine Revolution der orientierenden Werte und damit eine Zerstörung der nomischen Sicherung des Lebens, der jeder Mensch fast mehr bedarf als aller materiellen Versorgung. Und genau daher werden auch kleinere materielle Konflikte oft zu ganz und gar mörderischen *Wert*konflikten hochdramatisiert, in denen es nur scheinbar irrationalerweise um geringfügige materielle Anlässe geht.

Auch die moderner gewordene Welt ist voll davon. Man hat sogar manchmal den Eindruck, daß die Modernisierung der Welt die Auseinandersetzungen über die Werte eher noch angeheizt hat. Und dafür gibt die Modernisierung der Welt den wichtigsten endogenen Anlaß: die fortlaufende Verunsicherung der Menschen über die Grundlagen der nomischen Ordnung ihrer Welt.

Soziologische Konflikttheorie

Für Karl Marx wären aber die Auseinandersetzungen über Werte nur kulturelle Maskeraden der eigentlichen Konflikte: Die materiellen und institutionellen Widersprüche sind nach Marx die letztlich bewegenden Kräfte der Gesellschaft. Nur darüber lasse sich verstehen, was in der Gesellschaft - wenigstens langfristig - vorgehe. Reale Widersprüche, soziale Konflikte also, sind in der Sichtweise von Marx damit die Essenz der Gesellschaft.

Mit dieser Auffassung ist Karl Marx in der Soziologie keineswegs allein geblieben. In der nicht-Marxschen Soziologie ist diese Sichtweise auch als *Konflikttheorie* der Gesellschaft bekannt geworden. Einer der wichtigsten Vertreter einer nicht-marxistischen soziologischen Konflikttheorie ist Ralf Dahrendorf (gewesen), der, über Marx hinausgehend, nicht nur das Privateigentum an Produktionsmitteln als Hintergrund der treibenden Widersprüchlichkeiten ansieht, sondern ganz allgemein jede Form der Herrschaft, die - gerade weil sie für *jede* denkbare gesellschaftliche Ordnung notwendig ist - *immer* einen Konflikt zwischen den gerade Herrschenden und den jeweils Beherrschten institutionalisiert. Und daraus, aus der Notwendigkeit der Koordination gesellschaftlicher Kooperation durch Herrschaft für die gesellschaftliche Reproduktion ganz allgemein, ergebe sich eine grundsätzliche Unvermeidlichkeit von - zumindest latenten - Konflikten: als direkte Folge der gesellschaftlich notwendigen Institutionalisierung einer Ordnung über Herrschaft[5].

Die Überlegungen von Dahrendorf lassen sich gut in einem der Modelle von über die Verfassung der Gesellschaft institutionalisierten Konflikten zwischen Gruppen zusammenfassen (vgl. die Konstellationen in den Abbildungen 21.1 und 21.2, 25.5 oder 28.2): Gesellschaft ist *nur* als *Ordnung* - Konstellation 1,1 *oder* Konstellation 2,2 - möglich. Ordnung ist ihrerseits *nur* über *Herrschaft* möglich. Und Herrschaft *bevorteilt* zwingend *immer* eine und *benachteiligt* ebenso zwingend *immer* andere *Gruppen* nach Maßgabe ihrer jeweiligen *Nähe zum Zentrum* der jeweils *herrschenden staatlichen Gewalt*.

Da Herrschaft und der damit *logisch* verbundene Konflikt also immer sowohl "notwendig" wie gleichzeitig auch "ärgerlich" sind (vgl. Kapitel 21), enthält *jede* nicht-utopische Gesellschaft *immer* einen *endogenen* dynamischen Kern,

---

[5] Ralf Dahrendorf, Class and Class Conflict in Industrial Society, London 1959; Ralf Dahrendorf, Pfade aus Utopia. Arbeiten zur Theorie und Methode der Soziologie. Gesammelte Abhandlungen I, 3. Aufl., München 1974. Vgl. auch Edna Ullmann-Margalit, The Emergence of Norms, Oxford 1977, S. 162ff.

von dem notwendigerweise eine andauernde Bewegung und nicht stillzustellende Tendenzen zum sozialen Wandel ausgehen (vgl. Abschnitt 25.2).

Mit Karl Marx sieht Ralf Dahrendorf daher in den aus der jeweiligen gesellschaftlichen Ordnung unmittelbar herrührenden Widersprüchen und Konflikten einen *inhärent* gegebenen Grund für die immerwährende (latente) Widersprüchlichkeit und für die nicht aufzuhebende innere Dynamik jeder Gesellschaft. Und dies ist auch nicht grundsätzlich zu bedauern: "Die große schöpferische Kraft, die den Wandel ... vorantreibt, und die ebenso allgegenwärtig ist (wie der soziale Wandel; HE), ist der soziale Konflikt." (Dahrendorf 1974, S. 261) Merkwürdig und beunruhigend zugleich wäre dagegen das Ausbleiben von Wandel und Konflikt:

"Nicht das Vorhandensein, sondern das Fehlen von Konflikt ist erstaunlich und abnormal; und wir haben guten Grund zum Verdacht, wenn wir eine Gesellschaft oder Sozialorganisation finden, die allem Anschein nach keine Konflikte aufweist." (Ebd.)

Ralf Dahrendorf führt damit die nicht-Marxsche soziologische Konflikttheorie ein wichtiges Stück weiter. Diese war als eine Art von vorsichtiger Reaktion auf das Gleichgewichts-Apriori des Funktionalismus, insbesondere in Gestalt der "Theorie sozialer Konflikte" von Lewis A. Coser, Mitte der 50er Jahre begonnen worden[6]. Coser hatte gegenüber dem Integrationspostulat des Struktur-Funktionalismus eingewandt, daß Konflikte zum ganz normalen Funktionieren sozialer Systeme gehörten - und keineswegs lediglich pathologische Formen der Abweichung von einem Gleichgewicht seien. Im Gegenteil: Manche Konflikte seien geradezu *funktional* für das Bestehen sozialer Beziehungen, Gruppen und Gesellschaften.

Lewis A. Coser knüpfte mit dieser These von der Funktionalität sozialer Konflikte u.a. an Georg Simmel an, der in seinem berühmten Kapitel IV "Der Streit" auch die bindenden und gruppenstärkenden Wirkungen sozialer Konflikte und unter anderem die "soziologische Positivität des Kampfes"[7] betont hatte. Bei Georg Simmel findet Coser das Programm für seinen Ansatz. Für Ehen - beispielsweise - meint Georg Simmel das Folgende festgestellt zu haben:

"Nicht nur für unzweideutig verunglückte Ehen, sondern auch für solche, die einen erträglichen oder wenigstens ertragenen modus vivendi gefunden haben, ist ein gewisses Maß von Mißhelligkeiten, innerem Auseinandergehen und äußeren Kontroversen mit alledem, was das Band schließlich zusammenhält, organisch verbunden." (Simmel 1968, S. 189)

---

[6] Lewis A. Coser, Theorie sozialer Konflikte, Darmstadt 1972 (zuerst: 1956).
[7] Georg Simmel, Der Streit, in: Georg Simmel, Soziologie. Untersuchungen über die Formen der Vergesellschaftung, Berlin 1968c, S. 186ff.

Und für ganze Gesellschaftsstrukturen vermutet er:

"Auf der anderen Seite tritt die durchaus positive und integrierende Rolle des Antagonismus an Fällen hervor, wo die Struktur durch die Schärfe und sorgfältig konservierte Reinheit sozialer Einteilungen und Abstufungen charakterisiert wird. So beruht das indische Sozialsystem nicht nur auf der Hierarchie der Kasten, sondern auch direkt auf ihrer gegenseitigen Repulsion. Feindseligkeiten hindern nicht nur die Abgrenzungen innerhalb der Gruppe am allmählichen Verschwimmen; ... sie geben Klassen und Persönlichkeiten oft erst ihre gegenseitige Stellung, die diese nicht oder nicht so gefunden hätten wenn etwa die objektiven Ursachen der Feindseligkeit ... nicht von dem Gefühle und den Äußerungen der Feindschaft begleitet wären." (Ebd.)

Konflikte nach außen stärken die Gemeinschaft nach innen. Das ist bekannt. Aber das ist ein neuer Gedanke: Konflikte konturieren auch die Situation nach innen, orientieren die Akteure, spornen sie gegenseitig an und führen so - unintendiert - zu einem besseren Zusammenhalt und zu einer höheren Leistungsfähigkeit des Systems.

Jeder Trainer einer Fußballmannschaft weiß, daß die betuliche Parole sowohl von Sepp Herberger wie von Egidius Braun "Elf Freunde müßt ihr sein" nicht immer dem Erfolg und dem wirklichen Zusammenhalt einer Mannschaft dienlich ist. Der Ruderprofessor Karl Adam hat aufgrund dieser Einsicht, daß eben Konflikte die Leistung und den latenten Zusammenhalt einer Gruppe fördern können, den Gewinn der Goldmedaille im Achter bei den Olympischen Spielen 1960 in Rom vorbereitet. In dem Boot saß übrigens der Soziologe und Philosoph Hans Lenk. Es muß viel Streit gegeben haben.

Letztlich bleibt Lewis A. Coser aber immer im Grunde weiter Funktionalist: Konflikte sind gut für das Funktionieren von sozialen Beziehungen, Gruppen und Gesellschaften. Daher heißt diese Theorie auch richtigerweise "*funktionalistische* Konflikttheorie". Der amerikanische Originaltitel des Buches von Lewis A. Coser lautet dann auch "The *Functions* of Social Conflict".

Erst Ralf Dahrendorf hat eigentlich wieder richtig an die Marxsche Grundidee angeknüpft und der soziologischen Konflikttheorie aus ihrer funktionalistischen Verkleidung herausgeholfen, die sie bei Coser immer hatte. Und nach der frühen Stimme von Georg Simmel waren es nur Ralf Dahrendorf und später - auf seine ganz eigene Weise - Niklas Luhmann, die die Unausweichlichkeit, ja die Notwendigkeit und die prinzipielle Unbeendbarkeit sozialer Konflikte geradezu für das Bestehen einer Gesellschaft auch theoretisch begründet herausgearbeitet haben. Sie haben so etwas dabei geholfen, das Integrationsapriori des Funktionalismus aus der soziologischen Theorie der Gesellschaft zu verbannen.

Aber nach wie vor wird auch in der Soziologie nur sehr zögerlich von der Vorstellung Abschied genommen, daß "eigentlich" ja doch die Auflösung aller Konflikte, die Verständigung und die Harmonie der Menschen untereinander das letzte Ziel der Bestimmung der Gesellschaft seien. Selbst der frühe Prophet der postmodernen, individualisierten Gesellschaft - Georg

Simmel - hatte in seinem Gesellschaftskonzept dieses Apriori ja noch deutlich beschworen (vgl. Kapitel 20).

Integration oder Konflikt? Zur Aufhebung des Widerspruchs

Der hierbei wichtige Gesichtspunkt ist, daß *weder* Konflikt, *noch* Kooperation alleine jeweils das Prinzip der Gesellschaft darstellen, sondern daß es das Problem der antagonistischen Kooperation *immer* und in *allen* gesellschaftlichen Beziehungen der Menschen - wenigstens latent - gibt. Unintendierte Folgen des Handelns können *sowohl* die Integration *wie* die Spaltung einer Gesellschaft sein - immer ganz unabhängig auch von den Absichten der Akteure.

Für die unbeabsichtigten integrativen Folgen hatte Adam Smith einen wichtigen Beitrag geliefert: Die unsichtbare Hand sorgt dafür, daß sich die egoistischen Interessen zum kollektiven Wohl aggregieren. Auf die unbeabsichtigten desintegrativen Folgen des problemlösenden Alltagshandelns hatte Karl Marx hingewiesen: Die Versuche der privaten Aneignung des Mehrwertes im Rahmen der kapitalistischen Eigentumsordnung konstituieren einen objektiven Konflikt, der schließlich zur Abschaffung dieser Ordnung führt. Beide Autoren - Karl Marx wie Adam Smith - haben also unterschiedliche Hypothesen über die *Art* der externen Effekte. Wir hatten gesehen, daß beide Arten von Effekten immer möglich sind, weil es immer um Antagonismus *und* um Kooperation geht. Beide Autoren gehen aber theoretisch sehr ähnlich vor: Die jeweiligen kollektiven Folgen sind nichts als das (meist) unbeabsichtigte Resultat des Handelns menschlicher Akteure.

Die zentrale *theoretische* Besonderheit seiner dialektischen Soziologie teilt Karl Marx - bei allen sonstigen Unterschieden - also mit Adam Smith und mit den anderen Vertretern der Schottischen Moralphilosophie: den Versuch nämlich, die Subjektivität des Handelns der Menschen und die Objektivität der gesellschaftlichen Verhältnisse in *einem* theoretischen Argument zu verbinden. Nach Karl Marx ist es niemand anderes als der Mensch, der die Gesellschaft schafft und die Geschichte vorantreibt:

"Die *Geschichte* tut *nichts*, sie 'besitzt *keinen* ungeheuren Reichtum', sie 'kämpft *keine* Kämpfe'! Es ist vielmehr *der Mensch*, der wirkliche, lebendige Mensch, der alles das tut, besitzt und kämpft; es ist nicht etwa die 'Geschichte', die den Menschen zum Mittel braucht, um *ihre* - als ob sie eine aparte Person wäre - Zwecke durchzuarbeiten, sondern sie ist *nichts* als die Tätigkeit des seine Zwecke verfolgenden Menschen."[8]

---

[8] Karl Marx, Die heilige Familie, in: MEW 2, S. 98; Hervorhebungen im Original.

Auf der anderen Seite unterliegt dieses Handeln der Menschen aber den jeweils bereits vorliegenden gesellschaftlichen Bedingungen, die andere Generationen zuvor in einer "Entwicklungskette" geschaffen und die dadurch einen "vom Wollen der Menschen unabhängigen Zusammenhang" erzeugt haben:

"Die Menschen machen ihre eigene Geschichte, aber sie machen sie *nicht aus freien Stücken*, nicht unter selbstgewählten, sondern unter unmittelbar vorgefundenen, gegebenen und überlieferten Umständen."[9]

Die erste Stelle liest sich wie der Teil eines Manifestes für einen schon sehr rigorosen individualistischen Reduktionismus, die zweite Stelle dagegen wie gerade aus den "Regeln der soziologischen Methode" von Emile Durkheim als Beleg für die Bedeutung der Prägkraft des soziologischen Tatbestandes entnommen. Und zusammengenommen entsprechen die Aussagen der Idee der unintendierten Folgen des absichtsvollen Handelns, der Spannung zwischen manifesten und latenten Funktionen und der zwischen der Subjektivität des Handelns und durch externe Effekte erzeugten Objektivationen.

Die *realen* Widersprüche zwischen den sozialen Klassen sind also die zentrale *inhaltliche*, die *Makro-Mikro-Makro-Dialektik* von individueller Subjektivität und gesellschaftlicher Objektivität die wichtigste *theoretische* Grundlage der Soziologie von Karl Marx. Er hat sie an vielen Stellen immer wieder anderen Konzepten entgegengehalten, die entweder der Objektivität der Gesellschaft oder der Subjektivität der Individuen eine Vorrangstellung einräumen wollten. Beispielsweise in der Kritik an der "Deutschen Ideologie" und an der "Deutschen Philosophie", speziell an Feuerbach:

"Die gesellschaftliche Gliederung und der Staat gehen beständig aus dem Lebensprozeß bestimmter Individuen hervor, aber dieser Individuen nicht, wie sie in der eigenen oder fremden Vorstellung erscheinen mögen, sondern wie sie *wirklich* sind, d.h. wie sie wirken, materiell produzieren, also wie sie unter bestimmten materiellen und von ihrer Willkür unabhängigen Schranken, Voraussetzungen und Bedingungen tätig sind."[10]

Dies ist in einer vielleicht etwas angestaubten, aber ansonsten gut verständlichen Sprache nichts anderes als das Programm, das auch dem Modell der soziologischen Erklärung und den dazu erforderlichen drei Schritten der soziologischen Analyse zugrundeliegt. Karl Marx - und Hegel erst recht - konnte zu seiner Zeit noch nichts über die methodologischen Bedingungen

---

[9] Karl Marx, Der achtzehnte Brumaire des Louis Bonaparte, in: MEW 8, S. 115; Hervorhebung nicht im Original.
[10] Karl Marx, Die Deutsche Ideologie, in: MEW 3, S. 25; Hervorhebung im Original.

angemessener soziologischer Erklärungen wissen. Noch heute ist dieses Wissen ja nicht sehr verbreitet. Und es ist - zumindest bei Hegel - zweifelhaft, ob die Kriterien der adäquaten Erklärung für sie überhaupt als Richtschnur des Nachdenkens über die Gesellschaft gegolten hätten. Adam Smith war - wenn man so will - auf dem rechten Auge, Karl Marx auf dem linken Auge (und Hegel vollkommen) blind. Stereoskopie ist aber ein - wie die Evolution des Lebens gezeigt hat - wichtiger Reproduktionsvorteil in komplexen, sich rasch wandelnden und dunklen Umwelten. Wir zweiäugigen Zwerge von der erklärenden Soziologie sehen nur deshalb etwas weiter, stereoskopisch und damit besser, weil wir auf den Schultern dieser beiden Zyklopen der Soziologie stehen.

Kapitel 30
Soziologische Theorien über die Gesellschaft

Die theoretische Konzeption von Karl Marx fasziniert - nach wie vor - viele Soziologen wohl auch deshalb so sehr, weil sie die geschilderten Widersprüche der gesellschaftlichen Existenz des Menschen in *einem* Modell zu integrieren versucht: Die Marxsche Theorie der Gesellschaft ist weder einseitig mikro- *oder* makro-soziologisch, noch einseitig am Handeln *oder* an den Strukturen, noch nur an Kooperation *oder* Konflikt orientiert. Sie versucht *alle* diese Aspekte in *einem* übergreifenden Entwurf zu vereinen. Und das allein verdient besondere Aufmerksamkeit vor dem Hintergrund eines methodologischen Programms der Theorieintegration.

Die Konzeption der Dialektik der Gesellschaft haben daher nicht ohne Grund später auch viele der Soziologen für sehr überzeugend befunden, die ansonsten recht wenig mit den anderen Auffassungen von Karl Marx - und noch weniger mit den späteren politischen Folgen seiner theoretischen Überlegungen - anfangen konnten. Ein Beispiel dafür ist das bereits öfter erwähnte Konzept von Peter L. Berger und Thomas Luckmann über die "gesellschaftliche Konstruktion der Wirklichkeit" durch die Externalisierung und die Objektivierung des problemlösenden Handelns von Menschen (vgl. Kapitel 21).

In diesem abschließenden Kapitel 30 sollen (speziell in Abschnitt 30.3) einige Entwicklungen in der soziologischen Theorie geschildert werden, die im Grunde die gleiche Perspektive verfolgen wie die hier vertretene Position der erklärenden Soziologie und die mit dem Konzept von der Dialektik der Gesellschaft eine zentrale Grundidee teilen: die Erklärung der Gesellschaft als Produkt der wechselseitigen Konstruktion und Konstitution von Mensch und Gesellschaft. Das heißt: als durch das Handeln der Akteure getragene und durch dessen externe Effekte immer wieder neu geschaffene Objektivität, die den Menschen dann wieder als eine mehr oder weniger fremde Macht gegenübersteht.

Zuvor seien in Abschnitt 30.1 - gewissermaßen als Hintergrund dieser neueren Entwicklungen - die "klassischen" Theorieansätze der Soziologie skizziert. "Klassisch" bedeutet hier: Die Autoren der jeweiligen Theorien haben - etwas vereinfacht gesagt - die Gesellschaft jeweils aus *einer* Perspektive heraus betrachtet: entweder "von oben" oder "von unten", von der Gesellschaft oder vom Individuum her, strikt makro- oder strikt mikro-soziologisch. Und sie haben dabei typische und folgenschwere Fehlschlüsse begangen, deren Tragweite mit dem Modell der soziologischen Erklärung leicht rekonstruierbar wird. Es gab bei den Auseinandersetzungen um die klassischen Ansätze eine weitere Linie der Kontroverse, die in Abschnitt 30.2 aufgegriffen wird: Ist die Soziologie eine "erklärende" oder eine "verstehende" Angelegenheit? Die klassischen Ansätze hatten auch hierfür keine Möglichkeit der Integration beider Anliegen.

Diese Einseitigkeiten - zwischen Mikro- und Makro-Soziologie, zwischen Erklären und Verstehen - zugunsten einer integrativen Perspektive zu überwinden, ist wohl die wichtigste Gemeinsamkeit der aktuelleren theoretischen Entwicklungen in der Soziologie - so verschieden sie sonst auch noch sein mögen.

30.1 Klassische Theorien der Soziologie

In einer groben, aber wohl nicht gänzlich falschen Reihenfolge läßt sich die Entwicklung der "klassischen" Theorien der Soziologie über die Gesellschaft als eine Abfolge von einer eindeutig *makro*-soziologischen Orientierung zu einer deutlichen *mikro*-soziologischen Gegenbewegung sehen.

Klassische Makro-Soziologie

Die *makro-soziologische* Tradition ist eng mit den Arbeiten von Emile Durkheim und seiner Analyse der "Regeln der soziologischen Methode" verbunden. Die Grundregel für das soziologische Arbeiten lautet in dieser Tradition bekanntlich: Betrachte die soziologischen Phänomene wie Gegenstände, als soziologische Tatbestände, die ein von den individuellen Manifestationen unabhängiges Leben haben (vgl. dazu Kapitel 2 und 24).

Die Aufgabe der Soziologie ist es danach, die Gesetze aufzufinden, die die Entwicklung, das Funktionieren und den Wandel kompletter sozialer Gebilde erklären können. Und es wird davon ausgegangen, daß es die, für Erklärungen ja erforderlichen, Gesetze auf der Ebene der kollektiven Gebilde selbst - der Gruppen, Organisationen, Klassen und Stände, ganzer Gesellschaften und Kulturen, sowie auch der historischen Epochen - gebe. Beispiele für solche genuin makro-soziologischen Gesetze wären, daß die Industriegesellschaft die Kleinfamilie mit sich bringe, daß auch demokratische Parteien notwendigerweise eine Führungselite ausbilden oder daß komplexer organisierte Massengesellschaften dann zusammenbrechen, wenn sie - wie die sozialistischen Länder Osteuropas - keine intermediären Instanzen ausgebildet haben.

Aber auch Karl Marx entwickelte, neben seiner dialektischen Grundidee der Konstruktion der Gesellschaft als externer Effekt des interessenorientierten Handelns der Menschen, gelegentlich und mit zunehmender Reife seines Werkes, wie er meinte, immer mehr eine ebensolche Vorstellung von einem übergreifenden makro-soziologischen Gesetz *der* Gesellschaft. Nämlich, daß der historisch letzte Klassenkampf unvermeidlich und daß das Heraufkommen der kommunistischen Gesellschaft eine Frage der Dialektik eines unausweichlichen historischen Gesetzes sei. Dieses Gesetz sieht Karl Marx in der Zuspitzung der ökonomisch bedingten Widersprüche in den Produktionsverhältnissen gerade als *endogene* Folge der zunehmenden Entfaltung der Produktivkräfte im Kapitalismus. Und es komme für die Wissenschaft von der Gesellschaft daher zuallererst auch darauf an, jenes " ... ökonomische Bewegungsgesetz der modernen Gesellschaft zu enthüllen."

Vor diesem Gesetz gebe es kein Entrinnen. Mehr noch: Selbst wenn es als *Gesetz* erkannt sei und selbst wenn die Akteure ihm entrinnen möchten, gebe es keine Möglichkeit, von diesem übergreifenden "Gesamtplan" der Geschichte abzuweichen. Die Gesellschaft könne " ... naturgemäße Entwicklungsphasen weder überspringen noch wegdekretieren."[1] Dies ist eine starke Behauptung. Sie ist nicht vereinbar mit einer Konzeption der Erklärung sozialer Prozesse, die auch nicht-endogene Einflüsse bei genetischen Prozessen immer für möglich, ja eigentlich für unvermeidlich hält (vgl. Abschnitt 6.3). Und sie ist ja auch empirisch nachweislich nicht zutreffend - wie die Widerlegung von zahllosen anderen solcher Phasengesetze der Entwicklung gezeigt hat und wie nicht zuletzt am Schicksal dieses Teils der Hypothesen von Karl Marx abzulesen gewesen ist.

An dieser, für die Marxsche Geschichtsphilosophie letztlich doch auch sehr zentralen Hypothese zeigt sich, daß Marx auch eine stark makro-soziologische und historizistische Neigung hatte und trotz aller Betonung der Subjektivität der gesellschaftlichen Prozesse letztlich daran festhielt, daß die Geschichte einem bestimmten Plan und *vorgegebenen* Gesetzen folge. Der von ihm - im Vergleich zu seinen Frühschriften (bis 1848 etwa) - immer stärker vertretene soziologische *Historizismus* bzw. *Pronaturalismus* ist Marx - bei allen sonstigen Verdiensten - später zu Recht vorgehalten worden. Insbesondere Karl R. Popper hat auf die schon logische Unhaltbarkeit jeder Annahme von übergreifenden soziologischen Makrogesetzen der Gesellschaft und deren Entwicklung sehr deutlich hingewiesen.[2]

Die makro-soziologische Grundidee, von der der Durkheimsche Soziologismus und der Marxsche Historizismus nur eine Variante unter vielen anderen ist, läßt sich mit einem Ausdruck von Niklas Luhmann gut zusammenfassen: Das Prozessieren von sozialen Gebilden könne *nur* als *Konstitution 'von oben'*[3] angemessen erfaßt, verstanden und erklärt werden; also: niemals über das Handeln von menschlichen Akteuren, die, in dieser

---

[1] Karl Marx, Das Kapital. Kritik der politischen Ökonomie, Erster Band, Berlin 1969, S. 15.
[2] Karl R. Popper, Das Elend des Historizismus, 4. Aufl., Tübingen 1974, S. 39f.
[3] Niklas Luhmann, Soziale Systeme. Grundriß einer allgemeinen Theorie, Frankfurt/M. 1984, S. 43.

Sichtweise, ja nur das Personal der Gesellschaft stellen und nur das Spielmaterial von Vorsehung und Geschichte sein können. Emile Durkheim war der wichtigste Begründer dieser Sichtweise für die Soziologie. Talcott Parsons und der von ihm entwickelte *Struktur-Funktionalismus* hat dieses Konzept zu einem zeitweilig nicht nur die Soziologie dominierenden Höhepunkt gebracht (vgl. dazu insgesamt Kapitel 22 bis 24).

Klassische Mikro-Soziologie

Die makro-soziologische Sicht war - auch auf ihrem Höhepunkt in den 50er und 60er Jahren dieses Jahrhunderts - in der sonstigen Soziologie immer umstritten. Das hatte mit zwei unterschiedlichen Kritikpunkten zu tun, die aus ganz verschiedenen *mikro-soziologischen* Theorierichtungen stammten. Dies war einerseits die von George C. Homans vertretene *verhaltenstheoretische Soziologie*.[4] Und andererseits - hier etwas großzügig verschiedene Varianten der gleichen Ausgangsidee zusammenfassend - das *interpretative Paradigma* bzw. das Konzept des *Symbolischen Interaktionismus*, wie es in Abschnitt 26.2 in der Fassung von Herbert Blumer[5] charakterisiert worden ist.

Die Bezeichnung "interpretatives Paradigma" hat Thomas P. Wilson in einem ebenfalls programmatischen Artikel eingeführt.[6] Sie ist der Sammelbegriff für alle die theoretischen Richtungen, die zuallererst vom "Sinn", von den Symbolen und den "Bedeutungen" sowie von der Fähigkeit des menschlichen Akteurs zu einer intelligenten, ja sogar strategischen Selektion des Handelns bei der Analyse sozialer Prozesse ausgehen und die sich deutlich vom traditionellen *normativen Paradigma* der funktionalistischen Makro-Soziologie unterscheiden, die ja von der maßgebenden Wirkung von Normen, Werten und über die soziale Umgebung vermittelten Einstellungen ausgehen, denen die Akteure ziemlich blind folgen würden.

---

[4] Siehe dazu den programmatischen Aufsatz von George C. Homans, Wider den Soziologismus, in: George C. Homans, Grundfragen soziologischer Theorie, Opladen 1972, S. 44-58.

[5] Siehe dazu den ebenfalls programmatischen Aufsatz von: Herbert Blumer, Der methodologische Standort des Symbolischen Interaktionismus, in: Arbeitsgruppe Bielefelder Soziologen (Hrsg.), Alltagswissen, Interaktion und gesellschaftliche Wirklichkeit, Band 1: Symbolischer Interaktionismus und Ethnomethodologie, Reinbek 1973, S. 80-146.

[6] Thomas P. Wilson, Theorien der Interaktion und Modelle soziologischer Erklärung, in: Arbeitsgruppe Bielefelder Soziologen (Hrsg.), Alltagswissen, Interaktion und gesellschaftliche Wirklichkeit, Band 1: Symbolischer Interaktionismus und Ethnomethodologie, Reinbek 1973, S. 54-79.

Beide Richtungen - verhaltenstheoretische Soziologie und interpretatives Paradigma - waren sich bei aller sonstigen und deutlichen Verschiedenheit darin einig, daß man Soziologie aus der Perspektive einer makro-soziologischen Konstitution von oben *nicht* betreiben könne: Es gebe die in der traditionellen Makro-Soziologie gesuchten, übergreifenden Bewegungsgesetze für Kollektive nicht. Vielmehr müsse man alle soziologischen, d.h. kollektiven Sachverhalte letztlich als - meist unintendierte - Ergebnisse des Handelns von Personen erklären. Aus der Perspektive der *verhaltenstheoretischen* Soziologie liest sich diese Auffassung so:

"Nicht die Bedürfnisse der Gesellschaften erklären die Beziehung (zwischen Industriegesellschaft und Familienstruktur; HE), sondern die Bedürfnisse der Menschen." (Homans 1972, S. 52)

In der Vorstellung des *interpretativen* Paradigmas klingt dies ganz ähnlich - und irgendwie schon vertraut:

"Ich kann keinen sozialen Gegenstand verstehen, ohne ihn auf die menschliche Tätigkeit, die ihn schuf, zurückzuführen und - darüber hinaus - ohne diese menschliche Tätigkeit auf die Motive zu beziehen, denen sie entspringt."[7]

Oder:

"Die Tragweite dieser einfachen und im wesentlichen redundanten Charakterisierung liegt darin, daß menschliche Gruppen und Gesellschaften im Grunde nur in der Handlung bestehen und in Handlungskategorien erfaßt werden müssen. Dieses Bild menschlicher Gesellschaft als Handlung muß der Ausgangspunkt (und das Ziel) jedes Entwurfes sein, der es sich zur Aufgabe macht, sich mit menschlicher Gesellschaft auseinanderzusetzen und sie zu analysieren." (Blumer 1973, S. 85)

Die zitierten Stellen erinnern auffällig an die zahlreichen Polemiken des "frühen" Marx gegen die Auffassung, daß es die "Geschichte" und nicht die lebendigen Menschen seien, die die Gesellschaft konstituierten. Den Äußerungen sieht man so nicht an, daß sie aus zwei ansonsten ganz verschiedenen und sich gegenseitig nicht sympathischen Paradigmen der Soziologie stammen. Und in der Tat sind sie sich in wenigstens einer Hinsicht einig: in der Ablehnung der Hypothese einer Konstitution 'von oben'.
  Diese Gemeinsamkeit der beiden Richtungen - verhaltenstheoretische Soziologie und interpretatives Paradigma - kann auch wieder mit einem anderen schönen Wort von Niklas Luhmann zusammengefaßt werden: Sie gehen *beide* davon aus, daß die kollektiven Phänomene der Soziologie sich nur als

---

[7] Alfred Schütz, Die soziale Welt und die Theorie der sozialen Handlung, in: Alfred Schütz, Gesammelte Aufsätze, Band 2: Studien zur soziologischen Theorie, Den Haag 1972, S. 11f.

Folge einer *Emergenz 'von unten'* (Luhmann 1984 S. 43) angemessen erklären bzw. verstehen lassen.

Drei Fehlschlüsse

Struktur-Funktionalismus als klassische Makro-Soziologie einerseits und verhaltenstheoretische Soziologie sowie interpretatives Paradigma als zwei, wenngleich ansonsten verschiedene Varianten der klassischen Mikro-Soziologie andererseits sind theoretische Konzeptionen, die - wenigstens im Ergebnis - die notwendige Integration der Mikro- mit der Makro-Ebene ganz ohne Zweifel *nicht* herstellen, sondern eine jeweils durchaus *ein*seitige Position einnehmen.

Für die klassische Makro-Soziologie sind die Akteure nur das Füllmaterial der "Gußformen" der Gesellschaft - wie Durkheim sagt. Die verhaltenstheoretische Soziologie hat sich (fast) nur mit Kleinsituationen befaßt und eigentlich an das Problem der Aggregation des Handelns zu Makrogebilden kaum gedacht. Und das interpretative Paradigma ist nach wie vor mit der Detailbeschreibung der feinen Prozesse in kleinen Lebenswelten - und mit nichts anderem! - beschäftigt. Und es hat auch die Mittel nicht, um von dort die gesamtgesellschaftlichen Prozesse auch nur erfassen zu können.

Das Modell der soziologischen Erklärung ist ein Versuch, diese Einseitigkeiten zu überwinden. Es war in seiner allereinfachsten Grundform als "Badewanne" (vgl. Abbildung 6.1) zunächst nur als statische Beschreibung eines Zusammenhanges zwischen strukturellen Variablen vorgestellt worden.

In den verschiedenen theoretischen Konzepten der Gesellschaft war aber der grundlegend *prozessuale* Charakter aller sozialen Vorgänge immer wieder hervorgehoben worden - selbst noch in den Versteinerungen der struktur-funktionalen Systemklassifikationen. Die Dialektik der Gesellschaft, Vorgänge der funktionalen Reproduktion und eventuelle evolutionäre Eigengesetzlichkeiten sind nur als *Prozeß* zu erfassen.

In Abschnitt 6.3 war aber auch gezeigt worden, daß das Modell der soziologischen Erklärung diese Dynamik leicht erfassen kann: Die drei Schritte der Logik der Situation, der Selektion und der Aggregation können beliebig hintereinander gekoppelt und die soziologische Analyse eines Problems so beliebig nach hinten (zur Erklärung der Genese) und nach vorn (zur Erklärung weiterer Konsequenzen oder auch zur Prognose) verlängert werden.

In dieser Sichtweise werden nun auch einige grundlegende Probleme und Fehlschlüsse jeder einseitig makro-soziologischen oder einseitig mikrosoziologischen Konzeption unmittelbar deutlich. Das Modell wurde zu diesem Zweck graphisch etwas anders dargestellt, entspricht aber ansonsten vollauf dem Sequenzmodell aus Abbildung 6.3: Die Sequenz beginnt mit der Situation S1, verläuft über die Selektion des Handelns H1 durch den Akteur

A in der subjektiven Situation 1 - und führt über die Aggregation des Handelns zur Situation S2, worauf der Akteur (oder andere Akteure) wieder handeln ... und so weiter (vgl. Abbildung 30.1).

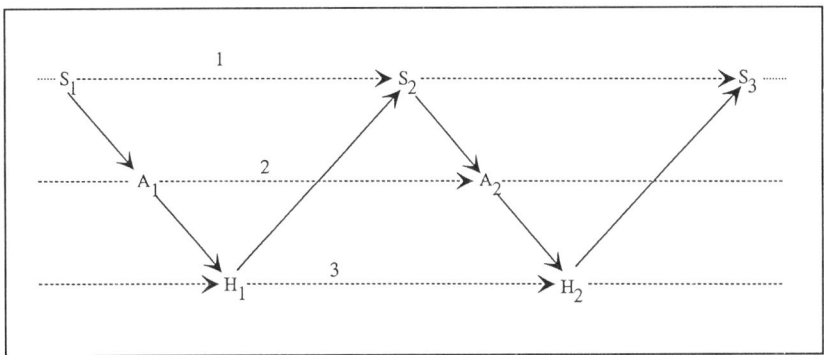

Abb. 30.1: Das Modell der soziologischen Erklärung und einige theoretische Fehlschlüsse der Soziologie

In der Darstellung in Abbildung 30.1 werden *drei* Arten von *Fehlschlüssen* gut erkennbar, wie sie in bestimmten Varianten der soziologischen Theorien typischerweise vorkommen. Davon betrifft der erste Fehlschluß insbesondere die klassische Makro-Soziologie, der zweite vor allem die klassische Mikro-Soziologie und der dritte den Versuch der soziologischen Systemtheorie, auch soziale Prozesse, bei denen "psychische Systeme" beteiligt sind, als letztlich ganz und gar *eigen*ständigen Vorgang zu erklären.

Die Beziehung 1, die die strukturelle Ebene der Situationen unmittelbar miteinander verbindet, kennzeichnet den hier so genannten *kollektivistischen Fehlschluß*. Diesem Fehlschluß unterliegen alle theoretischen Konzepte, die von der Gesellschaft als Wesen sui generis und von der Eigendynamik der Strukturen der Gesellschaft, von historischen Gesamtplänen, von objektiven Entwicklungsgesetzen ausgehen - wie Marx, Durkheim oder auch Parsons. Es wird davon ausgegangen, daß die Akteure und deren Handeln für die Erklärung im Grunde überflüssig sind.

Ein *psychologistischer Fehlschluß* (Beziehung 2) liegt vor, wenn die Befindlichkeiten der Akteure zu verschiedenen Zeitpunkten ausschließlich als Folge ihrer internen psychologischen Entwicklung angesehen werden.

So argumentiert zum Beispiel manche Theorie der "Entwicklung", etwa der "Persönlichkeit" und des "moralischen Bewußtseins" bei Kindern im Verlaufe ihrer Sozialisation, aber auch jede rein psychoanalytische Erklärung gesellschaftlicher Prozesse. Etwa: bei der Erklärung des Rechtsradikalismus aus der Entfaltung einer bestimmten nationalen oder autoritären Persönlichkeit, die sich nun aufgrund bestimmter äußerer Entwicklungen wieder eher aus dem Dunkel heraustraut, aber eigentlich als innere Disposition ganz fest und stabil im "Nationalcharakter" verankert geblieben ist und eben *nicht* jeweils bei den Akteuren auch prozessual durch *aktuelle* soziale Prozesse neu konstituiert wird.

Ein Großteil der Variablen-Soziologie der empirischen Sozialforschung argumentiert - wenigstens implizit - auch so. Nämlich, indem "Einstellungen" angenommen werden, die einmal etwa von einer Kohorte in einer historischen Periode oder in einem bestimmten sozialen Kontext erworben, auch später immer noch eine ganz eigene und stabile Wirkung entfalten.

Der kollektivistische Fehlschluß ist die Ursünde der einseitig makro-soziologischen, der psychologische Fehlschluß die der einseitig mikro-soziologischen Ansätze. Anhand des Modells wird ein weiterer, besonders interessanter Fehlschluß erkennbar: Die Vorstellung, daß sich das Handeln der Menschen gewissermaßen von alleine aus dem Handeln ergebe - ohne jeden Bezug auf eine Vermittlung dieser Beziehung über Situationen, Selektionen durch Akteure und die Konstitution der Situationen durch diese Selektionen.

Diese Hypothese wurde am deutlichsten im amerikanischen Pragmatismus, etwa von John Dewey, formuliert: Das Leben verläuft als ein ununterbrochener Strom von Handlungen als Routinen und wird nur ausnahmsweise von Reflexionen oder dergleichen unterbrochen - nämlich dann, wenn die Routine nicht mehr weiterhilft.[8] Alfred Schütz hat in seiner Theorie des Alltagshandelns daran angeknüpft: Normalerweise folgen die Menschen den mehr oder weniger fertigen Programmen eingelebter Alltagsroutinen - und denken sich in der Tat nicht viel dabei.

In neuerer Zeit hat Niklas Luhmann diese Vorstellung, daß sich das Agieren der Systeme aus dem Agieren der Systeme ergebe, im Rahmen seiner Systemtheorie formuliert: Soziale Systeme prozessieren fortlaufend über die Autopoiesis von Sinn in der Form von Kommunikation, "angeregt" freilich durch die Selektionen der psychischen Systeme (vgl. Kapitel 27). Luhmann nimmt an, daß die kommunikativen Selektionen und ihr Handeln nicht von Akteuren hervorgebracht werden, die sich an Situationen orientieren und danach die Selektionen vorhersagbar vornehmen, sondern daß sich "Handlungen aus Handlungen" unmittelbar ergeben.

Beispielsweise: Zahlungen erzeugen weitere Zahlungen - bis keine Anschlußmöglichkeit mehr gegeben ist und das betreffende, dadurch konstituierte soziale System aufhört zu prozessieren. (Luhmann 1984, S. 228ff.) Das liest sich bei Luhmann etwa so: "So wie die Selbstreproduktion sozialer Systeme dadurch, daß *Kommunikation Kommunikation auslöst*, gleichsam *von selber läuft*, wenn sie nicht schlicht aufhört ... ." (Ebd., S. 296; Hervorhebung nicht im Original)

Dieser Fehlschluß, daß Handlungen neue Handlungen, Zahlungen neue Zahlungen oder Kommunikationen neue Kommunikationen unmittelbar und ohne

---

[8] Vgl. Hans Joas, Einleitung. Schritte zu einer pragmatistischen Handlungstheorie, in: Hans Joas, Pragmatismus und Gesellschaftstheorie, Frankfurt/M. 1992, S. 32f.

Vermittlung über Situationen und Akteure hervorbrächten, sei als *autopoietischer Fehlschluß* bezeichnet. Er beruht auf einer deutlichen Unterschätzung - oder Mißachtung? - des eigenen Beitrags der agierenden und selegierenden Menschen sowie der strukturellen Restriktionen, denen sie dabei unterliegen, bei der Konstruktion und Konstitution der Gesellschaft durch eben dieses strukturell orientierte Agieren. Und er beruht - vor allem - auf der Unterschätzung der Anforderungen an eine Erklärung dieses Prozesses, die ja im einfachsten Fall die drei Schritte der Logik der Situation, der Selektion und der Aggregation erfordert. Im Konzept des autopoietischen Prozessierens werden diese Schritte als bedeutungslos abgetan.

Vollkommen abwegig ist - wenigstens oberflächlich gesehen - die Idee der Selbstherstellung sozialer Prozesse als Kette eines aneinander anschließenden Handelns sicher nicht: In der Routine des Alltags sieht es tatsächlich so aus, als ergäbe sich alles einfach nur so in einem dahinströmenden Prozeß, bei dem die Akteure scheinbar selbst nichts Besonderes tun. Mit dem autopoietischen Fehlschluß wird aber unterschlagen, daß auch das Routinehandeln letztlich auf Selektionen der Akteure beruht. Gerade bei Alfred Schütz und bei John Dewey finden sich deutliche Hinweise darauf, daß auch der mehr oder weniger träge Strom des Handelns letztlich auf *Entscheidungen* der Akteure beruht. Auf der Entscheidung nämlich, jeweils *nicht* zu entscheiden und alles in der gewohnten Routine weiterlaufen zu lassen. Und - wenigstens implizit - geht auch Luhmann selbst nicht davon aus, daß sich tatsächlich die Handlungen auseinander ergeben, sondern daß die psychischen Systeme kommunikative Selektionen vornehmen, die das Prozessieren des sozialen Systems - den Strom des Handelns also - erzeugen. Kurz: Es führt an der Grundlogik der soziologischen Erklärung kein Weg vorbei, wenn man die drei genannten Fehlschlüsse vermeiden will.

30.2 Erklären und Verstehen

Die klassische Makro-Soziologie - u.a. der Struktur-Funktionalismus, der Strukturalismus und die strukturelle Analyse - ist insbesondere dem kollektivistischen Fehlschluß erlegen: Es gibt die Gesetze nicht, die die Strukturen aneinander binden. Die beiden Varianten der klassischen Mikro-Soziologie - die verhaltenstheoretische Soziologie und das interpretative Paradigma - begehen zwar keinen dieser drei Fehlschlüsse, aber sie versäumen den Schritt von der Mikro-Ebene der Handlungen zur Makro-Ebene der Strukturen. Sie sind für soziologische Erklärungen deshalb wenig geeignet, weil sie sich um das Aggregationsproblem praktisch nicht

kümmern und daher - in der Tat - der Tatsache der Emergenz der kollektiven Prozesse der Gesellschaft nur sehr begrenzt gerecht werden (können).
Vor dem Hintergrund des Modells unterscheiden sich die verhaltenstheoretische Soziologie und das interpretative Paradigma aber noch in einer weiteren wichtigen Hinsicht. Die verhaltenstheoretische Soziologie versucht, die sozialen Prozesse als Verhalten und dieses im Prinzip als eine *Reaktion* auf bestimmte *Reize* aus der Umgebung zu erklären. Gegenüber diesem reduktionistischen bzw. behavioristischen mikro-soziologischen Erklärungsversuch wird in den interpretativen Ansätzen eine in der Verhaltenstheorie zwar auch enthaltene, aber nur sehr indirekt angesprochene und nicht sehr beachtete Besonderheit des menschlichen Handelns betont: Die kollektiven Vorgänge der Gesellschaft seien das Resultat der zuerst symbolisch gesteuerten, in ihrer *Bedeutung* jeweils immer erst *interpretierten* und aufeinander bezogenen Handlungen und Interaktionen von Menschen in ihrem alltäglichen Umfeld.

George C. Homans und die verhaltenstheoretische Soziologie einerseits und Herbert Blumer und das interpretative Paradigma (bzw. der Symbolische Interaktionismus und die Ethnomethodologie insgesamt) andererseits grenzen sich in der Frage der Möglichkeit von soziologischen *Erklärungen* daher voneinander nicht weniger deutlich ab als beide zusammen von der klassischen Makro-Soziologie. Homans geht davon aus, daß die Gesetze der Verhaltenstheorie die für Erklärungen ja unentbehrliche nomologische Grundlage soziologischer Analysen bilden (müßten).

Blumer - und mit ihm die gesamte interaktionistisch-interpretative Richtung - hält dagegen kausale Gesetze, auf welcher Ebene auch immer - "Mikro" oder "Makro" -, für ausgeschlossen, zumindest aber das Denken in kausalen Kategorien bei der Analyse von Handlungen für irreführend oder völlig unzureichend: Soziale Prozesse seien nicht "verursacht", sondern die Folge von mit *Bedeutung* versehenen Handlungen, mit denen die Akteure jeweils einen subjektiven Sinn verbinden. Und ein solches sinnhaftes Handeln *könne* man nicht kausal erklären, sondern nur "verstehen" bzw. "*interpretieren*".

Anders gesagt: Für Blumer (und für alle anderen Interaktionisten) bedeutet die Existenz der interpretativen Dimension den *Ausschluß* jeder Möglichkeit einer kausalen Erklärung. Für Homans (und für alle anderen Verhaltenstheoretiker in der Soziologie) bedeutet die Zuwendung zu solchen Sinndeutungen eine *Abkehr* von dem Anspruch auf eine soziologische Erklärung. Und beide halten die jeweils andere Ansicht für unvertretbar.

Damit kommt - neben dem Mikro-Makro-Problem und der Dialektik von gesellschaftlichem Handeln und der Konstruktion der Gesellschaft - ein dritter Aspekt der Besonderheiten der menschlichen Gesellschaft und der sozialen Prozesse wieder ins Blickfeld, der bei jeder soziologischen Theorie der Gesellschaft auch zu beachten ist und von dem der gesamte Band ausgegangen war (vgl. die Kapitel 1, 4 und 6 dazu): die gleichzeitige Berücksichtigung der *interpretativen* Dimension allen sozialen Handelns *und* der Bedingungen einer angemessenen *kausalen* Erklärung.

Daran war das Modell der soziologischen Erklärung - ausgehend von Max Webers Definition der Soziologie - ausdrücklich orientiert worden: In der Logik der Situation geht es um das deutende Verstehen, in der Logik der Selektion um das ursächliche Erklären des Ablaufs und in der Logik der Aggregation schließlich um das daran anschließende ursächliche Erklären der Wirkungen des Handelns der Akteure (vgl. auch Kapitel 1 und 6).

Damit können aber auch die Defizite der genannten traditionellen makro- wie mikro-soziologischen Ansätze der soziologischen Theorie in Hinsicht auf die Dialektik der Gesellschaft und vor dem Hintergrund der Anforderungen an soziologische Erklärungen gut identifiziert werden. In der *makro*-soziologischen Perspektive *fehlt* es am deutenden *Verstehen*; sie ignoriert den grundlegenden Unterschied zwischen Natur- und Sozialwissenschaften: die interpretative Dimension.

Diesen Mangel - das Fehlen einer explizit interpretativen Dimension - teilt die Makro-Soziologie mit der sog. Variablen-Soziologie, die soziale Prozesse gerne als Kausalmodelle von Variablen konzipiert, ohne diese Modelle systematisch auf das sinnhafte Handeln von Akteuren zu beziehen. Dies geschieht meist erst nachträglich, bei der Interpretation gefundener statistischer Koeffizienten. Die Theoriebildung müßte aber mit dem deutenden Verstehen *beginnen* - und daraus dann die Pfadmodelle und die Koeffizienten als aggregierten *Effekt* des sinnhaften Handelns von Akteuren ableiten.

Jede auf gesellschaftliche Entwicklungen und Zusammenhänge angewandte, strikt ausgeübte Makro-Soziologie beruht überdies auf einer - inzwischen: *nachweislich* - unzutreffenden Hypothese, nämlich daß es makro-soziologische Gesetze "sui generis" gäbe. Nach rund 100 Jahren Makro-Soziologie ist *nicht eines* solcher Gesetze gefunden worden. Und wenn es eines gäbe: zu "verstehen" wäre dann immer noch nicht, warum dieser kollektive Zusammenhang besteht. Aber genau das sollte die Soziologie ja doch eigentlich herausfinden.

In den klassischen *mikro*-soziologischen Ansätzen wurde dagegen ganz allgemein das Problem der *Aggregation* der externalisierten Folgen des Handelns entweder ganz *ausgeblendet* (wie bei Herbert Blumer) oder zumindest deutlich *unterschätzt* (wie bei George C. Homans).

Beim *interpretativen* Paradigma wurde zusätzlich - und wie wir gesehen haben: unnötigerweise - das Ziel der ursächlichen *Erklärung* als *irreführend* und dem Gegenstand grundsätzlich nicht angemessen aufgegeben - unter Verweis darauf, daß eine kausale Erklärung sinnhaften Handelns grundsätzlich nicht möglich sei. Und in der *verhaltenstheoretischen* Perspektive wurde - wenigstens im konkreten Vorgehen - die *interpretative*, symbolische bzw. subjektive Dimension jedes sozialen Handelns als *überflüssig*, mindestens aber praktisch vernachlässigbar angesehen. Die verhaltenstheoretische

Soziologie meinte sogar, daß das "Verstehen" der Akteure für die Erklärung sozialer Prozesse methodologisch höchst bedenklich sei: Wenn man präzise Erklärungen wolle, dann dürfe man diese nicht auf unüberprüfbaren Mutmaßungen über die subjektiven Handlungs-"Gründe" der Menschen aufbauen, sondern auf objektiv feststellbaren Restriktionen und Lernbiographien.

Dies bedeutet für den Streit zwischen traditioneller Mikro- und Makro-Soziologie und für die Auseinandersetzung zwischen kausaler und verstehender Interpretation von Handlungen und sozialen Prozessen eine wichtige Klärung: Das Konzept einer angemessenen soziologischen Erklärung - in Orientierung an den drei "Logiken" - ist (mit Max Weber) sicher nicht einseitig makro-soziologisch, weil es die Gesetze der Erklärung *nicht* auf der Ebene der Gebilde, sondern auf der des Handelns von Akteuren verankert. Auch ist das Modell nicht einseitig mikro-soziologisch orientiert, weil es von Makro-Situationen ausgeht und - über die Analyse der aggregierten Wirkungen von deutend verstandenem Handeln - dorthin erklärend wieder zurückkommt.

Etwas anders und in den technischen Begriffen des Modells der soziologischen Erklärung gesagt: Das Konzept und die Webersche Definition verbinden die Konstitution 'von oben' - über die Logik der Situation - mit der Emergenz 'von unten' durch die Erklärung der kollektiven Ereignisse über die Logik der Selektion und die Logik der Aggregation.

Es zeigt sich damit, daß mit dem Modell der soziologischen Erklärung - neben der Klärung des Verhältnisses von Mikro- und Makro-Soziologie - auch ein weiterer methodischer Streitpunkt gegenstandslos wird: ob in der Soziologie eher "verstehend" bzw. "idiographisch" oder eher "erklärend" bzw. "nomothetisch" vorgegangen werden müsse. Es wird mit dem Modell jede grundsätzliche Trennung zwischen kausalem Erklären und interpretierendem Verstehen, zwischen induktiver Beschreibung und deduktiver Modellierung *aufgehoben* - sämtlich Fragen also, die unter anderen Carl Menger und Gustav Schmoller so entzweit hatten und über die sie sich so leidenschaftlich streiten mußten.

Dazu noch einmal Max Weber:

"Eine *richtige* kausale *Deutung* eines konkreten Handelns bedeutet: daß der äußere Ablauf und das Motiv *zutreffend* und zugleich in ihrem Zusammenhang sinnhaft *verständlich* erkannt sind. Eine richtige kausale Deutung *typischen* Handelns (verständlicher Handlungstypus) bedeutet: daß der als typisch behauptete Hergang sowohl (in irgendeinem Grade) sinnadäquat erscheint wie (in irgendeinem Grade) als kausal adäquat festgestellt werden kann. Fehlt die Sinnadäquanz, dann liegt selbst bei größter und zahlenmäßig in ihrer Wahrscheinlichkeit präzis angebbarer Regelmäßigkeit des Ablaufs (des äußeren sowohl wie des psychischen) nur eine *unverstehbare* (oder nur unvollkommen verstehbare) *statistische* Wahrscheinlichkeit vor. Andererseits bedeutet für die

Tragweite soziologischer Erkenntnisse selbst die evidenteste Sinnadäquanz nur in dem Maße eine richtige *kausale* Aussage, als der Beweis für das Bestehen einer (irgendwie angebbaren) *Chance* erbracht wird, daß das Handeln den sinnadäquat erscheinenden Verlauf *tatsächlich* mit angebbarer Häufigkeit oder Annäherung (durchschnittlich oder im 'reinen' Fall) zu nehmen *pflegt*. Nur solche statistische Regelmäßigkeiten, welche einem *verständlichen* gemeinten Sinn eines sozialen Handelns entsprechen, sind (im hier gebrauchten Wortsinn) verständliche Handlungstypen, also: 'soziologische Regeln'."[9]

Max Weber schlägt erkennbar *keine* objektivistische Kausalerklärung des Handelns und seiner Folgen vor, weil man die Situationen bei jeder ursächlichen Erklärung in der Soziologie erst immer deutend verstehen und sich daher der *Sinnadäquanz* der verwendeten Logik der Situation - um diesen Ausdruck aus dem o.a. Konzept aufzugreifen - vergewissern müsse.

Es bleibt aber auch *nicht* bloß bei der rein mikro-soziologischen Interpretation, weil die - zuvor deutend verstandenen - Handlungen und deren Folgen *ursächlich* erklärt werden: über die Logik der Selektion und die der Aggregation im o.a. Konzept. Und weil die deutenden Interpretationen immer nur ein zwar wichtiger, aber allein nicht ausreichender Teil der gesamten soziologischen Analyse sind.

Weber weist in diesem Zusammenhang zusätzlich auf einen gerade mit der interpretativen Dimension aller sozialen Prozesse gegebenen besonderen *Vorteil* der Sozialwissenschaften gegenüber *allen* Naturwissenschaften hin, der jedoch nur unter systematischem Einbezug der Ebene des sinnhaften Handelns in die soziologischen Erklärungen auch nutzbar wird:

"Wir sind ja bei 'sozialen Gebilden' (im Gegensatz zu 'Organismen') in der Lage: *über* die bloße Feststellung von funktionellen Zusammenhängen und Regeln ('Gesetzen') *hinaus* etwas aller 'Naturwissenschaft' ... ewig Unzugängliches zu leisten: eben das 'Verstehen' des Verhaltens der beteiligten *Einzelnen* ... ." (Ebd., S. 7; Hervorhebung im Original)

Und umgekehrt ist jedes Verstehen von kollektiven Sachverhalten - also deren "Rückführung" auf das sinnhafte Handeln von Akteuren - nur über die Erklärung dieser Sachverhalte über die Logik der Selektion und der Aggregation auf der Grundlage der Logik der Situation möglich. Ohne diese zusätzlichen Elemente der Erklärung von Handlungen und der Aggregation kollektiver Folgen bliebe die soziologische Analyse bei der bloßen Situationsbeschreibung stehen, so wie die Akteure sie sehen. Aber das ist ja gerade die wichtigste Aufgabe der Soziologie: Die Aufdeckung der Konsti-

---

[9] Max Weber, Wirtschaft und Gesellschaft. Grundriß der verstehenden Soziologie, 5. Aufl., Tübingen 1972, S. 5f.; Hervorhebungen im Original. Weber bezieht sich mit dem Ausdruck "soziologische Regeln" offenkundig auf Durkheim - ohne ihn ausdrücklich zu nennen.

tution und Konstruktion der übergreifenden sozialen Prozesse und Vermittlungen, über die die in ihrer kleinen Lebenswelt handelnden Akteure die Gesellschaft immer wieder neu herstellen - und davon meist nicht viel wissen.

30.3 Makro-Mikro-Makro-Ansätze

Die Begrenzungen der klassischen makro- und mikro-soziologischen Ansätze und die Notwendigkeit einer integrierenden theoretischen Konzeption sind in der Soziologie durchaus nicht unbeachtet geblieben. Immer wieder hat es Versuche gegeben, die verschiedenen Dimensionen der Dialektik der Gesellschaft und der soziologischen Methode miteinander zu verbinden. Und solche Versuche - so kann wohl gesagt werden - haben gerade in den letzten Jahren sehr zugenommen.[10] Fünf Ansätze seien - auch zur Illustration der aktuelleren Theorienlandschaft der Soziologie und einiger Entwicklungen dahin - dazu skizziert. Wie üblich in der Soziologie können sie mit gut identifizierbaren Namen verbunden werden.

Figurations- und Prozeß-Soziologie: Norbert Elias

Von Norbert Elias (1897-1991) stammt der Vorschlag, das Gesamt des Zusammenlebens der Menschen als *Figuration* aufzufassen. Ausgangspunkt dieses Vorschlags ist eine vehemente Kritik an der seit Durkheim üblichen ontologischen Trennung von "Individuum und Gesellschaft":

"Die Begriffe 'Individuum und Gesellschaft' werden häufig so gebraucht, als spräche man von zwei verschiedenen ruhenden Substanzen. Man gewinnt bei diesem Gebrauch der Worte leicht den Eindruck, daß es sich bei dem, worauf sie abzielen, nicht nur um verschiedene, sondern um absolut getrennt existierende Objekte handle. Aber in Wirklichkeit sind es Prozesse, auf die diese Worte abzielen. Es sind Prozesse, die sich zwar unterscheiden, aber nicht trennen lassen."[11]

Grundelemente des Begriffs der Figuration sind die wechselseitigen Abhängigkeiten der Menschen voneinander, die weiter oben im Zusammenhang mit dem Konzept der antagonistischen Kooperation durch das Ausein-

---

[10] Vgl. dazu die Beiträge aus einigen Zusammenkünften der amerikanischen und der deutschen Sektionen für Theorie der beiden soziologischen Fachgesellschaften, der American Sociological Association und der Deutschen Gesellschaft für Soziologie, zu genau diesem Thema: Jeffrey C. Alexander, Bernhard Giesen, Richard Münch und Neil J. Smelser (Hrsg.), The Micro-Macro-Link, Berkeley-Los Angeles-London 1987.
[11] Norbert Elias, Die höfische Gesellschaft, Frankfurt/M. 1983, S. 34f.

anderfallen von Interessen und Kontrollen als Grundzug der gesellschaftlichen Existenz des Menschen benannt worden waren (vgl. Kapitel 21):

"Das Geflecht der Angewiesenheiten von Menschen aufeinander, ihre *Interdependenzen*, sind das, was sie aneinander bindet. Sie sind das *Kernstück* dessen, was hier als *Figuration* bezeichnet wird, als Figuration aufeinander ausgerichteter, voneinander abhängiger Menschen."[12]

Als Beispiel nennt Elias unter anderem den Ablauf eines Schachspiels, eines Fußballmatches oder einen Tanz: Die Akteure bewegen sich im Rahmen bestimmter *Spielregeln*, reagieren *simultan* und *sequentiell* aufeinander und schaffen so fortwährend neue Situations-*Konstellationen*, die für die nächsten Schritte eine zwingende Kraft entwickeln können. Und im Prinzip müsse man sich auch die Gesellschaft als eine solche Figuration interdependenter Menschen vorstellen:

"Alle *Gesellschaften*, soweit man sehen kann, haben die allgemeinen Kennzeichen von strukturierten Figurationen mit Unterfigurationen auf mehreren Ebenen, von denen Individuen als Individuen nur eine bilden. Als Gruppen organisiert, bilden Individuen zahlreiche andere Unterfigurationen. Sie bilden Familien; und dann wieder, auf einer höheren Ebene, als Gruppen von Gruppen, Dörfer oder Städte, Klassen oder Industriesysteme und viele ähnliche Formationen, die ineinander verschachtelt sind und zusammen eine *umfassendere Figuration* mit einem jeweils spezifischen Machtgleichgewicht bilden können, wie etwa Stämme, Stadtstaaten, Feudalreiche oder Nationalstaaten."[13]

Gesellschaften als Figurationen von direkt und indirekt verbundenen Akteuren sind also keine bloßen Aggregationen isolierter Individuen, keine statischen Gebilde, keine "Systeme" oder eigenständigen "'Ganzheiten' jenseits der Individuen". Es sind in einer ständigen Fluktuation von "Machtbalancen" prozessierende Geflechte von Interdependenzen, deren Grundlage die Bedürfnisse und die Möglichkeiten der Individuen, die von ihnen selbst geschaffenen Spielregeln und die - meist so nicht beabsichtigten - externen Effekte ihrer jeweiligen Handlungen sind.

Neo-Funktionalimus: Jeffrey Alexander

Der Struktur-Funktionalismus von Talcott Parsons ist nicht ohne Abgesänge untergegangen. Es ist schwer zu sagen, ob der sog. *Neo-Funktionalismus* als

---
[12] Norbert Elias, Über den Prozeß der Zivilisation, Band 1, Frankfuert/M. 1977, Einleitung, S. LXVII; Hervorhebungen nicht im Original.
[13] Norbert Elias, Engagement und Distanzierung, in: Norbert Elias, Engagement und Distanzierung. Arbeiten zur Wissenssoziologie I. Hrsgg. von Michael Schröter, Frankfurt/M. 1983, S. 52/3; Hervorhebungen nicht im Original.

sein legitimer und lebensfähiger Nachfolger angesehen werden kann. Sein Hauptvertreter - der selbsternannte Parsons-Nachfolger Jeffrey C. Alexander - jedenfalls fordert ebenfalls die Überwindung der Einseitigkeiten der traditionellen Mikro- und Makro-Soziologien. Und er sieht als Ausgangspunkt dafür die "New Theoretical Movement" des Neo-Funktionalismus. Und dessen Grunddoktrin lautet - etwas überraschend für eine Variante des Funktionalismus, der sich ja immer von strikt makro-soziologischen Hypothesen leiten ließ:

"Neither micro nor macro theory is satisfactory. Action and structure must now be intertwined."[14]

Genau. Wie soll das aber im Neo-Funktionalismus gehen? Zunächst hält Jeffrey C. Alexander das von Talcott Parsons avisierte Projekt eines allgemeinen theoretischen Systems aufrecht. Parsons hatte, von dieser Vorgabe und einigen Ideen des Philosophen A. N. Whitehead ausgehend, ja schließlich versucht, das gesamte Universum struktur-funktionalistisch und in der Vierteilung des AGIL-Schemas zu vermessen.

Parsons fatalster Irrtum war die - wissenschaftstheoretisch gesehen ganz und gar unhaltbare - Annahme, daß eine "allgemeine" Theorie die komplette Beschreibung, Systematisierung und begriffliche Ordnung eines Gegenstandsbereiches beinhalte. Diesen methodologischen Irrtum hatte er von dem amerikanischen Philosophen A. N. Whitehead übernommen, der gemeint hatte, daß die sich stets wiederholende Kreuzklassifizierung der direkte Weg zu den letzten Elementen der Wirklichkeit wäre, ja sogar zur "letzten Realität" der Einbettung der Gesellschaft in einer universalen Kosmologie, und im Letztelement "Gott" ihren schließlich nicht mehr hintergehbaren Ordnungsbezug findet.

"Allgemeine" Theorie bedeutet in den üblichen empirischen Wissenschaften etwas anderes: nicht die Klassifikation der Welt nach deduktiv angenommenen Dimensionen, sondern das Finden von Gesetzen, die unabhängig von raum-zeitlichen Einschränkungen gelten, auf historisch-spezifische Bedingungen treffen und *so* die historisch-spezifischen, streng genommen sogar einmaligen Prozesse erklären können. Über die Randbedingungen sagt eine "allgemeine" Theorie also grundsätzlich nichts - so wie die Gravitationstheorie keinerlei Aussagen etwa darüber macht, wieviele Steine es auf der Welt gibt und wie diese sich klassifizieren lassen. Und die Klassifikation eventueller Randbedingungen hilft als "allgemeine Theorie" bei einer Erklärung ebenfalls in keiner Weise weiter.

---

[14] Jeffrey C. Alexander, The New Theoretical Movement, in: Neil J. Smelser (Hrsg.), Handbook of Sociology, Newbury Park u.a. 1988, S. 77; vgl. auch den Sammelband Jeffrey C. Alexander (Hrsg.), Neofunctionalism, Beverly Hills-New Delhi-London 1985.

Jeffrey Alexander hält an dem alten Parsons-Whiteheadschen Konzept der universalen Vermessung der Randbedingungen der Gesellschaft nachhaltig fest: " ... the project of general theory must be defended and the reasons for its unique relevance explained." (Alexander 1988, S. 78) Dann überrascht aber - zweitens - nicht, wenn Alexander für die grundlegende theoretische Orientierung der "New Theoretical Movement" das Ziel der (kausalen) Erklärung ablehnt:

"In order to defend the project of general theory, it must be accepted that sociological arguments need not have an immediate explanatory payoff to be scientifically significant." (Ebd.)

An die Stelle der "rigorosen" Erklärung habe etwas anderes zu treten: ein fortwährender "Diskurs" über die Grundlagen des Faches und über die verschiedenen Ebenen der Dialektik der Gesellschaft. Als da wären: die mentalen Zustände der Akteure, die strukturell erzeugt sind; die *doppelte Hermeneutik* jeder soziologischen Analyse, weil nicht nur die Soziologen sich untereinander verständigen müssen, sondern dabei immer auch die Bedeutungen und den Sinn zu erfassen haben, den die *Akteure* aus ihrer *subjektiven Sicht* mit ihrem Handeln verbinden; und die Zersplitterung der Soziologie in verschiedene Traditionen und Schulen, die ja nur ein Zeichen für eine lebendige und somit "healthy discipline" sei. Und deshalb: "For all these reasons, discourse - *not just explanation* - becomes a major feature of the social science field." (Alexander 1988, S. 80; Hervorhebung nicht im Original)

Wie die Verbindung von Mikro- und Makro-Dimensionen der Gesellschaft erfolgen soll, bleibt bei Alexander sehr undeutlich. Ausführlich werden alle Aspekte des Mikro-Makro-Problems an unterschiedlichen Ansätzen und Autoren besprochen. Offenkundig sieht Alexander die Perspektive des Neo-Funktionalismus in der Aufnahme eines never ending discourse über die Soziologie und die Dialektik der Gesellschaft, der wohl irgendwann einmal seine Energie aufgebraucht hat - und dann einem anderen Diskurs Platz bereitet:

"The new theoretical movement in sociology is advancing on a number of fronts and under various names. It will continue to do so until the energy of this current movement of the disciplinary pendulum is used up." (Ebd., S. 93)

Das ist schon ein etwas trauriger Abgesang auf das Programm einer durch angemessene Erklärungen problemlösenden und aufklärenden Soziologie. Es ist fast schon ein Plädoyer dafür, die Soziologie, wie manche andere postmoderne Zeitgeist-"Wissenschaft" dieser Tage, nur noch als Veranstaltung für sich selbst zu sehen. Wie dieser Diskurs geführt werden soll, wird noch weniger deutlich als die Perspektive der angekündigten Integration von

Mikro- und Makro-Ebene. Immerhin ist eine Vorgabe zu erkennen: Letztlich kehrt Alexander zu den Quellen zurück, die das Zentrum des theoretischen Systems von Talcott Parsons bildeten: das cultural system der symbolisch strukturierten Bedeutungen und Werte:

"In my view, the key to making this motion intellectually progressive is a more direct recognition of the centrality of collectively structured meaning, or culture." (Ebd.)

Und hier wird auch das idealistische Erbe des alten Funktionalismus noch einmal sehr deutlich: Nicht die Restriktionen und die Infra-Struktur der Gesellschaft bzw. das problemlösende Handeln von Menschen sind die Hintergründe der Dynamik der Gesellschaft, sondern das ans telische System der "letzten Realität" angrenzende kulturelle System, das alles andere steuert. Der Neo-Funktionalismus zählt sich und seinen Diskurs ganz offensichtlich selbst dazu.

Die Konstitution der Gesellschaft: Anthony Giddens

Von dem britischen Soziologen Anthony Giddens stammt das Konzept der *"Konstitution der Gesellschaft"*.[15] Giddens selbst nennt seinen Ansatz *"Theorie der Strukturierung"*. Das Wort "Konstitution" ist dabei durchaus in seiner doppelten Bedeutung zu verstehen: die Verfassung der Gesellschaft als der strukturelle Rahmen des Handelns der Akteure. Und die damit simultane "Konstitution" der Gesellschaft (und ihrer "Verfassung") durch das "strukturierte", aber auch immer "strategische" und intentionale Handeln derselben Akteure. Giddens geht dabei von einer Reihe von Restriktionen und Opportunitäten des Handelns aus, die sich allein schon aus "Zeit, Raum und Regionalisierung" ergeben. Auch gewisse Routinen und Rituale der Strukturierung des Alltags gehören dazu. Immer sind diese Restriktionen und Möglichkeiten aber durch kulturelle und soziale Strukturierungen überformt. Und diese entstehen als unintendierte Folgen des im Prinzip absichtsvollen, meist aber routinehaften Handelns im Alltag der Akteure.

Ausdrücklich wendet sich Giddens gegen die Trennung der Mikro- und der Makro-Perspektive. Ein Abschnitt des Buches heißt auch nicht zufällig: "Wider 'Mikro' und 'Makro'". Dem Funktionalismus hält er die Unbegründbarkeit der kausalen Bedeutung von funktionalen Erfordernissen vor. Als Alternative schlägt er ein Modell vor, das mit "sozialen Aktivitäten" in der

---

[15] Anthony Giddens, Die Konstitution der Gesellschaft. Grundzüge einer Theorie der Strukturierung, Frankfurt und New York 1992 (zuerst: 1984).

Situation des Akteurs beginnt, darüber das "zweckgerichtete Handeln" der Menschen anregt, das dann wieder zu "unbeabsichtigten Folgen" führt. In dieser Sichtweise

" ... wird ein gegebener Komplex sozialer Aktivitäten ... als zweckgerichtetes Handeln interpretiert. Anders gesagt, es wird gezeigt, wie diese Aktivitäten auf eine intentionale Weise aus bestimmten Gründen unter Bedingungen begrenzter Bewußtheit ausgeführt werden. Die Bestimmung der Grenzen erlaubt dem Forscher zu zeigen, wie unbeabsichtigte Folgen der fraglichen Aktivitäten sich aus dem ergeben, was Handelnde intentional getan haben. Die Interpretation schließt ein, daß den betroffenen Akteuren Rationalität und Motivation zugeschrieben werden. Die Akteure haben Gründe für das, was sie tun, und was sie tun, hat bestimmte spezifizierbare Folgen, die sie nicht intendieren." (Giddens 1992, S. 349)

Giddens lehnt sich in seinen Überlegungen sehr an Vorgaben des interpretativen Paradigmas an, so etwa in der Betonung der Intentionalität des Handelns der Akteure und in der Annahme, daß die Akteure bei ihrem Handeln immer auch "Gründe" haben. Aber er weist auch deutlich darüber hinaus, insbesondere in der Betonung der externen unbeabsichtigten Effekte dieses Handelns. Der interaktionistischen Mikro-Perspektive hält Anthony Giddens daher auch genau das vor, was oben bereits Homans und Blumer angelastet worden war: die Vernachlässigung des Emergenzproblems und die Unterschätzung des Schrittes der Logik der Aggregation.

Um dies zu belegen, nimmt sich Anthony Giddens den amerikanischen Interaktionisten Randall Collins etwas näher vor. Dieser hatte in einem programmatischen Artikel[16] zwar behauptet, daß die interaktionistische Perspektive die Überwindung des Mikro-Makro-Gegensatzes beabsichtige und auch leiste. Er habe aber für die Erklärung kollektiver Strukturen nur das Konzept der *interaction rituals* eingeführt und die Vorstellung entwickelt, daß die "Makroebene" lediglich aus "Aggregaten von Mikro-Erfahrungen" bestehe. Dem hält Giddens entgegen:

"Soziale Institutionen sind weder als Aggregate von 'Mikrosituationen' darzustellen, noch sind sie vollständig in Begriffen beschreibbar, die sich auf solche Situationen beziehen, wenn wir darunter Verhältnisse von Kopräsenz verstehen. Andererseits sind institutionalisierte Verhaltensmuster selbst in die flüchtigsten und begrenztesten 'Mikrosituationen' entschieden einbegriffen." (Giddens 1992, S. 195)

Giddens greift für sein eigenes theoretisches Konzept eine bereits etwas ältere, von David Lockwood[17] formulierte Unterscheidung zweier Formen

---

[16] Randall Collins, On the Microfoundations of Macrosociology, in: American Journal of Sociology, 86, 1981, S. 984-1014.
[17] David Lockwood, Social Integration and System Integration, in: George K. Zollschan und Walter Hirsch, Explorations in Social Change, London 1964, S. 244-257.

der Integration auf: die *Sozialintegration* für den Nahbereich der "Kopräsenz" von Akteuren und die *Systemintegration* für die Integration der von Alltag und Subjektivität weiter entfernten *Systeme* einer Gesellschaft. Und er fordert: die Sozial- und die Systemintegration in einem Modell zu integrieren. Das hieße aber: den in der Unterscheidung von Sozial- und Systemintegration angelegten Gegensatz zwischen einem mikro- und einem makrosoziologischen Mechanismus der Integration von Gesellschaften zugunsten einer einheitlichen Perspektive aufzugeben. Das hatte übrigens auch schon David Lockwood angeregt. Und dies leiste - so Giddens - auch Collins mit seiner Idee der interaction rituals nicht (Collins 1981, S. 1002ff.), wohl aber: seine Theorie der "Konstitution der Gesellschaft" - natürlich.

Der Fairneß halber muß aber angefügt werden, daß Randall Collins sehr wohl einen Vorschlag macht, wie aus seiner Sicht das Aggregationsproblem zu lösen sei: Er verweist auf die Existenz von "Märkten" für solche Interaktionsrituale. Märkte sind ja ohne Zweifel sehr wichtige und auch recht häufige Mechanismen der Koordination einzelner Handlungen zu einem kollektiven Resultat (siehe dazu Kapitel 28).

Leider unterläßt Collins jede weitere Präzisierung der Mechanismen dieser Koordination. Er beschreibt und klassifiziert stattdessen die "resources", also: die Güter und die "Preise", entlang derer sich die Märkte der Interaktionen herausbilden sollen. Eine akzeptable Theorie der Aggregation des Handelns zu Märkten von interaction rituals ist dies sicher nicht, vielleicht aber ein Anfang in einer interessanten und von der Ökonomie bislang ganz ausgeblendeten Richtung: Die Untersuchung von sozialer Ordnung über die symbolische Koordination des Handelns und über habitualisiertes Verhalten, das den Anforderungen der Akteure genügt.

Anthony Giddens hat seine Grundideen in einer Art von Manifest in durchaus unbritischer Unbescheidenheit unter dem etwas prätentiösen Titel "New Rules of Sociological Method"[18] zusammengefaßt. Darin wiederum faßt er die Grundthesen freundlicherweise in einer Liste von insgesamt neun "neuen Regeln" zusammen. Die hier für das Problem der Integration der Mikro- und der Makro-Perspektive wichtigsten sind die Regeln A One, A Two, B One und B Two. Sie lauten in etwas gekürzter Form (Giddens 1975, S. 160-162):

A One: Sociology is not concerned with a 'pre-given' universe of objects, but with one which is constituted or produced by the active doings of subjects.
A Two: The production and reproduction of society thus has to be treated as skilled performance on the part of its members, not as merely a mechanical series of processes.
B One: The realm of human agency is bounded. Men produce society, but they do so as historically located actors, and not under conditions of their own choosing.

---

[18] Anthony Giddens, New Rules of Sociological Method. A Positive Critique of Interpretative Sociologies, London u.a. 1976.

B Two: Structures must not be conceptualized as simply placing constraints upon human agency, but as enabling.

In den vier Regeln ist die Dialektik der Subjektivität und der Objektivität der Gesellschaft deutlich zugunsten einer integrierenden Perspektive aufgehoben. Wenig ist bei Giddens über die mehr formaleren oder gar nomologischen Bedingungen der Einlösung dieser Perspektive zu lesen. Dafür führt er das Konzept der grundlegenden *doppelten Hermeneutik* ein, dem das Arbeiten der Soziologen notwendigerweise unterliege. Das Konzept hat Anthony Giddens sich für die vorletzte Regel - D One - aufgespart:

D One: Sociological concepts thus obey what I call a double hermeneutic: (1) Any generalized theoretical scheme in the natural or social sciences is in a certain sense a form of life in itself ... (2) Sociology, however, deals with a universe which is already constituted within frames of meaning by social actors themselves, and reinterprets these within its own theoretical schemes, mediating ordinary and technical language.

Die letzte "neue Regel" - D Two - zieht daraus eine weitreichende Folgerung für die Art der Arbeit der Soziologen:

D Two: In sum, the primary tasks of sociological analysis are the following: (1) The hermeneutic explication and mediation of divergent forms of life within descriptive metalanguages of social science; (2) Explication of the production and reproduction of society as the accomplished outcome of human agency.

Mit ein klein wenig Wohlwollen und etwas hermeneutischer Übung läßt sich daraus durchaus die Definition der Soziologie durch Max Weber - und das Modell der soziologischen Erklärung - herauslesen: Die "Konstitution der Gesellschaft" ist das Produkt des mit subjektivem Sinn versehenen Handelns der Akteure, die gleichzeitig in die strukturellen Begrenzungen und Möglichkeiten der Folgen dieses Handelns eingebettet sind. Aber dafür muß aus der Sicht der erklärenden Soziologie sehr viel Wohlwollen aufgebracht werden, weil auch die Theorie der Strukturierung eigentlich nicht viel mehr ist als eine Sammlung von Orientierungshypothesen. Allerdings: Es sind durchaus in die richtige Richtung weisende Orientierungshypothesen.

System und Lebenswelt: Jürgen Habermas

Als vierter Ansatz einer heimlichen, aber nicht geglückten Verbindung von Mikro- und Makro-Soziologie sei schließlich die "Theorie des kommunikativen Handelns" von Jürgen Habermas[19] genannt. Er unterscheidet darin zunächst, ganz traditionell, zwei Ebenen der Gesellschaft: Die mikro-soziologische Ebene der handelnden Subjekte und deren alltägliche *Lebenswelten* einerseits. Und die makro-soziologische Ebene der *Systeme*.

Die handelnden Subjekte sind - wenn in der Ich-Entwicklung bei der Sozialisation alles nach Wunsch gegangen ist - mit moralischem Bewußtsein ausgestattete, aufrechte, gute und kritische Menschen. Die Lebenswelt ist der durch unmittelbare Kommunikation erreichbare *und* integrierte Nahbereich des alltäglichen Handelns in einer ("Primär"-)Gruppe. Sie stellt - zusammen mit den sich dort gut wiederfindenden Subjekten - den Mikrokosmos des alltäglichen Lebens der Menschen in einer Gesellschaft dar.

Die Systeme sind demgegenüber die den Subjekten ganz und gar fremden, eigenständigen Sphären und anonymen Organisationen einer Gesellschaft - wie beispielsweise die kapitalistischen Märkte, die bürokratische Verwaltung oder die großen Konzerne und korporativen Akteure der modernen Gesellschaft oder die Sub-Systeme nach dem AGIL-Schema, zwischen denen sich die handelnden Akteure zurechtfinden und ihre Identität behalten müssen.

Die Vorstellung einer Zusammenführung der Mikro- und der Makro-Ebene, auch in der Theorie über die Gesellschaft, bezieht Habermas von einer tiefen Überzeugung: daß grundsätzlich *jede* menschliche Gesellschaft letztlich nur über die "kommunikative" Verständigung über die der Gattung der Menschen objektiv gemeinsamen Interessen integriert werden könne. Eine solche Integration über Akte der unmittelbaren Kommunkation bezeichnet Habermas als *soziale* Integration. Soziale Integration sei im Prinzip aber *nur* in den besonderen kommunikativen Akten der Lebenswelten möglich.

In einfachen und überschaubaren Stammesgesellschaften ist, laut Habermas, die soziale Integration die Grundform der gesellschaftlichen Einheit. Lebenswelten und Systeme sind dort noch nicht auseinandergetreten. Wenn man so will: Geist und Materie sind dort noch eins. Das ändert sich mit der Entstehung der Großgesellschaften. Zunächst mit dem Aufkommen der Stadtstaaten und der großen Staatsgesellschaften, vollends aber schließlich mit der Evolution der marktwirtschaftlich organisierten Gesellschaften des modernen Staats-Kapitalismus. Hier treten System und Lebenswelt vorläufig endgültig auseinander. In den modernen Gesellschaften seien so die Lebenswelten immer mehr von den "Systemen" entfremdet worden und nun dem Eindringen durch anonyme Mechanismen der Integration, wie Geld oder politische Macht, ausgeliefert. Es komme zur

---

[19] Jürgen Habermas, Theorie des kommunikativen Handelns, Band 1: Handlungsrationalität und gesellschaftliche Rationalisierung, Frankfurt/M. 1981a; Band 2: Zur Kritik der funktionalistischen Vernunft, Frankfurt/M. 1981b.

"Entkoppelung von System und Lebenswelt"[20]. Wenn man erneut so will: Geist und Materie haben sich im Prozeß der zunehmenden "Rationalisierung" und "Entzauberung" einander "entäußert" und stehen sich - wie das ja schon bei Hegel zu finden ist - jetzt fremd gegenüber.

Die These von der Unaufhaltsamkeit der Entzauberung der Gesellschaft stammt von Max Weber. Nicht zuletzt Karl Marx hatte schon vor Max Weber die These vetreten, daß mit dem Voranschreiten und mit der Entfaltung des Kapitalismus sich die eingelebten Gemeinschaften und ständischen Gliederungen der Feudalgesellschaften auflösen müßten. Im Kommunistischen Manifest ist zum Beispiel zu lesen:

"Die fortwährende Umwälzung der Produktion, die ununterbrochene Erschütterung aller gesellschaftlichen Zustände, die ewige Unsicherheit und Bewegung zeichnet die Bougeoiseepoche vor allen anderen aus. Alle festen, eingerosteten Verhältnisse mit ihrem Gefolge von altehrwürdigen Vorstellungen und Anschauungen werden aufgelöst, alle neugebildeten veralten, ehe sie verknöchern können. Alles Ständische und Stehende verdampft, alles Heilige wird entweiht, und die Menschen sind endlich gezwungen, ihre gegenseitigen Beziehungen mit nüchternen Augen anzusehen."[21]

Dies ist eine frühe Variante der These von der "Invasion" des kapitalistischen "Systems" in die ständischen Lebenswelten. Etwas Wahres ist an dieser These des Eindringens der Systeme in die Lebenswelten (das heißt: Primärgruppen) der Menschen, auch gegen deren Willen, ganz ohne Zweifel.

Drei Prozesse der - mehr oder weniger - schleichenden Invasion solcher anonymer Systeme in die Lebenswelten der Menschen sind hier insbesondere zu nennen. Sie sind alle eng mit dem Entstehen moderner Gesellschaften verbunden: so die immer mehr ausgeweitete Abwicklung der Transaktionen der Menschen über anonymisierte *Märkte* und über generalisierte Medien der Information und des Tausches, wie insbesondere über die Schriftsprache und über das Geld. Zweitens: das Anwachsen der *bürokratischen Verwaltung* als Folge nicht zuletzt auch der anwachsenden Nachfrage nach administrativer Regulierung ab dem Moment, in dem die Lebenswelten ihre integrierende und selbstorganisierende Kraft einzubüßen beginnen. Und drittens - und wahrscheinlich am nachhaltigsten - die Zunahme schon allein der schieren Anzahl der sog. *korporativen Akteure*. Dies sind die erst in der Moderne vorfindbaren "juristischen Personen" der unterschiedlichsten Art, wie Aktiengesellschaften, Kirchen oder eine kassenärztliche Vereinigung. Sie gibt es schon allein deshalb immer mehr, weil man sich auf "juristische" Personen letztlich doch besser verlassen kann als auf "natürliche" - besonders dann, wenn diese Akteure mit dem Zerfall der Lebenswelten selbst immer unzuverlässiger, immer mißtrauischer und egoistischer werden (vgl. auch Abschnitt 6.1).

---

[20] So die Kapitelüberschrift des zweiten Abschnitts der "Zweiten Zwischenbetrachtung" in Band 2 der "Theorie des kommunikativen Handelns"; Habermas 1981b, S. 229.
[21] Karl Marx, Manifest der Kommunistischen Partei, in: MEW 4, S. 465.

Habermas' Diagnose vom Überhandnehmen der "Systeme" gegenüber den Menschen und ihren Lebenswelten ist sicher auch in quantitativer Hinsicht nicht falsch: Wenn eine einzelne Entwicklung die modernen Gesellschaften kennzeichnet, dann ist es jenes unaufhaltsam scheinende Vordringen der juristischen Personen der korporativen Akteure und das Aufkommen von immer stärker "asymmetrischen" Beziehungen zwischen diesen und den natürlichen Personen in ihren Lebenswelten.

Ein anschauliches Bild von der Invasion der korporativen Akteure in die Lebenswelten der natürlichen Personen zeichnet ein Diagramm, das James S. Coleman in seinem Buch mit dem bezeichnenden Titel "Die asymmetrische Gesellschaft" wiedergibt (vgl. Abbildung 30.2)[22].

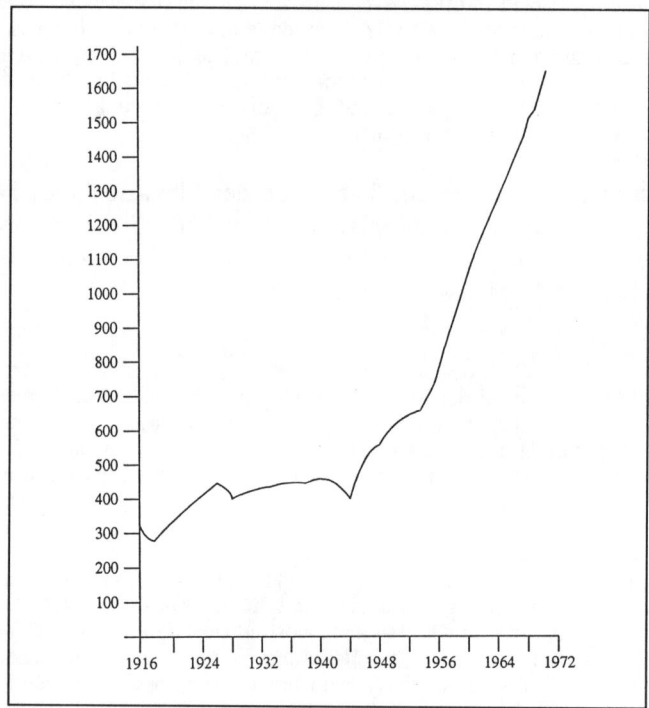

Abb. 30.2: Die Zunahme der kommerziellen korporativen Akteure in den USA

Die Anzahl der juristischen Personen, mit denen sich die Menschen und deren Lebenswelten konfrontiert sehen, steigt ab 1944 fast um das Fünf-

---

[22] James S. Coleman, Die asymmetrische Gesellschaft. Vom Aufwachsen mit unpersönlichen Systemen, Weinheim und Basel 1986, S. 20.

fache. Andere Indikatoren weisen in die gleiche Richtung: Auf der Titelseite der *New York Times* werden zum Beispiel die stories über die leibhaftigen Menschen in dem Maße uninteressanter, wie die berichtenswerten Neuigkeiten über die - allerdings oft überhaupt nicht: anonymen - korporativen Akteure zunehmen. Und so weiter. James S. Coleman beschreibt den zu beobachtenden Vorgang sehr drastisch, als eine Art von Invasion aus dem Weltall:

"Diese Veränderungen legen die Annahme nahe, daß sich in den letzten hundert Jahren ein struktureller gesellschaftlicher Wandel vollzogen hat, der zu einem Bedeutungszuwachs für die korporativen Akteure und in gleichem Ausmaß zu einem Bedeutungsverlust für die natürlichen Personen führte. Es ist fast so, als hätte in dieser Zeit eine Masseneinwanderung stattgefunden, aber nicht von Menschen aus Europa, Asien, Afrika oder Südamerika, sondern von Marsmenschen, d.h. einer bislang in der Geschichte unbekannten Gattung von Personen. Und diese neue Art von Personen hat allmählich die natürlichen Personen aus den unterschiedlichsten Bereichen der Sozialstruktur verdrängt ... ." (Coleman 1986, S. 24)

Die Asymmetrie zwischen natürlichen und juristischen Personen, zwischen Lebenswelten und Systemen besteht darin, daß die Systeme unsterblich und mit enormen Ressourcen ausgestattet sind, daß sie aber gleichzeitig so handeln können, "als ob" es sich um Subjekte mit - bösen wie guten - Absichten handelte. Darum kann man sich also - zumal als armer Soziologieprofessor, ohne jeden Zugang zu einem dieser Systeme - durchaus schon Sorgen darüber machen, ob man überhaupt in dieser asymmetrischen Welt noch etwas zu vermelden hat.

Die fremden Systeme erzwingen nun laut Habermas - gewissermaßen hinter dem Rücken der Subjekte - eine ganz andere Art der Integration der Gesellschaft: die *systemische* Integration über die anonyme Gewalt der Märkte, der verborgenen Fern-Interdependenzen und der verlockenden Kraft des Geldes.

Mit Hegel - weniger jedoch mit Marx, der ja deutlich eher auf die Entfaltung der materiellen Produktivkräfte als Movens der Gesellschaft statt auf kommunikative Verständigung, etwa in Männergruppen und Töpferkursen in der Toscana, gesetzt hatte - weiß Habermas aber: Dieser Prozeß des Auseinandertretens von System und Lebenswelt, der Entfremdung von Geist und Materie, kann nicht endlos weitergehen. Die im Grunde ja moralischen Subjekte und die sozial integrierende Kraft der Lebenswelten würden tendenziell schon wieder dafür sorgen, daß die Entfremdung der Subjekte und ihrer Lebenswelten von den Systemen nicht immer weiter getrieben und schließlich auch auf nachhaltigen Widerstand stoßen werde.

Und der Grund: weil nur innerhalb lebensweltlicher Kommunikationen auch die letztlich erforderliche soziale Integration der gesamten Gesellschaft, über das *Motiv* des "kommunikativen Handelns" nach Verständigung (vgl. dazu den Kurzen Exkurs zu Habermas und Luhmann) möglich sei. Und weil die systemische Integration auf Dauer auch die Massengesellschaften alleine nicht zusammenhalten könne.

Genau das hatten auch Durkheim mit seiner - alteuropäischen - Vorstellung von der Gesellschaft als moralischer Anstalt und Talcott Parsons mit dem cultural system als Grenzbereich zur "letzten Realität" gemeint. Wegen dieser Notwendigkeit auch einer *sozialen* Integration der Gesellschaft würden daher - gottlob - die Menschen die immer weiter voranschreitende Entzauberung, Bürokratisierung und Rationalisierung ihrer Gesellschaft nicht endlos hinnehmen: Es wäre gar nicht denkbar, daß die Systeme ohne eine Verankerung in lebensweltlichen Interaktionen bestehen könnten. Daher müsse es letztlich doch wieder zu " ... Umbauten im institutionellen Kernbereich der moralisch-rechtlichen, d.h. *konsensuellen* Regelung von Handlungskonflikten" (Habermas 1981b, S. 259; Hervorhebung nicht im Original) kommen. In den neuen sozialen Bewegungen einer alternativen Lebensführung, auch in der Folge der ehemaligen Studentenbewegung und außerparlamentarischen Opposition der späten 60er Jahre sieht Habermas erste, ihn jedenfalls hoffnungsfroh stimmende Anzeichen für solche Tendenzen der Aufhebung dieser Entfremdung der Lebenswelten und der Systeme. Wenn man es so sagen möchte: Lebenswelt strikes back.

Gegenüber den Vermutungen von Max Weber über das unaufhaltsame Voranschreiten der Moderne ist dies eine deutlich andere Perspektive. Für den Prozeß der Entzauberung, Bürokratisierung und Modernisierung hatte Max Weber - noch düsterer und apokalyptischer als Karl Marx - bekanntlich prophezeit, daß die Menschen ihm ausgeliefert seien, " ... bis der letzte Zentner fossilen Brennstoffs verglüht ist."[23] Mal sehen, wer Recht behält.

Subjekte und Lebenswelt bilden nach Habermas den - sozial integrierbaren - Mikro-Bereich. Er beinhaltet eine ganz andere Seinsweise als der - systemisch integrierte - Makro-Bereich der Systeme: Die Lebenswelt setzt "an den Handlungsorientierungen" der Subjekte an. Die Systeme dagegen "greifen durch" die Handlungsorientierungen der Akteure "durch". Und dies tun sie, weil sie eine von den Subjekten und der Lebenswelt ganz eigenständige Grundlage haben.

Die Trennung in zwei gänzlich unterschiedliche und einander fremde, jeweils eigenständige Seinsbereiche - in System und Lebenswelt - geschieht damit zwar erst *innerhalb* der Sphären der Gesellschaft. Aber jede Gesell-

---

[23] Max Weber, Die protestantische Ethik und der Geist des Kapitalismus, in: Max Weber, Gesammelte Aufsätze zur Religionssoziologie, 7. Auflage, Tübingen 1978, S. 203.

schaft besteht grundsätzlich aus diesen beiden Bereichen. Und Habermas macht daher für sein Konzept der Gesellschaft den folgenden Vorschlag:

"Ich möchte deshalb vorschlagen, Gesellschaften *gleichzeitig* als System und Lebenswelt zu konzipieren." (Habermas 1981b, S. 180 Hervorhebung im Original; vgl. auch S. 183)

Auf der ontologischen Trennung der beiden Bereiche beruhen seine gesamten Überlegungen zur Theorie der Gesellschaft: Es gibt mikrosoziologisch zu betrachtende, lebensweltliche Bereiche und davon grundsätzlich zu unterscheidende, makro-soziologisch zu untersuchende, systemische Bereiche der Gesellschaft: Lebenswelten und Systeme eben. Diesen beiden *typisch* unterschiedlichen Bereichen sind jeweils *typisch* unterschiedliche Formen der *Integration* zugeordnet: *soziale* Integration in den *Lebenswelten* und *systemische* Integration bei den *Systemen*.

Dies ist zunächst nur eine - wahrscheinlich sogar zutreffende - Beschreibung. Wie sieht aber die theoretische Erklärung und die Zusammenführung der Mikro- und der Makro-Ebene aus? Um die Prozesse der Gesellschaft insgesamt zu erfassen, müsse die Theorie der Gesellschaft, so Habermas, diese beiden Grundlagen der Gesellschaft auch "theoretisch" berücksichtigen. Weil es aber zwei verschiedene Bereiche gebe, müßten entsprechend auch zwei verschiedene Arten soziologischer Theorie formuliert und zur - ja als notwendig erachteten - Zusammenführung dann wieder miteinander kombiniert werden: eine "*Handlungstheorie*" für die *Lebenswelten* und für die *soziale* Integration; und eine "*Systemtheorie*" für die *Systeme* und für die *systemische* Integration. (Habermas 1981b, S. 349ff.)

Jürgen Habermas ist der Gedanke der Schottischen Moralphilosophen, daß es auch anonyme Mechanismen der Integration einer Gesellschaft gibt, die die Lebenswelten der Menschen ganz und gar nicht gefährden, offenbar durch und durch fremd. Daher kommt er auch nicht auf den naheliegenden Gedanken der Schotten oder von Carl Menger etwa, daß die Integration der Gesellschaft im Prinzip auch als unintendierte, von keinem Akteur so gewollte Resultante des menschlichen Handelns erklärt werden kann. Und ihm ist daher auch die Vorstellung ganz fern, daß die Zusammenführung der Makro- und der Mikro-Ebene der Gesellschaft in *einem* erklärenden theoretischen Akt geschehen kann. Alfred Bohnen hat in einem klärenden Aufsatz deutlich darauf hingewiesen, daß *darin*, in der bloßen "komplementären" Zusammenführung einer Handlungs- und einer Systemtheorie die Überwindung des Mikro-Makro-Problems *nicht* liegen könne und daß mit der Konzeption der unintendierten Folgen des absichtsvollen Handelns die "handlungstheoretischen" und die "systemtheoretischen" Perspektiven mühelos integriert werden können[24].

---

[24] Alfred Bohnen, Handlung, Lebenswelt und System in der soziologischen Theoriebildung: Zur Kritik der Theorie des kommunikativen Handelns von Jürgen Habermas, in: Zeitschrift für Soziologie, 13, 1984, S. 197ff.

Habermas diskutiert den theoretischen Grundgedanken der unintendierten Integration der Gesellschaft nicht einmal. Damit kommt er auch nicht auf die Spur, die zum Beispiel Anthony Giddens so überzeugend gefunden hat: daß weder eine "Handlungstheorie" für die Lebenswelten, noch eine "Systemtheorie" für die Makro-Ebene alleine die integrierte Erklärung der Gesellschaft ermöglichen, daß die Konstitution der Gesellschaft aber ganz zwanglos durch die Modellierung des ineinandergreifenden Wechselspiels von intentionalen Handlungen und aggregierten Handlungsfolgen erklärbar wird - also ganz so, wie Adam Smith und die anderen Schottischen Moralphilosophen es bereits vorexerziert hatten - und wie es im Modell der soziologischen Erklärung niedergelegt ist.

Soziale und psychische Systeme: Niklas Luhmann

Wir hatten oben von fünf Ansätzen und Autoren gesprochen. Es fehlt noch der Ansatz von Niklas Luhmann, der aber ja schon in Kapitel 27 ausführlicher behandelt wurde. Es mag überraschend klingen, Niklas Luhmann auch als einen heimlichen (wenngleich: oft irreführenden) Vorreiter der erklärenden Soziologie wiederzufinden. Das ist es aber nicht: Obwohl Niklas Luhmann sich selbst ganz ausdrücklich auf eine strikt makro-soziologische Perspektive festlegt, versucht er in seiner *Theorie sozialer Systeme* de facto ebenfalls eine Integration von mikro- und makro-soziologischer Theorie. Zwar schreibt er ganz unmißverständlich:

"Theoretisch umstritten scheint zu sein, ob die Einheit eines Elements als Emergenz 'von unten' oder durch Konstitution 'von oben' zu erklären sei. Wir optieren *entschieden* für die zuletzt genannte Auffassung." (Luhmann 1984, S. 43; Hervorhebung nicht im Original)

Die Grundstruktur der Theorie sozialer Systeme zeigt aber deutlich, daß Luhmann eigentlich auch eine Verbindung der Ebenen der psychischen und der sozialen Systeme versucht (vgl. Kapitel 27):

Luhmann unterscheidet einen *Mikro*-Bereich der *psychischen* Systeme einerseits und einen *Makro*-Bereich der *sozialen* Systeme andererseits. Er verschärft diese *Trennung* sogar durch das Postulat, daß beide Systeme nur über den Erhalt ihrer jeweiligen Grenzen die *Autopoiesis* der jeweils für sie typischen Form von Sinn - nämlich: *Bewußtsein* einerseits, *Kommunikation* andererseits - prozessieren könnten. Gleichzeitig wird aber auch betont, daß sie gerade *dadurch* füreinander notwendige und einander ermöglichende Umwelten sind. Sie regen sich im Akt der *Interpenetration* fortwährend *gegenseitig* zur jeweils system*spezifischen* Autopoiese an - und bilden darin eine neue Einheit. Ein sehr wichtiger Beitrag dabei ist die Vorstellung, daß es bei der Interpenetration der Mikro- und der Makro-Ebene immer eine bestimmte Zwischen-Ebene gibt: die von den Akteuren in der jeweiligen Situation bereits selegierten Modelle, Vereinfachungen und Zuschreibungen,

Soziologische Theorien über die Gesellschaft 615

auf deren Grundlage die Abstimmung und die Abfolge des kommunikativen Geschehens deutlich erleichtert ist. Luhmann nennt diese *Modelle* und *Markierungen* von Einheiten kompletter Abläufe etwas mißverständlich auch *"Handlungen"* (vgl. zur Auflösung dieser Verwirrung Abschnitt 27.2 insbesondere). Es sind nichts anderes als geteilte oder immer wieder neu definierte soziale Regeln, an denen sich die Akteure in ihrem Handeln selbstreferentiell orientieren. Unter anderem darüber werden - unintendiert oder beabsichtigt - die sozialen Systeme als fortlaufender Strom funktionierender Kommunikationen *konstituiert* - und *konstituieren* ihrerseits darüber die psychischen Systeme und die von diesen benutzten "Handlungen" bzw. Modelle und sozialen Regeln immer wieder neu. Die *Gesellschaft* ist schließlich das *umfassende* soziale System *erreichbarer Kommunikation*, das auf diese Weise auch in einer fortwährenden, über Zuschreibungen, Modelle, "Handlungen" vollzogenen Interpenetration von Mikro- und Makro-Bereich prozessiert.

Dies ist sicher auch ein deutlicher Versuch, innerhalb *einer* theoretischen Perspektive die mikro- wie die makro-soziologischen Vorgänge unterzubringen. Vieles an der Luhmannschen Systemtheorie wird erst verständlich, wenn man weiß, wie es einfacher und vor allem: wie es erheblich präziser und logisch gehaltvoller - und damit besser - geht.

Luhmann quält sich - und seine Leser - nur deshalb so sehr mit seinen oft ganz unnötig komplizierten und - wohl nicht ganz unabsichtlich - selbst erzeugten terminologischen Verwirrungen, weil er die Richtung der Lösung des Problems zwar wohl ahnt, aber den einfacheren und wirkungsvolleren Weg nicht beschreiben mag oder kann: die *präzise* und *nomologische* Modellierung der wechselseitigen Konstitution von Gesellschaft und Akteuren in einem fortlaufenden Prozeß der Selektion von Handlungen durch die psychischen Systeme der Menschen und die "dadurch" in manchmal komplizierten Aggregationen erzeugten sozialen Systeme, die ihrerseits wieder gleichzeitig orientierende Nahumwelten für die Akteure sind. Im dynamisierten Modell der soziologischen Erklärung (vgl. dazu Abschnitt 6.3 oder Abbildung 30.1) wird dieser Vorgang der wechselseitigen, autopoietischen Konstitution von Akteuren und Gesellschaft eigentlich auf eine einfache Weise im Prinzip modellierbar.

Gleichwohl kann die soziologische Systemtheorie ohne Zweifel als ein wichtiger Versuch gewertet werden, die Einseitigkeiten der klassischen Theorien der Soziologie vollends zu überwinden. Leider ist eine *erklärende* Theorie dabei *nicht* herausgekommen.

Epilog

Die klassische Makro-Soziologie kam, ebenso wie die beiden Ansätze der klassischen Mikro-Soziologie, mit den vielen Dimensionen der Dialektik der menschlichen Gesellschaft nicht gut zurecht. Die neueren theoretischen Bemühungen in der Soziologie drehen sich daher auch alle um die Auflösung der Einseitigkeiten der klassischen Ansätze. Fünf aktuellere Konzeptionen zu einer theoretisch *integrierten* Betrachtung der zunächst sehr widersprüchlich erscheinenden Aspekte der Gesellschaft wurden vorgestellt. Alle diese Makro-Mikro-Makro-Ansätze verfolgen ein lobenswertes Ziel - mit unterschiedlichem Erfolg.

Norbert Elias ist dabei kurz vor der Lösung des Problems. Ihm fehlt nur noch die stringente erklärende Durcharbeitung des Konzepts der Figuration. Jeffrey Alexander mit seinem Neo-Funktionalismus kommt über die Forderung nach einem fortwährenden discourse über die Dialektiken der Gesellschaft kaum hinaus. Anthony Giddens ist sicher schon ein gutes Stück weiter, bleibt dann aber letztlich doch wieder nur bei einigen - wennaber wichtigen und richtigen - Orientierungshypothesen stehen. Und Jürgen Habermas verharrt - trotz aller guten Vorsätze und trotz seiner richtigen Diagnose der Situation in modernen Gesellschaften - in seiner "Theorie des kommunikativen Handelns" da, wo die klassischen Ansätze aufgehört hatten: bei der Trennung der Bereiche und bei der Vorstellung einer Manifestation dieser Bereiche in den Theorien der Gesellschaft - eine Handlungstheorie für das Handeln in der Lebenswelt, eine Systemtheorie für die Analyse der Systeme der Gesellschaft. Niklas Luhmann setzt sehr hoch an und unterbreitet ohne Zweifel eine Fülle von überraschenden und wichtigen Einsichten in das Prozessieren der Gesellschaft; insbesondere die, daß alle sozialen Strukturen und Prozesse aus nichts anderem "bestehen" als aus dem steten Zerfall und Neuaufbau ihrer Elemente. Er versucht die Lösung des Problems der Theoriebildung aber mit vollkommen untauglichen Mitteln; nämlich solchen, die eigentlich in den erklärenden Wissenschaften schon seit dem Mittelalter als nicht mehr hinreichend angesehen werden: Abstraktion wird mit allgemeiner Erklärung verwechselt, Begriffe treten an die Stelle von Hypothesen über Zusammenhänge, inhaltsleere Tautologien gelten als triftige Wahrheiten, definitorische Festlegungen werden als empirische Aussagen verkleidet usw. Die soziologische Systemtheorie ist - bei allem Anregungspotential, das sie ohne Zweifel birgt - ein fast unverzeihlicher Rückfall in alle Sünden einer begrifflichen Scholastik, die der Soziologie in ihrem Ruf als seriöse, erklärende Wissenschaft auch schon früher sehr geschadet hat.

Am ehesten gelingt die theoretische Integration der Mikro- und der Makro-Ebene der gesellschaftlichen Prozesse ohne Zweifel den Autoren, die - wie Norbert Elias mit der Figurations-und Prozeß-Soziologie und Anthony Giddens mit der von ihm so genannten "Theorie der Strukturierung" - wenigstens implizit an den lange Zeit verschütteten Grundgedanken der Schottischen Moralphilosophen und an bestimmten Orientierungshypothesen von Karl Marx anknüpfen. Leider fehlt diesen (beiden) Ansätzen - wie den anderen - immer noch allzu sehr die Explikation der genauen erklärenden Mechanismen. Insbesondere ist zu fragen: Nach welchen *genaueren* Regeln selegieren eigentlich die Akteure ihre intentionalen Handlungen? Und wovon *genau* hängen die Interdependenzen der Menschen ab, so daß sich auch präzisere Hypothesen über die Strukturen der Machtbalancen und die Bedingungen ihrer Änderung formulieren ließen? Wie sollen die Aggregationsprobleme zur Erklärung der emergenten Folgen gelöst werden? Und so weiter. Darüber muß sicher noch einiges gesagt werden.

Das Modell der soziologischen Erklärung ist die Grundlage der systematischen und methodologisch korrekten Verknüpfung von Mikro- und Makro-Ebene, wie sie von nahezu allen aktuellen soziologischen Theorieansätzen angezielt oder gefordert wird. Es kann sowohl das "Prozessieren" der sozialen Systeme wie ihre Mehr-Ebenen-Verflechtungen berücksichtigen. Insofern löst es die wichtigsten Forderungen nach einer Dynamisierung und nach einer Berücksichtigung des Systemcharakters der Gesellschaft und der sozialen Prozesse ein. Es hat gegenüber den besprochenen Alternativen darüberhinaus den wichtigen Vorzug, daß mit diesem Modell methodisch korrekte Erklärungen möglich werden - das grundlegende Ziel aller Wissenschaften. Solche abstrakten Modelle können aber nur erste methodische Hinweise für das Vorgehen bei konkreten Analysen geben. Wichtig werden für die konkreten Analysefälle die Einzelheiten und Präzisierungen, die die Soziologie und ihre Nachbarwissenschaften für die Logik der Situation, die Logik der Selektion und die Logik der Aggregation herausgefunden haben.

Darauf konnte in diesem Band über die "Allgemeinen Grundlagen" der Soziologie leider nur in Ansätzen und noch nicht sehr systematisch und detailliert eingegangen werden. Es käme jetzt - nicht zuletzt vor dem Hintergrund der wichtigen Ideen und Anregungen etwa von Robert K. Merton, von Norbert Elias, von Raymond Boudon, von James S. Coleman, von Anthony Giddens, auch von "Habermas und Luhmann", die allesamt auch auf den Schultern einiger weniger wirklicher Riesen der soziologischen Klassik stehen - darauf an, diese Präzisierungen vorzunehmen.

Literatur

Abel, Theodore, The Operation Called "Verstehen", in: American Journal of Sociology, 54, 1949, S.211-218
Abelson, Robert P., Psychological Status of the Script Concept, in: American Psychologist, 36, 1981, S. 715-729
Aberle, David F., Albert K. Cohen, Arthur K. Davis, Marion J. Levy, Jr., und Francis X. Sutton, The Functional Prerequisites of a Society, in: Ethics, 60, 1950, S. 100-111
Abramovitz, Moses, Resource and Output Trends in the United States Since 1870, in: American Economic Review. Papers and Proceedings of the Sixty-Eighth Annual Meeting of the American Economic Association, 46, 1956, S. 5-23
Albert, Hans (Hrsg.), Theorie und Realität, 2. Aufl., Tübingen 1972 (Mohr)
Albert, Hans, Individuelles Handeln und soziale Steuerung. Die ökonomische Tradition und ihr Erkenntnisprogramm, in: Hans Lenk (Hrsg.), Handlungstheorien - interdisziplinär, Band 4, München 1977 (Fink), S. 177-225
Albert, Hans, Traktat über kritische Vernunft, 5. Aufl., Tübingen 1991 (Mohr)
Alexander, Jeffrey C. (Hrsg.), Neofunctionalism, Beverly Hills-New Delhi-London 1985 (Sage)
Alexander, Jeffrey C., The New Theoretical Movement, in: Neil J. Smelser (Hrsg.), Handbook of Sociology, Newbury Park u.a. 1988 (Sage), S. 77-102
Alexander, Jeffrey C., Bernhard Giesen, Richard Münch und Neil J. Smelser (Hrsg.), The Micro-Macro-Link, Berkeley-Los Angeles-London 1987 (University of California Press)
Alexander, Richard D., Darwinism and Human Affairs, London 1980
Atkinson, John W., Einführung in die Motivationsforschung, Stuttgart 1975 (Klett-Cotta)

Bargatzky, Thomas, Einführung in die Ethnologie. Eine Kultur- und Sozialanthropologie, 2. Aufl., Hamburg 1989 (Buske)
Beck, Ulrich, Jenseits von Stand und Klasse? Soziale Ungleichheiten, gesellschaftlicher Individualisierungsprozess und die Entstehung neuer sozialer Formationen und Identitäten, in: Reinhard Kreckel (Hrsg.), Soziale Ungleichheiten (Sonderband 2 der Sozialen Welt), Göttingen 1983 (Schwartz), S. 35-74
Beck, Ulrich, Risikogesellschaft. Auf dem Weg in eine andere Moderne, Frankfurt/M. 1986 (Suhrkamp)
Becker, Gary S., An Economic Analysis of Fertility, in: National Bureau of Economic Research (Hrsg.), Demographic and Economic Change in Developed Countries, Princeton 1960 (Princeton University Press)
Berger, Peter L., Zur Dialektik von Religion und Gesellschaft. Elemente einer soziologischen Theorie, Frankfurt/M. 1967 (Fischer)
Berger, Peter L., und Hansfried Kellner, Die Ehe und die Konstruktion der Wirklichkeit. Eine Abhandlung zur Mikrosoziologie des Wissens, in: Soziale Welt, 16, 1965, S. 220-235
Berger, Peter L., und Thomas Luckmann, Die gesellschaftliche Konstruktion der Wirklichkeit. Eine Theorie der Wissenssoziologie, 5. Aufl., Frankfurt/M. 1977 (Fischer); zuerst: The Social Construction of Reality, Garden City, N.Y. 1966
Biervert, Bernd, Der internationale Vergleich, in: Jürgen van Koolwijk und Maria Wieken-Mayser (Hrsg.), Techniken der empirischen Sozialforschung, Band 2: Untersuchungsformen, München 1975, S. 113-130
Bishir, John W., und Donald W. Drewes, Mathematics in the Behavioral and Social Sciences, New York-Chicago-San Francisco-Atlanta 1970 (Harcourt, Brace & World)
Blalock, Hubert M., Theory Construction. From Verbal to Mathematical Formulations, Englewood Cliffs, N.J. 1969 (Prentice-Hall)
Blau, Peter M., Structural Effects, in: American Sociological Review, 25, 1960, S. 178-193
Blau, Peter M., Presidential Address: Parameters of Social Structure, in: American Sociological Review, 39, 1974, S. 615-635

Blau, Peter M., Introduction: Parallels and Contrasts in Structural Inquiries, in: Peter M. Blau (Hrsg.), Approaches to the Study of Social Structure, New York und London 1975 (Free Press), S. 1-20
Blau, Peter M., Inequality and Heterogeneity. A Primitive Theory of Social Structure, New York und London 1977 (Free Press)
Blumer, Herbert, Der methodologische Standort des Symbolischen Interaktionismus, in: Arbeitsgruppe Bielefelder Soziologen (Hrsg.), Alltagswissen, Interaktion und gesellschaftliche Wirklichkeit, Band 1: Symbolischer Interaktionismus und Ethnomethodologie, Reinbek 1973 (Rowohlt), S. 80-146
Bohnen, Alfred, Handlung, Lebenswelt und System in der soziologischen Theoriebildung: Zur Kritik der Theorie des kommunikativen Handelns von Jürgen Habermas, in: Zeitschrift für Soziologie, 13, 1984, S. 191-203
Bolte, Karl Martin, Dieter Kappe und Josef Schmid, Bevölkerung. Statistik, Theorie, Geschichte und Politik des Bevölkerungsprozesses, 4. Aufl., Opladen 1980 (Leske & Budrich)
Boudon, Raymond, Die Logik des gesellschaftlichen Handelns. Eine Einführung in die soziologische Denk- und Arbeitsweise, Darmstadt und Neuwied 1980 (Luchterhand)
Boudon, Raymond, Theories of Social Change, Cambridge 1986 (Polity Press)
Boyd, Lawrence H., und Gudmund R. Iversen, Contextual Analysis: Concepts and Statistical Techniques, Belmont, Cal. 1979 (Wadsworth)
Brewer, William F., und Glenn V. Nakamura, The Nature and the Functions of Schemas, in: Robert S. Wyer, Jr., und Thomas K. Skrull (Hrsg.), Handbook of Social Cognition. Band 1, Hillsdale, N.J. und London 1984 (Erlbaum), S. 153-159
Büschges, Günter, Hintergrund der evolutionären Ideen. Die Evolution von Gesellschaft und Ethik, in: Wolfgang Cyran (Hrsg.), Die Sonderstellung des Menschen in der Evolution, Melle 1990 (Knoth)
Burt, Robert S., Toward a Structural Theory of Action. Network Models of Social Structure, Perception and Action, New York 1982 (Academic Press)

Campbell, Bernard G., Entwicklung zum Menschen, 2. Aufl., Stuttgart und New York 1979 (Fischer)
Campbell, Donald T., Rationality and Utility from the Standpoint of Evolutionary Biology, in: Robin M. Hogarth und Melvin W. Reder (Hrsg.), Rational Choice. The Contrast between Economics and Psychology, Chicago und London 1986 (University of Chicago Press), S. 171-180
Claessens, Dieter, Das Konkrete und das Abstrakte. Soziologische Skizzen zur Anthropologie, Frankfurt/M. 1980 (Suhrkamp)
Coale, Ansley J., The Demographic Transition Reconsidered, in: International Population Conference, IUSSP, Band 1, Liège 1973
Cohen, Mark, The Food Crisis in Prehistory: Overpopulation and the Origin of Agriculture, New Haven 1977 (Yale University Press)
Coleman, James S., Die asymmetrische Gesellschaft. Vom Aufwachsen mit unpersönlichen Systemen, Weinheim und Basel 1986 (Beltz)
Coleman, James S., Foundations of Social Theory, Cambridge, Mass. und London 1990 (Belknap Press)
Collins, Randall, On the Microfoundations of Macrosociology, in: American Journal of Sociology, 86, 1981, S. 984-1014
Collins, Randall, Theoretical Sociology, San Diego u.a. 1988 (Harcourt, Brace, Jovanovich)
Comte, Auguste, Soziologie, hrsgg. von E. Waentig, Band I, Leipzig 1907 (Fischer)
Cooper, William S., Decision Theory as a Branch of Evolutionary Theory: A Biological Derivation of the Savage Axioms, in: Psychological Review, 94, 1987, S. 395-411
Coser, Lewis A., Theorie sozialer Konflikte, Darmstadt 1972 (Luchterhand); zuerst: The Functions of Social Conflict, Glencoe, Ill. 1956

Dahrendorf, Ralf, Class and Class Conflict in Industrial Society, London 1959 (Routledge & Kegan)
Dahrendorf, Ralf, Pfade aus Utopia. Arbeiten zur Theorie und Methode der Soziologie. Gesammelte Abhandlungen I, 3. Aufl., München 1974 (Piper)
Dahrendorf, Ralf, Homo Sociologicus. Ein Versuch zur Geschichte, Bedeutung und Kritik der Kategorie der sozialen Rolle, 15. Aufl., Opladen 1977 (Westdeutscher Verlag); zuerst: Opladen 1958
Darwin, Charles, The Origin of Species by Means of Natural Selection or the Preservation of Favoured Races in the Struggle of Life, London 1859 (Murray)

Davis, Kingsley, und Wilbert E. Moore, Some Principles of Stratification, in: American Sociological Review, 10, 1945, S. 242-249
Dawkins, Richard, The Selfish Gene, New York 1976 (Oxford University Press)
Denison, Edward F., Why Growth Rates Differ, Washington 1967 (The Brookings-Institution)
Diekmann, Andreas, und Peter Preisendörfer, Persönliches Umweltverhalten: Diskrepanzen zwischen Anspruch und Wirklichkeit, in: Kölner Zeitschrift für Soziologie und Sozialpsychologie, 44, 1992, S. 226-251
Dilthey, Wilhelm, Einleitung in die Geisteswissenschaften. Versuch einer Grundlegung für das Studium der Gesellschaft und der Geschichte. Erster Band, Leipzig 1883
Dinkel, Reiner Hans, Demographie, Band 1: Bevölkerungsdynamik, München 1989 (Vahlen)
Durkheim, Emile, Soziologie und Philosophie, Frankfurt 1967 (Suhrkamp)
Durkheim, Emile, Der Selbstmord, Neuwied und Berlin 1973 (Luchterhand); zuerst: Suicide, Paris 1897
Durkheim, Emile, Die Regeln der soziologischen Methode. Herausgegeben und eingeleitet von René König, 5. Aufl., Darmstadt und Neuwied 1976 (Luchterhand); zuerst: Les règles de la méthode sociologique, Paris 1895
Durkheim, Emile, Über die Teilung der sozialen Arbeit, Frankfurt/M. 1977 (Suhrkamp); zuerst: De la division du travail social, Paris 1893
Durkheim, Emile, Die elementaren Formen des religiösen Lebens, Frankfurt/M. 1981 (Suhrkamp); zuerst: Les formes élémentaires de la vie religieuse, Paris 1912

Easterlin, Richard A., und Eileen M. Crimmins, The Fertility Revolution. A Supply-Demand Analysis, Chicago 1985 (University of Chicago Press)
Elias, Norbert, Was ist Soziologie?, München 1970 (Juventa)
Elias, Norbert, Über den Prozess der Zivilisation, 2 Bände, Frankfurt/M. 1977 (Suhrkamp)
Elias, Norbert, Die höfische Gesellschaft, Frankfurt/M. 1983 (Suhrkamp)
Elias, Norbert, Engagement und Distanzierung, in: Elias, Norbert, Engagement und Distanzierung. Arbeiten zur Wissenssoziologie I. Hrsgg. von Michael Schröter, Frankfurt/M. 1983 (Suhrkamp), S. 7-71
Esenwein-Rothe, Ingeborg, Einführung in die Demographie. Bevölkerungsstruktur und Bevölkerungsprozeß aus der Sicht der Statistik, Wiesbaden 1982 (Steiner)
Esser, Hartmut, Die Integration der Zweiten Generation: Zur Erklärung kultureller Differenzen, in: Zeitschrift für Soziologie, 18, 1989, S. 426-443
Esser, Hartmut, Alltagshandeln und Verstehen. Zum Verhältnis erklärender und verstehender Soziologie am Beispiel von Alfred Schütz und "Rational Choice", Tübingen 1991 (Mohr)
Esser, Hartmut, Der Doppelpaß als soziales System, in: Zeitschrift für Soziologie, 20, 1991, S. 153-166
Esser, Hartmut, The Rationality of Everyday Behavior. A Rational Choice Reconstruction of the Theory of Action, in: Rationality and Society, 5, 1993, S. 7-31
Esser, Hartmut, Klaus Klenovits und Hans Zehnpfennig, Wissenschaftstheorie 1: Grundlagen und Analytische Wissenschaftstheorie, Stuttgart 1977 (Teubner)

Felderer, Bernhard, und Michael Sauga, Bevölkerung und Wirtschaftsentwicklung, Frankfurt und New York 1988 (Campus)
Ferguson, Adam, Abhandlung über die Geschichte der bürgerlichen Gesellschaft, Jena 1923 (Fischer); zuerst: An Essay on the History of Civil Society, Edinburgh 1767
Festinger, Leon, Henry W. Riecken und Stanley Schachter, When Prophecy Fails. A Social and Psychological Study of a Modern Group that Predicted the Destruction of the World, New York-Evanston-London 1956 (Harper & Row)
Flinn, M. V., und R. D. Alexander, Culture Theory: The Developing Synthesis from Biology, in: Human Ecology, 10, 1982, S. 383-400
Frese, Jürgen, Sprechen als Metapher für Handeln, in: Georg Gadamer (Hrsg.), Das Problem der Sprache. Achter Deutscher Kongreß für Philosophie Heidelberg 1966, München 1967 (Fink), S. 45-56
Frey, Bruno S., Ökonomie ist Sozialwissenschaft. Die Anwendung der Ökonomie auf neue Gebiete, München 1990 (Vahlen)
Fuchs, Peter, Gefährliche Modernität. Das zweite vatikanische Konzil und die Veränderung des Messeritus, in: Kölner Zeitschrift für Soziologie und Sozialpsychologie, 44, 1992, S. 1-11

Garfinkel, Harold, Studies in Ethnomethodology, Englewood Cliffs, N.J. 1967 (Prentice-Hall)
Gehlen, Arnold, Der Mensch. Seine Natur und seine Stellung in der Welt, 5. Aufl., Bonn 1955 (Athenäum); zuerst: Bonn 1940
Gehlen, Arnold, Urmensch und Spätkultur, Bonn 1956 (Athenäum)
Geiger, Theodor, Arbeiten zur Soziologie. Methode-Moderne Großgesellschaft-Rechtssoziologie-Ideologiekritik, Berlin 1962 (Luchterhand)
Giddens, Anthony, New Rules of Sociological Method. A Positive Critique of Interpretative Sociologies, London u.a. 1976 (Hutchinson)
Giddens, Anthony, Die Konstitution der Gesellschaft. Grundzüge einer Theorie der Strukturierung, Frankfurt und New York 1992 (Campus); zuerst: The Constitution of Society, Cambridge 1984
Glasersfeld, Ernst v., Wissen, Sprache und Wirklichkeit, Braunschweig 1987 (Vieweg)
Glenn, Norval D., Cohort Analysis, Beverly Hills und London 1977 (Sage)
Goffman, Erving, Rahmen-Analyse. Ein Versuch über die Organisation von Alltagserfahrungen, Frankfurt/M. 1980 (Suhrkamp); zuerst: Frame Analysis. An Essay on the Organization of Experience, New York-Evanston-San Francisco-London 1974
Granovetter, Mark, The Strength of Weak Ties, in: American Journal of Sociology, 78, 1973, S. 1360-1380
Graumann, C.F., Interaktion und Kommunikation, in: C.F. Graumann (Hrsg.), Handbuch der Sozialpsychologie, 7. Band: Sozialpsychologie, 2. Halbband: Forschungsbereiche, Göttingen 1972 (Hogrefe), S. 1117-1123
Green, Thomas Hill, und Thomas Hodge Grose (Hrsg.), David Hume. Essays. Band II, Aalen 1964 (Scientia)
Gregory, Richard L., Mind in Science. A History of Explanations in Psychology and Physics, London 1981 (Penguin Books)

Habermas, Jürgen, Zur Rekonstruktion des Historischen Materialismus, Frankfurt/M. 1976 (Suhrkamp)
Habermas, Jürgen, Theorie des kommunikativen Handelns, Band 1: Handlungsrationalität und gesellschaftliche Rationalisierung, Frankfurt/M. 1981a (Suhrkamp)
Habermas, Jürgen, Theorie des kommunikativen Handelns, Band 2: Zur Kritik der funktionalistischen Vernunft, Frankfurt/M. 1981b (Suhrkamp)
Habermas, Jürgen, und Niklas Luhmann, Theorie der Gesellschaft oder Sozialtechnologie - Was leistet die Systemforschung?, Frankfurt/M. 1971 (Suhrkamp)
Hahn, Alois, Sinn und Sinnlosigkeit, in: Hans Haferkamp und Michael Schmid (Hrsg.), Sinn, Kommunikation und soziale Differenzierung. Beiträge zu Luhmanns Theorie sozialer Systeme, Frankfurt/M. 1987 (Suhrkamp), S. 155-164
Hardin, Garrett, The Tragedy of the Commons, in: Science, 162, 1968, S. 1243-1248
Harris, Marvin, Kulturanthropologie. Ein Lehrbuch, Frankfurt und New York 1989 (Campus)
Hartmann, Peter H., Warum dauern Ehen nicht ewig? Eine Untersuchung zum Scheidungsrisiko und seinen Ursachen, Opladen 1989 (Westdeutscher Verlag)
Hastorf, Albert H., David J. Schneider und Judith Polefka, Person Perception, Menlo Park, Cal. u.a. 1970 (Addison-Wesley)
Hawley, Amos, Human Ecology. A Theoretical Essay, Chicago und London 1986 (University of Chicago Press)
Hayek, Friedrich A., Die Ergebnisse menschlichen Handelns, aber nicht menschlichen Entwurfs, in: Friedrich A. Hayek, Freiburger Studien. Gesammelte Aufsätze, Tübingen 1969 (Mohr), S. 97-107
Heidenescher, Mathias, Zurechnung als soziologische Kategorie, in: Zeitschrift für Soziologie, 21, 1992, S. 440-455
Hejl, Peter M., Konstruktion der sozialen Konstruktion. Grundlinien einer konstruktivistischen Sozialtheorie, in: Siegfried J. Schmidt (Hrsg.), Der Diskurs des Radikalen Konstruktivismus, Frankfurt/M. 1987 (Suhrkamp), S. 303-339
Hempel, Carl G., Aspects of Scientific Explanation and Other Essays in the Philosophy of Science, New York und London 1965 (Free Press)
Hempel, Carl G., The Logic of Functional Analysis, in: May Brodbeck (Hrsg.), Readings in the Philosophy of Social Sciences, London und New York 1968 (MacMillan), S. 179-210

Literatur

Hempel, Carl G., und Paul Oppenheim, Studies in the Logic of Explanation, in: Philosophy of Science, 15, 1948, S. 135-175
Hernes, Gudmund, Structural Change in Social Processes, in: American Journal of Sociology, 82, 1977, S. 513-547
Hirschman, Albert O., Abwanderung und Widerspruch. Reaktionen auf Leistungsabfall bei Unternehmungen, Organisationen und Staaten, Tübingen 1974 (Mohr); zuerst: Exit, Voice and Loyalty. Response to Decline in Firms, Organizations and States, Cambridge 1972
Hirshleifer, Jack, und Amihai Glazer, Price Theory and Applications, 5. Aufl., Englewood Cliffs, N.J. 1992 (Prentice Hall)
Hobbes, Thomas, Leviathan oder Wesen, Form und Gewalt des kirchlichen und bürgerlichen Staates, Reinbek 1965 (Rowohlt)
Homans, George C., Was ist Sozialwissenschaft?, Opladen 1969 (Westdeutscher Verlag)
Homans, George C., Grundfragen soziologischer Theorie, Opladen 1972 (Westdeutscher Verlag)
Honneth, Axel, und Hans Joas (Hrsg.), Soziales Handeln und menschliche Natur. Anthropologische Grundlagen der Sozialwissenschaften, Frankfurt und New York 1980 (Campus)
Husserl, Edmund, Vorlesungen zur Phänomenologie des inneren Zeitbewußtseins, Halle 1928 (Niemeyer)

Inkeles, Alex, What is Sociology? An Introduction to the Discipline and Profession, Englewood Cliffs, N.J. 1964 (Prentice-Hall)
Iversen, Gudmund R., Contextual Analysis, Newbury Park-London-Neu Delhi 1991 (Sage)

James, William, Principles of Psychology, Band II, New York 1893
Joas, Hans, Praktische Intersubjektivität. Die Entwicklung des Werkes von G. H. Mead, Frankfurt/M. 1980 (Suhrkamp)
Joas, Hans, Pragmatismus und Gesellschaftstheorie, Frankfurt/M. 1992 (Suhrkamp)
Jonas, Friedrich, Geschichte der Soziologie, Band I-IV, Reinbek 1968 (Rowohlt)

Kaa, Dierk van der, Europe's Second Demographic Transition, in: Population Builetin, 42, 1987 (1)
Käsler, Dirk (Hrsg.), Klassiker des soziologischen Denkens, Band 2: Von Weber bis Mannheim, München 1978 (Beck)
Kliemt, Hartmut, Antagonistische Kooperation. Elementare spieltheoretische Modelle spontaner Ordnungsentstehung, Freiburg und München 1986 (Alber)
Knoke, David, und James H. Kuklinski, Network Analysis, Beverly Hills und London 1982 (Sage)
König, René, Einleitung, in: Emile Durkheim, Die Regeln der soziologischen Methode, 5. Aufl., Darmstadt und Neuwied 1976 (Luchterhand), S. 21-82

Lamarck, Jean Baptiste, Philosophie zoologique, où éxposition de considérations relatives à l'histoire naturelle des animaux, Paris 1809
Landry, Adolphe, Les Trois Théories Principales de la Population, Paris 1909
Lasswell, Harold D., The Structure and Function of Communication, in: Lyman Bryson (Hrsg.), The Communication of Ideas, New York 1948 (Cooper Square Publ.), S. 37-51
Lazarsfeld, Paul F., What is Sociology?, Manuskript Oslo 1948
Lazarsfeld, Paul F., und Herbert Menzel, On the Relation between Individual and Collective Properties, in: Amitai Etzioni, Complex Organizations: A Sociological Reader, New York 1962 (Holt, Rinehart & Winston), S. 422-440
Leibenstein, Harvey, Economic Backwardness and Economic Growth, New York 1957 (Wiley)
Leibenstein, Harvey, An Interpretation of the Economic Theory of Fertility: Promising Path or Blind Alley?, in: Journal of Economic Literature, 12, 1974, S.457-479
Lenski, Gerhard, Macht und Privileg. Eine Theorie der sozialen Schichtung, Frankfurt 1973 (Suhrkamp)
Lenski, Gerhard, Jean Lenski und P. Nolan, Human Societies. An Introduction to Macrosociology, New York 1978 (McGraw-Hill)
Lepenies, Wolf, Soziologische Anthropologie. Materialien, München 1971 (Hanser)
Lepenies, Wolf, und Helmut Nolte, Kritik der Anthropologie. Marx und Freud, Gehlen und Habermas über Aggression, München 1971 (Hanser)

Lepsius, M. Rainer, Interessen und Ideen, in: M. Rainer Lepsius, Interessen, Ideen und Institutionen, Opladen 1990a (Westdeutscher Verlag), S. 31-43
Lepsius, M. Rainer, Kulturelle Dimensionen der sozialen Schichtung, in: M. Rainer Lepsius, Interessen, Ideen und Institutionen, Opladen 1990b (Westdeutscher Verlag), S. 96-116
Lévi-Strauss, Claude, Die elementaren Strukturen der Verwandtschaft, Frankfurt/M. 1993 (Suhrkamp); zuerst: Les structures élémentaires de la parenté, Paris 1949
Lexis, Wilhelm, Einleitung in die Theorie der Bevölkerungsstatistik, Straßburg 1875 (Trübner)
Lilli, Waldemar, Hypothesentheorie der Wahrnehmung, in: Dieter Frey und Siegfried Greif (Hrsg.), Sozialpsychologie. Ein Handbuch in Schlüsselbegriffen, München-Wien-Baltimore 1983 (Urban & Schwarzenberg), S. 192-195
Lindenberg, Siegwart, An Assessment of the New Political Economy: Its Potential for the Social Sciences and for Sociology in Particular, in: Sociological Theory, 3, 1985, S. 99-114
Lindenberg, Siegwart, und Reinhard Wippler, Theorienvergleich, Elemente der Rekonstruktion, in: Karl-Otto Hondrich und Joachim Matthes (Hrsg.), Theorienvergleich in den Sozialwissenschaften, Darmstadt und Neuwied 1978 (Luchterhand), S. 219-231
Lockwood, David, Social Integration and System Integration, in: George K. Zollschan und Walter Hirsch, Explorations in Social Change, London 1964 (Routledge & Kegan), S. 244-257
Luhmann, Niklas, Gesellschaft, in: Niklas Luhmann, Soziologische Aufklärung, Band 1: Aufsätze zur Theorie sozialer Systeme, Opladen 1970 (Westdeutscher Verlag), S. 137-153
Luhmann, Niklas, Interaktion, Organisation, Gesellschaft, in: Niklas Luhmann, Soziologische Aufklärung 2: Aufsätze zur Theorie der Gesellschaft, 3. Aufl., Opladen 1975 (Westdeutscher Verlag), S. 9-20
Luhmann, Niklas, Interpenetration - Zum Verhältnis personaler und sozialer Systeme, in: Zeitschrift für Soziologie, 6, 1977, S. 62-76
Luhmann, Niklas, Soziale Systeme. Grundriß einer allgemeinen Theorie, Frankfurt 1984 (Suhrkamp)
Luhmann, Niklas, Wer kennt Wil Martens? Eine Anmerkung zum Problem der Emergenz sozialer Systeme, in: Kölner Zeitschrift für Soziologie und Sozialpsychologie, 44, 1992, S. 139-142
Lumsden, Charles J., und Edward O. Wilson, Das Feuer des Prometheus. Wie das menschliche Denken entstand, München und Zürich 1984 (Piper)

Maciejewski, Franz (Hrsg.), Theorie der Gesellschaft oder Sozialtechnologie, Supplement 1 und 2, Frankfurt/M. 1973 (Suhrkamp)
Mackenroth, Gerhard, Bevölkerungslehre. Theorie, Soziologie und Statistik der Bevölkerung, Berlin-Göttingen-Heidelberg 1953 (Springer)
Malinowski, Bronislaw, Anthropology, in: Encyclopedia Britannica, London und New York 1926
Malinowski, Bronislaw, The Group and the Individual in Functional Analysis, in: American Journal of Sociology, 44, 1939, S. 938-964
Malthus, Thomas, An Essay on the Principle of Population, as it Effects the Future Improvement of Society, London 1926 (Bensley); zuerst: London 1798
Mandeville, Bernhard, Die Bienenfabel, Frankfurt/M. 1980 (Suhrkamp)
Mannheim, Karl, Das Problem der Generationen, in: Kurt H. Wolff (Hrsg.), Karl Mannheim. Wissenssoziologie, Berlin und Neuwied 1964 (Luchterhand), S. 509-565
Martens, Wil, Die Autopoiesis sozialer Systeme, in: Kölner Zeitschrift für Soziologie und Sozialpsychologie, 43, 1991, S. 625-646
Marx-Engels-Werke, Bd. 2, Berlin 1962 (Dietz)
Marx-Engels-Werke, Bd. 3, Berlin 1962 (Dietz)
Marx-Engels-Werke, Bd. 4, Berlin 1964 (Dietz)
Marx-Engels-Werke, Bd. 8, Berlin 1975 (Dietz)
Marx-Engels-Werke, Bd. 13, Berlin 1964 (Dietz)
Marx-Engels-Werke, Bd. 19, Berlin 1962 (Dietz)
Marx-Engels-Werke, Bd. 23, Berlin 1968 (Dietz)
Marx-Engels-Werke, Bd. 29, Berlin 1967 (Dietz)
Marx, Karl, Das Kapital. Kritik der politischen Ökonomie, Erster Band, Berlin 1969 (Dietz)
Mason, William M., und Stephen E. Fienberg (Hrsg.), Cohort Analysis in Social Research. Beyond the Identification Problem, New York u.a. 1985 (Springer)

Literatur

Maturana, Humberto R., Erkennen. Die Organisation und Verkörperung von Wirklichkeit. Ausgewählte Arbeiten zur biologischen Epistemologie, Braunschweig und Wiesbaden 1982 (Vieweg)

Maturana, Humberto, und Francisco J. Varela, Autopoietic Systems, in: Biological Computer Laboratory, Report 9.4, Urbana/Ill. 1975

Maturana, Humberto R., und Francisco J. Varela, Der Baum der Erkenntnis. Die biologischen Wurzeln des menschlichen Erkennens, Bern-München-Wien 1987 (Scherz)

Mauss, Marcel, Definition der allgemeinen Tatsachen des sozialen Lebens, in: Bruno W. Nikles und Johannes Weiß (Hrsg.), Gesellschaft. Organismus-Totalität-System, Hamburg 1975 (Hoffmann & Campe), S. 133-141

Mayer, Karl Ulrich, und Johannes Huinink, Alters-, Perioden- oder Kohorteneffekte in der Analyse von Lebensverläufen, oder: Lexis ade?, in: Karl Ulrich Mayer (Hrsg.), Lebensverläufe und sozialer Wandel, Sonderheft 31 der Kölner Zeitschrift für Soziologie und Sozialpsychologie, Opladen 1990 (Westdeutscher Verlag), S. 442-459

Mayr, Ernst, Toward a New Philosophy of Biology. Observations of an Evolutionist, Cambridge, Mass. 1988 (Harvard University Press)

McClelland, David, The Achieving Society, New York und London 1961 (Van Nostrand)

McKenzie, Richard B., und Gordon Tullock, Homo Oeconomicus. Ökonomische Dimensionen des Alltags, Frankfurt und New York 1984 (Campus)

Mead, George Herbert, Mind, Self and Society, Chicago und London 1934 (University of Chicago Press)

Meckling, William H., Values and the Choice of the Individual in the Social Sciences, in: Schweizerische Zeitschrift für Volkswirtschaft und Statistik, 112, 1976, S.545-560

Menger, Carl, Untersuchungen über die Methode der Socialwissenschaften und der Politischen Ökonomie insbesondere, Leipzig 1883 (Duncker & Humblot)

Menger, Carl, Ueber den Vorwurf des "Atomismus" in der theoretischen Nationalökonomie, in: Carl Menger, Untersuchungen über die Methode der Socialwissenschaften und der Politischen Ökonomie insbesondere, Leipzig 1883a (Duncker & Humblot), S. 82-92

Menger, Carl, Ueber den "organischen" Ursprung des Rechtes und das exacte Verständnis desselben, in: Carl Menger, Untersuchungen über die Methode der Socialwissenschaften und der Politischen Ökonomie insbesondere, Leipzig 1883b (Duncker & Humblot), S. 271-287

Menger, Carl, Ueber das exacte (das atomistische) Verständniss des Ursprungs jener Socialgebilde, welche das unreflectirte Ergebniss gesellschaftlicher Entwickelung sind, in: Carl Menger, Untersuchungen über die Methode der Socialwissenschaften und der Politischen Ökonomie insbesondere, Leipzig 1883c (Duncker & Humblot), S. 171-180

Menger, Carl, Die Irrthümer des Historismus in der Deutschen Nationalökonomie, Wien 1884 (Hölder)

Merton, Robert K.,The Unanticipated Consequences of Purposive Social Action, in: American Sociological Review, 1, 1936, S.894-904

Merton, Robert K., Manifest and Latent Functions. Toward the Codification of Functional Analysis in Sociology, in: Robert K. Merton, Social Theory and Social Structure, 11. Aufl., New York und London 1967a (Free Press), S. 19-84

Merton, Robert K., The Self-Fulfilling Prophecy, in: Robert K. Merton, Social Theory and Social Structure, 11. Aufl., New York und London 1967b (Free Press), S. 424-436

Merton, Robert K., Social Structure and Anomie, in: Robert K. Merton, Social Theory and Social Structure, 11. Aufl., New York und London 1967c (Free Press), S. 131-160

Michels, Robert, Zur Soziologie des Parteiwesens in der modernen Demokratie, 4. Aufl., Stuttgart 1970 (Kröner); zuerst: Leipzig 1911

Mitchell, Clyde J. (Hrsg.), Social Networks in Urban Situations: An Analysis of Personal Relationships in Central African Towns, Manchester 1969

Mühlmann, Wilhelm E., und Ernst W. Müller (Hrsg.), Kulturanthropologie, Köln und Berlin 1966 (Kiepenheuer & Witsch)

Münch, Richard, Über Parsons zu Weber: Von der Theorie der Rationalisierung zur Theorie der Interpenetration, in: Zeitschrift für Soziologie, 9, 1980, S. 18-53

Nagel, Ernest, The Structure of Science. Problems in the Logic of Scientific Explanation, London 1961 (Routledge & Kegan)

Napier, J. R., und P. H. Napier, The Natural History of the Primates, Cambridge 1985 (Cambridge University Press)
Nauck, Bernhard, Lebenslauf, Migration und generatives Verhalten bei türkischen Familien. Eine multivariate Analyse freudiger Ereignisdaten, in: Alois Herlth und Klaus Peter Strohmeier (Hrsg.), Lebenslauf und Familienentwicklung. Mikroanalysen des Wandels familialer Lebensformen, Opladen 1989 (Leske und Budrich), S. 189-229
Nave-Herz, Rosemarie u.a., Scheidungsursachen im Wandel. Eine zeitgeschichtliche Analyse des Anstiegs der Ehescheidungen, Bielefeld 1990 (Kleine)
Newell, A., Unified Theories of Cognition, Cambridge, Mass. 1990 (Harvard University Press)
Nisbett, Richard, und Lee Ross, Human Inference: Strategies and Shortcomings of Social Judgement, Englewood Cliffs, N.J. 1980 (Prentice-Hall)
North, Douglass C., und Robert P. Thomas, An Economic Theory of the Growth of the Western World, in: The Economic History Review, 22, 1970, S. 1-17
North, Douglass C., und Robert P. Thomas, The Rise of the Western World, Cambridge 1973 (University Press)
Notestein, F. W., Population - The Long View, in: Theodore W. Schultz, Food for the World, Chicago 1945 (University of Chicago Press), S. 36-57

Oevermann, Ulrich, Tilman Allert, Elisabeth Konau und Jürgen Krambeck, Die Methodologie einer "objektiven Hermeneutik" und ihre allgemeine forschungslogische Bedeutung in den Sozialwissenschaften, in: Hans-Georg Soeffner (Hrsg.), Interpretative Verfahren in den Sozial- und Textwissenschaften, Stuttgart 1979 (Metzler), S. 352-434
Olinick, Michael, An Introduction to Mathematical Models in the Social and Life Sciences, Reading, Mass. u.a. 1978 (Addison-Wesley)
Olson, Mancur, Jr., Die Logik des kollektiven Handelns, Tübingen 1968 (Mohr); zuerst: The Logic of Collective Action, Cambridge, Mass. 1965
Opp, Karl-Dieter, DDR '89. Zu den Ursachen einer spontanen Revolution, in: Kölner Zeitschrift für Soziologie und Sozialpsychologie, 43, 1991, S. 302-321
Ott, Notburga, Familienbildung und familiale Entscheidungsfindung aus verhandlungstheoretischer Sicht, in: Gert Wagner, Notburga Ott und Hans Joachim Hoffmann-Nowottny, Familienbildung und Erwerbstätigkeit im demographischen Wandel, Berlin 1989 (Springer), S. 97-116

Pappi, Franz Urban (Hrsg.), Methoden der Netzwerkanalyse, Techniken der empirischen Sozialforschung, Band 1, hrsgg. von Jürgen van Koolwijk und Maria Wieken-Mayser, München 1987 (Oldenbourg)
Pareto, Vilfredo, Trattato di sociologia generale, Genf 1968; zuerst: Florenz 1916
Parsons, Talcott, The Structure of Social Action. A Study in Social Theory with Special Refernce to a Group of European Writers, Band I: Marshall, Pareto, Durkheim, New York und London 1937 (McGraw-Hill)
Parsons, Talcott, General Theory in Sociology, in: Robert K. Merton, Leonard Broom und Leonard S. Cottrell jr. (Hrsg.), Sociology Today. Problems and Prospects, New York 1959 (Basic Books), S. 3-38
Parsons, Talcott, An Outline of the Social System, in: Talcott Parsons, Edward A. Shils, Kaspar D. Naegele und Jesse R. Pitts (Hrsg.), Theories of Society. Foundations of Modern Sociological Theory, New York und London 1961 (Free Press), S. 30-79
Parsons, Talcott, Das System moderner Gesellschaften, München 1972 (Juventa)
Parsons, Talcott, Gesellschaften. Evolutionäre und komparative Perspektiven, Frankfurt/M. 1975 (Suhrkamp); zuerst: Societies, Englewood Cliffs, N. J. 1966
Parsons, Talcott, Action Theory and the Human Condition, New York 1978 (Free Press)
Parsons, Talcott, und Gerald M. Platt, The American University, Cambridge, Mass. 1973 (Harvard University Press)
Parsons, Talcott, und Edward A. Shils, Categories of the Orientation and Organization of Action, in: Talcott Parsons und Edward A. Shils (Hrsg.), Toward a General Theory of Action, Cambridge, Mass. 1951 (Harvard University Press), S. 53-109

Parsons, Talcott, Edward A. Shils, Gordon W. Allport u.a., Some Fundamental Categories of the Theory of Action: A General Statement, in: Talcott Parsons und Edward A. Shils (Hrsg.), Toward a General Theory of Action, Cambridge, Mass. 1951 (Harvard University Press), S. 3-29

Parsons, Talcott, und Neil J. Smelser, Economy and Society, London 1956 (Routledge & Kegan)

Pearl, Raymond, The Biology of Population Growth, New York 1930 (Knopf)

Plessner, Helmuth, Die Stufen des Organischen und der Mensch, 3. Aufl., Berlin und New York 1975 (de Gruyter); zuerst: Berlin und Leipzig 1928

Popper, Karl R., What is Dialectic?, in: Karl R. Popper, Conjectures and Refutations. The Growth of Scientific Knowledge, London 1963 (Routledge & Kegan), S. 312-335

Popper, Karl R., Objektive Erkenntnis. Ein evolutionärer Entwurf, Hamburg 1973 (Hoffmann & Campe)

Popper, Karl R., Das Elend des Historizismus, 4. Aufl., Tübingen 1974 (Mohr)

Popper, Karl R., Die offene Gesellschaft und ihre Feinde, Band 2: Falsche Propheten. Hegel, Marx und die Folgen, 5 Aufl., München 1977 (Francke); zuerst: The Open Society and its Enemies, Vol.2: Marx, Hegel and the Aftermath, London 1945

Price, Sharon P., und Patrick C. McKerny, Divorce, Beverly Hills und London 1988 (Sage)

Prosch, Bernhard, und Martin Abraham, Die Revolution in der DDR: Eine strukturell-individualistische Erklärungsskizze, in: Kölner Zeitschrift für Soziologie und Sozialpsychologie, 43, 1991, S. 291-301

Przeworski, Adam, und Henry Teune, The Logic of Comparative Social Inquiry, New York 1970 (Wiley)

Radcliffe-Brown, Alfred R., On the Concept of Function in the Social Science, in: American Anthropologist, 37, 1935, S. 394-402

Radcliffe-Brown, Alfred R., On Social Structure, in: Samuel Leinhardt (Hrsg.), Social Networks, New York 1977 (Academic Press), S. 221-232

Rapaport, Anatol, General Systems Theory. Essential Concepts and Applications, Turnbridge Wells und Cambridge, Mass. 1986 (Abacus)

Reichhold, Josef H., Das Rätsel der Menschwerdung. Die Entstehung des Menschen im Wechselspiel mit der Natur, Stuttgart 1990 (Dt. Verlags-Anstalt)

Rokkan, Stein, Dimensions of State Formation and Nation-Building, in: Charles Tilly (Hrsg.), The Formation of National States in Western Europe, Princeton 1975 (Princeton University Press)

Rokkan, Stein, Eine Familie von Modellen für die vergleichende Geschichte Europas, in: Zeitschrift für Soziologie, 9, 1980, S. 118-128

Rumelhart, N., Schemata: The Building Blocks of Cognition, in: Rand J. Spiro, Bertram C. Bruce und William F. Brewer (Hrsg.), Theoretical Issues in Reading Comprehension, Hillsdale, N.J. und London 1980 (Erlbaum)

Schimank, Uwe, Gesellschaftliche Teilsysteme als Akteurfiktionen, in: Kölner Zeitschrift für Soziologie und Sozialpsychologie, 40, 1988, S. 619-639

Schleifstein, Josef, Einführung in das Studium von Marx, Engels und Lenin, 2. Aufl., München 1973 (Beck)

Schmidt, Siegfried J. (Hrsg.), Der Diskurs des Radikalen Konstruktivismus, Frankfurt/M. 1987 (Suhrkamp)

Schmoller, Gustav, Zur Methodologie der Staats- und Sozialwissenschaften, in: Gustav Schmoller (Hrsg.), Jahrbuch für Gesetzgebung, Verwaltung und Volkswirthschaft im Deutschen Reich, 7. Jahrgang, Leipzig 1883 (Duncker & Humblot), S. 239-258

Schneider, Louis, The Role of the Category of Ignorance in Sociological Theory: An Exploratory Statement, in: American Sociological Review, 27, 1962, S. 492-508

Schneider, Louis (Hrsg.), The Sottish Moralists. On Human Nature and Society, Chicago und London 1967 (University of Chicago Press)

Schütz, Alfred, Begriffs- und Theoriebildung in den Sozialwissenschaften, in: Alfred Schütz, Gesammelte Aufsätze. Band 1: Das Problem der sozialen Wirklichkeit, Den Haag 1971a (Nijhoff), S. 55-76

Schütz, Alfred, Über die mannigfaltigen Wirklichkeiten, in: Alfred Schütz, Gesammelte Aufsätze. Band 1: Das Problem der sozialen Wirklichkeit, Den Haag 1971b (Nijhoff), S. 237-298

Schütz, Alfred, Husserls Bedeutung für die Sozialwissenschaften, in: Alfred Schütz, Gesammelte Aufsätze. Band 1: Das Problem der sozialen Wirklichkeit, Den Haag 1971c (Nijhoff), S. 162-173

Schütz, Alfred, Strukturen der Lebenswelt, in: Alfred Schütz, Gesammelte Aufsätze, Band 3: Studien zur phänemonologischen Philosophie, Den Haag 1971d (Nijhoff), S. 153-170
Schütz, Alfred, Die soziale Welt und die Theorie der sozialen Handlung, in: Alfred Schütz, Gesammelte Aufsätze, Band 2: Studien zur soziologischen Theorie, Den Haag 1972 (Nijhoff), S. 3-21
Schütz, Alfred, Der sinnhafte Aufbau der sozialen Welt. Eine Einleitung in die verstehende Soziologie, Frankfurt/M. 1974 (Suhrkamp)
Schwarz, Norbert, Theorien konzeptgesteuerter Informationsverarbeitung in der Sozialpsychologie, in: Dieter Frey und Martin Irle (Hrsg.), Theorien der Sozialpsychologie, Band 3: Motivations- und Informationsverarbeitungstheorien, Bern 1985 (Huber), S. 269-291
Seibt, Uta, und Wolfgang Wickler, Das Prinzip Eigennutz. Ursachen und Konsequenzen sozialen Verhaltens, Hamburg 1977 (Hoffmann & Campe)
Siegrist, Johannes, Das Consensus-Modell. Studien zur Interaktionstheorie und zur kognitiven Sozialisation, Stuttgart 1970 (Enke)
Silbermann, Alphons, Massenkommunikation, in: René König (Hrsg.), Handbuch der empirischen Sozialforschung, Band 10: Großstadt-Massenkommunikation-Stadt-Land-Beziehungen, 2. Aufl., Stuttgart 1977 (Enke), S. 146-278
Simmel, Georg, Das Problem der Soziologie, in: Georg Simmel, Soziologie. Untersuchungen über die Formen der Vergesellschaftung, 5. Aufl., Berlin 1968a (Duncker & Humblot), S. 1-31; zuerst: Leipzig 1908
Simmel, Georg, Exkurs über das Problem: Wie ist Gesellschaft möglich?, in: Georg Simmel, Soziologie. Untersuchungen über die Formen der Vergesellschaftung, 5. Aufl., Berlin 1968b (Duncker & Humblot), S. 21-30; zuerst: Leipzig 1908
Simmel, Georg, Der Streit, in: Georg Simmel, Soziologie. Untersuchungen über die Formen der Vergesellschaftung, 5. Aufl., Berlin 1968c (Duncker & Humblot), S. 186-205; zuerst: Leipzig 1908
Smith, Adam, Theory of Moral Sentiments, London 1976 (Clarendon Press); zuerst: London 1759
Smith, Adam, An Inquiry into the Nature and the Causes of the Wealth of Nations, Oxford 1976 (Clarendon Press); zuerst: London 1776
Smith, John Maynard, und G.R. Price, The Logic of Animal Conflict, in: Nature, 246, 1973, S. 15-18
Solow, Robert M., Technical Change and the Aggregate Production Function, in: Review of Economics and Statistics, 39, 1957, S. 312-320
Sombart, Werner, Warum gibt es in den Vereinigten Staaten keinen Sozialismus?, Tübingen 1906 (Mohr)
Stegmüller, Wolfgang, Probleme und Resultate der Wissenschaftstheorie und Analytischen Philosophie, Band 1: Wissenschaftliche Erklärung und Begründung, Berlin-Heidelberg-New York 1974 (Springer)
Stryker, Sheldon, Symbolic Interactionism. A Social Structural Version, Menlo Park, Cal. u.a. 1980 (Addison-Wesley)
Sumner, William G., Folkways. A Study of the Sociological Importance of Usages, Manners, Customs, Mores and Morals, Boston 1913 (Ginn)

Tarski, Alfred, Logic, Semantics, Metamathematics: Papers from 1923 to 1938, Oxford 1956 (Clarendon)
Teune, Henry, Comparing Nations: Lessons Learned, in: Else Oyen (Hrsg.), Comparative Methodology, London 1990 (Sage)
Tönnies, Ferdinand, Gemeinschaft und Gesellschaft, Leipzig 1887 (Curtius)
Trivers, Robert, Social Evolution, Menlo Park, Cal. 1985 (Benjamin/Cummings)
Turner, Jonathan, The Structure of Sociological Theory, 5. Aufl., Belmont, Cal. 1991 (Wadsworth)

Ullmann-Margalit, Edna, The Emergence of Norms, Oxford 1977 (Clarendon)

Vanberg, Viktor, Die zwei Soziologien. Individualismus und Kollektivismus in der Sozialtheorie, Tübingen 1975 (Mohr)
Vanberg, Viktor, Markt und Organisation. Individualistische Sozialtheorie und das Problem des korporativen Handelns, Tübingen 1982 (Mohr)
Vaskovicz, Laszlo, Geburtenentwicklung, Fruchtbarkeit und demographische Entwicklung bei Gastarbeitern, in: Helga Reimann und Horst Reimann (Hrsg.), Gastarbeiter, 2. Aufl., Opladen 1987 (Westdeutscher Verlag), S. 222-242

Literatur

Vivelo, Frank Robert, Handbuch der Kulturanthropologie. Eine grundlegende Einführung, Stuttgart 1981 (Klett-Cotta)
Vogel, Christian, Gibt es eine natürliche Moral? Oder: Wie widernatürlich ist unsere Ethik?, in: Heinrich Meier (Hrsg.), Die Herausforderung der Evolutionsbiologie, München und Zürich 1988 (Piper), S. 193-219

Weber, Max, Wirtschaft und Gesellschaft. Grundriss der verstehenden Soziologie, 5. Aufl., Tübingen 1972 (Mohr); zuerst: Tübingen 1922
Weber, Max, Gesammelte Aufsätze zur Religionssoziologie, 7. Aufl., Tübingen 1978 (Mohr); zuerst: Tübingen 1920
Wegener, Bernd, Kritik des Prestiges, Opladen 1988 (Westdeutscher Verlag)
Willke, Helmut, Das System moderner Gesellschaften, München 1989 (Juventa)
Wilson, Edward O., Sociobiology. The Abridged Edition, Cambridge, Mass. und London 1980 (Belknap Press)
Wilson, Thomas P., Theorien der Interaktion und Modelle soziologischer Erklärung, in: Arbeitsgruppe Bielefelder Soziologen (Hrsg.), Alltagswissen, Interaktion und gesellschaftliche Wirklichkeit, Band 1: Symbolischer Interaktionismus und Ethnomethodologie, Reinbek 1973 (Rowohlt), S. 54-79
Wippler, Reinhard, und Siegwart Lindenberg, Collective Phenomena and Rational Choice, in: Jeffrey Alexander, Bernhard Giesen, Richard Münch und Neil J. Smelser (Hrsg.), The Micro-Macro-Link, Berkeley-Los Angeles-London 1987 (University of California Press), S. 135-152
Wynne-Edwards, V.C., Animal Dispersion in Relation to Social Behavior, London 1962

Zeisel, Hans, Zur Geschichte der Soziographie, in: Marie Jahoda, Paul F. Lazarsfeld und Hans Zeisel, Die Arbeitslosen von Marienthal. Ein soziographischer Versuch über die Wirkungen langandauernder Arbeitslosigkeit. Mit einem Anhang zur Geschichte der Soziographie, Leipzig 1933 (Hirzel), S. 101-138

Register

abnehmender Grenzertrag   292, 300
absolute Eigenschaften   428
abweichendes Verhalten   60, 341, 435
Adaptation   384
Adäquatheits-Bedingungen   44
Affekt   172, 352
Aggregat   21, 85, 86, 112, 116, 302, 336, 384-389, 392, 399, 404, 444, 452, 505, 548, 602, 605, 608
AGIL-Schema   384-387, 392, 399, 505, 602, 608
Allele   188
allgemeine Regelmäßigkeiten   87
allgemeines Handlungssystem   389-392, 399, 400, 462
allopoietische Systeme   496
Alter   116, 233, 256, 259, 260, 262-272, 310, 317, 429, 510, 511
älterer Methodenstreit   544
Alteuropa, alteuropäisch   332, 416, 536
Altruismus, altruistisch   37, 147, 164, 199, 200, 223, 248, 342, 552
altruistischer Selbstmord   474
Analogie   57, 114, 203, 366
analytisch-nomologische Erklärung   40, 43, 194, 518
analytische Wissenschaftstheorie   43, 55
Angebot, -sfunktion   86, 291, 312-315, 470, 550, 551, 613
Anomalie   33, 48, 89-91, 134, 136, 139, 199, 243, 245, 481, 528
Anomie   357, 392, 414, 416, 419, 438, 472-474, 478, 479
anomischer Selbstmord   474
Anschlußmöglichkeit   80, 501, 522, 594
Ansteckung   125-127
antagonistische Kooperation   243, 341, 355-357, 359, 376, 398, 415, 416, 437, 462, 549, 571, 574, 584, 600
Anthropologie   24, 308, 325, 326, 368, 370, 418, 437, 562

Arbeitsteilung   9, 20, 25, 109, 160, 168, 212, 254, 255, 268, 278, 302-305, 334, 352-355, 411-415, 473
aristotelisches Denken   61
asymmetrische Gesellschaft   610
Austausch   24, 167, 186, 219, 347, 356, 380, 381, 399
Australopithecus   211, 213, 214
Autokatalyse   283
Autonomie   228, 342-344, 346, 348
Autopoiesis, autopoietisches System   15, 54, 57, 58, 60, 152, 496, 505, 512, 532-534, 594, 614
autopoietischer Fehlschluß   595
Autorität   72, 345, 350
Avunkulat   201

Baby-Boom   255, 267, 285, 313
Beschädigungskampf   197
Bevölkerungsbestand   258, 277, 279, 288, 293
Bevölkerungsdruck   304
Bevölkerungsentwicklung   255, 260, 276, 278, 283, 289, 291, 296, 320
Bevölkerungsgesamtheit   257, 258, 260
Bevölkerungslehre   253, 257, 276
Bevölkerungswachstum   277, 278, 283, 298, 299, 303, 304, 306, 319
Bevölkerungsweise   279-282, 287, 291, 315
Bewährung, bewähren   47, 48
Bewertung   71, 129-131, 175, 176, 178, 226, 342, 348, 447, 448, 458
Beziehungs-Struktur   432
Bienenfabel   240
binärer Schematismus   59, 385, 511, 512
Biogenese   185, 203
Biologismus   143
Bipedie   151, 208-211
bisexuelle Fortpflanzung   151
bounded rationality   157, 224, 227, 228
Bräuche   20, 403, 446
Brückenhypothese   120, 134
Budget   343
bürokratische Verwaltung   504, 608

Calvinismus 465, 559
Chaos 177, 181, 416, 426, 552, 553
Chaostheorie 15, 49
checks 276, 294, 298
Chromosomen 188
cleavage-Strukturen 431
Clique 432, 433
cobweb-Theorem 551
Code 221, 379, 387, 443, 489, 495, 504, 517, 520
Codierung 188, 220, 398, 495, 505
commitment 395, 399
conditio humana 182, 211, 212, 215, 231, 235, 237, 239, 392, 393
connubium 448
cultural system 378, 379, 447, 456, 462, 471, 517, 518, 534, 538, 549, 550, 604, 612

Darwin 166, 191, 193-195, 199, 297, 366
Darwinismus 191, 195, 223
Definition der Situation 57, 183, 220, 221, 234, 247, 463, 478, 482, 484, 488, 524, 526-529, 537, 577
Dekret 357, 382
Demographie 253, 257, 261, 263, 272, 276, 292, 295
demographische Revolution 282
Demonstrationen 35, 37, 39, 77-80, 92, 93, 127, 249, 334
Dependenz 343-346, 348
Dialektik 28, 163, 164, 178, 179, 182, 241, 307, 351, 356, 426, 462, 473, 534, 567, 569-572, 580, 585, 587, 589, 592, 596, 597, 600, 603, 607, 615
dialektische Logik 49
dialektische Soziologie 568, 569
Dichte 209, 305, 334, 415, 433, 448
differentielle Reproduktion 189, 190, 195, 202, 214, 222, 227, 464
Differenzierung 4, 96, 99, 102, 112, 118, 160, 204, 256, 262, 265, 266, 273, 328, 332, 335, 360, 367, 380, 384, 388, 395, 397, 399, 411-414, 426, 427, 441, 443, 446, 447, 453, 454, 458, 463, 467, 479, 505, 539
Diffusion 13, 97, 121, 125-128, 139, 334
Diskurs 54, 109, 531, 570, 575, 576, 603, 604
Distanzierung 17, 601
Distinktion 451
distributive Gerechtigkeit 212
Doppelpaß 516
doppelte Hermeneutik 17, 62, 603

Dynamik 18, 192, 276, 307, 316, 318, 348, 351, 366, 375, 459, 573, 582, 592, 604
dysfunktional 370

Effektor 152, 154
egoistischer Selbstmord 474
ehernes Gesetz der Oligarchie 101
Ehescheidung 32, 35, 66, 67, 73, 352
Ehre 226, 439, 441, 448
Eigentumsordnung 440, 445, 449, 462, 573, 584
Eigentumsrechte 305, 306
einfaches Sozialsystem 86, 523
Emergenz, emergent 403, 404, 407, 408, 471, 515, 538, 543, 544, 561, 592, 596, 598, 614
Emergenz 'von unten' 592, 598, 614
Emigration 258, 283
Emotion, emotional 135, 143, 144, 153, 552
Empathie 157, 162, 163, 174-177, 228, 242, 483, 485
empirische Sozialforschung 16, 232-234, 272, 273, 329, 432, 519, 594
Entfremdung 340, 410, 571, 572, 611, 612
Entscheidung 5, 68, 115, 197, 311, 423, 482, 552, 595
Entzauberung 609, 612
erkenntnistheoretischer Kindergarten 46, 498
Erkenntnistheorie 16, 47
Erklären und Verstehen 588, 595
erklärende Soziologie 65, 330, 376, 492, 542
Erwartung 95, 96, 120, 198, 226, 346
Erzwingungsstab 86, 442, 515, 553, 557
Essentialismus 59, 61
Ethik 11, 33, 99-101, 157, 196, 212, 228, 240, 330, 332, 397, 465, 466, 612
Ethnohistorie 145
Ethnologie 18, 24, 145, 309
Ethnomethodologie 15, 234, 235, 480, 527, 590, 596
Existenzminimum 275, 276, 319
Externalisierung 339, 340, 374, 400, 405, 571, 587
externe Effekte 5, 6, 24, 220, 306, 307, 339, 340, 345, 346, 348, 351, 355, 362, 365, 463, 521, 574, 585
Exzentrizität 179

Fabrikation der Erkenntnis 54
feasible set 134, 342, 427, 438
Fekundität 308
Fertilität 254, 256, 258-260, 267, 283, 285-289, 291, 298, 308, 309, 312, 313, 315
Fertility Revolution 286, 308

Feudalgesellschaft 326
Figuration 600, 601, 616
Fiktion 238, 515, 544
Findigkeit, findig 138, 139, 160, 211, 228, 235, 237, 238, 247, 282, 302-305, 345, 351
Fließgleichgewicht 256, 261
formale Modelle 13, 97, 568
Fortpflanzung 151, 155, 167, 186, 188-190, 196, 197, 200, 253, 276, 292
frame 438, 481, 507
Frankfurter Schule 62, 539
Französische Revolution 8
freiwillige Geburtenkontrolle 320
Frühgeburt 155, 162, 170
funktionale Analyse 24, 110, 363, 364, 368, 370-374
funktionale Äquivalente 364, 365, 372, 491
funktionale Differenzierung 332, 411-414, 505
funktionale Einheit 359, 365, 368, 380, 534
funktionale Erfordernisse, - Requisiten 360-364, 367, 369, 372, 375-377, 384, 402, 549
funktionale Erklärung 363, 371-374
funktionaler Sinn 489-491
Funktionalismus 15, 20, 60, 232, 332, 335, 359-361, 363-370, 374-376, 378, 400-402, 415, 462, 469, 562, 582, 583, 590, 592, 595, 601-604, 616
funktionalistische Konflikttheorie 583
funktionalistische Schichtungstheorie 111
Funktionskomplex 156, 208-210, 212, 317-319

galileisches Denken 61
Ganzheit 196, 325, 331, 414, 536, 548
Gebärde 175
Geburtenkontrolle 308, 309, 313, 315, 316, 320
Geburtenziffer 259, 284, 285
Gehirn 153-155, 157, 178, 209, 512, 530
Geist des Kapitalismus 99-101, 465, 612
Geld 17, 25, 71, 103, 109, 129, 226, 345, 353, 354, 395, 399, 411, 439, 452, 484, 505, 517, 538, 545, 550, 554, 557-561, 608, 609
Gemeinschaft 57, 117, 223, 268, 335-338, 355, 364, 387, 389-392, 396, 399, 416, 441, 529, 535, 583
Gemeinschaft und Gesellschaft 336
Gen-Pool 188, 201
generalisierte (Kommunikations-) Medien 395, 517, 538, 539, 554, 559, 609
generalisierter Anderer 243
Generation 13, 193, 194, 197, 255, 256, 268, 269, 272, 316, 317, 336, 429, 430
generatives Verhalten 253, 255, 309, 311, 313, 329

genetische Erklärung 103, 104, 106, 318, 532, 561
Genotypus 187-190
Gesamt-Fitness 200
Geschichte der Soziologie 8, 9
Geschlecht 116, 168, 212, 233, 256, 259, 262, 266-268, 272, 317, 429
Geschlechterproportion 309
gesellschaftliche Gemeinschaft 338, 387, 389-392, 399, 416
gesellschaftliche Konstruktion der Wirklichkeit 18, 158, 178, 183, 222, 339, 481, 569, 587
Gesellschaftsanalyse 326, 328, 329, 417
Gesellschaftstheorie 329, 330, 332, 394, 569, 594
Geste 540
Gewohnheit 86, 110, 145, 151, 170, 198, 256, 261, 276, 280, 282, 315, 317, 335, 359, 365-367, 455, 473, 550-552, 556-558, 562, 565, 582
globale Merkmale 422
Grenzertrag 292, 300, 301
Größeneffekt 259, 430
group selection fallacy 199, 544
Gruppen-Finalismus 199
Gruppen-Interesse 199
Gruppen-Selektion 196, 199
Gruppengröße 120, 130, 134, 430, 431, 435

Habitualisierung 109
Handlungstheorie 5, 95-98, 120-122, 130, 132, 134-136, 138-140, 236, 248, 594, 613, 614, 616
Heirat 264, 265
Heiratsalter 259, 279, 281, 297
Hermeneutik 17, 18, 62, 486, 487, 490, 603, 607
Herrschaft 160, 350, 395, 396, 427, 428, 440, 442, 451, 454, 558, 574, 577, 578, 581
herrschaftsfreier Diskurs 576
Hierarchie 332, 333, 377, 378, 381, 383, 389, 390, 438, 583
Historizismus 111, 563, 589
Holismus 516
Hominiden 149, 150, 208-210, 213
Hominisation 149, 168
homo erectus 214
homo habilis 214
homo oeconomicus 22, 121, 135, 138, 231, 236-239, 243-245, 310, 319, 550
homo sociologicus 138, 231-239, 243-245
Homöostase 151, 152, 154, 158, 186, 187, 189, 205, 215
Hopi-Indianer 371

human condition 392-394, 399, 400
Humankapital 354, 427

Idealismus 12, 53, 56, 569, 578
Identifikation 164, 434, 476, 488
Identität 7, 10-13, 16, 19, 111, 163, 177, 182, 412, 444, 497, 502, 538, 571, 608
Identitäts-Philosophie 570
Ideologie 6, 11, 166, 585
Imitation 156
Immigration 258, 283
Impulshemmung 157, 174-176, 180, 183, 227, 228
inclusive fitness 200
Individualismus 240, 405, 425, 543, 545-547, 567
Individuum und Gesellschaft 117, 338, 339, 410, 469, 571, 600
Industrialisierung 8, 9, 101, 280, 287, 297
Industriegesellschaft 277, 588, 591
industrielle Revolution 283, 310
Information 135, 138, 139, 188, 189, 224, 225, 236-238, 244, 273, 381, 393, 399, 508, 512, 519-521, 524, 525, 532, 540, 609
Informationsgehalt 3
Informationsgesellschaft 327
Infra-Struktur 326, 426-428, 436, 437, 440, 455-460, 463-465, 467, 604
innerweltliche Askese 465
Institution 157, 306, 342, 357, 377, 471, 478, 554, 557, 561, 573
institutionalisierte Mittel 438, 439
Institutionalisierung 72, 73, 220, 379-383, 388, 397, 399, 410, 426, 440, 452, 454, 461, 505, 518, 581
institutionelle Regeln 97, 121, 122, 136, 223, 249, 281, 302, 376
Institutionelle Struktur 426, 428, 436-438, 446, 458-460, 463, 465, 467
Instrumentalismus 53, 54, 121
insulierte Gruppen 155, 164
Integration 15, 24, 45, 65, 139, 166, 174, 178, 180, 244, 293, 338, 361, 364, 369, 375, 379, 380, 384, 387, 390, 391, 395-399, 409-412, 414, 430, 435, 436, 459, 539, 567, 578, 584, 588, 592, 603, 605, 606, 608, 611-614, 616
Intentionalität 227, 516, 605
interaction ritual 470, 529
Interaktion 13, 135, 162, 174, 177, 183, 186, 224, 234, 324, 334, 448, 471, 480, 483-485, 493, 503, 519, 536, 537, 590
Interaktions-System 129

Interdependenz 123, 126, 318, 320, 324, 343, 344, 346-348, 350, 367, 368, 431, 458, 464, 536, 539, 550-552
Interdependenzstruktur 428, 431
Interesse 11, 17, 73, 75, 79, 91, 196, 197, 199, 221, 223, 306, 310, 323, 337, 338, 342-351, 355, 428, 442, 444, 446, 449-451, 466, 473, 528, 541, 551, 554, 556-560, 563, 567, 575-577
Interessen-Konflikt 348, 576, 577
Interessen-Struktur 441, 449, 458
interkultureller Vergleich 329
intermediäre Instanzen 118, 454, 455, 588
Internalisierung 340, 379-381, 383, 397, 399, 410, 505, 518
internationaler Vergleich 329
Interpenetration 339, 381-384, 395-400, 410, 504-506, 614, 615
Interpretation 21, 28, 67, 68, 75, 84, 89, 99, 100, 147, 209, 310, 397, 405, 456, 465, 466, 471, 472, 478-480, 482, 485, 486, 488, 490, 501, 510, 515, 516, 525, 526, 562, 577, 597-599, 605
interpretative Dimension 40, 84, 98, 492, 596, 597, 599
interpretatives Paradigma 244, 472, 590-592, 597
Investition 223, 307, 311
invisible hand 24, 241, 563

judgemental dope 235

Kampf 151, 193, 195, 197, 198, 287, 297, 356, 542
Kapital 25, 26, 299, 300, 302, 341, 343, 349, 354, 355, 427, 449-451, 461, 568, 589
Kapitalausstattung 299, 300
Kapitalintensität 299, 300
Kapitalismus 9, 99-101, 465, 578, 589, 608, 609, 612
Kaste 449, 454
Kausalität 12, 152, 547
Kausalmodell 89
kin selection 229, 243
Kinderarbeit 310
Kindererziehung 310, 312, 313
Kindersterblichkeit 309, 313-315
Klasse an sich 116, 462
Klasse an und für sich 116, 462
Klasse für sich 116, 462
Klasseninteresse 444
Klassenkämpfe 49, 573
Klassenkonflikt 578
Klassenlage 76, 444, 462

Register

Kleinfamilie 588
Klima 213, 421-425, 429
Knappheit 158, 186, 211, 221, 224, 297
Ko-Evolution 150, 155, 168, 206, 282, 317, 318, 467
Ko-Orientierung 161
kognitiv-moralisches Bewußtsein 185
kognitive Systeme 517
koinonía 331
Kollektivbewußtsein 406, 409, 514
kollektive Akteure 86
kollektive Repräsentationen 409, 478
Kollektivgut 75, 88, 131, 307, 357, 415, 559
Kollektivismus 240, 405, 543, 546-548, 567
kollektivistischer Fehlschluß 593-595
Kommentkampf 197
Kommunikation 59, 146, 154-156, 158, 161, 162, 211, 212, 224, 247, 360, 395, 427, 428, 471, 472, 479, 483, 493, 494, 496, 497, 502-506, 508-522, 521-524, 529-533, 536-542, 553, 554, 575, 577, 594, 608, 614, 615
Kommunikationsmedien 150, 537
kommunikatives Handeln 508, 524, 540-542
kommunikative Akte 154, 502, 522, 529, 540, 608
Komplexität, komplex 9, 12, 18, 48, 49, 109, 119, 122, 127, 128, 132, 134, 157, 161, 171, 191, 204, 205, 397, 416, 429, 455, 477, 478, 535, 605
Konflikt 49, 339, 348, 350, 356, 431, 461, 567, 571-573, 576, 577, 579, 581, 582, 584, 587
Konkurrenz 16, 148, 186, 191, 193, 195, 210, 255, 304, 333, 334, 348, 357, 416, 479
Konstanz der menschlichen Natur 226, 241
Konstitution 'von oben' 589, 591, 598, 614
konstruierte Merkmale 422
Konstruktivismus 12, 52-56, 109, 529
Kontextanalyse 423
Kontingenz 162, 515
Kontraktionsgesetz der Familie 101
Kontroll-Konflikt 348, 350
Kontroll-Struktur 441, 442, 444, 446, 447, 449, 453, 454, 572
Kontrolle 9, 67, 73, 76, 94, 99, 157, 162, 163, 205, 208, 209, 214, 221, 232, 242, 281, 306-309, 311, 313, 315, 339, 342-351, 361, 379, 380, 383, 389, 408, 410, 411, 428, 431, 439-442, 444, 445, 448, 451, 452, 454, 458, 503, 577
Kontrolle der Geburten 309
Konversation 176
Kooperation 123, 124, 153, 160, 164, 168, 174, 199, 200, 212, 223, 242, 243, 341-344, 347, 350, 351, 353, 355-357, 359, 376, 398, 411, 415, 416, 427, 437, 445, 462, 469, 549, 553, 567, 571, 573, 574, 577, 581, 584, 587, 600
kooperative Jagd 160, 168, 211, 212, 214
Koordination 160, 161, 174-177, 183, 212, 220, 353, 445, 480, 508, 537, 575-577, 581, 606
korporative Akteure, Körperschaften 27, 57, 86, 116, 118, 327, 435, 454, 458, 514, 515, 547, 565, 608-611
korporative Struktur 454, 458
Kreativität 139, 157, 159, 211, 228, 235
Krieg aller gegen alle 25, 164, 165, 199, 357
kritische Masse 254, 256, 304
Kritische Theorie 15, 62, 539
Kultur 13, 15, 20, 27, 34, 36, 60, 145, 148, 159, 183, 206, 220, 254, 282, 349, 378, 379, 487, 567, 580
Kulturanthropologie 144-147, 149, 202, 426, 434
kulturelle Differenzierung 447
kulturelle Struktur 446, 447, 453, 458
kulturelle Ziele 438, 439, 441
kulturelles Kapital 449, 451
kulturelles System 377, 379, 383, 389, 393, 398, 490, 604
Kulturfähigkeit 143, 156, 159, 219
Kunst 83, 98, 122, 133, 134, 181, 190, 446, 456, 495
Kürwille 336
Kybernetik 15

Lamarckismus 192
latente Folgen 370
latente Funktion 27, 28, 370, 400, 585
latente gesellschaftliche Funktionen 27
Lebensführung 99, 446-448, 465, 466, 479, 612
Lebensstil 429
Lebensweise 151, 208, 277, 317
Lebenswelt 28, 166, 179, 181, 229, 328, 338, 339, 388, 389, 436, 454, 460, 484, 487, 508, 553, 600, 607-609, 611-613, 616
Legitimation 416, 436, 442, 450, 456, 464, 475, 477, 568
legitime Mittel 440
Leitdifferenz 58
Lernen 54, 149-151, 155, 156, 159, 160, 179, 181, 188, 192, 203-205, 224, 233, 237, 247, 303, 326, 380, 382, 383, 399, 410, 451, 486, 501, 505
Lerntheorie 135
letzte Realität 392-395, 399, 414, 462, 463, 479, 602, 604, 612
Leviathan 165, 287

liaison-Personen   433, 435
limbisches System   153
logischer Gehalt   46
logischer Widerspruch   49, 570
logistisches Wachstum   295, 296

Macht   13, 16-18, 20, 50, 53, 57, 100, 120, 133, 151, 152, 161-163, 176, 228, 263, 270, 277, 304, 307, 338, 339, 347, 348, 350, 352, 355, 357, 371, 385, 395, 396, 399, 403, 411, 413, 414, 421, 425, 427, 431, 442, 443, 456, 460, 469, 477, 478, 484, 492, 516, 517, 531, 556, 574, 577, 587, 591, 602, 606, 608, 613
Makro-Soziologie   101, 102, 588, 590-593, 595-598, 607, 615
Mängelwesen   169, 170, 172, 182
manifeste Funktion   370, 371
Marginalität   16
Markierung   183, 504
Markt   26, 34, 76, 86, 97, 299, 336, 338, 352-355, 416, 443, 444, 470, 550, 553, 555, 565, 606, 608, 609, 611
Massenkommunikation   519, 538
Materialismus   168, 460, 463
mathematisch-statistische Aggregation   121
mathematische Modelle   249
Maximierung   96, 132, 219, 222, 225-227, 236-238, 248, 351, 353, 441, 443, 500
mechanische Solidarität   411
Medizinmänner   363
Mehr-Ebenen-Analyse   423
Mehr-Ebenen-Erklärung   116
Mehr-Ebenen-Modell   112, 129, 187
Meinungsforschung   16
Meme   203, 222, 528
Mendelsche Gesetze   188
Meso-Ebene   112-114, 116-118, 328, 454, 455
Migration   13, 258, 260, 283, 316
Mikro-Soziologie   590, 592, 593, 595, 615
Milieu   99, 352, 424, 435, 446
Militär   408, 546
Mitteilung   497, 508, 512, 519-522, 524-526, 531, 532, 540
Mobilisierung   80, 128, 260, 329, 455, 580
Mobilität   355, 450
Mode   446, 529, 568
Modell des Menschen   219, 231, 245
Modell-Theorie   127, 128
moderne Gesellschaft   14, 109, 118
Modernisierung   8, 9, 103, 233, 286-289, 309, 310, 314, 315, 332, 580, 612

Moral   20, 71, 87, 157, 160, 196, 212, 228, 229, 242, 243, 249, 315, 316, 330, 351, 411, 416
moralische Dichte   305, 415
Moralphilosophie   235, 240, 244, 469, 544, 546, 564, 613, 614, 616
Mortalität   195, 199, 256, 258-260, 267, 278, 281, 283, 288, 289, 315
multikulturelle Gesellschaft   413, 430
multivariate Analyse   316, 423
Mutation   189-191, 194, 201-203, 206, 209, 282, 317, 464, 561, 562
Mutualismus   305

Nachahmung   159, 334, 407
Nachbarschaft   336
Nachfrage   86, 291, 292, 312-315, 470, 550, 551, 558, 609
Nachfragefunktion   314
Narration   56
Natur des Menschen   165, 179, 180, 229, 239, 242
natürliche Auslese   194
natürliche Personen   114-118, 610, 611
Naturwissenschaft   404, 599
Naturzustand   165, 287
Neandertaler   214
Nepotismus   229
Netzwerkanalyse   432, 434
New Theoretical Movement   602, 603
nicht-kontraktueller Teil des Vertrages   414, 415
nicht-legitime Mittel   440
nicht-logische Handlungen   19, 21, 26
nicht-operable Definitionen   59, 401
Noema   500
Noesis   500
nomische Ordnung   472, 580
nomischer Sinn   489-491
Nomisierung   471, 474-477, 489
Nomos   472, 474, 475, 485, 538, 539
Norm   4, 234, 397, 550

objektive Hermeneutik   487, 490
Objektivierung   180, 181, 183, 339, 340, 365, 400, 405, 571, 587
offene Sequenz   107, 111, 522
Öffentlichkeit   13, 14, 16, 231, 495, 538, 568
Ökonomie   14, 15, 21, 22, 68, 121, 138, 231, 237-239, 243, 244, 456, 457, 543, 544, 547, 554, 589, 606
ökonomisches Wachstum   291
Oligarchie   6, 101
Ontogenese   169, 185

operationale Definition   121
Opportunismus   243, 351, 355-357, 380, 437, 463, 557, 559, 574, 577, 578
Organisation   6, 26, 37, 55, 72, 74-76, 85, 105, 112, 149, 150, 158, 166, 168, 170, 172, 173, 191, 212, 214, 220, 249, 254, 281, 282, 305, 324, 330, 334, 336, 341, 346, 353, 378, 384, 398, 399, 427, 428, 432, 437, 442, 443, 454, 458, 460, 463, 467, 471, 481, 485, 493, 494, 535, 536, 553, 555, 565, 588, 608
organische Unterprivilegierung   169
organismisches System   380, 389, 398, 399, 410
Orientierung   10, 15, 22, 44, 94, 144, 145, 161-163, 172, 176, 183, 219, 222, 228, 233, 238, 242, 243, 272, 388, 396, 410, 415, 419, 424, 425, 459, 464, 473, 475, 501, 506-509, 517, 518, 525, 526, 588, 598, 603
Orientierungshypothese   318, 463
OSAM-Modell   232-234

Pädagogik   456
Paradoxie   90
Partei   34, 36, 75, 76, 90, 116, 121, 136, 334, 609
Parteibildung   334
partielle Definition   121, 122, 136, 137, 362
Pentadaktylie   208
personales System   378, 379, 381, 389, 398
persönliche fitness   196, 200
Persönlichkeit   177, 316, 379, 381, 549, 593
Peuplierung   253
Phänomenologie   499, 500
Phänotypus   187-189, 202, 203
philosophische Anthropologie   145
Phylogenese   167, 185
physique social   10
polis   330, 331, 536
Politik   240, 257, 276, 331, 387, 389, 390, 399, 443, 495, 517
Populationsdruck   209
postmoderne Gesellschaft   327
postnatale Geburtenkontrolle   309
Prädestinationslehre   465
Präferenz   70, 115, 548
Pragmatismus   234, 594
Preis   7, 127, 266, 550
Prestige   226, 413, 442, 447-449, 453, 458
Prestige-Struktur   413, 447-449, 453, 458
Primaten   149-151, 156, 159, 160, 168, 191, 208, 209, 211
primitive Gesellschaft   326
principle of least interest   347
Prinzip der abnehmenden Abstraktion   247

Privateigentum   255, 581
Produktionsfaktor   311
Produktionsfunktion   299-302
Prognose   51, 52, 319, 320, 592
Pronaturalismus   589
protestantische Ethik   99, 465, 612
Prozeß-Modell   123-125, 127, 128, 521
psychische Systeme   162, 318, 496, 502-506, 509, 512-515, 517, 520, 525, 528, 530, 532, 535, 540, 542, 593-595, 614, 615
Psychoanalyse   120
Psychologie   120, 138, 238, 244, 248, 393, 500

qualitative Sozialforschung   16
Quasi-Kasten   449, 453, 458

Radikaler Konstruktivismus   54, 55, 529
Ramapithecus   211, 213
Rationalisierung   146, 330, 387, 395, 540, 575, 608, 609, 612
Re-Sozialisation   411
Realismus   47, 52, 53, 134
Rechtsordnung   331, 363, 554
Reduktion   45, 89, 119, 122, 161, 171, 172, 477
Reduktionismus   505, 541, 585
Regeln der soziologischen Methode   20, 403, 405, 585, 588
Regentänze   363, 364, 371, 488, 489
Regulator   152, 153
Reizfülle   171
Rekombination   188, 190
Relationale Eigenschaften   428
Religion   172, 173, 331, 365, 407, 408, 429, 456, 473, 475, 476, 495, 554
REMM-Modell   238
repressives Recht   411
reproduktiver Erfolg   195, 281
reproduktive Konkurrenz   193, 210
Residuen   21
resourceful   238, 239, 247
Ressource   254, 273, 342, 345, 348, 349
Revolution   8, 9, 36, 47, 78, 81, 99, 282-284, 286, 308, 310, 345, 349, 439, 445, 461, 572, 573, 579, 580
Rezeption   231, 366, 520-522, 530
Rezeptor   152
reziproker Tausch   200
Risikogesellschaft   327
Ritual   24, 105, 363, 364, 470, 476, 477, 484, 504, 522, 523, 529, 538, 604

Rolle   17, 48, 53, 59, 60, 175, 190, 203, 231, 235, 236, 243, 277, 281, 354, 407, 423, 461, 512, 583
Rollenkonflikt   423
Rollentheorie   135, 139, 231, 232, 234
RREEMM-Modell   231, 237-239, 244-249

Satzung   86, 157
Schattenpreise   312, 313, 320
Scheidung   66, 92, 124, 264, 449
Schema   5, 42-44, 48, 56, 70, 92, 100, 102, 116, 118, 245, 287, 289, 372, 373, 384, 385, 387, 390, 392, 505, 508, 521, 561, 608
Schließung   448-451
Schottische Moralphilosophie   239, 240, 243
Schrift   150, 157, 378, 464
schriftlose Gesellschaften   145
scientific community   53, 54
segmentär   411, 412, 416, 453
Selbstbeobachtung   513, 514, 516
Selbstbeschreibung   513, 514
Selbstmord   61, 407, 414, 473, 474
Selbstorganisation   57, 109, 111, 127, 152, 256, 365, 366, 494-496, 533, 549, 561
Selbstreferentialität, selbstreferentiell   109, 152, 156-158, 175, 199, 406, 470, 496, 516, 544, 615
Selbstregulation   15, 110, 111, 152, 361, 367, 371
selektive Retention   190
semantischer Sinn   486
signifikante andere   475
signifikante Symbole   175, 176, 180, 183, 225
singuläre Ereignisse   40, 41, 90
Sinn   3, 5, 11, 18, 23, 32, 34, 48, 58, 61, 65, 69, 83, 100, 102, 146, 173, 180, 181, 194, 235, 241, 253, 270, 305, 327, 329, 374, 375, 387, 389, 393, 434, 443, 444, 456, 460, 469, 471, 472, 474, 475, 477, 479, 485-494, 496-500, 502, 503, 505, 506, 508, 511, 516-518, 528, 533, 535, 537, 540, 542, 590, 594, 596, 599, 603, 607, 614
Sinndimensionen   511
Sinnlosigkeit   474, 478, 479, 496, 499
Sinnprovinz   180, 481, 483, 489
Sinnverlust   472, 479, 499
Sinnwelt   479-482, 484
Sinnzusammenhang   181, 387, 470-472, 478, 479, 488, 506, 526, 537
Sittlichkeit   27, 570
Situations-Modelle   123, 127
social system   378, 379, 383, 384, 518
sociological imagination   16

Solipsismus   53
sozial-moralische Milieus   337
soziale Anerkennung   71, 161, 162, 347, 349, 439, 440
soziale Beziehungen   86, 112, 143, 161, 337, 377, 380, 398, 451
soziale Differenzierung   4, 443, 453, 458, 479
soziale Gebilde   85, 86, 92, 105, 109, 110, 112-115, 117, 324, 325, 327, 331, 333, 360, 409, 428, 470, 471
soziale Integration   608, 611, 613
soziale Ordnung   4, 349, 350, 356, 357, 376, 398, 410, 416, 547, 553, 554, 574
soziale Schichtung   452, 453, 458
soziale Ungleichheit   4, 13, 110, 268, 412, 453, 456, 458, 579
sozialer Wandel   4, 13, 68, 87, 88, 109, 111, 185, 199, 221, 266, 315, 316, 327, 335, 355, 362, 364, 420, 459, 460, 462, 582, 588, 611
SRSM-Modell   232-234
SSSM-Modell   234, 235, 244
Stand   448, 450, 452-454, 458
strukturelle Effekte   233, 421, 424
strukturelle Kopplung   521, 523, 531
strukturelle Merkmale   364
strukturelle Spannung   441, 445, 446
strukturelle Soziologie   419, 431, 457, 469
Strukturen und Funktionen   363
Sub-Sinnwelten   479
Sub-System   387-389, 391, 396, 399, 505
Sub-Universum   483
subjektiver Sinn   3, 5, 23, 69, 83, 485, 488, 490, 491, 596
Super-Struktur   326, 426, 455-460, 463-465, 467, 554, 580
surplus   306, 413, 459
Symbol   153, 158, 171-176, 180, 183, 212, 220, 221, 225, 234, 379, 426, 471, 483-490, 506, 508, 525, 527, 537, 580, 590
symbolisch generalisierte Kommunikationsmedien   537
Symbolische Interaktion   135, 471, 480
Symbolischer Interaktionismus   234, 235, 400, 480, 484, 590, 596
Symbolisierung   149, 155, 158
Sympathie   157, 228, 242
Synergetik   15, 49
synreferentiell   109, 152, 496, 516
System und Lebenswelt   607-609, 611-613
Systemintegration   606
systems theory   49
Systemtheorie   15, 21, 58, 60, 332, 375, 376, 380, 392, 394, 397, 400, 402, 472, 485, 493,

494, 496, 502, 503, 510, 513-518, 531, 534, 537-539, 541, 571, 593, 594, 613-616

Tausch 200, 201, 242, 305, 345, 415, 484, 545, 559
Technokratie 62
Teil-System 389, 392
telisches System 392-394, 462, 463, 561, 604
Territorium 325, 556
Theorie der Gesellschaft 324, 329, 330, 375, 395, 493, 541, 583, 587, 597, 613
Theorie der Strukturierung 604, 607, 616
Theorie des kommunikativen Handelns 146, 330, 332, 540, 575, 607-609, 613, 616
Tiefengrammatik 226, 437
Tiefenstruktur 127, 437, 439
Totalität 325, 360, 365
Tradigenese, tradigenetische Evolution 203, 204, 206, 214, 242
Tradition, traditional 59, 80, 165, 243, 244, 369, 337, 400, 414, 471, 556, 588
Transformationsregeln 97, 110, 121, 122, 133, 136, 137, 139
Treuhandsystem 387, 395
Typologie 422

Über-Ich 153
Überbau 332, 456, 457, 460-463, 465, 580
Überbevölkerung 253, 255, 275, 276, 299
Urbanisierung 113, 278
utilitarian dilemma 375, 376, 415
Utilitarismus 138, 244, 397
Utopie 577, 578
utopische Technik 564

Variablen-Soziologie 232, 233, 235, 594, 597
Verbände 90, 118, 454, 458
Verflechtungszusammenhang 405, 469
Vergemeinschaftung 337
Vergesellschaftung 26, 27, 333, 334, 337, 343, 355-357, 407, 582
vergleichende Gesellschaftsanalyse 328, 417
verhaltenstheoretische Soziologie 15, 590-592, 595-597
Verhulst-Pearl-Gleichung 295, 298
Verkettung 104, 108, 110, 111
Verständigung 146, 159, 181, 338, 339, 435, 464, 540-542, 574-578, 583, 608, 611, 612
Verstehen 3-7, 9, 14, 16, 21, 23, 27, 45, 51, 72, 82, 84, 102, 109, 119, 150, 152, 153, 162, 163, 166, 185, 194, 195, 253, 370, 374, 398,

476, 477, 486, 497, 499, 502, 503, 512, 514, 515, 519, 520, 522, 524, 526-528, 530, 531, 532, 534, 545, 581, 588, 591, 592, 595-599, 604, 605
Versuch und Irrtum 47, 48, 191
Vertrag 357, 382, 415, 416, 553-555
Vertrauen 212, 352, 428, 578
Vertretung 334
Verwaltung 416, 427, 440, 442, 459, 504, 538, 545, 553, 608, 609
Verwandtschaft 116, 200, 269, 437, 535
Verwandtschaftskoeffizient 200
Verweisung 491, 497, 499-503
Völkerkunde 145
Volkskunde 119, 145
Volkswirtschaftslehre 9
Voranpassung 207, 210, 211

Wahrheit 3, 46, 47, 50, 51, 54, 56, 108, 221, 495, 498, 517, 576
Wahrnehmung 94, 100, 114, 169-172, 175-178, 210, 211, 241, 353, 474, 485, 500, 501, 526
weak tie 433
Weltbilder 72, 456, 489, 491
Weltgesellschaft 116, 324, 341, 536
Welthorizont 499-501, 560
Weltoffenheit 171, 172, 179, 181, 182, 204, 228, 243, 282, 323, 462, 471, 472, 475, 478, 549
Werkzeug, Werkzeuggebrauch 4, 154, 160, 166, 186, 363
Werte 21, 72, 95, 110, 124, 225, 226, 272, 281, 282, 285, 316, 317, 326, 332, 340, 349, 350, 376-381, 384, 392, 397-399, 410, 416, 421, 422, 426, 437, 439, 450, 456, 458-460, 462-465, 467, 471, 475, 479, 554, 580, 581, 604
Wertewandel 22, 68, 70, 114, 308
Wesenwille 336
Widersprüche 8, 28, 49, 146, 168, 169, 462, 534, 568-574, 578-581, 585, 587, 589
Wirtschaft 3, 22, 27, 291, 300, 308, 316-320, 331, 337, 387, 389, 390, 396, 399, 419, 443, 488, 495, 505, 506, 538, 544, 560, 599
Wirtschaftsordnung, -verfassung 79, 444, 538, 554
Wissenschaftstheorie 16, 40, 43, 51, 53, 55, 104, 372
Wissenssoziologie 18, 178, 269, 339, 471, 481, 601
Wohlfahrtsstaat 578, 579
Wohlstand 44, 243, 287, 291, 298, 301, 305, 306, 311, 312, 441, 473

Zeichen 143, 160, 175, 180, 181, 183, 410, 465, 483, 486, 487, 525, 603
Zuschreibung 500, 510-513, 516, 524, 526, 614, 615
zweckrational 136, 337
Zwischen-Ebene 112, 117, 614